Péter Nádas

AUFLEUCHTENDE DETAILS

Memoiren eines Erzählers

*Aus dem Ungarischen von
Christina Viragh*

ROWOHLT

Die Originalausgabe erschien
2017 unter dem Titel «Világló részletek»
bei Jelenkor Kiadó, Budapest.

Lektorat Delf Schmidt

1. Auflage Oktober 2017
Copyright © 2017 by Rowohlt Verlag GmbH,
Reinbek bei Hamburg
«Világló részletek» Copyright © 2017 by Péter Nádas
Satz aus der Janson BQ PostScript
bei Dörlemann Satz, Lemförde
Druck und Bindung
CPI books GmbH, Leck, Germany
ISBN 978 3 498 04697 2

AUFLEUCHTENDE DETAILS

**ALS ICH
AN DEM MITTWOCH**

Es gab keinen Pardon, Punkt Mittag hatte das Sonntagsessen fertig zu sein. Die Suppe zum Mittagsläuten dampfend auf dem Tisch zu stehen. Nicht etwa, dass mein Großvater das so haben wollte. Ich meine den Großvater mütterlicherseits, den Großvater Tauber. So wie ich ihn kannte, wäre es ihm auch um eins recht gewesen, lauwarm, ihm waren solche Dinge nicht wichtig. Er aß überhaupt wenig. Sprach auch wenig, und wenn, dann nur das Nötigste. Wenn er vom Tisch aufstand, dankte er mit einem Kopfnicken fürs Essen. Es war aber nicht klar, wem er dankte. Der Dank mochte meiner Großmutter gelten, eventuell dachte er an Gott, an irgendeinen Gott, ich weiß es nicht. Ich habe nie gesehen, dass ihn die eitlen Freuden dieser Welt interessiert hätten. Er war ein Luftwesen, knochendürr, an seinem Brustkasten drückten sich die Rippen durch die Haut. Wenn er mich vorsichtig an sich zog, wenn er mich in die Luft warf, damit ich flog, hui, der Péter fliegt, er fliegt davon, bei meinem Absturz fing er mich im letzten Moment doch noch auf, das Vögelchen stürzt ab, dann kam ich dem nackten Knochengerüst seines Körpers ganz nahe; noch heute spüre ich in den Gliedern seine Armknochen, seine Schlüsselbeine, seine scharfen Rippen.

Aber noch heute verstehe ich nicht, wie ihm, bei aller Vergnügtheit, der Satz vom abstürzenden Vögelchen über die Lippen kommen konnte. Ein Vögelchen stürzt ab, wenn es von den Jägern geschossen wird oder ihm in der großen Winterkälte die Beine erfrieren.

Mit Emotionen ging mein Großvater überaus vorsichtig um, ich habe ihn nie gereizt gesehen. Höchstens, dass er etwas humorvoll unterstrich. Aber auf dem Grund seiner stoischen Ruhe schlief doch etwas Bedrohliches, Beängstigendes, seine Töchter hatten Angst vor ihm, auch ich hatte einen Heidenrespekt, trotzdem kann ich mir nicht vorstellen, was passiert wäre, wenn er einmal die Geduld wirklich verloren hätte. Wenn er jemandem grollte, schaltete sein Blick gleich auf Sturm, er lief sogar rot an, aber der Sturm brach nie los. Eher versteckte er seinen Zorn hinter geschlossenen Augen, wie jemand, der sogleich in sich geht und rücksichtsvoll die Lider über seine inneren Vorgänge senkt.

Der Flug dauerte länger als mein Absturz, er fühlte sich an, als würde er nie enden, er nahm mir den Atem; vielleicht deshalb, aus diesem Wunsch zu ersticken, wollte ich, dass er mich fliegen ließ, und erst beim Herunterfallen, schon umschlossen von seinen knochigen Armen, kam ich wieder zu mir. Und noch einmal. Oder er ließ mich auf den Knien reiten, genoss auf einer elementaren Ebene unser Spiel ganz offensichtlich, während es ihn bestimmt auch grässlich langweilte. Der Reiter musste, so das Spiel, sicher im Sattel sitzen, auch wenn das Pferd hüpfte, nieste oder bockte. Mein Großvater imitierte mit den Knien den Zufall, die Unberechenbarkeit des Pferds, und da ich mit richtigem Gefühl und im richtigen Rhythmus darauf reagierte, ich wusste ja, was er machte und worauf er aus war, hatte er seine Freude daran und lachte immer wieder.

Tonlos, seine Lacher waren tonlos, er starrte mit freudig verzogenem Mund zum Himmel. Was für gut funktionierende Reflexe das Kind doch hat. Ich habe nie mehr so etwas gesehen, so ein tonloses Lachen.

Für unser Spiel musste er wohl genauso viel Disziplin aufbringen wie ich, nur bezog sie sich nicht aufs Gleiche. Heute, wenn ich morgens vorsichtig zu den Einzelheiten der Szene zurückkehre, sie wieder durchspiele, sie auf ihren Geschmack prüfe und analysiere, wobei immer neue Einzelheiten auseinander hervorgehen, entsteht in mir der Eindruck, dass mein Großvater vor der Lust wohl eine große Scheu hatte. Er ließ sich ungern auf das Spiel ein, man musste darum betteln, sich zwischen seine Knie drängen, und wenn er endlich nachgab, wenn ich in die Wärmeströmung seines Körpers eintrat, wenn er nicht mehr widerstand, hob er mich auf die Knie, geriet aber auch dann nicht leicht in Schwung, er zögerte und überließ sich der Nähe nur sehr zurückhaltend. Bestimmt langweilte ihn die Monotonie des Spiels, sein theatralischer Aspekt, seine Ritualität, was ich heute ja sehr gut verstehe; ich meinerseits musste die scharfen Kanten seiner Knie, seine hervorstehenden Knochen ertragen. Es tat weh. Der Lust halber den Schmerz ertragen. Auch mich langweilt die Nachahmung. Zu ihr gehört die Tücke, mitsamt ihren halbgaren Elementen. Trotzdem war die Freude am Spiel größer als die mit der Mimesis einhergehende Scham.

Dazu kam die Lust am Ertragen. Die Lust am stockenden Atem, am Vorgeschmack des Erstickens, am stummen Lachen meines Großvaters.

Er lachte in die Luft hinaus, aber sein Lachen war luftleer, was an seinem starken Asthma liegen mochte. Schon bei der kleinsten Anstrengung atmete er schwerer, Dyspnoe, Atemnot, nennen die Ärzte das Phänomen, sein Atem ging pfeifend. Asthma ist die Krankheit der Verneinung, des Verzichts, der Selbstverneinung, heißt es. Marcel Proust hatte Asthma, auch wenn man damals den bronchialen, neuralgischen und allergischen Aspekt der Krankheit in keinen Zusammenhang brachte. Und wenn schon Proust und mein Großvater an dieser Krankheit litten, wie ist dann wohl der sich nicht verneinende, von jeglicher Tücke und Mimesis freie Mensch. Bestimmt mimt ein solcher Mensch ausschließlich seine ureigensten, bis aufs Mark durchleuchteten Eigenschaften. Aber was bringt das. Vielleicht war mein Großvater in seinen letzten zehn Jahren aber tatsächlich so. Nach einer Zeit hat man auch auf die Lust keine Lust mehr, es fehlt die Variation. An seinem Stirnknochen, an seinen Schläfen glänzte die gespannte Haut, an seinen Händen wanden sich dicke Adern. Die fand ich äußerst attraktiv.

Ihr Verlauf und ihre Funktion beschäftigten mich noch als jungen Mann; um ehrlich zu sein, sie stießen mich ab. Ich wagte mir kaum auszudenken, was im Organismus unter der Hülle alles abläuft, in den Adern, im Herzen, in der Lende, in der Lunge, in den Därmen, mir grauste vor der regelmäßigen Funktion, das Wunder der kontinuierlichen Funktionalität machte mich schaudern, der Schauder aber erregte mich stark und unziemlich. Ich musste aufpassen, nicht von der Spirale der Schwärmerei fürs Organische erwischt zu werden; der Weg der romantischen Selbstanbetung war unserer Familie verschlossen. Ich solle vorsichtig den Finger daraufdrücken, fühlen, wie das Herz schlägt. Großvater und ich folgten ehrfürchtig dem Puls. Mit diesem Trick, dem Herzschlag oder mit seiner Taschenuhr und dem Puls, mit dem nadelfeinen Ticktack, dem rhythmischen Klopfen, lenkte er mich erfolgreich ab. Wir beobachteten den Sekundenzeiger, zählten seine Herzschläge, bis ich Ruhe gab. Bei mir fanden wir die Hauptschlagader nicht. Ich glaube, bis zehn zählen lernte ich auf diese Art, mit Hilfe meiner Hauptschlagader oder der meines Großvaters; aufhören herumzutoben, sich abkühlen, so rasch wie möglich den Dampf ablassen. Er erlaubte es nicht immer, aber an seinen Schläfen konnte man die knotigen Adern ein wenig verschieben, nachher rutschten sie nur sehr langsam zurück.

Für Großvater war das bestimmt wie eine Falle, er wird die eine lästige Pflicht los, das Spiel, und gleich beginnt ein anderes Spiel. Karten spielte er nicht, Schach auch nicht. Wenn wir bei ihnen draußen waren, an der Donau bei Göd, im berühmten Fészek, dem Nest von Göd, in der Feriensiedlung des Arbeitersportvereins, in ihrem alten kleinen Holzhaus, das sie zusammen mit anderen gekauft hatten und das von ihren alten Freunden Tauber-Villa genannt wurde, unter schallendem Gelächter, sie selbst hatten ja einmal zum Spaß die Aufschrift an die Front des auf hohen Stelzenbeinen auf dem Ufersand stehenden Häuschens geschraubt, und wenn sie mit den Jungen hier nachmittags Volleyball spielten, saß er da, in seinem geschlossenen Badeanzug im Jahrhundertwende-Stil, mit seinem ewigen Lächeln, das ihm selbst galt, und schaute im Schatten des wilden Weins von seiner grob gezimmerten Terrasse aus zu.

Auch zum Schwimmen kam er nur selten mit.

Das Häuschen stand auf Pfählen, wegen des Hochwassers. Dadurch wirkte es wie ein Verstärker. Man konnte keine Bewegung machen, ohne dass es laut wurde, es rumste und polterte, und da lange Reihen solcher Häuser am Ufer standen, war von morgens früh bis abends spät ein Gepolter zu hören.

Sie sagten nicht, ich gehe schwimmen, sondern ich gehe mich tunken.

Wir tunkten uns.

Sie marschierten auf dem Vácer Ufer über einen gründlich ausgetretenen Pfad durch Gras und Gestrüpp, dann ließen sie sich mit ein paar wenigen Schwimmstößen von der trägen Strömung zurückbringen. Dabei plauderten sie laut und geruhsam über die besonnte Wasseroberfläche hinweg; das Wasser trug ihre Stimmen weit.

Wir rinnen zurück, das war das Wort dafür.

Und doch war es Großvater, der mir an einem Winternachmittag das Mikadospielen beibrachte. Das war vielleicht das einzige Spiel, das ihn wirklich interessierte: die je nach Streifen gewerteten Stäbchen, den Mandarin, die Bonzen, die Samurai und die Kuli aus unseren Händen auseinanderfallen lassen, sie dann einzeln, mit Hilfe zweier anderer aus dem Haufen heben, sie ganz vorsichtig rollen, sie mit dem auf ihre Spitze gepressten Finger aufstellen, ohne dass es die anderen Stäbchen spürten, ohne dass sie sich verschoben, ohne dass die Veränderung sie auch nur erschütterte. Die Position des ins Auge gefassten Stäbchens zwischen den anderen nicht nur sehen, sondern gewissermaßen auch fühlen. Auf unsere Atmung achten, damit das Manöver ohne Erschütterung gelinge. Auch das hat er mir als Erster beigebracht, dass man die Luft zuerst hinauslassen muss, um den Atem problemlos anzuhalten. Tut man es mit voller Lunge, zittert die Hand vor Anstrengung. Diese Erfahrung kam mir anderthalb Jahrzehnte später zugute, als ich fotografieren lernte und mit der Handkamera ohne Stativ oder Stütze lange belichten musste.

Da kannte ich schon die Regel.

Auch das Dominospiel lernte ich von ihm. Also zwei stille Spiele.

Damit ich mich beruhigte, ertrug er eine Weile stumm auch das stillste der Spiele, mein Experimentieren mit seinen Adern. Ich hörte damit jeweils nur auf, weil ich seinen Widerwillen spürte.

Seine Haltung war gerade, aber auch wenn er saß, hielt er den Kopf gesenkt, bescheiden, fast verschämt, als wollte er dauernd signalisieren, nein, ich will niemandem über sein. Nicht einmal recht wollte er haben, und doch kann ich nicht behaupten, dass mein Großvater ein nachgiebiger Mensch gewesen sei; es war eher so, dass er unter seinem dicken, sorgfältig gestutzten Schnurrbart, hinter der Drahtbrille sich selbst zulächelte. Heute würde ich sagen, er lächelte ermutigend aus seiner Unerbittlichkeit heraus. Mit dem ausdauernden Lächeln festigte er seine Geduld, damit sie ihm nicht ausging. Er konnte wunderbar für sich auf dem Rücken liegen, im Gras, auf dem Bett, auf dem leicht feuchten Schotter des Ufers oder in der Hängematte im lockeren Schatten der Akazien und wassernahen Weiden und Espen von Göd oder Dömsöd. Ich beneidete ihn, versuchte ihn nachzuahmen, er hatte die Füße übereinandergeschlagen, seine Hände wie zum Gebet über der Brust verschränkt. Er machte immer den Eindruck, als sinne er leichthin, gewissermaßen schwebend gewichtigen Dingen nach, und da durften wir ihn nicht stören. Es vergingen fast fünfzig Jahre, bis ich mit einem Mal gewahr wurde, dass auch ich schon seit langem gern auf diese Art unter freiem Himmel liege. Über dem Sinnieren schlief er manchmal ein, auch ich schlafe manchmal ein, und wenn er länger so dalag, auf dem Gesicht das reine Lächeln, kam auch seine asthmatische Atmung zur Ruhe. Das ist vielleicht die schlichte

Erklärung. Dass er am ehesten in dieser Position die ermüdende Atemnot vermeiden konnte. Er lächelte auch während der Arbeit, er nahm die Drahtbrille ab, ohne Brille wirkte sein Gesicht nackt, fremd, wehrlos; er beugte sich mit einer in die Augenhöhle geklemmten Lupe über die Arbeit oder mit einem noch stärkeren Vergrößerungsglas. Diese aus ihrem Etui herausklappbare, eine sechsfache Vergrößerung gewährleistende Rodenstock ist der einzige Gegenstand, den ich von ihm geerbt habe; er hatte eine ganze Serie davon. Er musste sich ja mit Teilen von Teilen beschäftigen, die für das bloße Auge unsichtbar waren. In unmittelbarer Nähe seines Kopfes flackerte und zischte eine einzelne, nadelspitze Gasflamme, ein Bunsenbrenner. Ich saß wahrscheinlich stundenlang in der Werkstatt seiner Schwester in der Holló-Straße, Rabenstraße, auf einem hohen Hocker neben ihm, sage ich jetzt, das mit den Stunden ist vielleicht nicht so sicher, bestimmt aber halbe Stunden, vierzig Minuten lang, bis mich jemand abholen kam. Die Großmutter kam, die Mutter meiner Mutter, Cecília Nussbaum, die von hier aus in die halb zerstörte Markthalle auf dem Klauzál-Platz ging. Ich weiß nicht, warum, ich weiß nicht, warum gerade dann, wenn sie doch sonst auf dem Markt auf dem Garay-Platz einkaufte. Dort waren ihre Marktfrau und ihre koschere Metzgerei. Aber an diesen städtischen Frühsommermorgen erinnere ich mich genau, an die nassgespritzten Straßen, an den vom Klauzál-Platz nach Hause geschleppten vollen Korb. Wie sie uns, und bestimmt auch sich selbst, das Drama der Korbschlepperei vorspielt. Oder mein Vater kam mich abholen, er arbeitete in der Nähe, im fünften Stock eines riesigen, sonnendurchfluteten Hauses; bis sie kamen, durfte ich zuschauen, auf welche Art mein Großvater Dinge herstellte. Und musste nur aufpassen, nicht vom Hocker zu fallen und nichts zu verschieben. In seinen kurzen, maschinengeschriebenen Erinnerungen war mein Vater bemüht, alles, aber auch alles über unsere tote Mutter aufzuschreiben, er schrieb es für seine beiden Söhne auf, bevor auch er ging; er muss es Monate zuvor beschlossen haben, gehen, diesen verschämten Ausdruck gebrauchte er in seinem weit im Voraus geschriebenen Abschiedsbrief, noch bevor ich gehe, aber mitten in einem Satz brechen die Aufzeichnungen plötzlich ab. Wahrscheinlich in dem Moment, als er beschloss, uns sozusagen mitzunehmen. Auch das war sein Wort, mitnehmen. Verzeiht, aber auch sie muss ich mitnehmen. Das schrieb er in seinem Abschiedsbrief, den er sehr viel früher verfasst haben muss als die krakeliger geschriebenen, für uns zwei bestimmten zusätzlichen Abschlusszeilen. Mit der geladenen Pistole in der Hand hatte er über meinem schlafenden Bruder gestanden und war unfähig gewesen abzudrücken. Das schrieb er dann zum Abschluss. Wenn er mit mir angefangen hätte, hätte er es vielleicht geschafft. Oder er brach seine Aufzeichnungen mitten im Satz ab, weil er eingesehen hatte, wie schwierig es ist, ein Porträt von jemandem zu verfertigen, der durchaus Wichtiges geleistet hat, während gerade solche unbeholfenen Verewigungsversuche seine Leistungen auf ein Maß schrumpfen lassen, das die Wirklichkeit noch untertreibt. Er wollte von unserer Mutter eine Heldensaga entwerfen, vielleicht in der Hoffnung, dass jemand die Saga eines Tages dann wirklich schreiben würde. Nur war den Familiengeboten gemäß jegliche Prahlerei untersagt, nur ja keine Helden- oder Opferpose. Höchstens in der Selbstdisziplin hatte man heroisch zu sein. Du tust, was du tust, und tust es nicht, damit jemand dankbar sei. Er wolle uns, schrieb er im Abschiedsbrief, niemandem aufhalsen. Aber wem und wozu schrieb er dann diese mäßig wichtigen Mitteilungen über seine tote Frau an seine beiden Söhne, Péter und Pál, die er ja mitnehmen musste, um niemanden mit ihrer Existenz zu belasten. In seinen Aufzeichnungen verschiebt er die Werkstatt meines Großvaters in die Dob-Straße, Trommelstraße.

Kann sein, dass sie früher, vor der Belagerung, tatsächlich dort gewesen war, in der Dob-Straße. Ich jedenfalls ging in den Jahren nach der Belagerung immer nur in die Holló-Straße. Soweit ich mich erinnere, gab es in der Dob-Straße die Werkstatt eines

Silberschmieds, in der meine Großmutter als junges Mädchen als Schleiferin gearbeitet hatte. Gerade bei einem solchen unüblichen Gang zum Markt auf dem Klauzál-Platz hatte sie mir gezeigt, wo sie Großvater kennengelernt hatte. Beide Straßen lagen im dichtesten Dickicht der Stadt. Ich musste dann oft darüber nachdenken, wie es gewesen wäre, wenn meine Großmutter meinen Großvater nicht kennengelernt hätte, meine Mutter also nicht geboren worden wäre und meinen Vater nicht kennengelernt hätte, und was wohl dabei herausgekommen wäre. Ich konnte es mir nicht vorstellen. Ich habe mein ganzes Leben lang fast immer über dieselben Dinge nachgedacht, viel ist dabei nicht herausgekommen, höchstens, dass mich das Denken als Denken nie verließ, sondern immer tiefere Furchen zog. Die Holló-Straße war eine enge, kurze, dunkle Straße, man sah den Himmel kaum. Vor ein paar Tagen machte ich hier eine Runde, um die Straße wiederzusehen und das Haus zu suchen. Sie ist gar nicht so eng. Gar nicht so dunkel. Ich hatte sie anders in Erinnerung, aber das Haus war bestimmt die Nummer eins, zumindest identifizierte ich in meiner Erinnerung am ehesten dieses Haus mit dem damaligen. Der Eingang zur Werkstatt ging nicht auf die Straße, sondern auf den Hof. Kaum war man eingetreten, ging in dem fensterlosen Raum die automatische Tür hinter einem zu. War sie einmal zu, konnte man nicht mehr hinaus, die Tür hatte innen keine Klinke. Was zum organischen Bestandteil meiner wiederkehrenden Albträume wurde. Man musste an einer anderen Tür klingeln, die ebenfalls keine Klinke hatte, durch deren Milchglas aber die friedliche Werkstatt vage sichtbar war. Leider erinnere ich mich nicht mehr, wie oft mich mein Großvater in die Holló-Straße mitnahm, zweimal, dreimal, öfter wahrscheinlich nicht. Schon das Wort überraschte mich, Holló, Rabe, die Straße war eine Überraschung, so viel ist sicher. Sie war mindestens ein Jahrhundert lang die Straße der Goldschmiede gewesen. Vorher hatte ich nicht gewusst, dass der Holló ein großer Vogel ist, mein Großvater erklärte es mir in seiner Werkstatt, ganz leise, er ahmte ihn nach, knarrte und krächzte, mimte ihn mit den Händen, erzählte von seinem schwarzen, glänzenden Gefieder, vielleicht deswegen war die Straße für mich jahrzehntelang dunkel, so hüpft er, auf dem Wappen des Königs Mátyás hält er einen Ring im Schnabel. Wir zeichneten ihn. Wir zeichneten seinen goldenen Ring. Wir zeichneten das Wappen des gerechten Königs Mátyás. Ich verstand nicht, was das heißt, gerechter König. Ich verstand überhaupt nur wenig. In der Werkstatt war es still, auch ich musste still sein. Nicht einmal flüstern. Wenn sie unbedingt etwas sagen mussten, sprachen sie gedämpft, drosselten das Volumen. So machten sie deutlich, dass sie nicht etwa voreinander etwas verschweigen, sondern zuvorkommend sein wollten. Ich nehme an, dass sie wegen der Wertsachen, die hier in Arbeit waren, keine Geheimnisse voreinander haben durften, dass alles vor den Augen und in Hörweite des anderen geschehen musste. Bestimmt war mangelndes Vertrauen ihr Schreckgespenst. Oder das unbegründete Vertrauen. Lautes Reden hätte das nicht ersetzt, sie mussten ja auf jede Bewegung achten. Kein lautes Wort durfte das Instrument in ihrer Hand verrutschen lassen. Sie arbeiteten zu viert, der Meister und seine drei Gehilfen, jeder über seinen Tisch gebeugt, alles Männer, nur die nadelspitzen Flammen zischten in der Stille. Die Werkstatt ging auf den Hof. Von dort drangen nur die stärkeren Töne herein. Teppichklopfen. Oder der Hauswart spritzte mit einem Schlauch den Hof ab, überschwemmte ihn geradezu, auf dem Gang im ersten Stock und im hinteren Treppenhaus jagten sich Kinder, eine Tür schlug zu, ein Fenster ging auf.

Mein Großvater flickte oder stellte winzige Gegenstände her, wohl die Bestandteile von Schmuck, abgebrochene Nadeln, Schnallen, kaputte Fassungen. Großvater arbeitete mit Schmuckstücken. Er weitete Ringe oder machte sie enger, er ersetzte die verlorenen oder herausgefallenen Edelsteine von Halsschmuck. Auch das war ein großes Wort, neue Wörter aus der Werkstatt; Schmuckstein, Fassung, Halsschmuck, Edelstein und vor allem Halbedelstein.

Halbwahrheit. Zu Hause hörte ich das oft, Halbwahrheit, sie fuhren auch gleich mit ihrer Missbilligung auf diese Halbwahrheiten nieder. Und noch jahrzehntelang verstand ich nicht, was für eine Hälfte mit dem Wort gemeint war. Das da ist ein Edelstein, Diamant. Brilli. Ja, man sagt auch so, aber wir sagen nicht so. Großvater sagte trotzdem einmal Diamant, einmal Brilli. Er wird es ja wissen, er arbeitet damit. Das hingegen sind Halbedelsteine. Sie lagen in einer langen, mit Samt ausgeschlagenen Schatulle, wurden mit der Pinzette herausgeholt. Sie sahen gar nicht aus, als wären sie nur zur Hälfte echt und ihre andere Hälfte wäre falsch. Nicht die Hälfte ist wahr. Was aber nicht das Gleiche war wie Halbwahrheit. Sie sagten auch, die volle Wahrheit, auch das verstand ich nicht. Das war ein langes Wort, Halbedelstein, schön gegliedert durch die Vokale. Und dann die Fassung. Das klang für mich flach, war ein Flachwort. Seltsam war auch und erfüllte mich mit einem gewissen Misstrauen, dass nur die sichtbare Hälfte des Steins bearbeitet wurde, geschliffen oder poliert. Deswegen Halbedelstein. Der Stein wurde flach ins Wort eingepasst. Zuweilen stand einer auf, spazierte mit einem kleinen Tablett und so einem ganz kleinen Gegenstand darauf zu einem anderen hin, zeigte ihn ihm, der schaute ihn sich an oder legte ihn sich in die Hand, hob ihn vor die Lupe, die in sein Auge geklemmt war. Da konnten sie ganz sicher deutlich sehen, was an dem Stein edel und wo seine falsche Hälfte war. Auch darüber sprachen sie nicht viel, sie berieten sich stumm, verstanden sich mit kaum merklichen Bewegungen, einem Nicken, einzelnen Silben. Aber seltsamerweise erinnere ich mich nicht an diese Gehilfen, nur an ihre Plätze, an ihre Gesichter nicht, auch nicht an ihre Gestalt, nicht an ihr Alter. Ich erinnere mich an ihren physischen Ort in der Werkstatt beziehungsweise an die Lichtverhältnisse. In dem geräumigen Lokal war es ziemlich hell, die Fenster waren hoch, aber nur die oberen Scheiben durchsichtig, die anderen waren sogenanntes Mattglas, die Fensterlaibungen tief und bis zur Decke reichend; die riesigen Läden ließen sich aus der Laibung herausfälteln und bei zu direktem Sonneneinfall schließen, woraus ich folgere, dass es sich um ein dickwandiges klassizistisches Gebäude gehandelt haben muss.

Und so, auf den Spuren meiner Erinnerung, habe ich es denn auch gefunden. Es ist im zurückhaltenden, unerbittlich symmetrischen, klassizistischen Kasernenstil gebaut, wie er für die Pester Innenstadt typisch ist. Das ist die älteste Schicht der Pester Architektur, womit auch gesagt ist, dass Pest zu den neueren Städten gehört und sich schon deswegen vom alten, gotischen und barocken Buda absetzt. Meine eigentliche Geburtsstadt ist Pest.

Auf Drehgestellen brannten starke Glühbirnen unter Vergrößerungsgläsern, weniger über den Tischen als über den bearbeiteten Gegenständen, alle hatten dem natürlichen Licht den Rücken zugewandt. Mein Großvater arbeitete mit kleinen Instrumenten, kleinen Feilen, kleinen Messingwaagen, die von einer Glasglocke abgedeckt waren, damit nicht einmal der Staub auf ihren Tellern liegen blieb, diese Waagen standen an verschiedenen Punkten der Werkstatt, er arbeitete mit kleinen Pinzetten, kleinen Sägen, kleinen Schraubstöcken, kleinen Polierern, winzigen Tongefäßen, Gussformen, Tiegeln, verschiedenen großen Stielgefäßen, in denen er vom Kamin, der in der Tiefe der Werkstatt glühte, das geschmolzene Blei brachte, das Zink, die Edelmetalle, vielleicht auch Gold, ich weiß nicht, er arbeitete mit Zangen, einer ganzen Serie von Sticheln, er vernickelte, er machte mit Hilfe von Klemmen mit Holzgriff über der scharf zischenden Flamme Silberfäden und Goldfäden geschmeidig; er war Goldschmied. Damals gab es auch noch Silberschmiede, die stellten Geschirr her, Taufteller, die innen dann noch vergoldet wurden, Tabakdosen, Saucenschüsseln, vollständige Besteckservices mitsamt dem ganzen Tischzubehör, wie man sich damals ausdrückte, und zu einem herrschaftlichen Haus gehörten in der Tat eine Menge Dinge, Kerzenhalter, Serviettenringe, Tabletts und ausgeklügelte Servierzangen, Tortenschaufeln, Bratengabeln, Etageren fürs Obst, Kannen, Salzbehälter, innen aus geschliffenem Kristall, einer fürs gewöhnliche Salz, ein anderer fürs Riechsalz, verschieden geformte Körbe aus Silbergeflecht für Brot und Backwaren, Aschenbecher, Löschhütchen und was der Dinge mehr waren. Mein Großvater, denke ich, lächelte vor sich hin, weil er an der Feinarbeit seine Freude hatte und auch, um die Anspannung der dauernden Konzentration zu lockern. Oder ich weiß nicht, aus welchen anderen Gründen, von welchen Gefühlen geleitet, er sich durch sein ganzes versunkenes Goldschmiedleben hindurchlächelte.

In der ganzen Stadt, im ganzen Land, im ganzen kaiserlich-königlichen Reich war es so Sitte. Fürs Sonntagsessen gab das Mittagsläuten das Zeichen. Die Suppe hatte heiß zu sein, zu dampfen. Den Usancen gemäß durfte der Hausherr nicht tolerieren, dass die Hausfrau die Suppe lauwarm auftrug. Bei meinen Großeltern mütterlicherseits wurde das Essen aufgetragen, bei den Großeltern väterlicherseits wurde es serviert. Es ist serviert. *Zu Tisch.* Wenn sie etwas in einer fremden Sprache sagten, erhielt es einen scherzhaften oder ironischen Klang. *À table.* Die Suppe meiner Großmutter dampfte, sie war heiß, wo aber war die von ihren Kronländern gezierte Doppelmonarchie mit den fremden Wörtern und den dazugehörigen rangmäßigen und sprachlichen Unterschieden. Verpufft. Die Hausherren hatten zwei Weltkriege verloren, waren in zwei Weltkriegen gefallen. Es gab keinen Menschen in der Stadt, der nicht jemanden oder etwas verloren hätte. Zur Zeit unserer Sonntagsessen stand die Stadt ausgeweidet, in sich zusammengesackt, in Trümmern um uns herum, sie rang mit ihren Lücken und Verlusten. Einmal krachte ein stark beschädigtes Haus mit allen seinen Stockwerken unter Getöse zusammen, irgendwo in der Nähe des Stadtwäldchens, ich erinnere mich an das Bild, an das typische, endlose Getöse des Einsturzes und, ja, an den Geruch, während mein Großvater und ich dahinspazierten, vielleicht auf der István-Straße, es war Friede, es war Sonntag, am Ende des Einsturzes war immer ein Klirren zu hören, die Menschen rannten kreischend aus den Häusern, und wir standen einfach da, vielleicht wollten wir ins Stadtwäldchen, doch dann sahen wir wegen des vielen Staubs auf der anderen Straßenseite nichts mehr. Vor dem Staub war da immer zuerst der Geruch des Einsturzes. Ich wusste das, alle, die in der Stadt die Belagerung mitgemacht haben, wissen das. Alle husteten, alle rannten davon. Am nächsten Tag kam es in der Zeitung. Am Samstag faltete die Großmutter die Zeitung auseinander, die *Népszava*, *Volksstimme*, sie zeigte darauf, hier steht's, ich sag's doch, es ist darin gekommen. So hieß das im Budapester Jargon. Handelte es sich um die Namen von Personen, wurden sie hineingenommen oder aufgenommen. Ich lebte lange in der Überzeugung, dass das immer so sein würde, jederzeit so sein konnte, Häuser stürzen ein, sie kommen als Nachricht in der Zeitung, kommen darin. Das ist die Ordnung der Dinge. Komm ja nicht in der Zeitung, Gott behüte. So geht es in der Welt um uns herum zu. Jetzt ist doch der Elemér in der Zeitung gekommen. Die Stümpfe der gesprengten Brücken ragen aus der Donau heraus. So ist mein Leben. Ich sehe sie als gestutzte Flügel eines gezausten Vogels, die kaputten Brücken auf dem damals entstandenen Foto, wobei ich damals weder an Vögel noch an gestutzte Flügel dachte. Ich dachte nicht an Vernichtung, sie war einfach die unmissverständliche Form der Existenz. Wie könnte eine Brücke anders sein. Das ist das Schicksal der Brücken. Das konnte man nicht so oder anders verstehen. Es gibt die, die sie sprengen, es gibt die, die sie bauen, das hatte ich begriffen, nach der Belagerung wurde ja die neue Brücke vor meiner Nase gebaut. Der eine Steinlöwe der Kettenbrücke lag noch jahrelang auf dem unteren Kai, auf den Trümmern des Brückenzollhauses und seines eigenen Postaments. Die Brückenzollhäuser wurden später nicht überall wieder aufgebaut, weder auf der Kettenbrücke noch auf der Margaretenbrücke, es war ja schon nach den Ersten Weltkrieg kein Zoll mehr erhoben worden.

Um nach Buda hinüberzugelangen, bauten die Pioniere der russischen Armee zuerst eine Pfahlbrücke, aber die wurde bald vom Eisgang mitgerissen. Noch im Frühling desselben Jahrs wurde unter endlosem Gedröhne eine Pontonbrücke gebaut, auf der gelangte man auf die Margareteninsel, über sie dann durch Matsch, Schlamm, Pfützen, durch alles, was die vor einem Gehenden zertrampelten, über zugefrorene Bombenkrater, am eingestürzten Zierbrunnen und an verstümmelt sterbenden Bäumen vorbei zum schmaleren Donau-Arm, dann über eine zweite Pontonbrücke nach Buda hinüber. Wenn es eine unendliche Ödnis gibt, dann war und bleibt für mich dieses kurze Wegstück das Unendliche und das Öde. In meiner Erinnerung heben sie mich nur selten auf den Arm. Das ist aber unwahrscheinlich. Wahrscheinlicher ist, dass das Gehen zu etwas allumfassend Natürlichem wurde. Alle marschierten, alle gingen. In meiner Erinnerung marschiere und marschiere ich, ohne Ende. Bestimmt hob mich meine Mutter auf den Arm, bestimmt ließ mich mein Vater auf den Schultern reiten, schon um nicht im Schneckentempo voranzukommen. Wir hatten zwar zwei Kinderwagen, den großen Wagen mit seinem Rollladen und meinen offenen Sportwagen, ich war auch stolz darauf, dass wir zwei hatten, keine Ahnung, warum, vielleicht sagten sie, ich solle stolz sein, andere haben nicht einmal einen, die armen Prolokinder, ich hingegen habe gleich zwei, aber auf dem wechselvollen Kriegsterrain waren die eher nur für Warentransporte geeignet.

Um die Atmosphäre der Zeit fühlbar zu machen, wie meine Tante Magda zehn Jahre später, im Februar 1955, schrieb, auf Aufforderung der Redakteurin der *Irodalmi Újság, Literaturzeitung*, und wie ich es aus ihrem datiert erhaltenen Manuskript zitiere, um zu zeigen, wie ein Erwachsener aus unserer Familie dieses allumfassende Gehen erlebte.

Wir gingen und gingen.

Wo hätten sie mich denn lassen sollen, bei wem, sie nahmen mich schon in den ersten Tagen nach der Belagerung mit, und überhaupt, alle waren auf der Straße, endlich, endlich, man konnte aus den Kellern heraufkommen, alle gingen, alle schleppten etwas.

Die Atmosphäre der Zeit, sagte ich vor mich hin, aber liebe Sarolta, wir konnten doch damals nicht die Atmosphäre aufnehmen, sondern mussten schauen, wo wir hintraten, während wir von der einen gerade entstehenden Frauengruppe zur anderen eilten, schreibt meine Tante, ich habe aber nie herausgefunden, wer diese Sarolta gewesen sein mag, vielleicht die Dichterin Sarolta Lányi, vielleicht hatte die sie zum Schreiben aufgefordert. Selbstverständlich gingen wir, mangels eines jeglichen Verkehrsmittels, zu Fuß. Man musste strikt vor sich auf den Boden schauen, um nicht unglücklich auf eine nicht explodierte Mine zu treten, um nicht in der Tiefe eines Bombenkraters zu verschwinden, um nicht über eine Leiche zu stolpern, über einen Tierkadaver oder auch über ein Klavier, ein aus einem Schießstand herausgekipptes Maschinengewehr, über eingestürzte Hauswände, über fremde Gegenstände, schreibt meine Tante, über nicht hierher passende Dinge, wie sie die einstigen Straßen der Trümmerstadt in dicker Schicht bedeckten und versperrten. Die tödliche Gefahr lauerte nicht nur unter unseren Füßen. Wir mussten verzweifelten Müttern, unterernährten Säuglingen, verlassenen Kindern beistehen. So war die Zeit, so ihre Atmosphäre, in die noch Schüsse platzten. Deutsche Einheiten hielten von Buda aus Pest unter Geschützfeuer, aber auch aus den Häusern von Pest wurde noch da und dort geschossen.

Die sowjetische Artillerie antwortete. Kamen wir den sowjetischen Stellungen zu nahe, begannen die Soldaten wütend zu schreien, was diese Weiber hier wollten.

Ich musste marschieren, die Hindernisse überwinden, mit ihnen nach Möglichkeit Schritt halten. Auch ich schaute vor mich auf den Boden, anderswohin konnte man nicht schauen, ich musste den Trümmerhaufen ausweichen. Meine Tante erinnerte sich vielleicht anders daran, aber in den Familienaufzeichnungen kann man nachlesen, dass uns unser erster Weg zum Tisza-Kálmán-Platz führte, sie und auch mich, und tatsächlich wurde Pest da noch von Buda aus beschossen. Meine Eltern hatten erfahren, dass der Sitz des

Volksbundes auf dem Tisza-Kálmán-Platz von der Ungarischen Kommunistischen Partei besetzt worden war, wie und von wem sie es erfahren hatten, weiß ich nicht, sie versammeln sich dort, ihre seit einem Vierteljahrhundert illegale Partei wird sich dort legal neu formieren. Die Gruppe, in der wir marschierten, wurde immer größer. Aus der Damjanich-Straße kam Tante Magda mit uns, in ihrem Kaschmirturban, um die Schultern den unverzichtbaren Silberfuchs, und mein Onkel Pali kam, er in seinem pelzbesetzten Mantel und mit Fellmütze. Auf diesem Marsch saß ich auch auf seinen Schultern. Ich saß auch auf den Schultern von Lombos, die Lombos schlossen sich uns in der Rottenbiller-Straße an, ich saß auch auf den Schultern von Kerekes, dem bestaussehenden Mann unter ihnen, einem berühmten Arbeitersport-Geräteturner, der mir sehr imponierte, ein bisschen hinkte er, ich holperte auf seinen Schultern im Takt seiner Schritte mit. In meinen Träumen kehrt die Trümmerstadt häufig wieder, aber aufgrund der Träume könnte ich heute ihre Muster und Schauplätze nicht mehr benennen. Da ist zum Beispiel eine Újpester Gegend in meinem Kopf, ich habe mehrmals versucht, sie in Újpest, Neupest, wiederzufinden, aber dort gibt es nichts dergleichen, nicht einmal etwas Ähnliches. Es sind Traumorte, wie sie in meinem Bewusstsein aus der Erfahrung der Trümmerstadt entstanden sind. Daraus oder aus einem existierenden Wort entsteht der Ort, oder ein wirklicher Ort ist die Erklärung für ein unverständliches Wort. Müdigkeit spürte ich erst, wenn es vorbei war. Wir waren da. Wir waren dort. Wir waren angekommen. Jedes Mal war es plötzlich vorbei. Ich schlief in der Wärme übergangslos ein, manchmal im Stehen. Manchmal im Gehen. Richtig schön wurde das Einschlafen dadurch, dass sie es guthießen. Heute noch schlafe ich sofort ein. Von ihrer Freude umhüllt, kehrte ich in eine ätherische Ruhe zurück; der Traum belohnt den Körper für seine Müdigkeit, ergreift ihn, trägt ihn, nimmt ihn in Besitz und gibt ihm einen Schubs, um ihn mitsamt seinem Selbstgefühl in den schützenden Mutterschoß zurückgleiten zu lassen. Manchmal wachte ich auf der Fensterbank eines halb zerstörten, mit Brettern vernagelten Kaffeehauses auf, in der Tiefe dunkler kleiner Konditoreien, auf einem von Tabakrauch stinkenden Plüschkanapee, ein süßes Erwachen, ich wusste nicht, wie wir hierhergeraten waren und wo wir uns befanden in diesem großen Gesumme, unter so vielen lachenden und lebhaft gestikulierenden Frauen, sie gingen ja tatsächlich ihre Frauengruppen organisieren, und von da an gibt es in meiner Erinnerung nur lauter Frauen, während die rote Glut eines bauchigen Koksofens durch gewölbte Marienglasscheiben hindurchschimmert und mir ins Gesicht leuchtet, in dieser Wiedergeburt des Alltags nach der Belagerung.

Die Pfahlbrücke war die schönere gewesen, die, die vom Eisgang bald mitgerissen wurde. Überhaupt gefielen mir die Wörter, auf die wir stießen, der Eisgang tost, Zierbrunnen, der Eisgang machte wirklich einen tosenden Lärm, Fliegerangriff, Halsschmuck, Halbedelstein, Bombenkrater, Fassung, Pfahlbrücke. Mein Vater stand am Geländer des oberen Kais im kältefunkelnden Sonnenschein und erklärte ins scharfe Knirschen und Dröhnen der Eisschollen hinein, was geschieht, wenn der Fluss vereist oder wenn gesprengt wird, um das Eis endlich in Gang zu bringen, woher die Möwen kommen, anhand deren Bewegungen wir die Strömung beobachteten, wieso man in der Kälte den eigenen Atem sieht, was Temperatur ist, was Temperaturunterschiede mit dem Dunstgehalt der Luft tun, was Wasserdampf ist, wie ein Ponton entsteht, warum er obenauf schwimmt und warum unser Körper untergeht. Also, was heißt spezifisches Gewicht, was richtet der Unterschied zwischend den spezifischen Gewichten in der gravitationsgeplagten Welt an. Was heißt Volumen, was ist der Zusammenhang zwischen Gravitation und physikalischer Kraft, was ist das Geheimnis schwimmender Körper, welches sind die beiden Voraussetzungen, damit etwas über Wasser bleibt, und so weiter.

Für diese Erklärungen hatte er einen besonders leisen, einschmeichelnden Ton, der aber dem geistigen Niveau eines Drei-

oder Vierjährigen bei weitem nicht angepasst war. Höchstens, dass er seine Mitteilungen skandierte, verlangsamte, gewissermaßen in verständliche Abschnitte aufteilte. Noch heute höre ich diese in eine höhere Tonlage gehobene und deswegen etwas unangenehme Stimme. Jahrzehnte später hörte ich vom Theaterkritiker Péter Molnár Gál zum ersten Mal den Ausdruck, jemand habe seine Stimme nicht am richtigen Ort. Der Sprechlehrer müsse die Stimme dieses Jemands in Ordnung bringen. Die Intonation der Erklärungen meines Vaters, jener meinem langsamen Auffassungsvermögen angepasste Satzrhythmus, hinterließ bei mir ein physisches Gefühl. Seine Stimme war nicht an ihrem Ort, wenn er dozierte. Zu der Zeit herrschten modern angehauchte Vorstellungen von Pädagogie, inspiriert von Imre Hermann und Emmi Pikler, denen gemäß man einem Kind alles so oft wie nötig erklären muss. Nie von oben herab, nie überheblich, aber auch ohne das intellektuelle Niveau hinunterzuschrauben. Es ist kein Idiot, kein Behinderter, dem wir etwas erklären, sondern ein Kind. Dass es das Phänomen oder den Vorgang in vollem Umfang oder in seiner ganzen Tiefe versteht, ist nicht so wichtig, wenn es sie nicht versteht, dann eben nicht, es wird sie irgendwann schon verstehen, oder nie verstehen, vielleicht missverstehen, das ist ganz gleichgültig, auch wir verstehen es ja nicht oder kaum, viel wichtiger ist das Vertrauen, das es uns und vor allem dem Wissen entgegenbringt. Die Erklärung muss korrekt sein. Selbst wenn sie über den Verstand des Kindes gehen, sollen die Kausalzusammenhänge transparent werden. Die Erklärung soll auf sicherem methodologischem Boden stehen. Wer was wann wo. Diese Fragenliste sagten sie auch auf, einfach so, separat, ohne Zusammenhang, und sie lachten dazu, es musste ein Privatwitz sein, und es war nicht das Einzige, das ich auswendig lernen musste; derselben rigorosen, ironisch verknappten Reihenfolge begegnete ich Jahrzehnte später in der Journalistenschule, als der alte Redakteur des *Esti Hírlap*, *Abendnachrichten*, Aladár Ritter, er war schon vor der Belagerung

Redakteur der *Est*-Blätter, *Abendblätter*, gewesen, vor der Belagerung, nach der Belagerung, das war die Zeitengrenze, die notwendigen und unverzichtbaren Elemente einer Nachricht oder eines Berichts erklärte und dabei außer sich geriet. Wer in einem Bericht diese Fragen, wer, was, wann, wo, nicht beantwortet, wer auch nur eine einzige weglässt, der kann bei mir den Hut nehmen, der ist für mich ein Dilettant, eine Null, ein Niemand, der soll über gar nichts berichten, der soll sich eine andere Beschäftigung suchen, bei einer Zeitung hat er nichts verloren.

Offen zugeben, wenn man etwas nicht weiß. Und wie viel gibt es doch, das man nicht weiß. Auch von den dem Wissen zugänglichen Dingen weiß man kaum etwas. Das gehörte auch zu Vaters Prinzipien. Und wahrscheinlich merkte er nicht, dass er, im Bann der modernen Vorstellungen, seine Stimme von ihrem Ort hob.

Die Entwicklung meines Bruders Pali verfolgten sie mit Hilfe eines Tagebuchs, eines großformatigen Hefts mit karierten Seiten, sie widmeten seinen Bewegungen eine besondere Aufmerksamkeit, ließen ihn ohne Windeln frei strampeln, woraus ich nachträglich ersah, dass sie im Namen der modernen Vorstellungen auch schon mit mir so verfahren waren. Ja, sie waren Anhänger von Emmi Piklers Methoden der Säuglingsbetreuung. Überhaupt waren die Namen Pikler und Popper in der Familie in verschiedenen Zusammenhängen präsent, und es wurden auch noch weitere Piklers und Poppers erwähnt. Nicht nur Emmi, die unter dem Namen Emilie Madeleine Reich in Wien das Licht der Welt erblickt, Medizin studiert und auf der Universität einen ungarischen Mathematikstudenten kennengelernt hatte, ihren nachmaligen Ehemann György Pikler, Sohn eines georgistischen Soziologen und Galileisten, an der Wende vom neunzehnten zum zwanzigsten Jahrhundert, in den unendlich fernen Zeiten vor der Belagerung, ein angesehenes Mitglied des Galilei-Kreises, der hochbedeutenden Budapester intellektuellen Vereinigung, dazu einer der gründlichsten theoretischen Vorbereiter der damals schon seit hundert Jahren brennend nötigen ungarischen Bodenreform, auch wenn von dem, was er in seiner Eigenschaft als hochangesehene Kapazität geplant hatte, gar nichts realisiert wurde.

Wenn sie etwas nicht wussten, antworteten beide, meine Mutter wie mein Vater, der agnostizistisch-modernistischen Manier entsprechend, ich werde dem nachgehen, es nachsehen, nachschlagen, es gab ja für alles eine rationale Erklärung, nur ja nicht ans Göttliche hinanreichen. Höchstens meine zum Nihilismus neigende Mutter sagte etwa, sie habe nicht die leiseste Ahnung, sie habe keinen bloßen Dunst, so sagte sie es. Beide Ausdrücke waren spielerisch, reine Stilübungen. Sie hätte auch blassen Dunst sagen können, aber sie sagte bloßen. Bei diesen ihren abweichenden sprachlichen Gesten spitzte ich immer die Ohren. Hier gab es also irgendwie ein Geheimnis. Oder sie beschimpfte mich zum Spaß, auch eine Gewohnheit von ihr, rief, sie sei doch kein Orakel. Es bedeutete, dass niemand allwissend ist, höchstens ein Budenzauberer. Ich werde dann das einschlägige Wissen suchen, werde es im großen weisen Lexikon nachschlagen, und das bedeutete, dass ausschließlich das Wissen zählte, die sachbezogene Bildung. Irgendwelchen Gerüchten, Vermutungen, Aberglauben gehen wir nicht auf den Leim. Oder sie sagte, ach, ich bitte dich, lassen wir das jetzt, lass mich in Ruhe mit deiner Fragerei, sei so gut. Wir haben nicht für alle Fragen Zeit. Alles können auch wir nicht wissen. Ich bin kein weiser Baba, du kannst ihn dann in Konstantinopel fragen. Konstantinopel wurde zur Stadt der Wunder, dort sagte einem der Baba alles. Nur wusste ich nicht, was ein Baba war und was er mit dem Baba au rhum zu tun hatte. Deine Frage läuft nicht davon, keine Angst, und wenn doch und sie dir morgen nicht mehr einfällt, dann war sie auch nicht mehr wert. Nichts war sie wert. Die ironische, selbstironische, skeptische, nihilistische Spitze dieser Verlautbarungen, Aufforderungen und Versprechen keilte sich in mir fest. Ich akzeptierte sie, weil ein Menschenkind von seiner Mutter ja so gut wie alles akzeptiert, aber ich war dagegen. Alle die Relativierungen, Wortblüten, Übertreibungen, Wortspiele, Spiele mit dem Tonfall, nie aber ging sie den Dingen und Menschen nach. Das nahm ich ihr übel. Bei ihr lief die Frage weg wie ein Häschen. Auch das Häschen war nur ein Scherz. So viel Nonchalance und ironische Distanz dem Wissen gegenüber erlaubte sich mein Vater nie. Im Gegenteil, er nahm sein sokratisches Nichtwissen sehr persönlich. Er war betroffen, ach je, auch das weiß ich nicht. Habe noch gar nie darüber nachgedacht, obwohl es doch eine verzwickte Frage ist. Er machte sich kundig, schlug tatsächlich nach und kam dann mit der ergänzenden oder berichtigenden Erläuterung. Und freute sich, dass wir es dank meiner Neugier von nun an wissen würden. Er wollte einen Agnostiker aus mir schnitzen, so wie mich meine Mutter als Skeptiker haben wollte, aber diesen Experimenten widerstand ich von früh auf. Gestern war es mir entfallen, aber heute habe ich nachgeschaut. Ich muss zugeben, ich habe mich geirrt, es war ein Irrtum. Gestern habe ich dir leider etwas Falsches gesagt, inzwischen habe ich aber nachgeschaut. Solche und ähnliche höfliche Formulierungen freuten mich besonders. Dass mir zusätzlich zu allem auch noch das zusteht, die Zuvorkommenheit meines Vaters, seine Gründlichkeit, seine intellektuelle Ehrlichkeit. Mit seinem methodischen Vorgehen verlieh er meiner animalischen Neugier gewissermaßen Festigkeit und Bestand, hob sie in eine höhere Klasse, trieb sie unbewusst in Richtung der Gnosis. Meine Mutter unterband meine Neugier eher und zwang sie in einen pragmatischen Rahmen. Man kann nicht ständig fragen und forschen, zwischendurch müssen wir uns ja auch mit anderen Dingen befassen, lieber etwas tun als dauernd sinnieren, zu Mittag essen, zu Abend essen, in den Laden gehen.

Später bereitete mir mein Vater mit seinen zuvorkommenden Sätzen viele Probleme. Das Eingeständnis seines Unwissens und seiner Irrtümer verringerte mein Vertrauen ins Wissen nicht, im Gegenteil, es wurde dadurch gestärkt. Ich folgte ihm. Mein

Vertrauen ging ein Zeitlang sozusagen übers Notwendige hinaus. Es wurde mir, um ein schlichtes, aber ein Leben lang wirksames Beispiel zu nennen, ungefähr mit zehn Jahren bewusst, dass er Kommunist war, und dass ich es demzufolge auch war, da er es ja war, das schloss ich aus seinen Worten, oder dass ich es später sein würde, dass ich Kommunist werden musste. Ich bin ein Junge und werde ein Mann wie er. Obwohl ich da schon mehr als nur einen Einwand gegen ihren Kommunismus hatte. Ich bemühte mich, noch andere Muster zu haben als nur das, was sie taten. Kein Affe zu sein, nicht alles nachzuahmen, nur damit ich ein braver Junge wäre. Vom Zeitpunkt dieser Erkenntnis an tat ich mich ungefähr drei Jahre lang mit der Last der Sohnespflicht schwer. Ich dachte über den kommunistischen Menschen nach und was ich tun müsste, um so einer zu werden. Die Kommunisten hatten meinen Großvater Tauber zurückgewiesen, mein Großvater Nádas wiederum wies den Kommunismus zurück, auch das verstand ich nicht. Das spezifische Gewicht und die sich daraus ergebenden physikalischen Unterschiede hatte ich dank den Erläuterungen meines Vaters bereits einmal verstanden, und so brauchte ich in der Schule nur darauf zurückzugreifen, um es wieder einigermaßen zu verstehen, bevor ich es dann wieder vergaß. Aha. Das hatte ich ja schon einmal begriffen. Da und da, in dieser oder jener Situation, denn zusammen mit der Sache kam mir natürlich auch das Wie und Wo wieder in den Sinn. Allerdings verstehe ich jetzt nicht, was ich damals zu verstehen glaubte. Die Situation, die Modalität der Erklärung waren verändert, und ich begriff wieder nichts. Ich verstand auch nicht, wie ich Kommunist werden könnte, wenn ich ja bereits einer war. Eine Frau konnte ich nicht werden. Seither forsche ich der Struktur des Verstandes nach, seinem morphologischen Flechtwerk, das ihm erlaubt, einen Stoff intelligibel zu machen, während er nur die Dinge endgültig speichert, deren Sinn und inneren Zusammenhang er intuitiv schon erfasst hat. Als ich mit den Jahren dank oder trotz allem früheren Wissen allmählich doch zu kapieren begann, was spezifisches Gewicht oder Kommunismus sind, unter vielem anderen, da wollte ich auch sehen, wie viele Anläufe ich je nach Lebenslage nehmen musste, bis ich eine Sache verstand. Viele. Unzählige. Einen einzigen. Und noch mehr Zeit verging, bis mir aufgrund scheinbar nebensächlicher Zeichen klarwurde, dass es nicht nur mir so ergeht, sondern auch anderen, was auch wieder ein Licht wirft auf die Mechanismen des menschlichen Wissens. Die Stationen des Begreifens, die Wiederholungen, die verschiedenen Grade des Verstehens und des Unverständnisses waren mit den Bildern ganz konkreter Situationen verknüpft. Der Verstand hält längst nicht nur die reine Information fest, nicht einmal im Fall von Winzigkeiten. Zu meinem Lexikon gehört ein Bildband. Der Name der Möwe ist verbunden mit dem dick verschneiten Neupester Kai im funkelnden Vormittagslicht, im Hintergrund die Stümpfe der im Eis eingefrorenen, gesprengten Margaretenbrücke, des Vogels mit den gestutzten Flügeln. Möwe, das sind Möwen. Die ersten Grundbegriffe der Strömungsphysik sind dann schon mit dem Bild der wieder aufgebauten Brücke unterlegt, um genau zu sein, mit dem Geländer der Treppe, die auf die Insel hinunterführt, von wo aus man die Pfeiler und die Beschleunigung und das dramatische Anschwellen des sich brechenden Wassers gut sehen kann. Zu diesen Erinnerungsbildern gehört die Erklärung von Bewegung, Geschwindigkeit und Kraft. Schauen wir hingegen zu dem vielleicht gerade bedeckten Himmel auf, kommen meinem Vater die über dem Fluss schwebende Möwe oder die Daunenfeder einer Möwe für die Erläuterung des spezifischen Gewichts gerade gelegen.

Er bückte sich, fasste mich bei der Hand, beugte sich noch näher, wir waren unterwegs, wir waren immer irgendwohin unterwegs, alle waren das. Während er den Gegenstand seiner Erklärung im Auge behielt, kommentierte er den Vorgang, etwa den Bau der Pontonbrücke, oder den Wiederaufbau der Margaretenbrücke. Umgeben von dem besonderen Geruch seiner Körperwärme, teilte er sein Wissen mit mir. Ich spreche es ungern aus, aber dieser Geruch befremdete mich. Gleichzeitig unternahm ich große Anstrengungen, diese Befremdung zu verdrängen, es war mir klar, dass sie mich in der Liebe behinderte, die ich für ihn empfinden sollte. Und die ich tatsächlich auch empfand. Es war eher eine sinnliche Freude, eine Anziehung, die ich für ihn empfand, und die verträgt den Ekel, zumindest muss sie sich nicht abwenden. Liebe ist etwas anderes, die Liebe will mit ihrem Objekt allein sein. Sie braucht angenehme Düfte. Ich kam nicht klar mit dieser ganzen Liebe. Sie erwähnten so viele ihrer Formen, in so verschiedenen, zuweilen bizarren Zusammenhängen, dass ich lange, gemessen an einem Menschenleben unmäßig lange, mindestens drei Jahrzehnte, die Bedeutung des Wortes nicht verstand, jedenfalls nicht so, wie es andere verstanden, Liebe. Das Wort Caisson, und wie und weswegen die Brückenbauer Caissons verwenden, wenn sie den Pfeiler im Flussbett aufstellen, und was der Caissonarbeiter macht und welchen Gefahren er ausgesetzt ist, auf welche Art er graduell an die Oberfläche gebracht wird, was der Blutdruck ist, was der Druckunterschied, wie man den inneren und den äußeren Druck ausgleichen kann, die Begriffe Ausgleichen und Druckmesser, das alles ist in meinem Kopf zusammen mit dem Anblick der Bauarbeiten an der Margaretenbrücke und der hohlen Musik der Metalle gespeichert.

Mein Vater lehrte mich die Möwen füttern, warf in einem Bogen Brot in die Luft, Kügelchen, die seine Finger geknetet hatten. Von da an waren Kügelchen kein Brot mehr; das Wort hatte Form und Materie getrennt, die hoch oben segelnde, schaukelnde Möwe hingegen stürzte sich, begleitet vom Kreischen der anderen, aus ihrer unsichtbaren Luftströmung geschickt darauf. Anhand des Vogelkörpers konnten wir die Strömung orten, und mit seinen Flügelschlägen zeigte er uns bis zu einem gewissen Grad auch ihre Stärke. Wir lernten Stärke und Richtung der Strömung anhand von natürlichen Gegenständen abzuschätzen. Manchmal stürzte sich eine ganze Schar Möwen mit lautem Gekreische auf das Kügelchen. Nicht, dass es viel Sinn hat, aber ich kann ganz genau festmachen, wann sich diese Begriffe meiner Muttersprache in meinem Denken verankert haben. Die südliche Fahrbahn der Margaretenbrücke wurde am 16. November 1947 feierlich dem Verkehr übergeben, und das war der Tag, an dem sich diese Wörter in mir festsetzten. Mein Vater erteilte mir nach der Feier die erste Lektion in Strömungsphysik. Ich war fünf Jahre alt. Er musste in offizieller Funktion dabei sein, zu einem bestimmten Zeitpunkt, wir beeilten uns, er packte mich spaßeshalber unter den Arm, ich mochte das wahnsinnig gern, mochte, dass er mich einfach so unter den Arm packte. Jetzt, wo ich dem nachforsche, suche ich die entsprechenden Angaben, es interessiert mich, warum er bei dieser Brückeneinweihung dabei sein musste, und ich sehe, dass der Vizepräsident des Amts für Reparationen, György Szentpétery, ihn genau einen Monat zuvor, am 16. Oktober 1947, zum Amtsbeirat ernannt hatte. Seinem Metier entsprechend gehörten die mit Schwachstrom arbeitenden Sektoren, also das Fernmeldewesen, zu seinem Aufgabenbereich in dem von der Kriegsniederlage gezeichneten, vom Moskauer Waffenstillstandsabkommen und dem Pariser Friedensvertrag zu beträchtlichen Reparationszahlungen gezwungenen Land. Und dass der Friedensvertrag das bedeuten würde, wusste ich damals schon, nicht erst jetzt, mein Onkel Pali war für lange Monate zu den Friedensverhandlungen nach Paris gereist, er wohnte zusammen mit der ungarischen Delegation im Hôtel Claridge auf den Champs-Élysées und berichtete für seine Zeitung und auch für andere Blätter.

Endlich arbeite er wieder in seinem Fach, sagte mein Vater in jener Zeit mehr als einmal zufrieden. Was mir wohl deshalb auffiel, weil er sonst alle persönlichen Äußerungen vermied. Zuvor hatte er beim Elektrizitätswerk arbeiten müssen, mit Starkstrom. Er sprach nie von sich. Jahrzehntelang sprach er nie von sich, als habe er keine persönlichen Erlebnisse und könne also auch nichts Persönliches mitteilen. Diese Eigenschaft habe ich leider geerbt, ich versuche sie durch völlige Offenheit auszugleichen. Auch wenn die eher auf der Ebene der Phantasie und der Fiktion funktioniert. Wo immerhin die Möglichkeit gegeben ist, dass ich in meinem eigenen Satz nicht nur ich bin. Diese unsere gemeinsame Charaktereigenschaft nahm an seinem Lebensende dramatische Dimensionen an, bei ihm mochte sie auch eine teils professionelle, teils politische Deformation sein. Am Ende sprach er von nichts anderem mehr als von sich selbst. Er forderte Rechenschaft und klagte an. Mit den vielen Klagen und Selbstanklagen ließ er nicht erkennen, was für einen endgültigen Schritt dieses bis ins Innerste verhüllte Ich plante. Laut dem Dokument zu seiner Ernennung hatte er aber damals noch das Recht und die Pflicht, im Zusammenhang mit den Reparationslieferungen in sämtlichen auf ungarischem Boden befindlichen Fabriken, Werken, Unternehmen notfalls Inspektionen vorzunehmen. Dieses Recht beruhte auf Dekret 1500/1947 M.E. sz. Bei Nichtbefolgung konnte er, gestützt auf Paragraph 3 des genannten Dekrets, vorgehen. Das Recht auf Inspektion nahm er sicher in Anspruch, gegen Obstruktion ging er in seiner radikalen Art ganz bestimmt vor. In jenem historischen Augenblick war das nicht kommunistischer Radikalismus, sondern radikales Staatsinteresse. Das am 20. Januar 1945 unterzeichnete Waffenstillstandsabkommen, dann der im Februar 1947 unterzeichnete Friedensvertrag banden die Reparationslieferungen an bestimmte Zeitpunkte und Verspätungszinsen. Im Sommer 1946 hatte zwar die sowjetische Regierung der ungarischen Regierung eine auf 6 Millionen Dollar aufgelaufene Zinsschuld erlassen, aber von dem Moment an begann sich diese wieder zu summieren. Verspätung und Zinsen waren ein ständiger Gegenstand ihrer Gespräche, und so musste ich die Begriffe Zins und Zinseszins sehr früh kennenlernen. Zinseszins ist für mich verbunden mit dem Laubengang im sechsten Stock des Hauses in der Pozsonyi-Straße, Pressburgerstraße, während ich das Wort begreife, schaue ich durch die offene Tür unserer Wohnung und sehe in den langen Flur hinein, an dessen Ende ich in einem Standspiegel die Hand meines neben mir stehenden Vaters sehe, wie sie seine Erklärungen unterstreicht. Ins Bild hinein, aus dem Bild heraus. In dieser Zeit holte ihn morgens manchmal ein Amtswagen vor dem Haus in der Pressburgerstraße ab und brachte ihn erst Tage später zurück, in seinem mit fremden Gerüchen durchtränkten Anzug. Es war schön, ihn vom sechsten Stock hinunterzubegleiten, zu sehen, wie er die Autotür zuzieht oder wie der Chauffeur sie von außen zumacht, zuzuschauen, wie ihn das Auto langsam wegbringt. Die Pressburgerstraße an einem Vorfrühlingsmorgen, an einem Sommermorgen, unter diesem Aspekt haben sich die vielen Abfahrten meines Vaters in mein Gedächtnis gebrannt. Ich freute mich, wenn er wegfuhr, ich wollte das Wegfahren beobachten. Nach der Belagerung waren es altmodische schwarze Wagen mit Trittbrett, Bugatti, Adler, Mercedes, aber etwas später erschienen auf Budapests Straßen gleichzeitig mit den stets schwarzen, mit Weißwandreifen prunkenden Zimeks und Ziseks und Wolgas auch die bunten Amerikaner, malvenfarben und türkisblau, Straßenkreuzer hießen die, so wie Kriegsschiffe, eingeführt vom Botschaftspersonal, das mit seinen diversen Frauen umherkreuzte und in den Garagen der Botschaftsgebäude verschwand. Hielten sie irgendwo, entstand ein großer Auflauf aus Männern und Jungen. Die Männer kamen mir alle auf unangenehme Weise gleich vor. Es gab schon physiognomische Unterschiede, aber sie machten immer alles auf die gleiche Art, und ihr Benehmen und ihre Redeweise stießen mich ab. Nicht so die Frauen, bei ihnen war eher die Figur ausschlaggebend, und sie kleideten sich entsprechend oder sahen überhaupt entsprechend aus. Das überwältigte und erregte mich, wie alles, was sie mit sich taten.

Damals trugen die Männer noch Überzieher, jenen leichten Mantel im Frühling und im Frühherbst, der vor oder nach dem Wintermantel getragen wird. Es gab einen genauen Zeitplan, wann der eine mit dem anderen vertauscht werden durfte. Nie vor dem kalendermäßigen Frühling oder Herbst, in solchen Dingen gab es aus unerfindlichen Gründen keinen Pardon. Selbst angesichts solcher Regeln wahrten die Frauen aber ihre Individualität. Bei den Männern spürte ich etwas unangenehm Sklavisches, und dieser Eindruck hat mich nie verlassen. Ich war etwa zweiundzwanzig, als ich in einem plötzlich über uns hereinbrechenden warmen Frühling zum ersten Mal gegen diese strenge Regel aufbegehrte. Wieso soll ich im Wintermantel schwitzen, wenn es doch unvermittelt heiß geworden ist. Ich holte meinen Überzieher hervor, auch wenn dem Kalender nach der Frühling noch nicht gekommen war und alle Männer ihren Wintermantel trugen. Es kam vor, dass mein Vater so wütend nach Hause kam, dass er den Überzieher oder den Wintermantel gar nicht erst ablegte. Wahrscheinlich waren ihm die Regelwidrigkeiten über den Kopf gewachsen, sein Wutanfall hatte nichts Persönliches oder Launenhaftes, es war eher ein rituelles Toben, jemand gefährdete eine Lieferung, jemand arbeitete auf eigene Rechnung, jemand betrog zu anderer Gunsten. Er brachte Geschenke mit, große Überraschungen, offenbar reiste er auch ins Ausland, denn zuweilen lieh er sich von Großvater Tauber einen seiner besseren Anzüge mit Weste aus, er kam mit Wundergegenständen nach Hause, wie ich sie noch nie gesehen hatte. Bei diesen Verhandlungen ging es vor allem um die jeweiligen Quantitäten der Reparationslieferungen und um den Takt, in dem sie zu erfolgen hatten. Die Wünsche und Forderungen der Großmächte, ihre Bedürfnisse, waren nur die eine Hälfte des Problems. Die andere Hälfte betraf die Frage, was die Wirtschaft des Landes hergab. Es lag auch wieder nicht im Interesse der Großmächte, die ganze Industrie der Verlierernationen zu demontieren und abzutransportieren, dann hätten sie ja die Bewohner eines funktionsuntüchtigen Lands ernähren müssen. Die Verhandlungen mit den Verlierern bewegten sich im Rahmen des Vernünftigen, und als mein Vater das Amt übernahm, war das Land im Prinzip in der Lage, seinen dramatischen Reparationspflichten nachzukommen.

Ungarns Fernmeldewesen war ab den zwanziger und dreißiger Jahren von amerikanischen und englischen Firmen, Elivest-Pritteg und Standard, auf den höchsten technischen Stand der Zeit gebracht worden. Mein Vater hatte bei beiden Firmen mehrere Jahre gearbeitet. Die Reparationszahlungen durften das Funktionieren des Fernmeldenetzes und die Voraussetzungen für seinen späteren Ausbau nicht in Mitleidenschaft ziehen. Taten sie auch nicht. Den Zustand des Fernmeldewesens, eigentlich ziemlich weitab meiner Interessen, habe ich rund ein halbes Jahrhundert lang sozusagen unbewusst mit Aufmerksamkeit beobachtet. Ich las die einschlägigen Nachrichten und Statistiken, als sei immer noch mein Vater dafür verantwortlich. Von einer dieser Verhandlungen, irgendwo aus dem Ausland, brachte er mir Schlittschuhe mit Schlüssel mit, genau zur richtigen Zeit, an der Ecke der Sziget-Straße, Inselstraße, und der Pressburgerstraße war die Eisbahn aufgegangen, und wir hätten dort bis zehn Uhr abends zu schmetternder Musik Schlittschuh laufen können, wäre ich nicht zu klein gewesen und hätte nicht früh nach Hause gemusst. Aber zwischen den Tänzern, den gefährlich kreuz und quer Umhersausenden und denen, die auf dem äußeren Ring übers Eis galoppierten, fühlte ich mich gar nicht so klein. Große Mädchen tanzten mit mir.

Unterschrift. Stempel. Die Ausfertigung war noch am selben Tag vom stv. Dir. HiA, dem stellvertretenden Direktor des Hilfsamts, mit unleserlicher Unterschrift beglaubigt worden. Hilfsamt hieß die administrative Abteilung der Institution. Ausfertigung meinte das unterschrieben ausgehändigte Dokument oder Diplom. Der Tag der partiellen Brückeneinweihung, dieser Novembertag, war kühl und grau, der Winter war noch nicht gekommen, in der Luft lag noch etwas Herbstliches. Als wollte auch dieser Herbst kein Ende nehmen. Zehn Tage später legte mein Vater in Gegenwart des stellvertretenden Direktors Szentpétery sowie Frau Dr. Hazais in der Zentrale des Reparationsamts in der Rombach-Sebestyén-Straße den Amtseid ab. Die Schreibweise des Straßennamens schwankt zwischen Rombach und Rumbach. Heute wird er eher Rumbach geschrieben, im Budapest vor der Belagerung eher Rombach. Ich war mehrmals in dem Haus. In den hellen, sonnendurchfluteten Zimmern im fünften Stock, wo ein lebhaftes, weder der guten Laune noch eines zügigen Tempos entbehrendes Büroleben herrschte. Rombach oder Rumbach war in der Mitte des neunzehnten Jahrhunderts Amtsarzt der Stadt Pest gewesen, er ließ eisenhaltige Bäder bauen, und aufgrund dieser lukrativen Einrichtungen hielten es die späteren Stadtväter für angemessen, eine Straße nach ihm zu benennen. Ich erinnere mich an ein großes Kommen und Gehen, an den Kaffeeduft, an eine vollschlanke, grobknochige Frau, die dauernd den Stuhl unter sich wegstieß, um mit irgendwelchen Papieren irgendwohin zu eilen, während ich leicht beklommen auf dem Schreibmaschinentisch ein wenig zeichnete. Auch die Holló-Straße mit Großvaters Werkstatt war nicht weit von hier. Die Frau hatte mir Buntstifte gegeben, Schreibmaschinenpapier. Um genau zu sein, ich tat, als zeichnete ich sorglos dahin, aber unterdessen beobachtete ich die Frau und meinen fremd gewordenen Vater. Sie kamen sich gefährlich nahe, während sie über ein Papier gebeugt etwas besprachen. Ich schaute mir die Frau an, wie es wäre, sie als Mutter zu haben. Es war nicht auszumachen, ob sie sich übers Papier beugten, um etwas zu besprechen, oder ob sie etwas besprachen, um sich einander zuzubeugen. Ganz offenbar war sie die Sekretärin meines Vaters. Im Protokoll ist der Wortlaut des Eids festgehalten. Ich, László Nádas, schwöre auf Ehre und Gewissen, der ungarischen Republik und ihrer Verfassung treu zu dienen, die Gesetze Ungarns und ihre gesetzmäßigen Gebräuche sowie die Erlasse der Regierung zu befolgen, meinen Vorgesetzten zu gehorchen und meine Amtspflicht sorgfältig, gewissenhaft und mit Hinblick auf das Wohlergehen des Volks zu erfüllen. Unterschriften. Stempel.

Auf der Schreibmaschine fehlten offensichtlich die für die ungarische Rechtschreibung benötigten Buchstaben mit Akzent.

Aber ich kann mir nicht vorstellen, woher mein Vater bei seinen detaillierten Welterklärungen seine Sicherheit, Ruhe, Aufmerksamkeit, sein Vertrauen ins Wissen nahm. Ja, sicher, in der Familie war man sich einig, dass das Wissen auf einem höheren Podest steht als Gott. Kaum war die Front abgezogen, dozierte er schon. Als wäre gar nichts Besonderes geschehen, besser gesagt, es war vieles geschehen, das wir nicht werden vergessen können, beziehungsweise wir werden uns auch dann noch daran erinnern müssen, wenn wir es erfolgreich verdrängt haben werden, und doch hat die Welt jenseits des Geschehenen und der Geschehnisse ein viel wichtigeres, in ihrem tiefsten Inneren ruhendes Strukturprinzip, das sich in Erklärungen erschließt, die ihrerseits im Wissen und im Forschen wurzeln, wozu wir hiermit, aus dem totalen Chaos der Weltvernichtung erwachend, hochfeierlich zurückkehren. Wir öffnen die Türen der Lagerhäuser und Schatzkammern eine um die andere, lassen sie einen Spaltbreit offen, damit der frische Luftzug alles durchweht. Vielleicht feierte er mit den Erklärungen seine eigene Rückkehr. Dass er in diesem schönen Schattenreich leben durfte, auf dieser nach Leichen stinkenden Oberfläche der zertrümmerten Welt. Die fünf, meine beiden Onkel, István und Endre, und ein befreundetes Ehepaar, Ferenc und Magda Róna, die bei Ruderpartien und Wochenendausflügen Duci genannt wurde, immer nur Duci, sodass ich ihren wirklichen Namen jetzt bei ihrer Tochter in Erfahrung bringen musste, sieben Jahrzehnte lang wäre mir nicht in den Sinn gekommen, dass sie auch einen anderen Namen haben könnte, Duci hieß sie, von Magda, Magduci; also, die fünf, geschmückt mit sämtlichen Symptomen von Skorbut, waren gerade erst aus dem illegal abgetrennten unteren Kellertrakt des Hauses Nummer 7 am Neupester Kai heraufgekrochen, und schon war mein Vater dabei, die Dinge zu erklären, so jedenfalls erinnere ich mich. Und ich hörte ihm fast ebenso leidenschaftlich zu. Es waren weniger die Erklärungen, auf die ich achtete, als vielmehr auf seine Präsenz, die Beschaffenheit seiner Präsenz, die Art, wie dieser seltsame Mann, der angeblich mein Vater war, Erklärungen von sich gab.

Aus Aufzeichnungen und Erinnerungen geht hervor, dass sie am 16. oder 17. Januar 1945 aus dem Keller ans Tageslicht geholt wurden. Dort unten hatten sie nicht mehr genau gewusst, was oben geschah. Vom zweiten Weihnachtstag an waren sie zusammen mit den Stimmen, die aus der benachbarten Garage und dem benachbarten Luftschutzkeller herübersickerten, sich selbst überlassen. Sie hatten zwei Pistolen. Mein Onkel István war auch für den Fall vorbereitet, dass einer von ihnen starb. Er zeigte die mit Paraffin gefüllten Fässer, nicht ganz randvoll, vier Stück, in denen man Leichen versenken konnte. Er hatte so viel Paraffin weggelassen, sagte er, wie es dem angenommenen Gewicht der Leichen entsprach. Bis zu dem Zeitpunkt waren alle schon gründlich abgemagert. Die Fässer ließen sich fest verschließen. Zwischen zwei Luftangriffen zeigte er, wie man die Schlösser mit Wachs abdichtete. Die benachbarte Garage wurde für Militärfahrzeuge verwendet, und ein paar Tage lang hatten die Ein- und Abfahrten ihre Ordnung. Eines schönen Tages aber kehrten die Wagen nicht mehr zurück. Dann hörten sie von da drüben ein Gepolter, ein mächtiges Klopfen an der Wand, das keiner Ordnung folgte. Und dann hörten sie es wiehern, Pferde, die schlugen da gegen die Wand aus. In der ersten Januarwoche aber nichts mehr, nur der Lärmvorhang der Bombardierungen und des Kanonenbeschusses. Wir zwei, meine Mutter und ich, zogen vier Tage später aus der Damjanich-Straße in unsere fast unversehrte ursprüngliche Wohnung in der Pressburgerstraße zurück, die noch voller fremder Menschen war. An den Umzug erinnere ich mich nicht, hingegen sehr genau an den leichenübersäten Neupester Kai, an die von Bombentreffern aufgerissene, verdreckte, wahrscheinlich von Öl und Blut verdreckte Schneedecke der Fahrbahn, an das von Geschossen zerfetzte Eisengeländer, an die versehrten Bäume der Uferpromenade. Auch an die Körperstellungen der erfrorenen Leichen im Schnee auf der Fahrbahn und dem Gehsteig erinnere ich mich. Der Belagerungswinter war infernalisch kalt. Ich blicke um mich in diesem Bild, nehme die Metamorphose der Welt zur Kenntnis. Das heißt also, dass ich damals schon eine Erinnerung daran hatte, an diesen Neupester Kai, wie er früher gewesen war, und der Unterschied zwischen friedlichem Vorher und kriegerischem Nachher entsetzte mich. Wenn ich mich aber an das frühere Bild zu erinnern versuche, an den zum ersten Mal gesehenen, friedlichen Kai, an seinen Zustand vor der Belagerung, finde ich kein Bild, keinen Ton, finde nichts; das Friedensbild ist offensichtlich ein Tabu geworden.

Das wohl erste, oft wiederkehrende Erinnerungsbild meines Lebens ist ein im Dunkel eines Budapester Mietshauses aufleuchtender Treppenabsatz, während wir gegen eine kalt aufflammende Wand fliegen, hineinstürzen.

Wohinein, weiß ich nicht. Oder vielleicht fliegen nicht wir, sondern die Wand stürzt in uns herein.

In jenem Moment ist die äußere und innere Wahrnehmung noch nicht getrennt in dem Wesen, das ich bin, war und bis zu meinem Tod sein werde und das sich mit großer Disziplin um eine Art vorgeschriebener, vorgeformter Kohärenz mit meinem Denken und Erinnern bemühen muss. In meinem Bewusstsein gibt es zwar Spuren von Gefühlen, die mein Geist zusammen mit den Bildern gespeichert hat, aber nachträglich weiß ich nicht, ob sie zu den von außen kommenden visuellen Eindrücken gehören oder ob es spätere Formationen sind. Zur Zeit des Flugerlebnisses gibt es in meinem Bewusstsein bereits Spuren von Wörtern. Aber ich habe ihre Bedeutung noch nicht verifiziert. Lange, noch sehr lange, weiß ich nicht, dass es im Geist außerhalb der sprachlichen Festschreibung der persönlichen Erlebnisse und Eindrücke keinen separaten Begriffsspeicher gibt, also keinen vorgegebenen Sinn. Hingegen gibt es durchaus ein davon unabhängiges bildliches Erinnern. Und noch viel später habe ich erst begriffen, dass mein Verstand nicht nur mein Verstand ist, sondern ganz und gar ein universaler Verstand, an dem mein eigener Verstand, das heißt die Arbeit meines Bewusstseins, nur einen sehr geringen Anteil hat. Ich sehe. Mit meinem visuellen Auffassungsvermögen befinde ich mich noch in einem glücklichen Urzustand, in einem vor dem universalen Verstand liegenden Urverstand. Die Töne sind den Bildern nicht konsequent zugeordnet, und so ist der Ort dieser frühen Bilder, da er vor dem großen Erlebnis und der gründlichen Arbeit der Einpassung in eine beglaubigte Bedeutung und eine beglaubigte Chronologie liegt, wie man sie zuerst zusammen mit den Eltern, Großeltern und sonstigen berufenen Fürsorgern, später mit den Lehrern und Kameraden und am Ende, zum Abschluss des Vorgangs, mit den eigenen Kindern vollzieht – und so ist der Ort dieser frühen Bilder im Nachhinein nur sehr schwer festzumachen.

Mein erstes Bild ist vielleicht gar nicht das erste, auch das weiß ich heute nicht mehr sicher.

Soweit ich es den verschiedenen erhaltenen Dokumenten, Erinnerungen und Chroniken entnehmen kann, stammt die erste Erinnerung, die sich in meinem Bewusstsein festgesetzt hat und jenseits deren ich auf nichts mehr stoße, vom Sommer 1944, genauer, aus der Nacht auf den 27. Juni.

Auch wenn zwischen den Bildern, die zu den gespeicherten Gefühlen gehören, jederzeit eine noch frühere Assoziation auftauchen kann.

Ohne einen äußeren Gesichtspunkt, das heißt ohne den Bezug auf die Reflexion, ist es aber sehr schwer, ja, vielleicht unmöglich festzustellen, ob eine Erinnerung von früher oder später stammt.

Wenn ich mich an mein wahrscheinlich erstes Treppenhaus erinnere, tauchen der Reihe nach weitere Treppenhäuser auf, sämtliche Treppenhäuser meines Lebens. Die Treppenhäuser sind in meinem Geist wahrscheinlich alle an derselben Stelle verortet. Vielleicht gibt es einen Speicher mit dem Titel Treppenhaus, der Begriff und Form des Treppenhauses bewahrt. Neben anderen Speichern. Einzelne Dinge, Begriffe, Ausdrücke befinden sich gleichzeitig in verschiedenen Assoziationenspeichern. Jemand trägt mich auf den Armen, während ich stürze, hoch über der Treppe fliege ich durch dieses mein erstes Treppenhaus. Wir fliegen durch die Luft. Wahrscheinlich drehe ich auch den Kopf hin und her, ein nervöses Vögelchen, Gefahr, alles im Auge behalten, aber ein Gefühl für Gefahren habe ich nicht, mein Grundgefühl ist Sicherheit, genauer, ebendieses Grundgefühl wird vom Gefühl des Ausnahmezustands, der Unberechenbarkeit überraschend durchkreuzt. Im Auge behalten. In rascher Folge begleiten die Bilder das alles in allem neutrale, überhaupt nicht aufwühlende Erlebnis der Gefahr, deren Begriff wahrscheinlich von jetzt an in meinem Bewusstsein vorhanden sein wird, ich sehe die ungeheure Wandfläche, sehe das Hindernis, das die näher kommende Wand des Treppenabsatzes bildet, sehe es kurz und kalt aufblitzen, sehe übers Geländer hinweg in die Tiefe: Sie scheint im Dunkel auf, sie taucht im Dunkel ab.

Das Nacheinander der Bilder verklebt sich, die Reihenfolge ist nicht mehr zu ändern. Dann ist da kein kaltes Flammen mehr, kein Fallen, kein Oben, kein Unten. Da ist nur Einsturz.

Und der hat keinen Ton, er ist dunkel, er ist warm, ein dunkles Nichts. So wie später während meiner Ohnmachtsanfälle.

Vielleicht ist da am Ende noch das Klirren des Schutts, einen Augenblick nach dem Einsturz.

Da aber weiß man dank seiner beglaubigten Begriffe schon, dass man das Empfindungsvermögen verlieren wird, das heißt das Bewusstsein. Für den nahenden Bewusstseinsverlust verfügt man schon über das beglaubigte Wort, um es nicht geradezu eine für sämtliche Anfälle vorgefertigte Formel zu nennen, eine oft gehörte Floskel, selbst dann, wenn die Sache zum ersten Mal passiert. Man mag auch mehrere Wörter dafür haben, jedenfalls ist im Wort das Gefühl schon vorgegeben. Das Gefühl ist der Halbedelstein, das Wort die goldene Fassung. Die Erinnerung an den Wandeinsturz muss aus meinem zweiten Lebensjahr stammen. Was bleibt, ist nicht das Gefühl der Ohnmacht. Dieses Gefühl hat Phasen, Stationen. Und davon weiß ich nichts mehr. Es wird mir erst dann im Bewusstsein bleiben, wenn ich auch ein Wort dafür habe. Geblieben ist das bewegte Bild der stufenweise verschwindenden sichtbaren Welt. Wie sich die sichtbare Welt der Verdunkelung überlässt. Die vorbegriffliche, vom Gefühl nicht getrennte Sicht auf die Welt fasziniert mich heute noch, sie geht mit dem Gefühl der Ganzheit einher. Es ist ein Alter, aus dem gewöhnlich sehr wenige zugängliche Erinnerungen vorhanden sind. Das früheste Abteil des Speichers bleibt meistens für immer verschlossen. Auch wenn ich laut Familiensaga zu jener Zeit bereits windelfrei war, fließend und deutlich sprach, also als mimetisches und reflektierendes Wesen schon eifrig an meiner äußeren und inneren, gefühlsmäßigen und begrifflichen Individuation und der Verifizierung der mir in den Mund gelegten Wörter arbeitete.

In diesen Armen war ich noch nie geflogen, und doch war das Gefühl des Fliegens nicht unvertraut. Das Gefühl unterschied sich in seinem Kern überhaupt nicht von späteren Erlebnissen des Fliegens und Abstürzens. Der Péter fliegt, fliegt hoch hinauf. Das Vögelchen stürzt ab. Auch später, als ich von einer Steinmauer hinunterfalle. Nachdem ich gesehen habe, wie das Nachbarsmädchen, die Tusi Szabó, meinen kleinen Bruder von dieser Mauer hinunterstößt, wie er geradewegs in den wegen eines Rohrbruchs ausgehobenen tiefen Graben stürzt, ins Wasser, und mit dem Kopf so gegen die aufgehäuften Steine und Rohre am Grabenrand schlägt, dass er gleich das Bewusstsein verliert. Wie ich über der Treppe unsinnig in der Luft schwimme, um ihn aus dem Wasser zu retten. Wie ich mich von der Schanze abstoße, über der verschneiten Landschaft schwebe und meine Ski ausbalanciere, um erfolgreich auf dem Boden zu landen. Wie ich im Mátyás Rákosi-Kinderferienheim von Balatonvilágos im abendlichen Lampenlicht kopfüber aus dem Kajütenbett falle, nachdem ich auf dem Bett kniend ein Kissen weggeschleudert habe, vor Lust brüllend, während ich spüre, wie mir jemand, ich weiß nicht, wer, von hinten einen Stoß gibt, den ich nicht ausgleichen kann. Es wird geschehen. Eine heuristische Neuigkeit in meinem Leben. Dazu eine frühere Erklärung meines Vaters. Gravitation. Ich fliege meinem Kissen nach, sehe aber schon, dass mein Flug einem steileren Bogen folgen wird. Eine wahnwitzig aufregende Erfahrung. Ich wünschte, sie ginge länger. Ein Knacken beendet sie, in einem Saal des Krankenhauses von Székesfehérvár dringen erste Stimmen durch das Summen, ich spüre wieder mein Gewicht, das große Kissen, das Bett, weiß aber nicht, wo ich bin und was ich spüre und was dieses hörbare Knacken ist. Immerhin schickt die Überraschung mein Bewusstsein auf Entdeckungsreise. Im Krankensaal ist sonniger Vormittag. Leute machen sich geräuschvoll zu schaffen. Erstaunlich, ganz erstaunlich, hier war ich noch nie. Irgendwie bin ich hierhergeraten. Bewusst ist mir nur das Knacken. Eine Krankenschwester mit Häubchen kommt gelaufen. Sie ruft, sie redet in die Anstrengung hinein, sie will etwas, ruft, weint fast, lacht, weinend und lachend will sie meinen Namen wissen. Verstehe ich nicht. Wie soll ich meinen Namen sagen, wenn ich ihn doch gar nicht kenne. Dieser Name, mein Name, auch der klingt so seltsam vertraut. Die Anstrengung tut weh, ich bin mit ihrem Geschrei, ihrem Gelächter in einem widerhallenden Raum zusammengeschlossen, mit meinem Namen, mit den Fassungen der Wörter, aus denen die Edelsteine fehlen, weder Edelstein noch Halbedelstein, ich bin eingeschlossen, zusammen mit allen Geräuschen und dem Vormittagslicht des Krankensaals. Das Licht tut weh. Ich sage ihr, das Licht tut weh. Ich fürchte, dass sie es nicht verstehen, nicht akzeptieren wird, ich selbst verstehe ja auch nicht, warum das Licht weh tut, sie hingegen will meinen Namen wissen. Sie beginnt vor Freude zu weinen, küsst mich ab, da spüre ich, dass mein eigener Kopf der widerhallende Raum ist, alles ist größer geworden darin, und am Rand seiner weiten Weite umhüllt ihn ein noch größerer Verband. Demnach bin ich von meinem Kissen, vom abendlichen Flug sehr weit weggeraten. Da erinnere ich mich ans letzte Bild des Abends.

Ich höre im tiefen Dunkel meinen Namen rufen, und Elza Baranyai kommt mit großen Schritten gelaufen, hinter ihr mein Vater mit einem todbleichen, in den Mundwinkeln zitternden Lächeln. Und dann bin ich wieder in diesem zu hellen Krankensaal. Es tut weh. Zu viel Licht. Aber das alles war wahrscheinlich später. Tage später oder Stunden später, ich weiß es nicht. Elza Baranyai fragt etwas, worauf ich keine widerhallende Antwort weiß. Ich weiß es nicht. Lieber mache ich die Augen zu, aber ich bin froh, dass sie da ist. Wahrscheinlich, bestimmt fehlt mir etwas, sie ist ja meine Kinderärztin, seit ich auf der Welt bin. Wenn etwas nicht gut ist, kommt Elza. Man legt mir Gazekissen auf die Augen. Genauer, sie legen den wohltätigen Verband wieder an, ich will ihn ja haben, vorhin irgendwann habe ich um ihn gebettelt. Ich weiß es nicht. Zuerst sinke ich nur, dann verliere ich wieder meine irdische Schwerkraft. Hinter dem Vorhang des Erinnerns scheint es einen weniger zugänglichen, dafür höchst stabilen Bewusstseinszustand zu geben, der in solchen Fällen die Koordination übernimmt. Wer nicht zu Esoterik neigt, mich etwa hat zwar schon immer interessiert, was andere darin umtreibt, aber ich selbst neige nicht zu solchen Dingen, der schreckt mit seinem rationalen Wissen vor dem Gefühl dieses Bewusstseinszustands zurück. Man müsste eigentlich sagen, dass man aus der Zeit vor den persönlichen Erfahrungen ein exaktes Wissen vom genau umrissenen Kreis der Dinge und Phänomene hat und dass man mit der Erinnerung auch dort eintreten könnte, das heißt, dass man ein ererbtes Erinnerungsgut hätte; abgesehen von Jung spricht ein nüchterner Mensch so etwas ja doch lieber nicht aus.

Einmal nachts, als meine Eltern nicht mehr lebten, saß ich am Bett meiner Tante Magda und trug ratlos vor, dass ich solche unergründlichen Bilder in mir habe. Ich wisse nicht, wohin mit ihnen. Beziehungsweise, sie hätten in meinem Bewusstsein durchaus ihren festen Platz.

Diese in der Form einer Beschreibung daherkommenden Mitteilungen stießen meine Tante ab. In solchen Fällen gefrieren die Gesichtszüge meiner Familienmitglieder. Der Nacken wird starr, der Kopf wendet sich in höflicher Ungläubigkeit ab, als sagten sie, ach, woher denn, höchstens der Blick blitzt feindselig. Ich war ratlos, ich hätte nicht sagen können, ob diese zuweilen spontan erscheinenden Bilder unbestimmter Herkunft Erinnerungsbilder waren oder Träume, unwillkürliche Produkte der Phantasie, also Vorstellungen oder, wie es in der ungarischen Literatur der Spracherneuerungszeit heißt, Bildungen waren. Vielleicht ließen sie sich keinem Bewusstseinszustand zuordnen. Vielleicht waren sie aus dem Urzustand der Erinnerung in mein reflektierendes, mit Dingen und Vorgängen vollgestopftes, unter reflektierter Kontrolle gehaltenes Bewusstsein herübergesickert und fungierten nun inmitten der bewussten Inhalte als Wegweiser. Strukturelle Bilder. Kopien von Urvorstellungen. In einer eigenen Dimension, hinter dem realen Erinnerungsbestand und den Phantasiebildern. Linienblätter. Hin und wieder drängen sie nach vorn. Als sähe und fühlte man das Muster des eigenen Bewusstseins, den Raster, das Netz, den Netzplan, die Schalttafel, auf der man seine ganze gegenständliche Erinnerung festmachen kann. Aber kaum macht man sich daran, genau hinzusehen, die Linien und Schaltstellen durchzugehen, methodisch aufzudecken, tritt man gleich ins Leere.

Da war ich schon Fotografenlehrling, meine Tante, Frau Aranyossi, geborene Magda Nádas, war nach dem frühen Tod unserer Eltern offiziell unser Vormund, Bilder, Lichter, beschäftigten mich also berufshalber, die bildschaffenden Eigenschafen des Lichts, natürliches Licht, künstliches Licht, scharfes Licht, Streulicht, direktes Licht, reflektiertes Licht, Streiflicht, kaltes Licht, warmes Licht, also die Lichtquellen und die reflektierenden Oberflächen, der indirekt ausgeleuchtete tiefe Schatten, die Farbe und die Farbtemperatur des jeweiligen Lichts, die Leichtigkeit des Erinnerns, die gewichtige Gegenwart der Dinge, die Vorstellung, der Ichverlust im großen Ducheinander der Verliebtheit, die Ejakulation, die elektrischen Entladungen des geistigen Ichs, zuweilen zweimal hintereinander, unter mächtigem Blitzen in verlangsamtem Nacheinander, inneres Licht, Gleißen, dann die leuchtende und traurige Wiederkehr meines Alltags-Ichs, das Grauwerden der Welt; die Rolle der Abstufungen von Grau, die lichtphysikalischen Extreme Schwarz und Weiß, die Rolle der Sinnlichkeit beim Herstellen von Bildern und Erinnerung.

Was tritt hervor, was tritt in den Hintergrund. Einmal überdeckt das Gefühl die Bilder, einmal schieben sich die Bilder vors Gefühl, einmal werden beide vom Begriff oder von der elektrischen Entladung der Sinnlichkeitsströme ausgeblendet. Die Methoden, Eigenschaften, Systeme des Fixierens und Archivierens, die Chronologie des Fixierens, die Individualität der Phänomene, die eigensinnigen Darbietungen der Individualität, der Charakter, das Gesicht, der Zusammenhang zwischen Gesichtszügen und Charakterzügen, der Duft des Anblicks und der Körper, menschlicher und physikalischer Körper, die Gleichzeitigkeit ihrer Empfindung.

In der Nacht brannte in dem hohen, geräumigen Zimmer, das auf die Große Ringstraße ging, immer nur ihre Leselampe, ein einzelner, über ihrem Kopf befindlicher Wandleuchter. Wir wohnten schon fast ein Jahr hier zusammen, sie und ihr Mann waren vom nahen Theresienring herübergezogen, mein Bruder und ich aus der Wohnung in der Pressburgerstraße. Unten schepperte hin und wieder die Nachtstraßenbahn vorbei. Es war ein barocker Wandleuchter mit Wachspapier-Schirm, es gibt ihn heute noch, sogar zwei von ihnen, auch wenn es ursprünglich drei gewesen sein müssen, die zwei beleuchten heute das Wohnzimmer meines Bruders. Die Reflexe der Straßenlichter hellten das Dunkel im Zimmer stark auf. Obwohl es hier drinnen fast hell war, streckten diese Lichtreflexe den Schatten des mehrarmigen Barocklüsters an der Decke unverhältnismäßig weit. Seit ich meine ersten Schritte als Fotografenlehrling gemacht hatte, achtete ich eigentlich auf nichts anderes mehr als auf die Wirkungen der Lichtquellen. Dieses Zimmer an der Ringstraße wurde jetzt gleichzeitig von direkten Lichtern, ihren Reflexen und von Streulichtern beleuchtet. Der Schatten von den Armen des Barocklüsters setzte sich auf die Schatten der Äste. Ein spezifisches Bilddurcheinander an einer glatten Wand, das bewegliche Muster des Durcheinanders. Zusammen mit den Wandleuchtern stammte der barocke Lüster aus dem rosaroten Salon von Erzsébet Mezei, der Tante der Geschwister Nádas, urspünglich hatten sie in der Nagykorona-Straße, Kronengasse, den kleinen Salon unserer Wiener Urgoßmutter, Eugenie Schlesinger, beleuchtet, dann kamen sie in derselben Straße in Erzsébets rosaroten Salon, von dort in die Wohnung unserer ältesten Tante in der Dalszínház-Straße 2, dann ins Zimmer meiner Tante Özsi in der Dobsinai-Straße 12, dann zu uns, noch später erbte sie mein Bruder, dann wurden in seiner Wohnung in der Alvinczi-Straße die Wände gestrichen, alles musste in die Garage gepackt werden, und der barocke Lüster wurde gestohlen. Nur der. Der schon. Die beiden Wandleuchter blieben erhalten. Das Bild des Lüsters hat sich in mir festgesetzt, auch wenn mit seinem Verschwinden das Gastspiel des Wiener Barocks in unserer Familie weitgehend zu Ende war. Es war ein interessantes Stück gewesen, ursprünglich für Kerzen konzipiert, erst später, nach Eugenie Schlesingers Tod, wurden Kabel hineinmanövriert. Wie man damals sagte. Die aus Urzeiten stammenden elektrischen Kabel hingen da und dort ein bisschen heraus.

Meine Tante lachte im hellen Halbdunkel, in dem die Schatten und die Lichter mit den reflektierenden Eigenschaften der Oberflächen amalgamiert waren, sie lachte wie alle Mitglieder meiner Familie väterlicherseits; kehlig, gewissermaßen nach Luft schnappend, bellend, die unpassende Lachlust mit kleinen Schlucken unterdrückend. Nur ja nichts Persönliches verlautbaren lassen. Als Kinder hatten sie nicht laut lachen dürfen. Ihre Erzieherinnen schritten konsequent gegen das Lachen ein, für Ungehörigkeiten wurden sie von ihrem Vater, einem nicht gerade feinfühligen Mann, bestraft. In ihrer Überraschung rief sie sogar, dann sprichst du aber vom Haus in der Damjanich-Straße. Wo einmal, fuhr sie gleich fort, wann schon wieder, im Dezember, irgendwann im Dezember vierundvierzig, meine Mutter von Sirenen und Luftangriffen aufgeschreckt wurde, in der verdunkelten Wohnung im dritten Stock, wo man rein nichts sah, die Stromzufuhr war sofort weg, man hört nur die Rufe, Klári, steh auf, man hört das hastige Kramen nach Kerze und Streichhölzern, Klári, Klári, man spürt Berührungen, Zusammenstöße, daran erinnere ich mich, von da an mussten im Haus Kerzen und Streichhölzer immer zur Hand sein, auch heute noch lege ich Wert darauf, Kerzen und Streichhölzer in Reichweite zu haben, man weiß ja nie, jemand riss mich aus dem Bett und rannte mit mir im flackernden Licht der Leuchtspurraketen der Fliegerabwehr in den Schutzraum hinunter.

Wenn es wirklich Ende Dezember gewesen war, wenn sich meine Tante Magda nicht täuschte, und nicht im Sommer, nicht am siebenundzwanzigsten Juni, dann war auch Irén in der Damjanich-Straße dabei gewesen, die jüngere Schwester meiner Mutter, also Irén Tauber mit dem neugeborenen Mártuschlein in den Armen, und es müssen die beiden Kinder von Magda Bán und Ferenc Róna da gewesen sein, Péter und Erzsi. Dann aber ist unwahrscheinlich, dass meine Mutter nur mit mir hinunterrennt, ohne an die anderen Kinder zu denken. Das wäre dann eine andere Frau, eine andere Mutter, nicht meine. Die tat so etwas nicht. Sie hatte unangenehme Eigenschaften, die andere vielleicht gar nicht kannten oder nicht zur Kenntnis nehmen wollten, aber eigensüchtig, egoistisch war sie nie. Zuerst widmete sie sich immer den anderen, gleichgültig wem, dann erst uns, dann erst meinem Vater, sich selbst zuletzt. Meines Erachtens hat diese Bombardierung, die mir als erste Bildserie in Erinnerung ist, nicht im Dezember, sondern irgendwann im Sommer stattgefunden.

In jener hochdenkwürdigen Nacht, in der eine Bombe die eine Hälfte des Hauses der Damjanich-Straße 42 einfach wegtranchierte, während das Treppenhaus und die andere Hälfte des

Hauses, mit uns drin, fast heil blieb. Die Fenster gingen allerdings zu Bruch, und die Splitter fügten uns allen kleine Verletzungen zu. Das aber ereignete sich am 27. Juni 1944, als die Alliierten die 300 viermotorigen schweren Bomber der amerikanischen Luftwaffe statt auf einen wolkenverdeckten schlesischen Zielpunkt nach Budapest umdirigierten, zwecks Zertrümmerung des Flughafens Ferihegy, der Bahnhöfe und der Ferenc József-Wohnsiedlung. Was auch weitgehend ausgeführt wurde. Anderntags zählte man in Pest 84 Tote und 223 Verletzte. Da und so muss es gewesen sein, denn am 16. Juni 1944 war in der 30. Nummer des *Hauptstädtischen Anzeigers* der Erlass erschienen, dass die Juden in mit dem gelben Stern markierte Häuser zu ziehen hatten, und die Nummer 12 der Pressburgerstraße war als Sternhaus bezeichnet worden. Laut Erlass hatten die Juden pro Familie Anrecht auf ein Zimmer, womit unsere Wohnung aufhörte, unsere Wohnung zu sein. Das war der Moment, in dem meine Mutter beschloss, im Schutz des ganzen Durcheinanders unsere echten Papiere gegen gefälschte auszutauschen und wegzuziehen. So viel weiß ich, dass eine Bekannte namens Ilona Ferber, Ferbi genannt, am 21. Juni zusammen mit mehreren anderen, wahrscheinlich Freunden von ihr, eins der Zimmer bezog, wir hingegen die Wohnung am 23. Juni verließen, damit ich am 27. in der Damjanich-Straße noch rechtzeitig die ersten bleibenden Erinnerungen meines Lebens sammeln konnte. Müsste ich das Erlebnis doch auf den Dezember datieren, dann wäre Tante Magdas verwundete ältere Schwester Özsi wahrscheinlich noch nicht dabei gewesen, also auch nicht deren Tochter Vera. Tante Magda schreibt in ihren Erinnerungen, dass die beiden erst am 26. Dezember in der Damjanich-Straße eintrafen.

Sie stellt noch zwei weitere Behauptungen auf, die mit der ersten ebenfalls nicht übereinstimmen. Im Sommer habe sie sich überlegt, schreibt sie, dass mich meine Mutter wegen der Bombardierungen aus Budapest wegbringen sollte, hier sei es für Klári und die Kinder zu gefährlich. Womit sie ja recht hatte. Meine Mutter ließ sich ungern dazu überreden, das weiß ich von ihr selbst. Es bedeutete, jede Verbindung zu unserem Vater abzubrechen, der vom Mai 1944 an, nicht zum ersten Mal, an der Westgrenze des Landes im Arbeitsdienst bei einem Flughafenbau eingesetzt war, diesmal nicht in Szentkirályszabadja, sondern in Szombathely. Auch als Arbeitsdienstler arbeitete er in seinem Fach. Soviel ich von ihm weiß, war er mit einem Trupp angehender Ingenieure für den Aufbau beziehungsweise die Erweiterung der Fernmeldeanlagen verantwortlich. Der auch sonst mit riesigen Mannschaftsbeständen arbeitende und schon früher hohen Ansprüchen genügende Flughafen wurde im Eiltempo erweitert. Die Start- und Landebahnen wurden erneuert, und wie Tamás Révész in seiner Monographie *Flughafen am Fuß der Alpen* schreibt, wurden für die immer zahlreicher eintreffenden deutschen Instrukteure neue Unterkünfte errichtet. Die Erweiterung war dringend nötig, die deutsche Heeresleitung hatte schon vor der Besetzung des Landes das Jagdgeschwader IV. J.G.27 mit ihren Bf-109 aus Skopje hierherversetzt. Die Maschinen trafen in den ersten Märztagen ein. Die Erneuerungs- und Erweiterungsarbeiten wurden hauptsächlich von Studenten im Arbeitsdienst ausgeführt, etwa 2000 Mann. Die Einheit wurde von Professor György Nagy kommandiert. Es bedurfte schon einer starken Erschütterung, damit sich meine Mutter entschloss, mit mir und den prima gefälschten Papieren irgendwohin zu reisen. Sie mussten deswegen nicht nur auf den monatlichen Besuch, sondern auch auf die Lagerpost verzichten.

Die eine Hälfte des Hauses stürzte ein, und der Schutt des Treppenhauses begrub uns beide. Das war doch immerhin genug. Im Übrigen stimmen auch meine Erinnerungen mit den Daten nicht überein. Es müssen die letzten Junitage gewesen sein, als wir Budapest verließen, in den ländlichen Gemüsegärten schwollen schon die Gurken, und die Arbeitsdienstler begannen, den auch als Eingangstor dienenden Wasserturm, den sie selbst ein Jahr zuvor auf dem Flughafen gebaut hatten, wieder abzureißen. Nach Ansicht des deutschen Stabs stellte der Turm bei den Landungen eine Gefahr dar. Laut Révész arbeiteten 141 Erwachsene 1058 Arbeitsstunden und 268 Studenten 2005 Arbeitsstunden am Abriss. Dieser wurde, genauso wie der Bau im Vorjahr, von Ede Andráskay Müller & Sohn ausgeführt, die Heeresleitung zahlte 36 343,42 Pengő dafür. Der Befehl für den Abriss kam nicht mehr von Oberst Imre Torontály, sondern von der deutschen Heeresleitung, genauer, vom Leiter des Bauwesens für den Bereich des Kommandierenden Generals der Deutschen Luftwaffe in Ungarn. In meiner Erinnerung werden die reifenden Gurken eine große Rolle spielen. Laut Révész' Angaben wurden zur gleichen Zeit Schutzgräben mit Wölbdach, Geschützstellungen und ein Kommandoposten gebaut, der Hangar erweitert, und natürlich mussten Telefonleitungen zu den neuen Einrichtungen gelegt werden. Für den Flughafen wurde der Außenanstrich in Tarnfarbe verfügt, ein Wettbewerb für die Errichtung von neuen Mannschafts- und Offiziersbaracken ausgeschrieben, im Wert von insgesamt 782 000 Pengő. Die Arbeiten müssen noch im Juni abgeschlossen worden sein, denn rund einen Monat später wählte die Alliierte Luftwaffe mit ihren Bombern, in mehreren Anläufen von italienischen Stützpunkten aufsteigend, westungarische Ziele. Im Herbst, schreibt meine Tante, nach dem Pfeilkreuzler-Putsch, seien sie dann der Meinung gewesen, sie sollten doch besser in ihre Wohnung zurückkehren, die heil geblieben war, wenn auch die andere Haushälfte im Sommer von der Bombe mitgerissen worden war, und sie habe über die Vermittlung ihres Vordermanns, das heißt ihres Vorgesetzten Kontaktmanns in der Bewegung, bei der illegalen Kommunistischen Partei um Erlaubnis für unsere Rückkehr nachgesucht, und so waren wir wieder zurück in Tante Magdas Wohnung. Logisch, dass wir bei dieser Rückkehr von Bácska in der ersten Septemberwoche mit unseren prima gefälschten Papieren nicht in die Wohnung in der Pressburgerstraße gingen, sondern in die leer stehende Wohnung in der Damjanich-Straße, wo der Hauswart die Papiere zwar pflichtgemäß zu sehen verlangte, aber keins von ihnen kontrollierte. Sogar offensichtlich gefälschte militärische Reisepapiere ließ er wortlos durchgehen, und das zerbombte Haus war denn auch voller Deserteure.

Vera meint sich zu erinnern, dass sie Silvester schon mit uns in der Damjanich-Straße verbrachten, aber viel früher konnten sie nicht gekommen sein, und also täuscht sich meine Tante.

Die Villa von Vera und ihrer Familie auf dem Orbán-Hügel, in der Dobsinai-Straße, war von einem General namens Görgényi beschlagnahmt worden. Er hatte sie sich ausersehen und gab ihnen zwei Tage fürs Packen und Wegziehen. Allerdings finde ich den Namen dieses Generals nirgends belegt. Weder in der ungarischen Armee noch in der Militärpolizei, ich habe ihn auch unter den hohen Offiziersrängen gesucht, aber auch da nichts gefunden. Einen Hauptmann Dániel Görgényi gibt es zwar, aber zur Zeit der Beschlagnahme des Hauses war er Kriegsgefangener in Krasnogorsk, wo er zuvor eine antifaschistische Schulung durchgemacht hatte, und gehörte zu den wenigen, die in einem Aufruf der kriegführenden Welt die Gründung der Ungarischen Legion mitteilten, die an der Seite der russischen Truppen gegen die deutschen und ungarischen Truppen kämpfen würde, gegen die eigenen Landsleute, wenn es sein musste. Aus dem Haus an der Dobsinai-Straße zogen sie zuerst zu einer befreundeten Familie in der Pressburgerstraße 15, in ein Sternhaus. Veras Vater, Sándor Rendl, und sein Anwaltskollege Elek Háy führten am Theresienring eine gemeinsame Anwaltskanzlei, ihre Spezialität war internationales Handelsrecht. Bis auch die Kanzlei mitsamt dem Mobiliar beschlagnahmt wurde. In den Räumen der Wohnung in der Pressburgerstraße hielt sich auch die ausgedehnte Verwandtschaft Elek Háys auf. Nach fast anderthalb Jahren unbarmherziger Belästigungen war nun das Gesetz zur Beschlagnahme jüdischen Grundbesitzes angewandt worden, die Háy-Verwandtschaft hatte nach Erledigung der anfallenden Arbeiten ihre beschlagnahmten Güter und Landhäuser von Aszód und Jászberény verlassen müssen, ohne auch nur das

Geringste mitnehmen zu können. Ein paar Tage später wurden sie von den Pfeilkreuzlern, die aus einer Laune das ganze Sternhaus in Beschlag nahmen, aus Háys Wohnung ausgewiesen. Sie mussten in die nahe gelegene Návay-Lajos-Straße umziehen, in den fünften Stock eines weiteren Sternhauses. In der kleinen Junggesellenwohnung waren sie zu elft zusammengepfercht, es gab keine Küche, nur eine Kochnische im Flur, Teeküche genannt, mit einem einzigen Gaskocher. Wie sich Vera erinnert, herrschten trotzdem Sauberkeit und Ordnung, es fiel kein lautes Wort zwischen ihnen, es gab keine Reibereien oder Zusammenstöße. An Heiligabend erhielt die Wohnung einen Bombentreffer, als sie gerade um den einzigen Tisch herumsaßen. Sie brachten die Schwerverletzten, unter ihnen Veras Vater, Sándor Rendl, sowie Elek Háy und seine Frau, zusammen mit den leichter Verwundeten in die Tátra-Straße, wo die jüdischen Ärzte einige Tage zuvor in eigener Initiative ein Notkrankenhaus eingerichtet hatten. Veras leicht verletzte Mutter, meine Tante Özsi, wurde ebenfalls dort behandelt. Vera blieb in dem zertrümmerten einzigen Zimmer der Junggesellenwohnung, und bis jemand in der Nacht ihre frisch verarztete Mutter zurückbrachte, wusch sie zwanghaft Blut weg, wusch es von den kaputten Möbeln. Sie musste es tun. Zuerst musste sie die Blutlachen vom Boden aufwischen. Sie ging im hereinheulenden eisigen Wind mit dem Eimer zwischen dem intakt gebliebenen Badezimmer und der klaffenden Tiefe hin und her, über Schutthaufen hinweg, ganz offensichtlich in einem schweren Schockzustand, und irgendwann merkte sie, dass auch die Wände voller Blut waren und sie selbst ebenfalls verwundet war. Die Haut ihrer Handrücken war mit winzigen Glassplittern gespickt, sie holte sie im Badezimmer einzeln heraus, am Ende bluteten ihre Hände aus den geöffneten Wunden. Im Schockzustand verschwindet der Horizont des menschlichen Bewusstseins, das Universum ist gewissermaßen weggetaucht. Es gibt keine Aussicht, und es gibt keine Einsicht. Als schützte es sich vor dem Denken, befasst sich das Bewusstsein weder mit der Vergangenheit noch mit der Zukunft, auch mit der Gegenwart nicht, vielmehr bleibt es an einer einzigen, zufälligen, zuweilen haarsträubenden fixen Idee kleben. Vera dachte an nichts anderes als ans Saubermachen, daran, dass sie das Blut bis zum letzten Tropfen aufwischen, jegliche Spur verschwinden lassen, auch von den Wänden das Blut abwaschen musste, damit Tante Juliska zufrieden war. Juliska war Elek Háys Frau, sie war ebenfalls schwer verwundet. In Sándor Rendls Ellenbogenknochen war ein großer Geschosssplitter eingedrungen, den er mit seiner heil gebliebenen Hand herauszog, wobei der Ellenbogenknochen kaputt ging; ohne ärztliche Hilfe, das war klar, würde er den Schmerz nach einer Weile nur noch unter Gebrüll und um sich schlagend ertragen können. In der Tátra-Straße wurde er sofort operiert. Vera und ihre Mutter verbrachten die Nacht im Flur der zerschossenen und nicht zu reinigenden Wohnung. Andertags am frühen Morgen erschien bei ihnen unerwartet György Koch, der bekannte Architekt, er hatte, wer weiß auf welchem Weg, vom Unglück gehört und brachte die beiden in ein Haus in der Pannónia-Straße, das er einige Jahre zuvor selbst gebaut hatte. Das von der Straßenfront zurückversetzte, fünfstöckige Gebäude hat drei Eingänge, von denen zwei offiziell zu einem Sternhaus führten, der dritte hingegen nicht. In diesem Teil des Gebäudes befand sich Kochs Büro. Hierher brachte er die beiden mit ihren gefälschten Schweizer Schutzpässen. Im Fall eines Fliegeralarms mussten sie in den Keller des Sternhauses hinunter. Den konnten sie erreichen, ohne sich auf den Gängen des von Christen bewohnten Hauses zeigen zu müssen, und so entgingen sie ein paar Tage lang der Aufmerksamkeit des Hauswarts, der ein Pfeilkreuzler war. Koch selbst versorgte sie mit Lebensmitteln. Mein Vater hatte zwischen 1941 und 1943 zwei Jahre als technischer Leiter bei diesem am Bauhaus geschulten Architekten gearbeitet, bis er zu einem seiner zehn Arbeitsdienste einberufen wurde.

Es sei kurz notiert, dass es während der hundertzwei Tage der

Belagerung Budapests kaum jemandem einfiel, sich für die Nacht auszuziehen und ein Schlafgewand anzulegen. In diesem kältesten Winter des Kriegs schliefen die Budapester angezogen, bis zur Nasenspitze vermummt, in Schuhen und Stiefeln. Zum Heizen gab es fast nichts, in den Häusern mit Zentralheizung, die mit Kohle oder Koks funktionierte, wäre es auch gar nicht machbar gewesen, solche Häuser hatten nicht einmal Kamine. Und man musste jederzeit fluchtbereit sein.

Aus dem Keller rasch hinauf in die Wohnung, bevor der nächste Angriff kam, rasch wieder hinunter, hinaus, um Wasser zu holen, wenn es auf einmal hieß, in der Nähe gebe es welches, oder für etwas Brennbares, falls man einen Ofen besaß, heißt das, oder falls es einem gelungen war, ein Ofenrohr zum Fenster zu führen. Den eben erschossenen Pferden mit Messern oder Scheren das Fleisch herausschneiden. Budapest war damals noch voller Pferdewagen, aus den zerstörten Ställen, von den beschädigten Wagen losgekommene Pferde liefen frei umher. Nachrichten von getöteten Pferden machten schnell die Runde. Aber die Budapester schnitten nicht nur die toten Pferde auf, sie säbelten auch mal eins von den frei umherlaufenden nieder. Mit irgendeinem Instrument das Fleisch aus dem Kadaver der ins Unglück gelaufenen Wesen herausschneiden. Als sie dann beinhart gefroren, ließ sich das Fleisch nur noch mit der Axt oder der Säge schneiden, Äxte und Sägen aber hatten auch wieder nicht alle. Erzsi, die spätere Röntgenärztin, damals sechs Jahre alt, meint sich zu erinnern, dass meine Mutter die Versorgung von mindestens elf Personen übernehmen musste. Erzsi wurde wegen ihres kleinen Wuchses Würmchen genannt, aber meine Mutter erzählte es mir anders, nämlich dass auf der frisch gekochten Bohnensuppe seltsame kleine Dinger schwammen und Erzsi ausrief, das seien ja Würmchen, sie esse diese Suppe nicht. Worauf meine Mutter den Löffel nahm, die Würmchen abschöpfte und aufaß, während Erzsi mit geweiteten Augen zuschaute und dann ebenfalls ihre Suppe zu löffeln begann.

In diesem furchtbaren Winter 1944 gelang es meiner Mutter sogar, einen Weihnachtsbaum zu beschaffen. Während das Haus in der Návay-Lajos-Straße gerade seinen Bombentreffer erhielt und sich der Ring der sowjetischen Armee um Budapest endgültig schloss, zündeten wir im dritten Stock der intakt gebliebenen Hälfte des tranchierten Hauses in der Damjanich-Straße am Weihnachtsbaum die Kerzen an. Erzsi hatte einen dicken schwarzen Zopf, der musste ihr aber, nachdem die beiden Kinder aus einem unsicher gewordenen jüdischen Waisenhaus zu uns gekommen waren, trotz ihres Geschreis und Geheuls wegen ihrer Läuse abgeschnitten werden. Jedenfalls geht meine Erinnerung so, sie hingegen erinnert sich, dass ihr der Zopf schon vorher, im jüdischen Waisenhaus, abgeschnitten worden war. Ihre Tante Anna Bán, Milán Füsts Ärztin und ihrem Briefwechsel zufolge seine wichtige Vertraute, hatte sie der Obhut meiner Mutter übergeben. Meine Mutter hatte aber auch schon Duci versprochen, dass sie für die Kinder sorgen würde. Aus Füsts letzter, am 15. März 1944 verfasster Tagebucheintragung geht hervor, dass er in Budapest von den Gaskammern wusste, von denen angeblich auch in Deutschland außer den Eingeweihten niemand wusste. Wenn es Milán Füst wusste, wusste es auch Anna Bán, sie musste also die Kinder aus dem unsicher gewordenen Institut herausholen.

Zum Trost erhielt Erzsi von meiner Mutter zu Weihnachten ein breites rotes Band für die Zeit, wenn sie wieder einen langen Zopf haben würde. Nach der Belagerung hatte sie ihren dicken Zopf wieder, aber das rote Band trug sie nicht, sie bewahrte es in Seidenpapier gewickelt auf. Ihr älterer Bruder, der dreizehnjährige Péter, der später Fernmeldetechniker wurde, hatte damals schon einen so üppigen Bartwuchs, dass sie ihn gleich rasierten, als er in der Damjanich-Straße eintraf, damit er nicht gar so sehr wie der schwarze Jude aussah, wobei er danach zur peinlichen Überraschung der Frauen nicht anders aussah, er also erhielt einen zweibändigen Roman von Lőrinc Kovai. Meine Mutter musste zwei Straßen weiter, in der Dembinszky-Straße 37, bei ihrer älteren Schwester, der Bözsi, auch noch nach ihren Eltern schauen, meinen Großeltern mütterlicherseits, Arnold Tauber und Cecília Nussbaum, die von den Pfeilkreuzlern aus ihrer Wohnung in der Péterfy-Sándor-Straße ausgewiesen worden waren. Ihnen musste sie inmitten von Pfeilkreuzler-Razzien, oder diesen ausweichend, Wasser bringen oder von den eben ergatterten wurmstichigen Bohnen oder ein Stück Pferdefleisch. Meine Tante Magda und meine Mutter gingen in diesen Tagen Ende Dezember außerdem auch noch ihren illegalen Aktivitäten nach. Am Weihnachtstag ging meine Mutter zum letzten Mal zum Keller am Neupester Kai 7, um frisch gefälschte Papiere zu holen. Der Keller war mit einer geheimen Signalanlage ausgestattet. Wurde an der Eisentür des Kellers das Vorhängeschloss berührt, das im Übrigen auch von innen entfernt werden konnte, ratterte im unteren Kellertrakt, dem illegalen Aufenthaltsort, ganz leise eine Klingel. Dreimal musste das Schloss berührt werden, nach dem dritten Klingelzeichen konnte man dann durch eine scheibenlose Luke hinunterreichen, was man gebracht hatte, oder entgegennehmen, was weitergeleitet werden musste. Die draußen und die drinnen sahen sich praktisch nie. Sie sahen voneinander nur die Hände. Sprechen war nicht erlaubt. Höchstens, dass sie eine Nachricht ihres Vordermanns Fitos, was Stupsnase heißt, durch die Luke flüstern durften. An diesem Tag nach der Weihnachtsnacht nahm meine Mutter aus der Damjanich-Straße einen Brief Péter Rónas mit. Liebe Eltern, schrieb der dreizehnjährige Péter, ich kann gar nicht sagen, wie sehr ich Euch wiedersehen möchte. Auch Erzsi weint dauernd. Ich hoffe, dass wir jetzt bald wieder zusammen sein können. Seit wir uns getrennt haben, habe ich von der Familie einzig Anni gesehen. Wir sind beide wohlauf. Das Gute ist, dass wir vorläufig beisammen sind. Erzsi hat erfahren, dass man uns trennen will, und sie will das nicht. Sie wehrt sich mit Händen und Füßen dagegen. Sie ist im Augenblick krank, aber es geht ihr sehr gut. Wahrscheinlich hat sie die Grippe. Letzte Nacht hatte sie Durchfall. Vielleicht hat sie zusätzlich zur Grippe auch einen verdorbenen Magen. Mir fehlt Gott sei Dank nichts.

Meine Mutter ging am Weihnachtstag auch zum Haus am Neupester Kai, das wird aus dem Brief ersichtlich, den Péter Róna am 26. Dezember schrieb. Liebe Eltern, ich hätte nicht sagen sollen, dass Erzsi wieder gesund ist. Sie ist wieder krank. Gestern hatte sie hohes Fieber, aber es hat mich sehr glücklich gemacht, dass ich wenigstens Eure Schrift sehen konnte. Ich musste Würmchen dreimal vorlesen, was Du ihr schriebst. So wie es scheint, werden wir uns bald sehen können. Erzsi hat große Sehnsucht nach Dir. Kein Wunder, sie hat Dich ja mehr als einen Monat nicht gesehen. Liebe Mutti, schreibt Péter in Würmchens Namen, sobald Du kannst, komm und nimm mich mit, wenn möglich.

Mit diesem Brief musste meine Mutter aber umkehren, er erreichte seinen Adressaten nicht.

Sie konnten nicht wissen, dass in der Gegend der Damjanich-Straße außer ihnen noch zwei weitere Widerstandsgruppen operierten. Die eine kaum ein paar Häuser weiter entfernt, in der Nummer 41 der Vilma-királyné-Straße, Königin-Wilhelmine-Straße, die andere in der Nummer 17 der Dembinszky-Straße. Aber wegen des unablässigen Artilleriebeschusses und der vermehrten Razzien durch die Pfeilkreuzler, etwas später auch wegen der Straßenkämpfe, waren vorerst auch diese Gruppen zur Untätigkeit verurteilt. Die Front rückte immer näher. Am 6. Januar, als meine Mutter und meine Tante ihre unterbrochenen Verbindungen wiederherzustellen und ihre Aktivitäten aufzunehmen versuchten, wurde die Gruppe, die in der Vilma-királyné-Straße operierte, von einer der Pfeilkreuzler-Gruppen überrascht, die von den deutschen Sicherheitsorganen gesteuert wurden. Es muss eine größere Aktion in der Morgenfrühe gewesen sein, sie erfuhren zufällig davon, durch befreundete Bewohner eines Nachbarhauses, dessen Fenster auf die Gärten der Vilma-királyné-Straße gingen. Sie wussten aber nicht, dass ein Neffe von Pál Aranyossi, Ferenc Dálnoki Nagy, der Sohn von Aranyossis jüngerer Schwester, zu den verschleppten jungen Männern gehörte. Dálnoki Nagy war Schauspieler, so wie sein Vater, so wie seine Mutter, Irma Aranyossi, so wie sein Großvater, so wie seine jüngere Schwester, aber in dem Augenblick war er nicht nur Widerstandskämpfer, sondern auch Deserteur, wie fast alle in der Gruppe. Sie waren Freiwild, jede militärische Streife konnte sie jederzeit abknallen. Zuerst wurden sie auf das deutsche Kommando in der Damjanich-Straße gebracht, Ferenc Rónai, Károly Nyeste, Vilmos Fuhrmann, Sándor Apsolon, László Füredi und seine Frau, deren Vornamen wir nicht kennen. Die Villa der Füredis und der Luftschutzkeller eines benachbarten größeren Hauses wurden als Stützpunkte und Waffenlager verwendet. Wahrscheinlich hatte jemand im Luftschutzkeller Verdacht geschöpft und sie angezeigt. Sie waren keine Kommunisten, nannten aber ihre Aktionsgruppe trotzdem Rote Brigade. Sie wurden mit einem Panzer zur Burg von Buda hinaufgebracht, wo die Gestapo ihren Sitz hatte, und dort in die tiefste Tiefe der Burghöhlen, in den als Folterkammer eingerichteten einstigen Eiskeller befördert. Wo sich schon rund zweihundertzwanzig verhaftete Widerstandskämpfer befanden. Und was dort mit ihnen geschah, erfuhr auch die Familie erst nach langen Jahren, sozusagen aus den Abfallprodukten der Prozesse gegen die Kriegsverbrecher, nachdem sich die Mutter von Ferenc Dálnoki Nagy, Irma Aranyossi, schon damit abgefunden hatte, dass ihr Sohn offiziell als verschollen registriert war. Ein Verschollener zu sein war in den Jahren nach der Belagerung eine eigene Existenzform.

Es war ja nicht ausgeschlossen, dass der Betreffende noch lebte.

Irma Aranyossi wurde nie mitgeteilt, was mit ihrem Sohn geschehen war.

Die Verhöre wurden vom Gendarmeriehauptmann Endre Csergő, einem der Kommandanten der Pfeilkreuzler-Einheit, Rechenschaftsstuhl genannt, sowie von SS-Obersturmbannführer

Rainer Gottstein durchgeführt. Sie arbeiteten mit originellen mittelalterlichen Instrumenten, Halsschrauben, Daumenschrauben oder Spießen, die in den Enddarm getrieben wurden, wobei sie weit über das übliche Repertoire hinausgingen. Als kleines Kind und noch als Jugendlicher konnte ich Irma Aranyossi, die in der Familie Irmusch oder Irmuschlein genannt wurde, weil sie einfach eine liebe Person war, fröhlich, noch im Alter wunderschön, energisch, zu der Zeit nicht mehr Schauspielerin, sondern eine der namhaftesten Tanzpädagoginnen des Landes, nie in die lachenden Augen schauen, ohne mir zwanghaft aufsagen zu müssen, was sie mit ihrem Sohn gemacht hatten, was sie gemacht hatten und sie nicht wusste, ich aber schon. Heute weiß ich, dass sie es wusste. Wenn auch nicht jede Einzelheit. Sie tat vor uns, als wüsste sie es nicht. Sogar das ist bekannt, dass ein Mann namens Géza Sárándy für den Obersturmbannführer dolmetschte. Am 26. Januar 1945 wurden die noch lebenden Mitglieder der Gruppe hingerichtet, keinen einzigen hatten sie zum Reden gebracht, sie gaben auch ihren Vordermann, den Kommandanten des Reservebataillons der Armee, Kálmán Zsaba, nicht an. Von ihm hatten sie Waffen, Explosivstoffe bezogen, sie standen auch auf seinen Nachschublisten, also hatten sie von ihm wohl auch Lebensmittel erhalten.

Ihre Leichen wurden im Burgschloss von der Terrasse des Wintergartens, dem Schauplatz ihrer Hinrichtung, in die Tiefe geworfen.

Meine Mutter und meine Tante mussten die soeben gefälschten Papiere und die soeben gedruckten Flugblätter durch die Lücken in den Glasziegeln des Oberlichts auf dem Gehsteig vor dem Neupester Kai 7 entgegennehmen, auf dieser Höhe ging die Passage zur Pressburgerstraße ab. Am besten kurz vor der Dämmerung. Die Papiere an die angegebenen Adressen verteilen oder sie dem Kontaktmann übergeben oder ihrem Vordermann, dessen wirklichen Namen sie regelwidrigerweise kannten. Es war ein Wirtschaftsgeograph, ein auffällig agiler junger Mann namens György

Markos. Oder die gefälschten Ausweise ohne Mittelsmänner an die entsprechenden Orte befördern. Das alles war natürlich um etliches komplizierter, als ich es hier beschreiben kann. Wenn sie kurz vor dem Dunkelwerden losgingen und das Material nicht gleich weiterbefördern konnten, mussten sie mit dem gefährlichen Paket noch vor dem Ausgehverbot in die Damjanich-Straße zurückgelangen, während ganze Straßenzüge unter Beschuss standen, Fliegeralarm schrillte und sie sich mitsamt dem Packen blind in einen unbekannten Luftschutzkeller hinunterstürzen mussten. Oder sich zu einem bestimmten Zeitpunkt an einem bestimmten Ort mit ihrem Vordermann treffen, Stupsnase-Fitos, von dem sie erst nach der Belagerung erfuhren, wer er war, dann zurück zum Neupester Kai, dem Siegelwart im Keller, das heißt meinem Onkel István, die leeren Formulare und Originalausweise, die sie durch Pál Aranyossis beziehungsweise György Markos' Vermittlung von Fitos oder der Widerstandsgruppe des Rathauses erhalten hatten, zur chemischen Reinigung bringen, von den Aktivisten im Keller Papierwäsche genannt. Der Geistliche der Reformierten Kirche in der Pressburgerstraße, Albert Bereczky, versorgte meine Mutter mit kirchlichen Blanko-Registrierungsformularen. Ich besitze heute noch welche, auch gewaschene Papiere. Waschen bedeutete, dass mein Onkel und mein Vater mit Hilfe eines chemischen Verfahrens die vorhandenen Angaben löschten und an ihrer Stelle Fitos' Anweisungen gemäß mit brauner, blauer oder schwarzer Tinte, die nach alten Rezepten hergestellt und auf verblichen frisiert war, neue Daten eintrugen. Die hatte ihnen Fitos auf Zettelchen geschrieben. Auch solche Zettelchen finden sich unter unseren Aufzeichnungen. Mit dem Eintragen der Daten war Duci betraut. Sie konnte hervorragend alte Handschriften nachahmen. Das alles natürlich bei Kerzenlicht, bei einer Öllampe oder ganz schwachem Lampenlicht. Fehler durfte sie nicht machen. Schon wegen ihres wichtigsten Elements, der nur den Behörden bekannten, regelmäßig wechselnden Codenummer der Ortsnamen Ungarns, und wegen der echten

Stempel und Unterschriften waren die Papiere unersetzlich. Auch damit sie die Änderung der Codenummern rechtzeitig erfuhren, war die Verbindung zum Rathaus wichtig. Auf den alten Ausweisen konnten sie nur ganz bestimmte Angaben austauschen, wobei mein Onkel István nach dem Muster der alten Stempel auch neue herstellte. Es war eine Präzisionsarbeit, die Schrift der Eintragung oder der erhabene Stempel durften sich in keiner Weise vom Original unterscheiden.

Es gab aber doch Schriften, die Duci nicht nachahmen konnte. In solchen Fällen wanderten die chemisch gereinigten Dokumente zu Gizi Várkonyi weiter, der gesalbten Päpstin der Schriftimitation, wobei ich nicht in Erfahrung bringen konnte, wo sie arbeitete, aber meine Mutter oder Tante Magda mussten in solchen Fällen die Papiere irgendwohin bringen.

Es gab keinen Schrifttyp, schreibt meine Tante in ihren Erinnerungen, den Gizi nicht hätte kopieren können. Tante Magda demonstrierte mir, im Bett zwischen ihren Kissen liegend, wie Gizi das machte. Gizis Kunstfertigkeit imponierte ihr mächtig. Gizi blieb über dem Papier stehen, sah sich die Schrift kurz an, griff dann einigermaßen zerstreut, aber man könnte auch sagen inspiriert, nach dem passenden Federhalter und der dem Schriftbild entsprechenden Feder, steckte sie, ohne den Blick vom Schriftbild abzuwenden, zusammen, und bevor sie die Feder in eine von Onkel Pista hergestellte Tinte tauchte, begann sie in der Luft zu schreiben. Sie imitierte die Schrift zuerst in der Luft. Nie auf Papier, sagte meine Tante, immer nur in der Luft, mehrmals hintereinander. Und dann, den Blick nur für die Zeit abwendend, die es brauchte, um die Feder sorgfältig in die Tinte zu tauchen und zu prüfen, ob die Menge stimmte, schrieb sie ohne jegliche weitere Probe die entsprechenden Wörter stilsicher an die entsprechenden Stellen. Es war wiederum meine Mutter beziehungsweise Magda, die Fitos' mündlichen Anweisungen und sonstigen Ansprüche dem Siegelwart mitteilten. Dafür hatten sie eine mehrfach abgesicherte

Methode. Sie und Pista sahen sich im Dämmer des Kellervorraums oder durch die Luke zuweilen auch von Angesicht zu Angesicht. Mein Vater und meine Mutter hingegen durften sich nicht sehen, durften nicht einmal die Stimme des anderen hören, und diese von Pista aufgestellte Sicherheitsregel akzeptierten beide klaglos. Wenn die draußen Lebenden Kartoffeln, Gemüse oder, noch seltener, Früchte hatten beschaffen können, mussten sie die Sachen durch die Luke hinunterreichen, auf die Art ließ sich der Skorbut der Kellerbewohner etwas in Schach halten. Diese illegalen Wege waren in jedem einzelnen Augenblick hochriskant. Und doch durfte es keine Verzögerungen geben, denn die konnten ein Menschenleben bedeuten oder das Funktionieren der Untergrundbewegung gefährden. Wer erwischt wurde, wurde auf der Stelle erschossen oder erschlagen, im wahrsten Sinn des Wortes massakriert. Tante Magda fand einmal ihren Bruder Pista im Kellervorraum mit einem Nervenzusammenbruch vor. Zuvor hatte sie der Übereinkunft gemäß die frei hängenden elektrischen Leitungen an der verschlossenen Kellertür in Berührung gebracht, und sie hatte auch gleich die Klingel in der Tiefe des Kellers hören können, erst dann hatte sie das Schloss geöffnet und war eingetreten. Nach ein paar Minuten war Pista im Halbdunkel erschienen, aber kaum hatte er den Mund aufgemacht, begann er winselnd zu weinen. Alle Nádas-Brüder weinten winselnd und wimmernd, sie hatten wegen ihres Vaters das Weinen unterdrücken müssen. Tante Magda dachte, unten sei jemand gestorben. Doch dann stellte sich heraus, dass Pista schon am frühen Vormittag oben gewesen war, um etwas zu holen, und er durch das Loch, wo im Oberlicht ein Glasziegel fehlte, gesehen hatte, dass die im Keller geborenen Kätzchen, die hier ein und aus gingen, oben im Sonnenschein spielten. Er wagte sich näher zum Fenster, um ihnen beglückt zuzuschauen, da hörte er Schritte, und ein Schatten verdeckte die Sonne. Er sah nur die Hand, eine Männerhand. Sie packte zwei der Kätzchen und schmetterte sie zu Boden. Pista winselte, er habe es nicht verhindern können. Zwei aber hätten es doch noch zurück geschafft. An der Stefánia-Straße brachten die Pfeilkreuzler die Leichen der Ermordeten auf den Bänken in eine sitzende Stellung und hängten ihnen Tafeln um den Hals. Im Stadtwäldchen wurden Deserteure an den Bäumen aufgeknüpft, die Leichen blieben lange Wochen dort oben hängen. Streunende Hunde, Marder und Vögel verstümmelten die steifgefrorenen Körper.

Sie konnten auch zusammengeschlagen, irgendwohin gebracht, ausgefragt und gefoltert werden, und dann wäre Irén in der Damjanich-Straße für die vier Kinder allein verantwortlich gewesen; ganz bestimmt traf meine Tante Özsi mit ihrer Tochter, der fünfzehnjährigen Vera, erst am letzten Dezembertag in der Damjanich-Straße ein, von ihrem provisorischen Versteck kommend, im Schockzustand und verwundet. Meine Cousine Vera ist Architektin geworden, Tiefbau-Architektin, heute lebt sie in Toronto. Sie war es, die beschlossen hatte, dass sie aus der Pannónia-Straße wegmussten. Im Luftschutzkeller des Sternhauses an der Pannónia-Straße hatte während eines Fliegerangriffs die Nachricht die Runde gemacht, dass die aus ihrem Quartier am Leopoldring 3 ausschwärmenden Pfeilkreuzler-Einheiten nunmehr auf sämtliche Formalitäten verzichteten, sie verlangen von niemandem mehr die Papiere, da kannst du Schutzbriefe oder ausländische Pässe haben, das ist ihnen egal, sie treiben die Juden beim Szent-István-Park oder vor dem Parlament über die Treppe auf den unteren Kai und schießen sie wahllos in die Eis treibende Donau. Ich kannte einen Mann, Miklós Békés hieß er, der verwundet zwischen den Eisschollen lavierend ans Ufer geschwommen war. Er ließ sich von einer Scholle mitziehen, klammerte sich an ihren Rand und stieß mit dem freien Arm und den Beinen die anderen Schollen weg, damit die ihn nicht köpften, ihm nicht Arme oder Beine abschnitten. Es war ihm selbst nicht klar, was er tat oder was seine Glieder taten und was mit ihm geschah. Später wurde er Kardiologe. Er kroch verwundet und blutend aus der Donau heraus, ein nach Luft schnappender junger Mann, der in der Dämmerung die Fahrbahn gerade noch knapp überqueren konnte, bevor ihn an der Ecke zur Balaton-Straße eine einsame Gestalt erbarmungsvoll bei sich aufnahm. Er hatte keine physiologisch akzeptable Erklärung dafür, wie er dieses Intermezzo seines Lebens hatte überstehen können, auch dafür nicht, warum ihn ein Fremder bei sich aufgenommen hatte. Kaum fünfhundert Meter vom Schauplatz der glücklichen Errettung entfernt wagte Vera nicht mehr ins Büro hinaufzugehen, sie hatte panische Angst vor einem erneuten Treffer.

Die Höhe des Risikos lässt das Maß des kommunistischen Engagements der beiden Frauen, meiner Tante Magda Nádas und meiner Mutter Klára Tauber, abschätzen. Angesichts der Bedeutung ihrer Aufgaben hatten sie wohl die Angst um sich selbst als Erstes über Bord geworfen, was den Horizont ihres Verantwortungsbewusstseins gehörig weitete. Ihr Blick öffnete sich nicht nur über den gegebenen Augenblick hinaus, auch der kleinliche Selbsterhaltungstrieb erhielt einen breiteren Kontext. Meine Mutter war schon von sich aus keine ängstliche Natur. Was haben Sie da in Ihrem Korb, junge Frau, rief die Pfeilkreuzler-Streife von weitem, als sie mit dem Korb voller gefälschter Papiere und Flugblätter vom Keller zurückkam. Sie lächelte ihnen breit ins Gesicht und sagte, jüdisches Vermögen. Die von der Streife begannen brüllend und schenkelklopfend zu lachen, sie lachte von Herzen mit, zur Belohnung für ihren Scherz durfte sie ja mit ihrem Korb unbehelligt weitergehen. Das spielte auch bei Veras Entscheidung eine Rolle. Gehen wir in die Damjanich-Straße, hatte sie zu ihrer Mutter gesagt. Es war die erste erwachsene Entscheidung ihres Lebens, jedenfalls hat sie es für sich so verbucht. In New York fragte ich sie einmal im Nieselregen auf der Straße, wir kamen gerade von einer großen Piranesi-Ausstellung, warum sie meine Mutter gerngehabt hatte. Was sie an ihr gemocht habe. Ich wollte verstehen, warum meine Mutter geliebt wurde. Wegen ihrer guten Laune, ihrer Heiterkeit, sagte Vera. Sie habe zu ihr nicht wie zu einem Kind gesprochen, sondern von Gleich zu Gleich. Und mit kommunistischem Gedankengut wurde sie nie traktiert, das hatte ihre Mutter mit den anderen abgemacht, dass sie ihre halbwüchsige Tochter damit in Ruhe lassen würden. Weder die Frauen noch die Männer sagten je etwas zu ihr.

Eure Mutter lachte dauernd, brachte alle zum Lachen. Ein Idiot, ein Hofnarr bringt auch alle zum Lachen, wandte ich ein, ich wollte Klarheit haben.

Für sie sei das nicht selbstverständlich gewesen, sagte Vera, nachdenklich werdend, sie blieb im Regen sogar stehen. Für mich war das neu, sagte sie, außergewöhnlich, meine Mutter lachte ja nie. Höchstens lächelte sie. Eure Mutter hingegen wachte gutgelaunt auf und ging gutgelaunt schlafen. Das war nicht die Lebenslust eines Idioten. Da war bestimmt auch Absicht darin, sie wollte keine gedrückte Stimmung um sich verbreiten, was sie denn auch in keiner Lage tat.

Tante Magda schreibt in ihren Erinnerungen, auch sie habe keine Angst gehabt, und das stimmt wahrscheinlich ebenfalls. Sie muss bewundernswert gewesen sein mit ihrem Überblick, ihrer Seelenstärke, ihrer keine Diskussionen oder Widerspruch duldenden herrschaftlichen Art. Sie war schon als junges Mädchen so gewesen, befehlsgewohnt, herrisch, und je älter sie wurde, desto mehr wurde sie so, eine geborene Herrin, keine bessere Dame mit ihren angelernten Manieren, sondern eine geborene Herrin, die wohl nur nebenbei Kommunistin war. Auch wenn sie meinte, es sei umgekehrt. Sie beschreibt in ihren Erinnerungen schauderhafte Szenen, haarsträubende Situationen, die sie einzig mit ihrem Auftreten löste, ihrem herrschaftlichen Auftreten. Sie gibt auch zu, dass sie im kritischsten Moment der Belagerung fünf ganze Tage lang einen Zusammenbruch hatte, und das nicht zum ersten Mal in ihrem Leben. Nachdem ihr Mann bei einem illegalen Treffen im Speisesaal des Staatskasinos in der Semmelweis-Straße, wo sie sich ihrerseits mit Markgraf György Pallavicini, ihr Mann hingegen mit einem

Mitglied der im Rathaus operierenden Widerstandsgruppe hätte treffen sollen, vor ihren Augen verhaftet worden war. In einer unveröffentlichten Fassung siedelt sie diese Szene seltsamerweise an einem anderen Ort an, und ich kann nicht mehr feststellen, welche der beiden Versionen die richtige ist. Wahrscheinlich die, die sich im Staatskasino abspielt. Auch in György Markos' Erinnerungen spielt die Sache dort. Wahrscheinlich schrieb sie die andere Variante, weil sie György Markos nicht erwähnen wollte. Markos nahm an der Intellektuellenbewegung teil, die den Aufstand von 1956 vorbereitete, dann an der Revolution selbst, und deshalb vielleicht wollte sie ihn später aus ihrem Leben herausfiltern. Selbstverständlich waren sie zu ihren Gesprächen separat eingetroffen, Pallavicini hingegen war nicht da. Sie hätte noch lange warten können, der Markgraf war zwei Tage zuvor verhaftet worden, in seinem Schreibtisch hatte man sein Tagebuch gefunden. Der Wahnsinnige hatte Tagebuch geführt, mit allen Namen darin, den Klarnamen und den Decknamen. Wahrscheinlich hatte er sich nicht vorstellen können, dass jemand unbefugterweise seinen Schreibtisch öffnen würde. So etwas tat man nicht nur in seinen Kreisen nicht. Ein wohlerzogener Mensch rührte Briefe, Tagebücher oder Schreibtische eines anderen nicht an. Der Schreibtisch war das Heiligtum der Privatsphäre. Auch ich öffnete nur ein einziges Mal den Schreibtisch meiner Mutter, und ich sehe seine innere Ordnung heute noch vor mir. Es war ein schwarzer Sekretär mit Deckel, innen aus einem leuchtend weißen Rosenholz, die Schreibfläche des Deckels mit schwarzem Leder bezogen. Den Schreibtisch meines Vaters aber hätte ich nicht ein einziges Mal aufgemacht. Nicht aus Angst, sondern aus Respekt vor der Anstandsregel. Tante Magda wollte sich gerade an einen gedeckten Tisch setzen, als sie auf einmal György Markos erblickte, den die Kommissare aus dem Keller des Zuchthauses am Margaretenring als Lockvogel hierhergebracht hatten. Markos begann sogleich Grimassen zu schneiden. Geh weg. Erkenne mich nicht. Komm nicht näher. Ich bin nicht allein. Was Tante Magda sofort begriff, ein einziges Augenblitzen hatte genügt. Und ohne ihren Nebenmann, also ihren gleichgestellten Kontaktmann in der Bewegung, und alten Freund aus Pariser Zeiten zu grüßen, rauschte sie erhobenen Hauptes, in kerzengerader Haltung, als wandle diese große, schwere Frau auf Wasser, herrschaftlich in den Nebensaal hinüber. Es gab keine Gelegenheit, bei der diese wilde Kommunistin nicht ein makelloses Kostüm, Hut, Handschuhe und Pelzkragen getragen hätte. Und am Hut möglichst den kleinen Schleier über den Augen. Was ihrer Erscheinung etwas Altmodisches verlieh. Ihr Mann, der gerade in dem Moment eintrat, als Markos grimassierte, fühlte zwar, dass an der Mimik etwas komisch war, er sah auch seine sich entfernende Frau mit ihrem großen Hut, dem leichten kleinen Muff und dem federleichten weißen Fuchspelz um die Schultern, aber er dachte, Markos mache wieder einmal Blödsinn. Er ließ sich gleich an Markos' Tisch auf den Stuhl fallen. Markos zischte zwischen den Zähnen, er solle weggehen. Geh weg. Sofort. Sofort. Beim zweiten Sofort begriff er endlich. Doch auf seine gemütliche, weltmännische Art diskutierte er noch ein Weilchen mit Markos, warum er denn sofort weggehen sollte, nur immer mit der Ruhe, er werde dann schön gemächlich hier hinausspazieren. Und ob Markos wisse, was der alte Stier zum jungen Stier sagt. Den Witz erzählte er aber nicht mehr, er stand auf, rückte seine dicke Hornbrille zurecht, verabschiedete sich, setzte wieder den Hut auf seinen schönen Glatzkopf, nahm seine auffällig vollgestopfte Aktentasche und begann hinauszugehen. Und wie er so auf den Ausgang zugeht in seiner holden, vertrauensseligen Naivität, stehen von einem Nebentisch Agenten in Zivil auf, nehmen ihn in die Mitte, umarmen ihn wie einen guten Freund, nehmen ihm seine wahrscheinlich mit illegalen Schriften oder Übersetzungen vollgestopfte Aktentasche ab, zischen ihm ins Ohr, er solle nur ja den Mund halten und seine Füßchen rascher bewegen, und sie bringen ihn zu ihrem schwarzen Studebaker, der vor dem Palais wartet. Eine andere Gruppe holt sich Markos, auch sie nur so unter

Freunden, freundschaftlich, um ihn in einem Wagen ins berüchtigte Zuchthaus am Margaretenring zurückzubringen, wo sie ihn zuvor schon gefoltert, aber nicht dazu gebracht hatten, Dinge zu sagen, die er nicht sagen wollte.

Diese Menschen waren in jenen Wochen nicht einfach mutig, sie waren tollkühn. Markos gehörte zu den tollkühnsten. Was Aristoteles in der *Nikomachischen Ethik* bekanntlich nicht billigt. Er lobt den Mut. Tollkühnheit und Feigheit, die beiden Extreme des Muts, verwirft er.

Ich verstehe Aristoteles ja durchaus, stimme ihm von ganzem Herzen zu, meine eigenen Erfahrungen geben ihm in allem recht, aber in diesem einzigen Fall, Winter 1944 in Budapest, folge ich ihm nicht. Meine Tante und meine Mutter taten das Richtige, bei allem, was sie taten, sogar auch dann, wenn sie das Leben der ihnen anvertrauten Minderjährigen in Gefahr brachten. Die Tollkühnheit war ihre Tugend. In den Fällen, wo sie die Flugblätter und gefälschten Papiere nicht an ihre Bestimmungsorte befördern konnten, brachten sie sie in die Wohnung in der Damjanich-Straße mit, wo sie zuerst vier, dann fünf Minderjährige mit gefälschten Papieren versehen und versteckt hatten. Als meine Mutter Mitte September mit mir nach Budapest zurückkam, berichtete sie den Aranyossis von der jugoslawischen Partisanenbewegung. Sie hätte in der Nacht nur ins Maisfeld hinauszugehen brauchen, um sich ihnen anzuschließen. Sie durfte es meinetwegen nicht tun, aber sie konnte sich kaum von dem Schritt zurückhalten. Es gibt Situationen, in denen man nur noch tollkühn sein kann.

Noch heute tut es mir leid, dass sie mich nicht bei den Biebers zurückließ, dass sie meinetwegen nicht in der Nacht ins Maisfeld hinausging.

Magda und Klára hatten sich gern und verstanden sich, das Gefühl der Gemeinsamkeit, die unbedingte Gegenseitigkeit ließ ihre Freundschaft bestimmt noch wachsen; die gemeinsame Familie und das gemeinsame Genossentum verliehen ihnen gewissermaßen einen Zusatz an Sicherheit. Aber sagen wir doch auch, dass sie sich eine Prise betonter liebten, als sich damals für Frauen schickte, eine andere Frau zu mögen. Ich glaube, dieser mein aus späteren Zeiten stammende Eindruck ist nicht falsch, auch weil meine Mutter in ihrer Brieftasche aus Schlangenleder das Bild einer Frau aufbewahrte. Als ich sie einmal fragte, wer diese Frau sei, errötete sie regelrecht, sie, die sonst nie errötete, sie war nicht der Typ, sie sprach den Namen der jungen, struppig kraushaarigen Frau mit zärtlicher Verehrung aus, ich erinnere mich heute nur noch an Eta, früher hatte ich noch nie so etwas gehört, diesen Ton, sie habe diese Eta Soundso sehr gerngehabt, sie sei zu ihr in irgendein kommunistisches Seminar gegangen, und die Pfeilkreuzler hätten sie auf offener Straße ermordet. Es gab noch eine Eta in unserem Freundeskreis, Eta Berény, eine wunderhübsche Turnerin, die später Ferenc Münnich heiratete, aber die erfreute sich eines langen Lebens. Sie haben sie umgebracht, wiederholte sie, als wollte sie den Mord abmildern. Ein paar Jahre nach dem Tod meiner Mutter hatte die Brieftasche aus Schlangenleder keine Schuppen mehr, weitere paar Jahre lang wurde sie nur noch vom Futter zusammengehalten, nach einem weiteren Jahrzehnt gab auch die Naht nach, ich leerte sie und warf sie weg.

Die Fotografie der struppig kraushaarigen Frau mit dem ängstlichen Blick ist noch vorhanden.

Einem unbeteiligten Betrachter fällt als Erstes die Intensität der Zuneigung unter Genossinnen auf, die intime und geheimnisvolle Übereinstimmung der Zukunftsgläubigen. Das Gewicht der Übereinstimmung. Die Spitze gegen die Gegenwartsgläubigen. Das Etwas, das von allen anderen Arten der Zuneigung abweicht und ganz bestimmt von einer kleinen lesbischen Tendenz gefärbt war. Ich weiß nicht, wie stark die in meiner Mutter vorhanden war, ahne es nur aufgrund ihres Errötens. Das Leben meiner Tante hingegen war so vollgestopft mit Freundinnen, dass Aranyossi schon zur Zeit ihrer beider flammenden Jugendliebe kaum zu ihr durchdringen konnte, und er tat sich auch schwer mit dieser Tatsache. Im Schloss von Gödöllő, das als Krankenhaus eingerichtet war und wo ihn die Ärzte nach zweijährigem Frontdienst von seinem chronischen Lungenspitzenkatarrh zu kurieren versuchten und ihm halfen, nach mehreren Verwundungen den Rest des Kriegs auszulassen, begann er einen kleinen Roman mit dem Titel *Magdas Freundinnen* zu schreiben, um den Damenreigen, der seine Verlobte umgab, irgendwie zu bannen. Von seinem Krankenbett aus ließ er die Kapitel wie Liebesbriefe auf das gnädige Fräulein Magda Nádas los. Es sind nur zwei Kapitelchen übrig geblieben und ein Entwurf. Aber er brauchte den Roman auch nicht zu beenden, denn wie aus einer einzigen Tonfallveränderung in der verliebten Korrespondenz hervorgeht, taten sie nach mehrmonatigem Hin und Her etwas, das nach den Gepflogenheiten der Zeit gänzlich unpassend war.

Die kommunistische Utopie produzierte abweichende Formen der Liebe und, von außen gesehen, zuweilen erschreckende Attraktionen. Für mich als Kind war das nicht leicht. Die beiden Frauen telefonierten nach der Belagerung täglich miteinander, hingen stundenlang an der Strippe, das Ende abzuwarten war unmöglich. Wenn sie sprachen, trat auch mein Vater höflich den Rückzug an. Von Zeit zu Zeit erschien er in der Tür, auf den Lippen ein seltsames kleines Lächeln, und wartete mit den Zeichen größter Diskretion, dass seine Frau und seine Schwester endlich aufhörten. Aber sie hörten nicht auf. Zehn Minuten später immer noch nicht. Neben ihrer illegalen Tätigkeit brachten sie bis zu vierzehn gefährdete Menschen durch die Belagerung und das von den Pfeilkreuzlern angerichtete Gemetzel. Die Versorgung so vieler Menschen mit dem Nötigsten muss eine Herkulesarbeit gewesen sein. Kein Wunder, dass sie nach der Belagerung noch jahrelang in Hochstimmung waren. Tante Magda erlebte in den vier Jahren nach der Belagerung vielleicht überhaupt ihre Glanzzeit. Sie war Chefredakteurin einer von ihr gegründeten Wochenzeitung, sie schrieb rasch hintereinander drei Bücher, zwei Romane und eine hervorragende soziographische Studie, in der sie die Erfahrungen aufarbeitete, die sie auf den Gütern ihres Vaters und Großvaters unter den Knechten und Tagelöhnern gesammelt hatte, sie nahm verschiedene Recherchen auf dem Gebiet der sozialistischen Frauenbewegung und der Arbeiterbewegung in Angriff. Der euphorische Charakter ihrer Gespräche rührte wohl auch daher. Nicht ihre Sentimentalität war beflügelt, so etwas hatten sie nicht, beide fühlten sich vom kleinsten Anschein von Sentimentalität angewidert, da wurden sie gleich sarkastisch, es war auch nicht Geschwätzigkeit, die aus ihnen sprach, die Heldenpose war beiden fremd, es war ihr Geist, der in der geteilten Freude des freien und lauten Meinungsaustausches planschte. Sie ließen voreinander ein rhetorisches Feuerwerk ab. Und so überrascht es, dass Tante Magda sich etwas später, als sie ihre erste, von der Partei befohlene Autobiographie wahrscheinlich schon geschrieben hatte, bemüßigt fühlte, meine Mutter still und konsequent zu verraten. Obwohl sie überzeugt war, moralisch felsenfest zu sein, von einer Beständigkeit, auf die man eine Kirche bauen könnte. Darum bemühte sie sich ja auch nach Kräften. Aus den erhaltenen Papieren ersehe ich aber leider doch, dass ihr Verrat an meiner Mutter im Lauf der Zeit immer weiter ging. Womit ich nicht sagen will, dass ich sie nicht verstehe oder ihr nachträglich Vorwürfe mache.

Die konspirativen Regeln der kommunistischen Bewegung verlangten es von ihr, und ohne diese Regeln ist weder die Bewegung verständlich noch die Moral überhaupt und auch die neueste Zeitgeschichte nicht. Um für die Bewegung integer zu bleiben, gab sie einem Druck nach, der dann aber nicht nur ihre eigene Integrität, sondern auch die der angebeteten Klári grundlegend verletzte. Verrat solcher Art hatte in der kommunistischen Bewegung natürlich seinen eigenen Platz und seine eigene Logik. Ich bin fast sicher, dass sie es unter sich besprachen. Sie mussten es besprechen, ihre Gesichtspunkte zur Übereinstimmung bringen. Parallel zu Magdas Verrat taucht auch in der Autobiographie meiner Mutter eine dicke Lüge auf. Sie schreibt, während der Belagerung hätten die ihr anvertrauten Kinder und die Versorgung der Familie sie so in Anspruch genommen, dass sie ihre Aktivitäten für die Bewegung unterbrechen musste. Vielleicht besprachen sie es ja auch nicht, aber ich glaube kaum, dass es zwischen ihnen eine Meinungsverschiedenheit geben konnte. Sie verletzten die konspirativen Regeln aufs Schwerste, wie es auch ihre Verbindungsleute auf der höheren oder unteren Ebene taten. Und das in der heikelsten Situation ihrer kommunistischen Karriere. Anders ging es nicht. Einen Teil der illegalen Aufgaben meiner Tante Magda übernahm meine Mutter. Das war verboten. Oder sie erledigten sie gemeinsam, was ebenfalls verboten war. Ihr Vordermann, Stupsnase-Fitos, gab manchmal die Arbeit direkt an meine Mutter weiter, was er nur hätte tun dürfen, wenn sie im konspirativen Netz eine offizielle Rolle gehabt hätte. Die hatte sie aber nicht, und deshalb mussten sie später ihre Aktivitäten abstreiten und vor dem Aufsichtsapparat zu ihrem und Magdas Schutz jegliche Spur verwischen, die in diese Richtung wies. Mit Markos stand nicht nur meine Mutter, nicht nur Pál Aranyossi, sondern auch Fitos selbst in unmittelbarer Beziehung, was bestimmt von der Notwendigkeit diktiert war, aber sie verletzten damit nicht nur ein paar Regeln, sondern traten sozusagen aus sämtlichen Maschen des konspirativen Netzes heraus. Aufgaben, von denen meine Mutter im Prinzip nichts hätte wissen dürfen, erledigten sie gemeinsam. Tante Magda hätte das Fitos melden müssen, und der hätte die Meldung weiterleiten müssen. Aber Fitos konnte nichts weiterleiten, auch er hielt es ja mit den Regeln nicht so genau. Von dem allem kann man sich ein Bild machen, wenn man die zu verschiedenen Zeiten geschriebenen Erinnerungen einer Person miteinander vergleicht oder die verschiedenen Erinnerungen verschiedener Personen. Und nicht nur die stimmen nicht überein, sondern ihre mündlichen Erzählungen widersprechen ihrerseits den schriftlichen Versionen. Wenn Tante Magda in den fünfziger Jahren nachts mit mir plauderte, erinnerte sie sich sehr gern an gemeinsame Unternehmen, die sie hingegen in ihren verschiedenen Memoiren sorgfältig gestrichen oder mit der Zeit immer mehr als Alleingänge darzustellen hatte. Meine Mutter war nicht mehr am Leben, sie aber vertiefte, modellierte, vervollkommnete immer noch den Verrat an der angebeteten Klári. Wenigstens nachträglich wollte sie ihre illegale Tätigkeit mit den konspirativen Regeln ins Lot bringen.

Öffentlich bereinigen durfte sie nichts, die Aufsichtskommission ihrer Partei beschäftigte sich vom Ende der vierziger Jahre an leidenschaftlich gerade mit solchen Verstößen gegen die Regeln der Bewegung. Und damals im Untergrund war Tante Magda noch weiter gegangen, hatte sich als strafender Arm der Partei gebärdet. Hatte erreicht, dass György Markos wegen ähnlicher Disziplinlosigkeiten bestraft wurde. Im Interesse der Wiederherstellung des konspirativen Netzes sollte er eine Zeitlang von der Bewegung ausgeschlossen werden. Was sie denn auch mit Hilfe ihres Vordermanns Fitos erreichte, der ja, den erhaltenen Dokumenten nach zu urteilen, die konspirativen Regeln seinerseits gründlich verletzt hatte. Aus ähnlichen Gründen muss eine Version der Verhaftung Pál Aranyossis entstanden sein, in der Markos gar nicht vorkommt. Nicht einmal in den siebziger Jahren, als er seine mit *Wanderzuchthaus* betitelten Memoiren schrieb, wusste Markos von den einstigen Manövern hinter seinem Rücken. Oder vielmehr musste er auch da so tun, als wüsste er nichts von ihnen. Vergleicht man die verschiedenen Memoiren und die von diesen abweichenden handschriftlichen Erinnerungen und Autobiographien, wird ersichtlich, dass Tante Magdas unverständliche Bemühung, Markos bei Fitos anzuschwärzen, letztlich nichts brachte. Es brachte nichts, ihn eine Zeitlang vom Netz auszuschließen. Sie konnten ihn nicht bändigen. Markos ließ sich nicht disziplinieren, er war nicht einer, den man einfach ausschaltet oder abschaltet. Den konspirativen Regeln gemäß durften sich Markos und Fitos nicht persönlich kennen, aber sie kannten sich nicht nur, sondern Markos war auch der Einzige, der Fitos' wirklichen Namen kannte, auch wenn er sich diesbezüglich korrekt verhielt, Fitos' Identität nicht preisgab. Sie kannten sich von Paris, wohin Fitos zum Abschluss seiner Universitätsstudien gegangen war. Fitos gab ihm unmittelbar Anweisungen, was er eigentlich nur über Magdas Vermittlung hätte tun dürfen.

Wegen solcher haarsträubenden Regelverstöße hätten sie sich selbst aus der Widerstandsbewegung ausschließen müssen. Markos hingegen ließ sich auch von seiner offiziellen Kaltstellung nicht daran hindern, mit seinen Aktivitäten ungebremst fortzufahren, was bei den anderen zu Schreikrämpfen führte. Er arbeitete auf eigene Faust, ließ sich auf waghalsige Abenteuer ein, die der kommunistischen Untergrundbewegung eine Zeitlang durchaus Vorteile brachten. Auch meine Tante arbeitete ja mit meiner Mutter erfolgreich zusammen, sie war gegen Fitos' sämtliche Verbote überhaupt leidenschaftlich aktiv, das heißt, sie stand bedürftigen Menschen ohne Anweisung von oben bei. Was sie zur Wahrung des konspirativen Scheins ein Leben lang verheimlichen oder abstreiten musste. Sie musste sozusagen an verschiedenen Wenden den Schein in ihr Leben hineinredigieren. Und nicht nur einen bestimmten Schein, sondern das ganze System des Scheins. Das gelang nicht immer. Jetzt, wo ich siebzig Jahre später die aus verschiedenen Quellen stammenden Angaben vergleiche, sehe ich deutlich die kleineren oder größeren Betrügereien und Verschiebungen. Allerdings gelingt es mir nicht immer, ihnen auf den Grund zu gehen. Das alles hätte aber gar nicht anders geschehen können. Bei ihrer illegalen Tätigkeit durften sie nichts dem glücklichen oder unglücklichen Zufall überlassen. Eine Untergrundbewegung lässt sich nicht auf Eventualitäten aufbauen, es bedarf durchaus der konspirativen Regeln, auch wenn die Eventualität aus dem menschlichen Handeln nicht ausgeschlossen werden kann.

So wie sie sich erinnerte, wollte sie in jener Dezembernacht gerade mit den beiden anderen Kindern aus der Wohnung treten, als sie es im Licht der Leuchtspurraketen sah.

Sie konnte keinen Schritt machen, nicht rufen. Sie stand in der Bewegung erstarrt, blockiert. Dieses Haus in der Damjanich-Straße hat ein geschlossenes Treppenhaus, keine Laubengänge. Sie sah, wie der Luftdruck meine Mutter und mich hochhob und gegen die einstürzende, hereinkippende Wand des gegenüberliegenden Treppenabsatzes schleuderte.

Und wenn sie, so wie sie sagte, die beiden Kinder, Erzsi und Péter, wirklich bei sich gehabt, sie wirklich an der Hand gehalten und nicht im Lauf der vielen kaleidoskopischen Erinnerungsmanöver das Bild einer früheren Erinnerung mit dem einer späteren vermischt hatte, dann bin ich es, der sich täuscht, und das alles geschah tatsächlich nicht im Juni, sondern im Dezember.

Heute bestärkt mich Erzsi Róna, also Würmchen, in der Sommerversion, wäre es im Dezember geschehen, müsste sie sich daran erinnern. Sie erinnert sich aber an keinen Fliegerangriff, der die Hälfte des Hauses wegtranchiert hätte.

Da kannst du dich doch gar nicht daran erinnern, rief meine Tante an jenem Abend, an dem wir von diesem Ereignis sprachen und uns wegen des Datums nicht einigen konnten, ungläubig kichernd zwischen ihren Kissen hervor.

Wenn es stimmt, wenn es wirklich die Damjanich-Straße ist und kein wiederkehrender Traum, keine Phantasie, dann erinnere ich mich nicht nur daran, sondern noch an viel mehr, sagte ich lachend.

Allerdings weiß ich noch heute nicht, welcher von diesen intensiven Erinnerungssplittern zuerst kommt, was wohin gehört, wie ich das alles chronologisch ordnen soll, damit es eine Geschichte ergibt.

Es machte mich glücklich, dass sie mir bis zu einem gewissen Grad recht gab. Es war ein Glück professioneller Art, darüber, dass ich mich also nicht täuschte, dass es Erinnerung war, nicht Einbildung. Zwischen Originalbildern und Bildungen gibt es erkennbare Unterschiede. Bei Bildungen lässt sich höchstens feststellen, welche ihrer Elemente echt sind. Es können auch Träume sein, was die Sache noch undurchschaubarer macht. Bildungen sind beweglich, alle ihre Elemente austauschbar, Originalbilder sind starr. Ihr Erscheinen ist zufällig, sie treten aus den Assoziationssystemen des Unbewussten hervor oder brechen dort heraus, und sie haben sicher einen eigenen mentalen Speicher.

Bestimmt hat es dir deine Mutter erzählt, die Klári, und seither meinst du, dass du dich erinnerst, dabei ist es eine Vorstellung, keine Erinnerung.

Sie sprach den Namen meiner Mutter gern aus, Klári. Sogar ihren Namen liebte sie.

Ich aber wusste jetzt genug. Es war tatsächlich keine Phantasievorstellung, sondern eine Erinnerung, es war wirklich die Damjanich-Straße gewesen, wirklich ein Bombentreffer, und also habe ich vielleicht sogar noch frühere Erinnerungen, die mir aber niemand zu verifizieren hilft.

Glaub mir, man spintisiert und phantasiert und dichtet hinzu. Ganz unwillkürlich, ungewusst, unbewusst. Lies so bald wie möglich Freud, unbedingt zuerst den *Moses*, dann die *Traumdeutung*, die *Einführung*, diese Bücher musst du gelesen haben, *Vorlesungen zur Einführung in die Psychoanalyse*, da sind sie, nein, nicht dort, im zweiten Fach von oben, bei Freud wirst du sehen, nach welchem System du die Bilder herstellst und verwendest.

Rund sieben Jahre später las ich dann diese Bücher, als nämlich die Kinderpsychologin Alaine Polcz, die Frau meines väterlichen Freunds und Meisters Miklós Mészöly, auf meine starke Selbstmordtendenz aufmerksam wurde. Ich sprach nicht davon, weder mit ihr noch mit Miklós, mit niemandem, auch mit Magda Salamon nicht, mit der ich damals schon sechs Jahre zusammenlebte. Ich kannte Miklós und Alaine noch nicht lange genug, um mit so ernsten Themen zu kommen, aber Alaine riet mir mit fast denselben Worten zu derselben Reihenfolge, lesen Sie zuerst den *Moses*, dann die *Traumdeutung*, nein, fangen Sie doch besser mit der *Einführung* an, aber danach müssen Sie auch Jung, Carl Gustav Jung, lesen. Nach Freud braucht es ein rasch wirkendes Gegengift. Aber meinem Naturell gemäß tat ich es wieder verkehrt herum. Ich nahm zuerst das Gegengift ein, Jung, erst dann kam Freud. Aber es hatte wohl doch auch mit dem Zufall zu tun. Ich erhielt von Alaine und Miklós einen Band mit Jungs Werken, den ein Freund und Kollege von ihnen ins Ungarische übersetzt, eine Freundin, Stenotypistin, mit Indigo-Farbband fünffach auf dünnes Durchschlagpapier getippt und ein Bekannter, ein Buchbinder, gebunden hatte, und das alles in den finstersten Jahren des kommunistischen Terrors, in der größten Heimlichkeit, etwa 1950 oder 1951. Die Exemplare wurden in der kleinen, der analytischen Schule nahestehenden Gruppe unter der Hand weitergereicht. In jenen Jahren existierte keine Analyse, die analytische Schule von Budapest war aufgelöst worden, sie überlebte knapp die rund fünfzehn Jahre dauernde Unterdrückung. Nachdem es die Runde gemacht hatte, kam das kaum mehr leserliche fünfte Exemplar zur Aufbewahrung zu ihnen zurück, oder es blieb einfach bei ihnen hängen, und dieses historische Stück holte Alaine für mich hervor. Wenn ich mich richtig erinnere, figurierte in dieser Sammlung zuerst *Über die Archetypen des kollektiven Unbewußten* von 1934, dann *Zur Psychologie östlicher Meditation* von 1943 und an dritter Stelle *Zur Phänomenologie des Geistes im Märchen*, der Vortrag, den Jung 1945 in Ascona gehalten hatte, auf der Eranos-Konferenz zu seinem siebzigsten Geburtstag.

Ich las die drei Studien im Sommer 1968, im Juli und August, und schloss Lektüre und Notizen ein paar Tage vor dem Einmarsch der Truppen des Warschauer Pakts in Prag ab, woraufhin wieder einmal schwere Militärmaschinen über den klaren Sommerhimmel zu ziehen begannen. Als kämen sie nie zurück, zogen sie nur dahin, immer nur dahin, in Verbänden, laut. Die Lektüre wühlte mein Leben auf, in jedem Sinn, sie brachte mich von allen geistigen und politischen Richtungen ab, die ich bis dahin verfolgt hatte. Tagelang war ich in meiner für die Sommermonate gemieteten Dachkammer in Kisoroszi festgenagelt, mit einer phantastischen Aussicht aufs Donauknie und die Burg von Visegrád. Die Lektüre machte mich fieberkrank, aber es war ein Fieber, eine Krankheit, die noch mindestens zehn Jahre inneres Exil brauchte, um absorbiert zu werden. Nur Kerényis *Mythologie* hatte mich mit einer ähnlichen Intensität berührt, oder in meiner Kindheit Rabelais, Voltaire, Gogol und die Bibel, aber diese Lektüre wühlte mich noch stärker auf. Die Niederschlagung des Prager Frühlings und die Unterdrückung der Pariser Studentenproteste bewegten mich nicht weniger. Nach der Jung-Lektüre konnte ich das politische, emotionale und affektive Tier in mir nicht mehr voneinander trennen. In den folgenden Jahren lernte ich dann von Freud, die analytische Methode auf mich selbst anzuwenden, aber zum Glück war ich da schon ein frischgebackener Jungianer. Ich stand auf der Insel von Szentendre am Ufer der Donau, erledigt, zerschlagen und leer unter dem Sommerhimmel, und wieder einmal musste ich alles von vorn beginnen.

In jener Nacht aber lachten Tante Magda und ich im größten Einverständnis, während ich die aus dem oberen Fach des Biedermeierregals meiner Großmutter Mezei heruntergeholten, mir unbekannten Werke Freuds in den Händen hielt.

Sie lachte, weil sie meine Behauptung für unwahrscheinlich hielt. Wie sollte ich Erinnerungen aus meinem zweiten Lebensjahr haben. Das gibt es nicht, verfügte sie, dummes Zeug. Sie selbst beschreibt aber in ihren Memoiren ähnlich frühe Erinnerungen. In jenen Jahren, als wir über die Natur des Erinnerns und meine konkrete Erinnerung diskutierten, arbeitete sie gerade daran. Ich lachte, mit der in der Familie vorgeschriebenen, ein bisschen wiehernden, ein bisschen nach Luft schnappenden Lust, weil sie mit ihren Erinnerungen die meinen bestätigte und vorübergehend Ordnung in die Fragmente brachte.

Diese plötzliche Ordnung bereitete mir eine elementare Freude, ein ganz neues, aus dem alten hervorgehendes Wissen. Auch Sokrates sagt, dass man nur das lernt, was man schon weiß.

Bildliche Rekonstruktion, Ordnen, Archivieren, das alles gehörte ebenfalls zu den leicht erlernbaren Aufgaben des Fotografen.

Der Kunde brachte uns ein Bildfragment, einen angerissenen, brüchigen, mehrfach zerknitterten Bildfetzen, ach bitte, könnte man da nicht etwas machen, es irgendwie vergrößern. Er brachte eine chemisch schon verfallende, schlecht fixierte, schlecht entwickelte Vergrößerung, die Emulsion schon halb abgelöst, oder er brachte ein schlecht entwickeltes, schlecht fixiertes, schlecht gelagertes, von der Feuchtigkeit aufgeweichtes, in den Regenbogenfarben schillerndes, fleckiges Negativ, und es kamen in jenen Jahren viele solcher Stücke zum Vorschein; sie kamen aus den Tiefen schimmeliger Keller, aus den muffigen Anrichten der guten Stuben von Lehmhäusern, von der Front, aus Kriegsgefangenenlagern, kamen aus Brieftaschen von Toten zum Vorschein, und der geschätzte, in den Belangen der Fotografie ahnungslose Kunde hoffte auf Bilder, auf denen Gesicht und Gestalt der toten oder für verschollen erklärten Person deutlich würden. Wir wussten, was wir da in den Händen hatten, und es stachelte unseren beruflichen Ehrgeiz an. An diesen Restaurierungsaufgaben arbeiteten wir mit unvergleichlicher Sorgfalt, und nicht nur wir, die Lehrlinge, sondern auch die älteren Retuscheure und die mit dem Entwickeln, Bräunen, Bleichen und Kolorieren beschäftigten Laboranten. Es ging um die jüngste Vergangenheit von uns allen. Ein bis dahin unbekannter Respekt war am Werk. Wir mussten Gesichter und Gestalten aus dem Chaos der Vernichtung herausheben, sie aus ihren Überresten zusammensetzen. Ein klein wenig schönte ich die Gesichtszüge, um den Hinterbliebenen eine Freude zu machen, aber nur so weit, wie es der auf dem Bild zu erratende Charakter erlaubte.

Das schwankende Reich der Wahrscheinlichkeit umfasste auch die chronologischen Unsicherheiten.

Nein, nicht meine Mutter hat es erzählt, daran erinnere ich mich nicht. Es war nicht sie, nein.

Klar erinnerst du dich nicht, klar hat sie es erzählt. Du kompensierst das Fehlen der Erinnerung durch Phantasie. Ich sage nicht, dass du phantasierst, aber du rundest das von ihr Gehörte ab, flickst daran. Anders kannst du es dir nicht vorstellen, auf die Art machst du es dir zu eigen.

Wie soll sie denn erzählt haben, was ich auf der anderen Seite der einstürzenden Wand gesehen hatte.

Was für eine Wand, was für eine andere Seite, fragte meine Tante scharf. Meine Lieblingstante war von unberechenbarem Charakter. Sie versuchte sich im Zaum zu halten, um nicht ihrem aufbrausenden Vater zu gleichen, aber sie glich ihm doch, sogar in der physischen Konstitution, und so gelang es ihr nicht immer. Sie hätte lieber ihrem weisen, verständnisvollen Großvater geglichen, Mór Mezei, aber dem glich sie überhaupt nicht. In dem Fall hätte sie bedächtig, klein und fragil sein sollen, ein aufs Wesentliche konzentrierter, mathematischer Geist. Manchmal geriet sie völlig grundlos in Rage, man konnte zusehen, wie sie sich hineinsteigerte, ja, die eigene Zügellosigkeit genoss.

Da war keine andere Seite von nichts, rief sie und richtete sich aus ihren Kissen auf. Ein Fliegerangriff war's, Luftdruck, das ist alles.

Aber ich sehe es genau vor mir, ich erzähle es dir, wenn du willst.

Im Fallen gelang es deiner Mutter, sich so zu drehen, dass sie dich mit dem Körper auffing und deckte, die Wand ist in dem Moment über euch eingestürzt, als sie mit den Schultern dagegenprallte. Mehr gibt es nicht zu erzählen. Mehr hast du nicht gesehen. Nachher dachten wir, sie hätte sich die Schultern gebrochen, aber wohin hätten wir sie bringen sollen, wo hätte es einen Röntgenapparat gegeben. Mit diesen Schultern musste sie Wasser holen und was weiß ich noch was alles schleppen.

So schimpfte meine Tante im barocken Wandlicht.

Ich habe es aber gesehen, kurz vorher, wirklich.

Überhaupt nichts hast du gesehen.

Ein Augenblick hat viele Teile.

Viele Teile, wo hast du diesen Blödsinn aufgelesen, er mag viele Teile haben, aber nicht so viele, dass auch noch deine Phantastereien darin Platz hätten. Punkt. Du kannst nichts gesehen haben. Hinter keinerlei Wand.

Die Referenzpunkte dieser zornigen Arie hätte außer mir wohl niemand verstanden, für mich waren sie lustvoll. Der haarspalterische Diskurs wird in unserer Familie von genüsslichem Lachen begleitet, Spott, Kritik, Hohn, Witz und Zweifel gehören für uns nicht weniger zur Methodik des Erkennens als Hypothese, Behauptung, Beweis, Beleg und Begründung.

Ich habe hinter die einstürzende Wand gesehen. Das ist leicht erzählt. Bestimmt stand der Hof des Nachbarhauses in Flammen. Vor allem die Bäume. Wo hätte ich denn so etwas gesehen haben können, Bäume, die mitsamt ihren grünen Blättern in Flammen stehen. Bei Salvador Dalí stehen sie in Flammen.

Das ist ein Phantast, ein Spinner. Was hat der damit zu tun.

Sie brannten in einem immer weicheren, immer angenehmeren Dunkel, während ich wahrscheinlich das Bewusstsein verlor.

Die Ohnmacht, das Verlieren des Bewusstseins, das eigene Dunkel verschluckt die Flammen. Es müssen Akazien gewesen sein, Akazien brennen auch, wenn sie grün sind. Das erfuhr ich erst Jahrzehnte später, als mir Jakab Orsós im Wald von Bak beibrachte, wie man bei Regen Feuer macht. Ach so, Akazien brennen auch grün. Aha. Ich habe zwei echte Bilder von diesem grünen Brennen. Wie Standfotos, jedes für sich, nacheinander, ohne Ton, will ich meiner Tante begreiflich machen. Das Nacheinander ist bestimmt vom Wenden meines Kopfes bedingt, ich wende ihn vom Geschehen ab. Den Ton, um genau zu sein, gibt es, aber er ist nicht dort, wo das Bild ist, es ist der Ton des Feuers. Eigentlich habe ich aber ein noch früheres Bild, oder ein späteres.

Oder, wie soll ich sagen, es gibt frühere und spätere Bilder, aber ich weiß nicht, welches wohin gehört. Ein einziges Bildfragment genügt, dann kommen die anderen nach.

Meine Lieblingstante hatte ihre Gründe, mich für exaltiert, für einen Phantasten zu halten. Ich sei so verrückt wie der Dalí, der Breton, der Tristan Tzara. So unrecht hatte sie ja nicht.

Ich stehe am Ufer eines großen Wassers und schaue den Enten zu. Das ist vielleicht ein späteres Bild. In meiner Hand eine rohe Gurke. Ich hatte noch nie solche auf dem Wasser schwimmenden Wesen gesehen, dass es Enten waren, sage ich heute, der Begriff kommt ja lange nach dem Bild, hingegen weiß ich, dass das eine Gurke ist, der Name der Gurke und das Bild der Gurke stammen wohl aus der gleichen Zeit. Ich dürfte die Gurke nicht essen, ich habe die Ruhr. Was das heißt, weiß ich nicht, es hängt mit dem Verbot zusammen, das ich nicht verstehe. Das Gefühl des Nichtwissens, Nichtverstehens bleibt für immer mit dem Wort Gurke verbunden. Gurke und Ruhr kommen da zum ersten Mal vor. Vorher hatte ich nie von ihnen gehört. Ich stehe an einem Tisch, diesen Tisch kann ich im Detail beschreiben, die Frau wäscht die Gurken, wäscht und wäscht, tut sie in ein Glas, und ich stehe so lange da, bis ich eine bekomme. Ich sehe den Tisch aus derselben Einstellung, aus demselben Winkel wie das halbvolle Glas, das Becken, den Dill, die Gurken und das Muster des Hauskleids der Frau. Wahrscheinlich sage ich, ich will eine haben, aber das Bild hat keinen Ton. Die Erinnerung besteht aus der Lust auf Gurke, sie ist das Zentrum der Erinnerung. Rohe Gurken liebe ich heute noch, das feuchte Krachen.

Manchmal muss ich mir in unserem Gemüsegarten in Gombosszeg einfach eine Gurke von der Ranke brechen. Immer nur am Morgen, bei der üblichen Inspektion des Gemüsegartens, wenn sie noch kühl und taufeucht ist, ich muss sie gleich aufessen, wasche sie gar nicht erst, wische sie höchstens mit der Hand ein bisschen ab. Man kann nicht immer genau zurückverfolgen, warum man bestimmte Dinge ein Leben lang wiederholt.

Ach ja, das war ja schon vor sechzig Jahren so, in Leányfalu, im Gemüsegarten meiner Tante Magda. Damals geriet das frühmorgendliche Gurkenessen in die unmittelbare Nähe des Wortes Ruhr, wenn ich sie ungewaschen esse, bekomme ich die Ruhr, was ich nicht verstehe, und in die Nähe des früh gespeicherten Worts, Gurke, die ich vom satten Geschmack kenne. Noch immer gefällt es mir, Verbote zu übertreten. Auszuprobieren, was passiert, wenn ich sie übertrete. Meistens passiert nichts. Für das sein, was dagegen ist, pour ce qui est contre, und gegen das sein, was dafür ist, contre ce qui est pour. Ich habe dieses Tristan Tzara-Zitat aus *Le Monde* ausgeschnitten, weil es die Logik meiner Widerstandsneigung genau trifft. Ich lasse gern das Wort Gurke aus meinem Mund rollen, schürze dabei die Lippen ein wenig, wiege die für das Wort nötige Menge Luft. Meine Mutter tobt, sie war furchtbar, wenn sie tobte, sie beschimpft mich, sie beschimpft die Frau, auch daran erinnere ich mich, an den Riesenkrach. Meine Neigung zum Widerstand stammt von meiner Mutter, nicht von der Familie meines Vaters. Ich habe mein Leben lang versucht, sie zu mäßigen, denn aus dem Gesichtswinkel der Familie meines Vaters sehe ich deutlich ihre Sinnlosigkeit. Man kann nicht zu allem nein sagen. Nicht immer nur das Gegenteil tun. Ich höre das Geschrei, habe aber kein Bild dazu, keinen vernünftigen Satz, es kann sein, dass sie an einem anderen Ort wegen etwas anderem stritten, aber der Ton und das dazugehörige Entsetzen fügen sich plötzlich zum Bild eines Zimmers zusammen. Ruhr. Unser Zimmer in der Region Bácska. Wo meine Mutter tobt und schimpft, was hast du getan, wie konntest du nur, auch die Frau wusste es doch, sie wusste, dass du die Ruhr hast, und doch gibt dir die alte Hexe eine Gurke. Alte Hexe, auch das höre ich zum ersten Mal. Nicht der Klang ist geblieben, sondern die Bedeutung. Das Zimmer ist ländlich, aber nicht bäurisch, es ist herrschaftlich angehaucht, mit seinen Sesselbezügen aus Maschinengobelin, dem gobelinbezogenen Diwan, den Bildern und dem Spiegel an der Wand, dem Waschtisch mit blumenrankenbemalter Porzellanschüssel und Porzellankanne. Ich mache Schritte, mit der Gurke in der Hand. Wissen tu ich es nicht, aber ich sehe, und mein Geist bewahrt es getreulich auf, dass die Szene mit den Enten in einem nach Kriegsvorschriften errichteten, dem Luftschutz dienenden Wasserspeicher spielt, so wie ich sie später in Budapest häufig werde wiedersehen dürfen, da kenne ich den Begriff Wasserspeicher schon und seine Funktion für den Luftschutz ebenfalls. Ende der fünfziger Jahre wurden diese umgekehrten Betonkegel entfernt, die Löcher zugeschüttet. Zwischen meinen Bildern und meinen Begriffen kann ich große Zeitreisen machen, vom Entstehungsort des Begriffs ausgehend kann ich die möglichen zeitlichen Abfolgen festlegen. Ich weiß auch, dass wir in der Bácska sind. Von meiner Mutter weiß ich, dass ich hier gelernt habe, zusammenhängend zu sprechen. Bácska Baja Luftschutz pass auf. Das ist die erste Wortfolge, die ich in meinem Leben fehlerlos aussprechen kann. Meine Mutter gab sie immer wieder genüsslich zum Besten. Wenn sie es tat, hatte ich jeweils auch das Bild der ursprünglichen Situation vor den Augen. Ja, ich weiß heute noch, wo auf dem Dach des Nachbarhauses sich der Lautsprecher befand, und zum Anblick des Lautsprechers gehört ein tiefgehendes akustisches Erlebnis. Höre ich die Wortfolge, muss ich nur lange genug zum Himmel hochschauen, und es kommen Flugzeuge in Schwärmen. Auf eine Art sind die Namen Bácska und Baja in meinem Bewusstsein viel heimischer als der Name meiner Geburtsstadt. Den Namen meiner Geburtsstadt erfuhr ich erst später, nach der Belagerung. Die von Freud beschriebenen Assoziationssysteme und die von Proust verfolgten Assoziationsketten überschreiben ganz offensichtlich den Ursprungsort der Begriffe auf die Begriffe selbst.

Das Erinnern hat eine ganz andere Mechanik, die Erinnerung eine andere Topographie, als wir das aus der erzählenden Literatur kennen. Als Erwachsener war ich nie in Baja, aber um dieses Gefühls willen würde ich durchaus nach Baja pilgern. Obendrein hat Baja für mich einen sprechenden Namen, wird er genannt, kommen die Flieger und damit baj, Ungutes, und so kann ich ihn auch nicht von den früheren und späteren katastrophalen Fliegerangriffen ablösen. Ungut für alle. Ich bin in meinem langen Leben nicht nur nie in Baja gewesen, sondern habe auch in meinen allwissenden Lexika nie nachgeschaut, was diese Ruhr eigentlich ist. Ich weiß nicht, was Zuhause heißt, wo mein Zuhause ist, ob ich ein Zuhause habe, ob ich etwa in dieser großen Dysenterieplage zu Hause bin oder warum wir hier in der Fremde sind. Es ist, wie es ist, mir passt es. Ich bin hier ganz selbständig, auch wenn das Zentrum meiner Selbständigkeit meine Mutter ist. Ganz bestimmt ist es eine Kleinstadt und kein Dorf, aber heute kann ich trotz eifrigster Recherchen nicht mehr feststellen, welche Kleinstadt der Region Bácska es war. Vielleicht gerade Baja, obwohl ich nicht glaube, dass an der Peripherie von Baja nachts jugoslawische Partisanen umherschlichen. Mein damaliger Intellekt kennt weder den Begriff des Zuhauseseins noch den des Fremdseins. Oder vielleicht war es Szabadka, oder Újvidék. Auch an Szabadka knüpfen sich uralte Assoziationsketten. Die Existenz hienieden ist dort richtig und so richtig, wo und wie sie gerade gelebt wird, mitsamt den dazugehörigen Gefühlen. Nicht alles im Bewusstsein hat einen Namen, aber alles hat ein Gefühl. Oder es hat einen Namen, aber dann ist dessen Klanggestalt wichtiger als seine Bedeutung. Ruhr zum Beispiel. Jetzt habe ich doch endlich nachgeschlagen, was sie bedeutet, und es ist tatsächlich Dysenterie. Das heißt eine mit der Entzündung des Dickdarms und blutig-schleimigem Durchfall einhergehende, epidemisch ansteckende Krankheit. Eine Kriegsepidemie, die tödliche Krankheit der Gefangenenlager und der Konzentrationslager. Zuerst ist man nur geschwächt, dann dehydriert, man trocknet aus, und am Ende bricht der Kreislauf zusammen. Die Dysenterie kann amöbisch sein, Dysenteria amoebica, oder bakterisch, Shigella dysenteriae. Meine Mutter erzählte, dass ich unseren Status jederzeit laut hersagen konnte, wir sind Flüchtlinge aus Siebenbürgen, wir sind aus Siebenbürgen nach Budapest gekommen, Siebenbürgen, Siebenbürgen, das blieb mir stark haften, es hat aber auch gleich irgendwie einen lustigen Aspekt, wir sind aus unserem Zuhause hinausgebombt worden, hinausgebombt, auch das verschafft mir einen großen morphologischen Genuss, auch aus unserer schönen kleinen christlichen Wohnung in Pest wurden wir hinausgebombt, christlich, Papi kämpft an der Front für die Heimat, die Heimat. Ich muss das wissen, aber auch dieses Wissen ist ironisch gefärbt.

Ich sage es auch ungebeten auf, weil das neue Wissen lustvoll ist, diese neuen Wörter, mit denen ich ihnen eine Freude machen kann.

Ihre Freude greift auf mich über, und das löst eine noch größere Freude aus. Sie gibt mir Sicherheit. Auch daran erinnere ich mich, an diese exponentiell gesteigerte Freude, an den lustvollen Zwang zum sprachlichen Rollenspiel. Szabadka. Papi wird von der Front nach Hause kommen, ein paar Tage bekommt er sicher szabad, frei. Da krähe ich Szabadka dazwischen, und das gefällt ihnen wahnsinnig. Das kann ich ganz von mir aus. Szabadka bleibt noch lange Zeit das Bild der kleinen Freiheit. Ich sitze auf dem Schoß des Onkelchens, er hat einen dicken, gespannten Bauch. Aber ich erinnere mich nicht, wie ich mit meiner Gurke auf seinen Schoß gelangt bin. In der einen Hand die Gurke, taste ich den dicken Bauch des Onkelchens ab. Ich lege sogar den Kopf auf seinen dicken Bauch. Jedes neue Wissen fesselt mich, heute würde ich sagen, macht mich glücklich, auch das ist ein neues Wissen, wie sich der dicke, gespannte Bauch des Onkelchens anfühlt, aber in diesem Anfühlen schwebt Leere mit anstelle des im Wort begriffenen Wissens, in der Materie eröffnet sich eine unbekannte, ätherische Ordnung. Im neuen Wissen haben die Dinge ein Luftgeschlecht, an das sich das Wort haftet, manchmal haftet sich sogar die Bedeutung daran, und so fühlt man die Beschwerlichkeit des Wortes nicht, seine Lautgestalt ist nicht erdrückend, sein Gewicht verteilt sich besser zwischen Lautgestalt und Bedeutung, ich selbst brauche mich nicht mehr schwerzutun. Wort, Lautgestalt, Bedeutung und überhaupt die Neuheit des Wissens. Das gleichzeitige Gefühl aller dieser Elemente. Ich streichle den dicken Bauch des Onkelchens, um ihn zu spüren. Was das Onkelchen freut, er lacht schallend, es schüttelt ihn geradezu, er röchelt, und schon deswegen muss man es wiederholen. Später wird das Potenzieren kein Problem sein, die potenzierten Potenzen. Es ist ein frühes Wissen, dass sich die Freude überträgt, ich addiere, ich subtrahiere, sie strömt über und fließt zurück und erwartet mich zurück, wovon sie zu einem gefährlichen Vielfachen anwachsen, zur Ekstase werden kann, zu Verwirrung und Schande.

Es ist ein Morgenbild, wie ich mit der Gurke in der Hand zum Onkelchen gehe.

Ich gehe über einen sonnengepeitschten, kahlen Hof. Ich vermute, dass es die Frau des Onkelchens war, die mir in der Küche die Gurke gab, aus der Frau wird dann die alte Hexe. Vielleicht war sie es, die gesagt hat, ich solle zum Onkelchen gehen. Oder sie war es, die gesagt hat, ich solle nicht gehen. Weitere Einzelheiten gibt es nicht. Mag sein, dass das Toben meiner Mutter im Zimmer in der Bácska alle weiteren Einzelheiten gefangen hält. Ich darf das Zimmer nicht verlassen. Bin zu Zimmerarrest verurteilt. Sie legen mich mit jemand anderem zusammen ins große Bett, vielleicht mit einem anderen kleinen Kind, aber vielleicht handelt es sich hier um ein viel früheres Bild von demselben kleinstädtischen Schlafzimmer. Aber vor dem kitzligen Lachen des Onkelchens hüte ich mich auch. Sein Bauch zittert gespannt und widerhallend. Wir lachen miteinander. Später habe ich solche Angst vor dem Zittern, vor dem aus der Tiefe heraufgurgelnden Lachen, dass ich ihn lieber nur noch streichle, wenn er mich darum bittet.

Wir rufen von seinem Schoß aus Papi an der Front an. Er erlaubt mir, am Telefon zu kurbeln.

Ich mache mich darauf gefasst, dass er mich wieder bittet, seinen schauerlich widerhallenden Bauch zu streicheln.

In jener Ringstraßennacht Ende der fünfziger Jahre des vergangenen Jahrhunderts, als die an Drähten über der Fahrbahn schaukelnden Lampen noch nicht gegen die starren, bläulich leuchtenden Peitschenlampen ausgetauscht worden waren, streckte meine Tante schließlich die Waffen, nachdem ich ihr diese frühen Bilder, wenn auch ohne Chronologie, aufgesagt, aufgereiht hatte, sie gab nach einer Weile auf. Ein bisschen erschrocken, ein bisschen verlegen verfolgte sie aus ihren Kissen heraus meine Erinnerungstrance, sie setzte meinen Phantasmagorien nichts mehr entgegen. Das Recht zu zweifeln behielt sie sich aber vor, das schon. In unserer Familie schickt es sich nicht, es je aufzugeben, man zieht sich höchstens zurück, aus Taktgefühl. Man geht in Deckung. Zurückhaltend bleiben, und wenn man noch so berechtigte Zweifel hat. Nicht darauf beharren. Kraft, Argumente, Daten sammeln. Von unseren familiären Regeln nimmt die Umwelt diese am wenigsten wahr. Dass wir uns nicht nach dem Schema benehmen, dass wir keine Gemeinplätze verwenden, nehmen die Esel nicht wahr. Die Mundwinkel meiner Tante gerieten bei jedem meiner beschworenen Bilder ins Zittern, nein, das kann nicht stimmen, das kann nicht sein, so wie auch meine Lippen ins Zittern geraten, mich verraten, wenn jemand dummes Zeug redet, das sich nicht nachvollziehen, kontrollieren, beweisen oder dokumentieren lässt.

Ihre unruhigen Lippen wiesen darauf hin, dass sie nachdachte, zweifelte, abwog.

Wie man das in solchen Fällen tut, suchte sie in ihrer Erinnerung nach Gründen und Daten, um das viele wirre Zeug, das viele Persönliche, das Fremde und Zufällige doch noch zu ordnen.

Aus ihrer Verlegenheit heraus, die sie doch auch kichernd genoss, ließ sie kurze Kommentare hören.

Ja, ja, das liebe Onkelchen war der Pfeilkreuzler-Kreisleiter. Von seinem Schoß aus hast du deinen Vater an der Front angerufen.

Die Gurke gab dir gegen Kláris ausdrückliches Verbot seine Frau, ein kinderloses Ehepaar, die Frau war unfruchtbar, sie waren die nächsten Nachbarn der Biebers. Wenn sie nicht aufpassten, gingst du zum Nachbarn, zum Pfeilkreuzler-Bezirksführer, um dir von seiner Frau eine Gurke oder eine Aprikose geben zu lassen und um deinen Vater an der Front anzurufen.

Frau Bieber oder deine Mutter liefen dir nach, sie hatten Angst, dass du auf dem Schoß des Pfeilkreuzlers etwas ausplaudern würdest.

Bieber war zusammen mit Pali in Le Vernet gewesen, auch er ist geflohen. Nach Pali und Rajk, die wir kurz davor herausgeholt hatten.

In der Innenstadt stand noch die Front, als wir aus der Damjanich-Straße zurück in die Pressburgerstraße zogen, die Pester Seite wurde noch von Buda, vom Burghügel aus mit Kanonen beschossen. Die sich zurückziehenden deutschen Truppen sprengten anderntags, am 18. Januar 1945, die Elisabethenbrücke.

Mein Vater aber fuhr fort, die Welt zu erklären, bestimmt knüpfte er dort an, wo er aufgehört hatte. Er hatte, wenn er nicht gerade im Arbeitsdienst war, bestimmt auch früher Dinge erklärt, woran ich mich nicht einmal in Ansätzen mehr erinnere. Weder an sein wiederholtes Weggehen, zehnmal musste er einrücken, noch an seine jeweilige Heimkehr. Aber das zusammengesetzte Wort, das zu seinen Abreisen und seiner jeweiligen Heimkehr gehörte, kann ich bis heute nicht ausstehen. Arbeitsdienstpflichtig. Nicht seine Bedeutung, nicht sein historisches Gewicht, sondern seine von den Vokalen unendlich gedehnte Lautgestalt. Und so habe ich von meinem Vater aus der Zeit vor der Belagerung kein Bild. Auch von meiner Mutter aus dieser Zeit nicht. Die Belagerung hat das Leben vor der Belagerung gelöscht. Oder besser gesagt, die Belagerung zeigte zum ersten Mal, wie diese Welt ist und welchen Platz ich in ihr habe. Im illegalen Keller wurden die Zähne der fünf Widerstandskämpfer schön locker, wenn sie nicht gleich sang- und klanglos ausfielen. Mein Vater verbrachte dort vier Monate. Mein Onkel István sechs Monate. Kopfhaar, Härchen, Schamhaare, alles fiel aus, ihre Haut war voller Flecken mit rauher Oberfläche. Flechten, nehme ich an, Pilzbefall. Wann immer sie etwas berührten, auch nur leicht, entstanden unter der Haut blaue Flecken. Wo mein Vater, gezeichnet von diesen Stigmata, noch seinen maßvollen Ton für die streng sachliche Erklärung der Welt hernahm, weiß ich wirklich nicht, ich kann es mir höchstens zurechtlegen, er aber dozierte, und ich erinnere mich an seinen Tonfall, obwohl eigentlich auch das jenseits der Erinnerung liegen müsste. Noch heute bringen mir der Ton, die spezifische Intonation den Satz zurück.

Er war sechsunddreißig Jahre alt in diesem vor Kälte strahlenden scharfen Januarlicht, im Schnee, aus dem sie die Leichen eigenhändig weggeräumt hatten. Das Durchlebte hatte keinen emotionalen oder affektiven Schatten auf seine Stimme geworfen, weder damals noch später war sein Tonfall je davon gefärbt. Wir wollen die Phänomene der Welt verstehen, und das in jeder Situation. Weder die Katastrophe noch der Frieden verändern unsere Haltung. Ob wir auch wirklich alles begreifen, steht wieder auf einem anderen Blatt. Aber sei dem, wie es wolle, auch mit falschen Vorstellungen und Missverständnissen geben wir dem Verstand Nahrung. Er war der jüngste Sohn der Familie, und bestimmt hatten seine in Physik beschlagenen älteren Brüder auch ihm solche vertrauensvollen, vorsichtigen, kühl beschreibenden Erklärungen der physikalischen und mechanischen Welt zuteilwerden lassen. Je mehr Phänomene wir verstehen, desto geringer die Fehlerquote in unserem Handeln. Aber jede Generation gibt das Wissen, den Glauben, aber auch die Irrtümer einer früheren Zeit weiter, die Erkenntnis folgt ganz offensichtlich dem Muster des Kettenstichs, und eine Fehlerquote lässt sich längst nicht vermeiden. Die Fehlerquote des Handelns ist ein konstanter Wert, die mythische Konstante der Menschheitsgeschichte. Das Kettenstichmuster ist aber auch das Symbol eines Dualismus. Das kulturelle Wissen ist nämlich im Bewusstsein anderswo, auf andere Art verortet als die Alltagsfreuden und Alltagsschrecken, die Mentalität anderswo als das mentale Wissen. Das eine hat universalen Wert, folgt physikalischen und chemischen Gesetzen, das andere ist orts- und personenbezogen, folgt aleatorischen individuellen Gewohnheitsregeln oder Bedingtheiten. Die beiden Arten des Wissens sind in ihrem Funktionieren nicht aufeinander abgestimmt. Weder im individuellen noch im gesellschaftlichen Bewusstsein und auch nicht, was die Beziehung dieser beiden Ebenen betrifft. Das Wissen steht höher in der Hierarchie, sicher, aber ohne Emotionen und Affekte sind individuelles oder gemeinsames Handeln unmöglich. Deshalb wohl hat das Wissen eine so sehr unter den Erwartungen und Hoffnungen liegende Wirkung auf das menschliche Handeln, und deshalb bleibt die Fehlerquote konstant. Bei Entscheidungen dominieren Emotionen und Affekte zu Ungunsten des Wissens, mag der nüchterne Verstand noch so subtil funktionieren.

Mit seinen Kenntnissen gab mein Vater den Grundton der familiären Verhaltensnormen an, er war so etwas wie der Chor im griechischen Drama. Und der gehobene Gleichmut seiner Erklärungen wies auf den didaktischen Kodex hin. Der hatte, wie ich es auch an meinen Onkeln und Tanten sah, universale Gültigkeit. Wenn ihn jemand nicht befolgte, nahm man ihn sogleich in die Zange, er wurde ausgelacht, verspottet, heftig in die Schranken gewiesen, manchmal war man geradezu wütend auf ihn, mit zitternden Lippen. Das traf vor allem für Onkel István zu, den Chemiker und Polyhistor. Er schien in der Familie die Nemesis des Wissens zu sein. Wenn jemand Blödsinn redete, krümmte sich sein ganzer asketischer Körper, krampfte sich zusammen, sein Gesicht verwandelte sich in ein Gelände der Empörung, er stotterte, gab Laute von sich, seine Augen blitzten, was alles bedeutete, dass der Betreffende doch endlich den Mund halten und nicht mehr solche idiotischen Dinge von sich geben sollte. Dummheit ließ ihn physisch leiden. Auf dem Höhepunkt des schmerzhaften Krampfs überkam ihn plötzlich völlige Ruhe, und er sagte nur noch still, das ist Unsinn.

Der Kodex galt nicht nur für uns, sondern auch für unsere Beziehungen zur Außenwelt. Wie sollen wir uns der Erfahrung, dem Wissen, unseren Lehrern, allgemein unseren Mitmenschen gegenüber verhalten, die, was Wissen und Nichtwissen betrifft, unsere Schicksalsgenossen sind. Wie weit sollen wir widerstehen, wie sehr auf der Hut sein, wie weit sollen wir ihr Schicksal als unser Schicksal akzeptieren. Als er Soldat gewesen sei, sagte mein Vater, und ich solle stolz sein auf ihn, das liebe Siebenbürgen habe ja er vom bösen Rumänen zurückerobert, Südungarn vom schurkischen Serben, das niederträchtige Serbien bestraft, dazu lachte er schallend, unangenehm, dämlich wiehernd, und meine Mutter wieherte auf ihre eigene laute, brutale Art mit. Sie hatten schon ihre Gründe. Sie lachten über den irredentistischen kommunistischen Armgradier, mit ihrem Lachen bezogen sie Stellung zu der fatalen ungarischen Gesellschaftspolitik. Nach den beiden Wiener Schiedssprüchen war Vater vom Mai 1940 an in der Südslowakei im Militärdienst, vom August bis Dezember desselben Jahrs in Siebenbürgen, vom April bis Juli 1941 in Südungarn. Einem mehrfach verprügelten, gefolterten illegalen Kommunisten fiel die Glorie der vorübergehenden Rückeroberung der Südslowakei, Siebenbürgens und Südungarns zu, also der Revision des Vertrags von Trianon.

Und damit blieben wir auch stecken, in die Zeit vor meiner Geburt konnte ich ihm kaum mehr folgen, da konnte er noch so lange kichern. Seinem pädagogischen Ethos zum Trotz erreichte er mit der exotischen Zeit vor meiner Geburt nur gerade den Rand meines Bewusstseins, weiter kam er nicht. Dank seiner modernen Auffassung machte er sich ja auch nicht vor, dass ich das alles verstehen würde. Ich habe ihr Lachen nur deshalb nicht vergessen, weil sie über den irredentistischen kommunistischen Armgradier noch jahrelang lachten. Es war eine antinationalistische Lustigkeit. Was sie bedeutete, erklärte mir nie jemand, ich verstand es aber völlig. Niemand soll auch nur ein einziges Land besetzen, auch nicht zurückerobern, die Volksherrschaft muss die Grenzen aufheben. Sie zeigten mir Bilder, auf denen mein Vater gegen alles Wissen und Gewissen als fröhlicher Sieger einmarschiert oder breit grinsend aus dem Blumenfenster eines Hauses in Klausenburg schaut, die Arme aufs Sims gestützt, oder wie er und seine Kameraden mit heruntergelassener Hose in einer großen Militärlatrine sitzen, um sich siegreich gemeinsam zu entleeren. Es ist das gleiche tragikomische Bild, das André Kertész einen Weltkrieg zuvor aus ähnlichen Motiven gemacht hatte. Aber mein Vater mochte noch so lustige oder düstere Worte dafür finden, ich begriff die Zeitstruktur nicht, und die zwecks größerer Verständlichkeit herangezogenen bildlichen Illustrationen leuchteten mir auch nicht ein. Noch lange, sehr lange verstand ich die Vergangenheit meiner Eltern nicht. Obendrein war da der Armgradier. Die Lautgestalt war entzückend, aber Sinn hatte sie für mich keinen. Heute glaube ich, dass mein Vater seine historische Beispielsammlung ebenfalls von seinen Brüdern hatte, oder vielleicht stammte sie von noch früher, aus noch ferneren Zeiten, vielleicht von ihrem Großvater, vieles deutet auf Mór Mezei hin, dessen Beispielsammlung das Grundmuster ihrer Welterklärungen sein mochte.

Von Psychologie hatten sie zwar gehört, aber psychologisches Wissen besaßen sie nicht. Weder mein Vater noch seine Geschwister, noch meine Mutter. Die hatte vielleicht noch am ehesten eine Art psychologisches Gespür. Ich sehe keine einzige Person in der Familie, die sich in irgendeiner Weise auf Psychologie verstanden hätte. Nicht einmal Tante Magda, obwohl sie Freud und Adler wirklich gelesen, vielleicht auch wirklich verstanden hatte, aber dieses Wissen wandte sie hauptsächlich auf andere an, sich selbst ließ sie eher aus. Es blieb eine Kenntnisnahme, eine Information. Sie operierten mit gewaltigen Konventionen, mörderischen Vorurteilen, skandalösen Fehleinschätzungen und hoben sich also in keiner Weise vom Durchschnitt ab. Die Vorurteile der Zeit waren in ihrem Bewusstsein viel tiefer verwurzelt als der Wissensstand der Zeit. Sogar von Mythologie und Religionsgeschichte hatten sie eine Ahnung und hätten also eigentlich wissen müssen, dass die Götter ebenfalls mit Affekten und Emotionen arbeiten, aufgrund deren sie bestimmte Dinge verbieten oder befehlen, aber diese Kenntnisse oder auch ihre meistenteils qualitativ hochstehenden Lektüren hatten keinerlei Wirkung auf ihre Selbsterkenntnis. Weder auf die meiner überaus kultivierten und belesenen Tanten väterlicherseits noch auf die meiner eher in den technischen Wissenschaften und in Soziologie versierten, der Seelenforschung gegenüber demonstrativ unsensiblen Onkel väterlicherseits noch auf die der verschiedenen Ehemänner, Ehefrauen, Kinder. Die Mitglieder meiner Familie waren ausnahmslos gegen alles Seelische immun. Die Seele ist Materie. Eine poetische Wortblüte. Jemand, der etwas auf sich hält, zügelt seine Affekte, das dürfte doch klar sein, von seinen Gefühlen spricht er nicht, was er denkt, behält er weitgehend für sich, es können ja nicht so große Weisheiten sein, dass er andere mit ihnen behelligen soll. Mit Träumen befasst sich ein intelligenter Mensch nicht und so weiter. Den Instinkten hingegen, insofern diese mit ihrem politischen Bewusstsein oder Selbstbewusstsein in Zusammenhang zu bringen waren, räumten sie Platz ein, sie wussten sogar etwas über sie, aber sie betrachteten sie von einem materialistischen Gesichtspunkt, alles andere war für sie Humbug. Der Horizont ihres individuellen Wissens war sehr knapp bemessen. Das Zusammenspiel von Seele und Körper gab es für sie nicht, so wenig wie deren jeweilige Bedeutung. Viel wichtiger als die Gegebenheiten der Konstitution oder des Charakters waren die gesellschaftlichen Faktoren und Methodologien. Den Charakter machten sie an der Pflicht fest. Ihr Bild von der Zivilisation oder der Kultur entfaltete sich zwischen den Säulen der Ingenieurswissenschaften, der geschichtlichen Helden und der historischen Chronologien. Was die Organisation des Wissens betrifft, bewegten sie sich auf einer Ebene, auf der die französischen mechanischen Materialisten im 18. Jahrhundert steckengeblieben waren, als sie mit ihrem Determinismus der in Kausalserien gefassten Stoffe, Kräfte und Bewegungen auf Sand aufliefen. Oder in Anbetracht dieser Schlappe das methodische Denken gänzlich aufgaben und den von Sentimentalität triefenden, betulichen Lully, den von den Gefühlsmechanismen trunkenen Rameau oder den endlose Gefühlsmodulationen entlangstolpernden Händel zu vergöttern begannen.

Mein Vater erklärte eingehend, was auf der Welt schon alles ohne uns geschehen war. Er zählte auf, häufte an, zeigte Bilder, und unter diesen gab es mehr als eins, das meine Phantasie noch Jahrzehnte später beschäftigte. Er überforderte mein Aufnahmevermögen mit sadistischer Lust. Stopfte mich mit Daten voll. Kam immer wieder auf einzelne Themen zurück. Als wollte er nicht nur objektives Wissen vermitteln, sondern mich gleichzeitig, mit dem gleichen Gestus, darauf aufmerksam machen, wie viel davon fürs Verständnis nötig ist. Ich interpretierte das so, dass ich im Hinblick aufs nackte Überleben, dessen Grundkurs wir während der Belagerung gründlich absolviert hatten, unbedingt von Zeus wissen musste, vom fatalen Ausbruch des Vesuvs, von Plinius, von Dózsa, der gegen die Gutsherren aufbegehrt hatte und mit glühenden Eisen gefoltert worden war, von der Walpurgisnacht, vom Hirten, der auf dem Berg oben der Wolf, der Wolf ruft, vom deutschen Bauernkrieg, von der Pest, von Admiral Nelson, von der Französischen Revolution, von der Marianne, die auf Delacroix' Gemälde mit der Trikolore in der Hand ihre mit Gewehren, Pistolen und Ochsenziemern bewaffneten Gefährten, die Sansculottes, die nichts zu verlieren haben, zum siegreichen Sturm, zum Entscheidungskampf ruft, über Trümmerhaufen und auch Leichenhaufen hinweg. Ebenso muss ich von Napoléon wissen, von Robespierre, Engels, Darwin und von Lajos Kossuth, den der jüngere Bruder meines Urgroßvaters, Ernő Mezei, persönlich gekannt, im Turiner Exil mehrmals besucht und über den er ein Buch geschrieben hatte und mit dessen Empfehlung er Abgeordneter in der Nationalversammlung geworden war, von Endre Ady persönlich als einer der bedeutendsten ungarischen Publizisten gewürdigt, und so weiter und so fort. Wenn ich das alles nicht verstehe, nicht weiß, keinen persönlichen Bezug zur Menschheitsgeschichte herstelle, werde ich mich nicht durchschlagen können, beziehungsweise, ich werde nicht überleben, was er nicht sagte, ich aber so verstand, ich war ja ins Überlebensfieber des kriegerischen Europa hineingeboren worden.

Dadurch wurde die Zukunft verständlich, es war klar, was ich im Interesse des Überlebens alles würde tun müssen, nicht aber die Vergangenheit, die wurde nicht verständlicher.

Von seinen Erläuterungen blieben in meinem Bewusstsein bloße Schatten. Zum Glück. Ein paar versprengte historische Persönlichkeiten und Begriffe, Lehnsmann, dazu die Erklärung, ein Lehnsherr leiht einem Mann, dem Lehnsmann, ein Gut, das Lehnsgut dann die Personennamen der Familie, Mór Mezei oder sein jüngerer Bruder, Ernő Mezei, ebenfalls Jurist, auch diese Namen hatte ich von ihm zum ersten Mal gehört, unter einem feierlichen Lüster, wohl in einem öffentlichen Repräsentationsgebäude, vielleicht dem Parlament, ich weiß es nicht mehr. Jurist. Just. Just so, wie's recht ist. Recht. Rechtsanwalt. Begriffshülsen, Hüllen, die sich erst viel später mit Bedeutung füllten, wenn überhaupt. Im besseren Fall mehrmals. Sie füllten sich, diese Hülsen, wurden dick wie Raupen; irgendwann platzten sie dann schon fast von dem vielen grünen, mit zu vielen Fußnoten versehenen Wissen. Manchmal stellte sich heraus, dass die pralle Fülle aus Missverständnissen und Vermutungen bestand. Mein eigener Intellekt hatte mich auf den Holzweg geführt, oder meine Eltern in ihrer psychologischen Ahnungslosigkeit hatten ihr Wissen falsch weitergegeben, ich bin fehlinformiert, sie haben mich auf Abwege geführt, mein Wissen falsch genährt, ich habe fehlerhafte Kenntnisse. Und da platzten, hässliche offene Wunden hinterlassend, diese begrifflichen Wänste, Blinddärme,

Puppen, Hülsen, und die vielen verrottenden Irrtümer quollen heraus. Stinkende, faulende Abfallprodukte. Aber so geht das eben mit den Begriffen, die in den allertiefsten persönlichen Zeitschichten umherstreunen, das Wissen macht Schritte vor, Schritte zurück. Heute weiß man noch, was für das komplettere Verständnis eines Begriffs oder Phänomens nötig wäre, was alles noch recherchiert, nachgeschlagen werden sollte, was alles noch gelernt, verstanden, welche Experimente noch gemacht werden müssten, aber morgen hat man für das alles keine Zeit mehr, man darf nicht zu spät kommen, und so verlässt man sich mit seinem lückenhaften Wissen auf den eigenen fragwürdigen Bauch oder auf überlieferte Glaubensartikel und handelt entsprechend, oder verzichtet angesichts der Fragwürdigkeit des Bauchs doch lieber aufs Handeln und überlässt das Feld Ahnungsloseren.

Die stetig anwachsenden Informationsballungen kleben an den ältesten Fetzen von Gehörtem, an leeren Namen, tönenden Formen. Das ihnen korrekt oder irrtümlich zugeordnete Erfahrungsmaterial lagert sich in Schichten ab; Bilder, Fragen, Fußnoten, Randbemerkungen. Auch er habe bei den Pionieren gedient, aber keine Brücken gebaut, erklärte mein Vater, während wir dem Brückenbau zusahen, sondern Fernmeldeleitungen. Diese Fernmeldeleitungen hinterließen in meinem Bewusstsein eine starke Spur. Das erstmalige Vorkommen des Begriffs ist auf die Tage nach der Belagerung zu datieren. Von Buda her wurde noch geschossen, ich sehe die von den Einschüssen zerhackte Prunkbalustrade des oberen Donaukais vor mir, und die Fernmeldeleitungen sind mit diesem Bild verklebt, denn ich versuche auf dem aufgewühlten Asphalt oder im gefrorenen Schnee diese Ferndinger auszumachen, diese Leitungen. Sie sind nirgends. Der Begriff ist abstrakt, eine Formel. Der Begriff des erstmaligen Vorkommens stammt von viel später, vielleicht vom Chemieunterricht in der Mittelschule. Das natürliche Vorkommen der Elemente, das Vorkommen eines Elements in Gasform, in fester oder flüssiger Form. Die Leitung wird gelegt beziehungsweise mit der vorrückenden Frontlinie weitergezogen. Das verstand ich einigermaßen, dank der Frontlinie. Als ich Jahrzehnte später zum ersten Mal im Leben in der Endre Ságvári-Kaserne von Budakeszi eine echte Fernmelde-Kabelrolle sah, im Militärjargon rollender Hühnerdarm genannt, musste ich sie sogar hochheben, mit ihr laufen, laufen Sie, kleines Arschloch, laufen Sie wie wild, wenn das kleine Arschloch nicht läuft, wenn ich es einhole, steck ich ihn ihm hoch. Meine Mutter war in der illegalen kommunistischen Bewegung ins marxistische Seminar von Endre Ságvári gegangen. Das wusste ich, das verstand ich. Nach ihm war die Kaserne benannt. Auch wenn ich noch nicht wusste, dass ich in einer Kaserne der militärischen Fernmelde-Aufklärung war, das stellte sich erst Monate später heraus. Am Geschrei des Unteroffiziers blieb ich hingegen stecken, ich musste noch weitere zwanzig Jahre nachdenken, bis ich es begriff. Seine Logik, seine Funktion. So wurde ich im Militär ohne eigenes Zutun ebenfalls Funker, und meine Erinnerung konnte locker auf die Fernmeldeleitungen meines Vaters zurückgreifen. Mein Bewusstsein, auf seine Art sehr gut funktionierend, sah den Gegenstand und identifizierte ihn auf Anhieb mit dem von früher bekannten Begriff. Es griff zurück, wusste, wohin es greifen, was es suchen sollte. Nach zwei Jahrzehnten holte es den leeren Begriff herauf und machte ihn am realen Gegenstand fest. Aha. So eine Rolle war es also gewesen, von der mein Vater und seine Kameraden damals die Fernmeldeleitungen abgewickelt hatten. Hühnerdarmeinheit, so wurden bei den anderen Waffengattungen die Schwachstromleitungen verlegenden Nachrichtendienstler genannt. Er lebte schon sechs Jahre nicht mehr, als ich endlich verstand, was er mir zwanzig Jahre zuvor erklärt hatte, während mein Zugleiter in Kneipen und Gemeinschaftsduschen, sich an seiner Erbostheit aufgeilend, seine Arien davon sang, was er mit seinem durchtrainierten Instinktleben alles tun könnte, aber nicht dürfe. Ich verstand nur nicht, warum er dann mit seinem in der Analität und Kollektivität feststeckenden

Bewusstsein deklarierte, etwas ausführen zu wollen, das er sich ja laut seinen in der Kneipe und der Gemeinschaftsdusche gemachten Äußerungen gerade versagen musste.

Was taten sie in jener noch ferneren Vergangenheit, als ich noch nicht geboren war und mein Vater ein unverständliches Wort als seine militärische Einheit trug. In der Damjanich-Straße ging die Frontlinie mehrmals durch uns hindurch. Es bedeutete Feuer, höllischen Lärm, Angst, Kälte, Keller, Dunkelheit, Gebrüll, Sirenen, hysterische Ausbrüche, Streit, Laternen, Verwundete, durchs Tor hinausgeschobene Leichen, die sollen uns da nicht rumliegen. Das Schleifen der gefrorenen Windjacke der gefrorenen Leiche auf dem gelben Klinker. Es bedeutete Bombeneinschlag. Unvermittelte Stille, die den Atem raubt. Kommt noch etwas, auch diese Frage war die Frontlinie. Erst ein gutes Jahrzehnt später, im November 1956, um genau zu sein, konnte ich das Erlebnis festmachen, diesen Luftdruck, der dich stößt, dir den Atem nimmt, es war alles wieder da. Ach ja, so ist das. Nach dem ersten hastigen Schnappen nach Luft den Geruch des Kommenden gewissermaßen im Voraus riechen, dann das Krachen des Einsturzes hören, das Klirren zum Abschluss. Der Geruch bedeutet, dass die Welt um dich herum aus den Fugen ist. Deine Nase spürt es, bevor deine Augen es sehen. Das Klirren bedeutet, dass du also noch am Leben bist.

Der Gedanke an die Zeit vor meiner Geburt quälte mich mit ihrer spezifischen Leere noch sehr lange. Um diese Leere einigermaßen zu ertragen, muss der Geist Vertrauen haben ins Wissen, das von physischen Gefühlen durchzogen ist. Aus der vorgeburtlichen Zeit klang Armgradier besser herauf als Arbeitsdienstler, auch wenn ich beide Wörter nicht verstand. Ich sagte lieber nicht, was ich alles nicht verstand. Ich hätte auch nicht formulieren können, in welche spezielle Bredouille mich die zusammengesetzten Wörter versetzten. Manchmal wurde alles zu viel, alle die Dinge, die ich hätte verstehen sollen, stauten sich, während ich nicht wusste, wo ich das jeweilige Nichtverstehen einordnen sollte. Mein Bewusstsein hatte keinen festen Platz dafür. Ein Zustand, der sich allen gegenteiligen Behauptungen zum Trotz auch physisch manifestiert. Ich bekam Kopfweh. An den Schläfen, in den Stirnlappen. Aber genau deswegen verstand ich die Physik der sich stauenden Eisschollen auf Anhieb. Während mein Vater die weggeschwemmte Pfahlbrücke erklärte, fühlte ich mich in die Situation der Eisschollen ein. Ich war auch die Pfahlbrücke. Mit seinen scharfen Kanten schnitt und säbelte das Eis meine Pfahlbeine durch, zermalmte sie mit seinem Gewicht. Ich war das Eis, das am Pfahlbein in Stücke zerschellt. Es tat weh, so, mit meinen empathischen Fähigkeiten, ich gleichzeitig als Eis und Pfahl. Aber ich kam auch sehr rasch dahinter, wie ich mein riesiges, unüberblickbares Nichtwissen einteilen konnte, damit die Aufmerksamkeit meines in seine Erklärungen versunkenen Vaters konstant bei mir blieb, nicht wegsackte, nicht versiegte, sich nicht ablenken ließ, damit ich ihn also mit seiner Körperwärme, seinem abstoßenden Geruch, diesem dunklen Männergeruch, sicher an mich band. Ihn nicht losließ. Er blieb meiner ewigen Fragerei ausgeliefert, verletzlich, greifbar. Wenn er nicht dozieren konnte, war er nicht anwesend, ich weiß nicht, wo er dann war, und mit etwas anderem als mit den mechanischen Belangen der Welt war er nicht ansprechbar. Trat ich mit meinen Fragen aus diesem Kreis hinaus, starrte er mich nur an, oder er wurde sofort gereizt. Es war ersichtlich, dass ich ihn beim Nachdenken über die physische Welt gestört hatte. Vor Irritation war sein erster Satz fast immer unverständlich. Dem Typus nach mochte er kühl und zerstreut sein, und doch durfte er nicht sagen, Schluss jetzt mit der Fragerei. Dem familiären Modus gemäß hatte er sich über jede einzelne Frage zu freuen, er freute sich auch, war bei seinem zweiten Satz schon ganz vergnügt, man konnte ja von da zu anderen Fragen übergehen, hinaus in die Unendlichkeit des materiellen Universums. Und dort verstellte er mir unerbittlich sachlich den Weg zur Metaphysik, Spiritualität oder Mystik. Wir wollen uns doch nicht lächerlich machen und uns mit

Dingen beschäftigen, die es nicht gibt. Da, nimm das Nichts, und halt es gut fest. Das gehörte zu seinen Standardsprüchen, er fand ihn sehr witzig. Er wusste auch viel über die Sterne, ihre Bewegungen, ihre Namen, aber das alles ging mir nun wirklich nicht in den Kopf. Wir standen unter dem Sternenhimmel, er zeigte irgendwohin, dozierte, mythologische Namen, Bahnen, Entfernungen in Lichtjahren, jahreszeitliche Veränderungen, Lichtgeschwindigkeit, ich verstand kein einziges Wort. Uns genügt es bei weitem, uns mit existierenden, messbaren Dingen abzugeben. Das Nichts gibt's nicht. Jetzt legen wir mit diesen Erklärungen den Grundstein meines Wissens, auf die Art begründen wir meine dafür benötigte Unvoreingenommenheit. Aber es dauerte dann doch Jahrzehnte, bis mich die zusammengesetzten Wörter nicht mehr erschreckten und ich begriff, dass die Wörter einzeln und zusammen je etwas anderes bedeuten und dass sie das nach bestimmten Regeln tun. Oder bis ich begriff, warum mich der Sternenhimmel in seinem Vortrag nicht interessiert hatte und, wiederum seinetwegen, auch das ganze Universum noch sehr lange nicht.

Gegen die negative Erfahrung des Nichtverstehens konstruierte ich ein primitives Regelsystem, auf das ich mich dann selbst verwies, um das Unverständliche doch noch irgendwie zu verstehen oder um wenigstens auch eine Art normatives System zu haben. Für die zusammengesetzten Wörter darf ich nicht bei den Einzelbedeutungen der einzelnen Wörter stehenbleiben. Die Einzelbedeutung war ein an einen Pfahl gebundenes Schaf. Das Angebundensein am Pfahl nahm meine ganze Empathie in Beschlag. Ich erinnere mich beim besten Willen nicht, wo ich zum ersten Mal ein Schaf sah, wahrscheinlich in der Bácska, im Sommer 1944. Einmal in Leányfalu schnitt ich den Strick einer Ziege durch. Ich hatte mich tagelang auf den heimlichen Akt vorbereitet. Wenigstens die Ziege soll frei sein. Ich muss das zusammengesetzte Wort, das den Verstand gleichzeitig in verschiedene Richtungen zieht, an einen Pfahl binden. Zuerst aber musste ich die Negation an den

Pfahl binden. Zu diesem negativen Orientierungspunkt verhalf mir die Hosenreklame von Guttmann. Nicht zu zerreißen, niemand soll mir die Bedeutung des zusammengesetzten Worts auseinanderzerren. Auch zählen lernte ich später nur, indem ich mir die Zahlen zuerst als Bilder vorstellte, als Striche, obwohl ich schon wusste, dass das mit dem Zählen nichts zu tun hatte, höchstens mit meinen Fingern, also mit der Urgeschichte des Rechnens. Im Kopf zählte ich mit den Fingern, aber das durfte man nicht sehen. Daher die Striche. Ich weiß sogar, wo ich zum ersten Mal Striche gesehen hatte. Beim koscheren Gewürzhändler in der Dembinszky-Straße, zu dem mich meine Tante Erzsébet Tauber manchmal hinunterschickte. Und wenn sie Holz und Kohle brachten, machten sie an der Kellertreppe Striche an die Wand. Vier Striche durchgestrichen, das waren fünf Körbe Kohle. Ich war der Langsamste im Rechnen, zuerst musste ich die Zahlen in mehreren Stufen zu Bildern machen. Ich beneidete die russischen Kinder, die ich in den Filmen und Wochenschauen sah, die durften bunte Kugeln im Zählrahmen hin und her schieben. Etwas Handgreifliches. Europas westliche Sphäre zog die Abstraktion vor. Als ich in die Schule kam, wurden einem diese primitiven Hilfsmittel weggenommen, die bunten Scheibchen, die bunten Kugeln, aber auch die Finger. Nur gerade in der ersten Zeit unterrichtete Frau Koppány damit, da waren die Zahlen noch so einfach, dass man sie umherschieben konnte, doch dann nahm man uns das Greifbare weg. Wir dürfen die werten Eltern darauf aufmerksam machen, dass diese Hilfsmittel auch zu Hause nicht zu verwenden sind. Meine Eltern ließen sie tatsächlich verschwinden, sosehr ich sie zurückhaben wollte. Später warteten die Lehrer auf mich, geduldig, gereizt, sie wussten, dass ich schon noch aufs Resultat kommen würde, dass es nur etwas langsamer ging. Wir warten es ab, Nádaslein, wir warten es ab, sagte mein Mathematikprofessor namens Gulyás und bezauberte mich mit seinem melancholisch-trägen Blick. Ein kraftvoller Mann mit dunkler Haut, nach dem die Professorinnen verrückt waren.

Er war aus der Kriegsgefangenschaft heimgekehrt, und man sah es seinem Gesicht an. Ich zitterte davor, dass sie eines Tages hinter meinen Trick kommen und ihn mir verbieten würden. Aber zum Glück sahen sie nicht in meinen Kopf herein. Was eine große Entdeckung war. Zu merken, dass niemand, wirklich niemand hereinsah. Ein persönlicher Sieg, ein heimlicher Trost. Was immer ich denke, denken mag, niemand sieht meine Gedanken. Ich spürte allerdings, wie gefährlich das war. Ich bin mit Gott allein. Bin der heimliche Beweis seiner Existenz, von der meine Eltern nichts wissen. Aufpassen, ja nicht mit den Fingern zählen, Striche machen, mein Trick und mein heimliches Wissen dürfen an meinen Händen und auf meinem Gesicht nicht erkennbar sein. Als wollte ich mich überzeugen, dass ich also ganz ruhig lügen dürfe.

Das Aushängeschild des Warenhauses Guttmann in der Rákóczi-Straße zeigte eine Hose. Stilisierte Figuren, Strichfigürchen, zerrten die Hosenbeine in zwei Richtungen, drei von links, drei von rechts, doch die Guttmann-Hose war so phänomenal, dass sie nicht einmal mit der Kraft von sechs Strichen zerrissen werden konnte.

Nicht reißen, nicht ziehen, ich musste mich mit diesem aus dem Bild hergeleiteteten Verbot mahnen, das zusammengesetzte Wort nicht in seine verschiedenen Bedeutungen zu zerreißen.

Die Pontonbrücke wurde hier in unserer unmittelbaren Nähe gebaut, kaum war das Eis verschwunden.

Auch Pontonbrücke war ein zusammengesetztes Wort, und doch schien es leichter verständlich als der schmucke, schmissige Armgradier oder der töricht und flach dahinkriechende Arbeitsdienstler, denn man brauchte nur vom sechsten Stock hinunterzugehen, durch das riesige Kreuz der Palatínushäuser hindurch, das den Neupester Kai mit der Pressburgerstraße, die Katona József-Straße mit der Sziget-Straße verband und das noch heute oft in meinen Träumen auftaucht, als Symbol für die kriegsversehrten städtischen Blöcke, vorbeizugehen an dem chemischen Unternehmen meines Onkels, wo drei Treppen zum berühmten Keller hinunterführten und wo im Frühling nach der Belagerung seine Arbeiter auf dem Treppenmäuerchen saßen, um die Sonne zu genießen; und schon waren wir da. Es war sozusagen unsere Brücke, für uns wurde sie gebaut. Mit dem Plural war nicht die Familie gemeint, sondern die Gegend, die in Trümmern liegende, von weiteren Einstürzen bedrohte Stadt. Wenn meine Eltern von der Stadt sprachen, hatte der Plural ganz bestimmt diesen speziellen, Gegenstände und Menschen zusammenfassenden Sinn. Kaum war ich aus dem Boden herausgewachsen, stand ich schon mittendrin in ihrer gesellschaftlichen Utopie. So nahmen wir den lebenslangen Prozess der Entselbstung in Angriff, wie ich ihn dann Jahrzehnte später in meiner eigenen Weise abschloss. Bei uns bedeutete das Wir mehr als nur die Familienmitglieder. Das Persönliche hingegen war eine Gegebenheit, die man akzeptieren musste, selbst wenn man nicht verstand, wie sie umrissen war. Da konnte ich noch so unzufriedene Grimassen schneiden. Wenn sich das Wir nicht auf die Stadt oder das Staatskollektiv bezog, sondern auf die Familie, fügten sie mit einem speziellen, bisweilen auch parodistischen Nachdruck unseren Familiennamen hinzu, unseren hungarisierten Namen, Nádas, dem man gleich anhört, dass er nach dem Muster existierender Namen aus einem botanischen Begriff fabriziert worden war, auch wenn es in der Nähe von Debrecen eine Gemeinde namens Nádas gibt. Als Familienname ist er aber in Ungarn nicht heimisch geworden. Allzu fremd klingt er aber auch wieder nicht, im Ungarischen verwendet man ja täglich Dutzende von Wörtern, die aus der Zeit der Spracherneuerung stammen und auf ähnliche Art konstruiert klingen. Wie man unseren ursprünglichen Familiennamen schreibt oder ausspricht, weiß ich nicht einmal. Auf bestimmten Dokumenten wird er Neumayer geschrieben, auf anderen Neumeyer oder sogar Naumeyer oder Niemayer.

Eine der ersten Erwähnungen des Namens findet sich in einem Dokument von 1847, auf dem der Großvater meines Großvaters,

Lázár Neumayer Freystadt, Israelit und Bewohner von Pest, in dieser Form unterschreibt, und so halte auch ich mich an diese Schreibweise, obwohl ich ihn nicht so ausspreche, in der Familie sagten nämlich alle immer Naumeyer. Ich weiß nicht, warum. Das Dokument ist komisch. Es ist offensichtlich, dass es nicht der Großvater meines Großvaters formuliert hat, nicht einmal seine eigene Unterschrift stammt von ihm, sondern ein Anwalt namens Endre Szekránszky, der die Aufgabe wahrscheinlich an seinen Kanzlisten weitergab. So schrieben sie zu dritt ihren Brief, mit fabelhaften Buchstaben, Schlingen und Schnörkeln, an den Erlauchten königlichen Statthalter, den Kaiserlich-königlichen Österreichischen Erzherzog, aber selbstverständlich nicht an seine kaiserliche und königliche Hoheit persönlich, sondern an den Hohen Ungarischen Königlichen Statthalterrat.

Gnädiger Herr, hochgnädigste Herren. Ich halte mich an den damaligen Stil und die damaligen Schreibweisen und kopiere mit Kanzlistenlust die Arbeit des damaligen Kanzlisten.

Behufs des Erwerbs meines Lebens Unterhalts u. der Erziehung meiner sieben Kinder gestatte ich mir unterthänigst aus den folgenden Gründen an den Durchlauchtigsten Erzherzog und den Hohen Königlichen Statthalterrath gehorsamst zu gelangen; behufs d. Rechts Caffee zu kochen u. auszuschenken. Im Jahre 1820 wurde ich wie angezeigt in unten stehender Ciffer No. 1 von Lázár Freystadt adoptirt, – im Jahre 1829 erlangte ich hieselbst Wohn- u. Handelsbewilligung, dergestalt angezeigt unter Ciffer No. 2, – von selbiger Zeit an – habe die mir zugemessene Steuer in sämmtlichen Jahren pünktl. gezahlt, wie bewiesen v. unterthänigst zu Ciffer No. 3 beigefügten Steuerzetteln; bin jedoch wegen d. Art meines Broterwerbs u. d. Greisenalters so geschwächt, dass es mir ganz u. gar unmöglich ist dieselbe Art d. Erwerbs fortzuführen, wie vorgetragen von dem ärztlichen Zeugniss beygefügt zu Ciffer No. 4. Dessengeachtet flehe ich vor dem gnädigen Angesicht des Durchlauchtigsten Erzherzogs u. des Hohen Königlichen Statthalterraths; möchten genannte Gründe gnädig in Betracht ziehen u. mir das Recht zum Caffee Kochen u. Ausschank allergnädigst einräumen. Verbleibe der unterthänigste Diener Eurer durchLaucht u. des Hohen Ungarisch Königlichen Statthalterraths.

Die wichtigen Beilagen sind leider nicht erhalten, aber auf den Außenseiten des doppelt gefalteten mächtigen Bogens geht aus offiziellen Notizen hervor, dass es sich nicht wirklich um eine Bittschrift handelte, sondern eher um einen juristisch vertretbaren Versuch, einer Strafe zu entgehen. Der Großvater meines Großvaters schenkte nämlich ohne Bewilligung Kaffee aus, seine Gerätschaften waren polizeilich beschlagnahmt worden, und er erwähnt und dokumentiert sein frühes Waisentum, seine Tugend als Steuerzahler, sein vorgerücktes Alter, seine angegriffene Gesundheit, sein ganzes trauriges Los, um den Erzherzog zu rühren und dazu zu bewegen, ihm die Bewilligung zum Kaffeekochen und Ausschenken nachträglich zu gewähren und die beschlagnahmten Gerätschaften zurückgeben zu lassen. Ansonsten verhungere ich ja auf der Stelle, mitsamt meinen sieben Kindern. Die Erledigung ging recht zügig vonstatten. Das Schreiben wird am 8. April 1847 unter der Nummer 15914/847 registriert, am 13. April wird es dem Durchlauchten Kaiserlich königlichen österreichischen Erzherzog Stephan und dem Hohen Königlich Ungarischen Statthalterrat vorgelegt, dem gnädigen Herrn, den allergnädigsten Herren, versehen mit einer weiteren unleserlichen Unterschrift in andersfarbiger Tinte sowie der gefl. Anmerkung, Lázár Neumayer Freystadt, wohnhaft zu Pesth, erflehe gestützt auf d. inwendig aufgeführten Gründe das Recht Caffee zu kochen u. auszuschenken.

Der Mai vergeht, der Juni vergeht, Ende Juli endlich tritt der Statthalterrat zusammen, und nach weiteren vier Tagen wird der von Geheimrat István Lukáts unterschriebene Bescheid dem Anwalt ausgehändigt. Nach gethätigter Einsicht – wird dem Gesuch des Bittstellers nicht Statt gegeben wohingegen hinsichtlich der beschlagnahmten Geräthschaft u. derselben Rückerstattung realiter od. nach ihrem Werthe dem Rath der Stadt Pesth die dies bezüglichen Weisungen gegeben wurden. Buda, an der Sitzung des Ungarisch Königlichen Statthalterrats am 27sten d. Monats d. hl. Jakobs 1847.

Aufgrund der mündlichen Überlieferung in der Familie weiß ich, dass der Großvater meines Großvaters, also mein Ururgroßvater, den der im Schreiben erwähnte israelitische Einwohner von Pest, Lázár Freystadt, adoptierte und dem er seinen Namen gab, mutterseelenallein mit seinem Bündel in Pest angekommen war, irgendwo aus Österreich, zu Fuß, laut Familienüberlieferung aus Freistadt, und demnach hätten die Neumayers im österreichischen Freistadt gelebt. Kratzt man aber ein bisschen an der Oberfläche, sieht man gleich, dass er nicht von dort kommen konnte, bis zum Ende des neunzehnten Jahrhunderts durften sich in Freistadt keine Juden niederlassen, das Städtchen hatte keine jüdische Gemeinde. Vielleicht war er aus Freistett am Rhein gekommen. Aber dort habe ich keinen Grabstein mit diesem Namen gefunden. Lázár Freystadt in Pest war vielleicht ein entfernter Verwandter, oder vielleicht ein Freund des verstorbenen Vaters meines Ururgroßvaters, ein Geschäftsfreund, ein Bekannter oder der Bekannte eines Bekannten, in jedem Fall aber soll der Rabbi jener heute nicht mehr eruierbaren österreichischen oder deutschen Glaubensgemeinde in einem Brief den jungen Lázár seinem Schutz befohlen haben. Laut Familienlegende jedenfalls. Sie könnte sogar stimmen. Zu jener Zeit war so etwas in den jüdischen Gemeinden üblich. Allerdings kann Lázár weder in der Nähe des österreichischen Freistadt noch in der Nähe von Freistett am Rhein so geheißen haben, weil Lázár ein ungarischer Name ist. Bei den großen galizischen Schriftstellern, bei Olbracht, bei Franzos, Granach, Joseph Roth oder Gregor von Rezzori, vielleicht auch bei Appelfeld habe ich von ähnlichen Schicksalen gelesen. Wurde ein jüdisches Kleinkind Vollwaise und brachte man in Erfahrung, dass in einer anderen Glaubensgemeinde jemand kinderlos war oder auch sonst gern eine Waise zu sich nahm, wurde sie hingebracht, hingeschickt, geh mit Gott. In diesem Fall ist merkwürdig, dass die beiden den gleichen Vornamen haben. Der Vater meines Urgroßvaters wäre also unter dem Namen Lazarus Neumayer aus Deutschland oder Österreich gekommen. Den religiösen Vorschriften gemäß dürfen Juden ihren Vornamen nicht ändern. Ebenso wenig darf ein jüdischer Friedhof aufgelassen werden, man kann nicht die Gebeine irgendwohin werfen und eine Wohnsiedlung an die Stelle bauen. Friedhöfe müssen in alle Ewigkeit unangetastet bleiben. Die Behörden können den Juden Familiennamen geben, wie es ihnen beliebt, die Vornamen hingegen sind sakrosankt, wie ein seit Ewigkeiten und auf ewig gültiger unverbrüchlicher Bund. Und so wäre es eine andere Geschichte, wenn mein Urugroßvater, dieser Lázár Neumayer, mit einem ungarisch geschriebenen Vornamen und nicht als Lazarus in Pest eingetroffen wäre, und wieder eine andere Geschichte, wenn er seinen Vornamen gegen die religiösen Vorschriften nachträglich geändert hätte, oder wenn die Behörden seinen Namen willkürlich ungarisch geschrieben hätten. Die erste Variante würde vielleicht bedeuten, dass er als Sohn des aus Freistett oder aus dem nahe dem österreichischen Freistadt gelegenen Rosenheim stammenden oder sich nur vorübergehend dort aufhaltenden Lázár Freystadt geboren worden war, aber unehelich, und nach dem frühen Tod seiner im oberösterreichischen Mühlviertel gelegenen Rosenheim oder im rheinischen Freistett in Schande zurückgebliebenen Mutter hätte der örtliche Rabbi keine andere Wahl gehabt, als die unglückliche Waise, den Balg, den Bastard, diese öffentliche Schande, in Begleitung eines Briefs an seinen natürlichen Vater nach Pest zu spedieren. Aber in Genealogie bewanderte Menschen haben mich darauf aufmerksam gemacht, dass auch diese romantische Variante unwahrscheinlich ist. In aschkenasischen Gemeinden gab man den Neugeborenen keine Namen von lebenden Personen, weil man damit deren Leben zu verkürzen glaubte. In sephardischen Gemeinden dachte man nicht so, aber ich habe keine Ahnung, ob der von

Lázár Freystadt adoptierte Lázár Neumayer aus einer aschkenasischen oder einer sephardischen Gemeinde nach Pest gekommen war.

Bleiben wir also bei dem, was dokumentierbar ist. Wenn Lázár Neumayer Freystadt 1829 in Pest die Wohn- und Handelsbewilligung erhielt, muss er zu dem Zeitpunkt mindestens einundzwanzig, das heißt volljährig gewesen sein. Wenn er neun Jahre zuvor adoptiert worden war, war er also mit zwölf, noch vor seiner Bar-Mizwa, in Pest eingetroffen und muss 1808 irgendwo in Österreich, vielleicht eben in dem unweit von Freistadt gelegenen Rosenheim, oder dann in Freistett am Rhein geboren worden sein. Aus der beglaubigten Übersetzung eines erhaltenen Geburtsregisters wissen wir außerdem, dass Lázár Neumayer Freystadt, der am 8. April 1847 die vorgeführten Gründe bemühend um die Bewilligung Caffee zu kochen und auszuschenken flehentlich nachsucht, am 25. Februar 1857 nicht mehr lebt. An diesem Tag stellt die Pester Israelitische Glaubensgemeinde die von Dávid Schacherl beglaubigte Kopie des Beschneidungsprotokolls Nummer 6044 aus, laut dem József Neumayer, rechtmäßiger Sohn des verblichenen, ortsansässigen Lázár Neumayer Freystadt, am 8. Julius des Jahres 1832 (achtzehnhundertzweiunddreißig) hierselbst geboren wurde. Unterschrieben und mit einem Stempel versehen von A. Lipót Schulhof, Vorstandsmitglied, zusätzlich beglaubigt durch die unleserliche Unterschrift und den eigenen Amtsstempel eines Oberrabbis.

Zu welchem Zweck eine ungarische Übersetzung angefertigt wurde, und aus welcher Sprache, aus dem Hebräischen oder aus dem Deutschen, kann ich heute nicht mehr herausfinden.

Die Fäden der Familiengeschichte verlaufen ins Nichts. An diesem Faden entlang sehe ich nicht tiefer in die Zeit hinein.

Mein Großvater Neumayer, Lázárs Enkel und Józsefs Sohn, mit Vornamen Adolf Arnold, figuriert auf amtlichen Dokumenten oder auch in einer der Autobiographien meines Vaters als Antal Arnold, wieso, weiß ich nicht. Eigentlich würde man ja den Namen des eigenen Vaters kennen. Der Originalauszug aus dem Geburtsregister nennt keinen Antal, aber seltsamerweise kommt der Name in späteren Schriften doch vor. Hingegen gibt es einen Beleg dafür, dass er am 23. November 1911 mit Bewilligung des Innenministeriums seinen und seiner Kinder Familiennamen hungarisierte, nämlich das Protokoll Nummer 49499/1911. Wir wissen auch, dass sowohl er als auch sein Vater, József Neumayer, den Namen Freystadt nicht mehr verwendeten. Wann und wo der Name ihres Adoptivvaters, ihr zweiter Name, abhandengekommen war, weiß ich nicht, ebenso wenig, warum sie den Namen ihrer ganz offensichtlich früh und vielleicht in Schande oder vielleicht verwitwet verstorbenen Urgroßmutter hingegen beibehielten. Ich weiß aber, dass die Mutter der sieben Kinder meines Großvaters Neumayer, Klára Mezei, also meine Großmutter väterlicherseits, mit einem bereits hungarisierten Namen zur Welt kam. Mit ihr kann ich etwas weiter in die Vergangenheit zurückblicken. Aus Anlass seines nahenden neunzigsten Geburtstags erzählte mein Urgroßvater, Mór Mezei, am 19. April 1925 einem Mitarbeiter des *Pesti Napló, Pester Tagblatt*, die Geschichte der Hungarisierung ihres Namens, auch wenn die Geschichte in der Familienchronik ein wenig anders geht, als sie der Journalist von unserem Urgroßvater gehört hat. Aber das ist nun einmal so. Wie viele Texte, so viele Informationen, wie viele Legenden, so viele Versionen.

Mezei lehnt sich im Fauteuil zurück, lese ich in der alten Tageszeitung, er hält die Hand trichterförmig ans Ohr, um jedes Wort deutlich zu verstehen, während er erzählt, dass es in Újhely, das heißt in Sátoraljaújhely, am Gymnasium einen Direktor namens Huttner gab, der die Schüler deutschen Namens mit ungarischen Namen versah. Der Greis, der am liebsten von seiner Studentenzeit berichtet, lacht bei diesen Worten. Der Direktor selbst hieß Huttner, aber er wollte nicht, dass jemand einen deutschen Namen trug. Zu mir sagte er, mein Vater solle einen ungarischen Namen annehmen. Zöldi oder Mezei. Mein Vater wählte Mezei, weil ihm Zöldi nicht gefiel.

Zur vollständigen Geschichte gehört, was der Journalist nicht erzählt, vielleicht hatte es ihm auch mein Urgroßvater nicht erzählt, ich aber will es der Wahrheit oder der Familienlegende zuliebe erzählen, nämlich dass Direktor Huttner zuvor persönlich meinen Ururgroßvater, den Wirt, aufgesucht hatte, um ihm zu sagen, der Herr Grünfeld solle diesen Jungen unbedingt aufs Gymnasium schicken. Der Sohn des Herrn Grünfeld werde es bestimmt einmal weit bringen.

Der Herr Grünfeld müsse wissen, dass mathematisch derart Hochbegabte selten geboren werden, ein solches Talent zu verschleudern wäre eine Sünde.

Wir werden ihn gratis unterrichten.

Dem starken Argument konnte mein Urgroßvater, der Wirt, nicht widerstehen. Wahrscheinlich deshalb war er später in der Frage der Namensänderung nachgiebig, obwohl er nicht nur ein ernsthafter Rabbi, sondern ein im ganzen Reich bekannter Wunderrabbi war, der Urenkel Izsáks beziehungsweise Isaks. Er selbst las viel, hauptsächlich Philosophie. Ihren Familiennamen hatten sie früher Grinfeld geschrieben, aber sicher schrieb ihn Isak seinerseits gar nicht, denn der Kaiser, der in den Fußstapfen seiner lange regierenden Mutter den Juden den deutschen Nachnamen vorschreiben sollte, wurde erst da geboren, während Isak schon lange unter seinem eigenen Namen Rabbi in Újhely war. Und wie das mit Wunderrabbis schon zu sein pflegt, sogar die Christen holten sich Rat bei ihm. Ich weiß nicht, wie und wann Grinfeld zu Grünfeld wurde. Ein Teil der Namen entsteht gewiss, weil man sie falsch hört, vielleicht mehrmals hintereinander falsch hört, falsch schreibt. Was Schreibweise und Abstammung jüdischer Personen betrifft, kann man auch sonst nicht vor das 18. Jahrhundert zurückgehen, oder höchstens indirekt. In den erhaltenen konfessionellen Standesregistern gibt es keine Familiennamen, die Juden verwendeten neben ihrem eigenen Namen den ihres Vaters. Ich zum Beispiel könnte ohne Kaiser Josephs vernünftigen Erlass noch heute Péter Sohn des László sein, was mir sehr gefallen würde. Klänge besser als Nádas. Mein jüngerer Bruder wäre Pál Sohn des László. Aber mit einer solchen Namensgebung hätte man die Juden im Reich tatsächlich nicht registrieren können. Kaiser Joseph verordnete das Führen von deutschen Namen am 23. Juli 1787 und peitschte es im Eiltempo durch die Administration der Monarchie. *Die Judenschaft ist in allen Provinzen zu verhalten, dass ein jeder Hausvater für seine Familie, der Vormund für seine Waisen, und eine jede ledige, weder in der väterlischen gewalt, noch unter einer Vormundschaft, oder Kuratel stehende Mannsperson vom 1-ten Jänner 1788 einen bestimmten Geschlechtsnamen führen, das wibliche Geschlecht im ledigen Stande, den Geschlechtsnamen ihres Vaters, verheiratet jenen ihres Mannes annehmen, jede einzelne Person aber ohne Ausnahme einen deutschen Vornamen sich beilegen und solchen Zeitlebens nicht abändern soll.*

Das alles natürlich aus der österreichischen Amtssprache ins Amtsdeutsch Ungarns herübergebracht oder vielmehr herübergehört, abgeschmeckt mit den Rechtschreibfehlern des betreffenden Kanzlisten.

Der wundersame Rabbi Izsák oder Isak zeugte einen Sohn namens Marcus Grinfeld, der wurde Lehrer an der ersten örtlichen israelitischen Schule, ein hochgebildeter, viele Sprachen beherrschender junger Mann, dem Kaiser Josephs II. Erlass zu den konfessionellen Schulen den Professorentitel verlieh. Ich glaube kaum, dass man den Wunderrabbi oder den kenntnisreichen Lehrer von einer neuerlichen Namensänderung so leicht hätte überzeugen können wie meinen Urgroßvater, den Wirt, auch wenn bei den Juden dieser deutsche Familienname, dieser Stammesname nach wie vor keine wirkliche Bedeutung hatte. Sondern immer nur der Vorname, der eigene, der des Vaters, und vergessen wir nicht, dass das alles sprechende Namen sind, sie erzählen, wessen Sohn du bist, ja, welche Charaktereigenschaften deine Eltern für dich wünschten, ähnlich wie bei den Christen, die sich diese Eigenschaften von den Heiligen ausleihen, das Kind bei seiner Geburt dem Schutz eines Heiligen anheimstellen und den Namen Taufnamen nennen. Von meinen Eltern wusste ich, von wem denn auch sonst, dass die Stadt ein viel mächtigerer Name ist als unser Familienname, das heißt der deutsche oder hungarisierte Name des Clans. Er umfasst die Umgebung, die Häuser der Umgebung, darin die Familien, die Familien mit ihren Personennamen, die Personen, auch wir waren auf diese Art zusammen mit anderen in die Stadt gekommen. Aus Sátoraljaújhely, aus Szolnok, aus Tiszasüly, aus Nyíregyháza, aus Deutschland, aus Tschechien sind wir gekommen. Aber die Stadt umfasst auch die Ämter, die Verordnungen, die Straßen, die Namen der Straßen, unter den Straßen das Kanalisationssystem, in der Luft die Straßenbahnleitungen, die Straßenbeleuchtung, alle klingelnden Straßenbahnen, den Gewürzhändler in der Dembinszky-Straße, sein Heft mit den Strichen für die auf Kredit gegebene Ware, den Bäcker Glázner auf dem Leopoldring, die Eisbahn an der Ecke zur Sziget-Straße, und unter allen den vielen Dingen auch die städtischen Spatzen, obwohl die ja jederzeit anderswohin fliegen können, und doch tschilpen sie uns hier in unsere städtischen Ohren, und so entwickelte ich für diesen hochbedeutenden Plural, das mächtige Buda und das mächtige Pest und dazwischen die mächtig strömende Donau, und alle die tschilpenden Spatzen und alle die Tauben schon früh ein Gefühl, ich respektierte die Dinge der Stadt auf die gleiche Art wie die Personen mit ihren Personennamen.

Das Wort verstand ich zwar nicht, aber ich mochte den Armgradier, mochte, dass mein Vater einen so schmuck klingenden Dienstgrad hatte, bis er zum Arbeitsdienst geholt wurde und man ihn von Szombathely verschleppen wollte. Verschleppen, dieses Wort verstand ich auch nicht. Jahrzehntelang nicht. Ich versuchte es von Schleppen abzuleiten, etwas Schweres schleppen. Jemand wird weggebracht wie ein Schrank, in der Kehre des Laubengangs haben sie Mühe damit. Er erklärte den Armgradier mit seinem Handelsabitur. Ich fragte, warum, und er sagte, junge Leute mit Reifezeugnis seien Armgradiere geworden. Er hatte ein Reifezeugnis, ein Handelsabitur, na ja, ein eher klägliches. Seine Noten in den geprüften Fächern: Ungarische Sprache und Literatur bei László Lévai genügend. Geschichte bei Dr. György Kurucz genügend. Recht bei Dr. Ernő Lajta genügend. Wirtschaft bei Dr. Ernő Lajta genügend. Geographie bei Mór Földes genügend. Warenkenntnis bei Mór Földes genügend. Handelsmathematik bei Dr. Elemér Bálint genügend. Buchhaltung bei Dr. Ernő Lajta gut. Handelskorrespondenz bei Dr. Ernő Lajta genügend. Keine Ahnung, warum er ausgerechnet in Buchhaltung gut war. Deutsche Sprache und Korrespondenz bei János Böhm genügend. Französische Sprache und Korrespondenz bei László Lévai genügend. Seine Geschwister lachten ihn dauernd aus, korrigierten ihn, wenn er deutsch oder französisch sprach. Ich meinerseits schämte mich. Als wäre ich er, der fortwährend zu Korrigierende. Bestimmt hatten sie recht, es war falsch so, es ging andersherum, schlecht gewähltes Tempus, falscher Artikel, idiomatisch daneben, und so weiter. Mag sein, dass seine Fremdsprachenkenntnisse dürftiger waren als die seiner Geschwister, aber sprachlich gesehen waren die auch nicht gerade auf der Höhe. Sie hatten kein Sprachgefühl, ja, sie waren allesamt äußerst unmusikalisch. Sie sangen peinlich schlecht. Im Konzert oder in der Oper litten sie, um große musikalische Erlebnisse machten sie lieber einen Bogen. Musik war für sie einfach kein Erlebnis. In der Oper fiel meinem Vater dauernd der Kopf vornüber, er nickte vor Langeweile ein. Die Erzieherinnen und Sprachlehrer konnten sich noch so bemühen, sie sprachen sämtliche Sprachen mit ungarischem Akzent. Auch ihre Rechtschreibung war schauderhaft. Bestimmt verdankte mein Vater seinen Witz und seine didaktische Ader der Tatsache, dass er der Jüngste war. Seine Schwestern schämten sich ein wenig, dass sie so viele waren, und noch immer wurden Geschwisterchen geboren. Die Älteren rächten sich, wie das schon zu sein pflegt, für ihre eigene sprachliche Unbedarftheit an ihm. Für ihre Unzufriedenheit mit sich selber, mit dieser seltsamen familiären Gegebenheit, dem mangelnden Gehör. Waren sie alle zusammen, ging es zu wie auf einem aufgeregten Hühnerhof. Immer gleich der interne Machtkampf, die Verteidigung der altersmäßigen Hierarchie. Mein Vater war zuunterst in der Hackordnung, sie schlugen ihn, sie beschimpften, belehrten, korrigierten ihn, sie lachten ihn aus. Eugenie, die Schönste, die Älteste, die Eleganteste, nahm den Kleinsten manchmal in Schutz, um ihm dann ebenfalls mächtig eine zu schmieren. Es sind zweisprachige Notizen meines Vaters erhalten geblieben, die er wahrscheinlich auf einer seiner Geschäftsreisen gemacht hat, bei irgendeiner Fernmeldekonferenz, Notizen auf Französisch und Deutsch, wobei ihm offensichtlich langweilig war, er notierte in diesen Fremdsprachen noch eine Menge anderer Dinge, nahezu fehlerfrei, scheint mir. Seine Noten waren auch in den anderen Fächern der Handelsmittelschule nicht besser. Glauben- und Sittenlehre genügend. Naturkunde genügend. Mengenlehre und politische Mathematik genügend. Was politische Mathematik war, kann ich mir nicht vorstellen. Statistik vielleicht. Auch dem werde ich nachgehen müssen. Stenographie genügend. Schönschreiben genügend. In Körperertüchtigung wenig Eifer und Geschick. Mein armer, guter Vater, der doch so stolz war auf seine Turnkünste. Gesundheitslehre genügend. Äußere Form seiner schriftlichen Arbeiten akzeptabel. Datiert zu Budapest, den 30. September 1927. Baron Géza Bronner, staatlicher Inspektor, Präsident der Examenskommission.

Einige seiner Erklärungen machten mich auf Jahre hinaus konfus. Ich verstand die wundersamen Metamorphosen der Begriffe nicht immer. Die Erklärung seines wohlklingenden, wenn auch wertlosen Dienstgrads mit dem Reifezeugnis geriet für mich gefährlich in die Nähe von reifen Früchten, und die reifen Früchte führten zum Handel. Ich versuchte mich anhand von reifen Früchten in den Grad und den Handel einzufühlen. Was dazu führte, dass ich mindestens zwei Jahrzehnte lang weder den Begriff des Handels noch den der menschlichen Reife, noch die Art seines Dienstgrads verstand. Sobald von Handel oder von der militärischen Rangordnung die Rede war, geriet ich ins Schleudern. Ich brachte die einander fremden Teilbegriffe nicht zusammen. Bis dann plötzlich der Groschen fiel und ich begriff, dass also diese Armgradiere ihr Gradabzeichen nicht am Kragen, nicht an den Achseln, sondern am Arm trugen. Und dass ich also dieses zusammengesetzte Wort zwanzig Jahre zuvor doch hätte auseinandernehmen sollen. Und dass also die Sprache doch nicht der Logik folgt, wie man sie mir eingebläut hat und wie ich sie vergeblich zu beachten versuche.

Die Pontonbrücke, ich wusste, was Ponton war, ich wusste, was Brücke war, dieses vor meinen Augen gebaute Wortkonglomerat begann bei der Mündung der Sziget-Straße, beim relativ unbeschädigten Pester Kai, unter den Schritten schaukelte und vibrierte sie sacht; den zerbombten und gesprengten Kai von Buda erreichten wir vor der eingestürzten Prunkkuppel des Lukács-Bads. Auf diesem Kai gab es noch sehr lange keinen Verkehr, bis zum Ende der Fünfzigerjahre, weder auf seinem oberen noch auf seinem unteren Teil. Zwei Jahrzehnte lang war der Verkehr auf dem unteren Kai unterbrochen, und so konnte ich kein Bewusstsein davon haben, ja, etwas anderes nahm seine Stelle ein. Als Anfang der Sechzigerjahre der Schutt abtransportiert wurde, starrte ich mit offenem Mund auf die mit Basalt gepflasterte, völlig unbeschädigt gebliebene Fahrbahn unter der Brücke. Da war uns etwas aus den Zeiten vor der Belagerung erhalten geblieben, jeder einzelne von Hand zugeschnittene, geschliffene, glänzende Basaltwürfel. Ich habe sie fotografiert. Damals aber lagen noch die Haufen von schweren Quadern herum, die aus den eingebrochenen Stützwänden herausgefallen und geborsten waren. Nachdem wir über die Pontonbrücke nach Buda gelangt waren, kraxelten wir über eine Treppe aus Trümmern. Zwischen den scharfen Kanten der Quader hatten die Menschen Pfade getreten, die in verschiedene Richtungen verliefen. Ich sah nicht aus der nackten Steinwüste hinaus. Von unten kam der Gestank menschlicher Ausscheidungen. Später wuchsen Büsche aus den Spalten in den Steinen, mit der Zeit ein richtiger kleiner Wald. Es war überhaupt nicht ungewöhnlich, herrschaftliche Turbane tragende Damen zu sehen, die mit hochgezogenem Aufputz, Kleidern, Pelzmänteln, die dicke Unterwäsche unter die Knie gekrempelt, mit leuchtend weißem Hinterteil zwischen den Trümmern kauerten, oder Herren im Stadtpelz, die im Schutz von Baumstämmen urinierten. Nicht hinstarren. Ich war ein braves Kind, fast schon etwas leichtgläubig, und befolgte willig die Anweisungen zu den Gebräuchen. Gut, dann eben nicht. Auf die diversen Körperteile war ich zwar schon neugierig, aber ich starrte nicht hin. Nein, nicht hinstarren, mir tat schon der Hals weh vor Anstrengung. Vom Stadtpelz muss man wissen, dass er außen aus Wolle besteht, dunkelgrau oder hellbraun, der Pelz ist innen und stülpt sich meistens als breiter Kragen auf die Schultern hinaus. In den Monaten und Jahren nach der Belagerung waren alle unterwegs, alle gingen, stießen, schleppten, zogen etwas, trugen es auf den Schultern, auf dem Rücken oder in vollgestopften Koffern und Taschen. Stundenlang, halbe Tage lang waren die Menschen in der Trümmerstadt unterwegs, sie entleerten sich, wo sie konnten, und ich hatte noch jahrelang das Problem, dass meine Nase nicht anders konnte, als den Gestank aufzunehmen. Dass ich sie nicht zuhalten darf. Tat ich es, wiesen sie mich zurecht, ich solle nicht heikel tun. Wenn es stinkt, dann stinkt es eben, ich dürfe nicht mit meinem Getue andere Leute beleidigen.

Dafür durften unsere Sohlen auf den Steg trommeln. Ich durfte über die fertig erstellte Pontonbrücke trampeln, aber ihre Hand loslassen durfte ich nicht. Der Ponton war wie ein Fass. Im unterirdischen Wunderlabyrinth des Chemieunternehmens meines Onkels Pista hatte ich Fässer zur Genüge gesehen. Es gab stark stinkende Chemikalien, aber die bereiteten mir kein Problem. Leere Fässer und mit den fertigen Produkten gefüllte Fässer. Das Fass fasst.

Das Fass muss man auf seinem Rand rollen. Onkel Pista ließ mich auch nachplappern, wie Oxygen im Ungarisch der Spracherneuerung geheißen hatte, Lebstoff, Hydrogen, Leichtstoff, Schwefel, Stinkstoff. Wir lachten, er wieherte wie ein Pferd. Es störte mich nicht einmal, wenn er mir den Geruch des Stinkstoffs vorführte, indem er einen mit Schwefel durchtränkten Papierstreifen anzündete, wie er sie fürs Schwefeln von Weinfässern herstellte. Ich solle die Farbe der Flamme beachten. Aus diesem Gestank konnte man einfach rückwärts hinaustreten. Nicht aber aus der stinkenden Stadt, wohin hätte man da rückwärts hinaustreten sollen. Uns trägt der Ponton. Alles war ganz klar so, wie es war. Der Gestank war die Ausnahme, ich machte meiner Nase, oder ich weiß nicht, wem, Vorwürfe, ich konnte ihn nicht so akzeptieren, wie er war. Vielleicht durchkreuzte der Gestank von Urin und Kacke den Überlebensinstinkt, der Überlebenswunsch stieß an jeder Ecke mit ihm zusammen. Auf der Pontonbrücke hielten sie meine Hände fest umfasst, damit ich mich nicht losriss, ich vertrug ja nicht einmal den leisesten Zwang, protestierte gleich. Ich habe doch schon kapiert, dass ich nicht umherrennen darf, wieso halten sie mich dann so fest. Sie kapierten, dass ich es kapiere, aber nach einer Weile hielten sie mich doch wieder fest. Es war beleidigend, auch wenn ich ihr Misstrauen schon verstand. Eine ganze Weile hatte die Brücke nicht einmal Geländer. Unter den vielen Füßen dröhnte sie beängstigend, die Brücke musste gewissermaßen ihren tektonischen gemeinsamen Nenner mit dem gleichmäßigen Trampeln finden. Ich hätte ihre Hand auch gar nicht losgelassen, denn meinem Getrampel und meinem verrückten Freiheitsbedürfnis zum Trotz machte mir das Dröhnen Angst, nicht das der vielen Füße, sondern das meiner eigenen. Ich vergrößerte ja das schauerliche menschliche Getrampel um meinen eigenen kleinen Lärm. Es grauste mir, das ist das beste Wort, und auch dieses Grausen erforderte meine Aufmerksamkeit. Durch die Spalte des Stegs konnte man unten das reißende Wasser sehen. Ich durfte mein Grausen nicht lustvoll oder angstvoll herausschreien. Uns beklagen tun wir nicht. Bei jedem größeren Spalt wollte ich stehenbleiben, mich auf den Bauch legen, um zu sehen, wovor mir grauste, was dieses so Beängstigende war, mit dem ich mich doch anfreunden sollte. Die Wassermasse, ihre Kraft, ihre Nähe waren das Beängstigende. Wenn ich mich recht erinnere, und warum sollte ich mich nicht recht erinnern, wo doch der Geist jede winzige Einzelheit der Empfindungen speichert und bewahrt, erlaubten sie mir insgesamt zweimal, mich auf den sonnenwarmen Steg zu legen und durch den Spalt hinunterzuschauen. Ja, zweimal. Zweimal verwandelte sich die ungeheure Kraft des Wassers in etwas Wunderbares. Aber wir mussten weiter, wir gingen irgendwohin, mit etwas oder wegen irgendetwas oder wegen irgendjemandem. Von diesem zwanghaften Hin und Her in Kriegszeiten, von hier nach dort, von dort nach hier, weiß der polnische Dichter Miron Białosewski am meisten, aus der Zeit des Aufstands im Warschauer Ghetto. Wir schoben etwas in meinem großen Kinderwagen, meinem Sportwagen. Zwischendurch setzten sie auch mich hinein. Es war gescheiter, wenn ich nicht quengelte, sie sollen mich auf die Sachen setzen und schieben. Sie taten es sowieso, wenn sie fanden, das sei jetzt für das Kind doch zu viel des Marschierens, oder wenn sie das Tempo beschleunigen wollten, aber dann musste ich das Gerüttel zwischen den scharfen und schweren Gegenständen ertragen.

Wenn ich jammerte und bettelte, sie sollen mich hochheben, hineinsetzen, taten sie es bestimmt nicht, wenn ich aber sagte, ich gehe lieber zu Fuß, sie sollen mich herausheben, dann taten sie das gleich, und ich kann nicht einmal sagen, dass ich die Logik ihrer scheinbar widersprüchlichen Didaktik nicht verstand. Mit dem Trampeln demonstrierte ich, dass ich mutig war, ihrer Liebe würdig, aber mir grauste nicht nur vor dem gelblich grauen Strom, der auf uns zuraste und sich unter uns hindurchwälzte. An diesen länger werdenden Tagen musste man den Einfall der Dunkelheit richtig kalkulieren, bis dahin musste man zu Hause sein. Ein allgemeines

Grausen hing in der Luft. Was, wenn wir bis dahin nicht zurück sind. Auch das war eine meiner Ängste. Und mir grauste auch davor, zu großen Lärm zu machen, noch heute macht mir das Angst. Jemand in der Tiefe des kalten Wassers schätzt den allzu großen Lärm nicht, und allerdings befanden sich unter Wasser damals viele.

Ich sollte leiser auftreten, nicht so auffällig, ich sah das ein. Aber trotzdem konnte ich nicht anders, ich musste trampeln, damit sie sahen, wie mutig ich war.

Die Budapester nannten die Pontonbrücke Manci-Brücke, Gretchenbrücke, weil sie ihre große Namensvetterin ersetzte, die Margaretenbrücke, die im dichten Mittagsverkehr explodiert oder absichtlich gesprengt worden war. Noch heute ist nicht geklärt, was an dem 4. November geschehen war. Was von der Brücke übrig blieb, wurde dann am 29. Januar von den Deutschen gesprengt. Das Ereignis vom November geisterte noch jahrelang durch die Gespräche. Jemand war es gewesen. Die Deutschen. Die Pfeilkreuzler. Die illegalen Kommunisten. Das ist doch nicht Ihr Ernst. Sabotage. Jüdischer Widerstand. Ach woher. Doch, die Zionisten. So ein Unsinn. Die Zionisten, im Plural, es war in diesem Zusammenhang, glaube ich, dass ich nach der Belagerung zum ersten Mal von den Zionisten hörte, immer im Plural. Ich wusste nicht, wo ich das Wort festmachen könnte. Die Zionisten waren immer zu mehreren. Aber was waren denn das für welche. Das Wort befand sich in gefährlicher Nähe zu Zyan; ein nach der Belagerung oft erwähnter Stoff und Vorgang. Es hieß, auch bei uns würde man mit Zyan vorgehen müssen. Wie ich so hörte, schienen die Zionisten nicht wirklich im Zusammenhang mit diesem Zyan zu stehen. Aber auch wieder nicht weit weg davon. Das Zyan war offenbar gasförmig, der Gasmeister brachte es in einer großen Metallschachtel, die Zionisten waren ebenfalls verschleppt worden, man wollte die, die übriggeblieben waren, vergasen, das war das Wort dafür, sie waren übriggeblieben und gingen in Gruppen in irgendein fernes Palästina. Etwas in mir protestierte. Mein Sprachgefühl protestierte, ich solle die Zionisten nicht mit diesem Zyan in Verbindung bringen, weil ich sonst weder das Wort noch seine Nähe oder Ferne zu den Zionisten noch dieses Palästina verstehen würde. Aber noch heute wüsste ich nicht zu sagen, was Sprachgefühl oder Gefühl für die Sprache bedeutet. Solange man etwas in seinem Bewusstsein nicht sicher versorgen kann, stellt man zwischen den verschiedenen Bereichen des Bewusstseins Hilfsverbindungen her, verbindet die Lautgestalt des fraglichen Worts mit seinen möglichen Bedeutungen und eröffnet damit provisorische Speicher. Damals konnte ich ja auch nicht wissen, dass der jüngere Bruder meines Urgroßvaters Mezei, Ernő, der namhafte Publizist, mit dem Urvater der Zionisten, Tivadar beziehungsweise Theodor Herzl, in Korrespondenz und einem heftigen Disput stand. Herzl schrieb ihm am 10. März 1903, *auf die ungarischen Juden möchte ich sogar verzichten, wenn ich wüsste, dass ihnen das antisemitische Elend durch ihren Patriotismus erspart bleibt.* Er schrieb das aus Wien, ins damals noch zweisprachige Budapest, in die Nagykorona-Straße, wo Ernő Mezei, der notorische Junggeselle, der dann doch noch heiratete, in der Wohnung meines Urgroßvaters lebte, der fünfzehn Jahre älter war als er. *Ich mache keine Elendsspekulation.* Aber der Antisemitismus werde auch die ungarischen Juden brutal treffen, *wird auch über die ungarischen Juden kommen, umso härter je später, umso wilder je mächtiger sie bis dahin werden. Davor gibt es keine Rettung.* Wie recht Tivadar Herzl doch hatte. Er brauchte dafür nicht einmal ein Prophet zu sein. Das politische Bündnis zwischen dem jüdischen Großbürgertum und der Aristokratie stand auf äußerst wackligen Füßen. Vier Jahrzehnte später entkam mit Ausnahme der reichsten Juden kaum mehr jemand. *Da können Sie mit Ihrem Patriotismus Schabbes machen,* schrieb Herzl mit berechtigtem Zorn an den eingefleischten Anhänger der Unabhängigkeitspartei und, von heute aus gesehen, rührend patriotischen Ernő Mezei. Bei diesem Satz stockte ich jedoch, denn es ist klar, dass er nicht das bedeutet, was er wörtlich sagt, er hat eine idiomatische Bedeutung, ist bestimmt jiddischer

Jargon, aber für den jüngeren, überzeugt patriotischen Bruder meines Urgroßvaters musste er vernichtend sein, zutiefst verächtlich. Géza Komoróczys monumentale Textsammlung, die der Geschichte der ungarischen Juden beigefügten *Quellen und Dokumente* (965–2012), gibt in einer Fußnote eine wörtliche Übersetzung des Satzes. Ich habe in Lexika und Wörterbüchern nachgeschlagen, ob Schabbes oder Schabes noch eine andere Bedeutung hat, aber Schabes ist Schabes, ich fand nichts anderes. Es vergingen Monate. Vielleicht ein ganzes Jahr. Inzwischen seien sie, die von Mezei und den Seinen ausgelacht würden, tätig, denn sie bauen auch für die ein Heim, schreibt Herzl, die noch nichts von ihnen wissen wollen.

Den aufgeregten Gesprächen glaubte ich entnehmen zu können, dass Palästina weniger war als ein Land, aber sie, also diese Zionisten, die nie allein auftraten, hatten da offenbar von alters her etwas, das sie wiederhaben wollten.

Als Herzl seinen Brief schrieb und erklärte, warum er nicht mit den ungarischen jüdischen Patrioten rechnete, warum er also nicht den rechtsstaatlichen liberalen Standpunkt wählte, sondern angesichts des aufs Blut fixierten europäischen Antisemitismus als einzigen Heilsweg den aufs Blut fixierten jüdischen Nationalismus sah, kannte er die Parlamentsreden des jüngeren Bruders meines Urgroßvaters vielleicht nicht: Dieser hatte in der Budgetdebatte gegen Jókai gesprochen, hatte in der Debatte um den Armee-Gesetzesentwurf gegen eine gemeinsame Armee gesprochen, zugunsten einer selbständigen ungarischen Armee mit ausschließlich ungarischer Befehlssprache, er ergriff mehrmals gegen das Primat der deutschen Befehlssprache das Wort, er sprach in der Debatte um den außerordentlichen Armee-Etat gegen die Annexion Bosniens, ebenso ließ er sich in der Debatte um den Gesetzesentwurf zu den Mittelschulen und um den Gesetzesentwurf zur bürgerlichen Ehe vernehmen, er sprach in der Debatte um den rechtlichen Status des Oberhauses, in der Debatte um die Revision des Gewerbegesetzes und noch bei vielen anderen Gelegenheiten, und wenn Herzl von dem allem auch nicht wusste, so kannte er doch bestimmt die Anfrage, die Mezei fünfzehn Jahre zuvor, am 15. November 1882, an den Innenminister Tivadar Pauler gerichtet hatte, den Fall von Tiszaeszlár betreffend. Schon wegen ihres Gegenstands blieb diese Rede lange im öffentlichen Bewusstsein. Die Position der Brüder Mezei geht mich natürlich noch heute aus nächster Nähe an. Ihre Position gegenüber dem jüdischen Nationalismus und den verschiedenen Erscheinungsformen des europäischen Antisemitismus gehört, zusammen mit der heiligen Naivität des ungarischen jüdischen Patriotismus, zu meiner gewissermaßen latenten familiären Erbmasse. Es verging wohl ein halbes Jahrhundert meines Lebens, bis ich merkte, dass ich mit meinem ungarischen Patriotismus in die Luft hinausredete. Wer die Zukunft will, schreibt György Petri, ejakuliert ins Blaue. Der ungarische Patriotismus ist weitgehend ausgestorben. Niemand oder fast niemand versteht ihn. Ich erleide fortwährend Schlappen mit ihm, sehe aber nicht, dass es Schlappen sind. Und wenn ich wieder einmal gegen die Wand gerannt bin, mache ich erst recht neue Anläufe, Umwege, haarsträubende und völlig vergebliche Verrenkungen. Mein Leben wäre um einiges bequemer verlaufen, hätte ich mich in die große Familie der ungarischen Nationalisten oder in die große Familie der jüdischen Nationalisten hineinpferchen können. Aber wegen meiner festen geistigen Erbmasse stoßen mich beide ab. In dieser einzigen Frage waren sich der linksgerichtete Ernő Mezei von der Unabhängigkeitspartei und sein fünfzehn Jahre älterer, angesehenerer und um vieles reicherer Bruder Mór Mezei, mein Urgoßvater, einig. Mór saß auf der anderen, rechten Seite, also in der jahrzehntelang unverrückbaren Regierungspartei, in der Bank der Freisinnigen, der rigoros Liberalen. Ich war noch kaum vier Jahre alt, als mir diese beiden Männer bereits imponierten. Der eine mit seinem schweren Sprachfehler und seiner wahnwitzigen Freiheitsliebe, der andere mit seiner Ruhe und seinem unbeirrbaren Machtgefühl. Man zitierte die beiden, erzählte Anekdoten von ihnen. Man befolgte ihre Gebräuche und Vorschriften. Zum Beispiel, dass ein wohlerzogener Mensch bei Tisch keine politischen Diskussionen führt, und schon gar keine Diskussionen um Familienangelegenheiten, bei Tisch spricht man über neutrale Themen. Die Diskussionen werden vor oder nach dem Essen abgewickelt und eher im Rauchzimmer als im Salon. Ich wusste schon früh, dass sie selbst diese Regeln nicht eingehalten hatten. Ernő brachte hinterhältig heikle Themen zur Sprache, die anderen am Tisch bissen die Zähne zusammen, reagierten lange nicht, warfen nur flatternde Blicke auf ihren Vater, Großvater, das heißt Mór Mezei, meinen Urgroßvater, der seinerseits tat, als hätte er nichts gehört, aber Ernő manövrierte so lange, bis einer doch antwortete, und da war dann der Teufel los, es mochte sogar, wenn auch selten, vorkommen, dass sie zum größten Entsetzen ihrer alten Eltern, meines Ururgroßvaters und meiner Ururgroßmutter, mit lauter Stimme sprachen, sich anschrien, sich Idioten nannten, Ernő, mit seiner sprachlichen Behinderung, haute sogar auf den Tisch.

Sie wussten nicht, woher hätten sie es auch wissen sollen, dass der ungarische jüdische Patriotismus nur auf dem Boden des Unabhängigkeitskampfs, des Freisinns, der reifen liberalen Demokratie lebensfähig ist. Sie als Freisinnige und Befürworter der Unabhängigkeit konnten nicht voraussehen, dass die Tage der Gleichberechtigung gezählt waren, und dazu noch, auf welche Art sie gezählt waren. Ich hingegen, fast hundert Jahre danach, hätte die Lektion der Niederlage des ungarischen jüdischen Patriotismus lernen müssen. Ich habe sie aber nicht gelernt. Dazu hätte ich als Erstes verstehen müssen, in welcher Schicht meines Bewusstseins er eingepflanzt ist. Der intellektuelle Zuschnitt, anhand dessen ich die Welt auslege, funktioniert einfach nicht ohne ihn. Ehrlich gesagt sehe ich noch heute nicht ein, warum mein Bedürfnis nach Gleichberechtigung und mein ungarischer Patriotismus die zwei bedeutungsschwersten Irrtümer meines Lebens sein sollten, obwohl ich ja doch weiß, warum. Sie ihrerseits dachten, die liberalen Prinzipien würden in der europäischen Geschichte unabdingbar werden. Sie dachten falsch. Ich hingegen konnte dieses Erbe, die liberalen Prinzipien und den ungarisch-jüdischen Patriotismus, nirgendshin tragen, auf nichts zurückgreifen damit. Würde ich diese zwei Bausteine aus meinem Bewusstsein entfernen, würde das ganze Gebäude einstürzen. Ohne ihren Irrtum existiere ich geistig nicht.

Lange Zeit begriff ich gar nicht, dass der Gleichberechtigungsgedanke und der Patriotismus, wie sie in meiner Familie und in meinem Bewusstsein verankert sind, das unverrückbare geistige Erbe meines Urgroßvaters darstellen. Auch wenn man unter den aufeinander folgenden totalitären Regimes mit beidem nichts anfangen konnte. Es war ein totes Wissen. Weder in den unglücklichen, zutiefst folgerichtigen Auflagen der Diktatur des Proletariats, an der meine Eltern gearbeitet und der sie bis zu ihrem Tod treu gedient hatten, noch in Horthys autoritärem System noch unter Szálasis Terrorherrschaft hatte es je Gültigkeit gehabt.

Ein Leben lang habe ich ein patriotisches Erbe gepflegt, das nur in meinem Kopf existiert, während es im Kopf der Heimat nur sehr beschränkt vorkommt, sofern die Patria überhaupt einen Kopf hat.

Aber es ließ mir keine Ruhe, was der Gründervater des Zionismus mit seinem verächtlichen, meinen ererbten Patriotismus zugunsten des Bluts ablehnenden, ja, aufs Blut beleidigenden Schabes-Satz meinte. Nachdem ich mit meiner Suche endgültig steckengeblieben war, wandte ich mich an meinen lieben Kollegen András Forgách. Der ist ein ergreifend höflicher, liebenswürdiger Mensch. Es gibt keine Epoche, keinen Sprachgebrauch, die er nicht kennt, nicht aus dem Stand präsent hat. Und ein hervorragender Stilist ist er auch. Er liest und spricht fast alle Sprachen, kann Hebräisch, bestimmt auch Jiddisch, seine empathischen Fähigkeiten sind dementsprechend, er ist ein geborener Mime. Seine mimische Liebenswürdigkeit ist hingegen bei weitem nicht unbegrenzt. An ihrem Ende wird hinter dem allem auf einmal sichtbar, dass er mit seinem charmanten Jungenlächeln Widerspenstigkeit und Eigensinn verbirgt, was er aus reiner Zuvorkommenheit tut. Manchmal fragt er mich aus reiner Zuvorkommenheit, ob ich ihm in dieser oder jener Sache einen Rat geben könnte. Kann ich nicht, weil ich selbst ratlos bin, meine Erfahrungen teile ich aber gern mit ihm. Zum einen Ohr hinein, zum anderen hinaus. Er geht unbeirrt seinen Weg weiter. Man kann ihn nicht zurückhalten. Jetzt antwortete er innerhalb von ein paar Stunden, aus dem Stegreif. Knapp (und eigentlich wörtlich) würde die Übersetzung des Satzes von Herzl lauten, steck dir deinen Patriotismus in den Arsch, schrieb er. Zufällig lese ich gerade über Tivadar Herzl und Max Nordau, eine Brotarbeit, ich korrigiere an einer kleinen Szenenfolge herum, die von ihrer Begegnung handelt. Beide waren sehr erfolgreiche Schriftsteller. Bei beiden ist die Klarsicht mit der Dekadenz der Jahrhundertwende vermischt, journalistische Oberflächlichkeit mit prophetischem Wissen. Beiden gab der Dreyfus-Prozess eins auf die Rübe. Beide logen kreuz und quer und sprachen doch die Wahrheit. Beide sind Ungarn und wurden als Deutsche weltbekannt. Eine interessante Geschichte. Bisher mied ich sie heikel (außer natürlich, wenn ich in Tel Aviv gerade über den Nordau-Boulevard spaziere), denn in meiner Familie war der Zionismus ein Gegenstand des Hasses. Ich bin in der antizionistischen Tradition aufgewachsen. Na klar, dachte ich beim Lesen von Forgáchs Brief, dass er Gegenstand des Hasses war, na klar, dass du in der antizionistischen Tradition aufgewachsen bist, wo doch deine Eltern ebenfalls Urkommunisten waren. Im Übrigen, schrieb er, dürftest du dir meines Erachtens in der Übersetzung ruhig das Wort «Vaterlandsliebe» gestatten, anstelle von «Patriotismus», der Unmittelbarkeit halber. Und so wäre es vielleicht richtiger und passender zu schreiben, halte Schabes mit deinem lieben Vaterland. (Ich kann ja doch nicht widerstehen zu schreiben: Schab es dir ab. Na gut, man könnte auch sagen, verbringe den Schabes mit deiner Vaterlandsliebe, aber nicht mit mir.) Die *damit, davon, daraus* im Original des Herzl-Satzes sind austauschbar, sagt Hans Peter Althaus in seinem großartigen jiddischen Wörterbuch (auf der angehängten Seite siehst du den entsprechenden Eintrag voller saftiger, lebendiger Beispiele). Das Buch hat den Titel *Chuzpe, Schmus & Tacheles: jiddische Wortgeschichten*.

«Die Redewendung *mach Schabbes davon* bedeutete um 1860, ‹lass es dir die Kosten einbringen, welche ein Sabbat erfordert›. Nach Tendlau benutzte man sie, wenn das in Rede Stehende vollkommen uninteressant war.» Demzufolge kann Herzls Meinung von Ernő Mezei nicht sehr schmeichelhaft gewesen sein. Eine Null, ein Nichts, ein Niemand, Luft für alle, wie meine Großmutter mit ihren chassidischen Wurzeln, Cecília Tauber, geborene Nussbaum, zu sagen pflegte. «Weinberg hat die Wendung daher als Ausruf der Geringschätzung bezeichnet, der ‹nun wenn schon! Was kann ich damit anfangen› bedeutete. Das Verständnis einer derartigen Wendung erschließt sich oftmals richtig erst im Kontext.» Aufgrund von Forgáchs Erklärungen und Althaus' Beispielen ist also nunmehr völlig klar, was Herzl meinem Urgroßonkelchen schrieb.

Steck dir deine Vaterlandsliebe hinter die Ohren.

Hätte ich mir selbst ein Leben lang sagen können.

Wenn ich mit dem Schabes nicht noch weniger am Hut hätte als Ernő Mezei.

Für mich gab es kein Zurück aus dem Liberalismus. Bis heute nicht.

Mitte Oktober hielt Mezei im Abgeordnetenhaus seine Rede, in der er die verblüffenden Missstände bei der Untersuchung der Tiszaeszlárer Angelegenheit benannte und eine Interpellation an den Innenminister richtete, wie Mór Szatmári, Mezeis Kollege im Abgeordnetenhaus, in seinen mit *Zwanzig stürmische Jahre im Parlament* betitelten Erinnerungen an die eigene Laufbahn ein halbes Jahrhundert später schreibt.

Er täuscht sich im Datum, Mezei hielt seine Rede im November, am 15. November 1882, um genau zu sein, und er richtete seine

Anfrage nicht an den Innenminister, sondern an seinen ehemaligen Professor, den international bekannten Strafrechtler und Justizminister.

Es war eine wunderschöne Rede. Mezei war mit ganzer Seele dabei. Ich war in der Sitzung anwesend, schreibt Szatmári.

Die Freisinnige Partei nahm sie eisig auf, auf der extremen Linken machten die Antisemiten Lärm.

Keine Stimmungsäußerung unterstützte Mezei, weder von rechts noch von links.

Szatmári erinnert sich da nicht ganz richtig, aber diese Situation kenne ich jedenfalls. Es ist die Situation zwischen Stuhl und Bank, ganz im Sinn des Familienschicksals. Auch ich fühle mich oft, als sei ich dabei, eine Unschicklichkeit zu begehen. In diesem Fall war nicht nur peinlich, dass Mezeis eine abweichende Meinung vertrat, sondern da waren auch sein schwerer Sprachfehler, die landesweite Spannung und die internationale Empörung über die Anklage auf Ritualmord. Mancherorts kam es in diesen Wochen zu Ausschreitungen, in Budapest und auf dem Land ergoss sich der Mob auf die Straße, raubte, brandschatzte, schlug alles kurz und klein, prügelte den Juden, schrie nach seinem Blut. Ministerpräsident Tisza, der im Übrigen die pauschale Meinung vertrat, es gebe keine Judenfrage, einen solchen Begriff erkenne er nicht an, glaubte so blind an die liberalen Grundprinzipien, an Gleichheit, Gerechtigkeit, Gewaltentrennung, hielt sie für so universal, dass er den Ereignissen gewaltig hinterherhinkte.

Das liberale Gedankengut baut auf Worttreue und guten Glauben. Was sein schwerer Bumerang Nummer eins ist. In seiner liberalen Gutgläubigkeit merkte Tisza zu spät, dass die Polizei und die Gendarmerie den Brandschatzern gegenüber nicht wegen organisatorischer Pannen untätig blieben, sondern dass sie deren Partei ergriffen, mit ihnen fraternisierten. Der liberale ungarische Staat hat keine christlichen Gesetze, keine jüdischen Gesetze, er hat freisinnige Gesetze, es herrscht Gleichheit vor dem Gesetz, es herrscht Meinungsfreiheit, niemand darf unter Berufung auf konfessionelle Gründe die Gesetze brechen, hatte Tisza zuvor auf die Interpellation der antisemitischen Abgeordneten erwidert. Er war gezwungen, von seinem Recht Gebrauch zu machen und in verschiedenen Komitaten den Ausnahmezustand und das Standrecht auszurufen. Und während er von verschiedenen in Vorbereitung befindlichen Gesetzen sprach, vom Wuchergesetz, vom Gesetz zur obligatorischen bürgerlichen Eheschließung, vom Industriegesetz, die alle, rief er, dazu geschaffen sind, dass sich solche gewaltsamen Handlungen zukünftig weder auf wirtschaftlichem noch auf gesellschaftlichem Gebiet wiederholen können, ließ Gyula Verhovay, der einige Monate später die Unabhängigkeitspartei verlassen und ein Mitbegründer der Nationalen Antisemitischen Partei sein würde, den Zwischenruf hören, der hochverehrte Herr Ministerpräsident könne sagen, was er wolle, aber das alles sei doch nichts anderes als die Judenfrage.

Womit er den Ministerpräsidenten gründlich in Harnisch brachte.

Die geehrten Herren Abgeordneten gefallen sich darin, bei der einen oder anderen meiner Aussagen dazwischenzurufen, das sei die Judenfrage, und auch das sei die Judenfrage.

Er konnte gar nicht ausreden, im Sitzungssaal entstand Radau. Rufe. Hört, hört. Abstand nehmen. Er solle vom Reden Abstand nehmen, heißt das.

Meine Herren, rief der Ministerpräsident, in der heutigen Zeit kann man in Ungarn kein Gesetz verabschieden, das sich nicht gleicherweise und gleichzeitig auf Christen und Juden bezieht.

Richtig, so ist es, rief man von rechts, auf der extremen Linken entstand starke Unruhe, Stimmengewirr.

Denn das Land hat gleicherweise christliche und jüdische Einwohner, fuhr der Ministerpräsident fort, und demzufolge gibt es keine Angelegenheit, welche nicht in gleichem Maße eine Christenfrage und eine Judenfrage wäre.

Unruhen in Pozsony, Nyíregyháza, Budapest, Standrecht und Ausnahmezustand in den Komitaten Nyitra und Szabolcs, Gebrüll, auch mit heftigem Geklingel nicht zu beruhigender Aufruhr im Parlamentspalais in der Sándor-Straße.

Und da kommt am Ende der Vormittagssitzung, als alles schon müde ist, ein kleiner, zerbrechlicher, wirklich nicht ansehnlich zu nennender, stark sprachbehinderter Mann. Laut den Sitzungsprotokollen merken die mit Ernő Mezei diskutierenden Abgeordneten mehrmals an, dass sie, sosehr sie auf seine Worte achteten, nicht sicher sind, ob sie den verehrten Kollegen richtig verstanden haben. So schonungsvoll sie ihm gegenüber früher gewesen waren, so laut begannen sie jetzt, kaum war er aufgestanden, durcheinanderzurufen, wovon der Schreiber nur das Hört, hört notiert hat. Was aber, so die Überlieferung in der Familie, nicht bedeutete, dass man auf seine Worte gespannt war, sondern dass er verständlicher sprechen sollte. Und es bedeutete, der mit seinem Sprachfehler hat uns gerade noch gefehlt. Geehrtes Abgeordnetenhaus, begann Mezei, trotz Sprachfehler kein ängstlicher, eher nur ein sehr zurückhaltender Mensch. Ich gestehe, dass auch ich, als im Zusammenhang mit dem Verbrechen in Tiszaeszlár die ersten Fakten ans Tageslicht gelangten, ins Grübeln verfiel, ob denn innerhalb der jüdischen Konfession nicht tatsächlich verborgene Traditionen bestehen, von denen ich nicht nur nicht weiß, sondern wohin nicht einmal meine Ahnung reicht. Diese Annahme habe aber nur einen einzigen Augenblick standgehalten, sagt er. Er selbst sei zwar keiner orthodoxen Erziehung teilhaftig geworden, auch in den religiösen Lehren sei er nicht besonders beschlagen, er habe aber genügend orthodoxe Bekannte, um in solchen Fragen Kenntnisse zu erwerben. Wer nicht auf eigenes Wissen gründen kann, schöpft aus dem Wissen anderer, um klarzusehen. Und er habe klarsehen müssen, habe er doch aus streng orthodoxen Kreisen mehr als einen Brief erhalten, voller heftigster persönlicher Invektiven, nach heutigem Sprachgebrauch voller scharfer Angriffe und zorniger Ausbrüche, die Frage betreffend, warum er sie denn angesichts einer solchen unwürdigen und unmöglichen Beschuldigung nicht verteidige.

Auch das will ich gestehen, geehrtes Haus, dass ich, wäre diese Anklage wegen Ritualmords jetzt zum ersten Mal laut geworden, dieselbe vielleicht nicht aus dem Bereich des Möglichen ausgeschlossen hätte, ich hätte angenommen, dass ein dem Wahnsinn verfallener jüdischer Rabbi vielleicht wirklich gedacht hatte, mit dem Opfer eines christlichen Mädchens Gott zu dienen, jedoch ist es dieselbe Anklage, die seit Jahrhunderten gegen die Juden laut wird, als Ammenmärchen verbreitet, als Gerücht im Volk weiterlebend. Doch jedes Mal, wenn sie Gegenstand einer ordnungsgemäßen gerichtlichen Untersuchung wurde, erwies sie sich als unbegründet. Die Anklage ist eine Absurdität. Sie steht im Gegensatz zu den religiösen Gesetzen der Juden. In die Lehren des Talmud hat weiß Gott vieles Eingang gefunden, da mögen übertriebene, törichte Lehren sein, aber es können sich keine darunter befinden, die dem Gesetz zuwiderlaufen. Ist doch gerade das Entsetzen vor Blut und Leichen eine Eigentümlichkeit des jüdischen Glaubens. Das Entsetzen benennt für den Juden den Unterschied zwischen rein und unrein. Vor Mord und Blut muss er zurückschaudern. Nun ist aber diese Angelegenheit bereits vors Gericht gelangt, und also verlangt der allgemeine Anstand, dass niemand das Urteil des Gerichts präjudiziere. Er, der Redner, brauche das sicher nicht zu tun, sei er doch überzeugt, dass die Juden in Ungarn stets voller Vertrauen in die Rechtsprechung gewesen seien. Nur wollen wir richtig verstehen, was ich mit Vertrauen meine, rief er mit seiner fehlerhaften Aussprache. Mit Vertrauen meine ich nicht die Überzeugung, dass in keinem der niedrigeren oder höheren juristischen Foren die Leidenschaft oder die Vorurteile je die Oberhand gewinnen werden. Es mag sein, dass sich in diesem Haus Leute befinden, welche die ungarische Gesetzgebung und Rechtsprechung für vollkommen halten, aber auch wenn diese das wären, ist es doch nicht angebracht, eine solche Meinung zu nähren. Es gibt ja nur weniges auf der weiten Welt, das vollkommen ist. Jeder Richter kann Fehler machen. Die Kontrollorgane dienen dazu, diese Fehler aufzudecken. Die höheren Gerichtsforen dienen dazu, diese Fehler zu korrigieren. Was ich unter Vertrauen verstehe, betrifft die Tatsache, dass in der ungarischen Gerichtsbarkeit das juristische Gewissen mit allen Garantien ausgestattet ist, dass die höheren Gerichte für die strenge Kontrolle einstehen, dass die Rechtsprechung die Verteidigungsfreiheit garantiert. Es gibt aber diejenigen, welche die Unabhängigkeit des Gerichts anders auslegen. Wir wissen, in welcher Weise die Ermittlung des Ritualmords von Tiszaeszlár begonnen hat. In einem derart wichtigen Fall sandte das Gericht von Nyíregyháza gesetzwidrigerweise nicht den Richter aus, sondern einen jungen Vizenotar, dessen Phantasie bestimmt davon ergriffen wurde, dass er mit einem so berühmten Fall betraut worden war, welcher die Aufmerksamkeit der ganzen Welt auf sich zieht. Falls er jetzt ein jahrhundertealtes Geheimnis aufdeckte, würde er den gesamten Nachruhm, die gesamte Anerkennung der Zeitgenossen auf sich ziehen. Sobald die Antisemiten Wind davon bekamen, legten sie das Prinzip der richterlichen Unabhängigkeit nur mehr dahingehend aus, dass Herrn Barys Person sakrosankt bleiben musste, jeglicher Kontrolle entzogen, wie sie doch gerade die ungarische Rechtsprechung vorschreiben würde. Noch niemals ist ein gerichtliches Urteil dermaßen präjudiziert, noch niemals ist so willkürlich verfahren worden, noch niemals ist der Einfluss dermaßen Unbefugter zugelassen worden wie in diesem Fall. War es doch nicht einmal der Herr Untersuchungsrichter Bary, der urteilte, sondern es waren die Zeitschriften, die standrechtlich über die Angeklagten zu Gericht saßen. Sie begannen eine mörderische Razzia gegen alle, die einen rechtmäßigen Einfluss auf das Vorgehen haben konnten. Zum Ersten griffen sie die Verteidiger an. Ich, der ich mit dem zuerst eingesetzten Verteidiger in persönlicher Bekanntschaft stehe, muss sagen, dass ich von Entsetzen gepackt wurde, als ich die Beschuldigungen hörte, deren Gegenstand er geworden war. Ich konnte mich persönlich davon überzeugen, dass er den allergrößten Unannehmlichkeiten ausgesetzt war. Er, der amtlich eingesetzte Verteidiger, konnte in Nyíregyháza nicht mehr in der Gesellschaft erscheinen, die er zuvor frequentiert hatte. Er war gezwungen, von der Verteidigung zurückzutreten. Er musste dafür sorgen, dass landesweit bekannte Verteidiger an seine Stelle traten, die über genügend Ansehen verfügen, damit ihnen das Gericht von Nyíregyháza, aber auch das Nyíregyházer Publikum die nötige Achtung entgegenbringt. Aber auch das erstickte den Einfluss der Antisemiten nicht. Auf der Stelle begannen sie ihre Kampagne gegen die neuen Verteidiger, häuften Schimpf und Schande über sie. Meine Herren, das ist aus der Verteidigungsfreiheit geworden. Aus der Freiheit, die jede zivilisierte Nation zu achten bereit ist. Die selbst der Moskauer Autokrat in Ehren hielt, wir sahen ja, mit welcher Freiheit die Verteidiger im Nihilistenprozess auftreten durften. Bei uns gehen sie mit ihr um, als sei die Verteidigung eine geheime Conspiration, als wolle sie mit ungesetzlichen, betrügerischen, gefälschten Mitteln die Rechtsprechung aus ihrer Bahn werfen. Eine solche Meinung über die Verteidigung ist mir bisher noch nie zu Ohren gekommen. Den Verteidiger als bestochenen und verdorbenen Menschen darzustellen, ihn einen schurkischen Komplicen zu nennen, einen Verschwörer, das wäre niemandem irgendwo eingefallen. Die zivilisierten Nationen halten die Freiheit der Verteidigung schon deswegen hoch, weil ja der Missbrauch, wie er die Interessen der Rechtsprechung verletzen könnte, bei der Verteidigung kaum vorkommt.

Nach der Verteidigung aber kam in dieser Hetze die Reihe an die Staatsanwaltschaft. Hier im Haus hörten wir ja ebenfalls die Anwürfe, wonach die Staatsanwaltschaft nicht nur die Spuren des Verbrechens verwischen, nicht nur die Angeklagten von der Anklage freisprechen möchte, sondern auch bestrebt sei, mit falschen Zeugen und erdichteten Anklagen unbestechliche Richter ins Gefängnis zu bringen. Meine Herren, das ist der Weg der Absurdität, auf welchem eine Absurdität der anderen folgt. Man beginnt mit den jüdischen Schächtern, die zu Pessach Menschen töten sollen, man geht weiter, indem man absurde Anklagen gegen die Verteidiger erhebt, und man endet mit den noch absurderen Anklagen gegen die Staatsanwaltschaft. Das Gesindel von Nyíregyháza bedroht tödlich den königlichen Staatsanwalt, der sein Zimmer nicht zu verlassen wagt, und derweil er die Stadt heimlich verlassen will, wird er auf offener Straße angegriffen. Was wäre das anderes, fragt mein sprachbehinderter Vorfahr, als der maßlose Ausbruch unbegründeter Wut. Sie müssen Wut empfinden, sie müssen maßlos sein, genießen doch die jüdischen Angeklagten immer noch den Beistand der gesetzlichen Verteidigung. Was ist das anderes als die augenscheinliche Bemühung, die rechtlichen Garantien zu tilgen, zuzulassen, dass sich nicht nur Zeitungsagitatoren zu Herren über die Rechtsprechung aufschwingen, sondern auch das Gesindel auf der Straße. Das hat es schon gegeben, dass das Straßengesindel sich der Regierung eines Staats bemächtigte, aber dafür, dass es die Rechtsprechung lenkt, die Kontrolle über die Privatprozesse erhält, dafür kenne ich kein Beispiel.

Was kann man auf dem Weg der Absurdität erreichen, frage ich meine geehrten Herren Kollegen. Man kann den Justizmord erreichen. Man kann die Steigerung der Agitation erreichen, in keinem Fall aber den Dienst an der Gerechtigkeit. Wenn Sie glauben, dass noch nie ein Justizmord gegen eine Konfession verübt worden ist, täuschen Sie sich. Wir brauchen nicht weit zu suchen. Kaum zwanzig Jahre vor der Französischen Revolution wurden Protestanten wegen eines angeblichen religiösen Mords verurteilt. Kein Geringerer als Voltaire nahm die Verfolgten in Schutz. In diesem Zusammenhang schrieb er seinen berühmten Satz, j'ai fait un peu de bien, c'est mon meilleur ouvrage.

Ich habe ein wenig Gutes getan, das ist mein bestes Werk. Kennen die Herren wohl die Fälle Jean Calas, Jean Paul Sirven oder Montbailli. Von den vielen erwähne ich lediglich diese drei. Die Gerichte sprachen in allen drei Fällen das Todesurteil, weil sie von dem Irrglauben ausgingen, die religiöse Vorschrift zwinge die Protestanten, diejenigen umzubringen, die katholisch werden wollten. In keiner protestantischen Familie konnte jemand eines plötzlichen Todes sterben, ohne dass im Volk der Verdacht aufkam. Voltaire rief die gesamte europäische öffentliche Meinung um Hilfe an. Er wandte sich an die europäischen Souverains und erlaubte sich so lange kein Lächeln, bis er die Revision der entsprechenden Gesetze durchgesetzt hatte. Die öffentliche Meinung des 18. Jahrhunderts, die von Philosophen gelenkt wurde, nannte die Arbeit zugunsten des Menschen Philanthropie, Großmut, Weisheit, während die öffentliche Meinung des 19. Jahrhunderts, unter den Einfluss aufhetzerischer Demagogen geraten, sie Bemäntelung des Verbrechens nennt, Komplicentum nennt, Bestechung nennt. Ich weiß, geehrtes Haus, dass es auch Leute gibt, die nicht aus Voreingenommenheit die Anklagen des Mittelalters wiederholen, sogar unter meinen Freunden gibt es welche, die, gerade weil sie aufgeklärt sind, den religiösen Fanatismus hassen, und vom religiösen Wahn alles Mögliche annehmen.

Das mochte damals der zweitschwerste Bumerang des Liberalismus sein. Den Teufel mit dem Beelzebub austreiben, das heißt mit atheistischer Demagogie gegen den Missionseifer und die tödliche Demagogie der Religionen vorgehen. Dieser Abschnitt von Mezeis Rede richtet sich gegen seine eigenen Gesinnungsgenossen, die von der Unabhängigkeitspartei, unter denen es nicht nur besessene Antisemiten wie etwa Verhovay oder Ónody gab, sondern auch einen seiner besten politischen und persönlichen Freunde, Lajos Mocsáry, den Führer der Unabhängigkeitspartei, der durch seinen rohen Antiklerikalismus und sein rohes Aufklärertum an einer klaren Stellungnahme gehindert war. Den religiösen Fanatismus der aus Galizien eingewanderten chassidischen Juden betrachtete er mit tiefer Befremdung, ja, Ekel. Womit er nicht allein stand.

Die damalige Zeitungssprache nennt sie Abschaum. Die hatten das kleine Bauernmädchen, Eszter Solymosi, bestimmt getötet, damit die Schächter ihr Blut nehmen und in die für Pessach bestimmte Matze hineinbacken konnten. Auch der wirklich tolerante Mikszáth fühlte sich, während er über die Gerichtsverhandlungen berichtete, offensichtlich von ihnen abgestoßen. Untersuchungsrichter Bary seinerseits berichtete später in seinen Memoiren vom unvorstellbaren Dreck, den er in ihren Behausungen und in der Mikwe, ihrem rituellen Bad, gesehen habe.

Eine Parteidisziplin existierte damals noch nicht in dem Sinn wie heute, wo die Abgeordneten zugunsten ihrer Partei auch gern auf das eigene Gewissen verzichten, aber unter gebildeten Menschen war die Kohärenz der eigenen Meinung ein Erfordernis, oder zumindest das Bemühen um Kohärenz, und ebenso verpflichtend waren der Wunsch und die Bereitschaft, die kohärenten Meinungen zum Einklang zu bringen. Auch deshalb dauerte es noch so lange, noch jahrelang, bis die Unabhängigkeitspartei die Antisemiten aus ihrer Mitte verdrängt hatte. In Mocsárys Augen schien die unbedingte Meinungsfreiheit vielleicht wichtiger als das Prinzip der Gleichheit, und so schlug der drittschwerste Bumerang des Liberalismus zu. Der Liberalismus, fixiert auf die Freiheit, von animalischen Interessen gelenkt, ist unfähig und unwillig, zur Kenntnis zu nehmen, dass die politische Freiheit nur aus der Wechselwirkung von Gleichheit und Brüderlichkeit entsteht. Lajos Kossuth musste aus seinem Turiner Exil eine entschiedene Botschaft senden, Dániel Irányi im Palais in der Sándor-Straße sich hart zu Wort melden, bis die von der Unabhängigkeitspartei endlich zur Besinnung kamen und ihre Antisemiten ausschlossen und die freisinnigen antisemitischen Abgeordneten, die aus ihrer Partei ebenso langsam hinausgedrängt worden waren, im folgenden Jahr unter Istóczy ihre eigene antisemitische Partei gründeten.

Mag sein, geehrtes Haus, fuhr Mezei fort, dass in den Köpfen der Juden von Tiszaeszlár in der Tat ein großes Dunkel herrscht, mag sein, dass es keine sympathischen Menschen sind. Mag sein, dass sie sehr wohl von den Sitten und Gebräuchen unseres Jahrhunderts abweichen.

Dass er sich mit dieser rhetorischen Geste von ihnen abgrenzte, gehörte nicht nur zum bon ton der Zeit, sondern bezog sich auf eine Tatsache, die auch nüchternen Sinns in Betracht zu ziehen war. Nicht einmal die bedeutenderen Antisemiten der Epoche, Istóczy, Ónody und Verhovay, warfen die einheimischen Juden und die über die Ostgrenze der Monarchie hereinströmenden, auch untereinander verfeindeten chassidischen Gruppen in denselben Topf.

Doch wäre das alles nicht erst recht ein Grund dafür gewesen, die juristischen Garantien mit aller Kraft zu schützen. Hätten wir nicht noch eifriger im Auge behalten müssen, dass die Menschenrechte selbst dann zu wahren sind, wenn jemand vielleicht ein Verbrechen begangen hat. Hätten wir nicht noch wachsamer darauf achten müssen, dass die Rechtsprechung von keinen Faktoren beeinflusst wird, die den nüchternen Verstand, das ruhige Blut, die Ehre und die Maßhaltung sogleich beiseitefegen.

Haben denn Rechtmäßigkeit, Gerechtigkeit, Würde und Gesetz in unserer Heimat aufgehört, richtungsweisend zu sein. Sind die edlen Prinzipien, die das öffentliche Leben in Ungarn bestimmten, nicht mehr gültig. Haben heute nur mehr Volksverhetzung und Hass Berechtigung.

Wenn ich die Äußerungen höre, welche heute von Pál Somssich verlauteten, wenn ich die Äußerungen lese, welche heute Kossuth schreibt, wenn ich bedenke, dass sie die beiden Pole des politischen Lebens bilden, befällt mich der traurige Gedanke, dass die demokratische Wende, wie sie die vorangegangene Generation vollzog, den rohen Instinkten und den brutalen Leidenschaften freien Lauf gelassen und sie zur Herrschaft erhoben hat.

Er ehre die richterliche Unabhängigkeit durchaus und wünsche nicht im Geringsten, dass sich der Justizminister in die Untersuchung einmische, aber es seien Dinge geschehen, die nicht in den

Einflussbereich der Gerichte gehören und die der Herr Justizminister nicht hätte erlauben dürfen. Gegenüber einer Agitation, die willkürlich Leidenschaften auf den Plan ruft und die Gesetzesgarantie aufzuheben versucht, wäre ein besonnenes Wort unbedingt am Platze gewesen, um zu zeigen, dass in Ungarn die Rechtsprechung eine unüberwindliche Trennwand ist, in welche die Leidenschaften keine Bresche schlagen werden. Allen zur Kenntnis geben, dass die Wächter der Gerechtigkeit zur Stelle sind, das heißt, dass es in Ungarn einen Justizminister gibt.

Das Gericht von Nyíregyháza hat mehrere eklatante Gesetzwidrigkeiten begangen. Die erste gleich damit, dass es die Vorgehensregeln verletzte, die verfügen, dass in wichtigeren Fällen unbedingt ein Richter auszusenden sei. Wenn in einem Fall, dessen gesellschaftliche und politische Bedeutung die größte Wachsamkeit erheischt, einem Fall, in welchem ein hervorragend versiertes, gebildetes, von Menschenkenntnis und Vorurteilslosigkeit durchdrungenes Individuum vonnöten gewesen wäre, ein unreifer junger Vizenotar ausgesandt wird, so wäre das vollkommen unfasslich, wenn wir nicht annehmen müssten, wie ich es selbst bei einem Aufenthalt in Nyíregyháza habe feststellen können, dass der Gerichtspräsident den ganzen Fall von vornherein als lächerliches Hirngespinst betrachtet, das keinerlei ernstliche Aufmerksamkeit verdient. Als aber klarwurde, welche Motive hier im Spiele sind, hätte der Justizminister die Pflicht gehabt, dafür zu sorgen, dass die Untersuchung in berufene Hände gelegt wird.

Das Gericht von Nyíregyháza beging aber auch die folgende Gesetzeswidrigkeit: Der Untersuchungsrichter überstellte schon zu Beginn der Untersuchung dem Polizeikommissar einen dreizehnjährigen Knaben, der nie als Mittäter angeklagt worden war. Der Polizeikommissar presste denn auch bestimmte Zeugenaussagen aus ihm heraus. Den Zeugen hielt das Gericht monatelang fest, in seiner Eigenschaft als Zeuge. Hätte da der Justizminister nicht über die Glaubwürdigkeit der Rechtsprechung wachen müssen.

Und sogleich das Dritte. Denn wenn er über etwas hätte wachen müssen, so gewiss darüber, dass die Agitation in den Zeitungen das Vorgehen des Gerichts nicht beeinflusse. Ich weiß wohl, dass ich vom Herrn Justizminister keine Dinge verlangen kann, für die es keine gesetzliche Garantie gibt. Der Justizminister kann keine Kontrolle darüber ausüben, ob der Untersuchungsrichter voreingenommen ist. Er kann es auch nicht verhindern, wenn der Untersuchungsrichter mit den Zeitungen freundschaftliche Beziehungen pflegt. Aber sicherlich hätte er nicht zulassen dürfen, dass der Untersuchungsrichter im Dienst der Agitation steht und in den Zeitungen Amtsgeheimnisse publik macht. Wenn in diesem Haus den Galerien verboten ist, eine Rede gutzuheißen oder anzufechten, damit die Ausrichtung des Redners nicht beeinflusst werde, welche Meinung müssen wir dann von einem Richter haben, der die Beweihräucherung durch die Zeitungen sucht und sie sich gerade von jenen erhofft, denen auch dieses Beweihräuchern dazu dient, eine leidenschaftliche Agitation gegen einen beträchtlichen Teil der Bevölkerung zu entfesseln. Der Herr Justizminister kennt bestimmt die Polemik zwischen dem Unterstaatsanwalt und dem Untersuchungsrichter. Ob der Staatsanwalt anderer Meinung ist als der Richter, konnte ich ihr nicht entnehmen, aber allerdeutlichst scheint der Neid durch, der Neid des Themistokles auf die Lorbeeren des Miltiades.

Zum Vierten muss ich das Vorgehen des Herrn Untersuchungsrichters József Bary erwähnen. Es sind in der mit *Egyenlőség, Gleichheit*, betitelten Wochenzeitschrift Angaben erschienen, die man nur mit der größten Consternation lesen kann. Davon kann keine Rede sein, dass ich hier jemanden als Monstrum darstellen möchte. Ich glaube nicht an geborene Monstren. Ob nun der Betreffende ein Schächter von Eszlár ist oder ein Untersuchungsrichter von Nyíregyháza. Durch diese Angaben sehe ich jedoch bezeugt, wohin es mit einem sonst rechtschaffenen Menschen kommen kann, wenn ihn erregende Leidenschaften ohne jegliche gesetzliche

Kontrolle seinem eigenen Ehrgeiz ausliefern. Diese skandalösen Angaben sind in Zeitungen erschienen, totschweigen kann man sie fürderhin nicht mehr. Sie müssen bewiesen oder über den Weg eines Zeitungsprozesses geahndet werden. Ich begnüge mich damit, einige Angaben zu nennen. Der Herr Untersuchungsrichter hat Vogel schwerer Folter unterworfen. Er ließ die Fährleute von Mármaros fesseln und Wasser in sie hineingießen.

Den folgenden Satz des Schreibers wiederzugeben ist mir peinlich, aber es verhält sich so, dass diese Mitteilung an dem Novembertag im Palais in der Sándor Straße unter den Abgeordneten allgemeine Erheiterung weckte. Vielleicht amüsierten sie sich über die Formulierung, ich weiß es nicht. Ich kenne verschiedene Beschreibungen der Folterung der gefangenen jüdischen Fährleute von Mármaros und finde keine irgendwie lustig. Man drückte sie auf den Boden oder fesselte sie, sperrte ihnen mit Keilen den Mund auf und goss so lange Wasser in sie hinein, bis sie erbrachen, bis sie platzten, bis sie urinierten, bis sie defektierten oder aus lauter Angst Verbrechen gestanden, die sie nicht begangen hatten. Mezei fuhr fort, als bemerke er die Erheiterung im Saal nicht. Bary versprach einer Zeugin 50 Forint, damit sie Dinge, von denen sie wusste, verschwieg. Anderen Zeugen versprach er Geld, damit sie von der Folterung schwiegen und auch damit sie gegen die Juden aussagten. Der Genius der Menschlichkeit verhüllt sein Angesicht vor uns. Es ist unbedingt nötig, diese Sachverhalte vor Gericht zu bringen. Sind sie unwahr, möge bestraft werden, wer sie vor die Öffentlichkeit citierte, sind sie wahr, möge der Unteruchungsrichter in der Tat erreichen, was er so sehr wollte, nämlich die Bewunderung ganz Europas.

Der Perserkönig Kambyses sandte die gewissenlosen Richter ausgestopft ins Jenseits hinüber, und er, der Redner, der jüngere Bruder meines Urgroßvaters, würde das in diesem Fall ebenfalls für angebracht halten. Worauf im Sitzungssaal Radau entstand. Wohl aus Empörung. Er sprach gegen die niedrigen Affekte, im Namen der Rechtmäßigkeit, und ließ doch seinen eigenen mörderischen Affekt durchscheinen.

Wohin ist es mit uns gekommen, geehrtes Haus, rief er auf seine sprachbehinderte Art. Er war als Kind in Újhely, das heißt in Sátoraljaújhely, von einer Wespe gestochen worden, was zu einer allergischen Reaktion geführt hatte, und dem herbeieilenden Arzt war nichts anderes übriggeblieben, als einen Kehlkopfschnitt zu machen. Das wäre an sich kein Problem gewesen, nur vereiterte die Wunde, und das Geschwür griff auf die Stimmbänder über. Eiternde Wunden konnten damals nicht wirklich behandelt werden.

Ich glaube, sämtliche Parteien sind sich darin einig, dass die Abschlussverhandlung öffentlich sein muss. Der königliche Staatsanwalt persönlich ließ in den Zeitungen verlauten, er werde die öffentliche Verhandlung wünschen, auch wenn sie nicht im Anklagebeschluss gründet. Im Hinblick auf die Stimmung in der Öffentlichkeit, die im Land herrschende Unruhe, erachte er sie als notwendig.

Und Mezei fragt an diesem Punkt seine Zuhörer, ob wir eine solche staatsanwaltliche Aussage nicht an sich schon für bedeutsam halten müssen.

Wo kommen wir denn hin, fragt er, wenn man nicht nur in der Politik, wo es ja noch angeht, sich im Hinblick auf die herrschenden Strömungen auf die salus rei publicae beruft, auf das öffentliche Interesse, sondern auch in der Rechtsprechung, bei Prozessen zwischen Parteien, unter Berufung auf die salus rei publicae einzelne Menschen in ungesetzlicher Folterhaft hält und verschiedenen Erniedrigungen aussetzt, nur um die öffentliche Stimmung zu beruhigen.

Ich habe gegen das öffentliche Interesse nichts einzuwenden. Gewisse Herren mögen ganz beruhigt sein, die Juden haben keine Angst vor öffentlichen Verhandlungen. Nur ist eines nötig. Dass die Abschlussverhandlung in Hände gelegt werde, welche sämtliche Garantien der richterlichen Objectivität und Unabhängigkeit treu hüten. Diesbezüglich bitte ich den Herrn Justizminister um Aufklärung. Ob das Gericht von Nyíregyháza wohl eine solche Garantie bietet. Von den örtlichen Verhältnissen wünsche ich nicht zu sprechen, aber abgesehen von allem Übrigen hat das Gericht von Nyíregyháza so viele Fehler begangen, ist es so sehr in die Verantwortung für das bisherige Geschehen verwickelt, dass man es nicht länger für unvoreingenommen halten kann. Aber auch von Gesetzes wegen stünde dem Gericht von Nyíregyháza die Urteilsfällung nicht zu. Ein Richter, der an der Untersuchung teilgenommen hat, darf keinen Einfluss auf den Schiedsspruch haben. Das Gericht sandte nicht nur einen Untersuchungsrichter aus, sondern fünf seiner Mitglieder nahmen an der Beglaubigung der Protokolle sowie den Zeugeneinvernahmen teil, und demzufolge dürfen diese fünf Mitglieder an der Abschlussverhandlung nicht teilnehmen. Überhaupt kann sich das Gericht von Nyíregyháza nicht dem Vorwurf entziehen, es habe sich von der Strömung mitreißen lassen. Die Strömung hat die Erfordernisse der Rechtsprechung beiseitegespült, die Garantien der Wahrheitsfindung aufgehoben, und sie hat es getan, ohne dass wir, die Nationalversammlung, diesbezüglich Ausnahmegesetze erlassen hätten.

Die Wahrheit muss herauskommen, und nicht das Interesse der Juden und Schächter von Eszlár ist die Wahrheit, sondern die Wahrheit ist das gemeinsame Interesse des Rechtsstaats und der Menschheit. Dem XIX. Jahrhundert wurde der Ruhm zuteil, die Rechtsfrage von ihrer konfessionellen Befangenheit gelöst zu haben. Es gibt kein katholisches Recht, kein protestantisches Recht, kein jüdisches Recht, sondern einzig und allein das Recht, das man überall vor Augen halten muss. Das geehrte Haus empfindet das wohl am stärksten. Dafür gibt es die modernen staatlichen Institutionen, dafür haben wir ein Parlament, eine verantwortliche Regierung, dafür hat unsere verantwortliche Regierung einen Justizminister.

Und jetzt gestatte mir das geehrte Haus, dass ich meine Interpellation vorlese.

Die Sitzung wurde nachmittags um 2 Uhr 10 Minuten vom Präsidenten, Tamás Péczhy, aufgehoben.

Die Sprengung hingegen geschah kurz bevor die russischen Truppen Budapest systematisch einkreisten. Es müssen im Leben unserer Familie bewegte Tage gewesen sein. Mitte September konnten wir mit unseren gefälschten Papieren gerade noch knapp zurückfliehen, weil uns in der Bácska, ich weiß nicht wo genau, aber sicher bei Antal Biebers, der Boden unter den Füßen zu heiß geworden war. Auch die Biebers fanden es richtig, dass wir so rasch wie möglich weggingen. Meine Mutter musste, kaum waren wir zurück, gleich nach Szombathely weiterreisen, um meinen Vater, der zusammen mit seiner Arbeitsdienst-Kompanie von Szentkirályszabadja dorthin verbracht worden war, mit Hilfe neuer gefälschter Papiere aus dem Arbeitsdienst zu befreien. Was ich natürlich erst seit der Zeit nach der Belagerung weiß. Die Belagerung selbst war voller plötzlicher Ortswechsel, Ereignisse, Nachrichten, voller tiefsten Schweigens oder Verschweigens. In den Kellern vergingen Stunden, lange Tage, im Dunkeln, bei Kerzenlicht, und doch war Zeit für nichts. Über illegale Kanäle war von den Genossen die Nachricht gekommen, dass die Arbeitsdienst-Kompanie von Szentkirályszabadja verschoben werde. Auch nach der Belagerung sagten sie nicht genau, von welchen Genossen, namentlich von welchen Personen, sondern sie sprachen von Kanälen, also von der Untergrundbewegung, von Genossen. Ich glaube mich zu erinnern, dass Ani Tóth die Nachricht brachte, eine hübsche, dralle junge Frau, Károly Tóths Frau, die damals vielleicht noch gar nicht seine Frau war. Die beiden arbeiteten in der militärischen Sektion der Widerstandsbewegung. Der Informationsfetzen, der Name der Überbringerin der Nachricht, ihre Figur, das alles ist mir deshalb in Erinnerung geblieben, weil meine Mutter ihr gegenüber eine besondere Art von Dankbarkeit zeigte. Ani brachte die Nachricht im Moment nach dem letzten Moment. Die Dankbarkeit meiner Mutter war vorsichtig, wortlos, wahrscheinlich musste sie aufpassen, gefühlsmäßig nicht zu überströmen, sondern dem Befehl zu emotionaler Askese, dem väterlichen Erbe, Folge zu leisten. Sie fuhr noch am Nachmittag unseres Ankunfttages nach Szombathely weiter. Der Zug blieb wegen der Luftangriffe fortwährend stehen, die Reisenden mussten auf offener Strecke aussteigen, sich in Straßengräben ducken oder in die Bunker rennen, die sich außerhalb der Umzäunung der Stationen befanden. Die spitzen Bunker-Pilze standen noch jahrzehntelang. Genossen, im Plural, war eine Abwehrmaßnahme, niemand sollte sie fragen, was sie von wem erfahren hatte. Dieser Plural funktionierte spürbar anders als der Plural der Zionisten. Es gab Wörter, die in der konspirativen Fassung verkapselt waren, die man auch später nicht aufknacken konnte. Der zionistische Plural hatte meiner Erfahrung nach keinen konspirativen Charakter, höchstens war ich es, der ihn lange nicht recht begriff. Der die Zurückhaltung spürte, die meine Eltern der überschwänglichen zionistischen Begeisterung gegenüber an den Tag legten, und sich fragte, was ist das, was wir so reserviert betrachten, und warum tun wir das. Die Zionisten standen auch sonst außerhalb, den Mitgliedern unserer Familie fern, eher im Kontrast zu ihnen, sie berührten nur gerade die Ränder ihrer Interessenbereiche. Die in der Illegalität verwendeten Decknamen lassen sich auch heute nicht immer leicht entschlüsseln. Die konspirative Logik der absichtlichen Unverständlichkeit begriff ich sehr früh. Wenn jemand gefoltert wird, ist er bereit, Geständnisse zu machen, die jemand anderen in Lebensgefahr bringen. Zu singen. Wenn ich den wirklichen Namen von jemandem nicht kenne, kann ich ihn nicht singen. Man muss ihn decken, sonst singt ihn der Wurm. Schweigen und vermeiden, dass er singt. Auf einmal war nicht Wissen gefragt, sondern das Fehlen von Wissen. Der muss weg, der Wurm hat ihn gesungen. Ich verstand nur nicht, wen der Wurm gesungen hatte und ob derjenige, der gesungen worden war, jetzt auch sang.

Im November, zur Zeit der Sprengung, muss sich mein Vater zusammen mit den anderen im unteren Trakt des illegalen Kellers aufgehalten haben. Davon wussten in der Stadt, abgesehen von ihrem sogenannten Vordermann, Fitos, drei Personen, meine Mutter Klára Tauber, meine Tante Magda Nádas und ihr Mann Pál Aranyossi. Diesen suchte gerade in jenen Septembertagen ein gewisser Rácz auf, den er von früher kannte und dessen Identität ich auch mit Hilfe der Memoiren meiner Tante nicht aufdecken konnte. Während meine Mutter an einem dieser Septembertage, am zehnten, um genau zu sein, meinen Vater, ich weiß nicht, wie, aber erfolgreich aus Szombathely befreite, meinen Vater beziehungsweise Jupi mit Decknamen, eine Koseform für Jupiter, worauf er Fitos' Anweisung gemäß sogleich im nunmehr geheimen unteren Trakt des chemischen Unternehmens meines Onkels István Nádas verschwand, der seinerseits unter dem Decknamen Siegelwart operierte und dort unten die Fälscherwerkstatt und die illegale Druckerei der kommunistischen Widerstandsbewegung betrieb, nahm Aranyossi mit dem ihm von früher bekannten Mann geheime Unterredungen auf. Je weniger du weißt, umso weniger können sie aus dir herausholen, so die konspirative Faustregel. Auch nach der Belagerung hielten sie sich daran. Bei heiklen Fragen verfielen sie auch voreinander in Schweigen. Dieses Schweigen hatte eine eigene Inszenierung. Man durfte ja auch nichts offen verweigern, weder die Frage noch die Antwort. Sie blickten sich ohne zu blinzeln in die Augen, was bedeutete, frag nicht. Und wenn du fragst, antworte ich nicht.

Als kleines Kind war ich jahrelang darauf gefasst, dass auch ich gefoltert würde, und was musste ich dann tun, damit ich schweigen konnte. Dass mich niemand sang und auch ich niemanden.

Und ich wollte alles wissen von den vielen Würmern, dem vielen Singen, Ausliefern, Verraten auf der Welt.

Ich beobachtete, horchte, bemühte mich, unsichtbar zu sein, horchte aus, war präsent, merkte es mir. Später las ich sämtliche

Papiere, die mir in die Hände gerieten, überflog sie zumindest. Ich wühlte in ihren vertraulichen Papieren. Ich war sicher, dass ich nicht singen würde, mein Vater hatte es ja auch nicht getan.

Justizminister Pauler beantwortete Mezeis Interpellation erst anlässlich der 140. Nationalversammlung am 27. November 1882. Die Sitzung wurde wiederum von Tamás Péczhy präsidiert, der verkündete, dass der Tagesordnung gemäß der Bericht der ständigen Finanzkommission zum staatlichen Haushaltsplan für das Jahr 1883 an der Reihe wäre, da aber die Tagesordnung noch einen Punkt enthielte, die Erwiderung des Herrn Justizministers an den Herrn Abgeordneten Ernő Mezei, und da dieser Punkt mehrfach verschoben worden sei, erachte er es für sinnvoll, wenn das geehrte Haus die Verhandlung über den staatlichen Haushaltsplan morgen in Angriff nehmen möchte. Worauf der Schreiber aus dem Saal Töne der allgemeinen Zustimmung hörte.

Falls dem so sei und im Kreis der Herren Abgeordneten kein Einwand laut werde, möchte er den Herrn Justizminister bitten, seine Erwiderung vortragen zu wollen.

Wieder ließ sich im Saal Zustimmung vernehmen.

Geehrtes Haus, begann der namhafte Jurist, Tivadar Pauler, der Herr Abgeordnete Ernő Mezei hat sich bezüglich der Affäre von Tiszaeszlár mit Fragen an mich gewandt. Wie ich begründen könne, dass das Gericht von Nyíregyháza im Fall Tiszaeszlár die Untersuchung nicht einem Richter des Gerichts, sondern einem Vizenotar anvertraute, und warum ich das dem Gericht nachgesehen habe. Wie ich dem Gericht habe nachsehen können, dass es Móricz Scharf ohne Verdacht auf Mittäterschaft und ohne Anklage mehrere Monate festhielt. Warum ich dem Untersuchungsrichter nachgesehen habe, dass er mit der Veröffentlichung von Untersuchungsergebnissen den Verlauf der Untersuchung gewissermaßen den Leidenschaften und Affekten auslieferte. Ob ich Schritte unternommen habe, damit der Staatsanwalt wegen des in der *Egyenlőség* erschienenen, den Untersuchungsrichter äußerst compromittierenden Artikels einen Zeitungsprozess anstrenge, und endlich, ob ich die Absicht habe, nach dem Geschehen die Beurteilung der sogenannten Affäre von Tiszaeszlár an ein anderes Gericht zu delegieren.

Diese Fragen sind es, die ich im Folgenden beantworten darf. Den Gesetzen des Landes und den provisorischen Strafverfahrensregeln gemäß ernennt der Gerichtspräsident den Untersuchungsrichter. Der Präsident wählt die Person des Untersuchungsrichters gewöhnlich in den Reihen der Gerichtsrichter aus, in weniger wichtigen Fällen unter den Notaren. Wem der Präsident die Untersuchung anvertraut, muss er nach Erwägung der Anzeige oder des staatsanwaltlichen Antrags entscheiden. In der Affäre von Tiszaeszlár begann die Untersuchung bekanntlich aufgrund des Protokolls, das der Gemeindevorstand mit Eszter Solymosis Mutter aufgenommen hatte und das am 7. des Monats Mai ans Gericht eingereicht wurde. Angesichts der Tatsache, dass der eine Untersuchungsrichter krank, der andere, den er mit der Untersuchung hätte betrauen können, abwesend war, vertraute der Gerichtspräsident die Untersuchung dem Vizenotar József Bary an. Zur Begründung, warum er den Vizenotar mit der Untersuchung betraute, sagte der Gerichtspräsident auf meine Aufforderung hin aus, er habe die Anzeige für dermaßen unwahrscheinlich und unglaubhaft gehalten, dass er ihr von seiner Seite damals keine Wichtigkeit beigemessen habe. Später, als das allgemeine Interesse erwachte und der Fall ungeahnte Dimensionen annahm, habe er diesen niemand anderem mehr übertragen können, nicht nur weil die Fäden der Untersuchung in der Hand des Betreffenden zusammenkamen, sondern auch, weil er selbst sich dem größten Verdacht ausgesetzt hätte, hätte er die Untersuchung nachträglich jemand anderem anvertraut.

Im Saal wurde lebhafte Zustimmung laut.

Dazu kam, geehrtes Haus, dass es unter den Richtern mehrere gibt, die sich mit Untersuchungen gar nicht oder selten befassen. Außerdem musste der Präsident des Umstands gewärtig sein, dass er sich für die Abschlussverhandlung die benötigte Anzahl Richter vorbehalten musste. Von alledem abgesehen, hat der eben ernannte Untersuchungsrichter schon früher von seiner Geschicklichkeit, Genauigkeit und völligen Zuverlässigkeit hervorragendes Zeugnis abgelegt.

Daraufhin wurde im Saal auf der extremen Linken wieder Zustimmung laut, eine Art kleiner Sympathiekundgebung für die Person des Untersuchungsrichters József Bary.

Dem allem fügte der Gerichtspräsident noch hinzu, dass er als seit nahezu dreißig Jahren im Amt stehender Mann die Fähigkeiten anderer nun wirklich beurteilen könne und er demzufolge die volle Verantwortung übernehme.

Wieder war von der extremen Linken, wo die Antisemiten der Unabhängigkeitspartei von den anderen getrennt saßen, Zustimmung zu hören.

Ich selbst, geehrtes Haus, konnte es unter diesen Umständen nicht für angebracht halten, mich in die Ausübung des Rechts, wie sie dem Präsidenten gesetzlich zusteht, einzumischen. Nicht für angebracht, in irgendeiner Weise die Wahl des Untersuchungsrichters zu beeinflussen. Ich konnte den Gerichtspräsidenten umso weniger zur Verantwortung ziehen, als, abgesehen von den erhobenen Gründen gegen den Untersuchungsrichter, weder die örtliche königliche Staatsanwaltschaft noch der dorthin abgeordnete Stellvertreter der Oberstaatsanwaltschaft noch auch, nachdem die Angeklagten ihre Verteidiger ernannt hatten, die Angeklagten selbst Einwände erhoben, ja, diese Letzteren sprachen, wiewohl sie mehrere Klagen gegen den Untersuchungsrichter laut werden ließen, sich in den Eingaben, die sie an mich wie auch ans Gericht richteten und die sie in den Zeitungen publik machten, nicht für die Ernennung eines anderen Untersuchungsrichters aus, denn eine für sie eventuell günstige Wende der Untersuchung sollte nicht etwa einer solchen Veränderung zugeschrieben werden können.

Eine weitere Frage war, wie ich dem Gericht die Gesetzeswidrigkeit nachsehen konnte, dass Móricz Scharf, der in keinem Verdacht auf Mittäterschaft stand, während Monate festgehalten wurde. Hiezu muss ich erwähnen, dass Herr Móricz Scharf anfänglich, wenn auch nicht im Verdacht der Mittäterschaft, so doch in jenem der Verschleierung des Verbrechens stand. Nicht das Geständnis des Móricz Scharf begründete den sich gegen bestimmte Personen richtenden Verdacht, sondern die Aussage seines kleineren Bruders. Deshalb stand Móricz Scharf einige Tage lang unter der Aufsicht der Gemeindebehörden, und deshalb erwies sich vom 22. bis 27. Mai des Jahres 1882 seine provisorische Festnahme als nötig. Es kann also nicht von Monaten, sondern insgesamt nur von einigen Tagen die Rede sein. Bei der Aufhebung seiner provisorischen Festnahme verfuhr der Untersuchungsrichter im Sinn des § 13 der Gefängnisordnung, dem gemäß für einen Gefangenen, dessen jugendliches Alter, körperliche Beschaffenheit oder sonstige Verhältnisse eine Fürsorge erfordern, das zivile Gericht oder die politische Behörde die Versorgung in einer Institution oder bei Verwandten zu veranlassen haben. Das Gericht unternahm die nötigen Schritte in dieser Richtung. Es gelangte an den Untergespanen des Komitats Szabolcs, damit für die Versorgung des Knaben vorgekehrt werde. Solange der Untergespan nicht tätig werden konnte, wurde der Knabe, unter Beiziehung der königlichen Staatsanwaltschaft, nicht gefangen, auch nicht anhand der Gefängnisregeln, sondern auf dem Hof des Gefängnisses gehalten, in jener Räumlichkeit, in welcher die Gefängniswärter untergebracht sind. Der Untergespan, dem kein Platz zur Verfügung stand, gelangte an die Staatsanwaltschaft, man möge den Knaben im Interesse, wie er sich ausdrückte, von dessen eigener Sicherheit dortbehalten. Er blieb so lange dort, bis ihn auf Anregung der Staatsanwaltschaft der Untergespan doch übernahm, unter dessen Aufsicht er auch gegenwärtig ernährt und gehalten wird. Dergestalt gab es keine Maßnahme, die ich dem königlichen Gericht hätte nachsehen können, da es ja in dieser Angelegenheit gar keine Maßnahmen ergreifen konnte. Bekanntlich ist die Gefängnisaufsicht der Staatsanwaltschaft unterstellt. Die Verteidiger haben die Maßnahme nachträglich angefochten, bei ihrer Anhörung hingegen hatten sich die Eltern des Knaben in dieselbe geschickt.

Die dritte Frage der Interpellation war: Wie ich die Tatsache nachsehen konnte, dass der Untersuchungsrichter Beschlüsse und geheime Untersuchungsbefunde mitteilt und damit das Vorgehen sozusagen zur Beute der Affekte macht. Aufgrund der decidierten Aussage des Gerichtspräsidenten von Nyíregyháza darf ich erklären, dass der Untersuchungsrichter weder Beschlüsse mitteilte noch Dokumente der Untersuchung in den Zeitungen publik machte.

An diesem Punkt unterbricht der Zwischenruf des Abgeordneten Imre Szalay den Redner.

Der königliche Staatsanwalt machte sie publik.

Auf den Zwischenruf folgen Lärm und Durcheinander, die von der Klingel des Präsidenten zur Ruhe gebracht werden.

Szalay ist ein interessanter Mann, laut, korpulent, mit juristischer Ausbildung, Grundbesitzer, Weltreisender, erfolgreicher Autor von Büchern über die Jagd. Sehr radikal in seinen Ansichten, aber doch mit Humor, einem einigermaßen zu Zynismus neigenden Humor. Der Immunitätsausschuss hat mit ihm alle Hände voll zu tun, er ist nicht nur ein notorischer Zwischenrufer, sondern auch ein berüchtigter Duellant. Enweder duelliert er sich selbst, oder er ist als Sekundant mitbeteiligt, aber auch zahlen tut er ungern, und in diesen Fällen geht die Staatsanwaltschaft das Haus um die Aufhebung seiner Immunität an.

Ich wiederhole, weder teilte er etwas mit, noch verriet er etwas, fuhr der Minister lauter fort. In welcher Weise die Nachrichten an die Öffentlichkeit gelangten, ist sehr schwierig zu constatieren, besonders wenn wir in Betracht ziehen, dass die in Nyíregyháza und Tiszaeszlár erscheinenden Blätter gewissermaßen auf den Spuren des Untersuchungsrichters die Ermittlung weiterführten und die von jenem einvernommenen Zeugen ein weiteres Mal einvernahmen.

Laut dem Parlamentsschreiber entstand daraufhin lebhafte Erheiterung im zuvor gerade mit Mühe beruhigten Saal.

Wo es möglich war, anhand der Signatur des Zeitungsartikels ein derartiges Vorgehen zu constatieren, sind gegen diese unbefugten Ermittler die entsprechenden staatsanwaltlichen Maßnahmen in die Wege geleitet worden. Ich für meine Person habe sowohl den Gerichtspräsidenten als auch den königlichen Oberstaatsanwalt angehalten, darum besorgt zu sein, dass die auf die Untersuchung Einfluss habenden Facten nicht vor der Zeit an die Öffentlichkeit gelangen. Der Gerichtspräsident wendet ganz richtig ein, dass Untersuchungsrichter Bary, dem vorgeworfen wird, im Streben nach Erfolg seiner Untersuchung sich ungesetzlicher Mittel bedient zu haben, das Erreichen seines Ziels, nämlich die Ergiebigkeit der Untersuchung, zunichtegemacht hätte, hätte er vor der Zeit Facten publik gemacht, anhand deren er leichter und erfolgreicher weiterkommt, wenn sie nicht bereits im Voraus bekannt und publiciert worden sind. Laut dem interpellierenden verehrten Herrn Abgeordneten Mezei liegt es angesichts von bestimmten Strömungen im höchsten Interesse der Gerechtigkeit, dass die Untersuchung und das richterliche Vorgehen vom unbefugten Einfluss der Leidenschaften beschützt werden. Ich teile diese Ansicht.

Nur gehe ich einen Schritt weiter. Nicht nur vor Einflüssen einer bestimmten Richtung muss man sowohl den Staatsanwalt als auch den Untersuchungsrichter als auch die Prozessrichter als auch die Verteidiger bewahren, sondern vor Einflüssen aller Richtungen.

Er hat den Satz noch nicht einmal beendet, da werden im Saal wiederum lebhafte Zustimmung und Beifallklatschen laut.

Niemand bedauert es mehr als ich, dass durch diejenigen, welche die Sache vor der Öffentlichkeit ausbreiten, der Ablauf und der Erfolg der Untersuchung höchlich gefährdet sind.

Doch der freien Presse gegenüber besaß ich keine Mittel, dies im Vornherein zu unterbinden, ich besitze sie nicht und werde sie auch nie besitzen.

Die extreme Linke pflichtet laut lärmend bei.

Auf die Frage, ob ich dahingehend Maßnahmen ergriffen habe, dass wegen der compromittirenden Behauptungen, die in einer Ausgabe der *Egyenlőség* zur Person des Untersuchungsrichters József Bary erschienen sind, gegen das Blatt ein Zeitungsprozess angestrengt werde, kann ich Folgendes antworten.

Nicht nötig, der Herr Minister bemühe sich nicht, ruft wieder Imre Szalay dazwischen, worauf im Saal großer Lärm ausbricht.

Der Minister lässt sich auch jetzt nicht beirren, er erhebt die Stimme über den Lärm.

Ich muss ehrlich sagen, dass ich kein Freund der Usance bin, wegen jeder Anklage oder Verdächtigung, die in dem einen oder anderen Blatt erscheint, den Apparat des Geschworenengerichts zu bemühen und Dingen, die für sich genommen unbedeutend sind, Bedeutung zu verleihen. Ich halte es mit dem römischen Geschichtsschreiber: «Spreta vile sunt, quae si irsacaris gravida fiunt.»

Was wiederum von allgemeiner Zustimmung begleitet wird.

Wird jedoch ein Richter, ein Gerichtsbeamter, ein königlicher Staatsanwalt in Fragen angegriffen, welche die Integrität des gerichtlichen Vorgehens berühren oder verletzen, findet man mich stets bereit, die Ermächtigung zu einem Verfahren zu erteilen. Ich werde denn auch Maßnahmen ergreifen, umso mehr, als auch Untersuchungsrichter Bary an mich gelangt ist, damit die gerichtliche Ahndung der auf ihn gehäuften und, wie er sagt, ungerechtfertigten Verdächtigungen und Gerüchte in die Wege geleitet werde. Was hingegen das Delegieren betrifft, so war diesbezüglich die Frage des geehrten Herrn Abgeordneten, ob ich nach dem Geschehenen wohl die Absicht habe, ein anderes Gericht zu bestellen.

Geehrtes Haus, ein grundlegendes Gesetz unseres Landes besagt, dass man niemanden von seinem zuständigen Richter entfernen darf.

Der Satz wird auf der extremen Linken von lebhafter, lang anhaltender Zustimmung begleitet.

Es ist wahr, dass es Fälle gibt, in denen das Gesetz den Justizminister im Namen seiner Majestät ermächtigt, ein anderes Gericht zu bestellen. Das kann geschehen, wenn ein juristisch festgestellter Fall von Voreingenommenheit vorliegt. Was das Strafverfahren betrifft, werden derartige Fälle vom Gesetz zwar nicht im Einzelnen genannt, aber die zivile Prozessordnung ihrerseits stellt sie fest, und so pflegt der Justizminister bei derartigen Tatbeständen per analogiam vorzugehen. Abgesehen von den Fällen von Voreingenommenheit ermächtigt ihn das Gesetz auch dann zum Delegieren, wenn schwerwiegende Fragen der Zweckmäßigkeit vorliegen. Ich, geehrtes Haus, bin betreffend das Gericht von Nyíregyháza bis dato keiner Sachlage gewärtig, welche die Voreingenommenheit desselben bewiese, und demgemäß habe ich das Delegieren nicht für nötig erachtet.

Auf beiden Seiten begleitet allgemeine und lebhafte Zustimmung die Aussage.

Was aber das Prinzip der Zweckmäßigkeit betrifft, folgere ich das Gegenteil. Ob ich nun das Interesse der objektiven Rechtsprechung in Betracht ziehe oder das Interesse der Angeklagten oder das vom hochgeehrten Herrn Abgeordneten hervorgehobene gesellschaftliche Interesse, in jedem Fall halte ich es für zweckmäßiger, wenn das Verfahren bei dem Gericht bleibt, bei welchem es seinen Anfang genommen hat. Und also ist in dieser Frage meine Antwort decidiert. Dato habe ich nicht die Absicht zu delegieren.

Geehrtes Haus, anhand des Verklungenen möchten Sie sich vielleicht überzeugt haben, dass ich nichts vernachlässigt habe, das in meinen Wirkungsbereich gehört. Ich habe meine Aufsichtspflicht in jenen Schranken und Grenzen ausgeübt, welche vom Gesetz festgelegt sind, ich halte mich jedoch zurück und werde mich auch fürderhin stets zurückhalten, wo es um die Einmischung in den gesetzlich bestimmten Wirkungskreis eines Gerichts geht.

Allgemeine, lebhafte Zustimmung begleitet seine Worte, ja, es erschallen Hochrufe auf beiden Seiten des Saals. Der Minister mit seinem eigenen beispielhaften Stil nimmt von der Feier aber keine Kenntnis, obwohl die zustimmenden Rufe seine Rede auf kurze Zeit unterbrechen.

Denn es ist meine Überzeugung, ruft er, dass die unabhängige, innerhalb der gesetzlichen Grenzen erfolgende Ausübung der Judikatur eine der wichtigsten Garantien der bürgerlichen Ordnung und der Freiheit darstellt.

Lang anhaltende, allgemeine Zustimmung begleitet die Aussage, auf beiden Seiten der Bankreihen springen die Abgeordneten auf, und auf der extremen Linken erhebt sich eine Ovation.

Der Minister muss eine Weile warten, bevor er die Rede beenden kann.

Die Betreffenden mögen sich der gesetzlichen Mittel bedienen. Wenn der hochgeehrte interpellierende Herr Abgeordnete der Meinung war, dass es nötig gewesen wäre zu beweisen, dass in Ungarn die Rechtsprechung eine unüberwindliche Trennwand darstellt, in welche die Leidenschaften keine Bresche zu schlagen vermögen: So sei mir gestattet, meiner Überzeugung Ausdruck zu verleihen, dass unsere Gerichte in der Tat beweisen werden, dass die Rechtsprechung in Ungarn eine unüberwindliche Trennwand darstellt, in die weder die Leidenschaften noch die Voreingenommenheit, noch jedwede andere unbefugte Einflussnahme eine Bresche schlagen kann.

Seine letzten Worte werden auf der extremen Linken von allgemeiner, lauter Zustimmung und seiner Person geltenden Hochrufen begleitet. Als feiere das geehrte Haus auf die Art sein eigenes Judicium, das Rechtsbewusstsein des Staats, seinen eigenen epochemachenden liberalen Konsens, von dem bis zu meiner Geburt kaum mehr etwas übrig war, der aber über rätselhafte Wege, von denen ich auf diesen Blättern unerschütterlich berichte, dennoch zu meinem geistigen Erbe geworden ist. Zusammen mit den Parteikämpfen um Judicium und liberalen Konsens, wie sie die Parteien miteinander ausfochten. Ernő Mezei meldete sich sogleich zu Wort, das ihm der Präsident unter heftigem Geklingel auch erteilte, und als er mit seinen pfeifenden Konsonanten, mit seinen kaum hörbaren, aber von der Anstrengung gezeichneten Vokalen zu sprechen begann, wurde es wieder still im Saal, auf beiden Seiten des Hauses, jene befremdete Stille, wie ich sie von meinen eigenen öffentlichen Auftritten her kenne.

Geehrtes Haus, ich werde auf die Erwiderung des Herrn Justizministers meinerseits Punkt für Punkt antworten. Der geehrte Herr Justizminister beantwortet meine erste Frage dahingehend, dass das Gericht von Nyíregyháza in der Abordnung des Untersuchungsrichters correct vorgegangen sei, da es anfänglich über niemand anderen verfügte, später aber Notar Bary nicht zurückrufen konnte, weil sich angeblich der Gerichtspräsident keinem Verdacht auszusetzen wünschte.

Ich verstehe das vollkommen. Das Gericht von Nyíregyháza ist vor mir gerechtfertigt. Und wenn es das auch nicht ist, so ist es zum Mindesten entschuldigt. Ich selbst könnte für dieses Vorgehen Entschuldigungen finden, auch hundert, wenn es sein muss. Aber für das Vorgehen des Herrn Justizministers vermag ich keine Entschuldigung zu finden. Hier im Abgeordnetenhaus warf der geehrte Herr Abgeordnete Győző Istóczy bereits in seiner ersten Interpellation die Frage auf, ob die Regierung wohl dafür sorge, dass die jüdische Finanzmacht das Gericht nicht besteche. Ich hätte die Artikel und Korrespondenzen jener Blätter mitbringen können, welche uns gleich zu Beginn der Angelegenheit deutlich warnten; sollte das Gericht von Nyíregyháza die Angeklagten freisprechen, werde sich das Gericht vor dem Publicum in jedem Falle einem Verdacht aussetzen. Was wäre nun unter solchen Umständen die Pflicht des Justizministers gewesen. Wäre es denn nicht seine Pflicht gewesen, dem Gericht von Nyíregyháza moralische Unterstützung zuteilwerden zu lassen. Wartete der

Herr Justizminister vielleicht darauf, dass der Verteidiger und der Staatsanwalt die Abordnung eines anderen Untersuchungsrichters beantragen würden. Die Verteidiger und die Staatsanwaltschaft waren in derselben Situation wie das Gericht. Einzig der Herr Justizminister, höchster Wächter über die Rechtsprechung, der dem Einfluss localer Interessen nicht ausgesetzt ist, hätte seiner Pflicht gewahr werden müssen. In § 25a des vom Herrn Justizminister erlassenen Statuts heißt es: Sofern die Anzeige zuhanden des Gerichts erfolgt, beauftragt der Gerichtspräsident in wichtigeren Fällen einen Richter, in weniger wichtigen Fällen einen Notar mit der Untersuchung. Dass sich das Gericht nicht strikt an das Statut hielt, als es den Vizenotar beauftragte, mag angehen, aber es geht nicht an, dass der Herr Justizminister die Verletzung des Gesetzes nicht in Behandlung nahm. Ob ihn nun die Anwälte oder die Staatsanwaltschaft darum baten oder nicht. Der Herr Justizminister hätte, gestützt auf diesen Passus, von Amts wegen einschreiten müssen, insbesondere, als er sah, dass es um die Dinge schlecht steht.

Im Saal enststehen Unruhe und Bewegung, die aber nur so lange dauern, wie der Redner eine Kunstpause hält.

Auf meine zweite Frage antwortet der Herr Justizminister, dass Móricz Scharf nicht als Zeuge, sondern wegen Verschleierung des Verbrechens festgehalten wurde, und sobald seine Unschuld erwiesen war, habe man ihn freigelassen.

Das geehrte Haus möge mir den Ausdruck verzeihen, aber ich muss sagen, dass mir hier die Luft wegbleibt.

Das Geständnis von Móricz Scharfs Bruder wurde mir getreulich berichtet. Als Untersuchungsrichter Bary in Eszlar erschien, nahm er den 4-jährigen Knaben auf den Schoß, streichelte und fragte ihn, was er wisse, worauf der Knabe sagte, wir lockten das Mädchen herein, die Mama hielt ihm den Mund zu, Móricz hielt seine Hände fest, der Vater hat ihm die Kehle durchgeschnitten, und ich hielt die Schüssel fürs Blut.

Was im Saal von Bewegung und stiller Erheiterung begleitet wird.

Diesen Bericht, geehrtes Haus, erachte ich für ein Curiosum, ein jeder könnte ihn referieren. Weder als Jurist noch als Abgeordneter, noch als Zeitungsschreiber vermag ich einzusehen, dass er irgendeinen Sinn oder Nutzen hätte. Nun aber muss ich aus dem Mund des Justizministers hören, dass das ein Sachverhalt sei und man in der Tat aufgrund des angeblichen Geständnisses eines vierjährigen Knaben dessen Bruder als Complizen gefangen hielt.

Im Saal begleiten Rufe die allgemeine Bewegung und Erheiterung.

Hört, hört.

Imre Szalay ruft wieder dazwischen.

Einmal stört ihn, dass man das Kind streichelt, ein andermal, dass man es schlägt.

Es ist unvorstellbar, dass der Herr Justizminister das alles als Tatsache behandelt und es nicht nur bekräftigt, sondern auch vorträgt, als könnte es Gegenstand einer Sanction sein. Es schmerzt mich, aber zu diesem Vortrage des Herrn Justizministers, meines ehemaligen Professors, dessen Vorlesungen ich mit solch großer Ehrfurcht hörte, vermag ich nicht einmal eine Anmerkung anzubringen. Aber ich vermag ja auch von der Glaubwürdigkeit der Rechtsprechung nicht mit jener erhabenen Ruhe zu sprechen, deren er sich befleißigte. Auf meine dritte Frage antwortet der Herr Justizminister, er habe dem königlichen Gericht von Nyíregyháza die Anweisung übersandt, es möge die Veröffentlichung der Untersuchungsgeheimnisse untersagen, und Untersuchungsrichter Bary habe denn auch erklärt, er habe niemals Geheimnisse mitgeteilt. Demgegenüber könnte ich den Herrn Justizminister fragen, wie denn das Protokoll der Leichenschau von Dada in den Zeitungen, namentlich in der *Függetlenség, Unabhängigkeit,* erscheinen konnte, noch bevor der Verteidiger oder der Staatsanwalt in irgendeiner Weise davon Kenntnis erhielten.

Gyula Verhovay ruft dazwischen, er werde diese Frage beantworten, nicht der Justizminister.

Der Zwischenruf ist grundsätzlich berechtigt, Verhovay ist der verantwortliche Redakteur der *Függetlenség* und muss also wissen, wie das Blatt in den Besitz des Protokolls gelangen konnte.

Mezei überhört den Zwischenruf. Eine solche Unbeirrbarkeit gegenüber den systematischen Zwischenrufen Szalays und Verhovays verdankt sich nicht nur der menschlichen Würde, sondern auch dem Umstand, dass die beiden auf derselben Bank sitzen wie er, nur haben sich diese Kollegen von der Unabhängigkeitspartei auf die extreme Linke abgesetzt, um nicht einmal zufällig in der Nähe eines jüdischen Abgeordneten zu sitzen, den sie, gegen die Prinzipien ihrer eigenen Partei, für keineswegs gleichrangig halten. Im Gegenteil, sie wollen das Gesetz von 1868 zur Emanzipation der Juden durch das Haus widerrufen lassen. In dieser Frage sind Verhovay und Szalay noch radikaler als der freisinnige Istóczy. Dieser sieht den Hauptgrund der Verderbnis der Welt nicht in den Eigenheiten der jüdischen Rasse, sondern in der Modernisierung. Er sieht historische Gründe, und er will die einheimischen Juden überzeugen, sich von der falschen Richtung abzuwenden, der Modernisierung zu entsagen und vor allem mit dem von Osten ins Land strömenden jüdischen Abschaum keine gemeinsame Sache zu machen.

Seine vierte Frage sei gewesen, fuhr Mezei fort, ob gegen die *Egyenlőség* schon ein Zeitungsprozess angestrengt worden sei, und in dieser Frage erachte er die Antwort des geehrten Herrn Justizministers für befriedigend. Er würdige, dass der Justizminister nichts übereilen und insbesondere den Verlauf der Untersuchungen nicht mit weiteren verfahrensrechtlichen Intermezzi stören wollte.

Es ist klar, warum er es in seiner Gegenrede dennoch zur Sprache bringt. Er selbst ist ein Hauptmitarbeiter des Blatts, des meistgelesenen Organs der jüdischen Emanzipation, und nur das Urteil eines Zeitungsprozesses wäre imstande, die mehrfache Gesetzesübertretung juristisch darzulegen. Den juristischen Skandal, den der Justizminister zu vermeiden bemüht ist.

Es bleibt die fünfte Frage, die wichtigste, nämlich ob es der Herr Justizminister nicht für richtig erachte, an ein anderes Gericht zu delegieren. Der Herr Justizminister hat mit einem decidierten Nein geantwortet. Ich verstehe die Decidiertheit des Herrn Justizministers. Ich selbst würde es mir hundertmal überlegen, geehrtes Haus, bevor ich gegen ein ungarisches Gericht irgendeinen Verdacht äußerte. Wenn es nur darum ginge, geehrtes Haus, dass die Angeklagten von Eszlár freigesprochen werden, könnte man sich dem Vorgehen des Gerichts von Nyíregyháza getrost überlassen. Ich glaube, dass man sie freisprechen wird. Und wenn man sie nicht freispricht, weil sie in der Tat ein Verbrechen begangen haben, werden sie ihre verdiente Strafe erhalten. Aber nicht darum geht es, geehrtes Haus, sondern darum, dass die öffentliche Meinung zur völligen Ruhe kommt. Warum würden wir sonst eine Abschlussverhandlung wünschen, warum würden sich sonst die Beteiligten dahingehend einigen, dass eine Abschlussverhandlung stattfinde. Eben gerade, weil wir alle die Beruhigung der öffentlichen Meinung wünschen. Doch eine Abschlussverhandlung anzuordnen und nicht dafür zu sorgen, dass dieselbe auch ein entsprechendes Ergebnis zeitigt, ist einfach eine Comödie.

Daraufhin entstehen im Saal Unruhe und Bewegung.

So viel ist gewiss, dass für die erste Anklage, die auf Mord lautende Anklage, ein einziger Zeuge vorhanden ist, ein Kind, das seine Aussage unter der Aufsicht des Polizeikommissars machte, während im Hinblick auf die andere Anklage, welche auf Leichentausch lautet, laut der die Leiche des ermordeten Mädchens gegen eine andere Leiche ausgetauscht worden wäre, um die Tatspuren zu tilgen, das Gericht selbst verfügt hat, dass die Leiche erneut exhumiert werde. Auf welche Ergebnisse wartet denn der geehrte Herr Justizminister noch. Voreingenommenheit von Seiten des Gerichts hält er nicht für möglich. Er hält es auch nicht für zweckmäßig, ein anderes Gericht zu bestellen. Aber genügt denn nicht, was der Herr Justizminister selbst sagte, nämlich dass der Gerichtspräsident wegen möglichen Verdachts in der Öffentlichkeit keinen berufenen Untersuchungsrichter aussenden kann.

Worauf aus Bewegung und Unruhe Lärm und Rufe werden.

Genug.

Das genügt jetzt aber.

Ich würde meine Wortmeldung für äußerst verfehlt halten, machte sie auch nur auf eine einzige Person den Eindruck, dass ich voreingenommen oder auch nur im geringsten konfessionellen Interesse spreche. Meiner juristischen Besorgnis ist es, der ich Ausdruck verleihen will, ich will ausdrücken, dass ich das Vorgehen der Regierung nicht verstehe.

Der Justizminister hat zu seinem Prinzip erhoben, sich nicht in den Wirkungskreis der Gerichte einzumischen.

Auf den Abgeordnetenbänken wird dem Prinzip lebhaft zugestimmt.

Ich gestehe, geehrtes Haus, dass ich sehr zerstreut bin. Ich hatte vorgehabt, mich auf die Reden zu beziehen, die Ferenc Deák 1839 und 1840 hielt, die Unabhängigkeit der Richter betreffend. Von dieser großen Autorität, die ich zu meiner Verteidigung citieren wollte, bin ich wegen meiner Vergesslichkeit abgefallen, da ich seine Reden zu Hause gelassen habe, aber die diesbezügliche Erklärung des Justizministers kann ich dennoch nicht annehmen. Der Herr Justizminister sagt, das Gericht in Nyíregyháza solle nicht nur vor den Leidenschaften, sondern auch vor jeglichem anderen Einfluss geschützt werden. Diese Schonung ist mir nie aufgefallen.

Bist eben vergesslich, ruft jemand auf der extremen Linken.

Ich habe nur gesehen, wie gleichgültig der Justizminister zuschaut, während in Nyíregyháza die Untersuchung fehlgeleitet wird, eindeutig in Richtung der Aufdeckung eines Ritualmords, was für sich genommen eine Unmöglichkeit darstellt. Mir ist nur aufgefallen, wie gleichgültig der Herr Justizminister der in Tiszaeszlár, Tiszalök, Tiszadob organisierten grausamen Menschenjagd zuschaut.

Lärmige Erheiterung begleitet seine Worte.

Ich habe nur gesehen, dass die jüdischen Einwohner dreier Dörfer im Belagerungszustand leben, ohne auch nur den geringsten Anlass dafür gegeben zu haben. Der geehrte Herr Justizminister schaut offenbar gleichgültig zu, während Ruhe, Frieden und Ehre von sechshunderttausend Menschen betroffen sind.

Lauter Widerspruch, schreibt der Protokollführer.

Gleichgültig sah er zu, wie das alles die Sicherheit der ungarischen Gesellschaft, die öffentliche Ordnung, die Ordnung des ungarischen Staates berührte.

Ja, das alles sah der geehrte Herr Minister mit Gleichgültigkeit. Wenigstens hätte der geehrte Herr Minister gewahr werden sollen, dass sein Vorgehen in einem Lichte erscheint, als sei der Herr Justizminister zusammen mit dem Gericht vom Ritualmord überzeugt, während selbst die Staatsanwaltschaft von dieser Anklage Abstand nimmt. Das alles ist also für den Herrn Justizminister wahrhaft eine Kleinigkeit, er fand keinen Grund dazwischenzutreten. Ich glaube nicht, dass es die Berufung des Herrn Justizministers ist, wie ein einbalsamierter Pharao hier in seinem rotsamtenen Sessel zu sitzen.

Großer Lärm im Saal, Rufe.

Ruhe.

Aufhören.

Ruhe.

Ich bitte um Verzeihung, aber eine Zurechtweisung akzeptiere ich nur vom Präsidenten. Ich meinerseits glaube, dass die Frage der landesweiten Ordnung gerade eine Frage des Antisemitismus ist. Das hat der geehrte Ministerpräsident mit seiner den Ausnahmezustand betreffenden Verordnung bewiesen. Ich bin überzeugt, dass in Nyíregyháza vieles nicht geschehen wäre, wenn alle gesehen hätten, dass die Gesetze nicht aufgehoben sind.

Jetzt lässt sich der Lärm im Saal nicht mehr mit der Klingel beschwichtigen. Laute Rufe sind zu hören.

Das genügt jetzt aber.

Und wenn die Gesetze in Kraft sind, fuhr Mezei fort, wie kann man dann die Juden schmähen, beschimpfen.

Nieder mit ihm.

Nehmen Sie Abstand.

Was geschehen ist, weckte in mir einen solchen Ekel, dass es mir während der drei Monate, die ich im Ausland verbrachte, eine Freude war, die ungarischen Blätter nicht lesen zu müssen. Als bestehe für angeklagte Juden kein Gesetz. Als habe sich das epochale Ereignis vollzogen, das der Herr Abgeordnete Istóczy in seiner ersten Interpellation voraussagte, nämlich dass seine Bewegung in ganz Europa die Judenfrage entscheiden werde.

Hören Sie auf.

Nehmen Sie Abstand.

Ich wünsche für die Juden nichts anderes als Gerechtigkeit, ich wünsche keine ungesetzlichen Verordnungen, und nicht einmal das Standrecht wünsche ich. Von den Juden selbst wünsche ich nichts anderes als das Selbstbewusstsein, das ihnen als freien Bürgern eines freien Landes zusteht. Sie sollen nicht bei Mächtigen Schutz suchen. Ich verstehe dieses ganze Vorgehen dergestalt, als übe die Regierung Nachsicht mit den Gründen, welche die Agitation hervorgerufen haben, und als trete sie erst dann mit dem größten Nachdrucke auf, wenn die gefährlichsten Folgen der Geschehnisse evident werden.

Laut Tante Magdas Erinnerungen schickte Reichsverweser Horthy in den letzten Tagen des Septembers 1944 oder Anfang Oktober auf Vermittlung von Vilmos Lázár seinen Mann, diesen Rácz oder Rátz, zu Pál Aranyossi, in einem Moment, als es de facto zu spät war, als die englische Diplomatie seine Verhandlungsabsicht zurückgewiesen hatte. Aranyossi solle mit den Russen verhandeln, solle auf illegalem Weg so rasch wie möglich zu ihnen gehen. Dieses Treffen zwischen Rácz oder Rátz und Aranyossi fand höchstwahrscheinlich vor dem 11. Oktober statt. Horthys Absicht war klar. Wenn unter den Delegierten der Name eines von ihm verfolgten Kommunisten figuriert, wird das in den Augen der Russen der Sache Gewicht verleihen. Der als Mittelsmann eingesetzte Rácz war vielleicht Endre Rácz, der Seelsorger, der mit dem widerständischen Seelsorger der reformierten Kirche in der Pressburgerstraße, Albert Bereczky, in Verbindung stand und auch, dank der Vermittlung meiner Mutter, mit István Nádas, dem Siegelwart. Trotzdem ist die zweite Möglichkeit wahrscheinlicher, und nicht Rácz war der Betreffende, wie es meine Tante in ihren Erinnerungen mehrmals schreibt, sondern sein Name wäre richtigerweise Rátz, und dann wäre es Kálmán Rátz. Dieser Rátz muss eine der eigentümlichsten Figuren der Zwischenkriegszeit gewesen sein. Im Übrigen wäre das in den Erinnerungen meiner Tante nicht der einzige Irrtum oder Verschreiber. Dieser Rátz war ein Husarenoffizier, der beim Ausbruch des Ersten Weltkriegs an die Ostfront abkommandiert, dort mehrmals verwundet wurde und dann in Kriegsgefangeschaft geriet, im Gefangenenlager von Tomsk. Er selbst prahlte damit, an der Seite der Roten gegen die tschechische Legion gekämpft zu haben. Die Erforscher dieser Zeit, Ágnes Renfer und Attila Seres, sind aufgrund ihrer Archivrecherchen der Meinung, dass das wegen der nahe beieinanderliegenden Daten kaum wahrscheinlich ist. Sie schreiben aber auch, dass Rátz' später entstandene geschichtliche Arbeiten doch von einer intimen Kenntnis der roten Einheiten zeugen. In den letzten Monaten des Kriegs gelang ihm zusammen mit mehreren Kameraden die Flucht aus dem Lager, er wurde gefasst, floh wieder, gelangte über abenteuerliche Wege via Finnland und Schweden nach Hause. Direkt in die Asternrevolution hinein, bei der er sich aber nicht den Roten anschloss, auch nicht den bürgerlich-demokratischen Anhängern

Graf Károlyis, sondern den Weißen, und zusammen mit anderen sogleich eine der wichtigsten Organisationen der antibolschewistischen Kräfte, einen präfaschistischen Schutzbund, die Nationale Ungarische Schutzwall-Einheit, gründete. Er wurde am 13. Februar 1919 verhaftet und kam erst im August wieder frei, nachdem die Räterepublik unter dem übermächtigen Druck der Entente-Mächte zusammengebrochen war. Wahrscheinlich gehörte er zu den Menschen, die ohne ideologische Bindung, ohne politisches Agitieren nicht leben können. Er war in irredentistischen Bewegungen aktiv, doch bis zum Beginn der dreißiger Jahre hatte er sich mit seinen antisemitischen, antibolschewistischen, antikapitalistischen Gesinnungsgenossen, die die Basis des christlichen Kurses bildeten, überworfen, worauf er fast fünf Jahre lang die Gesellschaft der linken Intelligenzia suchte. Er stand in Verbindung mit Attila József, József Madzsar, Lajos Hollós Korvin, Ferenc Agárdi, Leuten, zu denen auch meine Familie politische Verbindungen hatte. Vielleicht suchte Rátz Beziehungen zur Linken, um sie seinen spezifischen nationalsozialistischen Vorstellungen zuzuführen. Ich glaube nicht, dass er von politischem Abenteurertum geleitet wurde.

Dem von der kommunistischen Bewegung zutiefst enttäuschten, sich ohne regelmäßiges Einkommen durchschlagenden, von seinen kommunistischen Freunden weitgehend verlassenen Attila József bot Rátz ein Büro und ein Gehalt an für den Fall, dass sie gemeinsam die Nationale Kommunistische Partei gründen würden; József wäre der zweite Mann in der Partei, Rátz versprach ihm den Posten eines Sekretärs. So jedenfalls erinnerte sich Attila Józsefs Lebensgefährtin, Judit Szántó, kurz vor ihrem Tod an diese kurze nationalsozialistische Wende im Leben des kommunistischen Dichters, wobei die Forschung bezweifelt, dass Attila József den Namen der zu gründenden Partei in dieser Form kannte oder verwendete. Für Judit Szántó war Rátz ein hochgebildeter Mensch, der Attilas Gedichte liebte. Rátz war der Meinung, die

Welt stehe vor einem großen Krieg. Die nationalen kommunistischen Parteien hätten jetzt die Aufgabe, wenigstens ihre Nation aus den Fängen des Kapitalismus zu befreien. Nach marxistischer Lesart bedeutete das, die Menschheit von der entsetzlichen Notwendigkeit des Kriegs zu erlösen. Rátz sah eine mögliche Lösung darin, die beiden sehr verschiedenen Bewegungen auf denselben antikapitalistischen Ast zu pfropfen. Gemeinsam würden er und Attila József mit Hilfe der neuen Bewegung das ungarische Volk zu seinem nationalen Bewusstsein erwecken, so hoffte er. Erst danach, nach heil überstandenem Krieg, könnte eine Ausweitung ins Internationale folgen. Zum Mindesten in jener Nacht, in der er auf anderthalb Manuskriptseiten den mit «Der Nationale Sozialismus» betitelten Aufruf schrieb, war Attila József überzeugt von der Sache. András Lengyel, einer der besten Kenner, wenn nicht der beste, von Leben und Werk des Dichters, datiert die Nacht auf den Frühling 1933. Am Morgen gab Attila das Manuskript Judit zum Lesen. Und die beschlagnahmte es. Solange du hier lebst, das heißt, solange er mit ihr lebte, in ihrer Wohnung, wo sie die Miete zahlte, würde diese Schrift nicht erscheinen. Er hätte nirgendshin gehen können. Sowenig die Nachwelt die strenge, trockene Judit mag, so arbeitete sie doch für sie beide, und Attila József liebte ja nicht die wackeren Kommentatoren der Nachwelt, sondern eben diese strenge, trockene Judit, solange er sie liebte, wenn er sie überhaupt liebte. Oder solange sie das Bett teilten. Aus persönlicher Rache, weil du beleidigt bist, darfst du nicht die verraten, zu denen du gehörst. Judit hatte recht. Der Nationalkommunismus ist die Quadratur des Kreises. Auch darin hatte Judit recht. Dann sprach sie sechs Wochen lang nicht mehr mit Attila.

Bestimmt wies sie ihn auch im Bett zurück, und so endete Attilas nationalsozialistisches Abenteuer nach sechs Wochen denn auch glücklich.

Ein so großer Idiot war er aber bei weitem nicht, er spürte

deutlicher als Judit das historische Straucheln der internationalen kommunistischen Bewegung. Eine internationale Bewegung, die gemäß großrussischen Interessen von Moskau aus gesteuert wird, ist schwer vorstellbar. In dieser Frage mussten die kommunistischen Mitglieder meiner Familie mehrmals ihre Kräfte messen, zuerst mit den Anhängern Béla Kuns, dann mit den Moskauer Parteifunktionären, schließlich mit den Moskautreuen der harten Linie, aber sie sie waren auch innerlich zerrissen; innerhalb der illegalen Bewegung waren sie Anhänger Landlers, es fiel ihnen überhaupt nicht ein, das Terrain der örtlichen oder nationalen Besonderheit zu verlassen, sie erlaubten ihrer Partei nicht, ihnen im Namen der Moskauer Bedürfnisse den Teppich unter den Füßen wegzuziehen, aber sie sahen den Unterschied zwischen Stalins Großmachtpolitik und den Bedürfnissen der internationalen kommunistischen Bewegung nicht. Obwohl Mihály Károlyi schon in den dreißiger Jahren Aranyossi auf diesen Unterschied aufmerksam gemacht hatte, irgendwo in den Schweizer Alpen, wo die beiden Familien ein paar Tage gemeinsam verbrachten. Auf längere Sicht zogen meine Vorfahren trotzdem oder gerade deswegen den Kürzeren, das ist die Wahrheit, sie wurden aufgerieben, sie schieden aus der Bewegung aus oder wurden ausgestoßen, manchmal versuchten sie aus reinem Selbstschutz dogmatischer als die Dogmatiker zu sein. Ihr Widerstand war angesichts des inquisitorischen inneren Systems der kommunistischen Bewegung gar nicht ungefährlich. Einmal fragte ich meine Mutter, was dieses Den-Teppich-Wegziehen bedeute, warum man so sage. Innerhalb eines Sekundenbruchteils lag ich rücklings auf dem Boden.

Sie hatte mir den Teppich tatsächlich unter den Füßen weggezogen. Das bedeute es, sagte sie lachend über mir.

Kálmán Rátz' Vereinigungsversuch war jedenfalls gescheitert, Attila József wurde nicht zum Nationalsozialisten, und Rátz forcierte die Sache auch nicht weiter.

Drei Jahre danach stand er wieder auf der Gegenseite, er wurde mit Ministerpräsident Gyula Gömbös' Programm der Nationalen Einheitspartei Abgeordneter in der Nationalversammlung. Bis er der Basis der Regierungspartei wieder den Kampf ansagte, jetzt sollte man ihn als Repräsentanten der Pfeilkreuzler-Partei in die Nationalversammlung wählen. Doch 1941, als seine erste größere wissenschaftliche Arbeit erschien, die *Geschichte des Panslawismus*, geriet er sich mit Ferenc Szálasi, dem Pfeilkreuzler-Obmann, in die Haare, verließ die Partei, um eine Pfeilkreuzler-Gegenpartei mit dem Namen Unabhängige Ungarische Sozialistische Partei zu gründen.

Als er im Auftrag Horthys zu den Aranyossis kam, war sein Hauptwerk, *Die Geschichte Russlands*, schon seit einem Jahr erschienen und hatte ihm zu allgemeiner Bekanntheit verholfen. Tante Magda hielt das Werk für wirr. Aber ob es dieser Rátz gewesen ist oder der Seelsorger Rácz oder auch ein dritter Rácz, in keinem Fall verstehe ich, wie er sie in der Stadt ausfindig machen konnte, da die Aranyossis damals schon seit Monaten untergetaucht waren.

Horthy will einen Separatfrieden, er möchte innerhalb von vierundzwanzig Stunden eine Delegation zu den Russen schicken, er wünscht einen Kommunisten in der Delegation.

Kommunist war Aranyossi schon, ein bombensicherer Landlerist, nicht nur Anhänger von Jenő Landler, dem Volkskommissar der Räterepublik, sondern auch sein Freund, aber wenn er diesen Gegen-Pfeilkreuzler Rátz oder den protestantischen Rácz auch seit langem kannte, sie mochten sich von der Ostfront her kennen, sie mochten verwundet im selben Lazarett gelegen haben, Aranyossi übersetzte auch regelmäßig für Grill, Kálmán Rátz' Herausgeber, sie mochten sich im Verlag begegnet sein, trotzdem verstehe ich nicht, wie mein Onkel nicht daran dachte, dass man ihm einen Provokateur auf den Hals geschickt haben könnte.

Womit konnte dieser Rácz oder Rátz belegen, dass ihn wirklich Horthy schickte.

Ich habe keine Angaben dazu.

Die Wahl sei auf ihn gefallen, habe der Rátz oder Rácz erklärt, erzählte mir meine Tante, weil Aranyossi trotz allem, wenn auch Kommunist, ein Aristokrat sei, und so sei er für Horthy in diesem Notfall zumindest akzeptabel gewesen.

Aristokrat hin oder her, was die Schreibweise des Namens meines Onkels betrifft, weiß ich nicht recht weiter. An den verschiedenen Stationen seiner Laufbahn war er einmal Arnanyossy, dann wieder Aranyossi und gelegentlich auch bäurisch Aranyosi; ganz zu schweigen von seinen journalistischen Noms de plume und den falschen Namen auf seinen gefälschten Papieren. Eine stupend intelligente und integre Persönlichkeit, die ein Leben lang ihre Namen wechselte. Im Standesregister war er als Aranyosi eingetragen, aber nach dem Fall der Räterepublik, nachdem er eine Zeitlang untergetaucht war, überschritt er im November 1919 auf der Flucht vor der sicheren Verhaftung als Károly Szolcsányi die österreichische Grenze. Szolcsányi war ein Jugendfreund von ihm gewesen, soweit ich das anhand seiner Erinnerungen und von Briefen Szolcsányis beurteilen kann, ein offenbar hochintelligenter, charmanter Schaumschläger, der in Paris entstandenen Studentenfreundschaft bis zum Tod treu, ein überkandidelter Angehöriger der Gentry, der bei einem Fotografen Bilder machen ließ, auf denen er sich als bebrillter Aranyossi präsentierte, worauf er sich mit diesem Foto im Königlich Ungarischen Innenministerium sogleich einen Pass auf seinen eigenen Namen ausstellen ließ. In Italien lebte Aranyossi mit diesem gefälschten Pass unter dem Namen Szolcsányi. Seine Frau hingegen reiste ihm mit ihrem eigenen Pass aus ihrer Mädchenzeit nach, sie blieb Magdolna Ida Nádas, und so waren sie während ihres halben Jahrs in Florenz den Papieren zufolge nicht verheiratet, während ihr Sohn György in den Pässen gar nicht vorkam und sie seine Existenz nicht ausweisen konnten. Immer noch mit dem Namen Szolcsányi wurden sie aus Italien abgeschoben, aber da hatte Aranyossi schon einen spanischen Schutzbrief in der Tasche, auf seinen spanischen Namen lautend, den er sich in Rom beschafft hatte, und in diesem Schutzbrief figurierte auch seine Ehefrau, allerdings ohne Namen, sein Kind hingegen nicht. Das hatte er auf dem spanischen Konsulat in Rom nicht erreichen können, er hatte keine legalen oder illegalen Papiere, mit denen er unter seinem spanischen Namen die Geburt eines Kindes von einer wie auch immer genannten ungarischen Mutter belegen konnte. Den österreichischen Grenzwächtern zeigte er seinen spanischen Schutzbrief. Den auf ihren Mädchennamen lautenden Pass meiner Tante korrigierte später in Wien ein ungarischer Graphiker namens Göndör in ihren Namen als Ehefrau, damit sie und das Kind ein schwedisches Visum erhalten und nach Luleå weiterreisen konnten, wo ihr Mann nach einer illegalen und höchst abenteuerlichen Reise auf einem Lastschiff eine Woche zuvor eingetroffen war. Er musste im Hafen von Stralsund, wohin es mich einige Jahrzehnte später auch verschlug, einen bestimmten Genossen treffen. Der Genosse war Matrose. Er war schon benachrichtigt worden, dass ein Genosse aus Berlin kommen würde, den sie auf ein nach Schweden auslaufendes Schiff schmuggeln sollen. Sie schmuggelten ihn nachts in eine Mannschaftskajüte, was bei seiner durch und durch intellektuellen Erscheinung keine leichte Aufgabe war. Man konnte ihn für vieles halten, aber kaum für einen vom abendlichen Ausgang zurückkehrenden Matrosen. Nahm er aber seine Brille ab, stolperte er über seine eigenen Füße. Die Männer in der Kajüte waren Heizer, sie arbeiteten in Schichten, das Schiff fuhr endlos über die Ostsee, er musste sich im Takt der Schichten in eine leer gewordene Koje legen und die Decke von jemand anderem über den Kopf ziehen. Es konnte ja jederzeit irgendwer hereinkommen. Konnte und tat es auch. Manchmal hauten sie ihm freundschaftlich auf den Rücken und sagten etwas auf Schwedisch oder Deutsch. In Stockholm legten sie zwar für kurze Zeit an, dort hätte er Ture Nerman, den radikalen sozialistischen Dichter, und Zeth Höglund, damals Chefredakteur des *Folkets Dagblad Politiken*, aufsuchen sollen, aber sie hatten bei helllichtem Tag und nur gerade für die Zeit des Ein- und Ausladens angelegt, und so konnten ihn die kommunistischen Matrosen nicht vom Schiff schmuggeln. Sie gaben ihm zu essen, zu trinken, teilten Speis und Trank mit ihm, aber sie nahmen ihn wieder mit. Im Bottnischen Meerbusen legten sie in mehreren Häfen an, manchmal auch für längere Zeit, aber nirgends konnten sie ihn sicher über die Schiffsbrücke lotsen. Bis zum nördlichsten Hafen der Bucht fuhren sie mit ihm, bis Luleå, der Endstation, dort gelang es ihnen dann, ihn am frühen Morgen ohne Aufsehen am Ufer abzusetzen. Er stand mit seinem kleinen Gepäck an einem atemraubend fremden Ort, kaum fünfzig Kilometer vom Polarkreis entfernt, aber dank seines gesegneten Naturells erschrak er nicht, sondern machte sich über eine relativ verkehrsreiche Straße auf, die seines Erachtens ins Städtchen führen musste. Damals hatte die Stadt nur rund zehntausend Einwohner. Aber kaum hatte er ein paar Schritte gemacht, fiel er einer Polizeistreife auf, sie verlangten seinen Ausweis, nahmen ihn fest, brachten ihn ins städtische Gefängnis, wo er lange in einer Zelle hockte. Das Land hatte zum ersten Mal in seiner Geschichte einen sozialistischen Ministerpräsidenten, und so gelangte er schlau zur Erkenntnis, dass er nichts zu verheimlichen habe. Er war mit seinem Geständnis noch nicht einmal fertig, als ihm seine Befrager schon ein Frühstück bringen ließen, worauf ihn der Polizeihauptmann nicht nur hochoffiziell auf freien Fuß setzte, sondern auch mit einem kleinen Trupp in einem wahren Triumphzug zum Storgatan geleitete und im elegantesten Hotel der Stadt, dem Stadshotellet Luleå, unterbrachte, dazu noch in der für vornehme Gäste reservierten Suite, erster Stock mit Balkon, ihn, den Communard, den emigrierten Kommunisten, den Redakteur der *Roten Zeitung*, der nach Stockholm wollte, um mit seinen Genossen zu sprechen, aber bei ihnen gelandet war, und den plötzlich alle sehen und hören wollten. Er möge ihnen doch vom Triumph und dem Fall der Budapester Commune erzählen. Was er tat. Kaum eine Stunde später war der

Bürgermeister der Stadt da, er erzählte wieder von vorn, damit sie wussten, was gebenenfalls auch sie zu tun und zu vermeiden hätten.

In Stockholm lebten Aranyossis zwar unter ihrem eigenen Namen, aber mit den gefälschten Papieren von früher, und mit diesen zogen sie dann wieder nach Berlin zurück. Als die Partei im Winter 1924 Tante Magda auf eine illegale Reise nach Budapest schickte, musste sie, um die Fiktion des Familienbesuchs glaubhaft zu machen, ihren fünfjährigen Sohn mitnehmen, und da wollte die Partei sie aus Sicherheitsgründen nicht mit einem gefälschten Pass auf die Reise schicken. Sie bekam ein auf ihren eigenen Namen lautendes, gefälschtes Staatenlosenzeugnis, eine sogenannte gelbe Fleppe, die auf der ungarischen Botschaft in Berlin ohne weiteres abgestempelt wurde, aber der hübsche junge Grenzwächter an der ungarischen Grenze fand dieses gelbe Papier in der Hand einer so eleganten jungen Frau doch irgendwie auffällig, und er fragte sie etwas indigniert, warum haben Sie denn keinen ordentlichen Pass, gnädige Frau. Mein Herr, sagte Tante Magda mit einem tiefen Seufzer, auch aus diesem traurigen Umstand können Sie ersehen, was Trianon uns angetan hat. Der Offizier nickte stumm und verlangte keine weiteren Erklärungen. Im Gepäcknetz über ihr ruhte der aus feinstem Kalbsleder gefertigte Koffer, den sie noch als junges Mädchen auf einer Schweizreise von ihrem Großvater geschenkt bekommen hatte und den später ich erbte, bis ihn mein Freund Miki mitnahm, worauf er nach vielen Irrfahrten mit dem Koffer, oder auch ohne ihn, in Schweden landete. Mór Mezei hatte den Sommer gern in den Schweizer Bergen verbracht. Diesen Koffer hatte ein Genosse namens Károly Garai so präpariert, dass sich zwischen Deckel und Futter ein großformatiger Umschlag verstecken ließ, den Tante Magda nach Budapest bringen sollte. Natürlich durfte sie nicht wissen, was sich in dem großformatigen Umschlag befand, auch nicht, wem sie ihn brachte. Man hatte ihr eine Adresse angegeben, dazu ein Losungswort, und sie wusste, wen sie an der Adresse aufsuchen musste. Und was der Betreffende zu antworten hatte.

Zwei volle Wochen lang solle sie nichts anderes tun, lautete die Anweisung, als ihre Familie besuchen, ihr Onkelchen, Pál Mezei, den Bankier, ihre Tanten, Erzsébet Mezei und Anna Mezei, ihre Cousinen, Ilma, Mária Anna und Edina, die später den namhaften Internisten Henrik Benedickt heiratete, den Oberrat seiner Durchlaucht des Reichsverwesers, während Mária Anna die Frau von Aurél Egry wurde, dem Rechtskonsulenten des Erzherzogs Joseph, aber allen voran solle sie ihren Großvater besuchen, lautete die Anweisung, und unterdessen solle sie die ganze Zeit beobachten, ob man ihr auf ihren Wegen nicht folge. Von meinem Urgroßvater, Mór Mezei, wissen heute nur noch wenige, aber damals war die Erinnerung an die im Ersten Weltkrieg versunkene konservativliberale Welt, in der er eine herausragende Gestalt dargestellt haben muss, noch lebhaft. Sie machte alles den Anweisungen gemäß, besuchte zuerst die Familie, aber nach zwei Wochen, als sie sicher sein durfte, dass die Luft rein war, dass niemand sie beschattete, gelang es ihr nicht, am Koffer die in den Falten des Seidenfutters verborgenen Messingschrauben zu lösen, um den großen Umschlag unter dem Deckel herauszuziehen und zur angegebenen Pester Adresse zu bringen. Es blieb ihr nichts anderes übrig, als ihren Bruder István um Hilfe zu bitten. Dabei stellte sich heraus, dass die Geschwister sozusagen in denselben Schuhen steckten. Nach dem Fall der Räterepublik hatte István in der illegalen kommunistischen Jugendbewegung gearbeitet und war bald Sekretär des Ungarischen Bundes der Kommunistischen Jugendinternationale geworden, wobei Moskau via Wien Aktionen von ihnen verlangte, mit denen der Bund leicht hätte auffliegen und dann liquidiert werden können, und so versuchte er zuerst mit dem Geheimkurier zu diskutieren, aber als er einsehen musste, dass man in Wien und Moskau keine Diskussion kannte, trat er von seinem Posten zurück. Woraufhin der Kurier ihn bedrohte.

Da hatte er seinen Austritt aus der illegalen Partei erklärt. Woraufhin er Todesdrohungen erhielt.

Deswegen habe er aber, beruhigte er seine ältere Schwester, seine Tätigkeit nicht aufgegeben. Er lasse nur nicht zu, dass man ihn an der Leine führe. Magda erzählte ihm im Gegenzug sogleich, dass sie anderthalb Jahre zuvor in Stockholm in einen ähnlichen Konflikt geraten waren, als Béla Kun aus Moskau die *blöde* Anweisung gab, die in Emigration befindlichen Parteimitglieder sollen heimkehren. Von irgendwoher kannten sie dieses blöd, wahrscheinlich hatten sie es von ihrem Vater gehört, der zuweilen auf Deutsch wie auf Ungarisch im Fuhrknechtsjargon sprach und fluchte. Die deutsche Erzieherin verbot ihnen, das Wort auszusprechen, worauf Magda es mit großer Vorliebe verwendete. Aber nicht wie die Österreicher mit einem diphthongierten, gewissermaßen gelangweilten ö, sondern mit einem schön langen. Béla Kun mit seiner blöööden Anweisung. Als verlange er von ihnen, sich in Budapest auszuliefern. Pali hätte die Aufgabe gehabt, die Anweisung weiterzuleiten, aber Pali weigerte sich. Er weigerte sich auch, die Nummer der in Moskau erscheinenden *Roten Zeitung* zu verteilen, die diesen blööden Aufruf enthielt, und die zusammen mit anderen Materialien auf einem Schiff aus Sowjetrussland nach Schweden geschmuggelt worden war, worauf das Schiff mit Medikamenten, Verbandszeug, Lebensmitteln und illegaler Post beladen nach Russland, das unter Blockade stand, zurückgeschickt wurde. Als Gyula Lengyel, der Direktor des Berliner Büros der sowjetischen Handelsstelle, sie ein Jahr später nach Paris schickte, erhielt mein Onkel Pali den Pass eines zehn Jahre jüngeren deutschen Journalisten, Tante Magda hingegen den der zehn Jahre älteren Stella Seidler, während ihr Sohn György zweckmäßig um ein Jahr verjüngt wurde, damit man ihm keinen eigenen Pass auszustellen brauchte. So kamen sie in Paris an, ein achtundzwanzigjähriger Mann und eine neununddreißigjährige Frau, in wilder Ehe lebend, mit einem sechsjährigen Kind, das in Wirklichkeit schon über sieben war. Darüber lachten sie viel.

Das Kind hatte die Schule auf Deutsch begonnen, jetzt begann es die Schule auf Französisch noch einmal. Aranyossi war in Paris später unter dem Namen Paul A. Faluche Redakteur der linken Illustrierten *Regards*, obwohl er da wieder unter seinem eigenen Namen lebte. Tante Magda wurde wieder zu Frau Aranyossi, aber ihr Deckname in der ungarischen Bewegung war Frau Falus. Die Zweigleisigkeit diente dazu, Horthys Polizei möglichst spät merken zu lassen, dass eine der bedeutendsten französischen Wochenzeitungen der Epoche von einem ungarischen Kommunisten redigiert wurde, dessen Frau die Redakteurin der linken Illustrierten *Femmes* war.

Aranyossis Familie stammte aus Aranyosgerend im Komitat Kolozs, ihr aristokratischer Herkunftsname war mit ihrem Familiennamen identisch, aber ihrer Familienlegende zufolge waren sie Armenier, was in ihren Zügen noch nach mehreren Generationen Spuren hinterlassen hatte. Für die Budapester Pfeilkreuzler sahen sie jüdisch aus, und Aranyossi wurde mehr als einmal überrumpelt, in zugige Tordurchgänge bugsiert, wo er die Hose hinunterlassen und seinen Pimmel herzeigen musste, ob der beschnitten war. Sie sahen, was sie sahen, aber beschnitten war er nicht. Bestimmt hatte Páls Vater, Gyula, die Schreibweise des Namens geändert, als er in Kolozsvár, wo er als städtischer Beamter arbeitete, plötzlich alles stehen- und liegenließ und Wanderschauspieler wurde, und bestimmt dachte er, dem Zeitgeist entsprechend, dass sich sein Name mit Buchstaben, die seine kleinadelige Herkunft deutlicher verkündeten, auf dem Programmzettel besser machen würde. Oder sein erster Schauspieldirektor dachte sich das so, als er das Plakat mit dem Namen in die Druckerei gab. Sein Sohn, der Journalist, übernahm die Schreibweise, bis er der kommunistischen Bewegung nahekam und bei bürgerlichen Blättern arbeitete, beim *Nagyváradi Napló*, *Großwardener Tagblatt*, dem *Pesti Hírlap*, *Pester Tagblatt*, dem *Világ*, *Welt*. Aus einem seiner wunderschön formulierten Liebesbriefe geht hervor, dass der vornehme Herr kurz vor der Hochzeit mit Magda Nádas' großväterlicher Mitgift eine Knopffabrik zu gründen wünschte, keine Ahnung, warum gerade eine Knopffabrik, aber halt Knopffabrik. Das gnädige Fräulein Magda Nádas wünschte dahingegen in Gömörsid auf dem Gut ihrer Eltern eine Baumschule und Gärtnerei zu eröffnen und die mit altmodischen Methoden arbeitende Wirtschaft meines Großvaters zu reformieren, eine Blumen- und Gemüsegärtnerei wünschte sie sich. Einige Wochen danach wurde der seit langem dem linken Gedankengut verpflichtete Bräutigam in József Kelens Wohnung im Városmajor Gründungsmitglied der Kommunistischen Partei Ungarns, und diese Wende veränderte den Lebenslauf der beiden. Wenn später die Knopffabrik oder die Gärtnerei von Gömörsid zur Sprache kamen, brachen sie in schallendes Gelächter aus. Pál begann sich für die aristokratischen Buchstaben in seinem Namen zu schämen, und wenigstens das Ypsilon ließ er weg. In den Jahren nach der Belagerung ließ er auch noch ein *s* weg, um zur bäurischen, standesamtlich beglaubigten Schreibweise zurückzukehren.

Ich fragte ihn einmal, warum er seinen Namen einmal so, dann wieder anders schrieb, welche Logik dahinter sei. Er starrte mich durch seine Hornbrille an, und in seiner bezaubernden Art sagte er nur, ach, interessant, habe ich gar nicht bemerkt. Was natürlich eine rechtschaffen aristokratische Antwort ist. Er schuldet niemandem Rechenschaft über die Gestaltung seines Lebens. Meiner Annahme, er habe die Schreibweisen seines Namens nach dem politischen Wind gerichtet, widersprechen hingegen die Tatsachen.

Kann ja sein, dass er es tatsächlich nicht bemerkt hatte. Die anderen wussten nie recht, wie sie den Namen schreiben sollten.

Seine Frau schrieb ihn konsequent Aranyossi.

Er war ein Bohemien, oft von Einfällen geleitet, ich sah ihn oft mit seinen Bohemien-Freunden, mit Oszkár Orody und Oszkár Solt, aber die konnten ihm in Sachen Boheme nicht das Wasser reichen.

Als könnte ihm die Existenz keinerlei Sorgen bereiten. Was er sagte und tat, war nicht unbedingt kohärent, aber es hatte Charme, einnehmende Eleganz. Den Namen ihres Sohnes schrieben sie im Standesregister und auf dem Taufschein einheitlich Aranyossy, und der blieb denn auch bis zu seinem Tod György Aranyossy, allerdings wurde er in Frankreich zu Georges Aranyossy, unter diesem Namen publizierte er seine auf Französisch verfassten Bücher, und seine vier französischen Kinder wurden ebenfalls unter diesem Namen registriert. Das im Historischen Archiv der Staatssicherheitsdienste befindliche Dossier «B» Nummer 10-69.138/1951, das als erste Akte eine auf den 19. Oktober 1951 datierte, von ihm in Paris eigenhändig geschriebene Eintrittsdeklaration enthält, weist aber eine interessante Variante auf. Je soussigné, Aranyossi György, déclare me mettre au service du Államvédelmi Hatóság, pour toutes les missions qu'il désirera me confier. Auf die Art unterschreibt er auch die Deklaration, mit der er sich in den Dienst der Behörde stellt, nach Gutdünken der Behörde. Er lässt das Ypsilon aus seinem Namen weg. Oder die Behörde, der Staatssicherheitsdienst, lässt das Ypsilon weg, und er folgt ihr willig. In seiner am 22. Oktober 1951 verfassten, streng geheimen Meldung in zweifacher Ausführung, betreffend die Anwerbung von «Imre Lukács», schreibt der Sektionsleiter áv. Major Miklós Bauer, dass er György Aranyossis Anwerbung dem Anwerbungsplan gemäß in Paris durchgeführt hat. Er schreibt es auf einer Schreibmaschine, auf der die langen Akzente von ó und ő, wie sie für die ungarische Rechtschreibung benötigt werden, vorhanden sind, nicht aber von í, ű und ú. Die Meldung verwendet im Übrigen den Decknamen des Angeworbenen und referiert detailliert die Umstände der Anwerbung.

In der Familie riefen wir ihn bei seinem französischen Namen, er war und blieb für alle Georges. Genau zwanzig Jahre danach publizierte er unter dem Titel *Ils ont tué ma foi* beim Pariser Laffont Verlag seine Memoiren, laut denen man ihm also seinen Glauben getötet hatte und in denen er diese wichtige Episode seines Lebens mit keinem Wort erwähnt. Wenn er auch dem ersten Teil seines Buchs den wohlklingenden und vielsagenden Titel «Préface aux silences» gibt. Und in unserer Familie gab es tatsächlich niemanden, der mit so viel Stille und Schweigen bedacht wurde. Er seinerseits lebte sein tragisches Leben durchaus fröhlich. In seiner körperlichen Konstitution glich Georges am ehesten unserem Großvater, den er noch gekannt hatte, er war hochgewachsen und schlank, in seiner seelischen Beschaffenheit aber eher seinem Vater, auch er war ein großer Bohemien, wobei ihn eine Leichtigkeit und Verspieltheit charakterisierten, mit denen er jede auch nur entfernt geistige oder seelische Tiefe sorgsamst mied. Er stand im Ruf eines geistreichen Menschen, eines großen Spaßmachers, er konnte eine ganze Tischgesellschaft unterhalten, bearbeitete mit seinen Wortspielen ihr Zwerchfell, da war er unerschöpflich, um ihn herum wogte das Lachen, ich selbst kann es bezeugen, ein Scherz jagte den anderen, er kochte hervorragend, eigentlich lernte ich nicht von meiner Mutter oder meiner Großmutter oder Tante kochen, sondern von ihm, er hatte sozusagen ein Händchen für die Techniken und Kunstgriffe der französischen Küche, er trank genussvoll, aber auch in den Stunden der Fröhlichkeit vermittelte er nicht den Eindruck, als würde er irgendetwas denken. Wenn er sich trotzdem hin und wieder zu einer tiefschürfenden Aussage entschloss, wurde er unerwartet und unangenehm sentimental, voller kitschiger Gemeinplätze, von denen er selbst äußerst gerührt war, manchmal zu Tränen.

In solchen peinlichen Momenten versuchte ich es manchmal mit einem Scherz, aber da verstand er gar keinen Spaß.

Zum Zeitpunkt seiner Anwerbung war er Leiter der damals im Gebäude des ungarischen Konsulats untergebrachten Presseabteilung der ungarischen Botschaft in Paris, in der Rue Saint-Jacques. Den Genossen «Imre Lukács», schreibt Major Bauer in seiner Meldung, hatte Genosse «Modra» telefonisch kommen lassen, er hatte ihm gesagt, der Genosse Botschafter möchte ihn um etwas bitten. Auf der Botschaft teilte ihm dann Genosse «Modra» mit, ein aus Budapest eingetroffener Genosse wolle zuvor noch ein paar Worte mit ihm wechseln.

Ich brauchte ihm nicht vorgestellt zu werden, da ich anlässlich meines letzten Pariser Aufenthalts den Genossen «Imre Lukács» bereits getroffen hatte.

Unter dem Vorwand, den Genossen «Modra» nicht stören zu wollen, geleitete ich den Genossen «Imre Lukács» in ein anderes Zimmer der Botschaft, das gegenwärtig leerstehende Zimmer des Militärattachés, wo ich die Besprechung mit ihm führte. Die Besprechung dauerte ca. anderthalb Stunden, gegen eine eventuelle Abhörung schützten wir uns mit dem eingeschalteten Radio. Zu Beginn der Besprechung teilte ich dem Genossen «Lukács» mit, ich sei als Repräsentant des ÁVH in Paris und wünschte in dieser Eigenschaft mit ihm zu sprechen. Ich erklärte ihm, dass die Arbeit gegen den Klassenfeind außerhalb der Grenzen beginnen muss und dass wir dabei auf seine Hilfe zählen. Mir schien, dass Genosse «Lukács» sogleich verstand, worum es ging, er erklärte sofort, dass wir in allem auf seine Hilfe zählen können, und er freue sich sehr, dass wir uns mit einer solchen Bitte an ihn wenden. Er verstehe es von Seiten der Partei als große Ehre, und wir hätten ihm mit keiner anderen Nachricht eine größere Freude bereiten können. Bevor wir auf die Einzelheiten der Arbeit eingingen, lege er Wert darauf zu deklarieren, dass er uns in allem behilflich sein wolle, soweit es in seinen Kräften stehe. Daraufhin schilderte ich in großen Zügen die Aufgaben, für die wir auf ihn zählen. Ich sagte ihm, dass er aufgrund seiner Arbeit an zahlreiche für uns interessante Informationen herankomme und zahlreiche Menschen kennenlerne, die für uns ebenfalls interessant sein könnten. Genosse «Lukács» teilte mir daraufhin mit, er habe bisher einzelne in der französischen Presse erschienene interessantere Materialien an Militärattaché Sárközi weitergegeben und sie, wenn nötig, auch übersetzt. Ich sagte dem Genossen «Lukács», er solle Artikel militärischen Inhalts ruhig auch weiterhin für den Genossen Sárközi übersetzen, wichtig sei, dass er sämtliche politischen Informationen künftig an uns weiterleite und dass er seine Beziehung zu uns vor niemandem erwähne, auch vor dem Genossen Sárközi nicht. Genosse «Lukács» nannte im Hinblick auf seine zukünftige Tätigkeit einige Probleme. Sein erstes Problem sei, dass sein gegenwärtiger Bekanntenkreis vor allem aus Intellektuellen und Journalisten bestehe, die zur Partei gehören. Nachdem ich ihm mitgeteilt hatte, er müsse seine Bekanntschaften auf die mit uns sympathisierenden, aber außerhalb der Partei stehenden Intellektuellenkreise ausdehnen, stellte sich ihm die Frage, ob er nicht in Schwierigkeiten geraten werde, wenn er eventuell mit schwankenden, nicht gänzlich zuverlässigen Personen in Berührung komme.

Darauf erwiderte ich, dass wir ihm für seine Arbeit keinerlei Vorteile versprechen, hingegen garantieren können, dass ihm aus dieser Arbeit keinerlei Nachteil erwächst.

Als Nächstes erwähnte «Lukács» das Problem, dass die für uns zu erledigende Aufgabe, die Ausweitung seines Bekanntenkreises, bei seinem gegenwärtigen Verdienst unmöglich sei.

Ich versicherte ihm, dass wir die im Zusammenhang mit der Arbeit entstehenden Kosten jederzeit zu decken bereit sind und dass wir bemüht sein werden, ihm auf diesem Gebiet auch materiell beizustehen.

Hier nun fehlen zwei volle Seiten, die das Historische Archiv der Sicherheitsdienste unter Berufung auf György Aranyossis Persönlichkeitsschutz unkenntlich gemacht hat. Es seien heikle Daten, antwortete auf meine Nachfrage die in jeder Lebenslage ungerührt dreinschauende Mitarbeiterin des Archivs, eine blasse junge Frau, der ich im Historischen Archiv in der Eötvös-Straße anvertraut war, wobei sie sich auffallend feindselig und abweisend verhielt, was ich demonstrativ nicht zur Kenntnis nahm. Ich fragte sie, was denn passieren würde, wenn sie und ihre Mitarbeiter die mich betreffenden Akten der Staatssicherheit doch noch fänden, die zu suchen ich gekommen war, die aber auf keine Art zu finden waren, obwohl ich in den Akten von anderen Leuten die Daten, die auf die Existenz meiner Akte hinweisen, gefunden hatte und dann auch vorzeigte. Ob sie wohl die mich betreffenden persönlichen Angaben unter Bezugnahme auf meinen Persönlichkeitsschutz unkenntlich machen würden.

Ohne mit der Wimper zu zucken, sagte sie, ja, persönliche Daten müsse sie unkenntlich machen.

Woraus klar hervorgeht, dass die Geheimorganisation, die mich mit Hilfe ihrer unter Decknamen operierenden Mitarbeiter jahrzehntelang beobachtete, meine Briefe öffnete, las und mit ihren illegalen Methoden darauf aus war, mein Leben von seiner logischen Bahn abzubringen und ihre Mitarbeiter zuweilen auch in meine Schriften und Manuskripte hineinwühlen ließ, wovon sie bei Gelegenheit absichtlich eine Spur hinterließen, Briefe intimen Inhalts und sorgsam aufbewahrte Schriftpacken aus meinem Schreibtisch, Liebesbriefe aus der roten Aktentasche meiner Geliebten stehlen, anonyme Briefe schreiben ließ und Verleumdungskampagnen gegen mich startete, dass diese Geheimorganisation bis zum heutigen Tag aktiv ist. Nicht einmal formell verfüge ich über meine eigenen Daten. Die Organisation hat sich fast unangetastet in die Vierte Ungarische Republik herübergerettet. Sie funktioniert virulent, macht mir eine lange Nase und wird mich samt ihrer Willkür überleben.

Nach der Besprechung dieser Probleme teilte ich dem Genossen «Lukács» mit, dass in Zukunft Genosse «Modra» die Verbindung zu ihm halten werde, dieser werde ihm die Anweisungen der Zentrale weitergeben, und ihm müsse er von der Ausführung der Aufträge Bericht erstatten. Genosse «Lukács» freute sich darüber augenscheinlich, er erklärte, dass er Genossen «Modra» gern möge und sich freue, dass sie, er und Genosse «Modra», von nun an zu zweit sein werden, die in Paris die ÁVH repräsentieren. Am Ende der Besprechung teilte ich dem Genossen «Lukács» mit, er müsse das Wesentliche unseres Gesprächs schriftlich festhalten. «Lukács» ließ keinerlei Widerstand erkennen, er bat lediglich darum, die Erklärung wegen seiner schwächeren Kenntnis des Ungarischen auf Französisch abfassen zu dürfen.

Sein Verbindungsoffizier konnte Französisch, und deshalb wurden seine französisch verfassten Meldungen für den Dienst erst zu einem Problem, als jener später eine andere Aufgabe im Staatssicherheitsdienst zugeteilt bekam. Da lernte Georges auf Aufforderung des Diensts ungarisch schreiben, ja, er war dem Dienst sehr dankbar dafür und kam in seinen Meldungen mehrmals auf seine Dankbarkeit zurück. Er wurde als Geheimer Informator qualifiziert, die Behörde änderte seinen Namen in Almádi, Imre Almádi, bis sie ihn nach einem längeren Konflikt am 28. Mai 1957 aufgrund seiner völligen Ungeeignetheit als Spitzel aus dem Dienst ausschloss.

Die verschiedenen Schreibweisen der Namen von drei verwandten Personen, dazu die lange Reihe von falschen Namen und Decknamen, wie sie in der Emigration und der Bewegung verwendet wurden, sind vom Gesichtspunkt unserer Geschichte keineswegs uninteressant. Zu dem Zeitpunkt aber, als Reichsverweser Horthy Aranyossi nach Moskau schicken wollte, hatte die auch mir Schwierigkeiten bereitende Anomalie der Schreibung keine Bedeutung. Wichtig war nur, dass die Geheimdelegation abreiste, bevor die Russen den Belagerungsring um Budapest herum schlossen. Rátz oder Rácz sagte, sie würden über die Ländereien eines mit Horthy befreundeten Großgrundbesitzers noch sicher durch den Belagerungsring hindurchgelangen.

Aranyossi war mit der sofortigen Abreise unter zwei Bedingungen einverstanden. Horthy solle die inhaftierten Kommunisten freilassen, wofür vierundzwanzig Stunden ausreichen würden.

Er solle eine nicht mehr als dreißig Namen umfassende Liste aufstellen, sagte der Pfeilkreuzler Rátz, der protestantische Rácz oder ein dritter Rácz.

Die Liste würde folgen.

Er konnte nämlich die Liste nicht allein zusammenstellen, er musste zuerst seinen Vordermann finden, Stupsnase-Fitos, was er aber Rátz oder Rácz nicht sagen durfte.

Wir haben keine Zeit, sagte Rátz oder Rácz, er solle die Liste sofort schreiben. Aber inzwischen solle er seine zweite Bedingung nennen.

Sie sollen den Sohn des Reichsverwesers, Miklós, in die Delegation aufnehmen.

Wer die Mitglieder der Delegation waren, wüsste ich aber nicht zu sagen, und auch Tante Magda konnte die Frage nicht beantworten, als ich nachts neben ihrem Bett unter dem lebensgroßen Bild meiner Urgroßmutter saß, im barocken Lehnstuhl meiner Urgroßmutter. Und sie konnte die Frage auch nicht beantworten, als die Historiker vom Parteihistorischen Institut, also ihre eigenen Kollegen, sie zwischen dem 2. Juni und dem 31. August 1970 achtmal zu ihrer Vergangenheit befragten. Die beiden Geschichten decken sich auch nicht in jeder Hinsicht. Und bestimmte Einzelheiten dieser Geschichten weichen ihrerseits stark von den 1978 im Kossuth Verlag publizierten Memoiren meiner Tante ab. Angesichts der Wandelbarkeit der Realität scheinen mir ihre mündlichen Mitteilungen zuverlässiger, mir gegenüber hatte sie ja keinen Grund, Dinge zu entstellen, sie der aktuellen politischen Lage anzupassen, ihre Erinnerung zu korrigieren oder zu lügen, im Gegenteil, sie wollte mir gewissermaßen heimlich ihr Leben anvertrauen. Leidenschaftlich weihte sie mich in ihr Erlebtes ein, allerdings weiß ich, wie das mit der persönlichen Erinnerung ist, und halte mich deshalb an mein eigenes Gedächtnis sowie an ihre mündlichen Mitteilungen, die ich hin und wieder vorsichtig mit Hilfe des Standesregisters und der Memoiren vervollständige, mit deren Hilfe ich aber auch meine Erinnerung kontrolliere, und nicht nur in diesem einen Fall.

Warum wäre das nötig, fragte Rátz oder Rácz.

Weil sonst die Delegation auf dem Land des Großgrundbesitzers geradewegs in eine Falle hineinspazieren könnte.

Rátz oder Rácz tat, als verstünde er nicht.

Falls wir erwischt werden, falls die Deutschen die Delegation verhaften, wäscht sich Horthy die Hände in Unschuld, sagt, das sei eine kommunistische Verschwörung, die gehe ihn nichts an, sie sollen mit uns tun, was sie wollen.

Er brauche eine Garantie.

Mit seinem Sohn in der Delegation übernimmt Horthy die eindeutige politische Verantwortung für die Unterhandlungen.

Darauf könne er jetzt keine Antwort geben, sagte Rátz oder Rácz, aber Aranyossi solle ein Blatt Papier nehmen und die Namen derer auflisten, die der Reichsverweser freilassen soll.

Es gelang ihm, aus dem Gedächtnis die Namen von dreißig Verhafteten aufzuschreiben, und meine Tante meinte sich zu erinnern, dass der Name von László Rajk, alias Firtos, alias spanisch getönt Fiertos, alias Kirgise, ein weiterer Deckname von ihm, auf der Liste den ersten Platz einnahm. Rajk war zusammen mit Aranyossi im Internierungslager von Le Vernet in den Pyrenäen inhaftiert gewesen, und wahrscheinlich war beiden gemeinsam zur Flucht verholfen worden. An dieser Fluchthilfe hatte Tante Magda nach eigener Aussage teilgenommen. Um es konspirativ auszudrücken, sie und weitere Genossen hatten ihnen zur Flucht verholfen. Sie sagte nicht, welche weiteren Genossen. Die Umstände der Fluchthilfe erzählte sie in allen Einzelheiten, aber sie sagte nicht, mit wem und warum auf diese bestimmte Art. Sie lachte höchstens ein bisschen über meine hartnäckige Neugier. Auf Anweisung der Partei mussten sie nach Hause zurückkehren. Sie hatte die Aufgabe zusammen mit weiteren Genossen erledigt. Ist es denn nicht egal, mit wem. Ich kenne sie ja sowieso nicht. Von der Geschichte der Flucht oder der Fluchthilfe existieren aber mehrere schriftliche Versionen, in denen meine Tante berichtet, Pál Aranyossi sei selbständig aus dem Internierungslager von Les Milles geflohen, während sie in diesen schriftlichen Erinnerungen den Namen László Rajk nicht erwähnt. Zu Rajks Flucht oder Befreiung habe ich keine zuverlässigen Angaben gefunden, auch wenn mehrere Versionen im Umlauf sind. Aber wenn man das von der Paranoia des Rajk-Prozesses dicht durchwobene, für die Öffentlichkeit bestimmte Material sowie die geheimen Protokolle durchliest, speziell Rajks Geständnis betreffend seinen Aufenthalt in Le Vernet, wo er gleichzeitig für die Gestapo und den amerikanischen Geheimdienst gearbeitet habe, wird auch klar, wie im gegebenen Augenblick die beiden weiteren, von der mündlichen Erzählung abweichenden Versionen von der Flucht meines Onkels entstehen konnten. Diese Versionen müssen Aranyossi von Rajk und Noel H. Field und überhaupt vom Lager in Le Vernet in möglichst großer Distanz halten.

Wie auch immer, Aranyossi und Horthys Kurier vereinbarten, dass sie sich zwei Stunden später an einem bestimmten Ort treffen würden.

Bis dahin konnte auch Rátz oder Rácz die Antwort überbringen, und so würde nicht einmal der Zeitpunkt der Abreise gefährdet. Aranyossi brauchte die Zeit, um seinen Vordermann, Fitos, von der Liste in Kenntnis zu setzen und bei der Partei die Erlaubnis zur Reise einzuholen.

Aber er fand Fitos nirgends.

Überhaupt, es ist mir unverständlich, wie Rátz oder Rácz die Aranyossis hatte finden können, auf Fitos' Anweisung durften sie sich schon seit Monaten nicht mehr in ihrer eigenen Wohnung in der Damjanich-Straße aufhalten, durften sich dort nicht einmal ein Taschentuch holen gehen, in jenen Tagen wohnten schon wir dort. Sie mussten in der Stadt von einem Übernachtungsort zum andern ziehen, mit ihren auf verschiedene Decknamen ausgestellten, wegen dauernd neuer Verordnungen immer wieder ungültig werdenden Dokumenten. Sie wohnten bei Oszkár Solt oder bei Oszkár Orody, Aranyossis Bohemien-Jugendfreunden, die jeglicher Illegalität und kommunistischer Bewegung fernstanden, aber dem Gedanken sozialer Verantwortung sehr nahe, beides Ärzte, unkonventionelle, mutige Männer. Sie wohnten bei den Lombos in der Garay-Straße oder bei Stefike Sugár, der Witwe des Malers István Dési Huber, in ihrer mit dem Vermächtnis ihres Mannes und Andor Sugárs vollgestopften Wohnung in der Ipar-Straße, wo damals wahrscheinlich auch schon das fotografische Vermächtnis von Kata Sugár aufbewahrt wurde. Oder zumindest der Teil des Vermächtnisses, den sie vor ihrem Selbstmord vergessen hatte zu verbrennen. Die Bilder und Kontaktabzüge habe ich Jahrzehnte später in Stefikes Wohnung in der Ipar-Straße selbst gesehen. Die Aranyossis wohnten in jenem Augenblick gerade in István Nádas' Sommerhaus oberhalb von Óbuda, Alt-Ofen, auf dem Testvér-Hügel, Bruderhügel, das mein Onkel Pista, der Siegelwart, fast zehn Jahre zuvor schon als Versteck und Überlebenssicherung gekauft und präpariert hatte. Er war ein vorausblickender Mensch. Das Grundstück hatte er seiner eigenen Tante abgekauft, Erzsébet Mezei, die in dieser stadtnahen Gegend ausgedehnte Wäldereien besessen hatte, aber nachdem die Familie in der großen Wirtschaftskrise im Eiltempo verarmt war, begann Záza ihre Wälder zu verkaufen. Als Aranyossi seinen Vordermann nach Stunden noch nicht gefunden hatte, er hatte ihn in der Semmelweis-Straße gesucht, im Staatskasino, im Rathaus, wo innerhalb des Beamtenapparats eine ziemlich locker organisierte, aber sehr wendige Widerstandsgruppe agierte, die außerhalb der kommunistischen Hierarchie stand, auch wenn sie mit ihr zusammenarbeitete, blieb ihm nichts anderes übrig, er musste in Windeseile seiner Frau erzählen, worum es ging, sie hatte ja vielleicht eine Idee, wo man Fitos finden könnte.

Tante Magda machte sich auf die Suche und fand ihn auch, sie hatte eine Sicherheitsadresse, wo sie dringende Nachrichten hinterlassen konnte.

Fitos, dessen wahren Namen sie erst nach der Belagerung erfuhren, zuckte bei der Nachricht mit den Schultern. Auf eigene Faust könne ihr Mann schon gehen. Meine Tante, die sich ein Leben lang bemühte, ihre Unbeherrschtheit zu zügeln, eigentlich die Unbeherrschtheit ihres Vaters, meines Großvaters, und wer weiß noch wie vieler Generationen zurück, verlor die Fassung und fuhr Fitos an.

Jetzt bitte, sagte sie mit ihrer herrschaftlich näselnden Stimme leise und drohend, worauf sie plötzlich zu schreien begann, sagen Sie mir doch, seit wann wir irgendetwas auf eigene Faust tun. Entweder erhält Aranyossi eine Anweisung und geht dann mit der Delegation nach Moskau, oder er erhält keine Anweisung, und dann geht er mit keinerlei Delgation nach keinerlei Moskau.

Wenn sie jemanden anfuhr, schnarrte sie noch mehr als gewöhnlich, sie sprach, als kanzle sie einen Bediensteten ab. Bekanntlich tut man das aber nicht, man kanzelt die Bediensteten nicht ab.

Mit mir nahm sie diesen Ton zwar nie an, aber ich kannte ihn von mir selbst, auch ich habe einen ererbten Vorrat davon. Und auch ich bemühe mich seit jeher, diese von Großvater Neumayer geerbte Anschnauz-Tendenz im Zaum zu halten, was mir hin und wieder auch gelingt.

Es gab Fälle, in denen ich ihr absichtlich freien Lauf ließ. Eigentlich könnte ich zählen, wie viele.

Fitos hatte ein rundes, freundliches Gesicht, einen sanften Blick, eine Stupsnase, was meine Tante bei jeder ihrer Begegnungen eigens in Rage brachte.

Wie konnten die Genossen einen sprechenden Decknamen wählen. Ein Deckname darf nichts enthüllen.

Sie hätte ihre Frage nie aussprechen dürfen. Die Partei wusste, was sie tat. Die Partei irrte nie.

Allerdings hatte auch László Rajk einen beschreibenden Decknamen erhalten. Mit seinem breiten Kiefer und den schmalen Augenschlitzen hätte er auch ein Kirgise sein können.

Und so klingt in György Markos' Memoiren die Behauptung, Fitos' Deckname gehe auf meine Tante zurück, höchst merkwürdig.

Wie hätte jemand seinem Vordermann den Decknamen geben können.

Und doch entspricht es wahrscheinlich den Tatsachen. In diesem Fall stimmt die Version, die mir meine Tante erzählte, weder mit György Markos' Version noch mit ihren eigenen, von ihren Genossen stark redigierten schriftlichen Erinnerungen überein. Dort schreibt sie, ihr Nebenmann habe sich ihr als Karcsi Jászberényi vorgestellt, und sie und György Markos hätten ihn unter sich Fitos genannt.

Fitos war vom herrschaftlichen Auftritt meiner Tante nicht überrascht, er zuckte dauernd mit den Schultern, was der Erziehung meiner Tante gemäß nicht gestattet war, sie sagte es ihm auch gleich, zucken Sie mir nicht dauernd mit den Schultern. Was mit ihrem weichen r besonders komisch klingen musste.

Fitos antwortete mit überraschender Offenheit, seine Gleichgültigkeit gegenüber der wichtigen Mitteilung und der unbegründeten Aufgebrachtheit meiner Tante rühre daher, dass eine ähnliche Delegation die Grenze bereits überschritten habe (heute wissen wir, dass sie von General Gábor Faragho geführt wurde und in der Person von Imre Faust, dem namhaften Verleger der Zeitschrift *Kelet Népe, Volk des Ostens,* ebenfalls einen Kommunisten als Mitglied hatte) und auch schon in Moskau eingetroffen sei (demzufolge muss das Gespräch zwischen Fitos und Tante Magda am 6. oder 7. Oktober stattgefunden haben, die Delegation war am 5. Oktober eingetroffen), und er könne also nicht sagen, warum ihnen Horthy diese zweite Delegation nachschicken wolle. Aber wenn sie wirklich gingen, solle Aranyossi mitgehen.

Rátz oder Rácz brachte zum Treffen in der Innenstadt die Nachricht mit, dass Aranyossis erste Bedingung erfüllt werde, aber auf den ersten Listenplatz müsse er einen anderen Namen setzen, Rajk könne da nicht figurieren.

Und warum nicht, fragte mein Onkel, der sich kaum mehr beherrschen konnte.

Weil sich Rajk auf freiem Fuß befinde.

So rückte Dr. Emil Weil auf den ersten Listenplatz vor.

Was hingegen Aranyossis zweite Bedingung betreffe, habe er momentan keine Antwort, sagte Rátz oder Rácz bei diesem Treffen, aber er solle jedenfalls abfahrtbereit sein. Die erste Bedingung würde in den nächsten Stunden erfüllt werden. Die von ihm genannten politischen Gefangenen würden innerhalb von einigen Stunden freigelassen werden.

Es war logisch, dass der Vordermann unter allen Umständen alles wissen musste, während der Nebenmann nur wissen durfte, was ihn direkt betraf. Auf die Art ließ sich für den Fall, dass jemand aufflog, der Kreis der Personen, die er verraten konnte, einschränken. Und auf die Art blieb das Netz unter Kontrolle. Gegebenenfalls wurden verdächtig gewordene Personen von der Hierarchie der Bewegung abgehängt. Das musste rasch geschehen. Es ging um die Funktionsfähigkeit des Netzes. Dieses im Jargon der Bewegung verwendete Verb, abhängen, konnte zuweilen auch eine fatale Bedeutung annehmen, sie sprachen nie aus, welche genau, aber es konnte auch Mord sein. Für diesen Ausnahmefall gab es eine Pluralform, wir haben es erledigt. Oder eine andere Variante, die Jungs haben es erledigt. In ihren nächtlichen Monologen verwendete meine Tante dieses Verb in beiden Varianten mehrmals. Es war so suggestiv, dass auch ich miterlebte, wie die Jungs im Schutz der Nacht die definitive Lösung für den Verräter finden. Der Mord war in diesem Fall Gegenstand ihres kollektiven widerständischen Stolzes. Sie verbanden ihn nicht mit der Person, die ihn ausführte, sondern mit ihrer unfehlbaren Partei. Und wie ich im Politisch-Historischen Archiv sehe, hat meine Tante im Zusammenhang mit einem namhaften französischen Kommunisten, Marcel Gitton, das fatale Verb ein einziges Mal auch schriftlich festgehalten, in ihrer eigenen Handschrift.

Gitton, der ursprünglich zum äußersten linken Flügel der Partei gehört und in der Zeit ihrer Pariser Emigration auch mit den Aranyossis in Verbindung gestanden hatte, wandte, zusammen mit vielen anderen enttäuschten Kommunisten, nach der Unterzeichnung des deutsch-russischen Nichtangriffspakts der Kommunistischen Partei Frankreichs wütend den Rücken. Er war Parlamentsabgeordneter der Partei gewesen, zu seinem Aufgabenbereich hatte die Aufsicht über die kommunistischen Gewerkschaften gehört. Zusammen mit Thorez und den Sozialisten Léon Blums hatte er die antifaschistische Volksfront ins Leben gerufen, den Front Populaire. Meiner Tante zufolge stellte sich unter der deutschen Besatzung heraus, dass er ein Mann der Polizei war. Das von den nächtlichen Gesprächen her vertraute Verb steht in ihrer eigenen Handschrift auf der letzten Seite des am 17. Juli 1970 aufgenommenen Protokolls ihrer Aussage. Die Genossen erledigten es dann. Sie hielt es für nötig, das eigenhändig hinzuzufügen, bevor sie das Protokoll ihrer Aussagen zu ihrem Leben in der Bewegung unterschrieb.

Heute wissen wir, dass sich die Sache gerade umgekehrt verhalten hatte.

Die Genossen hatten Gitton als Spitzel angeklagt, um ihn umbringen zu können.

Denn Gitton hatte sich in seiner Wut über den deutsch-russischen Freundschaftspakt tatsächlich sehr weit vorgewagt, er hatte tatsächlich mit Jacques Doriots faschistischer Bewegung, dem Parti Populaire Français, zusammengearbeitet, und er schrieb tatsächlich regelmäßig für deren Blatt, den *Cri du peuple*. Aber ein Spitzel war er nicht. Ich kann nicht umhin, hier zu erwähnen, dass sich Doriot vom Kommunisten zum Faschisten gemausert hatte, auch er war von der obersten kommunistischen Führungsschicht zu den Faschisten gekommen. Gitton wurde am 5. September 1941 im deutsch besetzten Paris an der Ecke der Rue des Lilas und der Rue de Bellevue von seinen Genossen niedergestreckt. Wir wissen auch, dass die Exekution am helllichten Tag vollzogen wurde, von Marcel Cretagne, der unter dem Decknamen Focardi Mitglied der Aktionsgruppe war. Ob es seine Scharfrichter wussten oder nicht, jedenfalls gehört zur Dramatik der Sache, dass Marcel Gitton ein paar Tage vor seiner Hinrichtung den untergetauchten Jacques Duclos, der Thorez als Generalsekretär der Kommunistischen Partei vertrat, vor dem Auffliegen, also vor dem sicheren Tod, gerettet hatte, trotz seiner bereits zwei Jahre dauernden wütenden Abwendung von der Partei.

Der schicksalsschwere Samstag im November 1944, an dem die Margaretenbrücke einstürzte, bescherte ihnen im unteren Trakt des zweigeschossigen Kellers dramatische Momente. Sie lebten nach einer strikten Tagesordnung. Magda Róna, für mich ein Leben lang Tante Duci, hatte da unten gerade das Mittagessen zubereitet, sie aber noch nicht dazugerufen. Sie hatte das noch vorhandene Mehl mit Stärke gestreckt, mit Wasser vermischt und auf der Herdplatte kleine Fladen gebacken. Sie besaßen auch noch konserviertes Gemüse und Fleisch, aber damit mussten sie vorsichtig umgehen. Schon weil ein Teil der Konserven mit István Nádas' Konservierungsmethoden hergestellt war, von denen nicht alle funktionierten. Es gab von ihm konservierte Speisen, die zwar nicht verdarben, aber wegen des durchdringenden Geschmacks oder Geruchs der Konservierungsmittel trotzdem nicht mehr genießbar waren. Diese taten sie *für alle Fälle* beiseite. Mein Onkel István und mein Vater waren, der normalen Tagesordnung folgend, im oberen Kellertrakt gerade mit dem Fälschen von Dokumenten beschäftigt. Sie hatten da ein akkurat eingerichtetes kleines Kabinett. Die Papiere mussten auf eine Art gewaschen und gebügelt werden, dass das Papier auch an der Stelle der gelöschten Einträge nicht dünner wurde oder wegen der Flüssigkeiten Wellen warf. Die auf die Erkennung von gefälschten Papieren spezialisierten Pfeilkreuzler und Polizeibeamten hielten die Dokumente gegen das Licht und erkannten ungeschickte Manipulationen auf Anhieb. Dank ihrer unerbittlichen Präzision eigneten sich mein Vater und sein älterer Bruder für diese heikle Arbeit besonders. Die Explosion erschütterte mehrmals das gesamte Röhrensystem des ungeheuren Hausblocks. Die Rohre konnten brechen, das Wasser oder die Abwässer die Keller überschwemmen, das Gas konnte ausströmen, oder alles miteinander. Für einen Augenblick gingen die Lichter aus. Die zerrissenen elektrischen Leitungen in der Wand konnten einen Brand verursachen.

Sie warteten auf die nächste Explosion, aber nur die Erde bebte, und mit ihr bebte, ratterte, knirschte, zitterte der Hausblock.

Vielleicht waren gerade Ponton, Razzia oder Sabotage die ersten Fremdwörter, die ich mir wegen ihres speziellen Klangs merkte und auch verstand. Aber auch das deutsche Wort Brückenkopf kam mir nicht fremd vor, als ich später lernte, was das Wort bedeutet. Es sehr früh lernte, aus den Kriegsfilmen. *Der Brückenkopf, der Brückenkopf,* schrien sich die fliehenden Nazis zu und sprangen auf und in ihre Motorräder mit Seitenwagen. Schon als Vierjähriger war ich voller Wörter, Klänge, Gesten, voll vom Anblick des reißenden Flusses, der Geschwindigkeit und ungeheuren Kraft des mächtigen, cremigen, gelblich grauen Gemischs aus Wasser und Lehm. Die Kraft reißt alles mit. Dieses Alles, mein kleines All, riss mich nicht mimetisch, sondern empathisch hin und fesselte mich für immer. Nicht ich machte mir die Wörter, die Informationen, die Emotionen oder die Phänomene zu eigen, sondern die Wörter und Phänomene ließen mich mitstrudeln. Sie fingen mich ein, schluckten mich. Ich wurde von ihnen aufgesogen, ich gab ihnen nach, jedem von ihnen, sie vereinnahmten mich immer wieder, auf diese Art drangen sie in meinen Verstand ein. Ob ich ein Ich habe oder vielleicht auch keins, jedenfalls verlor ich es in diesen Momenten. Kenntnisse, die auf anderen Wegen daherkamen, fasste ich nicht auf, verstand sie nicht.

Ich bin wahrscheinlich leicht autistisch, nur habe ich das lange, sehr lange, bis an die Schwelle des Alters nicht gemerkt. Beziehungsweise nahm ich nicht zur Kenntnis, dass mein Auffassungsvermögen nicht so ist wie das der anderen.

Das Erlebnis des Ichverlusts war umwerfend. Das Ich, das heißt das Gesamt der Eigenschaften eines Menschen, ist wie die mehr oder weniger ausgekühlte, dünne Erdkruste, unter der das rein physische Reich des Magmas brodelt und bebt.

Das ist nicht mehr das Ich, sondern seine Physis.

Überwältigt zu sein, das genügt einem Kind längst. Die eiskalte Tiefe barg Tote, die Toten vom Kai und von der Brücke. Auch das wusste ich. Ich war der eiskalte Fluss mit seinem wahnsinnigen Reißen, der Strom, der sie aufgenommen hatte. Noch jahrzehntelang verstand ich nicht, dass nicht ich seine Toten war. Ich wusste auch, dass die Donau zum Meer raste, nie anhielt, immer nur weiterströmte, und dass das Meer ein sehr großes Wasser war, ausgedehnt, so weit das Auge reichte, und dahinter ging es immer noch weiter, so groß war es. Von dort kommen die Möwen. Lange, sehr lange wollte ich nichts anderes als das Meer sehen. An dem von Minensplittern zerhackten Geländer auf dem Neupester Kai stehend, zeigten meine Eltern mit den Armen, wo und wie groß es war. Das Meer musste etwas Lustiges sein, denn während sie beide mit den Armen fuchtelten, so groß ist es, lachten sie die ganze Zeit, so sehr, dass ich mitlachen musste.

Und tatsächlich stellte sich das Meer als ziemlich wunderbar heraus, als ich es anderthalb Jahrzehnte später zum ersten Mal sah. Ich hatte mich von den anderen losgerissen und lief auf unwegsamem Gelände über Stock und Stein dem Geräusch nach. Es war klar, dass es das Geräusch des Meers war, das Geräusch der Wellen, obwohl ich zuvor noch nie Wellenschlag gehört hatte. Nicht einmal Filme hatte ich gesehen, in denen das Meer vorgekommen wäre. Aber meine Cousine Yvette hatte oft von ihren Ferien erzählt. Vacances, das Wort selbst bedeutete für sie das Meer. Unter steil überhängenden Dünen versank ich bis zu den Knöcheln im trockenen Sand, das Gehen war schwierig, zwar kam das Geräusch dieses Etwas immer näher, ich atmete zum ersten Mal seine Luft, seinen Hauch, und doch war es nirgends. Herr im Himmel, wo bleibt denn dieses Meer. Ich flog ihm entgegen, ich war siebzehn. Und wurde im Taumel plötzlich gewahr, dass ich ja bis zur Hüfte im Wasser stehe. Ich stehe im Meer. Es schlug mir gleich gegen den Schoß, ich hatte den salzigen Sprühregen von den Wellen auf den Lippen. Im Nebel erblickte ich es zum ersten Mal, besser gesagt, erblickte es nicht, im milchweißen Morgennebel, in einem hübschen polnischen Badeort namens Międzyzdroje, Misdroy auf Deutsch.

Mit seiner uralten Uferpromenade, seinen uralten Molen und Villen mit Holzveranda und den aufgeblasenen Stilelementen der Gründerzeit, also der deutschen Jahrhundertwende, hatte der kleine Badeort den Krieg relativ ungeschoren überstanden. Der stark salzige Dunst löste sich ein paar Stunden später auf. Jeden heiligen Sommertag Punkt halb elf, aber auch dann nicht, damit sich das Meer zeigen konnte. Für mich ist dieses meteorologische Phänomen, die Auflösung des Nebels, bis zu meinem Tod, oder vielleicht auch darüber hinaus, ins Gefühl eines braungebrannten weiblichen Körpers überschrieben, das Gefühl des hellen kleinen Abdrucks ihres zweiteiligen Badeanzugs auf ihrem Schoß und ihren Brüsten. Als Autist nehme ich die Außenwelt nicht in Begriffen, sondern in Bildern wahr. Zu ihren Phänomenen gibt es Wörter, die manchmal erst nach Jahrzehnten verständlich werden oder auch wie, während andere sie verstehen. Das Meer mit der sich sichtbar hebenden Dunstkulisse war wie eine Theatervorstellung, bei der ich nicht nur als Zuschauer präsent war. Ein kühler Körper, er gab kleine Töne von sich, wimmerte, mit seinem Duft, der vom Vortag am Meer an ihm haften geblieben war. Diese Polin namens Danuta, an deren Nachnamen ich mich beim besten Willen nicht mehr erinnere, so eifrig ich in meinen alten Briefen und Papieren auch suche, war lebhaft wie ein Aal, fröhlich, laut, sonnengebräunt, dünn, unwiderstehlich, aber gerade von der Unwiderstehlichkeit wusste ich noch nichts, gar nichts, davon, dass ich überraschenderweise nicht widerstehen konnte; die an ihrem Körper klebenden Sandkörnchen nahm sie überallhin mit, sie hatte eigentlich einen knabenhaften Körper, mit den kleinen Brüsten, dem kurzgeschnittenen blonden Haar, alles um sie herum knirschte, eine Warschauer

Beamtin auf Urlaub, mitsamt ihrer trägen Freundin, wahrscheinlich ein bisschen verrückt, exaltiert, auch die träge Freundin verhielt sich nicht gerade besonnen. Dass ich etwas tue, das ich gar nicht hatte tun wollen, und plötzlich gewahr werde, dass es schon Teil meines Lebens ist. Ich weiß nicht, wie sie hierhergeraten waren. Das Haus gehörte Freunden von Freunden. Sie radebrechte auf Französisch und Deutsch. Pünktlich um halb elf, wenn sich der Nebel auf einmal lichtete, weihte sie mich in einem deutschen Herrenzimmer, wo unter unseren Füßen der Sand auf dem Parkett knirschte, zwischen den verwaisten deutschen Kulissen, zwischen den zurückgelassenen Versatzstücken einstiger deutscher Urlaube in die emotionslose Liebesphysik ein. Beim Fenster stehend suchten die Körper die passenden Punkte. Nichts anderes, die passenden Punkte der Schöpfung. Sie war sehr hilfsbereit. Es war wie eine kühle, fröhliche Operation, die die Chirurgin vorsichtig an mir vollzog. Höchstens der Schöpfer konnte durchs Fenster hereinschauen. Jetzt erinnere ich mich an ihren Nachnamen, aber ich belasse ihn geschützt an seinem Ort, soll er lieber im Vergessen versunken bleiben. Plötzlich war kein Dunst mehr da, das Wasser glitzerte. Ich war froh, dass wir auch das hinter uns hatten, denn wenn ich Schriftsteller werden wollte, musste ich ja wissen, warum diese gewisse Handlung für andere so interessant ist. Aber ein paar Tage sind nicht viel, es waren noch nicht viele solcher Tage vergangen, an denen ich das Gefühl hatte, dass ich in dieser Spielart des Physischen vielleicht in den Hafen einlaufe, auch wenn ich sie, und das brachte mich durcheinander, nicht verstehe, nicht auffassen kann, weder mich noch sie, warum ist es so, und warum platze ich fast vor Stolz, als mich Danuta wegen eines etwas älteren und, seien wir ehrlich, um einiges hübscheren Jungen fallenließ, ohne ein Wort zu sagen. Es tat weh. Auch wenn ich ihrem Schritt zustimmen musste. Ich hätte es an ihrer Stelle auch so gemacht. Ein paar Tage hatten mir genügt, um mir ihr ganzes Wesen einzuverleiben und die anderen mit ihren Augen zu sehen. Etwas tat weh, von dem ich zuvor nicht gewusst hatte, dass es existierte und weh tun konnte. Der Verlust von etwas tat weh, das mit ihr nichts zu tun hatte. Ich versuchte herauszufinden, welches sichtbare oder unsichtbare Zeichen der Liebesphysik sie an ihm vorzog. Dieser etwa zwei Jahre ältere Junge schlief in meiner unmittelbaren Nähe, zwei Armeslängen trennten unsere Betten, nicht mehr, ich hätte ihn gern nackt gesehen, um etwas über das Besondere seiner physischen Gegebenheiten zu erfahren. Ich versuchte die Vorteile seiner Nase, seiner Haut, seiner Glieder, seiner Muskulatur, seiner Beweglichkeit, der Wellen seines Haars abzuschätzen. Ich betrieb nicht komparative Physiologie, sondern studierte ihn zusammen mit Danuta, die ganz sicher nichts studierte, höchstens hin und wieder über das eine oder andere staunte. Hier aber öffnete sich eine unterirdische Falle, und wenn ich hineingefallen wäre, wäre ich zu einem erotischen Grunderlebnis meiner frühen Kindheit zurückgelangt. Aber ich erinnerte mich noch nicht daran, ich trat nicht in die Falle, und so konnte mir meine frühe Kindheit gar nicht in den Sinn kommen. Noch jahrelang, jahrzehntelang blieb alles unerklärlich.

Ich wartete, dass der ältere Junge endlich von Danuta zurückkomme. Seinen Namen hat der unergründliche Schmerz in mir völlig gelöscht. Doch dass er nachts wegblieb, das war gerade die heimliche Substanz meines physischen Wissens. Mit mir hatte es Danuta nicht so gemacht. Sie hatte nur ihre Freundin hinausgeschickt, mir etwas von den nüchternen Morgen gegeben, bis sich der Nebel auflöste, dann liefen wir au plage, wie sie mit ihrem lückenhaften Französisch sagte, pour baigner. Auf dem Verandatisch lagen noch die ziemlich abstoßenden Reste des Frühstücks.

Wenn ich nachts oder in der Morgenfrühe hochschreckte, weil er doch zurückgekommen war, kippte er angezogen ins Bett, nur einmal strampelte er im frühen Dämmer seine Unterhose von sich, aber da hatte er mir den Rücken zugewandt. Ich sah nur, dass er milchweiß war. Er redete nichts. Er trug eine noch größere Last als ich. Wollte mit niemandem Kontakt haben. Die Mädchen schaute er nicht so erbost an wie die Jungen, aber meistens gab er auch ihnen keine Antwort, wenn sie ihn etwas fragten, sie waren Luft für ihn, er hielt sie für blöd, begriffsstutzig, womit er größtenteils recht hatte. In diesem Sommer, vielleicht dem letzten Sommer ihrer Mädchenzeit, waren diese Kunstgewerbeschülerinnen extrem dämlich. Dauernd bügelten und ordneten sie ihre Kleider, taten heikel, tauschten Dinge, lackierten sich die Nägel, kämmten sich gegenseitig die Haare und waren vollkommen mit ihrem katastrophalen Äußeren beschäftigt. Mich amüsierte das, ich bügelte mit ihnen, schob ihre Haarlocken hin und her, half ihnen, sie zu wickeln. Wenn ich schon da im Weg stehe, soll ich ihnen doch die Lockenwickler, das Brenneisen halten und reichen. Ohne ein Wort zu sagen, spielte dieser Junge elastisch Volleyball oder Basketball und gab nie einen Laut von sich. Er machte eine Lehre als Glasbläser. Ich sah auch, dass ihn nichts aus der Ruhe brachte, nichts erschreckte und nichts begeisterte. Zwei Wochen später rief mir Danuta noch einmal etwas zu, auf der Mole, wo wir uns zufällig begegneten. Sie stand mit diesem hübschen Jungen zwischen den kreischenden Möwen, reden konnte sie mit dem überhaupt nicht, er konnte nicht einmal Russisch, und so plapperte sie polnisch zu ihm; sie standen ineinander verschlungen da, Knie zwischen Knien, die Hände umeinandergewunden. Sie reise morgen, rief sie im Meereswind, sie gebe dann noch ihre Adresse an. Was sie aber nie getan hat. Sie ließ mich mit diesem seltsamen chirurgischen Erlebnis allein. Sie schrieb zwar noch einmal, vielleicht halb auf Deutsch, halb auf Französisch, aber soweit ich mich erinnere, stand ihre Adresse auch nicht auf dem Umschlag. Ich suchte und suche ihren Brief, finde ihn nicht, obwohl ich mich zu erinnern glaube, dass ich ihn aufbewahrt habe oder wenigstens aufbewahren wollte.

Und mich beschäftigte intensiv die Frage, wie Phänomene und Erfahrungen, die einen großen inneren Aufruhr verursachen, überhaupt mit der Logik zu vereinbaren wären. Das beschäftigte mich wirklich, selbst wenn wir von keinem vierjährigen Kind wissen, das tatsächlich fragen würde, was die Einordnung und Verifizierung der Tatsachen, das heißt ihre bewusste Reflexion, denn eigentlich bedeuten und wie einerseits Logik entstehe, also jene vorgeformten Schichten und Krusten der Bewusstseinsinhalte, und wie andererseits das Spezifische, Individuelle, einem Wesen je Eigene.

Wenn ich nach der Belagerung, an die Hand meines Vaters, meiner Mutter oder sonst eines Erwachsenen geklammert, erschrocken verfolgte, wie Frauen und Männer ungezügelt, mit gedämpfter Stimme oder auch herumschreiend und gestikulierend ihrer Aufregung freien Lauf ließen und mit eruptiven Ausrufen den Bogen ihrer Sätze zerrissen, geriet ich selbst in Aufregung. Es war eine freudige Aufregung, ihre Strömung riss mich gefährlich hin, riss mich mit. Sie begriffen nicht, warum ich da bei ihren Beinen tobte und schrie. Ihre Aufregung war peinlich, meine noch peinlicher, obwohl ich ihnen gerade hätte sagen wollen, dass ich von ihnen hingerissen war. Ich suhlte mich in der abgelegten Aufregung anderer. Sie war mir nicht eigen. Trotzdem wagte ich sie nicht zu fragen, was unter Wasser mit den Toten geschehen war. Ihre befremdende Aufregung blockierte mich. Es gab Fragen, die ich nie zu stellen gewagt hätte. Noch heute quälen sie mich, als hätte es eine Antwort geben können, die ich wegen meiner Nachlässigkeit oder Schüchternheit verpasst habe. Vielleicht sucht man nur den eigenen Rhythmus, wenn man fragt oder eben nicht fragt, und auch das ist schon ein Ergebnis, wenn man bei den anderen den eigenen Rhythmus nicht wiederfindet, weil sie für einen zu schnell oder zu langsam sind, zu kühn oder noch schüchterner oder kühler.

So findet man wenigstens die eigene Negativform.

Das alles ließ mir erst Ruhe, wenn ich auf den Schultern meines Vaters reiten durfte, oben auf dem Hochsitz. Er nannte es so. Ich mochte das Wort. Hochsitz. Er hielt mich an den Schuhen fest, ich durfte mich an seinen Ohren festhalten, hoffentlich riss ich sie ihm nicht ab, oder ich durfte seinen Hals umarmen, was ich lieber tat, um ihm die Ohren nicht abzureißen, aber eigentlich war ich es, der das Gleichgewicht wahren musste. Es war nicht wenig riskant, es fühlte sich an, als könnte ich hintenüberkippen, wenn er meine Füße losließ, wovor ich Angst hatte, und nicht ohne Grund; manchmal wechselte er an meinen Füßen oder Knöcheln zerstreut die Hände, etwa wenn er jemandem die Hand schüttelte, und dann geriet ich dort oben in die Kipplage. Manchmal ließ er mich absichtlich los, damit ich das Gewicht der Eigenverantwortung spürte. Aber es war trotzdem eine großartige Position, mit dieser Fernsicht, sie war das Risiko wert. Einmal stiegen wir auf diese Art zum Aussichtspunkt des János-Hügels hinauf, eins der größten Ereignisse meines Lebens. Der Aussichtspunkt stand ganz oben auf dem Hügel. Wir standen ganz oben auf dem Aussichtspunkt, und ich auf seinen Schultern war noch mehr ganz oben. Von dort sah alles anders aus, der Kai, das Geländer der Brücke, das Wasser, interessanter als unten zwischen den laut umhertrampelnden Menschen oder unter Wasser zwischen den eiskalten Toten. Manchmal schrie ich, bei ihren Beinen stehend, aber sie verstanden es nicht, ich kam mit meinen Emotionen nicht an sie heran, betreten schauten sie auf mich herunter, ich solle nicht stören, obwohl ich sie nur von meiner Teilnahme hatte in Kenntnis setzen wollen. Wenn ich in der fremden Aufregung nicht mehr mit ihnen Schritt halten konnte, wenn das Fass am Überlaufen war, musste ich sie endgültig, so fühlte ich, endgültig verlassen und ihnen zuvorkommend signalisieren, dass ich jetzt aus ihrem Kreis ausbrach. Irgendwie signalisieren, dass ich sie aus mir hinausschleudern musste, auf welche Art auch immer, jedenfalls mich mit Händen und Füßen gegen die widerliche Fremdheit ihrer Gefühle wehren. Dieser aussichtslose Kampf taucht immer wieder als Metapher in meinen Träumen auf, die Steinmasse des von Ausscheidungen stinkenden Ufers, das Herumklettern in diesem sich ausbreitenden Gestank, das Bemühen, nicht hinter ihnen zurückzubleiben, nicht abzurutschen, ich bin ja schon fatal zurückgeblieben, fühle ich, ich rutsche, bin abgerutscht, während sie mit ihrem Dauergerede mein Auffassungsvermögen überlasten, Töne und Bruchstücke rutschen ineinander, sie ergeben keinen Sinn, ich rutsche langsam über die Töne und die Steinkanten zurück; die Pfade sind menschenleer, sie haben mich allein gelassen. Das Traumbild oder der Wachtraum lassen ein Gefühl von Bedrohtheit, von Beklemmung zurück, sie strecken nicht mehr die Hände nach mir aus, lassen mich hier im Gestank zwischen Trümmern eingehen.

Das war das Ufer von Buda, die andere Seite, auf die man rasch hinübergerät, wenn man nicht versteht, keinen Sinn sieht, und dann ist man dem Tod ausgeliefert.

Es war auch interessant, dass sich die überquellende Aufregung häufig auf etwas oder jemanden bezog, von dem ich bis dahin nichts gewusst hatte, nichts hatte wissen können, dass ich aber dieses brandneue Wissen nirgends ablegen konnte, dafür ist keine Zeit, schon ist es weggeschwemmt von etwas Neuem. Und wenn es schon die Frage gab, wer weswegen ein Interesse hatte, die Margaretenbrücke zu sprengen, so war sie auch nicht zu umgehen, man trat entweder über sie hinweg, oder man stolperte über sie, über die Frage, ob eine Verschwörung existierte, die den Verschwörern mehr Schaden als Nutzen brachte, ihnen, den Pfeilkreuzlern, den Kommunisten, den Deutschen, den Zionisten oder wem auch immer. Die Frage, wer welche Vorstellungen von Verhältnismäßigkeit hatte. Das war nicht in Begriffen formuliert, sondern ich sah Füße vor mir, die alles niedertrampelten, die weiterstapften, über Dinge, über uns hinweg. Auch jetzt sehe ich die Füße vor mir. Ein früher Wachtraum, der den Zusammenhang zwischen Zerstörung und Zerstörtwerden, Absicht und Ergebnis darstellt und in meinem Bewusstsein erhalten geblieben ist. Die Füße gelangen anderswohin, nicht dorthin, wohin sie aufgebrochen sind. In Männerschuhen. Rahmengenähten Schuhen mit Vorderkappe, gelb, ich sehe das einstige Bild deutlich, diese vornehmen Schuhe, die Zerstörung trägt keine Stiefel, wie wir fast alle sie in den Jahren während und nach der Belagerung trugen. Zwischen den Trümmern gab es nichts anderes, jeder lief in Stiefeln oder zumindest hohen Schnürschuhen umher, und auch die Damen der guten Gesellschaft zogen, sofern sie keine langen Hosen, Stiefel oder nicht einmal feste Schuhe besaßen, dicke gestrickte Kniestrümpfe über ihre Nylon- oder Baumwollstrümpfe an.

Wenn die Menschen etwas nicht verstanden, schrien sie in ihrer Aufregung, das geht jetzt aber wirklich zu weit, also das ist jetzt wirklich zu viel des Guten, geehrte Dame, was Sie sich hier erlauben. Die betreffende Person hatte wieder einmal gründlich übers Ziel hinausgeschossen, so sagten sie, den Bogen überspannt. Ich besaß einen kleinen Bogen mit kleinen Pfeilen, aus irgendeinem kolonialen Schilf, aber ich durfte damit nicht auf Lebewesen zielen, und deswegen machte er mir Angst. Auch mein Großvater hatte solche feinen gelben rahmengenähten Herrenschuhe, aber ich sah nie, dass er sie angezogen hätte. Mein Vater lieh sie sich von ihm aus, wenn er zu einer wichtigen Verhandlung ging. Was höchstwahrscheinlich bedeutete, dass er ins Ausland fuhr und Urgroßvaters teuren Koffer packte. Alle besseren Sachen von Großvater Tauber, die Anzüge mit Weste, die Mäntel, Hüte, Schuhe waren von der Garderobe des üppig bemittelten Mannes seiner älteren Schwester auf ihn gekommen. Üppig bemittelt, das mochte ich auch, der hatte Mittel und war deshalb üppig. Ein üppiger Busen, sagte man. Dem üppig Bemittelten hatte das Juweliergeschäft in der Dohány-Straße und die Werkstatt in der Holló-Straße gehört. Ich hingegen hatte Bata-Stiefelchen. Stiefelchen, damit war eine Ableitung gemeint, das heißt, sie waren im Kleinen das Gleiche wie die großen Stiefel der Erwachsenen. Und es klingt auch so, als wäre in den nebulösen Zeiten vor der Belagerung punkto Schuhe und Stiefel Bata das Nonplusultra der Welt gewesen. Die Bata-Stiefelchen waren mir zu groß, ich trug sie mit mehreren dicken Socken. Besonders stolz machte mich, dass ich diese Bata-Stiefelchen von jemandem geerbt hatte, so wie mein Großvater alle seine besseren Sachen von seinem üppig bemittelten Schwager, dem Gatten von Janka. Solange noch ein paar dicke Socken hineinpassten und wir sie nicht an Márta weitergeben mussten. Die Weitergabe war ein großer Verlust, ja, ich darf ruhig sagen, ein Verlust fürs Leben. Ich wusste, dass das Weiterverschenken ein gutes Gefühl sein sollte, da konnte ich mir ja selbst üppig bemittelt vorkommen, aber es war überhaupt kein gutes Gefühl.

Seit damals kenne ich dieses Wort, Verlust. Ich fühlte zum ersten Mal, dass es Gegenstände gibt, die nicht ewig halfen, beziehungsweise deren ewiges Leben aus meinem Gesichtsfeld verschwinden konnte. Auch wenn ich nur einfach aus ihnen herausgewachsen war. Noch jahrelang beschäftigte mich die Frage, wie ich das Herauswachsen aus den Bata-Stiefelchen hätte verhindern können. Das heißt, um es spiegelverkehrt und symbolisch zu lesen, wie das ewige Leben zu sichern sei. Wie kann ich für die kleinen Stiefel klein bleiben, wo ich doch groß sein möchte, so groß wie diese Großen, diese anderen. Wenn wir die Spitzen der Stiefelchen abgeschnitten hätten. Wenn ich disziplinierter gewesen wäre. Wenn ich mich nicht beklagt hätte, dass sie meine großen Zehen drücken, meine Fersen reiben, hätten sie sie mir nicht weggenommen, um sie an meine Cousine Márta weiterzugeben.

Ich konnte mir nicht vorstellen, was ohne die Stiefelchen aus mir werden sollte.

In Wahrheit hatte natürlich Raoul Wallenberg alle angeschrien, die keine Stiefel an den Füßen trugen. Das war mir nämlich schon von früher bekannt. Es gehört wahrscheinlich zu den ersten Dingen in meinem Privatuniversum, von denen ich weiß, auf diese Weise, verbunden mit dem Namen des schwedischen Diplomaten Raoul Wallenberg. Vielleicht das erste Absolute, dieser Name und dieser Befehl, dieser praktische Hinweis, der auch seither nicht angefochten werden kann. Um diesen Namen hat sich wie eine Schale der Name des anderen großen Menschenretters von Budapest gelegt, der Name des Schweizers Carl Lutz, und meine Vorstellung von der Schweiz und von Schweden ist seither mit diesen beiden verbunden. Als ich zum ersten Mal hörte, dass mein Urgroßvater Mezei seine Sommer mit Vorliebe in der Schweiz in den Bergen verbracht hatte, war das für mich ganz logisch, von dort kamen ja alle echten und gefälschten Passierscheine. Wie willst du dich denn in Lackschuhen retten lassen. Das nun sagten meine Eltern, oder genauer, das sagte meine entschieden antikapitalistische Mutter. Was den armen Lackschuhen einen nicht mehr wegzupolierenden abwertenden Beiklang verlieh. Später war ich von der Selbstverständlichkeit überrascht, mit der Géza Ottlik in seinen vor der Belagerung entstandenen Erzählungen von Lackschuhen spricht. Als gehe die Geschichte die Lackschuhe gar nichts an, als wolle er mit ihnen nicht eine Gesellschaftsklasse charakterisieren, sondern höchstens eine träge Jugend, die tanzen oder Karten spielen geht, was anderes bliebe ihr auch übrig, wo doch die Welt um sie herum schon in Flammen steht. Der Held zieht abends einfach seine Lackschuhe an. Was denn sonst. Ottlik kommt nicht auf die Idee, dass die Lackschuhe das Gegenteil von Stiefeln sein könnten. Nach der Belagerung kommen aber auch in seinen Erzählungen keine Lackschuhe mehr vor. Und es gab ihn auch gar nicht mehr, den Lackschuh. Mándy, der große Künstler der Budapester Sprache, hätte dazu gesagt, Lackschuhe, und was noch alles. Na, vergessen Sie's lieber. Wenn in der Stadt jemand noch Lackschuhe besaß, musste er sie mit sieben Schlössern im Schrank verschlossen halten, denn nur gemeine Imperialisten trugen Lackschuhe, die Warenhorter, die Warenhamsterer, da aber noch die unverbesserlichsten Imperialisten und Schwarzhändler nicht als gemein und imperialistisch erscheinen wollen, trugen auch sie in der Öffentlichkeit keine Lackschuhe. Als ich irgendwann mit über zwanzig, oder eher schon näher an dreißig, von meinen eigenen subversiven Neigungen geleitet und durchaus um den negativen Aspekt wissend, um die Negation von Lack, Lackieren, Verschönerung, Dekor und gesamthaft von allem Schein, die Negation dennoch negierend mir ein Paar schwarze Lackschuhe kaufte, nachdem ich sie zu meiner Überraschung in einem verstaubten Pester Schaufenster erblickt hatte, obwohl ich ärmer war als jeder Proletarier, ärmer als eine Kirchenmaus, da waren es nicht wirklich die Lackschuhe, in denen ich für mich selber noch jahrelang prächtig daherkam, sondern der sprachliche Widerstand; ich interpretierte die Wörter neu und widerstand damit meinem historisch vorgeformten Wissen.

Sage ich jetzt, richtigerweise. Im Interesse des klareren Überblicks musste ich gegen die eingefahrenen Inhalte meines Bewusstseins rebellieren.

Was bedeutet, dass es noch zwei Jahre nach der Belagerung meine größte Sorge war, wie ich ohne Stiefel gerettet werden könnte. Gar nicht. Ohne Stiefel gefährdete ich mich selbst, mein Überleben. Wallenberg wurde in den letzten Tagen der Belagerung von den Russen verschleppt und dann in Moskau oder im Gulag umgebracht, und es ist immer noch nicht geklärt, warum und wann sie das taten, vielleicht war es nur die historische Routine des Mordens, ich aber war noch Jahrzehnte später besorgt, wenn ich gerade keine Stiefel fürs Gerettetwerden besaß. Mit neunundzwanzig, als ich gegen mein Bewusstsein rebellierend mir diese armseligen Lackschuhe kaufte, war mir schon völlig klar, dass mein Überleben keinerlei Wert oder Sinn hatte. Da fragte ich mich schon seit Jahren nicht mehr, ob es nicht besser wäre, mich umzubringen, sondern die Frage war, wo und womit ich mich umbringen sollte. Mit fast drei Jahrzehnten auf dem Buckel war mir auch klar, dass der elementare Überlebenstrieb nicht begründbar ist. Er steht außerhalb des Kausalzusammenhangs, während der Antrieb zum Selbstmord innerhalb steht.

Er muss sein. Er nährt den Determinismus und erhält von ihm Nahrung. Der Selbstmord ist das letzte Argument des Determinismus. So lebten wir mit Wallenbergs Stiefelvorschrift weiter, im Determinismus-Kurzschluss.

Kaufen Sie sich, ergattern Sie sich, beschaffen Sie sich Stiefel. Wenn nicht, *kann ich Ihnen nicht helfen, gnädige Frau.*

Und dann stand ich im Oktober 1956 auf einmal mitten im revolutionären Aufruhr, ohne Stiefel. Denn etwas früher, vielleicht 1954, war ich aus meinen Tourenstiefeln herausgewachsen, die ich anstelle der Stiefel bekommen hatte, die ihrerseits die Bata-Stiefelchen ersetzt hatten. Wir gingen ja auch auf keine Touren mehr. Meine Mutter lag im Sterben, sie wusste, dass sie sterben würde, ich wusste, dass sie sterben würde, alle wussten es, unseretwegen zwang sich die Arme, so zu tun, als ginge es ihr besser. Siehst du, es geht mir schon besser. Ich hatte keine Stiefel mehr. Jetzt werde ich bestimmt wieder gesund, sagte sie in ihrem Krankenhausbett zum Abschied immer, aber so leise, als verrate sie ein Geheimnis. Nur mir. Ich sah aber, dass sie nie mehr gesund werden würde, nur wusste ich noch nicht, was das genau hieß. Man wird von seinen Tagen weiterverdaut. Da stand ich im Januar 1957 auf dem wieder einmal zerschossenen Leopoldring in einer langen Schlange vor einem zur Hälfte mit Brettern vernagelten Schuhgeschäft, weil Stiefel eingetroffen waren, was für ein Glück, ich werde wieder Stiefel haben. Die Schlange wand sich aus der Sólyom-Straße hervor. Ich hasste das Schlangestehen. In einer Schlange konnte alles passieren, schauderhafte Dinge geschahen zwischen den Leuten, die vorangegangenen Jahre hatte ich mit nichts anderem als mit Schlangestehen verbracht. Ich stand Schlange um Mehl, Kohle, Holz, Zucker, Milch, Butter, natürlich um Brot, um Öl, auch um Hefe, denn meine Großmutter hatte gesagt, sie habe Mehl, da könnte sie doch wenigstens backen, ich stand Schlange um Kartoffeln, sogar um Wassermelonen musste ich Schlange stehen, tat es, ohne zu überlegen, weil meine Großeltern Wassermelone essen wollten. Was müssen die unbedingt Wassermelone haben. Ich stand da. Wozu zum Teufel, schrie ich wütend in mich hinein. Im Sommer 1952 war es unerbittlich heiß, eine verheerende Trockenheit, die Melonen aber gediehen gut, das Einzige, das gedieh, sie lagen zu Bergen gestapelt, sie waren honigsüß. Auch das verstand ich nicht, dieses Honigsüß.

Wenn es sich nicht um die eigenen Jungen handelt, ist das ausgewachsene Menschentier in einer wartenden Reihe mit Kindern unerbittlich. Es drängt, drückt sie aus der Reihe, mit ihnen hat es ja leichtes Spiel, und dazu brüllt es sie an, verdächtigt sie, schlägt sie auch gegebenenfalls. Was die Grundzüge der menschlichen Natur betrifft, haben Zola und Dickens nicht übertrieben, sich nicht getäuscht. Ich hatte keine Stiefel. Ein paar Jahre später ließ ein älterer, heimlich den illegalen Grenzübertritt planender Freund namens Miki aus meinem Schrank die ausgezeichneten Stiefel mitgehen, die ich in der Sólyom-Straße gekauft hatte, oder vielleicht die Nachfolger dieser Stiefel. Außerdem nahm er sich meine Sporttasche, mit der ich ins Schwimmbad ging, ins Lukács, und ebenso meinen kleinen, von meinem Urgroßvater geerbten Koffer aus Kalbsleder. Ich hatte noch einen mit Vulkanfiber imprägnierten Pappkoffer, den aber ließ das Schwein natürlich da, dafür griff er sich meine beiden modischsten Kleidungsstücke, mein schwarzes Hemd und meine schwarze Röhrenhose, lebenswichtige Stücke, in denen ich mit Erika Delikát im noblen Astoria oder im lauten, zutiefst plebejischen Kaffeehaus Emke, wo sich die Männer häufig um die Frauen prügelten, zum Fünfuhrtee, das heißt zum Tanz ging. Meine spitzen grauen Schuhe, die zu meiner grauen Hose passten, hatte er schon früher mitgenommen und mit seinen Plattfüßen innerhalb von wenigen Wochen so ausgelatscht, dass ich sie nicht mehr hätte tragen können. Später erinnerte er sich nur noch an die Sporttasche und dachte im Ernst, dass ich ihm ihretwegen böse war. Ich mochte nicht mit ihm diskutieren. Und na ja, die schwarze Röhrenhose, in die ich mich nur mit Mühe hineinquetschen konnte, war vom vielen Bügeln und Biegen, den vielen Fünfuhrtees und den vielen Tänzen an der Sitzfläche und an den Knien schon ziemlich glänzend geworden.

Bloß stand ich wegen Mikis blöder Flucht wieder ohne Stiefel da.

Nicht einmal wegen der Stiefel war ich ihm böse. Ich wusste ja, was er vorhatte, es war sonnenklar. Er hatte es schon früher zweimal vergeblich versucht, und alles deutete darauf hin, dass er die Flucht aus diesem Gefängnis, unserer Heimat, auch ein drittes Mal versuchen würde, der Irre. Es war zu seiner fixen Idee geworden. Er hatte glücklich ein Mädchen aus wohlhabender Wiener Familie kennengelernt, servierte ihr erfolgreich den Schmus, war entflammt, nicht so sehr für das Mädchen wie für den Gedanken, dass er sich bei der Flucht an eine Richtung halten konnte, dieses fröhliche, sommersprossige Mädchen war sein letzter Strohhalm. Was damals verständlich war, es auch heute noch ist. Doch bei aller freundschaftlichen Opferbereitschaft konnte ich nicht verdauen, dass er seine Absicht mittels eines lebendigen Menschen verwirklichen wollte. Er lernte gleichzeitig Deutsch und Englisch, damit sie korrespondieren konnten und er dann in der weiten Welt nicht verloren war.

Er weihte mich nicht in seine Pläne ein, und schon deswegen konnte ich ihm nicht böse sein. Sein Verschwinden traf mich dann doch unvorbereitet. Vielmehr musste ich gutheißen, dass er mir die Einzelheiten seines Fluchtplans nicht auf die Nase gebunden hatte. Die Grenzen waren in alle Richtungen hermetisch gesperrt, und es ist nicht zu vergessen, dass man beim verbotenen Grenzübertritt nicht einfach verhaftet, verprügelt und verurteilt, sondern auf der Flucht erschossen wurde. Miki war als kleines Kind, mit acht Jahren, allein geblieben. Sein Vater war in Orosháza Buchhändler gewesen, er hatte dort die Buchhandlung von Nina Pless gekauft. Wie alle Buchhändler in der Provinz verkaufte er nicht nur Bücher, sondern auch Papierwaren, von den Büchern allein ließ sich in der Provinz nicht leben. Seine Mutter fuhr ahnungslos zum Verwandtenbesuch nach Budapest, als die Verordnung 1.270 M.E. des Jahres 1944 zu den Reisebeschränkungen der Juden erlassen wurde.

Den zum Tragen eines Erkennungsmerkmals verpflichteten Juden ist das Benutzen persönlicher Kraftwagen sowohl für den Personen- als auch für den Warentransport untersagt, desgleichen die Benutzung öffentlicher oder halbprivater Eisenbahnen, öffentlich verkehrender, für den Personentransport vorgesehener Schiffe und öffentlich verkehrender Gesellschaftskraftwagen.

Von einem administrativen Standpunkt aus gesehen war die Verordnung logisch, zuerst musste man ja den Juden in der Provinz das Reisen verbieten, erst dann konnte man sie ordentlich ghettoisieren und daraufhin in die Arbeits- und Vernichtungslager abtransportieren.

Miki sah seine Mutter nie mehr, und als er, der Überlebende, später an sie dachte, konnte er kein Bild mehr von ihr heraufbeschwören.

Für mich war es weniger schwierig, mein Gedächtnis hatte meine Mutter nicht gelöscht, weder ihre Gesten noch ihre Worte, noch ihre Gestalt. Manchmal sah ich sie auf der Straße und lief ihr nach. Ich sah sie zu oft auf der Straße, und es dauerte zu lange, bis ich sie nicht mehr sah. Einmal im Sommer, ich mochte schon zweiundzwanzig sein, es war ein bewölkter, drückender Tag, ging ich auf der Üllői-Straße, nicht weit von der Klinik, wo sie fast zehn Jahre zuvor hinter einem Fenster im ersten Stock gestorben war, ich ging auf der anderen Straßenseite, am Pathologischen Institut vorbei, dort, wo der Gehsteig breit ist, und da erblickte ich sie. Ich rannte, so schnell ich konnte, hinter ihr her, damit sie dieses eine Mal nicht verschwand. Aber es war wieder nicht sie, sondern jemand, der ihr nicht einmal glich. In ihrer Körperlichkeit sah ich sie da zum letzten Mal.

In Orosháza wurde das Ghetto am 10. Mai auf den beiden Grundstücken eines Holzhändlers namens Dér eingerichtet, schreibt Randolph L. Braham, der bedeutendste Erforscher der versuchten Vernichtung der ungarischen Juden. Miki kannte beide Holzlager gut und begriff doch nicht, was geschah, er kannte auch

Herrn Dér. Sie wurden vor den Augen der Bewohner von Orosháza ins Holzlager von Onkel Dér getrieben. Neben den Juden von Orosháza wurden auch die Juden von Gádoros, Pusztaföldvár und Szentetornya hierhergebracht, rund sechshundert Seelen. Über die innere Ordnung des Ghettos hatte, Eichmanns Vorstellungen folgend, ein fünfköpfiger Judenrat die Aufsicht. Die Übertragung der Verantwortung auf jüdische Amtsträger geschah in einer Situation, in der im Namen der Verwirklichung des Tausendjährigen Reichs die Begriffe Verantwortung und Amtswürde ungültig geworden waren. Miki marschierte in kurzer Hose und Sandalen ins Ghetto, und da sein Vater nicht daran gedacht hatte, dass so ein Notstand lange dauern könnte, und dazu wahrscheinlich ein Trottel war, hatte er für das Kind keine warmen Sachen und geschlossenen Schuhe gepackt. Das Ghetto durfte nicht verlassen werden. Die Gendarmen ließen den Vater nach ein paar Tagen doch hinaus, damit er für seinen Sohn etwas Warmes holen konnte. Hauptsächlich Decken. Die Nächte waren kalt. Er fand ihr Haus leer vor, es war eingebrochen worden, alles war leergeräumt. Alles hatten sie mitgenommen, irgendwelche sie, alle Möbel, die ganze Wäsche, alle Decken, alle Bilder, jeden Nagel aus der Wand, auch das Pianino. Einen einzigen Fauteuil hatten sie aus unerfindlichen Gründen dagelassen. Jede Frau, jede Mutter hätte in diesem gottverschissenen Orosháza doch irgendwie warme Sachen beschafft. Miki hatte bis zum April des folgenden Jahres keine lange Hose, und außer seinen Sandalen hatte er nichts an die Füße zu ziehen. Es war ein schrecklicher Winter. Wenn er konnte, verschaffte er sich Zeitungspapier und umwickelte seine Füße mit mehreren Schichten, band das Ganze mit einer Schnur fest.

Die Füße in den rahmengenähten gelben Halbschuhen traten auf die gleiche Art über mich hinweg, wie wir im Schnee über die auf dem Neupester Kai liegenden Leichen hinweggetreten waren. Wer von hier nach dort oder von dort nach hier gehen wollte, was, wie man in den Kriegen hofft, die Voraussetzung des Überlebens ist, der musste über Leichen hinwegtreten.

So einfach war das alles.

Miki wurde ins KZ von Straßhof deportiert, und wenn er gewusst hätte, dass die anderen gleich nach ihrer Ankunft in Auschwitz vergast wurden, hätte er sich mit seinen acht Jahren glücklich schätzen können.

Die Schuhe der Männer nahm ich aus ästhetischen Gründen zur Kenntnis, auch seither achte ich peinlich darauf, was für Schuhe ich trage, aber wirklich interessierten mich nur die Frauenschuhe. Noch heute ist es so. Das Gefühl für den Schuh ist eine seltsame Sache, ein geheimnisvoller sechster Sinn, so selten wie die Begabung zum Opernsänger. Von den Frauen, die ich kenne, haben nur zwei ein Schuhgefühl, Gitta Esterházy und Karin Graf. Wenn ich sehe, was sie an den Füßen tragen, klappe ich vor Freude, die zwischen erotischer und ästhetischer Freude schwankt, fast zusammen. An den Schnürschuhen der Frauen, mit denen sie gegebenenfalls die mangelnden Stiefel ersetzten, waren die Absätze leicht erhöht, und schon das genügte, um mich glücklich zu machen. Sehen, wie sie auf ihren erhöhten Absätzen gingen. In Pumps oder den damals modischen Plattformschuhen wurde die Sache extremer, sie schwankten, sie trippelten. Ich verehrte, vergötterte ihr geziertes Tun, konnte nicht genug davon bekommen. Sie gehen zu weit, liebste gnädige Frau. Wie sie tänzelten, wie sie sich produzierten, sich mit Parfüms begossen, die Nase hoch trugen, ich liebte die heikel näselnde Stimme der Damen von Pest und Buda. Besonders wenn sie andere durchhechelten. Das tierisch duftende Leder, die wahnwitzig weichen und seidigen Pelzfutter sehen, betasten, beschnüffeln, in ihre noch lauwarmen Schuhe schlüpfen, eintauchen in ihr nylonbestrumpftes Wesen, mich auf diesen wunderbaren Kothurnen aufrichten, dem weiblichen Bewegungsablauf folgend. Höher stehen. Nicht gnädig, sondern wohlgeboren, nicht wohlgeboren, sondern hochwohlgeboren, nicht hochwohlgeboren, sondern erlaucht und so weiter, Ihre Exzellenz, Ihre Hoheit, Ihre Heiligkeit. Ich wollte eine Frau sein. Papst. Von den Männern, die ich kenne, hat einzig Richard Swartz ein Schuhgefühl, und siehe, sein Großvater war Schuhfabrikant gewesen, auch wenn zwischen beidem, dem Schuhgefühl und der Schuhfabrik, kein Kausalzusammenhang besteht. Ich war überzeugt, dass Frausein höherrangig war und es auch meine Berufung wäre. Eine Frau werden. Ich blätterte in Büchern nach, wie ich als Frau zu sein hätte. Und erst nach langen Jahrzehnten ging mir auf, wie verworfen dieser kleine Junge namens Péter mit seinen ewigen Phantastereien und seinem närrischen Getue im Kreis der fast ausschließlich zum wissenschaftlichen und statistischen Denken neigenden Erwachsenen wirken musste, dieser Péter, der ich war oder zu dem ich wurde oder der ich bin, mitsamt meinem Schuhgefühl. Mit meiner überschäumenden mimetischen Tendenz muss ich ja wirklich aus der Familie geschlagen haben. Ihretwegen zügelte ich die Mimesis denn auch. Sie blickten schief auf meine Possen, raunten, brummten hinter meinem Rücken. Es mussten anderthalb Jahrzehnte vergehen, bis ich in einem hellen Augenblick begriff, was sie beobachtet, befürchtet hatten. Mein Hang zum Mimetischen hatte natürlich nichts mit Frausein oder Mannsein zu tun, nichts mit der gesellschaftlich festgeschriebenen ausschließlichen Dualität, nichts mit dem, was die Menschen am stärksten verteidigen, gerade weil die Grenzen hier elastisch sind, sondern allein mit Empathie. Ich gebrauchte die Mimesis im Dienst meiner Empathie. Mich mimetisch etwas anderem überlassen, das ich sichtlich nicht bin, etwas durchleben, verstehen, das ich nicht verstehe, zu etwas fähig werden, wofür ich keine physischen und hormonellen Voraussetzungen habe, einen Weg dahin suchen, ihm nachgehen, ihm auf der Spur bleiben, mich mit ihm identifizieren, das heißt bereit sein. In der Bereitschaft zur Freiheit gegen den Strom schwimmen, in Gegenrichtung gehen, das Gegenteil tun. Nach zwei verlorenen Weltkriegen, in der Nase den Leichengestank, wie hätte ich da das Weibliche nicht als höherrangig ansehen sollen.

Sogar noch die unmöglichste Variante suchen, um die Grenzen meines Verstands und meiner Kenntnisse auszudehnen, das war und blieb in der Zeit nach dem Untergang das Wesentliche der gnostischen Leidenschaft.

Die politische Freiheit ist nur eine Spezies des universalen Freiheitsbedürfnisses.

In den Monaten nach der Belagerung waren die Straßen von Budapest vollgestopft mit Menschen, die Fußgängerbrücken, die Ringstraßen, so voll wie die Straßenbahnen zu jeder beliebigen Tageszeit. Im Mai nahm in Budapest die Straßenbahn den Betrieb wieder auf, die Nummer fünfzehn verkehrte auf der Pressburgerstraße schon ab Mitte März, als die zerbombten Straßen zum ersten Mal wieder mit Fahnen geschmückt wurden. Vollgestopft, das war das Wort. Die Menschen und die Ereignisse drückten sich im wahrsten Sinn des Wortes ineinander hinein, stauten sich aneinander. Von den Trittbrettern der Straßenbahnen hingen die Männer in Trauben. Man gelangte nicht in den Wagen hinein, den Wagen, Singular, denn damals verkehrten ja die Straßenbahnen, mit Ausnahme derer auf den Ringstraßen, meistens nur mit einem einzigen Wagen. Die höflicheren Männer ließen den Frauen den Vortritt, damit die sich mit ihren Kindern hineinzwängen konnten. Aber man kam nicht wieder aus dem Wagen heraus, jeder Halt, jedes Aussteigen und Einsteigen waren ein Kampf, ein Drama, und dauernd drohten die Stimmen, die Schreie, das Gezeter zu einer Prügelei auszuarten; die größeren Jungen setzten sich auf die hinteren Stoßdämpfer, um Luft zu haben. Das beschreibt Péter Lengyel von allen ungarischen Schriftstellern am plastischsten, in anderen Literaturen bin ich nie einer ähnlichen Beschreibung begegnet. Sie machten Hindrauf, um sich nicht dreinstopfen, nicht zahlen zu müssen, das heißt, sie ritten hintendrauf. Ich konnte mir nicht vorstellen, dass ich so mutig sein würde, wenn ich einmal ein großer Junge und nicht mehr so ein peinlich braver Junge wäre.

Jedes Wort war recht, wenn es auf ein Verhalten deutete, bei dem ich nicht so züchtig war, wie ich war, wie ich es noch heute bin. Ein Rebell, ein anarchistischer Revoluzzer, ein Widerstandskämpfer, ein Aufrührer wollte ich werden. Aber man konnte nicht anders, man hatte ins Wageninnere zu gelangen, die Einsteigenden kneteten, pressten dich hinein, man konnte sich nicht auf der Plattform halten, und genauso wenig konnte man aus dem Wageninnern hinausgewürgt werden, viele blieben weinend und jammernd dort drin stecken. Als müssten sie an jeder Haltestelle um ihres bloßen Überlebens willen mit den anderen den Kampf aufnehmen, den sie auch gleich verloren. Die Straßenbahn klingelte zur Abfahrt. Wer im allerletzten Augenblick absprang, geriet leicht unter die Räder. Hören Sie denn nicht, dass es schon geklingelt hat, sind Sie taub, verdammt noch mal, was stoßen Sie mich denn. Der stößt mich einfach runter. So was von unverschämt. Wie kann man so unverschämt sein, so unverschämt. Es war wie eine Arie, ein Duett, ein Terzett oder der Chor der Empörten. Die Straßenbahn trug sie mitsamt ihrem Gebrüll weiter. Sie rissen an der Klingelschnur, halt, halt. Manchmal schleifte die Straßenbahn ihr Opfer mit. Starke Männer versuchten noch, es zurückzuziehen, zurückzuhalten, auf dem Trittbrett festzuhalten. Etwas von ihm war in irgendetwas eingeklemmt, verheddert. Viele trugen löcherige Stiefel mit lose schlappender Sohle, die mit Schnur oder Riemen zusammengehalten wurden, und die Trittbretter waren ein Gitter. Ich habe es nie mit eigenen Augen gesehen, damit hat mich das Schicksal verschont. Nur einmal sah ich, wie es jemandem gelang, rechtzeitig loszulassen, er fiel glücklich zwischen den Schienen hin, aber seine Tasche, seine Tasche. Wir fuhren mit seiner zwischen uns eingeklemmten Tasche weiter. Der soll doch endlich halten. Jede Woche kam es vor, dass die Straßenbahn jemandem die Beine amputierte. Oder einer von den Jungen, die hinten drauf saßen, geriet unter ein Auto. Sie sprangen während der Fahrt von den Stoßdämpfern, um noch vor der Haltestelle dem Schaffner zu entwischen, und wurden von Autos erfasst. Ebenso häufig jagten sich die Jungen mit Hilfe der findig eingesammelten Munition in die Luft, sie nahmen sie, vom Entdeckergeist getrieben, gegen jedes elterliche Verbot auseinander. Oder im vollgestopften Wagen brach eine Prügelei aus, weil sich jemand verbockte, nein und nochmals nein, ich gehe nicht weiter, weder raus noch rein. Mit einem Mal herrschte das Faustrecht. Ich fühlte mich glücklich, wenn mich die kämpfenden Parteien nicht zwischen sich hineinpressten. Die Erwachsenen mussten die Kinder, auch die größeren, auf den Arm nehmen, sonst wären die, begleitet von schauderhaften Dialogen, zerquetscht, zertrampelt worden. Sind Sie blind, sehen Sie denn nicht, dass ich ein Kind bei mir habe. Nehmen Sie doch Ihren Balg hoch. Dafür ist die sich zu vornehm, liebe Frau, wundern Sie sich bloß nicht. Das ist eine Dame. Hat sich was mit Dame, ich werde Ihnen zeigen, was eine Dame ist. Hochnehmen tut die nicht. Und kommt mir mit ihrem Kind, der Trampel. Sieht sie denn nicht, dass ich invalid bin. Zuerst denken, dann reden. Sie sprechen zu einer Kriegsversehrten. Zu einer Kriegswaise, merken Sie sich das. Hat noch die Frechheit, mit mir so zu sprechen, mit mir, der Witwe eines Offiziers. So was von unverschämt. Dass eine arme, unglückliche, kriegsversehrte Witwe so etwas erleben muss.

Wieso nehmen Sie die Straßenbahn, wenn Sie die Witwe eines Offiziers sind. Fahren Sie doch mit dem Taxi, dann haben Sie's bequemer.

Mit Kindern auf den Armen konnte man sich weder festhalten noch dem aus verschiedenen Richtungen kommenden Druck standhalten. Meine Eltern kannten viele Wildfremde in dieser zwischen den Trümmern strömenden, sich stauenden Menge. Sie trafen dauernd Wildfremde. Wir blieben stehen, wurden gestoßen, ich verlor mich lange Zeit zwischen ihren Mänteln. Plötzlich trat jemand aus der Wildfremdheit hervor, rief von der anderen Straßenseite herüber, Jupi, Jupi. Das war einer der Decknamen meines Vaters. Jupi, Lieber, ich dachte, du hörst mich gar nicht. Jancsi Nagy, das war sein anderer Deckname, der weniger oft verwendet wurde, und wenn doch, platzte das Lachen aus ihnen heraus, Jancsinagy, haha, auch das verstand ich nicht. Später war mir schon klar, dass Jupi eine Abkürzung für Jupiter war und dass sein Deckname gar nicht Jancsi Nagy gelautet hatte, sondern nur ein sarkastisches Wortspiel gewesen war, Jancsi bedeutet auch Schwanz, er hatte János Nagy geheißen, aber nach der Belagerung sagten sie noch gute zehn Jahre Jancsi Nagy zu ihm, und in beiden Decknamen pulsierte deutlich der Hohn oder die Ablehnung meinem Vater gegenüber. In ihren Augen war mein Vater ein wohlerzogener, sich gewählt ausdrückender, zu Wutausbrüchen und Melancholie neigender, etwas neunmalkluger und eigensinniger Junge aus gutem Haus. Er gehörte nicht zu ihnen. Meine Mutter mochten sie, ihre gute Laune, ihre mit Humor gewürzte proletarische Brutalität, sie liebten sie, schwärmten für sie, und wahrscheinlich mussten sie aus diesem Grund auch meinen Vater mehr oder weniger akzeptieren. Ich traf noch Jahrzehnte später alte Leute, bei denen die Schwärmerei für sie und die Ablehnung meinem Vater gegenüber immer noch spürbar waren.

Klári, meine liebe Klári, sie liefen alles andere vergessend aufeinander zu, klammerten, krallten sich aneinander fest, fielen sich in die Arme, begannen sogleich zu schluchzen, und schon war das ein Bekannter. Und ich kannte ihn doch gar nicht. Die flatternden Schöße von Mänteln und Pelzen bedeuteten die größte Gefahr, diese Kleidungsstücke deckten mich zu und rochen oft stark nach den schweren Zeiten, die sie mitgemacht hatten. Manchmal hielt mich meine Mutter an der Hand fest und fand mich zwischen den Mänteln trotzdem nicht mehr. Und statt um mich zu kämpfen, lachte sie, da ist das Kind wieder ganz schön verlorengegangen. Das widrige Erlebnis gefiel mir eigentlich, ich verstand es trotzdem nicht, ich wandte den Kopf hin und her, protestierte, gab Tritte, biss, war verwickelt. Es erschreckte mich, weil ich ja doch große Angst hatte, auch zu den Verschollenen zu gehören. Ich werde am Leben sein und doch nicht aus der Masse der Mäntel hinausfinden. Irgendwo werden sie von mir wissen, auf mich warten, ich aber komme nicht mehr zum Vorschein. Bis man mich als tot zertifiziert. Sosehr ich mich bemühe, vorher werde ich nicht zu ihnen durchdringen. Ich werde zu denen gehören, die beweint werden, die man vergeblich sucht, die niemand mehr kennt. Auch das verstand ich lange nicht, dieses Verschwinden, dieses Zertifizieren. Wenn einer doch lebte und plötzlich doch zurückkam. Leonhard Frank hat die schönste und haarsträubendste Novelle darüber geschrieben. Das Totsein verstand ich, wie denn nicht, wo wir doch in den Tagen nach der Belagerung auf dem Schlitten meines Vaters die gefrorenen Leichen gezogen hatten.

Es war der Schlitten aus seiner Kindheit in Gömörsid, ein um etliches längerer und breiterer Schlitten als üblich. Das gemeinsame Werk eines Dorfschreiners und eines Dorfschmieds. Der Schlitten hatte diese Größe, damit man auch ein Pony davorspannen konnte oder einen Esel.

Es ging wahrscheinlich nicht anders, als dass sie mich mitnahmen. Bestimmt hatten sie so plötzlich niemanden, dem sie mich anvertrauen konnten. Die gefrorenen Leichen mussten im Szent-István-Park abgeladen werden, in den verschneiten Becken, an diesen Anblick erinnere ich mich genau, so sehr, dass ich noch jahrzehntelang ihre dunkle Masse vor mir sah, die Becken waren leer, es wurde kein Wasser mehr in sie eingelassen, da sie bei den Bombardierungen Risse erhalten hatten, aber die Zertifizierung verstand ich trotzdem nicht.

Sie können also nicht noch einen Tag länger damit warten, warum können sie das nicht.

Es gab Leute, die mich mit ihrem fremden Geruch abküssten, dabei sah ich sie zum ersten Mal.

Sie lachten, weil ich mich nicht an sie erinnerte. Ah, du erinnerst dich nicht, was, du erinnerst dich nicht.

Sie schienen mich anspornen zu wollen, als müsste ich mich erinnern, wenn sie so sprachen. Das Problem war, dass ich mich nicht an etwas erinnerte, woran ich mich nicht erinnerte, da konnte ich mich noch so anstrengen. Auch das verstand ich nicht, was sie mit ihrer ewigen Erinnerei wollten und warum sie sagten, das ist aber nicht schön. Ich verstand nicht, was gefragt war. Was ist schön, was ist hässlich, was ist die Vergangenheit, was ist gewesen. Er bohrt in der Nase, der hässliche kleine Junge. Vollgestopft oder auch Stadtstaat rissen mich sofort hin, überwältigten mich, trafen mich, auch wenn ich keinen Ort fand, wo ich sie in meinem Bewusstsein deponieren konnte, aber es blieben doch phantastische Wörter. Vollgestopft. Das Forum ist mit Menschen vollgestopft. Forum. Vor und um. Die Rolle des Stadtstaats. Demnach sind die Stadtstaaten beweglich. Aber es war unverständlich, weswegen sie rollten, oder welcher Wind sie ins Rollen gebracht hatte, wer verrückte sie von ihrem Ort, damit sie rollten wie die Straßenbahn. Sie kullerten. Ich horchte auf den Ton der Räder. Sie rollten auf der Kugellagerrolle. Kugellagerrollen hatten unter den Kindern einen hohen Marktwert, auch unter den Erwachsenen. Wer vier gleiche Kugellagerrollen hatte, konnte ein Wägelchen herstellen. Oder ein Rollbrett für seinen verkrüppelten Verwandten, dem das Zugrad die Beine mitgenommen hatte oder im Lazarett an der Front die Beine amputiert worden waren. Wenn sich ein Ausdruck nicht von selbst erklärte, wie etwa vollgestopfte Straßenbahn, die sich die Menschen in den Bauch stopfte, stand ich stumpfsinnig inmitten der Menge, die ihn verstand. Ich wusste zwar, dass Rolle etwas war, das man spielte, aber die andere Bedeutung des Wortes war stärker, das Rollen in der Rolle. So aber hatte es überhaupt keinen Sinn. Ich wusste nicht, dass man die Wörter aus der Homophonie herausschälen und ihre verschiedenen Bedeutungen nach Belieben trennen kann. Manchmal sagte ich die Wörter für mich auf, um sie besser zu verstehen, und so hörte ich ihre Melodie schon sehr früh. Ich hätte gern selbst ein rollendes Kugellager gefunden, um es zu demontieren, aber ich fand keins, weil ich nicht wusste, wo ich es suchen sollte. Das Geglitzer der Wörter half nichts gegen den Mangel an Sinn oder gegen die Sinnverwirrung, und so blieben ihre Ästhetik, ihr Klang, ihre Melodie ihre einzige Bedeutung.

Ich versuchte sie anhand ihres Klangs ins System der verständlichen Dinge einzuordnen.

Oder die betreffende Person war gleich beleidigt, weil sich dieser total verwöhnte kleine Junge, der ich wäre, nicht an sie erinnert. Das ist aber gar nicht schön. Es ist doch kein halbes Jahr her, dass wir wunderbar miteinander gespielt haben. Mit dem spiele ich aber garantiert nicht mehr, da könnt ihr Gift darauf nehmen. Beide Varianten berührten mich höchst unangenehm, beleidigt sein oder jemanden beleidigen. Gift auf etwas nehmen, obwohl doch sie die Giftige ist. Ich war ja tatsächlich verwöhnt, aber nicht weil meine Eltern mich verwöhnten, im Gegenteil, sie waren sehr streng mit mir, aber sie liebten mich. Sie liebten mich beide, und sie liebten sich, liebten sich bedingungslos, davon bekam ich auch einiges ab, vom Bedingungslosen, und später reichte es auch noch für meinen kleinen Bruder. Tagelang, ja, wochenlang konnte ich nichts anderes denken, als dass ich Zsuzsa Leichner nicht erkannt hatte. Gar nicht schön von mir, sie hatte mich, laut den Papieren, die sich erhalten haben, ja nicht nur geröntgt, um ganz genau zu sein, hatte mich diese Frau Dr. Leichner am 2. Februar 1944 im Röntgeninstitut des Budapester Isr. Krankenhauses auf Antrag von Frau Dr. Elza Baranyai nicht nur geröntgt, sondern sie hatte auch, nachdem ihr Mann, Emil Weil, verhaftet und sie zum Untertauchen gezwungen worden war, lange Wochen bei uns in der Atelierwohnung Unterschlupf gefunden. Sie verfasste nach der Belagerung ein Schreiben, in dem sie diese Tatsache bestätigte, ich weiß nicht zu welchem Zweck und für wen, auf dem Papier fehlen Adresse und Unterschrift, es ist nur der maschinengeschriebene, an mehreren Stellen mit Bleistift korrigierte Entwurf erhalten.

In Beantwortung Ihrer Frage erkläre ich, dass ich den Genossen István Nádas seit 1919 kenne, ich stand mit seiner ganzen Familie in gesinnungsmäßiger und freundschaftlicher Beziehung.

Schon aus diesem Satz wird ersichtlich, wie Zsuzsa Leichner, die ich im Juni 1945 verworfenerweise auf der Straße nicht erkannt hatte, in völliger Unschuld ein wenig an der Realität herumschraubt. Sie versucht meinen Onkel vom Verbrechen des Besitzes zu entlasten. Ein Kommunist hat keinen Besitz. Wenn jemand einen kleinen Kellerbetrieb hat, den er auf genossenschaftlicher Basis aufrechterhält, tut er das eben im Namen der Wohltätigkeit und der Partei, also aus reiner Selbstaufopferung. Der Betrieb dehnte sich auf die zwei Kellergeschosse des Hauses Nummer 7 am Neupester Kai aus, dazu auch auf einen kleinen, aufs Palatínus-Karree gehenden Kellertrakt des Hauses Nummer 14 in der Pressburgerstraße. Diesen Trakt verwendete mein Onkel als Materiallager, das in einem chemischen Unternehmen ja besser von der Produktionsstätte getrennt bleibt. Aus den Papieren ersehe ich, dass er nicht der Besitzer des erweiterten Kellersystems war, sondern es nur gemietet hatte. Hingegen führte er den Betrieb nicht nach parteibezogenen, sondern nach geschäftlichen Prinzipien. Anders ging es nicht, er musste ja für den Unterhalt seiner Eltern aufkommen, seine jüngsten Geschwister, Miklós und László, in die Schule schicken, er hatte mehrere Angestellte, Buchhalter, Einkäufer, Vertreiber des Endprodukts, auch die mussten bezahlt werden, und auch mein Vater hatte bei ihm seine erste Anstellung; darüber hinaus hatte er in seinem beträchtliche Gewinne erwirtschaftenden Heizungs- und Trocknungsunternehmen noch Chemiefachleute, sogenannte Drogisten, sowie Hilfsarbeiter angestellt. Sie waren es, die in Neubauten die Kokskörbe und die raffinierten kleinen Öfen placierten, die noch in den Sechzigerjahren des vergangenen Jahrhunderts in Gebrauch waren. Sie hießen Trocknungsöfen von

Nádas oder einfach Nádas-Öfen. Sie trockneten die noch nassen Wände nicht nur vermittels Hitze, sondern auch auf chemischem Weg. Mit Hilfe von Kohlenmonoxid ließen sie den Feuchtigkeitsgehalt der Luft austreten und führten ihn als reines Wasser ab. In der anderen, chemischen Abteilung des Betriebs wurden Waren einfacher chemischer Zusammensetzung sowie Imprägnierungsmittel produziert, deren Herstellung mit wenig Dampf- und Raucherzeugung einherging. Bohnerwachs, verschiedene Seifen zu Industriezwecken, hauptsächlich Schmierseifen, Indigo für Durchschlagpapiere und Schreibmaschinenbänder, also schwarze, blaue oder violette Färbemittel in Pulverform oder als Flüssigkeit, ebenso die entsprechenden Lösungsmittel.

Das alles ging in speziell riechenden, voneinander getrennten Räumen vor sich, in denen mit Absaugapparaten gearbeitet wurde. Heute frage ich mich natürlich schon, wohin er wohl die abgesaugte Luft leitete. Ich weiß es nicht, erinnere mich aber genau, dass es zwischen den sechsstöckigen Mietshäusern des Palatínus-Karrees manchmal stärker, manchmal schwächer, aber doch immer nach Chemie roch, was für mich damals völlig normal war. Man roch es manchmal auch oben im sechsten Stock, in unserer aufs Karree gehenden Wohnung. Wahrscheinlich an windstillen Tagen, an nebligen Winternachmittagen, wenn von Buda, von den Hügeln her keine Westströmung kam. Die Bohnerwachse meines Onkels und die praktischen kleinen Wachsblöcke für die Bodenpflege benutzten wir auch nach der Verstaatlichung des Betriebs noch jahrelang. Den Teil des Betriebs, der sich mit dem Trocknen von Neubauten und dem Imprägnieren von Baumaterialien beschäftigte, hatte er von seinem Vater, meinem Großvater, übernommen, das chemische Unternehmen hingegen hatte er selbst gegründet. Er imprägnierte Blachen und hatte dazu Wannen und für die Trocknung Abflussrinnen aus Kunststein anfertigen lassen. Immerhin gab es in seinem Unternehmen tatsächlich einen stillen Teilhaber, und der war tatsächlich sein Genosse, einer namens Ferenc Róna.

Das als Rechtfertigung zu lesende Bestätigungsschreiben macht eindeutig klar, dass die Meldung auf Aufforderung einer der parteiinternen Untersuchungskommissionen verfasst wurde. Mit der Strenge des Sanctum Officium überprüften diese Ausschüsse die illegale Tätigkeit der Mitglieder der illegalen kommunistischen Partei unter allen ihren ideologischen, politischen und moralischen Aspekten. Im Fall von István Nádas war eine solche Überprüfung wohl nicht einfach. Er war ein sehr selbständiger, ja, selbstgesteuerter Mensch, aber opferbereit bis zur Selbstaufgabe. Heute würde ich sagen, dass er neben Mór Mezei und György Nádas das bestausgebildete, über die meisten Hirnwindungen verfügende Familienmitglied war. Ein Kauz, der mit seiner Bescheidenheit hervorstach. Ein georgistischer Kommunist, also Anhänger der Soziallehren des Amerikaners Henry George, gegen Marx. Die Marxisten fanden natürlich mit vollem Recht, dass es das nicht gibt, solche Kommunisten. Ich glaube nicht, dass István Nádas zu Extravaganz neigte, aber er häufte sozusagen Ismen an. Er war eingefleischter Pazifist. Für die Kommunisten nicht leicht zu verdauen. Gegebenenfalls schossen die ja gern. Er war Vegetarier. Was höchstens die Familie zu Gewitzel reizte. Pistilein, nimm doch vom Fleisch. Jedes Mal teilte er ihnen, als wäre es das erste Mal, höflich mit, er esse kein Fleisch. Für den anständigen kommunistischen Proletarier muss wenigstens am Sonntag Fleisch auf den Tisch kommen. Pot-au-feu. Aber wo waren denn unter den Kommunisten in dieser Familie die Proletarier. Pista war Antialkoholiker. Auch das ein Gegenstand von Witzen. Die Antialkohol-Bewegung ging in Ungarn auf den Arzt József Madzsar zurück, Ende der dreißiger Jahre hatte sie schon ziemlichen Einfluss gewonnen. Mein Onkel war aktives Mitglied der Organisation, er unterstützte sie mit bedeutenden Summen. Pista, ich habe dir etwas Rum in den Tee getan, sagte Tante Özsi, die nie lächelte, nicht einmal, wenn sie scherzte, und reichte ihm die Tasse. Danke, Özsichen, dann trinke ich ihn lieber nicht. Pista, ich habe dir keinen Rum in den Tee getan, sagte meine

Mutter und reichte ihm breit lächelnd die Tasse, in die sie aber reichlich Rum gegossen hatte, ich hatte es selbst gesehen. Pista nahm die Tasse, dankte meiner Mutter für ihre Aufmerksamkeit, danke, danke, Klárichen, und ob er den Rum bemerkte oder nicht, er trank den Tee umstandslos.

Er trank ihn, weil sein Geschmackssinn nach einer Operation in seiner Jugend nicht mehr ganz intakt war. Unterdessen bogen sich die anderen vor Lachen. Was er nicht bemerkte. Oder nicht übelnahm. Oder er beobachtete das unverständliche Lachen der anderen mit einem verlegenen, zuvorkommenden Lächeln. Meine Mutter hatte bei der Frau József Madzsars, Alice, Stunden in Turnen und Bewegungstanz genommen. Pista war zudem Esperantist. Und als junger Mann Naturist. Das heißt, er hüpfte mit nackten Mädchen und Jungen herum, sie spielten Ball und ruderten und taten, als gäbe es für sie nichts Natürlicheres. Sie fotografierten sich. Das alles war für die Außenwelt zu viel. In den Augen der marxistischen Kommunisten machte ihn das verdächtig, waren doch diese von ihm bevorzugten kulturellen Bewegungen nicht nach Klassengesichtspunkten organisiert. Sie waren zwar eng verbunden mit den linken Emanzipationsbewegungen Europas, zuweilen auch unmittelbar mit der sozialistischen Arbeiterbewegung, später mit den antifaschistischen Bewegungen, aber in den Augen der Kommunisten beruhten derartige Tätigkeiten auf keinem genügend klar definierten Klassenbewusstsein, es waren elitäre Bewegungen, ohne proletarisch plebejischen Charakter, sie galten als dekadent. Ihre geistigen Quellen waren suspekt. Ein bisschen missverstandener Rousseau, eine Prise Blut und Boden in der Naturverehrung, etwas von der Muffigkeit der Burschenschaften.

Mein Onkel war ein Phantast.

Im Zeichen irgendeiner Schule des Naturismus ließ er sich sommers den Schädel kahlrasieren, ein echter Asket.

Den Georgismus hielten die Marxisten für den letzten großen intellektuellen Versuch zur Rettung des Kapitalismus. Vor ein paar Jahren haben mir die Töchter meines Onkels, meine Cousinen Katalin und Judit, seine 1921 in Wien erschienene, von Antal Guth übersetzte, von ihm mit zahlreichen Randnotizen versehene Ausgabe des *Kapitals* geschenkt, zusammen mit anderen seiner soziologischen Bücher. Aus den Randnotizen lässt sich ersehen, wo und wie weit er im Namen der georgistischen Vorstellungen Marx kritisierte. An mehreren Stellen hat er die Druckfehler in den mathematischen Darstellungen korrigiert, oder sogar, amüsanterweise, Marx' angebliche Rechnungs- und Darstellungsfehler. Vielleicht hatte er ja recht, ich kann es nicht beurteilen. Hingegen kann ich seine geistige Wachheit beurteilen. Aus dem System seiner Seitenverweise erschließt sich mir der Ansatz seiner Kritik. Mein Onkel war ein Renegat. Diese Anklage überlebte unter den Kommunisten kaum jemand. Den Kommunisten hatte er sich ganz jung angenähert, als überzeugter Atheist, dem der Anstand gebot, aus der jüdischen Glaubensgemeinde auszutreten. Ein Vergleich der Zeitpunkte weist darauf hin, dass wahrscheinlich er es war, der meinen Vater, der die gleichen Gründe hatte, zum Austritt aus der Glaubensgemeinde anspornte. Jedenfalls begleitete er am 28. August 1928 seinen neunzehnjährigen Bruder in die Straße der Goldschmiede, zum Büro des Rabbinats der Budapester Israelitischen Glaubensgemeinschaft, in die Holló-Straße 4, wo László Nádas laut Protokoll seinen Austritt anmeldete.

Der Angestellte des Büros nahm die Absicht zur Kenntnis, notierte die entsprechenden Angaben und informierte László Nádas, dass er, sofern er bis dahin seine Entscheidung nicht rückgängig mache, nach zwei Wochen diese Meldung würde bestätigen müssen. Und so gingen die Brüder Nádas, die alle sehr spät heirateten und noch bei ihren Eltern in der Pannónia-Straße wohnten, am 17. September 1928 erneut in die Holló-Straße, wo László Nádas zum zweiten Mal meldete oder, wie man damals in den Büros formulierte, abermals seine Absicht kundtat, aus der Israelitischen Glaubensgemeinde auszutreten, worüber er eine schriftliche Bestätigung erbat. Der Angestellte der Glaubensgemeinschaft hielt die Meldung schriftlich fest, lehnte aber laut Protokoll die Aushändigung einer Bestätigung mit der Begründung ab, László Nádas habe seine den Austritt betreffende Aussage in beiden Fällen vor lebenden Zeugen gemacht. István Nádas' Unterschrift steht denn auch unter dem Text. Der ältere Bruder meines Vaters war in der Mitte der Zwanzigerjahre als Sekretär der illegalen kommunistischen Jugendbewegung tätig. Nach der Niederschlagung der Commune gab es keine legale Kommunistische Partei mehr. Er folgte in dieser Funktion Pál Demény, der ebenfalls Chemiker und eine Zeitlang ebenfalls in István Nádas' Trocknerfirma angestellt war und von seiner frühen Jugend an als der bedeutendste, um nicht zu sagen als der bockigste Renegat der ungarischen kommunistischen Bewegung galt. In seinen Memoiren beschreibt Demény, wie er jeden Morgen aufbrach, um auf den Baustellen der Neuleopoldsstadt und von Kelenföld das Funktionieren der Nádas-Öfen zu kontrollieren. Mein Onkel gehörte eine Zeitlang zu dessen mehrmals exkommunizierter Gruppe, aber auch da nur am Rand. Ihm wie Demény stand jeglicher Nationalismus fern. So wie ich mich an die Diskussionen mit den marxistischen, aber nicht moskowitischen Familienmitgliedern erinnere, konnte man ihn nicht einmal für einen ungarischen Patrioten halten, wie zum Beispiel meine Mutter, die sich zu eindeutig patriotischen Ansichten bekannte, während Onkel István schon als junger Kommunist in starkem Kontrast zu den Moskowitern stand, die in bolschewistischer Manier vom Gesichtspunkt der Großmacht ausgingen.

Dabei ging es keineswegs um eine Frage des Stils. Er und Demény waren schon Mitte der zwanziger Jahre der Meinung gewesen, dass sich die illegale kommunistische Bewegung den örtlichen Gegebenheiten anpassen muss und nicht den hierzulande völlig unverständlichen und unanwendbaren Direktiven der Moskauer Emigration. Sie kamen zum radikalen Schluss, dass sie den von der Wiener, Berliner und Moskauer Emigration kommenden Mitteilungsstrom unterbrechen mussten. Um die Diskussionen der Fünfzigerjahre in einfache Worte zu fassen, kann man sagen, dass mein Onkel heftig gegen den bolschewistischen Aktionismus und die bolschewistische Paranoia protestierte, gegen einen aus dem Verfolgungswahn geborenen politischen Habitus, dem die Mitglieder der Wiener, Berliner und vor allem der Moskauer Emigration mit dem besten Willen nicht entkamen. In Moskau lebten sie eingepfercht in den kleinen Zimmern des Hotels Lux. Sie beobachteten einander, bildeten Fraktionen und denunzierten sich gegenseitig wegen Fraktionsbildung. In den Dreißigerjahren hing schon ihr Überleben davon ab, sie dezimierten einander, sie versuchten die Partei voneinander zu säubern, während sie gleichzeitig an diesen Zuständen litten. Inmitten der seriellen stalinistischen Säuberungsaktionen musste jeder einzeln mit schmählichen Mitteln um sein bloßes physisches Überleben kämpfen. Das war kein Zufall, nicht einmal eine historische Notwendigkeit, sondern ein psychologischer Systemfehler. Demény schreibt in seinen Memoiren, dass er in seinem marxistischen Alphabet keine akzeptable Erklärung für die Fraktionsbildungen unter den Emigranten gefunden habe. Vielleicht hätten es Freud oder Adler aus den proteinarmen Speisezetteln der Wiener Küchen herauslesen können, aus der Ödnis, aus dem Geldmangel, aus dem Fehlen von erotischen Eindrücken, da ja im Hotel Lux chronischer Frauenmangel herrschte, vielleicht wäre es herauszulesen aus der Nostalgie nach verlorenen Anwaltsbüros, Redaktionen, Gewerkschafts- oder Sparkassenschreibtischen oder weiß der Teufel woraus. Fest steht, schreibt Demény in edler Schlichtheit, dass die, die sich mangels eines Feindes gegenseitig zerfleischten, drei Jahre nach der Niederlage der Commune zu verbitterten Menschen geworden waren, ohne Boden unter den Füßen. In ihren friedlichen Stunden, in den Tiefen der Kaffeehäuser, sahen sie Luftspiegelungen, sie liefen ihnen nach, sie trieben ihre Anhänger an, diesen Visionen zu folgen, und wenn sie aufflogen, machten sie, um sich zu retten, andere dafür verantwortlich. Sie waren gleichzeitig Beobachter und Beobachtete, füge ich meinerseits hinzu.

Aber der Verfolgungswahn ist ja nicht nur und ausschließlich die Eigenheit isoliert funktionierender bolschewistischer Gruppierungen.

Die Frauen und Männer, die sich um Demény scharten und von denen nicht wenige aus der russischen Kriegsgefangenschaft kamen, spürten schon in ihrem ersten Jahrzehnt im Untergrund den Unterschied in Habitus und Einstellung, der die byzantinisch bestimmte östliche Hälfte des Kontinents von der römisch bestimmten westlichen Hälfte trennte. Es gibt eine solche massive, gleichzeitig kulturelle, religiöse und wirtschaftsgeographische Grenze. Auf die Trennung legten sie auch durchaus Wert. Weder in der Emigration im Westen noch im heimischen Untergrund hätte es Sinn gehabt, dem byzantinischen System zu folgen. Sinnlose Anweisungen führten sie nicht aus und sorgten dafür, dass von Psychose durchtränkte Verordnungen die Mitglieder der heimischen illegalen Bewegung gar nicht erst erreichten. Doch die illegale ungarische kommunistische Bewegung hatte darüber hinaus noch eine weitere Bruchlinie, die zu Hause gebliebenen Kommunisten waren ebenso gespalten wie jene in der Emigration. Die einen waren Anhänger Béla Kuns, sogenannte Kunisten, die in byzantinischem Stil funktionierten, also zu gläubigen Stalinisten geworden waren und mit internationalistischen Slogans bewusst oder unbewusst den großrussischen Nationalismus bedienten, die anderen waren Anhänger Jenő Landlers, Landleristen, die der Lenin'schen Auffassung vom demokratischen Zentralismus folgten und bei aller Verehrung und Hochachtung für den Generalissimus Stalin den örtlichen Verhältnissen Priorität gaben, den nationalen Eigenheiten, dem Besonderen statt dem Allgemeinen.

Während mehrerer Jahrzehnte tobte zwischen ihnen ein mörderischer und hochgeheimer Kampf, so wie zwischen den Daheimgebliebenen und denen in der Emigration ebenfalls ein Kampf wütete, parallel dazu, ohne dass sie es voneinander wussten.

Untersuchungsausschüsse waren aber schon in den Jahren der Illegalität tätig, sowohl zu Hause als auch in der Emigration.

Das Gesetz der Gruppenpsychologie funktionierte gründlicher, in tieferen Schichten, als sich das Demény oder auch Freud vorgestellt hätten.

Demény, der ähnlich wie mein Onkel dank seiner Chemiekenntnisse später mit einer eigenen kleinen Gruppe ebenfalls an der antifaschistischen Widerstandsbewegung teilnahm, wurde unmittelbar nach der Belagerung verhaftet, weil die aus Moskau zurückgekehrten Kommunisten überzeugt waren, dass er schon immer ein Polizeispitzel gewesen war. Einen Beweis dafür hatten sie nicht. Sie brauchten einen Vorwand, um sich von ihm Genugtuung zu verschaffen. Er wurde 1946 verurteilt, und als er 1953 freigelassen werden sollte, wurde er ohne jegliches weitere Urteil im berüchtigten Lager von Kistarcsa interniert. Geheime Säuberungsaktionen waren im einheimischen Untergrund nicht unbekannt, Untersuchungen wurden durchgeführt, Urteile erlassen, und das nicht nur von Seiten der Moskowiten, nicht nur auf bolschewistischen Befehl. Es hatte schon seinen Sinn, hätten sich doch die illegalen kommunistischen Netzwerke ohne die Eliminierung von Polizeispitzeln sofort aufgelöst.

Auch ohne die Paranoia der Emigranten mussten Spitzel eliminiert werden. Bisweilen sind die byzantinischen und die römischen Methoden identisch oder ähnlich. Die als schuldig befundene Person musste zuweilen gänzlich aus dem Weg geräumt werden.

Der bewundernswürdigen Freundschaftsgeste oder der rasenden Naivität Frau Doktor Leichners ist zu verdanken, dass der Entwurf in unsere Familienpapiere Eingang gefunden hat. Bestimmt ist aber dem Zufall zu verdanken, dass das Papier überhaupt erhalten geblieben ist. Die Person, gegen die ermittelt wurde, durfte von der Untersuchung keine Kenntnis haben, und schon gar nicht vom

Inhalt der schriftlichen Anzeige. Auch wenn sie beklommen ahnen mochte, was geschah. Höchstens das wusste man sicher, dass etwas geschah. In der Partei läuft eine Untersuchung, und bestimmt wird die Zuverlässigkeit der Person auf die Probe gestellt. Das Leben eines Menschen besteht aus Parteiuntersuchungen ohne Anfang, ohne Ende. Und so besehen ist es sehr gut vorstellbar, dass es tatsächlich eine PARTEI mit lauter Großbuchstaben gab, die über den Personen stand, auch wenn diese mit ihrem zum Unpersönlichen sublimierten Dienst ebenfalls Teile dieses Unpersönlichen waren. Als Kind war ich mitten darin, und ich schätzte mich deswegen immer schon glücklich, denn ich konnte die in Verdächtigungen und Beklemmungen versunkenen Beobachteten streng beobachten. Sie fühlten sich gewissermassen verpflichtet, zwischen Verleugnungen und Behauptungen zu leben, ihre Partei wollte das so, selbst wenn sie Landleristen waren und nach antibyzantinischen oder direkt patriotischen Überzeugungen vorgingen. Zu meinem Glück hob meine Fähigkeit, nüchtern zu urteilen, meine Strenge wieder auf. Und doch war es für sie immer eine Überraschung, wenn sie vom Zentralkomitee der Untersuchungskommission in der Akadémia-Straße als Zeugen oder als Angeklagte vorgeladen wurden. Es war, als wären sie bereits überführt. Im Prinzip durfte niemand etwas davon wissen. Auch das hatte ich beobachtet. Ob sie als Zeugen auftreten oder sich von einer Beschuldigung reinwaschen mussten, sie brachen das obligatorische Schweigen jedes Mal. Auch das hatte ich beobachtet. Sie besprachen es untereinander und sprachen auch mit anderen darüber. Ich hatte etwas in der Hand, das gegen sie verwendet werden konnte. Zuweilen wurden sie nicht nur aus der Bewegung ausgeschlossen, sondern über den Verräter an der Bewegung wurde die Todesstrafe verhängt, und sie wussten, dass die Genossen sie stillschweigend vollziehen, den Beschuldigten beseitigen würden.

Wenn nach der Belagerung jemand vorgeladen wurde, hatte das Komitee eine so große, so akribisch durchgeforstete Masse von Daten zur Verfügung, dass die verdächtigte Person verbal kaum dagegen aufkam. Ähnlich wie zur Zeit der Inquisition musste man jederzeit darauf gefasst sein, in Verdacht zu kommen, gefasst auf Fragen und Antworten zum eigenen eventuellen Ketzertum. Man konnte im Voraus wissen, dass die Fragen jeweils aus einer unerwarteten Richtung kommen würden. Das Leben bringt immer anderes hervor, es bestätigt nicht die Prognosen unserer Ängste. Die Realität bewegt sich auf der einen Ebene, auf der anderen die Spekulation. Ich glaube nicht, dass mein Onkel István Angst vor der Verhaftung hatte, er war ein ruhiger Mensch, schmetterlingshaft feinfühlig, doch zu Beginn der fünfziger Jahre war er schon völlig verstummt. Manchmal hätte man sich in Angelegenheiten, die mehrere Jahrzehnte zurücklagen, rechtfertigen sollen, Angelegenheiten, von denen es keine Protokolle gab, von denen sie selbst keine Aufzeichnungen, geschweige denn offizielle Dokumente besitzen konnten. Unter der belastenden Aussage mehrerer ungenannter Zeugen blieben einem, gerade wegen der strengen Regeln der konspirativen Geheimhaltung, kaum Instrumente. Die Dinge waren nur über komplizierte Umwege zu dokumentieren oder zu bezeugen. Der Verdacht auf freundschaftliche Absprache bei der Zeugenaussage entkräftete die Verteidigung von vornherein. Die eigenen Zeugen wurden der Voreingenommenheit verdächtigt, man selbst hatte denselben Verdacht, was die Zeugen der anderen betraf, und so waren auch die Zeugen Verdächtige, die waren doch bestimmt von den beiden berüchtigten Chefs von Horthys Geheimpolizei, Péter Hain und József Sombor-Schweinitzer, anlässlich einer Verhaftung angeheuert worden. Frau Doktor Leichners Rechtfertigungsschreiben ließ sich tatsächlich ohne weiteres für ungültig erklären, war doch Lonci, ihre jüngere Schwester, das heißt Ilona Leichner, die große Lebensliebe meines Onkels. Ihre Verbindung war in der illegalen kommunistischen Bewegung legendär, bis Lonci bei einer Pfeilkreuzler-Razzia erwischt, verschleppt und umgebracht wurde.

Zu den großartigsten und unbehaglichsten Erlebnissen meiner Kindheit gehörte es, wenn meine Eltern über solche höchst heiklen, jahrzehntealten Fragen tuschelten. Mir gefiel, dass ich die Signale des geheimen Systems begreifen konnte, aber gleichzeitig fühlte ich mich bei diesem Begreifen unbehaglich, das heißt, mir war der Gedanke unbehaglich, ich könnte wirklich etwas erfahren und wäre dann ebenfalls zur Anzeige verpflichtet. Ich würde mich nicht einmal darauf hinausreden können, dass ich ein Kind war. Ich würde sie aufgeben müssen. Was bedeutet, dass die Gesetze der Gruppendynamik eine Zeitlang auch mich erfasst hatten. Sie wussten zum Beispiel, dass Lonci zuerst in einem Pfeilkreuzlerhaus an der Andrássy-Allee, dann in einem Gefängnis am Margaretenring gefoltert worden war, sie wussten auch, was man mit ihr gemacht hatte, aber das durfte Pista nicht wissen. Er wusste nur, dass sich Loncis Spur verloren hatte, er wartete nach der Belagerung noch fast drei Jahre auf sie. Anhand von Informationsfragmenten, die sich auf die Zeit vor meiner Geburt bezogen, hätte ich verstehen sollen, auf welche Art das Bewusstsein solche Daten speichert, oder wenigstens die konventionelle Auffassung von Zeit begreifen. Ich hätte auch verstehen können, dass das Bewusstsein zeitliche Parameter hat, aber ich konnte noch so aufmerksam sein, das Ganze fügte sich nicht zusammen, weder aus den geheimen noch aus den öffentlichen Einzelheiten, ich sah nur, dass das eine sich nicht mit dem anderen deckte. Loncis Schicksal sagten sie sich voreinander noch lange auf, noch jahrelang, um es Pista nicht erzählen zu müssen. Später mussten sie ihm doch etwas von dem Entsetzlichen erzählen. Drei Jahre lang hatten sie befürchtet, dass das vergebliche Warten auf Lonci ihn umbringen würde. Auch Tante Magda erwähnt sie in ihren Aufzeichnungen. Sie mussten ihm irgendwie zu verstehen geben, dass das Warten keinen Sinn mehr hatte.

So verfestigte sich meine Neigung zum motivischen Denken, und so verstärkte sich mein Gefühl für Einzelheiten.

Meine Eltern verstummten sofort, wenn sie merkten, dass ihr Dialog mitgehört wurde, oder sie verknappten die Geschichte, erzählten sie sich an einer anderen Stelle weiter. Sie zogen mir gewissermaßen den Speck ihrer Geheimnisse durch den Mund, wobei sie immerhin Schlüsselwörter zurückließen, Satzfetzen, die Jahre später eventuell einen Sinn ergaben. Und lange schweigen konnten sie doch nicht, das Thema brannte ihnen auf der Zunge, und so gingen sie auf Abendspaziergänge, oder sie flohen mit ihrer Geschichte in ein anderes Zimmer, in den Flur, ins Entree oder ins Badezimmer, dabei redeten sie aber schon im Gehen. Ich musste ihnen geschickt nachschleichen oder auf demütigende Art an den Türen lauschen. Ich zitterte, mein Körper und meine Seele schlotterten. Bei aller gruppendynamischen Prägung wusste ich ja doch, dass ich mich mies verhielt.

Sie plauderten oft in der Badewanne sitzend, sie badeten manchmal gemeinsam.

Ich zitterte vor Angst. Ich weiß nicht, warum, wo doch die Neugier so stark war.

Nach heutiger Berechnung hatte mich diese Psychose fast zwei Jahre lang im Griff, und sie hörte definitiv im August 1947 bei einem Sonntagsspaziergang mit Sándor Rendl auf, auch wenn die Gruppenpsychose, in deren Bann meine Eltern standen, starke Spuren in mir hinterlassen hat.

Zum schweigenden Beobachten trieb mich vielleicht der schlichte Wunsch, nicht aus ihrem Kreis ausgeschlossen zu werden. Mich zwischen sie hineinzukeilen. Ihre Gemeinsamkeit war ungeheuer stark. Da war für mich kein Platz. Es gibt solche symbiotischen Ehepaare. Ich saß im dunklen Flur, zitterte, horchte, musste aufpassen, nicht laut mit den Zähnen zu klappern. Wahrscheinlich verletzte meine Neugier die Aura ihrer Gemeinsamkeit. Ich interpretierte die Sache so, dass sie jetzt über irgendwelche lebenswichtigen Dinge entschieden, so auch über mich. Ich musste es wissen. Ich hatte ein Recht, es zu wissen. Es war, psychologisch gesprochen, eine paranoide Fixierung. Ich darf nicht draußen bleiben. Es führte zu einer Hypertrophie des Gefühls für Einzelheiten. Als würde jemand ohne mich über mein Leben befinden.

Bestimmt hat dieser ewige Zwang zum Beobachten und die damit einhergehende ständige Angst in meinen Hirnzellen physische Spuren hinterlassen.

Zuweilen folgte im Badezimmer eine lange Stille, nur ein Platschen und Plätschern aus der Wanne, begleitet von allerlei seltsamen Geräuschen und Seufzern. Isaak Babel schreibt, in Paris würden zwischen drei und fünf Uhr nachmittags die billigen kleinen Hotels von den Liebesseufzern in die Luft gehoben. Auch das verstand ich nicht, diese losgelassenen Geräusche. Ich begehe eine Sünde gegen Gott, auch wenn es bei uns keinen Gott gab. Mindestens zwei Jahrzehnte lang wurde mir nicht klar, was ich aus dem Badezimmer gehört hatte. Dass um ihr Bett herum etwas geschah, hatte ich begriffen. Ich schnüffelte der Sache nach, kam aber nicht dahinter. Weil es meine von der Zivilisation abgespaltene Animalität in Anspruch genommen hätte. Oder sie waren so sehr in ihr vertrauliches Gespräch vertieft, waren vor Angst und Beklemmung so unkontrolliert und taub, dass sie von mir keine Kenntnis mehr nahmen. Sie vertrauten darauf, dass ich es doch nicht verstand. Sie verstanden es ja auch nicht. Sie wollten gleich aufhören, nur noch das musste rasch gesagt werden. Sie psalmodierten etwas, das weder Anfang noch Ende hatte, und ohne die gibt es wirklich keine Zeitstruktur. Sie warfen sämtliche Konventionen über Bord. Da verstand ich doch eine Menge Einzelheiten, nicht einfach Daten, sondern vor allem das, was emotional mitschwang.

Allerdings ließen sich die fassbaren Einzelheiten nirgendwo zuordnen, noch lange Jahrzehnte sah ich das System nicht, in das sie hineingepasst hätten. Nur noch diesen letzten, allerwichtigsten Satz sagen. Bei diesem Thema gab es keinen letzten Satz, sie tuschelten und keuchten in einem fort. Aber niemand soll sich damit trösten, dass ich hier von den Verirrungen eines politischen

Systems spreche, jenen des Kommunismus. Es gibt kein politisches System und keine intellektuelle Bewegung, die keine Verirrung kennt und in denen der Eros nicht in die unmittelbare Nähe der politischen Überzeugung gerät; Anziehung und Abstoßung funktionieren als Grundgegebenheiten des Lebens, und solange sie nicht Gegenstand einer kollektiven Reflexion sind, werden sich die Gesellschaften und ihre politischen Bewegungen ausnahmslos in ihre typisch wiederkehrenden, von erotischer Energie aufgeheizten, aufgefüllten Exzesse hineinreiten. Oder sie schicken mich in bestimmten Momenten aus dem Zimmer, aus der Küche, aus dem Badezimmer, überall schickten sie mich hinaus; höflich, das schon, die liberal-demokratischen Prinzipien funktionierten auch bei ihnen, das muss man ihnen lassen. Sie baten mich, sie kurze Zeit allein zu lassen, sie müssten etwas unter vier Augen besprechen. Sie appellierten an mein Verständnis, so wie es der liberal-demokratischen Auffassung entspricht. Beziehungsweise bat mich meine Mutter, in ihrer eigenen brutal proletarischen Manier, ich solle sie nicht hier, sondern anderswo suchen. Ich solle mal nachsehen, ob sie nicht in der Küche draußen sind oder im Kinderzimmer, im Flur.

Ich hasste die vier Augen, nicht sie, nicht ihre vier Augen, sondern die höfliche oder brutale sprachliche Form der Bitte. Und sie schienen wirklich nicht zur Kenntnis zu nehmen, dass ich nicht hinausgegangen war, sondern vor Wut festgebannt erst recht dort stehen blieb. Sie dämpften ihre Stimmen. Nach ein paar flatternden Flüstersätzen wurden sie aber vor Emotionen oder Bestürzung wieder lauter, sie hätten nichts, rein gar nichts in der Hand, keinerlei Beweise.

Sie waren ein für alle Mal im Kasten ihrer Illegalität eingeschlossen.

Ihr konspirativer Geist stammte aus den Zeiten vor der Belagerung, sie waren in ihm eingesperrt. Sie waren sich ihres Eingesperrtseins nicht bewusst, auch wenn sie am höheren Luftdruck spürten, dass sie körperlich und seelisch gefährdet beziehungsweise gemeingefährlich waren. Gut, aber wie kannst du das beweisen. Ganz leise schlich ihnen der Verfolgungswahn nach, zäunte sie ein. Wer wird dir das belegen. Manchmal holte er sie ein und fraß sie auf. Verschonte auch mich nicht. Ihre Lage wurde zusätzlich dadurch erschwert, dass nicht wenige Leute aus ihrem illegalen Kreis umgekommen waren, nicht mehr als Zeugen dienen konnten, umgekommen, ermordet, hingerichtet, erschossen, auf dem Polizeiposten, in der Gendarmerie, in einem der Pfeilkreuzler-Häuser, in Zugló, in der Andrássy-Allee oder auf dem Szent-István-Ring, während der Befragung oder der Zwangsernährung. Ich besitze noch heute eine mit Stichwörtern versehene Skizze der Verhörkammern des Pfeilkreuzler-Hauses am Szent-István-Ring. Oder die eigenen Genossen hatten sie erschlagen, aufgeknüpft. Ein ums andere Mal sagten sie in den zehn beziehungsweise dreizehn Jahren, das war ja die Zeit, die ich mit ihnen verbringen durfte, die Programmpunkte der verschiedenen Verhaftungen meines Vaters auf, die Geschichte seiner Gefangenschaften, Folterungen und noch detaillierter die Geschichte von anderen. Die Folter, das Schmachvollste für alle Beteiligten, bleibt letztlich ein nicht mitteilbarer Akt. Mein Vater ließ sie aus fast allen seinen autobiographischen Darstellungen weg. Damit war er nicht allein. Die Folter, das peinliche Verhör, die Zwangsernährung sind die kritischsten Stationen der Untersuchung, man kann sagen die physische und ethische Endstation des Lebens, denn in den Augen der Bewegung ist die verhörte Person gerade in diesem Augenblick bereit zu singen. Gewissermaßen auf der Schmerzschwelle wird der Verhörte aus sich hinausgestülpt. In diesem Punkt stimmen die politische Polizei und die politische Bewegung bedauerlicherweise überein, jeder ethische Impuls ist hier aufgehoben, oder die Person wird ihm entfremdet. Vor seinen Genossen, das heißt öffentlich, hätte sich mein Vater nicht damit brüsten können, dass man ihn gefoltert und er durchgehalten hatte. Das wollen wir dann noch untersuchen, ob er wirklich durchgehalten hat, sagten seine Genossen, auch ohne dass er sich brüstete. Sie konnten nicht anders. Sie mussten es wissen. Schließlich war er mit dem Zwangsverhör zum Singen präpariert worden, und also hatte die kommunistische Bewegung Grund zum Herumbohren. Hatte er eventuell, um der unerträglichen Tortur ein Ende zu bereiten, aus freien Stücken die Namen von Leuten verraten, hatte er das körperliche Leiden, die Demütigung nicht länger ertragen, vielleicht hatte er jemanden durch den Dreck gezogen, unabsichtlich zwar, aber doch. Für die Bewegung kam es aufs Gleiche heraus. Über dieses Phänomen hat Sartre die phantastischste Geschichte geschrieben, eine längere Erzählung aus der Zeit der Résistance. Du wirst verhört, lügst konsequent, leugnest, doch in deinem Lügen und Leugnen wählst du, du kannst nicht anders, unter den Daten in deinem Kopf diejenigen aus, die der Realität entsprechen, da diese mit der größten Wahrscheinlichkeit erscheinen. In der Vorstellung entwirft sich die Realität am vollkommensten. Die Erfahrungen der Psychologie stimmen in diesem Punkt effektiv mit dem Existenzialismus überein. Das heißt, die Psyche arbeitet stärker mit der Intuition zusammen, als du es in deiner heroischen Absicht, zu leugnen, von dir erwarten würdest.

Oder du hast dich versprochen, etwas kam dir zufällig über die Lippen, eine Angabe, die deine Folterer auf die Spur bringen könnte. Die Ermittler in Horthys Polizei wurden während der Jahrzehnte der Gegenrevolution zu Künstlern dieser Art von Verhör. Sie verwendeten unwahrscheinlich lange Zeit auf völlig nebensächliche Fragen, beharrten, sammelten Angaben, häuften Material an. Nach der Machtübernahme durch die Pfeilkreuzler wurden diese ausgebildeten Verhörexperten fachlich scharf gemacht. Die Pfeilkreuzler führten die brutale, auf Rache und Freibeutertum gegründete Logik des Mobs, die mit dem Ende des weißen Terrors und der Konsolidierungspolitik von Ministerpräsident Bethlen aufgegeben worden war, ins System zurück, die in

Jahrzehnten ausgearbeitete Feinmechanik der Verhörtricks wurde zertrümmert.

Der Zufall, verknüpft mit den intimsten Notwendigkeiten, schafft nicht nur den Anschein, als hättest du gesungen, sondern du hast es gegen deinen Willen tatsächlich getan. Kein Wunder, du warst da nicht mehr Herr deiner selbst, hattest deine ganze Elastizität verloren. Vielleicht wolltest du gar nicht, trotzdem hast du es gesagt. Vielleicht merktest du nicht einmal, was du tatest. Du begriffst nichts mehr. Durchschautest die Fragen der Ermittlungsbeamten nicht mehr, warst nicht mehr in der Lage, deine Lügen ihren Erwartungen anzupassen. Es muss logisch bleiben, was du sagst, aber diese deine Absicht sieht auch der Ermittler, du darfst dich nicht in Widersprüche verstricken, er hingegen weiß, dass es das nicht gibt. Vor Schmerz sahst du die Falle nicht, die sie deinem Zwang zur Logik stellten, und schon eine einfache Verneinung konnte sie auf die Spur bringen, ihnen einen Anhaltspunkt liefern. Oder das hartnäckige Schweigen lieferte den Anhaltspunkt, es gab ja im übertragenen Sinn die Richtung der Ermittlung an. Aus diesem Grund musste der gut ausgebildete, gewissenhafte Ermittler stundenlang, tagelang bei scheinbar sinnlosen Fragen stehenbleiben.

Mein Vater wurde in der Hadik-Kaserne nicht nur physisch, sondern auch mit speziellen psychologischen Methoden gefoltert. Er wurde überwacht, geschlagen, aber nicht verhaftet. Womit sie zu sagen schienen, dass sie nichts in der Hand hatten. Es stand außer Zweifel, dass er Flugblätter vervielfältigt hatte, mit einer Vervielfältigungsmaschine in seiner Wohnung, und er hatte sich an der Verteilung der Flugblätter beteiligt. Hingegen fanden sie die Vervielfältigungsmaschine bei keiner der Hausdurchsuchungen in der Pannónia-Straße. Aber bei aller fleißiger Nachforschung kann ich mir, ehrlich gesagt, doch nicht vorstellen, warum 1934 gegen einen wegen kommunistischer Umtriebe aus dem sozialdemokratischen Arbeitersportverein ausgeschlossenen, arbeitslosen, aus besserer

Familie stammenden jungen Mann, einen Fernmeldetechniker, der zu dem Zeitpunkt bei seiner verwitweten Mutter in einem leicht heruntergekommenen großbürgerlichen Haus lebt, ausgerechnet die Militärpolizei in der Hadik-Kaserne eine Ermittlung durchführt. An anderer Stelle schreibt er, er sei von der militärischen Ermittlungseinheit des Innenministeriums einvernommen worden. Der Ausschluss aus dem Verein folgte logisch aus dem internen Kampf zwischen den beiden Arbeiterbewegungen, den legalen Sozialdemokraten und den illegalen Kommunisten. Die illegalen Kommunisten besetzten in Gruppen regelmäßig die legalen Institutionen der Sozialdemokraten. Nicht nur er wurde ausgeschlossen, sondern eine ganze renitente Gruppe, unter ihnen meine Mutter, die geliebte Vorturnerin des Vereins. Heute würde man Trainerin sagen. Sie benutzten den Verein als Terrain für kommunistische Aktivitäten, klar, und warum hätten sich die Sozialdemokraten nicht wehren sollen, sie konnten ja nicht wollen, dass die Politische Polizei ihre Partei wegen kommunistischer Umtriebe auflöste. Mein Vater war 1927 der Sozialdemokratischen Partei beigetreten, drei Jahre danach wurde er wegen kommunistischer Aktivitäten ausgeschlossen. 1934 trat er wieder ein, und wieder verfolgte er kommunistische Aktivitäten, warum hätten sie ihn also nicht wieder ausschließen sollen, diesmal endgültig und unwiderruflich. Kann sein, dass sie es waren, oder auch sie, die ihn verpfiffen. Mein Vater schreibt Politische Polizei, aber in der Hadik-Kaserne arbeiteten damals und arbeiten heute noch der militärische Nachrichtendienst und die militärische Spionageabwehr. Ich glaube nicht, dass sich die Herren in Sachen Zuständigkeit täuschen konnten. Ebenso wenig ist es wahrscheinlich, dass er für die Sowjets spionierte. Wo und wie hätte dieser aus behüteten Umständen in die illegale kommunistische Bewegung hineingeratene Bürgersohn spionieren sollen. Zuvor hatte er zwar in einer amerikanischen Fernmeldefirma namens Elivest-Pritteg gearbeitet, aber zur Zeit seiner Befragung war er schon beinahe zwei Jahre arbeitslos. Wenn er aber wirklich für die Sowjets, die unter technologischem und wissenschaftlichem Embargo standen, spioniert hätte, was im Übrigen durchaus seiner Überzeugung entsprechen mochte, hätte man ihn, sofern Beweise für eine Verhaftung fehlten, nicht unter Beobachtung gestellt. Nach dem Rezept des Geheimdiensts hätte er zuerst erpressbar gemacht oder bei einem geheimen Treffen entlarvt werden sollen. Es gibt natürlich noch eine andere Möglichkeit. Dass sie ihn einschleusen wollten, um die Verbindungen der illegalen kommunistischen Partei zu Moskau zu beleuchten oder zu unterbinden. Im Prinzip hätten sie ihn für eine solche Aufgabe aussersehen können, aber ich habe keine Unterlagen, die belegen würden, dass er Verbindungen dieser Art unterhielt, abgesehen davon, dass er und andere Familienmitglieder geradezu Antipoden des Moskowiter Flügels waren. Er verteilte nachts Flugblätter. Er machte Touren. Er vervielfältigte Flugblätter. Er nahm an einigen verbotenen politischen Versammlungen und Demonstrationen teil. Er machte Leichtathletik in einem Sportverein, ruderte, nahm hie und da an öffentlichen Turnveranstaltungen teil. Er sammelte Geld, warme Kleider, Bücher fürs kommunistische Hilfswerk Rote Hilfe.

Unerwartet wurde er wieder freigelassen, mitsamt seinen aus dem Verhör stammenden Verletzungen, damit alle in seiner Umgebung sahen, was geschehen war, seine immer noch ziemlich wohlhabende Familie seine Genossen, er aber sollte denken, damit hätte er sich aus der Affäre gezogen. Nach ein paar Tagen holten sie ihn zurück, und die ganze Prozedur begann von neuem. Sie behielten ihn fast ein halbes Jahr lang im Auge, holten ihn in unregelmäßigen Abständen immer wieder. Als wollten sie erreichen, dass dieser jüngste Sohn, der von seinem Kindermädchen, Fräulein Júlia, total verwöhnt worden war, nun endlich zum richtigen Kommunisten würde. Wo doch schon mit Ausnahme von Özsi und Miklós alle Geschwister Kommunisten waren. Aber sogar Özsi nahm an der Bewegung teil, sie zwackte regelmäßig etwas vom Haushaltsgeld ab, gegen den Willen ihres Mannes, Sándor Rendl, und unterstützte, die Valutenvorschriften umgehend, mit nicht geringen Beträgen ihre in der Emigration häufig notleidende Schwester Magda sowie ihren jüngeren Bruder Endre qui ne sait pas dire dormir. Mein Vater wurde in den unerwartetsten Augenblicken in die Kaserne zurückgeholt und wieder übel verprügelt. Man befragte ihn zu Dingen, von denen er nichts wusste, oder zu Dingen, von denen er wusste, aber nichts preisgab. Darüber gestattet er sich insgesamt einen halben Satz, und auch den nur in einer einzigen seiner autobiographischen Notizen. Noch heute empfinde ich sein Schweigen als empörend. Was ich als Kind nur zufällig, mit halbem Ohr hörte, oder was sie in Gesprächen beiläufig erwähnten, genügt schon völlig, dass einem ein Leben lang die Haare zu Berg stehen. Einmal beim Rudern auf der Donau saß ich neben seinem Rollsitz auf dem Bootsboden und beobachtete seine an den Füßen fixierten Beine, wie sie vor meiner Nase hin- und herfuhren, und da fielen mir die beiden Narben an seinen Schienbeinen auf. Ich fragte, woher kommen diese zwei Schnittstellen. Man habe ihm während eines Verhörs die Beine gebrochen. Im glitzernden Licht, beim gleichmäßigen Schlagen der Ruder, hatte ich die Frage lange nicht herausgebracht. Aber wie denn. Mit einer Eisenstange. Ich verstehe auch nicht, warum er in mehreren Autobiographien schreibt, die Ermittlung habe einen Monat gedauert.

Meines Erachtens war es ein halbes Jahr, aber das habe ich bestimmt nicht von ihm, sondern von meiner Mutter. Kann sein, dass meine Mutter übertrieb und er unwillkürlich untertrieb.

Als wollte mich meine Mutter sachlich auf etwas vorbereiten, das man im Leben kaum umgehen kann, die Befragung unter Folter. In diesem mehrmals unterbrochenen halben Jahr gab es Stromschläge gegen die Geschlechtsteile, Stromschläge unter Wasser, was ich mir gut merkte, da ich es nicht verstanden und mein Vater in allen Einzelheiten erklärt hatte, wie und warum bestimmte Aggregate, so etwa die Schleimhäute, die Elektrizität verstärken und wie der Körper zum Leiter wird, wie der positive und der negative

Pol der Elektrizität funktionieren, es war Sonntag, als er das erklärte, Gummiknüppelhiebe auf die Schultern, auf den Kopf, dann die sogenannte Zwangsernährung, das Ausschlagen der Zähne, das Fesseln, Aufhängen, das absichtliche Aufreißen kaum verheilter Wunden, das An-die-Wand-gestellt-Werden und so weiter. Um mir den Stromkreis zu erklären, ließ er mich den Finger in die Steckdose stecken. Zu seiner Rettung sei gleich gesagt, dass die Spannung in jenen Jahren noch nicht auf 220 Volt erhöht worden war, aber schon 110 Volt versetzten dir einen rechten Schlag. In den autobiographischen Abrissen, die er für seine Genossen schrieb, erwähnt er die damalige Verbreitung und die Methoden der Folter vielleicht deshalb nicht, weil er seine Verwundbarkeit, die Geschichte seiner körperlichen Ungeschütztheit nicht aufdecken will. Eigentlich hätte ich stolz sein sollen, dass mein Vater ein so starker Mann war, so hart und hartnäckig. Sie hatten rein gar nichts aus ihm herausholen können, jedenfalls hoffte er das, aber an mich gab er die Last seiner Angst und Beklemmung weiter, die er seinen eigenen Genossen gegenüber empfand, und von da an hatte ich lange, fast bis zu meinem dreiunddreißigsten Jahr, nicht vor der Folter Angst, sondern vor der Angst.

Mit ihrem Rechtfertigungsschreiben ging Zsuzsa Leichner so weit, wie im eigenen Interesse niemand hätte gehen dürfen. In den Händen der Heiligen Inquisition hätte das Papier selbst das Corpus Delicti darstellen können. Nicht nur hatte sie den Entwurf ihrer Meldung an die in Untersuchung stehende Person, meinen Onkel, weitergegeben, sondern sie hatte offensichtlich auch mit ihm besprochen, was sie schreiben würde, und davon sogar eine schriftliche Spur hinterlassen. Vielleicht hatte sie es auch noch mit anderen Personen besprochen, kann sein, bei uns oben im Atelier. Bestimmte Satzteile sind mit Bleistift durchgestrichen, andere mit demselben Bleistift durchgekreuzt, da und dort Wörter von verschiedener Hand hineingeflickt.

Auf meine Bitte stellte István Nádas in diesem Keller den Dimethylglyzin genannten Stoff her, mit dem Emil Weil über Jahre hinweg seinen geheimen Briefwechsel mit der Partei unsichtbar machte. Genosse Nádas stellte auch die Flüssigkeit zum Sichtbarmachen der Schrift her. Im Keller hatte ich Gelegenheit zu illeg. Treffen mit Genossen. Mit der Erlaubnis von Gen. Nádas organisierte ich unter anderem die Treffen zwischen András Szalai und einem anderen Genossen.

Alles, was in den dreißiger und vierziger Jahren, also nach meiner Zeitrechnung vor der Belagerung, unter der deutschen Besatzung oder in den Monaten der Pfeilkreuzlerherrschaft, in der kommunistischen Untergrundbewegung oder in der antifaschistischen Ungarischen Front geschah, wurde illeg. genannt. Sie verwendeten das Kürzel ausschließlich unter sich, zum Zeichen ihres Eingeweihtseins. Es war wie ein Erkennungswort. In Kenntnis der allgemeinen Regeln der illeg. Konspiration durchschaut man auch gleich, dass Szalai Zsuzsa Leichners Vordermann war und dass sie dessen wahren Namen wahrscheinlich so wenig kannte wie den der Drittperson, mit dem Szalai dank ihrer Vermittlung zusammentraf. So wie auch der Siegelwart, das heißt István Nádas, gute Gründe hatte, nicht wissen zu wollen, wer in seinem Chemieunternehmen mit wem zusammentraf. Die Nennung von Szalais Namen macht auch gleich klar, dass Zsuzsa Leichner die Meldung vor dem Mai 1949 geschrieben haben muss, denn Szalai, Leiter der Kaderabteilung der kommunistischen Partei, das heißt also oberster Chef der Personalabteilung, zu dessen Aufgabenbereich im Prinzip auch die Wahl der Mitglieder der Untersuchungskommission gehörte und den meine Mutter und ich einmal im Gebäude der Parteizentrale in der Akadémia-Straße besuchten, wurde im Mai 1949 von seinen Genossen festgenommen, woraufhin nach ihrer spezifischen Logik anhand seiner Lebensgeschichte und seiner illegalen Tätigkeit die Fiktion seines Verrats aufgebaut wurde.

Meine Mutter war vom Sommer 1946 bis zum Frühling 1947 in der Kaderabteilung der Partei der Ungarischen Werktätigen, der ungarischen KP, Sekretärin von András Szalais Vorgänger, László Földes, gewesen. Zur Zeit unseres Besuchs bei Szalai waren Parteizentrale und Kaderabteilung nicht mehr am Tisza-Kálmán-Platz, wo sie für Földes gearbeitet hatte, sondern in der Akadémia-Straße. Dieses Parteihaus eher bescheidenen Ausmaßes verleibte sich später nach und nach die benachbarten Häuser ein, die so weit wie möglich aufeinander hin geöffnet wurden, bis der ganze Häuserblock zwischen Nádor-Straße und Akadémia-Straße vom Parteiapparat aufgefressen war. Aus irgendeinem Grund redete meine Mutter sehr aufgebracht zu Szalai, der sich aber davon nicht anstecken ließ, er lächelte beharrlich, versuchte meine Mutter mit freundlichen Einwürfen zu beschwichtigen und blieb der Sache gegenüber, die meine Mutter so aufbrachte, offensichtlich gleichgültig. Als wolle er keine Meinung äußern. Beim Rajk-Prozess wurde András Szalai als Hauptangeklagter fünften Grades zum Tod verurteilt. Die Anklageschrift lastete ihm Kriegsverbrechen, Treuebruch, Umtriebe zum Sturz der demokratischen Staatsordnung an, und die Sonderkammer des Volksgerichts unter der Leitung von Dr. Péter Jankó befand ihn am 24. September 1949 für schuldig. Am 15. Oktober 1949 wurde das Urteil vollstreckt.

Danach wäre es nicht ratsam gewesen, in einem Rechtfertigungsschreiben seinen Namen zu erwähnen.

Aber dort auf der Straße sah ich eine lebhafte, sorgfältig gekleidete, resolute Frau mit rundem Gesicht und weißer Haut mit Sommersprossen und erinnerte mich an keinerlei Zsuzsa. Meine Mutter versuchte zu retten, was zu retten war, denn diese sommersprossige Zsuzsa, diese wackere illeg. Kämpferin, diese lebenserfahrene, stämmige Röntgenärztin war beleidigt, weil sich ein dreijähriges Kind nicht an sie erinnerte. Sie spürte die Liebe, die Dankbarkeit, die sie meiner Familie gegenüber empfand, meinetwegen schwinden. Sie hatte ihre Gefühle an Unwürdige verschwendet. Wobei nicht nur das typische Fehlen von psychologischem Gespür eine Rolle spielen mochte, sondern auch die Tatsache, dass man vor der Belagerung die Kinder anders sah. Man hielt sie für kleine Erwachsene, die nicht gemäß ihrer Persönlichkeit oder Konstitution, sondern entsprechend der gesellschaftlichen Stellung ihrer Familie selbständig Verantwortung zu übernehmen hatten. Auch gegen Kinderarbeit hatten die Erwachsenen nichts einzuwenden. Ich selbst war nicht älter als zwölf Jahre, als ich in den Sommerferien einen Monat lang im Fotolabor des Instituts der Arbeiterbewegung arbeitete, in völliger Dunkelheit, bestenfalls bei Lampenlicht, im Untergeschoss des bombastischen Gebäudes der einstigen Kurie am Kossuth-Lajos-Platz. Ebenso im folgenden Sommer, nach dem Tod unserer Mutter, einen Monat lang im kaum beleuchteten Lager und dem gegen die Sonne verdunkelten Labor der Pharmazeutischen Zentrale in der Király-Straße.

Ein Kind, wie ich es war, musste unter allen Umständen höflich bleiben. Wenn ich mich nicht erinnerte, dann eben nicht, es war meine Angelegenheit, woran ich mich erinnerte, aber ich hätte es nicht aussprechen dürfen. Ich spürte das Gewicht der Verantwortung, von dem mich auch meine Mutter nicht befreien konnte, aber ich verstand trotzdem nicht, was ich jetzt also gegen das Beleidigtsein der sommersprossigen Dame zu unternehmen hatte. Wo ich mich doch an keinerlei Röntgenuntersuchung erinnerte. Auch daran nicht, dass so eine Röntgenärztin namens Zsuzsa Leichner bei uns gewohnt hätte und wir so wunderbar miteinander gespielt hätten. Als wäre ich mit dieser elenden Unsicherheit in einen hallenden Raum geraten, wo ich für Zeiten, die vor meiner Erinnerung lagen, Verantwortung übernehmen, lügen oder heroisch um die Erinnerung kämpfen musste. Wenn etwas völlig schiefging, geriet ich immer in diesen hallenden Raum, wo die Maßstäbe aufgehoben waren, alles riesengroß wurde, dröhnte, ich spürte, wie meine Hände und Füße plötzlich wuchsen und ich sie nicht an den gewohnten Orten wiederfinden würde. Ich kann ihr Wachsen nicht anhalten. Leer hallte der Ton in diesem inneren Echoraum.

Deinen Namen, sag deinen Namen. In Tihany erklärte mir

mein Vater, was ein Echo ist. Ich durfte meinen Namen in die riesige Balatonlandschaft hinausschreien, ich durfte auf den fernen Wasserspiegel hinausschreien, was ich wollte. Tatsächlich kam der Ruf zurück, mein eigener Name in Silben.

Aber das wagte ich mit dem Raum nur einmal, ein einziges Mal zu tun.

Heute hingegen erinnere ich mich wieder an die Röntgenuntersuchung, auch an ihren Schauplatz.

Ich könnte alles in diesem schummerigen Licht genau beschreiben. Echte Erinnerungsbilder erscheinen nur innerhalb von Assoziationssystemen, Wunsch oder Befehl rufen die Fiktion nicht herbei. Der schwere schwarze Vorhang war nicht lückenlos zugezogen, die Ärztin und ihre Assistentin kreuzten manchmal den scharf hereinfallenden Lichtstrahl oder das vom Licht geblendete Dunkel; sogleich wollte ich Röntgenarzt werden. Dieser geräumige, hallende Raum hatte einen angenehmen Duft. Auch ich würde eine große Schachtel mit seidig schimmernden, buntgestreift quellenden Drops haben. Kissendrops hießen die, und auch ich würde den Kindern, die während des Röntgens nicht schreien, sondern brav sind, eins geben. Mehr gab's nicht, nur eins. Wenn sie doch noch eins gäbe. Ich wagte es nicht auszusprechen, und sie gab mir keins mehr. Gerechtigkeitshalber würde ich mir selbst auch eins geben, wenn ich Röntgenarzt wäre. Damit tröstete ich mich. Heute erinnere ich mich sogar auch daran. Wenn es mir gelang, dieses mit Füllung vollgestopfte Drops zu zerbeißen, ergossen sich himmlische Geschmäcke in meinen Mund, verschiedene gleichzeitig. Auch in der Pressburgerstraße, bei Meinl, wurden diese Drops verkauft. Wir aber kauften dort keine Drops, wir kauften nirgends welche, denn laut Harald Tangl ist das Drops gesundheitsschädigend, auch für Erwachsene. Harald Tangls Buch gab in Sachen Ernährungswissenschaft mehreren Generationen die Richtung an, aber heute sehe ich es so, dass das strenge Zuckerverbot doch nicht auf ihn zurückging, auch wenn sich unsere Eltern auf ihn beriefen. Höchstens die Großmutter in der Péterfy-Sándor-Straße schenkte uns saure Drops, oder meine Tante Bözsi in der Dembinszky-Straße drückte mir Geld in die Hand, na geh schon, hol dir beim Händler eine Tüte Drops, aber die mussten dann eine Woche lang vorhalten. Tante Bözsi schob eher Drops mit Franzbranntwein im Mund herum, wenn sie sie zerbiss, ergoss sich der Alkohol auf ihre Zunge. Bis zum Ende der Woche hatte sich das siebte Kissen mit der Tüte verklebt. Die wunderbare Füllung der Kissendrops wurde aus Zucker und Sonnenblumenkernen hergestellt. Jetzt wirst du etwas Kaltes spüren, aber du schreist nicht, zappelst nicht herum, rührst dich nicht, atmest nicht. Du hältst die Luft an. Aus der gestreiften Hülle wurden gleichzeitig mehrere Geschmäcke in meinen Mund freigelassen. Himbeer, Zitrone, Pfirsich. Ich muss schon sagen, die Zsuzsa Leichner war beim Röntgen ziemlich ungeduldig, sie schubste mich herum, die Luft anhalten, anhalten. Das klang, als wollte ich sie nicht anhalten. Ich gab mir Mühe, brav zu sein, alle ihre Befehle auszuführen, aber ich hatte auch gleich Angst vor ihr, dieser sommersprossigen Zsuzsa Leichner. Dann legten sie mich auf ein hohes Bett, hier war es schon schwieriger, ein braver Junge zu sein, sie drehten und zogen an allen meinen Gliedern, die Zsuzsa Leichner arbeitete zusammen mit einer anderen Frau an mir, sie legten meine Glieder aus, dann doch nicht so, sondern so, stillhalten, die Luft anhalten. Tat ich ja schon, Herrgott noch mal. Damals auf der Straße aber erinnerte ich mich noch an nichts, und danach ließ mich diese Szene nicht mehr los, ich habe die Zsuzsa Leichner beleidigt, sie wird es nie verzeihen.

Dieses Nichtloslassen grub das Unverständnis noch tiefer in mich hinein.

An der Tür der kleinen Werkstatt, wo das Bohnerwachs hergestellt wurde, hing ein Firmenschild, *Chemisches Unternehmen Alfa*, die Werkstatt war für illeg. Treffen sehr geeignet, denn jedermann konnte eintreten, um etwas zu kaufen, und sie hatte so viele verborgene Winkel und Verzweigungen, dass sich alle und alles verstecken ließen. Soviel ich weiß, befand sich dort jahrelang das geheime Lager der *Társadalmi Szemle, Gesellschaftsrundschau*. Auch ich versteckte dort Schriften und Drucksachen, die mir Emil anvertraut hatte, ja, auch nach seiner Entlarvung brachte ich Material dorthin (*Imprekor, Kommunista* usw.), die mir auf illeg. Wegen zugekommen waren. Als Kommunist von 1919 hörte István Nádas auch nach dem Fall der Räterepublik nicht auf, ein wahrer Mensch zu sein. Meiner Meinung nach unterstützte er die Partei über die Rote Hilfe monatlich mit beträchtlichen Summen, die seine Möglichkeiten und die finanzielle Lage seiner Familie bei weitem überstiegen. 1944 erhielt ich von ihm 1000 Pengő zu dem Zweck, die Gefängnisstrafe des Genossen Weil um 1/3 verringern zu lassen. Den Gesamtbetrag (10000 Pengő) erhielt der Anwalt Dr. Endre Szőllősi (inzwischen dissident), aber die Aktion misslang, weil unterdessen die Deutschen einmarschiert waren. Im März 1944, als mich die Gestapo in meiner Wohnung suchte, versteckten mich die Nádas in ihrer Wohnung, was schon aus dem Grund gefährlich war, weil sie selbst im Haus nebenan wohnten und in der Gegend wahrscheinlich ebenfalls als verdächtige Elemente galten. Bei ihnen lernte ich die Aranyossis kennen. Emil Weil wurde dann durch Vermittlung des Genossen Aranyossi am 4. Oktober 1944 aus dem Gefängnis entlassen. Aranyossi hatte auf diesem Weg Kenntnis von der freundschaftlichen und politischen Beziehung, die zwischen István Nádas und meinem Mann bis zu dessen Entlarvung bestanden hatte.

Emil Weil war ebenfalls Röntgenarzt, aber einiges älter als seine Frau, nach der Belagerung wurde er Generalsekretär der Gewerkschaft der im Gesundheitswesen Arbeitenden, später Botschafter in Washington, und da verschwand die sommersprossige Zsuzsa Leichner für eine Weile aus unserem Leben.

Über die einen freuten meine Eltern sich, mit den anderen fielen sie sich schluchzend in die Arme, wozu eher meine Mutter neigte, zu solchen maßlosen Gefühlsäußerungen. Meinem Vater in seiner physischen Entfremdung standen derartige dramatische Szenen eher fern. Er ließ sich nicht hineinziehen. Höchstens dass ihm angesichts der emotionalen Aufwallung meiner Mutter die Mundwinkel zitterten, vielleicht füllte sich sein Blick mit dem spezifisch stummen, disziplinierten Entsetzen, wie es auch für den Blick seiner vier älteren Brüder charakteristisch war; die Jungen waren von ihrem Vater, meinem Großvater Adolf Arnold Nádas, erbarmungslos geschlagen und vor allem unter Dauerbeobachtung gehalten worden, es gab kein Entrinnen vor seinem Zorn. Dennoch blieb die andere Hälfte ihrer Seele, trotz aller sichtbaren Zeichen von Schrecken, ungerührt. Bestimmt beruhte die Ungerührtheit auf dem genetischen Code ihrer Mutter, meiner Großmutter Mezei. Gegen die väterliche Willkür war das die einzige Verteidigung. Schutz für den Körper hatten sie nicht. Die Erzieherin oder das Kindermädchen konnte ihnen höchstens ermutigend ins Ohr flüstern oder ihnen einen Bissen zustecken. Herr Tieder, der Hauslehrer, hatte nicht einmal so viel zu sagen. Mein Großvater verdammte sie zuweilen zu trockenem Brot und Wasser. Manchmal lautete die Strafe auf zwei, drei Tage, inklusive Zimmerarrest. Und so konnten auch später ihre verängstigten Körper von der Anteilnahme kaum zum Sprechen gebracht werden. Wenn ihr Vater sie mit Riemen und Stöcken oder mit der Hundepeitsche schlug, ging ihre Mutter Klára Mezei wortlos aus dem Zimmer, sie ließ sie allein, genauso wie Herr Tieder.

Auch die Erzieherinnen und die Dienstleute sahen tatenlos zu. Den Bogen der Oberlippe meines Vaters durchschnitt eine kleine Narbe, manchmal fuhr ich mit den Fingerspitzen über sie hin, sie war glatter und glänzender als die gerippte Lippe. Er ließ sogar zu, dass ich ihn knetete, sein Gesicht entstellte und ihn dafür auslachte. Meine Mutter hätte das nicht erlaubt, auch Großvater Tauber nicht. Nein, mein Junge, das tut man mit anderen nicht. Ich schlage vor, du stellst dich vor den Spiegel und machst es mit dir selbst. Tante Magda ließ es zu, machte sogar schaurige Gesichter, manchmal hatte ich Angst vor ihr, genauer, Angst um sie, dass sie so bleiben würde. Als sie dahinterkam, was ich befürchtete, begann sie zu rufen, sie könne ihr Gesicht nicht mehr in Ordnung bringen. Du hast mich ruiniert. Sie spielte so glaubhaft, dass ich mehrmals darauf hereinfiel. Jetzt bleibt sie auf ewig so. Ich solle sofort ihr Gesicht wiederherstellen, ich hätte es kaputt gemacht. Aber kaum versuchte ich, die eine Hälfte ihres Gesichts wieder in Ordnung zu bringen, verzerrte sich die andere Hälfte. Wie habe ich ihr das nur antun können, rief meine arme Tante ein ums andere Mal, was wird jetzt aus ihr, jetzt wird sie ihr ganzes Leben lang so bleiben müssen. Mein Onkel Bandi, Endre Nádas, von seinen Geschwistern Dajmírlein gerufen, weil er als kleines Kind das französische dormir nicht anders hatte aussprechen können, Dajmír, tu dois dormir, s'il-te-plaît, war ganz und gar dagegen, dass ich seine Gesichtszüge arrangierte, er schlug mir sofort auf die Hand. Dajmírlein hatte einen Horror vor jeglicher körperlicher Nähe, obwohl er der Einzige war, den ihr Vater nicht geschlagen hatte, er war Adolf Arnold Nádas' verhätschelter Liebling gewesen. Seine Geschwister hassten ihn dafür. Er war klein, stämmig und schon als kleines Kind sehr stark gewesen. Ein kleiner Eisenkneter, sagte sein Vater stolz. Aus dem wird ein richtiger Mann. Nicht so ein Muttersöhnchen wie dieser große Bengel, der Gyuri, nicht so ein Hasenfuß wie dieser Pista. Wenn mein Vater in Erregung geriet, etwa wenn er auf mich wütend wurde, weil ich nicht gehorcht hatte, oder wenn er mich nicht einfach nur beim Schwindeln, sondern beim Lügen erwischte, und für ihn galt schon die kleinste Fabuliererei, jede kleine stilistische Vervollkommnung als Lüge, wurde die Narbe an seiner Lippe weiß.

Er mochte, erklärte er, so alt gewesen sein wie ich jetzt, als er in Pesthidegkút, Kaltenbrunnen, auf den eisernen Lanzenzaun ihres Sommerhauses hinaufgeklettert und abgerutscht war, wobei ihn eine Lanze aufspießte. Was erzählst du ihm da, warf meine Mutter ein. Sie wollte damit nicht sagen, er solle mich mit blutigen

Geschichten verschonen, sondern im Gegenteil, dass ich auch die wirklich blutige Geschichte verstehen würde. Die von der Gürtelschnalle seines Vaters, die ihn an der Lippe verletzt hatte. Ich mag fünf Jahre alt gewesen sein, als er von seinem Kindheitsunfall erzählte. Zwei Tage lang hatte ihr Vater nicht erlaubt, den Arzt zu rufen, erst dann riefen sie Béla Mezei, damit die Angelegenheit in der Familie blieb. Mein Vater war dort geboren worden, im Sommerhaus in Pesthidegkút. Auch seine Brüder waren in den verschiedenen Sommerfrischen oder Sommerhäusern geboren worden. György Nádas in Balatonkenese, dort hatte mein Großvater sein erstes Landgut gekauft, das er innerhalb von ein paar Jahren erfolgreich heruntergewirtschaftete, worauf ihm, so seine Töchter, diese Schlappe einen solchen Auftrieb gab, dass er sich in Gömörsid gleich ein noch größeres Landgut kaufte. Endre Nádas, alias Dajmírlein qui ne peut pas dajmir, wurde in Szentendre geboren, warum gerade dort, kann ich heute nicht mehr in Erfahrung bringen. Von da an betrachtete ich Lanzenzäune mit einigem Schaudern. Obwohl ja die Gürtelschnalle schuld war und ich bis auf den heutigen Tag keine Schnalle sehen kann, auch meine eigene nicht, ohne dass mir einfällt, wozu die väterliche Hand fähig ist. Mein Vater blieb ungerührt, er seinerseits hätte mich gern ins Universum der Familienlügen mitgenommen. Dafür hatte er aber zu meinem größten Glück zu wenig Phantasie. Und so erzählte er auf die Aufforderung seiner Frau hin ungerührt die wahre Geschichte. Für ihn war alles konkret, Einbildung gab es nicht, nur Lüge. Er werde mir ihr Haus mit dem Eisenzaun zeigen.

Als würde ich durch einen Eisenzaun hindurch in den heimlichen Garten der Familienlüge blicken.

Am Sonntag spazieren wir vom Testvér-Hügel, Bruderhügel, nach Pesthidegkút hinüber und suchen es.

Nein, es ist nicht mehr unser Haus. Deine Großeltern haben es verkaufen müssen.

Weil dein Großvater schlecht gewirtschaftet hat, er hat sein ganzes Vermögen verschleudert.

Weil er sein ganzes Leben lang davor zitterte, pleitezugehen, und mehr als einmal ist er auch wirklich pleitegegangen.

Einerseits, erklärte er, weil im Kapitalismus zyklische Krisen unvermeidlich sind, und da hetzt ein Teil der verängstigten Unternehmer tatsächlich das eigene Unternehmen in die Pleite, aber eigentlich hat er Pleite gemacht, weil er Bankdarlehen aufnahm auf sündhaft teure englische Maschinen, die in der flachen englischen Landschaft gut funktionierten, mit denen man aber das Gut in Gömörsid nicht bewirtschaften konnte.

Dann kam die große Weltwirtschaftskrise, die Bauvorhaben wurden eingestellt, seine Baufirma erwirtschaftete keine Gewinne mehr, und er konnte die Bankdarlehen nicht termingerecht zurückzahlen.

Das konnte er nicht, weil seine Ausgaben plötzlich viel größer waren als seine Einnahmen, und auf voraussichtliche Einnahmen gab seine Bank keinen Kredit mehr.

Nein, nein, das heißt nicht, dass er eine Bank hatte. Er hatte keine Bank.

Die Maschinen waren für flaches Land gemacht worden, und im hügeligen Oberland, in Gömör, hatten die Maschinen nach ein paar Jahren Defekte, es gab auch keinen Mechaniker, der sie hätte fachgerecht flicken können, und so gingen sie kaputt.

Auch er ging kaputt.

Auch er hielt es nicht aus.

Als er mit den Nerven am Ende war, und es auch der Meier von Gömörsid mit ihm nicht mehr aushielt und sich zur Aussage hinreißen ließ, jetzt geht entweder der gnädige Herr, oder ich gehe, aber ich komme nicht wieder, darauf kann er Gift nehmen, überließ er nach einem Riesenstreit, bei dem unsere arme Mutter die Partei des Meiers ergriff, das Gut einfach deiner Großmutter, obwohl sich doch unsere arme Mutter zuvor nie mit solchen Dingen beschäftigt hatte, sie verstand nichts von Landwirtschaft, auch nichts von Geldangelegenheiten, sie hatte zuvor nie mit Pächtern und Dienstleuten verhandelt. Er ließ unsere arme Mutter mit uns dort zurück, weil er seine Trocknerfirma in Budapest retten müsse. Das stimmte auch. Onkel Róna, sein Betriebsleiter, suchte unsere Mutter mehrmals heimlich auf, die gnädige Frau möge doch um Gottes willen etwas tun, es stehe schlimm. Seit Monaten haben wir viel mehr Ausgaben als Einnahmen, und die Bank gibt keinen Kredit mehr.

Jetzt erhielt unser Vater auch keine Familiendarlehen von Großvater Mezei mehr, der, nicht wahr, dein Urgroßvater ist.

Er hatte schon eine Hypothek auf den Schmuck und die Hochzeitsgaben deiner Großmutter aufgenommen, um das Darlehen auf Maschinen abzuzahlen, die nicht mehr funktionierten.

Beim Sonntagsessen stellte sich unerwartet heraus, dass deine Großmutter von der Hypothek auf ihrem Schmuck nichts wusste.

Unsere arme Mutter sagte bei Tisch kein Wort, aber wir konnten sehr gut an ihrem Gesicht ablesen, was geschehen war, nämlich dass ihr dein Großvater nichts gesagt hatte.

Die Geschwister sprachen so von ihr, unsere arme Mutter, und als könnten sie es nicht oft genug sagen, blieb es auch nach ihrem Tod ihr Epitheton ornans. Nur Tante Magda regte sich über unsere arme Mutter auf, warum hatte die sich nie auf die Hinterbeine gestellt, wie konnte sie ein Leben lang so stupid sein. Wieso spielte sie diese Liebeskomödie mit, wieso ließ sie diesen verantwortungslosen, verschwenderischen und rabiaten Mann nicht sitzen.

Den Aufzeichnungen und Briefwechseln entnehme ich, dass sie ihn nicht sitzenließ, weil sie ihn liebte.

Unsere arme Mutter blieb im Herbst 1914 zum ersten Mal allein in Gömörsid, mit den beiden kleinsten Kindern, Miklós und László, also unserem Vater, während draußen in der großen Welt schon der Krieg tobte, den man den Ersten nennt. Die Größeren waren schon nach Budapest zurückgekehrt. Eugie war damals an der Schule für Gewerbezeichnung, sie wollte Goldschmied-Kunsthandwerkerin werden, ein Facharzt für innere Medizin machte ihr den Hof, ein guter Freund von Magdas späterem Mann, Pál Aranyossi. Der würde dann kurz darauf Magda vorgestellt werden, und sie würden zu korrespondieren beginnen, György kam ins zweite Jahr an der technischen Universität, seine beiden besten Freunde, zwei besessene pazifistische Kämpfer, Lajos Ember und Endre Lovas, waren schon an der Front, was für György mehr als eine Tragödie war, Magda besuchte die Hauptstädtische Wirtschafts- und Haushaltsschule, jeden Morgen musste sie mit der Straßenbahn von der Pannónia-Straße nach Zugló hinausrattern, wo die Schule in der Egressy-Straße eine riesige Mustergärtnerei besaß. Sie wollte Gärtnerin werden, die Wirtschaft von unserer armen Mutter übernehmen, es ein bisschen geschickter machen. Die beiden größeren Jungen, Endre und István, besuchten das Gymnasium in der Markó-Straße, und um sie alle kümmerte sich Fräulein Julia, Fräulein Jolán hingegen beaufsichtigte sie sozusagen geistig, moralisch und sprachlich. Vielleicht nicht genügend, denn István folgte schon da seinem Bruder György in den Galilei-Kreis der Gymnasiasten und Studenten, was eurem Großvater ein Dorn im Auge war, aber István folgte seinem Bruder auch als Aktivist in der pazifistischen Bewegung. Was nicht ungefährlich war, damals war die patriotische Begeisterung in Budapest noch groß. Die Bellizisten und die Pazifisten wurden denn auch handgemein. Was unsere arme Mutter in Gömörsid natürlich nicht wusste. Jeden einzelnen Abend schrieb sie ihrem Mann, Adolf Arnold Nádas, dem geliebten Monster, einen Brief, und jeden Abend schrieb sie auch ihren Kindern, mal dem einen, mal dem anderen, mal gleichzeitig mehreren, je nachdem, wer ihre Briefe beantwortet hatte.

Mein liebes Magduschlein, schrieb sie im Frühsommer des folgenden Jahrs, denn kaum war es Frühling geworden, musste sie für die Frühjahrsarbeiten in Gömörsid anwesend sein, Du bist doch immer die fleißigste Briefschreiberin unter Deinen Geschwistern.

Und von diesem Fleiß nimmt eine eventuelle Zwei in der Prüfung nichts weg. Ich habe mich schon darüber hinweggetröstet, tue Du es auch. Die Zwei beeinträchtigt Dein Wissen nicht, kann Deinem zukünftigen Vorankommen nicht im Weg stehen. Ich habe hier das Reinemachen glücklich hinter mich gebracht. Heute und morgen arbeite ich ein wenig im Garten. Sonntag fahre ich.

Unsere arme Mutter musste zuerst mit der Kutsche ins benachbarte Fülek fahren, dort den Zug nehmen, der mit ihr nach Miskolc rumpelte, dann in einen Schnellzug umsteigen, der sie nach Budapest brachte. Wenn ihr Onkel, Ernő Mezei, sich gerade in Miskolc aufhielt, besuchte sie den Junggesellen und aß mit ihm zu Mittag.

Im Garten steht einiges sehr schön, schrieb sie, zum Beispiel die Bohnen, die Samen hast ja du beschafft, Magduschlein. Sie blühen schon, was bei dieser Witterung ein sehr schönes Resultat ist. Auch Roggen und Hafer sind ganz akzeptabel. Anderes hingegen hat nicht einmal gekeimt. Zwischen den Trauben habe ich noch eigens 4 Liter Steckzwiebeln stecken lassen, davon haben etwa zwanzig gekeimt. Heuer ist alles gefährlich verspätet. Petersilie und Möhren zeigen sich noch gar nicht, es ist zu befürchten, dass sie nicht rechtzeitig aufgehen, und dann kommt plötzlich die Hitze. Ich weiß nicht, was ich tun soll. Auch Früchte wird es nur begrenzt geben. Bei den Stachelbeeren hat sich deine Voraussage bewahrheitet, sämtliche Stöcke haben Mehltau. Bring in der Schule in Erfahrung, was passiert, falls wir sie im Herbst ganz zurückschneiden. Hier jedenfalls raten die Frauen dazu. Frag, ob das hilft. Johannisbeeren wird es reichlich geben, denen schadet nichts. Den Jungen geht es gut, hier hört der dauernde Krieg zwischen ihnen doch zwischendurch auf, hier prügeln sie sich nicht den lieben langen Tag, sie langweilen sich auch weniger. Auch Laci fragt mich nicht dauernd, liebt mich Mutti?

Es hätte sich hier zwar schon jemand gefunden, der auf ihn aufpasst, aber ich nehme ihn doch nach Budapest mit.

War der Sommer vorbei, fuhren die Größeren heim nach Budapest. Miklós besuchte schon die kleine Dorfschule. Unsere arme Mutter war sehr streng, Miklós flehte umsonst, sie solle anspannen lassen, er sei krank, seine Beine schmerzten, unsere arme Mutter lachte nur, Miklós konnte noch so hinken, er musste zusammen mit den Knechtskindern zur Schule gehen und zurückkommen und also täglich gute acht Kilometer marschieren. Unsere arme Mutter ließ höchstens den Schlitten anspannen, wenn viel Schnee gefallen war, da legte die Kinderschar den Weg im Schlitten zurück. Am Zaumzeug der Pferde hingen sogar Schellen.

Manchmal war die Landschaft schon Mitte November von Reif überzogen, oder der erste Schnee war schon gefallen.

Vom September des folgenden Jahres an marschierte auch mein Vater mit, ihn nannte die Familie ausschließlich mit der Verkleinerungsform Lacika. Die Größeren trugen ihn manchmal im Huckepack, nur rutschte er immer wieder ab, sosehr er sich auch anklammerte. Zurück kam er immer allein, zuweilen ganze halbe Stunden zu spät, weinend, weil ihn die anderen abgeworfen, mit Tritten traktiert und stehengelassen hatten. Meine liebe Magda, schrieb unsere arme Mutter Ende desselben Monats, unser Abschied gestaltete sich so überstürzt, dass ich vergessen habe, Dir im Voraus zum Geburtstag zu gratulieren. So tue ich es jetzt nachträglich. Ich darf aber sagen, dass ich die Bedeutung des Tages nicht vergessen habe, im Gegenteil, ich dachte den ganzen Tag an Dich. Ich möchte näml. Dir und Eugie aus dem Apfelgeld ein Geburtstagsgeschenk kaufen, und heute habe ich denn auch mit der Apfelernte begonnen. Ich bin um neun auf die Puszta hinausgefahren, um fünf kamen wir nach Hause. Wir haben einen Pferdewagen und einen Eselwagen voll eingebracht. Hier im Garten hatte schon die Köchin in meiner Abwesenheit die Früchte geerntet. Deine Blumen haben wir gestern Nachmittag eingetopft. Wie ich sehe, versteht der alte Gärtner seine Sache ganz gut. Euer Vater wird wahrscheinlich noch vor diesem Brief in Budapest eintreffen. Vorläufig schicke ich kein Geld per Post, wenn ich aber meine Abreise verschieben muss, was leicht der Fall sein könnte, schicke ich am Montag welches. Eugie, diese stolze Spanierin, hat im Voraus angekündigt, sie werde mir dann aber nicht schreiben. Schreib also Du an ihrer Stelle, und wenn es auch nur ein paar Zeilen sind. Sei umarmt von Deiner Dich liebenden Mutter, Klára.

Und tatsächlich, sie konnte nicht reisen. Am Montag schickte sie das Geld, das sie offensichtlich aus dem Verkauf einer Ernte, vielleicht der Äpfel, eingenommen hatte. Am Dienstag schrieb sie wieder.

Meine liebe Magda, zu meinem größten Ärger regnete es gestern den ganzen Tag in Strömen. Ich sitze hier, und meine Arbeit schreitet nicht voran. Mit der Apfelernte bin ich immer noch nicht fertig, obwohl wir erst am späten Nachmittag zurückkommen, wenn wir am Vormittag hinausfahren. Ich habe mich an die Fahrten mit dem Ochsengespann schon richtig gewöhnt. Aber Deiner Freundin Irén möchte ich lieber keine Äpfel schicken. Bis Expressware in Budapest zugestellt wird, vergehen 6–7 Tage. In Verespatak wären sie nicht einmal in 2 Wochen. Bestimmt wäre die Hälfte beschädigt, bis sie angekommen wären. Siebenbürgen ist doch das eigentliche Land der Apfelpflanzungen, es ist unvorstellbar, dass Irén Pontó in der Umgebung von Verespatak keine Äpfel bekommen sollte. Falls Papa morgen noch in Budapest sein wird, schreib mir bitte, wie das mit Lukács gegangen ist. Ihr könnt euch denken, mit welcher Ungeduld ich die Nachrichten erwarte. Und ausgerechnet gestern brachte mir die Post keine Briefe. Schick mir mit Deinem nächsten Brief zwei kleine Stränge Stickgarn. Im Sommer habe ich die mitgebrachten neuen Abtrocknetücher nicht monogrammiert. Ich werde es jetzt an den langen Abenden tun. Seid umarmt von Eurer Euch liebenden Mutter, Klára.

Lukács war ein Bankier, Irén Pontó hingegen die beste Freundin unter Magdas vielen Freundinnen, jedenfalls dem Ton der noch vorhandenen Briefe nach zu urteilen. Es gibt allerdings noch einen

Brief, von einer Freundin namens Klára, der auf noch größere Zärtlichkeit hinweist.

Ich kann zwar nicht sagen, warum, schreibt am 15. Oktober unsere arme Mutter an Magda, aber man ist nicht immer in Briefschreibelaune. Einen anderen Grund dafür, dass ich nicht antwortete, gibt es wohl nicht. Nachdem ich über Deine verschiedenen Wünsche nachgedacht habe, muss ich Dir zu meinem größten Bedauern zur Kenntnis geben, dass es dabei bleibt, dass ich Irén Pontó keine Äpfel schicken werde. Erstens, weil ich keine Äpfel zu verkaufen habe. Dieser erste Grund enthebt mich der Aufzählung der anderen. Irgendwann vor langer Zeit, etwa mit sechs oder sieben Jahren, ärgerten wir Deine Tante Záza damit, dass vor ihrem noch nicht einmal eröffneten Geschäft die Käufer schon in Massen stehen und ungeduldig den Beginn des Verkaufs fordern. Und siehe da, das ist gar nicht so abwegig. Wenn ich mit den Äpfeln von der Puszta zurückkam und praktisch noch gar nicht vom Karren gestiegen war, erschienen schon die Käufer. Morgens beim Aufstehen, noch bevor ich mich waschen konnte, standen sie schon an der Veranda. Und heute, da ich die Apfelernte schon längst abgeschlossen habe, kann ich nicht durchs Dorf gehen, ohne dass mich die eine oder andere Frau anspräche, ich solle ihr doch wenigstens noch einen Korb voll verkaufen.

Von den restlichen Äpfeln kann ich wirklich keine weitergeben. Natürlich muss ich auch in Betracht ziehen, dass Ihr innerhalb von zwei Wochen mindestens 1 Meterzentner verspeist. Vorläufig schicke ich auch Euch keine, ich werde welche im Gepäck mitnehmen. Das ist die viel schnellere Transportmethode. Ich hoffe, dass Ihr auch so nicht darben werdet, angesichts der vielen Pakete, die ich fortwährend schicke. Würde ich auf Papa hören, müsste ich doppelt so viele schicken. Er hat ja ständig Angst davor, dass wir morgen verhungern werden. Auch heute habe ich einen Korb Trauben geschickt, zum Zeichen, dass auch die Weinlese stattgefunden hat. Damit bin ich wiederum eine Station näher zur Heimreise. Ich würde meinen, dass man die Frage der Blouse und des Costume bis zu meiner Rückkehr getrost ad acta legen kann.

Im Übrigen ist hier die große Neuigkeit, dass wir wieder russische Gefangene bekommen werden. Natürlich nicht die dreißig, um die wir gebeten haben, sondern vorerst nur zwei, und auch die nur aus dem aufgelösten Kontingent der Madrassys. Die werden wahrscheinlich am Montag bei uns einrücken. Ungarische Bedienstete bekommt man nicht mehr, und von denen, die noch da sind, wird bestimmt mehr als einer kündigen. Die reiten jetzt auch schön auf dem hohen Ross. Sie wissen, wie sehr sie benötigt werden. Ich habe kein Papier mehr, auch nichts mehr zu schreiben, also umarme ich Dich und Deine Geschwister im Namen Gottes. Deine Dich liebende Mutter, Klára.

An einem Montag im September des folgenden Jahres schreibt dann unsere arme Mutter ihrer lieben Magda, ein Brief werde morgens auf den Weg geschickt, einer abends, mehr könne man von einer armen Mutter nicht verlangen.

Sie wusste, dass ihre Kinder sie hinter ihrem Rücken unsere arme Mutter nannten, und so spielte sie manchmal in ihren Briefen darauf an. Womit sie zart signalisierte, dass man sie nicht zu bemitleiden brauchte. Aber Deine Zeilen erhalte ich jeden Tag pünktlich, und so möchte ich Deine Pünktlichkeit mit der meinen honorieren. Außerdem möchte ich Euch mitteilen, dass Bandi am Freitag um 8 Uhr abends ankommt, Pista soll nicht vergessen, ihn auf dem Bahnsteig abzuholen, denn er reist allein und mit viel Gepäck. Den Samstag wird er benutzen müssen, um sich Bücher und Lehrmittel zu beschaffen. Die Äpfel haben wir schon eingepackt, wir geben sie morgen als Expressware auf, sie werden nach aller Wahrscheinlichkeit in 3 – 4 Tagen dort sein. Sorge bitte dafür, falls Du nicht zu Hause sein solltest, dass Geld für den Empfang bereitliegt. Sonst nehmen sie die Sendung wieder mit, und dann kostet es das Dreifache. Ich habe zwar nicht gezählt, wie viel Stück in der Kiste sind, aber Du kannst Rónas Kindern 30 – 40 Stück zukommen lassen. Die anderen hingegen leg aus und schließ sie weg. Heutzutage kosten in Budapest die Früchte viel, außerdem gebe ich mir nicht diese ganze Mühe mit Ernten und Verpacken, damit die Schwestern, Schwäger und Schwägerinnen sie in alle Richtungen mitlaufen lassen. Aber damit will ich nicht sagen, dass Irma nichts bekommen soll. Ich schicke je einen Korb an Micilein, Péter und Feri. Bitte sorge dafür, dass die leeren Körbe rechtzeitig zurückkommen. Hier sind sie mit dem Dreschen auch noch nicht fertig. Wir hofften, bis morgen auch damit endlich durch zu sein, aber heute Abend hat es wieder zu regnen begonnen, es ist fraglich, ob man morgen arbeiten kann. Gyuri schreibt, er verlasse Széplak am 4., am Sonntag oder Montag wird er also in Budapest sein.

Ich glaube nicht, dass er diesen Herbst noch einmal nach Sid herauskommt.

Schreib ausführlich von allem; schreib mir auch, in welchem Zustand die Eier angekommen sind. Hat es einen Sinn, noch welche zu schicken, eventuell mit Bandi? Auch Pista könnte einmal schreiben!

Es umarmt ihn und Dich Deine Euch liebende Mutter, Klára.

Dann ist es Freitag und sie ist immer noch in Gömörsid, von den Ortsbewohnern Sid genannt.

Meine liebe Magda, Dein letzter Brief war wirklich lobenswert ausführlich. Und wie zufrieden werde ich erst sein, wenn ich eine auf Hochglanz polierte Wohnung vorfinde. Denn nach so vielen Jahren, wer weiß wie vielen, wird es zum ersten Mal geschehen, dass unsere arme Mutter die Wonnen des Großreinemachens nicht wird genießen können. Und das werde ich Dir, meine Magda, verdanken! Wenn Ihr Bandi und sein Gepäck glücklich abgeholt habt, packt Letzteres sofort aus, Lebensmittel sollen ja nicht so zusammengequetscht bleiben. Die Hähnchen soll Irma morgen schon zubereiten, damit sie nicht verderben. Fürs Paniertwerden sind sie zu groß, lass also entweder einen Pörkölt aus ihnen machen oder sie braten. Mir scheint, dass sie für Euch vier in einem Mal zu viel sein werden, da wird noch etwas übrig bleiben für eine Jause. Für Ilusch kann ich gegenwärtig keine Äpfel schicken, ich habe keine Körbe mehr. Schreib mir, wenn der Deine angekommen ist, auch in welcher Form und wie viel Du gezahlt hast. Hier hätten wir bis Mittag endlich mit dem Dreschen fertig sein können, wenn es in der Nacht nicht zu regnen begonnen hätte. Jetzt ist der Regen nicht mehr so stark, aber es nieselt immer noch. Die Russen sitzen nur herum und mögen das Essen nicht, obwohl sich die Köchin wirklich alle Mühe gegeben hat.

Ich erwarte ungeduldig Pistas Brief; er soll mich sofort über das Ergebnis informieren.

Es umarmt Euch beide Eure Euch liebende Mutter, Klára.

In ihrem nächsten noch vorhandenen Brief, jetzt schon vom Juli 1916, dankt sie Magda, dass sie wenigstens eine Postkarte nach Sid geschickt hatte, denn die anderen schickten ihrer armen Mutter nicht einmal so viel. Sie weiß nicht, dass sich Eugénia klammheimlich mit dem an der Front dienenden László Mándoki verlobt hat, und sie weiß auch noch nicht, dass Mándokis Freund, der verwundet von der galizischen Front zurückgebracht und im königlichen Schloss von Gödöllő behandelt worden ist, schon vor einiger Zeit dem gnädigen Fräulein Magda Nádas vorgestellt wurde. Und dass die beiden von echter Leidenschaft durchtränkte Briefe wechseln. Wünsche Dir nicht, schreibt sie ahnungslos, dass ich schreibe, Dein hervorragendes Zeugnis sei eine Überraschung gewesen. Aber auch wenn ich auf ein solches Ergebnis vorbereitet war, bedeutet das nicht, dass die Freude kleiner sei, nur ist sie nicht auf einen einzigen Moment konzentriert. Ich freute mich über das Ergebnis Deiner Bemühungen, drei Jahre lang freute ich mich.

Von mir wüsste ich nichts zu schreiben. Ich kann nicht sagen, dass die Unsicherheit und die Mengen von Ärger sehr angenehm wären, abgesehen von der Arbeit.

Es umarmt Dich Deine Dich liebende Mutter, Klára.

Die mütterlichen Briefe werden immer kürzer, die dramatische Wende rückt immer näher.

Meine liebe Magda, jetzt kommen Deine Briefe häufiger, ja, jetzt bist Du meine fleißigste Korrespondentin. Wenn ich nicht jeden Deiner Briefe beantworte, liegt das hauptsächlich daran, dass das Leben hier noch eintöniger ist als bei Dir in Zugló.

Zu Lacileins großer Freude ist heute sein Geburtstagspaket angekommen; so wie er glauben auch wir, dass die Spritzmalerei Dein Geschenk ist.

Zukünftig werde ich mehr schreiben, für heute sei nur gegrüßt und umarmt von Deiner Dich liebenden Mutter, Klára.

Meine liebe Magda, gestern erhielt ich zwar gleichzeitig zwei Briefe von Dir, nur hast Du die Daten vergessen, so weiß ich nicht, welchen Du vorher, welchen Du nachher geschrieben hast. Aber ich darf mich nicht beklagen, denn auch die Jungen haben inzwischen geschrieben. Richte Bandi von mir aus, er solle neben dem Schönschreiben auch die Rechtschreibung üben, sein zweiter Brief wimmelt von Fehlern.

Miklós' Zeugnis findest Du ganz bestimmt im Salon, vielleicht in einer der beiden Schreibmappen. Im Übrigen werden Miklós und ich am Sonntagabend in Budapest eintreffen. Ich weiß nicht, was Laci dazu sagen wird, dass er hierbleiben muss. Während meines dortigen Aufenthalts will ich Eure Wäsche ausbessern, schreib also Gizella Herzog, sie solle sich am Montag einfinden; Róza hat ihre Adresse.

Gizella war die Hausnäherin, Róza das Zimmermädchen. Wenn die gnädigen Fräuleins ein nervenaufreibendes Problem mit ihren Toiletten hatten, musste Róza Gizella holen gehen.

Gyuri braucht sich nicht darum zu kümmern, ich bringe seine Einschreibegebühr mit.

Und zum Abschluss teile ich mit, dass die Russen gestern Abend nach einem Jahr abgereist sind. Sie haben fertig gedroschen. Die Maschine ist im Schuppen versorgt, aber es bleibt noch etwas zu mähen. Wäre nicht der Regen dazwischengekommen, wären wir auch damit fertig. Mir ist ein großer Stein vom Herzen gefallen, aber wir werden bestimmt noch oft den Mangel an Arbeitskräften spüren.

Wir wollen den Vater des Waldhüters als Flurwächter für den Weinberg und den Garten anstellen; so bleibt am Ende nichts unbewacht. Darauf, dass der Winzer aus dem Krieg heimkommt, besteht ja keine große Hoffnung.

Wir wissen, dass der Regen glücklich aufhörte und der Himmel über den Hügeln von Gömörsid am nächsten Tag aufklarte, aber im Spetember konnten sie nicht mehr damit rechnen, dass die Wiese trocknete. Es hatte keinen Sinn mehr zu warten, am dritten Tag mähten sie. Man würde das Gras dann fleißig wenden müssen, es vielleicht bald einbringen und in den Scheunen über die pyramidenförmigen Heugestelle breiten. Unsere arme Mutter wollte gerade mit einer Tasse in der Hand aus der Küche treten, als sie zusammenbrach, die Beine schienen unter ihr wegzugleiten, wie sie später sagte, und sie fiel gleich in Ohnmacht. Als sie dann noch ein zweites Mal ohnmächtig wurde, schickte Fräulein Júlia die Kutsche nach dem Arzt in Fülek. Bis der eintraf, war sie noch mehrmals ohnmächtig geworden, sie hatten immer mehr Mühe, sie ins Leben zurückzuohrfeigen, zu begießen, zu fächeln. Sie schleppten sie ins Schlafzimmer und legten sie ins Bett, eine Anstrengung, die sie erneut in Ohnmacht fallen ließ. Der Arzt war der Meinung, die gnädige Frau sei erschöpft und blutarm, ihr Herz hingegen sei in Ordnung. Sie müsse dringend zu einer Badekur. Er gab ihr Beruhigungstropfen, und die Kranke schlief sofort ein. Fräulein Júlia ließ den Arzt nach Fülek zurückbringen, ging zuerst zur Apotheke, dann gab sie ein Telegramm an die Familie in Budapest auf. Es kam etwas dramatischer heraus als nötig, und die Jungen und die Dienstmädchen liefen in alle Richtungen auseinander, fanden aber den Vater nirgends. Am späten Abend kam er ahnungslos nach Hause, Róza drückte ihm stumm das Telegramm in die Hand.

Als wäre er angestochen, erdonnerte Adolf Arnold Nádas' Brustkasten, worauf er während langer Minuten nicht aufhören konnte zu brüllen. Er wollte sogleich aufbrechen, gab den Befehl zum Anspannen. Er erinnerte sich nicht, dass er selbst den Wagen weggeschickt hatte. Eugenie, die ihre Geistesgegenwart nur sehr selten verlor, beruhigte ihn mit knappen Worten. Sie sagte, es habe keinen Sinn loszurasen, um diese Zeit fahren keine Züge mehr, aber morgen früh würde sie ihn begleiten und mit ihm fahren.

Aber er halte diese Nacht nicht aus.

Dieser Satz beruhigte die Kinder einigermaßen, sein Gebrüll vorhin war wirklich aus der Tiefe gekommen, und sie konnten seine Natur nicht kennen, während ihnen der Satz, dass er das oder jenes nicht aushalte, sattsam bekannt war.

Ihren nächsten Brief schrieb unsere arme Mutter sechzehn Tage später, als sie schon in Buda drüben im Lukács-Bad zur Erholung weilte.

Meine liebe Magda, stell Dir vor, wie faul ich hier bin, ich schreibe diesen Brief im Bett sitzend. So etwas tut nicht einmal Ihr. Nun, zu meiner Ehrenrettung kann ich sagen, dass es sehr kalt ist. Aber ich freue mich über die Kälte, die schönes, heiteres Wetter gebracht hat. Gestern regnete es den ganzen Tag in Strömen, auf den Abend kamen die Sterne heraus, heute scheint schon die Sonne. Ich werde auch nicht bis $^1/_2$ 10 im Bett bleiben, sondern aufstehen, sobald ich mit diesem Brief fertig bin und gefrühstückt habe (jetzt ist es 8 Uhr). Umso eher, als ich heute die Einrichtungen des Bads aus der Nähe kennenlernen will. Aber ich werde mich nicht massieren lassen, das nun doch nicht, auch nicht duschen lassen, sondern mich mit einem gewöhnlichen bürgerlichen Bad begnügen. Die Frauen hier kommen aus dem Staunen nicht heraus, dass ich keinerlei Kur in Anspruch nehme. Dem Arzt soll es bloß nicht einfallen, mir so etwas zu oktroyieren, lieber streite ich ab, dass ich je krank war. Na, lassen wir mein Geschwätz, gehen wir zum Wichtigen über, neben den versprochenen hundert

Kronen sende ich Dir meine guten Wünsche zu Deinem morgigen Geburtstag. In erster Linie wünsche ich Dir, dass Du nach dem Erfüllen Deines zwanzigsten Altersjahrs immer klug und besonnen bleibst. Das benötigt man im Leben sehr. Besonnenheit kann einen vor vielen bitteren Enttäuschungen bewahren.

Meine liebe Magda, sei mir nicht böse, wenn ich Dir jetzt nicht mehr schreibe, aber es ist schwierig, ein so eintöniges Leben zu referieren. Wenn das Wetter so schön bleibt, kommt doch zu mir heraus; jetzt wisst Ihr ja, wie. Wenn Ihr kommt, bringt ein paar Badetücher mit. Die hier sind so klein, dass man damit höchstens die Hände abtrocknen kann. Ich hoffe, dass Gyuri meinen Fingerhut mitbringt, ohne den müsste ich sogar auf die Freuden des Strümpfestopfens verzichten. Es umarmt Dich und Deine Geschwister Eure Euch liebende Mutter, Klára.

Das war aber nur der erste Akt des Dramas. Der zweite, so wie er in jedem bürgerlichen Drama, das etwas auf sich hält, enthalten sein muss, wurde ein paar Wochen später bei Großvater in der Nagykorona-Straße beim gewohnten sonntäglichen Abendessen gegeben.

Als nämlich Záza in die schwangere Stille hinein ganz leise bemerkte, so etwas tue man nicht.

Will sagen, man verpfändet nicht ohne ihr Wissen den Schmuck der eigenen Ehefrau.

Worauf dein Großvater außer sich zu brüllen begann, dein Urgoßvater hingegen schweigend und mit geweiteten Augen diesen seltsamen herumbrüllenden Mann betrachtete, der unser Vater war.

Nie wieder, nie wieder, brüllte er und schien nicht aufhören zu können, nie wieder, lieber Bankrott machen, nie wieder, mich lieber in die Donau werfen, als von irgendeinem Mezei auch nur einen Fillér annehmen.

Nie wieder.

Du hast nichts angenommen, Arnold, sondern darum gebeten, sagte daraufhin Záza scharf.

Er habe genug von dieser ganzen aufgeblasenen Familie Mezei. Sie hätten keinen Dunst, was Geschäft, was Wirtschaft sei. Sie hätten noch nie ein Landgut betrieben. Geld, ja, das machen sie, in Haufen. Aber sie sollen nur ruhig auf ihren Geldkisten sitzen bleiben.

Und er stürzte hinaus, hinter sich sämtliche Türen zuknallend. Wir mussten ihm später Hut, Mantel und Regenschirm nachtragen. Den Wagen hingegen hatte er mitgenommen und nicht zurückgeschickt, und so musste unsere arme Mutter Planck bitten, rasch einen Wagen einzuholen.

So sagte man, einen Mietwagen einholen.

Unser Vater hatte eine Neigung zum Schlaganfall, zur Herzattacke. Damals wurde man zur Ader gelassen, wenn man einen zu hohen Blutdruck hatte. Unsere arme Mutter hatte Angst um ihn, sie kam mit uns, ihm nach, wir hingegen zitterten buchstäblich in dem großen Familienaufruhr, auch die Erwachsenen waren bleich vor Entsetzen. Gyuri wurde schwindlig, und er musste von den Mädchen gestützt werden.

Hypothek, ich wusste, was das war, aber ich verstand das Wort nicht, so wie ich auch Bankrott nicht verstand. Ich verstand Theke und ich verstand Bank, aber was das Ganze sollte, verstand ich nicht. Und was hatte das alles mit den englischen Maschinen zu tun und der englischen Ebene und den zyklisch wiederkehrenden Krisen des Kapitalismus und dem hügeligen Oberland und den Darlehen.

Noch heute sehe ich eine verlassene Sämaschine am Horizont stehen, wenn ich daran denke.

Oder es stehen Mietwagen herum, bis jemand kommt und sie mitsamt den Pferden einholt. Ich verstand nicht, warum sie so sagten, wenn sie doch dem Wagen und dem Pferd gar nicht nachliefen.

Aber am Sonntag gingen wir nirgends hin, weder auf den Bruderhügel noch nach Pesthidegkút, Kaltenbrunnen. Auch nicht an einen anderen Ort, denn meine Eltern mussten dauernd vorher noch irgendwohin gehen. Ohne mich. Sie mussten kurz auf einen Sprung dahin oder dorthin, kurz hinüberlaufen, oder dann gingen sie auf eine große Bergtour in der Tátra, die nicht für Kinder geeignet war, und so weiter. Fortwährend gab es etwas Wichtigeres, das sie in Aufregung versetzte, und wenn sie aufgeregt waren, vergaßen sie, dass ich da war. Ich dachte nicht mehr an die Geschichte, als Jahre später bei der Heimkehr von einem größeren Ausflug, vielleicht auf den Zsíros-Berg, mein Vater und ich uns von der Gruppe trennten, um ihr einstiges Sommerhaus zu suchen. Ich bekam plötzlich Herzklopfen beim Gedanken, dass er sein Versprechen also nicht vergessen hatte.

Hinter dem beängstigenden Eisenzaun bellten beängstigende Hunde. Ich wollte rasch weg von hier, gehen wir weiter, sein Lanzenzaun, sein blutiges Familiengeheimnis und sein Geburtsort interessierten mich nicht mehr. Aber mein Vater beachtete mich nicht, schien meine Furcht gar nicht zu bemerken, er wartete geziemend, bis auf sein Klingeln ein Mann aus den Tiefen des Gartens auftauchte. Hinter den Bäumen sah man kaum etwas von dem ausladenden, von meinem Großvater gebauten und verschleuderten Haus mit der Holzveranda. Sie mussten schreien, um sich zu verständigen, der Mann versuchte die Hunde zu beruhigen, die bellten weiter. Als er uns dann freundlich das Gartentor weit öffnete, damit wir zum Schauplatz der Geburt, der Kindheit und der Verwundung meines Vaters vordringen konnten, bissen die Hunde keineswegs, sie fuhren mir mit der Zunge übers Gesicht und führten einen seltsamen Freudentanz auf.

Es kam vor, dass meine Eltern Leute erkannten, aber einen großen Bogen um sie machten, und es gab Leute, die sie nicht erkannten, so abgemagert waren die. Dieser Mann da mit dem zerlumptem Umhang hat alles verloren, ich betrachtete ihn in seinem zerlumpten Umhang verschreckt und befremdet. Denn gemeint war, er hat alle die Seinen verloren. Ich schämte mich, dass ich mich vor den Schicksalsschlägen und dem unangenehmen Geruch der Mäntel dieser vom Schicksal Verfolgten ekelte. Sie tauschten sofort Informationen über die Toten und die Überlebenden aus, wer wen zum letzten Mal wo gesehen hatte, wem wo was passiert war oder passiert sein mochte, wer von wem Nachricht hatte, oder wer wen getroffen hatte. Ich verstand nicht, warum sie als Erwachsene dem Schicksalsschlag nicht ausgewichen waren. Wer warum als tot bescheinigt worden war. Für mich war und bleibt diese Todesbescheinigung das Schlimmste. Mit ihren Fragen und Antworten warfen sie ein Netz über die Stadt, übers Land aus, und weiter, bis in die unbekannte weite Welt hinaus. Dort suchten auch wir, meinen Cousin, György Mándoki. Tante Özsi, Eugénia Nádas, suchte ihn im Universum mit Hilfe von Anzeigen, aber wir suchten auch Miklós Nádas, meinen Onkel, ihn suchte meine Tante Bözsi, Erzsébet Tauber. Sie schnitt aus den Zeitungen sorgfältig, fast manisch die Meldungen aus, die sich aufs Schicksal der Arbeitskompanien des Lagers von Bor bezogen. Als setze sie das Leben ihres als verschollen bescheinigten Mannes wie ein Mosaik zusammen. Er war als verschollen bescheinigt, was für die Suche rechtlich notwendig war, aber sie akzeptierte auch diese Bescheinigung nicht. Obwohl sie gestützt darauf eine Witwenrente hätte beziehen können. Sie haderte nicht mit dem Schicksal, sondern suchte ihn und erwartete ihn in irrem Vertrauen zurück. Ich identifizierte mich schweigend mit ihr, und bestimmt deswegen haben die Wörter verschollen und bescheinigt für mich bis heute ihren Schrecken nicht verloren.

Die Frau von Miklós Nádas 101/163 bittet seine Schicksalsgenossen vom techn. Arbeitsdienst Bor um Nachricht von ihm, Frau E. Nádas, Dembinszky-Str. 37, I. Nr. 9. Wie viele sorglich aufgehobene Zeitungsausschnitte, so viele Versionen.

Im Jahr 1944 traurigen Angedenkens brach am 8. Oktober die 101/322 zwangsarb. Kompanie zu ihrem letzten Weg auf, am 11. Oktober kam sie am Schauplatz der Tragödie an, in Kiskunhalas. Der Kompaniekommandant war Lipót Vorsatz, ein Deutscher aus

Sopronbánfalva, der sich als Ungar bekannte und gegen den nie eine Klage laut geworden war. Auf dieser fatalen Fahrt war der Kommandant jedoch nicht bei seiner Kompanie, er hatte in dienstlicher Angelegenheit nach Budapest fahren müssen. In Kiskunhalas wurde die Zugkomposition auseinandergenommen. Die Waggons der Wachmannschaft blieben am Rand des Bahnhofs, man wollte gerade mit den Waggons, in denen sich die Häftlinge befanden, weiterfahren, als Fliegeralarm gegeben wurde. Die Mannschaft ließ einige der Waggons mit offenen Türen stehen, dem Stationsgebäude gegenüber. Aus dem Stationsgebäude kam einer der berüchtigten Wachtmeister des Lagers Bor betrunken herausgeschwankt, er schleuderte unter wildem Gefluche eine Handgranate in einen der offengelassenen Wagen. Die Handgranate explodierte nicht. Ein Häftling im Waggon schnappte sich die Teufelsmaschine und schleuderte sie hinaus. Sie explodierte und verletzte den betrunkenen Wachtmeister. Auf die Explosion hin stürzte sich die im Bahnhof befindliche SS-Abordnung aus dem Stationsgebäude, sie bildeten eine Kette und eröffneten das Feuer auf die Waggons. Als es dort still wurde, zerrten sie die noch Lebenden heraus, befahlen ihnen, eine Grube auszuheben und die Toten zu begraben. Dann erschossen sie die Überlebenden ebenfalls. Von der Kompanie blieben insgesamt 7 Männer am Leben. Einen jungen Mann, der in seinem bürgerlichen Leben Betriebsleiter eines Großunternehmens war, ermordeten sie, indem sie seinen Kopf auf die Schienen legten und ihn mit einem Hammer zertrümmerten. Als der Kommandant, Lipót Vorsatz, von der Vernichtung seiner Kompanie erfuhr, verfasste er eine schriftliche Meldung ans Verteidigungsministerium. Ein Oberleutnant nahm sie entgegen, las sie und warf sie dann mit einem breiten Lächeln auf den Schreibtisch zurück, worauf er dem Kommandanten auf die Schultern klopfte.

Na, Gott sei Dank, ein paar weniger von denen. Du kriegst eine andere Kompanie.

Gute zehn Jahre später stellte sich heraus, dass Miklós Nádas zuletzt in der Marschkolonne gesehen worden war, in der auch der Dichter Miklós Radnóti marschierte, aber bis zum Massengrab von Abda kam Miklós Nádas bestimmt nicht. Vielleicht war es sein mit Schlamm vermischtes Blut, das am Ohr des Dichters festgetrocknet war, wie dieser in einem seiner letzten Gedichte schreibt.

Ich fragte einmal meine Cousine Vera, die sich noch deutlich an Miklós Nádas erinnerte, warum er denn von seinen Geschwistern so rigoros ausgegrenzt worden sei.

Er war der Sanfteste von ihnen, sagte sie.

Aber das genügt nicht, um ausgegrenzt zu werden, bestimmt war er auch der Dümmste von ihnen.

Nein, das war er überhaupt nicht, aber einen so sanften Menschen wie ihn habe ich noch nie gesehen. Auch später nie. Man übersah ihn, stieg über ihn hinweg.

Er war Luft für sie.

Dank der gründlichen Arbeit eines Historikers namens Daniel Blatman wissen wir, was zwischen den letzten Monaten des Jahres 1944 und den ersten des Jahres 1945 auf diesen Wegen geschah, mit diesen von einem Lager ins andere getriebenen, kranken, dürstenden und hungernden, vor der näher kommenden Front ins Nichts gehetzten Menschen. Nach seinen Berechnungen sind bei Gewaltmärschen auf Europas Straßen fast zweihunderttausend Häftlinge umgekommen. Tante Irén suchte die uralten Eltern ihrer Schwiegereltern, Cecília Nussbaum, meine Großmutter mütterlicherseits, suchte ihren älteren Bruder, Ármin Nussbaum, zusammen mit seinen vier erwachsenen Kindern und den zwei kleinen Enkeln, sie suchten in Zeitungen, in Anzeigen. Tante Bözsis Sammlung von Zeitungsausschnitten ist erhalten geblieben, aber nur die Artikel, ohne Erscheinungsdaten oder Titel. Sie schnitt alles zwanghaft weg. Sogar die Ränder der Zeitungen und die Spaltenlinien. Für mich heute sind sie eine wichtige Information. Angesichts dieser streng ausgeschnittenen Artikel und Meldungen sehe ich auch die immer lachende, laute Schwester meiner Mutter wieder vor mir, die längst nicht sanfte Frau des sanften älteren Bruders meines Vaters, sie mit dem erschreckenden Zahnfleisch, ihr Schicksal, ihre stumme Suche, die Tatsache, dass sie ihr lachendes, lautes Wesen der Tragödie zum Trotz nicht aufgab, was mich alles so tief erschütterte, mich so sehr wünschen ließ, sie würde sich nicht in dem Maß allein fühlen, wie die Familie sie alleinließ, dass ich beim Zauber der Wörter Zuflucht suchte.

Einmal nannte ich sie absichtlich Mutter, und als sie mich fragend und lachend anschaute, fügte ich hinzu, ich könnte ja fast ihr Sohn sein.

Ich wollte sie trösten. Nach langem Nachdenken war mir aufgegangen, dass die Familienbeziehung doppelt konstruiert war. Der ältere Bruder meines Vaters, Miklós Nádas, hatte die ältere Schwester meiner Mutter geheiratet, Erzsébet Tauber, und so hätten die auf eine Art auch meine Eltern sein können.

Der als verschollen bescheinigte Miklós hätte auch beinahe mein Vater sein können.

Als sie das begriff, schrie sie auf, zog mich an sich, weinte laut, lachte wie verrückt, beides gleichzeitig, als reiche der eine Gefühlszustand unmittelbar an den anderen heran, und es nahm kein Ende, sie hielt mich umarmt, bis heute spüre ich ihren Schoß, seine Hitze und Härte, sie presste mein Gesicht darauf, auf alles, und ließ mich nicht mehr los. Ich erinnere mich nur ungern an diese Szene, denn wir waren in der Wohnung in der Dembinszky-Straße allein, und nach einer Weile wollte ich mich von ihrer Umarmung freimachen, von ihrer fremden Brust, vom Gefühl ihres fremden Schoßes, vom Gebrüll, das einmal in Schluchzen, einmal in Gelächter mündete.

Ich stellte mir vor, auch wenn ich es mir nicht vorstellen konnte, wie die Wirklichkeit ohne dieses Beinahe wäre.

Wie wäre es, wenn nicht geschehen wäre, was geschehen war.

Später musste ich mehrmals zwanghaft zu diesem Thema zurückkehren, ich grübelte, wie es gewesen wäre und wie es wäre, und ich war froh, dass geschehen war, was geschehen war, und meine Tante doch nicht meine Mutter wurde, sondern ganz meine Tante blieb, denn sie machte mich verlegen mit diesem ewigen schallenden Gelächter, mit ihrer ganzen Liebenswürdigkeit. Auch die ließ mir keine Ruhe. Auf dem Grund dieser Liebenswürdigkeit lag vieles, womit ich mich nicht anfreunden konnte. Auch ich tat, als liebte ich sie heftig, um es hinter uns zu bringen, um sie nicht zu verletzen, um die Sache nicht zu komplizieren, aber schallende Fröhlichkeit konnte ich nicht ausstehen, auch wenn das, was wirklich störte, ihre Liebenswürdigkeit war. Was meine Eltern in ihren heimlichen Gesprächen nur bestätigten.

Aber genau deswegen wollte ich sie ja trösten. Wegen Bözsis Feigheit hatte der arme Miklós umkommen müssen.

Untereinander sagten sie aber auch, vielleicht kann Bözsi doch nichts dafür, von ihnen beiden war ja Miklós der Feigere.

Miklós hatte sein ganzes Leben lang niemandem nein sagen können. Gefälschte Papiere, nein, das nicht, einen falschen Namen, ein falsches Geburtsdatum, nein, das nicht. Untertauchen. Nein. Das war in seinem Leben die einzige deutliche Verneinung gewesen. Und Bözsi folgte ihm darin. Obwohl von ihnen beiden sie die intelligentere war. Aber man muss sie verstehen. Für sie wäre es schwieriger gewesen unterzutauchen, mit ihrer auffälligen Hüftverrenkung.

Trotzdem verziehen sie ihr nicht. Sie sprachen darüber, sagten, es ist verständlich, aber sie verstanden es doch nicht. Zum ersten Mal im Leben sah ich so etwas. Sie wurde geächtet, ich glaube allerdings, dass beide zusammen schon viel früher geächtet worden waren. Sie verkehrten mit ihr, indem sie mich zu ihr schickten, und ich musste an ihrer Stelle dieses klebrige, schleimig liebenswürdige Getue über mich ergehen lassen, mit dem sie ihr Leiden, die Hoffnungslosigkeit der Suche und des Wartens verdeckte.

Der *Világ* hat sich letzthin mit den sogenannten ausgeliehenen

Arbeitsdienstlern befasst, die nach Deutschland verschleppt worden sind.

Abgesehen von diesem sachlichen Artikel, sind aber in letzter Zeit viele Meldungen erschienen, die die Lage der Arbeitsdienstler unter der Regierung Szálasi nicht im richtigen Licht darstellen. Der Verfasser dieser Zeilen war jahrelang der Beauftragte der jüdischen Gemeinde für die Wohlfahrtsangelegenheiten der Arbeitsdienstler.

Da Bözsi alles Überflüssige von den Zeitungartikeln weggeschnitten hatte, erfährt man nicht, wer der die Wohlfahrtsangelegenheiten der Arbeitsdienstler erledigende Verfasser dieser Zeilen ist und in welchem Blatt er das schreibt.

Ich leitete die Klagen und Beschwerden ans Verteidigungsinisterium weiter.

So schmerzlich es ist, das auszusprechen, aber die Mehrheit der Beamten des Verteidigungsministeriums, von vier, fünf Beamten abgesehen, verhielt sich dem Leiden der Arbeistdienstler gegenüber feindselig oder bestenfalls mit kalter Gleichgültigkeit. Das ging so weit, dass durch die Beschwerde nicht der Offizier oder das Mannschaftsmitglied, die die Gewalttat begangen hatten, gefährdet waren, sondern der Beschwerdeführer selbst. Jede Beschwerde, die von der Kommission als unbegründet beurteilt wurde, wurde der XIII. Abteilung übergeben, und der Beschwerdeführer wurde schwer bestraft.

Um nur zwei Beispiele zu nennen: Der Journalist Jenő Lévai, der einstige tapfere Gegner des Pfeilkreuzler-Untergespans László Endre, wurde, nachdem er die Beschwerden der Arbeitsdienstler mit der Unterschrift seines vollen Namens an mich weitergegeben hatte, in die Haftanstalt auf dem Margaretenring verbracht, gefoltert und zu einer mehrmonatigen Gefängnisstrafe verurteilt. Und eine Verwandte des lange Zeit im Arbeitsdienst schmachtenden herausragenden Schriftstellers Elemér Boross wurde ebenfalls zu einer sechsmonatigen Gefängnisstrafe verurteilt, weil ihre eingereichte Beschwerde für unbegründet befunden wurde.

Aber für die Stimmung ist die Affäre Marányi gegen Bartha am bezeichnendsten. Der Fall wirbelte im August 1944 in der Arbeitsdienstabteilung des XI. Gruppenkommandos viel Staub auf. Als Oberstleutnant Ede Marányi, der Henker von Bor, in Budapest eintraf, brüstete er sich vor seinen Offizierskollegen damit, dass mehr als die Hälfte der ihm anvertrauten jüdischen Mannschaft umgekommen sei. Woraufhin László Bartha, Oberstleutnant der Stromstreitkräfte, nicht mehr an sich halten konnte und die Bemerkung machte, die Pflicht eines ungarischen Offiziers sei es, über das Leben der ihm anvertrauten Mannschaft zu wachen, und einem solchen Menschen werde er nicht mehr die Hand geben. Marányi wollte zuerst eine ritterliche Angelegenheit daraus machen, das heißt sich duellieren, dann aber zeigte er Bartha an. Zu Barthas Verteidigung reichte Major István Fehér dem Verteidigungsminister ein achtseitiges, gegen Marányi gerichtetes Memorandum ein, worin er nachwies, dass dieser eine schwere Dienstpflichtverletzung begangen hatte. Er bezichtige Marányi des Mordes.

Ministerialrat István Oláh, der persönliche Sekretär des Verteidigungsministers, unterschlug das Schreiben einfach, reichte es nicht an den Minister weiter.

Zurückkehrend zum großes Aufsehen erregenden *Világ*-Artikel von letzthin, der den Schleier von einer der größten Gemeinheiten der Szálasi-Herrschaft riss, möchte ich als Zeuge die unten folgenden Angaben machen, betreffend den Schmuggel außer Landes der eigentlich geschützten und ausgesiedelten Arbeitsdienstler.

Am 27. November 1944 erhielt jede Arbeitsdienststelle in Budapest den Befehl, die ausgesiedelten Einheiten unverzüglich nach Budapest zurückzubeordern. Es erging auch der geheime Befehl, dass im Morgengrauen des 29. November jedermann auf dem Josefstädter Bahnhof in Waggons unterzubringen sei. Den Befehl erhielt auch ich. Mein Kompaniekommandant ließ sich mit viel Mühe überreden, in meinem Fall eine Ausnahme zu machen. Er würde mir später mitteilen, sagte er, was ich zu tun hätte. Und so erhielt ich dann die große Vergünstigung. In Anbetracht meiner besonderen militärischen Stellung müsse ich mich, sagte er, nicht bei der Kompanie melden, sondern könne am 29. morgens um 6 Uhr direkt zum Josefstädter Bahnhof gehen, um einwaggoniert zu werden.

Diese Gnade nahm ich nicht an, sondern wir traten noch am gleichen Tag in Aktion. Die große Frage war, wie die Aufhebung der Aussiedlung rückgängig zu machen war.

Zuerst suchte ich das Verteidigungsministerium auf. Ich und István Békeffi erschienen als offizielle Abordnung bei Generalmajor Fábián. Am Tor des Verteidigungsministeriums empfing uns zu unserer größten Überraschung eine Tafel: «Aufgrund einer Regierungsverfügung sind ab heutigem Tag die Belange des Arbeitsdiensts dem Innenministerium übertragen.» Das war das Schlechteste, das passieren konnte. Am Ende empfing uns Oberst Ritter Hibbey, aber er erklärte, dass er nichts tun könne, die Arbeitsdienstler seien der Gendarmerie unterstellt worden. Wir suchten Oberst Gátföldy auf, den Kommandanten der 43. Abteilung. Es stellte sich heraus, dass dieser Stabsoffizier, der stets im Sinn der Menschlichkeit gehandelt hatte, von der Regierung Szálasi bereits am 20. Oktober seines Amtes enthoben worden war.

Major István Fehér versuchte noch, etwas zu unternehmen, aber es gelang ihm nicht, er sagte, ihm seien sogar die Stempel für die arbeitsdienstlichen Angelegenheiten weggenommen worden.

Am Ende suchten wir Oberstleutnant Rajmund Both auf, der ebenfalls dafür bekannt war, dass er Gesuche von Arbeitsdienstlern nie zurückwies. Sein Name war in jedem Arbeitslager ein Begriff. Am 28. Oktober lief er den ganzen Tag umher, aber er konnte nichts ausrichten. Er gab einen einzigen Rat. Wer könne, solle fliehen. Er gebe allen ein Papier dafür mit.

Unterdessen war uns gelungen, eine Art Verbindung zum Innenministerium herzustellen. Sándor Ujváry, gegenwärtig Ministerialrat, der das gemeinsame Büro der neutralen Mächte leitete, trat bei Gendarmeriemajor Ferenczy so energisch auf, dass dieser wahnwitzige Bluthund die Erlaubnis erteilte, die beim Roten Kreuz eingeteilten Arbeistdienstler hier zu belassen, aber unter der Bedingung, dass alle ins Ghetto zogen. Ein Teil dieser zum Roten Kreuz eingeteilten Mannschaft, die noch über Wagen verfügte, beschäftigte sich tagelang damit, die Verschleppten aus der Ziegelfabrik hinauszuschmuggeln, wodurch sie mehreren hundert Juden das Leben rettete.

Gleichzeitig erreichte auch Husarenhauptmann László Ocskay, dass seine Kompanie, die ebenfalls einwaggoniert werden sollte, in Budapest bleiben konnte. Dieser wackere ungarische Mann stand mit Typhus und neununddreißig Grad Fieber von seinem Krankenlager auf und brachte es zustande, dass seine Kompanie in die jüdische Schule in der Abonyi-Straße verbracht wurde, er erhöhte ihren Bestand um die aus allen Richtungen geflohenen Arbeitsdienstler und deren Angehörige illegal auf 1600 Mann (also auf den Bestand von sieben Kompanien) und rettete sämtlichen dieser Menschen das Leben.

Die eigentlich unter Schutz stehenden Kompanien und die Ausgesiedelten ließ die Gendarmerie abtransportieren, und leider sind die meisten dieser Menschen auch nie mehr zurückgekommen.

Verwandte, Bekannte und Unbekannte, auf der Straße oder bei uns im Atelier oben, entwarfen im Gespräch virtuelle Landkarten von ihrer Suche und von der Vernichtung, sie bezeichneten die möglichen Schauplätze der Vernichtung, schätzten gemeinsam deren Ausmaße ab, was Leib, Leben und Gegenstände betraf. Jeder folgte den Spuren seiner Verschollenen, jeder sammelte Informationen. Daniel Blatman hat aufgrund der erhaltenen Daten, Dokumente und Geständnisse rund hundertzehn Routen aufgezeichnet. Er ist dahin, sagten sie, wenn die Suche keinen Sinn mehr hatte, sie keine Spuren mehr fanden und der Tod zur Gewissheit wurde.

Einer der blutrünstigen Befehlshaber des Lagers von Bor wurde festgenommen. Géza Bánhegyi kam ins Gefängnis der Politischen Abteilung der Polizei. Es ist bezeichnend, dass sich Bánhegyi, dessen düsterer Auftritt mit dem Tod von mehreren hundert Arbeitsdienstlern verknüpft ist, später nicht nur in eine demokratische Partei hineindrängte, sondern auch im Bescheinigungsausschuss, also in der Entnazifizierungskommission der Elektrizitätswerke von Budapest, einen Sitz erhielt. Und doch soll man wissen, dass Bánhegyi, als Kommandant der 110/59. Lager-Arbeitskompanie, im Juni 1943 mit 2000 Arbeitsdienstlern in Bor eintraf. Hier wurden die Arbeitsdienstler in verschiedene Lager aufgeteilt. Bánhegyi wurde Kommandant des «Lagers Berlin». Als Adjutant von Oberstleutnant Marányi unternahm er alles, was zum Tod der Gefangenen führen konnte. Bei sengender Hitze hielt er vor den unglücklichen Männern bestürzende Reden, in denen er betonte, dass hier keiner lebend herauskommen würde. Hängungen an den im Rücken gefesselten Händen und andere unbarmherzige Disziplinarmaßnahmen gehörten zum Alltag. Wem ein Fluchtversuch unterstellt wurde, den ließ Bánhegyi in ein unterirdisches Verlies sperren und bei Brot und Wasser halten. Der größte Teil der Lebensmittel wurde von den Aufsehern gestohlen. Was sie weder verkaufen noch aufessen konnten, wurde auf Bánhegyis Befehl an die Schweine verfüttert. Am 17. September 1944 erhielt Bánhegyi den Befehl, mit seinen Arbeitsdienstlern Richtung Ungarn aufzubrechen. Die aus 3500 Mann bestehende Marschkolonne brach unter seiner Führung auf. Wer die Hand nach einem Maiskolben ausstreckte, wer aus einer Pfütze zu trinken versuchte, wurde erschossen. Bánhegyi verteidigt sich jetzt damit, dass er das gar nicht hätte befehlen können. Der Aufsichtsdienst sei für diese Taten verantwortlich. Er selbst sei an der Spitze des Zugs marschiert und habe nicht sehen können, was hinter seinem Rücken geschah. Überhaupt habe er Plattfüße, er habe nicht zwischen der Spitze des Zugs und ihrem Schluss hin- und herlaufen können, um den Aufsichtsdienst zu beaufsichtigen.

Einige wurden von meinen Eltern zum Tee eingeladen, obwohl wir weder Tee noch Zucker hatten, aber, sagten sie lachend, Zitronenersatz haben wir reichlich. Ein bisschen Talk, ein bisschen Weinsteinsäure, keine große Sache, Pista siedet nicht nur Seife und gießt Bohnerwachs, sondern stellt auch ununterbrochen seinen Zitronenersatz her. Er verursacht auf dem Weltmarkt eine Krise wegen Überangebot. In der Tat, noch zehn Jahre danach, Mitte der Fünfzigerjahre, tranken wir Tee, Limonade und Gänsewein mit seinem Zitronenersatz und wuschen uns mit seinen unparfümierten Seifen, scheuerten den Fußboden mit seinen Schmierseifen und bohnerten das Parkett mit seiner Wichse und seinen Bohnerbürsten, die an unsere Füße geschnallt waren, oder auch mit Hilfe der Bohnermaschine, die er entworfen hatte und die von meinem Vater immer aufs Neue betriebsfähig gemacht wurde. Es fehlten immer alle Bestandteile, die Bürstenrolle hatte sich verbraucht oder die Kohlestengel in der Kohlebürste. Beschaffen ließ sich nichts. Pista hingegen hatte noch immer alles. Oder wenn nicht, erfand er, was man wie ersetzen konnte.

Das Getränk hieß nur Limonade. Zitronen waren nirgends in Sicht. Und etwas Fürchterlicheres als den Gänsewein gab es nicht.

Vor ein paar Wochen hat die Polizei den 39-jährigen Budapester Händler Imre Apáthy festgenommen, der vom Juni 1943 an als Unteroffizier zur Wachmannschaft eines der Arbeitslager von Bor gehörte. Er hat die Arbeitsdienstler der Kompanie unmenschlich verfolgt. Er war an ihrer Folterung, Ausraubung beteiligt, hat ihre Lebensmittel beschlagnahmt, was zur Folge hatte, dass viele Hungers starben. Als die Befreiungsarmee heranrückte, wurden 3500 Arbeitsdienstler, beaufsichtigt von Gendarmen aus dem Banat, nach Tscherwenka getrieben. Die Arbeitsdienstler kamen stark dezimiert in ihrem neuen Lager an, wo die Wachmannschaft 1200 von ihnen hinrichtete. Apáthy wusste 24 Stunden vorher von dem Plan der Massenexekution und hätte sie verhindern können, aber er tat nichts für die Todgeweihten. Dr. Jenő Sámuel hat in dem Massenmordfall die Anklageschrift erstellt, das Volksgericht wird demnächst die Hauptverhandlung durchführen.

Mein ernährungswissenschaftlich versierter Vater, der diese Wissenschaft aus erster Hand, vom herausragenden, in Ungarn lebenden schwedischen Experten Harald Tangl gelernt hatte, erklärte mir, warum der häufige Konsum von Gänsewein schädlich ist. Er wurde aus Sodabikarbonat, Zitronenersatz und etwas Zucker hergestellt. Solange die Lauge mit der Säure kämpfte, schäumte er wild. Floss über, floss schaumig das Glas hinunter. War Eis vorhanden, wurde er mit Eiswasser hergestellt. Er war zugleich sauer und süß, kalt und warm. Gestern hat Pista nun auch das Perpetuum mobile erfunden, neuerdings arbeitet er an der Haarspaltemaschine. Poil en quatre. Hälfteln kann er die Haare schon, in vier Teile spalten noch nicht. Dahingegen kann auch er keinen englischen Tee herstellen. Sie sagten sehr häufig dahingegen. Es klang wie Gegend, bedeutete aber etwas ganz anderes. Bestimmte Leute nannten sie Herrn Dahingegen oder Madame de Dahingegen, weil die das so oft sagten. Offensichtlich hatten diese Personen eine Eigenschaft, die mit diesem geheimnisvoll klingenden Wort zusammenhing. Aber nicht nur wegen Überproduktion von Zitronenersatz gab es eine Krise, sondern es herrschte auch eine Krise wegen Überproduktion von Gewitzel, nicht nur bei uns, in der ganzen Stadt. Bis gegen Ende der Sechzigerjahre wurde dauernd gewitzelt, über andere oder über sich selbst. Die Stadtbewohner, Überlebende der Belagerung, überforderten einander mit dieser Witzelei; sie war als Ablenkung, als Zuvorkommenheit gemeint, ein Angebot zum Ausruhen, man signalisierte einander Vitalität, Wohlgelauntheit trotz allem, um sich oben zu halten auf dem mehrere Jahrhunderte alten historischen Trümmerhaufen, auf dem sowieso immer alles neu zu beginnen war.

Sie diskutierten, argumentierten, gestikulierten zwanghaft, nahmen sich gegenseitig auf den Arm, schrien aus vollem Hals, lachten, küssten sich, ließen einander, wenn sie sich unerwartet begegneten, die Glieder knacken, und sie witzelten mindestens noch weitere vier Jahrzehnte lang bis zur Erschöpfung und viel zu laut. Sie merkten nicht, dass sie damit den intelligenten Diskurs ausschalteten. Das zwanghafte Gewitzel und die Bereitschaft, sich ins Wort zu fallen, wurden Bestandteil der Mentalität, aber heute weiß in Budapest niemand mehr, warum er anstelle eines Diskurses unablässig und dämlich witzeln muss. Oder aber sie redeten nicht mit diesem elenden Schuft, der sich während der Belagerung schändlich benommen hatte. Was schlimmer war als Feigheit. Ein Feigling ist ein Feigling, das ist eine gottgegebene Eigenschaft, man kann sie mit einem Schulterzucken abtun. Aber dieses andere, dieses Jemand, während der Belagerung, sich schändlich benommen, das war unverzeihlich. Es war wiederum ein Wort, das mich ziemlich lange und in viele Richtungen begleitete, bis ich endlich die Zeitebenen ihrer Erlebnisse verstand und damit das System der Schändlichkeiten.

Sie hatten Kontrollfragen dafür, wer sich während der Belagerung wie benommen hatte.

Er hat sich schändlich benommen. Er hat sich anständig benommen.

Erst nach mehrfacher und mehrseitiger Kontrolle gelangte jemand durchs Nadelöhr, auch bei uns.

Aus dieser Strenge entstanden ihnen dann bedeutende Konflikte mit den sogenannten Bescheinigungsausschüssen. Es war ihr erster tiefgreifender Konflikt mit ihrer Partei, der Partei der Ungarischen Werktätigen. Sie konnten nicht begreifen, warum ihre Partei massenmörderische Pfeilkreuzler rechtfertigen wollte oder warum sie gegen deren Rechtfertigung nicht offiziell protestierte. Aber ihre Partei ging noch weiter. Sie ließ mit voller Absicht ausgewiesene Schweinehunde in die Bescheinigungskommissionen herein. Aufgebracht kämpften sie gegen die irrtümlichen oder willkürlichen Entscheide der Kommissionen. Diese hatten natürlich nichts mit dem stummen inneren Kontrollsystem der Partei zu tun. Jedenfalls eine Zeitlang nicht. Als das kommunistische System die eigenen Anhänger umzubringen begann und schon paranoid genug war, in jedem Winkel des Landes Systemgegner auszumachen, von denen es ja auch eine große Anzahl gab, da flossen die beiden Kontrollsysteme zusammen. In den ersten Jahren nach der Belagerung mussten die Entscheide noch in den Wohnhäusern angeschlagen werden, es gab die Möglichkeit, sich zu rechtfertigen, und es gab einen bestimmten Zeitraum dafür. Laut den erhaltenen Familienschriften funktionierten die Kommissionen in den Monaten nach der Belagerung, indem sie sich nach Wohnort und Arbeitsplatz organisierten. Sie bestanden jeweils aus vier Mitgliedern, mit einem Vorsitzenden. Ihre Tätigkeit wurde vom ministerialen Erlass 1080/1945 reguliert, der demokratischerweise eigentlich besagte, dass man niemanden willkürlich verurteilen darf.

Aber es durfte kein Bürger ohne Bescheinigung bleiben.

Das entsetzliche Leiden und die teilweise Ermordung von sechstausend ungarischen Arbeitsdienstlern haben die Kupferminen des südostserbischen Bor in Verruf gebracht. Von den Verschleppten kamen insgesamt tausendsechshundert halb verhungerte, zerlumpte Männer nach Hause, wo viele von ihnen starben. So etwa, vor Entkräftung, László Rózsahegyi, der bekannte junge Journalist und einzige Sohn von Kálmán Rózsahegyi, einem Mitglied des Nationaltheaters auf Lebenszeit. Das Grauen der Arbeitslager in den serbischen Kupferminen beschäftigte jetzt zum ersten Mal die Gerichte. Das Volksgericht von Szeged verhandelte gerade den Fall des Unteroffiziers Károly Szaulich, eines stellvertretenden Kommandanten der Arbeitskompanie von Bor, die Anklage gegen ihn lautete auf fünf volkswidrige Verbrechen. Während der nahezu fünf Stunden dauernden Verhandlung beantwortete der

Angeklagte die Fragen des Vorsitzenden, Dr. Ferenc Bozsó, indem er die ihm angelasteten Verbrechen immer wieder leugnete beziehungsweise sich darauf berief, dass er nur die Befehle seines Kommandanten, Major Marányi, und des Fähnrichs Frigyes Torma befolgt habe, ja, er habe sie zu mildern versucht, um das Leiden der Arbeitsdienstler zu lindern. Die Zeugen Dezső Zabos, städtischer Hauptbeamter, Ármin Herczeg, Bäckergehilfe, und Vilmos Weisz, Beamter, alle drei ehemalige Inhaftierte des Arbeitslagers Bor, enthüllten hingegen in erschreckenden Einzelheiten die in den serbischen Kupferminen begangenen Grausamkeiten, die Fronarbeit und das Ausgehungertwerden. Das Volksgericht gelangte nach geschlossener Verhandlung zum Urteil. Károly Szaulich wurde zu fünfzehn Jahren Zwangsarbeit verurteilt, unter Aufhebung seiner politischen Rechte und der Beschlagnahmung seines Vermögens.

Mein Vater wurde am 5. Oktober 1945 vom Bescheinigungsausschuss Nummer I. der Hauptstädtischen Elektrizitätswerke als bescheinigt erklärt.

Unter den Kriegsverbrechern Ungarns taucht auch ein scheinbar unbedeutender Name auf, József Dadasev. Im Zusammenhang mit den unmenschlichen Geschehnissen im Arbeitslager Bor beantragte Jugoslawien seine Auslieferung. Dadasev wurde lange von der Polizei gesucht, seine Festnahme gelang aufgrund eines Zufalls. Er selbst war als Arbeitsdienstler nach Bor gekommen, dort aber binnen kurzem zum Gestapospitzel avanciert. Seine Leidensgenossen wussten lange Zeit nichts von seinem niederträchtigen Doppelspiel. Er schnüffelte ihre Fluchtpläne aus und meldete sie dem Lagerkommando. Um nicht aufzufallen, nahm er selbst an Fluchtversuchen teil, die selbstverständlich vereitelt wurden. Die Flüchtigen wurden eingefangen und hingerichtet, Dadasev hingegen landete wieder hinter dem Drahtverhau. Er wurde von einem Lager ins andere verschoben. Er schlich sich auch ins Vertrauen der inhaftierten serbischen Patrioten ein, da er gut Serbisch sprach. Als in den Lagern schon weitgehend bekannt war, dass er für die

Gestapo arbeitete, ließ er sich nach Ungarn versetzen und führte hier seine niederträchtige Tätigkeit fort. Er denunzierte vor allem Serben, deswegen suchten ihn die jugoslawischen Behörden. Einstweilen war Dadasev Gefangener der politischen Polizei, über sein weiteres Schicksal war noch nicht verfügt worden.

Auf dem Briefpapier der Vereinigten Glühbirnen- und Elektrizitäts-Aktiengesellschaft erhielt meine Mutter am 26. September 1946 die Nachricht, sie habe unverzüglich die Kommission des Unternehmens aufzusuchen, um die Formulare für die Verhandlung ihres Falls in Empfang zu nehmen und auszufüllen. Sie antwortete brieflich noch am selben Tag, bat die Unternehmenskommission, die Papiere ihrem Mann zu übergeben, da sie selbst anderweitig beschäftigt sei. Vielleicht hatte ich Keuchhusten, Scharlach oder Windpocken. Ich war kein kränkliches Kind, aber es gibt keine ansteckende Kinderkrankheit, die ich nicht bekommen hätte. Aus dem Vergleich verschiedener Daten ersehe ich, dass sie zu dieser Zeit schon als Sekretärin von László Földes in der Parteizentrale am Tisza-Kálmán-Platz arbeitete. Die Formulare füllte sie bestimmt aus, aber das Schreiben der Budapester Bescheinigungskommission, wonach sie zu ihrer Verhandlung zu erscheinen habe, wurde viel später abgefasst, am 17. Dezember 1947. Aus diesem Schreiben geht hervor, dass der Hauswart mit Unterschrift und Stempel bestätigt hatte, vom 17. Dezember bis 26. Dezember 1947 die Ankündigung am Anschlagbrett des Wohnhauses der dem Bescheinigungsverfahren unterstellten Person angeschlagen zu haben, worauf er das unterschriebene Papier der genannten Person übergeben musste, damit sie es zur Verhandlung mitbrachte.

Die Ankündigung musste auch dann angeschlagen werden, wenn die in Frage stehende Person inzwischen weggezogen war.

Es kann sein, dass es für meine Mutter nicht das erste Bescheinigungsverfahren war, sondern das zweite, die Bescheinigungen folgten nämlich in mehreren Wellen aufeinander. Sie hatte am 22. Dezember 1947 nachmittags um halb vier Uhr in der Markó-

Straße 25 zu erscheinen, V. Kreis, Verhandlungssaal Nummer 132, I. Stock. Gleichzeitig fordert die Ankündigung alle auf, eventuelle Informationen betreffend eine vergangene oder gegenwärtige Verletzung der Interessen des ungarischen Volkes von Seiten der zu bescheinigenden Person, etwa dass sie deutschfreundliche Ansichten geäußert, sich zu rechtsextremen Ansichten bekannt hätte beziehungsweise Mitglied der Pfeilkreuzler-Partei oder anderer faschistischer Organisationen gewesen sei, der Budapester Bescheinigunskommission verbal oder schriftlich zu melden, wenn möglich in der Zeit, in der die Ankündigung angeschlagen ist. Die Ankündigung macht die Meldungswilligen darauf aufmerksam, dass eine schriftliche Meldung nur dann in Betracht gezogen werde, wenn sie Namen und Anschrift enthalte, also nicht anonym sei.

Im Namen ihrer gesellschaftlichen Utopie hätten unsere Eltern gewünscht, dass die Namen der Verantwortlichen für die Vernichtung von Menschen und für die Zerstörung des Landes veröffentlicht würden. Das Entsetzliche aus der Anonymität herausholen. Das war das mindeste, und sie forderten es von ihrer Partei und den Koalitionsparteien. Denn sofern diese Personen nicht vor dem Volksgericht landeten, tauchten sie mitsamt ihrer persönlichen Verantwortung unter. Erst Ende der vierziger Jahre begriffen Klára Tauber und László Nádas endlich, dass das Phänomen nicht ein zufälliger Ausrutscher war, sondern die Konsequenz von Entscheidungen des Exekutivkomitees ihrer eigenen Partei oder von zwischenparteilichen Vereinbarungen, ergo ein Systemfehler, dazu noch einer, der auf einem niederträchtigen Kalkül beruhte, eine Schande, und da war das Pfeilkreuzlerkontingent nicht nur im Staatsapparat schon virulent tätig, sondern auch innerhalb ihrer allmächtigen und allwissenden Partei. Es wurden Unschuldige denunziert, während die Schuldigen in die sichere Deckung der Geheimzellen hereingeholt wurden. Das in der Partei tätige Pfeilkreuzlerkontingent war bei Verhandlungen am runden Tisch dabei, bei Systemwechseln, bei der Samtenen Revolution, beim

Fall der Berliner Mauer, die ganze Zeit bis hin zum Augenblick der Auflösung der Partei. Damals aber ging das Kalkül der Partei auf, nicht nur verpflichtete sie sich auf diese Art eine Menge Leute, sondern sie benutzte auch das Beziehungsnetz der Pfeilkreuzler, in das die höchste Parteiführung Einblick gewann, während die mittlere Ebene heimlich und leise das Instrumentarium und die Sprache der politischen Demagogie übernahm. Diese auf schwankenden Boden gezeichnete Linie gab 1989 die Richtung für die Schaffung und das Funktionieren der demokratischen Parteien vor.

Noch jahrelang sah ich in unserer Straße den Mann, der sich schändlich benommen hatte, in seinem stets gut sitzenden Mantel, bleistiftdünn, mit weichen, seidig glänzenden Hasenpelzmützen, einmal braun, einmal anthrazitfarben, er hatte viele Mützen, so viel ist sicher, verschiedene Mäntel, ich konnte nur knapp verhindern, die Gutgekleideten für immer mit dem Schändlichen in Verbindung zu bringen. Er war immer allein unterwegs, hochmütig. Trotz aller Proteste erhielt er die Bescheinigung. In seinem Fall intervenierten meine Eltern nicht, aber ich erinnere mich genau daran, dass sie es in anderen Fällen taten; leider sind darüber in ihren Papieren keine Aufzeichnungen erhalten. Lange Zeit dachte ich, der Hochmut dieses Menschen sei Teil seiner Schande. Ich wusste auch, dass er beglaubigter Buchprüfer und Oberrat im Finanzministerium war. Wegen des beglaubigt dachte ich, er sei ein Mann des Papstes, auch wenn ich nicht verstand, wo und im Namen welchen Glaubens er die Bücher prüfte, und inwiefern war er Rat wie mein Vater, der technische Rat, oder mein Onkel Sándor Rendl, der dem Finanzminister, Károly Olt, demselben Minister, für den dieser schändliche Mann arbeitete, juristischen Rat gab. Soweit ich mich erinnere, haben meine Eltern und ihre Freunde mit ihren auf verschiedenen Ebenen stattfindenden Interventionen, abgesehen von einem einzigen Fall, nie Erfolg gehabt.

Eine der Zeitungsannoncen meiner Tante Özsi, mit denen sie

ihren verschollenen Sohn suchte, den aus ihrer ersten Ehe stammenden György Mándoki, erschien am 24. November 1945 in der Tageszeitung *Magyar Nemzet, Ungarische Nation*. Eine Woche später erhielt sie einen Brief aus Hajdúdorog, von einem Dr. Móricz Máyer.

Gnädige Frau, im Zusammenhang mit Ihrer Annonce im Magyar Nemzet möchte ich Ihnen mitteilen, dass ich mit einem Schicksalsgenossen namens György Mándoki im Lager von Dornach bei Linz gewesen bin, durchgehend bis zum 1. August. Ob er ein Arbeitsdienstler war, weiß ich nicht. Es war ein hochgewachsener, gutaussehender junger Mann von sehr guten Manieren. Als ich ihn zum letzten Mal sah, war er bei völliger Gesundheit. Ich brach am 1. August nach Hause auf, ich weiß nicht, wohin er gekommen ist. Anhand einer Fotografie würde ich ihn bestimmt erkennen. Ich würde mich freuen, wenn ich Ihnen auf diese Art zu einer Spur verhelfen könnte.

Tante Özsi traf sich mit dem Arzt aus Hajdúdorog, um ihm ein Foto ihres aus erster Ehe stammenden Sohns zu zeigen, auf den die Beschreibung des Arztes mehr oder weniger zutraf. Er wäre einundzwanzig gewesen, ein hochgewachsener, hübscher junger Mann mit ausnehmend guten Manieren. Offenbar erkannte der Arzt auf dem Bild seinen Schicksalsgenossen, denn meine Tante schrieb auf dem Umschlag eine Adresse auf, die sie vom hilfsbereiten Arzt erhalten hatte. Frau Holczer Ferenc-Ring 3 Parfümerie. Frau Holczer schrieb dann eine weitere Adresse auf einen Zettel. Ernő Beer Péterfy-Sándor-Str. 7. II. 3.

Auch hier muss sie vorbeigegangen sein, denn im Umschlag liegt noch ein Zettel, diesmal wieder in ihrer eigenen Handschrift.

István Mayer Zalabaksa.

Das Wort Rat zu verstehen war umso komplizierter, als sich während der Belagerung auch der Judenrat schändlich benommen hatte. Dieses unglückselige Pack. Zu Hause oder im Freundeskreis meiner Eltern tauchten diese Adjektive unauflöslich in Verbindung mit dem Judenrat auf. Sie wiesen nicht auf die aussichtslose Gewissenslage der Ratsmitglieder hin, sondern auf die Beeinträchtigung ihres Auffassungsvermögens. Die Mitglieder des Judenrats folgten nicht ihrem Verstand, höchstens ihren Interessen. Obwohl sie beizeiten wussten, wohin die Züge fuhren. Jetzt können sie machen, was sie wollen, das schlechte Zeugnis können sie nicht wegerklären.

Sie haben die ihnen anvertrauten Juden ans Messer geliefert.
Diese Trottel.
Feige Bande.
Idioten.
Was heißt Idioten, Verbrecher sind's.
Trottel klang noch am freundlichsten, es bedeutete ja verblödete Menschen, und doch war es das schwerwiegendste Urteil.

Sie wollten mit der Kollaboration Zeit gewinnen, deshalb schwiegen sie. Sie hatten keine andere Wahl.

Sie glaubten an die mildernde Wirkung der Zusammenarbeit. Woran hätten sie denn noch glauben können, abgesehen vom Allmächtigen.

So die wohlmeinenden und einigermaßen scheinheiligen Argumente zur Verteidigung des Judenrats.

Einen Dreck glaubten sie, die glaubten gar nichts. Höchstens, dass seine Exzellenz, Ritter von Nagybánya, Miklós Horthy, auf seinem großen Schimmel oder seinem großen Pimmel geritten kommen und sie seiner persönlichen Gnade versichern wird.

Die anderen, na ja, die werden verschleppt, sie hingegen verschaffen sich ein paar Vorteilchen und überstehen das Ganze zusammen mit ihrer netten kleinen Familie.

Sie wussten sehr wohl, wohin die Züge fuhren.
Vor Juni wussten sie es nicht.
Wie denn nicht.
Wenn es doch Bereczky in der reformierten Kirche der Pressburgerstraße im April schon wusste, er sprach davon, er wusste es von Török. Wenn es Török aus dem Brief des Oberrabbiners von Pressburg und aus den beigelegten, von Kasztner aus Zsolna mitge-

brachten Dokumenten erfahren hatte, wie hätten sie es dann nicht wissen sollen. Sie wussten es. Sándor Török war Mitglied des Judenrats. Und er soll es den anderen nicht gesagt haben, jetzt hör doch auf, komm mir nicht mit so was. Oder Kasztner hatte es erzählt.

Wie kann man sechshunderttausend Menschen die Wahrheit mitteilen.

Kann man nicht.

Sie hätten wohl eine Ankündigung an den Zaun hängen sollen, oder wie stellst du es dir vor.

Sogar der belämmerte Milan Füst wusste es.

Und von ihm wusste es auch die Schwester von Duci, die Anna Bán.

Ob du wolltest oder nicht, du wusstest es. Alle wussten es. Nur die nicht, die es nicht wissen wollten.

Man hörte doch, was Hitler redete.

Unsere Eltern waren dem Judenrat gegenüber natürlich ungerecht.

Als begriffen sie nicht, als akzeptierten sie nicht, dass es Notlagen gibt, in denen die Menschen größtenteils nicht ihrem Anstand folgen, sondern in denen ihr Überlebenstrieb auf der ganzen Linie gewinnt. Es gibt keine Lage, in der sich nicht willige Kollaborateure fänden, keine Schandtat, bei der nicht begeistert mitgemacht würde.

Später kannst du dann höchstens deine Erinnerungen zurechtstutzen.

Mein Gott, wenn ich das damals gewusst hätte.

Ich wusste es nicht, woher auch.

Trotz seiner ganzen Schreibkunst schätzten meine Eltern Milán Füst nicht, seine laute, gleichzeitig prophetische und ironische Persönlichkeit, und so waren sie auch Anna Bán gegenüber zurückhaltend. Später bestätigte Milan Füsts letzter, am 15. März 1944, vier Tage vor dem deutschen Einmarsch, verfasster Tagebucheintrag ihre Überzeugung, wonach es nur die nicht wussten, die es nicht wissen wollten, denn an dem Tag wusste Milán Füst in Budapest sogar von den Gaskammern, von denen in Berlin angeblich nie jemand gewusst hatte. Auch die Einwohner Weimars wussten es nicht, selbst wenn ihnen der Gestank von verbranntem Menschenfleisch jeden Abend in der Kehle stecken blieb, und auch der wunderbare Wilhelm Furtwängler und die noch wunderbarere Leni Riefenstahl wussten es nicht, auch Martin Heidegger in Freiburg nicht, und als er es dann doch wusste, nahm er es nicht zur Kenntnis, auch Winifred Wagner in Bayreuth wusste es nicht, und so weiter, ja, nicht einmal Albert Speer wusste es, der war zu sehr mit seiner Hofarchitektur beschäftigt.

Unsere Eltern sprachen, als hätte ein jeder fähig sein müssen, vernünftig und anständig zu handeln. Und wenn nicht, musste er im Interesse der Veredelung der Menschheit bestraft werden. Sie waren der Meinung, dass es keine Lebenslage gibt, in der nicht ein jeder nach dem Gesichtspunkt des Anstands urteilen könnte. Sie sprachen in einem fordernden Ton von der Tätigkeit des Judenrats, von seinen Versäumnissen und dem tatsächlich ins Auge springenden klassischen Egoismus einiger seiner Mitglieder. Ohne Zweifel hatte es unter den Ratsmitgliedern Abenteurer gegeben, Verbrecher oder skandalös feige Menschen. Aber wie denn auch nicht. Die radikale, fordernde, sich gewissermaßen über die menschlichen Gegebenheiten erhebende, teils romantische, teils heroische Position unserer Eltern verstand ich erst Jahrzehnte später, als ich Hannah Arendts Bericht vom Eichmann-Prozess in Jerusalem las. In ihrem Vorwort zur deutschen Ausgabe ist dieser fordernde Ton ebenfalls präsent. Als wisse sie nicht, was für ein Wesen der Mensch ist, welches seine menschlichen Ingredienzien sind, während sie genau zu wissen scheint, wie er zu sein hätte. Als wären Versuchung und Zwang dasselbe, schreibt sie aufgebracht und höhnisch, um die moralische Einstellung ihrer amerikanischen Kritiker zu geißeln, und als könnte man also von niemandem verlangen, er solle der Versuchung widerstehen. Wenn dir jemand eine Pistole an die Brust hält und verlangt, du sollst deinen besten Freund töten, was kannst du da machen, du musst ihn töten. Der in der Lutherischen Aufklärung wurzelnde, fordernde, mit beißendem Hohn durchtränkte Ton rührt nicht daher, dass sie sich in der ersten deutschen Ausgabe gegen die Vorwürfe verteidigen muss, mit der die amerikanische Ausgabe bedacht wurde. Sondern direkt von ihrer Überzeugung, dass der Versuchung zu widerstehen ist. Die Vorwürfe betrafen nicht nur die Tatsache, dass sie nicht willens war, Eichmann mit dem Satan zu identifizieren, dass sie also die Beurteilung seiner Taten aus der ethischen und theologischen Terminolgie herauslöste und sie vielmehr als völlig alltäglich charakterisierte, sie betrafen auch die Tatsache, dass sie die kollaborative Neigung der Judenräte, insbesondere die des Budapester Judenrats, ebenfalls als alltäglich banal ansah, während sie die der Kollaboration geschuldeten Versäumnisse gewissermaßen kriminalisierte.

Aus unseren Eltern handelte und sprach das Ethos des kommunistischen Widerstands, aus Hannah Arendt das Ethos des zionistischen Widerstands. Meine Eltern prahlten nicht mit ihren Aktivitäten im Widerstand, aber sie betrachteten sie doch als richtungsweisend oder als möglichen ethischen Maßstab, und es ist seltsam, dass auch Arendt dieser kleine logische Lapsus unterlief. Sie forderten von denen, die bemüht gewesen waren, innerhalb des alltäglichen, an die persönlichen Interessen geknüpften Wertesystems ihr Überleben zu organisieren, gewissermaßen im Nachhinein Rechenschaft darüber, dass sie nicht zum Widerstand gehört hatten. Wenn ich in einer solchen Situation nicht auf der Seite des Widerstands bin, heißt das, dass mich das Schicksal von niemand anderem interessiert. Höchstens das meiner Familie. Was ja in der Tat ein großer Unterschied zwischen den Menschen ist. Insofern hatten sie recht. Selbstaufopferung kann man aber nicht verlangen. Man kann höchstens von sich selbst erwarten, dass man widersteht. Arendt war noch im letzten möglichen Moment, noch auf der Flucht gegen den Nazismus tätig. Zuerst floh sie aus Deutschland, dann auch aus Frankreich. Die innere Kraft ihres Buchs, einer Dampflokomotive gleich, rührt nicht von einer aufmerksamen Analyse jeder Einzelheit, nicht von begrifflicher Reinheit, sondern von ihrer Position des Widerstands, die ihrer Ethik Durchschlagskraft verleiht. Dass sie ähnlich wie unsere Eltern den Ausnahmezustand nicht akzeptierte, während ihn andere willig oder apathisch hinnahmen.

Es ist nicht so, dass ich mit der Widerstandsposition nicht sympathisiere. Im Gegenteil, ich habe mein Leben lang ihrem ethischen Anspruch zu genügen versucht. Kollaborateuren wich ich aus. Es gibt keine langweiligeren Menschen als Kollaborateure. Die Täter interessierten mich schon eher. Nichts interessierte mich mehr als die Bedingungen der menschlichen Urteilsfähigkeit, wie sie zwischen Schein und Wirklichkeit, Begreifen und Erkennen entstehen. Der an Bescheidenheit geschulte, antiheroische Zungenschlag meiner Eltern hat mich ebenfalls ein Leben lang begleitet. Aber gerade weil ich selbst moralisch so anspruchsvoll bin, weil ich selbst diesen antiromantischen Zungenschlag habe, begann mir nach einigen Jahrzehnten zu dämmern, dass hier etwas doch nicht ganz stimmt.

Zu oft musste ich, ihrem ethischen Rigorismus folgend, hart gegen meine unmittelbaren Interessen entscheiden, klaglos die Folgen des Verzichts ertragen. Was auch ganz in Ordnung wäre, man verrät und erschießt ja seinen Freund nicht, aber trotzdem kann man das Begehrenswerte, das Ideale, das Romantische und Sentimentale nicht völlig aus der Sprache verbannen. Eine Zeitlang war das mein größtes Problem als Schriftsteller. Ich folgte ihnen, aber so komisch es klingt, gerade weil ich ihnen folgte, wurde ich kein Kommunist. Sie selbst folgten sich nicht. Die Reihe von Verzichten ließ erahnen, wie das zeitlose System von Opportunismus und Kollaboration aussieht und was der sentimentale Sprachgebrauch von diesen zauberhaften Haltungen verdeckt und kompensiert. Im

Namen des Wunschbilds von uns selbst mit sprachlichen Mitteln unsere Vergehen verdecken und umwerten. Als ich an diesem Punkt angelangt war, bemerkte ich, dass ihr ethischer, im persönlichen Widerstand gründender Rigorimus auch anthropologisch gesehen nicht fehlerfrei war. Die Widerstandsposition unserer Eltern und Hannah Arendts berücksichtigte nicht die Verhältnisse der des Widerstands unfähigen, zum Tod verurteilten jüdischen oder unversehens als jüdisch deklarierten Massen, so wenig wie die Umstände des unter Eichmanns Willkürherrschaft operierenden Judenrats.

Die Judenräte waren in ganz Europa eine Fiktion der Nazis. Ich kann sie nur als Fiktion werten.

Wer in jenem Augenblick ein Jude war oder gegen seinen Willen plötzlich als jüdisch galt, fand sich einem militärischen und administrativen Apparat gegenüber, der keinerlei Repräsentanz akzeptierte und anerkannte. Auch die Nation ist eine immer von anderen fabrizierte Fiktion.

Als in unserer Familie der Judenrat gegen jegliches vernünftige Gegenargument und jegliches Abwägen dem wahren und wirklichen Kreis der Idioten und Trottel zugeschlagen wurde, begingen meine Eltern zwar einen von ihnen dann auch weitergereichten Denkfehler, indem sie die Realität der Fiktion mit der Realität des freien Entschlusses und freien Handelns auf den gleichen Nenner brachten, sodass ich später diesen Fehler korrigieren musste, aber sie reicherten die Begriffe der Schande und des Schwachsinns in meinem Bewusstsein beträchtlich an, und dafür bin ich ihnen bis auf den heutigen Tag dankbar. Von da an bezogen sich Schande, Schwachsinn, Trotteltum nicht mehr nur auf einzelne Personen, sondern auch auf Körperschaften und Institutionen. Und das wirkte in meinem Bewusstsein gerade ihnen gegenüber wie ein Bumerang.

Auch ihrer Partei gegenüber, die in meinen Augen im Prinzip so unfehlbar hätte erscheinen müssen wie in den ihren.

Ich begann früh, unverhältnismäßig früh, ihre parteibezogene Schwäche zu sehen.

Kaum hatten wir die Belagerung hinter uns, noch vor den Schauprozessen, akzeptierten sie opportunistisch und kollaborationistisch Dinge, die mit ihrer Mentalität eigentlich unvereinbar hätten sein müssen. Überhaupt mit ihren persönlichen Eigenschaften und dem Sinn und Zweck ihrer früheren Aktivität. Während der Belagerung waren sie ihrem Idealbild vom Menschen nahegekommen, nach der Belagerung entfernten sie sich davon immer weiter. Der politische Schachzug des aus Moskau heimgekehrten Rákosi bestimmte schon von seiner ersten berühmten oder berüchtigten Rede an, der sogenannten Pfingstrede, ihr Schicksal. Die einheimischen Kommunisten, das heißt alle, die nicht in der Emigration gewesen waren, wurden Sektierer genannt, wie das auch aus der Geschichte des Katholizismus bekannt ist. Nicht nur die Landleristen, sondern auch die Kunisten. Neben Revisionist, Polizeispitzel, Trotzkist und Menschewik wurde Sektierer das schwerwiegendste Schimpfwort der kommunisischen Bewegung. Und die Qualifizierung ihre gefährlichste psychologische Waffe. Sektierer, das sind Leute, die nicht das öffentliche Interesse verfolgen, sondern einer beliebigen Meinung nachlaufen und diese der Kirche beziehungsweise der kommunistischen Bewegung aufzuzwingen versuchen. Was die Partei selbstverständlich nicht dulden kann. Es folgt der Bann.

Die Anschuldigung war natürlich nicht ganz unbegründet. Gerő und Rákosi wussten schon, was sie der politischen Taktik schuldeten. In der einheimischen kommunistischen Bewegung waren die Landleristen gegenüber den die großrussischen Machtinteressen vertretenden Kunisten tatsächlich in der Mehrheit. Die Auseinandersetzung ging auf die zwanziger Jahre zurück, in die Zeiten nach dem Fall der Räterepublik, als Béla Kun in Moskau mit Theorien auftrat, die nicht nur von Jenő Landler oder Gyula Alpári in Wort und Schrift angefochten wurden, sondern gegen die auch Lenin argumentierte. Kuns Offensivtheorie, wonach die ungarischen Kommunisten nach Ungarn zurückkehren und dem Standrecht trotzend eventuell auch aus dem Untergrund auftauchen sollten, nahmen seine Genossen empört auf, oder sie ermunterten ihn, es zuerst selbst zu versuchen, er aber ging noch weiter, indem er von den linken Sozialdemokraten verlangte, sie sollen das Parlament boykottieren und sich überhaupt gegen den Parlamentarismus stellen. Womit er Lenin zu zorniger Ablehnung provozierte. Rákosi, der sich auf Lenin berief, konnte auf diesem Weg nicht nur die sektiererischen Landleristen loswerden, sondern auch die sektiererischen Anhänger des inzwischen umgebrachten Béla Kun. In der Rede des heimgekehrten Parteibosses funktionierte das Schimpfwort auch als Vorwarnung prächtig. Gegen die Sektierertum-Anschuldigung konnte man sich nur wehren, indem man den Kontakt zur gleichgesinnten Gruppe abbrach, also auch zu den eigenen Freunden, und die Meinung änderte.

Aus der Nähe sah das so aus, dass es in meinen Eltern dauernd vor Wut brodelte, sie sich voreinander darüber entrüsteten, dass man sie, zu Recht oder zu Unrecht, für Sektierer hielt, dass sie aber diese Wut nicht einmal mit ihren Freunden teilen konnten. Auf einmal befanden sie sich in der Zwickmühle. In diesem einzigen großen Eiertanz waren entweder sie ihren Freunden gegenüber zu vorsichtig, oder ihre Freunde mieden sie, und noch bei aller Vorsicht wurden sie rasch als Sektierer abgestempelt. Vor denen man sich hüten muss. Aufgepasst, die stehen vielleicht im Dienst einer größeren Untergrundbewegung, vielleicht einer von fremden Mächten manipulierten Verschwörung. Und das war erst der zweite große Schlag, den ihre eigene Partei gegen sie führte. Es ließ sich nicht übersehen, wie sie und ihre Freunde bestimmte Themen zu meiden begannen, wie sie sich einander entfremdeten, während sich ihre Partei bereits mit der Pfeilkreuzler-Bewegung zusammengetan hatte. Wie in der gegenseitigen Verlegenheit der fürs Lächeln zuständige Muskel um ihre Lippen zuckte. Auch der dritte und der vierte Schlag waren unausweichlich.

Alle diese Beziehungen, Bezüge, Umstände und Unklarheiten musste ich neben ihnen stehend stumm aufnehmen, in einem Alter, in dem ein Kind noch lange nicht bei Theorien und kritischer Kritik angelangt ist, sondern vor lauter warum den Mund nie hält, denn es weiß noch nicht, was im Kausalzusammenhang wo zu suchen, was im Bewusstsein wo zu speichern ist.

Es will nicht das Kausalitätsprinzip begreifen, sondern die Gesamtordnung der Existenz, und die findet sich aller Wahrscheinlichkeit nach außerhalb der Kausalität. Und so fragt es auch, warum der Tisch Beine hat, und wenn er keine Beine hätte, würde er in der Luft schweben, und warum haben nicht auch wir vier Beine, um sicherer zu stehen und nicht umzufallen, und warum sind wir nicht Tische, warum fallen wir hingegen nicht um, und woher kommen die kleinen Tische, und warum heißt es warum, wir möchten also, Thomas von Aquin unmittelbar folgend, den nominalen und den substantiellen Inhalt der Nomen je einzeln benennen.

Allerdings konnte ich mir nicht vorstellen, worin die kollektive oder die persönliche Schande bestehen könnte.

Schande blieb noch lange ein leerer Begriff. Hingegen war es sonnenklar, dass weder der beglaubigte Mensch mit seinen religiösen Büchern noch der Judenrat sich anderen gegenüber so verhalten hatten, wie sie sich hätten verhalten müssen, dass sie vieles versäumt und obendrein absichtlich oder unabsichtlich andere verraten hatten.

Das alles, um ihre eigenen Interessen zu wahren.

Meine Eltern hatten wohl keine Zeit für vernünftige Erklärungen, auch nicht die Aufmerksamkeit, ich musste diese Dinge allein verstehen, irgendwo in meinem Kopf speichern. Die Wellen ihrer eigenen Gefühle, Flut und Ebbe, nahmen sie ganz in Beschlag. Es waren Ausnahmemomente, wenn mir mein Vater etwas erklärte, gestohlene Minuten seines Lebens, während ich alles unternahm, damit er nicht aufhörte und ich jeder meiner vielen brennenden Warum-Fragen ein weiteres Warum folgen lassen konnte.

Waren sie mit ihren Bekannten zusammen, wurden sie alle miteinander für die Außenwelt taub, es waren ja sogleich zwei weitere Dramen aufs Drama der Belagerung gefolgt, das Drama der Parteien und das der parteiinternen Kämpfe, und jedes neue Wort, jeder neue Augenblick hob die vorangegangenen auf, spülte sie weg. Einer meiner wiederkehrenden Träume hatte eben mit diesem Bumerangerlebnis zu tun. Mit der großen beleuchteten Apotheke und ihrem leeren Schaufenster an der Ecke Pressburgerstraße und Rudolf-Platz. Dort, wo Straße und Gehsteig in einem schönen Bogen zur Auffahrt der Margaretenbrücke führen. Von hier, von der blitzblanken Apotheke aus, schaue ich zu, wie die Straßenbahn Nummer fünfzehn in der Endstation einfährt. Jahrzehntelang, immer wieder fährt sie ein. Die Ruinen des Brückenkopfs und des Brückenhauses waren hier lange von hohen Latten eingezäunt, die Latten vollgesteckt und vollgeklebt mit Zetteln. Jemand suchte jemanden, jemand bot etwas zum Verkauf an. Ich lernte die Buchstaben vorzeitig, weil es mich ärgerte, dass ich die Anzeigen nicht lesen konnte und nicht wusste, wen sie suchten, was sie anboten. Meine Eltern blieben lange stehen, lasen sich manchmal die Zettel vor. Sie suchten nicht nur Miklós Nádas und György Mándoki, sondern auch verschollene Freunde und Bekannte. Als dann die Margaretenbrücke wiederhergestellt war, gewöhnte ich mich nur schwer daran, dass die Latten fehlten, wo sollten sie jetzt die Verschollenen suchen, wo die brennend gefragten Gegenstände zum Verkauf anbieten. Während ich bei der blitzblanken Apotheke stand, mochte jemand an der Haltestelle einen der Aussteigenden erkannt haben, eine Frauenstimme rief etwas, eine Männerstimme folgte, und die zarte Frühlingsdämmerung füllte sich im Handumdrehen mit Gebrüll und Gekreische.

Bleib hier, rühr dich nicht von der Stelle.

Meine Eltern waren nicht mehr da, an dieser Ecke, wo ich natürlich gehorsam stehen blieb, bei dieser beleuchteten Apotheke, wo ich später nie mehr eine Apotheke gesehen habe. Sie wurde verstaatlicht, musste schließen, verschwand, wurde später zugemauert, vielleicht hatte eine solche prächtige Apotheke hier gar nie existiert, in Wien, in London habe ich dann ähnliche gesehen, mit ihrer auf Hochglanz polierten, dunkelbraunen Kassetten-Täferung, und vielleicht blieb sie nur als Schauplatz meines wiederkehrenden Traums erhalten.

Meine Eltern rennen, um ein Lynchen zu verhindern.

Das war kein Traum, kein Wachtraum, es gehörte zur elenden menschlichen Wirklichkeit.

Sie strömt über von lebendig atmenden, bis heute gültigen Fragen.

Jemand war offenbar zu Boden gestoßen worden, man trat ihn, trampelte auf ihm herum. Ich werde nie wissen, ob es wirklich so ablief und was geschehen war. Im wiederkehrenden Traum hingegen liegt der Rudolf-Platz mit der blitzblanken Apotheke still da. Nichts anderes als eine beleuchtete Straßenbahn, wie sie in der roten Donau-Abenddämmerung, die voller Lichtreflexe ist, mit ihrem einzigen, beleuchteten Wagen in der Endstation einfährt. In meinen wiederkehrenden Träumen ist keine Menge da, keine Massenhysterie, die zu einer Massenprügelei ausartet, weil man auch die zu prügeln beginnt, die die ineinander verkeilten Parteien zu trennen versuchen. Der Straßenbahnwagen ist leer, die offene Plattform auch. Das Grauen hat sich in der Luft verdichtet wie der Luftdruck vor dem Gewitter. Einige waren inzwischen davongerannt, aber nicht etwa in meinem Traum, sondern an jenem ersten wärmeren Märzabend nach der Belagerung. Sie rannten um ihr Leben. Über der Donau lag noch etwas Helligkeit, sie rannten über den tiefroten, zerbombten Leopoldring. Als hätte sich die Dämmerung in die Fassaden der Ruinen eingebrannt. Schattenbilder anderer Leute stürzten sich ihnen verzweifelt nach, brüllten, man solle sie anhalten, haltet sie an, eine Stimme, eine ältere Frauenstimme, kreischte in einem höheren Register, Mörder, Mörder.

Wir hatten das sogenannte Jahr der Wende schon hinter uns,

die kommunistische Machtübernahme, was eine sehr maßvolle Bezeichung ist für die Totalliquidation der Demokratie, als auf den Straßen Budapests noch häufig der Kampfschrei laut wurde, haltet ihn, haltet ihn, haltet den Dieb. Tatsächlich, es war ein Taschendieb, Taschenschlitzer, wie man damals sagte, der mit einem präparierten Rasiermesser oder einer Rasierklinge arbeitete. Damit gelangte er nicht nur in Innentaschen hinein, sondern schnitt den Frauen auch die Handtasche von den Armen, aus den Innentaschen, aus den Gesäßtaschen holte er mit einem einzigen Schnitt die Brieftaschen heraus, lief in einem wilden Zickzack zwischen den Körpern davon, stieß alle um, wischte mit einer einzigen ausladenden Bewegung beiseite, wer sich ihm in den Weg stellte. Jahrzehnte später fand ich mich einem solchen Typ Aug in Auge gegenüber. Er floh todbleich durchs Erdgeschoss eines großen Pariser Warenhauses, der Samaritaine, wenn ich mich recht erinnere. Ich hätte ihn aufhalten können, aber dafür hätte ich ihn energisch packen, ja, ihn umarmen müssen. Es war ein junger Mann, mager, blässlich, ungepflegt, mit schulterlangem, glattem blondem Haar. Er hatte sein kleines Diebesgut an sich gepresst, eine ziemlich abgewetzte, schlichte Ledertasche, eine Aktenmappe, ziemlich flach und altmodisch. Sie hatte nicht einem reichen Mann gehören können, vielleicht war Geld darin, vielleicht hatte er sie einem älteren Armen weggenommen. Sein Mund stand offen, seine blasse Zunge hing ihm aus dem Mund wie einem toten Hund; angstvoll geweitete, herausquellende Augenbälle. Ich erstarrte vor Schreck. Es hätte in meiner Macht gestanden, einen fremden Menschen festzuhalten. Ich suchte nach einem Antrieb, einer Überzeugung, nach irgendetwas, das mir ermöglichen würde, mich in sein Schicksal einzumischen beziehungsweise ihn im Namen meines Gerechtigkeitssinns zu stellen. Ich fand keinen solchen Gerechtigkeitssinn in mir. Seine Blässe erschütterte mich. Er war wie jemand, der in einem einzigen Augenblick an die Grenze seiner physischen Leistungsfähigkeit geschleudert wird und diese mit animalischer Kraft auch gleich durchbricht. Das genügte ihm schon, diese meine kurze Denkpause, diese Gewissensnot, um mit einer elastischen Körpertäuschung in der Menge der Kunden einen Fluchtweg zu finden und mit der schweren Drehtür auch noch jemanden voll am Kopf zu treffen und umzuwerfen. Weitere Körper fingen diesen Verblüfften in seinem Fall auf, und wieder genügte das dem Dieb, in die sonnenbeschienene Rue de la Monnaie hinauszugelangen.

Die Taschenschlitzer und Jackroller wurden manchmal erwischt, das war ein großes Rätsel, dieses Wort Jackroller, man schlug sie mit Schirmen, Taschen, Handtaschen, mit Stöcken, Knüppeln und Eisenstangen. Auf den Kopf, auf den Rücken, wo immer nur möglich, da gab es nichts, das sie hemmte, einen lebendigen Menschen zu schlagen, sondern es hetzte sie nur noch mehr auf, sie schlugen ihn mit allem, was ihnen in die Hände kam oder was sie gerade in der Hand hatten. Wir gerieten mehrmals in solche Szenen hinein. Die Eisenstangen befanden sich an den Endstationen oder den Ausweichstellen der Straßenbahn, sie waren mit Eisenbändern seitlich an den Sandkisten angebracht. An den Kreuzungen stieg der Schaffner aus, hängte die Eisenstange aus, marschierte zu den Weichen und stellte sie, während die Fahrgäste ruhig warteten. Ich erinnere mich deutlich daran, weil ich eine Zeitlang Schaffner werden wollte und meine zukünftige Arbeit gut beobachtete. Nur bei Regen eilte die Sache. Er hängte die Spitze der Stange in die Weiche und legte sie in die gewünschte Richtung um. Schlenderte dann gemächlich zur Sandkiste zurück, klinkte die Stange wieder unters Eisenband ein, stieg in die Straßenbahn und zog über seinem Kopf am Lederriemen der Klingel.

Dann konnte die Straßenbahn wieder losfahren und ihren Weg fortsetzen. Das war die Stange, mit der geschlagen wurde, man riss sie heraus und schlug zu.

Das ist Lynchjustiz, Lynchjustiz, schrie meine Mutter sofort verzweifelt, sie wollte nicht, dass auf dieser Welt noch einmal Lynchjustiz herrsche. Ihre Stimme, ihr Zorn waren mächtig. Sie stieß alle beiseite, um zum Kern vorzustoßen, zum erregten Menschenknäuel, das sich feste prügelte, aber natürlich hatten ihre Rufe keine Wirkung, sie wurde gestoßen, gerissen, beiseitegeboxt. Es war nicht das erste, auch nicht das letzte Mal, dass sie für die Gerechtigkeit eintrat, und mein Vater lief, um sie zurückzuholen. Hindern hätte er sie nicht können. Meine Mutter wurde geschlagen, weil sie den Gauner zu verteidigen wagte. Ob man den Dieb fasste oder nicht, ob man schlug und prügelte oder nicht, bei allen schnellte das Fieber hoch, und wenn geprügelt wurde, beruhigte das die Menge keineswegs, sondern nährte noch ihre Hysterie, alles schnaufte, alles kreischte, alle diese zuvor noch lammfrommen, trotz den Entbehrungen des Kriegs wohlgekleideten, wohlerzogenen städtischen Passanten. Außer sich brüllte meine Mutter mit, schlug und boxte. Seit damals ist Budapest spezifisch unberechenbar und launisch, ganz plötzlich schnellt das Fieber in die Höhe, und man ist zum Lynchen bereit. Wir wissen von Krúdy, dass diese Neigung schon virulent war, als die Stadt an der Wende zum zwanzigsten Jahrhundert zur Großstadt anwuchs und mit ihr die Lust an der Judenhatz.

Übermütige Provinzler, die vom Bewusstsein ihrer Mission erfüllt in die Hauptstadt kommen, pflege ich vorsichtig zu warnen, worauf sie sich in Budapest gefasst machen sollen. Kaum war nach der Belagerung ein Monat vergangen, lebte und lynchte die Budapester Straße schon wieder. Zehn Jahre später, im Fieber der Revolution, wurde dann auf eine Art gelyncht, dass man es nicht einmal nachträglich der Rede wert fand. Bringt man diese Ereignisse zur Sprache, sagen noch heute fast alle, das habe eben zur Revolution gehört, dabei gehörte es eher zur Deformierbarkeit und Zerbrechlichkeit der Revolution, zu ihrer völligen Kopflosigkeit. Du willst die Reinheit der Revolution in Zweifel ziehen. Dabei verteidigt man doch gerade ihre Reinheit, wenn man die Willkür des Mobs nicht als ihren Teil ansieht. Bei meinem ganzen revolutionären Elan habe ich in der letzten Oktoberwoche doch gesehen, was ich gesehen habe. Was ich gesehen habe, gehörte zum wildgewordenen städtischen Gesindel und nicht zur Revolution. Herrscht auf einmal Freiheit, oder wollen viele gleichzeitig die Freiheit, die aber nicht sofort organisiert werden kann, weil unter dem Druck der Menge die Organisatoren zu schwach sind, erwacht der städtische Mob nach ein paar Tagen zu seinem eigenen Freiheitsbewusstsein. Wieso dürfte nicht auch er die Freiheit wollen, wo es doch kein System auf der Welt gibt, das ihn nicht unterdrückte und zerstampfte. Ich habe den an einem Drahtseil aufgehängten Mann nicht vergessen, mit seiner schwarzen Zunge und der aufgerissenen Schlagader. Aber immer noch am Leben. Auch die Wahnsinnsfratze der Menge kann ich nicht vergessen, ihre wie von Fäden gezogenen Bewegungen. Die separaten Gruppen der handelnden und der rachedurstigen Maulhelden, wie sie sich gegenseitig aufhetzen. Die unbewusste Choreographie ihrer Gegenseitigkeit. Die Gaffer, die, was immer die persönliche Meinung des Einzelnen auch sei, als Zuschauer mit dem Mob kollaborieren. Ich war ein Gaffer. Und um ja kein kollaborierender Gaffer zu sein, lief ich von solchen Orten feige weg.

Oder etwas entfernter, an der Ecke zur Szófia-Straße, die irrsinnigen, vom Feuer und dem flammenden Hass auf den Buchstaben erstickten Bücherverbrenner.

Der Mob versucht das Tagesniveau der gesellschaftlich akzeptierten Willkür zu seiner Freiheit zu stilisieren. Das erscheint als revolutionäre Willkür legitim, während die Revolution im Prinzip doch gerade mit den Modalitäten der Abschaffung der politischen Willkür befasst ist, und mit den Formen einer neuen Ordnung, was zweierlei ist. Es zu vermischen oder zu verwechseln ist für jede Art von Zukunft tödlich gefährlich. Der Mob will die Abschaffung der Willkür mit seiner eigenen Willkür synchronisieren und findet immer eine Lösung, die noch willkürlicher ist als die revolutionäre Willkür. Das ist seine Forderung. Den in seinem Panzer verbrannten russischen Soldaten schaute ich mir gut an, rannte nicht weg, wollte ihn auch nicht vergessen. Wie sie nicht nur seine Leiche aus dem Turm zerrten, sondern auch seinen verkohlten Kopf vom Rumpf trennten und ihn an der Ecke der Népszínház-Straße und des Josephrings zwischen die Straßenbahnschienen legten, ihn gewissermaßen ausstellten und unter dem Triumphgeheul der Feiglinge wiederholt schändeten.

Während die echten Wagemutigen unterwegs waren, sich eine neue Aufgabe der Grenzüberschreitung zu suchen.

Für das Geschrei meiner Mutter schämte ich mich ganz einfach. Da schreit und keucht sie wie diese Hirnverbrannten, auch sie schlägt zu, und mag sie noch so dagegen sein.

Ich hätte nicht sagen können, warum es unakzeptabel ist, sich mit Fausthieben gegen das Lynchen zu stellen. Ich konnte es von ihr nicht akzeptieren. Als sähe ich die unlösbaren und unausweichlichen ethischen Probleme meines zukünftigen Lebens voraus und stellte doch schon fest, dass die ethischen Probleme im Allgemeinen nicht lösbar sind, da unsere Ethik den Ereignissen immer hinterherhinkt. Es ist nicht anders möglich, es ist ein anthropologisches Faktum. Oder ich verstand etwas sehr früh. Die Vergeblichkeit ihres Keuchens und Kreischens war für mich, zu meiner heutigen Schande sei's gesagt, schlimmer als die Vergeblichkeit des Lynchens. Obwohl ich wusste, damals, so wie ich es auch heute weiß, dass ich ungerecht und ihrer unwürdig bin. Wenn gelyncht werden muss, dann soll eben gelyncht werden, so dachte ich in den Tiefen meiner Seele. Wobei es nicht so war, dass ich das Lynchen guthieß. Aber ich musste doch zur Kenntnis nehmen, dass völlig harmlos aussehende, zuweilen elegant gekleidete, die obligatorischen guten Manieren mimende Personen von einem Augenblick zum anderen nicht mehr ohne Töten auskommen. Dass sie morden wollen. Dass sie ihre Aufwallung nicht dämpfen, sondern durch die allgemeine Erregung aufpeitschen lassen wollen. Wenn Nadine Gordimer sagt, den Menschen beruhige eine einzige Sache, der Mord, dann kann ich aufgrund meiner eigenen Erfahrungen in Menschenkunde dieser anthropologischen Beschreibung noch hinzufügen, dass man das Opfer in seinem Tod auch noch zu schänden wünscht. Das ist kein individueller, sondern ein ritueller Wunsch.

Als hätte ich mich mit vier oder fünf Jahren dafür geschämt, dass meine Mutter ihre Lage nicht realistisch einschätzte, wo sie doch mit ihrem Starrsinn nirgendwohin kam. Sie sieht nicht durch. Sie schätzte an diesem realen Schauplatz mit diesen nur allzu wirklichen Menschen den wahren Ort und das spezifische Gewicht ihrer Ideale und Vorstellungen nicht richtig ein. Sie möchte mit ihren Idealen den voraussichtlichen Ablauf der Ereignisse verhindern. Der Druck, das Fieber und das Keuchen der Menge hingegen waren ganz einfach. Ganz durchsichtig die Logik der großen Volksgerechtigkeit. Sie bezog sich auf die begangene Tat, den Täter, und insofern war sie objektiv. Das gestohlene Gut wieder zurückholen. Das Delikt auf ewige Zeiten vergelten. Vom Gesichtspunkt der aufgebrachten Menge war die Absicht meiner Mutter unfassbar. Warum will da jemand die große Volksgerechtigkeit verhindern. Das heißt, ich verstand schon, auf dem Siedepunkt der Emotionen opponierte sie im Namen eines Rechtsideals gegen die Maßlosigkeit, sie machte die Leute gewissermaßen auf die biblische Erfahrung und die wissenschaftliche Erkenntnis aufmerksam. In einer solchen Situation ein heroisches Unterfangen. Nur hatte es nicht den geringsten Sinn. In der Chemie spricht man von schwacher Bindung, die Moleküle sind schwach aneinander gebunden. Licht oder Hitze lassen sie rasch zerfallen, und die aus den Bindungen gelösten Moleküle gehen mit anderen gleich neue, haltbarere Verbindungen ein. Prügel hingegen bleibt Prügel. Sie prügelte und tat es im Namen des Rechts, aber es blieb doch Prügel. Als wäre es nicht so sehr der Gerechtigkeitssinn, der sie antrieb, sondern, noch elementarer, eine Utopie. Sie prügelte messianisch, missionarisch, sie prügelte im Namen der Zukunft. Diese zur Lynchjustiz neigenden, hysterischen Personen sollen weder gemeinsam noch einzeln so sein, wie sie sind, sie sollen unter der Wucht der Prügel auf das kollektive Verbrechen verzichten, das sie zu begehen im Begriff sind.

Auf diese Art funktioniert auch die Rechtsprechung der Inquisition, das ist der Sinn des Fegefeuers.

Die kommunistische Überzeugung und der christliche Glaube treffen sich im toten Kreuzungspunkt der ethischen Pfade, und mit ihrem missionarischen Bewusstsein können sie einander auch nicht leicht ausweichen. Sie können ihren Glauben an die Veränderbarkeit der menschlichen Natur nicht aufgeben. Demzufolge wollen sie einmal den Fortpflanzungstrieb, einmal den Überlebenstrieb bevormunden oder auch beide gleichzeitig. Es möge endlich Ordnung herrschen. Ein paar Wochen nach der Belagerung und dem Pfeilkreuzler-Terror hätte niemand einen logischeren, unmöglicheren Wunsch haben können.

Sicher ist jedenfalls, dass am 4. November 1944 an diesem Ort, in den Vormittagsstunden des schicksalhaften Samstags, die Pioniere der deutschen Besatzungsarmee damit beschäftig waren, die Brücke zu verminen. Über ihnen der ganze Samstagsverkehr, wie er vom Leopoldring an der Brücke vorbei zum Margaretenring zog, beziehungsweise von Buda über die Brücke kam, vom Széna-Platz, Heuplatz, zum Berlinerplatz. Bis zum Ende der sechziger Jahre waren immer viele Fußgänger auf den Brücken. Vor der Belagerung waren die Straßenbahnkarten teuer. Samstag war ein Arbeitstag. Ein Markttag. Höchstens die staatlichen Ämter schlossen am Mittag, höchstens die Kinder wurden aus der Schule entlassen, sonst aber arbeiteten alle auch am Nachmittag. Ein paar Jahre später, in der Schule in der Sziget-Straße, Inselstraße, lernte auch ich das samstägliche Herausströmen schätzen. Wenn zu Mittag geläutet wurde und wir uns brüllend aus dem Tor drückten, uns tobend freuten, dass Schulschluss war. Damals pressten und quetschten sich die Mädchenschule und die Knabenschule durch separaten Tore ins Freie. Weder in den Schulstunden noch in dem Gedränge durften wir uns körperlich nahe kommen. Auf der

Straße draußen strahlte die gemeinsame Freiheit, der ganze lange Samstagnachmittag, der ganze Sonntag bis Montag, unabsehbar. Die Pioniere aber montierten gerade die Sprengladungen in die Brückenstruktur. Die waren angeblich bereits mit der Zündschnur verbunden. Einem Untersuchungsbericht zufolge kam der Stromabnehmer der Straßenbahnschiene mit der Zündschnur, die an der elektrischen Leitung entlanglief, in Berührung, verursachte einen Kurzschluss, und das soll die Explosion ausgelöst haben; nach der anderen Version entzündete sich Gas, das aus einer lose gewordenen Verdichtung der Gasleitung ausströmte, durch eine weggeworfene Zigarettenkippe, und diese Gasexplosion soll die Zündvorrichtung in Gang gesetzt haben. Die öffentliche Meinung hielt beide Versionen für Augenwischerei, für Lügen, nur dazu da, die große stinkende Wahrheit zu verdecken.

Die Explosion war nicht stark. In dieser Frage stimmen die Expertenberichte überein. Auch ich erinnere mich an sie, was schon möglich ist, sie ereignete sich ja in der Nähe unserer Wohnung. Auch wenn ich nicht verstehe, wie wir an jenem denkwürdigen Tag zu jener Stunde dorthin geraten waren. Mir liegen keine Daten dazu vor. Die Erinnerung bewahrt nicht das akustische Erlebnis der Explosion auf, sondern das Unerwartete des sinnlichen Erlebnisses. Etwas ist von draußen zu hören, man hebt rasch den Kopf, und so bewahrt mein Bewusstsein den Schatten von den Dingen auf, die gerade in der Wohnung geschahen. Vielleicht saß ich auf dem Boden, wahrscheinlich im Atelier. Es zitterte, bebte, klirrte. Zu der Zeit kannte ich die Katzenmusik der Fliegerangriffe wahrscheinlich schon, die Schwankungen des Luftdrucks, den Kanonendonner, die Russen beschossen die Stadt mit Kanonen, die englischen und amerikanischen Flieger bombardierten sie systematisch. Die Bilder jenes besonderen Ereignisses sind in der Überraschung verankert. Im Hochreißen des Kopfes. Die nicht sehr starke Explosion verursachte in der Brückenstruktur eine Spannung, der erste Brückenbogen von Pest aus gesehen brach zwischen dem ersten und dem zweiten Pfeiler regelrecht entzwei. Worauf die Spannung weiterlief und aus dem zweiten und dritten Pfeiler die strukturellen Elemente hinausstieß, sie richtiggehend hinaussprengte. Das mochte der ungewohnt hohe Ton sein, das Knirschen, das schreiende Metall, das Einstürzen, das Dröhnen, das Knallen, wovon die Blöcke der Palatinus-Häuser erzitterten. Zwischen dem dritten und vierten Pfeiler brach die Fahrbahn sofort auf und fiel in den kalten Strom.

In meiner Erinnerung kommen noch mehrere Personen vor, sie müssen zur gleichen Zeit in der Wohnung gewesen sein. Sie laufen kopflos zwischen den Zimmern hin und her, weil sie ja nicht wissen, was passiert ist. Unter diesen war vielleicht auch Zsuzsa Leichner. Meine Mutter ist nicht dabei. Dieser Satz fasst den Gehalt der Erinnerung vielleicht am besten zusammen. Ich sehe das Entree, dort aber sonst nichts, das leere Licht durchs Kathedralglas der Eingangstür. Vielleicht schaue ich hinaus, weil sie dort weggegangen ist, dort zurückkommen sollte in diesem kritischen Moment, sage ich jetzt, meinem eigenen Erinnerungsbild gegenüber etwas verständnislos, misstrauisch. Zur gleichen Zeit muss jemand ein nach der Straße gehendes Fenster geöffnet haben, plötzlich ist da auch der durchdringende Straßenlärm. Auf der Straße laufen die Menschen und tragen ihr Geschrei mit, aber in meinem Bewusstsein findet sich dazu keine passende vorgängige Information. Als würde in einem bestimmten Augenblick, während ich ins Entree hinausschaue, die mit weiblichen und männlichen Stimmen gefüllte Straße zu meiner Erinnerung dazugeschaltet. Hundert Menschen, einer späteren Meldung nach sechshundert Menschen, vielleicht sogar tausend, unter ihnen fünfzig deutsche Pioniere, wurden zusammen mit den Straßenbahnen und den Autos innerhalb eines einzigen Augenblicks vom Wasser verschluckt.

Und wenn es doch alle Überlebenden in Budapest so gewohnt waren, wenn jeder allem zum Trotz mit dem mittäglichen Glockenklang zur Ordnung der Zeit vor der Belagerung zurückzukehren wünschte, oder zu der noch früheren, märchenhaften monarchischen Ordnung, als unter dem blauen Himmel noch Friede und Freude herrschten, als es noch nicht diese große Teuerung gab, du für zwei Kreuzer anständig frühstücken konntest, Brötchen, zwei weiche Eier im Glas, Honig, Tee, wie hätte ich als kleines Kind denken sollen, dass später alles auch anders sein könnte. Alles war so. Als im ersten Sommer nach der Belagerung morgens der Eismann kam, mit seinen beiden wunderschönen Pferden, mit seinem heftig tropfenden Wagen, und auf seinem Bock die Klingel schüttelte und rief, der Eismann, der Eismann ist da, kauft Eis, und wenn er stehen blieb, niesten die beiden Pferde, eins wieherte bestimmt auch, sie schüttelten ungeduldig ihre strohgelbe Mähne, wollten sich bewegen, weitergehen, ziehen, es waren fröhliche Pferde, nur nicht stehen bleiben, die Gnädigen, die Dienstmädchen, die Vizehauswarte, die Wirte und Kneipenbesitzer liefen mit ihren Eimern herbei, um sich Eis zu holen, oder die bärenstarken Eismänner trugen selbst die schweren, langen Eisbalken auf ihrer mit Rindsleder und Jutesäcken gedeckten Schulter zum Metzger, gegen einen Zuschlag auch die Stockwerke hinauf, auch zu uns in den sechsten Stock, und ich wollte so sein, so bärenstark, um die Eisbalken in den sechsten Stock hinauftragen zu können, was hätte ich da für einen Grund gehabt, daran zu zweifeln, dass auf der Welt immer alles so gewesen ist und ganz sicher auch so bleiben musste. Die Welt ist in Trümmern. Von den verwesenden Leichen unter den Trümmern und der kaputten Kanalisation ist die Luft in der Stadt voller stinkender Strömungen. Wenn sie mich auf der Straße im Sonnenschein durch die Wildnis der ausgebrannten und zusammengebrochenen Häuser führen, tschilpen in meinem Kopf überall lebhaft die Spatzen. Wie könnte es anders sein. Der Eismann zieht den Eisbalken mit einem Haken aus dem Wagen. Der von den verwesenden Leichen ausgehende Gestank ist kaum angenehmer als der Geruch des Drecks und der menschlichen Ausscheidungen, die in den aufgerissenen Rohren vertrocknen und verrotten, eine

Frage des Vergleichens, und warum sollte so ein kleines Kind mit Hilfe seines Geruchssinns keine Vergleiche anstellen, wo es doch zwischen den zwei Arten von Gestank einen Unterschied gibt. Der Leichengestank ist nicht vor allem süß, mit diesem konventionellen Adjektiv pflegt man ihn nur zu versehen, weil sein spezieller Geruch nicht weicht, sich in keiner Weise auflöst. Die Sehnsucht des Menschen gilt der Süße der Muttermilch, ihrem fettigen Geruch, nicht aber der Süße von nicht begrabenem Menschenfleisch und Tierkadavern. Der faulige Kanalisationsgeruch, der Gestank von vertrocknender Scheiße und abgestandenem Urin begleitet dich, bis du durch bist, bis du die andere Straßenseite erreicht hast. Noch ein paar Augenblicke, dann bist du das Gefühl der Ausscheidung, des Urins anderer Menschen los, das heißt, das Gefühl der Endlichkeit. Hingegen musst du die Leichen anderer Menschen überallhin mittragen, nicht nur an den Härchen deiner Nase setzt sich der Verfall mit seinem eigenen Duftstoff fest, also mit seinen Zellen, seiner Materialität, womit sonst, der Geruch der menschlichen Leiche ist durchaus Materie, was sonst, er bleibt in dicker Schicht auch an deinen Fingern, deinem Schal, deinen Zähnen, deiner Zunge kleben. Nicht im übertragenen Sinn, sondern es ist immer eine konkrete Leiche mit ihren konkreten Zellen, jemand, den du nicht kennst, den jemand anderer noch liebt und zurückerwartet, den du nicht vertreiben oder als verschollen bescheinigen kannst. Es gibt keine Bescheinigung. Es gibt kein Handwaschen, mit dem du das Gefühl ihrer aufdringlichen Anwesenheit beenden könntest. Auch mit Spülen kannst du sie lange Zeit nicht aus deiner Nasenhöhle und deiner Kehle vertreiben. Du isst sie, trinkst sie, küsst sie mit deiner Liebe von den Lippen des anderen weg.

Dieser beträchtliche Unterschied war mir in meinem Bewusstsein eine selbstverständliche Realität, wie sie zehn Jahre später keinen Sinn, keine Funktion mehr hatte, auch keine Bedeutung, ich hätte sie auch vergessen können, so wie die Latten mit den vielen Zetteln, das Lynchen, meinen für alle Zeiten verschollenen Onkel und meinen verschollenen Cousin und den unbekannten Onkel Ármin mit seinen vier unbekannten erwachsenen Kindern und den zwei kleinen Enkeln oder das wahnsinnige Gekreische, haltet ihn, haltet ihn. Und doch ist in den Leerstellen meines Bewusstseins das Bild dieses Unterschieds erhalten geblieben, und wenn auch nicht auf ewig, so wird mich diese Realität doch bis zu meinem eigenen Tod als Orientierungspunkt der sinnlichen Empfindung begleiten. Wir alle in Europa sind schwer Kriegsversehrte oder Nachkommen von schwer Kriegsversehrten. Ob wir davon Kenntnis nehmen oder nichts davon wissen wollen, weil wir Idioten sind und auch Idioten zu bleiben wünschen.

Der Eismann kommt, diese Information hat in meinem Kopf ihren eigenen kleinen Platz, mit ein paar jederzeit abrufbaren kleinen Details. Es handelte sich schließlich um einen meiner künftigen Berufe. Der Eismann trägt den Eisbalken in die Metzgerei, lässt ihn geschickt von seiner Schulter auf den Rand des Eiskastens gleiten, auf eine genietete Blechplatte, hatte ich genau beobachtet, nichts entging meiner Aufmerksamkeit, als Eismann werde ich es auch so machen, bisher hielt er ihn mit dem Haken fest, jetzt schlägt er ihn mit dem Haken in Stücke, die Eissplitter sprühen wie Funken herum, die größeren Stücke fallen direkt in den Behälter, die anderen wischt er mit dem Haken hinein. Obwohl doch nie mehr irgendwo ein Eismann kommen wird und es im Prinzip keinen Sinn hat, das Bild des Eismanns und die dazugehörigen fachlichen Informationen aufzubewahren. Aber nicht der passive Bewusstseinsinhalt, sondern dessen aktiver Kontrolleur ist damit befasst, die Dinge unter dem Gesichtspunkt des aktuellen Befehls zum Überleben in Aufzubewahrendes oder zu Löschendes einzuteilen. Das vom psychischen Kontrolleur ausgewählte Material bleibt erhalten, auch wenn ja im menschlichen Geist diesseits jeglicher Auswahl sowieso alles in sämtlichen Einzelheiten erhalten bleibt und gegebenenfalls als Urbild aufscheint.

Mittags wird, in Erinnerung an den Sieg der Ungarn über die

Türken in Belgrad, gemäß Papst Kalixts Bulle von 1456 in den christlichen Kirchen unerschütterlich geläutet. Bei einem Fliegerangriff bleibt das Läuten aus, denn der Onkel Glöckner ist in den Luftschutzkeller hinuntergestiegen. Was blieb ihm anderes übrig. Glockenläuten hat höchstens gegen den Sturm einen Sinn, gegen einen Fliegerangriff ist es eher eine Verrücktheit. Sirenen lösen das Läuten aus. Bácska Baja Fliegeralarm pass auf. Das waren die ersten Wörter, die ich in meiner Muttersprache verständlich aussprechen konnte. Das Ausbleiben des Läutens hat im Bewusstsein des Überlebenden bestimmt auch seinen Platz, einen leeren Platz, der von da an wie ein Gefahrensignal funktioniert. Etwas ist nicht gut, gar nicht gut, wir wissen noch nicht, was, wenn am Mittag das Läuten ausbleibt. Mittags muss geläutet werden. Sonntagmittags muss man sich bei meiner Großmutter zu Tisch setzen, auf Biegen und Brechen, es gibt keinen Pardon. Ich wollte Eismann werden. Mein Vater hatte mir die Eisfabrik, die Eisfabrikation, die Eisbahn, die natürliche Eisbildung, den Eiskeller, die Eiskristalle, die Bildung von Eiskristallen und die fachgerechte Lagerung von Eis ebenfalls eingehend erklärt. Er ließ nichts aus, ich verstand kaum etwas. Ich laufe den Sätzen eifrig nach, rutsche aber von ihrer Kante ab, auch wenn die vergangenen sieben Jahrzehnte gezeigt haben, dass mein Geist offenbar alles sorgsam gespeichert und aufbewahrt hat, nicht nur die Sätze, sondern auch jede ihrer kleinen didaktisch gefärbten Intonationen. Als wir ein paar Jahre später nach Balatonlelle in den Sommerurlaub fuhren, rief mein Vater am offenen Zugfenster plötzlich, schau da, ein Eiskeller. Und tatsächlich, der Eiskeller mit dem dick geschichteten Schilfdach war genau so, wie er es erzählt hatte, wie er ihn als kleiner Junge in Gömörsid selbst gesehen, seinen Bau beobachtet hatte, genau so, wie es ihm sein ältester Bruder Gyuri erklärt hatte. Der Überlebende nimmt alles gierig auf, was fürs Überleben nötig oder nützlich sein könnte, übernimmt es, merkt es sich. Auch den Eiskeller und die Eisherstellung merkte ich mir gut. Es gibt nichts, das fürs Überleben nicht nötig oder brauchbar wäre. So etwa das Aussehen und die Anlage eines Eiskellers, und man ist glücklich, weil sich, siehe, der eigene Vater nie täuscht, in Balatonfőkajár sind die Eiskeller tatsächlich genau so wie in Gömörsid. Der Sinn des Überlebenswunsches ist einzig im Überlebenswunsch zu suchen. Gömörsid ist unter diesem Namen auf der Karte nicht mehr zu finden, der Friedensvertrag von Trianon hat das Gebiet der Slowakei zugeschlagen, die Gemeinde heißt Sid. Das 1913 erschienene Große Révai-Lexikon bezeichnet sie noch als eine Kleingemeinde im Bezirk Rimaszécs des Komitats Gömör und Kis-Hont, 748 Einwohner, eine Bahnstation, das nächste Postamt in Fülek. Wenn meine Großmuter abends Briefe an ihre Töchter und Söhne in Budapest schrieb, wurde Fräulein Júlia vom Paradekutscher nach Fülek gefahren. Und meine Großmutter schrieb manchmal täglich, wenn sie mit den zwei kleinsten Kindern, Miklós und Lacilein, das heißt mit unserem Vater, im sonnengelb gestrichenen Gutshaus allein blieb.

Die Nachbarn höflich grüßen, auf dem Gang, im Treppenhaus, auf der Straße, überall, auch das muss der Überlebende wissen, so wie es ihm das Kinderfräulen, Fräulein Júlia, und der Hauslehrer, Herr Tieder, beigebracht haben. Ich wollte Pferde aus Muraköz mit strohblonder Mähne, so wie sie sich in Gang setzen, sich mit Genuss ins Zeug legen. Und immer grüßt der Jüngere schön zuerst. Nach acht Uhr abends ist es bei meiner Großmutter verboten, auf dem Hof zu spielen. Nicht nur bei deiner Großmutter, auch bei uns, sagte meine Mutter. An der Tür müssen die Herren den Damen mit einer leichten Kopfneigung den Vortritt lassen. Im Theater, im Kino, im Restaurant oder Kaffeehaus hingegen muss der Herr stets als Erster eintreten, um zu sehen, wohin er die Dame führt.

Damit nicht etwa der Dame an seiner statt mit einer Flasche eins übergezogen wird.

Da mochte mein Vater die Benimmregeln noch so lange kommentieren, bewitzeln, relativieren.

Er ging doch mit seiner gutbürgerlichen Erziehung über Stock und Stein, was ebenfalls zur gutbürgerlichen Erziehung gehört. Außerhalb unserer Welt gibt es keine Welt. Falls eventuell doch, dann ist es bestimmt keine vernünftige Welt, *nicht der Rede wert.* Und bestimmt gab er alles so weiter, wie es ihm seine Mutter erklärt hatte, oder seine Erzieherin, Fräulein Jolán, die auf Wunsch französisch oder deutsch mit ihnen sprach, oder das Kindermädchen, ein gewisses Fräulein Júlia, Júlia Papanek, die von den Kindern Fröl oder Frölchen gerufen wurde. Fröl mochte dreizehn oder vierzehn gewesen sein, als sie aus einer bettelarmen Familie vom Land zu ihnen kam, noch in die Wohnung in der Báthory-Straße, dann mit ihnen ins Haus an der Pannónia-Straße ging, mitging nach Balatonkenese, mitging nach Pesthidegkút, mit nach Gömörsid, mit nach Szolnok, nach Tiszasüly, überallhin, wohin die Kinder gingen, und auf einmal war sie übers Alter hinaus, in dem Mädchen heirateten. Sie blieb einfach bei ihnen hängen. Bis sie dann nach dem Heranwachsen des siebten Kinds, also meines Vaters, mit dreiunddreißig oder fünfunddreißig, als alte Jungfer nach Amerika ging, wo sie, ob man's glaubt oder nicht, sehr bald heiratete; ein wohlhabender Witwer aus der Bronx nahm sie zur Frau, einer namens Papanek, und so brachte auch sie, nicht mehr ganz jung, einen Jungen auf die schöne Neue Welt, den sie zusammen mit dem Töchterchen des um einiges älteren Witwers anständig großzog, worauf sie in der mündlichen Familienüberlieferung zur Papanek wurde.

Der Mann muss mit seinen Gesten natürlich vorsichtig umgehen. Er zeigt nicht auf Dinge. Sein Händedruck muss stark sein, aber die Hand darf nicht pressen, darf nicht aufdringlich sein.

Und aufpassen, dass wir nicht danebengreifen.

Auch das muss der Überlebende wissen, er darf seinen Anstand keinen Augenblick aufgeben, auch den Überlebenswunsch muss er anstandshalber bremsen.

Die Papanek, alias Frölchen, Fröl, wurde von allen sieben bedingungslos angebetet, von den beiden Schwestern meines Vaters und seinen vier Brüdern, aber fügen wir hinzu, dass es, gemäß ihrer eigenen, unsentimentalen Art, eine leicht bissige Form der Anbetung war, so wie sie dann auch ihre Kinder, uns, auf bissige Art anbeteten. Und nicht nur das. Sie reichten damit den emotionalen Schlüssel des Zusammenschlusses von Ironie und Anbetung an uns weiter. Der Name Papanek war in der Familie sozusagen flächendeckend. Papanek ist im Bewusstsein unserer Familie ein Orakel. Nach der Belagerung waren wir es in der Pressburgerstraße, denen die Papanek, so nannten die Familienmitglieder sie am ehesten, die Papanek, das erste sagenhafte Paket aus Amerika schickte, da mein Vater für sie der Kleinste war und blieb. Ein bisschen war ich schon verdutzt, was heißt das, eine aufdringliche Hand, was redet mein Vater da, mein Vater, den die Papanek vielleicht noch mehr als den Pista, das intelligenteste und hilfsbedürftigste Kind, noch mehr als diesen Liebling verwöhnt und ihn wie eine Löwenmutter vor meinem gewalttätigen Großvater beschützt hatte. Laci wurde von seinem Vater nie wieder geprügelt, nachdem dieser ihn, wenn auch unabsichtlich, mit der Gürtelschnalle blutig geschlagen hatte. Auch das verstand ich nicht, akzeptierte aber willig, dass ich aufdringliche Hand nicht verstand, und später verstand ich es dann doch. Ich verstand sogar, warum ich es früher nicht verstanden hatte.

Wenn die Dame dem Herrn die Hand nicht hinhält, gibt es kein Händeschütteln, ich hoffe, du begreifst das, merk es dir jedenfalls gut. So wie du nicht alle duzen darfst, aber das weißt du ja.

Ja, das wusste ich.

Auch unter Männern hat der Händedruck seine vorgeschriebene Ordnung.

Von Papanek ist in den Familienpapieren ein einziges, in New York entstandenes Foto erhalten geblieben. To Pista from Fröl. Steht hinten auf dem Bild.

Da gibt es also auch noch diese bezaubernd lächelnde, grauhaarige alte Fröl, die im Zeichen der bissigen Liebe inmitten des Familienlegendariums steht, in meinem Bewusstsein, mit ihrem ganzen Leben, mit dem spät erworbenen Namen ihres früh verstorbenen Mannes; sie lachten sie aus, machten dauernd Bemerkungen über sie, zitierten sie, witzelten drauflos, weil sie sie anbeteten, oder umgekehrt, sie beteten sie an, weil sie nur über sie draufloswitzeln konnten. Das endlose Gewitzel war wohl das Pfand ihrer ausnahmsweise erlangten Freiheit. Ihre Mutter, Klára Mezei, konnte keine Garantin der Freiheit sein, sie widerstand der Willkür ihres Mannes nicht. Sie war vielmehr die emotional standhafteste Repräsentantin der bürgerlichen Unbarmherzigkeit. Fröl hingegen verteidigte die Kinder, tröstete, hätschelte sie wenigstens. Alle anderen stellten uns gegenüber nur schwer erfüllbare Forderungen auf. Die recht betagte Fröl hat auf dem Bild die verschränkten Arme auf einen Tisch gestützt, vor ihr ein geöffnetes Buch, vielleicht ein ganz altes, auf gewelltem, handgeschöpftem Papier gedruckt. Zwei ihrer Briefe sind erhalten geblieben, den ersten hatte sie am 23. November 1946 geschrieben und dem Stempel nach am 27. November 1946 abends um halb neun am Hauptbahnhof der Bronx aufgegeben. Wenn ich mir das heute aufgrund meiner eigenen New York-Erfahrungen vorstelle, ist sie an dem Abend in dem ländlich ruhigen Stadtviertel bis zum Hauptbahnhof marschiert, zur Hauptpost, von ihrer Wohnung keine U-Bahn-Station entfernt. Falls sie zu dieser späten Stunde doch die U-Bahn nahm, musste sie zuerst zu Fuß bis zur Ecke der Longwood Avenue. So wie ich die New Yorker Gebräuche kenne, ist es aber sehr unwahrscheinlich, dass jemand wegen einer einzigen Station eine halbe zurückläuft oder wegen einer einzigen Haltestelle die U-Bahn nimmt, nein, das würde man nicht tun.

Oder sie gab den Brief jemandem mit, wenn Sie schon da vorbeikommen, geben Sie ihn doch bitte auf die Post. In ihrem Haus lebte ein junger Schwarzer, ein Opfer der Rassenverfolgung, den sie als Kind bei sich aufgenommen hatte.

Mein liebes gutes Magdilein, schreibt sie, ohne Akzente, ohne

Kommata, mit großen ungelenken Buchstaben. Ihr Brief ist wie ein Breihügel, ohne Anfang, ohne Ende. Sie hatte ihn an die gnädige Frau Aranyossi adressiert, in die Damjanich-Straße 42, dritter Stock, Nummer fünf, wo auch wir mit unserer Mutter die Belagerung durchgestanden hatten. Eigentlich wäre richtiger zu sagen, dass wir sie in ihrer ganzen Tiefe durchlebten und bis zu einem Grad überlebten. Sie gibt als ihre Adresse Bruckner Boulevard 873 an. Sie wohnte in ihrem eigenen Haus. Es ist das dritte Gebäude von der Ecke der Tiffany Street und des Bruckner Boulevard aus gesehen, ein dreistöckiges Doppelhaus aus rotem Backstein, nach den Regeln der holländisch verwurzelten New Yorker Architektur mit vorspringender Fassade. Nach ihrer Einwanderung bewohnte die jüdische Mittelschicht diese Gegend, ihr finanziell zuverlässigeres unteres Drittel. Eine Treppe führt zum Eingang des Gebäudes, das Erdgeschoss liegt höher als das Straßenniveau, so wie in New York fast überall. Bäume säumen den Gehsteig. Die Straße würde heute noch eher ländlich wirken, wäre nicht in der Zwischenzeit die gegenüberliegende Häuserzeile abgebrochen worden.

Anstelle der Häuser verläuft, auf schauerlichen Betonpfeilern, eine Schnellstraße. Sie füllt die Gegend mit einem widerhallenden Dröhnen und Zischen.

Ich möchte Papaneks Bronxer Brief keineswegs verfälschen, möchte aber auch nicht, dass man ihren Schreibstil lächerlich findet und sich durch ihre Rechtschreibfehler von ihrer durchaus würdigen Persönlichkeit ablenken lässt. Als kleines Mädchen hatte sie wohl nicht viel Zeit gehabt, zur Schule zu gehen, mit dreizehn, vierzehn lebte sie schon bei meinen Großeltern in einer wildfremden Stadt, in wildfremder Umgebung, drei Jahrzehnte lang, sie mochte die sprachlichen Regeln vergessen haben, wobei auch ihr Vergessen keiner Regel folgt. Sie verwendet die Sprache auf unberechenbare Art. Außerdem rutscht sie zwischen ihrer Muttersprache und dem spät erlernten Amerikanischen hin und her. Und so folge ich aus reiner Pietät ihren Sätzen lieber mit meinen eigenen.

Ich übersetze mehr oder weniger sinngemäß, wo aber ihr ganz eigener Wortgebrauch oder die unbeholfene Schönheit eines Satzes es erfordern, belasse ich ihre Worte.

Dein Brief beweist, schreibt sie an Tante Magda, dass Du von uns beiden die Bessere bist, Du bist die treuere, und ich kann fast gar nicht sagen, wie reizend Du für mich bist. Magda war das schönste der Kinder gewesen, eine echte Schönheit. Im Backfischalter verschob sich dann alles an ihr, ihre Proportionen, ihre Züge. Sie litt entsetzlich darunter. Als sie ein junges Mädchen war, sagte man von ihr, na ja, die Magda ist ganz hübsch, sie braucht sich nur geschickt anzuziehen. Immer nur quälte mich die Frage, wer von Euch übriggeblieben ist. Die Mitglieder Deiner Familie sind mir immer so nahgestanden wie die meiner eigenen. Als ich von unserem Rózsilein erfuhr, dass Du lebst, weinte und lachte ich zugleich. Sie schrieb zwar, dass Dich mein Schicksal wahrscheinlich nicht interessiert, weil Du so beschäftigt bist, aber ich pflege abzuwarten, bis ich an der Reihe bin, urteile nicht vorschnell, und so machte es mich nicht besonders nervös, dass Du Dich mit Deinem Brief nicht beeiltest oder warum Du Dich nicht beeiltest. Da ich doch aus sicherer Quelle wusste, dass Ihr am Leben geblieben seid, interessierte mich nicht einmal, ob du mich vergessen hattest. Mir genügte das schon. Ich wartete und hoffte, denn ich wusste, dass Du schreiben würdest. Als dann Dein Brief kam, wurde ich vor Freude richtig histerisch, so schreibt sie es, histerisch, und man schrieb es nicht nur so, man sprach es auch so aus, mit ungarischer Betonung auf der ersten Silbe, oder auch wie auf Französisch, hystérique, mit dem stummen h, dem weichen r, ìsterisch lief ich im Haus auf und ab und prahlte vor Wildfremden, dass Du geschrieben hast. Magduschlein hat geschrieben. Mit meinen 65 Jahren wurde ich wieder wie 19.

Mir stand Deine liebe Mutter vor den Augen, mein Abgott, und dann folgt ein Satz, den ich kaum auslegen kann, beziehungsweise hätte ich Angst, ihn falsch zu verstehen. Mir stand Dein Vater vor den Augen, mein Freund, schreibt Júlia Papanek. Wo es doch in einem anständigen Bürgerhaus wirklich nicht Sitte war, dass das Kindermädchen die Freundin des Hausherrn ist. Schon gar nicht, wenn sie die Hausfrau so sehr vergöttert.

Es ist aber auch möglich, ja, fast unvermeidlich, dass sie in der Zwischenzeit ihre Erinnerungen ins demokratisch verwurzelte Amerikanische übersetzt hatte und dann den Satz aus dieser demokratischen Transskription ins Ungarische zurückübersetzte. Es sind die Amerikaner, die Krethi und Plethi, ob Frau oder Mann, ihre Freunde nennen. Emigranten ihrerseits sprechen häufig sozusagen zwischen zwei Sprachen, sie oszillieren zwischen den jeweiligen kulturellen Bedingungen der beiden Sprachen. Aber es ist auch nicht klar, warum sie sich ausgerechnet als Neunzehnjährige vor ihrem Abgott und ihrem Freund, vor meiner Großmutter und meinem Großvater, stehen sieht. Wahrscheinlich passt sie es den falschen Fünfundsechzig an, und so kommt neunzehn heraus. Aufgrund der mir zur Verfügung stehenden Daten kann ich zählen, wie ich will, sie muss zu der Zeit, als sie diesen Brief schrieb, nicht fünfundsechzig, sondern mindestens siebzig gewesen sein. Das sind gerade diese vier oder fünf Jahre. Denn sie war wohl dreizehn oder vierzehn gewesen, als sie zum ersten Mal vor ihrem späteren Abgott und ihrem späteren Freund gestanden hatte. Wer älter war, wurde als Kindermädchen gar nicht genommen. Nach dem Bild zu urteilen, das sie Pista geschickt hat, mochte sie auch zweiundsiebzig, vierundsiebzig sein. Aber wie auch immer es sich mit den Daten verhält, es mag ja sein, dass Fräulein Júlia als ganz junges Mädchen die Geliebte meines Großvaters gewesen war und nicht nur meine Großmutter das wusste, sondern auch sämtliche Kinder in der Familie. Das teils von Zorn, teils von Verachtung gefärbte Bild meines Großvaters wird durch Júlias Mitteilung, dass er ihr Freund gewesen sei, bis zu einem gewissen Grad korrigiert, gemildert.

Nach den durchlebten Schrecken, schreibt sie, war ich zum ersten Mal wieder ganz ruhig. Ich bin dankbar, dass Ihr am Leben geblieben seid. Seltsam, dass sie nicht schreibt, wem oder welcher Sache sie dankbar ist. Die Auslassung ist wie eine klaffende Wunde. Sonst steht im Brief jeder Gemeinplatz an seinem Ort, aber das Schicksal oder Gott fehlen unter den obligatorischen Gemeinplätzen schmerzlich. Vielleicht bringt sie es nach dem schrecklichen historischen Sturm nicht über sich, wenigstens eines dieser beiden Wörter hinzuschreiben. Das Ende des Zweiten Weltkriegs brachte in den europäischen Sprachen eine große antipathetische Wende. Aber noch eigenartiger und schwerwiegender wirkt es, dass sie auf die Verschollenen nicht eingeht. Weder auf György Mándoki, den Erstgeborenen Eugenies oder Eugénias, Özsi mit Kosenamen, den sie vielleicht gar nicht mehr gesehen hatte, noch auf Miklós Nádas, den Sanftesten unter den auch sonst nicht wilden Jungen, der ihr von seiner Geburt an ebenso anvertraut war wie die Größeren oder wie der Letztgeborene, mein Vater. Wenn ihr dieses Rózsilein vom Los unserer Familie getreulich berichtet hatte, muss sie doch vom krassen Fehlen der beiden erfahren und gewusst haben, dass sie auf den Listen sämtlicher Suchdienste und Hilfsorganisationen als Verschollene figurierten.

Wenn von Eurem Besitz auch viel verloren ist, soll Dich das jetzt nicht bedrücken, mein liebes Magduschlein, schreibt sie, die Abwesenheit der verschollenen Personen rasch ausklammernd, ich habe jetzt alles, womit ich helfen kann. Schreib mir, ob Du Geld brauchst, Kleidung, Lebensmittel, was immer. 500 Dollar kann ich gleich schicken. Nicht nur Dir, jedem in der Familie, der es braucht. Gestern habe ich auch Dir ein Paket auf die Post gegeben. Wenn es ankommt, magst Du Dich so freuen, wie ich es mit Liebe geschickt habe. Ich weiß, dass das erste Paket eher den Größeren zugestanden hätte, aber Dein Brief kam in einem Augenblick, als ich gerade bedrückt war. Die gewohnte Bedrücktheit, schreibt sie diskret und deutet damit ihre zeitweilig wiederkehrende Depression an. Nimmt man ihr Bild erneut zur Hand und betrachtet ihre Züge in diesem Licht, sieht man deutlich die Anzeichen von schwerer Depression. Sieht aber auch ihre Selbsdisziplin. Das fröhliche Blitzen ihrer Augen, ihr strahlender Blick verraten nicht, dass sie krank ist. Sie hat schön geschnittene Augen, Herzenswärme strömt aus ihnen. Vielleicht ist es aus reiner Herzensgüte, dass sie nichts von Gyuri Mándoki schreibt, nach dem Eugenie forscht, und von Miklós, nach dem zu fragen sie wirklich allen Grund gehabt hätte. Falls Du es nicht gehört haben solltest, schreibt sie, will ich es Dir jetzt schreiben, die Familie unseres Jani ist zugrunde gegangen. Beide Söhne und die Tochter meines Bruders Ármin, zusammen mit allen ihren Kindern, sie alle sind ohne Ausnahme dahin. Also gab es auch in ihrer Familie, wie in der Familie meiner Großmutter Nussbaum, einen zugrunde gegangenen Ármin, mit drei zugrunde gegangenen Kindern.

Angesichts so vieler zugrunde gegangener Leben beginnt sie in ihrem Brief einen neuen Absatz.

Magduschlein, und hier wiederholt sie die Anrede im Sinn einer Anrufung, ich möchte Dich jetzt doch gern um etwas bitten. Schreib mir bitte, wer was benötigt, ich schicke es sofort. Das steht Euch zu. Wie geht es der Tante Elisa, fragt sie. Und wie geht es der Tante Anna mit ihrem Lächeln, fragt sie. Der assoziative Sprung ist leicht verständlich, sie dehnt damit die angebotene Hilfe auf die ganze ihr bekannte Familie aus, auf die vergötterten beiden jüngeren Schwestern meiner vergötterten Großmutter. Und hat Pista geheiratet, fragt sie. Du schreibst, dass Bandi aus dem Arbeitsdienst heimgekehrt ist, aber was macht mein Bandi, fragt sie. Die Fröl in der Bronx kann nicht wissen, dass Bandi tatsächlich aus dem Arbeitsdienst heimgekehrt ist, aber illegal, geflohen zurück nach Budapest und ebenfalls im illegalen Keller untergetaucht. Den Pista werde ich kräftig am Ohr reißen, wenn er mir nicht schreibt. Er hätte mir wirklich vertrauensvoll schreiben können, was er benötigt. Hier würde Miklós' Erwähnung folgen, aber es folgt nur das auffällige Fehlen seines Namens. Auch meinen Vater, Lacilein, erwähnt sie nicht, er hat ja als Erster schon ein Paket von ihr erhalten und gleich mit einem Dankesbrief geantwortet. Im Paket waren Milchpulver, Milchkonserven, Fleischkonserven, Zucker, Schokolade, Kakao, ungerösteter Bohnenkaffee, Tee, Suppenwürfel, alles teure Schätze im hungernden und schwärzenden, das heißt im kläglichen und lebensrettenden Schwarzhandel versunkenen Budapest; ich erinnere mich genau an jedes etikettierte amerikanische Päckchen, an jedes Blechdöschen, an jede Papierschachtel, an die Gerüche und Geschmäcke. Am besten an den von unbekannten Gewürzen durchsetzten Geschmack der aus den Würfeln hergestellten Suppe. Diesen Geschmack suchten meine Geschmackspapillen dann ein Jahrzehnt lang, bis er aus den Hilfspaketen von 56 wieder auftauchte. Vielleicht war es Majoran, vielleicht Bohnenkraut, vielleicht Estragon und viel Pfeffer. Dazu warme Unterwäsche und warme Schals, warme Handschuhe und warme Pullover, alles Sachen, wie sie in ein solches Hilfspaket gehörten, und obendrein nicht nur ein kühn dekolletiertes knallapfelgrünes Ballkleid aus Seide und Tüll, nicht nur zwei Paar sehr hochhackige gebrauchte Seidenschuhe, das eine blasslila, das andere türkisfarben, sondern als Höhepunkt der Geschenke zwei handgefärbte Krawatten aus Naturseide, auf der einen Krawatte an Affen gemahnende Negersklaven, von denen der eine an einem schrägen Palmstamm hochklettert und der andere von einem Palmwedel hängend seinem weißen Herrn Kokosnüsse hinunterwirft, während dieser in seinem Kolonialoutfit, Khakishorts, soldatisches, kurzärmeliges Hemd, Tropenhelm, zufrieden unter den Palmen steht und das eifrige Tun der Sklaven verfolgt, die Hand schützend über die Augen gehoben. Diese Krawatte war hellblau, der Himmel brauchte gar nicht gemalt zu werden, nur die Schäfchenwolken, schön dicht. Auf der anderen Krawatte, die zwischen grün, tiefrot und schwarz changierte, stand hinter den Zweigen schon der Mond, auf den bläulichen Wellen eines in der Nacht versunkenen Sees schaukelte ein Boot, darin ein Liebespaar, aber das ist immer noch nicht alles. Im Paket befanden sich auch zwei rosarote Satin-Büstenhalter beträchtlichen Ausmaßes, und auf diesen zwei schwarze Hände, wohl wiederum Negerhände, gemalte, wie sie von hinten die ansehnlichen Brüste packen.

Meine Eltern wälzten sich neben der geöffneten Kartonschachtel vor Lachen auf dem Boden, und Verwandte, Freunde, Bekannte kamen noch tagelang, wochenlang, um das Wunder zu bestaunen, sich gegenseitig das apfelgrüne Ballkleid zu zeigen, es anzuprobieren; im zertrümmerten Budapest konnten sie nicht genug davon bekommen. Und ich, mit den Sklavenhalter-Krawatten dekoriert, schlurfte, tippelte, balancierte um sie herum, in den hochhackigen Schuhen, die mit dem feinsten Ziegenleder gefüttert waren.

Ich fühle doch, schreibt Papanek in ihrem Brief, dass ich für die hingebungsvolle Freundschaft, an der ich bei Euch teilhatte, für das viele Gute, in dessen Genuss ich bei Euch kam, nie genug dankbar sein kann. Dein Brief ist ein masterpiece. Du hast von allen geschrieben, was an sich schon ein großes Geschenk ist, wofür ich Dir danke. Den nächsten Satz, offenbar eine Antwort auf den Schlussakkord von Tante Magdas Brief, eindeutig auszulegen fällt mir wiederum schwer. Von mir kann ich sagen, schreibt sie, dass aufgeschoben nicht aufgehoben ist. Vielleicht denkt sie an den gnädigen Tod. Vielleicht an ihren quälenden Todeswunsch, das schwerwiegendste Signal der kaum erträglichen Depression, vielleicht tröstet sie sich damit, dass der Tod sie früher oder später ja doch einholen wird. Worauf sie ohne jeglichen Übergang schreibt, sie habe ein unbelastetes Haus mit 17 Zimmern und drei Küchen. Den einen Hausteil mit 7 Zimmern bewohne ihre Schwester Lujza, die 4 Zimmer davon vermiete, was alle ihre Einkünfte darstelle. Meine Wohnung hat 6 Zimmer. Die sechs Zimmer und drei Küchen sind vollständig eingerichtet. Im obersten Stock vermiete ich drei möblierte Zimmer. Wenn es der oberste Stock ist, sehe ich diese geräumigen Zimmer mit der sogenannten Wohnküche und den Dachfenstern vor mir. Neben dem Badezimmer muss es auch eine Schlafnische geben, eventuell ohne Fenster. Aus den drei Untermieten bestreite ich die Kosten fürs Haus. Aus wöchentlich 25 Dollar lebe ich ganz gut. Bis anhin habe ich 32 Pakete an Unbekannte in Europa geschickt. Ich packe gerade für Özsilein. Was sie nicht braucht, kann sie an Notleidende weitergeben. Ich kann gar nicht sagen, wie sehr ich Euch noch einmal wiedersehen möchte. Aber ich glaube nicht, dass mir das noch gelingen wird. Gyuri, mein Sohn, unterrichtet an der Universität. Mein Elzuschlein, das heißt Herrn Papaneks Kind aus erster Ehe, wird morgen 34 Jahre alt. Sie hat ein 10-jähriges Töchterchen und ein 7-jähriges Söhnlein, der ist ein richtiger kleiner Bursche. Sie sind schön. Das Mädchen ist auch brav. Mein Schwiegersohn verdient gut, aber auch das Geld läuft ihm nach. Im Übrigen ist er ein rechtschaffener Mensch. Auch wegen meiner Schwiegertochter mache ich mir keine Sorgen. Sie hat Advokat gelernt, vor einem Jahr hat sie abgeschlossen. Ich selbst bin ein Frauenzimmer von 170 Pfund geworden, Du wärst entsetzt, wenn Du mich sähest. Wenn ich an mein Leben zurückdenke, komme ich immer zum Schluss, dass ich diese Jahre genießen muss, so viele mir nur verbleiben. Du schreibst, dass Dein Mütterchen verstorben ist. Das ist gut so, sie hat es rechtzeitig getan, so braucht sie wenigstens nichts zu wissen von diesem unmäßig vielen Schlechten, das über uns hereingebrochen ist. Auch jetzt steht sie weinend vor mir. Ich weiß doch, dass sie das Gleiche fühlt wie ich. Sie liebte Gyuri, so wie ich ihn liebte. Diese äußerlich kalte Frau war voller Herzenswärme. Mich kannte niemand so, verstand niemand so wie Deine reizende Mutter. Niemand hatte eine größere Wirkung auf mein Leben als Deine Eltern. Ich bin der Hoffnung, dass ich von jetzt an regelmäßiger von Euch hören werde. Magduschlein, meine teure, süße, ich war böse auf Deinen Vater. Nach dieser unerwarteten Wendung folgt in Papaneks Brief ein großes Zeitdurcheinander, ein ethischer und grammatikalischer Dschungel, sodass ich Mühe habe, mich mit vernünftigen Sätzen daraus herauszukämpfen.

Irgend so etwas muss geschehen sein, dass die alte Josefina Neumayer, das heißt meine Urgroßmutter väterlicherseits, ihrer eigenen Schwiegertochter durch Papanek ein großes antikes Schultertuch schickte. Von dieser Schwiegertochter weiß ich abgesehen von diesem Hinweis nichts. Die alte Frau Neumayer war da schon über achtzig, lebte verwitwet in Szolnok auf ihrem Gut, wo ihr ältester Sohn, Lajos Neumayer, ein entfernteres Gehöft in Tiszasüly bewirtschaftete, aber Josefina hatte auch in Budapest eine Wohnung, im zweiten Stock des Hauses Nummer 16 in der Vörösmarthy-Straße. Bestimmt hatte Papanek beim Abschiedsbesuch bei ihr den Auftrag für die Übergabe des wertvollen Tuchs erhalten. Soweit ich es anhand eines diesbezüglichen Verbs in ihrem Brief beurteilen kann, hatte sie sich wahrscheinlich in Szolnok oder Tiszasüly von meiner Urgoßmutter verabschiedet, denn sie schreibt, ich habe ein Tuch mitgebracht, nach Budapest heißt das. Wenn sie aber zuvor, noch in Budapest, vor meiner Großmutter gestanden hatte, die den Selbstmord ihres Sohns György Nádas beweinte, und sie nicht anders als die Mutter um den geliebten Jungen trauerte, wohl schon deswegen nicht, weil sie von seiner Geburt an Gyuris, das heißt György Nádas', Kindermädchen gewesen war, dann kann ihre Trennung von unserer Familie und ihre Auswanderung nicht vor 1917 stattgefunden haben.

Nachdem er ordnungsgemäß die Zwischenprüfungen abgelegt hatte, schoss sich der zweiundzwanzigjährige junge Mann in den frühen Morgenstunden des 24. April 1917 auf der Margareteninsel ins Herz, wobei er danebentraf und sich die Lunge zerfetzte. Man fand ihn am frühen Morgen, er war noch am Leben. Die Polizei kam, mit ihr auch ein Arzt, aber seltsamerweise wurde er nicht ins Krankenhaus gebracht, sondern nach Hause in die Pannónia-Straße, auf einer Bahre in den dritten Stock hinauf. Seine zu Stein erstarrte Mutter hatte gerade noch die Geistesgegenwart, Fräulein Júlia anzuweisen, die beiden Ärzte der Familie zu rufen, ihren eigenen Bruder, Béla Mezei, und Henrik Benedickt, der später die Tochter ihrer jüngeren Schwester Anna, Edina Krishaber, heiratete. Der Verwundete wurde, so wie er war, von der Bahre auf sein in der Nacht unbenutztes Bett hinübergehoben. Niemand wusste, wo er die Nacht verbracht hatte. Der unbekannte Arzt wollte der zu Tode erschrockenen Mutter etwas Tröstliches sagen. Er wird es überstehen. Er wird sich hochrappeln. Das Geschoss wurde entfernt. Sie brauchen nichts zu tun, außer ihm stündlich zu trinken zu geben, aber aufpassen, dass er sich nicht verschluckt. Morgen den Verband wechseln. Nur sprechen darf er nicht. Keine einzige Silbe. Daraufhin öffnete der verwundete junge Mann die Augen, sah über sich das Gesicht seiner Mutter und begann, gepeitscht von einem aus der Tiefe kommenden tierischen Schmerz, aus voller Kehle zu brüllen. Dann lächelte er erfreut, als ihm das heraufsprudelnde Blut die Stimme abschnitt, ein Freudestrahlen verbreitete sich über sein Gesicht, er würde jetzt ersticken und sein Werk also doch vollenden. Die Umstehenden hatten nicht einmal die Zeit, etwas zu sagen, ihn zu beruhigen, ihn niederzuhalten. Er wollte nicht in diesem Leben verbleiben. Aus seinem Mund strömte das Blut, und nach einigen Minuten verstummte er mit einem blutigen Gurgeln für immer.

In diesem letzten Semester hatte er eine Unmenge Vorlesungen gehört. Seine Studien an der Fakultät für Ingenieurswissenschaft und Architektur an der nach Kaiser und König Joseph benannten Universität hatte er im September 1913 begonnen. Im ersten Studienjahr hörte er bei József Kürschák Analysis und Geometrie, bei Béla Töttössy darstellende Geometrie, bei Lajos Ilosvay Chemie, bei Ferenc Schafrazik Geologie, bei Árpád Schauschek Zeichnen, bei László Grisza englische Sprache, Deutsch und Französisch konnte er da schon, ein Jahr später wurde er auch an der Philosophische Fakultät aufgenommen und belegte parallel zu den Ingenieursstudien bei László Négyessy ungarische Stilübung, bei Manó Beke Differential- und Integralrechnung, bei Lipót Fejér

Funktionentheorie, Gustáv Rados führte ihn in die höhere Algebra ein, er lernte bei Lóránd Eötvös experimentelle Physik, die Laborübungen in experimenteller Physik absolvierte er bei Jenő Kupathy, experimentelle Chemie bei Gusztáv Buchböck und so weiter. Im schicksalhaften Semester schichtete er noch mehr Wissen auf, hörte Volkswirtschaft und Finanzwirtschaft bei Farkas Heller, bei dem er in diesen Fächern auch das Seminar besuchte, er hörte bei Ernő Friedmann ungarisches Zivilrecht, Wirtschaftsprivatrecht, Wirtschafts- und Verwaltungsrechtsgeschichte, bei Gyula Mandelló Statistik, Handel und Bankwesen, bei Kornél Zelovich Verkehrswesen, bei Dezső Papp Arbeiterversicherungswesen und Sozialpolitik, bei Kálmán Méhely Betriebswirtschaft, ungarisches Kreditwesen bei Aladár Edvi Illés, Gewerbepolitik des Bergbauwesens wiederum bei Farkas Heller, politisches und Handelsprivatrecht bei Károly Goldziher, landwirtschaftlichen und industriellen Maschinenbau bei Pál Lázár, Patentpraxis bei Zsigmond Bernauer.

Das alles genügte ihm aber offenbar immer noch nicht für ein ausgefülltes Leben. Er war nach meiner Tante Eugenie zur Welt gekommen, der sehnlichst erwartete Junge. Seine verfrühte Ankunft überraschte sie auf ihrem Gut in Balatonkenese. Das Herzblatt des Vaters, der Erbe, wurde am 10. August 1895 geboren, und als sie Mitte September mit einem riesigen Transportwagen und einer hochbeladenen Britschka, mit sämtlichen transportablen oder konservierten Erzeugnissen des Keneser Guts, in die Wohnung in der Hold-Straße, Mondstraße, zurückzogen, jagte dort eine Festlichkeit die andere. Bis Mitte Oktober folgten Mittagessen, Abendessen, Damennachmittage und Nachmittagstees aufeinander. Manchmal wurde für dreißig Personen gedeckt. Meine Großmutter musste sich die stadtbekannte Köchin meines Urgroßvaters ausleihen, die Zsófi, weil ihre eigene Köchin, Mari Vastag, es allein nicht mehr schaffte. So viele Gäste könne sie nicht bekochen, da gehe sie lieber. Dann ging sie aber nicht, sondern kochte und briet unter heftigem Gezänk mit Zsófi zusammen. Es kam die vielköpfige Mezei-Verwandtschaft aus der Nagykorona-Straße, allen voran unser Ururgroßvater, der Wirt aus Sátoraljaújhely, der nach dem Tod unserer Urgroßmutter Eugénia Schlesinger zusammen mit seiner Frau zu seinem ältesten Sohn nach Budapest gezogen war, damit Kleinmama, das heißt meine Ururgroßmutter, für die fünf verwaisten Kinder sorgen konnte, vor allem für das Neugeborene, Béla. Zur Zeit von Gyuris Geburt war aber Kleinmama schon tot, eine Pflegerin begleitete unseren Ururgroßvater, das Personal in der Hold-Straße brachte ihn in einem Tragstuhl in den ersten Stock hinauf, des Weiteren kamen die beiden Söhne unseres Ururgroßvaters, der Erstgeborene, unser Urgroßvater Mór Mezei und sein Bruder Ernő Mezei mit dem schweren Sprachfehler, der aber im Parlament unbekümmert und sehr oft Reden schwang, natürlich noch im alten, nach den klassizistischen Plänen von Miklós Ybl erbauten Palais in der Sándor-Straße, es kamen die Schwestern und Brüder meiner Großmutter, unter ihnen Erzsébet, die schönste und glanzvollste von ihnen, Gründungsmitglied der ersten ungarischen feministischen Vereinigung, die rätselhafterweise unverheiratet geblieben war, aber das nannte man damals Selbstaufopferung, führte sie doch den großen Haushalt ihres Vaters, führte gewissermaßen das Haus, es kam Anna aus der nahen Duna-Straße, die wie meine Großmutter konventionell verheiratet war, mit einem Wiener Bankier namens Krishaber, wobei sie doch die Erste war, die dank der legislativen Arbeit unseres Urgroßvaters eine bürgerliche Ehe schließen konnte. Unser Urgroßvater war in Europa der Erste, der das Gesetz zur bürgerlichen Eheschließung durchs Parlament brachte. Es kamen Pál Mezei aus Frankfurt am Main, wo er Jurisprudenz studierte, und Béla Mezei, der in Wien Medizin studierte, beide kurz vor dem Abschluss stehend, beide noch Junggesellen. Es erschien aus Wien die Schlesinger-Verwandtschaft ihrer Mutter, die bei Bélas Geburt im Kindbett gestorben war, von ihrem Gut in Szolnok und Tiszasüly kamen die Großeltern Neumayer, Jozefina und József, es kamen die Freundinnen von Klára, Anna und Erzsébet, auch die Kameradinnen aus alten Internatszeiten, aus Wien, aus Basel und Zürich, nicht wenige unter ihnen mit Ehemann, es kamen die alten Kinderfrauen, die Erzieherinnen, die Hauslehrer, die einstmaligen Zofen, alle kamen, um den Jungen zu sehen, Freunde und Bekannte der Familie gratulierten per Telegramm oder erwiesen wenigstens zur Zeit der Vormittagsvisiten mit der Visitenkarte ihre Reverenz, wenn auch nicht so zahlreich und aus einem so weiten Kreis wie drei Jahre zuvor, bei der glanzvollen Hochzeit von Klára und Arnold am 19. Mai 1892, an der die damalige Oberschicht, vor allem die frisch geadelte oder zur Baronie aufgestiegene jüdische Aristokratie teilgenommen oder zu der sie zumindest mit Telegrammen und Visitenkarten gratuliert hatte. Was natürlich nicht so sehr der Freude des jungen Paars, beziehungsweise der Geburt des Stammhalters galt, bei weitem nicht, sondern dem Ansehen, das Mór Mezei als Jurist und Gesetzgeber in der im Rausch des konservativen Liberalismus wachsenden Stadt, ja, im ganzen nach Urbanisierung strebenden Land genoss.

Als aber der Junge größer wurde, versiegten in der Hold-Straße sehr rasch die Quellen des himmelhoch jauchzenden väterlichen Glücks. Nicht etwa, weil sich der Säugling nicht gut entwickelt und nicht mit seiner Größe und Kraft die Damen in der Familie in Erstaunen versetzt hätte. Aber er war noch keine zwei Jahre alt, und schon war sein Vater unzufrieden mit ihm. Und noch keine drei Jahre alt, als ihn sein Vater bereits schlug und prügelte. Er war ein stilles Kind, nicht wegen der Prügel, sondern ihnen zum Trotz, sein Streben fand sozusagen im Gegenwind statt, denn strebsam war er, aber mit dem besten Willen konnte er nicht so vollkommen sein, wie es sein Vater von ihm erwartete. Er war anders vollkommen. Er interessierte sich für die sozusagen mädchenhaften Dinge, das Kochen, er steckte dauernd in der Küche, das Stricken, das Lesen, die Bücher und die Wissenschaften. Eigentlich interessierte ihn alles. In den Augen unseres zackigen Großvaters war keine einzige seiner Bewegungen männlich genug. Du wirst dann schon noch auf Vordermann getrimmt werden. Er musste jeden Morgen in kaltem Wasser baden, und bei diesem Manöver durften weder Fräulein Júlia noch Fräulein Jolán und nicht einmal seine Mutter dabei sein. Bei der Säuberung eines Jungen ist keine weibliche Präsenz erwünscht. Aus dir drechsle ich schon noch einen Soldaten. Wenn du dich als Soldat so anstellen wirst, keine Angst, die werden dich auf den Prügelbock und in Eisen legen. Er besorgte sich eine Hundepeitsche, und von da an schlug er ihn damit, um einen ganzen Mann aus ihm zu machen, einen guten Soldaten für die Heimat. Er meinte es ernst. Ihn selbst, Adolf Arnold Neumayer, hatten meine Urgroßeltern von ihrem Gut in Szolnok in ein Bayrisches Knabeninternat geschickt, wo die Erzieher, gestützt auf eine schriftliche Erklärung der Eltern, alle diese aus gutem Haus stammenden Jungen mit der Hundepeitsche schlugen. József Neumayer, mein Urgroßvater väterlicherseits, war zwar ein Mann von entschiednem Auftreten, aber wirklich unbarmherzig und grausam war Jozefina, und das nicht nur mit den Dienstleuten und Lohnknechten. Wenn die rebellierten, weil ihnen etwas nicht passte, schickte sie ihnen die Gendarmerie auf den Hals, und die trimmte sie dann wirklich auf Vordermann. Aber nicht nur mit ihnen ging sie so um, sondern mit allen, mit dem Rabbi, dem Kantor, dem Hauslehrer, mit sich selbst. Schon im Winter erschauerten ihre Enkel beim Gedanken an den Sommerurlaub bei der Großmutter. Meine Großmutter väterlicherseits hingegen, die von der ganzen Familie vergötterte Klára Mezei, diese eiskalte und gütige Frau, wie Fräulein Júlia nach der Belagerung in ihrem Brief an Magda schreibt, ging wortlos aus dem Zimmer, ohne ihren Sohn vor der Hundepeitsche zu verteidigen. Sie wollte nicht wissen, was ablief. Auch sie glaubte nicht an Gott, Spiritualität oder Seele gab es in unserer Familie nicht. So wie ich es auf den Bildern sehe, wurde aus dem unglücklichen kleinen Kind doch ein strahlender junger Mann, der sich nach dem erfolglosen

Schuss durch Brüllen umbrachte. Er war, verglichen mit seinen vier nachgeborenen Brüdern, der einzige schöne Mann, auch in seinem Blick das melancholisch kindliche Entsetzen, das im Blick seiner jüngeren Brüder noch stärkere Spuren hinterließ. Sie mussten mit der Erinnerung an den freiwilligen Tod ihres Bruders, der Erinnerung an das blutige Gebrüll weiterleben, und mit denselben Eltern. Das Menschenkind ist gezwungen, auch die sadistischen, faschistischen, pädophilen oder kommunistisch-massenmörderischen Eltern zu lieben. Die hat ihnen Gott zum Lieben hingeschmissen. Um sie von anderen Büchern unterscheidbar zu machen, schrieb meine wegen ihrer Schamlosigkeit, das heißt ihrer Disziplin, ihrer alles überragenden Contenance eigens noch vergötterte Großmutter mit regelmäßigen, runden, stark verklemmten Buchstaben den Vermerk «Aus den Büchern meines Gyurileins» in dessen hinterlassene Bücher.

Contenance.

War bei Tisch jemand undiszipliniert, sagte man ihm nur, Contenance.

Oder etwas lauter, *Fassung bewahren*. Fassung und Würde sind in jedem Fall zu wahren.

In meiner Kindheit gab es mehrere solcher Bücher meines Gyurileins, mit dem Eintrag in der verklemmten Schrift meiner Großmutter, hauptsächlich soziologische und belletristische Werke, die auf mich, ohne dass ich es bemerkte, eine große Wirkung hatten. Das Beste aus dem ungarischen liberal-demokratischen Gedankengut. Denn mein Gyurilein war gegen alle Vorbehalte und Verbote seines Vaters schon als Gymnasiast Mitglied und später Sekretär des Galilei-Kreises gewesen und hatte seine Geschwister dorthin mitgenommen, Özsi, Magda und Pista, als auch sie erst im Gymnasiastenalter waren. Ich weiß nicht, wie diese Bücher bei den vielen Umzügen verschwunden sind, heute ist nur noch ein einziges vorhanden, Anna Lesznais Gedichtband *Hazajáró versek*, *Wiedergänger-Gedichte*.

Er war in einer Nyugat-Ausgabe erschienen, 1909, im Geburtsjahr meines Vaters.

Als unser Großvater Neumayer, der damals zusammen mit seinen Kindern bereits hungarisiert Nádas hieß, mit seinen schauderhaft rabiaten, hundepeitschenbewehrten und wahrscheinlich krankhaft homophoben, also zutiefst phallokratischen Neigungen durch Fräulein Júlia von der Schenkungsabsicht seiner in Szolnok und Tiszasüly lebenden Mutter erfuhr, was anderen Angaben zufolge 1918, in jedem Fall vor der Ausrufung der Republik, stattgefunden haben muss, als er also erfuhr, dass seine Mutter einen alten Schal nach Amerika zu schicken wünschte, kam er auf die gleichzeitig kleinliche und großzügige Idee, wie sie in ihrer Sinnlosigkeit für ihn ganz typisch war, Fräulein Júlia solle doch nicht nur das antike Tuch nach Amerika mitnehmen, und er drückte ihr ein Tuch neueren Datums in die Hand, sie solle doch dieser seiner amerikanischen Schwägerin beide mitbringen. In ihrem Brief nach der Belagerung schreibt Papanek konsequent Schal, bestimmt hatte sie auch dieses Wort aus dem Englischen ins Ungarische zurückübersetzt, denn auf ungarischem Sprachgebiet trugen die Frauen damals noch keine Schals, sondern Tücher oder Schultertücher. Und wenn sie doch einen Schal trugen, dann schrieben sie ihn nicht so, dann waren sie anglophil und schrieben Shawl. Deswegen sage ich in Fräulein Júlias Namen Tuch. Es war sicher ein Schultertuch. Sie schreibt immer wieder antik, was wohl übertrieben ist. Stoffe zerfallen leicht. Aber falls das Tuch wirklich antik war und nicht einfach nur alt, war es bestimmt wertvoll. Meine Urgroßeltern kleideten sich sehr schlicht, doch angesichts der erhaltenen Sachen kann ich nicht ausschließen, dass sie ein paar wertvolle Schultertücher besaßen. Wie dem auch sei, mein Großvater gab Fräulein Júlia neben den Schals die komplizierte Instruktion mit auf den Weg, sie solle seiner amerikanischen Schwägerin nicht das antike Tuch, sondern das neuere übergeben, das wertvollere hingegen solle sie verkaufen und ihm den Erlös nach Budapest schicken. Ich hoffe mit dieser sprachlichen und sachlichen Zusammenfassung Papanek richtig zu interpretieren, aber die Angelegenheit bleibt verworren. Falls die Schwägerin von den beiden Tüchern doch das antike wählen würde, solle Júlia das neue behalten, sagte mein Großvater, der genauso knauserig wie großzügig war. Die ganze Aktion ist nicht recht verständlich und könnte ohne weiteres unter die Kategorie familiäre Wahnvorstellungen fallen, wenn ich den gefühlspolitischen Hintergrund der Geschichte nicht einigermaßen überblicke.

Es geschah ja in der Familie nichts, ohne dass Adolf Arnold Nádas seine im Übrigen durchaus edel gebogene Nase hineingesteckt, sich eingemischt oder sich einzumischen beabsichtigt hätte. Er muss ein Haustyrann erster Güte gewesen sein, Harpagon und Krösus in einem. Ein Monster, ein Ungeheuer von entsetzlicher Launenhaftigkeit, einmal zu Grausamkeiten, dann wieder zu Anfällen von Wohltätigkeit aufgelegt. Unter seiner krankhaften Kontrollmanie litten Familie und Bedienstete in jeder einzelnen mit ihm verbrachten Stunde. Es war legendär, dass er auch Dinge wissen wollte, die ihn überhaupt nicht interessierten. Wenn er die Antwort bekam, hörte er gar nicht hin. In seiner Jugend war er auffallend schön gewesen, seine Hände waren die schönen Hände eines schönen Mannes, die Finger außergewöhnlich lang und fein gegliedert. Da fresst ihr wie die Tiere, brüllte dieser schöne, großgewachsene Mann, wenn seine Kinder zufällig einmal seine Anwesenheit vergaßen und mit gutem Appetit aßen; Özsi aß fast nichts, Gyuri und Magda aßen, wenn das Getobe ihres Vaters sie nicht daran hinderte, ihr fresst mich arm, während ich mich Tag und Nacht für euch abrackere. Wovon Pista lebte, war ein Rätsel, man konnte kaum einen Bissen in ihn hineindiktieren, Bandi hingegen kümmerte sich um nichts, er verschlang alles mit gutem Appetit, ob es regnete oder schneite, und die beiden Jüngsten, Miklós und Laci, beobachteten mit geweiteten Augen, was am Tisch geschah, und aßen wenig. Wenn aber die Kinder nicht aßen, brüllte ihr Vater, ihr werdet noch die trockenen Brosamen vom Tischtuch lecken, denn ihr werdet nie etwas haben, nie je etwas. Als Bettler werdet ihr enden, im Straßengraben, unter der Brücke werdet ihr verrotten. Die Familie sagte, seine Hände seien auf beängstigende Art schön gewesen. Ivan der Schreckliche habe solche schönen Hände gehabt, sagten seine Töchter. Später verlor dieser schöne Mann seine frühere Form und wurde unmäßig dick, denn er selbst war nun wirklich verfressen, er fraß sich in der Küche, fraß sich am Esstisch voll, alle litten tödlich unter seinem Geschlabber und Geschmatze, das er mit den Lippen, der Zunge und den Zähnen produzierte, und noch mehr schämten sie sich, wenn sie zu Besuch waren, auch dann beherrschte er sich kaum, nahm die Knochen in die Hände, um die Flechsen abzunagen, die Saucen troffen ihm vom dicken Schnurrbart, flossen ihm auf die Weste, kein einziges Sinnesorgan war vor ihm sicher, wie sollten sie vor ihm die Ohren zuhalten, und wenn er mitbekam, dass sie sich die Ohren tatsächlich mit heimlich gekneteten Brotkügelchen zugestopft hatten, wurden seine schönen Hände zu mächtigen Pranken. Kinder dürfen keine Brotkügelchen kneten. Er schlug zu. Ihr habt das Brot entweiht. Die Jungen konnten ein Lied davon singen, was für Schläge er mit seiner schönen beringten Hand austeilte. Er schlug aus seinem ewigen Misstrauen, aus seiner unsinnigen Kontrollmanie, seinem ewigen Genörgel heraus. Er war getrieben von seinen tyrannischen Anlagen, hatte wohl eine Testosteron-Überproduktion. Aber drinnen in seiner kleinen Seele war er doch eher butterweich, seiner Frau völlig ausgeliefert und verpflichtet. Sie ertrug ihn ja nicht nur, sondern liebte ihn auch auf ihre unterkühlte, zerbrechliche Art. Er hingegen in seiner auf kitschige Sentimentalität eingestellten Manier weinte und heulte oft, auch bei Tisch, er suhlte sich mehr oder weniger in dieser seiner so bedeutsamen Traurigkeit. Er war von sich selbst immer wieder gerührt, von seiner unendlichen Güte, seiner unendlichen Großzügigkeit, die Nächstenliebe ließ seinen mächtigen Körper erbeben, was tat er doch nicht alles für seine Familie, und wie entgalten sie ihm all diese Liebe, mit wie viel Schlechtigkeit. Alles nur Schlechtigkeit, die Welt ist schlecht, überall nur Schlechtigkeit, seine Familie ist schlecht, die Mezeis sind die Allerschlechtesten, um nicht von der Schlechtigkeit seiner geliebten Mutter zu sprechen, kann man denn da anders, als Tränen und nochmals Tränen zu vergießen. Womit er seine Kinder mindestens ebenso erschreckte wie mit seinen Wutanfällen und seinem Getobe. Hinter seinem Rücken lachten sie ihn natürlich aus, wegen seines Selbstmitleids ebenso wie wegen seines Getobes, das ist das Schicksal des Tyrannen, er wird in jedem Fall ausgelacht. Man hat Angst vor ihm, aber Ansehen hat er keins. Noch ein halbes Jahrhundert nach seinem Tod witzelten die Geschwister, was wohl der Adolf Arnold Nádas jetzt sagen würde. Sie sagten nicht, mein Vater, unser Vater, mein lieber Vater, unser lieber Vater selig, sondern sie sagten, was würde der Adolf Arnold Nádas dazu sagen. So, mit dem verächtlichen bestimmten Artikel. Aber sie sagten es nur, um lachen zu können, um ihn über seinen Tod hinaus auslachen zu können. Er war eine gekränkte Persönlichkeit, weswegen, wüsste ich nicht zu sagen, er war einfach ein für die Zeit typischer gekränkter Mann. Es gab keine Gelegenheit, bei der sich Arnold von seinen heiß geliebten Eltern, denn so musste man es schreiben und sagen, die Eltern mussten heiß geliebte sein, dieses Pathos verlangten die Anstandsregeln der großen bürgerlichen Epoche, es gab keine Gelegenheit, bei der sich Arnold von Josefa und József nicht wenigstens symbolisch Genugtuung verschaffen musste.

Auch deswegen lachten seine Kinder ihren ewig weinenden und herumbrüllenden, gleichzeitig grausamen und sentimentalen Pantoffelhelden von Vater hinter seinem Rücken aus. Da stand ihre furchterregende Großmutter noch besser da. Die tobte wenigstens nicht. Sie war auf eine kalte, herzlose, ungeheuerliche und unverständliche Art grausam zu Bediensteten, Pächtern, Tagelöhnern, aber auch ihre Enkel mochte sie nicht. Nach Abschluss des bayrischen Knabeninstituts besuchte ihr zweitgeborener Sohn, mein

Großvater, in Berlin und Eindhoven die Landwirtschaftsakademie in der Hoffnung, dass er das bei Tiszasüly gelegene Landgut dereinst von seinem Vater übernehmen würde, aber er schloss das Studium nicht ab, weil er unfähig war, es abzuschließen. Aus irgendeinem auch seither ungeklärt gebliebenen Grund reiste er plötzlich nach Marseille, ließ dort zwei Fotografien von sich machen, zwei hübsche Miniaturen, die eine schickte er mit einer deutschen Widmung auf der Rückseite seinen Eltern, die andere schenkte er, wieder in Budapest, am 15. März 1885 Aurelia Rosenzweig zur Erinnerung. Auf dem ersten Bild ist deutlich zu sehen, dass dieses prächtige Menschenexemplar, dieser am ganzen Körper wohlgeformte Mann sich seit mindestens drei Tagen nicht gewaschen und gekämmt hatte, sein starkes Haar ragt struppig in die Höhe, denn er war nach einer durchzechten Nacht in Lacours Atelier in die Rue Saint Férréol gegangen, hatte bestimmt nur ein paar Stunden geschlafen, in seiner Hose, mit Weste und Jackett. Auf dem zweiten Bild sieht er ganz anständig aus, sein struppiges Haar ist zumindest von einem Hut bedeckt, den Überzieher trägt er locker über dem Arm, in der einen Hand die Glacéhandschuhe, in der anderen den Spazierstock mit Silberknauf, ganz lässig, zwischen zwei Fingern. Er heiratete Fräulein Rosenzweig doch nicht, und in solchen Fällen pflegte die Mutter des schluchzenden Fräuleins aus allen Briefen und Erinnerungsstücken ein Paket zu machen, eine Schnur darum zu wickeln und es an den Absender zurückzuschicken. So etwas war ganz schrecklich, ein eventuell wunderhübsches Fräulein aus guter Familie konnte wegen eines solchen dubiosen Typs nicht mehr heiraten, ihr Schicksal war besiegelt.

Das Gut in Tiszasüly war kein Großgrundbesitz, es war insgesamt viehundertneunundneunzig Morgen groß. Es war gutes Land, die besten Felder bei der Stadt Szolnok, von den Neumayers zuerst gepachtet, später dann gekauft. Auf den erhaltenen Fotos sehen mein Urgroßvater und meine Urgroßmutter auch nicht wie Großgrundbesitzer aus. Sie waren Großbauern, in einfacher, abgetragener Kleidung, auch wenn ein Teil der Fotos nicht in Szolnok, sondern in Karlsbad entstanden ist. Andere hingegen bei Strelisky in der Dorottya-Straße, dem damals bekanntesten Fotografen von Budapest, und für die Gelegenheit hatten sie sich wohl nach ihren Möglichkeiten schön gemacht. József Neumayer besaß auch noch eine Getreidehandlung in Szolnok, mit sechs im erforderlichen Abstand stehenden Silos. Aber da gab es die immerhin vierhundertneunundneunzig Morgen dieser guten Erde der Theißgegend, nur hielt mein Urgroßvater den Jungen, den Adolf Arnold, einfach für nicht geeignet für die Landwirtschaft. Der hat umsonst gelernt, was er angeblich doch irgendwie gelernt hat, er hat kein Gefühl dafür, er versteht die Arbeit des Bauern nicht, versteht nichts von der Erde. Wenn er selbst es dann nicht mehr schafft, kann der Arnold ja die Getreidehandlung in Szolnok übernehmen, aber auch da muss er zuerst was lernen. Mit dem Gut hingegen darf er nichts zu tun haben. Der würde sich weder mit den Knechten noch mit den Tagelöhnern verstehen. Das waren die Argumente. Er wolle das Gut führen, Handel werde er nicht treiben, sagte mein Großvater. Dann sei die Angelegenheit erledigt, sagte mein Urgroßvater. Punktum, sagte er, als sie nach rund zehn Jahren beim Notar den Punkt unter diese ganz einfache, ganz sinnvolle Entscheidung setzten. Wie es sich gehört, übernahm der ältere Bruder, Lajos, das Gut. Adolf Arnold wurde ausbezahlt, dann befahlen sie ihn Gott, mitsamt seinem üblen Charakter. Diesen durchaus vernünftigen Schachzug verzieh er ihnen nie. Und er übernahm die Getreidehandlung nicht einmal, als sich sein Vater schon gern von ihr getrennt hätte. Nach dem Tod meines Urgoßvaters wollte Adolf Arnold seinen Geschwistern das Gut in Tiszasüly abkaufen, aber die beinharte Josefa erlaubte es nicht. Dann würde er eben die Geschwister mit seinen Offerten einkesseln. Aber die Geschwister, Lajos, Ida, Regina und der damals in Pressburg lebende Miksa, machten nicht mit. Also sich wenigstens den Preis des antiken Schultertuchs unter den Nagel reißen. Wenigstens der heiß geliebten Mutter eins auswischen, ihre Absichten durchkreuzen, solange sie lebte.

Es kommt eher selten vor, dass ein Junge seine Mutter hasst; Adolf Arnold konnte seine einzige, angebetete Mutter, Josefina, nicht ausstehen. Aber es mag auch sein, dass Papanek in dieser verwickelten Tuchgeschichte nicht ganz die Wahrheit sagt. Wenn man sich schon im eigenen familiären Labyrinth verirrt, wie denn nicht in dem der anderen. Die Schwägerin meines Großvaters, Miksas Frau, entschied sich in Amerika jedenfalls für das neuere Tuch, nicht für das antike, so wie es mein Großvater, der seine Schwägerin kannte, vermutet hatte. Als Papanek ihm das mitteilte, soll es ihr mein Großvater aber nicht geglaubt haben. Er hatte seine Zweifel. Ich verstehe nicht, warum, wo er doch gerade dieses Ergebnis richtig vorhergesehen hatte, um den Preis für das antike Tuch zu erhalten. Nach lieber alter Gewohnheit tobte er in Budapest, er tue allen Gutes, nur Gutes, und doch werde er von allen betrogen. Er hätte bestimmt auch getobt, wenn die Sache umgekehrt gelaufen wäre. Er bezichtigte Papanek, sie wolle ihn umbringen, diese Frau treibe ihn in den Tod, ausrauben wolle sie ihn. Während ihm doch die gute Papanek nur den Sachverhalt hatte mitteilen und von ihm wissen wollen, ob sie nun also dieses vermaledeite antike Tuch verkaufen solle.

Von da an schrieb ich ihm nicht mehr, ich schrieb nur noch Deiner lieben Mutter. Das antike Tuch gehört selbstverständlich Euch. Schreib mir bitte, ich schicke es, wenn Du willst, ich habe es seit 1921 hier in Naftalin liegen. Ich glaube, dass sie es tatsächlich zurückgeschickt hat, denn ich habe dieses Tuch, oder ein anderes, ähnliches, als Kind noch gesehen. Es war schwarz, riesig, aus Seide, dunkelviolett und golden bestickt, offensichtlich barock oder noch älter, und wenn sie es in seinem Seidenpapier auseinanderfalteten, um es vorzuführen, sah man, dass der Stoff an den Falten entlang schon fadenscheinig oder zerfranst war. Ich weiß nicht, was aus dem Tuch geworden ist.

Dann springt Júlia völlig unvermittelt zu einem anderen, interessanten Thema über. Deinen Mann habe ich nur einmal gesehen, aber gleich gedacht, der wird schon das Rechte sein für Dich. Auch diese Mitteilung lässt vermuten, dass sie mit den Tüchern 1917 oder 1918 aus Budapest abgereist war. Magda Nádas heiratete 1918 Pál Aranyossi, ihre ältere Schwester hatte ein paar Monate zuvor László Mándoki geheiratet. Nicht einmal das Ende des Trauerjahrs nach György Nádas' Selbstmord hatten sie abgewartet. Sie heirateten, um so rasch wie möglich aus der Nähe ihres Vaters zu verschwinden. Die am Boden zerstörten Eltern hatten auch kaum die Kraft, dagegen zu protestieren, dass ihre Töchter einen vermögenslosen Arzt und einen vermögenslosen Journalisten heirateten, obwohl sie doch eigentlich an Gleichgestellte hätten verheiratet werden müssen. Das Familienvermögen soll nicht ab-, sondern zunehmen. Die Tanten und Onkel machten bei den sonntäglichen Abendessen in der Nagykorona-Straße, Dreikronengasse, noch ein bisschen Lärm, Mésalliances seien das, auf die sich die Familie nicht einlassen dürfe. Ein Skandal sei es. Bis Mór Mezei seine Söhne, Töchter, Schwiegersöhne, Schwiegertöchter und Enkel still sein hieß; und um seiner Zustimmung Nachdruck zu verleihen, gab er den Mädchen *zusätzlich* dreißigtausend Kronen als Mitgift. Was in dieser Familie allerdings kein himmelsstürmender Betrag war, aber anno dazumal hatte auch er in Wien mit der um einiges vermögenderen Eugénia Schlesinger eine Liebesheirat geschlossen, und die Welt war nicht untergegangen, außerdem war er kein sinnlos verschwenderischer Mensch. Auch nicht geizig. Er war sparsam, und Großtun war seine Sache nicht.

Wie geht es Deinem Sohn, wo ist er? Wenn er mir seine Adresse schreibt, kann ich ihm bestimmt ein paar Dinge schicken, die man jetzt in Paris kaum bekommt. Gib mir Anweisungen, mein Magduschlein. Ich möchte nicht dumm dastehen, Dinge in der Welt herumschicken, die Ihr nicht braucht. Aber glaube ja nicht, ich leide an Größenwahn. Ich bin keine reiche Frau, die mit Geld um sich wirft. Nur weiß ich, was ich Euch schuldig bin. Ja, was Euch von mir zusteht. Ich darf nicht zulassen, dass Ihr auch nur eine Minute lang Mangel leidet. Und in diesem Zusammenhang muss ich, mit der Bitte um Dein Verständnis, etwas klären. Dein Mütterchen hat mir einmal 10000 Kronen gegeben. Gewissermaßen als langfristiges Darlehen, so hatte sie es sich ausgedacht, damit ich kein schlechtes Gefühl hatte deswegen. Es solle so lange bei mir sein, bis ich in Amerika in eine Lage gerate, wo ich es unbesorgt zurückgeben kann.

Mein Magduschlein, schreib mir also, was ich von Euch wissen will.

Das heißt, sie will wissen, wer was braucht.

Anstelle von Fröl schickt Dir zahllose Küsse die 170 Pfund schwere uralte Júlia.

Immer reicht der Ältere, und unter den Älteren der Angesehenere, die Hand zuerst, und ebenso bietet er zuerst das Du an.

Warum.

Weil es so Brauch ist.

Die Kenntnis der Etikette oder der Tischmanieren stammte in den meisten Fällen nicht von Júlia, sondern von Fräulein Jolán.

Nicht nur bei Tisch darfst du nicht in deinen Mund hineinlangen. Du darfst nie in deinen Mund hineinlangen. Nicht einmal dann, wenn du vor dem Essen die Hände gewaschen hast. Zum einen tut man das nicht, es ist hässlich, niemand ist neugierig zu sehen, was du gerade im Mund hast, zum anderen schleusen wir nicht absichtlich Bakterien in unseren Organismus ein.

Tante Magda beschreibt diese gleiche Bakteriengeschichte in ihren 1978 im Kossuth Verlag erschienenen Memoiren *Unsystematische Autobiografie*. Knapp zweijährig, teilte sie auf dem Laubengang vor der Wohnung in der Hold-Straße ihren Kipfel mit einem Hund, dem semmelfarbigen Dackel der Tante Fritz, obwohl ihr die Mutter immer wieder erklärt hatte, warum sie das nicht tun solle. Tante Fritz war die Witwe eines Offiziers, sie lebte von ihrer bescheidenen Rente mit ihrem Dackel in einer kleinen, auf den Hof gehenden Wohnung.

Wenn sie den Kipfel einmal dem Hund, dann sich selbst in den Mund stecke, würden sich in ihrem Mund Bakterien niederlassen und in ihrem Bauch Würmer wachsen. Aber wie sonst hätte sie ihre Jause mit dem Hund teilen können. Stücke vom Kipfel brechen, dazu war sie unfähig. Sie steckte ihn dem Hund ins Maul, der biss ein Stück ab, so aßen sie ihn gemeinsam. Manchmal bekam sie eine Semmel. Gyuri, ihr Bruder, zeigte ihr, wie sie es machen solle, da war er schon ein großer Junge, drei Jahre alt. Gyuri trat auf die Semmel, die Hälfte schaute unter seiner Sohle heraus, er zog an ihr. Siehst du, wie einfach, die Semmel reißt gleich entzwei, du kannst sie nehmen und dem Hund geben. Ausgerechnet in dem Moment öffnete ihr Vater die Kinderzimmertür. Und schon brach das Gebrüll los, was macht ihr da, was habt ihr verfluchten Kinder mit dem Brot getan, alle sollen verflucht sein, die das auch nur einmal tun, was bin ich für ein Unglücklicher, dass mich das Schicksal mit solchen Kindern geschlagen hat, und wo ist die Fröl Jolán verschwunden, warum überlässt sie die Kinder auch dauernd sich selbst. Jolán hat dem sündigen Tun den Weg bereitet, der Entweihung des Brots, des lebenswichtigen Brots, des teuren Brots. Und wo ist die Júlia schon wieder, wo bleibt die denn dauernd. Damit sie das Brot mit den Füßen treten können. Jolán ist in die Küche gegangen. Warum geht sie in die Küche, wenn er sie doch dafür bezahlt, dass sie nicht in die Küche gehe, sondern bei den Kindern sei. Sie ist in die Küche gegangen, weil Pistas Milch abgekühlt ist, man muss sie wieder aufwärmen. Und wo ist das Fräulein Júlia. Ich halte mir da zweie, und keine bringt es fertig, auf die Kinder aufzupassen. Holt sofort die Júlia herbei. Man darf nicht aufs Brot treten. Kann dieser einfältige Junge nicht einmal so viel lernen.

Gyuri, dieser Tölpel, schreibt meine Tante auch noch nach so vielen Jahren verächtlich, ertrug die Demütigungen wortlos, ertrug schweigend, dass sein Vater ihn einfältig nannte und verprügelte, sie hingegen habe sich gegen die eindeutige Ungerechtigkeit stampfend und kreischend gewehrt, auf den Aufruhr hin sei dann ihre Mutter ohne besondere Eile aus dem Badezimmer gekommen.

Die Bakterien setzen sich auf der Klinke, dem Geländer, deinen Händen fest. Warum. So wie die Spatzen, die Tauben, das Bakterium ist mit bloßem Auge nicht sichtbar, nur durchs Mikroskop, aber auch es sucht für sich Nahrung.

Es wäre gar nicht gut, wenn es seine Nahrung ausgerechnet in deinem Mund fände. Offenbar wurden in der Familie diese gesundheitstechnischen Weisheiten über mehrere Generationen hinweg weitergegeben, von Mund zu Mund gewissermaßen.

Solange man dir keinen Platz anbietet, setzt du dich nicht. Du darfst dich nicht an den Platz von jemand anderem setzen. Du grübelst nicht in deiner Nase. Das mit dem Nasengrübeln schärfte mir mein Vater besonders ein. Er sagte mehrmals, dass ich auch heimlich nicht in ihr grübeln dürfe, auch dann nicht, wenn es niemand sieht. Er schien den Satz nicht zu beenden, und ich wagte auch nicht nachzufragen, warum ich denn ganz heimlich nicht in der Nase grübeln dürfe. Erst Jahrzehnte später stolperte ich über den zweiten, unterdrückten Teil des Satzes. Es hatte einen ungarischen Mönch gegeben, Tihamér Tóth mit Namen, der mehreren Generationen heranwachsender Jungen das Leben gründlich verdorben hatte. In seinen Predigten und Büchern behauptete er strengen Tons, die bösen kleinen Jungen, die mit Lust in ihrer Nase grübelten, gewöhnten sich auch besonders leicht das Onanieren an, und so müsse man ihnen nicht nur den Pimmel, sondern auch die Finger und die Nase mit scharfem Paprika bestreichen, sonst gebe es später Rückenmarkschwund. Tihamér Tóth zerbrach sich sein ganzes langes Mönchsleben lang den Kopf über Methoden, mit denen man die Aufmerksamkeit der kleinen Jungen von ihrem Pimmel ablenken könnte. Er schrieb strenge Fasten vor, kalte Duschen, die unerbittliche Trennung der Geschlechter, Züchtigung der Rückfälligen, biblische Verwünschungen.

Solange die Frau des Hauses oder die älteste am Tisch sitzende Dame ihre Serviette nicht entfaltet hat, hältst du still. Deine beiden Hände neben dem Gedeck, leicht aufliegend, nur die Finger und die äußeren Handkanten berühren den Tisch, deine beiden Ellenbogen drückst du an die Flanken, aber nicht krampfhaft. Du schlenkerst nicht mit den Armen, du fläzt dich nicht auf den Tisch. Dein Rücken ist gerade. Lass deine Schultern schön unten, davon wird die Haltung gerade. Aber nicht so steif, so gezwungen. Du darfst die Regeln nicht als Zwang auffassen, sondern mit Leichtigkeit. Solange die älteste Dame oder die Frau des Hauses nicht zu essen beginnt, isst du nicht, du beeilst dich nicht, der Zug fährt dir nicht davon, du nimmst nicht einmal das Besteck in die Hände.

Aber wo gab es schon eine älteste Dame oder eine Frau des Hauses. Meine Mutter war standesamtlich gesehen zweifellos eine verheiratete Frau, Ehefrau, aber sie war nie die Frau irgendeines Hauses gewesen. Es gab kein Haus. Keinen Sommersitz. Keinen Grundbesitz mehr. Ich verstehe ja schon, warum mein Vater so darauf pochte. Er wollte, dass ich in jedem Fall die damals noch gültigen Regeln lernte. Er gab Wissen weiter. Klappere nicht mit dem Geschirr. Schmatze nicht. Schlürfe nicht. Wir klopfen nicht mit dem Besteck aufs Porzellanservice. Bei Großmutter Tauber in der Péterfy-Sándor-Straße gab es gar kein Porzellanservice. Jeder Teller hatte ein anderes Muster. Nimm weniger in den Mund. Man kaut nicht mit offenem Mund. Man langt nicht in die Suppe hinein. Man stochert nicht in den Speisen. Was du magst oder nicht magst, bleibt deine Privatangelegenheit. Du lässt nichts auf dem Teller. Bevor du trinkst, tupfst du dir den Mund mit der Serviette ab. Warum. Weil sonst am Glas eine Fettspur bleibt. Das ist für die anderen degoutant. Wenn du getrunken hast, wischst du dir den Mund erneut ab. Warum. Ich weiß nicht, warum, aber du wischst ihn dir ab.

Es war besonders lustvoll, die Momente zu erwischen, in denen auch mein Vater überrascht war, für etwas keine rationale Erklärung zu haben.

Bei Tisch ziehst du nicht die Nase hoch.

Nicht nur bei Tisch nicht, wenn ich bitten darf, sondern überhaupt nie.

Du starrst nicht unter den Tisch, und wenn du starrst, dann nicht so einfältig, du fährst nicht mit den Händen umher. Der Serviettenring ist nicht zum Rollenlassen da, sondern damit du auch morgen deine Serviette erkennst.

Du knetest nicht an deinem Pimmel herum, du kratzt nicht an deiner Nasenwurzel, du rufst nicht über den Tisch hinweg.

Man muss den Stuhlgang dieses Kindes prüfen, es kratzt ständig an seinem Hintern.

Du, der hat wieder Würmer.

In den Jahren nach der Belagerung war es nach Einbruch der Dunkelheit nicht ratsam, auf die Straße zu gehen, es war zwar erlaubt, aber nicht ratsam. Hingegen gab es keine Verdunkelung mehr. Es kam der Augenblick, da sich die Straßen entvölkerten, Eindunkeln hieß das. In diesem Moment war früher die Verdunkelungsvorschrift in Kraft getreten. Seit damals hat die Dämmerung für mich etwas Unheilverkündendes. Die Straßen waren ausgestorben. Die Stadt war ausgestorben. Vor dem Dunkelwerden zu Hause sein. Oder bei Fremden übernachten. Noch jahrelang fragte ich mich beklommen, ob wir noch rechtzeitig zu Hause sein würden, wann sind wir endlich zu Hause, beeilen wir uns, nicht bei Fremden übernachten. Unsere Schritte sollen nicht in leeren Straßen widerhallen.

Man brauchte die Fenster nicht mehr abzudecken, jeder konnte die Lichter brennen lassen, wie es ihm beliebte, sofern er es sich leisten konnte. Es gab keine Verdunkelung mehr. Es kamen keine Bomber mehr. Wer wollte, konnte bei offenem Fenster schlafen. Noch lange Jahre nach der Belagerung konnte ich kaum fassen, dass wir so maßlos frei waren. Noch sehr lange war für mich die unverdunkelte Stadt das größte Erlebnis, dass aus den Wohnungen Licht in die dunkle Nacht hinaussickern durfte, so viel es nur gab. Ich konnte mich an den Lichtern der Stadt nicht sattsehen, daran nicht, dass nie dunkle Nacht war. Und doch bleibt die Dämmerung unheilverkündend. In den Straßen brennen die Lichter. Es wird keinen Fliegerangriff geben, ein Fliegerangriff ist gar nicht möglich. Es gab keinen Fliegeralarm, keine Sirenen, die Bomber kamen nicht mehr. Der erste Satz meines Lebens versank auf Jahrzehnte. Und doch wurde es an den friedlichen Abenden auf den leeren Gehsteigen und in den leeren Straßen mit einem Mal bedrohlich still, und also war mit der Nacht doch nicht alles in Ordnung, war doch von ihr Abstand zu halten. Sie hätte in Ordnung sein können und war es doch nicht. Orte, entferntere, nähere, waren voller Schauder und Schrecken, voller Gerüchte, Vorfälle. Es war riskant. Lövölde-Platz, Schießübungsplatz, bloß nicht, Királyerdő, Königswald, Margareteninsel, unter gar keinen Umständen, Népliget-Park, Volkshainpark, Városmajor-Park, Stadtmeiereipark, Horváth-Garten, Stadtwäldchen, alles Orte des Horrors, der Morde, der Attentate. Nachts schrillten aus dem Dickicht eines stummen Trümmerviertels Schreie herauf, Hilfe, Hilfe, weibliche Stimmen, tiefere Männerstimmen. Es war schon ziemlich seltsam, dass man überall in der Stadt hochschrecken konnte, weil auf der Straße gerade jemand zusammengeschlagen, ausgeraubt, umgebracht wurde. Dank meiner Hörerfahrungen in den Zeiten nach der Belagerung kann ich sagen, dass in Notlagen auch die Männer kreischen, flehen, winseln und weinen. Oder jemandem wird ein Messer in den Rücken gestoßen, und du hörst seinen Schreien an, wie ihn seine Seele verlässt, diesen Unbekannten, der sich aber genauso verhält, wie du dich in einer ähnlichen Lage verhalten könntest, und niemand kommt dir zu Hilfe, alle haben Angst um ihr kleines Scheißleben, für jemand anderen opfern sie sich schon gar nicht auf. Zu einem solchen Opfer sind nicht einmal meine wackeren kommunistischen Eltern bereit. Dann hört man auf der Straße nur noch schnelle Schitte. Die

Stille des Todes. Der Raubmörder ist weggerannt. Aus dem Toten kommt Stille, im Körper des Toten ist so viel Stille, dass sie bis in den sechsten Stock hinaufreicht. Manchmal waren die Täter allein, manchmal zu zweit. Zwischen den Palatinus-Häusern oder in der Sziget-Straße, Inselstraße, an der Stelle des zerbombten Eckhauses, wo der leergewordene Platz später mit einem Lattenzaun umgeben und zu einer Eisbahn wurde, bestimmt hatte sich das Opfer dorthin geflüchtet, oder unter den Bäumen der Pressburgerstraße lief das alles immer genauso ab wie in der Péterfy-Sándor-Straße oder in der Dembinszky-Straße oder danach auf dem Theresienring. Drei Jahrzehnte später, in New York im Garment District, Twelfth Avenue Ecke achtunddreißigste Straße, fuhr ich in einer extrem kalten Januarnacht auf gleiche Schreie hin aus dem Schlaf hoch, diesmal war mir in einem achzehnten Stockwerk oben sonnenklar, was auf der Straße unten geschah, jemandem ist ein Messer in den Rücken gestoßen worden, seine Seele ist dabei, ihn zu verlassen. Und auch in der nächsten Nacht, in zwei aufeinanderfolgenden verschneiten, eisigen Januarnächten. Sodass ich noch weniger wusste, wo ich mich befand und ob mein ganzes Leben vielleicht nur ein einziger Albtraum war, wo immer ich es hintrug.

Bei solchen Gelegenheiten stürzten sich in Budapest alle, in allen Wohnungen, in der ganzen Straße, aus dem Bett, ans Fenster, alle Lichter gingen an. In New York geschah nichts. Ich habe es ausprobiert. Vom achtzehnten Stock ist es gefährlich, auf den Gehsteig hinunterzuschauen. Es blieb ein Tonspiel. Als würde gar nichts geschehen. Wenn sie sahen, wo das schreiende Opfer war, wo die Räuber liefen, begannen die Leute in Budapest wie verrückt aus dem Fenster zu schreien. Der Chor vetrieb die Räuber manchmal, dann hatte das Opfer Glück, es sang glücklich seine eigene Arie, einmal hörte ich, wie jemand die Marseillaise sang, die dreckigen Schufte waren weg, vielleicht fielen auch Schüsse, aber auf die Straße wagte sich niemand. Niemand ging hinunter, um sich mit dem weiterziehenden Sänger zu freuen, auch nicht, um zu helfen.

Die ganze Stadt war jahrelang eine einzige große Empörung, wo ist in solchen Momenten die Polizei. Die Haustore blieben fest geschlossen. Notfalls hätte man nirgends Zuflucht gefunden. Die Hausmeister hatten die Aufsicht über die Tore, außer ihnen hatte niemand einen Schlüssel. Und es wäre auch eine Ewigkeit vergangen, bis der Hausmeister in seiner im Mezzanin oder im Erdgeschoss gelegenen Wohnung auf das Klingeln hin aufgewacht wäre, sich einen Morgenrock oder einen Mantel übergeworfen hätte und in Pantoffeln über den Hof geschlurft wäre. Die Sorge, nirgends Zuflucht zu finden, war noch lange ein wiederkehrender Albtraum.

Nach der Belagerung trieben fast zwei Jahre lang bewaffnete Räuberbanden ihr Unwesen in der Stadt, wer nachts unterwegs war, wurde zusammengeschlagen, wurde nackt ausgezogen, ausgeraubt. Und das war kein Scherz. Wer nicht zusammengeschlagen, nicht umgebracht wurde, stand vielleicht nackt vor einem fremden Tor und klingelte vergeblich. Eine Frau konnte noch froh sein, wenn man ihr die Unterwäsche nicht ausgezogen, ein Mann, wenn man ihm die Unterhose gelassen hatte. Diese Frauen und Männer kamen von der Arbeit, erklärten meine Eltern, sie gingen zur Arbeit, die Stadt arbeitet auch nachts, täte sie das nicht, gäbe es keine Elektrizität, kein Wasser, am Morgen kein Brot in der Bäckerei, und auch der Zeitungsverkäufer bekäme die neuste Ausgabe nicht, es gäbe keine Nachrichten. Trotzdem liefen sie nicht auf die Straße hinunter, um zu helfen. Niemand. Nach rund zwei Jahren hatte sich irgendwie eine Ordnung hergestellt, nach vielen Missetaten wurde auch der einsame Stadtguerillero erwischt, der Dönci Hekus, von dem man längere Zeit gemeint hatte, er, armer Bursch, sei nur aufs Geld der Reichen aus; er wurde verurteilt und aufgeknüpft, aber noch lange, sehr lange blieb die öffentliche Beleuchtung in Budapest höchst lückenhaft und schwach, die Nacht auf Plätzen und Straßen verdächtig. In den ersten fünfziger Jahren begann dann die Zeit der Lustmorde, Dönci Hekus' Saga war schon ein Ausblick auf diesen Genrewechsel gewesen, seine Raubmorde waren mit Lustmorden abgeschmeckt, aber auch kleinere Lebewesen nahmen nach der Belagerung überhand, man musste einen wahren Krieg führen gegen die Angriffe von Wanzen, Schaben, Eingeweidewürmern, Flöhen und Läusen, nicht zu reden von den Ratten und Mäusen.

Es war kein Zufall, dass Ende der fünfziger Jahre Miklós Mészöly einer Novelle den Titel *Bericht über fünf Mäuse* gab. Hier lebt in der Schlacht gegen die Mäuse die Erinnerung an die Schmach des Krieges weiter, in den Manövern gegen die Mäuse die Erinnerung an die Menschenjagd. Flöhe hatte ich keine, auch keine Läuse oder die Räude, aber trotz aller hygienischen Vorsichtsmaßnahmen entdeckten sie mehrmals in meinem Stuhlgang das Gewimmel langer weißer Bandwürmer. Auch der Kampf gegen die Wanzen und Schaben wollte nicht enden. Sie erwähnten immer wieder das Zyan, dass auch wir unsere Wohnung mit Zyan würden behandeln, sie für eine Zeit verlassen müssen, während der die Wohnung begast würde. Sie kommen und dichten alle Fenster und Türen lückenlos ab und füllen die Räume mit Zyangas. Anhand der Kubikmeter errechnen sie, wie viel wir zu zahlen haben. Der Kubikmeter ist die Multiplikation von Länge, Breite und Höhe. Den Begriff des Kubikmeters oder dass es auf der Welt die Multiplikation gibt, hörte ich zum ersten Mal im Zusammenhang mit dem geplanten Zyan-Manöver. Die Multiplikation gefiel mir sehr. Die Würmer in meinen Eingeweiden hingegen wühlten mich auf, sie mussten erbarmungslos aus mir vertrieben werden, vor allem aber war das Badezimmer aufgewühlt. Dass außer mir noch andere Lebewesen in mir lebten, ging eigentlich schon über den Verstand. Ein solche Verletzung der körperlichen Integrität war die Endstation für das rationale Denken. Sie zeigten sie mir, schau, da winden sie sich in den Exkrementen, sie leben von dir, die sind fähig, dir alle halb verdaute Nahrung wegzunehmen, die müssen wir alle ausrotten. Eigentlich hätte ich ja einverstanden sein müssen. Gegen die Wanzen wirkte das Zyan nur eine beschränkte

Zeit. Mein Vater dozierte unerschütterlich und klug, er sorgte dafür, dass ich in sämtlichen Winkeln meines Geistes und in jedem Fall mit den einschlägigen Information versehen war, wodurch das gemeinsame Handwerken, die Spaziergänge und Plaudereien etwas rigoros Sachliches bekamen, damit sich mein Geist gebührend veredle. Hingegen stand er bei solchen großen, sämtliche Gefühle berührenden Erschütterungen zumeist abseits, vielleicht war er auf die Erschütterung nicht neugierig, weil er keine Erklärung für sie hatte.

Als sie zum Schutz meiner körperlichen Integrität meine körperliche Integrität verletzen mussten, schaute er dem Manöver betreten zu, was alles machte man da mit seinem Sohn, ein bisschen hilflos, ohne das richtige Gefühl, assistierte er ungeschickt meiner Mutter, als wäre auch er von dem unerwarteten biologischen Durcheinander verblüfft und fände in den entsprechenden Fächern seines Verstands keine Erklärung dafür.

Mein Großvater Tauber zuckte mit den Schultern, nickte ein ums andere Mal, am Samstag, als ich ihm mit erstickter Stimme erzählte, was alles unter der Woche geschehen war.

Auch die Eingeweidewürmer müssen von etwas leben, Junge.

Es war wie eine kalte Dusche.

Großvater bezeigte keinerlei Anteilnahme, sondern sah die Situation vom Standpunkt der Würmer. Und zu Hause warteten sie wieder mit dem Einlauf. Ich wehrte mich mit elementarer Kraft. Gab Tritte, biss, obwohl ich das gar nicht wollte, aber ich kreischte und schlug um mich, ich weiß nicht, warum, ich tat es unwillkürlich, trat ihnen den vollen Irrigator aus der Hand, der Gummischlauch rutschte vom Schnabel des Behälters, alles im Badezimmer schwamm und schwappte. Ich wollte es nicht. Ich war außer mir. Sie drückten mich nieder, ich musste gegen alle Vernunft um meine Selbstbestimmung kämpfen, ich brüllte aus voller Kehle, auch meine Mutter brüllte, dazu lachte sie mich aus, es schüttelte sie vor Lachen, wenigstens mein Vater wagte mich nicht so lauthals auszulachen. Natürlich lachte auch er mit, aber mit erschrockenem Blick, mit zitternden Lippen. Zwischendurch mussten sie den Kampf aufgeben, vor Lachen oder weil alles unter Wasser stand. Ich strampelte, kreischte, sie sollen mich nicht aufspießen, spießt mich nicht auf. Nicht aufspießen, liebe Mutti, meine liebe einzige Mutti, bitte, bitte, spieß mich nicht auf. Was wieder nur mächtiges Gelächter zur Folge hatte, sie boxten sich gegenseitig und klopften sich auf die Schenkel. Liebe Mutti und Bittebitte waren bei uns nicht üblich, nichts, das die Rationalität der Wörter verkrusten oder den nüchternen Ton mit spießbürgerlicher Sentimentalität trüben konnte. Übertreibung durfte sein, ja, Übertreibungen wurden mit Jubel quittiert, aber es musste ironisch übertrieben werden, damit es nicht sentimental wurde, die Tränen flossen ihnen hinunter, sie hielten sich am Türrahmen fest, aneinander, an den Handtüchern, Bademänteln, aber nicht doch, wir spießen dich doch nicht auf. Später erzählten sie es unter Gelächter in der Runde. Péter hat uns nicht gelassen, obwohl wir ihn doch aufspießen wollten. Ich hätte ihnen eher verzeihen können, wenn sie es nicht absichtlich getan hätten. Jawohl, aufspießen wollten wir ihn, aber er ließ uns nicht. Er gab seinen Hintern nicht her. Jahrzehnte später begegnete ich diesem Satz in Romain Garys Roman *Du hast das Leben noch vor dir*, den er unter dem Namen Émile Ajar veröffentlicht hat. Den Satz, den ich sonst nirgendwo je gelesen oder gehört habe, gibt im Roman die sterbende jüdische Überlebende, Madame Rosa, dem arabischen kleinen Jungen, Momo, auf den Weg. Nach ihrem Tod werde er allein bleiben. Du kannst alles tun, nur deinen Hintern gib niemandem her. In ihrer letzten Stunde benennt sie das Tabu. Mit dem Tabu kehrte auch die Ironie in mein Bewusstsein zurück. Auf die Nachricht von meiner Heldentat, dass ich meinen Hintern nicht hergegeben hatte, gab es ein allgemeines schallendes Gelächter. Was aber meinen ehrenwerten Hintern betrifft, so schwiegen sie zum Glück von meiner größten Schande, von der sagten sie nichts. Während sie lachten, zitterte ich, mein ganzes Seelchen zitterte vor Angst, sie könnten es erwähnen.

Sie waren so vernünftig, den Mund zu halten.

Also hatte die Tabuverletzung auch bei uns ihre Grenzen. Sie erzählten ihren Freunden nicht, was danach noch geschehen war.

Denn nach einer Weile rissen sie sich zusammen und nahmen den Kampf wieder auf. Halt ihm die Hände fest. Jetzt halt ihm doch endlich die Füße fest. Sonst reißt er es wieder heraus. Als wir die entsetzliche Demütigung, die darin bestand, dass sie ein sorgfältig eingecremtes Bakelitrohr in meinen Anus steckten, in meinen Enddarm, in mein Arschloch, und einfach einen kleinen Bakelit-Wasserhahn in mich hinein öffneten, als wir das alles hinter uns und sich die Wogen geglättet hatten, kam erst das Schmerzhafte, das Rohr war ja noch leicht hereingerutscht, aber dann stach es, und wie, sie flößten mir den ganzen lauwarmen, stinkenden Inhalt des Behälters unbarmherzig ein, füllten mich mit dieser bestialisch stinkenden Flüssigkeit auf, die diesen Bestien den Garaus machen sollte; oder sie versuchten es mit dem Saft von ausgepresstem Knoblauch, damit nicht nur dieses scheußliche Gewürm, sondern auch seine Larven herauskamen, au, ich kann nicht mehr, Mutti, es brennt, liebe Mutti, es tut weh. Halt noch ein wenig durch. Genau dann ist es richtig, wenn du nicht mehr kannst, es soll ruhig spannen. So sehr kann es doch nicht weh tun. Sei doch nicht so ein Hasenfuß, so ein Muttersöhnchen. Brenn es ihm zurück, wenn es brennt. Der Behälter ist schon fast leer, nur noch ein wenig, so, noch ein wenig. Nicht zu reden von der Demütigung, die auf die bereits erlittene folgte. Ich wollte ein braver Junge sein, auch wenn ich ganz unbrav schrie. Zum Glück schwiegen sie von der letzten Demütigung. Denn am Ende wollten sie auch noch recht behalten, damit der notwendige, aber gänzlich ungerechte und schmähliche Vorfall mit gemeinsamem Schweigen besiegelt werden konnte, und so verlangten sie von mir immer wieder, ich solle zugeben, dass es doch gar nicht so schlimm gewesen war, nein, nein, und wir haben es ja glücklich hinter uns.

Das tut ihr aber nicht mehr mit mir, nicht wahr. Sie sollten mir versprechen, dass sie es nicht mehr tun würden.

Wir müssen zwar noch die Scheiße von der Decke kratzen, mein lieber Junge, wir müssen zwar noch dieses im Dünnschiss schwimmende Badezimmer mit Lysoform reinigen, aber lass uns so verbleiben, dass alles in der allerbesten Ordnung ist, wohingegen wir dir ein solches Versprechen leider nicht geben können, denn wir werden es genau so oft tun, wie es sich als nötig erweist.

So etwas wäre meinem Vater nie über die Lippen gekommen, das vom im Dünnschiss schwimmenden Badezimmer, und ihm selbst wurde ganz mulmig bei dem Gedanken, dass sie das Manöver gegebenenfalls wiederholen, mich in der Tat aufspießen würden, so schonungslos war nur meine Mutter, meine liebe, einzige Mutter.

Du sprichst nicht laut, bist bescheiden, zurückhaltend, du beobachtest, machst über niemanden hämische Bemerkungen, mein Vater, mein lieber, einziger Vater bläute mir eher Sätze dieser Art ein. Bei Tisch plauderst du ausschließlich mit deinen unmittelbaren Nachbarn, du brüllst nicht über den Tisch hinweg, du ziehst in Betracht, dass auch die anderen mit ihren Nachbarn plaudern müssen, du darfst dich niemandem aufdrängen. Du wünschst nie einen guten Appetit, der wird immer nur dir gewünscht, von der Dame oder dem Herrn des Hauses, du hast höchstens dafür zu danken. Wir zum Beispiel wünschen unseren Gästen bei Tisch nicht guten Appetit. Das ist unsererseits keine Unfreundlichkeit, sondern ein seinerseits ebenfalls feststehender Brauch. Wir halten uns an diesen. Und so weiter, die vielen Regeln, die vielen feststehenden Bräuche, die er alle kannte, hatten kein Ende. Aber warum wir bei Tisch nicht guten Appetit wünschten, erklärte er nicht, ich konnte noch so oft nachfragen, denn ich verstand nicht recht, was es mit diesen feststehenden Bräuchen auf sich hatte. Wenn die Bräuche nebeneinander bestanden und fortbestehen mussten, wenn sie sich überlappten und nicht jederzeit und überall gültig waren, woher sollte ich dann wissen, wie fest es in dem einen oder anderen Fall um den Brauch stand. Dafür hätte ich ihm die entsprechende Frage stellen müssen. Aber da war nur Leere, ich konnte die Frage nicht formulieren. Womit auch die weiteren Fragen verhindert waren.

Sie verstanden nicht, was ich wollte, sie schauten mich fragend an. Lange befürchteten sie, ich würde ein Stotterer werden wie Pista, Bandi und Miklós, die Brüder meines Vaters.

Eine Zeitlang befürchtete auch ich es ernstlich, denn ich übernahm bereitwillig ihre Angst, dass mir das Gleiche passieren würde wie Pista, Bandi und Miklós, dass ich vor der Aufgabe, mein Leben zu leben, so zurückschrecken würde, dass ich nicht einmal würde sprechen können. Zum Glück rollte ich das r nicht. Magda rollte es. Özsi auch, aber nicht so stark.

Wenn ich heute öffentlich sprechen muss, tritt manchmal hinter der Bühnenverkleidung ihre damalige Angst hervor. Und um nach so vielen Jahrzehnten dieser Angst Herr zu werden, beginne ich absichtlich zu stammeln. Bringen wir dieses innerliche Stammeln hinter uns. Stülpen wir unsere Eingeweide nach außen. Zeigen wir doch endlich, was darin ist. Nichts anderes als bei euch. Das Stammeln, Stottern, das Suchen nach Wörtern macht immer einen guten Eindruck auf die Zuschauer, sie sehen befriedigt, wie hinfällig der Redner ist. Die toten Seelen meiner Ahnen leben mitsamt ihrem Gestotter in mir. Ich führe mit meinem physischen Sein ihr physisches Sein vor, ich zeige den vielen Wildfremden, dass unsere Familiengeschichten die Geschichten der Sprachfehler und der Hinfälligkeit sind. Sie sehen, wie ich nach den Wörtern suche, wie ich um sie ringe und mich dafür nicht schäme, wie ich also meine persönliche und familienhistorische Hinfälligkeit reflektiere. Ich habe keine fertigen Formeln. Sie sehen, dass meine Unabhängigkeit nur ein Streben ist, dass ich das Streben aber ernst nehme. Ich strebe nach dem optimalen Resultat, nach deutlich formulierten, korrekt intonierten Sätzen, aber noch vor dem geschätztesten Publikum habe ich keine Sicherheit, das gewünschte Optimum je zu erreichen. Meine beschränkten Fähigkeiten setzen mir Grenzen, und dazu kommen noch die falschen Wegweiser und auf die Person zugeschnittenen Einschränkungen von Seiten meiner lieben Vorfahren. Mit dem absichtlich vorweggenommenen Gestammel und Gestotter gelingt es mir zwar, mich mit ihrer damaligen Befürchtung nicht zu identifizieren, aber damit bin ich noch nicht weiter.

Ich sehe manchmal die grundlegenden Probleme des unabhängigen Denkens so deutlich vor mir, dass dieser schlaue Trick nichts nützt und ich tatsächlich, nicht nur zum Spiel, nicht im Sinn einer Vorwegnahme, zu stammeln und zu stottern beginne. Wie lustvoll zu wissen, woher das kommt. Wer sich eine Grube gräbt, fällt selbst hinein. Ich blicke ganz gut durch, sehe die Situation, in die ich mich mit meinen ineinandergepferchten Fragen und den zu ihnen führenden Assoziationenketten, das heißt mit meinem komplexen Reflexionszwang auf ein Leben verheddert habe. Ich sehe, wie an bestimmten strategischen Punkten meines Bewusstseins, an Knotenpunkten motivischer oder sachlicher Entsprechungen, Ähnlichkeiten und Identitäten sich der Anfang und das Ende meines Lebens berühren oder auch wieder so ineinander verheddert sind, dass ich sie nicht trennen kann. Wenn meine Zunge strauchelt, soll sie eben straucheln. Wenn das Unauftrennbare einen Kurzschluss verursacht, soll es eben einen Kurzschluss verursachen. Wenn ich nichts zu sagen habe, soll ich eben schweigen. Wenn ich mich in Widersprüche verstricke, soll ich klar sehen, dass mein geschätztes Denken zwischen Widersprüchen dümpelt.

Oder ihre Behauptungen widersprachen sich, und wieder wusste ich nicht, was ich damit anfangen, wie ich dagegen protestieren sollte. Manchmal stieß sich die methodologische Erkenntnis an der sachlichen. Ich erkannte etwas, und dieses Etwas zeigte gleichzeitig zwei Gesichter, für die ich keine Wörter oder Erklärungen hatte. Schon deshalb nicht, weil meine nächsten Angehörigen fast schon hysterisch nach der einzig gültigen Erklärung, der einzig gültigen Metapher suchten. Nach mathematischen Darstellungen, nach Geometrie, nach chemischen Formeln, mit denen der Vorgang oder das Phänomen lückenlos zu fassen wären. Ihre Behauptungen, ihre Erinnerungen mussten widerspruchsfrei sein. Lieber belogen sie sich selbst, nur damit keine Widersprüche stehen blieben. Das war die größte Angst der modernistischen Welt, das war ihr größter Bumerang, der Widerspruch. Sie strebten nach einer eindeutigen Welt, und wenn die heute noch nicht ganz so glücklich ist, werden wir sie bis morgen zurechtbiegen, sie von ihren Widersprüchen befreien.

Nach langen Jahrzehnten noch fühlte ich mich bis ins Mark gedemütigt, wenn jemand sagte, meine Aussage sei aus diesem oder jenem Grund widersprüchlich.

O Gott, meine Aussage ist widersprüchlich. Na und, dann ist sie's eben.

Wie könnte es denn anders sein, wo doch eine jede Sache ihre eigenen Widersprüche enthält, nicht nur einen Widerspruch, sondern sieben, zehn, und wenn dem schon so ist, warum sollte ich dann mit meiner Aussage nicht das System der Widersprüche aufdecken. Als wären die Dummköpfe am Widerspruch nicht interessiert, als sähen sie nicht, als wollten sie nicht verstehen, dass eine Sache nie nur eine Sache ist, sondern zögen es der Einfachheit halber vor, die widersprüchlichen Tatsachen, die parallel erscheinenden Welten aus dem Erkenntnisprozess auszuschließen. Was ist, darf nicht sein. Das ist Gegenstand einer großen Diskussion, wie sie die Moderne mit sich selbst führt. Aber nur sie mit sich selbst, der Fundamentalist seinerseits beschäftigt sich nicht mit Selbstwidersprüchen. Er scheißt darauf. Die Welt ist, wie sie ist. Oder die Welt soll nicht so sein, sondern anders. Aber anders gemessen woran. Bestimmte Phänomene sollen gar nicht wahrgenommen werden. Ich soll nicht wahrnehmen, was ich wahrnehme. Oder ich soll anders sein, und dadurch soll sich meine Wahrnehmung verändern. Gebt dem Universum einen Fixpunkt. Der Fixpunkt bin selbstverständlich ich. Ich. Ich. Oder wenn auch das nicht geht, weil wir mit der Relativität oder dem asketischen Wunsch nach Entselbstung auf Kollisionskurs geraten, dann wollen wir nicht vom Wahrgenommenen sprechen, sondern lieber vom Wünschenswerten, das ja jenseits der Widersprüche steht, beziehungsweise die archaische Sehnsucht nach der Schaffung einer widerspruchsfreien Welt nicht behindert.

Tilgen wir doch endlich alle die unerwünschten Elemente, schneiden wir doch endlich diesen oder jenen Teil unseres Körpers ab, da er aus dem fortschrittsgläubigen Weltbild hinausragt.

Es sind ja immer sie, die sagen, was hinausragt. Nichts soll hinausragen. Ich hätte es gern akzeptiert, versuchte es auch um des lieben Friedens willen, aber es war ihr Wunsch, nicht meiner, und ich verstand nicht, wozu sie das brauchten, warum sie es verlangten, warum sie mich manipulierten, und wieder mussten Jahrzehnte vergehen, bis ich einigermaßen begriff, worum es bei dieser fortschrittsgläubigen Logik gegangen war, dieser widerspruchsfeindlichen utopistischen Ignoranz.

Besser gesagt, ich verstand meinen verbissenen Widerstand gegen das normative Denken lange nicht. Es muss sein. Ich bekam Wutanfälle, schmiss mich auf den Boden, wälzte mich in meiner Qual, worüber sie natürlich lachten. Aber als ich vor Wut ohnmächtig wurde, mussten sie doch etwas Vernünftiges tun. Sie telefonierten. Keine Antwort. Sie rannten. Vom sechsten Stock hinunter, über die Pressburgerstraße, hinauf in den dritten Stock, um die Elza Baranyai zu holen, damit sie mit mir machte, was in ihrer ärztlichen Macht stand. Mein kleiner Bruder wiederholte die Szene vor meiner Nase, auch bei ihm der gleiche Ablauf. Nur eine anhaltende Ohnmacht wirkte auf sie. Mein Bruder hat eine braune Haut, die sah vom Luftmangel noch blauer aus.

Die feststehenden Bräuche blieben für mich lange ein Geheimnis mit sieben Siegeln, oje, diesen Code kann ich nicht knacken; wo standen sie, und warum standen sie so fest. Und wenn sie so fest standen, warum dann nicht auch bei uns. Und doch blieb einer der Bräuche für mich so fest stehen, dass ich es auch heute kaum über mich bringe, meinen Gästen, oder wem auch immer, einen guten Appetit zu wünschen, obwohl ich, je älter ich werde, umso klarer sehe, dass meine Gäste ihren mindestens ebenso rigorosen Regeln gemäß darauf warten, ist doch ihr Brauch viel weiter verbreitet. Ich wenigstens weiß, worauf sie warten, welches für sie der feststehende Brauch ist, sie hingegen verstehen nicht, warum ich meine Gastgeberpflichten vernachlässige. Unser feststehender Brauch erscheint vom Gesichtspunkt ihres feststehenden Brauchs als Fauxpas, aber auch wenn ich sehe, dass sie konsterniert sind, bringe ich es nicht über mich. Ich kann mich über die bei uns aus welchen Gründen auch immer feststehenden, herrschenden Bräuche einfach nicht hinwegsetzen. Dieses meine Person umschließende Etwas, dieses Beiuns, dieses Gemeinsame, Ausschließliche ist größer als die einzelne Person, da mochte ich noch lange protestieren, stammeln, in Ohnmacht fallen, noch lange, ein Leben lang, eine Menge dagegen tun oder es zu analysieren versuchen, es gibt kaum nach, und vor allem in solchen belanglosen Fragen gibt es nicht nach. Auch wenn ich einen Spalt, einen Ausgang, ein Türchen finde, auch wenn ich auf ihre feststehenden Bräuche spucke und sie längst abgelegt habe, muss ich erkennen, dass ich von ihnen gebannt und vereinnahmt bin.

Einmal bei einem mehrtägigen Ausflug im Pilis-Gebirge, der nie enden wollte, wir wanderten und wanderten durch die Wälder, irgendwo zwischen Dömörkapu und Pilisszentkereszt, es war unbegreiflich, wozu wir so lange wanderten, wohin wir in diesen Bergen hinunterstiegen, wohin hinauf, und warum sie mich nicht trugen, warum sie so still waren und wir Kinder nicht einmal laut reden durften, wenn wir auf der Lichtung, auf der Wiese sind, dann kannst du deine Stimme herauslassen, es ist ein feststehender

Brauch, dass man im Wald nicht herumbrüllt, man stört die Vögel und das Wild nicht, und noch ganz schön weit weg von der Berghütte, wo wir dann, die ganze Gesellschaft, Erwachsene, Kinder unter großem Gelärme in einem eiskalten Schlafsaal die Nacht verbrachten, lehrten sie mich auch, dass mir nie kalt ist, nie heiß, dass ich nie durstig bin, nie hungrig, nie müde, nie schläfrig, und vor allem langweile ich mich nie, das solle ich mir jetzt gut merken. Und ich merkte es mir sogleich. Die vielen Nie gefielen mir. Und jetzt gehen wir weiter. Überhaupt, ich falle mit meinen körperlichen und emotionalen Bedürfnissen niemandem zur Last. Auch ihnen nicht. Wir gehen genau so lange, bis wir angekommen sind. Wenn mir langweilig ist, bin ich selber schuld. Sich langweilen ist das Vergnügen der Dummköpfe. Meine Dummheit ist meine Privatsache. Dieses Wort, dass mir langweilig ist, solle mir nie mehr über die Lippen kommen, sie wollen es nicht mehr hören. Das hast du nicht von uns gelernt. So etwas Dummes haben wir dir noch nie gesagt. Die Welt kennt keine Lücken, auch das Intervall und das Pausenzeichen gehören zur Musik. Ich habe kein Recht, mich zu langweilen. Ich dürfe auch nicht darauf zählen, dass sie mich dann schon auf die Schultern nehmen, mich schleppen würden, auch nicht darauf, dass ich mehr Wasser aus der Feldflasche trinken dürfe, als mir zusteht. Sie sagten, wie viele Schlucke, so und so viele, ich solle selber schauen, dass es nicht mehr werden. Du darfst dir nicht auf Kosten anderer Vorteile verschaffen. Das ist das Wasser, das wir haben, laut Landkarte sind wir noch weit weg von der nächsten Quelle.

Sprich's mir nach.

In diesem großen, dunklen Wald, wo Licht und Schatten auf uns herunterprasselten und ich vor Hunger, genauer, vor der panischen Angst vor dem Hungergefühl am Rand einer Ohnmacht balancierte, was ich seltsamerweise jeden gesegneten Nachmittag um drei Uhr noch heute empfinde, als verlangte man von mir, meine liebsten körperlichen Privilegien ein für alle Mal aufzugeben. Ich friere nicht. Mir ist nicht heiß. Ich bin nicht müde. Ich bin nicht durstig. Auch nicht hungrig.

Und was ist es, fragten sie, damit ich es ja nicht wegließ, das wir nicht aussprechen.

Aber als ich es sagen wollte, ich hatte es ja überhaupt nicht vergessen, riefen sie lachend, hu, sag es bloß nicht, das wäre ja tödlich langweilig.

Ich verstand auch, dass die Verbote, die man sich selbst vorsagte, viel mehr bedeuteten als der aufgesagte Text, dass sie nicht von Durst oder Hitze handelten, nicht von diesen vergänglichen Empfindungen, sondern dass wir wieder hinwegtraten, dass ich zusammen mit ihnen hinwegtrat, die Füße in den gelben Schuhen mit Vorderkappe traten hinweg, wir treten über die Leiche hinweg, legen sie auf den Schlitten von Gömörsid und ziehen sie bis zur Sammelstelle, wir gehen über etwas hinaus, treten darüber hinweg, was mich ebenfalls gründlich fesselte. Jetzt besiegeln, bekräftigen wir etwas. Etwas, von dem ich im Übrigen weiß, schon immer wusste, noch bevor ich es ausspreche, weiß ich davon. Jemand muss die Leichen ja auch wegräumen. Es gibt etwas, das nicht rückgängig zu machen, das unverrückbar ist. Sie gaben nicht ihre Kenntnisse weiter, sondern machten mir sozusagen bewusst, was ich von der Schöpfung wusste. Während ich es ihnen nachsprach, denn sie ließen mich, während sie sich gegenseitig das Wort abschnitten, den heroischen Katechismus der Selbstdisziplin mehrmals hersagen, fanden sie es lustig, erstickten fast an ihren Worten, lachten, aneinandergeklammert, und auch ich freute mich, freute mich über unsere im Lachkrampf zuckenden Körper, über mich selbst, freute mich so wie sie über meine kindliche Bereitwilligkeit und gefährliche Gelehrigkeit. Jetzt würden sie es mir ein für alle Mal einbläuen. Sie übertünchen mit ihrer Forderung nach Selbstdisziplin und Selbstaufgabe meine Animalität, die viel stärker ist als ich. Sie lachten mich nicht aus, lachten nicht über meine Kindlichkeit, nicht auf meine Kosten, sie lachten über unsere gemeinsame Animalität, die natürlich aller Reflexion zum Trotz als ewiger, fürs Denken unbegreiflicher Widerspruch völlig unangetastet in ihrer ursprünglichen Form erhalten bleibt.

Sie lachten über die Hoffnungslosigkeit des Unterfangens, bestimmt lachten sie darüber, dass dieses Unterfangen in seiner fortschrittsgläubigen Undurchführbarkeit nur gerade verhindern konnte, dass alles noch unmöglicher wurde.

Ich konnte also meine Klagen nirgends mehr einreichen, was alles in allem nicht unbefriedigend ist und einen mit Ruhe erfüllt.

Dann wieder fiel mir ein zu sagen, das oder jenes stehe mir zu.

Dir steht auf der weiten Welt rein gar nichts zu, erwiderte Mutter still und beinahe gleichgültig, zu sollte höchstens dein Mund sein.

Die Weltordnung der Bräuche und der Benimmregeln ist zäher in der Erinnerung festgekeilt, als nach den verschiedenen historischen Zäsuren und kriegerischen Umwälzungen zu vermuten wäre. Auch nach ihrem Sinnverlust halten sich die Bräuche länger als der historische Moment, in dem sie wurzeln. Meine Großmutter mütterlicherseits, Cecília Nussbaum, bot dafür ein gutes Beispiel, sie folgte ihren speziellen Gewohnheitsregeln wie ein Uhrwerk, unerbittlich wie die Jahreszeiten.

Ich konnte lernen, dass es auch solche Menschen gibt. Die alles haargenau so machen wie die anderen, und meine Großmutter wusste nun wirklich, wann was zu machen war. Wenn zu Mittag geläutet wird, muss die Suppe auf dem Tisch dampfen. Sie war eine sehr einfache Frau, klein, rund und finster, Brillenträgerin, äußerst starrköpfig und tyrannisch. Bei ihr brauchte man die Serviette nicht aus dem Silberring mit Monogramm herauszuziehen, denn auf ihrem Tisch gab es weder Silberringe noch Damastservietten, und erst recht keine Monogramme. Auf dem von einem karierten Wachstuch bedeckten Küchentisch durfte ich meine Hände hinlegen, wohin ich wollte. Aber die Forderungen meiner Großmutter beruhten auf einem anderen, vielleicht noch unbarmherzigeren

System. Bürgerliches Getue, gute Manieren oder der Schein von Nettigkeit hatten bei ihr keinen Platz, denn diese Großmutter war eine brutale Frau, noch in ihrer wabernden Sentimentalität laut und aufdringlich, und genauso wenig gestattete sie Rebellion und Anarchie, wie sie sich meine ewig gegen die Anstandsregeln und Gebräuche aufbegehrende Mutter, nur sie und sonst niemand, erlaubte. Nicht nur ihr gegenüber, sagte meine Großmutter, benehme sich meine Mutter arrogant, sie sei überhaupt eine arrogante Person, ein ausgesprochener Azesponem. Sie hat sie geboren, aber dafür kann sie wirklich nichts. Wie kann jemand ein solcher Azesponem sein, sie versteht es nicht. Außer meiner Mutter hat es in der Familie noch nie eine so arrogante Person gegeben. Mit den anderen bin ich ja noch fertig geworden, die da ließ sich nicht anständig erziehen. Kein Wunder, dass sie dich keine Mores lehren kann. Staunen tu ich über gar nichts mehr. Mich kannst du mit deinem Benehmen ganz sicher nicht überraschen.

Es stimmt, meine Mutter machte jederzeit und überall Riesenszenen, wenn es ihr Gerechtigkeitssinn verlangte. Sie ließ sich von ihrem radikalen Gerechtigkeitssinn leiten, auf der Straße, in der Straßenbahn, bei den Arbeitersportlern, in der illegalen kommunistischen Bewegung oder an ihren Arbeitsplätzen, überall, sogar auch, wie ich später erfuhr, bei Verhandlungen auf allerhöchster Regierungsebene. Sie machte einen Skandal. Wenn ihr das Geflunker und Geheuchel zu viel wurden, platzte ihr der Kragen, es kam wie ein Blitz aus heiterem Himmel. In den Tiefen ihrer Seele war sie eine Anarchistin. Sie schlug mit den Fäusten drauflos. Sie ließ es krachen. Beobachtete lustvoll, bleich oder mit rotem Kopf, mit geweiteten Augen den Skandal, den sie losgetreten hatte. Rannte lustvoll mit dem Kopf gegen die Wand. Setzte hinter sich die letzte Brücke in Brand. Die denn auch niederbrannte. Wollen wir doch mal sehen. Mit sechsundvierzig war sie tot. Hinter dem allem schien die Hoffnung zu stecken, definitiv reinen Tisch machen zu können, den vielen Lügen den Rückweg abzuschneiden, um dann in diesem von ihr angerichteten Durcheinander alles ordentlich an seinen Platz zu stellen. Ihre ältere und ihre jüngere Schwester senkten vor der brutalen mütterlichen Herrschaft den Kopf, um des Scheins und des Familienfriedens willen, wobei sie selbst peinlich sentimental waren, mein einziger süßer Kleiner, mein Schätzchen, mein Herzchen, mein Schnuckelchen, mein Zuckerschnäuzchen, so was Süßes hat's auf der Welt noch nie gegeben, einen so süßen, klugen Kleinen, den ich zum Fressen gernhabe, was hat er doch für hübsche Schenkelchen. Nimm noch ein Stückchen Torte. Wenn du brav bist, kaufen wir dir ein Eis. Oder willst du lieber Türkenhonig haben, einen Luftballon, Zuckerwatte. Wenn du kein braver Junge bist, gibt's kein Eis, sondern ich verhau dir das Popochen. Den Teppichklopfer nehm ich, damit verhau ich dich. Meine Mutter war das Gegenteil. Sie verachtete ihre Schwestern für ihre Scheinheiligkeit, aber bei aller Verachtung stand sie gegen die Willkür ihrer Mutter gewissermaßen für sie ein, und sie auf ihre duckmäuserische Art zählten darauf, die Klári wird uns schon verteidigen, während sie mit allen ihnen zur Verfügung stehenden Wortschnörkeln, und deren hatten sie wirklich viele, das ewigschöne Feuer ihrer Heuchelei weiter schürten. Lange Zeit glaubte ich, Arroganz bestehe darin, die Heuchelei zu decken, die beiden Leisetreterinnen, Irén und Bözsi, zu beschützen, sie gewissermaßen vor sich selbst zu schützen. So blöd, berechnend und niederträchtig sie auch sein mochten, die eine auf stille, die andere auf laute Art, man muss doch für sie durchs Feuer gehen. Heute kenne ich das Wort Arroganz, verwende es vorsichtig, manchmal auch in fremden Sprachen, auch schriftlich, und muss doch in bestimmten Fällen heimlich in meinen klugen Wörterbüchern nachschlagen, ob es nicht vielleicht etwas ganz anderes bedeutet, als ich darunter, der Interpretation meiner Großmutter folgend, verstehe.

Und in der Tat bedeutet es etwas anderes. In der Tat bedeutet es nicht die selbstaufopfernde Verteidigung der Duckmäuser und Feiglinge. Verstehen und Missverstehen sind unwiderruflich ineinandergerutscht. Ich habe solche ineinandergerutschten Wörter, bei denen die ursprüngliche Bedeutung, das heißt die von mir missverstandene, auch noch in meinem Erwachsenenleben die stärkere ist. Dass aber die starrsinnige, schicksalhafte Unbarmherzigkeit meiner Großmutter durchaus ihre Erklärung hat, verstehe ich jetzt auch. Mit ihrer Heirat war sie in einer ganz fremdartigen Familie gelandet. In dieser neuen Umgebung entsprach die Morphologie der Wörter nicht ihrer Semantik. Sie hätte im Prinzip drei verschiedene, strenge Formen des Verhaltens in Einklang bringen müssen. Das ist für ein empfindendes Herz zu viel, drei verschiedene Verhaltensweisen kann man nicht in Einklang bringen. Wobei sie dazu sowieso nicht neigte, das war bei ihr der Haken, sozusagen der philosophische Haken. Sie wollte immer allen gegenüber, ja, gegen alle, ihrem eigenen Wissen Geltung verschaffen. Sie musste ihrem Wissen den Durchbruch verschaffen, und wenn es durch die Chinesische Mauer hindurch war, denn es beruhte ja auf dem Prinzip der Ausschließlichkeit.

Sie durfte keine Zweifel haben. Sie durfte sich nicht auf Erklärungen einlassen. Sie durfte nicht argumentieren. Bestimmt war ihr verboten, die Ausschließlichkeit aufzugeben, wie mir verboten war zu klagen.

Es ist nicht leicht zu akzeptieren, dass einem nichts zusteht, höchstens der eigene Mund. Dass man nicht einmal so viel zurückverlangen kann, wie man gegeben hat, denn dann würde man auf etwas pochen, das im Prinzip selbstverständlich sein muss. Es wäre ja auch selbstverständlich, wäre der Mensch nicht das Ausnahmetier, das immer mehr haben möchte, als es zu geben imstande ist. Nichts geben, lieber nehmen, stehlen, entreißen, einholen, einsammeln, sich einverleiben und es auch noch für sich reklamieren.

Das ist das Natürliche, das Animalische ist das Natürliche. Das Humane ist nur ein wünschenswerter Zusatz. Kants moralischer Imperativ funktioniert überhaupt nicht, das moralische Abwägen geht der Handlung nicht voran, sondern folgt ihr. Er benennt das

Wünschenswerte, er beschreibt nicht die Praxis. Das Wünschenswerte ist aber präsent.

Und abgesehen davon, was soll der Mensch mit den verschiedenen gleichzeitigen Anreizen anfangen.

Hin und wieder gelang es mir doch, meine Großmutter zu verunsichern. Wenn ich sie, ohne laut zu werden, vorsichtig, affirmativ, kühl und trocken mit anderen Regeln, mit unseren Regeln, mit den Verhaltensweisen der Familie meines Vaters konfrontierte. Es gelang selten, aber solche Momente blieben mir stark im Bewusstsein. Das waren meine kleinen methodologischen Siege. Es gab also doch einen Weg zum Wünschenswerten, sogar mit Menschen, die noch so verstockt animalisch waren. Man sah ihr an, dass sie Mühe hatte, uns aus ihrem Wir zu verdrängen, mit jedem einzelnen Lebewesen konnte sie das ja nicht tun, sonst wären sie und ihre Schwester Szerén ganz allein geblieben. Hin und wieder erschien ja doch die Tatsache am Rand ihres Bewusstseins, dass andere Regeln, anders feststehende Bräuche auch zu unserer Familie gehörten. Die Bräuche bei uns zu Hause. Schließlich war ja die Péterfy-Sándor-Straße nicht mein Zuhause. Zwar pendeln meine Eltern mit mir zwischen ihrer und der großelterlichen Wohnung, aber letztlich ist mein Zuhause in der Pressburgerstraße. Es blieb nur eine flüchtige Berührung ihres Bewusstseins, eine vorübergehende Irritation, ein Zucken mit den Augenbrauen, eine Befremdung, eine Vibration, eine Umschichtung ihrer Gesichtszüge. Mir aber genügte es. Sie konnte nicht über ihre Verlegenheit nachdenken, das sah ich, denn ihr grundsätzliches Misstrauen brach sofort wieder durch, gewann die Oberhand, entzog ihr den nüchternen Verstand und trieb sie zum Reden und Handeln an; oder der nüchterne Verstand fehlte ihr in einem Ausmaß, wie ich es mir aufgrund meiner rationalistischen Erziehung gar nicht vorstellen konnte. Immerhin konnte ich an ihren Gesichtszügen ablesen, dass ein Nachgeben für sie nicht in Frage kam, nein und nochmals nein, es gibt keine Ausnahme, wir halten um jeden

Preis und gegen alle an unserem fundamentalistischen Wissen fest.

Der einzigen frühen Fotografie nach muss meine Großmutter ein schönes Mädelchen gewesen sein, als sie in die Familie meines Großvaters hereinschneite und zum ersten Mal in ihrem Leben fotografiert wurde. Ihre Taille war fast so stark geschnürt wie die der Kaiserin, von deren Toiletten sie leidenschaftlich und in allen Einzelheiten zu schwärmen pflegte, von anderem erzählte sie nie, weder von Zwergen noch von Riesen, nur von der Sisi, und das unerschöpflich. Verliebt schwelgte sie von Sisis Händen, ihrem Alabasterbusen, ihren Lippen, ihren Armen, ihrer Wespentaille, ihrem Wuchs, ihrer Haltung, ihren Kleidern, ihren Schleppen, ihren Miedern, ihren Schleiern, ihren Opanken, Sisi, der einzige Gegenstand ihrer Phantasien und ihrer Anbetung. Ich weiß nicht, woher sie die Informationen über alle diese Einzelheiten bezog, lesen konnte sie zwar schon, aber die Bedeutung des Gelesenen erreichte ihren Verstand nie. Auf diesem alten Foto hat meine Großmutter ein kleines Gesicht wie ein fein gearbeitetes Juwel, ihr wildes schwarzes Haar ein Meer von Gekräusel, Wellen und Gischt. Ich ahnte, dass mein Großvater dieser dunklen, maurischen Schönheit verfallen war, und er diente ihr auch noch treu, als die Schönheit verblasst war. In meiner Kindheit war davon keine Spur mehr vorhanden, ihre Haut war ausgebleicht, ihr überschäumendes Haar hatte sich gründlich gelichtet und geglättet, war weiß geworden. Sie ließ es brutal kurz schneiden, jungenhaft, oder sie drehte es im Nacken zu einem praktischen kleinen Knoten, den sie mit einer Menge hässlicher Haarnadeln fixierte, aber mein Großvater blieb ihr stummer Diener. Die Haarnadeln waren in der ganzen Wohnung verstreut, unter den Stühlen, im Handtuch steckend, und hatten den Geruch ihres Haars an sich.

Ein Leben lang suchte sie in der neuen Umgebung ihren Platz, wobei mein Großvater sie sachte lenkte, er stand für sie ein, parierte, und das war vielleicht der schwierigste Teil seines Diensts.

Er übersetzte die Worte der Großmutter, redete sie irgendwie heraus, sie habe es nicht so gemeint, sie sage es nicht deswegen, sie habe bestimmt etwas anderes sagen wollen. Manchmal protestierte Großmutter, immer noch außer sich, der Großvater solle sie nicht Lügen strafen.

Papa, du strafst mich ja Lügen.

Du, Papa, straf mich nicht Lügen.

Großvater musste sie auch vor ihren Töchtern in Schutz nehmen, auch mit ihnen fand sie den Ton nicht, mit keiner von ihnen. Taub und gefühllos monologisierte sie vor sich hin, brauste auf, stauchte andere sofort zusammen. Den Schaffner, den Ladengehilfen, den Kohlenträger, die Marktfrauen, den Metzger, den Postboten, den Hilfshausmeister, die Nachbarn, denn die alle wollten sie dauernd betrügen, hereinlegen, zwei Kreuzer zu wenig zurückgeben, sie so verwirren, dass sie zweimal bezahlte. Denen wird sie dann Bescheid stoßen. Vor allem denen, die in der gesellschaftlichen Hierarchie weiter unten standen. Sie war eher eine Angstbeißerin, sie ging zum Angriff über, weil ihr die ganze Weltordnung unvertraut war. Auch ihr Dauergerede war ein Selbstschutz; sie redete die Luft voll, damit die anderen nicht zu Wort kamen. Damit sie sie nicht heruntermachten, wie sie sagte. Alle machen sie ja nur herunter. Das ganze Haus macht sie herunter. Sie sagte nicht, ihre Nachbarn machten sie herunter, denn das taten die wirklich, sondern das ganze Haus. Das Haus macht mich herunter. Sie hatte eine durch und durch dörfliche Einstellung, sie ging davon aus, dass das Dorf diese oder jene Meinung hatte, im Dorf sagt man das oder jenes, während diese hier alles geborene Budapester waren, die immer alles besser wissen müssen, obwohl sie nichts, rein gar nichts wissen. Die machen alles durcheinander. *Der ríah sol die trefn.* Der Teufel soll die holen. Sie nörgelte den lieben langen Tag, auf Jiddisch, auf Deutsch, sie wetterte, sie polterte, war ringsum auf Verteidigung eingestellt, so wie jeder anständige Provinzler, alle gegen alle, sie rang mit der Geisterwelt, sprach laut und dauernd in deren Namen, sprach zu den Gegenständen, sprach mit ihnen, machte sie zu Personen, oder sie platzte mit ihrem inneren Monolog heraus.

Wenn sie etwas dachte, sollten es auch die anderen hören. Ihre Worte berührten nicht den Verstand, sondern den Körper. Sie lebte in einem Wachtraum, aus ihm starrte sie auf uns heraus, und sie stieß sich dauernd an den allergewöhnlichsten Dingen. In ihrem Wachtraum, den außer meinem Großvater in der Familie niemand verstand, lebte die Kampfbereitschaft jener anderen, realen Geisterwelt. Ihre ländliche Allwissenheit, das unerschütterliche Wissen des Kollektivs vermochte sie nicht zu übersetzen oder gegen das urbane Wissen auszutauschen, das immer aus einem System revidierbarer Teilerkenntnisse besteht. Die Menschen sind schlecht, alle ohne Ausnahme, sind niederträchtig, gemein. Ich könne mir gar nicht vorstellen, wie gemein. Besser, wenn ich gar nie erfahre, wie niederträchtig sie sind. Hör mir auf, erwähn den gar nicht, das ist ein ganz Gemeiner.

Wenn sie eine Situation nicht verstand, brach es auf diese Art aus ihr heraus. Die Welt als Ansammlung von Übeltätern.

Wie können die Menschen denn nur so gemein sein. Glaub ja nicht, dass die Juden nicht gemein sind, die Juden sind die Gemeinsten. Sie sind neidisch, sie legen alle herein, sie würden am liebsten die eigene Mutter hereinlegen, die Nichtswürdigen.

Wir hatten eine unausgesetzt schnatternde, in Dauerprotest lebende kleine, runde, schrullige alte Frau vor uns. Es hatte die Erfahrung von sechzig Jahren gebraucht, bis ich sie wenigstens nachträglich bis zu einem gewissen Grad verstand.

Auch in die sonntägliche Fleischsuppe kam nur, was hineingehörte. Wenn sie erklärte, wie das Suppenfleisch zu seligen Friedenszeiten gewesen war, und sie ließ sich keine Gelegenheit entgehen, es zu erklären, butterweich war es gewesen, mürbe, das Messer glitt nur so hindurch, es zerfiel dir auf der Zunge, dann meinte sie natürlich nicht die Zeiten vor der Belagerung, sondern die vor dem Ersten Weltkrieg, die kaiserlich-königlichen Zeiten, die Zeit ihrer Kindheit, ihrer Jugend. Das waren die echten Friedensjahre gewesen. Danach alles nur eine Beute des Verfalls, der Zerstörung. Das war überhaupt ein Lieblingsausdruck von ihr, Beute, sei doch keine Beute. Das hieß, ich solle sparsam sein. Für sie hatten diese echten Friedensjahre von ihrer Geburt an insgesamt zwei Jahrzehnte gedauert, was der politischen Geschichte Österreich-Ungarns ungefähr auch entsprach. In Österreich war Graf Eduard von Taaffe der Ministerpräsident gewesen, in Ungarn Graf Kálmán Tisza. Während ihrer endlosen Regierungszeit hatten sich beide Mühe gegeben, das bürgerliche Streben nach Liberalisierung und Gleichheit zugunsten des Konservativismus, das heißt der Aristokratie und der katholischen Kirche, zu unterdrücken oder abzuschwächen, ohne aber der industriellen und wirtschaftlichen Modernisierung den Weg zu verstellen. Die politische Gleichheit sollte immer ein wenig geringer sein, als es die Logik der Modernisierung erfordert hätte. Großmutter sagte nicht, ich solle nicht verschwenderisch sein, nicht mit dem Geld um mich werfen, sie sagte, sei doch nicht so umwerfend. Das da ist ein umwerfender Mensch. Der dort, der ist ein großer Umwerfender. Was nicht bedeutete, dass der Betreffende ein hinreißendes Menschenexemplar war, sondern ein Verschwender. Ein großer Umwerfender war ein verschwenderischer Reicher. Eine Beute, der hat zwar schon was zum Verbeuten, aber unmoralisch ist das trotzdem. Ich hatte manchmal Mühe zu verstehen, was sie meinte, überhaupt dachte sie ja an Dinge, die ich nicht mehr kannte, weder vom Sehen noch vom Hören. Wo waren damals schon die echten Friedensjahre, zwei Weltkriege waren über die Tradition oder das Erbe der konservativ-liberalen Weltordnung hinweggerollt. Weltenbrände. Das war das Wort dafür, die zwei Weltenbrände. Wenn sie von den Friedenszeiten erzählte, klammerte ich mich an Hilfsbegriffe, die mein Bewusstsein auf unseren Sommerreisen gespeichert hatte, endlose Weizenfelder unter dem wolkenlosen blauen Himmel, während der Wind in den Ähren Wellen wirft. Meine Mutter brachte mir bei, Bilder zu speichern. Wenn uns zum Beispiel der Sonnenuntergang gefällt, brauchen wir keinen Fotoapparat. Mein Vater hatte einen Fotoapparat, eine uralte Ziehharmonika von Voigtländer mit einem aufziehbaren Verschlussmechanismus, ein kleines Wunderding mit Stativ und Selbstauslöser, mein Vater mochte besonders die Fotos mit Selbstauslöser, er zog den Verschluss auf, war schon aufgeregt, ob es ihm gelingen würde, rechzeitig ins Bild zu laufen, wenn er das lange Selbstauslöser-Kabel verwendete, brauchte er sich nicht zu beeilen, das Wort selbst war lustvoll, Selbstauslöser, Selbstbefriediger, alle Männer in der Familie fotografierten, sogar aufs Entwickeln verstanden sie sich einigermaßen, sie fotografierten mit Selbstauslöser, Selbstbefriedigung hingegen war streng verboten. Dass das eine in Ordnung war, das andere verboten, wusste ich, noch bevor ich verstand, warum eigentlich. Ich wusste schon, dass man von der Selbstbefriedigung gefährlich blutarm wird, sie wurde auch Selbstansteckung genannt, wurde aber deswegen nicht verständlicher, blass, kraftlos, schläfrig würde ich werden, am Ende verkümmert auch das Mark in meiner Wirbelsäule, ich würde verdummen, nur verstand ich lange nicht, welche Handlung das alles bewirkte und wie sich der Selbstauslöser zu diesem ansteckenden sprachlichen Rätsel verhielt.

Wir waren zum Rudern auf der Donau, bei wahnsinniger Hitze, in einem so heißen Sommer, dass man es nicht einmal auf den Uferkieseln aushielt, nirgends, nur auf dem Wasser. Über dem Wasser bewegte sich die Luft ein wenig. Sie ruderten, wanderten, zelteten leidenschaftlich gern. Schau es lange an, drehst den Kopf nicht, blinzelst nicht, du kannst die ganze Welt durch die Augen aufnehmen, wenn du schön ruhig und reglos bleibst. Die Lichtbrücke auf dem Wasser, lass die dämliche Lichtbrücke durch deine Augen hereinkommen. Das war ein Lieblingswort meiner Mutter, dieses Dämlich, damit schuf sie ein Gegengewicht. Es musste mitschwingen, dass sie diese schöne Lichtbrücke letztlich doch für eine sentimentale bürgerliche Idiotie, für Kitsch hielt, auch wenn sie sich davor nicht verschließen konnte. Mach jetzt die Augen zu, aber nicht so krampfhaft, du wartest, bis sich alle diese Lichtblitze, und was immer, diese Kringel und Sternchen schön legen. Was immer, und so weiter, diese Ausdrücke dienten ebenfalls der Verfremdung. Wenn du sie krampfhaft zumachst, beruhigen sich die Sternchen nicht oder nur langsam. Sobald da drinnen Ruhe ist, und es wird gleich Ruhe sein, meine ich, dann beschwörst du es herauf. Sie fragte, ob im Dunkeln Ruhe sei. Nicht ganz. Sie fragte, ob das Bild schon zurückgekommen sei, ob ich das Wasser und die Lichtbrücke schon sehe. Ja. Dann kannst du sie wieder aufmachen, und gleich siehst du auch, ob du dich richtig erinnert hast.

Du schaust es dir nochmals an. Korrigierst die Beobachtungsfehler, dann machst du die Augen wieder zu, wartest, wartest es ab.

Sie fragte, ob im Dunkeln schon Ruhe sei.

Es war noch keine Ruhe, die sich rötlich ausweitenden, ausbreitenden Kringel und Flecken erschienen immer wieder aufs Neue, die Dunkelheit blitzte noch, aber ich sagte, ja, es sei Ruhe.

Ich konnte es nicht abwarten, konnte mich vor Aufregung nicht beherrschen. Ich wollte sehen, ob meine Erinnerung tatsächlich so funktionierte, wie sie es versprochen hatte. Ob die Erinnerungsmechanik des einen Menschen tatsächlich mit der eines anderen übereinstimmt. Dann beschwör wieder die Lichtbrücke herauf, bitte sie herbei. Ich bitte diese dämliche Lichtbrücke herbei. Die Lichtbrücke selbst, das zusammengesetzte Wort, mochte ich auch sehr, ich hatte überhaupt keinen Grund, sie für dämlich zu halten. Licht, das war gut, und auch Brücke verstand ich.

Wenn du das zweimal machst, bleibt sie.

Wir fuhren mit dem Zug. Aber wenn wir mit dem Zug fuhren, konnte man das nicht zweimal machen, einmal auch nicht, ein Bild jagte ja das nächste. Damit musste ich irgendwie fertig werden, aber mich wieder hinsetzen wollte ich auf keinen Fall, in keiner Weise hätte man mich vom Gangfenster ins Abteil zurückzerren können. Eine Welt, die dauernd in Bewegung war, konnte man nicht schön langsam in sich hereinlassen. Ich wollte unbedingt herausfinden, wie ich mit meinem Blick die bewegten Bilder auswählen und fixieren konnte.

Die Bilder zogen vorbei, ich konnte mich lange nach ihnen umdrehen, weder wenn sie kamen noch wenn sie gingen, ließen sie sich festhalten. Und was würde als Nächstes kommen, gemessen woran sollte ich etwas auswählen.

Etwa zwei Jahre danach nahmen sie mich zum ersten Mal ins Kino mit, zuvor war ich mit ihnen schon im Theater und in der Oper gewesen. Ich hatte keine Erfahrung mit bewegten Bildern, außer mit denen aus dem Zug, dem Schiff oder der Straßenbahn, lauter Standfotos mit mir als einzigem Zentrum und einziger Optik. Ich als Fluchtpunkt und als Fokus. So stand ich inmitten meiner Bilderwelt, lange Zeit, bis ich etwa achtjährig war. Mit meinem Denken hingegen stand ich schon länger in einer Welt, deren Zentrum nicht ich war. Höchstens vor Bildern, die an der Wand hingen, kam mein Blick einigermaßen zur Ruhe. Das unaufhaltsame Vorbeiziehen des Wassers, die wasserspaltende Fahrt des Schiffs, das Vorüberhuschen der Häuser, das sind eher Empfindungen als Bilder.

Falls jemand meint, es sei so leicht, einem Kind die Zentralperspektive und die ihr entsprechende Ordnung der Bilder oder die Zentralperspektive und die Bewegung zu erklären, täuscht er sich.

Stärker als die Bilder blieb das Schnauben der Lokomotive in Erinnerung, wie sie rhythmisch schnaubend aus dem Unendlichen kam und im Unendlichen verschwand, ohne anzuhalten, aber das rhythmische Schnauben verschwand nicht. Ich erinnere mich auch an den Geruch des Schnaubens, an den Duft der Sommerwiese, der sich mit dem Duft des rhythmischen Schnaubens auffüllt. Gebe ich dem Schnauben Raum, kehren mit der akustischen Erinnerung die kaum festzumachenden Bilder, die fragmentarischen

Bildfolgen zurück. Im Takt des Schnaubens, in dem ich angesichts des endlosen Weizenfelds den Kopf hin und her drehe.

So war das Leben in der Monarchie gewesen, so wie in diesem heißen Sommer im luftdurchwehten, schnaubenden Zug. In breiten Wellen liefen die echten Friedensjahre durch die heiße Luft. Und was die Weite angeht, stimmte auch das bis zu einem gewissen Grad, in jenen Jahren war das ungarische Eisenbahnnetz ausgebaut worden, es wurden Krankenhäuser und Schulen gebaut, zum ersten Mal füllte sich die Speisekammer des Landes, auch wenn ein Drittel der Einwohner im größten Elend lebte und das Gesetz den Grundbesitzern und Gendarmen das Recht gab, die Knechte und das Gesinde zu schlagen. Meine ländliche Assoziation rührte wohl daher, dass nicht nur mein Großvater väterlicherseits in Gömörsid ein ansehnliches Gut besessen hatte, sondern auch schon sein Vater, mein Urgroßvater, eins in Tiszasüly. Zuerst war er nur Pächter gewesen, aber nachdem mein anderer Urgoßvater, Urgoßvater Mezei, der Jurist, zusammen mit Baron Eötvös das Gesetz zur Emanzipation der Juden ausgearbeitet hatte, konnte mein Urgroßvater in Tiszasüly, József Neumayer, der Sohn des irgendwo aus Deutschland oder Österreich, aus Freistett oder Rosenheim gekommenen Sohns des Lázár Neumayer, in Szolnok das gepachtete Land auch kaufen, wurde also Grundbesitzer. Angeblich war das sehr gutes Land gewesen. Jeden Frühsommer, sicher noch vor dem Mähen, denn das Dreschen zog sich jeweils bis in den Herbst hin, fuhren sie mit den Kindern nach Karlsbad oder Baden in die *Sommerfrische*, später auch mit der Schar ihrer Enkel. In Baden sahen sie nachmittags den Kaiser. Es waren aber die Schwestern und Brüder meines Vaters, die den Kaiser gesehen hatten, von dem meine Großmutter mütterlicherseits erzählte. Auch dieses familiengeschichtliche und historische Knäuel verstand ich nicht. Die beiden Urgroßväter kannten sich damals noch nicht, Klára, die Tochter des Budapester Urgroßvaters, hatte Adolf Arnold, den zweitgeborenen Sohn des Szolnoker Urgroßvaters, noch nicht kennengelernt. Damals machte ihr noch József Kiss den Hof, der Dichter, dessen Gedichte Großmutter mochte, und überhaupt schätzte sie den wackeren, bejahrten Mann, aber der Neumayer-Junge gefiel ihr besser. Sie lernten sich bei einem Wohlfahrtsball kennen. Sie waren absichtlich zusammengebracht worden, gefielen sich aber auf der Stelle. Doch sie durften nicht sagen, was sie voneinander wussten. Diese Komplikation hingegen begriff ich sofort. Und machte mir die Methode zu eigen. Eine Zeitlang musste es verborgen bleiben, dass sie sich gefielen, so verborgen, dass es auch der andere nicht erfuhr. Außerdem musste der Neumayer-Junge zuerst behutsam mit der wunderschönen Aurélia Rosenzweig brechen. Es gab misstrauische Gemüter in der Familie, die behaupteten, Adolf Arnold habe eher Kláras massive Mitgift gefallen, seine Töchter ihrerseits behaupteten ein Leben lang, ihre Mutter habe auf diesem Ball gemeint, sie müsse sich augenblicklich in Adolf Arnold verlieben, und wo sie schon dabei gewesen sei, habe sie die Liebeskomödie ein Leben lang weitergespielt.

Adolf Arnold Neumayer heiratete Klára Mezei am 19. Mai 1892, und aus den erhaltenen Dokumenten wird ersichtlich, dass der Akt im damaligen Budapest tatsächlich ein großes gesellschaftliches Ereignis war. Sogar in den Zeitungen stand, die älteste Tochter von Dr. Mór Mezei habe den aus einer Grundbesitzerfamilie stammenden Adolf Arnold geheiratet. Auf der Feier erschien eine Unmenge von Leuten, von denen mehr als einer in die Geschichtsbücher eingegangen ist. Zum Beispiel spazierten wir durch die Falk Miksa-Straße, und dieser war ein Freund meines Urgroßvaters gewesen, was ich nun wirklich nicht verstand. Doch damals in der Eisenbahn dachte auch ich, dass das die althergebrachte Ordnung der Dinge war, der Zugang zu allen Geheimnissen. Der Mensch soll ein großes Gut in Tiszasüly oder ein noch größeres in Gömörsid besitzen, er soll es bewirtschaften, Weizen säen, der dann in Wellen über endlose Felder laufen soll, und der Zug soll zufrieden da hindurchschnauben. Aber Darlehen auf englische Maschinen aufnehmen, das nicht, um Gottes willen. Mein Vater erklärte im Zug, während wir zum Fenster hinausschauten, oder auf den Stationen, wo wir länger haltmachten, vielleicht auch ausstiegen, während das Wasser in der Lokomotive nachgefüllt wurde, er zeigte, erklärte, wo sich in der Lokomotive der Heizkessel befand, was Brennen heißt, was Hitze, was ist es, das der Dampf antreibt, was ist die Pumpe, was der Kolben, was ist Übertragung, Kraftübertragung, was der Unterschied zwischen Kohle und Koks, was der Heizwert, was der Unterschied zwischen den Heizwerten, ich war ja ein neugieriges Kind, aber manchmal hatte ich von diesen polierten Einzelheiten genug, ich wäre noch auf anderes neugierig gewesen als auf den Heizwert und die unvollständige Verbrennung, die dann schweflig riecht wie der Teufel. Es ist das Schwefeloxid, das stinkt, nicht der Teufel, das heißt, die Oxidierung des Schwefels ist unvollständig, und so wird aus einem Teil nicht Schwefeloxid, sondern das geruchlose, unter bestimmten Umständen gespenstisches Licht ausstrahlende Schwefelmonoxid. Elemente. Valenz. Frei gebliebene Valenz. Fast alle diese Wörter hörte ich von ihm zum ersten Mal. Das sind die physikalischen und chemischen Gesetzmäßigkeiten. Der Teufel und sein Schwefelgestank sind nur abergläubische Wortblüten. Was ist das, Wortblüte, Salzblüte, im Schwefelwerk die Schwefelblüte. Ich verstand nichts, stotterte, stammelte, hätte ihn fragen wollen, was diese physikalischen und chemischen Gesetzmäßigkeiten bedeuteten, genauer, ich verstand nicht, wie das alles aufzufassen war, was wollte er damit, was sollte ich mit dem allem.

Mein Vater verstand bestimmte meiner Fragen, auch wenn ich nur stammelte, stotterte und nicht mit ihm Schritt halten konnte, er wartete auf mich, schaute mich an, nur in solchen Momenten erschien er mir schön, und dank seiner Antwort verstand ich, woran ich eigentlich dachte, womit ich rang. Ich war überwältigt, wie denn auch nicht. Er füllte den Raum, der in mir nur leere Form war, ohne weiteres mit Wörtern, wobei die leere Form tatsächlich schon existierte und nur darauf wartete, mit Wörtern und Kommentaren gefüllt zu werden. Wenn sie nur ausgefüllt, aufgefüllt wird. Sich füllen. Da hast du dich ja ganz schön vollgefüllt. So ist's recht, so wirst du ein großer Junge, von den vielen Vitaminen. Wenn ich doch nur schon größer wäre. Gesetzmäßigkeit, das ist etwas Beständiges, es kann nicht anders sein, nur immer so. Es verändert sich nicht, es wächst nicht, und es stirbt auch dann nicht, wenn wir sterben. Die Zahl dieser unumgänglichen Dinge ist beschränkt, deshalb können wir sie im Kopf behalten, beschreiben und mit dem Experiment verifizieren.

Der Großmutter, Cecília Nussbaum, konnte ganz einfach nicht in den Sinn kommen, dass es sonntags auch etwas anderes geben könnte als Fleischsuppe. Die Sonntagssuppe musste Fleischsuppe sein, auch das gehörte zur Ordnung der Dinge, so wie das Mittagsläuten. Notfalls gab es die falsche Suppe. Die sah wie Fleischsuppe aus, war aber mit Kürbis gemacht, das fädige Kerngehäuse und die Kerne selbst gaben den Geschmack ab und dickten die Suppe sülzig an, durften sie aber mit ihren Fäden nicht trüben, und dafür musste man sie langsam kochen. Die Zubereitung der falschen Fleischsuppe mitsamt aller Manipulationen beanspruchte mehr Zeit als die Zubereitung der echten. Die Zutaten zur echten Fleischsuppe gab Großmutter in einen großen Topf, schüttete Wasser darauf, deckte das Ganze zu und machte Feuer darunter. Warum ist die Fälschung aufwendiger als das Echte, das wäre eigentlich meine Frage gewesen, wenn ich sie hätte stellen können. Dauernd kreiste ich unsicher um Lücken und Fragen, die nicht zu stellen waren. Daneben gab es Fragen, die ich schon hätte stellen können, aber nicht zu stellen wagte. Als könnte ich ihnen damit zur Last fallen, und diese Hemmung habe ich noch heute. Es gibt Fragen, die stellt man nicht. Es gibt Wahrheiten, die spricht man nicht aus. Wir belasten nicht andere damit. Wir schrecken unsere Mitmenschen nicht ab. Den philosophischen Aspekt der Sache konnte ich noch verstehen.

Ihre Anweisungen bezogen sich auf ein abstraktes System, das so war, wie es war, und dessen Ganzes ich als Drei- oder Vierjähriger überblicken musste, ohne seinen Gegenstand, seinen Inhalt, also die Teile des Ganzen zu kennen, ja, nicht einmal die entsprechenden Wörter und noch weniger deren Bedeutung.

Es war schön, Großmutter beim Kochen zuzuschauen. Sie war schnell, ordentlich, gründlich, bereitete alles immer genau gleich zu, und so lernte ich die richtige Ordnung der Dinge. Auch später habe ich niemanden auf so intelligente Weise Petersilie hacken sehen. Sie schien aus der Petersilie Öl zu gewinnen, das sie zwischen dem Messer und ihren Fingern festhielt. Ich würde gern wissen, woher sie diese Methode hatte, es würde den Blick in die Tiefe der Zeiten erlauben, und ich könnte auf dieser Spur vielleicht sogar zu den zahlreichen geographischen Schauplätzen unserer Abstammung zurückfinden, nach Podolien, Galizien und wer weiß wohin sonst noch. Das gekochte Kürbisfleisch trennte sie am Ende mit einem Sieb von der Brühe, das Sieb musste unbedingt aus Pferdehaar sein, ich weiß nicht, warum, aber darauf bestand sie, unbedingt, nur ja kein Kupfersieb, dann kochte sie in der gelblichen Brühe das wie üblich geschnittene Suppengrün. Die Zwiebel ließ sie ganz, die Sellerie schnitt sie in dicke Scheiben, das Wurzelgemüse und die Karotten der Länge nach entzwei, und dann noch einmal in zwei Hälften, also zu Vierteln, und auch den Wirsing schnitt sie entzwei, gab aber nur eine Scheibe in die Suppe. Immer nur so. Aus den anderen drei Vierteln und einigen Kartoffeln wurde anderntags oder am dritten Tag das Wirsinggemüse mit Kümmel.

Na gut, wenn es hart auf hart kam, mochte es am Sonntag auch Hühner-Einmachsuppe geben. Auch das verstand ich ja nicht, dieses Einmach, ich verstand vieles nicht, und wenn ich mich noch so anstrengte. Na ja, jeder macht irgendwohin, das Huhn, der Fisch, auch wir, und der Kürbis wird eingemacht. Aber ich verstand nicht, wie eine Suppe falsch sein konnte. Wenn eine Suppe falsch ist, dann ist sie nicht echt, dann ist sie schlecht, dann muss man sie ausleeren, mitsamt dem Teller aus dem Fenster werfen. Wenn aber Fleisch darin war, warum hieß das dann Einmach, oder war die Mehlschwitze das Eingemachte. Bei den Verrichtungen spielte auch das Quirlen eine Rolle, das an Quengeln erinnerte, aber nicht das Gleiche war. Und warum musste diese Suppe eingemacht werden, wo doch alle anderen Suppen gekocht wurden, und warum hieß die Kürbisfleisch-Suppe trotzdem nicht Fleischsuppe, sondern falsche Suppe, obwohl sie doch gar nicht falsch war, sondern aus echtem Kürbis. Kurz und gut, nach welchen Gesichtspunkten bilden die Menschen Wörter und Begriffe. Das war die große Frage. Welchen Unterschied machen sie zwischen dem Echten und dem Falschen. Das wäre meine Frage gewesen, hätte ich sie formulieren können. Es vergingen lange Jahrzehnte, und noch immer war ich mit dem Auslegen von Wörtern und Begriffen beschäftigt, oder ich schob ihre verschiedenen Bedeutungen hin und her und wusste nicht, wohin mit ihnen. Die Gleichaltrigen hatten schon längst alles begriffen, sie wendeten ihr Wissen zufrieden an, durchschauten einander, wussten, was im anderen vorging, lasen dessen Gedanken, ich hingegen verstand rein nichts. Kein Wort. Ganz bestimmt stellte ich mir zu viele Fragen, erwartete von mir die Einsicht in zu viele Einzelheiten. Vielleicht hatte mein Vater zu viel erklärt, zu gründlich, und mir den Verdacht eingepflanzt, dass man immer zu wenig weiß. Deshalb konnte ich nicht mit voller Überzeugung mitmachen, mitreden, so wie die anderen. Vielleicht erwartete ich mehr, als die Welt mit ihren Gegenständen, Stoffen, Vorgängen und deren Interpretation bieten kann. Ich gelangte nicht dorthin, wohin ich strebte. Ich wartete darauf, dass sich das Wissen erfüllte, oder auf die Einsicht in seine metaphysischen Dimensionen. Ich verstand diese gleichaltrigen Kinder nicht, bewunderte sie aber für ihre besonderen Eigenschaften, hauptsächlich für ihre Leichtigkeit und Aufnahmefähigkeit. Woher zum Teufel wissen die das so rasch und so sicher. Wer hat es ihnen gesagt. Und wenn auch sie es nicht wissen, woher nehmen sie den Mut, trotzdem dreinzureden.

Denn ob sie etwas verstanden oder nicht, sie kümmerten sich nicht groß darum, sie taten und machten und griffen zu, sie waren ganz darauf eingestellt, den Moment auszunützen, die Dinge der Welt sollten ihnen zur Verfügung stehen. Und das taten sie auch. Und wenn nicht, brachen und bogen sie sie zurecht. Wenn sich die Dinge nicht zurechtbiegen ließen, dann eben nicht, dann gaben sie ohne weiteres auf. Oder sie prügelten sich darum. Während ich sogar mit dem Aufgeben Mühe hatte, ich musste die Dinge zuerst verstehen. Zwei meiner Klassenkameraden flogen in die Luft, der eine starb, dem anderen riss die Mine einen Arm ab und zerstörte sein Gesicht für immer. Sie kamen nicht mehr zur Schule. In den Jahren nach der Belagerung demontierten die Jungs leidenschaftlich Minen, um mit dem Sprengstoff untereinander Handel zu treiben oder um gezielt Explosionen auszulösen. Ich hingegen begriff nicht, was daran gut oder schlecht ist oder was ich für gut zu halten habe, wo doch alles gut ist, da es ja nur so und nicht anders sein kann. Ich wusste auch nicht, wie ich etwas beeinflussen könnte, damit es anders sei. Oder ich wusste nicht, wer ich bin, für den etwas gut oder schlecht sein könnte, und wie diesem Jemand irgendetwas zur Verfügung stehen könnte.

Ich tue Grünzeug hinein, sagte meine Großmutter, denn sie war nicht nur rastlos tätig, sondern sie hätschelte, koste, besetzte jede ihrer Bewegungen mit vertrautem Geplapper. Ich verstand nicht, warum sie das tat, warum sie mit dem Topf, mit der Suppe sprach. Ich dachte, niemand habe eine so verrückte Großmutter, und schämte mich. Sie quasselte sinnlos vor sich hin, denn kein Mensch sprach mit ihr, schon gar nicht mein schweigsamer Großvater. In der Familie meines Großvaters musste Schweigsamkeit offenbar geradezu eine Pflicht gewesen sein. Nur nicht übertreiben, alles so knapp wie möglich ausdrücken, alles Unnötige weglassen. Das Überflüssige durfte in ihren Sätzen gar nicht erst auftauchen. Wahrscheinlich mussten sie den größten Teil der gedanklichen Operationen für sich selbst erledigen. Ereignisse wurden registriert, nicht aber kommentiert. Tag für Tag, Jahr für Jahr hörte Arnold Tauber Cecília Nussbaum zu. Der Gedanke lässt mich noch heute schaudern, ich verstehe nicht, wie er das aushielt. Er schaute sie meistens gar nicht an. Hörte ihr zu, auf eine Art, als wolle er dieses eine Mal wirklich zuhören, wirklich verstehen. Sein Blick versank gewissermaßen im Zuhören, er machte keine Bemerkungen oder Einwände, er wollte sie nicht unterbrechen, er lächelte bescheiden und ergeben, löste sich im Zuhören auf. Das Zuhören war wohl ein Akt der Liebe. Und doch lächelte er nicht der Großmutter zu, sondern sich selbst. Oder ich weiß nicht wem. Er erfüllte seine Schweige- oder Zuhör-Pflicht, die ihm jemand auferlegt hatte, oder er stand der Großmutter mit seiner Liebe, seiner Ehe, seinem Zuhören bereitwillig zur Verfügung, schließlich hatte sie ihm seine Töchter geboren, mit seinem Lächeln unterstützte er seine Geduld, seine Liebe, seine eheliche Treue, aber um mehr ging es nicht. Wenn ihn die Großmutter etwas fragte, antwortete er kurz und bündig und so trocken, dass keine persönliche Meinung mitschwang. Ich glaube, mein Großvater hatte das Manöver der Entselbstung erfolgreich hinter sich gebracht, oder er war so geboren worden, ohne ein Ich.

Was meine Großmutter seltsamerweise nicht störte, die einer Zurückweisung gleichkommende Trockenheit schien sie nicht zu berühren. Sie ihrerseits konnte ihr Ich nicht verlieren, da es seit je zu einer rituell umrissenen Mehrzahl gehörte, ihr selbst blieb nur die Aufgabe, sich mit den rituellen Regeln auszukennen. Grünzeug zum Beispiel bedeutete in ihrem lebenslangen rituellen Monolog nicht nur grünes Gemüse, sondern, für mich unverständlich, auch Karotten, Wurzelgemüse, Sellerie, Zwiebeln, sämtliche Ingredienzen der Suppe, auch die, die überhaupt nicht grün waren und in den anderen Bezirken der Stadt nicht Grünzeug, sondern Gemüse oder Suppengemüse hießen.

Ich tue ein bisschen schwarzen Pfiffer hinein. Natürlich tat sie nicht Pfifferlinge hinein, sondern Pfeffer, und auch nicht irgendwie ein bisschen, sondern sie zählte die Pfefferkörner ab, als würde sie Goldstücke in die Suppe zählen, immerhin waren die sieben abgezählten Körner tatsächlich schwarz, wenigstens das sagte sie richtig. Den Wörtern meiner Großmutter konnte ich nicht genau folgen. Oder ich verstand die Wörter, nicht aber den Satz. Doch wenn ich sie fragte, du, Großmutter, obwohl ich schon wusste, dass man keinen Satz so beginnt, wir reden niemanden so an, warum nennst du den Pfeffer Pfiffer oder die Karotten grün, oder warum sagst du Einmachsuppe, in was hineingemacht, es hat doch nicht etwa jemand in deine berühmte Suppe gemacht, und so weiter, immer schärfere Fragen, dann tat ich es, um die Großmutter zu quälen.

Es war lustvoll, sie zu quälen. Ich brauchte nicht einmal solche ganz und gar verbotenen hässlichen Dinge zu sagen, schon hartnäckiges Fragen verletzte sie.

Als tastete ich mit sämtlichen Fragen, die natürlich längst nicht so unschuldig waren, die Integrität ihrer rituell funktionierenden Welt an. Es gibt die allen vertraute große Welt, aber das ist nicht ihre Welt, ihre Welt ist anders. Ich kenne sie nicht. Sie ist anderswo. Vielleicht kennt sie niemand. Ich wollte nicht nur ein Pferd mit blonder Mähne haben, ich wollte nicht nur Eismann werden, nicht nur Getreidehändler, Müller, Schaffner oder Grundbesitzer, sondern auch Entdecker, der gerade etwas entdeckt. Ich hätte nicht zu sagen gewusst, was ich gern entdeckt hätte, denn alles, woran ich denken konnte, war ja schon entdeckt worden, aber irgendetwas würde auch ich gern entdecken. Aufbrechen und etwas anderes entdecken, dieses andere, das die Grenzen meines Denkens und Empfindens sichtbar machen würde. Meine Großmutter stellte Verbotsschilder vor mir auf, wie sie niemand anders hätte aufstellen können, weil niemand anders sie kannte. Ich verstand schon, was sie sagte, aber bei genauerem Hinsehen hatte das alles keine Struktur und Kontur, deshalb wollte ich aufbrechen, jenes erwähnte göttliche Gesetz zu suchen. In welcher Richtung, wusste ich nicht. Die vorüberhuschenden Bruchstücke einer Struktur konnte man sich nicht mit geschlossenen Augen merken, nicht so wie die Lichtbrücke, nicht so, wie man in Dobogokő mit Kompass und Landkarte etwas verorten konnte, von hier gehen wir jetzt dahin oder dorthin. Damit wir die Richtung nicht verlieren. Ihr Körper bebte, ihr mächtiger Busen hob sich, ihre Stimme begann zu zittern, so sehr war sie von jeder Frage gereizt, jedem Widerspruch, jedem Einwand. Ich solle sie doch nicht sekkieren. Einwände ärgerten sie ganz besonders. Ich solle doch nicht so sekkant sein. Wie sekkant ich doch schon wieder sei. Alle sekkieren sie mit irgendetwas. Womit hat sie das verdient, dass man sie dauernd sekkiert.

Ihr sekkiert mich aus der Welt hinaus. Sie sagte das nicht zu mir, sondern zu einer vage umrissenen Mehrzahl. Sie verwendete völlig unbekannte Wörter. Sie benannte ein Ding nicht nur einmal und nicht nur mit einem einzigen Namen, sondern häufte die Benennungen an, schuf Skulpturen. Auch das verursachte mir Kopfschmerzen. Manchmal rief sie, sie halte diese dauernde Sekkatur, diese Vexatur nicht aus, die sie hier mit uns durchmache. Vexier mich nicht. Sie versah die unbekannten Wörter und Satzfragmente mit ungarischen Endungen und Suffixen, baute sie in ihren Satz ein, und so war das Ganze doch ungefähr zu verstehen. Sie schlug sich an die Brust, genauer, an den Brustknochen über ihrem mächtigen, runden Busen, mit ihren kleinen Fäusten, an denen die wundervollen Ringe, die ihr treuester Verehrer, mein Großvater, für sie hergestellt hatte, nur so blitzten. Es war, als lebte sie tatsächlich anderswo, nicht in ihrem eigenen Heim, sondern irgendwo draußen in der weiten Welt, die ich noch nicht kannte.

Denn dort, wo sie lebt, dort sekkiert man sie nicht. Dort sind wir nicht. Dort waren wir nicht und werden mit unserer Skepsis auch nie sein.

Sie sagte nie, sie gehe hin, oder sie sei gestern dort gewesen, oder am Sonntag gehen wir dann gemeinsam hin, und doch hatte ich hin und wieder ein deutliches Bild von ihrer Welt.

Mein Großvater versuchte immer, sie mit der hiesigen Welt zu versöhnen, mit ihrer Wohnung, mit den Gegenständen, den Vorgehensweisen, den fremden Menschen, deren Gebräuchen, deren Sprachgebrauch, mit allem, was wir, die anderen, die Unglücklichen, die Dummköpfe, für die einzige wahre Welt hielten. Wenn wir, ihre Töchter oder ich, mein Vater, der Postbote oder die Hausmeisterin in der Péterfy-Sándor-Straße außer Hörweite waren, erklärte mein Großvater der Großmutter leise, eindringlich und mit langen Pausen, wie sich die Sache wirklich verhielt, wer was dachte, warum er das dachte, warum er es nicht anders denken konnte, warum er das oder jenes sagte. Großvater versuchte seit Jahrzehnten, meine Großmutter aufzuklären, aber das hatte nur Erfolg, wenn ihm am Ende doch die Geduld ausging und er die Stimme erhob. Wenn er seine Frau drohend und trocken bei ihrem Kosenamen nannte.

In kritischen Situationen musste er das auch vor Drittpersonen tun.

Cili.

Dann verstummte meine Großmutter augenblicklich.

Es war wie eine Abmachung zwischen ihnen. Sie versuchte zu lächeln, was ihr besonders schlecht stand, denn Erschrecken und Zurücktreten waren in ihrer Beschaffenheit nicht einkalkuliert. Meine Großmutter war eine hervorragende Köchin, in der Küche war alles blitzblank, ihr Eingemachtes war berühmt, sie stellte ausgezeichnete Gugelhupfe und Apfelstrudel her. Von ihr erfuhr ich, dass der Gugelhupf der Lieblingskuchen des Kaisers gewesen war. Sie dekorierte die Speisen auch sprachlich, mit Adjektiven, Diminutiven. Mein Goldschatz, nimm doch zu deinem Milchkaffeelein vom Gugelhöpfchen. Noch etwas Apfelstrudelchen, mein süßer Junge, ich habe schön Zucker draufgetan, weil ich hab ihn aus guten Strudeläpfelchen gemacht, die sind schön sauer. Falls sich der Kaiser zu einem Gugelhupf herbeigelassen hätte, hätte ihm der meiner Großmutter bestimmt geschmeckt, auch ihr Apfelstrudel mit Zimt. Na, reiten, das konnte die Sisi, die sauste auf ihrem Pferd wie der Blitz, sie saß nicht einmal im Damensattel, aber backen, das konnte sie nicht, von ihr bekam der Kaiser keinen Gugelhupf. Und wozu hätte sie es auch können müssen, die hatten ja reichlich Zuckerbäcker und Köche. Und doch musste Katharina Schratt jeden Tag in der Morgenfrühe aufstehen, um dem Kaiser einen Gugelhupf zu backen. Na, auch diese Katharina Schratt war ihr Geld wert, ein rechtes kleines Galgenstück, die verkehrte ganz drin in der Hofgesellschaft, eine kleine Schauspielerin aus dem Nichts, und wie hat sie sich dann hochgestrampelt. Der Kaiser bedankte sich jeden Morgen schön, aß aber keinmal, was ihm die Katharina Schratt vorsetzte. Er mochte den Duft des frisch gebackenen Gugelhupfs, ja, den mochte er, und den Bohnenkaffee mit Milch nahm er an. Mit dem Bohnenkaffee machte mich meine Großmutter ganz konfus. Bohnenkaffee, das war für sie das Nonplusultra.

Entweder war er aus Bohnen oder aus Kaffee. Und wenn er nicht echt war, dann bestand er auch nicht aus Bohnen und nicht aus Kaffee. Warum entscheidet sie sich nicht. Und auch den Ersatzkaffee, den aus Malz oder Zichorie, nannte sie schwarzen Kaffee, obwohl der eine braun, der andere, der aus Zichorie, ausgesprochen gelb war.

Sie sagte Kaffee, aber auch dann konnte man nicht wissen, was sie meinte, Malz, Zichorie, oder was bot sie einem da an.

Ich ertrug dieses hinter ihren Wörtern herstrudelnde Durcheinander einfach nicht. Sie war so wie ihr Kaffee. Sie goss den Bohnenkaffee und den Ersatzkaffee zusammen und sagte stolz, siehst du, wie ich spare, und der Papa merkt gar nicht, was ich im Haushalt alles einspare.

Wenn Großvater sie bei ihrem Kosenamen nannte, sah man durch seine Gereiztheit und durch ihre peinlichen Lächelversuche hindurch plötzlich in das geheimste Leben der beiden hinein. Ihr Lächeln war vielleicht eine Antwort auf das dauernde Mundwinkellächeln meines Großvaters, vielleicht wollte sie eine Prise von seiner Gelassenheit übernehmen, um seine Absicht zu erkennen, um ihm gegenüber so geduldig zu sein, wie er sich ihr gegenüber in Geduld übte, aber eine solche Art von Gemeinsamkeit gab es zwischen ihnen nicht. Sie waren fatal voneinander getrennt, aber in ihrer jeweiligen Isoliertheit fanden sie sich doch. Ich wollte ihre geheimste Gemeinsamkeit nicht sehen. Als Kind war ich auch auf Dinge neugierig, von deren Existenz ich nichts wissen konnte. Hierauf war ich nicht neugierig. Vielleicht kann man als Kind sogar zwischen den verschiedenen unbekannten Dingen unterscheiden. Was wiederum darauf hinweist, dass man zuerst die Struktur des Denkens kennt, erst danach dessen Material sammelt. Ich hatte Angst, die Signale ihres heimlichen Lebens zur Kenntnis nehmen oder interpretieren zu müssen. Erst Jahrzehnte später verstand ich, was ich als Kind nicht hatte bemerken oder verstehen wollen. Ihre gemeinsame Freude musste verwegen gewesen sein, düster, fast bitter. Ganz bestimmt strebten sie nicht zum Licht, sondern nach der Eroberung der Dunkelheit.

Die durch Reflexion erreichte Ichlosigkeit begegnete der Poesie der rituellen Ichlosigkeit.

Meine Großmutter lächelte nie. Sie lebte in einem Dauerwiderstand, sie widerstand dem Lächeln, sie widerstand der begrifflichen Realität, der Urbanität, der Weltläufigkeit. In dieser unserer einzigen, vollkommenen Welt blieb für sie alles, aber auch alles fremd. Und alles Fremde war schlecht. Ich wusste nicht, wo die andere, die sie zufriedenstellende Welt war, die vertraute, die gute Welt, obwohl diese doch einfach in ihrer Vergangenheit lag, in der Vergangenheit ihrer Familie, das heißt also auch in der Vergangenheit meiner Familie, in ihrem heimlichen Leben mit Großvater. Als ich aufbrechen wollte, um diese geographisch nicht einsehbare Welt zu entdecken, lag ich gar nicht so falsch. Manchmal kreischte sie, rollte hinter ihren kleinen Augengläsern aus Horn heftig die Augen, riss an ihren Kleidern, ich sei genau gleich wie meine Mutter, so was von Chuzpe, kaum ausgeschlüpft, und schon sekkiere ich sie zu Tode. Euch wird der Allmächtige schon schlagen, nur keine Angst, er wird euch übel bestrafen für alles, was ihr mir angetan habt.

Ich solle nur ja nicht vergessen, dass er nichts ungesühnt lässt.

Die Stunde der Vergeltung wird schlagen.

Warum hat sie der Allmächtige mit uns gestraft, wieso muss sie so meschugge sein, alles zu ertragen. Warum sie. Darüber denke sie den ganzen lieben langen Tag nach. Womit sie gesündigt habe, wenn sie doch nur wüsste, womit sie eine solche Strafe verdient hat. Obwohl sie doch ihr ganzes Leben, ihre ganze wunderschöne Jugend für uns aufgeopfert hat. Und alle sekkieren sie ein ganzes Leben lang ungestraft, der letzte Niemand ist sie, diese ganze Mischpoche treibt sie in den Wahnsinn. Du bist ein Niemand. Verstehst du, schrie sie, ein Niemand. Ich höre gar nicht, was du sagst. Ich nehme es gar nicht auf. In meinen Augen bist du eine große Null, ein großer Niemand. Ich schaue durch dich hindurch. Du bist Luft für mich. Das sagte sie zwecks größeren Nachdrucks mehrmals, in mehreren Sprachen. Aber auch das verstand ich nicht, wenn ich Luft bin, warum regt sie sich dann so auf. Ein Niemand, eine Null, ein Nebbich. Und so weiter und so fort, endlos. Dass dieser große Niemand, dieses Nichts, dieser große Nebbich mich noch belehrt, eine so große Null, dieser Niemand, dieser Nichtswürdige.

Kleine Rotznase, kreischte sie. Wie ist denn das möglich, dass eine solche kleine Rotznase so mit mir umgeht.

Es ist aus. Du bist nicht mehr mein kleiner Enkel.

Ich verleugne dich. Auch meinen Fingerring mit dem Türkis wirst nicht du erben, sondern Mártilein. Ich verstoße dich. Merk dir das auf ewig.

Von mir wirst du nichts, aber auch gar nichts erben.

Ich verstoße dich auf ewig aus der Familie.

Sie brach in lautes Schluchzen aus, riss über dem Busen an ihrer Kleidung, obwohl ja nicht sie aus der Familie verstoßen worden war; dann drehte sie sich ganz sachlich auf dem Absatz um und ging an ihre Arbeit, oder sie ging, um sich mit unendlich heuchlerischer Stimme bei meinem Großvater über mich zu beklagen.

Ich verstand zwar nicht, was diese ganze laute Szene mitsamt ihrem Gejammer, dem Verstoßen, dem Vergeltungsrundschlag, dem Treiben in den Wahnsinn, dem Tod und allen den Nichts und Niemand bedeutete und ob sie etwas bedeutete, aber ich fand sie lustig. In ihrer Sprache hieß die Speisekammer Speis. Ich freute mich sogar, ein so großer Nebbich zu sein. Ich freute mich über die großartige Bildhaftigkeit der Dinge. Denn noch als Vierjähriger, ja, als Sechsjähriger war ich ganz klein, ein Mickerling, tatsächlich eine kleine Rotznase. In der Schule dann immer der Kleinste in der Turnstunde. Immer der zweite oder dritte von hinten, was gar nicht so schlecht war. Die großen Jungen vom Anfang der Reihe beschützten mich, wenn mich die vom A oder C verhauen wollten. Wir waren die vom B. Lange war ich so glücklich, jedes Jahr ins B zu kommen. Ich weiß nicht, warum, aber das galt als vornehm. Die werden doch nicht zulassen, dass einer vom B verprügelt wird. Nicht, dass ich den großen Jungen vom A oder C etwas getan hätte, sie suchten sich einfach die Kleinsten für diesen Spaß aus. Und so wurde ich jeden Tag nach Hause begleitet, manchmal sogar durchs Tor hinein, für den Fall, dass mir die Großen vom A und C im Treppenhaus auflauerten, und wenn sie das taten und mich mit Steinen bewarfen oder mit Schneebällen oder fieserweise, wovor ich noch mehr Angt hatte, mit Schneebällen, in denen Steine versteckt waren, hielten sie Kriegsrat, schmiedeten neue Pläne gegen die vom A und C, verprügelten die Kleinen des A und C, und mich umfassten, umarmten sie, den Kleinen, Schwachen, den man im Zeichen der Nächstenliebe beschützen muss, sie schenkten mir allerlei Dinge zum Trost, obwohl ich mich nie beklagte, sie nie bat, mich zu beschützen, und ich bettelte auch nie um den Apfel von jemandem. Ich eignete mich weder für die Rolle des Opfers noch für die des Schützlings. Sie teilten mit mir, das stimmt, aber auch ich teilte mit ihnen. Sie drückten mir Dinge in die Hand, stopften sie mir in die Taschen, damit andere nicht sahen, wie sehr sie mich verwöhnten, obwohl sie mich auch laut mit Kosenamen riefen, als wären sie meine großen Brüder.

Noch in der Mittelschule war es so, auch dort hätte ich zwischen den zwei Rollen wählen können, ich hätte ein quengelnder kleiner Klotz am Bein anderer sein können oder ein dauernd jammernder Verfolgter des Schicksals, dort, in der Thököly-Straße, im Lajos Petrik-Chemietechnikum, nannten mich die großen Jungen Süßer, denn auch später gelang es mir nur gerade, mich bis zu einer mittleren Größe hochzustemmen. Süßer hier, Süßer da, auch untereinander sprachen sie von mir so, stell dir vor, der Süße ist auch gestern nicht ins Studierzimmer gekommen, der Süße schwänzt wieder die Schule, und das stimmte, nach dem Tod unserer Eltern schwänzte ich ein halbes Jahr lang immer wieder die Schule, Süßer, offenbar kommst du nicht einmal mit uns zum Mittagessen, wobei sie dieses ganze Gesüße viel mehr genossen als ich. Ich schien ihr Eigentum zu sein, ein Stück süßes Gebäck, das sie unter sich redlich teilten. Ich kann nicht sagen, dass sie es auf meine Kosten genossen, so weit gingen sie nicht, sie waren tatsächlich lieb und reizend zu mir, ihnen bot ihre Größe und Stärke Schutz, aber sie spielten doch ein wenig damit, dass sie von mir angezogen waren. Dabei war echte Anteilnahme natürlich auch ein Faktor. Ich war ja eine Waise. Nie hat mir auch nur einer meiner Mitschüler dazu eine Frage gestellt. Meine Aufgabe war es zuzulassen, dass sie mich wegen meines Waisentums beschützten und verwöhnten. Ich sagte nichts, auch wenn es zuweilen lästig wurde, an der Grenze zur Erniedrigung schaukelte. Gerade das genossen sie. Und sie quälten mich ganze Tage lang, da waren wir schon größer, wir hatten Flaum am Kinn und waren voller gräßlicher Pickel, sie drehten mir unerbittlich den Arm auf den Rücken, klemmten sich meine Knie zwischen ihre Schenkel, ich sah, spürte manchmal auch, dass er ihnen steif wurde, sie schmissen mich zu Boden, ritten auf meiner Brust, ein großes Gerammel. Das kämpferische Geknutsche erlaubte es, unsere Körper aneinander zu reiben, sonst war natürlich unter Jungen jegliche körperliche Berührung verboten. Wir durften nicht fühlen, was wir füreinander fühlten oder was der andere für uns fühlte. Das war das heimlichste Geheimnis, dieses Gefühl, von dem nie jemand etwas sagen durfte. Das Süßer hier, Süßer dort ließ die Sehnsucht zutage treten, legtimierte, was streng verboten war, wovon man nicht sprach. Diese Negation war als kollektives Wissen präsent, aber deswegen verdrängten sie ihr Angezogensein keineswegs, vielmehr kam Spannung hinein, es wurde genussvoller, es erhielt Tiefe, sie spannten es noch mehr, und klar, dass sich ihnen der Schwanz aufstellte, und auch ich wünschte mir nichts mehr, nichts anderes, ja, schon so war es zu viel, es war lästig, und ich brauchte noch mindestens zwei Jahrzehnte Erfahrung, um die Ordnung und die Logik des Rituals zu verstehen.

Wenn ich hingegen meine Großmutter reden hörte, musste ich oft unwillkürlich lachen, ach, was redet Großmutter da zusammen, so komisch, wie sie von diesem pechschwarzen Affekt aus unbekannter Tiefe ergriffen wird.

In der Familie meines Vater lachten alle auf diese Art, es war nichts Feindseliges oder Verächtliches dabei, wir drückten mit dem Lachen unsere Überraschung aus. Wenn uns schien, dass die Ehre der Ratio angetastet worden war, dass jemand, eventuell auch absichtlich, unvernünftige Prinzipien vertrat, dass sich jemand beim Sprechen zwar an die Prämissen der Rationalität hielt, aber nicht entsprechend handelte, dann war unsere Überraschung groß, und wir fanden es komisch. Ich weiß, dass mein plötzliches Lachen für andere völlig unerwartet und unbegründet sein mag, auch mein Vater lachte so, auch seine älteren Geschwister, und auch mein Bruder, und ich für meinen Teil versuche schon lange, diese Eigenschaft unter Kontrolle zu halten.

Das hieß natürlich Öl ins Feuer gießen. Jemanden auslachen, das gehörte für meine Großmutter, womit sie völlig recht hatte, zu den größten Vergehen.

Sie nannte es nicht auf jemanden hinabblicken, sondern hinabreden.

Ich rede auf sie hinab.

Höre, Junge, auf mich brauchst du nicht hinabreden.

Tu ich nicht, Großmutter, ich rede nicht auf dich hinab, sagte ich selbstbewusst und ironisch, auch im Namen der ungarischen Sprache, doch heute muss ich zugeben, dass ich im Namen der Rationalität und der ungarischen Sprache tatsächlich auf sie hinunterredete. Sie verwendete das Wort richtig, ich muss es zugeben. Für das, wogegen sie sich wehrte, gab es kein anderes Wort. Ich lachte sie aus, wenn etwas unvernünftig war, wenn ich ihre Art von Vernunft nicht in mein vermeintlich vernünftiges System integrieren konnte.

Karikier mich nicht, hörst du.

Ich weiß gar nicht, wie man jemanden karikiert, Großmutter.

Du machst mich schon wieder nach, musterst mich, fixierst mich mit deinen beiden Augen.

Wenn ich doch gar nicht weiß, was fixieren heißt, Großmutter, wie könnte ich dich da fixieren.

Du schlägst mich mit deinem Blick, Junge, du stürzt mich ins Verderben. Genau das heißt es. Musterst mich mit deinen beiden Augen, damit ich ins Verderben stürze. Du weißt doch ganz genau, was du mit deinen beiden Augen tust.

Mustere mich nicht, auch jetzt musterst du mich mit deinen beiden Augen.

Ich habe zwei Augen, Großmutter, ich mustere dich nicht, sondern schaue dich mit meinen beiden Augen an und versuche unterdessen zu verstehen.

Ihr mustert mich doch dauernd, ihr schaut durch mich hindurch, das muss ich auf mein Alter erleben, dass ihr mich mustert, dass ihr meine Worte verdreht. Schon wieder verdrehst du meine Worte. Verdrehst mir jedes Wort. Ihr versteht doch ganz genau, was ich sage, versteht es ganz genau. Ich kann hier nicht einmal Atem holen, dass ihr nicht alle meine Worte verdreht, auf mein Alter verdreht ihr mir den Atem.

Ihr betrachtet mich als Luft.

Sie wird das nicht überleben.

Ich fand es lustig, dass ich angeblich immer wieder der gleichen Sünde verfiel, dass ich sie als Luft betrachtete und ihre Worte verdrehte, sie ihres einzigen Vermögens beraubte, auch wenn ich nicht immer aus Grausamkeit, sondern manchmal wirklich nur vor Überraschung lachte. Ich wollte sie wirklich nicht auslachen, ihre Worte verdrehen, auf sie hinabreden schon gar nicht. Aber immer wieder lachte ich sie aus. Und wusste doch, dass es grausam war. Wenn ich im Voraus wusste, was sie sagen wollte, und ich wusste es fast immer im Voraus, kannte die sprachlichen Konstellationen, die immer gleichen Wortverbindungen, dann kam ich ihr zuvor, sagte es an ihrer Stelle, besonders lustvoll, es zwei Sekunden vorher auszusprechen, sie aber machte es wahnsinnig.

Ich würde sie karikieren, die Wirkung genussvoll beobachten, sie nachahmen, durchschauen, entlarven. Darin bestand meine wirkliche Grausamkeit, nicht in den Momenten des Auflachens.

Der Allmächtige wird euch das schon noch vergelten, der vergilt euch das, nur keine Angst.

Ihr werdet noch meine letzten Stündlein erleben, aber dann wird es zu spät sein. Das werdet ihr noch bitter bereuen, pass bloß auf.

Ich werde niemandem verzeihen.

Da könnt ihr mir dann nachweinen. Wer wird dir am Sonntag Kuchen backen, das frage ich dich, das sage mir.

Niemand.

Ich verstand durchaus, was sie mit ihren letzten Stündlein meinte, aber ich verstand den Ausdruck nicht. Ich hatte nie von jemandem gehört, dass er letzte Stündlein hätte.

Bei deiner Mutter, da kannst du noch lange warten, dass sie dir was bäckt. Da fliegt dir eher die Taube in den Mund. Als wäre sie die Königin Elisabeth persönlich. Backen, dafür ist sie sich zu fein. Sie kann nicht einmal eine anständige Suppeneinlage machen. Deshalb habt ihr eine Bedienstete, soll die kochen, soll die hinter euch her reinemachen. Gebt das viele Geld für die aus. Es gibt kein Vermögen, das ihr nicht verschleudern würdet. Deine Mutter kann nicht einmal kochen, geschweige denn backen, obwohl ich sie es gelehrt habe, habe es ihr anständig beigebracht, aber sie ist sich für jede Hausarbeit zu schade.

Als Einzige in der Familie sagte sie nicht kariert, sondern karriert, sie sagte nicht bezahlen, sondern bezählen. Meine Großmutter bezahlte den Kaminfeger nicht und zahlte das Geld nicht ein, sondern bezählte. Was konnte ich tun, wenn ich es einmal nicht verstand, inmitten ihrer Klagen und Verwünschungen, die in ihrer Besonderheit gründeten, die mich auf stillere Art zwar, aber auf ein Leben einnahm, verlor ich jedes Mal den Faden. Das Außergewöhnliche faszinierte mich schon sehr früh, es zog mich und zerrte an mir, lenkte mich von allem anderen ab, beflügelte meine Phantasie. Immer gab es in ihrem Wortgebrauch, ihren Satzbauten, ihrer Intonation etwas leicht Regelwidriges, Überraschendes, das mich stutzig machte, sodass ich auf nichts anderes mehr achtete als auf diese Eigenheit, auf dieses Abweichende, auf seine Einzelheiten, auf die Art, wie diese mikroskopischen Einzelheiten in die vertrauten Einzelheiten eingefügt waren.

Ihr sollt nicht durch mich hindurchblicken, hört ihr.

Lange verstand ich nicht, warum sie mich in der Mehrzahl ansprach, wir waren ja allein. Ihr macht das so und so. Als stehe sie nicht vor mir allein, und nicht nur ich blicke durch sie hindurch. Für sie existierte ich in der Mehrzahl. Sie hingegen war in eine unbekannte Mehrzahl eingebunden, von der ich nur durch sie wissen konnte. Sie sonderte mich von sich ab beziehungsweise sie unterstrich mit der Mehrzahl, dass wir voneinander abgesondert waren. Ich war anders als die Mitglieder jener rituellen Gemeinschaft, in der sie als Kind heimisch gewesen war und wo die Menschen bestimmt oft erlebten, dass sich der Zorn des Himmels über sie ergoss. Ich meinerseits sei eins mit meiner Mutter. Ich wisse es nur noch nicht. Wir zwei hätten uns gegen sie verschworen. Wir seien das fremde Element in der Familie, wir ließen sie in ihrer eigenen Wohnung nicht zu Wort kommen. Und so wird der Herr bestimmt den Zorn des Himmels über uns ausgießen. Oder ich verstand nicht, was jenes Sekkieren bedeutete. Beziehungsweise, ich verstand es schon, war aber nicht willens, es als Synonym von ärgern gelten zu lassen. Sekret, das verstand ich, lackieren verstand ich auch, das hieß glänzend machen, so wie den Fußboden jeden Frühling und Herbst, wenn man sämtliche Wohnungen von Budapest, in der ganzen Stadt, die ganze Wohnung, auf den Knien kriechend mit Laugenwasser scheuerte, trockenrieb, sie mit gelber Farbe bohnerte, dem Bohnerpulver, einem gelben Pulver in einer kleinen Tüte, das im Wasser aufgelöst wurde, was ich wiederum nicht verstand, dieses Bohnern, was hatte es mit Bohnen zu tun, dann wachsten sie den Boden, klar, es war ja Wachs, das großzügig auf dem Parkett verteilt wurde, Parkettwachs, und dann bürsteten sie es mit immer wieder gewachsten, an ihre Füße geschnallten Bürsten, auch das verstand ich, und auch das hatte so seine Haken, wachsen, wichsen, bürsten, das unschuldige Manöver erhielt auf einmal einen obszönen Beiklang, später scheuerte, wachste, bürstete auch ich schon, wie aber wurde aus alledem Sekkieren. Wenn in der Pressburgerstraße die Kinderärztin von vis-à-vis herüberkam, die Elza Baranyai, die ich zärtlich liebte, noch besonders das Muttermal über ihren Lippen, dieses Schönheitsmal, dieses Pünktchen, das die Götter in ihrem Gesicht genau am richtigen Ort placiert hatten, phantasierte ich, dass ich also doch nicht Eismann, Gutsherr, Maschinist, sondern Arzt werden würde, Frauenarzt und Elza Baranyai heiraten würde, ich mochte auch den Geruch von Chloroform, der ihrer Haut entströmte. Sie hatte zwar schon einen Mann, einen Gyuri Soundso, einen äußerst schmucken, sportlichen Menschen, aber das durfte meine Berechnungen nicht durchkreuzen. Sie hatten ja sowieso keine Kinder. Wenn ich mir diesen Gyuri so ansah, mit seinem in die Stirn fallenden Haar, seinen langen, an eine faule Katze erinnernden Gliedern, seinen Muskeln, seinem wohlgeformten Hintern, hätte ich ihn schon als Vater akzeptieren können. Ich hätte mich also gleichzeitig in Elzas Mann und Kind verwandeln wollen, um Gyuris Sohn oder Liebhaber zu werden. Der Geruch deutete auf Elzas imponierendes Wissen hin, es war der Geruch von Krankenhaus, Sterilisieren, Desinfektionsmitteln und Äther, und während der Untersuchung fragte sie jeweils nebenbei, Klári, Liebe, wie ist das Sekret des Kindes.

Wie aber wird aus Sekret Sekkieren.

Ich wollte einfach ein für alle Mal begreifen, wie und woraus die Erwachsenen die Wörter bildeten, die sie dann untereinander austauschten, sozusagen unter sich teilten und auch ohne weiteres verstanden. Der theologische Einschlag in den Reden der Großmutter war mir erst recht ein Rätsel. Ich gab mir alle Mühe, sie zu verstehen, aber das Dickicht wurde immer dunkler und undurchschaubarer. Es wäre ja schon recht gewesen, dass mich jemand für meine Sünden bestrafte, den man mit dem Himmel oder dem obersten Himmelsbewohner identifizieren konnte, er stand ja offensichtlich in allen Dingen über mir, und seine unsichtbare Existenz musste, komme, was wolle, respektiert werden, aber warum sagte dann meine Großmutter, nur keine Angst. Warum sollte ich dann keine Angst haben. Klar hatte ich Angst. Oder vor wem soll ich keine Angst haben. Vor diesem Betreffenden oder vor dem Himmel oder vor meiner Großmutter, die wegen meiner Sünden die Strafe des Himmels auf mich herabbeschwört, während dieser gewisse Jemand sie mit unserer nackten Existenz schon genügend gestraft hat. Und wenn dieser gewisse Jemand uns übel bestraft, dann könnte er uns offenbar auch gut bestrafen, nur will er das nicht. Und was ist dann der Unterschied zwischen einer üblen und einer guten Strafe, auch das eine der kniffligen Fragen meiner Kindheit, die mich lange Jahre quälten. Auf ihre Art rang meine

Großmutter ebenfalls mit einem unlösbaren theologischen Problem, denn indem sie dem Budapester Zungenschlag folgte, nahm sie dauernd den Namen Gottes in den Mund, was sie in dieser Häufigkeit und einer so unwürdigen sprachlichen Umgebung nicht hätte tun dürfen. Vielleicht hatte die mehrfach fremde Sprache sie auf diesen Abweg gebracht, das Pester Ungarisch, diese Variante der ungarischen Sprache. In die war Gott tatsächlich gründlich hineingemischt. Meine Großmutter dachte in Gemeinplätzen, in Formeln, in den vorgefertigten Pester Sätzen hätte sie Gott nicht plötzlich vermeiden oder daraus heraussieben können. Vielleicht sprach sie deswegen lieber jiddisch, um diese Sünde nicht zu begehen.

Ich kann es heute nicht mehr klären, aber höchstwahrscheinlich war Jiddisch ihre Muttersprache. Jedes Mal, wenn sie den Namen Gottes zu Eitlem aussprach, schlug sie sich mit der beringten Hand, sogar mit der kleinen Faust auf den Mund.

Auch ich bekam manchmal, wenn ich etwas Gottloses sagte, mit der beringten Hand eins auf den Mund, und so lernte ich den Schmerz kennen, der für sie mit dem eitlen Nennen von Gottes Namen verbunden war. Wenn sie ihre Finger locker hielt, und sie hielt sie wegen meiner Gottlosigkeit absichtlich locker, trafen die Ringe meine Lippen stärker. Einmal riss sie sie mir mit ihrem dauernd nach innen gedrehten Türkisring auf, was zu einer wochenlangen Diskussion führte, denn meine Mutter nahm das nicht einfach hin, mein Großvater konnte noch so sehr versuchen, sie zu beruhigen.

Mutter hat kein Recht, mein Kind zu schlagen. Niemand hat das Recht, ein Kind zu schlagen.

Uns haben Sie mit Ihren Fingerringen die ganze Kindheit kaputtgemacht. Das reicht jetzt. Sie haben uns alle seelisch kaputtgemacht.

Sogar das kranke Margitchen schlugen Sie, Sie waren fähig, eine Schwerkranke zu schlagen.

Ich, ich soll das Margitchen, wie kannst du so etwas sagen, ich, mein einziges Herzchen soll ich. Wie hätte ich das tun können. Wie kannst du so gemein sein, wie kannst du so etwas sagen. So sprichst du zu mir. Das wirfst du mir jetzt an den Kopf. Das sagt sie mir, meine eigene Tochter sagt mir das.

Sie haben es bestimmt vergessen.

Mir. Mir sagt sie das. Was soll ich vergessen haben.

Sie wollen es vergessen.

Meine eigene Tochter beschuldigt mich. Wie kannst du nur so schändlich sein, wie habe ich ein solches Ungeheuer zur Welt bringen können. Womit habe ich diesen Ton verdient.

Dass du so zu mir sprichst.

Ich werde nicht zulassen, dass Sie jetzt auch mein Kind seelisch kaputtmachen.

Wenn ich einmal erzählen täte, wie böse, wie gemein, wie niederträchtig dein süßes kleines Kind ist, da wärst du überrascht, aber ich sage nichts. Ich erzähle nichts. Ich schlucke alles hinunter.

Dass ich mein Leben lang alles schlucken muss.

Von jetzt an werde ich alles, alles für mich behalten. Mit dir rede ich nicht mehr.

Und auch auf die Bözsi droschen Sie ein, nicht nur auf mich, mit der Kohleschaufel, auf den Kopf, mit ihr hatten Sie leichtes Spiel, Bözsi konnte ja nicht weglaufen.

Da brach die familiäre Hölle los, aber nicht wegen Bözsi, niemand mochte Bözsi, sondern, etwas phasenverschoben, wegen Margitchen. Ich erinnere mich wirklich ungern daran. Als hätte die Erwähnung der verkrüppelten Bözsi den maßlosen Schmerz um Margitchen aus der Flasche gelassen.

Im beidseitigen Weinen, Geschrei und Gekreische zeigte sich, wie sehr sie sich glichen. Ganz offensichtlich musste meine Mutter vieles in sich unter Kontrolle halten, um als die aufgeklärte Person zu erscheinen, als die sie sich vorstellte.

Ein paar Tage später tat meiner Großmutter der kleine Unfall doch leid. Und mir tat es auch leid, dass ich meine Verletzung vor meiner Mutter nicht geheim gehalten hatte. Oder dass ich nicht gelogen hatte. Denn plötzlich versprach Großmutter demütig, dass ich, wenn man sie unter die Erde ins kalte Grab legen würde, und unseretwegen werde man sie bestimmt vor der Zeit dahinein legen, sie sei ja jetzt schon halb tot, dann aber werde Schluss sein, endlich werde sie auf ewig ruhen können, dass ich den Ring mit dem Türkis erben würde, niemand anders, sie habe bereits testamentarisch dafür gesorgt. Ich sei ja ihr liebes Enkelchen, und sie begann über den heißen Herd gebeugt auch sogleich zu weinen und zu wimmern.

Ich solle aber aufpassen, auf der Hut sein, jammerte sie bitterlich, dass sich dann nicht die Bözsi den Ring schnappe. Ich darf gleich verraten, dass kein Testament vorlag und dass sich die Bözsi den Ring schnappte. Großmutter war noch nicht einmal tot, und schon prangte eines schönen Tages der Ring an Bözsis Finger. Weil die Bözsi alles aus allen herauspresst, herausschmeichelt, jammerte die Großmutter. Der Bözsi muss man nachgeben, die Bözsi ist behindert, ein Krüppel, eine Unglückliche. Ich habe ein Ungeheuer und einen unglücklichen Krüppel zur Welt gebracht. Einen Krüppel. Dass mich das Schicksal mit solch einem unglücklichen Krüppel schlagen musste. Nur darum habe ich den Allmächtigen immer gebeten, sonst will ich ja nichts, aber nur das soll er mir sagen, warum er mich bestraft, womit ich gesündigt habe.

Solcherart bereitete mich meine Großmutter auf mein Erbe vor, auf den Ring mit dem Türkis, auf meine Zukunft, mit solchen Sätzen. Und das war tatsächlich das Ende meines gutgelaunten Sadismus, der Freuden des Auslachens und des Hinabredens.

Sie hatte mich mit ihrem Türkisring schmieren wollen, kaufen, mich ihr verpflichten, alles Dinge, die sie anderen vorwarf.

Ich will deinen Ring nicht, aber das sprach ich nicht aus. Ich war schon ganz gut darin, Dinge nicht auszusprechen, allerdings gab es noch mehr, das ich mit dem besten Willen nicht verstand.

Die Bözsi, nur keine Angst, die holt dir womöglich auch den Bissen aus dem Mund. Wenn die Bözsi etwas haben will, ist ihr nichts heilig. Sie wollte sich mit mir gegen Bözsi verbünden.

Wenn Großmutter von der Zukunft sprach, hatte es meistens etwas Verletzendes, etwas vorausblickend Böswilliges, das mir Kälteschauer verursachte. Ich besaß keine Mittel dagegen. Das Böswillige steckte nicht nur in den Ausdrücken, herausschmeicheln, heraustricksen, den Bissen aus dem Mund holen, sondern auch in den Intonationen, den Satzstrukturen. Den Personennamen versah sie mit dem bestimmten Artikel, die Bözsi, was stilistisch schon seinen Platz hat, als Stilelement verwende ich es auch. Sie müsse einer Person gegenüber, in diesem Fall ihrer eigenen Tochter, nachsichtig sein, die sei ja behindert, so geboren. Geboren aus ihr, sie habe die Bözsi mit Hüftverrenkung in diese elende Welt hineingeboren. Kein Arzt habe ihr helfen können, obwohl sie doch mit der Bözsi bei sämtlichen Ärzten die Runde gemacht habe. Ich würde es ja nicht glauben, aber sie hätten sich die Bissen vom Mund abgespart, nur um sie zum alten Bókay bringen zu können. Nicht zum jungen, der ist nichts wert, nein, zu dem nicht, zum alten, der sollte sie untersuchen.

Glaub's nur.

Diesem unglücklichen Krüppel konnte niemand mehr helfen.

In solchen Fällen verschanzte ich mich hinter in einer skeptischen, abwartenden Haltung. Es gab eine Grenze, und wenn wir die überschritten, wusste ich nichts mehr zu sagen, hatte das Gefühl, es sei besser zu schweigen.

Ich wehrte es ab, wollte es nicht hören, um nicht ihre negative Perspektive auf die Welt teilen zu müssen.

Sie weinte, oder vielmehr, sie simulierte in ihrer Wut das Weinen, sie beweinte sich selbst, demonstrierte mit dem Geschluchze ihre Unschuld, ihren frühen Tod, der sie wirklich weinen ließ, aber auch dem Weinen durfte sie nicht ungezügelten Lauf lassen, sie musste tun, als beherrsche sie sich übermenschlich. Mit der allerletzten Kraft ihr trauriges Los beherrschen. Das alles hatte aber nichts mit Selbstdisziplin zu tun, wie wir hingegen sie vorbildlich zu üben hatten, was auch uns nicht immer gelang. Nicht sie weinte, es konnte nicht sie sein, sie gab es gar nicht, sondern sie musste sozusagen das Weinen aus sich hinausweinen und einem strengen Gesetz gemäß regulieren. In ihr demonstratives Weinen brach sie immer im richtigen Augenblick aus, im richtigen dramaturgischen Moment. Nie habe ich sie unkontrolliert weinen sehen, nicht einmal, als wir zuerst meine Mutter, danach meinen Großvater und schließlich meinen Vater begruben. Auch nicht, als mein Großvater gerade gestorben war. Ich sah seinen Tod und spürte ihn auch an der Hand. Sie hingegen hätte ihn nie berührt, weder in seinem Tod noch in seinem Todeskampf, der nicht mehr als zehn Minuten dauerte, sie schien vor ihm zurückzuschaudern, sie stand am Fenster, von dort sah sie dem Todeskampf meines Großvaters zu. Und kaum war Großvater tot, kaum war sein sich in wahnsinnigen Zuckungen zuspitzender Kampf um Luft, um einen vollen Atemzug, zu Ende, begann sie zu brüllen, zu kreischen, ich solle einen Arzt holen. Geh schon, worauf wartest du, zieh dich an und geh, worauf wartest du, geh. Es war zwar offensichtlich, dass es keinen Sinn hatte, zu einem Toten einen Arzt zu rufen, aber ich zog mich rasch an und ging den Arzt holen. Die rituellen Klagen, die rituellen Anklagen steigerten sich jedes Mal zu einem rituellen Geschluchze, weinend zog Großmutter die Wörter in die Länge, bis sie vor Luftmangel tatsächlich aufschluchzte und die angehäuften Satzfragmente stehenließ. Auf die Art meldet sich beim Menschen seine Säuglingszeit zurück. Wobei sie nicht endgültig regredierte, sie zwang sich aus dem nonverbalen Weinen, dem Gejammer, der unermesslichen Trauer über ihren eigenen Tod, dem Selbstbezug und der Traurigkeit wieder heraus, ließ wieder die Anklage einrasten, die Selbstanklage, die Klagen, sie beherrschte sich, bremste sich, hielt sich an der Oberfläche der bewussten Absicht und des rituellen Sinns, nicht ohne das Weinen noch zu steigern, es entrang sich ihrem aufgeblähten Brustkasten immer wieder, immer intensiver.

Wenigstens begriff ich anhand dieser lauten Szenen, dass es besser war, meine Fragen meinem friedliebenden, stillen, wortkargen Großvater zu stellen und meine Großmutter mitsamt ihrer undurchsichtigen Sprache in Ruhe zu lassen. Soll sie doch die Sprache gebrauchen, wie es ihr beliebt. Ich solle sie nicht plagen, nicht ihre Schwächen ausnützen, einsichtiger sein. Die Mahnungen meines Großvaters gingen nie weiter, waren nie strenger. Ich gab mir Mühe, denn ich war ja im Grunde einverstanden, ich sah ein, dass ich die Großmutter nicht reizen sollte, was mir aber nur selten gelang, entweder lachte ich sie vor Überraschung unwillkürlich aus, oder ich ärgerte mich über sie.

Ich hätte mich ruhig auch über mich selbst ärgern können oder über meine Eltern. Wieso erlaubte ich ihnen, mich mit ihrem Vernunftglauben so in die Irre zu führen. Ich konnte nicht wissen, dass diese in lauten Anfällen daherkommenden rituellen Tiraden, das viele Kreischen, das viele Beten, die vielen sinnlosen Schwüre und das viele Jammern zwar kein Spiel waren, ich sie aber auch nicht zu fürchten hatte, da sie nirgendhin führten, dass sie nicht einmal in ihrer allerernstesten Form etwas zu bedeuten hatten, dass sie nur Ausschmückung, Verzierung, düstere Geräuschkulisse und Selbstzweck waren, ohne statische Funktion in der emotionalen Grundstruktur. Eine rhetorische Eigenheit, eine sprachmusikalische Transposition, Variationen, so muss man sie nehmen, ihnen keine besondere Bedeutung beimessen. Spuren und Modulationen uralter emotionaler Rituale und standardisierter Ausbrüche, die nur eine historische, ethnologische, ethologische Bedeutung hatten. Nichts Persönliches und Familiäres, es trieb vielmehr das Familiäre aus der Person hinaus, denn das Stammbezogene duldet den persönlichen und familiären Charakter nicht; es war die konventionelle Sprache des Ghettos, es waren seine Gebräuche, seine Intonationen, seine Gestik. Eine isolierte, typisch ländliche

Stammessprache, ein emotionaler Einschluss, den ihre Vorfahren zusammen mit der Erfahrung der wiederkehrenden Pogrome, der dauernden Angst und der unaufhebbbaren Schande des Überlebens rund hundertzwanzig Jahre zuvor aus Podolien oder Galizien, aus Polen oder Russland mitgebracht hatten, woher genau, das lässt sich heute schon wegen der bürokratischen Komplikationen nicht mehr feststellen.

Interessanterweise machte ich mir lange, erstaunlich lange nicht klar, dass die Vorfahren meiner Großmutter ja auch meine Vorfahren waren und ich also mit ihrer Familie, ihrem religiösen Ton oder ihrem Sprachgebrauch etwas gemein haben könnte. Noch heute muss ich mich anstrengen, diese stammesmäßige Gemeinsamkeit zu akzeptieren. Zu akzeptieren, dass nicht einfach nur ihre Vorfahren, sondern unsere gemeinsamen Vorfahren dieses geistige Stammeserbe über die Grenzen der Monarchie herübergerettet hatten. Wie man es hier nicht oder anders kannte. Es ist ausgesprochen schmerzhaft, im Namen der Objektivität meine innere Abwehr niederringen zu müssen, denn es befremdet mich bis zum heutigen Tag, dass meine Großmutter ein leerer Stammeslautsprecher gewesen sein soll. Auch meinem Großvater blieb die Familie meiner Großmutter fremd, aber er kannte und verstand wenigstens noch deren Konventionen, bestimmt wusste er, was er mit diesem fremden, östlich orthodoxen Einschluss anfangen sollte. Von der Familie meines Vaters aus gesehen erschien es hingegen wie durch ein umgedrehtes Fernrohr. Sie fanden keinen Zugang, niemand fand einen Zugang, sie beobachteten es höflich, mit leichtem Widerwillen oder höflichem Widerspruch.

Eigentlich versuchten sie gar nicht erst, meine Großmutter zu verstehen, es gab ja auch nichts zu verstehen, sie traten gleichgültig über sie hinweg, wie über ein existierendes Phänomen, das aber ihre Existenz nicht berührte.

Wenn die Großmutter sprach, schien es mein Vater gar nicht zu hören, man sah seinem Gesicht an, dass er sich ausgeklinkt hatte. Um sie zu verstehen, ließ er zuerst jedes einzelne Wort meiner Großmutter an sich vorüberziehen, um sich gegen den vielen Tratsch und die vielen Ausschmückungen abzugrenzen. Meine Großmutter sprach lange zu ihm, sie spürte, dass sich ihrem Redefluss zwar keine Hindernisse entegegenstellten, aber auch keine Antwort kam.

Während mein Vater ihr gegenüber so höflich und aufmerksam blieb wie einer völlig Fremden gegenüber.

Ja, Mama, so ist es, Mama, genau.

Oder er erfand einen durchsichtigen Vorwand, um dem Gerede, von dem er kein einziges Wort verstand, wortlos den Rücken zu kehren und rasch seinen eigenen Angelegenheiten nachzugehen.

Allerdings demonstrierte er auch uns, seinen beiden Söhnen, aus nächster Nähe seine besondere, äußerst zuvorkommende konstitutionelle Wildfremdheit.

In der Zeit, von der ich hier erzähle, war ich noch allein, ich allein sagte mein Vater, meine Mutter, meine Großmutter, mein Großvater. Sie waren noch nicht einmal zu uns gezogen, noch nicht einmal weggezogen aus der Péterfy-Sándor-Straße. Mein Bruder war noch nicht geboren, wir konnten noch nicht die Mehrzahl verwenden, unser Vater, unsere Mutter. Ich war ganz allein mit ihnen.

Nur meine Mutter ließ ihrem Ärger freien Lauf, wenn Großmutter sprach.

Als würde jedes einzelne mütterliche Wort sie aufs Blut reizen. Großmutter konnte wirklich nichts sagen, worüber sich meine Mutter nicht aufgeregt hätte. Und sie musste auch noch peinlich darauf achten, dabei nicht ihrer Mutter zu gleichen. Nicht das Spiegelbild ihrer ewig aufgebrachten Mutter zu sein. Sich nicht hinreißen zu lassen. Nicht aus dem Floh einen Elefanten zu machen. Sofern sie die Stammeskonventionen der Familie ihrer Mutter für minderwertig hielt, sie ablehnte, ihrer Gestik nicht folgte, musste sie auf die Konventionen der Familie ihres Vaters zurückgreifen, um sich zu beherrschen, nur hatte sie einfach nicht die Ruhe ihres Vaters, auch nicht seine Eleganz und Würde. Genau das ist ja das Interessante bei der Vererbung. Ich möchte jemandem folgen, meiner Mutter, meinem Vater, denn ich fühle, dass auch ich so bin, aber ich kann nicht, denn in mir lebt noch ein anderer, und in Wirklichkeit bin ich der aus beiden zusammengesetzte Dritte. Der andere in mir lebt mindestens ebenso virulent. Manchmal sah man meiner Mutter an, wie der Dritte und die beiden anderen aneinandergerieten, sie lief rot an, gab aber dem rituell anverwandelten Affekt nicht nach, nein, sie bremste ihn mit Hilfe der Vernunft.

Mit Hilfe der liberalen Einsicht, dass Einsicht das Wichtigste ist, koste es, was es wolle.

Es erwies sich als eine fast unlösbare Aufgabe.

Aber wenn sie mich auf ein paar Tage zu meinen Großeltern brachten oder mich diese in den Urlaub mitnahmen, an die Donau, nach Dömös, nach Dömsöd oder Göd, provozierte ich in meiner Neugier die Großmutter immer aufs Neue zu ihren Ausbrüchen. Ich wollte sehen, wie sie ihren echten Zorn vortäuschte und zügelte, wie sie ihre echte Verdrossenheit aufbauschte, wie sie die rituell geprägte Emotion inszenierte, wie sie ihre tatsächlichen Affekte und sich jagenden Gefühle in eine mir unbekannte Weltordnung hinüberhob. Jeden Tag womöglich auch hundertmal die Stereotypie der Szenen beobachten, den regelmäßigen, rhythmischen Ablauf des Rituals. Allerdings hatte ich bei diesen rituellen Anfällen auch ein bisschen Angst um sie. Ich löste den Anfall aus, dann schaute ich ängstlich zu, was daraus würde. Doch es gibt keine Schonung, kleine Kinder sind besonders schonungslos, aber ich will nicht mit Hilfe anderer meine Sünden kleinreden, vielleicht war nur ich ein so grausames Kind.

Es kommt eine neue Generation, und auf Leichenbergen stehend versteht sie wieder einmal nichts vom Geschehen.

Hat nichts gelernt.

Es war lustvoll, Großmutter nicht zu verstehen, ich bin eben wie meine Mutter, lehne meine Großmutter gesamthaft ab, diese Cecília Nussbaum, die ihre Töchter grausam geprügelt hatte, gegen allen Protest ihres Mannes.

Meine Großmutter väterlicherseits, Klára Mezei, habe ich nicht gekannt, sie war schon tot, als ich geboren wurde, sie aber ehrten und feierten wir immer noch.

Und so war die Großmutter mütterlichrseits der Inbegriff von Großmutter. Unsere hochgelobte rationale Welt begegnete auf dieser einzigen, heiklen kleinen familiären Oberfläche doch noch der mythischen, poetischen und irrationalen Welt. Die beiden Welten waren unversöhnbar. Durch diese unbedacht offengelassene kleine Seitentür strömte eine unbekannte Historie herein, mit allen ihren semantischen Zeichen und emotionalen Stempeln, und zusammen mit ihr die Geschichte der Ostjuden, ihre rituelle Verfolgung, ihre spezifische Isoliertheit, ihre Lebensbahnen, ihr Zungenschlag. Ihre Flucht, ihre Rettung, ihre religiöse, sprachliche, gesellschaftliche Segregation, ihre freiwillige Isolation, ihre Unbehaustheit in der neuen Heimat. Die Geschichte ihres Entrissenseins, ihres tragischen Abfalls. Die ehrwürdigen Mitglieder des väterlichen Zweigs der Familie, mein Urgroßvater und sein jüngerer Bruder, Mór Mezei und Ernő Mezei, spielten in diesem Zusammenhang auf der Seite des rationalen Fortschritts eine bedeutende historische Rolle.

Sie repräsentierten in der Familie den Fortschritt, den Maßstab des modernen Denkens; den Freisinn, die Unabhängigkeit, die Aufklärung, die durch Kenntnisse verifizierte Sachlichkeit, die unvoreingenommene Beobachtung, die deskriptive Kenntnisnahme, die Wissenschaftlichkeit, den Enzyklopädismus, die Präzision, nicht die Auserwähltheit, nein, sondern das persönliche Verdienst, die Charakterstärke, die Haltung und nicht die Hierarchie. Ein starker Charakter, das war in den Augen der Familie eine Person von Ehre. In den von mir überschaubaren anderthalb Jahrhunderten der Familiengeschichte wurde alles an diesen Grundforderungen gemessen, an der Ehre und der Haltung. Das war der Maßstab, anhand dessen sich das Wir definierte. Im Namen dieses Wir mussten sie ihr Ich zurücknehmen, es gewissermaßen entselbsten. Mein ehrwürdiger Urgroßvater, Mór Mezei, und sein Bruder, Ernő Mezei, hätten sich bestimmt auch etwas anderes einfallen lassen können, etwas Geistreicheres, sie hätten etwas Standesgemäßeres tun können, etwas Maßvolleres, etwas Gerechteres, obwohl ich auch aus heutiger Sicht nicht sagen könnte, wie sie gegenüber den stammesmäßig geprägten orthodoxen Flüchtlingen aus Podolien oder Galizien noch angemessener hätten vorgehen können. Sie gingen pragmatisch vor. Im Rahmen ihrer emanzipatorischen Bemühungen arbeiteten sie für die jüdische Bevölkerung des ungarischen Königreichs und Siebenbürgens eine einheitliche Rechtslage aus, die ihnen eine parlamentarische Repräsentanz ermöglicht hätte. Ohne diese, so fürchtete man, würden sie nie zu Wort kommen. Im Dezember 1868 schufen die Brüder Mezei das sogenannte Kongressstatut, das der Kongress annahm, die Regierung unterbreitete, der König guthieß, aber ein großer Teil der orthodoxen jüdischen Gemeinde ablehnte. Die Idee der politischen Gleichheit beschäftigte die orthodoxen Glaubensgemeinschaften nicht, auch nicht die zu verschiedenen orthodoxen religiösen Bewegungen gehörenden Einwanderer, genauso wenig die einheimischen Orthodoxen, die eine solche Repräsentanz nicht wünschten. Sie wünschten nicht einmal zu wissen, was das war, politische Repräsentanz. Sie waren um Rabbis geschart, ihre Religion war rabbinisch, und damit war für sie die Angelegenheit erledigt. Den Freisinn verwarfen sie als eine schreckliche Sünde. Die Regierung war später gezwungen, in einer Verordnung ihren Spezialstatus anzuerkennen. Was immer mein Urgroßvater und sein Bruder sich im Namen der Einheitlichkeit, im Namen der gleichberechtigten politischen Repräsentanz auch erhofft hatten, es gab keine Einheit, denn die Bevölkerung jüdischen Glaubens war in religiösen Fragen uneins. Gegen die gespaltene Orthodoxie riefen sie praxisorientiert die einheitliche

Neologie ins Leben, womit sie den tiefen Riss innerhalb des Judentums freilegten.

Ohne es zu wollen, ersannen sie eine Einheit, in der andere Einheiten keinen Platz hatten. Mit ihren liberalen Prinzipien ließ sich keine der Richtungen der fundamentalistischen Orthodoxie kanalisieren und regulieren, ja, nicht einmal fassen. Klar war nur, dass die traditionelle Orthodoxie oder die chassidische Orthodoxie nicht nur nicht mitmachen, sondern diese Einheit ablehnen würde. Sie wären aufs Terrain eines Fundamentalimus geraten, den sie nicht kannten. Er gehörte nicht zu ihrer Vergangenheit, sie hatten nichts mit ihm gemein. An den Orten, von denen sie selbst anderthalb Jahrhunderte zuvor gekommen waren, in Deutschland, in der Tschechei, in Österreich hatte es keine so geartete Orthodoxie gegeben. Sie waren Juden oder nicht Juden, Sepharden oder Aschkenasis, was bedeutete, dass sie unterschiedliche Gebräuche hatten, aber ihre Grundeinstellung zum großen Ganzen hatte insgesamt städtische Wurzeln, entstammte nicht der dörflichen Sphäre. Ihre philosophische Kultur wurzelte nicht in der Religion, nicht im Lokalen, auch nicht in der Weisheit der Rabbiner, wobei die jüdische Religion selbst auch eine stark liberale Linie kannte, die sich gegen den Traditionalismus ausgebildet hatte und fast dreitausend Jahre in diesem Sinn gepflegt worden war. Leute wie mein Urgoßvater waren liberal, weil sie wussten, dass der Traditionalismus die politisch regulierte Strömung des Lebens wie ein Damm aufhalten wollte, und das war es, wogegen sie kämpften. Ihr weltliches Leben orientierte sich am gesellschaftlichen Fortschritt, am Prinzip des Fortschritts, am liberalen Gedankengut, nicht an der Religion. Für sie verkörperte ihre Religion nicht das Ganze, sondern war nur ein ihnen anvertrauter Teil des Ganzen. Das ist ein großer Unterschied. Aus dem einen folgt religiöse Toleranz, aus dem anderen Gleichgültigkeit und Intoleranz. An diesem historischen Unterschied lag es, dass sie sich nicht verstanden. Die Liberalen waren der Aufklärung verpflichtet, der Urbanität, der Wissenschaftlichkeit, der Mehrsprachigkeit, dem Hegel'schen idealen Verlauf der Geschichte, der Empirie, der sachlichen Betrachtung der Dinge, den Interessen des Handels, der industriellen Revolution, der großen liberalen Wende in der europäischen Geschichte, den von Locke oder Montesquieu formulierten Begriffen von Individuum und Gemeinwohl und nicht den Weisheiten der örtlichen Rabbiner.

Ich stand da, vier- oder fünfjährig, knappe zwei, drei Jahre nach dem größten Verbrechen, der größten Katastrophe, dem größten Regress der Menschheitsgeschichte, stand inmitten von Leuten, die mit dem quälenden Fehlen der Umgebrachten und Verschollenen rangen, in der vor Sauberkeit blitzenden Küche meiner Großmutter, wo der kupferne Mörser, das kupferne Becken, die beiden schönen Kupferteller der Waage, die türkische Kaffeemühle, das türkische Kupfertablett, der kupferne Kerzenhalter, die Platte des Kochherds schwarz und die rotkupferne Einfassung des Herds rötlich blitzten und glänzten, als wäre nichts geschehen, und schon war ich wieder dabei, mein kleines, mit Ausgrenzung arbeitendes emotionales System zu einer privaten rassistischen Schande auszubauen. Indem ich nicht zur Kenntnis nahm, dass auch ich sie bin. Nicht zur Kenntnis nahm, dass man aus den Konventionen vieler Traditionen zusammengesetzt ist, selbst dann, wenn man eine einzige ausgewählt hat oder einen die spezifischen gesellschaftlichen Verhältnisse zu einer Wahl gezwungen haben.

Meine Neugier war von animalischer Kraft. Einer durchdringenden, kaum kontrollierten Kraft, die, man kann es drehen und wenden, wie man will, Teil der grundmenschlichen Ausstattung ist. Menschheitsgeschichtliches Material, rituell stark verbrämt. Meine Animalität kam als Naivität daher, aber nicht ohne sich gleichzeitig dem überheblichen stummen Urteil der Mehrheit in der Familie anzupassen. Ich bin wirklich kein Opportunist, bin mein ganzes Leben lang immer wieder gegen den Strom geschwommen, manchmal sogar für meine Freunde auf unberechenbare Art, nicht etwa, um jemanden zu ärgern oder mit meiner Extravaganz aufzufallen, sondern weil mich der tierische Stumpfsinn der Herdenmenschen seit meiner Kindheit anwidert, mich ihre vorgefertigten Sätze zum Lachen reizen oder zutiefst verletzen, aber in der Nähe meiner Großmutter wurde ich, als Vierjähriger, gewissermaßen im Widerspruch zu meinen Anlagen, zum Opportunisten. Mit einem solchen unangenehmen Stil, einer solchen unangenehmen Intonation, einer solchen exzessiven Sprache und Gestik haben wir, nicht wahr, nichts am Hut. Hatten wir tatsächlich nicht, weder mit der Brutalität noch mit der Sentimentalität meiner Großmutter, aber gerade deswegen war ich ja neugierig. Doch ich reflektierte den Gegenstand meiner Neugier nicht, sondern sonnte mich in meiner Beobachterrolle und in unserem rituellen Wir, in unserem persönlichen historischen Modus.

Ja, dahin tendierte ich, zum Mehrheitswillen, unter das warme Gefieder der Gluckhenne. Da sind wir doch, nicht wahr, um einiges aufgeklärter, vornehmer, entwickelter, zeitgemäßer. Die Kupfergegenstände polieren wir nicht auf solchen Hochglanz oder lassen sie nicht polieren, denn darin sehen wir nicht viel Sinn, es hat ja eher etwas Zwanghaftes, als dass es ein Zeichen von würdevoller Armut oder von Sauberkeit wäre, und wir veranstalten voreinander auch nicht den ganzen Tag ein Theater. Wir fallen nicht auf irgendwelche Gerüchte herein. Wir sind zurückhaltend. Unser Gehirn läuft auf höheren Touren, es bleibt nicht so am Stoff haften, am Einzelnen, an der Einzahl. Es urteilt nicht, sondern registriert eher. Und, ja, es abstrahiert. Es wahrt kühle Distanz, versucht es zumindest, es ist auf Deskription gestimmt. Wir stellen Identitäten, Unterschiede, Ähnlichkeiten fest. Wir trennen und fügen zusammen, wir kleben nicht an der Oberfläche, schauen hinter die Masken und Attrappen, geben uns nicht mit einzelnen Eigenschaften ab, entsetzen uns nicht, kritteln nicht, sondern blicken dahinter, blicken eventuell auch hinter das Dahinterblicken. Wir beschäftigen uns eher mit den Ursachen, statt beim Verursachten steckenzubleiben Wir sehen die Probleme und lösen sie.

Ich wusste natürlich noch nicht, in welche Konflikte mich alle die ernstzunehmenden liberal-bürgerlichen Ermahnungen hineinreiten würden, aber abwerfen kann ich sie trotzdem nicht.

Mit ihrer Mentalität war meine Großmutter in dieser großen Familie sehr einsam. Wie hätte ich das nicht verstehen sollen. Was die Mitglieder meiner Familie unwillkürlich und natürlich in höflicherer Form mit ihr taten, das wiederholte ich in provokativer Absicht. An ihr übte ich das Ausgrenzen, so wie andere Kinder aus Langeweile dem Frosch oder der Heuschrecke die Beine ausreißen. Natürlich lernte ich, unbewusst und gegen meine Absicht, sehr viel von ihr. Wie sonst hätte ich die Sprache der östlichen Ghettos, ihren Gestus, die Logik der Isolierung kennenlernen können. Wobei ich mich moralisch schuldig machte, ich zettelte ja die Konflikte und Auseinandersetzungen an, für die dann sie den Preis bezahlte.

In mehreren Bezirken von Buda und Pest lebten viele Juden, aber immer gemischt mit anderen oder in andere Lebensformen hineingekeilt oder auch aufgesogen von der Menge. Ein Ghetto gab es in den Jahrhunderten zwischen dem frühen Mittelalter und der Pfeilkreuzler-Herrschaft weder in Buda noch in Pest, und so konnte auch keine eigene Sprache, keine eigene Gestik entstehen. In Pest wurde hebräisch gesprochen, deutsch, ungarisch, slowakisch, griechisch, serbisch, armenisch, rumänisch, romani, jiddisch, ruthenisch, je nachdem, aber jeder sprach in jedem Fall mehrere Sprachen, wobei sich die Sprachen und vor allem die Intonationen vermischten. Erst Anfang des achtzehnten Jahrhunderts wurde das Ungarische zum Bezugspunkt. Nicht einmal Buda war einsprachig, in erster Linie sprach man dort deutsch, erst in zweiter ungarisch, außerdem war in früherer Zeit das Lateinische die Amtssprache gewesen, und nach der türkischen Besatzung wurde es durch die österreichische Amtssprache ersetzt. Mit meiner Großmutter kehrte ich also in vergangene Epochen und unbekannte, ostjüdische kulturhistorische Gegenden zurück, die gerade zur Zeit meiner

Geburt ein letztes Mal ausgeplündert, zerstört, von der Erde gefegt wurden, und diesmal bestimmt auf immer. Es geschah im Namen der Nazi-Ideologie, als das Werk namentlich bekannter Individuen, die aber nicht isoliert und im Alleingang agierten, sondern mit dem Wissen und dem Einverständnis der breiten Öffentlichkeit. Das Einverständnis wurde im Juli 1938 auf der Konferenz von Évian durch die Repräsentanten von zweiunddreißig Staaten besiegelt. Ihrem zweitausend Jahre alten Antijudaismus folgend, überzeugten sich die Konferenzteilnehmer gegenseitig, dass sie, was immer geschah, keine jüdischen Flüchtlinge aufzunehmen brauchten. Gemeinsam mit den Nazis sagten diese nationalen Repräsentanten dem vierhundertjährigen Humanismus den Kampf an. Es wurde bewusst keine Einigung erzielt, und diese stillschweigende Übereinkunft drückte ihrer moralischen Gesinnung den Stempel auf und besiegelte das Schicksal mehrerer Millionen Menschen. Um es psychologisch auszudrücken, sie regredierten in dem Augenblick, da sie die humanistischen Prinzipien aufgaben, worauf sie auch gleich in die mythische, magische, präkopernikanische und prägalileische Weltanschauung zurückfielen.

Vier Jahre danach, in der frühen Stunde an dem Mittwoch im Oktober, an dem meiner Mutter in der Pressburgerstraße die ersten Wehen kamen, war ein deutsches Einsatzkommando, das Hamburger Reserve-Polizeibataillon 101, gerade dabei, mit dem stillschweigenden Einverständnis der Welt das Ghetto von Misotsch zu liquidieren. Was konkret bedeutete, dass am Tag meiner Geburt auf Befehl Hauptmann Hoffmanns 1259 auf einer Liste figurierende Menschen aus dem Städtchen in den nahen Steinbruch getrieben wurden. Dort wurden an diesem Mittwoch die Frauen von den Kindern getrennt. Sie mussten sich splitternackt ausziehen. So nackt, wie es meine Mutter war, als sie mich in der Budapester Szabolcs-Straße mit der Hilfe des renommierten Frauenarztes Imre Hirschler auf der Entbindungsstation des Jüdischen Krankenhauses auf die Welt presste.

Der Mensch ist alles in allem nichts als Wasser, etwas organisches Material, Haare, Nägel.

Sie mussten ihre Kleidung neben sich auf den Boden legen.

An jenem Mittwoch war es, zumindest in Budapest, sehr warm, sommerlich warm.

Meine Mutter fuhr in ihrem einzigen leichten Seidenkleid mit der Straßenbahn in die Klinik, erzählte sie später. Raupenseide nannte man das. Von meinem Vater erfuhr ich, wie man Seidenraupen züchtet, auch darauf verstand er sich. Nach der Belagerung trug sie noch eine Weile dieses berühmte, später etwas abgeänderte Raupenseidenkleid. Es wäre ihr nicht eingefallen, ein Taxi zu nehmen. Sie bestieg an der Ecke zur Sziget-Straße die Fünfzehn, stieg an der Endstation in der Váci-Allee aus, ging zu Fuß bis zur Lehel-Straße, und von da ist es nur noch eine Ecke bis zur Szabolcs-Straße, auch wenn ich nicht weiß, durch welches Tor sie hineinging. Die nackten Männer waren schon zuvor in ein enges Tal getrieben worden. Während die Straßenbahn Nummer fünfzehn mit meiner Mutter dahinfuhr, wurden sie mit Maschinenpistolen niedergestreckt, damit weitere Szenen, Geschrei und Ausbruchsversuche verhindert wurden. Ich kannte die Strecke gut, später fuhr auch ich sie jeden Morgen bis zur Thököly-Straße, ins Chemietechnikum, das früher Technologie hieß, noch wir nannten es so. Hier wurde man in die chemische Technologie eingeführt, es wurden Techniker ausgebildet, in einer der strengsten und, was das Niveau betrifft, besten Schulen der Stadt. Im Herbst, Frühling und Sommer machten wir Praktika in großen chemischen Unternehmen in Budapest oder in der Provinz. In der Stadt gab es noch ein weiteres Chemietechnikum, an dem Drogisten ausgebildet wurden, Leichtchemiker, die vor allem Reinigungsmittel und Kosmetika herstellten. Ich hätte auch Drogist werden können, denn ich verbrachte den Sommer nach dem Tod meiner Mutter, den Sommer 1956, bei Ferienarbeit in der Király-Straße in einem Labor und Lager der Pharmaindustrie-Zentrale. Das riesig dimensionierte klassizistische Gebäude war damals die Hochburg der Drogisten. Während anderthalb Monate versank ich völlig in der Leichtchemie, das Assistieren bei der Laborarbeit ging mir gut von der Hand. Aber mein Chemikeronkel hielt die andere Schule, die der eigentlichen Chemiker, für besser. Und tatsächlich waren unsere Lehrer ernsthafte Fachleute.

An der Endstation in der Váci-Allee wartete ich auf meine drei Klassenkameraden, die von Angyalföld, Engelfeld, kamen. Von der Ecke Botond-Straße und Engelfelderstraße ging der Trolleybus ab, den wir nehmen mussten, der ewig vollgestopfte Vierundsiebziger. Zuerst bog er in die Aréna-Straße ein, und so fuhr ich jeden Morgen vor dem Krankenhaus in der Szabolcs-Straße vorbei, zusammen mit den Arbeitersöhnen von Engelfeld. Ich wusste sogar, dass vor der Belagerung Regierungsoberrat Henrik Benedickt, ein entfernter Verwandter meiner Familie, Direktor des Krankenhauses gewesen war. Während wir an der Institution dieses hochgelehrten großen Arztes vorbeifuhren, dachte ich bestimmt auch daran, dass ich hier geboren worden war, genauer, ich blickte auf das Gebäude und seine hohe Ziegelumfassung wie jemand, der sich an den Gedanken gewöhnt hat, hier geboren worden und mit einem früheren Direktor verwandt zu sein. Aber das erwähnte ich vor ihnen nie, die Jungen, mit denen ich an der Technologie in wirklich enger Beziehung stand, kamen anderswoher. Gyuri Kiss aus der Partizán-Straße in Kispest, Krasznai aus dem Dorf Dunaharaszti, Lajos Mag von der Industrie-Insel Csepel, aber wenn ich mich richtig erinnere, sagte ich es auch ihnen nicht.

Wieso wäre es für sie wichtig gewesen zu wissen, wo der Süße geboren worden war.

Ach, war der süß, als er klein war. Schiss und pisste süß in die Windeln. Solche Dinge hätten sie gebrüllt, während sie meinen Kopf unter ihren stark riechenden Achselhöhlen hätten verschwinden lassen oder auch zwischen ihren Schenkeln. Lajos Mag mit seiner Ruhe, seiner kühlen Distanziertheit war die Ausnahme. Auf der täglichen Fahrt in dieses Technikum, wo ich als Chemiker ausgebildet werden sollte, um es vielleicht sogar zum Unternehmensingenieur zu bringen, war diese Geburt tatsächlich nicht erwähnenswert. In den frühen Stunden des sonnigen Mittwochs, an dem meine Mutter in der sommerlichen Wärme hier über die Aréna-Straße marschierte, und, wie sie später erzählte, ehrlich gesagt hoffte, das Krankenhaus noch zu erreichen, denn es war nicht so sicher, dass sie es erreichen würde, da lag noch der ganze sonnenbeschienene Hof vor ihr, das Stockwerk mit den langen Gängen, während im Sándor-Palais in Buda Ministerpräsident Miklós Kállay eifrig die Verordnung unterschrieb, mit der die ungarische Regierung das offizielle Vorgehen gegenüber den jüdischen Pächtern regulierte. Die neue Verordnung verpflichtete diese, die gesamte Liegenschaft mitsamt ihrer Annexe, den von den Behörden bezeichneten Tierbestand und sämtliches zur Wirtschaft gehöriges bewegliches Gut mit der Sorgfalt des anständigen Landwirts, ja, so schrieb es die Verordnung vor, mit der Sorgfalt des anständigen Landwirts in dem Zustand zu erhalten, wie er am Tag des Inkrafttretens der Verordnung vorgefunden wurde, die üblichen land- und waldwirtschaftlichen Arbeiten, die Bearbeitung des Bodens, die Aussaat, das Setzen, die Tier- und Pflanzenpflege mit der Sorgfalt des anständigen Landwirts, ja, so stand es in der Verordnung, nach der bisherigen Ordnung des Betriebs zu erledigen, bis die Liegenschaft vom Staat beziehungsweise von der vom Landwirtschaftsminister bezeichneten Kreditanstalt oder vom Erwerber des Guts in Besitz genommen würde. Der ungarische Ministerpräsident stützte sich bei der Verordnung auf ein kurze Zeit zuvor angenommenes Gesetz, dem gemäß die Judenschaft ein Volkselement war, das staatserhaltendes ungarisches Land, namentlich die unter land- oder waldwirtschaftlicher Bearbeitung stehenden Gebiete, fürderhin nicht besitzen durfte. Fürderhin, so stand es in der Verordnung.

Gleichzeitig formulierte das Oberkommando der ungarischen

Streitkräfte sein Bulletin vom Mittwochmorgen, der kriegerischen Sitte folgend in der ersten Person Plural, einem Plural, der mich schon vor meiner Geburt ausschloss. Auf dem Gebiet von Stalingrad sowie an der Don-Front haben wir gemeinsam mit den deutschen Einheiten jeglichen bolschewistischen Angriff im Keim erstickt, heißt es in dem Bulletin. Wir haben den Feind im nordwestlichen Kaukasus in schweren Waldgefechten eingekreist und eine feindliche Kampfeinheit erfolgreich vernichtet. Andernorts haben wir mit wirksamem Artilleriefeuer die Angriffsvorbereitungen sowjetischer Truppen zunichtegemacht. Südlich des Terek sind die von Panzern unterstützten feindlichen Gegenangriffe erfolglos geblieben. Deutsche und verbündete Flieger haben beidseits der Wolga die Versorgungszentralen und Nachschublinien des Feindes mit Bomben verschiedenen Volumens überzogen. Die Brände in der kaukasischen Erdölzentrale von Grozny haben wir mit nächtlichen Fliegerangriffen noch weiter geschürt, schrieb die Zeitung. An diesem Oktobermorgen, Mittwoch, während meine Mutter in der Straßenbahn zum Krankenhaus fuhr, wurden in der gelben Sandsteinburg von Bordeaux, im Fort du Hâ, siebzig Gefangene einzeln in den Hof hinuntergeführt, Männer, Frauen, um in die Nähe von Paris transportiert zu werden, in das unter deutschem Kommando stehende Fort de Romainville. Sie alle waren wegen Widerstandsaktivitäten verhaftet worden. Unter ihnen eine junge Frau, Mutter zweier Kinder, Georgette Lacabanne. Wir wissen von ihr, dass sie in Bordeaux geboren wurde, ein Jahr nach meiner Mutter, ihr Vater war Kupferschmied, ihr Mann Rohrinstallateur. Georgette hatte Résistance-Kämpfer versteckt und ihnen zur Flucht verholfen. Sie wohnten in Bègles, an der südlichen Peripherie von Bordeaux, hier war sie in ihrer Wohnung verhaftet worden. Ihr kleiner Sohn war neun Jahre alt, ihre kleine Tochter neunzehn Monate. Der Junge wurde am folgenden Tag zu einer Tante gebracht, der Säugling zur Großmutter. Ihr Mann meldete sich als Arbeitsfreiwilliger in Deutschland, ihm war gesagt worden, das würde die sofortige Freilassung seiner Frau bewirken. Im Fort de Romainville wurde sie aber keineswegs freigelassen, sondern die von Bordeaux überstellten Gefangenen wurden isoliert und während mehrerer Wochen in Einzelhaft gehalten. Georgettes Registrationsnummer im Fort war die Nummer 939. Einer Mitgefangenen, Yvonne Noutari, gelang es am 19. November, mit Hilfe einer auf der Post tätigen Widerstandsgruppe eine Nachricht nach draußen gelangen zu lassen, sie schreibt, sie seien zu neunt, könnten sich mit Zeichen verständigen, und unter den neun erwähnt sie Georgette. Wir wissen auch, dass sie am 22. Januar nach Compiègne transportiert wurden, neben Georgettes Namen und dem Datum steht die Notiz, *nach Compiègne überstellt*. Zwei Tage später wurde sie zusammen mit zweihundertdreißig Frauen von Compiègne aus weitertransportiert. Die Frauen fuhren in den drei letzten Wagen eines aus Rinderwaggons bestehenden Zugs. Er transportierte insgesamt 1450 Gefangene. Zuerst wurden sie nach Halle in Sachsen verbracht, von dort kamen die Männer ins Konzentrationslager Sachsenhausen, die Frauen trafen am Abend des 26. in Auschwitz ein. Erst am Morgen durften sie aus den Waggons aussteigen, auf der Rampe sangen sie die Marseillaise, und auch während sie nach Birkenau getrieben wurden, sangen sie. Georgette wurde unter der Nummer 31 717 registriert, man tätowierte ihr die Zahl sogleich in den linken Unterarm. Was weiter mit ihr geschah, wissen wir nicht. Wahrscheinlich war ihre Pritsche im 14. Block, ab Februar dann im 24. oder 26. Block, aber es kann auch sein, dass sie zusammen mit anderen Sterbenden draußen vor dem 26. Block nächtigen musste. Ihr Tod wurde in den Lagerakten am 8. März 1943 registriert. Am selben Oktobermorgen, Mittwoch, während meine Mutter immer noch zum Gebären unterwegs ist, wobei es für mich bestimmt besser gewesen wäre, wenn ein Auto sie überfahren oder eine Straßenbahn sie niedergewalzt hätte, waren Anne Frank und ihre Familie friedlich damit beschäftigt, sich zu wägen, worauf sie notierte, dass Margot 120 Pfund, Mutter 124, Vater 141, sie selbst 87 Pfund wogen, Peters Gewicht 134 Pfund, Frau Van Daan 106, Herr Van Daan 150. Das war ihr Gewicht am Morgen des 14. Oktobers 1942, in ihrem Versteck an der Prinsengracht. Während der deutsche Botschafter in Budapest dem Außenministerium die Note des Staatssekretärs Martin Luther überreichte, kam ich unvorsichtigerweise lebend zur Welt. An der Prinsengracht verkehrte dieses geborene Ich mehrmals, denn dort in der Nähe befand sich sein bevorzugtes, wenn auch sündhaft teures Amsterdamer Hotel, und von dort war es auch nicht weit zu seinem wunderbaren holländischen Verleger Van Gennep. Der stellvertretende Staatssekretär im deutschen Außenministerium rief an diesem Morgen im Namen seiner Regierung die ungarische Regierung auf, *die Judenfrage endgültig zu beseitigen.* Die ungarische Regierung müsse vollumfänglich dem deutschen Muster folgen. Die unter ihrer Jurisdiktion stehenden Juden müssen zum Tragen eines Numerus nullus-Erkennungsmals verpflichtet werden, und die ungarische Regierung müsse ihre Massendeportation in die Wege leiten. Es sei so, *dass es sich nicht um ein deutsches, sondern um ein gesamteuropäisches Interesse handele, die Juden zu vertreiben, und dass die großen Anstrengungen, die Deutschland auf diesem Gebiet mache und vor der Welt verantworte, illusorisch gemacht würden, wenn in einzelnen Gebieten Europas die Juden weiterhin Möglichkeiten der intellektuellen und wirtschaftlichen Einflussnahme in Verbindung mit dem uns bekämpfenden Weltjudentum besäßen,* schrieben sie in ihrer schwerfälligen Ausdrucksweise, der es ja nichts geschadet hätte, wenn zuerst ein anständiger Redakteur das Ganze in die Hand bekommen hätte.

Ein Mann, der nackt ist, hält sich beide Hände vor die Lende, senkt ein wenig den Kopf und schweigt. Viel mehr kann er nicht tun.

Dank dem amerikanischen Historiker Christopher R. Browning wissen wir auch, dass die Massenabschlachtung einer ausgearbeiteten, rationalen Ordnung folgt. Folgte, folgt und bestimmt auch folgen wird, denn die Massenabschlachtung bringt ihre Verfahren, ihren Betrieb und ein rigoroses Szenario aus sich selbst hervor. An der Auflistung des Vermögens der ungarischen Juden, an dessen Beschlagnahmung, an der Lagerung der beschlagnahmten Güter, an ihrer Verteilung, an der Vorbereitung und Ausführung der Deportationen arbeiteten, ungarischen Interessen und deutschen Forderungen gemäß, während mehrerer Jahre rund zweihundertsiebenundachtzigtausend bescheinigt ungarische und bescheinigt christliche Beamte, die, muss man annehmen, in dieser Zeit ihre Kinderchen im Geist der zweckdienlich-aktuellen Aufhebung der christlichen Moral erzogen, mit dem Ergebnis, dass noch heute nicht wenige diese Auffassung des Christentums pflegen.

Und so leben nicht nur die Massen von Ermordeten stumm weiter, sondern auch die Mörder können nicht sterben, sie vermachen uns ihr kollektives Bewusstsein, das auf diese Art weiterlebt.

Man wusste, dass sich die Frauen in solchen Situationen ihrem Schicksal nicht ergeben, die Männer hingegen schon. Allenfalls halten sie sich die beiden Handflächen vor die Lende.

Dank Brownings Quellenstudium kennen wir die Namen der Mitglieder des Reserve-Polizeibataillons 101, ihre Aktivitäten an dem Mittwoch, ihre Einstellung, ihre Lebensläufe und nicht zuletzt ihre fachlichen Probleme mit der Massenhinrichtung.

Der pathologisch strenge Hauptmann Hoffmann kam mit den Hinrichtungen bis September nicht in Berührung, er leistete Hilfsdienste mit seinem Bataillon, kaum aber war er vor die Aufgabe gestellt, ein solches Manöver zu befehligen, dem großen Handwerk des Massenmords gewissermaßen ins Auge zu blicken, hatte er mit starken Bauchkrämpfen und unaufhaltsamem Durchfall zu kämpfen. Man diagnostizierte eine vegetative Kolitis, und er musste den Einsätzen fernbleiben. Am Vorabend meiner Geburt, an der Befehlsausgabe vom Dienstag, hatte er noch klargestellt, dass kein Federlesens gemacht würde, Alte, Kranke, Behinderte, alle, die nicht gehen und also nicht innerhalb der angemessenen Zeit aus der Stadt hinausgetrieben werden konnten, seien auf der Stelle zu erschießen, ebenso die Kleinkinder; am Mittwochmorgen, am Morgen meiner Geburt, befiel ihn aber die vegetative Kolitis erneut, und so blieb er auch dem Einsatz von Misotsch fern. Seine Leute hatten den Verdacht, der Durchfall könnte seelische Ursachen haben, was sie untereinander auch besprachen. Es war nämlich nicht zu vermeiden, dass die auf ihre Exekution wartenden Menschen in Panik gerieten. Browning dokumentiert, dass der Befehl zum augenblicklichen Erschießen der Kleinkinder ein dauernder Gegenstand von Diskussionen blieb. Nicht, dass man moralische Bedenken gehabt hätte. Man hielt den Befehl für zu wenig rationell, er lief den Regeln des praktischen Verstands zuwider, und so wurde er von den Mannschaften oder auch von ihren Kommandeuren nicht immer befolgt. Die Kleinkinder mussten ja einzeln ihren Müttern entrissen werden, und das hatte die unangenehme Folge, dass die auf ihre Hinrichtung wartende Menge in Panik geriet, aufzubegehren begann. Es ist eine menschliche Gegebenheit. Das Menschentier verteidigt seine Jungen noch in den hoffnungslosesten Fällen. Die Leute des Hamburger Einsatzkommandos waren fast alles Familienväter, die Aufgabe nahm sie *nervlich* her, wie in einem Protokoll wörtlich zu lesen ist. Wir dürfen als anthropologisches Gesetz verbuchen, dass der Massenmord an Kindern Männer nervlich hernimmt. Nicht *geistig*, nicht *emotional*, nicht *ethisch*, sondern *nervlich*. Aber eigentlich hatte eine andere menschliche Gegebenheit den nervlichen Kurzschluss verursacht, das darf ich ruhig behaupten, nach so vielen Jahren die Sache präzisieren, den Kurzschluss hatte ihre Empathie verursacht, wie sie ein jedes Säugetier hat.

Sie mochten dagegen ankämpfen, aber es war doch, als müssten sie ihre eigenen Kinder hinrichten.

Die Arbeit ging nur dann befehlsgemäß vonstatten, wenn es dem kollaborierenden Gesindel überlassen wurde, die Kinder den

Armen ihrer Mütter und Großmütter zu entreißen, ukrainischen und polnischen Männern, die man in großdeutscher Überheblichkeit für brutaler hielt als sich selbst. So ließen sich die eigenen peinlichen Gegebenheiten verdrängen, ließ sich das Gruppenbewusstsein aus dem individuellen, zur Empathie neigenden Bewusstsein einigermaßen herausretten. Mit Hilfe von erhöhten Schnapsrationen führten diese ukrainischen und polnischen Männer den Befehl anstandslos aus, sie klaubten die an die Körper ihrer Mütter geschmiegten Kleinen weg, erschossen sie einzeln und warfen sie beiseite, worauf sie Salven in die Menge der schreienden und protestierenden nackten Frauen hineinfeuerten. Die Methode hatte aber einen bedeutenden Nachteil. Bis die ukrainischen und polnischen Männer die Aufgabe ausgeführt hatten, waren sie vor Mordlust und Alkoholrausch vollkommen enthemmt, und sie begannen sich gegenseitig zu erschießen. Sie konnten nicht aufhören zu schießen, waren nicht mehr zu bremsen. Was ebenfalls kein unbekanntes Phänomen ist, der Mordrausch, er funktioniert auch ohne erhöhte Schnapsmengen, aber von diesem unseren archaischen Trieb wird ja auch eher selten gesprochen. Den einzigen glaubwürdigen Bericht darüber hat Hans Christoph Buch geschrieben, aus Afrika. Als Augenzeuge berichtet er von einer Kraft, die ihn selbst nicht unberührt gelassen habe. Sie erfasst auch jene, die nicht alkoholisiert sind und beim Morden nur zuschauen. Hier ist ebenfalls Empathie am Werk. Ich fühle mich ins Handeln der anderen ein, und als Menschentier bin ich auf ihrer Seite, denn sie sind die stärkeren. Als beobachtendes Mitglied der Horde muss ich zu den starken Tätern halten. Mir zucken sogar die Hände, die Beine, die kollektive Mordlust spricht in mir. Es lockt das Gefühl der Kameradschaft. In solchen Fällen mussten die deutschen Einheiten das kollaborierende Gesindel aus Sicherheitsgründen erschießen, an den Rändern der offenen Gräber oder Gruben entstand ein Nahkampf, der auch deutsche Opfer forderte. Noch bevor die Gräber und Gruben zugedeckt werden konnten, stieg wegen des Druckunterschieds der Grundwasserspiegel in ihnen allmählich an, die vielen Hirnmassen ließen ihre Ränder schlüpfrig werden, das ist nun einmal so bei Genickschüssen, durch den plötzlich entstehenden inneren Druck öffnet sich der Schädel, fällt manchmal an den Nähten auseinander, die Hirnmasse hat einen hohen Fettgehalt, mit alledem musste gerechnet werden. Wegen der vielen Genickschüsse wurde die Erde glitschig, die Hirnmassen spritzten den Mördern auf die Kleidung, ins Gesicht, die Leichen und Verwundeten schwammen im Wasser, nicht davon zu reden, dass die an den Grubenrändern aufgereihten, auf den Genickschuss oder die Salve wartenden Menschen vor Todesangst ihren Urin und Stuhlgang nicht halten konnten, und so rutschten bestimmt auch die auf ihre körperliche Sauberkeit peinlich achtenden Männer des Hamburger Bataillons manchmal in diese infernalische menschliche Emulsion hinein. Man musste sie herausfischen, heißt es im Protokoll.

Die von Hauptmann Hoffmann befohlene Methode wurde an dem Tag, Mittwoch, dem Tag meiner Geburt, von der Abteilung wieder einmal nicht befolgt. Hingegen herrschte fachliche Übereinstimmung dahingehend, dass man an den Exekutionsstätten zuerst die nackten Männer erschießen musste. So war es rationell, so ergab es sich aus der Situation, das diktierten der nüchterne Verstand und die Erfahrung. Erst danach kamen die brüllenden Frauen mit den schreienden Kindern an die Reihe.

Denn auf diese Weise brauchte man vor den erwachsenen Frauen weniger Angst zu haben.

Das in Misotsch tätige Bataillon konnte es sich an diesem Mittwoch, dem Tag meiner Geburt, gegen Himmlers strenges Verbot nicht versagen, die für die Hinrichtung aufgestellten nackten, ihre Kleinen an den Körper pressenden Frauen mit einer frisch geraubten Leica zu fotografieren, dann dieselben Frauen und Kinder auf dem Boden liegend, während die Kameraden noch einigen von oben in den Kopf schießen; bestimmt hatten die sich noch bewegt.

Phasenbild heißt so etwas in der Fotografie, Phasenbilder zeigen Abläufe, ohne deren Sinn und Zweck zu zeigen. Von Imre Hirschler, dem Geburtsarzt, der sich seltsamerweise noch Jahrzehnte später an die Einzelheiten meiner Geburt erinnerte, weiß ich, dass ich unterdessen problemlos auf diese vielversprechende Welt kam, mich wirklich höflich benahm, ihm nicht viel Arbeit machte, wie er achtundzwanzig Jahre später anerkennend schnalzend sagte, wobei er mir auf die Schulter klopfte.

Dass er mich auf einem Krankenhausflur ohne weiteres erkannte und sich sogar an meine Geburt erinnerte, war nicht verwunderlich, er hatte meine Mutter, der ich angeblich stark glich, schon vor meiner Geburt gekannt, sie waren Genossen gewesen, was in der Illegalität etwas zwischen Liebe und Freundschaft bedeutete, sie hatten jahrelang bei der Roten Hilfe zusammengearbeitet.

Das war für beide nicht ungefährlich gewesen. Eine Verhaftung ging augenblicklich mit Prügel einher, die Untersuchungshaft mit Folter. Man wollte Namen haben. Nach dem Willen der politischen Polizei sollte diese ganze kommunistische Hilforganisation liquidiert werden, was ihr nie gelang. Das Netz funktionierte Gott sei Dank kontinuierlich, allen Aufrollaktionen und blutigen Niederlagen zum Trotz. Sie wussten, was sie taten, mit welchen Risiken sie spielten. Mein Vater flog mehrmals auf, wurde auf der Polizeistation mehrmals verprügelt oder von den Ermittlern der militärischen Abwehr gefoltert, in der Hadik-Kaserne in der Horthy Miklós-Straße. Wie lange er dort gefangen gehalten beziehungsweise in welchem Takt er freigelassen wurde, um dann wieder zurückgeholt zu werden, wie lange die physische und psychische Tortur dauerte, habe ich nie genau in Erfahrung bringen können. Ich verlasse mich hauptsächlich auf die Erzählung meiner Mutter, auf einige Sätze und Gesten meines Vaters, das heißt also auf mein Gedächtnis. Die schriftlichen Quellen sind nicht weniger unzuverlässig als meine Erinnerung. Meine Mutter ging mehrmals auf das Thema ein, fast obsessiv, sie kam immer wieder mit neuen

Einzelheiten, die mein Geist zwar kaum aufzunehmen vermochte, aber doch bereitwillig speicherte.

Ich speicherte sie, ohne zu wissen, was ich mit ihnen anfangen sollte.

Jahrzehnte später fanden sich die Erzählungen meiner Mutter durch die Erinnerungen mehrerer Autoren bestätigt. Sie hatte auf eine Art erzählt, als wolle sie ihren älteren Sohn über den Zustand der Welt aufklären, ich sollte wissen, wie eine Hausdurchsuchung abläuft, wie eine Verwahrung, wie eine Verhaftung, oder wie man in der Nacht oder am frühen Morgen durch die ausgestorbene Stadt zur Hadik-Kaserne gebracht wird, auf welche Art die Kommissare einen auf dem Hintersitz zwischen sich klemmen, während sie geradeaus starren, nicht sprechen, auf Fragen nicht antworten. Sie vertraute mir die Geschichte der serienmäßigen Verhaftungen meines Vaters an, aber auf etwas unpersönliche Art, wie eine allgemeine Erfahrung. Es kam mir überhaupt nicht in den Sinn, sie zu fragen, warum ich denn das wissen müsse. Eltern bereiten ihre Kinder sicher auf ihr eigenes Schicksal vor, auch wenn sie ihnen ein besseres Los wünschen. Die Hadik-Kaserne in der Horthy Miklós-Straße, die früher Fehérvári-Straße, Weißenburgerstraße, geheißen hatte und heute Bartók Béla-Straße heißt, ist ein riesiger, aus verschiedenen Epochen stammender Häuserblock, oft umgebaut, zusammengestückelt aus aufeinander hin geöffneten Gebäudeflügeln, zwischen der engen kleinen Zenta-Straße und der breiteren, von Bäumen bestandenen Bertalan-Straße. Die Fenster des Ostflügels gehen auf die Budafoki-Straße, genauer, auf die Vortragssäle im Park der technischen Hochschule. Einst war es die Kaserne des kaiserlich-königlichen 3. Husarenregiments. Das Regiment und demzufolge seine Kaserne wurden für alle Zeiten, wie es offiziell verlautete, nach dem größten ungarischen Husaren, Feldmarschall András Hadik, dem Oberbefehlshaber von Buda, benannt. Kaiserin Maria Theresia hatte Hadik in den gräflichen Rang erhoben und mit der Schenkung ausgedehnter Ländereien in Czernowitz und Futak zu einem Großgrundrundbesitzer gemacht. Damit seine Glorie noch vollständiger sei, erhob ihn ein paar Jahre später, 1777, Kaiser Joseph II. zum Grafen des Heiligen Römischen Reiches Deutscher Nation. So ausgedehnt der nach Hadik benannte und seither selbstverständlich mehrmals umbenannte Gebäudekomplex ist, so frei ist er von jeglichem ästhetischen Anspruch. Zum Glück wird seine Hauptfront von alten Platanen verdeckt. Sein riesiger, verwinkelter Hof darf auch heute noch nicht betreten werden, er steht unter strengstem Schutz, so streng, dass man die Strenge des Schutzes von außen nicht einmal wahrnimmt.

Es war entsetzlich kalt, in den Straßen tobte der Schneesturm, schreibt der namhafte Verleger der Zwischenkriegszeit, Imre Cserépfalvi, in seinen Memoiren. In der Nacht vom 18. Januar 1942 wurde er aus seiner Wohnung in der Váci-Straße verschleppt. In seinem Fall ist es verständlich, warum man ihn in die Hadik-Kaserne brachte, also aufs Oberkommando der Spionageabwehr. Einer seiner namhaften Autoren und Lektor seines Verlags, György Pálóczi Horváth, war Agent des englischen Geheimdiensts. Bestimmt war dieser von den Engländern informiert worden, dass sich die Schlinge um ihn zusammenzog, denn er floh Hals über Kopf via Belgrad nach Ankara, wo er seine Geheimdienstaktivitäten gegen das deutschfreundliche ungarische Regime fortsetzte. Der türkische Botschafter überbrachte Cserépfalvi einen Brief von ihm, vielleicht hatte der Geheimdienst den Brief selbst geschrieben, um Cserépfalvi zu provozieren und Pálóczis Nachrichtennetz zu liquidieren, wer weiß. Ich weiß fast nichts. Ich weiß nur, dass die Nachrichtenbeschaffung nicht vom Staatskörper zu trennen ist, was ihre Aktivitäten keine Sekunde lang ethischer macht. Unterwegs redeten die Kommissare nicht, auch nicht miteinander. Am Ziel angekommen, hätten sie ihn wortlos in den ersten Stock hinaufgeführt, schreibt Cserépfalvi in seinen Memoiren *Aufzeichnungen eines Verlegers*. Acht Jahre zuvor war mein Vater ebenfalls in den ersten Stock hinaufgebracht worden. Und dann in einem anderen Gebäude, über eine andere Treppe, ins Erdgeschoss hinunter. Dieses andere Gebäude erwähnt Cserépfalvi nicht, unser Vater hingegen wurde über einen langen Gang in ein Zimmer geführt, dessen zwei vergitterte Fenster nicht auf die Straße, sondern auf den riesigen gepflasterten Hof gingen. Beide aber erzählten von den unterirdischen Zellen der Kaserne, wo sie gefangen gehalten wurden. Es standen auch große Bäume auf dem Hof, aber keine Platanen, wenn ich mich richtig erinnere. Vielleicht Ahorne oder Essigbäume. Und dann stürzten sich die vier oder fünf Kommissare, die sich dort aufhielten, auf mich und schlugen mich grün und blau, schreibt Cserépfalvi. So wie es unsere Mutter erzählte, schnellten die im vergitterten Zimmer friedlich plaudernden Männer von ihren Sitzen hoch, als die Kommissare mit meinem Vater eintraten, und schlugen ihn auf der Stelle grün und blau. Die Ermittler, die ihn von Pest nach Buda gebracht hatten, sah er erst wieder, als sie zum größten Entsetzen seiner Mutter mitten in der Nacht erneut in der Tür der Wohnung in der Pannónia-Straße erschienen, um ihn wieder mitzunehmen und wieder kurz und klein zu schlagen. Ich erinnere mich daran, weil ich noch jahrelang über diesen ersten stehenden Ausdruck, den ich je hörte, nachdenken musste. Ich verstand nicht, was kurz und klein schlagen heißt. Wie sah das aus. Warum in dieser Reihenfolge. Erst schlägt man jemanden kurz, um ihn dann klein zu machen, wo war der Unterschied. Von Schlägen wusste ich nichts, die ersten Ohrfeigen würde ich von meinen Eltern erst viel später bekommen. Etwas klein schlagen. Das verstand ich, das Bild ist ja anschaulich. Aber was ist, wenn es nicht anschaulich ist. Jemanden einen Kopf kürzer machen. Auch das verstand ich. Es war, als müsste ich die Tatsache, dass man einst meinen Vater kurz und klein geschlagen hatte, zwischen diesen Ausdrücken unterbringen. Dazu brüllten sie unzusammenhängend, ich verstand nur wenig, schreibt Cserépfalvi, und das war auch bei meinem Vater so, und nicht nur bei ihm, sondern auch bei Béla Szász, der am 24. Mai 1948 festgenommen wurde, ausnahmsweise am helllichten Tag, auf einem Gang des Landwirtschaftsministeriums, gerade als er das Büro von Staatssekretär Mihály Keresztes betreten wollte. Der Staatssekretär hatte ihn gar nicht gerufen. Die geheimdienstliche Aktivität besteht aus der richtigen Handhabung des Scheins. Wer beim Geheimdienst arbeitet, weiß, dass der Schein im Leben einen viel größeren Raum einnimmt als die Realität. Auch Béla Szász konnte lange protestieren, er wurde auf der Straße in einen mächtigen, mit Vorhängen verhängten Buick gesetzt, und man machte Anstalten, ihm die Augen mit einer Serviette zu verbinden. Da fragte er im Konversationston, was denn das für ein Indianerspiel sei. Seien Sie bloß froh, dass wir sie Ihnen verbinden, so haben Sie eine gewisse Chance zurückzukommen. Man beachte, wie überwältigend logisch dieser rituelle Satz ist. Er ist gleichzeitig eine Drohung und ein Verrat. Ein Verrat am geheimen Vorgehen. Dann fuhren auch sie wortlos mit ihm dahin. Er hatte genug Stoff zum Nachdenken. Wenn sie meinen Vater verprügelten, brüllten sie genauso wie bei Cserépfalvi, dir besorgen wir's, du dreckiger Schuft, du verdammtes kommunistisches Schwein, du Vaterlandsverräter. Ilona Kojsza ihrerseits wurde in der Morgenfrühe aus ihrer Wohnung in der Galamb-Straße geholt, früher als die anderen, an einem der ersten Maitage, und sie fragte die Ermittler, wohin denn die Ausfahrt gehe, wenn die Genossen ihr das sagen möchten. Worauf ihr einer der Genossen mit der Faust auf den Kopf schlug. Das erfährst du noch früh genug, du alte Schlampe. Der andere neben ihr auf dem Hintersitz des vorhangverhängten Hudson zischte, Genossen wirst du keine mehr haben, du dreckige Hure. Und so wurde es auch in diesem Automobil still. Auch ihr wurden die Augen verbunden, und sie fuhren in einem wahnsinnigen Tempo. In den Kurven kreischten die Reifen, erzählte sie. Auch Béla Szász erzählt in seinen Memoiren *Ohne jeden Zwang* von den kreischenden Reifen in den Kurven der Istenhegyi-Straße, Gottesbergerstraße. Aufgrund der Töne, der Luft, die durchs halbgeöffnete Fenster kam, wusste er, wo sie waren. Kojsza hätte im bevorstehenden großangelegten Prozess die wichtige jugoslawische Spionin geben sollen, die im Frühling 1941 Noel H. Field überredet hätte, nach Le Vernet d'Ariège zu fahren und den dort internierten Rajk in die CIA oder die Gestapo einzuschleusen. In dieser Vorbereitungsphase des Prozesses waren die Anklagen noch gar nicht formuliert, wie mir Kojsza Jahrzehnte später erzählte. Es hing von den verschiedenen, parallel laufenden Verhören ab, welche Version sie wählen würden. Ob sich Kojsza dieser oder jener Sache schuldig bekannte, war ihnen egal, Hauptsache, sie tat es, worauf sie dann schon sagen würden, zu welchen weiteren Schändlichkeiten sie sich zu bekennen hatte.

Aber da konnte sie nicht mitmachen, beim besten Willen nicht. Obwohl sie sich noch alle Mühe gab zu verstehen, wozu zum Teufel dieses ganze Theater nötig war.

Demnach wissen wir immerhin von zwei Menschen in der Geschichte der kommunistischen Weltbewegung, Ilona Kojsza und Béla Szász, die aller Prügel und Folter zum Trotz das Rollenspiel nicht mitspielten.

Aber sie sagte, nein, nein, das sei missverständlich. Sie habe nicht der Folter und den Demütigungen zum Trotz abgelehnt, nicht einmal wegen der Folter und der Demütigungen.

Sondern wenn sie etwas gestanden hätte, von dem kein Wort stimmte, wenn derselbe Henkersknecht, der sie schon in Horthys politischer Polizei geprügelt hatte, damit sie ihre Genossen preisgab, jetzt eine Lüge aus ihr herausgepresst hätte, hätte sie sich nicht mehr als Menschen betrachten können. Sie nannte auch den Namen des Henkersknechts, aber leider erinnere ich mich nicht an ihn. Man kann nicht Lügen gestehen. Sie rechnete nicht damit, dass man sie am Leben lassen würde. Und nach ihrem Tod sollte nicht ein solcher Schandfleck an ihrem Namen haften bleiben, nein, das nicht. Dass sie die Lügen solcher ehrloser Menschen teilen sollte, nein, das nicht.

Stellen Sie sich vor, sagte sie, dieser horthystische Schläger, dieser Henkersknecht, hatte schon damals den Rang eines Oberstleutnants.

Genosse Oberstleutnant, so wurde er angeredet.

In den ersten Wochen habe sie die Folterungen gar nicht glauben können, sie habe gedacht, da liege ein fataler Irrtum vor. Den sie mit den Genossen klären müsse, aber nicht mit dem besagten Henkersknecht. Und als auch das nichts half, dieser Unglaube, habe sie sterben wollen, habe versucht, sich auf eine ganz unmögliche Weise umzubringen.

Auf welche Weise, fragte ich.

Aber das wollte sie nicht erzählen.

Ein paar Wochen danach, bei einem unserer gewohnten Spaziergänge in der Umgebung der Stadt, erzählte sie es doch. Es fiel ihr schwer, ich sah es, aber gerade ihr Ehrgefühl verlangte von ihr, es zu erzählen. Sie wolle, dass ich es wisse. Solange noch möglich. Sie war sicher, dass man sie wieder holen würde. Dass man sie eines schönen Tages beseitigen würde.

Sie kämpfte mit ihrer Partei darum, damit sie den Henkersknecht, dessen Name mir entfallen ist, verschwinden ließ, aus dem Verkehr zog.

Ich mochte bei jenen ziellosen Spaziergängen in Óbuda, Altofen, zweiundzwanzig Jahre alt gewesen sein, sie vielleicht schon über sechzig.

Sie lebte hier, in einer kleinen Siedlungswohnung, tödlich einsam, muss man wirklich sagen. Ihr serbischer Lebenspartner, an dessen Namen ich mich ebenfalls nicht mehr erinnere, ich habe nach ihm gesucht, aber bisher keine Spur eines solchen Serben gefunden, wurde nebenan beim Verhör in zwei Anläufen totgeschlagen, damit sie es hörte und gestand, was man ihm in den Mund gelegt hatte. Sie könne in der Wohnung mit ihren Gästen nicht sprechen, sie werde rund um die Uhr abgehört, sagte sie in der kleinen Wohnung laut, damit es diese Schweine hörten, diese Spitzel. Es war zwar unwahrscheinlich, aber doch nicht auszuschließen, dass sie tatsächlich abgehört wurde. Den Kampf um die vollständige Rehabilitierung aller Diffamierten gab sie nicht auf. Sie war immer noch schön, und das machte mir ein wenig Angst. Sie war, wie man sich eine geborene Aristokratin vorstellt, obwohl sie aus einer Proletarierfamilie mit vielen Kindern stammte, von irgendwoher weit draußen auf dem Engelfeld, inmitten des städtischen Elends. Wenn sie mit ihrer leisen, feinen Stimme in vollständigen, gewählten, unaufgeregten Sätzen zu erzählen begann, konnte sie nicht aufhören. Abfolgen und Assoziationen galoppierten mit ihr davon. Wie bei den anderen, die in dieser Zeit, Anfang der sechziger Jahre, ihr langjähriges Schweigen brachen, sich die Wunde aufrissen und zum ersten Mal von ihren Erfahrungen im Konzentrationslager berichteten. Selbst wortkarge Menschen. Ich stellte eine Frage, sie begannen zu sprechen und konnten nicht mehr aufhören. Es gab immer noch weitere Einzelheiten, die auch noch erwähnt werden mussten. Die Welt hätte das ja eigentlich zur Kenntnis nehmen können, nur verschließt sich die Welt eben kontinuierlich vor der Kenntnisnahme der Realität. Also sagten sie es wenigstens mir. Jener Mai war kühl gewesen, die Morgenfrühen, die Nächte, und als sie geholt wurde, nahm sie sicherheitshalber ihren Mantel mit. Im letzten Augenblick nahm sie ihn vom Kleiderbügel im Flur und zog ihn gleich an, so gekleidet saß sie in dem schwarzen Wagen, laut ihr einem Buick, und wollte, dass man so rasch wie möglich losfahre, um diese unmögliche Situation zu klären.

Sie hätten in der Morgenfrühe ihre Wohnungstür eingebrochen, weil sie vom Klingeln nicht aufgewacht war.

Zwei Wochen später habe sie immer noch diesen Mantel angehabt, am wievielten Ort wusste sie nicht mehr. Ein leichter, sandfarbener Burberry. Den hatte sie an, wenn sie geschlagen und verhört wurde, Blut trocknete in den Kragen ein, der Mantel stank, sie musste in ihm schlafen, eine Decke bekam sie nicht, zum Waschen wurde sie nicht geführt. An einem der Orte, an die sie gebracht wurde, gab es eine weibliche Aufsichtsperson, die hatte erst recht kein Ohr, war noch grausamer als die Männer, und da nahm sie den Bezug des Strohsacks, machte ihn im Kübel, im eigenen Urin, nass, denn auch das war Teil der Folter, dass der Kübel tagelang da stehengelassen wurde, ohne Deckel, sie drehte ihn zu einem Strick und versuchte sich damit zu erhängen, aber das Leintuch riss.

Sie war jenseits des Zustands, in dem man noch weiß, was man tut.

Sie wusste schon lange nicht mehr, was für ein Tag es war, und überhaupt wo und wie. Sie riss das Futter aus dem Mantel, auch das machte sie im Urin nass, damit es widerstandsfähiger wurde, das andere war ein altes, verbrauchtes Leintuch gewesen, aber echte Seide reißt nicht, wie sie wusste. Es war ein Seidenfutter, dicht gewoben. Sie drehte es ganz eng, schlang es sich um den Hals und zog mit aller Kraft an den beiden Enden, um doch endlich zu ersticken.

Ich verstand nicht, es war nicht verständlich, sie musste mir zeigen, wie sie es getan hatte.

Wir mussten beide lachen, dort, auf der leeren Straße in Óbuda. Denn soviel Kraft man auch hat, so stark ein nasser, aus einem Futter gedrehter Seidenstrick auch ist, wie könnte man sich auf diese Art erwürgen.

Seit diesem Spaziergang sind fünfzig Jahre vergangen, in der Tat, ein halbes Jahrhundert war vergangen, als ich vor einigen Monaten zufällig auf die Zeugenaussage eines gewissen József Kiss stieß. Er hatte sie in eigener Sache geschrieben. An dem Tag hatte er um sechs Uhr den Dienst angetreten. Er machte die Runde, um die Zellen zu kontrollieren. Dabei schaute er nicht einfach nur durchs Guckloch, sondern er musste jede Zelle öffnen und sich gründlich umsehen. Er habe Kojsza vorgefunden, auf dem Boden sich wälzend, so schreibt er wörtlich. Kojsza, auf dem Boden, sich wälzend. Sie hatte das Futter ihres Übergangsmantels herausgerissen, eingeweicht, gedreht, sich um den Hals gewickelt, sie riss den

Kopf in der Schlinge hin und her, sie warf sich mit dem ganzen Körper hin und her, um sich zu erwürgen. Ich schrie und kniete mich neben ihr nieder, ich löste die Schlinge, setzte sie auf die Pritsche und sagte zu ihr, Ilona, um Gottes willen, bauen Sie nie wieder einen solchen Mist. Wenn Ihnen etwas zustößt, werde ich rausgeschmissen. Auf die Art können Sie sowieso nicht sterben. Die passen schon auf, dass alle am Leben bleiben. Und erst da habe er gemerkt, dass auf der Pritsche ein nasses Taschentuch lag, schön geplättet, auf das Kojsza mit Tintenstift geschrieben hatte, lieber Genosse Rákosi, es ist entsetzlich, was hier mit uns geschieht. Man will uns mit Schlägen und Drohungen zwingen, gegen unsere besten Genossen auszusagen. Wir sollen sagen, dass wir Faschisten gewesen sind, eingeschleuste Agenten, wir seien nur nach Ungarn zurückgekommen, um die Partei von innen auszuhöhlen.

Auf eine gleich unwahrscheinliche und unmögliche Art versuchten auch Sándor Cseresznyés, Pressechef des Innenministeriums, und Oberst Gyula Oszkó Selbstmord zu begehen, wie Kiss in seiner Zeugenaussage schreibt. Der eine zerbrach seine Brille und versuchte sich mit dem Glas die Ader aufzuschneiden, der andere hakte den Draht seines Brillengestells in seine Ader und versuchte sie aufzureißen.

Unserem Vater wurden beide Schienbeine gebrochen, Spuren davon blieben bis zu seinem Tod.

Vielleicht war das gerade in dem Gebäude geschehen, in einer der Räumlichkeiten im Erdgeschoss, wo ich ein paar Jahrzehnte später als Soldat fotografischen Fachdienst versah. Nach der Grundausbildung war ich von der Ságvári-Kaserne in Budakeszi hierher versetzt worden. Ein schlichtes kleines Manöver. Der Soldat stopft jetzt schön seine Siebensachen in seinen Sack, aber auch wirklich alle seine Siebensachen, hier soll mir nichts bleiben, und in fünf Minuten meldet er sich auf dem Kompaniebüro. Das war derselbe untersetzte, bärenstarke Unteroffizier, ein preisgekrönter Ringer, der bei den morgendlichen Lockerungsübungen aus voller

Kehle gebrüllt hatte, lauf, kleines Arschloch, lauf wie wahnsinnig, wenn das kleine Arschloch nicht läuft, wenn ich es einhole, steck ich ihn ihm hoch.

Der Satz betraf nie nur mich, sondern alle, jeden Morgen. Jeden Morgen durfte man feststellen, dass für ihn interessanterweise diese vielen verschiedenen Menschen ein einziger Mensch waren.

Meine Mutter hingegen flog nie auf. Sie war wendig und erfinderisch oder hatte einfach Glück.

Seine elegante Praxis in der Innenstadt hielt sich Hirschler dank Querfinanzierung. Von den reichen Patienten verlangte er hohe Honorare, mit deren Hilfe er die Armen kurierte. Die Rote Hilfe war eine Hilfsorganisation der illegalen Kommunistischen Partei, sie sammelte Geld für die Unterstützung der Familien von verhafteten oder aus politischen Gründen von ihren Arbeitsplätzen entlassenen Kommunisten oder Gewerkschaftsaktivisten. Meine Mutter schickte damals schon seit gut zehn Jahren hilfsbedürftige Frauen in Hirschlers Innenstadt-Praxis.

Aber am Tag meiner Geburt, an diesem ereignisreichen Mittwoch, hatte man in Misotsch aus irgendeinem Grund die jüdischen Männer nicht zuerst den Graben ausheben lassen, sie lagen niedergemäht auf der nackten Erde, während ich auf die Welt kam. Jan Karski, der Geheimkurier der Armia Krajowa, der polnischen Armee, traf zur gleichen Zeit in den Pyrenäen ein, um der polnischen Emigrationsregierung in London Nachricht von der polnischen Widerstandsbewegung zu bringen und als Augenzeuge von den Geschehnissen im Warschauer Ghetto und einem Nebenlager von Belzec, Izbica Lubelska, zu berichten. An demselben sonnenstrahlenden Mittwoch wurde das bereits einmal geräumte, dann mit fast dreitausend Juden wieder gefüllte Ghetto von Radzyń erneut geräumt. Die Juden wurden am frühen Morgen auf dem Marktplatz von Radzyń zusammengetrieben, auf exakt hundert Pferdefuhrwerke verladen und ins nahe Międzyrzec und von dort ins Vernichtungslager Treblinka gebracht. In derselben Morgenstunde reiste der Verteidigungsminister, Ritter Vilmos Nagy von Nagybacon, an die Ostfront ab, um die Ausrüstung der ungarischen Truppen persönlich zu kontrollieren, oder genauer, die nie eingestandenen skandalösen Lücken dieser Ausrüstung. An diesem Tag, Mittwoch, dem 14. Oktober, brachten die Morgenblätter die Nachricht, dass die wundervolle Radioansprache, welche die Gemahlin seiner Exzellenz des Reichsverwesers, die hochwohlgeborene Magda Purgly, im August gehalten und in welcher sie mit sorgenschwerer Stimme die Nation aufgerufen hatte, zugunsten der für uns kämpfenden Truppen sämtliche entbehrlichen Wintersachen zur Verfügung zu stellen, ein ganz hervorragendes Ergebnis erzielt habe. Die Jungmännerverbände haben rund zweihundert Eisenbahnwaggons füllende Wintersachen gesammelt, Herren- und Damenpelze, Pelzfutter, fellbesetzte Lederwaren, Garn, Wolle, Wollabfälle und sonstige wiederverwertbare Materialien. Im Rahmen der Kleidersammlung haben neben der bessergestellten gesellschaftlichen Klasse und der Beamtenschicht auch die Arbeiterklasse und die kleinen Leute ein rührendes Zeugnis ihrer Vaterlandsliebe und ihrer Hochachtung vor den ungarischen Truppen abgelegt. Sie spendeten fast mehr, als in ihren Kräften lag, um mit diesem Opfer den einem harten russischen Winter entgegenblickenden Truppen die körperliche Gesundheit zu gewährleisten. Das gesammelte Material wird gegenwärtig von den entsprechenden Organen sortiert und aufgearbeitet, damit, noch bevor der frühe russische Winter an die Tür klopft, sämtliche Winterbekleidung an ihren Bestimmungsorten eintreffe und unsere für uns vielleicht sogar ihr Leben aufopfernden Truppen vor der grimmigen Kälte schütze.

An diesem Mittwoch im Oktober ereigneten sich natürlich auch noch außergewöhnlichere Dinge; diese mussten gemäß Dienstreglement eigens protokolliert und gemeldet werden. An den vorangegangenen Tagen war Major Trapp, dem Kommandeur des Hamburger Reserve-Polizeibataillons 101, zur Kenntnis gebracht worden, dass Hauptmann Wohlauf, der die 1. Kompanie befehligte, von seiner Hochzeit in Hamburg seine Frau mitgebracht hatte. Die schöne junge Frau im kleingemusterten Seidenkleid mit Puffärmeln, dem elegant geschnittenen leichten Mantel und dem kecken Hütchen wollte mit eigenen Augen sehen, wie unter dem Kommando ihres frischgebackenen Ehemanns ein Ghetto geräumt oder wie eine Judenhatz organisiert wurde. Wahrscheinlich war sie vom Wort selbst beeindruckt, Judenhatz. Denn natürlich gab es Flüchtige, sogar ganze Gruppen. Diese wurden von den polnischen und ukrainischen Bauern entweder verraten oder versteckt. Wenn doch das schöne junge Paar wegen der vielen anfallenden Arbeit schon nicht nach Sorrent fahren konnte, wollte es die Flitterwochen wenigstens mit Judenhatz verbringen. Auch die Geschichte der Geflüchteten hat ihren durchaus bedeutenden Schriftsteller, Aharon Appelfeld, er selbst ein Überlebender und Augenzeuge. Es muss ja sexuell auch wirklich irrsinnig erregend gewesen sein, den handwerklichen Mord, die Hatz und das Liebemachen auf den gleichen Stromkreis zu schalten, auf den gleichen Nenner zu bringen. Da wurde die Nacht wohl wirklich zum Tag. Appelfeld beschreibt das Schicksal eines elfjährigen Mädchens, Tsili Kraus, beginnend bei einem Tag meines Geburtsmonats und Geburtsjahrs, als die Eltern vielleicht gerade an diesem Mittwoch das Mädchen allein lassen, damit es das Haus hüte, während eine nicht näher bezeichnete Einheit vielleicht gerade am Morgen meiner Geburt das Dorf besetzt und alle auffindbaren Juden umbringt. Es ist ja ein Roman. Die Einheit setzt sämtliche Häuser in Brand, aber es ist ja Fiktion. Dem Mädchen gelingt es, durch den Ring der Mörder zu schlüpfen, es flieht allein. Mein Gott, was für eine unermessliche Lust mochte das junge Paar, diese Wohlaufs, aufgepeitscht von den Freuden der Menschenjagd und des Mordens, sich geschenkt haben. Wenn doch nur ihr Name nicht so sprechend wäre.

Ich habe Appelfelds Roman auf Französisch gelesen, auf Ungarisch hieß das fliehende Mädchens sicher Cili, so wie meine Großmutter, deren Familie mit aller Wahrscheinlichkeit aus der gleichen Gegend geflohen war, vor einem früheren Pogrom.

Major Trapp war empört.

Eigentlich hätte er ja Hauptmann Wohlaufs Fall vors Kriegsgericht bringen müssen. Aber er verhielt sich dem jungen Paar gegenüber ritterlich. So kam es, dass auch Wohlauf mit seiner jungen Frau an diesem Tag, Mittwoch, dem Tag meiner Geburt, bei dem bedeutenden Einsatz nicht dabei sein konnte. Seine Kompanie räumte an diesem Mittwoch, ohne seine Beteiligung übrigens, nicht das Ghetto von Misotsch, sondern das von Łuków. Auf Major Trapps Befehl musste er nach erfolgreicher Beendigung der mehrtägigen Vernichtungsaktion in Serokomola, die auch die erregte junge Frau hatte mit ansehen dürfen, diese am Mittwoch ins ferne Hamburg zurückbegleiten. Am Nachmittag dieses selben Mittwochs, als sie, noch vom Fieber des Mordens erregt, händchenhaltend in der Eisenbahn saßen, kam im sommerlich warmen Budapest im Palais Sándor der ungarische Ministerrat zusammen, um die am Morgen vom Ministerpräsidenten unterschriebene Verordnung, wonach die Juden fürderhin weder Land pachten noch besitzen dürfen, zur Kenntnis zu nehmen und gutzuheißen, während am Ufer des Allier Marschall Pétain, der die Führung des kollaborierenden Vichy-Regimes übernommen hatte, feierlich die ersten zum Zeichen des deutschen guten Willens entlassenen französischen Kriegsgefangenen empfing. Selbstverständlich wurde der Empfang auch fotografisch festgehalten. Links im Bild steht Marschall Pétain, dümmlich grinsend, während er gerade die Hand eines schnurrbärtigen Herrn drückt. Weitere drei Männer stehen neben ihnen, mit dem züchtigen, unterwürfigen Gesichtsausdruck, wie er einem kollaborierenden Staatsoberhaupt gegenüber angebracht ist, und warten auf den ehrenden Händedruck. Einer von ihnen ist der junge François Mitterrand, der als Repräsentant der dankbaren Kriegsgefangenen auf den Händedruck des Marschalls wartet und zum Zeichen seines Respekts den scheintoten Blick des Marschalls starr fixiert. Ein paar Jahre danach verbot General de Gaulle seinem Innenminister, im Wahlkampf gegen die Sozialisten dieses Bild zu verwenden, und so verschwand es für zweieinhalb Jahrzehnte aus dem politischen Gedächtnis. In ethischer Hinsicht war das Verbot durchaus angebracht, denn Mitterrand war im Februar 1943 der Résistance beigetreten, bei der er unter dem Namen Morland aktiv war; Marguerite Duras zeichnet in ihrem Roman *Der Schmerz*, der in seiner Schonungslosigkeit Vorbild auch für meine Arbeit ist, ein eindringliches Bild davon. Der Romanist Victor Klemperer wiederum, der damals schon seit fast zehn Jahren von seinem Lehrstuhl vertrieben war und ohne seine arische Frau nicht überlebt hätte, notierte an demselben denkwürdigen Mittwoch, an dem der junge Mitterrand dem greisen Vaterlandsverräter die Hand schütteln durfte und ich geboren wurde, im fernen Dresden in sein Tagebuch, von der herbstlichen Kälte würden ihm die Finger steif. Eine neue Verordnung entzieht den Juden die Fleischkarten, schreibt er mit steifen Fingern. Juden bekommen gegen Brotkarten auch kein Weißbrot mehr. Die neueste Verordnung zur Metallabgabe sei so undurchsichtig, schreibt Klemperer in der Kälte Dresdens, dass die Gestapo leicht jedermann der Sabotage bezichtigen könne. Auch die Verordnung zu den Mischehen findet der unverbesserliche Klemperer, der inmitten der Katastrophe an den Regeln der Vernunft festhalten will, ähnlich undurchsichtig. Der Verordnung gemäß muss der Besitz der arischen Ehefrau nachgewiesen werden. Aber wie um Gottes willen, fragt Klemperer in seinem Tagebuch, soll man nach vierzig Jahren Ehe nachweisen, dass etwas nicht dem jüdischen Mann, sondern der arischen Ehefrau gehört oder umgekehrt. An dem Nachmittag beschreibt Klemperer auch, ihr gewissenhafter Zimmernachbar, ein gewisser Fränkel, denn da lebten ja auch sie schon im Ghetto, vertrieben aus ihrer gemeinsam erbauten Villa, dieser Fränkel gehe mit einem Hufeisenmagnet die verschiedenen Gegenstände durch, damit bei der vorgeschriebenen Abgabe ja nichts fehle. Offenbar konnte es für Fränkel kein noch so hirnverbranntes Gesetz geben, das er nicht mit sinnvollen Mitteln befolgt hätte. Mit einem Magneten. Das Funktionieren des Magneten, die Magnetfelder und das Magnetfeld der Erde hatte mir ausnahmsweise nicht mein Vater, sondern mein Onkel Pista erklärt. Am Ende geben sie einen Bleikelch ab, in welchem Klemperer die Briefmarken aufbewahrt hatte, einen Aschenbecher aus Messing und einen vernickelten Briefklemmer, am Tag meiner Geburt, einen Briefklemmer, wer weiß heute noch, wozu so etwas damals diente. Der Diener oder das Zimmermädchen mussten damit die Visitenkarte des Besuchers in Empfang nehmen oder der Dame und dem Herrn des Hauses Briefe überreichen. Es war ein idiotisches Stück, höchstens dazu gut, das Dienstpersonal zierlich und gründlich zu demütigen und damit dem bescheuerten Herrn des Hauses, der bescheuerten Dame des Hauses, dem bescheuerten Fräulein des Hauses und dem bescheuerten Sohn des Hauses eine Befriedigung zu verschaffen.

Wenn ich daran denke, tröstet mich nicht einmal, dass diese dienstbaren Geister sich zuweilen wacker räusperten und den Rotz schön in die Suppe der Herrschaften hineinspuckten.

Als es aber dämmerte und mir meine besorgte Mutter an dem Tag zum zweiten Mal die Brust gab, fuhren die hundert leeren Pferdefuhrwerke wieder ordentlich auf dem geräumten Hauptplatz von Radzyń ein. An dem Abend galt die Verdunkelungsvorschrift in Budapest ab acht Uhr. Normalerweise weiß man nicht, was am Tag der eigenen Geburt alles geschah, obwohl es doch so romantisch ist. Auch später wird man nicht neugierig darauf, weil man im netten Glauben lebt, an dem Mittwoch oder Freitag oder Dienstag sei das zentrale Weltereignis ja doch die eigene Ankunft gewesen. Später veranstaltet man tolle Feste, um am Jahrestag der Massaker von Radzyń, Łuków und Misotsch mit Freunden die eigene Geburt freudig zu feiern. Und nicht nur auf der Torte brennen die Kerzen, Happy Birthday, sondern an dem Tag stehen auch die Ölquellen von Grozny in Flammen, to you.

An dem Mittwoch hatte sich aber schon beim ersten Stillen gezeigt, dass mich meine Mutter nicht würde ernähren können, es bereitete ihr zu große Schmerzen. Eine ältere Schwester, nicht Doktor Hirschler, untersuchte sie. Aus den Brüsten kam blutige Milch. Sie werden nicht stillen können, Liebe, versuchen Sie es gar nicht erst, Sie haben Schlupfwarzen, sprach die Schwester das schwerwiegende Urteil. Auf beharrliches Verlangen meiner Mutter machten sie ein paar Stunden später noch einen Versuch, aber wieder war Blut in den paar Tropfen Milch, die sie durch ihre Schlupfwarzen hinauszupressen imstande war. Unterdessen trafen sämtliche Brüder meines Vaters ein und begannen sogleich Fotos zu machen. Mein Vater wusste noch nicht, dass ihm ein Sohn geboren war, einer, der alles hatte, was nötig ist, einen Mund, zwei Augen, ein Gewicht, zwei Arme, einen Pimmel, und der bereits so klug war, dass er selbständig schlafen und selbständig brüllen konnte, auch wenn es mit seiner Ernährung haperte. Vom Juli vor meiner Geburt an bis zum Februar des folgenden Jahres war mein Vater im Arbeitsdienst. In dem Moment leistete er gerade in Szentkirályszabadja in der 16. Abteilung der Arbeiterkompanie 109/16. Fachdienst. Es war sein erster Arbeitsdienst. Er arbeitete im Militärflughafen am Ausbau des Telegrafennetzes, als Erdarbeiter, aber zwischendurch durfte er auch Facharbeit verrichten. Ein törichtes Wesen, wie es der Mensch ist, freut sich sogar über so etwas. Auf den Fotos macht meine Mutter ebenfalls gute Miene zum Schmerz, den sie obendrein als große persönliche Schlappe empfand. Ich konnte dich nicht stillen, wiederholte sie noch Jahre später. Sie war eine Sportlerin, Turnerin, die Vorturnerin des Arbeitersportvereins, eine bewegliche und überaus entschlossene Frau, die sich für Wettbewerbe aller Art begeisterte und sich mit jedem kleinen Sieg vollsog, und sie war es überhaupt nicht gewohnt, dass ihr etwas nicht gelingen sollte. Man konnte mir nicht einmal ein bisschen Milch abpumpen. Dreizehn Jahre später starb sie an Brustkrebs, mit Metastasen in der Leber. Schon vier Jahre vor ihrem Tod war sie krank, sie wurde operiert, amputiert, erholte sich nur schwer, ging zu Bestrahlungen, mein Vater machte Fotos von ihr, er wusste, dass sie von uns gehen würde, ich wusste auch, dass sie von uns gehen würde, wir alle wussten es, aber wir taten alle so, als wüssten wir es nicht. Von den letzten Fotos blickt eine zerquälte ältere Frau, die ich nie gesehen hatte. Unter ihrer Krankheit brach auch mein Vater zusammen. Noch als sie im Sterben lag, war für mich unsere Mutter auf ihre besondere Art Mutter. Sie war schwach, gelb angelaufen, wegen der Bestrahlung ohne Haare, aufgequollen, aber unter vielem Gekicher wiederholte sie dauernd, sie habe es ja wirklich nicht schlecht. Noch nie sei sie so verwöhnt worden, jeden Tag bekomme sie ein frisches Nachthemd. Ihr Lachen war noch da. Sie würde aber auch gern etwas Feines essen, etwa einen sorgfältig geschälten Luftballon. Ich kochte für sie Fleischbrühe, ich buk für sie, brachte ihr Biskuitkuchen ins Krankenhaus. Sie strahlte vor Stolz, ihr elfjähriger Sohn kochte und buk für sie. Sie zeigte es ihren Mitpatientinnen. Essen konnte sie kaum davon, sie spielte mir vor, wie wunderbar es schmeckte, hervorragend, perfekt, sie würde es essen, wenn ihre Besucher gegangen wären. Ich glaubte es nicht, ließ es aber gelten. Mein erster Kuchen war tatsächlich wunderbar aufgegangen. Der zweite wurde speckig, in meiner Neugier hatte ich die Backofentür zu früh geöffnet. Einen anderen konnte ich nicht backen, es gab keine Eier mehr. Nicht nur bei uns zu Hause nicht, sondern überhaupt nirgends. Wenn dann wieder ausgegeben wird. Noch heute schmerzt mich, dass ich ihr den speckigen Kuchen ins Krankenhaus brachte. Aber sie lachte, als freue sie sich auch darüber, dass der Teig zusammengefallen war. Und am folgenden Besuchstag stand ich wieder am Fenster unseres Esszimmers, blickte in den Garten hinaus, auf die Rosen, die Bäume, unseren semmelfarbenen Hund und konnte doch wieder nicht anders als kochen und backen. Mit dem, was vorhanden war. Mit dem, was ausgegeben worden war. Ich konnte tatsächlich kochen und backen, hatte es lernen müssen, denn unsere Großeltern waren angesichts der neuerlichen nahenden Katastrophe wie gelähmt, unser Großvater kämpfte mit Asthmaanfällen, danach war er tagelang so erschöpft, dass er sich nicht aus seinem Fauteuil rühren konnte, meine Großmutter ihrerseits wählte den einzigen möglichen Ausweg, sie ließ sich in die Demenz fallen, um nichts mehr zur Kenntnis nehmen zu müssen. Trippelnd, brummelnd, mit der Heiterkeit der Idiotie kümmerte sie sich noch bis zu einem gewissen Grad um sich und Großvater. Unsere Gegenwart und die Abwesenheit meiner Mutter schien sie nicht zu bemerken. Es war niemand da, der meinen Bruder und meinen Vater versorgt hätte. Jemand musste putzen, heizen, kochen. Damals hatten wir schon seit über zwei Jahren keine Hausangestellte mehr, ich putzte, wusch, wusch auch die Nachthemden meiner Mutter eigenhändig, bügelte sie, jeden Tag frisch, um sie meinem Vater mitzugeben. Ihre Operationswunde verheilte nicht, wahrscheinlich wegen der Bestrahlung, sie sonderte Sekret ab. Mein tödlich getroffener Vater war an seinem Arbeitsplatz entlassen worden, es lief ein Verfahren gegen ihn, wir saßen in der kalten Villa Perczel auf dem Schwabenhügel und hatten kein Geld. Zu meinem Geburtstag kaufte er mir fünfhundert Gramm Paprika-Wurst zu zwei zwanzig. Das Festliche daran war, dass er stolz die teurere Wurst gekauft hatte, er hätte auch die für achtzig Fillér kaufen können. Ich mochte sie, mit dem reichlichen Knoblauch, Paprika und Fett, auch wenn sie nicht wirklich an die Originalwurst, den Kolbász, erinnerte. Als ich das Geschenk aus dem fettigen Papier auswickelte, brauchte ich meine ganze kindliche Selbstdisziplin, um nicht loszuheulen. Es wäre nicht richtig gewesen, sie mit Tränen zu belasten. Oder die Freude meines Bruders auf die Wurst mit Heulen zu verderben. Wir aßen sie mit Senf und Brot. Das war unser Abendessen. Ich deckte den Tisch, wie es sich gehört. Mit Damastservietten und silbernen Serviettenringen. 14. Oktober 1953, das war mein letzter Geburtstag. An die nachfolgenden dachte mein Vater in seiner Qual nicht mehr, und das war auch gut so. Auch mir fiel immer erst am nächsten Tag ein, ach ja, jetzt habe ich wieder einen Geburtstag überstanden, aber es spielte keine Rolle, dass es mir zu spät einfiel. Meine Mutter wurde ein zweites Mal operiert, aber der Chirurg konnte nichts mehr tun. Er machte sie auf, schaute hinein, zeigte den Kollegen die vom Krebs durchsetzte Leber, nähte die Bauchdecke wieder zu. Meine dämliche Mutter freute sich auf ihre menschenfreundliche Art auch darüber noch, dass der Professor eine Korona von Medizinern zu ihrer Operation eingeladen hatte. Ich solle mir vorstellen, gerade in ihren kranken Bauch hätten alle diese vielen hübschen jungen Männer hineingeschaut. Ich weiß noch heute, was ich mir vorstellte. Genau das, was ich zuvor auf den Farbtafeln von Kirschners und Nordmanns sechsbändiger *Chirurgie* gesehen hatte. Warum und woher wir dieses Werk hatten, weiß ich nicht. Ein paar Tage später starb sie in der Klinik in der Üllői-Straße, am Sonntag, dem 15. Mai 1955. Wenn ich mit dem Taxi zum Flughafen Ferihegy fahre oder von dort komme, muss ich jedes Mal zu dem Fenster im ersten Stock hinaufblicken.

Dieser Maisonntag war ein bedeckter, kühler Tag, die Blutbuche stand schon in vollem Laub.

Der Wind blies ein wenig hinein, noch einmal, die mächtige purpurne Baumkrone wogte majestätisch.

Sechsundfünfzig Jahre später erhielt ich eine Mail von Tusi Szabó, die immer noch dort wohnt, in derselben ehemaligen Hauswartwohnung, einem freistehenden Häuschen im hektargroßen Garten, sie schrieb, die riesige Blutbuche sei im großen Sturm mitsamt den Wurzeln umgekippt und dann in Stücke geschnitten und abtransportiert worden, nur ein Haufen toter Wurzeln sei geblieben.

Vom Krankenhaus kommend trat unser Vater auf die Veranda heraus, wo ich seit Stunden, vielleicht seit dem frühen Morgen, auf die Nachricht wartete, ich weiß nicht, warum, ich wusste es im Voraus, wahrscheinlich war ich auf meine Mutter eingestimmt, und ich wusste seit Stunden, dass es geschehen und sie von uns gegangen war.

Mein Vater sagte nichts, es kam kein Wort aus ihm heraus, wie ein Irrer starrte er mit geöffnetem Mund in die Luft, ein auf die Knochen abgemagertes, gekrümmmtes menschliches Wrack in seinem abgetragenen Anzug, dann heulte er ganz plötzlich los, hörte genauso plötzlich wieder auf. Es war zu befürchten, dass er an seiner Selbstdisziplin ersticken würde. Er erholte sich nie mehr von dem Schlag, das geliebte Wesen verloren zu haben, obwohl er sich alle erdenkliche Mühe gab, sämtliche Lebensweisheiten mobilisierte, um Halt zu finden und uns großziehen zu können.

Nur deswegen.

Es war schon Nachmittag, als er mit der Nachricht nach Hause kam.

Und ich wandte mich nach dem Baum um, um zu sehen, ob seine Krone wogte, ja, sie wogte majestätisch.

Mein Vater hatte mich nicht nur an diesem Mittwoch, dem Tag meiner Geburt, nicht gesehen, sondern einen Monat später, am 15. November, noch immer nicht. An diesem Tag schrieb er auf einer offenen, mit dem Stempel der Zensur versehenen Postkarte, meine liebe Klári, der November-Besuchstag ist am 22. Sosehr es mich schmerzt, muss ich Dir aufs entschiedenste schreiben, dass Du im Interesse unseres kleinen Péterchens die Reise nicht unternehmen darfst. Ich hoffe, dass auch Du zu diesem Entschluss gelangt bist. Wenn andere kommen, freut mich das sehr. Wer kommt, muss den gleichen Zug nehmen wie Du beim letzten Mal. Die Abfertigung auf der Station von Szentkirályszabadja ist um $^1/_2$ 1 Uhr. Ich darf zwei Besucher empfangen. Man muss die persönlichen Ausweispapiere dabeihaben. Soviel ich weiß, kann man um $^1/_2$ 5, mit Umsteigen in Veszprém und Székesfehérvár, noch am selben Tag zurückfahren. Bekleidung wie für eine Wandertour, ein längerer Fußmarsch ist nicht ausgeschlossen. Das unterstreiche ich auch, damit Du Deine Eltern von der Idee eines Besuchs abbringst, ich sähe sie gern, aber das ist keine Reise für ältere Leute. Mir geht es nach wie vor gut. Das Paket, und heute auch das Geld, habe ich erhalten. Die warmen Sachen sind genau richtig. Ich hätte noch gern den Wintermantel und den blauen Pullover. Über Deine Nachrichten von unserem Péterchen habe ich mich sehr gefreut, pass weiterhin gut auf ihn auf. Es küsst Dich Dein Mann, Laci.

Und in einem Postskriptum schreibt er noch, er wäre sehr dankbar, wenn ihm meine Mutter einen Bauchwärmer machen und einige flache Batterien schicken könnte, aber ich habe keine Ahnung, wie ein solcher Bauchwärmer aussah und wozu er die flachen Batterien brauchte. Vielleicht hatte er eine Taschenlampe, mit der er unter der Decke las.

Wenn unsere Mutter immer wieder erzählte, wobei sie sich selbst über ihren klagenden Ton lustig machte, sie habe mich aller Bemühung zum Trotz nicht stillen können, man habe ihr nicht einmal ein bisschen Milch abpumpen können, wusste sie noch nicht, wie nebensächlich die Frage ist, ob sie mich mit ihrer blutigen Milch oder mit der reinen Milch einer anderen Frau ernährte. Ich musste dich mit Zamakó und Ovomaltine großziehen. Sie stillte dann auch meinen Bruder nicht, Rózsi Németh und ich mussten die Milch in der benachbarten Straße bei András Kepes' Mutter holen, mein kleiner Bruder wurde András Kepes' Milchbruder.

Dieses Wort zum Beispiel verstand ich auf Anhieb, sah gleich, dass es mir passen würde, Milchbruder akzeptierte ich sofort. Es fügte sich zu Milchzahn, mir wurde zu der Zeit ja auch gerade der eine und andere Milchzahn gezogen. Einmal fuhren Rózsi Németh und ich mit der Straßenbahn nach Buda hinüber, um die Muttermilch in der Böszörményi-Straße zu holen. Es war Sonntag, gegen Ende Oktober. Seit ein paar Wochen ging ich zur Schule, ein großes Fest in meinem kleinen Leben. Von jetzt an konnte ich alles ernsthaft lernen, innerhalb geregelter Verhältnisse. Eine wunderbare Herbstsonne schien. Die ganze Böszörményi-Straße war leer. Die Bezirks-Muttermilch-Sammelstelle befand sich vis-à-vis vom modernistischen Backsteingebäude des Bürgermeisteramts.

Das wiederum verstand ich nicht, wie man die Muttermilch an einer Stelle sammeln kann.

Ich fragte Rózsi Németh.

Sie sagte, es verhalte sich nicht so. Nicht die Muttermilch würde hierhergebracht, sondern die Mütter kämen, um sich mittels steriler Instrumente die Milch abpumpen zu lassen, so müsse man die Sache verstehen.

Eine Maschine melkt ihnen die Milch ab.

Was für eine Maschine.

Eine elektrische Maschine.

Aber wieso tut man das.

Wenn man es nicht tut, wenn die Mutterbrust voller Milch ist, wenn sie mehr Milch hat als der Säugling trinkt, dann spannt sie, tut weh, entzündet sich, deshalb tut man es.

Abmelken, so sagte sie es, ich hatte das Wort bis dahin nur im Zusammenhang mit Kühen gehört. Es war wie ein Schlag auf den Kopf. Sie spannt, tut weh, entzündet sich. Auch diese Wörter waren Schläge auf den Kopf. Wie sich die Mutterbrust entzünden konnte, verstand ich lange nicht. Zwischen melken und abmelken spürte ich zwar den Unterschied, aber wozu musste man ihn machen. Wie konnten sie sich solche ähnlich klingenden Wörter erlauben. Das ist meine erste deutliche Erinnerung an ein Problem, das mich dann ein Leben lang beschäftigen würde, das Problem der Begegnung von Menschlichem und Animalischem. Ich dachte nach, wie das möglich sei. Das Wort mit seiner schwerwiegenden Aussage schockierte mich. Das wäre also der ganze Unterschied zwischen dem weiblichen Tier und dem weiblichen Menschen. Ich fragte sogar listig, um ihr Wissen auf die Probe zu stellen, warum denn die Bezirks-Muttermilch-Sammelstelle auch sonntags arbeite. Dem Ton ihrer Antwort entnahm ich, dass ich keinen Grund hatte, mich aufzuregen, aber statt mich zu beruhigen, wühlte sie mich noch mehr auf. Rózsi sagte ungefähr, dass die Milchproduktion der Mutterbrust auch sonntags nicht pausiere, und deshalb müsse die Stelle auch am Sonntag geöffnet haben. Auch am Sonntag spannt die Brust, tut sie weh. Ein erneuter Schlag auf den Kopf. Das Vegetative, die Begegnung von Menschlichem und Animalischem, kennt also keine Pause und keinen Feiertag. Auf den Gängen war niemand, keine einzige Mutter wurde hier durchgetrieben, damit man sie rasch mit sterilen Instrumenten abmelken konnte, damit die Brust nicht weh tat, nicht spannte. In Dömsöd stand ich jeden frühen Morgen im offenen Tor, wenn die Kühe langsam aus ihren Ställen herausgewandert kamen, und wartete in der Dämmerung, wenn sie noch langsamer zurücktrotteten. Sie wussten, wohin, sie kannten den Weg. Ich bewunderte sie von ganzem Herzen, sie waren so klug wie wir, auch wir finden ja wieder nach Hause. Demnach waren die zu melkenden Frauen bereits hier eingetroffen. Milchzahn, auch das verstand ich, ich fand es interessant, dass mir die Milchzähne ausfielen und an ihrer Stelle dann die endgültigen Zähne wachsen würden.

Während Rózsi Németh mit dem Papier hineinging, um die uns zustehende Muttermilch zu holen, denn die bekam man ebenso gegen Karten wie das Mehl, den Grieß oder den Zucker, was ich hingegen nicht verstand, waren Karten, Kartei, Kartenspiel, musste ich auf dem Gang draußen warten. Ich fühlte mich, als würde ich Fieber bekommen, so sehr musste ich mich anstrengen, diese ganze undurchsichtige Muttermilch-Geschichte zu verstehen, das mit der Mutterbrust, das mit dem Abmelken und das mit meiner Mutter, die mich nicht stillen konnte und meinen Bruder auch nicht. Wieso hatten sie im Voraus gewusst, dass András Kepes' Mutter heute nicht genügend Milch haben würde, und wieso sind wir es, die hierherkommen müssen, wieso sind wir hergekommen, warum gehen wir hier nicht weg. Ein infernalisches Wortbild suchte mich auf diesem stillen, sonnigen, frühherbstlichen Gang heim. Ich wollte vor ihm davonlaufen, nur wusste ich nicht, wohin. Noch heute erinnere ich mich daran. Mein Bruder war im August geboren worden, am 24., und an diesem Sonntag war er knappe zwei Monate alt. Es war nicht meine erste sprachliche Vorstellung, aber bestimmt die erste, über die ich nachdachte, über dieses Abmelken der Muttermilch. Mit seiner Brutalität verfolgte es mich, bis ich viel später diese Vorgänge, Milchproduktion, Stillen, verstand, erst dann verflüchtigte es sich mitsamt seiner schauerlichen Faszination. Aber noch lange lösten bei mir die Berührungspunkte von Menschlichem und Tierischem ein tiefes Entsetzen aus. Alle Phänomene des Lebens, die von unserer Nähe zum Tierreich sprechen. Die Umarmung menschlicher Körper, die Vereinigung der Körpermassen, ihr Gewicht und Widerstand, von beiden Seiten verschieden wahrgenommen, oder auch das Essen, das Fressen, Kauen, Schlucken, Schmatzen, Schlabbern, die Entleerung, die Schlagader und die Krampfader, der Anblick von dem allem, das Gefühl von dem allem. Die Kabinen der öffentlichen Toiletten, wo die Leute vor aller Ohren furzen und es knattern lassen, die Jungen und die Männer mit ihrem gemeinsamen, gemütlichen, rituellen Urinieren. Die im Schlaf geöffneten Münder, der Mundgeruch, der Anblick und der Geruch fettigen Haars, das Ungewaschensein, der Arschgeruch, der mörderische Duft der nächtlichen Ausdünstungen, das Schnarchen, das erschrockene Hochfahren in gemeinsamen Schlafsälen, in der Herberge, im Ferienlager, auf den Kajütenbetten der Kasernen. In meiner Jugend gab es Mädchen, die mir mitzuteilen pflegten, wenn sie die Menstruation hatten, jetzt gerade oder demnächst, und da hatten sie auch wirklich einen anderen Geruch, ihr Schweiß roch anders, und es umschwebte sie auch der rohe Eisengeruch ihres Bluts, aber das nahm eher meine Neugier, meine Aufmerksamkeit und meine Identifikationsbereitschaft in Anspruch.

Deswegen sagten sie es ja auch. Ich sollte ihnen während dieser speziellen Beschwerden nahe sein.

Als hätte ich sie mit dem Öffnen der Tür auf frischer Tat ertappt, so saßen die Frauen um ein Becken herum, mindestens zu fünft, übers Becken gebeugt saßen sie, und fremde Hände, mächtige Hände, ich weiß nicht wessen Hände, rissen rhythmisch an ihren vollen Brüsten, einmal an der einen, dann an der anderen. Stahlhände, mechanische Hände, auf einen gleichen Stromkreis geschaltete tote Hände. Dieser Vorstellung lag wahrscheinlich das Reißen an der Straßenbahnklingel als Muster zugrunde. Mein Vater hatte natürlich nicht nur unbarmherzig erklärt, wie der Strom verstärkt werden kann, wie die Pole funktionieren, wie es sich mit Blitz und Sturm verhält, wie man den Strom speichert, was Transformation bedeutet, wir reparierten gemeinsam einen Schalter, damit ich den Stromkreis und seine Unterbrechung verstand, sondern er hatte mich auch zur Váci-Allee mitgenommen, ins Elektrizitätswerk, wir gingen ins große Schalthaus hinein, betraten das von der Außenwelt hermetisch isolierte, für sich summende, angsteinflößende und gefährliche Transformatorenhaus. Von Rózsi Németh wurde ich hingegen mehrmals im Zug nach Törökszentmiklós mitgenommen, zu ihr nach Hause, in ihr Dorf, und dort musste ich in der Stalltür still stehen bleiben, während sie im Halbdunkel die Kühe molken. Die Kuh schlägt aus. Einmal kippte der Bottich um, die Kuh hatte tatsächlich ausgeschlagen, fast die ganze Milch floss heraus. Aber nicht alle Kühe sind so. Die Hände zerrten über dem Becken an den Brüsten, als wären sie die Klingel der Straßenbahn oder die Zitzen des Euters. Die Milch verwandelte sich sogleich in Schlamm, was mich erschütterte, sie hingegen beachteten es gar nicht, stellten den Bottich wieder auf, tätschelten die Kuh, strichen ihr über die Kruppe und molken weiter. Wobei sie keineswegs am Euter rissen. Die Klingel, die über der Plattformtür angebracht war, wurde mit Hilfe eines Lederriemens betätigt. Mein Vater hatte erklärt, dass man mit dem Reißen am Riemen über eine Federvorrichtung den Stromkreis schloss, was das Klingeln auslöste. Auch im Stall sah man nur aus der Nähe, dass es kein Reißen war, sondern eher ein Ruck, gefolgt von einem Druck. Dem Melken der Ziegen durfte ich aus größerer Nähe zusehen, ich durfte auf einen Holzklotz steigen und ins Gehege schauen. Rózsi Németh Mutter zog an den Zitzen der Ziege, drückte sie dabei auch zart und kurz, und ein Milchstrahl schoss hart in den Bottich zwischen ihren Knien. Soviel ich sah, war das nicht gegen die Ziegen und die Kühe gerichtet. Wenn die ausschlugen, dann eher gegen die Fliegen, oder weil sie ungeduldig wurden.

Der Lederriemen lief an der Wagendecke entlang, und wo immer sich der Schaffner beim Kartenverkauf befand, er brauchte nur hochzugreifen und an einem der ledernen Haltegriffe zu reißen. Er klingelte gewissermaßen die Straßenbahn ab. Noch nicht abklingeln, warten Sie noch. Man wird die Frauen so lange abmelken, bis das Becken voll ist. Weil meine Mutter nicht säugen kann. Säugen, Säugetier. Noch sehr lange jagten mir diese zwei Wörter Schrecken ein. Sie hat Krebs, weil sie nicht säugen kann. Es verfestigte mein Entsetzen über die animalischen Aspekte des Lebens. Manchmal geraten Interpretation der Wörter und Interpretation der Existenz in gefährliche Nähe zueinander. Aber das Becken war noch lange nicht voll. Und solange es nicht voll war, würde Rózsi Németh nicht zurückkommen, um mich wegzubringen, zu retten aus dieser Muttermilch-Sammelstelle. Ich wollte nicht mehr hierbleiben, wollte nie mehr herkommen. Ich wäre auch gegangen, so wie ich mich als kleineres Kind mehrmals aufgemacht hatte, in die weite Welt hinaus, warum, wüsste ich noch heute nicht zu sagen. Auch auf dem Land tat ich das, machte mich aus Leányfalu, Mädeldorf, auf, nahm Reiseproviant mit, über die Berge wollte ich, für immer, auch aus Dömsöd brach ich auf, aber da kam ich nicht weit, auf einem Feld gaben mir die Melonenpflücker Melone zu essen, dann brachten sie mich zu Großmutter Tauber zurück, und auch in Pest wanderte ich in die weite Welt hinaus. Einmal entwischte ich auf dem Leopoldring aus dem Kindergarten, stieg das Stockwerk hinunter, überquerte im Vormittagsverkehr die Straße, ich war etwa fünf, aber in dem Fall wusste ich genau, warum ich das tat. An der Ecke zwischen Rudolf-Platz und Leopoldring gab es eine riesige Konditorei, ich wollte mir ein Eis kaufen. Im Laden stellte sich heraus, dass man für ein solches Manöver Geld braucht. Das überraschte mich. Ich hatte kein Geld. Die Verkäuferin fand das so lustig, dass sie mir eine Kugel gab, ich erinnere mich sogar, dass es Erdbeer war, ich musste ihr aber versprechen, das Eis gleich hier zu essen, dann würde mich jemand in den Kindergarten zurückbringen. Ich stand in der Glastür der Konditorei, leckte mein Erdbeereis und beobachtete, wie die Autos und die Straßenbahnen von der Brücke herunterkugelten oder hinaufrasten. Ich weiß nicht, was mich so anzog, warum ich im nächsten Augenblick gegen alle Ermahnungen wieder aufbrach. Der Gehsteig war voller Menschen. Noch mit dem tropfenden Eis in der Hand, ich nagte schon am Rand der Waffel, trat ich vom Gehsteig hinunter, drehte den Kopf in Richtung des näher kommenden Tons, und schon fuhr ein riesiger Autobus auf mich zu. Es war ganz klar, dass er mich überrollen würde, es war aus mit mir. Da packte mich eine Hand mit gewaltiger Kraft am Kragen, im allerletzten Augenblick auch wohl am Hosenboden, und hob mich dort weg, riss mich weg und warf mich laut brüllend auf den Gehsteig, dass ich nur so ächzte. Der Bus kam an der Ecke der Falk Miksa-Straße zu einem quietschenden, schlitternden Halt. Alles schimpfte. In einem einzigen Augenblick stockte der ganze Verkehr, ich hatte das Gefühl, diese vor Erleichterung und Empörung aufgebrachten Menschen würden mich jetzt tatsächlich lynchen. Unterdessen ging der Mann, der mich gerettet hatte, weiter, als wäre nichts geschehen. Dann holte mich eine junge Frau aus dem Geschrei und Durcheinander heraus, lauter vorwurfsvolle Fragen und beleidigte Antworten und Freude und Bewunderung, sie sah, dass das unmöglich war, dass es so nicht ging, und wo ist eigentlich der Mann, der das Kind vor den Rädern weggerissen hat, die junge Frau hob mich einfach hoch und lief mit mir über die Straße, um mich in diesen vermaledeiten

Kindergarten zurückzubringen, wo die Kindergärtnerinnen natürlich nicht aufpassen, sondern einfach miteinander tratschen, sich die Nägel lackieren, sich unterhalten.

Sie wartete ab, bis ich drinnen war, aber sie kam nicht mit hinein. Das war gut, das freute mich, und also hat bis jetzt niemand erfahren, was ich hier erzählt habe.

Ich liebte Rózsi Németh so, dass ich glaubte, sie wäre fähig, mich zwischen meinen Phantasiegebilden herauszuholen. Liebe zaubert dem anderen Allmacht an. Sie soll mich herausholen. Das war ja auch eine Entdeckung fürs Leben, dass niemand wissen kann, was ich denke, und auf eine Art ist das gut, aber es kann mich auch niemand vor meinen Hirngespinsten retten. Die kamen immer zu einer Seitentür, einem Fenster, durch eine Wand herein. Etwas in meinem Kopf begann zu wachsen und wurde kompliziert. Ich hatte das Gefühl, ich könne mich ohne Rózsi nicht länger auf den Beinen halten. Ich konnte nicht weg, obwohl ich hier weggehen wollte, einfach irgendwohin weg, um nicht mehr die Brüste der Mütter sehen zu müssen. Aber meine Beine machten nicht mit. Es wollte mir nicht in den Kopf, warum sich die fremden Frauen melken ließen, wo sie doch meinen kleinen Bruder gar nicht kannten. Ich verstand die Welt nicht, nein, und wenn ich mich noch so anstrengte, sie war kaum zu verstehen.

Na hör mal, du wirst uns hier doch nicht zusammenklappen.

Pass mal schön auf.

Sie gab mir zwei kleine Ohrfeigen, ich weiß nicht, wer, eine Frau mit Kopftuch, ich wurde tatsächlich nicht ohnmächtig. Da standen schon viele um mich herum, sie redeten laut und aufgeregt, alles Frauen, dieser kleine Junge wird uns hier ohnmächtig, er ist ohnmächtig geworden, rasch, holt Wasser.

Wasser.

Das Wasser floss langsam aus meinem Bewusstsein hinaus, denn da verlor ich es wirklich.

Aber das Blut in der Milch meiner Mutter war noch nicht alles;

angesichts der leer zurückkommenden Pferdefuhrwerke musste für den existierenden oder nicht existierenden Gott meine Geburt ihren Sinn verlieren. Zuerst verblasste der Sinn, dann wurde er aufgesogen. Daran änderte später auch mein Bemühen nichts, mit Hilfe des existierenden oder nicht existierenden, toten oder gerade massakrierten Gottes doch noch etwas vom theologischen Sinn der Existenz zurückzugewinnen. Ich wurde mit fremder Muttermilch und vor allem mit Ersatznahrung ernährt, das schon, ich blieb am Leben, das schon, wurde zur lebenden Zamakó- und Ovomaltinereklame, ja, auch das, sie liebten mich sogar, aber Sinn hatte dieses Am-Leben-Bleiben nicht, gewann auch später keinen. Höchstens Realität und Schande. Aber weder seine Realität noch seine Schande hielten, was das ungarische oder deutsche Wort verspricht. Es sind Sprachen, die Sinn erlangen und Sinn schaffen. Von etwas Sinn erlangen, logischerweise. Nur habe ich dieses Etwas nie gefunden. Von dem besagten Oktobertag, dem Tag meiner Geburt, kann ich noch berichten, dass Miklós Radnóti an diesem Mittwoch in den Arbeitsdienst abtransportiert wurde. Die Radnótis wohnten in der Pressburgerstraße, einen Steinwurf von uns entfernt, wie ich heute weiß, auf der ungeraden Seite der Straße. Der Dichter war in der Morgenfrühe des vorangegangenen Tags, am Dienstag, in einen Waggon verladen worden, aber er wusste nicht, wohin sie gebracht werden sollten. Schon seit Stunden stehen sie in Szolnok, schreibt er am Mittwoch in sein Tagebuch. Dort verbreitete sich das Gerücht, sie würden Zuckerrüben aufladen gehen, in Hatvan. Dann ließ man sie doch noch aussteigen und ihre Notdurft verrichten. Hier in Szolnok sagt die Latrine auf Deutsch, sie sei die Latrine, schreibt Radnóti in seinem Tagebuch, das ist eine deutsche Umladestation. Er schläft die ganze Nacht durch. Im Waggon liegen sie wie die Ölsardinen. Der Bauch habe ihnen weh getan vor Lachen, während sie sich für die Nacht einrichteten, schreibt er. An diesem Abend machte sich Jan Karski in Begleitung eines jungen Spaniers namens Fernando mit dem Fahrrad auf, um sich über einen der Pyrenäenpässe führen zu lassen. Die Straße lag in völligem Dunkel, kein Mond, keine Sterne, auch an ihren Fahrrädern war vorsichtshalber kein Licht angebracht. Einer ihrer Kameraden habe nach dem Schuhanzieher geschrien, ein anderer nach einem Zahnstocher, damit einer namens Lambi die Zehen seines Kameraden zwischen seinen Zähnen herausstochern könne. Nimm deinen Fuß aus meinem Dickdarm. Gleichmütig notiert Radnóti dieses typisch männliche, aufs Überleben ausgerichtete Gewitzel, bis es dann still wird und der Schlaf die Kameraden mitsamt ihrer Infantilität verschluckt. So weiß ich dank des ermordeten, im Massengrab von Abda verscharrten Radnóti, wie die erste Nacht meines Lebens war, während sie auf den Donnerstag zuging. Allerdings ist nicht ganz sicher, dass wirklich er es war, den man im Massengrab in seiner Windjacke fand. Seine Frau, Fanni Gyarmati, konnte die exhumierte Leiche nicht identifizieren. Immerhin wurden in der Windjacke zusammen mit einer Nachricht in fünf Sprachen seine letzten Gedichte gefunden. Lager Heidenau, in den Bergen oberhalb von Žagubica. Dieses Notizbüchlein enthält die Gedichte des ungarischen Dichters Miklós Radnóti. Er bittet den Finder, sie nach Ungarn gelangen zu lassen, an die Adresse von Privatdozent Dr. Gyula Ortutay: Horánszky-Str. 1. Dann, immer mit lateinischen Buchstaben, auf Serbisch, Deutsch, Französisch und Englisch. Die Bitten auf Französisch und Englisch waren, als sie aus dem Massengrab zum Vorschein kamen, nur noch in Fragmenten leserlich, aber in allen Sprachen blieben der Name des Adressaten und seine Anschrift erhalten. Prière de vouloir faire parvenir ce cahier, dann anderthalb unleserliche Zeilen, de l'écrivain hongrois Miklós Radnóti, dann wieder Unleserliches und dann deutlich Name und Adresse. Am Morgen des nächsten Tages standen sie immer noch in Szolnok.

Dank der erhaltenen Aufzeichnungen eines anonymen Opfers weiß man auch, dass an diesem Morgen des Donnerstags das Sammellager von Lublin von einem Pogrom geweckt wird. Während der Betreffende seine Notizen macht, wir wissen nicht, warum, wir wissen nicht, für wen, brennt und raucht noch alles dans le meilleur des mondes possibles, wie Voltaire sagen würde. Der Notizenschreiber weiß nicht, wer von seinen Kameraden noch lebt, wer hingerichtet wurde, und wir wissen nicht, wer er ist. Er ist namenlos untergetaucht, nur sein Bericht ist übriggeblieben. Jetzt nachträglich weiß ich dank der Fachliteratur sogar, dass Radnóti zu einem heute kaum mehr zu bestimmenden Zeitpunkt nicht aus Ostungarn, wohin der Zug an dem Mittwoch meiner Geburt unterwegs war, sondern aus der Nähe der Westgrenze, aus Szentkirályszabadja, nach Bor verschleppt wurde, von dort, wo meine Mutter im September meinem Vater noch während des Marsches zur Flucht verholfen hatte. Sie wurden in die Kupferminen von Bor verbracht, und von dort dann in einem Gewaltmarsch zurückgetrieben. Aber was immer an diesem für meine Mutter denkwürdigen Mittwoch und dann am ersten Donnerstag meines Lebens und in den folgenden Jahrzehnten geschah, und wie immer es geschah, ich hätte die infernalische Logik der Vernichtung und des Überlebens ganz bestimmt noch weniger verstanden, wenn ich mich einzig dem in meiner Familie gepflegten nüchternen Verstand überlassen hätte, der Kausalität, der rationalistischen Denkweise, ihrer Art von Geschichtsphilosophie, den enzyklopädischen Daten und dem mächtig großen Wissen, das man sich an Fakultäten und in Bibliotheken aneignen kann, und nicht auch das anekdotische, poetische und ritualistische Wissen meiner Großmutter zur Verfügung gehabt hätte.

Ich verstand schon, dass sich meine Großmutter auf gefährliche Art hinreißen ließ. Es meinetwegen tat. Wir betraten eine verbotene Zone, aber im Grunde stand mir dieses Privileg zu; das steht mir immerhin zu, dachte ich. Ich war doch ihr angebetetes Enkelkindchen. Ein Junge. Sie hatte meine Lebensbahn deutlich vor den Augen, ich brauchte dieser Vorgabe nur zu folgen. Ich würde in die Fußstapfen meines Großvaters treten, Goldschmied werden, ich würde die Werkstatt der reichen und grausamen Janka Tauber in der Holló-Straße und ihr Geschäft in der Dohány-Straße übernehmen. Das steht mir zu. Dieser Reichtum steht uns zu. Ich würde nämlich längst nicht so tastend und hilflos sein wie mein Großvater. Was der unlebbar ist, sie meinte lebensuntüchtig, das weiß ja auch niemand, nur ich, das heißt, meine Großmutter weiß es und sonst niemand, wie lebensuntüchtig Großvater ist, ein armer Pechvogel. Dieser arme Pechvogel wird doch von allen übers Ohr gehauen. Das gab mir schon etwas zu denken, wie wohl seine Lebensuntüchtigkeit mit seinem ewigen kleinen Lächeln zusammenhing. Alle ohne Ausnahme hauen ihn übers Ohr. Trotzdem verlässt ihn das Lächeln nicht. Seine eigene Schwester hintergeht ihn, legt ihn herein, ein ganzes Leben lang hat sie ihn hintergangen, hereingelegt, ja, hereingelegt, hat uns alles vorenthalten, ihm alles abgeluchst. Und er lächelt unerschütterlich, lächelt einfach über alles. Ein hirnloser Mensch, fällt auf die Janka jedes Mal herein. Ja, Janka, gern, Janka, selbstverständlich, Janka, wie du befiehlst, Janka. Kann diese vielen Janka gar nicht mehr hören.

Dass die uns rumdirigieren soll, dass die sagen soll, was läuft, so eine gewöhnliche Janka Tauber.

Trotzdem hatte meine Großmutter vor Janka Tauber Angst. Kein Wunder, jahrzehntelang hingen ja ihr Leben, ihre Zukunft, die Berufsaussichten der Mädchen von Janka ab. Denn auch Bözsi, diesen unglücklichen Krüppel, haben wir natürlich ausbilden lassen, Musik hat sie gelernt, Klavier, damit auch sie etwas in der Hand hat, wo sie doch nie wird anständig laufen können. Meine Tante hinkte zwar stark, aber laufen konnte sie eigentlich ohne weiteres. Für meine Großmutter war sie aber die defekte Tochter. Das war keine Kleinigkeit, wir haben für sie ein Klavier mieten müssen, hast du eine Ahnung, was das kostete, das Geld haben wir uns vom Mund abgespart, wir hatten sonst nichts, um es zu bezahlen, bis zur Akademie haben wir sie gebracht, die anderen beiden Mädchen haben nie so viel gekriegt, weder deine Mutter noch Irén. Na, deine Mutter ist ja ihr Geld wert. Sie hätte es weit bringen können.

Mehr sagte sie nicht, aber es verstand sich, dass es meine Mutter zu nichts gebracht hatte, nie zu etwas bringen würde, woran mein Vater schuld war, und so war ihr liebes kleines Enkelchen schon von seiner Geburt an eine fragwürdige Person. Ich musste sogar mein eigenes unsicheres kleines Sein unter verschiedenen Aspekten in Augenschein nehmen, um sie zu verstehen.

Nicht nur, was sie sagte, sondern auch das, was in ihren Sätzen fehlte.

Janka war vieles, aber dass sie ein Niemand wäre, eine Null, ein großer Nebbich, so wie praktisch alle anderen, das hätte Großmutter nicht auszusprechen, ja, wahrscheinlich nicht einmal zu denken gewagt.

Tatsächlich bezahlte Janka ihren jüngeren Bruder, meinen Großvater, schlecht, das bestätigte auch meine Mutter, in Krisenzeiten bekam er überhaupt keinen Lohn, während der großen Weltwirtschaftskrise nichts, rein gar nichts, nur hin und wieder was zu essen, Nahrungsmittel, Mehl, na, manchmal schickte sie den Mädchen ein paar Äpfel, was soll ich sagen. Mein Großvater musste tatsächlich mehr arbeiten, um zusammen mit seiner Schwester die Krise irgendwie zu überbrücken, die Werkstatt und den Laden zu retten. Es ging ganz gut, sie überstanden die Sache. Sie retteten alles durch zwei Weltkrisen hindurch, bis die Kommunisten es verstaatlichten. Unterdessen aber hatten sie nichts zu essen, sie mussten Untermieter aufnehmen. Janka brachte nie ein solches Opfer, nie. Gut, sie lebte immer sehr sparsam, gönnte sich nichts. Dafür verlor mein Großvater seine Stelle nicht, war sogar umfänglich versichert, hatte seine sichere Altersrente, seine Krankenversicherung. Janka war es, die das Klavier für Bözsi gemietet hatte, auch das erfuhr ich nur über einen Umweg. Deine Großmutter erinnert sich nicht richtig, vielleicht erinnert sie sich ja auch absichtlich falsch, Janka mietete das Klavier. Als ich meine Großmutter deswegen wütend zur Rede stellte, antwortete sie seelenruhig, ja, das stimme, das müsse man ihr lassen. Ich war baff, bin es immer noch. Aber Jankas Namen sprach sie auch in diesem Fall nicht aus. Man muss es ihr lassen. Zwar waren die reichen Familienmitglieder verpflichtet, den armen oder heruntergekommenen Mitgliedern zu helfen, aber das reiche Familienmitglied musste deswegen sein persönliches Vermögen oder das Geschäftskapital nicht in irgendeiner Form teilen und wegen des armen Verwandten eventuell gefährden. Da mochte er den armen Verwandten lieben oder verachten. Verachten vielleicht für dessen Lebensuntüchtigkeit oder für angedichtete oder echte Charakterfehler.

Die allgemein akzeptierte, unverbrüchliche Grundregel lautete, dass das Vermögen in jedem Fall zusammengehalten werden muss, niemals geteilt werden darf.

Es verging aber kein Tag ohne scharfe Bemerkungen über Janka. Auch wenn Großmutter Jankas Vermögen religiös verehrte. Das wirst du mit deinen beiden Augen ja auch nie sehen, was die alles hat. Die hat das alles retten können. Will sagen, ihr Gold, das Bruchgold. Das kannst du dir gar nicht vorstellen. Meine Großmutter stieß dauernd Sätze aus sich heraus, die sich ausschließlich auf die momentane Situation bezogen, wobei sie in keinem logischen Verhältnis zueinander standen und sich ihre Wahrheit am emotionalen, affektiven Gehalt der Situation maß. Dazu hatte meine Mutter einen knappen, nüchternen Kommentar: alles und das Gegenteil von allem. Das war nicht nur ein Urteil über die Ausdrucksweise meiner Großmutter, sondern überhaupt ein Wegweiser. Es bedeutete, dass man sich festlegen muss. Ich kann nicht gleichzeitig hü und hott sagen, und worauf immer ich mich festlege, es muss begründet sein. In der Ausdrucksweise meiner Großmutter war immer alles in Bewegung, das Lob mochte Schimpf, der Schimpf Lob bedeuten, aber sie hatte auch stehende Sentenzen, ausgesprochene oder auch unausgesprochene. Zum Beispiel hüteten sich beide, sie und ihre Schwägerin, sich je irgendwo zu begegnen, aber das sprach nie jemand aus. Janka mischte sich in keiner Weise in ihr Leben ein. Sie war noch wortkarger als mein Großvater. In der Familie Tauber gab es keine offenen Konflikte, allenfalls meine Mutter provozierte welche, aber es gab auch keine Geheimnisse, und alle familiären Wunden blieben ewig offen. Vor mir erwähnte Janka meine Großmutter nie mit auch nur einer Silbe. Gingen wir sie besuchen, sagte sie nie, Ernő, in der Familie wurde mein Großvater Ernő genannt, obwohl er offiziell Arnold hieß, Arnold Tauber, Ernő, sag mir doch, wie geht es Cecília, das sagte sie nie.

Großvater hingegen erwähnte Cecília jedes Mal, pflichtschuldig und ohne jede provokatorische Absicht.

Wäre er nicht jemand gewesen, der seinem Gefühl für Verhältnismäßigkeit folgt, hätte Janka ja auch keinen so hervorragenden Goldschmied gehabt.

Cecília.

Auf diesen Namen reagierte Janka mit nachdrücklichem Schweigen. Ich musste auch das registrieren. Cecília Nussbaums Existenz nahm sie nach Möglichkeit nicht zur Kenntnis. Ihr Schweigen war so beredt, dass es sogar in mein Ohr drang, es tat geradezu weh. Sie schien noch nach Jahrzehnten ihrem Bruder sagen zu wollen, das ist deine Angelegenheit, Ernő, dein Problem, du bist es, der dieses bettelarme, strohdumme Frauenzimmer geheiratet hat. Was ist ihr Vater gewesen. Ich könnte fragen, aber ich weiß es. Ein Niemand, ein Federjude. Das war er tatsächlich gewesen. Großmutter erzählte in allen Einzelheiten, was dieser Feder für ein Jude sei. Der zieht durch die Gegend, sobald der Schnee geschmolzen ist, der macht weite Wege, der geht vielleicht sogar bis nach Orosháza, geht mit seinem Bündel, geht auf die Höfe, wo sie den ganzen Winter lang die Federn gelesen haben und schon darauf warten, dass er kommt, und sein Bündel auf dem Rücken wird immer größer, jemand anderem würden sie ihre Federn gar nicht verkaufen, dann hat er zwei Bündel, drei Bündel, alle voller Federn, so viel er tragen kann. Der Jude Nussbaum kommt ja dann. Es war völlig klar, dass Jankas unbeteiligte Miene ein unbarmherziges familiäres Urteil ausdrückte. Jemand, dessen Vater ein Federjude gewesen war, ist keine Existenz von Belang. Ein intelligenter Mensch nimmt eine solche Person nicht zur Frau. Janka lächelte nicht nur nicht, sie hatte auch keine Mimik. Auf ihrem Gesicht sah man höchstens das Nichts. Sie drückte damit aus, dass sie auch auf Gefühle nicht viel gab. Aufgrund ihrer Lebenserfahrung. Ich kann's nicht leugnen, es überwältigte mich, diente mir ein Leben lang als Maßstab. Obwohl ich erst viel später verstand, was sie mit diesem Nichts von der lebendigen Gefühlswelt alles erzählte.

Als mein Großvater heiratete, galt eine Liebesheirat noch als Ausnahme. In der traditionellen Gemeinschaft, und außerhalb einer solchen konnte kaum jemand leben, entschied in der ganzen Monarchie das jüdische Familienoberhaupt, auf Empfehlung der Heiratsvermittler, nach sorgfältigem Abwägen der gegenseitigen Interessen, über das Schicksal der jungen jüdischen Frauen und Männer. Jankas Los war sicher auch nicht von ihr selbst bestimmt worden, als sie fast noch als kleines Mädchen einem steinreichen, dreißig Jahre älteren Juwelier zur Frau gegeben wurde, der sie fünfzehn Jahre lang tyrannisierte und ihr erst dann den Gefallen tat zu sterben. Neben der Mitgift war ihre Jugend ihre Mitgabe. Als sie Witwe wurde, hatte sie wohl keine große Lust mehr auf etwas, das sie nur vom Hörensagen kannte, aber nie hatte erfahren dürfen. Diesen weitgehend veralteten Brauch verstand ich lange nicht, ja, ich gebe zu, dass ich ihn heute noch nicht verstehe. Der Mensch als intelligentes Wesen wäre demnach so beschaffen, dass er sich mit jedem Beliebigen vereinigen kann. Wozu die Tiere unfähig sind, da sie ja nicht dem Ritual, sondern ihrem Wahlinstinkt folgen müssen.

Und demnach würden wir von einem speziellen, außerhalb des Tierreichs stehenden Wesen abstammen.

Ich würde reich werden, sie sehe es meinen Augen, meiner

Nase an, keine Angst. Großmutter weissagte flüsternd und beugte sich dabei ganz nahe zu mir. Ihre geflüsterten Geheimnisse mochten Ermutigung oder auch Drohung bedeuten, in jedem Fall aber beruhten sie auf einem Wissen, das sich in den Büchern meines Vaters nicht fand. Ich würde es sein, der alles zurückholt, was ihnen Janka ein Leben lang weggenommen, was heißt weggenommen, geraubt hat. Sie hat uns alles geraubt. Kein Wort durfte aus der Küche in den Flur dringen, sie sprach ganz leise. Wenn das Wetter schon wärmer war, blieben die oberen Fenster geöffnet, damit der Dampf aus der Küche abziehen konnte, weil sonst alles, wirklich alles verdirbt, sogar auch in der Speisekammer. Und wir sind ja nicht so reich wie diese Janka, dass wir immer alles neu kaufen können. Das ist eine niederträchtige Person, diese Janka. Wie kann jemand so schamlos sein, eine Schamlose. So was von gemein. Eine gemeine Person, wie kann jemand so gemein sein, so niederträchtig wie diese Janka. Niederträchtig. Jeden heiligen Tag ihren eigenen Bruder auszurauben. Schamlos. Das ist eine Schamlose. Mischpoche. In ihrer Sprache bedeutete das nicht allgemein Familie, vielmehr war es schlicht ein Todesstreich gegen eine bestimmte Familie. Sie tilgte mit dem Wort die Familie Tauber aus den Reihen der Lebenden. Für sie stellte meine bloße Existenz das Pfand des familiären Überlebens dar, auch wenn es auf keine Kuhhaut geht, was alles sie an mir auszusetzen hatte. Aber in ihrem mythischen, antirationalistischen Universum gab wohl genau das dem Leben seinen Sinn. Mein Goldschätzchen, mein Sonnenschein. Das verstand ich ja noch, das war wie im Märchen. Mein Einziger. Obwohl es noch ihr zweites Enkelkindchen gab, Márta, die mit ihrer Geburt die Todsünde begangen hatte, kein Junge zu sein. Abgesehen davon, dass sie zu einem noch heikleren Zeitpunkt als ich auf diese beste aller Welten gekommen war, im August 1944.

Dich liebe ich mehr als alle, alle. Glaub's mir. Ich glaubte es nicht. Ich war nicht ihr Einziger. Ich will niemandes Einziger sein, schon die Vorstellung des Einzigseins widerte mich an. Und Márta stand ihr ja auch viel näher, sie plauderten und stritten so vertieft, als wären sie richtige Freundinnen, Schwestern, ich hingegen mache ihr nichts als Ärger, weinte sie, du machst mich immer nur traurig, noch nie habe ich mich so sehr in jemandem getäuscht, man hörte das Ganze auch im Flur, nur Ärger, kreischte sie, nur Traurigkeit und Schmerz, aber Großmutter, man hört es im Flur, aber jetzt schien sie gerade zu wollen, dass alle an dem Schmerz teilnahmen, den sie meinetwegen hatte, denn aller ihrer Enttäuschung zum Trotz befahl ihr das Ritual doch, mich zu lieben, da ich ein Junge war.

Wenn du mich dann nur nicht enttäuschst.

Jeden Tag zu jeder Stunde bitte ich den Allmächtigen, dass er mir eine solche Enttäuschung erspart.

Mag er lieber mich ins Verderben führen.

Damit du mir nicht so ein Amokläufer wirst wie der Elemér.

Elemér war ein junger Mann von ausnehmend strahlendem Äußeren gewesen, Großmutter zeigte ihn mir auf den Familienfotos, zwecks Belehrung. So schön sei der Elemér gewesen, ich solle nicht so schön werden. Bloß das nicht. Siehst du, das hier ist Elemér, dieser Unglückliche, nimm dir nur ja kein Vorbild an diesem Niederträchtigen. Von ihm sprechen wir nicht. Von ihm sagen wir kein Wort. Nur dieses einzige Mal habe ich ihn dir gezeigt. Siehst du, auch das hier ist der Elemér. Auf dem einen Foto stand er in einem weichen, ungewöhnlich hellen Mantel mit Pelzkragen höchst elegant in der verschneiten Winterlandschaft, zusammen mit meiner Mutter und weiteren schmucken jungen Männern und Frauen, alle Arm in Arm, es war offensichtlich eine eingespielte, auf Herrschaftlich machende Gesellschaft, allesamt sehr hübsch angezogen, Felle da, Pelze dort, auf einem zweiten Foto war er bei einer Ruderpartie zu sehen, in einer gefährlich knappen Badehose, knapper konnte eine Badehose gar nicht sein, auch das sei der Elemér, in Göd, wie er gerade den Bug des Boots aus dem Wasser hebt, denn stark war er, das muss man ihm lassen, stark wie ein Stier.

Doch, genau so wollte ich werden, Großmutter mochte noch lange flüstern, wie ich zu sein und nicht zu sein hätte. So vollkommen wollte ich werden, unbedingt, wenn ich einmal groß wäre.

Ein Stier, der schnaubend und scharrend Europa auf dem Rücken entführt. Er ist die große Schande der Familie geworden. Wir sprechen nicht von ihm, erwähnen ihn nicht einmal. Unter gar keinen Umständen. Nicht einmal seinen Namen.

Du weißt schon, wen ich meine. Seinen Namen darfst du nicht aussprechen.

Schon, wenn ich den Mund aufmachte, und sie sah, dass ein Elemér draus würde, fuhr sie mich an.

Schweig.

Es genügte, die Elemér-Straße zu erwähnen, man sei durch die Elemér-Straße gegangen, man würde sein Kind in die Volksschule in der Elemér-Straße schicken, schon zuckten ihre Mundwinkel.

Elemér war der Neffe meiner Großmutter gewesen, das heißt der mit meiner Mutter gleichaltrige Sohn ihrer ältesten Schwester, der hat sich eines schönen Tages alles vom Leib gerissen, aber auch wirklich alles, und so ist er vom Kálvária-Platz nach Csepel hinausgerannt, was nur schon in der Luftlinie gute zehn Kilometer sind, und da erst haben sie ihn erwischt, weil er zusammenbrach, da warfen sie sich auf ihn, aber auch da tobte und biss er noch, und sein Mund schäumte wie bei einem tollwütigen Tier.

Sehr lange verstand ich weder die Geschichte noch das dazugehörige Verbot, aber eigentlich glaubte ich sie auch gar nicht recht.

Bestimmt war etwas geschehen, das nicht weniger dramatisch war, aber nicht auf diese Art, nicht so.

Ich weiß nicht, woher ich den Mut nahm, ihnen nicht zu glauben.

Obwohl es auch meine Mutter bestätigte, jawohl, so war es, der arme Elemér, ja, der war auch sonst ein Amokläufer, in jeder Hinsicht ein Amokläufer, ja, er ist nackt nach Csepel gerannt.

Bis zum heutigen Tag bin ich überzeugt, dass mit Elemér etwas anderes geschehen war, anders geschehen, etwas, das sie mit dieser extremen Legende verdeckten. Bestimmt geht es um etwas, das sich zuvor ereignet hatte. Bestimmt hatte man ihn in flagranti mit einem anderen Mann erwischt, die Sache wurde ausposaunt, oder er wurde erpresst, oder die Polizei schaltete sich ein, vielleicht war der andere Mann die Liebe seines Lebens gewesen, vielleicht hatte der sich aus dem vierten Stock geworfen, weil ihn Elemér betrogen, verlassen hatte, Elemér wurde der Mitschuld angeklagt, vielleicht berechtigterweise, und er musste wohl auch der Tatsache ins Auge sehen, dass seine Familie nicht zu ihm hielt, weder seine Mutter noch seine Tante, meine Großmutter, Cecília Nussbaum. Der mentale Kurzschluss, in dem sich seine letzte Verzweiflung über die Schöpfung und seine wahnsinnige Wut angesichts der menschlichen Grausamkeit und Dummheit begegneten, führte wohl dazu, dass er sich die Kleidung vom Leib reißen musste, um nicht nur sie, sondern auch diese elende Welt loszuwerden.

Ich habe dich zum Fressen gern. Solche kannibalischen Ausbrüche der Liebe hörte ich ebenfalls von meiner Großmutter zum ersten Mal und auch seither von niemandem sonst. Zum Glück hat mir seit damals auch nie wieder jemand gesagt, ich sei sein einziger Goldschatz, sein Sonnenschein.

Für Großmutters gefährliche Liebe war ich gefährlich schön, blond, blauäugig, mein Haar hat eine Tendenz zu Wellen, erst Jahrzehnte später verstand ich ihren Blick. Zitternd beobachtete sie, ob nicht auch ich so werden würde wie der arme Elemér, nicht auch ich eine Familienschande. Und sie war nicht die Einzige in der Familie, der ich mit meinem Äußeren und meinem Wesen solche Sorgen bereitete. Sie hatte große Angst, ich könnte wirklich so sein, nicht zeugungswillig, ja, bestimmt wird das so sein, ein Elemér schlummert in mir, und wenn sie dann mein Geheimnis lüften, kann auch ich nur Hals über Kopf fliehen, auch ich mit schäumendem Mund, auch mich werden sie in die Klapsmühle bringen und dort im Namen der heiligen ärztlichen Kunst und der ganzen aufgeklärten Menschheit so lange quälen, wie mein Herz ihre große wissenschaftliche Sorgfalt aushält.

Und dann würde ich bereuen.

Wenn man stirbt, bereut man, und die anderen bereuen auch. Das wirst du noch bitter bereuen. Wenn sie wütend war, sagte sie gleich, ich sei so, haargenau so wie der, von dem wir nicht sprechen. Das alles hatte durchaus die berechnete Wirkung, ich wehrte mich vergeblich dagegen, es war wie ein Fluch, eine Weissagung, sie malte den Teufel an die Wand, psychologisch war es eine Projektion, sie hängte mir etwas an, das ihr selbst Angst machte, nicht ohne Grund. Gefühlsmäßig ist man nicht an sein Geschlecht gebunden. Das Geschlechtliche hingegen ist direkt mit den Gefühlen verbunden. Sie war verliebt in die Hüfte der Königin Elisabeth, sie phantasierte davon, den gleichen Alabasterbusen zu haben, obwohl sie mindestens einen doppelt so großen Busen hatte, einen birnenförmigen, der in ihren jungen Jahren bestimmt sehr schön gewesen war; aber zu meinem Glück verstand ich sehr lange nicht, fast bis ich dreißig war, was sie da redete und was der Bann gegen mich eigentlich meinte. Mangels sexueller Regungen waren diese Elemér umspielenden Sätze, Vergleiche, Verwünschungen, Verweise und rituellen Weissagungen für mich nicht interpretierbar. Nicht einmal, als ich mich in meine Klassenkameraden, lebendige Jungen mit attraktiven Eigenschaften, verliebte, ohne auf jemandes Billigung zu warten, ohne moralische und gefühlsmäßige Zweifel, und sie eindeutig in mich verliebt waren, was ein wonniges Gefühl war. Manchmal hatte ich eine Erektion. Ich benannte die Sache nicht, sagte mir nicht, dass ich also verliebt bin. Manchmal hatten sie eine Erektion. Was mich nicht hinderte, auch in bestimmte Mädchen verliebt zu sein. Die Mädchen im Allgemeinen, wie sie nach magischen Riten von den Jungen umschwärmt werden müssen, habe ich nie gemocht. Ich beobachtete sie nur, versuchte mir vorzustellen, was sie dachten. Ich liebte einzelne, bestimmte Mädchen. Lívia Süle, Hedvig Sahn, und das war gut, wie es war, mitsamt allen seinen bitteren Aspekten. Außer ihnen liebte ich noch ein sacht hysterisches, braunhäutiges blondes Wesen, eine Mitschülerin von ihnen, mit der ich kaum je mehr als ein paar Worte wechselte. Hédi trat dazwischen, bekam Eifersuchtsanfälle. Ich dürfe diese Soundso nicht lieben, ihr Name ist mir auf Befehl tatsächlich entfallen. Auch die Éva Juhász dürfe ich nicht lieben. Auch die Margit Leba nicht. Auch die verursachten mir eine Erektion. Es brachte mich in keinerlei Verlegenheit, die Sache war ja wechselseitig, und so kam mir gar nicht in den Sinn, das noch mit jemandem besprechen oder teilen zu müssen. Für mich manifestierte sich auf diese Art die Schöpfung oder der Schöpfer persönlich, im eigentlichen theologischen Sinn. Eine Gabe oder Gegebenheit, die keines Kommentars bedurfte. Zuerst muss man die Sehnsüchte und Leidenschaften des eigenen Körpers, seine die gesellschaftlichen Regeln ausgrenzende heidnische List verstehen, um die Gefühle und Triebe vor jeglicher äußerer Einmischung schützen zu können. Mich schützte lange, sehr lange meine autistische Naivität. Wie aber hätte das verstehende Herz des schönen Elemér das alles ertragen können. Konnte es nicht. Sie quälten ihn, bis sie ihn umgebracht hatten. Den Mitgliedern meiner verehrten Familie wäre aber niemals in den Sinn gekommen, dass sie das getan haben könnten. Damit die Nussbaums bloß keine solche lebende Schande in der Familie hatten.

Nach György Nádas war er der zweite, den sie auf diese Weise aus dem Weg räumten.

Zwischen den beiden Ritualmorden lagen fast zehn Jahre. Und nachdem weitere zehn Jahre vergangen waren, hatte mich nicht mehr nur meine Großmutter, sondern auch Tante Magda im Visier, den werden wir jetzt schön aufspießen, braten, zum Abendessen vertilgen, sie beobachtete mich, tuschelte erotisch erregt mit den Verwandten und den um sie herum wimmelnden Freundinnen, hauptsächlich mit Vilma Ligeti, so erinnere ich mich, wohl auch mit Jolán Kelen und Stefichen Dési Huber, was bei Jolán eine kleine Neugier hinterließ, bei Stefichen ein kleine Anteilnahme, ich wusste nicht, wohin damit, es war, als hätten sie eine mich betreffende Geschichte fabriziert, ich spürte es, verstand es nicht, und am Ende wandte sich meine Lieblingstante, als sie mein Vormund wurde, an einen Kinderpsychologen, sie lieferte mich aus, vielleicht damit ich mit wissenschaftlicher Unterstützung ebenfalls aus dem Weg geräumt würde. Da aber verstand ich endlich, mit sechzehn.

Doch erst heute, fast sechs Jahrzehnte danach, verstehe ich anhand der erhaltenen Familienbriefe, wie weit sie das rituelle Ränkespiel trieben, mit dem die Menschen gegenseitig ihre Gefühle und Triebe zu regulieren wünschen, und nicht einmal heute verstehe ich es in allen Einzelheiten.

Obwohl ich mich genau erinnere, wo um mein dreiundzwanzigstes Jahr die Geschichte der rituell besorgten Freundinnen angelangt war. Ich stand am offenen Fenster von Vilma Ligetis Wohnung in der Fő-Straße, Hauptstraße. Unten rauschte und stank der Verkehr. Ich hatte Vilma an diesem Wochentagvormittag Wiesenblumen mitgebracht, damit sie nicht so einsam, so verloren sei. Wir mussten laut sprechen. Sie wollte wissen, warum ich in letzter Zeit so verdüstert sei, und machte mir heftige Vorwürfe, weil ich meine Sorgen nicht mit ihr teilte. Ich hatte kaum eine Sorge, die ich mit irgendjemandem hätte teilen wollen. Schon gar nicht mit Vilmalein. Sie war wirklich nicht sehr intelligent. In fast jeder Stunde, jedem Augenblick meines Lebens quälte ich mich mit der Frage, auf welche Art ich mich umbringen könnte. Ich wisse doch, dass ich ihr wirklich alles erzählen könne. Zwanghafte Selbstmordgedanken nennt man das. Sie staune ja nur, dass ihr die Menschen alles, aber auch alles erzählen. Es war meine Last, es gab nichts zu teilen. Einzig wenn ich mit Magda zusammen war, befreite ich mich ein wenig davon, mit Magda Salomon, einer elf Jahre älteren Frau, Mutter zweier Söhne, wir beide arbeiteten bei der größten Ilustrierten des Landes, sie als Journalistin, ich als Praktikant, und zuweilen gingen wir zu zweit auf Reportage. Wenn wir uns sahen, in der Redaktion, auf der Straße, in ihrer Wohnung, in ungeheizten Hotels, wo nachts die Polizei Razzien durchführte, auf dem Bett ihres Schlafzimmers, wo immer, wann immer, löschte die Leidenschaft den Selbstmordzwang augenblicklich, doch sobald ich wieder allein war, kam er umso stärker zurück. Es war eine Heimsuchung. Eine psychische Betriebsstörung. Gift einnehmen. Mich in die Tiefe stürzen. Mich erhängen. Irgendwo eine Waffe finden. Auch ihr sagte ich nichts, niemandem.

Magda wollte und konnte ihren Mann, den Vater ihrer Kinder, nicht verlassen, und ich nahm mir nicht das Recht heraus, den quälenden Entscheidungszwang mit Forderungen zu verschärfen. Wenn sie ihn verließ, sollte es nicht meinetwegen sein. Als ich in Vilma Ligetis Wohnung in der Fő-Straße am lauten Fenster stand, plagten wir uns schon seit drei Jahren herum, und es standen uns noch einige Jahre der Plage bevor, wir quälten uns gegenseitig, brachten die Kinder gründlich durcheinander, aber wir wussten nicht, wohin mit der Leidenschaft, das heißt, es war eine gemeinsame Qual. Es gab keinen individuellen Fluchtweg. Wir waren skandalös, es war ein Skandal. Und wir glaubten noch, dass wir die Beziehung dank großer Selbstdisziplin geheim halten konnten. Aus Magdas roter Aktentasche, die sie in der Redaktion auf dem Schreibtisch hatte liegenlassen, verschwand ein ausführlicher, höchst delikate Einzelheiten enthaltender und bestimmt sehr verworrener Liebesbrief von mir. Der örtliche Geheimdienstmitarbeiter hatte ihn entwendet. Wir ahnten, wer es war. In diesen Wochen bestellte die Chefredakteurin der Illustrierten, die im Übrigen sehr kollegial agierende Irén Németi, Magda zu sich und wollte sie vor dieser wegen des Altersunterschieds gefährlichen Beziehung schützen. Magda wollte nicht geschützt werden. Daraufhin berief sich Irén Németi auf meine Tante, Magda Aranyossi, der gemäß ich überhaupt eine exaltierte Person sei. Darüber lachten wir noch monatelang. Exaltiert und Person und überhaupt. Es war ein ausgezeichneter Witz, wie er Verliebten gerade zupasskommt, damit sie mit ihren Lippen, ihren nackten Körpern die bodenlose Dummheit der Umwelt neutralisieren können. Trotzdem kam es dauernd und auf ewig zum Bruch zwischen uns. Es war jedes Mal wie eine furchtbare persönliche Niederlage, eine einzugestehende Schlappe. Länger als eine Woche hielten wir nie durch. Einmal gelang es uns dank Magda, die Sache auf drei Wochen auszudehnen, länger nie. Ein Blick, eine Geste genügten, eine absichtlich kühle Höflichkeitsformel, von der wir einen Lachanfall bekamen, als hätten wir nur darauf gewartet. Den gescheiterten Trennungsversuch aus uns hinauslachen. Nieder mit den dummen mondänen Gemeinplätzen. Es möge geschehen, was geschehen muss. An diesem Punkt meines Lebens war ich angelangt, als ich in Vilmas Zimmer mit den für sie gepflückten Wiesenblumen zwischen den offenen Fensterflügeln stand, sie und meine Tante aber waren in meiner Lebensgeschichte an einem ganz anderen Punkt, und wie ich heute in erhaltenen Briefen sehe, träumten sie noch jahrelang ihren bösen Traum von mir.

Als sie offiziell unser Vormund wurde, log mir Tante Magda vor, ich müsse wegen meines Bruders zum Kinderpsychiater, denn sie wollten endlich verstehen, warum das Kind nicht fähig sei, lesen und schreiben zu lernen. Was ich bereitwillig schluckte, auch ich kam ja mit meinem Bruder auf keinen grünen Zweig. Er wollte spielen, herumtoben, nicht lesen, nicht schreiben, sondern Ski laufen, Schlitten fahren, sich prügeln und Fußball spielen. Ich akzeptierte, dass ich wegen der Unbelehrbarkeit meines Bruders zweimal wöchentlich in die Szondi-Straße gehen musste. Es war ein düsteres Gebäude, mit Eisengittern an den Fenstern. Ich sah zwar der Miene meiner Tante an, dass die Begründung nicht stimmte, aber ich wusste nicht, was ich davon halten sollte. Bald aber wurde offensichtlich, dass sie mit ihren Tests etwas umkreisten, etwas herausfinden und mir anhängen und mich von etwas heilen wollten, das ich noch gute fünfzehn Jahre lang nicht im Geringsten verstand. Und um diesen Druck loszuwerden, führte ich im Namen des Rechts auf Selbstbestimmung den namhaftesten, mit tendenziösen Fragen und erniedrigenden Tests operierenden Kinderpsychologen seiner Zeit, den Direktor des Instituts in der Szondi-Straße, Imre Hermann, absichtlich auf Holzwege, auch wenn ich nicht genau wusste, worin ich ihn eigentlich täuschen müsste.

Eine Zeitlang, wochenlang, nahm er es hin, wahrscheinlich durchblickte er die Logik der Irreführung. Allmählich wurde er aber unruhig, denn auch ich durchblickte, dass er durchblickte, und also änderte ich die Taktik. Nach ein paar Monaten machte er mit seinen bis zum Überdruss wiederholten Tests und dummen Kreuzverhören den Eindruck eines überforderten Beamten, der auf seinem Schreibtisch aufgeregt nach etwas sucht.

Das gab mir das Gefühl, auf der richtigen Spur zu sein.

Ich ließ eine Sitzung aus, und noch eine, und beim folgenden Mal beantwortete ich seine Fragen zu meinem Fernbleiben nicht. Ich beobachtete ihn. Wahrscheinlich dachte er fieberhaft nach. Er musste für das Durcheinander, das ich zu meiner Verteidigung anrichtete, eine annehmbare Erklärung finden, eine Lösung, etwas ganz Banales, womit er die Angelegenheit ein für alle Mal abschließen konnte, um meiner Tante nicht sagen zu müssen, Magda, Liebe, das Problem ist noch schwerwiegender.

Dieses Kind ist geisteskrank.

Hermann hätte meiner Tante höchstens noch sagen können, Genossin, nimm dein Mündel und bring es auf die Psychiatrie, mit unseren psychologischen Methoden lässt sich seine Schizophrenie nicht in den Griff bekommen.

Die wollten in mein Leben hineinpfuschen, so viel war klar, und das konnte ich nicht dulden. Ich ging nicht mehr hin. Als mich meine Tante zur Rede stellte, zuckte ich mit den Schultern und bedeutete mit den Handflächen, dass ich nichts dafürkönne. Sie fragte, ob mich Imre Hermann irgendwie gekränkt habe. Wieder zeigte ich die Handflächen vor, ach woher, wie könnte man mich kränken. Sie wollte die Sache Imre Hermann in die Schuhe schieben, obwohl völlig klar war, dass sie mit ihren bestimmten Absichten dahinterstand, deswegen ging ich nicht wieder hin. Sie ihrerseits ließ in ihrer großbürgerlichen Art die Sache fallen, als wäre nichts geschehen.

Ich selbst verstand einfach nicht, worauf die Geschichte hinauslaufen sollte. Was wohl der Gegenstand ihrer Dichtung war. Ein halbes Jahrhundert später sehe ich in einem Brief Miklós Mészölys, worauf sie hinauslief.

Vilma gegenüber war ich gefügiger, weicher als gegenüber meiner Tante, auch wenn sie mich mit Fragen überhäufte, insistierte; aber ich war toleranter, da sie kein Familienmitglied war, sondern eine Fremde, die mit der Zeit fast völlig vereinsamt war. Und wo es noch jemanden gab, zerstritt sie sich mit ihm. Ich hatte Mitleid mit ihr. In den Tagen der Revolution hatte sie sich im Hauptsitz des Schriftstellerverbands in der Bajza-Straße betätigt, nach Buda wäre sie auch gar nicht mehr hinübergelangt, sie übersetzte Pressemitteilungen ins Französische, dolmetschte für ausländische Journalisten auf der kampfumtobten Pester Straße, sammelte die revolutionären Drucksachen, organisierte Lebensmitteltransporte und sorgte für die Verteilung, schrieb Aufrufe und Protestbotschaften, später organisierte sie auch Boykotte und Streiks, wofür sie dann zwar nicht ins Gefängnis kam, aber mit einem vollumfänglichen Publikationsverbot belegt wurde, ohne dass ein Ende des Verbots absehbar war. Sie verlor ihre Einkünfte. Sie wollte zu ihrer älteren Schwester in Neu-Delhi fahren, der Frau eines wohlhabenden indischen Bankiers. Eigentlich war es ihre jüngere Schwester, aber Vilma korrgierte bis zu ihrem Tod an ihrem Alter herum, und so wurde aus der jüngeren Schwester die ältere. Ihr Passantrag wurde abgelehnt. Sie gab Französischunterricht, gab Klavierunterricht, womit sie sich knapp über Wasser halten konnte. Knapp ihre Rechnungen bezahlen. Manchmal lief sie monatelang in löchrigen Schuhen umher, sie hatte kein Geld für die Straßenbahn, trug Strümpfe mit Laufmaschen, und manchmal hatte sie auch nichts zu essen. Zu

Hause hatte sie Kekse für eins sechzig. Ich musste aufpassen, dass ich sie nicht alle verschlang. Sie war ein heiteres Wesen. Beklagte sich nie. Solidarität, das wollte sie.

Ich solle doch nicht so abweisend sein, sagte sie an dem Vormittag. Meine Solidarität war aber nicht von Zuneigung diktiert, sondern eher politischer Natur. In meiner Verlegenheit sagte ich, ja, ich sei schlecht gelaunt, aber nicht verdüstert, höchstens, dass mir die Zukunft düster erscheine, aber nicht unbedingt nur meine eigene. Und eines schönen Tages würde ich meine Seele dem Teufel verkaufen, mit ihm einen Blutbund schließen.

In jener Zeit las ich Goethes sämtliche Werke, eins nach dem anderen, ich las auch Thomas Manns *Doktor Faustus* mit der wunderbaren Szene, in der Adrian Leverkühn in der kühlen, dunklen Casa Manardi in Palestrina seine Seele dem Satan verkauft. Das heißt, mich beschäftigte nicht nur das Dualistische an der Welt, der Gegensatz von Gut und Böse, sondern auch die physische Präsenz der Unterwelt. In jenen Jahren schien mir durchaus möglich, dass sich die Wesen der Unterwelt einmal in Luft auflösen, dann wieder die Form eines Körpers annehmen. Manchmal verlassen sie die Menschenwelt, manchmal kehren sie zurück.

Auch die Welt der Phänomene ist in stetiger Verwandlung begriffen.

Meine ausweichende Antwort hatte aber eine seltsame Wirkung auf Vilma.

Du hast doch nicht etwa Syphilis, fragte sie nach einem langen, suggestiven Schweigen.

Ich lachte auf und sagte, nein, ich habe nicht Syphilis, aber eigentlich begriff ich nicht, worauf sie hinauswollte. Ihr rundes, stark sommersprossiges, an japanische Puppen erinnerndes Gesicht wurde nachdenklich, weißt du, sagte sie, es wirft zwar kein gutes Licht auf deine Tante, aber ich erzähle es dir doch, wie wir einmal in Leányfalu im Garten saßen und ihr auf der Gartentreppe Theater spieltet, du machtest Faxen und tatest geziert, wahrscheinlich stelltest du eine Frau dar, und da rief Magda aus, jetzt schaut ihn einmal an, ich wette meinen Kopf, dass aus ihm ein Päderast wird, il est complètement pédé, une vraie pédale. Ich aber habe sie angefahren, hör doch auf, Magda, wie kannst du von einem kleinen Kind so etwas sagen, siehst du nicht, dass sie spielen.

Ich verstand nicht, warum das jetzt kam, warum sie mir das erzählte.

Ehrlich gesagt interessierte mich in dem Moment auch gar nicht besonders, was meine Tante, die wir beide, Vilma und ich, liebten, aber wegen ihres monumentalen politischen Opportunismus auch beide verachteten, zehn Jahre zuvor von mir gehalten hatte.

Ich konnte es nur so auslegen, dass sie etwas Herabwürdigendes von meiner Tante erzählen beziehungsweise mir mit dieser glaubhaft klingenden Episode zur Kenntnis geben wollte, dass ich ihr nun wirklich vertrauen, ihr alles, aber auch alles erzählen konnte, sogar auch etwa, dass ich Syphilis habe, da sie mich ja schon als kleines Kind in Schutz genommen hatte.

Eigentlich aber wollte sie die Katze aus dem Sack lassen. Es war als Lehrstück gemeint. Damit sich mir doch endlich die Zunge löste. Ich verstand es nicht, allein schon weil es keinerlei Katze und keinerlei Sack gab, weder in meinem Kopf noch in meiner Seele hätte ich etwas finden können, das ihrer Geschichte entsprach. Ich hätte ihr natürlich ohne weiteres den wahren Grund meiner Düsternis und von meinem wahren emotionalen und erotischen Leben erzählen können, aber für solche Offenherzigkeiten bin ich tatsächlich nicht veranlagt.

Im Verhältnis zu ihrer Fiktion hätten sie sich auch gar nicht gut gemacht, die Realität hinkt der Fiktion ja immer hinterher.

Wenn sich meine Großmutter mit Leib und Seele, das heißt ohne Einschränkung und ohne die leiseste Ironie, in eine ihrer schwärmerischen oder hasserfüllten großen Szenen stürzte, wusste ich nie, wohin uns dieser sprachliche und emotionale Amoklauf führen würde. Ins Gelächter, in die Glückseligkeit, ins Weinen, in den plötzlichen Herzstillstand, ins Heulen, Fluchen, Zähneklappern. Oder warum nicht auch in den Mord. Oder warum nicht auch ins Geheimnis. Das rituelle Schauspiel war gerade dadurch charakterisiert, dass es keinerlei religiösen Inhalt hatte. Alle seine Inhalte waren vorreligiös, das heißt magisch. Nicht archaisch, es kam nicht aus dieser ersten Schicht des kollektiven Bewusstseins, es war auch nicht mythisch, sondern stammte aus der Schicht dazwischen, der magischen. Auch dass sie gemeinsam das Eigene getötet hatten, war mit der Kraft und in der Freude magischer Regression geschehen. Dabei hatten sie sich nicht einmal gegen ihren Glauben, der reichliche magische Elemente in sich bewahrt, zu stellen brauchen, ihre im Mythologischen gründende Religion schreibt ja geradezu vor, solche Personen umzubringen. Zu steinigen. Was das Christentum ein paar Jahrtausende später eifrig und, seien wir ehrlich, lustvoll von ihnen übernahm und dem gläubigen Christenmenschen gewissermaßen von Fall zu Fall vorschrieb, wer wie wann auszurotten sei.

Wird sie aufhören, war meine erschrockene Kinderfrage, oder bleibt sie von jetzt an so.

Mein ganzes grausames kleines Wesen erbebte über dieser an die Natur des Lebens gerichteten Frage. Ich hatte nämlich manchmal das Gefühl, dass sie mich in ihrer rituellen großmütterlichen Aufwallung nicht nur ekelhaft abküssen und beknabbern würde, sondern mich so, wie sie es angekündigt hatte, mit ihrem künstlichen Gebiss, das sie nachts herausnahm und in eine Tasse sauberes Wasser legte, zerfetzen, zerkauen, verschlucken, sich einverleiben würde.

Ich hatte ja schon Angst, wenn sie mich nur umarmte und mein Gesicht knabbernd abküsste.

Auch bei Vilma hütete ich mich vor jeglicher körperlicher Nähe.

Sie benutzte das klassische Kölnischwasser, das von ihr umständlich beschaffte lavendelduftende 4711, das nicht aus synthetischen Stoffen, sondern tatsächlich unter anderem aus Lavendelöl hergestellt wird. Auch meine Großmutter benutzte diesen Duftstoff. Wenn sie mich küsste und beknabberte, konnte ich nur denken, ich habe meine Großmutter nicht lieb. Hatte ich tatsächlich nicht. Ich dachte aber, man müsse seine Großmutter lieb haben, wie immer sie auch duftete. Und wenn man sie wirklich lieb hat, muss man mit ihr gemeinsam Elemér hassen, seine strahlende Schönheit verachten, selbst nachdem sie vernichtet worden war, ja, die Schöpfung nicht akzeptieren, um den rituellen, fünftausend Jahre alten Vorschriften eines nomadischen Hirtenvolks Genüge zu tun.

Alles in allem liebte ich meine Großmutter ja doch. So sehr hat mich auch seither niemand mehr aufgeregt, und wahrscheinlich hat sich auch meinetwegen niemand mehr so sehr aufgeregt.

Der Geruch aber strömte aus allen ihren Sachen.

Er strömte aus ihrer Kleidung, Geruch, nicht Duft, ein Geruch, der die Liebe im Keim erstickte. Er strömte aus ihrem Schrank, zusammen mit dem Duft des Echten Kölnischwassers.

Als die Diktatur schon so weit gediehen war, dass sie nicht einmal mehr Lavendel dulden konnte und man in der ganzen Stadt, im ganzen Land keine einzige Flasche anständigen Kölnischwassers mehr auftreiben konnte, ging Großmutter auf den ekelhaft süßen, bestimmt synthetisch hergestellten Duft von Molnár & Moser über, der ihren Körpergeruch vielleicht noch mehr heraushob. Es mochten Sandelholz und Moschus sein, natürlich als chemisches Imitat. Ich schnüffelte ihm nach, wo kam er her, von welchem ihrer Körperteile, welcher ihrer Drüsen, was war es, das der übersüße Duft nicht verdecken konnte und nur eindämmte, nur in Schach hielt, kein Zweifel, es war der Körper meiner Großmutter, der Duft ihrer Körperfunktionen.

Um die Wahrheit zu sagen, er kam vom Raum zwischen ihren Schamlippen.

Das Schicksal brachte es mit sich, dass in Vilmas letzten Jahren ihre Pflege und die Krankenhausbesuche bei ihr zu meiner

Aufgabe wurden. Sie starb zwischen meinen Händen. Ich musste sie festhalten, um sie mit meinem lebenden, warmen Körper in ihrem Todeskampf zu unterstützen. Hin und wieder wechselten Magda und ich uns in der Pflege ab, aber nur, wenn es unvermeidlich war, Vilma hasste sie, obwohl sie sich kaum kannten. So ein heiterer kleiner Falter Vilma auch war, sie neigte zu Zorn und Hass. Das hatte ich schon gewusst, aber die Tiefe ihres Hasses blieb mir noch rund ein halbes Jahrhundert lang verborgen. Als sie Wind davon bekam, dass ich mit Miklós Mészöly eine intensive Freundschaft begonnen hatte, versuchte sie mir das mit Hilfe von fachlichen Argumenten auszureden. Als Schriftsteller sei der aber sehr schwach. Das war der Hass, den Fachkollegen gegeneinander produzieren. Ich diskutierte gar nicht mit ihr. Seit mir Miklós Jancsó einige Jahre zuvor Mészölys *Dunkle Zeichen* in die Hand gedrückt hatte, das musst du lesen, bestand für mich kein Zweifel an Mészölys schriftstellerischem Rang. Vilma war wohl unbefriedigt. Sie vertraute die zusammen mit Tante Magda erdachte Geschichte Miklós an und bat ihn um Hilfe. Sie sagte, ich hätte ihr das große Geheimnis meines Lebens anvertraut, nämlich dass ich gegen die Anziehung der Homosexualität einen entsetzlichen Kampf führe, da ich sie als ethisch unakzeptabel, ja, als widerlich empfinde, ich könne sie aber nicht niederringen, und das verderbe auch meine Beziehungen zu Frauen. Miklós möge doch schauen, bat sie auf dem Gang des Schriftstellerhauses in Szigliget, dass er meinen Beziehungen zu Frauen Vorschub leistet. Eine Zeitlang glaubte Miklós die Geschichte, auch wenn sie ihm nicht unverdächtig war. Ich erinnere mich, wie er mich über Vilma ausfragte und ich nicht wusste, warum sie ihn interessierte. Zu seiner Ehre sei gesagt, dass er keinerlei Vorschub leistete und nichts in Zweifel zog. Im Gegenteil, er drückte mir immer wieder die Bücher homosexueller Schriftsteller in die Hand. James Baldwin, Hubert Fichte und Jean Genet las ich dank ihm, das weiß ich noch genau, er hatte die Bücher aus Berlin und Paris mitgebracht. Ich müsse neben Kavafis unbedingt auch diese Autoren kennenlernen. In den letzten Monaten, als ich Vilma einmal ins Krankenhaus, dann wieder nach Hause brachte, war sie mit Magdas Anwesenheit doch immerhin versöhnt, auf ihrem Sterbebett hatte sie auch keine andere Wahl. Manchmal überließ ich es Magda, sie zu besuchen. Manchmal aber musste ich sie waschen, wenn die Krankenschwester, die Vilmas Schwester über ein Londoner Bankkonto bezahlte, schon den zweiten Tag wegblieb, ich musste sie in eigener Regie waschen, damit sie kein Wundliegegeschwür bekam, und da wurde im spezifischen Gemisch von 4711 und dem Geruch der Schamlippen klar, woher der mit Kölnischwasser genauso wenig zu bändigende Geruch meiner Großmutter gekommen war.

Auf dem Höhepunkt ihrer wütenden oder schwärmerischen Szenen war es beinahe, als stellte sie die universale Ordnung auf den Kopf; nicht zuletzt ihre Körperlichkeit ließ das Chaos hereinbrechen. Sie tat mir leid, ich hatte Angst vor ihr, aber meine Entdeckerlust war doch stärker. Ich drückte mich ja auch nicht vor den Sitzungen beim namhaften Professor der Kinderpsychologie, sondern ging brav hin, obwohl ich rasch begriffen hatte, dass es nicht um meinen Bruder ging, sondern um mich, aber ich wollte sehen, wie weit ich das Spiel mit ihm treiben konnte. Es war viel Selbstdisziplin nötig, um meine Großmutter zu ertragen, ich quälte mich damit und quälte sie, verwirrte sie, provozierte sie, hasste, verachtete sie, wollte ihre wesentliche Eigenheit enträtseln, die Quelle des Dufts oder des Geruchs finden, sie hingegen wollte mich retten, mich alle regressiven Riten lehren, um meine Seele noch rechtzeitig vor dem Verderben zu bewahren; sie wollte mich an die Dualität von Körper und Seele heranführen, an die Methoden, mit denen man meinen Körper noch rechtzeitig kaputt machen konnte, um meine Seele zu retten; mich an die rituelle Ordnung gewöhnen. Mich zu einer überschäumenden Liebe zwingen, wie ich sie nicht empfand, nie empfinden würde, von der ich aber immerhin weiß, dass sie existiert. Und wenn eine solche Liebe nicht existiert, so existiert doch diese ihre Stilisierung. Ich nahm mir sogar vor, nicht mehr ungerecht zu sein. Mein Großvater brummte herum, ach, Junge, lass doch deine Großmutter endlich in Ruhe mit dieser ewigen Fragerei.

Mehr sagte er nicht, er schimpfte nicht mit mir. Es war eine Ermahnung, mehr nicht.

Aber bis zu einem gewissen Grad bremste er mit dem vorsichtigen Satz meinen Sadismus doch.

Wenn Großvater etwas sagte, wurde die ganze lärmende Gesellschaft still, man war sicher, dass jetzt etwas Treffendes und Lustiges kommen würde, sein verschmitztes Jungenlächeln signalisierte es schon im Voraus.

Ich hingegen löcherte meine Großmutter mit Fragen, auf die sie nur mit roher Wut antworten konnte. Oder ich protestierte, wollte nicht, stampfte mit den Füßen, weil sie an einem Muster festhielt, das mir nicht vertraut war. Diese Art, dieses Ausmaß, diese Manifestationen von Vergötterung oder Hass, von Unterwürfigkeit oder Verachtung. Meine Großmutter folgte einem fremden Muster, das jedes ihrer Worte und jede ihrer Gesten normierte. Sie musste nicht vor sich selbst glaubhaft sein, sondern ihre Mimikry musste glaubwürdig wirken. Sie war auf Wirkung aus, sie spielte auf Täuschung, sie versprach mir Belohnungen auf den Sankt-Nimmerleins-Tag, so wie es die anderen Familienmitglieder nie getan hätten. Hinter ihrer rituellen Maske versteckt, beobachtete sie die Wirkung. Manchmal fiel ich um ein Haar auf sie herein, die in Aussicht gestellten Geschenke waren zu verlockend. Es war Theater, und es beanspruchte sie immens. Denn sie nahm dieses vier- oder fünfjährige Kind, das ich war oder bis zum heutigen Tag bin, so ernst und nahm auch sich selbst so ernst, als wären wir ebenbürtige Gegener, die es unter sich ausmachen mussten, als ginge es ums Ganze. Mit diesem Rollenspiel fügte sie sich gewaltigen Schmerz zu. Ich konnte mit ansehen, was der ritualisierte Schmerz mit dem Leben eines Menschen anstellt. Dagegen helfen nicht einmal fünftausend Jahre, dafür gibt es bis zum Ende der Zeiten keine Linderung. Keine Vergebung. Es war eine ewiger Verweis auf etwas, woran wir uns nicht mehr erinnern. Ein universaler Schmerz, mit dem sie ihre kleinen Zufallsschmerzen unendlich vergrößern konnte. Mit Hilfe dieses unablässig beschworenen, unablässig aufgewühlten archaischen Schmerzes blies sie meine alltäglichen Vergehen auf. Wir werden schon wieder dem Verderben anheimfallen, weil ich schon wieder meine hohen Schuhe falsch geschnürt habe. Den geringsten Streich, das kleinste Versehen rückte sie in eine biblische Perspektive und benannte sie in der Sprache der Propheten. Es war lächerlich. Es musste immer alles übertrieben werden. Ach, hol mir schon einen Tropfen Wasser, ich sterbe vor Durst. Einmal brachte ich ihr wirklich nur einen Tropfen Wasser. Der Hunger zerfrisst mir den Magen. Was nur bedeutete, dass Essenszeit war. Seit Margitlein gegangen ist, mein kleines Engelchen, gesegnet sei ihr Name in Ewigkeit, bin ich mehr tot als lebendig. Du glaubst es vielleicht nicht, aber seither lebe ich nicht mehr. Ich glaubte es tatsächlich nicht. Das ist kein Leben. Mein Herz ist gebrochen, verdorrt, ich lebe nicht mehr. Warum verscharrt ihr nicht endlich meinen elenden Leib. Auf solche Sätze erwiderte mein Großvater nichts, sein feines kleines Lächeln signalisierte eine seltsame Ungerührtheit. Obwohl doch meine Großmutter bestimmt recht hatte, seit Margitleins Tod war ihr Herz wirklich gebrochen, und mit der Zeit verdorrte es auch. Fein lächelnd widerstand mein Großvater dem ganzen pathetischen Theater, aber er beobachtete und verfolgte die Großmutter dennoch aufmerksam, wobei er auf alles gefasst war, auch auf das Spektakel des magischen Regresses.

Großmutter wurde bleich, wurde rot, fuchtelte sich die Brille von der Nase, bekam Hustenanfälle, ich ersticke, Wasser, o Gott, ich ersticke. Ohne Brille fand sie auch die Brille nicht wieder. Ach, such sie mir doch schon, ich finde sie nicht, seht ihr denn nicht, dass ich ohne Brille blind bin. Mein Gott, warum hast du mich auf meine alten Tage mit Blindheit geschlagen, rief sie, während sie nach ihrer Brille herumtastete. Dass ich auf meine alten Tage das erleben muss. Auch das muss ich noch erleben, wieder nur ich. Was bloß bedeutete, sei so gut und hilf mir die Brille suchen. Und dann musste sie sich auch gleich wieder mit der beringten Hand auf den Mund schlagen, weil sie den Namen Gottes ausgesprochen hatte. Euretwegen. Will sagen, es ist unsere Schuld, wenn sie sich gegen den Allmächtigen versündigt, und jetzt muss sie sich Schmerz zufügen, und der Herr hat sie ja auch mit Blindheit geschlagen oder lässt sie verdursten. Wir helfen ihr ja nicht einmal, die Brille zu suchen. Wir geben ihr ja nicht einmal einen Tropfen Wasser. Einen Tropfen, mehr nicht. Aber nicht einmal einen Tropfen gebt ihr mir. Der Herr wird es euch heimzahlen, eure Grausamkeit, alles wird er euch heimzahlen. Für sie war der Herr eine unmittelbare physische Realität, der theologische Begriff hatte für sie eine gewichtige physische Bedeutung. Das Ihr hingegen meinte vor allem meine Mutter, dann mich, ihre anderen beiden Töchter, meine Tanten, die laute, brutale Bözsi, Erzsébet Tauber, die Pianistin, und die krankhaft sanfte, ewig verängstigte Irén, Irén Tauber, die kleine Schneiderin mit dem guten Gefühl für Linien, aber es meinte doch auch ihren Mann, meinen Großvater Ernő, Arnold Tauber. Ihn aber noch am wenigsten. Sie liebte nur ihn, glaube ich. Von ihm jedenfalls erwartete sie nicht, dass er ihr die Brille suche oder Wasser hole. Wenn ihr niemand beim Suchen half, fand sie die Brille problemlos auch selbst. Das rituelle Denken und das Realitätsempfinden waren bei ihr parallel geschaltet. Sie war nicht durstig, sondern musste einem magischen Ritus gemäß ihre Familie dauernd um sich herum auf Trab halten, so wie sie, abgesehen von ihren zwei Stunden Siesta, sich selbst auch dauernd auf Trab hielt. Als wäre diese ganze überflüssige rituelle Maschinerie, die sie parallel zu ihrem Realitätsempfinden in Betrieb hielt, dazu da, sie in der Monotonie des Alltags nicht verknöchern, nicht ihre Energie verlieren, nicht in die Depression fallen zu lassen.

Nach dem Mittagessen scheuerte sie noch einmal den Küchenboden, obwohl sie ihn schon am Vormittag gescheuert hatte, ebenso den Flur und zweimal in der Woche auch den Gang vor der Wohnungstür und das Gemeinschaftsklo auf dem Treppenabsatz, danach war Siesta.

Von dem Ihr nahm sie nur eine einzige Person völlig aus. Ihre tote kleine Tochter, Margitlein.

Die war ein Engel auf Erden gewesen.

Mit der Vorstellung vom Engel erhielt sie die Vorstellung einer durch und durch selbstlosen Welt aufrecht. Bis zu einem gewissen Grad auch in mir, wie ich nach so vielen Jahren zugeben darf. Die gnostische Vorstellung von der Existenz engelartiger Wesen. Und wenn es die nicht gibt, so muss oder müsste es engelartige Menschen geben. Das hatte eine viel stärkere Ausstrahlung als die gesellschaftliche Utopie meiner Eltern.

Wir alle gegen den bösen Tyrannen, wir lassen uns nicht knechten.

Sie stand auch wirklich in aller Herrgottsfrühe auf, um unsere Sonntagssuppe rechtzeitig aufzusetzen. Alle ihre Worte und Gesten waren rituelle Mimikry. Mit Ausnahme vielleicht des Ehrgeizes, der auf die Sonntagssuppe ging. Und Margitlein konnte man sich tatsächlich gut als Engel vorstellen, mit ihren feinen Gesichtszügen, ihrem goldschimmernden Kraushaar. Großmutter machte weite Wege in der zerbombten Stadt, um Suppenfleisch und Suppengemüse zu kaufen, bezahlte auch auf dem Schwarzmarkt jeden Preis fürs Fleisch, das Rindshaxe sein musste, worüber sich Großvater manchmal ärgerte. Nehmen Sie bitte den Knochen dazu, sagte sie zum Metzger. Sie meinte damit, er solle ihr gratis Knochen dazugeben, auch etwas Knorpel, er solle nicht vergessen, dass das dem Kunden zusteht. Sie konnte sich niemanden vorstellen, der sie nicht hereinlegen wollte. Nicht jeder Metzger gab ihr gratis Suppenknochen dazu, weil das sind Gauner, Betrüger, Blutsauger sind's, Gojim, einzig ihr Metzger war eine Ausnahme.

Ich weiß ja selbst nicht, warum ich nicht zu meinem Metzger gegangen bin. Wie entsetzt, wie zutiefst verletzt wäre ihr Metzger, wenn er wüsste, dass sie fremdgegangen ist.

Sie war eine leidenschaftliche Einkäuferin.

Ach was, Cili, sagte mein Großvater, wenn's kein Fleisch gibt, gibt's eben kein Fleisch, Sie hätten dieses eine Mal wirklich auch eine andere Suppe kochen können. Manchmal duzten sie sich, aber meistens verwendeten sie das Sie, so wie auch ihre Töchter sie siezten.

Auch den Schwarzmarkt verstand ich nicht, lange nicht. Es war wie im Trüben fischen. Meine Großmutter und ich gingen auf den Markt, gingen die lange Péterfy-Sándor-Straße entlang, zwar nicht auf der Sonnenseite, aber schwarz war auf dem Garay-Platz trotzdem nichts. Die Dinge wechselten den Besitzer auf die gleiche Art wie anderswo. Meine Großmutter kaufte das Suppenfleisch, entnahm ihrer Börse das viele Geld, obwohl sie doch schon im Voraus wusste, dass es nicht das richtige Fleisch war. Wenn sie es von unter dem Ladentisch kauft, was staunt sie dann. Heutzutage gibt's kein gutes Fleisch mehr. Als hätte sie es von unter dem Ladentisch, das heißt schwarz gekauft, von Leuten, die im Trüben fischten, nur um das deklarieren zu können. Das letzte Mal, dass sie anständiges Fleisch bekommen hatte, hatten Franz Joseph und Königin Elisabeth regiert. Soll sie jetzt vielleicht der ahnungslosen Welt erklären, wie das Fleisch in glücklichen Friedenszeiten gewesen ist. Die würde das nicht einmal verstehen. Im Wissen ums einstmalige Fleisch hätte sie ihrer Familie nie mehr Fleisch kaufen dürfen. Wenn ich im Halbschlaf aus dem Zimmer tappte, brodelte schon die Suppe auf dem Herd, Großmutter schöpfte mit Engelsgeduld den Schaum ab, damit sie ja nicht trüb wurde. Die Suppen mussten kristallklar sein. Darauf legte sie Wert, sie sagte, siehst du, ich habe die Suppe schon schön früh hochgestellt, auch die Teigware ist schon ordentlich im Rohr. Solche Sätze fand ich wundersam.

Ich verstand, was sie sagte, wie denn auch nicht, verstand, dass sie mit hochstellen aufsetzen meinte und mit Rohr den Backofen, mit Teigware den Kuchen, mit Börse das Portemonnaie, aber die Essenz des Ganzen verstand ich trotzdem nicht. Verstand nicht, warum sie immer alles anders benennen musste und warum sie es auch noch mit emotionalen Adverbien zu versehen hatte. Sie servierte die Suppe getrennt, erst danach das Gesottene mit dem Gemüse, dazu Stachelbeersauce oder Weichselsauce. Aber warum sagte sie Sose statt Sauce. Wenn sie fragte, welche Sauce sie machen solle, sagte ich rasch Weichseln, nur damit sie nicht noch lange Sose sagte. Und wieso konnte man nicht anständig Pfanne sagen statt Fanne. Und es war ja schon recht, dass sie die Teigware ins Rohr geschoben hatte, aber warum sagt sie, sie habe es ordentlich getan. Unordentlich könnte sie es doch gar nicht tun. Ich akzeptierte es nicht, wollte diese Fannen und Sosen nicht haben. Zur Suppe machte sie große Matzeknödel, die sie zuweilen Knedel nannte und die ja nun tatsächlich niemand besser zubereiten konnte. Sie waren leicht und doch bissfest. Sie ließ die Knödel, oder auch die nicht weniger schmackhaften Grießgaluschka, die sie allerdings Haluschka nannte, vorsichtig vom Löffel auf die Teller gleiten, schöpfte behutsam die Suppe darauf, damit sich von der Masse der Haluschkas oder der Knödel ja nicht etwas löste und ihr die Suppe trübte. Hatte sie ein hübsches fettes Hühnchen ergattern können, um ein gutes Hühnersüppchen daraus zu kochen, briet sie die Leber des Huhns in dessen Fett, wozu sie eigens eine kleine Eisenpfanne hatte, ein zerbeultes altes Stück, und dann aßen wir das gute Hühnersüppchen mit guten Leber-Matzeknödeln.

Natürlich war ich fünf Jahre später imstande, meiner kranken Mutter eine Fleischbrühe zu kochen. Wenn ich sie richtig zubereitete, das war mein Grundgefühl, wenn ich alles so machte, wie ich es bei meiner Großmutter gesehen hatte, würde unsere Mutter nicht sterben. Geleitet von dieser magischen Überzeugung, kochte ich für sie Speisen, die sie gar nicht essen konnte. Von meiner

Großmutter habe ich kochen gelernt und, gegen allen meinen Widerstand, die Magie der Wörter. Dass man nicht Hühnersuppe kochte, sondern ein gutes Hühnersüppchen, mit dem man gegebenenfalls seine Mutter rettet. Obwohl es kaum zu ertragen war, wenn sie wieder einmal sagte, na, was soll's, ich koche ein gutes Einmachsüppchen. Und dann ging ich hin und kochte für meine Mutter mehrmals ein gutes Einmachsüppchen, so wie ich es bei meiner Großmutter gesehen hatte, womit ich sie vor dem nie Ausgesprochenen retten würde. Ein Adjektiv, eine Betonung, eine Bewegung, irgendetwas stachelte mich immer an, ganz besonders das Einmachsüppchen, mich mit meiner Großmutter anzulegen. Die ganze Zeit, von frühester Kindheit bis zu meinem zwanzigsten Lebensjahr, als ich sie zum letzten Mal sah, legte ich mich mit ihr an. Großmutter, warum sagst du, du tust gute Matzeknödelchen rein, und von der guten kleinen Leber tust du auch rein. Wieso sagst du wieder, heute koche ich ein gutes Reishühnchen, tue auch seine gute kleine Gurgel hinein. Sie verstand nicht, was ich wollte. Sie redete eben so. Das war ihre Sprache, das waren ihre Wörter. Auch wenn sie Ungarisch sprach, verwendete sie jiddische Schlüsselbegriffe und die Ausdrücke und veralteten Satzkonstruktionen der Mundart der Tiefebene, sie hatte das alles mitgebracht, als sie mit ihrer älteren Schwester, Tante Szerén, also Szeréna Nussbaum, als Dienstmädchen nach Budapest kam, dann aber Schleiferin wurde bei einem Silberschmied in der Dob-Straße und bald darauf von meinem Großvater geheiratet wurde. Ein zerbrechliches junges Mädelchen mit Wespentaille, aber sie muss zu der Zeit schon ein vollblütiges Weib gewesen sein, ich glaube, sie war direkt auf Großvater losgesteuert.

Aber nicht nur die unbekannten Ausdrücke ärgerten mich. Kein einziger ihrer Sätze, der nicht ein großer Gemeinplatz gewesen wäre. Auch andere redeten in aneinandergehängten Gemeinplätzen, auch sie verwendeten Jargons, die in Budapest sogar je nach Stadtteil verschieden sein konnten. Doch da war noch etwas, das jenseits aller meiner sprachlichen Erfahrung lag; ihr ritueller Sprachgebrauch. Sie sagte, ich kaufe gute Butter. Als könnte sie auch eine schlechte Butter kaufen. Ich koche schnell mal ein gutes Bohnensüppchen. Als würde jemand absichtlich eine schlechte Bohnensuppe kochen. Ich mache eine gute kleine Einbrenne zu diesem Kürbisgemüse, gut Dill dazu. Ich wollte etwas von ihr, das ich nicht ausdrücken konnte, dafür fehlte auch mir die Sprache. Nicht nur die vorgefertigten Sätze, nicht nur die fehlende Individualität des Ausdrucks, nicht nur die stehenden Wortverbindungen und idiomatischen Wendungen, nicht nur deren sprachliche Fremdheit und Antquiertheit, sondern auch ihre Unlogik ärgerte mich tödlich. Eine nicht gute Leber würde sie ja bestimmt nicht in die Matzeknödel mischen, sondern der bösen Katze der bösen gojischen Nachbarn geben. Sie hasste nicht nur die Nachbarn, sondern auch deren gojische Katze. Zugegeben, die Katze hatte mehr als einmal ihre stinkende Visitenkarte auf der Schwelle deponiert. Das bin ja auch wieder ich, die hinter der Katze der Gojim her aufwischen muss. Und eine nicht gute Hühnersuppe würde sie uns am Sonntag bestimmt nicht servieren. Wieso würde sie absichtlich eine schlechte Einmachsuppe kochen. Kurz und gut, wieso verwendet sie alle diese überflüssigen Adjektive. Und was heißt Einmach, das kapierte ich schon wegen meiner autistischen, das heißt bildlichen Denkweise nicht. Das Wort nahm als Bild sogleich konkrete Form an. Ich sah sie vor mir, wie sie sich mit ihrem ungeheuren Hintern über den Topf hob und hineinpisste oder hineinkackte. Wer hineinmacht, der macht in die Hose. Hänschen hat in die Hose gemacht, Hänschen wird ausgelacht. Du hast doch nicht etwa in die Suppe gemacht, Großmutter. Allerdings gebrauchte sie die Eigenschaftswörter nicht aufs Geratewohl, sondern auf rituelle Art. Sie musste jedes Mal, bei jedem einzelnen Vorgang einen rituellen Unterschied zwischen gut und schlecht machen. Die Übertreibung war ihre poiesis, und sie setzte den Maßstab hoch an, erreichte den höchsten Grad der Übertreibung nicht allmählich, sondern begann gleich ganz oben, auf dem rhetorischen Höhepunkt, und da musste sie sehen, wie sie den verfluchten Satz emotional noch höher schrauben konnte. Ich hingegen hätte von ihr gewollt, schließlich war sie meine Großmutter, dass sie die Wörter funktional gebrauchte. So wie wir sie gebrauchten, ohne poetische Übertreibung und rhetorische Ausschmückung; so wie die anderen auch, die ganze Familie, wir, alle.

Sie war nicht das Wir. Oder wir waren ohne sie, obwohl sie mit uns lebte. Wenn ich bei ihnen übernachtete, im Dickicht der Stadt, auf dem Sofa zu ihren Füßen, auf dem das engelartige und vor allem lungenkranke Margitlein wegen einer infektiösen Hirnhautentzündung in einem entsetzlichen septischen Anfall gestorben war, in jener mehr als bescheidenen Wohnung in der Péterfy-Sándor-Straße, wo meine Mutter aufgewachsen war, zusammen mit ihrer älteren und jüngeren Schwester und zuweilen auch in Gesellschaft verschiedener Zimmerherren, musste ich mich frühmorgens über einem Becken waschen, das mitten in der Küche auf einem Hocker stand, meine Großmutter goß heißes Wasser dazu, aber es soll mir dann nicht wieder ein großes Geseres geben. Von diesem großen Geseres schauderte mich meine Kindheit lang, ich fürchtete schon im Voraus den Moment, wenn sie wieder sagte, ich hätte ein Geseres gemacht. Sie soll es nicht sagen. Wenn sie es doch bloß nicht mehr sagte. Aber sosehr ich mir beim Waschen Mühe gab, sie sagte es doch wieder, Geseres. Sie sagte auch eine Menge anderer Dinge, diese Schickse da, die nur Stuss redet, aber mit ihrer Chuzpe hat die ja immer Masel, und unsereins steckt im Schlamassel, aber diese Wörter machten mir keine Angst. Die gefielen mir. Aus dem Zusammenhang verstand ich sie auch. Bei uns zu Hause, in der Pressburgerstraße, sprachen die Erwachsenen ein anderes Ungarisch, auch wenn ich nicht behaupten kann, es sei alles immer verständlich gewesen. Einzig mein Großvater sprach so, dass kein Zweifel oder Unklarheit bestehen blieb. Mit seinem kleinen Lächeln, in schmucklosen, trockenen Kernsätzen.

Alles war verständlich, alles saß, manchmal schlug er mit ihnen auch zu.

Und mein Großvater roch nicht, nicht einmal, wenn er den Pyjama auszog, höchstens dass sich die Luft um ihn herum ein bisschen bewegte.

Diese Bewegung um ihn herum war manchmal kühl, manchmal warm.

Zu Hause waren die Gerüche anders. Die Pressburgerstraße war durchflutet von Licht und Luft. Im Dickicht der Stadt hingegen gab es viele Hindernisse. Zu Hause durfte ich wenigstens hoffen, dass ich die Wörter einmal verstehen würde, in ihrer Bedeutung, die sie für die Erwachsenen hatten, und die Gerüche waren, wenn es nicht gerade nach Leichen oder der aufgebrochenen Kanalisation stank, meistens angenehm. Sie kamen von der Donau, die ihren Sommergeruch und ihren Wintergeruch hatte, und sie waren jeden Tag anders, sie kamen von der Margareteninsel, vom Flieder, vom Jasmin, außerdem gab es Julius Meinl und sein Schaufenster mit der Einfassung aus gelben Kacheln, bei jedem Türenöffnen strömte aus dem kupfernen Kaffeeröster der Duft des Kaffees auf die Straße, drinnen stiegen weitere gefährlich verlockende Düfte auf, vom zellophangedeckten Haufen geräucherten Fischs, von Lakritz, von den Seidenzuckerdropsen. Die Frauen zogen kleine Wolken ihrer Parfüms, Nagellacke, Puder und Lippenstifte nach sich, und jeden einzelnen dieser durchdringenden Düfte liebte ich. Ich koste die vielen weiblichen Düfte geradezu, war bereit, in ihnen aufzugehen, jedem zu folgen, um ihn einzusaugen, zu fühlen, was er wert war.

Die Gäste brachten den Rauch ihrer feinen Zigaretten mit und den süßen, cremigen, kaffeedurchzogenen, tabakrauchigen Duft der Tabletts mit Gebäck, die in weißes Seidenpapier eingewickelt waren.

Jedenfalls hieß das, was meine Großmutter Geseres nannte, in der Pressburgerstraße, also im Mittelpunkt der Welt, Gespritze,

Planschen, Überschwemmung, und was der ähnlichen Ausdrücke mehr sind.

Aber wozu hätten sie etwas sagen sollen.

Sie sagten nichts.

Sie wischten einfach auf. Die Demütigungen mit dem Irrigator hingegen versuchte auch ich zu verdrängen. Ich hörte ja dem Ton meiner Großmutter an, dass dieses Geseres in ihrer Sprache noch andere Bedeutungen hatte.

Es ist ein jiddisches Wort hebräischen Ursprungs und bedeutet Aufhebens, Trubel, Zirkus, Durcheinander.

Im vorliegenden Fall bedeutete es, ich solle mich ordentlich waschen, meinen Hals, meine Schultern, meinen Rücken, und auch meine Achselhöhlen und Arme nicht aussparen, aber ohne ein großes Geschwappe zu veranstalten, ohne den Steinfußboden unter Wasser zu setzen, sie hat ja jetzt wirklich anderes zu tun. Das Sonntagsessen muss auf den Glockenschlag fertig sein. Seit fast sechs Jahrzehnten hatte es keinen Tag gegeben, an dem sie ihren vier Töchtern, den Untermietern, sofern diese auch Kostgänger waren, und vor allem meinem Großvater, der sein Mittagessen in einem kleinen Topf in die Werkstatt in der Holló-Straße mitnahm, kein Frühstück zubereitet, kein Mittagessen, kein Abendessen gekocht hätte, aber am Sonntag stand sie in der Küche wie ein Schauspieler vor dem großen Auftritt und hatte Lampenfieber. Wird das Fleisch nicht zäh bleiben, werden die Grießgaluschka nicht hart sein. Grießhaluschka. Die anderen Bedeutungen von Geseres folgten erst danach. Es mochte auch Zögerlichkeit, ein Gefackel bedeuten, ja, ein unanständiges Benehmen spezieller Art. Oft sprach Großmutter jiddisch zu meinem Großvater, aber er konnte kein Jiddisch und antwortete auf Ungarisch oder Deutsch. Er sprach ein grammatikalisch sauberes, korrekt formuliertes Deutsch mit meiner Großmutter, ein Monarchie-Deutsch. Als ich zwei Jahrzehnte später, im Juni 1968, in Warschau an zwei aufeinanderfolgenden Abenden Ida Kamińskas nur noch knapp überlebendes jüdisches Theater besuchte und sie im allerletzten Augenblick noch persönlich auf der Bühne sehen konnte, stellte ich überrascht fest, dass ich dank meiner Großmutter das Jiddische weitgehend verstand.

Aber damals in der Péterfy-Sándor-Straße war für mich Geseres kein Fremdwort, sondern ein seltsames, unheilvolles Zeichen. Auf Hebräisch bedeutet es durchaus nicht Geplansche oder Gespritze, sondern Verordnung, Gesetzesbeschluss. Hingegen wurde es im galizischen und podolischen Jiddisch überraschenderweise zu einem Synonym von Pogrom. Als die Horden polnischer Adeliger kamen und die schneidigen Kosaken auf ihren Pferden, um zum Ruhme der Christenheit lynchend, brandschatzend und mordend die drückende Last ihrer Schuldbriefe abzuwerfen. Der gelehrte Rabbi Tamás Raj schreibt im jiddischen Wörterbuch, der Pogrom von 1905 in Kischinew sei beileibe nicht das erste große Geseres jenes Landstrichs gewesen. In der Ukraine wird noch heute Bohdan Chmelnyzkij als Nationalheld verehrt, der ab 1648 grauenhafte Pogrome durchführte, ohne Schonung der Kinder, Greise und Jungfrauen, schreibt der gelehrte Rabbi, Bohdan rottete sie mit Schwert und Feuer aus, was dann von seinen geistigen Erben fast jährlich rituell wiederholt wurde. Die jiddische Bedeutungsverschiebung hat durchaus ihre Logik, da doch das Durcheinander, der Tumult, die Verheerung mit einer gewissen Regelmäßigkeit, Gesetzmäßigkeit wiederkehren. Die ursprüngliche, russische Bedeutung von Pogrom hat zu der Verschiebung sicher auch beigetragen. Als Substantiv bedeutete es Donner, Sturm, Zerstörung, das aus dem Wortstamm grom gebildete Verb bedeutet niedermähen, vernichten. Das hatte sich in den Weiten Polens, Russlands und der Ukraine im jüdischen Bewusstsein so stark festgesetzt, dass die Juden in der Sommermitte, am zwanzigsten Tag des Monats Siwan, einen Fastentag hielten, auch dann noch, als es ihnen gelungen war, die Grenzen zur Monarchie glücklich zu überschreiten.

Mit vier hätte ich also von den Pogromen wirklich wissen können, aber ich wusste nichts.

Nun ja, bei uns zu Hause musste man sich nicht auf diese Art waschen, nicht mitten in der Küche, über dem Becken. Ich stelle einen bescheidenen Überlebenden des Weltenbrands dar, dank des Muts und des kommunistischen Bewusstseins meiner Eltern und Verwandten, aber zwei Jahre nach dem Holocaust dachte niemand, in keiner Küche, über keinem Becken, daran, dass er ein Holocaust-Überlebender sei. Nach der Belagerung gab es in Budapest lange Zeit nur lokale Ausdrücke fürs Geschehene. Entweder war jemand während der Belagerung gestorben, oder er hatte sie überlebt. Krieg und Genozid, also der organisierte Massenmord an einer Volksgruppe, wurden auf diese Art gewissermaßen in die Kategorie der historischen Gesetzmäßigkeiten aufgehoben. Belagerung. Das war das Hauptwort und das Deckwort. Auch Geseres kannte ich nicht, ich wusste nichts von seiner Bedeutungsverschiebung, aber im Tonfall meiner Großmutter klang das spezifisch Unheilvolle des Worts deutlich mit.

Belagerung war in der Budapester Sprache ein Sammelbegriff, der noch sehr lange als historische Wasserscheide fungierte. Unabhängig von Konfession, Partei, gesellschaftlichem Status und der persönlichen Rolle während der Belagerung ließ sich damit das Geschehene neutral benennen, gewissermaßen auf deskriptive Art, man brauchte die mordenden Pfeilkreuzler oder die vergewaltigenden Russen nicht einmal eigens zu erwähnen oder zu qualifizieren. Die waren in dem Sammelbegriff enthalten. Das Wort Belagerung fasste Ereignisse zusammen, die in Ausmaß und Wirkung eine noch heute nicht fassbare, nicht aufgearbeitete Dimension der historischen und theologischen Realität öffneten, eine Dimension, die ohne einen solchen neutralen Ausdruck aus dem Bereich des Formulierbaren hinausgerutscht wäre. Wer das Wort Belagerung benutzte, hatte die Belagerung durchlebt, sie individuell als Katastrophe erlebt, in der die urbane Ordnung zertrümmert wurde, eine urbane Katastrophe, wie sie Europa bis dahin noch nie gesehen hatte. Die Provinzbewohner verwendeten das Wort nicht, sie hatten keine Belagerung erlebt und konnten nicht wissen, was für eine menschliche Katastrophe die hundertzwei Tage gewesen waren, sie fragten auch nicht nach dem Wiederaufbau, obwohl doch diese fast anderthalb Jahre dauernde und nie abgeschlossene Reihe von Operationen noch eng zur Belagerung gehörte. Bis 1947 war die Stadt halbwegs wieder funktionsfähig geworden, auch wenn sie ihre zehn Jahre zuvor erreichte Höchstform nie wieder erreichte. Und später konnten die Provinzbewohner auch nicht wahrnehmen, dass man sich aus einer solchen Katastrophe nicht wirklich wieder aufraffen kann; es gibt keinen wirklichen Wiederaufbau, allen schönen Anstrengungen zum Trotz. Höchstens die Straßennamen waren erhalten geblieben, aber sonst hatte sich der Charakter des Budapester Lebens generell verändert. Buda unter der türkischen Herrschaft hatte vielleicht etwas Ähnliches erlebt, und seither ist es stumm, redescheu.

Die Provinz hatte ihre eigene Apokalypse erlebt, aber die hatte sich anders ereignet, man erzählte und schwieg von ihr in anderen Varianten und Formeln. Ich lebe seit fünf Jahrzehnten in der Provinz, in verschiedenen Provinzen, ich habe den größeren Teil meines Lebens in Kisoroszi auf der Insel von Szentendre und in Gombosszeg in der Göcsej-Gegend verbracht, ich weiß, was ich meine, wenn ich Provinz sage. Nach der Belagerung wurde die ungarische Gesellschaft gründlich umgeschichtet, schon das veränderte den Charakter des städtischen Lebens. Die Bauern erhielten eine Rolle, die sie früher nie innegehabt hatten, beziehungsweise wurde ihnen eine Rolle weggenommen, die sie durch keine andere ersetzen konnten, und als Anfang der fünfziger und Mitte der sechziger Jahre Leute aus der Provinz in zwei großen Wellen nach Budapest strömten, geriet der Begriff der Belagerung allmählich in Vergessenheit. Den Neuankömmlingen, von ihren Feldern vertrieben, enteignet, sagte das Wort nichts. Aber für das Geschehene wurde auch kein neues Wort geprägt. Und so versank das schwerwiegende und vielschichtige Ereignis, die hundertzwei Tage der Belagerung.

Bei uns in der Pressburgerstraße musste man sich am Waschbecken stehend oder in der Badewanne sitzend waschen, und wenn ich eine Pfütze hinterließ, musste ich einfach den Steinfußboden hinter mir aufwischen. Der Fußboden bestand natürlich nicht aus Stein, sondern aus schwarz-weißen Fliesen, Mettlacher Platten, auch das verstand ich nicht, warum die Platten Stein wären. Aber sie verlangten so nachdrücklich, dass ich hinter mir aufwischen solle, es kam so gar nicht in Frage, es jemand anderem zu überlassen, dass sie die Wörter korrekt verwenden mochten oder nicht, das Aufwischen jedenfalls war integrierender Teil der Weltordnung, und noch bevor ich es bemerkte, hatte ich es schon getan. Das ist heute noch so. Ich habe noch nie in meinem Leben, nicht einmal, wenn ich krank war, Pfützen hinterlassen. Vielleicht nur ein einziges Mal, gezwungenermaßen, das lasse ich, sagte ich zu Magda, ich nannte sie bei ihrem Kosenamen Póni, Liebe, das lasse ich jetzt ausnahmsweise so.

Und zu Hause, in der Pressburgerstraße, musste man auch das kleine oder große Geschäft nicht auf dem Topf sitzend erledigen, das Klo war nicht auf dem Treppenabsatz, wir teilten nicht mit anderen Menschen ein Klo, und der Topf gehörte nur zur frühesten Kindheit. Ich war schon sehr früh zuverlässig stubenrein. Wir hatten also keinen Pott unter dem Bett. Wir hatten auch keine direkten Nachbarn. Wir wohnten im sechsten Stock, außer unserer Wohnung gab es dort nur die Waschküche und hinter der großen Tür aus Schmiedeeisen den mehr als geheimnisvollen riesigen Dachboden. Dieser völlig leere, hohe Art Nouveau-Dachboden, wo die Lichtstrahlen den ersten einführenden Vortrag in Metaphysik und Theologie hielten, war meine profane Kirche. Das Gemeinschaftsklo zwischen zwei Stockwerken auf dem Treppenabsatz, wohin sie den Inhalt des Nachttopfs, sorglich zugedeckt mit der *Népszava*-Nummer vom Vortag, hinaufbringen musste, war eine spezielle Prüfung für meine Großmutter. Wenn sie heftig auf die dreckigen Gojim schimpfte, das heißt auf die Nachbarn, mit denen sie sonst auf dem Gang in unangenehmer Tonlage turtelte und zuckersüß tat, wusste man, sie muss schon wieder hinter denen den Fußboden aufwaschen, schon wieder denen ihr Erbrochenes von der Trennwand kratzen. Die lassen das einfach da, die Jüdin wird es ihnen schon wegmachen. Sollen ihnen die Hände verdorren. Auf dem Treppenabsatz gab es zwei Klos, die nur durch eine grau gestrichene Bretterwand getrennt waren. Lange Zeit verstand ich auch das nicht, diese Gojim, die meiner Großmutter zufolge Tag und Nacht nach Alkohol stanken, das sind keine Menschen, das sind Mörder. Die werden dich ermorden. Das sind unsere Mörder. Du darfst es ihnen nicht übelnehmen. Die sind so geboren. Sie haben uns noch nicht ermorden können, noch sind wir da, aber keine Angst, morgen kommst du dran. In unserem Haus in der Pressburgerstraße gab es keine Juden, keine Gojim, keine Mörder, beziehungsweise konnte ich nicht auf die Idee kommen, dass es welche geben und dass jemand nach Alkohol stinken könnte, denn wenn ich mich richtig erinnere, wurden andere nie erwähnt. Zumindest würde ich sagen, in den ersten zehn Jahren meines Lebens nicht. Solche Wörter und Erregungen werde ich erst mit elf näher kennenlernen, nach dem Umzug auf den Schwabenberg. Dort werde ich dann die niederträchtigste Judenhetze mitsamt allen ihren Fachausdrücken großzügig serviert bekommen, auch wenn ich sie nicht verstehen werde, in meiner autistischen Art hatte ich zuvor auch die diesbezüglichen Anspielungen meiner Großmutter nicht verstanden. In meiner frühen Kindheit verbanden sich solche Worte mit der Vorstellung des Hauses in der Péterfy-Sándor-Straße, dann des Hauses in der Damjanich-Straße und in der Dembinszky-Straße, aber es blieben Ausdrücke, die besonderen Ausdrücke meiner Großmutter. Ich betrachtete sie als zufällig, als eine örtliche Spezialität, als ein Zeugnis sprachlicher Vielfalt, als Abweichungen von der Regel, vom guten Ungarisch. Wenn meine Großmutter in der Mehrzahl sprach, dachte ich nicht daran, dass auch ich darin inbegriffen sein könnte.

Noch lange Zeit lebte ich in der Vorstellung, dass solche Gojim nur in diesen Häusern, diesen Gegenden gediehen, nur in Tschikago, wie die Einwohner diesen Stadtteil nannten. Das war eben ihre Sprache, die Sprache der Elemér-Straße, der Hernád-Straße, des Bethlen-Platzes, der Nefelejcs-Straße, und ich dachte, dass man anderswo nicht so sprach. Und sogar hier konnte ich noch lange schauen und beobachten, mit bloßem Auge sah ich auch hier nicht, wer der Goj war, also mein zukünftiger Mörder, der Unmensch. Die Stadt war auch sonst voller wundersamer, beängstigender Wortblüten. Doch diese eine Wortblüte bedrückte mich so, dass ich meine Großmutter gar nicht zu fragen wagte, warum der Goj ein Goj war. Goj, das klang wie Goal. Ein Nichtjude, soweit verstand ich es schon, aber mehr nicht. Auch Jude verstand ich nicht. Ich wartete lieber ab, Großmutter würde es ja sowieso sagen. Der da, das ist ein hässlicher Goj. Noch von den schönsten Gojim sagte sie, sie seien hässlich. An ihnen war etwas, das sie in ihren Augen hässlich machte, ich hingegen sah nicht, was Großmutter sah. Gerade mit dem Wort verdeckte sie es. Meine Großmutter war eine ordentliche Rassistin, wobei auch dieser Erfahrungswert erst spät in mein Bewusstsein gelangte, und mit ihrem Rassismus setzte sie sich locker über Ästhetik und Ethik hinweg. Sie verachtete alle, die nicht als Juden geboren waren. Die vom Glauben abgefallenen Juden verachtete sie noch mehr als die Gojim. Die hätte sie am liebsten tot gesehen. Oder, insofern sie sie am Leben lassen musste, als Luft. Das sind keine Juden. Sie waren es zwar von Geburt her, aber die Milch kochten sie im selben Topf wie ihre fettigen Suppen, diese Schweine, sie stopfen Chazer in sich hinein, die ekelhaftesten Aufschnitte, Streichwurst, Pariser Wurst, Salami, Mortadella und weiß Gott was noch alles.

Sie nahm kein Blatt vor den Mund. Ihr lebt wie die Schweine.

Das waren wir. Das waren ihre vom Glauben abgefallenen Töchter, alle drei.

Nicht, dass sie an irgendetwas geglaubt hätte, sie glaubte an gar nichts. Sie hatte zwar noch einen Rest von Gottesbegriff, aber sie verwendete ihn ohne jegliche Kohärenz. Großvater war vor der Belagerung an den hohen Feiertagen in die Synagoge gegangen, Großmutter nie. Mal erschienen in ihren Sätzen die aus dem Budapester Slang übernommene Varianten des christlichen Gottesbegriffs, zuweilen sogar die Jungfrau Maria, mal die chassidischen Varianten des durch das Jiddische transportierten orthodoxen Gottesbilds. Schon deswegen konnte ich dieses konfessionelle, ethnische, soziale und rassische Begriffsknäuel nicht entwirren. Von jemandem hieß es, er sei ein guter Christ, während er Flüche und Verwünschungen spie. Genauso wie meine Großmutter. In dieser Hinsicht gab es offensichtlich keinen Unterschied zwischen Juden und Christen. Wenn man als Kind genau hinschaute, entdeckte man, dass die Heuchelei gar nicht in zwei verschiedenen Varianten daherkam. Sondern nur in einer einzigen, neuzeitlichen, gemeinsamen, die auf magischem Denken beruhte. Auch meine Großmutter beschwor ihren Gott mit Hilfe von Rassismus, auch sie kompensierte seine universale Abwesenheit mit Hass und Selbsthass, genau so, wie es im Namen des Christentums oder des Ungarntums getan wurde und heute noch getan wird.

Bei uns zu Hause gab es manchmal Schinken, an der Ecke zwischen Rudolf-Platz und Leopoldring war ein großer Fleischerladen, in dem es immer Mortadella zu kaufen gab, die ich schon wegen ihres exotischen Klangs liebte, der Fleischerladen hatte drei Eingänge, einer ging auf den Leopoldring, der andere auf den Rudolf-Platz, und es war auch eine elementare Freude, durch die eine Tür hinein-, durch die andere hinauszukönnen, der dritte Eingang war der Lieferanteneingang und meistens sperrangelweit geöffnet, anders hätten sie den Raum nicht belüften können, dort wurden die halben Schweine und halben Rinder gelagert, dort hinein trugen die Eismänner auf den Schultern die Eisbalken, und in diesem Stadtteil wurde nie jemand oder irgendetwas verachtet, meinte ich zu wissen. Heute weiß ich, dass meine unmittelbare familiäre Umgebung eher eine Ausnahme darstellte, es war ihr zu verdanken, dass ich keine rassistischen Begriffe hörte und meine eigene angeborene Neigung, andere auszusondern, sich nicht entwickeln konnte. Die schwachen Signale, die ich auch in dieser Umgebung bemerkte, konnte ich nicht interpretieren. Solche nicht interpretierten Begriffe und stehenden Ausdrücke, Subkategorien des gespeicherten Materials, konnte mein Geist erst nach späteren Erfahrungen einordnen, oder neu ordnen. Die ungarischen Wörter, die ich zu Hause lernte, hatten auch sonst keinen starken emotionalen Gehalt. Sie hatten in erster Linie einen Sinn, und dieser schloss ihren emotionalen Gehalt ein, nie umgekehrt.

Zuerst eignete ich mir den familiären Modus der Begriffsbildung an, dann erst die allgemeine oder spezielle Bedeutung der Wörter, und ich dachte, das sei die einzig mögliche Art, Begriffe zu bilden.

Ich musste diese verschiedenen Welten, die ich kennenlernte, auf irgendeine Weise ins Gleichgewicht bringen, was nicht einfach war, da sie sich weder sprachlich noch emotional, noch strukturell deckten, nicht einmal das Prinzip ihrer Systeme ließ sich vergleichen. Ein System, das auf Ausschließlichkeit beruht, kann das Streben nach Gleichrangigkeit niemals tolerieren, und es war Ausschließlichkeit, wonach meine Eltern strebten, wenn auch nach einer, die nicht mit den Ausgrenzungstechniken des Rassismus operierte. Ich wollte meiner Großmutter einen Gefallen tun, ihr geradewegs schmeicheln, wenn ich versuchte, einen Ausdruck, der für sie etwas unabsehbar anderes bedeutete, nach ihrem rassistischen Rezept zu verwenden. Oder ich wollte bei ihr einfach auf den Busch klopfen. Ich sagte es schön laut beim Metzger, sie hatte ja gesagt, auf dem Garay-Platz habe sie ihren guten koscheren Metzger, und jetzt standen wir tatsächlich hier, auf dem sagenhaften Garay-Platz, bei diesem guten koscheren Metzger. Auch wieder nicht so leicht zu verstehen, dieser gute koschere Metzger, es bedeutete etwas Rituelles, und die rationale Struktur meines Denkens konnte das Rituelle nicht integrieren. Ich verstand es so, dass der gute Koschere auf dem Garay-Platz feierlich vom schlechten Koscheren getrennt wurde. Für meine Großmutter schien das ein klarer Fall zu sein, und also konnte ich zu ihr auch sagen, wir sollten eine gute kleine Mortadella kaufen. Bestimmt kauften wir zu Hause bei unserem schlechten Fleischer an der Ecke des Leopoldrings schlechte Mortadella. Ich nahm an, dass wir keinen guten koscheren Metzger hatten. Beim guten koscheren Metzger findet man die gute Mortadella. Darüber lachten sie so, dass Großmutters guter koscherer Metzger mit seinem großen Messer fast unter die Ladentheke gefallen wäre. Gute Mortadella, und was alles noch. Er wetzte seine Messer. Er wetzte sie immer lange, bevor er schnitt. Auch das machte mir Angst. Geschlachtet, das gehörte zu den seltenen Wörtern, mit denen ich nie Probleme hatte. Der Schlächter schlachtet das Tier, er hat eine Schlachtbank, um das Fleisch aufzuschneiden, er wetzt seine Messer, und die schneiden ins Fleisch, als wäre sie Butter. Zuweilen schneiden sie einem ins Fleisch hinein, schlachten einen wie das hilflose Rind. Man konnte sich wirklich in der großen Menge der feinen Unterschiede und Zusammenhänge verheddern, das Hirn musste mächtig arbeiten, bis es alles verstand oder definitiv missverstand, damit man die Sache als erledigt ablegen konnte. Gemäß dem in der Familie herrschenden rationalen Denken musste man auch auf die feinsten Unterschiede aufpassen, alles musste begriffen, verstanden werden. Wir hätten nur schwer akzeptiert, dass das Poetische, Anekdotische und Rituelle, woraus der Geist meiner Großmutter lebte, tatsächlich nicht ins Rationale übersetzt werden kann.

Die beiden Auffassungen sind strukturell verschieden, sie gleichen sich nicht einmal. Wenn Großmutter gut sagte, meinte sie nicht das universale Gute, sondern das speziell für sie Gute, das partikuläre Gute, wie es ausschließlich dem Juden von seinem jüdischen Gott zusteht. Das nun ist wirklich ein Haken.

Denn bei uns in der Pressburgerstraße oder bei den Schwestern meines Vaters auf dem Theresienring und in der Dobsinai-Straße oder bei den beiden Brüdern meines Vaters auf der ungeraden Seite der Pressburgerstraße und draußen auf der Verpeléti-Straße oder bei den Tanten meines Vaters in der Benczúr-Straße und in der Duna-Straße war es ja nicht so, dass sie nie einen Denkfehler begingen, nie beschränkt oder töricht waren, aber der rassistische Zungenschlag, auch in seiner antirassistisch-rassistischen Form, wurde nicht gepflegt. Dagegen schienen sie immun. Obwohl sich doch das Nachkriegseuropa im rassistischen Antirassismus geradezu suhlte. Von allen Familienmitgliedern, von denen ich wissen musste, den fünf lebenden Geschwistern meines Vaters, seinen beiden toten Geschwistern, den dazugehörigen Ehemännern, Ehefrauen, Witwen, Tanten und Vettern hörte ich nie irgendetwas Rassistisches, keine Vorurteile und keine Verachtung, sie behandelten niemanden aus rassistischen Gründen anders. Auch sich selbst nicht. Jude, das hatte in dieser Umgebung keine spezielle Bedeutung, überhaupt keine Bedeutung. Bei uns wurde auch nicht jeder Deutsche für einen Nazi gehalten, trotz der engen Verbindung meiner Familie mit den legalen und illegalen Widerstandsbewegungen des Kontinents. Sogar die Familienmitglieder, die jeglicher ideologisch gefärbten politischen Bewegung fernstanden, waren, ob sie es wollten oder nicht, über die anderen mit den antifaschistischen Bewegungen verbunden. Und das waren politische Bewegungen, nicht von der Rasse bestimmte. Wie hätten sie denn jeden Deutschen für einen Nazi halten können, wo es doch die deutschen Genossen gab, die in Deutschland als Antifaschisten ihre Haut zu Markte trugen. Und für die unpolitischen Familienmitglieder gab es Bach, Goethe, Thomas Mann und Beethoven, von denen man ja auch nicht sagen konnte, sie seien keine Deutschen. Als ich etwas größer war, las ich das *Buch der Lieder*, aber erst nach mehreren Anläufen, Jahrzehnte später, wurde mir überhaupt bewusst, dass Heine ein Deutscher war, der also Jude wäre, oder ein Jude, der deutscher nicht sein könnte. Mit meiner rationalistischen Ausrichtung wäre mir auch nicht in den Sinn gekommen, mich zu fragen, ob Molière oder Shakespeare jüdisch seien.

Es konnte in mir kein emotional und intellektuell kohärentes rassistisches Weltbild entstehen, dazu fehlten mir die rassistischen Begriffe. Ja, die rassistisch strukturierte Welt war mir lange, vielleicht sogar sündhaft lange, unbekannt. Ich begriff lange nicht, dass sie für andere die einzige Welt war. Auf dem Land präsentiert sie sich eher als das Universum von Stamm oder Familie. Natürlich wusste man in meiner Umgebung von den rassistischen Weltanschauungen. Aber dieses Wissen teilten sie nicht mit mir, nicht aus Schonung nicht, sondern weil sie die Welt anhand eines anderen Lexikons auslegten als die Rassisten. Seit mehreren Generationen war und blieb das in der Familie so. Auch im Lexikon des Liberalismus waren die rassistischen Ausdrücke registriert, aber sie hatten keinen Einfluss auf das liberale Denken, auf die Dynamik der Begriffsbildung.

Dass meine Eltern und Verwandten nie etwas Rassistisches verlauten ließen, war nicht Verdrängung, war kein Versuch, den eigenen Rassismus zu verdecken, keine Angst vor dessen Existenz. Ganz sicher versuchten auch sie, nach der Belagerung ihr Leben dort fortzusetzen, wo es unterbrochen worden war; das Leben neu anzufangen. Sie hätten es für unwürdig gehalten, sich auf das intellektuelle Niveau uralter Irrglauben, uralter ethnischer Spannungen zu begeben und sich in der Sprache dieses Irrglaubens auszudrücken, er würde ja auch bald mit wissenschaftlichen Methoden liquidiert und überholt werden. Sie waren gerade dabei, das zu tun. Es ging ihnen um die Ursachen, nicht um die Wirkung. Die konservativ-liberale beziehungsweise liberaldemokratische Linie der Familie befürwortete die Aufhebung der Idee der Ausschließlichkeit sowie das Wahlrecht und die Gleichheit vor dem Gesetz, die andere

Linie vertrat die kommunistische Idee von Gleichheit in der Form der Diktatur des Proletariats, was auf die Wiedereinführung der Idee der Ausschließlichkeit hinauslief und auf dem Klassenprinzip beruhte, auch wenn es die Aufhebung der Klassengesellschaft zum Ziel hatte. Die beiden Modelle ließen sich nicht vereinbaren, sie funktionierten nur innerhalb ihres jeweiligen logischen Rahmens, aber im Namen der von beiden Seiten anerkannten Vernunft suchten die kommunistischen, liberaldemokratischen und konservativ-liberalen Mitglieder meiner Familie den Konflikt miteinander und mit ihrer weiteren Umgebung zu vermeiden. Es geschah nicht um des Familienfriedens willen, dass sie die Proletarier nicht lausig, die Slowaken nicht dumm, die Rumänen nicht pelzfüßig, die Bauern nicht stinkend, die Huren nicht verrottet, die Bourgeois nicht verschissen, die Kommunisten nicht säuisch, die Neger nicht schmutzig und die Zigeuner nicht dreckig nannten und dass sie auch über Christen, Juden und Hottentotten nicht herzogen, sondern es geschah im Namen der Vernunft, dass sie auf jegliches emotional aufgeladenes rassistisches Epitheton verzichteten. Meine Eltern waren eindeutig Atheisten, hielten die Religion für Opium des Volks, trugen bestimmt ihr Möglichstes zur Auflösung der Kirchen bei, dafür habe ich auch Belege, aber sie eiferten sich nicht gegen die einzelnen Religionen, auch nicht gegen deren Priester, mit einem Wort, sie führten keinen verbalen Glaubenskrieg.

Nicht etwa, weil sie Engel waren, ganz im Gegenteil, bei ihrem Kampf gegen den radikal zu beseitigenden religiösen Aberglauben schraken sie offenbar auch vor illegalen Mitteln nicht zurück. Sagte jemand etwas Rassistisches, etwa meine Großmutter, die sich in ihrer Gesellschaft allerdings nach Möglichkeit zusammennahm, dann fuhren sie scharf dazwischen, korrigierten, parierten die Sache mit einem Scherz, riefen sie zur Ordnung oder überhörten das Gesagte demonstrativ.

So die Verhaltensvarianten.

Die Ausbrüche von jüdischem Selbsthass, oder auch die des

spezifisch perversen ungarischen Selbsthasses, lernte ich erst viel später kennen.

Bis zum Alter von acht Jahren wusste ich nicht einmal, dass ich mich im Sinn der Nürnberger Gesetze von 1935, die auf den zwei Jahrtausenden des christlichen Antijudaismus beruhten, als Jude betrachten müsste. Was aber hätte das für einen Sinn gehabt. Ich konnte mich nicht als etwas betrachten, das ich nicht war. Als kleines Kind war ich mir meiner Abstammung nicht bewusst, aber nicht, weil man sie vor mir verschwieg oder ich schwachsinnig gewesen wäre, sondern sie war einfach nicht von Belang. Für unsere Eltern hatte Nürnberg keine Gültigkeit, und darin folgte ich ihnen vielleicht rigider, als es moralisch vertretbar war. Sie nannten sich nie Juden, auch nicht im Sinn einer Art Selbstbezichtigung. Sie waren Kommunisten, und das genügte. Meine Mutter war ohne Einschränkung eine ungarische Patriotin, dafür war bei ihr durchaus auch noch Platz. Als ich zehnjährig in eine Schule mit russischer Unterrichtssprache gehen wollte, schlug sie mir den Wunsch mit einem einzigen Satz ab. Ein ungarisches Kind lernt ungarische Literatur. Das genügte, mich zu überzeugen. Nicht als Jüdin war sie ungarische Patriotin, nicht einmal als ungarische Jüdin, sondern sie akzeptierte als Kommunistin das Rassenprinzip nicht, die irrige Annahme, man trage seine Abstammung und die dazugehörigen Eigenheiten im Blut oder in den Zellen. Wie gegenüber jeglicher Gefühlsäußerung übte mein Vater auch gegenüber dem ungarischen Patriotismus starke Zurückhaltung. Als ich mit acht Jahren die Bemerkung fallenließ, ich würde die Juden hassen, weil sie Christus ans Kreuz genagelt hätten, zwang ich sie, mich vor dem Flurspiegel ein für alle Mal mit meiner Herkunft zu konfrontieren.

Ich war protestantisch getauft, ging in den calvinistisch-reformierten Religionsunterricht, aus dem Unterricht brachte ich dieses Beispiel des christlichen Antijudaismus mit nach Hause, weil ich meine Eltern für gerechtigkeitsliebende Personen hielt und die Kreuzigung meinen Gerechtigkeitssinn beschäftigte.

Wenn ich die Juden hasse, dann solle ich in den Spiegel schauen, da hast du einen Juden, kannst ihn ruhig hassen.

Aus der erschütternden Konfontation zog ich nicht den Schluss, dass ich ein Jude war, sondern dass ich mit Aussagen, die meinem Gerechtigkeitssinn entsprangen, vorsichtiger sein müsse. Mit den Dingen, die ich kenne, und den Dingen, die ich nicht kenne. Und so erkannte ich im Flurspiegel nicht den Juden in mir, sondern den Antisemiten, das heißt einen, der sich mit narzisstischem Instinkt Recht verschaffen, sich rächen und morden muss. Subtiler ausgedrückt, sie lenkten meine geschätzte Aufmerksamkeit auf den korrekten Denkvorgang. Zuerst holen wir die Informationen ein, erst dann kommen wir mit unseren Urteilen. Anhand der Informationen kontrollieren wir Affekte und Emotionen. Ich hingegen war empört gewesen, weil die Juden dem Sohn Gottes etwas angetan hatten, und ich hatte meiner Empörung freien Lauf gelassen, um ihnen zu gefallen. Beim Blick in den Spiegel wurde mir klar, dass nicht ich das Unrecht, das geschehen war, begangen haben konnte. Ich hatte damals ja noch gar nicht gelebt und war auch nur eine einzelne Person. Meine Mutter konfrontierte mich im Spiegel mit einem erkenntnistheoretischen Problem, und nicht einmal unbedingt mit jenem, mit dem sie mich konfrontieren wollte. Sie verbot die normative Aussage, und gerade auf dieser Linie geriet ich später, wenn nicht mit ihr, so mit ihren kommunistischen Vorstellungen auf Kollisionskurs. Nicht einmal viel später und auch ziemlich hart. Nach der Spiegelepisode blieb ich zwangsläufig auch mit dem jüdischen Rassismus auf lebenslangem Kollisionskurs. Aus allem, was ich von meiner Großmutter über die Juden wusste, konnte nicht folgern, dass ich, abgesehen von meiner Abstammung, ein Jude wäre wie sie, denn ihr anekdotisches, poetisches und rituelles Wissen unterschied sich auch in jeder Hinsicht vom Wissen meines Großvaters, und mit ihren rituellen Sätzen und Gesten lief sie bei seiner asketischen Rationalität jedes Mal auf. Da gab es offensichtlich nichts, das ihr jeweiliges Wissen und ihre jeweiligen

Erfahrungen zusammengekittet hätte, abgesehen davon, dass sie sich vermutlich liebten, früher vielleicht sogar leidenschaftlich geliebt hatten, auch wenn von außen betrachtet die Liebe zwischen zwei völlig andersgearteten Menschen ein Rätsel sein mag.

Und woran würden in diesem riesigen sinnlichen und begrifflichen Durcheinander, wie es das Leben ist, Liebe und Hass überhaupt gemessen.

In der Péterfy-Sándor-Straße musste ich vor dem Sonntagsspaziergang immer den sogenannten Festtagsanzug anlegen, das weiße Hemd, die kurze Trägerhose, die weißen Kniesocken. Auch darauf legte man bei uns zu Hause keinen Wert, wenn auch das Wort, Festtagsanzug, in der Pressburgerstraße nicht unbekannt war. Der Sohn des Hauswarts, mein Freund Laci Tavaly, ging sonntags im Festtagsanzug mit seinen Eltern in die Kirche. Der Festtagsanzug verband meine Großmutter viel stärker mit Laci Tavaly als mit uns. Blöde war ich nicht, nur autistisch, ich wusste, dass es in der Stadt verschiedene Kirchen gab, dass wir diese aber weder an den Feiertagen noch an den Wochentagen besuchten. Was allerdings nicht ganz stimmte, mit Rózsi Németh ging ich ja in die Kirche. Aber aus der Perspektive meiner atheistischen Eltern hatte die Kirche keine Funktion, da man sie nicht besuchte, man brauchte also auch keinen Festtagsanzug. Ich hatte keinen beziehungsweise konnte alles zu meinem Festtagsanzug werden. Zum Festtagsanzug wurde ernannt, was Großmutter Tauber für festlich genug hielt. In der Pressburgerstraße gab es eine recht imposante, wenn auch während der Belagerung arg beschädigte reformierte Kirche, in der ich als Sechsjähriger, ohne zu verstehen, was geschah und warum es geschah, nach allen Regeln der Kunst getauft wurde, und von dem Zeitpunkt an war Rózsi Németh nicht nur Hausangestellte bei uns, sondern auch meine Patin, außerdem gab es in der Csáky-Straße in einem Hinterhof eine geheimnisvolle Synagoge, in der Weiss' Mutter putzte, und aus irgendeinem Grund waren wir es, die Weiss dorthin brachten, wenn uns Rózsi Németh nachmittags vom Kindergarten auf dem Leopoldring abholte, und Tante Weiss gab mir, einmal jedenfalls, vom übriggebliebenen Bohneneintopf, den sie Scholet nannten, zu essen. Die Köstlichkeit mit dem fremden Geschmack war äußerst gehaltvoll, jedenfalls war in meinem Geist kein Fach frei dafür; Scholet steht nicht für sich selbst, sondern bleibt für mich eine Untergattung der Bohnengerichte. Und viele Bohnengerichte sind dort gespeichert, so wie auch viele Treppenhäuser. Aus dem Rest Bohneneintopf waren das geräucherte Gänsefleisch, das Fleisch vom Ochsenbein und die gekochten Eier schon herausgegessen, aber immerhin war noch der Geschmack in der Graupe geblieben. Weiss hingegen kam wegen ihres Bohneneintopfs oder wegen sonst etwas zu dem Schluss, dass wir Freunde wären. Vielleicht weil man ihm gesagt hatte, dass auch ich Jude war. Mein Freund war aber Laci Tavaly, einen anderen brauchte ich nicht. Scholet und Freundschaft waren nicht das Gleiche, obwohl ich versuchte, sie gleichzusetzen, den Scholet nämlich hätte ich nur ungern ausgelassen, und Weiss hatte mir gesagt, dass ausschließlich Juden ihn essen. Zumindest hoffte ich, dass sie mich wieder einmal in ihre Kirche mitnahmen, die sie Synagoge nannten, und ich dann wieder zu einem Rest Scholet kommen würde. Auf irgendeine Art wollte ich in der Nähe ihres gehaltvollen Eintopfs bleiben, der neben den Bohnen aufgequollene Graupen enthielt, die angenehm die Mundhöhle kitzelten, wenn man sie zerbiss. Ich näherte mich ihrem Judentum als egoistischer Feinschmecker an. Auch dieses Wort mochte ich, Mundhöhle, als sei der Mund tatsächlich eine Höhle, in der die Zunge, so sagte meine Mutter, wie ein Tier auf der Lauer lag.

Noch sehr lange, mindestens bis zu meinem dreißigsten Lebensjahr, dachte ich, man könne nur einen Freund haben. Die Mädchen mochten gleichzeitig mehrere Freundinnen haben. Mein Freund geht in die katholische Kirche. Weiss kann ich nicht ausstehen. Ich machte einen großen Bogen um ihn, weil ihm dauernd die Nase lief. Ich sah nicht ein, warum ich diese peinliche Erscheinung mit der Synagoge, dem Judentum, mir selbst oder mit was auch immer in Verbindung bringen sollte. Höchstens der Scholet verband mich mit ihm, dafür ertrug ich sogar seine Triefnase. Ich erinnere mich nicht, bei Großmutter Tauber Scholet gegessen zu haben. Einmal, als Großmutter nicht mehr lebte, rief meine Tante Bözsi, Erzsébet Tauber, an, ich solle vorbeikommen, jetzt habe sie mir endlich einen guten Scholet gekocht.

Das hatten wir schon lange vorgehabt, wobei sie ihn nicht gekocht, sondern, wie es sich gehört, im Backofen hatte garen lassen.

Es war alles darin, was drin sein muss, geräucherte Gänsebrust und Ochsenbein, Graupen und in der Schale mitgegarte Eier. Wenn bei meinen Großeltern Scholet gegessen worden wäre, hätte das samstags geschehen müssen, aber ich erinnere mich nicht daran, obwohl ich das Wochenende hin und wieder bei ihnen in der Péterfy-Sándor-Straße verbrachte.

Die Synagoge in der Csáky-Straße aber war ein wunderbarer Ort.

Dämmerig, geheimnisvoll, verwinkelt, von den farbigen Bleiglasfenstern in einen dunklen Glanz getaucht. Natürlich war es nicht das erste Mal, dass ich dunkel schimmernde Glasfenster sah. Ich wusste, dass ich die gewichtige Ornamentik, mit der die Kirchenmenschen dem Licht den Weg verstellen und die Außenwelt verdecken, für schön zu halten hätte, aber ich fand sie eher bedrückend. Die historische Budapester Architektur schätzte bunte Glasfenster über alles und verwendete sie an den überraschendsten Orten, über den Treppenabsätzen herrschaftlicher Privathäuser, in ihren vorhangverhängten Entrees, in Wintergärten, Esszimmern, ja, auch in den Badezimmern. Die Mode blieb in der Architektur mindestens fünfzig Jahre lang bestehen. Nach den historisierenden Stilen der Neoromanik, Neogotik und Neorenaissance verschob sich die Glasmalerei in Richtung des Jugendstils und des Art déco, auch in Richtung des sich christlich gebenden, in Wahrheit aber eindeutig heidnisch inspirierten Neobarocks und Neoklassizismus der Horthy-Zeit. Der Budapester Meister der farbigen Glasfenster, Glaskuppeln und Glasdächer war Miksa Róth, der im Alleingang in sämtliche Tasten aller Epochen und Stile griff. Er hinterließ viele Schüler, auch die mussten sich betätigen und hatten eine Menge Aufträge. Die Bürger von Budapest, reiche wie arme, liebten diesen gefilterten Prunk, den die mit funktionalen Formen befasste Architektur nicht ausstehen konnte.

Diese Dekorationslust drängte in die Nähe kirchlicher Architektur, verlieh der weltlichen Architektur Spiritualität, wie sie auf dem Treppenabsatz eines stuckbeladenen Mietshauses in der Nefelejcs-Straße, Vergissmeinnichtstraße, natürlich genauso wenig vorhanden war wie im Badezimmer eines reichen Kofferfabrikanten.

Die Glasmalerei war auf ihrem Höhepunkt, als die Belagerung dazwischenkam.

In der Zeit unmittelbar davor war schon die dritte Generation bei Miksa Róth in die Lehre gegangen. Der Meister war neunundsiebzig Jahre alt, er lebte und arbeitete in der Nefelejcs-Straße, mitten in der Stadt, in einem ansehnlichen, nach seinen Vorstellungen gebauten Atelierhaus. Er war im Besitz sämtlicher möglicher Auszeichnungen, Hochwohlgeborener Herr, Oberregierungsrat, er hatte die Glastafeln der öffentlichen Gebäude des Landes entworfen, einschließlich deren des Parlaments, aber er gehörte nicht zu den Naivlingen, die nicht wussten, was sich auf der Welt anbahnte. Er wollte sein Leben beschließen. Er schrieb und publizierte seine Memoiren, und im folgenden Jahr, im Januar 1944, verfasste er sein Testament. Als Erben benannte er nicht seine Kinder, nicht seine zwei Töchter und seinen Sohn, sondern Artúr, den Sohn seiner älteren Schwester, Artúr Elek, einen der bedeutendsten Kunsthistoriker seiner Zeit, der selbst nicht mehr ein junger Mann war. Dieser Gelehrte wurde am 23. April 1944, mit neunundsechzig Jahren, zum Arbeitsdienst einberufen. Am folgenden Tag schrieb er seinen christlichen, sogenannt christlichen, aber eigentlich ja zutiefst heidnischen Kollegen, die dieses Los nicht teilen mussten, einen Brief. Er habe seine Sache auf Erden getan und wolle nicht mehr erleben als das, was er, meistens unwillentlich, erlebt habe, schrieb er an Lajos Fülep, den namhaften, fremden Schicksalen gegenüber vollkommen tauben Kollegen. Er werde als Zeichen des Protests gegen die Entmenschlichung der Welt, gegen die Verpflichtung, den gelben Stern zu tragen, gegen die Ghettos und die Deportationen seinem Leben ein Ende setzen, schrieb Elek. Was er in der Morgenfrühe des folgenden Tags auch tat.

Gestern Abend schaute ich lange auf das Datum von Artúr Eleks Freitod und lange auf das von Miksa Róths Tod. Ich fragte Tibor Fényi, den Direktor des Miksa Róth Museums, ob zwischen den beiden Todesdaten ein Zusammenhang bestehe. Er antwortete in einer Mail, Artúr sei, schlicht gesagt, Miksas Lieblingsverwandter gewesen. Seine beiden Töchter und sein Sohn seien künstlerisch nicht begabt gewesen. Als Miksa erfuhr, was mit Artúr geschehen war, legte er sich ins Bett und stand nicht mehr auf. Man hatte Angst um ihn, die Familie wusste, dass ihn auch der Titel des Oberregierungsrats nicht beschützen würde. Auch nicht die Tatsache, dass er 1897, am Vortag seiner Hochzeit mit der aus Mähren stammenden katholischen Josefina Walla, unter den von ihm gemalten Glasfenstern und Glasmosaiken in der Szent István-Basilika, die damals noch Leopoldsstadt-Basilika hieß, getauft worden war. Zu spät, gemäß dem zweiten Judengesetz. Auch das wusste er und hatte schon im vorangegangenen Sommer den Pfarrer der Basilika um falsche Taufscheine für seine Eltern gebeten, was dieser in einem scharf formulierten Brief ablehnte. Erst der Pfarrer der 1747 vom gotischen in barocken Stil umgebauten und mit Miksa Róths Glasfenstern geschmückten katholischen Pfarrkirche von Keszthely händigte ihm die falschen Taufscheine aus, aber wer wusste schon, ob das helfen würde. Und tatsächlich war die Familie im ganzen Land viel zu bekannt, als dass die Fälschung hätte glaubhaft sein können. Ein befreundeter Arzt nahm den gebrochenen Greis im Krankenhaus in der Balassa-Straße auf, das ebenfalls mit seinen Glasfenstern geschmückt war, bis zum nächsten Bombentreffer, und dort verlebte er nach Artúrs Tod noch anderthalb Monate, ohne ein Wort zu sagen. Er war noch nicht einmal tot, als die Kartographen der Wehrmacht sein Haus und seine Werkstatt enteigneten, und nachdem die verjagt worden waren, richteten sich dort die Kartographen der sowjetischen Armee ein. Nach Miksas gnädigem Tod verwand sein Sohn József die jüngsten Geschehnisse nicht mehr. Er hatte im berühmten Evangelischen Gymnasium in der Vilma királynő-Allee, Königin-Wilhelmine-Allee, das Abitur gemacht, auch die Kirche des Gymnasiums war mit den Werken seines Vaters geschmückt, hatte in Wirtschaftswissenschaften doktoriert, doch jetzt verließ er das Zimmer nicht mehr, in das sie von den Pfeilkreuzlern ausgesiedelt worden waren, saß auch nach der Belagerung still auf seinem Stuhl, starrte vor sich hin, sprach kein Wort mehr, bis er ein paar Jahre später starb.

Wie aber hätte ich die geheimnisvoll in der dunklen Tiefe des Hofs in der Csáky-Straße vor sich hin glänzende Synagoge mit mir in Verbindung bringen sollen, wo mir doch die Nase nicht lief, man mir kein schmutziges Taschentuch an den Hosenträger geknüpft hatte und meine Mutter, zwar zweifellos auch eine Frau, aber nicht Putzfrau in der Synagoge der Csáky-Straße, höchstens zu Hause gemeinsam mit der Dienstmagd putzte, die bei uns ausschließlich Haushaltsangestellte genannt werden durfte, obwohl alle anderen in unserem Haus in der Pressburgerstraße solche Frauen niederer Herkunft und niederer Beschäftigung Dienstmagd nannten und sie strikt beim Vornamen riefen. Dienstleuten stand kein Familienname zu. Auch den Herrschaftskutschern, Köchinnen, Knechten und Tagelöhnern nicht. Oder umgekehrt. Dem Diener meines Urgroßvaters etwa, dem Planck, stand ausschließlich ein Familienname zu, ihm nahm man den Vornamen weg. Nur bei uns blieben der Rozália Németh beide Namen erhalten, also der Rózsi, die sonntags in die reformierte Kirche in der Pressburgerstraße ging und mich mit dem Einverständnis meiner Eltern mitnahm. Dort trafen wir ihre Schwester, Juliska, die in Budapest schon vor der Belagerung im Dienst gewesen war, bei Doktor Szemzős in der Visegrádi-Straße.

Meine Tante Özsi hatte zwei sehr gute Jugendfreundinnen. Sie hatten gemeinsam das Abitur gemacht und waren danach zusammen auf die Schule für Gewerbezeichnen gegangen, wo meine Tante Ziseliererin lernte. Eine dieser Freundinnen hieß Szemző, wurde von den Freundinnen aber Topi gerufen, die andere gute Freundin hieß Margit Gráber, mit Kosenamen Médi, Mädel, und diese wurde Malerin, keine große, aber eine sehr zuverlässige, die einen um etliches bekannteren Maler, Csaba Vilmos Perlrott, heiratete, beide gehörten zur ersten großen Strömung der modernen ungarischen Malerei, der Schule von Nagybánya beziehungsweise Kecskemét und Szentendre. In unserer Wohnung in der Pressburgerstraße hingen Bilder von ihnen. Drei Bilder und sonst nichts an unseren weißgetünchten Wänden. Zwei von ihnen haben mich bis zum heutigen Tag begleitet. Das dritte, das geheimnisvollste, ein schönes Gráber-Bild in farbigem Pastell, hängt im Wohnzimmer meines Bruders. Ich musste das in einem Garten versteckte Haus ohne Türen und mit blinden Fenstern jeden Tag betrachten. Sobald ich aus dem Kindergarten nach Hause gebracht worden oder aus der Schule allein nach Hause gekommen war, schaute ich es mir lange an, ich wurde seiner dumpfen, gebrochenen Farben nie überdrüssig.

Juliska Németh, das Dienstmädchen bei Doktor Szemzős, saß immer schon in der Bank und hielt uns, ihrer jüngeren Schwester und deren Patenkind, die Plätze frei.

Auch die früheren Hausangestellten, Irén Turi, Rozália Kiss, oder die späteren, Eszter Horváth, Szidónia Tóth, behielten ihren Familiennamen, wir nahmen ihn ihnen nicht weg, es gab keine Dienstmägde bei uns. Auch das lernte ich von meinem Vater, dass sich manchmal etwas für immer mit den Wörtern verklebt, auch wenn die Wörter selbst größtenteils unschuldig sind. Magd kommt von Maid, der unverheirateten jungen Frau. Dann verbog sich das Wort zu seiner heutigen Bedeutung.

Wenn Papachen und Mamachen nichts dagegen haben, denn Rózsi Németh nannte meine Eltern, gewissermaßen mich zitierend, Papachen und Mamachen, würden Péter und ich jetzt in die Kirche gehen. Sie sagte auch, Petyonka und ich. Petyonka und Petyuscha stammten noch aus der Zeit vor der Belagerung, als meine Mutter Russisch studierte. Rózsi lachte gern, alle ihre Wörter und Gesten waren ironisch, hatten Biss, sie setzte alles zwischen Anführungszeichen, spielte dauernd. Sie gab keine Ruhe, sie musste den engen sprachlichen Rahmen immer ein bisschen ausweiten, die Gemeinplätze aufs Korn nehmen, über sie hinausgehen. Sie war eine untersetzte, eigentlich völlig reizlose Frau mit Brille, aber alles, was sie sagte oder tat, war klar, unmittelbar, treffend, offen und fröhlich. Ihr Benehmen war schnörkellos. Auf einen einfachen Nenner gebracht, war sie ein unsentimentaler, warmherziger Mensch, und sie spielte mit der Sprache, um nicht sentimental zu werden. Um es sich nicht zu erlauben. Auch ihre Kleidung war überaus puritanisch, auf einem komischen halben Weg zwischen Land und Stadt. Sie trug zwar kein Kopftuch, aber auch keine Hüte oder Mützen. Sie sagte, sie sei keine Ungarin, sondern Kiptschakin. Deshalb stehe ihr Haar wie ein Heuschober. Das sind kiptschakische Knochen, kiptschakische Haare. Sture Haare. Aber auch dieses Kiptschakentum war eher nur ein Spiel. Sie war eine halsstarrige Bäuerin, eine halsstarrige Protestantin. Ihr Haar war rabenschwarz und unbezähmbar. Die Kirche war ihre Kirche. Die Spur fröhlichen Lachens lag auf ihrem unendlich geduldigen, ausdauernd heiteren, runden, rotbackigen, rundbebrillten Gesicht. Es verstand sich, dass ich gern mit der nach Seife riechenden Rózsi in die Kirche ging, dass ich gern dem Pastor zuhörte, den meine Eltern von der Belagerung her kannten, er hatte ihnen Blankoformulare zum Fälschen von Dokumenten gegeben, hatte sich, um es mit ihrem Wort zu sagen, anständig verhalten.

Wenn die Gläubigen in den Bänken Platz nahmen, machten sie einen ungewöhnlichen Lärm, tasteten umher, suchten ihre Gesangbücher. Rózsi Németh brachte ihr eigenes Gesangbuch mit. Es wurde gehustet, gekrächzt, auf dem schwarz-weißen Fußboden mit den Füßen gescharrt. Die Deckenkassetten waren himmelblau, die Rippen der Felder nachtblau, an ihnen glänzten silberne Sterne. Das Licht kam von oben, von den zehn schmalen, hohen Fenstern, hochkantigen Rechtecken, architektonisch gesprochen, an der Längswand des Kirchenschiffs, oberhalb der Empore; es kam in einem starken Strahl, Staubteilchen tanzten darin. Nach dem Gesang wurde es im Schatten der Emporen wieder still, während das Licht dauernd zwischen hell und dunkel wechselte. Wir befinden uns, nicht zu vergessen, auf der Pester Ebene. Kaum einen Steinwurf von der widerspiegelnden Wassermasse der Donau entfernt, über die uns die Fallwinde von den Budaer Hügeln entgegenschlagen und auch die Wolken. Noch ein wenig Geächze, Gerucke, Gehüstel. Auch die Stufen ächzten mit, als der Pastor in seinem schwarzen Talar auf die Kanzel stieg, aber das tat der Ehrfurcht keinen Abbruch. Die Ordnung der Welt, sofern in der Trümmerstadt noch etwas davon vorhanden war, erhielt durch die Regelmäßigkeit der Sonntage ihre Würde zurück. Auch durch die Spaziergänge mit Großvater Tauber im Stadtwäldchen, durch die Besuche bei Janka Tauber und die anschließenden Mittagessen punkt zwölf Uhr bei Großmutter Tauber, Cecília Nussbaum. Mir gefiel auch die Schmucklosigkeit von Rózsi Némeths Kirche, die Stimme des Geistlichen, der gemeinsame Gesang, die Psalmtexte in der sonst nirgends verwendeten alten Sprache, wenn sie den mit schwarzen Marmorsäulen unterteilten Raum durchdrangen. Das Weiß und das Schwarz waren für meine Augen schon etwas Vertrautes. Zuerst ist das Sehen da, erst danach das Wort und das Denken. Das Kind wird von seiner unmittelbaren familiären Umgebung zuerst sehen gelehrt, erst dann sprechen, und diese Reihenfolge bleibt ein Leben lang bestehen.

Das Sinnvolle von Verzicht und Askese, die Funktionalität der Form, wie die zeitgenössische Architektur es treffend nannte und die sie den verschiedenen Manierismen entgegenstellte, war mir gewissermaßen schon in den Blick geschrieben. Die großen Ausnahmen in der Familie waren die beiden uralten Tanten in der Duna-Straße und der Benczúr-Straße, Anna Mezei, auch Dickes Baby genannt, und Erzsébet Mezei, Záza genannt, die noch ein paar Jahrzehnte zuvor, als Zázas rosaroter Kleiner Salon der stilistische Maßstab der Familie gewesen war, in Sachen Stil den Ton angegeben haben mochten. Es war mir auch klar, warum dieser Kleine Salon rosarot sein musste. Weil die in Wien gebürtige Eugénia Schlesinger, nach Erzsébet Mezeis Geburt im Wochenbett verstorben, vom berühmtesten Poträtfotografen der Zeit, Leopold Strelisky, in einer rosaroten Abendrobe, mit gelben Rosen im Haar und am Dekolleté, fotografiert und von Vilma Parlaghy in derselben rosaroten Robe in voller Statur gemalt worden war. Diesem Rosarot passte Záza in ihrem Salon dann die Farbe der Vorhänge und Möbelbezüge an. Zurückgezogen hinter die zerschossenen Stuckfassaden ihrer Häuser, versuchten sie mit Hilfe von pseudoprunkvollem historisierendem Firlefanz, Samtstoffen, Seidentapeten, Vorhängen und Draperien zu retten, was noch zu retten war, auch wenn sie sich keinerlei Hoffnung machen konnten, den Schein aufrechtzuerhalten. Die ungarisch und deutsch geführten, auf Kronen ausgestellten, auf Vorzeigen lautenden Obligationen der Stuhlhauptstadt Budapest hatten nunmehr ebenso wenig Wert wie die sechseinhalb Prozent versprechenden Aktienpakete der Hungarian Trans-Danubian Electrical Company mit ihren praktischen abschneidbaren Coupons oder die mit offiziellen, in den Nationalfarben gehaltenen Schnüren umwickelten, auf Goldpengő abgeschlossenen Bündel von Vermögensversicherungen der Triester Assicurazioni Generali.

Die Wohnungen der Schwestern und Brüder meines Vaters standen dann schon im Zeichen der Schlichtheit, der Schmucklosigkeit, der funktionalen Ästhetik, der rationellen Form. Und also sah für mich die Zukunft noch lange so aus.

Ich will nicht sagen, dass in dieser familiären Funktionalität nicht jeder auch seine individuelle Signatur hatte, aber nur in unserer Wohnung herrschte ein unerträgliches Stildurcheinander. Neben streng modernistischen, vom Bauhaus inspirierten Möbeln in Schwarz und Terrakotta standen hier die aus einem unerfindlichen Grund bei uns gelandeten, riesigen neoromantischen, von Schnitzereien strotzenden wertvollen Stücke aus dem Esszimmer des Gutshauses in Gömörsid und, noch überraschender, zwei barocke Sessel aus Erzsébet Mezeis rosa Salon in der Nagykorona-Straße sowie das fast vollständige Mobiliar von Großmutter Mezeis Salon, die Miniaturfauteuils, Tischchen und das Kanapee des sogenannten Kleinen Salons in der Pannónia-Straße. Des sogenannten Grünen Salons. Die gewählte Farbe musste nicht nur auf Möbelbezügen und Gardinen dominieren, sondern auch auf der Tapete. In einem anständigen bürgerlichen Haus oder einer anständigen bürgerlichen Wohnung öffnete sich das Esszimmer auf den Rauchsalon, wohin sich die Herren nach dem Mittagessen zurückzogen, um eine Zigarre oder Pfeife anzuzünden, und von hier blickte man ins Arbeitszimmer, dessen Tür nur bei festlichen Gelegenheiten offengelassen wurde. Während die Herren Zigarren rauchend und Cognac trinkend die politische Lage erörterten oder von geschäftlichen Belangen plauderten, das heißt meistens aufschnitten, zogen sich die Damen in den Salon der Hausherrin zurück, um von größtenteils recht prosaischen Dingen zu parlieren und zu trillieren. Diese Räumlichkeit lag gewöhnlich auf der anderen Seite des Esszimmers und öffnete sich auf den Großen Salon. Das Arbeitszimmer, das Rauchzimmer, das Esszimmer, der Große und der Kleine Salon mussten auf der Straßenseite liegen und vom hofseitigen, mit schweren Gardinen verdunkelten, von Lüstern und Wandlampen beleuchteten Empfangsraum aus zugänglich sein. In solchen Fällen sprach man von einer Sechszimmerwohnung. Was nicht für eine wirklich herrschaftliche Wohnung galt. Die herrschaftlichen Häuser standen am Stefánia-Ring, in der Königin-Wilhelmine-Allee, in der Sugár-Straße, das heißt in der Andrássy-Allee, hier, in den Hochparterres, gab es abgesehen von den erwähnten Räumen noch die Bibliothek, die Bildergalerie, das separate kleine Kabinett der Hausfrau, wo sie ihre Briefe schrieb oder ihre Rechnungen ordnete. Aber auch die gutbürgerliche Sechszimmerwohnung hatte natürlich noch weitere Zimmer, die noch zum Rauchzimmer beziehungsweise zum Kleinen Salon dazukamen. Denn abgesehen von den Repräsentationsräumen gab es ja noch die hofseitig gelegenen Schlafzimmer, Kinderzimmer, das Badezimmer, das Zimmer der Erzieherin und des Kinderfräuleins, das Wäschezimmer mit den riesigen Schränken, den Tischlertruhen und dem ganzen Instrumentarium der zweimal wöchentlich durchgeführten ganztägigen Bügelaktion, dann waren da noch die Speisekammer und die Küche und dahinter das von den Düften der dauernden Kocherei durchtränkte Dienstbotenzimmer, oder auch mehrere Dienstbotenzimmer, nämlich an den anspruchsvolleren Orten, wo man sich einen Hausburschen und vielleicht auch einen Butler hielt. Mit der ihr eigenen Prüderie konnte Tante Magda in ihren Memoiren, bei der Beschreibung der Wohnung in der Pannónia-Straße, gerade sechs Zimmer zugeben. Allerdings galten damals tatsächlich nur die straßenseitigen Zimmer, die anderen kamen einfach dazu. Die wurden meist gar nicht mitgezählt. Aber Tante Magda, unvorsichtig, wie sie auch ist, verrät mit einer weiteren Angabe ihr verschämtes Selbst. Sie schreibt, in einem solchen großen, vierstöckigen Haus habe es insgesamt acht Wohnungen gegeben, also pro Stockwerk zwei. Die ungezählten Räumlichkeiten der Wohnungen umarmten sozusagen den Hof, der zuweilen auch doppelt war.

Man wusste auch, dass die Stimme des Pastors, Albert Bereczky, jetzt gleich mächtig ertönen würde, und diese rhetorisch geübte

Stimme gehörte nach der Belagerung ebenfalls zu meinen Sicherheiten. Rózsi Németh liebte ich mindestens so sehr wie meine Mutter. Mit ihr fühlte ich mich in jeder Situation sicher. Meine Mutter war um einiges unberechenbarer. Manchmal verschwand sie wochenlang. Aufs Land. Man darf nicht vergessen, dass es nach der Belagerung die kommunistischen Frauen waren, die das soziale Fürsorgesystem des Landes neu planten und selbständig aufbauten. Sie hoben die soziale Fürsorge aus der je nach Fall vorgehenden Wohltätigkeit kirchlicher Institutionen und der Frauenverbände heraus, wodurch sie sich augenblicklich die Gegnerschaft der Kirchen und der bürgerlichen Frauenverbände zuzogen. Ich bin aber Zeuge dafür, dass sie mit zugehaltener Nase unbeirrt um eine Zusammenarbeit bemüht waren. In einem ersten Schritt wurden ein Kinderwohlfahrtsdienst und ein Volksgesundheitsdienst ins Leben gerufen. Sie wollten nicht, dass hungernde oder verwaiste, wie ausgesetzte Hunde einzeln oder in Gruppen umherstreunende Kinder auf dieser Erde lebten, dass Kinder rachitisch aufwuchsen, dass die Frauen Kröpfe hatten und mit einer Stricknadel über einem Becken abtrieben. Sie gründeten, natürlich nicht den Vorstellungen der Wohltätigkeitsverbände und der Kirchen gemäß, zur Rettung der Kinder Institutionen, bauten sie landesweit aus, sie organisierten für die Kinder Winter- und Sommerferein, Schulspeisungen, Tageslager im Sommer, eins auf der Margareteninsel, eins in Csillebérc, sie organisierten das Netz der Schulärzte und die obligatorischen Impfungen. Sie schickten Sanitär-Wagenkonvois, eine Art Arztpraxen auf Rädern, aus Budapest in die Dörfer und auf Höfe, mit Ärzten, Krankenschwestern, Hebammen und einer vollständigen Ausrüstung, einschließlich Labors und Röntgenapparaten. Sie gingen an Orte, deren Einwohner praktisch als die Leibeigenen der Herren lebten und eine derartige Fürsorge im Leben nie erfahren hatten. Sie organisierten das institutionelle System zur Heilung der Volkskrankheiten, vor allem das landesweite Versorgungsnetz für Augen- und Lungenkrankheiten, also für die an Trachom und Tuberkulose Erkrankten. Die dramatisch hohe Kindersterblichkeit sowie der Analphabetismus waren für sie Volkskrankheiten. In Dörfern und auf Höfen und unter dem Herrschaftsgesinde organisierten sie den Unterricht für die erwachsenen Analphabeten. Sie bauten in Dörfern und Schulen ein Netz von Bibliotheken aus, riefen Abendschulen ins Leben und überhaupt das System der Erwachsenenbildung. Sie organsierten landesweit die Säuglingspflege und die Kinderernährung, sie bauten das Netz der Familienfürsorgerinnen aus, wobei sich herausstellte, dass es kaum ausgebildete Hebammen und Kindermädchen gab und sehr wenige ausgebildete Kindergärtnerinnen, sie stellten innerhalb von zwei Jahren die entsprechenden Ausbildungsinstitutionen auf die Beine und noch vieles mehr. Das alles geschah nach der Belagerung und vor meiner Nase, in meiner Hörweite, in rund fünf Jahren. Meine Mutter nahm mich manchmal mit. Das alles hat die Zeit natürlich begraben, beziehungsweise hat die antikommunistische Regression die Erinnerung an diese gesellschaftpolitischen Errungenschaften getilgt, obwohl die meisten dieser Netzwerke und Institutionen noch heute funktionieren.

Der Rózsi vertraute ich allein schon, weil meine Mutter, die wegen aller dieser Dinge dauernd abwesend war, sie gernhatte. Mutter überließ mich ihr bedenkenlos auf Wochen. Sie hatte keine andere Wahl. Auf Rózsi Némeths Intelligenz hielt sie große Stücke. Aber darüber sprachen sie wahrscheinlich nie. Rózsi war an einem Sonntagnachmittag zum ersten Mal zu uns gekommen, auf Besuch, um sich die Familie anzuschauen und sich uns gewissermaßen zu präsentieren. Während sie durch den Flur geführt wurde und noch ein wenig befangen das als Wohnzimmer verwendete Atelier betrat, waren sie und meine Mutter sich schon sympathisch. Ich weiß nicht, was in solchen Fällen zwischen Menschen geschieht. Beide hatten eine schöne Stimme, manchmal sangen sie zusammen und bezogen auch mich ein. Manchmal musste auch mein Vater mitsingen. Wir wollen auch das Papachen hören, ja, der Herr Rat soll singen, dann lachten sie Tränen, wenn mein Vater sich weichklopfen ließ und tatsächlich mitsang. Er hatte, wie seine Geschwister, so viel Gehör wie die taube Erde und eine Singstimme wie ein gesprungener Topf. Das Verhältnis zwischen den beiden Frauen blieb so ungetrübt, dass meine Mutter in ihren letzten Tagen, bevor sie gegen die immer stärkeren Schmerzen mit immer höheren Morphiumdosen endgültig anästhetisiert wurde, sie verkuppeln wollte. Rózsi solle doch dann unseren Vater, Papachen, heiraten. Das liege doch auf der Hand. Sie wollte beide überzeugen. Hätte sie ihnen ein Versprechen abringen können, wäre sie sicher leichter von uns gegangen. Sie ging nicht leicht von uns. Vielleicht wegen des Theaters vom Gesundwerden, das sie ihren beiden Söhnen vorspielte. Doch beide, Rózsi wie mein Vater, lehnten den Vorschlag verschämt ab.

Ob sie nun allein oder beide zusammen am Krankenbett standen.

Mutter und Rózsi konnten lange zusammen lachen, sich schubsen wie zwei unreife Studentinnen, schwatzend und lachend schleppten sie vom großen Markt auf dem Lehel-Platz den bei jedem Schritt unter dem Gewicht knirschenden Wäschekorb mit Tomaten und Aprikosen zum Einmachen nach Hause, schleppten die Wäsche zum Aufhängen auf den Dachboden, nahmen auch mich mit, oder sie begannen über dem Haufen schmutziger Wäsche ein Gespräch, auf einmal war das wichtiger, immer zerstreuter sortierten sie die Wäsche, hier das Weiße, dort das Bunte, noch einmal separat die Sachen für die kleine Wäsche und für die große Wäsche, und mich schickten sie, ein Dauerscherz, in ein Zimmer, ich solle nachschauen, ob sie dort seien. Wie also hätte ich etwas gegen Rózsis Kirche haben sollen.

Diese Kirche ist ein besonderes Monument der Budapester Architektur. Das wusste ich natürlich lange nicht. Meine Augen und mein Gefühl für Proportionen funktionierten allerdings schon früh. Auf der langen Liste meiner zukünftigen Berufe figurierte auch Architekt. Der Bauplan der Kirche vereinigt Imre Tóths Entwicklungskonzepte mit Jenő Halászys Plänen für Raumgestaltung. Der Grundstein der Kirche wurde am 25. April 1937 gelegt, am 6. Dezember 1940 wurde sie von Bischof László Ravasz eingeweiht. Entwicklungskonzept und Raumgestaltung wurden von den besonderen geologischen Gegebenheiten des Orts bestimmt. Hundert Jahre zuvor, bevor das Flussbett zwischen die schweren Quader der Kais gezwungen wurde, hatte die Donau in diesem weiten, flachen Raum zwischen Vizafogó und Neuleopoldstadt eine Bucht geschaffen, und ihr Überschwemmungsgebiet ging noch über diese schlammige Ausbuchtung voller Treibgut hinaus. Entsprechend der Strömung, die gegen die Spitze der Margareteninsel stieß, und den Hochwassern zu Winterende und im Sommer, hatte sich eine Art Ellenbogen gebildet. Das sumpfige Land war von Binsen bewachsen. Nicht aus städteplanerischen Erwägungen gewann man dem Fluss das Gebiet ab, es geschah vielmehr in einem gemächlichen Rhythmus, mit dem Bau von Dampfmühlen Ende des neunzehnten Jahrhunderts und dem Ausbau des Stadtteils Neuleopoldstadt zu Beginn des zwanzigsten Jahrunderts. Mit dem Aushubmaterial wurden die Flussbucht und das ellenbogenförmige Sumpfgebiet aufgefüllt. Auf diese kaum konsolidierte Aufschüttung ließen sich keine großen Gewichte stellen. Für meine Kinderaugen schloss sich an die modernistischen Gebäudeblocks der Neuleopoldstadt ein endloses Ödland an. Kein Strauch wuchs hier. So kahl war es, dass man bis zu den Hügeln von Gödöllő sehen konnte. Hier, auf diesem Ödland, wurde die einsame Kirche errichtet. Sobald die Straßenbahn Nummer 15 mit ihrem einzigen Wagen die letzten Häuser der Pressburgerstraße hinter sich gelassen hatte, hörte auch die mit gelbem Klinker gedeckte Fahrbahn auf. Gute fünf Minuten lang fuhren wir durchs vorstädtische Nichts an beliebig umherkurvenden Erdpfaden entlang, bis wir in die Dráva-Straße gelangten, wo eine ganz andere Stadt begann, ein mit Fabrikarealen durchsetztes Proletarierviertel, die in trostlose Mietshäuser und Hütten hineingepferchte Armut. Zwischen der Tutaj-Straße, Floßstraße, und der Vág-Straße gab es eine Ausweich- und Haltestelle, auch wenn ich hier nie jemanden aussteigen oder einsteigen sah, aber wir standen lange im Donauwind, der Wind pfiff, schliff manchmal eine Musik aus den Aufsätzen der Straßenbahn heraus, bis endlich die andere Bahn aus der Gegenrichtung kam. Beidseits der ungepflasterten, von Fuhrwerken und Lastwagen durchpflügten Straßen nur vorstädtische Leere, Industriebuden, seit fünfzig Jahren verlassene Bauhütten, halb versunken im Unkraut. Noch weiter weg, das war wohl schon die Váci-Allee, sah man eine lange Reihe ausgebrannter Baracken, eingestürzter Industriebauten. Ein einzelnes gespenstisches Riesengebäude stand noch in dieser Ödnis, die Walzenmühle der Tutaj-Straße. Sie hatte als einzige von allen den prima Mühlen die Weltwirtschaftskrise und die Belagerung überlebt. Die Trümmer der anderen waren als Baumaterial abtransportiert worden. Keine Seele war bei der Walzenmühle zu sehen, sie war nicht in Betrieb.

Abgesondert von den modernistischen Blöcken der Neuleopoldstadt, am Rand des Ödlands, zwischen der leeren Pressburgerstraße und dem leeren Neupester Kai, stand Halászys hochaufragende, monumentale Kirchenmasse mit ihrer auf die Donau und die Margareteninsel ausgerichteten feierlichen Fassade; er hatte den Eingang um ein halbes Stockwerk übers Straßenniveau gehoben und dadurch unter dem Kirchenschiff einen Versammlungsraum gleicher Grundfläche erhalten. Denn so gut man auch zu isolieren verstand, mit dem Unterbau konnte man nicht unter den Wasserspiegel der Donau gehen. Und so errichtete Halászy eigentlich einen griechischen Tempel. Der Unterbau hebt das Gebäude aus seiner Umgebung heraus. Das Portal mit dem Tympanon ruht auf zwei viereckigen Pfeilern und sechs ionischen Säulen. Eine solche Masse durfte wegen des unsicheren Grunds nicht auch noch mit einem Glockenturm belastet werden. Und so steht der elegante, im oberen Drittel von Arkaden unterteilte Turm in einigem Abstand neben dem Kirchenschiff und wird durch einen gedeckten Säulengang mit dem Kirchenkörper verbunden. Auf die gleiche Art wurden auf der Südseite die Amtsräume, der Ratssaal, das Pfarramt, die Räume der Armenfürsorge und eine Vorhalle mit der auf die Pressburgerstraße gehenden Front verbunden, an der Nordseite steht das Pfarrhaus mit den geräumigen Wohnungen des Pfarrers und des Hilfspfarrers, an den Glockenturm anschließend. Es entstand ein klar gegliederter Bau, der ein großes Atrium einschließt, dessen Peristyl sich zur Donau, zu den wechselnden Lichtern und ewigen Winden öffnet.

Den geistlichen Raum überließ Halászy gewissermaßen den Kräften der Natur, dem Wasser, dem Wind. Was den griechischen, heidnischen Charakter des Gebäudes noch unterstreicht. Im Januar erhielt der Säulengang einen Treffer. Zwei Säulen wurden durch die Bomben oder vielleicht durch den Luftdruck unter dem Tympanon weggerissen. Der Unterbau aus behauenem Naturstein sowie der elegante Verputz nahmen bei den Straßenkämpfen ebenfalls Schaden. Spuren von einzelnen Einschüssen und von Salven blieben jahrzehntelang sichtbar, so wie überall in der Stadt. Aber die Struktur von Albert Bereczkys und Rózsi Némeths Kirche war intakt geblieben. Wenn wir am Sonntagvormittag die Treppe hinaufstiegen, musste ich jedes Mal die mehrfach zerbrochenen Säulen gründlich betrachten, die im kniehohen Unkraut auf den Trümmern der herausgesprengten Balustrade lagen. Musste oben auch eingehend die Stellen betrachten, an denen sie herausgebrochen waren. Keine Ahnung, was ich da sehen wollte. Ich musste die Bruchstellen auch jedes Mal betasten. Im Wind wehte noch lange der Belagerungsgeruch mit, diese spezifische Mischung von süßem Leichengestank und dem Gestank menschlicher Ausscheidungen. Die knapp unter der Erde begrabenen Leichen wurden erst Anfang der fünfziger Jahre exhumiert.

Was ich, geleitet von einem unangenehmen Gefühl, hier

eigentlich alles verstehen wollte, wusste ich nicht. Nicht nur der Geruch befremdete mich, auch das Gebäude.

Es ist mir auch nicht gelungen, andere, wesentlichere Dinge aufzuklären, so etwa die Beziehung, in der Halászy zu den neoklassizistischen italienischen Architekten des Novecento stand. In den Archiven der Ungarischen Akademie in Rom habe ich seinen Namen nicht gefunden, er war also kein Stipendiat des Palazzo Falconieri in der Via Giulia, so wie die Maler der damals in Ungarn dominierenden neoklassizistischen Schule. In der Zeit, als er seine klassizistische Kirche plante, stand er vielleicht unter dem Einfluss von Mussolinis erstem, mit allen möglichen und unmöglichen faschistischen Rängen und Titeln ausgezeichneten Hofarchitekten Marcello Piacentini und dessen Monumentalismus. Es waren inzwischen drei Jahrzehnte meines Lebens vergangen, als ich an einem heißen Junitag das Gebiet der Esposizione Universale di Roma, den EUR genannten Stadtteil, in alle Richtungen durchstreifte, nirgends eine Seele, auch architektonisch besehen tote Plätze und Straßen, und dabei das Gefühl hatte, dass ich diese marktschreierische, nach Leichen riechende Architektur von irgendwoher kannte. Die stalinistische Architektur macht zwar klassische Anleihen, aber auf viel ungeschlachtere Art. Peinlich symmetrisch, klotzig, fühlt sie sich in Erdnähe am wohlsten und verwendet nicht korinthische Säulen, sondern dorische. Aber doch, natürlich kannte ich es. Die Fachliteratur nennt für die Architektur Piacentinis drei Markenzeichen, und die erscheinen prompt auch an Halászys Gebäude. Piacentini fasst, erstens, in einer Arkadenreihe, einer Kolonnade oder einer mit Säulen unterteilten Fassade die ionischen Säulen zwischen viereckige Pfeiler, die als Rahmen dienen und einerseits den Zitatcharakter, das zweite Markenzeichen, der ionischen Säulen herausheben, andererseits ihre eigene statische Funktion kaschieren. In Wahrheit tragen sie die Dachstruktur. Der Faschist Piacentini macht sich den Funktionalismus der moderne Architektur zu ästhetischen Zwecken zu eigen, stiehlt ihn und stopft ihn in seinen ideologischen Monumentalismus hinein. Halászy aber vollzieht nicht nur die offensive Geste der ideologischen Enteignung des Modernismus, sondern übernimmt auch unreflektiert Piacentinis drittes Markenzeichen, eben, den Monumentalismus, indem er den klassizistischen, an einen griechischen Tempel gemahnenden Gebäudeblock ein halbes Stockwerk über den Boden hebt, ihn gewissermaßen auf ein Postament stellt und, seinem italienischen Meister treu, im Verhältnis zu den Proportionen des menschlichen Körpers bedeutend überdimensioniert; in Wahrheit stilisiert er eine modernistische Gebäudestruktur mitsamt ihrer spezifischen Statik auf Klassisch. Die ionischen Säulen mit ihren Volutenkapitellen tragen gar nichts. Der Luftdruck hätte auch vier heraussprengen können. Dach und Tympanon werden nicht von den Säulen, sondern von Strukturelementen aus Eisenbeton getragen, die aus statischen Gründen seitlich von monumentalen Mauern gestützt werden.

Für mich gab es lange Zeit keine Welt ohne Rózsi Németh, auch nicht ohne ihre befremdliche Kirche, als wäre es in dieser besten aller Welten schon immer so gewesen. In den erhaltenen Papieren sehe ich aber, dass Rózsi nur gerade drei Jahre bei uns war, vom Februar 1947 bis zum September 1950. In diesen für mich zeitlosen drei Jahren hatte ich keinen Anlass, Rózsis Kirche nicht als meine Kirche zu empfinden. Sie verwirrte mich zwar, ich verstand das Lückenhafte ihrer Säulenreihe nicht, aber ich machte mir zusammen mit meiner Verwirrtheit ihren Gott zu eigen. Einem Kind bleibt nicht anderes übrig, als die Dinge zusammen mit seiner Befremdung zu akzeptieren. Auch in ihrem Körperbau, ihrer Statik glichen sich Rózsi und unsere Mutter. In ihren starken Knochen, ihrem durchtrainierten harten Fleisch, ihren breiten Hüften, ihrer physischen Kraft. Unsere Mutter war rund zehn Jahre älter, sie fühlte sich für Rózsi verantwortlich, aber vielleicht doch nicht mit dem Verantwortungsgefühl der Älteren, sondern einfach, weil sie Rózsi achtete. Die beiden Frauen waren intelligent, halsstarrig, fröhlich und hartnäckig. Unsere Mutter lag Rózsi so lange in den Ohren, sie solle sich weiterbilden, unbedingt, es könne nicht sein, dass sie ihr Leben eingesperrt in fremden Wohnungen unter wildfremden Menschen verbringe, unsere Mutter bearbeitete sie so lange, bis Rózsi nachgab und das Kindergärtnerinnen-Seminar antrat. Zuerst musste sie den Widerstand ihrer Familie brechen, ich weiß noch genau, wie Juliska die Verwandtschaft von Törökszentmiklós, das heißt die Meinung im Dorf, repräsentierte. Die Schwestern legten einen Teil ihres Verdiensts beiseite, um auf ihre alten Tage Land zu kaufen. Ich würde die Tochter von Rózsis jüngerer Schwester heiraten, auch wir würden anständig sparen und dann Land kaufen und Kaninchen züchten. Mir gefiel der Plan sehr, so würde ich Großvaters verschleudertes Gut in Gömörsid doch auf eine Art zurückgewinnen.

Rózsi wohnte noch eine Zeitlang bei uns, die Ausbildung begann Ende August, sie machten noch rasch die Tomaten ein, vielleicht war sie noch bis Ende September bei uns, dann zog sie ins Internat. So früh konnte sie gar nicht aufstehen, dass sie noch rechtzeitig hingekommen wäre. Ich war mehrmals bei ihr in Nagytétény, und wenn ich mich richtig erinnere, war das Amália Bezerédj-Kindergärtnerinnen-Kollegium in einem Flügel des barocken Schlosses, später in einem bescheidenen barocken Wirtschaftsgebäude untergebracht. Bestimmt war es meine Mutter selbst gewesen, die das Institut dort eingerichtet hatte. Alice Hermann, eine vielseitig ausgebildete Psychologin, die Frau des Kinderanalytikers Imre Hermann, hatte die fachliche Oberaufsicht über die Kindergärten, mit ihr zusammen hatte unsere Mutter das Kindergartensystem organisiert. Da arbeitete sie nicht mehr als László Földes' Sekretärin, nicht mehr in der Parteizentrale, sondern leitete die Planungsabteilung der Demokratischen Vereinigung Ungarischer Frauen, dann wurde sie Sekretärin der Budapester Organisation, mit Sitz in einem der kleinen Palais in der Múzeum-Straße. Seit Rózsi Németh von Törökszenmiklós zu uns gekommen war, waren für mich die beiden Frauen Doppelgängerinnen. Es war überhaupt die Zeit, in der sich sozusagen meine und Mutters Wege trennten. Eigentlich sah ich sie schon im Alter von fünf Jahren kaum mehr, meinen Vater noch weniger. Heute ist das kein angenehmer Gedanke, denn wahrscheinlich gewöhnte ich mir da die maßlose Härte mir gegenüber an, lernte sie von mir selbst, ein wenig vielleicht auch von unserem Vater, ein wenig von den familiären Verhaltensregeln, aber vor allem schützte ich mich auf diese Art vor dem Schmerz über die Abwesenheit meiner Mutter. Bei mir führte das nicht zu einer so starken Spannung wie später bei meinem Bruder. Es bedeutete aber schon Anstrengung und Seelenarbeit. Ohne Rózsi Németh protestantische Sachlichkeit und Warmherzigkeit hätte ich das Ganze wahrscheinlich auch nicht ohne Schaden überstanden. Ich machte meiner Mutter nicht einmal leise Vorwürfe, ich legte mich eher auf eine Art empathischer Zustimmung fest, übte mich in sozialem Bewusstsein, versuchte nüchtern zu sehen, dass sie mit ihren Aktivitäten anderen half. Der Nutzen mehrerer Menschen wiegt sicher mehr als der Nutzen eines einzelnen. Jedenfalls stellte ich mir das protestantisch-ethisch so vor.

Vielleicht war es auch ein besonderes Glück, dass Rózsi Németh unserer Mutter physisch glich.

Beide nährten sich aus einer Energiequelle unbekannter Herkunft, die man innere Stärke nennen kann. Ein starker Hang zum Komischen, eine Ablehnung von allem Pathos. Ihre puritanische Strenge war mit sprudelnder Lebensbejahung gepaart, was ihren jeweiligen Überzeugungen entsprang und morgens jegliche Melancholie und jeglichen Zweifel vertrieb. Mein Vater brauchte seine Zeit, bis er aus dem Bett gekrochen war, und auch danach kramte er melancholisch irgendwo herum oder saß mit stumpfsinnigem Gesichtsausdruck auf der Bettkante und kratzte sich, mitsamt seiner im Bannkreis der technischen Wissenschaften gefangenen Abstraktionen. Die beiden Frauen hingegen hüpften aus dem Bett und waren auch sogleich fröhlich. Rózsi Németh wusch sich, kleidete sich an, nahm den Korb, lief hinunter, um Milch und frische Kipfel zu holen. An der Ecke der Sziget-Straße, Inselstraße, und der Pressburgerstraße gab es einen großen Lebensmittelladen.

Und was hätte ich gegen Rózsi Németh Gott haben sollen.

Endlich hatten wir etwas, das meine Eltern nicht hatten. Ich verstand sehr wohl, was unser Seelenhirte auf der Kanzel sprach. Bereczky war kein besonders ansehnlicher Mann, aber seine Stimme dröhnte durch die Stille des Kirchenschiffs. Ich blickte zu ihm hoch, das war also ein Mensch, der sich während der Belagerung nicht schändlich verhalten hatte.

Dazu muss man wissen, dass der Bericht der beiden Auschwitzflüchtlinge Rudolf Vrba und Alfred Wetzler nicht nur in der deutschen Version, die Rezső Kasztner vom Rabbi von Bratislava erhalten hatte, nach Budapest gelangt war, sondern noch in einer weiteren deutschen Abschrift, die Dr. Géza Soós erreichte, eine führende Persönlichkeit der illegalen Widerstandsbewegung Ungarische Front. Er war es, der diese einen genauen Grundriss enthaltende minuziöse Beschreibung der Abläufe im Konzentrationslager Auschwitz an József Éliás weitergab, den Präsidenten der Kommission Guter Hirte, die sich der Rettung von Reformierten jüdischer Herkunft widmete. Éliás' Sekretärin, Mária Székely, übersetzte den Text ins Ungarische und Englische, und die durch Soós weitergegebene Anweisung der Ungarischen Front lautete dahingehend, dass die fünf ungarischen Exemplare an wichtige Persönlichkeiten des öffentlichen Lebens, die englischen Exemplare an die Botschafter der neutralen Mächte weitergeleitet werden sollen. Seiner Exzellenz brauchen sie das Papier nicht zukommen zu lassen, lautete Soós' Anweisung, Exzellenz habe zusammen mit bestimmten Mitgliedern seiner Regierung das deutsche Exemplar auf anderen Wegen bereits erhalten. Bereczky erhielt von Éliás ein Exemplar und leitete es an den Präsidenten der Landessynode der Reformierten Kirche weiter, Bischof László Ravasz, aber es ist bis heute nicht geklärt, oder schwierig zu klären, wann genau das alles geschah.

So wie ich es anhand der Rekonstruktion meiner frühen Kindheit sehe, war es an einem der Tage, nachdem wir aus der Damjanich-Straße in die Pressburgerstraße zurückgekehrt waren, noch im Januar, noch vor dem Ausbruchsversuch der im königlichen Palast von Buda eingekesselten deutschen und Pfeilkreuzler-Einheiten, noch während Pest von Buda aus beschossen wurde und mein Vater und meine Mutter mit dem Schlitten aus Gömörsid die gefrorenen Leichen über den Neupester Kai zogen und sie mich, so das Bild in meiner Erinnerung, der Aufsicht Fremder überließen, wir sollten lieber auf der Pressburgerstraße gehen, dort sei es doch sicherer, im Szent István-Park, St. Stefanspark, trafen wir wieder aufeinander, dass es also an einem dieser Tage war, dass sich Bereczky in seiner ungeheizten Seelsorgerwohnung an den Tisch setzte. Vielleicht hatten sie mich größeren Kindern anvertraut, ich weiß es nicht, ich erinnere mich nur, dass es Fremde waren und ich mich vor ihnen fürchtete, ich versuchte mich zu benehmen, wie es von einem kleinen Kind erwartet wird. Anständig. Ich erinnere mich, dass wir auf einer verschneiten und durch und durch aufgewühlten Straße gingen. Diese von der Belagerung gezeichneten Straßen werden später in allen meinen Träumen, in denen es um Suchen und Umherirren geht, wiederkehren. Ungelösten Fragen des Tages muss ich nachts in einer Trümmerstadt nachgehen, und natürlich finde ich die Lösung nicht. Vielleicht war Péter dabei, Péter Róna, vielleicht auch Erzsi Róna, aber in jedem Fall auch mehrere Unbekannte. Und ich erinnere mich, dass sie unnötig lärmten, ich aber nichts zu sagen wagte, ich hätte nicht begründen können, warum sie nicht so laut sein sollten. Ich kann etwas nicht sagen, und es wäre doch lebenswichtig. Auch meine Eltern waren nicht allein, sie trugen und zogen die Leichen zusammen mit Unbekannten, auf verschiedenen Transportmitteln. Sie gingen zwischen dem Neupester Kai und dem Szent István-Park mehrmals hin und her, ich erinnere mich vage, dass auch vom Rudolf-Platz Leichen gebracht wurden, und ich erinnere mich, dass die Last in eins der leeren neobarocken Zierbecken abgeladen wurde. An dieses Abladen erinnere ich, wie ich es aus der Entfernung beobachte und wie sich meine Mutter zwischendurch immer wieder nach mir umdreht, sie behält mich zwischen den Unbekannten im Auge, und dafür bin ich ihr zwischen diesen Fremden sehr dankbar.

Bereczky wollte dringend seinen Zeugenbericht niederschreiben. Was die Regierung gegen die Juden und damit gegen das ewige göttliche Gesetz verübt habe, schreibt er zum Auftakt, müsse jeder Ungar und jeder Christ rückhaltlos verurteilen, ja, er sollte Buße tun für alles, was in seinem Namen, vor seinen Augen, gegen jeden wahren Ungarn und Christen verübt worden ist. Die Buße, deren Ehrlichkeit sich in der Bereitschaft zur Wiedergutmachung zeige, sei unverzichtbar. Hier fügt er in Klammern eine Bemerkung hinzu. Schriebe er an Juden, hätte er auch noch anderes zu sagen. Aber wohin kämen wir, wenn wir für die Sünden anderer Buße täten. Das wäre nicht Buße, sondern Anklage. Er schließt die Klammer. Im leeren Becken lagen die Leichen kreuzweise übereinander, hier wurden sie gesammelt. Erde unter Schnee ist steinhart. Wer hätte Hacken, Schaufeln, Spaten gehabt.

Es hieß, die Russen würden sie dann abtransportieren.

In seinem Zeugenbericht, den er noch im Frühling desselben Jahrs beim kirchlichen Traktatus-Verlag unter dem Titel *Der ungarische Protestantismus gegen die Judenverfolgung* publizieren wird, rekonstruiert er anhand von Bischof Ravasz' Notizen dessen zwei Gespräche vom April mit seiner Exzellenz, dem Reichsverweser. Glücklicherweise sind diese beiden Gespräche datierbar. Ich habe keine Ahnung, wie Ravasz' offenbar vertrauliche Notizen in Bereczkys Hände gelangen konnten, wahrscheinlich hatte auch der Bischof die Notwendigkeit der historischen Zeugenschaft gespürt und sie ihm übergeben. Hingegen wissen wir aus Sándor Töröks Memoiren, dass Bischof Ravasz nach der Lektüre des Berichts über Auschwitz krank wurde und lange Monate bettlägerig war. Török hatte im Sommer den kranken Bischof besucht und ihm Vrbas und Wetzlers Bericht über das Lager Auschwitz überreichen wollen, worauf sich der Bischof im Bett aufrecht hinsetzte und sagte, bedauerlicherweise kenne er diese Schrift schon, worauf er laut zu weinen begann. Dazu rief er die ganze Zeit, das habe er nicht gewollt, er habe das nicht gewollt. Seinen Zeitgenossen war wohl ziemlich klar, was er meinte. So wie das katholische Kirchenoberhaupt hatte auch Bischof Ravasz die ersten zwei Judengesetze gutgeheißen, aber nicht, damit in seinem Namen diese ungeheuerlichen Verbrechen begangen würden, sondern, erklärt uns seinerseits Bereczky, um die Machtübernahme durch die Pfeilkreuzler und so auch die von diesen angestrebte Endlösung mit Hilfe eines gesetzlichen Rahmens zu verhindern.

Laut Bereczky hatte der Bischof einzig den Präsidenten des Oberhauses, Zsigmond Perényi, und den Justizminister im Ruhestand, Jenő Balog, von der am 28. April erfolgten Unterredung in Kenntnis gesetzt. Perényi hatte am Vortag, Donnerstag, dem 27. April, vormittags den Bischof mündlich davon unterrichtet, dass in den Komitaten Nordostungarns die Gendarmerie die Juden aus den Ghettos in Pferche unter freiem Himmel treibe und sie unter entsetzlichen Umständen gefangen halte, während man sie glauben mache, sie würden samt Säuglingen und Großmüttern zu einer Arbeit verschickt. Perényi bat den Bischof, er möge Seine Exzellenz im Namen der Menschlichkeit dazu bewegen, dem schändlichen Zustand ein Ende zu setzen. Auch den Auschwitzer Bericht scheint Bereczky seinem Bischof an einem dieser Tage, vielleicht gerade an diesem, überreicht zu haben.

Als Ravasz anderntags, am 28. April 1944, zur Unterredung mit dem Reichsverweser ging, wusste er auch, was jener aus anderen Quellen schon wissen konnte.

Der Reichsverweser stand mit dem Bischof in einer besonderen Beziehung. Er war selbst reformiert, und somit war der Bischof sein Bischof, wobei er als Regent nach weltlichem Protokoll natürlich höhergestellt war. Bischof Ravasz aber setzte sich bei dieser Audienz darüber hinweg und forderte den Reichsverweser nachdrücklich auf, die Verantwortung für die Grausamkeiten, die an den Juden verübt wurden, von sich fernzuhalten, worum er ihn, laut eigenen Aufzeichnungen, schon früher gebeten hatte; was der Reichsverweser verhindern könne, solle er verhindern, denn es würden im Namen der Ungarn Taten verübt, deren Schande vor dem Gericht der Weltgeschichte und der kultivierten Menschheit zu verantworten sein würde. So jedenfalls gibt Bereczky die Worte des Bischofs wieder. Ich nehme an, dass sie tatsächlich so gelautet hatten, so verblümt unausgesprochen-ausgesprochen. Bischof Ravasz sah den strengen Gesichtsausdruck des Reichsverwesers und spürte dessen Widerstand, aber er musste es riskieren. Er musste im Angesicht Gottes der seelischen Hierarchie folgen. Mit strengen Worten teilte er dem Reichsverweser die Informationen mit, die ihm Zsigmond Perényi, der Präsident des Oberhauses, anvertraut hatte.

Als ihm die Vorfälle von Nyíregyháza zur Kenntnis gekommen seien, erwiderte der Reichsverweser, habe er unverzüglich den Innenminister angerufen, einen großen Krach geschlagen, worauf die zwei zuständigen Staatssekretäre des Innenministeriums sofort hingeschickt worden seien, und von diesen sei er dahingehend informiert worden, dass das skandalöse Vorgehen eingestellt worden sei. Mag sein, aber nennen wir doch rasch die beiden Staatssekretäre, die der Innenminister nach Nyíregyháza geschickt haben will, damit sie dort Ordnung machten. Der eine war László Baky, der andere László Endre, und diese beiden hatten zusammen mit dem deutschen Botschafter und Eichmanns Sonderbeauftragtem Veesenmayer im vollen Wissen um die Endlösung die Ghettoisierung und Deportation der Juden organisiert. Das Ausmaß der logistischen und organisatorischen Aufgabe ist nicht zu unterschätzen. Seine Exzellenz war jedenfalls bemüht, die peinliche Unterredung mit seinem Bischof mit dem Argument abzuschließen, die Deutschen verlangten im Hinblick auf die Kriegslage Arbeitsdienstler, was er ihnen nicht verweigern könne, und so würden ein paar hunderttausend Juden zu diesem Zweck außer Landes verbracht, aber sonst würde ihnen kein Haar gekrümmt.

Ebenso wenig, sagte Seine Exzellenz, wie den vielen Hunderttausenden ungarischer Arbeiter, die seit Kriegsbeginn in Deutschland sind.

Da habe der Bischof, schreibt Bereczky, still für sich mit großen Bedauern festgestellt, das Seine Exzellenz, der Reichverweser, irregeführt worden sei.

Eine solche Blauäugigkeit gedruckt zu sehen ist besonders ernüchternd. Keiner der beiden, weder der Bischof noch der Pfarrer, nimmt an, dass der Reichsverweser, der sich nach eigenen Worten die Grundbegriffe der hohen Diplomatie als Kaiser Franz Josephs Flügeladjutant angeeignet hatte, in einer so wichtigen Angelegenheit seinen Bischof, das Kirchenoberhaupt, schamlos anlügen könnte. Historisch sind die Zeitpunkte zwar nicht eindeutig belegt, aber Horthy hatte den Auschwitzer Bericht mit aller Wahrscheinlichkeit ein paar Tage zuvor von der Widerstandsbewegung erhalten, und so kannten am Tag der Audienz beide die Daten und Fakten, die keiner von ihnen offen und deutlich auszusprechen wagte.

Sagen wir es so, dass Seine Exzellenz frech log, während der Bischof die hierarchischen Verhaltensregeln der Zeit befolgte und schwieg.

Der Autor der zwei märchenhaften Zwerge *Kököjszi und Bobojsza* und weiterer wunderbarer Märchen, Sándor Török, übergab ein Exemplar des Auschwitz-Berichts Horthys Schwiegertochter, Gräfin Ilona Edelsheim Gyulai. Laut diesen beiden fand das zu einem späteren Zeitpunkt statt. Sándor Török spricht in seinen Memoiren vom Sommer, ohne Monat und Tag zu nennen, Gräfin Ilona Edelsheim Gyulai datiert in ihren Erinnerungen die Übergabe auf den 3. Juli. Der erste Zug nach Auschwitz war am 15. Mai von Kárpátalja abgegangen, und in jenen Wochen und Monaten bis Mitte Juli, bis die sechshunderttausend ungarischen Juden, in Rinderwaggons gepfercht, aus dem Land deportiert worden waren, hatten mehrere, aus verschiedenen Quellen informierte Institutionen und wohlmeinende Seelen den Reichsverweser über das wahre Ziel der Reise unterrichtet. Dieser, mit seiner höfischen Wiener Kultur, tat jeweils, als höre er das Entsetzliche zum ersten Mal und sei zutiefst erschüttert, wobei er seine Maßnahmen natürlich schon längst getroffen hatte.

Bereits an einem der chaotischen Tage nach der deutschen Besetzung, also nach dem 19. März, hatte Seine Exzellenz dieselbe Information von József Cavallier erhalten, der als Präsident der Ungarischen Vereinigung vom Heiligen Kreuz um die Rettung von Menschen bemüht war, ähnlich wie József Eliás von der Kommission des Guten Hirten, mit dem er auch zusammenarbeitete. Sie zweifelten nicht, dass aus der deutschen Besatzung die Vernichtung der Juden folgen würde, und sie unterrichteten in diesem Sinn nicht nur Seine Exzellenz, den Reichsverweser, sondern auch die Bischöfe ihrer Kirchen. Der Bericht, den Bischof Ravasz von Bereczky erhielt, konnte ihn nur mehr mit seinen Einzelheiten erschüttern, mit Daten und Lagekarten, ihren Inhalt kannte er schon.

An den folgenden Tagen unterstützte Bereczky meine Eltern beim Fälschen von Taufscheinen und Ehescheinen, auch wenn er ahnen mochte, dass er nicht einfach mit der illegalen Widerstandsbewegung zusammenarbeitete, sondern mit der kommunistischen Abteilung der Widerstandsbewegung. Meine Mutter holte diese mit Amtsstempel und Stempelmarke versehenen Dokumente auf dem Pfarramt der Kirche in der Pressburgerstraße ab, worauf im geheimen Teil des Kellers Magda Róna, alias Duci, mit der von meinem Onkel Pista, alias Siegelwart, hergestellten Tinte die entsprechenden Daten eintrug. Auch meine Mutter erfuhr erst nach der Belagerung, dass Bereczky zu der Zeit, als sie möglichst unauffällig zwischen der reformierten Kirche der Pressburgerstraße und dem Keller der Nummer 7 des Újpester Kais gependelt war, in der Waschküche des Pfarramts mehrere jüdische Familien versteckt hatte.

Wie hätte ich Albert Berecky auf der Kanzel nicht verstehen sollen, ich verstand ihn sehr wohl. Er sagte, unser Gott sei aller Gott.

Die Tavalys gingen auf dem Lehel-Platz zu aller Gott. Es war beruhigend, dass in jeder Kirche aller Gott gegenwärtig war. In Rózsi Némeths Dorf war aller Gottes Kirche ganz anders. Auch sie war ganz leer, mit blendend weißen Wänden, auch die Stufen der feierlich geschnitzen Kanzel ächzten auf ähnliche Art, und doch war sie anders. Wenn nun aller Gott am Sonntagvormittag an mehreren Orten gegenwärtig sein konnte, und das begriff ich problemlos, dann war es ein Gott, der keine spezielle Behandlung beanspruchte, und also ließ er sich ohne weiteres auch in die freigeistigen Anschauungen meiner Umgebung einfügen. Einmal war ich auch in Laci Tavalys katholischer Kirche, er wollte sie mir unbedingt zeigen. Er war stolz, dass seine Kirche so prachtvoll war und es in ihr so duftete. Er sagte etwas von Weihrauch, das ich aber nicht verstand. Wieso Weihrauch, wieso nicht Weihnacht. Wir waren eines Nachmittags durchgebrannt, jedenfalls sahen es die Erwachsenen so, als wir nach Hause kamen, brüllten sie uns an, er kassierte auch gleich ein paar Ohrfeigen, und für den Abend stellte ihm seine Mutter eine Tracht Prügel in Aussicht. Wart du nur, bis dein Vater nach Hause kommt. In Németlad, Deutschladen, durften die Mütter ihre Söhne nicht schlagen, höchstens ihnen ein paar Ohrfeigen verabreichen. Laci Tavaly sagte, er habe wieder welche geschmiert bekommen. Er sagte nicht, seine Mutter habe ihm welche geschmiert, und schien die Sache überhaupt auf die leichte Schulter zu nehmen. Eine Mutter durfte ihre Töchter schlagen, so viel sie wollte. Der Junge wurde vom Vater geprügelt, damit er die Lektion kapierte.

Dich will ich lehren, wo der Gott der Ungarn wohnt, ich werde dir zeigen, wo's langgeht.

Wir waren miteinander nett und lieb durch die Csanády-Straße bis zum Lehel-Platz gegangen, hatten die Klüfte und Abgründe der zerstörten Fahrbahn überquert, bevor wir endlich ihre Kirche erreicht hatten. Die Csanády-Straße war durch die Bomben und den Kanonenbeschuss während der Belagerung besonders aufgewühlt worden und blieb lange so, vielleicht jahrelang. Ich sagte nicht, dass mir ihre Kirche nicht gefiel, ich ließ ihn seine Erklärungen geben. Wir mussten uns auf die Zehenspitzen stellen und das Gesicht ans Glas der Schwingtür pressen, um etwas zu sehen. Weiter kam man nicht, nur bis in den Vorraum ihrer Kirche, der starke Duft dieses rätselhaften Irgendetwas strömte durch den Spalt zwischen den Türflügeln heraus. Als ich später einmal endlich ein Stück Weihrauchharz sah und verstand, was verbrannt wurde, kannte ich die Bibel schon, hatte davon schon gelesen. Die Synagoge hatte ein Fenster, das in den Farben viel schöner glänzte und im Hof jenes Hauses in der Csáky-Straße so versteckt lag, dass man sie nur fand, wenn man den Weg kannte. Mir war es völlig recht, dass in diesen verschiedenen Kirchen aller Gott wohnte, der laut meinen Eltern zur Volksverdummung erfunden worden war. Die Völker haben eben keinen anderen Trost als diesen fernen Gott, der sich nirgends aufhält. Gottes doppelter Aspekt, der theistische und der atheistische, war für mich längst nicht so unverständlich wie viele andere allgemein bekannten Dinge, die ich überhaupt nicht begriff.

Sonntagvormittags, bevor sie in die katholischen Kirche gingen und wir in unsere reformierte, durften wir nicht richtig miteinander spielen. Laci Tavaly stand einfach mit gespreizten Beinen über mir, in seiner kurzen Trägerhose und seinen schneeweißen Kniestrümpfen. Er nahm das sonntagvormittägliche Spielverbot so ernst, dass er sich nicht einmal hinkniete, denn auch bei schmutzigen Knien gab es einen großen Krach. Von oben gab er mir Anweisungen, ich solle mit meinen Bausteinen das oder jenes tun, mit meinem Märklin oder meinem kleinen, schon ziemlich mitgenommenen farbigen Holzzug. Ich hatte phantastische Bausteine. Ockergelb und terrakotta. Glatt, etwas fettig vom vielen Aufgetürmtwerden, auch sie hatte ich von meinem Onkel Pista erhalten, von István Nádas, und auch die Kasten mit ihren Schiebedeckeln waren phantastisch, denn wenn ich die Bausteine sorgfältig schichtete, passten sie mit ihren abgestumpften Ecken gerade hinein. Nur musste man es richtig machen. Darauf achten, dass die Steine verschiedener Größe, Farbe und Form in zwei Lagen eine geschlossene Masse bildeten. Schon der Ausdruck packte meine Phantasie, geschlossene Masse. Wenn ich mit den Bausteinen spielte, war mir ganz klar, dass ich einmal Architekt sein würde. Ich konnte mit meinen Steinen auch unsere reformierte Kirche auslegen. Im Satz waren auch Säulen und dreieckige Dachformen, das ergab das Timpanon. Angeblich hatten schon mein Vater und seine Brüder in der Pannónia-Straße mit diesen Steinen gespielt. So schön das Bauen war, so wenig konnte ich mir die Zeit vor meiner Geburt vorstellen. Die Bausteine waren ein Beweis für die Existenz dieser vergangenen Epoche. Ich spielte gewissermaßen mit den vergangenen Zeiten, und das weckte in mir eine Art Hochachtung vor ihnen. Ich betrachtete die Gebäude auch von diesem Gesichtspunkt, wie hatten das die Architekten gemacht, als ich noch nicht lebte, nach welchem System hatten sie die Massen aufeinander- oder nebeneinandergestellt. Was für Formen waren dabei herausgekommen. Auf die gleiche Art war der schon etwas lückenhafte Märklin-Metallbaukasten von meinen Vater zu mir gelangt. Er bestand aus gelochten, dunkelgrauen Metallformen, Kopfschrauben, Schraubenmuttern, Schraubenziehern und Schraubenschlüsseln verschiedener Größe. Mein Vater hatte alle Teile einzeln benannt, und bei der nächsten Gelegenheit fragte er mich ab, er wollte nicht, dass ich die Schraubenmutter vergesse.

Warum gibt es dann keinen Schraubenvater.

Er schaute mich lange an, dann betrachtete er den Märklinkasten mit den Schrauben. Ich hatte ihn erwischt. Er nahm eine Kopfschraube heraus und hielt sie hoch.

Das ist er, der Vater, die Kopfschraube.

Warum heißt sie dann nicht Vater, beharrte ich.

Er ließ ein weiches Lachen hören oder eher nur ein Hüsteln. Mit der anderen Hand nahm er eine Schraubenmutter, hielt auch sie hoch.

Siehst du, die beiden passen ineinander, ich kann die eine in die andere stecken und beide zusammenschrauben. Diese hat einen Kopf und einen Rumpf, die andere nimmt sie mit ihrem Gewinde auf.

Auch darüber lachte er ein bisschen, auch jetzt auf hüstelnde Art.

Manchmal spielten wir am Sonntag stundenlang mit meinen Bausteinen, immer stand Laci Tavaly über mir und gab Anweisungen. Auch sonst gab immer er den Ton an. Manchmal waren wir so ins Spiel vertieft, dass seine Mutter vom Erdgeschoss heraufrufen musste, was wir im Kinderzimmer nicht hörten, Rózsi Németh in der Küche aber schon, es sei Zeit zum Gehen, und wenn Laci weg war, machten auch wir uns für Rózsi Németh reformierte Kirche bereit, um dort Juliska Németh zu treffen und Bereczkys Predigt zu hören. Unter Lacis festtäglicher Hose war zuweilen seine Unterhose sichtbar, und unter seiner Unterhose nicht nur der Zipfel seines weißen Hemds, sondern auch sein Pimmel. Ich bemühte mich, so zu ihm hochzuschauen, dass ich dieses Durcheinander nicht sah. Es zu erwähnen war nicht angebracht, obwohl doch die Freundschaft erfordert hätte, ihn auf diese Ordnungswidrigkeit aufmerksam zu machen. Ich hatte keinen geeigneten Satz dafür. Es störte mich aber, dass also auch andere seinen Pimmel sehen konnten. Wir sehen ihn, das war im Kindergarten, und auch später in der Schule, der Ausdruck dafür. Aber es ging nicht um seinen Pimmel, sondern um die Ordnungswidrigkeit. Ich durfte ihn sehen, dachte ich, weil ich sein Freund war, aber Fremde durften das nicht.

Das durfte nicht sein. Es war eine der Grundregeln des Lebens. Um sie mir einzuschärfen, hatten sie mir erzählt, dass nie jemand meinen Urgroßvater in mangelhafter Kleidung gesehen habe, und auch im Hausmantel nur selten. Weder seine Töchter noch seine Söhne, noch seine Enkel. Höchstens sein Diener, Planck, der ihm ein Leben lang beim Anziehen behilflich war. Und doch konnte ich Laci Tavaly nicht auf die Ordnungswidrigkeit aufmerksam machen, er war kein Verwandter von mir. Das Benehmen eines jeden ist seinem Gutdünken überlassen, so auch sein Äußeres, so auch sein Pimmel. Wir mischen uns nicht in die Privatangelegenheiten anderer ein. Wir machen keine Bemerkungen über körperliche Gegebenheiten, und schon gar keine Witze. Wir sagen nicht, er hat zugenommen, wir sagen nicht, er hat abgenommen, wir fragen nicht, warum ist sie so bleich. Ich gab mir eine ästhetische Erklärung für die Tatsache, dass ich Laci nichts sagen durfte. Der Pimmel ist nichts Schönes. Deswegen sprechen wir nicht von ihm, deswegen dürfen ihn andere nicht sehen, besser verschweigen, dass etwas so Unschönes an uns ist. Dabei interessierte mich Laci Tavalys Pimmel genau aus ästhetischen Gründen, noch heute könnte ich ihn genau beschreiben, wäre eine solche Beschreibung hier angebracht. Trotzdem, oder erst recht, mir schienen die Pimmel von Jungen und Männern noch jahrzehntelang unglaublich hässlich. Abgesehen von meiner sprachlichen Unbeholfenheit hinderte mich eigentlich nichts, es ihm zu sagen. Er selbst nahm meinen ohne weiteres in die Hand, zog ihn aus der Hose und untersuchte ihn gründlich. Oder zog den seinen heraus, obwohl er doch gar nicht pissen musste. In Németlad würden sie ihn sich gegenseitig zeigen. Diese Aktionen verstand ich lange als geheime Freundschaftsproben, auch wenn ich selbst so etwas niemals angeregt hätte. Ich konnte das liberale Verbot nicht übertreten, denn dann hätte ich mich gegen meine eigene Vernunft stellen müssen, und überhaupt hätte ich nicht gewusst, wozu. Sogar die Pimmel von Jungen und Männern, die ich zärtlich liebte, kamen mir stockhässlich vor. Wenn ich aber die Verhaltensregel einhielt, der gemäß die körperlichen Gegebenheiten kein Gesprächsthema und erst recht kein Gegenstand von Witzen sind und wir an Fremden nicht herumtasten, sie nicht umarmen, sondern in Ruhe lassen, ebenso wie wir unter keinen Umständen am eigenen Pimmel herumdrücken und kratzen, dann konnte ich der Freundespflicht nicht nachkommen, und das quälte mich gründlich.

Ich selbst wurde bei solchen Gelegenheiten höchstens sorgfältiger als sonst angezogen, aber weder diese Operation noch die Kleidung waren mit besonderen Adjektiven versehen. Bei uns war nichts festtäglich. Ich begriff nicht, warum wir mit unseren Ausdrücken und Gewohnheiten immer ein wenig von den anderen abweichen mussten. Mal war mir das peinlich, dann wieder ärgerte es mich, auch wenn ich nicht wusste, auf wen ich böse sein sollte. Wieso habe ich keinen Festtagsanzug. Ob ich denn mit meiner Bekleidung unzufrieden sei. Nein, bin ich nicht. Ein Glück, denn eine andere könnten sie sowieso nicht kaufen. Etwas fehlte immer, aber ich sah doch bald den Vorteil dieses Mangels ein. Ich hatte zwar keinen Festtagsanzug, aber dafür gab es auch kein unangenehmes Geschrei und Geküsse wie bei meiner Großmutter, ach, wie süß, seine kleine Hose, was für herzige Schenkelchen er doch hat, wie hübsch, dieses Hemdchen, jetzt schaut mal her, was für ein fescher Junge, wenn ihn seine Großmutter so schön anzieht. Na, jetzt guckt doch her. Mit solchen Kommentaren verwandelte meine Großmutter die gewöhnlichsten Sachen in festliche. Wenn sie mich zu Großmutter brachten, machte meine Mutter ihrer Mutter höchstens die Konzession, frisch gewaschene, sorgfältig gebügelte Sachen für mich mitzugeben, ein weißes Hemd, weiße Kniesocken. Damit Ruhe war. Schau, Papa, was für ein fescher Junge. Aus dem wird noch ein Feschak, ein Schlawiner. Fesch, Feschak, Schlawiner waren mir genauso ein Graus wie Geseres. Kälte strömte aus ihnen, ich bekam vor Entsetzen Gänsehaut, auch vor Anstrengung, den Mund zu halten. Es auf sich beruhen zu lassen.

Kein Schlawiner zu sein. Meine Großmutter nicht sehen zu lassen, dass mich jedes ihrer Wörter anwiderte. Ein andermal sagte sie, ich sei adrett. Das sprengte für mich jedes Maß. Es war noch schlimmer als Geseres und Schlawiner. Als hätte sie mich mit ihrer beringten Hand auf den Mund geschlagen, denn in diesen beiden Wörtern, Schlawiner und adrett, war etwas Schlüpfriges, Zweideutiges, als behandelte mich meine Großmutter, wie sie diese ewig betrunkenen Goj-Nachbarn auf dem Gang behandelte, diese Mörder, die sie eines Tages in ihrer eigenen Wohnung ermorden würden, ich würde sehen, die würden sie in ihrem Blut liegen lassen; sie schmeichelte ihnen, charmierte sie, wollte damit aber immer etwas Gemeines sagen. Was diese Nachbarn selbstverständlich kapierten. Wieso hätten sie denn nicht verstehen sollen, was Großmutter von ihnen dachte. Dafür dachten sie ihrerseits, dass Großmutter eine alte jüdische Schlampe war, und wenn sie von denen doch schon so viele verbrannt haben, hätten sie diese verdammte alte Schreckschraube wirklich nicht übrigzulassen brauchen. Adrett und Schlawiner, als wollte Großmutter damit sagen, ich sei ein großes Schwein. Ach herrje, wenn ich mit meiner Adrettheit und meinem Schlawinertum nur bloß nicht so werde wie ihr erster Neffe. Das betonte sie auch immer eigens, dass es der erste gewesen war. Und dass sogar meine Mutter ihn hatte heiraten wollen, ihren Cousin ersten Grades, also so was von entsetzlich. Obwohl ihr doch schon der Chauffeur den Hof gemacht hatte. Na, wie hieß der schon, ein fescher Junge. Der war doch von irgendeiner großen Herrschaft der Chauffeur, wie hieß er schon. Ich hätte verstehen müssen, was meine Großmutter damit meinte, dass der Neffe der Erste gewesen war. Das Wort Schwein sprach sie allerdings nie aus. Das hätte ja noch gefehlt. Meine Mutter sei völlig in ihren Cousin verschossen gewesen. Vielleicht hätte es Großmutter besser ausgesprochen. Wenn sie nicht so hinterhältig gewesen wäre. Heute weiß ich, dass sie das Wort nicht aus Vorsicht oder Schonung unterdrückte. Die Sache war komplexer. Es bedeutete, dass ich kaum mehr vermeiden konnte, ein so großes Schwein zu werden, wie es ihr Neffe gewesen war. Sie sah es ja. Ein noch größeres Schwein würde ich werden. Allerdings hatte großes Schwein im deterministischen Wortschatz meiner Großmutter keine konkrete, sondern eine rituelle Bedeutung, sie verwendete den Ausdruck im Sinn von unrein. Aber noch liebt sie mich heiß und innig. Meine Unreinheit ist ja jetzt noch kindlich. Ich bin mir ihrer nicht bewusst. Ihre Liebe käme aber zu einem abrupten Ende, sobald ich etwas Ähnliches triebe wie der Elemér, den meine dämliche Mutter beinahe geheiratet hätte, ich solle es bloß wagen, so etwas zu tun, dann könne ich bis Csepel laufen.

Dort würde ich zusammenbrechen, mich selbst besudeln, jawohl, in Csepel, der Speichel wird mir aus dem Mund fließen, Schaum vor dem Mund stehen.

Sie aber würde sterben, denn das überlebt sie nicht, es reicht, das wolle sie nicht auch noch erleben müssen. Auf die Art dürfe der Herr sie nicht strafen. Sie hat doch wirklich immer alles getan und im Leben schon genügend gelitten.

Ich dürfe nicht zu ihrem Mörder werden, so wie diese elenden Gojim hier im vierten Stock, ihre Nachbarn. Die hier im vierten Stock sind allesamt geborene Mörder.

Ich verstand das alles intuitiv, ihr zuckersüßes Getue, ihre düsteren Prohezeiungen, die mir in Aussicht gestellte Ächtung, ich habe es auch nicht vergessen, aber ich wusste nicht, wohin damit, da ich die Sätze nicht verstand, nicht verstand, worauf sie sich bezogen. Wovor oder vor wem will sie mich schützen, was will sie mir verbieten. Wovon soll mich das zuckersüße Getue fernhalten. Wie hätte ich denn verstehen sollen, was Elemér getan hatte, dass er zur Familienschande wurde. Die Sinnlichkeit versteht und flüstert einem die Sachen viel früher ein als der Verstand. Die Struktur sieht man schon und setzt dann nachträglich die fehlenden Elemente ein, sobald man die entsprechenden Inhalte begriffen hat. Das Erfassen der Struktur steht vor dem sachlichen Wissen.

Es entwickelt sich auch vorher. Das sachliche Wissen ließe sich ohne Struktur gar nicht speichern und vermehren. Ich wusste nicht, wohin mit der Information, musste sie aber doch in einem Fach meines Gehirns unterbringen. Ich legte es mir so zurecht, dass man aufpassen musste, vor allem mit seinem Cousin ersten Grades musste man vorsichtig sein, vielleicht mit dem zweiten Grades schon etwas weniger, deswegen unterstreicht Großmutter, dass es der erste war, und nennt meine Mutter dämlich.

In der Pressburgerstraße, also im Mittelpunkt der Erde, innen in ihrem Magma, wurde nicht geächtet, nicht gedroht, das heißt, niemand drohte mit Hilfe abergläubischer Übertreibungen oder emotionaler Ausbrüche. Höchstens auf ironische Art. Oder mit Gleichnissen, die kernig zu klingen hatten. Mein Vater erzählte die Geschichte vom Berghirten, der brüllt, Hilfe, Hilfe, der Wolf, der Wolf, obwohl keine Gefahr besteht, kein Wolf da ist. Seine Herde ist nicht bedroht. Die Leute vom Dorf kommen aber mit Äxten und Heugabeln gerannt. Ein andermal brüllt er wieder, der Wolf, der Wolf, weil tatsächlich, da ist der Wolf, aber es kommt ihm niemand mehr zu Hilfe. Der Wolf frisst ihn mitsamt seiner Herde. Mein Vater brauchte die lehrreiche Geschichte nicht mehrmals zu erzählen. Wenn ich übertrieb, mich übertrieben ausdrückte, brauchten sie mich nur an den Berghirten und den Wolf zu erinnern. Wo man auch ruhig hätte übertreiben können, waren sie sarkastisch. Im Namen des liberalen Denkens verfuhren sie anders als meine Großmutter, genau entgegengesetzt, sie hielten sich nicht bei einzelnen, rituell benannten Dingen auf, sondern unterzogen das emotionale und verbale Übertreiben an sich der Kritik. Sie tauschten den Gegenstand des Stammesrituals aus, sie ersetzten das magische Ritual durch ein mentales. Es war aber kaum toleranter als das magische.

Das ist kein nachträglicher Vorwurf, ich stelle nur fest, dass diese freigeistige Epoche die Dinge mit Abstraktionen vertauschte, die Gegenstände des Rituals intellektualisierte.

Jetzt schau mal einer an, wie der jetzt die Treppe raufgefallen ist, wie der jetzt hoch hinaus ist. Das war ein vernichtendes Urteil. Was der uns für eine Modenschau vorführt. Gestern hing ihm der Arsch aus der Hose, und jetzt schau, wie er aufgedonnert ist. Herausgeputzt wie ein Pfingstochse. Was für eine Maskerade.

Auch das verstand ich lange nicht, was für Gradunterschiede in den Wörtern stecken und warum meine freimütige Mutter Dinge sagen darf, die ich nicht sagen darf. Was lachen die Geschwister meines Vaters, wenn meine Mutter ebendiese verbotenen Wörter ausspricht, Arsch, Scheiße, Schwanz, sie selbst würden sie nie aussprechen, und mir verbieten sie sie geradewegs. Nicht einmal dämlich durfte ich sagen. Die sprachliche Disziplin hatte allerdings auch Vorteile. Rózsi Németh war wie meine Mutter. Auch sie war zungenfertig, und wenn ihr der Kragen platzte, sagte sie Dinge, die sonst verboten waren, aber beide hätten mir wegen meiner Kleidung und meiner Schuhe nie etwas verboten. Auch dann nicht, wenn sie mir ein weißes Hemd und weiße Socken angezogen hatten.

Wenn die Sachen schmutzig wurden, wurden sie eben schmutzig, dann kamen sie in die kleine Wäsche. In der großen Wäsche wurden Bettwäsche, Handtücher und Tischwäsche gewaschen. Große Wäsche fand nicht in der Wohnung statt, sondern in der Waschküche, die Waschfrau kam ein- bis zweimal monatlich. Schon am Vortag gingen Rózsi Németh und ich nachmittags in die Waschküche hinüber, um zu sehen, ob die Nachbarn sie ordentlich zurückgelassen hatten und ob alles an seinem Platz war. Wenn ja, konnten wir mit der Wäsche kommen, um sie einzulegen, die weiße und die bunte separat. Die Waschfrau kam in aller Herrgottsfrühe, wenn ich aufstand, loderte schon das Feuer im Kessel, und sie war schon bei der Arbeit. Wenn ich vom Kindergarten nach Hause gebracht wurde oder später dann von der Schule nach Hause kam, war die Waschfrau immer noch dabei, zu waschen. Sie wurde am späten Nachmittag, manchmal auch erst am Abend fertig, wenn sie auf dem Dachboden die Wäsche aufgehängt hatte, auch im Winter, auch in der Dunkelheit. Die Waschfrau hatte nun wirklich nur den Vornamen oder dann nur den Nachnamen und immer mit dem bestimmten Artikel davor. Die Frau Hadasfői, die Frau Zsófár, an diese beiden erinnere ich mich.

Wenn meine Knie schmutzig waren, wusch sie Rózsi mit einem feuchten Waschhandschuh oder rieb sie, falls wir draußen waren, im Szent István-Park, St. Stefanspark, oder auf dem Promenadeplatz vor dem Parlament, mit einem befeuchteten Taschentuch ab.

Aber dass ich mich schmutzig gemacht hätte, wurde gar nicht erwähnt.

Solche Wörter hatten bei uns eher einen übertragenen Sinn.

Wenn meine Großmutter meine verstockt in die Stirn fallende Haarlocke mit einem nassen Kamm oder, was mich noch unangenehmer berührte, mit einer befeuchteten Bürste gebändigt hatte, was ich auch nicht immer still und geduldig ertrug, konnten mein Großvater und ich endlich zum Sonntagsspaziergang aufbrechen. Die befeuchtete Bürste stank. Sie hatte einen scheußlichen Haargeruch, Kopfgeruch, das heißt den Geruch von stark verdorbenem Haarfett. Die unbezähmbare Stirnlocke hatte ich von meinem Großvater geerbt. Das hatte mir einmal nach der Haarwäsche meine Mutter gesagt, als sie mich kämmte. Ich vergaß es schon deshalb nicht, weil in der Bemerkung die leise Hoffnung mitschwang, dass ich puncto Gestimmtheit und Mentalität ihrem Vater gleichen würde. Sie selbst war bis zu ihrem Lebensende in ihn verliebt. So wie auch mein Goßvater ihr deutlich mehr Aufmerksamkeit widmete als seinen beiden anderen Töchtern. Auch wenn ihn der kommunistische Radikalismus meiner Mutter abschreckte, ihn zu jahrelangem stummem Widerstand veranlasste. Gleichzeitig konnte er nicht anders, er musste ihr nachgeben, so wie er um des Friedens willen auch meiner tyrannischen Großmutter nicht widerstand. Vielleicht meinte Großmutter diese Nachgiebigkeit, wenn sie über die Lebensuntüchtigkeit meines Großvaters meckerte.

Zwischen Vater und Tochter gab es einmal eine offenbar schicksalhafte Diskussion, bei der sie aber nicht einmal laut wurden. Beide verschanzten sich mit ihrem Zorn hinter den Mauern völliger Selbstbeherrschung. Argument gegen Argument, Aussage und Widerspruch, so schritten sie fort und dachten gar nicht daran aufzuhören, bevor der eine den anderen überzeugt hätte. Sie setzten eine frühere, vielleicht sehr alte Diskussion fort. Die Diskussion, wie sie die sozialistische Arbeiterbewegung schon immer von der kommunistischen getrennt und die Einheit der Linken noch in den kritischsten Situationen verhindert hatte. Die Kommunisten wollten die Welt vom Egoismus erlösen, auch, wenn's sein musste, gegen die grundlegenden, auf Animalität beruhenden Gegebenheiten des Menschen, sie strebten mit dem kleinen Stoßtrupp der organisierten Proletarier nach Alleinherrschaft, womit sie die Demokratie ganz klassisch untergruben und daraus auch kein Hehl machten. Natürlich, auf einen Schlag lässt sich das Primat des egoistischen Privatbesitzes nur durch Willkür aufheben. Die Sozialdemokraten hingegen waren der Auffassung, der Sozialismus lasse sich nur im Rahmen einer demokratisch gestützten Wahlrechts- und Wirtschaftsreform, unter Wahrung des Rechts auf Privatbesitz, verwirklichen. Die von meiner Mutter und ihrem Vater erörterte Frage stand im Zusammenhang mit einer aktuellen politischen Angelegenheit, dabei gelangten sie auf einen toten Punkt, keiner gab nach, es ging weder vor noch zurück. Gegenstand und Choreographie ihrer Diskussion sind mir noch im Gedächtnis, nicht mehr aber die Einzelheiten. Einmal warf mein Vater vom Rand her etwas ein, aber meine Mutter ließ statt einer Antwort nur ein überhebliches Zischen hören, das so viel bedeutete wie, du halt schön den Mund. Sogar ich verstand, auf welchen gesellschaftlichen Sachverhalt diese Grobheit anspielte. Sosehr sie ihn auch liebte, mein Vater blieb doch das verwöhnte gutbürgerliche Söhnchen. Da waren ihr Gut in

Gömörsid gewesen, ihr Bauunternehmen, die assortierten Kinderfräuleins, die Onkel, alles Bankiers, Anwälte, Unternehmensleiter, Chefärzte und Abgeordnete, wie wollte er da verstehen, wovon sie und ihr Vater sprachen. Das war einer der heiklen Punkte im Leben meiner Mutter, man könnte sagen, ihr am falschesten klingendes Wort. Sie hielt sich für eine Proletarierin, für eine Prolo, wie sie manchmal sagte, wie aber hätte sie das sein sollen. So wie sie beschaffen war, stand ihr tatsächlich die auf Solidarität gebaute dynamische Kultur der Besitzlosen am nächsten, die gemeinsamen Touren, das gemeinsame Kochen, das Singen im Chor, die Sprechchöre, die frohe Selbstaufgabe, die Pyramiden, die auf kaum hörbare Befehle, ein Klappern oder Klatschen, aus Körpern gebildet wurden, die ganze leichte Bewaffnung des Anti-Egoismus; bis heute bewahre ich die kleine Klapper aus Nussbaumholz auf, mit der sie die Turnübungen der Arbeitersportler anführte; und sie waren ja auch arm, das ist wahr, zur Zeit der Weltwirtschaftskrise ärmer als Kirchenmäuse, aber mein Goldschmied-Großvater war doch kein Proletarier. Meinetwegen ein mit sozialem Verantwortungsgefühl geschlagener oder gesegneter Angestellter, ein organisierter Arbeiter, darauf beharrte er sein Leben lang, aber ein Proletarier war er nicht. Die Klapper trägt die verliebten, verblichenen Worte unseres Vaters. Unter die Zunge der Klapper hatte er mit winzigen Buchstaben geschrieben, von wem wohl, na, warum wohl, na, und nicht einmal Fragezeichen dazugesetzt. Demnach war die Klapper ein Geschenk. Meine Großmutter konnte schon wegen ihrer Mentalität und Weltanschauung keine Proletarierin sein. Wie hätte Cecília Nussbaum denn ihre an den Reichtum und ans Reichwerden geknüpften Hoffnungen aufgeben sollen. Als Prolo hätte sie Königin Elisabeth wegen ihrer Schönheit nicht mehr anhimmeln können, ebenso wenig deren perlenbesticktes Ballkleid aus weißen Spitzen oder das aus feinstem Wildleder gefertigte Reitkostüm, und die zog das alles nicht einfach an, sondern es wurde ihr bei jedem Anlass auf den Leib geschnitten, und im ganz konkreten

Fall hätte Großmutter nicht mehr auf Janka Taubers Vermögen hoffen können. Typographen, Silberschmiede, Goldschmiede und Drechsler waren sowieso die Creme der Arbeiterklasse, Außenstehende, abseits Stehende, die Arbeiteraristokratie, noch lange nicht proletarisch. Mit diesem Proletariertum bildete sich meine Mutter etwas ein. Sie identifizierte sich höchst empathisch mit denen ganz unten, mit den Ausgegrenzten und Besitzlosen. Zur Zeit der großen Arbeitslosigkeit, als auch mein Vater keine feste Anstellung gehabt hatte, Mitte der dreißiger Jahre, war sie tatsächlich zwei Jahre lang Arbeiterin gewesen, Elektroschweißerin bei Tungsram, hatte tatsächlich am Fließband gearbeitet, im Stücklohn, um den damaligen Ausdruck zu verwenden, und das hatte bei ihr einen starken Eindruck hinterlassen. Auf diese Erfahrung stützte sie sich später, um das nötige proletarische Bewusstsein in ihre illegale Tätigkeit einbringen zu können. Gleichzeitig war sie die Leiterin der Turnfachabteilung des Sport Club Vasas gewesen, was Training, Wettbewerbe, Reisen, Vorbereitung und Durchführung von Auftritten bedeutete. Es war noch die große Zeit des Amateursports. Alles geschah strikt in der Freizeit; auch das Reisegeld mussten sie selbst zusammenkratzen, die Turnbekleidung, die Tanzkleider kauften sie selbst, und wenn kein Geld da war, nähten sie die Sachen, die Mädchen nähten für die Jungen, manchmal sogar die Turnschuhe für die Turnschau. Sie schnitten die Sohlen aus alten Hüten zu, schichteten sie, klebten sie aufeinander, für das Oberteil verwendeten sie starkes Leinen. Sie fuhren im Zug dritter Klasse, übernachteten in den Garderoben und Turnhallen der Gastgeber, manchmal auf geliehenen Matratzen, zuweilen auch auf Stroh. Manchmal kamen sie erst am Montag in der Frühe nach Budapest zurück und gingen vom Bahnhof direkt zur Arbeit. Das organisatorische Talent und die Führungsqualitäten meiner Mutter wurden bemerkt, ihre Kollegen besprachen mit ihr die persönlichsten Angelegenheiten, und bei der nächsten Wahl wurde sie zur Gewerkschaftsvertreterin gewählt. Von da an war sie es, die im Namen der Schweißerinnen mit der Unternehmensführung verhandelte. Auf dem Újpester Fabrikgelände von Tungsram gab es offenbar auch zwei riesige Hunde, Kettenhunde, nicht gerade sanfte Geschöpfe, eher von der knurrenden, bellenden, zähnefletschenden Sorte, von den Arbeitern Benito und Adolf genannt. Die organisatorischen Fähigkeiten meiner Mutter wurden bald auch vom Chefingenieur der Fabrik erkannt, und ein paar Monate später saß sie schon im Büro. So schlugen die schlauen Bourgeois zwei Fliegen auf einen Streich. Sie schrieb fehlerfrei ungarisch und deutsch, sodass sie nach Diktat die deutsche Korrespondenz schreiben musste, womit sie gleichzeitig ihrer Rolle als Arbeiterinnenvertreterin beraubt wurde.

Fräulein Klára Tauber war mit sechzehn zum ersten Mal angestellt gewesen, als Privatsekretärin in der Kanzlei des Anwalts Rudolf Walkó auf dem Elisabethenring, und auf Rat ihres Vaters war sie sogleich dem Bund Ungarischer Privatbeamter beigetreten. Schon bei ihrem ersten Besuch in der Kanzlei kam ihr die Sache ziemlich unwirklich vor. In den großen, bequem ausgestatteten Räumen standen in verglasten Aktenschränken Mengen von Akten, aber Mitarbeiter gab es keine, überall nur stumme Ordnung, stumme Gegenstände. Durch offene Türen sah man in die Flucht leerer Büroräume hinein. Doktor Walkó führte das Fräulein, nachdem er ihren Aufgabenbereich umrissen hatte, durch verlassene hofseitige Büros zu zwei riesigen, miteinander verbundenen Bibliothekszimmern. Der Anwalt und seine Familie wohnten auf ihrem Gut im Komitat Zemplén, wer weiß, wie lange die Kanzlei schon brachlag, er betätigte sich als Gutsherr, schrieb Expertisen, arbeitete an juristischen Studien, wozu er Bücher und Akten brauchte. Seine Wünsche übermittelte er mit Telgrammen oder am Telefon; meine Mutter musste anhand einer Kartei die verlangten Schriften heraussuchen, auf die Post geben beziehungsweise die per Post zurückkommenden Bücher und Akten wieder einordnen. Zuweilen musste sie auch in die Bibliothek gehen oder in Antiquariate, wenn es um ein seltenes Buch ging. Daneben hatte sie auch die ausgedehnte Korrespondenz des Anwalts zu erledigen, sie führte die Kasse, bezahlte kleinere Rechnungen, brachte die größeren auf die Bank des Anwalts, erhielt dort den Zahlungsbeleg, leitete diesen an die Adresse des Guts im Bergland weiter. Wo sie nie gewesen war. Vormittags musste sie die Büroräume und Bibliotheken lüften, auch die anderen, bürgerlich prächtig eingerichteten, auf den Ring gehenden acht Zimmer, die ebenfalls eine Flucht bildeten. Nachmittags, noch bevor die Sonne die linksseitigen Fassaden des Rings ereichte, musste sie die inneren Läden schließen. Jeden Dienstag kamen zwei Putzfrauen, die sich über die sowieso schon blitzblank saubere Wohnung hermachten, jeden einzelnen Gegenstand wieder in die Hand nahmen, ihn abwischten, ihn entstaubten, der ganze Steinfußboden wurde aufgewaschen, jedes Fenster geputzt. Meine Mutter hatte die Arbeiten zu beaufsichtigen. Die Frauen arbeiteten stumm und energisch, es gab nichts zu beaufsichtigen. Es waren zwei Schwestern, große, grobknochige Frauen, alte Jungfern, echte Proletarierinnen, die für den Lohn erbarmungslos arbeiten mussten, wobei die Familie Walkó sie aus irgendeinem Grund doch auch unterstützte, zu Ostern und Weihnachten extra bezahlte und ihnen vom Gut Äpfel und Nüsse schickte, in mit einem festgenähten Tuch bedeckten Weidenkörben, die wieder an die Adresse im Komitat Zemplén zurückgeschickt werden mussten. Meine Mutter erklärte es sich so, dass diese Frauen entfernte Verwandte der Familie waren. Manchmal schafften sie die Arbeit nicht in einem Tag, einmal pro Monat mussten sie die Teppiche in den Hof hinunterschleppen, sie dort gründlich klopfen, das Parkett in den endlosen Zimmern gleichmäßig mit Tangó-Bohnerwachs bestreichen, es mit an ihre nackten Füße geschnallten Bürsten blank wichsen, wie man damals sagte, oder die Fenster putzen und die Türen waschen oder das Silber und das Kupfergeschirr reinigen, und in diesen Fällen musste meine Mutter sie noch einen Tag, vielleicht sogar zwei, kommen lassen. Sie musste ihnen auch den Lohn aushändigen. Sie arbeiteten im Tagelohn, und meine Mutter durfte ihnen nicht helfen. Das gehöre nicht zu den Aufgaben des Fräuleins. Als sie trotzdem einmal den Frauen helfen wollte, in den Bibliothekszimmern die großen Teppiche aufzurollen, waren diese so empört, dass sie es nie mehr versuchte. Vielleicht dachten sie, man wolle ihnen etwas wegnehmen. Hingegen musste meine Mutter für alles sorgen, für die Reinigungsmittel, die Tücher, Putzlappen und Bürsten. Ihnen von gegenüber, aus dem Restaurant Erzsébet, das Mittagessen heraufbringen, wobei auch vorgegeben war, woraus das Essen zu bestehen hatte und wie viel es kosten durfte. Es stand ihnen eine dicke Suppe oder eine mit reichlicher Einlage zu, ein Gemüsebrei oder ein Einbrenngemüse mit Auflage. Heute weiß kaum noch jemand, was eine Auflage ist. Ein Stück Fleisch minderer Qualität, vielleicht eine dünne Tranche Suppenfleisch, eine Scheibe Hackfleisch, ein paar Stückchen Pörkölt, die aufs Gemüse gepappt und reichlich mit fettigem, nach Möglichkeit Fleischfetzen enthaltendem Bratensaft übergossen wurden. Die Auflage und vor allem der Bratensaft waren ein dauerndes Streitthema zwischen den Kellnern und den Gästen beziehungsweise zwischen den Kellnern und den Köchen. Die Gäste fanden den Saft zu kärglich, bemängelten, dass er nur aus Fett mit Paprika bestehe, da ist nichts drin, nehmen Sie's wieder mit und tun Sie noch anständig was drauf, von irgendwas muss man ja satt werden, wenn man schon so viel zahlt, und wenn der Kellner den Teller wieder mitnahm, setzte sich die Szene zwischen ihm und dem Koch fort. Was mich betrifft, erschütterten mich derartige Restaurantszenen jeweils ziemlich. Der Koch stieß den Teller wieder zurück, er habe genügend draufgetan, das ist das Maß, mehr gibt's nicht. Der geschätzte Gast solle nicht versuchen, von Sauce satt zu werden. Oder er knallte fluchend noch einen Löffel voll aufs Gemüse, dass es im Suppenteller nur so spritzte. Von den absichtlich lauten Auseinandersetzungen in der Küche war die Luft dick, die Gäste saßen erstarrt an ihren Tischen. Wenn er nur Geld hat für Gemüse, wieso kommt er dann hierher. Jedem steht gleich viel zu. Das ist doch einfach der Gipfel. Könnten Sie Ihre Küchendiskussion nicht etwas leiser abwickeln. Ach, wundern Sie sich nicht, der anständige Mensch wird doch überall an der Nase herumgeführt und hereingelegt. Die Ungerechtigkeit, dass diesem armen Menschen nicht einmal etwas Saft gegönnt wurde, kommentierte man nicht, aber alle hatten wahrscheinlich das Gefühl, Betrogene zu sein. Diese Halunken. Sagte man vielleicht bei sich. Die bescheißen doch alle. Niederträchtige Bande. Manchmal wurde das unter den Gästen zu einer richtigen Epidemie. Nach einer kurzen Atempause waren plötzlich alle unzufrieden, ungesättigt, ungehalten. Ich habe keine Serviette bekommen, kein Wasser, wo ist das Salz, ich warte schon seit zehn Minuten aufs Brotmädchen, das ist zu kalt, zu heiß, nicht frisch gekocht, die Kartoffeln riechen komisch.

Im Frühling und im Herbst musste sie das Großreinemachen beaufsichtigen, und das war die kompliziertere Aufgabe, denn fürs Schrubben musste sie zusätzlich geübte und zuverlässige Frauen aufbieten. Diese namenlosen Arbeitsmaschinen auf zwei Beinen schrubbten mit Laugenwasser und Wurzelbürsten und mit kreisenden Bewegungen das Parkett, nahmen dann mit nassen Tüchern das Laugenwasser auf und spülten mit frischem Wasser nach, um es erneut aufzunehmen, das war das Wort dafür, aufnehmen, sie zäunten mit den großen, weichen Tüchern die von der Lauge schäumende Pfütze ein, ich weiß, wie das geht, habe es zusammen mit Rózsi Németh auch gemacht, auch später, als unsere Mutter nicht mehr lebte und wir keine Haushaltsangestellte mehr hatten, das Tuch wurde über den Eimern ausgewrungen, sie sagten nicht Lappen, sondern Tuch, das war das Wort dafür, die haben offenbar kein rechtes Tuch, was in diesem Fall nicht Leintuch bedeutete. Wie soll ich denn mit diesem Fetzen das Wasser aufnehmen, gnädige Frau. Bitte ein anständiges Tuch zu geben. War das Parkett dann halbwegs trocken und hatte es die Hausfrau unerbittlich auf Flecken kontrolliert, kam das sogenannte Einlassen, gelbe Pulverfarben, die Tönung je nach Geschmack, wurden in lauwarmem Wasser aufgelöst und auf das Parkett aufgetragen. Nun durfte man die ausgeräumten Zimmer erst recht nicht mehr betreten. Am zweiten oder dritten Tag, je nachdem, wann sie es für völlig trocken befanden, kam das Wachs, sie bohnerten das Parkett mit einem weichen Tuch, möglichst mit Baumwollflanell, das war das Wort, und wenn das Wachs auf dem Parkett einigermaßen fest geworden war, konnte man mit den Bürsten kommen, aber schon nicht so, dass du nicht auch die Bürste einwachst. Versuch es bleibenzulassen, da kannst du dann sehen, wie das Parkett nie glänzt.

Jeden beweglichen Gegenstand, und von denen gab es in der Wohnung mehrere hundert, einzeln wegpacken, umpacken. Meine Mutter durfte auch beim Schleppen und Schieben der Möbel nicht helfen. Dafür musste sie sich Ort und Position der Gegenstände merken. Doch den größten Teil ihrer Arbeitszeit verbrachte sie bequem mit Lektüren. Belletristische Werke gab es in der Bibliothek des Anwalts zwar nicht, historische und soziologische hingegen schon, Korrespondenzen historischer Persönlichkeiten, Tagebücher, politische Flugschriften, Biographien, meine Mutter las alles schön der Reihe nach, sogar wirtschaftswissenschaftliche Werke, die interessierten sie, und zuweilen verstand sie auch etwas. Beim Lesen war sie immer angespannt, immer auf dem Sprung. Wovon sie manchmal starke Kopfschmerzen bekam, manchmal Magenkrämpfe. Jedes beliebige Familienmitglied, oder auch die ganze Familie, konnte nämlich in jedem beliebigen Augenblick, abgesehen von den Reinigungstagen, hereinplatzen, und sie mussten alles so vorfinden, wie sie es ein paar Monate zuvor verlassen hatten. Meistens war es nur der Postbote, wenn es klingelte, der Hauswart, der Hauseigentümer oder eine Dienstmagd, die man herübergeschickt hatte, um etwas zu holen, aber schon das genügte, wo bin ich eigentlich, wohin mit dem Buch, nachmittags kam vielleicht der Paketausträger oder der Telegrammbote. Dem dauernden Geputze zum Trotz musste alles an seinem zugewiesenen Platz sein, die Ziergegenstände, die Teppiche, die Bücher in den verglasten Bücherschränken, Fauteuils, Stühle, alles zentimetergenau. Sie las nicht im Bibliothekszimmer, sondern an ihrem Schreibtisch, immer darauf gefasst, das Buch in die Schublade werfen oder rasch wieder in die Bibliothek stellen zu müssen. Von dem allem erzählte meine Mutter, wenn sie mir die Nägel schnitt, mich anzog, mir das Haar wusch, mir sonntagabends die Schuhe putzte, mir morgens die hohen Schuhe schnürte und bei ähnlich unspektakulären Operationen. Sogar von den Horizontalen habe sie dort zum ersten Mal gelesen. Ich hatte noch lange, vielleicht bis zu meinem fünfzehnten Lebensjahr, keine Ahnung, was und wer diese Horizontalen waren, obwohl ich doch bedeutungsgleiche Wörter kannte. Und als ich dank meiner Klassenkameraden doch schon ahnte, was das Wort bedeuten könnte, wusste ich immer noch lange nicht, was eine Horizontale tat oder was man mit der Horizontalen tat und warum sie es tat, und warum man es tat, warum man ihr Geld dafür gab, und warum man darüber blöd lachte, obwohl ich das Wort viel früher, in einem rätselhaften, mit Vorwürfen verbundenen Zusammenhang, in der Péterfy-Sándor-Straße, in der Dembinszky-Straße und auch in der Damjanich-Straße schon gehört hatte, und so hätte ich meine Mutter nicht zu fragen gewagt, was eine Horizontale war, meinen Vater noch weniger.

Dass uns doch Mutter die Horizontalen in die Wohnung hereinlassen und stundenlang mit ihnen tuscheln muss.

Würde ja gern wissen, was sie zusammenquasseln.

Das war ja auch eins der geheimnisvollen Phänomene, dieser rätselhafte Unterschied, der die Stadtbezirke trennte.

In der Pressburgerstraße gab es keine derartigen Personen, da war ich mir ganz sicher. Im Haus in der Péterfy-Sándor-Straße wohnten in einer Wohnung zwei Horizontale. Ich versuchte zu sehen, was an ihnen horizontal war, entdeckte aber nichts. Wenn sie nicht ausgingen, liefen sie schlampig umher. Auch in der Dembinszky-Straße wohnte eine, im Erdgeschoss, in einer ärmlichen

Hofwohnung. In der Damjanich-Straße wohnte eine Edelnutte, ausgehaltene Frau nannte man sie, ja, richtig, die wohnte im Hinterhof, im dritten Stock oben. Das verstand ich auch nicht, dieses ausgehalten, hatte es etwas mit hinaushalten zu tun. Hob man sie im dritten Stock übers Geländer und hielt sie hinaus. Das war für mich die einzige auf der Hand liegende Erklärung. Sie hatte sich nicht benommen, war ungehorsam gewesen, hatte etwas ausgefressen, und ihr Dienstmädchen hielt sie hinaus, so wie Rozália Kiss mich hinausgehalten hatte, Rozália, die den erhaltenen Papieren zufolge am 18. November 1946 bei uns als Haushaltshilfe eingetreten war, in fester Anstellung, wofür meine Eltern monatlich 24 Forint an die Sozialversicherung zahlten, doch am zweiten Dezember desselben Jahrs arbeitete Rozália schon nicht mehr bei uns. Denn einmal hatte ich im Flur etwas ganz Böses angestellt. Worauf mich Rozália packte, mit mir auf den Gang hinauslief und dazu schrie, jetzt werde sie's mir zeigen, sie werde mich vom Stockwerk hinunterschmeißen, und während sie meinen Körper übers Geländer hob, schrie sie, entweder ich verspreche ihr, nie mehr so etwas zu tun, oder sie werfe mich hinunter. Unter mir sechs Stockwerke. Sie schüttelte mich regelrecht über dem Abgrund. Es ging schon auf den Abend. In der Hauswartwohnung im Erdgeschoss, bei Tavalys, brannte das Licht. Aber ich konnte nichts versprechen, aus dieser Perspektive hatte ich den Hof noch nie gesehen, und das ungewohnte Gefühl der Tiefe machte mich benommen. Ich wusste nicht und sah nicht, wie meine Mutter auf das Geschrei hin aus dem Atelier trat und vom Flur her sah, was auf dem Gang vor der Wohnung ablief. Es verschlug ihr die Sprache. Besser so, bloß nichts sagen jetzt. Bloß nicht kreischen. Sie schlich an der Wand entlang zur Tür, während mich Rozália Kiss über der Tiefe schüttelte. Weil ich so ein erzverstocktes Kind sei, das ihr nichts versprechen wolle. In diesem Augenblick rutschte meine Mutter am Türrahmen entlang zu Boden und verlor das Bewusstsein. Wobei wahrscheinlich ein Geräusch entstand. Rozália Kiss zog mich über der Tiefe zurück und schleuderte mich in ohnmächtiger Wut auf den Steinboden des Gangs, wo ich überrascht feststellte, dass auch meine Mutter auf dem Boden lag, ihr Kopf hing von der Schwelle auf den Gang heraus. Rozália begann hysterisch zu kreischen. Ich erinnere mich nicht mehr, ob mein Vater zu Hause war, aber es muss noch jemand in der Wohnung gewesen sein, vielleicht jemand, mit dem meine Mutter im Atelier geplaudert hatte, ein Fremder, eine Besucherin, ich weiß nicht einmal mehr, ob es ein Mann oder eine Frau war, ich erinnere mich nur, dass der oder die Betreffende beim Kopf meiner Mutter kauerte, ihr Ohrfeigen gab und Rozália anschrie, sie solle nicht da rumstehen, sondern endlich Wasser bringen.

Aber was mochte die Frau im dritten Stock ausgefressen haben, diese Horizontale, die so hinausgehalten wurde. Sobald sie wieder zu sich gekommen war, sagte meine Mutter zu Rozália Kiss, sie solle ihre Sachen packen und gehen. Rozália begann zu weinen, sie schrie und brüllte wie am Spieß, wohin sie denn gehen solle, und ihr stehe der Lohn für den ganzen Monat zu.

Sobald sie gepackt habe und angezogen sei, würde sie den Monatslohn erhalten. Aber sie solle sehr rasch verschwinden.

Ich erinnere mich nur an eine der Horizontalen, eben an diese vom dritten Stock hinausgehaltene, an ihre Haarwickler, daran, wie ihr Kopftuch das Gewicht ihres Haars und der Wickler hielt. Ich erinnere mich an ihren üppigen Körper im lilaglänzenden Satinmorgenrock, an ihre Pantoffeln mit Pompon, in die ich gern meine Füße gesteckt hätte, daran, wie sie ans Geländer des Laubengangs gelehnt Zigaretten rauchte, was sie offenbar für vornehm hielt, aber eigentlich wartete sie, bis endlich jemand kam, mit dem sie plaudern konnte. Also war meine Großmutter imstande, solche Personen in ihre Wohnung hereinzulassen, und nicht einmal mein Großvater konnte sie davon abhalten. Stundenlang tuscheln sie herum. Wenn ich nur wüsste, Mutter, was Sie mit einer solchen für gemeinsame Themen haben können. Ich weiß schon, dass man im ganzen Haus redet, aber Gott sei mein Zeuge, das sind doch auch Menschen. Auch sie sind unsere Nachbarn, und mit seinen Nachbarn muss man gut auskommen. Die schütten halt ihr Herz aus. Neun Jahrzehnte später fand ich auf der Liste eines Antiquariats die Beschreibung des Buchs, das meine Mutter mit sechzehn in Rudolf Walkós Bibliothek gelesen hatte. *Die Prostitutionsfrage. Vorgetragen an der Jahresenquête 1917 des Nationalverbands.* Rücken vergoldet, Ganzleinenbindung, guter Zustand. In seiner Empfehlungsnotiz erwähnt der Antiquar die im Buch enthaltenen Beiträge von György Lukács, Lajos Nékám, Professor für Geschlechtskrankheiten, Emil Weil, Radiologe, und vom Kriminologen Ferenc Pékary, um die bedeutendsten Namen herauszuheben, ich wollte das Buch natürlich sofort erwerben, aber es war leider schon verkauft. Später jedenfalls machte es mir großen Eindruck, dass meine Großmutter der allgemeinen Missbilligung zum Trotz in ihrer Küche mit Prostituierten geplaudert hatte. Mein Großvater konnte ihr das ein Leben lang nicht ausreden. Das war vielleicht die einzige Eigenschaft, diese unbeirrte soziale Sensibilität, mit der sie mir imponierte. Bestimmt las meine Mutter den jungen György Lukács, den jungen Emil Weil, um den Protest im Haus zu verstehen, bis es dann eines Vormittags am Erzsébet-Ring an der Wohnungstür klingelte. Dort kam es zu einem richtigen Nahkampf, ein verdächtig aussehender junger Mann wollte in die Wohnung eindringen, meine Mutter wollte ihm die Tür vor der Nase zuschlagen, aber er hielt das Knie und den Fuß dazwischen, worauf ihm meine Mutter mit dem erhöhten Absatz ihres Schnallenschuhs tüchtig auf den Fuß trat und er ihn instinktiv und brüllend zurückzog, sodass es ihr gelang, ihn mit der Tür hinauszustoßen.

Sie schloss ab und hängte mit zitternden Händen die Sicherheitskette vor.

Zwei Menschen standen keuchend und zitternd beidseits der Tür.

Und, wer weiß warum, vor Wut, vor Aufregung, schluchzte der

Mann jenseits der Tür laut auf, aber, Fräulein, ich bin ein Freund der Familie, ich bringe einen dringenden Brief, nur einen Augenblick, ich flehe das gnädige Fräulein an, nur einen Augenblick die Tür zu öffnen, damit ich ihn überreichen kann. Sie rannte durch alle Zimmer, mit den Teppichen übers Parkett rutschend, und riss im letzten hofseitigen Büro das Fenster auf, Hilfe, Hilfe, ein Einschleichdieb im Haus. Auf den Gängen erschienen die Bewohner, die Dienstboten, einer um den anderen, auf dem Hof der Hauswart. Der Dieb weint. Bis sie zu Besinnung kamen und losrannten, fanden sie auf den Gängen und im Treppenhaus keinen weinenden Dieb mehr vor. Eines Nachmittags traf mit seinem Köfferchen der vor dem Abitur stehende Sohn des Anwalts ein. Es war ein eher schüchterner, schöner, sanfter Junge, sie standen verlegen voreinander und brachten, abgesehen von ein paar höflichen Floskeln, keinen vernünftigen Satz zustande. Sie hatten ja auch nichts miteinander zu tun. In den nächsten Tagen gingen sie sich aus dem Weg. Aber beide spürten in der großen Wohnung die Präsenz des anderen auf der Haut. Sie machten vorsichtig die bis dahin offen stehenden Flügeltüren zu. Und dann fand meine sechzehnjährige Mutter, die einmal den als Antiklerikalen gefeierten Ernest Renan über das Leben Jesu las, einmal Lukács über die Prostitution, einmal die Tagebücher des berühmten Henkers Charles Henri Sanson, eines Morgens ein bescheidenes Geschenk auf dem Schreibtisch, von Gerbeaud. Es waren Bonbons mit Veilchengeschmack, in einer mit einem Veilchenkranz geschmückten Blechdose. Sie erschrak so, dass sie die Dose um keinen Preis berührt hätte.

Für den gehemmten jungen Mann konnte sie sich schon deswegen nicht interessieren, weil es seit einigen Wochen einen anderen Besucher gab, mit Namen László Bódog, ein braunäugiger, freundlicher junger Mann mit gewelltem Haar, rund zehn Jahre älter als meine im zarten Mädchenalter stehende Mutter. Er war mit einem Schriftpacken gekommen, damals bestanden die Schriftpacken aus der Länge nach gefalteten Blättern, mit Schnur umwickelt oder gebunden. Den Packen brachte er vom Direktor der Südbahn AG, dessen Chauffeur er war. Anderntags wartete er vor dem Tor auf meine unschuldige Mutter, die keinen Sinn darin sah, sich lange zu zieren, denn es war völlig klar, dass sie sich am Vortag bei der Begegnung in der Tür auf den ersten Blick verliebt hatten, was immer Liebe sein mag. Sie mussten nur aufpassen, dass ihre Verliebtheit im Rahmen der Vernunft blieb. Dass sie nichts taten, das sie später bereuen würden. Wie man sich damals in Fragen der Moral heikel ausdrückte. Ich wusste lange Zeit nicht, was man damit meinte. Es mussten mindestens dreißig Jahre vergehen, bis ich verstand, was Moral unter diesem Aspekt bedeutet. Meine Mutter hatte noch nie so etwas empfunden, so etwas erfahren. Ihre Vorsicht war mit der inneren Stärke eines Unbekannten konfrontiert. Als sie das erzählte, und sie erzählte jede Geschichte mehrmals, in verschiedenen Situationen, in mehreren Akten, einmal aus dieser Perspektive, einmal aus jener, sie fuhr mit der Geschichte umher, entstand ein kleines begriffliches Duell zwischen uns. Ich verstand nicht, warum sie Unbekannter sagte, wie konnte er das sein, wo er ihr doch nicht mehr unbekannt war. Aber nein, sie kannte ihn nicht, woher denn auch, sie hatten nicht zusammen Schweine gehütet, noch lange kannte sie ihn nicht, Kennenlernen kommt erst mit der Liebe, ich kenne nicht einmal deinen Vater, obwohl ich ihn schon ziemlich lange liebe. Bis heute kenne ich ihn nicht, sie lachte schallend, solange man verliebt ist, kennt man den anderen nicht. Und wenn man nicht mehr verliebt ist, hat es auch keinen Wert mehr. Damit brachte sie mich vollends in Rage. Das kann doch nicht sein, dass meine Mutter in meinen Vater verliebt ist. Ich wusste nicht, was ich sagen sollte, ich tobte, war aufgebracht. Wenn von so etwas die Rede war, begann das Unverständnis in mir zu toben, und dann musste ich mich auch noch schämen. Immer gleichzeitig. Das Toben und die Scham. Nur meine Mutter konnte mich so in Rage bringen. Auch ich spürte, dass das nicht ich war. Wer es aber war, wusste ich nicht. Sie sagte, tobe du nur, aber wenn du noch lange tobst, kriegst du zwei schöne große Ohrfeigen. Das machte diesen anderen in mir noch wütender. Sie will mich hereinlegen. Sie will mich durcheinanderbringen. Ich bin aus dem gleichen Holz geschnitzt wie sie. Wie könnte ich diese Beleidigung ertragen. Dein Vater ist kein Verwandter von mir, rief sie, wie sollte ich ihn kennen. Das geht nicht auf einen Schlag, man lernt den anderen nur allmählich kennen. Meine Mutter verstand besser als ich selbst, warum ich tobte. Mir blieb der Mund offen vor stummem Staunen. Tatsächlich, das kann sein, dass er wirklich kein Verwandter von ihr ist, sondern ein Unbekannter, mit dem sie einmal bekannt wurde, für mich hingegen ist dieser Unbekannte ein Verwandter, den sie erst allmählich kennenlernt, und so muss ich akzeptieren, dass ich in diesen zwei einander Unbekannten je einen Verwandten habe.

Am nächsten Morgen lag die nächste Konfektschachtel von Gerbeaud da, noch größer, noch schmucker. Sie wusste nicht, was sie mit diesen schönen Schachteln anfangen sollte. Sie ließ auch die zweite liegen, wo sie lag. Dem unbekannten Bódog konnte sie es nicht erzählen, der chauffierte gerade einige Tage lang seinen Chef in der Provinz umher. Sie hätte es ihm gern erzählt. Zu dieser Zeit nahm sie nach der Arbeit in Frau Alice Madzsar-Jászis Turninstitut in der Ménesi-Straße Stunden in Bewegungstanz. Ich weiß nicht, ob diese Kurse, die zugunsten der geldverdienenden Frau, wie man damals sagte, auf die späten Nachmittagsstunden gelegt waren, von Frau Madzsar-Jászi persönlich geleitet wurden oder von einer ihrer Schülerinnen, etwa von Ágnes Kövesházi. Ich müsste mich daran erinnern, habe auch jedes Mal das Gefühl, die Erinnerung komme mir gleich, und dann doch nicht. Meine Mutter und ihr Cousin, der zwei Jahre ältere Elemér, Tante Szeréns Sohn, gingen tanzen, wo immer und wann immer es nur möglich war. Sie waren leidenschaftliche Tänzer. Damals waren die Mädchen zum Tanzen hinreißend gekleidet, in glänzenden, lose geschnittenen, relativ kurzen Seidenkleidern mit rundem Halsausschnitt, in denen sie sich frei bewegen konnten, an ihren seidenbestrumpften Füßen trugen sie Schnallenschuhe, die auch bei den wildesten Schritten Sicherheit boten, auf den gedrungenen Absätzen brauchten sie nicht zu trippeln. Sie hatten höchstens eine lange, echte oder falsche Perlenkette um den Hals, sonst keinen Schmuck. Meine Mutter war schon todkrank, als sie mir zwischen zwei Krankenhausaufenthalten die Grundschritte der Gesellschaftstänze beibrachte, Tango, Foxtrott, Slowfox, aber auch Walzer, Polka und Csárdás. Sie war ein echtes Tanztalent. Sie tanzte nicht mit den Beinen und nicht mit dem Kopf, sie stellte zwischen ihrem Gehör und ihrer Muskulatur eine unmittelbare Beziehung her, und das brauchte sie mir nicht eigens beizubringen, ich sah ihrem abgemagerten Körper an, was geschah. Sie zeigte mir beide Walzer, den englischen und den Wiener Walzer. Ihr verstümmelter Körper erstrahlte. Ihre Tanzleidenschaft übetrug sich auf mich, oder ich hatte sie geerbt. Später besuchte ich auch Tanzkurse, aber den Rhythmus und die Grundschritte der Tänze habe ich von ihr gelernt. Lange Zeit gab es keinen schnellen Tanz, dem ich nicht hätte folgen können, ihn mit dem Blick notieren und dann mit den Beinen auch gleich wiedergeben. Tanzen ist Denken, die Erinnerung beschwört herauf, was die Beine rhythmisch schon einmal gedacht haben. Man hielt sie und Elemér für ein Paar, für eingespielte Tanzpartner, um die man in den Tanzsalons oder bei Tanzabenden ehrfürchtig herumstand und die man offenen Mundes bestaunte. Und wenn nicht so viel anderes dazwischengekommen wäre, hätten sie eine gemeinsame Tänzerkarriere gemacht. Wenn zum Beispiel der verliebte László Bódog meine halbwüchsige Mutter mitsamt dem Elemér nicht in die große Turnhalle in der Peterdy-Straße mitgenommen hätte, in den Verein der Naturfreunde und Turner. Hat er aber. Wenn meine Mutter nicht begonnen hätte, dort ernsthaft zu turnen, und dann auch ernsthafte Touren zu machen, mit Bódog und Elemér, denn Bódog war ein Bergsteiger, und hier in der Peterdy-Straße gab es ein Konditionsprogramm. Einmal in den Alpen, auf einer Lichtung, warfen sie und Elemér ihre ganze Kleidung ab und tanzten nackt für die anderen. Angeblich gab es Fotos davon, Laci Bódog hatte sie gemacht, sie und mein Vater wieherten vor Lachen, aber ich habe diese Fotos nie zu sehen bekommen.

Wenn sie in dieser Turnhalle etwas später nicht meinen Vater kennengelernt hätte.

Naturismus, Touren, freier Tanz und Körperkultur traten Ende des neunzehnten Jahrhunderts auf, gewissermaßen im Gegenzug zur Urbanisierung und den aufeinanderfolgenden Industrierevolutionen und im Verein mit den verschiedensten Ismen. Bis heute bedaure ich, kein Tänzer geworden zu sein. Vielleicht hatte ich nicht die physische Struktur. Vielleicht hätte ich aber meinen Körper ausbilden können. Jetzt könnte ich ein alter Choreograph sein, der seinem einstigen Glanz nachträumt. Ich muss es zugeben, meine Großmutter hatte mich durchschaut und nicht zufällig angenommen, dass in mir ein Elemér lebte, von dem man mich irgendwie purgieren müsste. Meine Mutter und Elemér kannten die haarsträubendsten nord- und südamerikanischen Tänze, sie konnten den Steptanz, den Samba, den Rumba, den Tango, sie kannten den Zweivierteltakt des Onestep, den Vierviertaltakt des Boogie-Woogie, den Shimmy, den skandalösen Shimmyshake. Bis zu ihrem Tod liebte meine Mutter den Elemér heiß. Sie strahlte, wenn sie von ihrer gemeinsamen Tanzleidenschaft erzählte. Irgendwo müsste doch das Foto zu finden sein, wo sie und Elemér nackt auf der Lichtung tanzen. Sie hatte auch zu Elemérs Tod nichts hinzuzufügen. Er ist verrückt geworden, sagte sie knapp und teilnahmslos, als ich wegen der hochemotionalen Elemér-Bemerkungen meiner Großmutter nachfragen wollte. Das kommt in den besten Familien vor, dass jemand verrückt wird. Eines Sonntagnachmittags, als ich gerade die Wohnung putzte, schaltete ich das Radio ein, um mich bei dieser Arbeit in der großen Wohnung auf dem Schwabenberg weniger zu langweilen, und da hüpfte sie, als sie die vertraute Musik hörte, wie ein Stehaufmännchen aus dem Bett und demonstrierte, ein paar Monate vor ihrem Tod, ihren beiden Söhnen und unserem Vater den Shake, so wie sie und Elemér die unzüchtig zuckenden Hüften geschüttelt hatten.

Es lag schon die dritte schmucke Schachtel auf dem Schreibtisch, unangetastet, als am vierten Morgen der junge Mann selbst in der Tür des Büros erschien, im Pyjama. Ob meine Mutter mitkommen möchte, er wolle ihr etwas aus dem Fenster seines Zimmers zeigen. Darüber konnte meine Mutter noch drei Jahrzehnte später mit kleinmädchenhafter Bosheit kichern und lachen, während sie mir die Zehennägel schnitt. Mein Vater hingegen kommentiert im Manuskript seiner unvollendeten Erinnerungen diesen kindlichen Versuch ziemlich humorlos. Er sah die unschuldige Geschichte sozusagen aus klassenkritischer Sicht. Er hob das proletarische Selbstbewusstsein unserer Mutter hervor, ihre Standfestigkeit, damit wir davon lernten. So stark ist das proletarische Selbstbewusstsein, dass es uns auch der Verlockung von Konfektschachteln widerstehen lässt. Als ich mit sechzehn unter seinen Papieren das Manuskript fand, muss ich etwas damit vorgehabt haben, ich machte ziemlich rücksichtslos Randnotizen mit Tinte, mit Rotstift. Der Erste Weltkrieg zauste, wenn auch nicht so wie der Zweite, an jeder proletarischen Familie. Nachschlagen, hatte ich mit sechzehn an den Rand geschrieben. Die von Mihály Károlyi auf der Treppe des Parlaments gehaltene Rede hat euer Großvater aus nächster Nähe, auf der Seitentreppe stehend, mit angehört. Nachschlagen, schrieb ich über die Zeile, wahrscheinlich wollte ich Graf Károlyis Rede vom 16. November 1918 suchen, mit der er die Erste Ungarische Republik ausgerufen hatte. Unter der Diktatur bekam für mich diese Erste Ungarische Republik, deren letzten, schon fast unkenntlichen Spuren und uralten Zeitzeugen ich als Journalist noch einige Male begegnet war, eine ungeheure Bedeutung. Der Platz war von entlassenen Soldaten, aufbegehrenden Arbeitern und unzufriedenen Bürgern zum Bersten gefüllt, schreibt unser Vater, ohne zu übertreiben. In den vier zeitgenössischen Filmaufnahmen sieht man viele interessante Menschen auf dieser Seitentreppe stehen, Zivilisten, Soldaten, aber keinen von ihnen konnte ich als meinen Großvater identifizieren. Es mochten an jenem Samstag zweihunderttausend Personen auf dem Platz gewesen sein, ungefähr so viele wie am 23. Oktober 1956, einem Dienstag, an jenem in einen denkwürdig milden Abend übergehenden Nachmittag. Um acht Uhr wurde beim Radio schon geschossen. Die Anwesenheit eures Großvaters ist in der Illustrierten *Érdekes Újság, Unterhaltungsblatt*, verewigt. Diesem Samstagsbild bin ich bis heute nicht nachgegangen. Euer Großvater arbeitet in einem kleinen Betrieb in der Dob-Straße, wo Ringe hergestellt werden. Ich habe mit sechzehn, in meiner grauenhaften Handschrift, auch diesen Satz hervorgehoben. Der kleine Betrieb, in dem Ringe hergestellt werden, schien mir auf einmal verdächtig, die bagatellisierende Absicht unseres Vaters war spürbar, auch wenn ich den Grund lange nicht verstand. Reiche Verwandte, schrieb ich mit dem Rotstift an den Rand. Denn die Goldschmiedewerkstatt, die ich von der Holló-Straße kannte, war nicht klein, mag ja sein, dass sich der Betrieb vor der Belagerung wirklich in der Dob-Straße befunden hatte, aber es wurden dort nicht nur Ringe hergestellt oder repariert, sondern allerlei prachtvoller Schmuck, und die Besitzerin war keine Fremde, sondern die böse Janka Tauber höchstselbst. Die ja wohl so böse nicht war, sondern streng, vorausblickend und vorsichtig. Aber nicht einmal sie konnte vorsichtig genug sein. Die Werkstatt wurde zuerst aufgrund der ministerialen Verfügung 50.5000 von 1944 zu Handel und Versorgungswesen am 21. April mitsamt Warenbestand und Einrichtung unter Verschluss genommen, dann am 3. November aufgrund der ministerpräsidentialen, die jüdischen Vermögen betreffenden Verfügung 3.840 von 1944 beschlagnahmt. Sämtliches jüdisches Vermögen geht als nationales Vermögen an den Staat über. Janka gelang es allerdings, einen Teil des Schmucks und des Bruchgolds durch die Belagerung zu retten. In den Wochen und Monaten nach der Belagerung gab es dann dramatische Szenen wegen der Wertgegenstände, die als arisch geltenden guten

Freunden oder nahen Bekannten anvertraut worden waren. Auch meine Tante Eugenie jagte ihrem Schmuck und sonstigen gewichtigen, beträchtlichen Wertgegenständen nach, die sie Freunden anvertraut hatte. Diese Dramen hinterließen auch bei mir dauerhafte Spuren. Die Frage war, ob es denn auf der Welt überhaupt Freundschaft gibt. Gibt es noch etwas außer den kruden materiellen Interessen. Dreierlei war möglich. Das Haus, die Wohnung, wo die Wertgegenstände aufbewahrt worden waren, hatten einen Treffer erhalten, alles war zerstört; die Person selbst, der man die Pelze, Gemälde, Möbel, Teppiche, den Schmuck, das Bruchgold, das Silberbesteck übergeben hatte, war umgekommen; die Pfeilkreuzler oder plündernde russische Soldaten hatten alles in Besitz genommen; alles möglich. Oder alles nur ein Vorwand, um dem Besitzer seine Wertgegenstände nicht zurückzugeben, obwohl sie doch offensichtlich noch intakt vorhanden waren. Janka bekam ihr Bruchgold und ihre Teppiche unangetastet zurück, von einer Person, an deren Namen ich mich nicht erinnere, obwohl sie von meiner Großmutter als Heldin gefeiert wurde. Jüdischen Besitz zu verstecken war ein riskantes Unterfangen. Es sickerte dann ins kollektive Bewusstsein, dass der Mensch doch nicht nur der Wolf des Menschen ist, es gibt Hoffnung, es gibt Freundschaft, es gibt hervorragende Menschen, und das Rechtsbewusstsein ist eine Eigenheit der Spezies. Ministerpräsident Miklós Béla erklärte in seiner Verfügung 200 von 1945, mit der die Judengesetze und vorausgegangene Verfügungen außer Kraft gesetzt wurden, dass die Beschlagnahme von Wertgegenständen im Gegensatz zur Verfassung stehe, und er stellte feierlich die frühere Rechtslage wieder her, das heißt die vollumfängliche Gleichberechtigung der Bürger. Janka erhielt wenigstens ihr leergeplündertes Ladenlokal zurück, die Werkstatt, etwas Werkzeug und Mobiliar konnte sie mit Hilfe des Hauswarts von der Holló- oder Dob-Straße zurückerhalten. Als sie, vom Rausch des Wiederaufbaus getragen, mit ihrem Geschäft und der Werkstatt wieder auf den Beinen stand, wurden Warenbestand, Werkzeug und Rohmaterial auf der Grundlage eines polizeilich durchgeführten Inventars als Volkseigentum enteignet, genauer gesagt, sie wurde gezwungen, alles freiwillig dem Uhren- und Schmuckgewerblichen Staatsunternehmen zu überschreiben.

Ein paar Tage lang verweigerte sie krampfhaft und unbedachterweise die Unterschrift, bis sie eine polizeiliche Vorladung erhielt und zwischen zwei stummen Geheimpolizisten in der Gyorskocsi-Straße dann doch unterschrieb.

In den Tagen der Commune wurde eure Mutter zusammen mit ihren Schwestern Mitglied der Arbeitervereinigung der Kinderfreunde, schreibt unser Vater in der Erinnerungsschrift. Was bedeutete, dass sie gratis auf die Margareteninsel konnten und dort sogar ein warmes Mittagessen und eine Jause bekamen. Die Jause bestand aus einer Brotschnitte und einem Apfel. Sie nahmen beides nach Hause mit, um es mit ihren Eltern zu teilen. Räterepublik nachschlagen, hatte ich in hässlich schwankenden Buchstaben aufs Schreibmaschinenskript geschrieben. Aber noch lieber spielten sie auf dem großen Pferdemarktplatz, schreibt unser Vater. Das hatte mir meine Mutter in allen Einzelheiten erzählt, wie es sie an Sommermorgen in Gruppen da hinauszog, wie die den Gehsteig spritzenden Hauswarte ihnen nachjagten. Hier hielten sie sich gerade auf, als im August die Commune fiel. Mitten in einer Hochzeitsszene, in der unsere Mutter die Braut spielte, mit einem alten Spitzentischtuch als Schleier. Auf löcherigen Töpfen, auf geflickten und wieder gerissenen Pfannen, auf seidenpapierbespannten Kämmen trommelte und summte das Orchester den Hochzeitsmarsch. Da bog auf einmal Großvater das Gebüsch auseinander, um ihnen zu sagen, sie sollen nach Hause kommen. Aber wieso denn. Und warum gerade jetzt. Weil die Diktatur des Proletariats gestürzt sei und fremde Truppen die Stadt besetzen werden.

Während der großen Weltwirtschaftskrise kam eure Großmutter mit unermüdlichem Fleiß und großer Hingabe fürs Fehlende auf, die kleine Wohnung füllte sich mit Untermietern und Kostgänger-Studenten, damit die Schulung der Mädchen irgendwie gewährleistet sei. Neben den Kostgänger-Studenten hatte ich mit Rotstift das Wort Liebster geschrieben. Wahrscheinlich ein Hinweis auf eine unschuldige Liebesgeschichte, die ich heute leider vergessen habe. Hingegen erinnere ich mich, wie Felix Salten an die Stelle meiner Mutter und ihrer Kleinmädchengeschichte trat. Der weltberühmte Autor von *Bambi*, angesehenes Mitglied des österreichischen PEN-Clubs, der am 6. September 1869 als Zsgimond Salzmann in Budapest das Licht der Welt erblickt hatte, schrieb nicht nur charmante Märchen, sondern unter dem Pseudonym Josefine Mutzenbacher auch einen höchst saftigen pornographischen Roman mit dem Titel *Die Geschichte einer wienerischen Dirne*. Ich habe die Geschichte als junger Mann auf Deutsch gelesen, damals war das Buch noch nicht auf Ungarisch übersetzt, und eine Zeitlang überlegte ich mir, es selbst zu übersetzen, ja, ich machte mich sogar probeweise an die Arbeit. Irgendwo unter meinen Papieren sind die ersten Seiten bestimmt noch vorhanden. Ich war neugierig, wie ein solcher ungezügelter Text in meiner Muttersprache wirken würde. Die erotische und moralische Doppelgesichtigkeit beschäftigte mich, seit ich zwölf war, auch wenn ich weder von Moral noch von Erotik eine Ahnung hatte. Noch meine autoerotischen Erlebnisse waren vor allem von Verständnislosigkeit geprägt. Was man tut, ist das eine, was man davon öffentlich zugibt, ist das zweite, und wie man sich der öffentlichen Meinung gemäß eigentlich verhalten sollte, ist das dritte. Die heilige Dreieinigkeit der nackten Tatsache, des Scheins und der Absicht. Ich erinnere mich sogar an den bewölkten Sommernachmittag, an dem ich beschloss, mich während meines ganzen Erwachsenenlebens mit dieser Doppelgesichtigkeit oder eher Dreigesichtigkeit zu beschäftigen. Das war im wirklich heißen Sommer 1954, als ich in einem Lexikon eine mir bis dahin unbekannte Abbildung des Janus fand. Zwischen seine beiden in die Gegenrichtungen blickenden Gesichter war ein drittes eingekeilt, das einen direkt ansah. Laut Gábor Csordás, meinem Verlagslektor, ist das wahrscheinlich die slawische Hauptgottheit Triglaw. Mag sein. Und was die für einen Blick hatte, Wahnsinn. Einen irren Blick. Es war ein bildliches Wiedererkennen. Aha. Das ist es. Ich verstand auf einmal etwas, das ich bis dahin nicht hatte verstehen können. Das Bild, die drei Gesichter dieses Jemand, der dreifache Blick dieser Gesichter, trieb mich in den sommerlichen Garten hinaus, wo ich gedankenversunken umherzustreifen begann. Mag sein, dass die beiden kleinen Ereignisse zu einem anderen Zeitpunkt stattfanden, aber die Erinnerung hat sie jedenfalls zusammengefügt. Ich werde alles, aber auch alles schreiben, was die Erwachsenen voreinander verschweigen. In dem Augenblick jedenfalls war ich dazu entschlossen. Ich wollte mich also mit etwas beschäftigen, ja, diese Beschäftigung zu meiner Berufung machen, wovon ich gar nichts wusste, nichts wissen konnte. Ich wusste sogar, dass diese Beschäftigung nicht angenehm sein, ich damit keine Lorbeeren ernten würde. Die sprachlichen Muster dafür suchte ich als junger Mann im Bereich der Erotik, und damals stieß ich auf die Erinnerungen der Mutzenbacher, doch die Monotonie der erotischen Handlung langweilte mich bald. Beim Lesen und Übersetzen des brutal pädophilen ersten Kapitels stellte ich mir unwillkürlich die Wohnung meiner Großeltern in der Péterfy-Sándor-Straße vor. Als beschriebe Salten dieses Haus mit seinem architektonischen und hygienischen Elend, wie es der voll ausgebildete Kapitalismus hervorbringt. Die klassizistische und eklektizistische Architektur Wiens und Budapests ist aus ganz ähnlichen Strukturelementen, Dekorvorstellungen und Finanzlagen zusammengemischt. Die gleichen, in anderen Großstädten unbekannten offenen Laubengänge mit den dekorativen Geländern, die gleichen Stuckverzierungen, die gleichen Treppenhäuser, die den Dekor von Stockwerk zu Stockwerk hinter sich lassen, der oberste Stock, die hofseitige Wohnung oder der Hinterhof gehören schon den Armen, denen auch kein Stuck mehr zusteht. Die Wohnungen und ihre Maße, die Türrahmen, die Fensterrahmen, die Bemalung, die Farben sind in beiden Städten gleich, das gilt sowohl für die bürgerlichen und großbürgerlichen Wohnungen wie auch für die Wohnungen der Armen und Krüppel. Die gleichen Hintertreppen, die gleichen schauderhaften Gemeinschaftsklos auf den Treppenabsätzen. Die Meister waren oft dieselben, die slowakischen Poliere, die mährischen Zimmerleute, und noch öfter waren es dieselben Architekten. Unbewusst hatte ich die harmlose, den Kostgänger meiner Großmutter betreffende Liebesgeschichte mit Saltens Geschichte vom lustversessenen Zimmerherrn unterlegt, der sich an einem fünfjährigen Mädchen vergeht. An die Entjungferungsszene von Saltens Roman erinnere ich mich, an die Liebesgeschichte zwischen unserer Mutter als kleinem Mädchen und dem Kostgänger hingegen nicht. Die beiden Geschichten werden in meiner Erinnerung durch denselben Schauplatz verklammert. Nämlich die auf den Laubengang gehende Einzimmerwohnung mit Alkoven, in der meine Großmutter Zimmerherren hatte und in der Küche mit den Prostituierten plauderte.

Das sagt einiges über die motivische Arbeit des Erinnerns und Vergessens.

Unsere Mutter wusste zwar nicht genau, auf welche Weise die Erwachsenen solche Angelegenheiten regeln, aber nach anderthalb Jahren wusste sie immerhin, dass sie sich eine andere Stelle wünschte, dass sie sobald wie möglich, ja, am liebsten sofort aus dieser stummen Wohnung am Elisabethenring weggehen wollte. Anwalt Walkó gab sich alle Mühe, das Fräulein Tauber zu beruhigen, zur Einsicht zu bringen, tun Sie's nicht, etwas Besseres finden Sie sowieso nicht, Fräulein. Wobei er durchaus verstand, dass das blonde Mädchen unter Menschen sein wollte, dass sie von der stummen Wohnung genug hatte. Ja, ihre Beharrlichkeit beeindruckte ihn, dann sei's eben, sie möge gehen, er verschaffte ihr eine Stelle im Wahlbüro einer gerade anderthalb Jahre zuvor entstandenen kleinen Partei, dort könne sie dann unter Menschen sein. Es war die Partei von István Vági. Eine vom linken Flügel der sozialdemokratischen Bewegung abgesplitterte Partei namens Sozialistische Arbeiterpartei Ungarns, Magyarországi Szocialista Munkáspárt, unmittelbare Vorgängerin der kádáristischen MSZMP. Und eigentlich eine der Deckorganisationen der sich zwischen Unabhängigkeit und Moskauer Direktiven zermürbenden illegalen Kommunistischen Partei Ungarns. Walkó mochte das ahnen, die Polizei wusste es. Inoffiziell nannte man sie nur die Vági-Partei. Eine Splitterpartei mit ein paar Parlamentssitzen, von Dr. József Sombor-Schweinitzers politischer Polizei vom ersten Augenblick an unter strenger Überwachung gehalten. Auch nach der Belagerung hieß die Partei noch so, und ich entnahm nur den Zusammenhängen, welchen Platz sie zwischen den Sozialdemokraten und den illegalen Kommunisten hatte. Bis der janusgesichtige János Kádár am 1. November 1956 auf den Trümmern der Ungarischen Arbeiterpartei, einer für die ungarische Geschichte ungewöhnlichen Massenpartei, die am 1. Dezember 1955 noch 817 497 eingetragene Mitglieder hatte, seine eigene Partei gründete, die seiner Aussage gemäß eine kleine Partei sein, aber die ungarische kommunistische Bewegung von sämtlichen Vergehen des Stalinismus reinigen sollte, Vergehen, die zum Teil mit seinem Namen verknüpft waren, über die er aber, wie er wohl wusste, niemandem Rechenschaft ablegen würde, so wie er auch wusste, dass er ein paar Stunden später aus Budapest verschwinden und von Szolnok aus bei der sowjetischen Regierung zum Schein die Intervention der sowjetischen Streitkräfte beantragen würde, um dann gemeinsam mit ihnen aus Moskau wieder in Budapest einzuziehen, die Gegenrevolution niederzuschlagen und nach Rajk auch Imre Nagy in die Falle zu locken und zu ermorden. Vielleicht ist er auch gar nie in Szolnok gewesen. Wenn wirklich er und unser Vater die Revolution, die in jenen Tagen schon Gegenrevolution hieß, niedergeschlagen hätten, hätte sich die ungarische Geschichte ganz anders entwickelt. Aber nicht er hat sie niedergeschlagen. Nicht unser Vater hat sie niedergeschlagen, sondern die sowjetische Armee, und nicht er hatte sie gerufen, sondern er war nur eine Marionette in dieser Rolle, nachdem er an den vorangegangenen Tagen als Mitglied von Imre Nagys Regierung noch von Revolution gesprochen und über den möglichen Abzug der russischen Truppen Beratungen geführt hatte. Nicht zufällig übernahm er für seine neue Partei den Namen von István Vágis Partei. Beide hatten die Absicht, im Dienst der Hegemoniebestrebungen Moskaus den Schein der Unabhängigkeit zu wahren. Der untersetzte, gescheite, bärenstarke und laut meiner Mutter grundehrliche Zimmermannsmeister aus Nagykőrös, István Vági, diente diesem Programm in gutem Glauben, dreißig Jahre später diente ihm János Kádár als Beihelfer zum Mord an László Rajk und ließ, im Namen dieser seiner Auffassung des Diensts, auch Imre Nagy ermorden. Die beiden waren nicht irgendwer, sondern seine Genossen, die der gemeinsamen Partei so treu wie er gedient hatten.

Am Sonntag wurden die Parteilokale von der Polizei besetzt. Die Zentrale von Vágis Deckpartei befand sich in der Hernád-Straße, unsere Mutter arbeitete hingegen in Óbuda, Alt-Ofen, im Wahlbüro der Partei. Das Büro befand sich im Hoftrakt eines alten Óbudaer Schwabenhauses. Ein Fenster ging auf den Hof des Nachbarhauses. Durch dieses Fenster entkam sie zusammen mit einigen anderen Angestellten. Vági wurde verhaftet und zu viereinhalb Jahren verurteilt, seine Partei wurde verboten. Als er freigelassen wurde, verhalfen ihm seine Genossen zur Flucht nach Moskau, wo er ein paar Jahre danach angeklagt, verurteilt und umgebracht wurde. Schon als Kind stellte ich mir nicht die Frage, ob ich eines der Gesichter des Janus als sein einzig wahres akzeptieren muss, oder ob jemand mehrere Gesichter haben kann. Die Frage war vielmehr, wie ich alle Gesichter als eins sehen könnte. Nach der Auflösung der Partei führte unsere Mutter einige Wochen lang ein lustiges Leben, ging mit Elemér tanzen, dann wurde sie, wiederum durch Walkós Vermittlung, die Sekretärin des Chefredakteurs der Zeitschrift *Közgazdaság, Ökonomie*, des Ministerialrats a. D. Dr. József Csécsy. Sie habe dort sehr viel gelernt, erzählte sie später, aber sie sagte nie, in welcher Hinsicht. Als die Zeitschrift eingestellt wurde, weil die aristokratischen Damen, die sie bis dahin unterstützt hatten, aus irgendeinem Grund genug hatten von der Geldgeberei, wurde sie Angestellte der Nationalen Handwerker-Körperschaft. Wie immer ich es drehe, von Proletariertum keine Spur. Sie besuchte die illegalen marxistischen Seminare József Madzsars, Pál Sándors, später Endre Ságvárys, das stimmt schon, aber auch diese Männer waren keine Proletarier.

Sie war eine hervorragende Organisatorin, behielt immer den Überblick, sah die Hindernisse voraus, war hübsch, kleidete sich gut, konnte ausgezeichnet stenographieren, tippte fehlerfrei, hatte einen Abschluss in Bilanzbuchhaltung und eine schöne, leserliche Handschrift, was damals noch viel wert war, die Bücher wurden ja handschriftlich geführt, und vor allem verhandelte sie mit jedermann offen und heiter, auf Ungarisch und Deutsch, sie galt, nach dem damaligen Sprachgebrauch, als verhandlungsfähige Person. Spießbürger hasste sie von Herzen, was ich durchaus verstehe und noch nachträglich unterstütze; es fiel ihr überhaupt nicht ein, sich mit ihnen zu identifizieren, was bei ihr eine Frage der Einstellung gewesen sein muss, ein Zeichen guten Geschmacks und sozialer Empathie. Sie focht zwanghaft gegen die Konventionen und verfocht die Gleichheit unter den Menschen. Auch das verstehe ich, gegen alle meine elitistischen Regungen bin ich ihr in dieser Sache ein Leben lang gefolgt. Ihre falsche oder zumindest kokette Selbstdefinition, wonach sie eine Proletarierin wäre, hatte für mich Vorteile. Schon ganz früh, gewissermaßen auf einen Blick, konnte ich den Lumpenproletarier vom Proletarier unterscheiden, ich brauchte nur Mutters charakterologischen Bemerkungen zu folgen. Das ist eine anständige Proletarierfamilie. Nein, das ist ein Lumpenproletarier, schau doch seine Alkoholnase. Lumpen stand angenehm nahe bei Lump, diese Wörter erklärten sich gegenseitig. Ja, so muss ein anständiger Prolo aussehen. Ich wusste, wie es bei den Lumpenproletariern aussah und in welchem Zustand die Küche bei den Prolos war, wo es nicht nur aus Mangel, sondern auch aus Überzeugung nichts Überflüssiges gab. Die falsche Selbstdefinition hatte aber auch einen gewichtigen Nachteil. Später, in der Schule, wurde ich ihrer Selbsttäuschung entsprechend zu denen mit Arbeiterherkunft geschlagen, und was konnte ich machen, ich lief ihnen nach wie ein Schaf. Ich spazierte in einen Pferch hinein, in den ich mit meinen zu Hause erlernten Manieren nicht passte. Sie sperrten mich ins System des von ihnen gepflegten politischen Scheins, um mich aus meiner eigenen Realität auszusperren. Ich sollte gar nicht wissen, was meine eigene Realität war. Jedes Jahr im September musste ich vor meinen Mitschülern laut hersagen, dass ich von Arbeitern abstammte, und ich musste die Höhe des Gehalts meiner Eltern angeben. Jedes Jahr brannten mir die Ohren vor Scham. Sie verdienten zusammen viermal so viel wie die anderen Familien. Jeder Mitschüler, der zu uns kam, sah gleich, dass hier weit und breit nichts Proletarisches war. Wahrscheinlich fragten sie sich, warum wir so logen. In der Atelierwohnung in der Pressburgerstraße, mit den Möbeln und den Tischleinen aus dem Gutshaus in Gömörsid, waren wir gemessen an den Proletariern nur gutbürgerlich, in der Villa auf dem Schwabenberg hingegen schon große Herren von zweifelhaftem Status, die durchgedreht sind, weil sie kein anständiges Möbelstück haben. Das Wort Proletarier ließ sich weder in der Vergangenheit meiner Eltern noch in unserer gemeinsamen Gegenwart auf eine Art interpretieren, dass sich meine proletarische Abstammung, wie sie nach der damals herrschenden Ideologie erwünscht war, hätte belegen lassen können. Ich verstand das Ganze lange nicht, staunte darüber, dass die Abstammung inszeniert werden musste, beobachtete, spitzte die Ohren, fand aber keine Erklärung, warum das eigentlich nötig war.

Den proletarischen Turnmädchen, die ihre geliebte Vorturnerin besuchten, um mich, den Neugeborenen, zu sehen, blieb in der

Atelierwohnung der Mund offen stehen, sie begriffen nicht, wie die Klári hierhergeraten war, aber sie wagten nicht nachzufragen.

Bei jener großen Diskussion lief unserem Großvater die Stirn rot an. Das ewige kleine Lächeln verschwand von seinem Mund. Seine Tochter bekam einen purpurroten Hals, ihre Lippen wurden weiß. Sie zitterte am ganzen schwer gewordenen Leib. Ihr vielbesungener Humor war wie weggeblasen, vom Teufel geholt. Das mochte kurz vor der Geburt meines Bruders stattgefunden haben, wenn ich es anhand der Daten richtig sehe. Im Juni oder vielleicht eher Juli 1948, jedenfalls im immer glücklicheren und glänzenderen letzten Trimester ihrer Schwangerschaft, als sie abgesehen von der Befindlichkeit ihres Kindes nichts anderes mehr wirklich interessierte. Ihre Schwägerinnen warfen ihr denn auch vor, dass sie als Schwangere ihre soziale Sensibilität verliere, sich in ein Muttertier verwandle. Schon vor Petyonkas Geburt hat sie sich in ein Muttertier verwandelt. Sie hatten laut darüber gelacht, dass sich das Muttertier mit seinem großen Bauch nicht setzen konnte oder nicht aufstehen, wenn es schon saß, jetzt aber herrschte im Atelier plötzlich düstere Stille. Die aus dem sogenannten Grünen Salon meiner Großmutter väterlicherseits, Klára Mezei, stammenden Fauteuils und Stühle waren zu niedrig und zu weich. Sie kann nicht anders, sie muss essen, sie muss fressen. Mir zum Beispiel war schon das Wort verboten, fressen, sie hingegen durfte ungehemmt fressen. Du solltest dir einprägen, dass das Tier frisst, der Mensch isst oder sich ernährt. Sie hingegen durfte so reden, weil sie in dieser gutbürgerlichen Familie nur ein Prolo war. Es war als Scherz gemeint, aber mit solchen scherzhaften Anspielungen setzte sie sich von ihren Schwägerinnen ab, die sich von den bürgerlichen Konventionen nicht befreien konnten, weil sie es nicht wollten, weil sie gar nicht merkten, dass es Konventionen waren. Am Ende holten sie aus der Küche einen Hocker. Die schwangere Prolofrau muss auf einem Hocker sitzen, sogar auch in einer großen Atelierwohnung der Neuleopoldstadt. Aufgrund der Form und der Größe ihres

Bauchs tippten ihre Schwägerinnen, Schwestern und ihre Mutter auf einen Jungen. Da ich nun einmal Péter hieß, sollte der Pál, Paul, heißen. Das hatten sie aufgrund eines Vorschlags von Rózsi Németh schon seit langem beschlossen, und jedes Mal lachten sie schallend, als sei es ein Scherz auf unsere Kosten, Péter und Pál, wir zwei würden zusammen die Apostel des Kommunismus abgeben. Ein Späßchen mit den Namen, das war ganz Rózsi Németh. Sie machte ein Spiel daraus, gab ihm einen humorvollen Akzent und schmuggelte doch mit dem größten protestantischen Ernst ihre Überzeugung in die Familie hinein. Aus uns wurden natürlich keine Apostel des Kommunismus.

Auch wenn sie nicht ganz sicher gewesen waren, hatten sie vor meiner Geburt aufgrund ähnlicher Vorzeichen alle einhellig ein Mädchen erwartet. Meine verspielte, brutale und freimütige Mutter hielt mir das später lachend mehrmals vor, das Rindvieh.

Sie hätten ein Mädchen erwartet. Nicht mich. Sie habe nicht einen Jungen, sondern ein Mädchen gewollt.

Das stimmte, kleine Jungen sagten ihr nichts, kleine Mädchen brachten sie aber geradezu in Wallung. Womit sie mich in eine stille, aber umso tiefere Verbitterung trieb.

Was hätte ich denn tun müssen, um ein Mädchen zu werden. Und was konnte ich nachträglich tun.

Eine Zeitlang erlangte sie damit eine mütterliche Allmacht über mich. Aber nur für eine kurze Zeit, da wir wirklich aus dem gleichen Holz geschnitzt waren, auch wenn ich bis zum heutigen Tag nicht verstehe, was das eigentlich ist, aus dem gleichen Holz geschnitzt zu sein.

Ich erinnere mich nur, dass Großvater in diesem erwartungsvoll glücklichen familiären Stimmengewirr unerwartet zu sprechen begann. Auch mein Großvater Tauber und sie waren aus dem gleichen Holz geschnitzt.

Meine Großmutter, Cecília Nussbaum, saß auch da, großmächtig mit ihren riesigen Brüsten, in einem neoromantischen, herrschaftlichen Fauteuil, die zwitschernde Schar der Freundinnen von der Frauenbewegung da und dort im Raum verstreut. Ohne große Gefühlsregung teilte Großvater mit, er werde nicht in die kommunistische Partei übertreten. Meine Mutter hatte nach der Belagerung durchgesetzt, dass er sich um die Aufnahme bewarb. Was er auch tat, nur wurde er nicht aufgenommen, weil er während der Commune Anhänger des besonnensten sozialdemokratischen Politikers gewesen war, Ernő Garamis, der mit seinem Republikanismus den Kommunisten recht fernstand. Mein Großvater blieb in der Sozialdemokratischen Partei und war ausgesprochen froh, nicht der Partei seiner meistgeliebten Tochter angehören zu müssen. Die nannte ihn einen Diener der Bourgeoisie, einen törichten Garamisten, der an der Nase herumgeführt wird. Jahrzehnte später musste ich in einer Bibliothek der Frage nachgehen, wer denn eigentlich dieser Garami gewesen war, mit dem meine Mutter meinen Großvater beschimpft hatte, wer waren diese verhassten Garamisten gewesen. Am liebsten hätte sie ihm auch sein Handwerk vorgeworfen, es verleugnet. Sie sagte nicht, ihr Vater sei Goldschmied, sondern betonte, er sei ein Goldschmiedgehilfe, Gehilfe, mein Vater hat ein Leben lang als Gehilfe gearbeitet, fügte sie immer vorsorglich hinzu. Ein Proletarier bona fide. Sie bagatellisierte die Goldschmiedekunst, setzte sie mit Armut gleich. Bestimmt war es anlässlich der hinterlistigen Zwangsfusion der beiden linken Parteien Ungarns, den Kommunisten und den Sozialisten, also am Vorabend der kommunistischen Machtübernahme, zu diesem schärferen Dialog zwischen ihnen gekommen, und so muss es doch Juni 1948 gewesen sein, nicht Juli.

Ich erinnere mich an die Dramaturgie ihrer Diskussion, auch an deren Thema, aber wörtlich nur an diese Ankündigung meines Großvaters, an die darauffolgenden Argumente, Begründungen und Gegenargumente, an mehr nicht.

Einige Wochen später gelang es meiner Mutter doch, meinen Großvater zu überzeugen, vielleicht hatte sie ihn überrollt, denn er trat in die vereinigte Partei, die jetzt Partei der Ungarischen Werktätigen hieß, ein oder in sie über. Von da an mieden Vater und Tochter nicht nur jede weitere Diskussion, sondern auch die Gelegenheiten zum Gespräch. Ich, damals sechsjährig, war darüber lange Zeit erschrocken, es bedrückte mich und veranlasste mich zu großer Aufmerksamkeit. Ich verfolgte die kleinen Veränderungen in ihrer Beziehung, als beobachtete ich den politischen Barometerstand. Bis an ihr Lebensende blieben sie höflich zueinander, von einer vibrierenden, funkensprühenden Höflichkeit. Sie reduzierten die Menge der austauschbaren Wörter. Was bestimmt bedeutete, dass sie beide bei ihrer Meinung geblieben waren, trotz gegenseitiger Verehrung und unter Beibehaltung des Respekts.

Von da an trug meine Mutter in der Gesellschaft unseres Großvaters eine selbstbewusste, verschlossene, überhebliche Miene zur Schau, was aber an die emotionalen Manierismen ihrer Mutter erinnerte.

Ich mochte diese Miene nicht. Ganz aus der Nähe konnte ich beobachten, wie ein politischer Sieger aussieht, während er um sich herum alles kaputt macht. Auch die Objektivität ihrer Sätze litt darunter, sie wechselte auf die rituelle Ebene.

Nach rund zwei Jahren musste sie selbst einsehen, dass kein politisches Selbstbewusstsein, kein ideologischer Hochmut den klaffenden Abgrund zwischen der Realität und ihren Vorstellungen noch hätten überbrücken können. Mein Großvater verfolgte diesen Prozess mit der für ihn typischen suggestiven Sachlichkeit, stumm, ohne etwas zu sagen, ohne Vorwürfe zu machen, es wäre auch zu spät gewesen, etwas zu sagen, hatte keinen Sinn mehr.

Allerdings schwieg er wie der geduldige Gläubiger, der ein beträchtliches Darlehen eines Tages doch noch zurückgezahlt haben möchte.

In den folgenden zwei Jahren konnten sie beide an der völligen Verelendung des Landes die glorreichen Errungenschaften der sich realisierenden Diktatur ablesen, einer Diktatur, die mit Proletariern zu keinem Zeitpunkt, weder früher noch später, irgendetwas gemeinsam hatte. Ich beobachtete eifrig, wie mein Großvater unsere Mutter und unseren Vater stumm beobachtete. Dadurch wurde noch deutlicher, wie sie in ihrer politischen Lebensrolle herumzappelten.

Als meine Mutter mir erzählte, dass ich meine Stirnlocke von meinem Großvater, Arnold Tauber, geerbt hatte, war bei ihr der Krebs noch nicht diagnostiziert worden, aber das politische Spiel für meine Eltern praktisch an sein Ende gekommen. Beide waren, aus verschiedenen Gründen, aus ihren hohen Ämtern entfernt worden. Beide hatten auf ihre Art auch schon den Gnadenstoß erhalten, auch wenn sie es noch nicht zur Kenntnis nahmen. Sie versuchten noch den Schein zu wahren, sie schlugen um sich, es war die vollkommene Schlappe. Ich halte es nicht für unmöglich, dass beim Verlauf der Krebserkrankung meiner Mutter und bei ihrem frühen Tod die persönliche Spannung und die totale Niederlage ihrer begeisterungsfähigen, tatendurstigen Art eine beträchtliche Rolle spielten. Mit ihrer Begeisterung hatte sie zwar ihren Vater überzeugen können, doch dann überzeugten die Ereignisse sie davon, dass ihr Vater recht gehabt hatte mit seinem jahrzehntelangen Misstrauen gegenüber den Kommunisten.

Ich hingegen hatte das seltsame Gefühl, dass meine Großmutter mit dem manischen Geradekämmen und Ausbürsten der Locken nicht an Großvaters Stirnlocke dachte, sondern dass es ein gegen Elemér gerichtetes Manöver war. Dass es darum ging, die größte Familenschande mit der stinkenden Bürste von meinem Kopf zu purgieren, ich sollte keine goldglänzenden Locken haben, um ja nicht zufällig so schön zu sein wie der Elemér mit seinem ähnlich gearteten Haar, und ich sollte auch nicht meinem Großvater gleichen, was meine Mutter hingegen erst recht anstrebte und mit deutlichen Signalen förderte. Betrachtet man diese heimlichen familiären Manöver und Kräche, wird klar, auf welche Art Eltern und

Großeltern ihre seit Jahrhunderten mitgeschleppten seelischen Knäuel von Unwissenheit, Irrglauben, Grausamkeit, Ängsten und Schrecken, in die sie selbst verwickelt sind und an denen sie leiden, ins Leben ihrer Kinder hineinweben. Von einigen dieser Knäuel, von den erkennbaren, konnte ich mich zwar später losmachen, sozusagen die verschachtelten Codes und Siegel der Verheimlichung knacken, das Kulturelle vom spezifisch Familären trennen, aber es ist nichts Befreiendes dabei, und alles in allem glaube ich, dass der Mensch mit seiner ganzen Individualität, seinem ganzen ungezügelten Freiheitsinstinkt physisch und geistig doch nur Flickwerk ist. Er begehrt auf, und dann fällt er bei der ersten Gelegenheit mit seinem ganzen Gewicht in den Schoß der Familientradition zurück. Seine persönliche Freiheit funktioniert nur in einer zweiten, vom Gesellschaftlichen unabhängigen Dimension. Innerhalb des gesellschaftlich geregelten Rahmens kann er nur als Flickwerk etwas Selbständigkeit erlangen beziehungsweise nährt sich seine Unabhängigkeitsbestrebung geistig und emotional aus der individuellen Form seiner Flickwerkhaftigkeit. Individualität ist längst nicht Freiheit. Die betonte Form unseres Beckenknochens hatten wir, meine Mutter, mein Bruder und meine Cousine Márta, von Cecília Nussbaum geerbt. Meine Schultern kommen vielleicht von meinem Vater, meine Arme und mein Brustkasten von meinem Großvater mütterlicherseits, von ihm auch die Erdbeeren genannten zwei violetten, mit der Zeit immer dickeren, dunkleren Warzen, die eine ziert meine Brust, die andere ist innen an meinem Oberschenkel, bei ihm war es gerade umgekehrt, die größere an seiner Brust, die kleinere innen an seinem Oberschenkel. Einmal konsultierte ich einen Chirurgen deswegen, und der sagte, wenn sie mich störten, könne er sie schon abnehmen, aber er könne nicht im Voraus sagen, ob die Operation nicht gefährlich sei. An meinen Beinen, an den Knöcheln, an den Füßen hingegen sehe ich jeden Morgen beim Sockenanziehen meine Mutter. Von meinen Oberschenkeln weiß ich nicht, wem sie gehören. Sie sind etwas zu voll, um männlich zu sein, aber nicht kraftlos, sie stammen nicht von meinem Vater, nicht von meiner Mutter, vielleicht von Elemér, aber am ehesten habe ich den Eindruck, dass sie von einer krautstampfenden Bäuerin aus Vecsés sind. Ich habe einmal eine solche krautstampfende Frauengruppe gesehen, wenn auch nicht in Vecsés, sondern in Nagyréde, sie waren so laut und schamlos, mit ihren in den Rockbund hochgesteckten Unterröcken, ihren braungebrannten Waden, ihren bläulich weißen, von Adern durchzogenen Oberschenkeln, dass ich sie vor Schreck nicht fotografierte. Obwohl sie es gern gehabt hätten. Beim Anblick der stampfenden Füße und der aderndurchzogenen wabernden Oberschenkel wich alle Kraft aus meinen ererbten Gliedern. Meine Gesichtszüge erinnerten früher an meine Mutter, was sich mit den Jahren völlig verändert hat, jetzt blickt beim Rasieren oder Zähneputzen eher das Gesicht meines Vaters aus dem Spiegel auf mich, zusammen mit den Gesichtern seiner Brüder oder meines eigenen Bruders. Meine Hände, die Länge meiner Finger, die Form und Beschaffenheit meiner Nägel, die Nagelbetten und die Handgelenke sind wie bei Klára Mezei, also meiner Großmutter väterlicherseits, während ihre Hände denen ihrer Mutter, der aus Wien gebürtigen Eugénia Schlesinger, also meiner Urgroßmutter, glichen. Eugénia im Ballkleid ist auf Lipót Streliskys fein kolorierter, 1866 hergestellter, auch auf der Pariser Weltausstellung figurierender, heute fast verblichener Chromotypie sowie auf dem 1886 entstandenen, lebensgroßen Gemälde der berühmt-berüchtigten Hofmalerin abenteuerlichen Lebens, Vilma Parlaghy, für uns verewigt. Eugénia verschied im Jahr der Pariser Weltausstellung, 1887, in der Wohnung in der Nagykorona-Straße einige Tage nach der Geburt ihres fünften Kindes an Kindbettfieber. Eine entsetzliche, noch heute nachhallende Trauer brach über die Familie herein. Das Gemälde von Herzogin Parlaghy entstand fast zwanzig Jahre nach Eugénias Tod anhand der kolorierten Chromotypie. Eugénias Hände wurden durch ihre Tochter, Klára Mezei, an deren Töchter vererbt, an die nach der Großmutter benannte Eugénia und an Magda, Tante Özsi gab diese volle und gleichzeitig fein gegliederte Form der Finger an ihre Tochter weiter, an Vera, sage ich, sie aber will davon nichts hören und behauptet, sie habe die Hände der Großmutter Rendl geerbt, Magda hingegen hat diese spezielle Form der Urhand nur ihrer Enkelin Yvette weitergegeben, nicht aber ihrem Sohn, der den stattlichen Wuchs seines Großvaters Adolf Arnold Nádas, aber die kleinen Hände seines Vaters Pál Aranyossi geerbt hat. Der hingegen große Füße hatte. Das sind natürlich nur zufällige Einzelheiten, die zufällig bekannten Teile des Flickwerks Mensch, und wie steht es da noch mit der Seele, den Bestandteilen der seelischen Struktur. Niemand kann sagen, nach welchem statischen Plan oder welcher Strukturzeichnung wir aus diesen fremden physischen und seelischen Bestandteilen zusammengestückelt sind. Oder ob die Natur im Moment der Zeugung überhaupt einen Plan für die familiäre und persönliche Statik hat, die dann auf ihre orientierungslose Art nicht anders kann, als in die große gesellschaftliche Statik eingebaut zu werden. Die mit diesen und nicht anderen Körperteilen gesegnete Person kann dann sehen, wie sie von den anderen akzeptiert wird.

Wir gingen ins Stadtwäldchen, um beim Sonntagsspaziergang den Freund meines Großvaters zu treffen, einem Uhrmacher, der in der Westentasche auf seinem großen Bauch eine wundersam musizierende goldene Uhr trug und von dem meine Großmutter, Cecília Nussbaum, verächtlich sagte, na, auch der ist deppert, seine Uhr musiziert oder musiziert nicht, das ist auch ein großer Unlebbarer. Das begriff ich auch nicht. Ich verstand zwar, dass sie unlebbar mit lebensunfähig gleichsetzte, aber wie konnte jemand trotzdem so zufrieden leben wie der Freund meines Großvaters, wo er doch eigentlich wegen seiner Unlebbarkeit sterben müsste. Ich konnte es schon deshalb nicht verstehen, weil ich lange glaubte, wenn jemand eine so schön musizierende Uhr auf seinem großen prallen Bauch trägt, drinnen in der Uhrentasche seiner Weste, und seine Enkel um etliches älter sind als ich, sodass er sie sonntagvormittags nicht spazierenführen kann, dann muss er wahnsinnig reich sein. Die goldene Taschenuhr meines Großvaters, die er von Janka zu einem Geburtstag bekommen hatte, weswegen sie die Uhr nicht verscherbeln, genauer, ins Pfandleihhaus bringen konnten, selbst dann nicht, wenn sie wegen Jankas Geiz oder Unerbittlichkeit nichts zu essen hatten, war eine Schweizer Uhr, also die Uhr der Uhren, auch wenn sie nicht musizierte. Folglich ist der Freund meines Großvaters noch reicher als Janka, als die Familie des Mannes von Janka. Einmal kaufte mir Großvaters Freund im Stadtwäldchen Zuckerwatte. Großvater kaufte mir nie etwas. Gut, von ihm erwartete man das auch nicht. Es war offensichtlich, dass er auch für sich nichts haben wollte. Er stellte ein Leben lang mit allerlei Präzisionsinstrumenten und großer Kunstfertigkeit Gegenstände her, raffinierte, prächtige kleine Gegenstände, aber es gab keinen Gegenstand, auf dessen Besitz er Wert gelegt hätte. Als beruhe sein wunschloses Leben nur auf Verstand. Oder wir gingen sonntagvormittags in die Wesselényi-Straße, zur Schwester meines Großvaters, zu eben dieser furchterregenden Tante Janka, der man ihren Reichtum nun wirklich nicht ansah, beziehungsweise hatte ich lange keinen Blick für ihre unerbittliche Genügsamkeit, die, Erbmasse oder Erziehung, sie mit meinem Großvater verband. Fünf Minuten vor dem Mittagsläuten mussten wir wieder zu Hause sein, um uns bis zum Läuten die Hände zu waschen und zum Essen an den Küchentisch zu setzen, was mir recht war, denn auf diese Art dauerte der Sonntagsbesuch bei Tante Janka wenigstens nicht lange. Ein Zimmermädchen führte uns durch einen langen, kaum beleuchteten Flur zu ihr hinein. Janka saß im Eckzimmer in der geräumigen, zu dieser Stunde lichtdurchfluteten Fensternische, wandte uns nur gerade den Kopf zu, als wir eintraten, und beobachtete, wie wir durch das riesige, fast völlig leere Zimmer auf sie zugingen. An den weißen Wänden nichts, Leere. Im leeren Raum weder Tisch noch Stuhl. Ein zusammengerollter Teppich, ein

Smyrna, wie ich von meiner Großmutter wusste, aber ich wusste nicht, was das bedeutet. Der Satz selbst war seltsam. Sie hat einen Smyrna. Er wurde an Feiertagen ausgerollt, und dann deckte er das ganze Zimmer. So ist ein Smyrna, er deckt alles. An der Wand standen ein paar alte Sessel und ein Ohrensessel, am Fenster, das auf die Rombach Sebestyén-Straße ging, ein gepolsterter Schemel. Schon im Flur hatten unsere Schritte stark geknarrt, dann knarrten wir durch das große Zimmer. Das Zimmermädchen machte geräuschlos hinter uns die Tür zu. Die geräumige Fensternische war von einem Podest ausgefüllt, auf dem zwei Lehnstühle standen. Tante Janka saß in dem einen, mein Großvater im anderen. Einmal sagte Tante Janka zu mir, ich solle den Schemel holen, kurz und unpersönlich, hol den Schemel, Junge, dann kannst du aus dem Fenster schauen. Stand man auf dem Podest, konnte man in verschiedene Richtungen hinausschauen. Auch wenn es auf der Straße nicht viel zu sehen gab. Auf dem Schemel stehend hatte ich das Gefühl, gleich durch die Scheibe zu brechen und hinauszufallen. Und in meiner Angst bemerkte ich auch etwas, das mich überraschte und das ich nicht vergessen konnte; ich brauchte noch drei Jahrzehnte, um es zu verstehen. Ein optisches Phänomen, wohl von der architektonischen Eigenheit der Fensternische hervorgerufen, aber wahrscheinlich ohne architektonische Absicht, eher zufällig, und es war wohl auch nur Zufall, dass es mir auffiel.

Ich hätte schon immer ein Entdecker sein wollen, nun entdeckte ich wirklich etwas.

Uns gegenüber der leere, während der Belagerung zerstörte Hof der Synagoge in der Dohány-Straße, hinter einer doppelten maurischen Säulenreihe. Wir alle wussten, dass der Hof alles andere als leer war. Die Toten des Ghettos füllten seine Erde, und als ich nach der Belagerung hier auf dem Schemel kniete oder stand, lagen dort unter der Erde die Toten noch so aufeinandergehäuft, wie sie begraben worden waren. So viele, dass ich zu der Zeit, als ich den Hof betrachtete, dort nie einen Grashalm wachsen sah.

Janka trug das Haar streng nach hinten gekämmt, kein störrisches Haar, Gekräusel, keine Welle, sie war völlig ergraut, fast weiß, die Masse des Haars über dem Nacken in einen Knoten gefasst, lückenlos, makellos. Sie trug immer und ausschließlich Grau. Es waren Hauskleider, weich, schmucklos, lang, nur gerade ihre baumwollbestrumpften Knöchel schauten heraus und ihre ungeschlachten, aber makellosen Hausschuhe. Ihre Hausschuhe widerten mich an. Solche bequemen und jeden ästhetischen Anspruchs baren Schuhe sah man noch Jahrzehnte später in den Schaufenstern der übriggebliebenen Schusterwerkstätten der Ringstraße. Bei den kurz bemessenen sonntäglichen Visiten bot uns Janka nie etwas an. Die beiden Geschwister saßen sich gegenüber, bei wortkarger Konversation. Auf dem Schemel kniend oder die Knie gegen den Fensterrahmen drückend, starrte ich hinaus, das heißt, ich schaute gleichzeitig durch drei Fenster, in drei verschiedene Richtungen, und der übers Dach der großen Synagoge hereinrutschende Sonnenstrahl, der die ganze Fensternische ausleuchtete, schien mir direkt in die Augen. Was bewirkte, dass die Sicht an die Peripherie floh, ins periphere Sehen, und ich die beiden Seitenfenster der Nische stärker als sonst wahrnahm. Hinter meinem Rücken schwiegen sie die meiste Zeit, oder sie sprachen von Dingen, die wegen ihrer Unbegreiflichkeit und Kargheit mein Bewusstsein nicht erreichten. Das Phänomen war noch plastischer, wenn ich mich auf den Schemel stellte, aber ich hatte Angst, Janka würde mich rügen, wenn ich mit meinen Sohlen den gemusterten Samtbezug beschmutzte. Als wüssten sie, was der andere dachte, nickten sie übereinstimmend vor sich hin. Auch das sehr sparsam, nie mehr als zweimal, und auch das nicht rasch, sondern mit Würde. Manchmal sagte der eine etwas, das wie eine Antwort auf den inneren Monolog des anderen war. Unbegreiflich, wie sie das machten und was sie miteinander taten. Als ich meinen Großvater einige Zeit vor seinem Tod fragte, woher seine Familie gekommen sei, sagte er, sie seien aus der Tschechei gekommen, hätten dann zuerst etwa zwei

Generationen lang in Bratislava gelebt, aber ihr Vater sei schon in Budapest geboren worden.

Das ist bis heute alles, was ich über die Familie Tauber weiß. Einmal erhielt ich von einem deutschen Leser namens Tauber einen Brief, der in einer meiner biographischen Notizen den Namen meiner Mutter bemerkt hatte, den Namen Tauber, und der anfragte, woher die Famlie meiner Mutter komme. Der Tauber-Stamm ist nämlich uralt, schrieb er, was in meinen Ohren immer komisch klingt, man soll mir doch einmal eine Familie zeigen, die nicht genauso uralt ist wie alle anderen. Mit jedem ordentlichen Stammbaum könnte man auch bis zum Urknall zurückgehen. Sie stammten, schrieb er, ursprünglich aus Österreich. Das erste schriftliche Zeugnis ihres Familiennamens erscheine auf einem Dokument des Jahres 1533, dem zufolge Anton Tauber Wirtschaftsverwalter eines nicht genannten Herzogs war, worauf er 1588 zur Belohnung für seine Dienste in den Adelsstand erhoben wurde und die Familie ihr Wappen bekommen habe. Selbstverständlich wurde die Taube ihr Wappentier, sie steht ganz allein, ohne irgendwelche Waffen auf einem schwarz-goldenen Feld. Ihr Ahne Peter Tauber habe 1592 bereits in Augsburg gelebt, sie seien im Verzeichnis der Patrizierfamilien der Stadt auf seinen Namen gestoßen, er sei Händler gewesen, 1620 gestorben, und sie wissen auch, dass er eine große Familie hinterlassen habe. Von der sich ein Teil in Bayern niederließ, es habe aber auch solche gegeben, die nach Österreich zurückkehrten, und von dort sei ein Zweig der Familie nach Ungarn gelangt, sie seien wesentlich ungarischsprachig geworden, wesentlich, schrieb der deutsche Leser, das heißt, sie bewahrten ihre deutsche Muttersprache, lebten aber in Pápa, deutsch Poppa, nach einem bayrischen Ritter, sprachen ungarisch, und einer ihrer Nachkommen, Alexander Tauber, wurde Prälat in Szombathely, Steinamanger.

Für mich in der Fensternische, mit Blick auf die Wesselényi-Straße, den gegenüberliegenden Gehsteig und die stark beschädigte doppelte Säulenreihe dahinter, erschien der Hof mit dem Massengrab um etliches näher, als er wirklich war. Es war ein schwindelerregendes Gefühl. Die drei Fenster der Nische waren wie eine Weitwinkel-Linse. Sie brachten die Arkaden der Synagoge näher, verkürzten die Brennweite und öffnete den Sichtwinkel, wodurch der Vordergrund größer wurde. Das seltsame optische Phänomen spielte in meinem Leben eine wichtige Rolle, noch heute schaue ich mir das Haus jedes Mal an, wenn ich dort vorbeigehe. Die Fensternische gibt es nicht mehr. Irgendwann Anfang der sechziger Jahre des vergangenen Jahrhunderts richtete sich in der Wohnung im Hochparterre ein Unternehmen ein, die Nische wurde entfernt, die Fenster wurden gegen Industriefenster ausgetauscht. Damals aber fuhren noch die Autos und Busse durch die beiden Seitenfenster in mein Bild herein, ich war zwar vom Gegenlicht geblendet, aber ich sah doch, wie sie sich in der anderen Richtung allmählich entfernten. Mein Körper wurde stumpf vom Gefühl des ungewohnten Bilds. Ich wurde zu einem Augenpaar, die reine Wahrnehmung sitzt im Hirnstamm, ich musste aufpassen, während dieser großen sonntäglichen Beobachterei nicht mit der Stirn gegen die Scheibe zu schlagen, nichts zu tun, weswegen mich Janka hätte rügen müssen. Vor ihr hatte ich große Angst. Sie war strenger als mein Großvater. Sie beide machten alles anders. Mit der Verneinung gingen sie noch sparsamer um als mit der Bejahung, es wurde deutlich, was für Menschen diese Taubers waren. Ihre Verneinung war stumm, so wie das Lachen meines Großvaters. Man sagt unwillkürlich zweimal nein. Nein, nein. Sie sagten es sparsam nur einmal. Das zweite Nein ließen sie als etwas emotional Überflüssiges weg. Gesten genügten ihnen, um einen Gedanken abzurufen. Sprich es nicht aus, ich will es nicht hören. Während sie reglos miteinander schwiegen, beobachteten auch sie den toten Hof der Synagoge hinter den doppelten Arkaden. Auch nach einer großangelegten Exhumation blieb der Friedhof noch lange Jahre kahl.

Und so spürte ich schon als kleines Kind, ich ging noch nicht einmal zur Schule, ziemlich deutlich die ungeheuren Unterschiede, Risse, Spalten, Gräben und Abgründe, die komplizierte, vielfach eingegrenzte und doch zusammenhängende familiengeschichtliche Topographie meiner Geburtsstadt, die entlang der noch vorhandenen Gebräuche und individuellen Gegebenheiten die verschiedenen menschlichen Biosphären der Stadt trennte und miteinander verband; was aber strikt im nonverbalen Bereich ablief, gewissermaßen von seinen eigenen Konventionen isoliert, in Deckung. Heute ist mir klar, dass nur dieses tiefe und banale Wissen um das Beziehungsnetz der menschlichen Biosphäre eine Stadt zur Geburtsstadt macht, die man mit keiner anderen Stadt vertauschen könnte. Was die Essensgebräuche betrifft, folgten die Töchter meiner Großmutter, meine Tanten Erzsébet Tauber und Irén Tauber, in ihren Haushalten in der nahen Damjanich- beziehungsweise Dembinszky-Straße einer ähnlich strengen Regel. Auch bei ihnen setzte man sich sonntags mit dem Glockenläuten an den Tisch, das milchige Geschirr wurde nicht einmal zufällig mit dem fleischigen vermischt, nicht so wie bei uns in der Pressburgerstraße, wo diese Regeln nicht galten; sie hatten allerdings hier, in der Dembinszky-Straße und der Damjanich-Straße, auch nicht mehr viel Sinn, da man alles aß, wovor meine Großmutter zurückschauderte. Cervelatwurst, Gyulaer Dauerwurst, Bohnensuppe mit Schweinekeule und saurer Sahne und sonst noch etliches.

Die essen Dreck. Den Magen sollte es ihnen umdrehen. Abfall essen die.

Schweinegrieben, das essen sie vielleicht nicht, aber sonst fressen die alles.

Gänsegrieben auch, solange es noch Gänse gab. Grieben gab es noch eine Weile, aber die verschwundenen Gänse hatten keine Leber mehr, später auch kein Fett mehr, es gab kein Fett mehr zum Auslassen, nichts gab es, auch kein Brot. Wenigstens gab es beim koscheren Metzger meiner Großmutter noch Matze zu kaufen.

Das Brot war ziegelförmig, enthielt Kartoffeln, russisches Brot, wie es in der Besatzungsarmee gebacken wurde, wenn man es schnitt, zerbröselte es unter dem Messer, brechen ging besser, aber bevor man es zum Mund hob, musste man es zusammenkneten, damit es nicht auseinanderfiel, unter dem Druck verklebte es sich, es war klebrig von den vielen Kartoffeln. Wir standen um Brot an, um Kartoffeln, um alles. Es wurde ausgegeben, die Nachricht machte die Runde, dass sie irgendwo das oder jenes ausgeben. Das war das Wort dafür. Sie geben Fett aus. Sie geben Zucker aus. Wir standen an. Heute geben sie Margarine aus. Es wurde Hefe ausgegeben, sie stellten sich an. Socken. In der Pressburgerstraße aßen wir sogar auch die Schweinegrieben mit Lust und mit Essiggurken oder teuflisch scharfem Essigpaprika, wieso sollten wir sie nicht essen, wo doch die Arbeiter meines Onkels István Nádas aus Törökszentmiklós die Schlachtplatte mitgebracht hatten. Er, ja, hatte Arbeiter. Was ich wieder nicht verstand. Sie kamen jeden Herbst aus Törökszentmiklós, blieben bis zum Frühling. Sie akzeptierten niemand anders, alle sechs mussten immer aus Törökszentmiklós sein. Aber wie kann jemand fremde Menschen, erwachsene Männer, haben. Oder warum sagt man es so. Die besitzanzeigende Konstruktion ging mir nicht in den Kopf, mir selbst wäre nie über die Lippen gekommen, dass jemand der Besitz von jemand anderem wäre. Ich begann eine sprachliche Strategie auszuarbeiten, mit der ich die gerade fälligen Sätze umformulieren oder ersetzen konnte. Ich sagte ihnen nicht nach, ich nehme die Straßenbahn oder wir nehmen die Straßenbahn, denn das war eindeutig Blödsinn. Auch hätte ich nie ausgesprochen, dass etwas irgendwo ausgegeben wird. Sie irritierten mich einfach mit ihren sprachlichen Konventionen. Wie könnten wir eine Straßenbahn nehmen. So viel Kraft haben wir doch gar nicht. Ich nehme ein Taxi, auch das hatte keinen Sinn. War zu vermeiden. Ich nehme eine Frau dazu. Das bedeutete, dass man für das Großreinemachen oder die Großwäsche eine Hilfskraft im Tagelohn anstellte. Jetzt war ich nicht mehr nur im

Rechnen langsam, wo ich die Zahlen bildlich in Strichen darstellen musste, sondern auch im Sprechen, weil ich immer wieder gegen diese sinnlosen Sätze prallte, die ich nicht aussprechen mochte und ersetzen musste.

Neue Sätze lagen aber nicht einfach bereit.

Ich musste zuerst alles gründlich prüfen, erst dann konnte ich ihre Gemeinplätze durch einen anderen Satz ersetzen.

Etwas weiter weg, in den Tschikago-Häusern, im Dickicht der Stadt, gab es Familien, die noch speziellere Gebräuche hatten. Die kümmerten sich überhaupt nicht um diesen ganzen Sonntagsbetrieb. Das Mittagsläuten berührte sie überhaupt nicht, die hörten das gar nicht. Ihre Kinder durften von uns nichts annehmen, da unsere Speisen nicht koscher waren, sondern treif. Ich bewunderte diese Familien. Sie nahmen von niemandem Kenntnis, nur voneinander, vor widerlichen Fremden passten sie auch auf, was sie zueinander sagten, welche Gesten sie machten. Wir sollten nichts hören, nichts verstehen, nichts sehen. Ich folgte ihnen, starrte ihnen nach, wäre gern in ihre Wohnungen gegangen. Die Männer trugen ausschließlich dunkle Anzüge und lange dunkle Mäntel, auf dem Kopf einen schwarzen Hut. Die Frauen trugen Perücken, und die bedeckten sie noch mit einem Kopftuch. Es war unverständlich oder hatte auch wirklich keinen Sinn. Unter sich stritten sie zwar dauernd, aber das durften wir nicht hören. Nichts, rein gar nichts durften wir von ihrem Leben wahrnehmen, denn in ihren Augen waren wir noch hassenswerter als die Gojim. Sie hatten eine eigene Sprache, die man mit Hilfe der Privatsprache meiner Großmutter verstehen konnte. Im Haus in der Dembinszky-Straße war samstags der Lebensmittelladen geschlossen, aber am Sonntag machte er wieder auf, während die anderen in der Stadt geschlossen waren. Ihr Laden. Ich wurde sonntags oft da hinuntergeschickt, aber der Name des Händlers will mir nicht mehr einfallen, obwohl mich seit Monaten die Frage umtreibt, wie der orthodox jüdische Lebensmittelhändler in der Dembinszky-Straße hieß, jener, der mit dem Tintenstift Striche in sein Heft machte, wenn man auf Kredit kaufte, die verlorene Welt des Ladenkredits, wie ich sie von hier kenne. Vier durchgestrichene Striche machen fünf. Der Händler trug den Tintenstift hinter dem Ohr hinter seinen überwältigend dichten Peies, und bevor er zu schreiben begann, befeuchtete er den Stift mit der Zunge. Auch die orthodoxen Jungen in diesen Häusern trugen Kippa und Peies, wir, die gar nichts trugen, waren in der Minderheit und galten in ihren Augen als viel niederträchtiger als die Gojim, was ich auch wieder nicht verstand. Das weiß ich noch, dass in der Dembinszky-Straße 37 der Onkel Nádai der Hauswart war, Árpád Nádai, seinen Namen habe ich auf einigen erhaltenen Schriftstücken sogar gefunden, mein Gedächtnis funktioniert also noch, der Onkel Nádai, eine Ausnahme, hatte sich während der Belagerung anständig verhalten, auf den Namen des Händlers hingegen komme ich einfach nicht mehr. Ich mochte es nicht, wenn sie mich schickten, lauf rasch hinunter, hol das oder jenes, es war, als trete man unbefugt ein. Und würde gleich von ihrer seltsamen Befremdung einverleibt. Sogar das Wesen ihrer Befremdung war fremd. Sie verstummten sofort, wenn ich eintrat. In solchen Familien kam samstags das Leben zum Stillstand. Aber an keinem Tag durften wir einen Fuß in ihre Wohnung setzen, höchstens klammheimlich. Márta durfte hin und wieder nach langen Verhandlungen kurz mal zu ihnen hinein, Márta Szántó, die Tochter von Irén Tauber und Imre Szántó, ursprünglich Imre Schwarz, der große alte Schwarzarbeiter der Arbeiterbewegung, wie er unter Gelächter sagte, ich hingegen durfte nur einmal eintreten. Auch das nur dank Márta. Sie brauchten mich nur anzuschauen, um zu wissen, dass ich gleich auf doppelte Weise nicht dahingehörte, und sie schickten mich wieder weg. Du darfst hier nicht rein, du nicht. Aber sie habe doch gestern hereinkommen dürfen. Schon, aber der da wohnt nicht hier. Wir wollen nur solche, die im Haus wohnen. Ich war also für sie jemand, der sich ihrer Kontrolle entzog. Bei diesen rätselhaften Verhandlungen war Márta Szántó stark. Ich weiß nicht, womit sie argumentierte oder was sie so lebhaft erklärte, aber sie redete wie ein Wasserfall.

Diese Kinder durften nicht nur nichts Essbares annehmen, sondern nicht einmal im Hof oder im Treppenhaus mit uns spielen. Sie gingen auf eine andere Schule. Sie durften nur miteinander spielen, ganz für sich. An anderen mussten sie vorbeigehen, als wären die Luft, als streifte sie auch kein Lufthauch von uns, genau so, wie es ihre Eltern taten. Diese grüßten nicht zurück, wenn wir sie versuchsweise grüßten, küss die Hand, sie zuckten nicht mit der Wimper, wenn wir absichtlich nicht grüßten. Nirgends sonst habe ich je eine solche angeborene Eleganz beim Ignorieren der anderen gesehen wie in diesen Häusern. Einmal auf dem Heimflug von New York habe ich ausprobiert, ob der auf der anderen Gangseite sitzende, mit mir ungefähr gleichaltrige Rabbi und seine Frau mir erlauben würden, einem von ihnen nur zufällig, unbefugt und flüchtig in die Augen zu schauen. In fortgeschrittenem Alter ist man nachgiebiger, der Rabbi oder zumindest die Frau Rabbi sind vielleicht schon etwas toleranter, dachte ich mir. Es passierte das Gleiche wie ein halbes Jahrhundert zuvor. Ich durfte ihnen zwar in die Augen schauen, in ihre und in die ihrer Kinder, aber auch jetzt musste ich feststellen, dass sie mich nicht sahen. Dass ich in ihren Augen nicht existierte. Die ideologische Fiktion der rassischen Abschottung bringt ja wirklich Wunder hervor. Es war genauso wie damals, als ich ein kleines Kind war, auf dem Gang oder im Hinterhof. Bei diesen Menschen war der Rollladen heruntergelassen. Die Läden waren geschlossen. Sie spielten nicht, dass ich nicht existierte, sondern ich existierte wirklich nicht. Für sie existierten nur die mit ihnen reisenden sechs Rabbinerschüler. Auch die Flugbegleiter existierten nicht. Bestimmte Dinge nahmen sie entgegen, das koschere Getränk, die koschere Speise, sie dankten sogar dafür, stießen eine leere Sprachkapsel aus. Die Rabbinerschüler kamen von Zeit zu Zeit einzeln aus den Tiefen der vollgestopften Touristenklasse nach vorn, stotterten dem hochwürdigen Rabbi erschrocken und leise etwas zu, fragten ihn leise etwas, und nachdem sie seine kurze, rituell unwirsche Antwort erhalten hatten, kehrten sie lautlos und unterwürfig an ihren Platz zurück. Offensichtlich musste ihr Blick größten Respekt bezeigen, Hingabe, ihre Körperhaltung echte Demut und ein bisschen vorgetäuschte Selbsterniedrigung, aber der Rabbi reagierte auch auf diese absichtlich oder unabsichtlich manifestierten rituellen Haltungen nicht, was auch wieder Teil des Rituals war. Für die Orthodoxie gibt es außerhalb des Rituals keine Ästhetik, genauso wenig Emotionen. In der Morgenfrühe kamen sie den Rabbi fragen, in welche Richtung sie sich zum Gebet wenden sollen, und nachdem der geantwortet, ja, sorglich gezeigt hatte, wo die Sonne aufging, dort, die Sonne, was sie aus ihren Fenstern in der fernen Touristenklasse eigentlich genauso gut hätten sehen können, da dankten sie ihm für die weise Wegleitung und gingen unter Bücklingen rückwärts hinaus.

Wir flogen aus der dichten Nacht ins rote Leuchten des Sonnenaufgangs hinein.

In diesen kleinen orthodoxen Kreisen, im Haus in der Dembinszky-Straße oder in der Damjanich-Straße, war alles bis ins Letzte geregelt. Die orthodoxen Familien wohnten eng beieinander und verkehrten ausschließlich untereinander. Auch nach dem großen Weltenbrand mussten sie auf eine Art leben, als wären sie nicht hier und als wäre nichts geschehen. Sie mieden die neologischen jüdischen Nachbarn ebenso wie die Gojim. Außer wenn ihre Kinder hinter ihrem Rücken die drakonischen Ordnungsregeln austricksten, außer wenn wir ihnen bei dieser selbstmörderischen Rebellion Deckung gaben. In der Küche meiner Tante Bözsi, das heißt in Erzsébet Taubers Küche, stopften sie dann doch die Schmalzkringel in sich hinein, na gut, Tante Bözsi stellte die Kringel, solange sie konnte, mit Gänseschmalz her, und als es auch das nicht mehr gab, eben doch mit Schweineschmalz. Oder sie stopften sich mit Quark-Palatschinken voll, die Tante Bözsi nicht in Gänseschmalz, sondern in Sonnenblumenöl buk, ein Treif. Aber sie hätte sie backen können, worin sie wollte, schon Quark und saure Sahne waren purer, ekelhafter Treif. Alles war Treif, inklusive ihr Geschirr, auch wenn es nur ein einziges Mal entweiht worden war. Ich konnte das gut nachvollziehen, ich spürte genau, wie es sich damit verhielt. Und dazu noch die ekelhafte, abtrünnige Person, die diese Speisen herstellte. Vom Jüdischen Kongress von 1868 an, den mein Urgroßvater Mezei geleitet hatte, verboten in Budapest beide Richtungen der Orthodoxie, die chassidische sowie die dem rabbinischen Recht quo ante verpflichtete, ihren Anhängern, die Synagogen der Neologen, das heißt der Kongress-Juden, zu betreten, sie mieden aber auch die Synagogen voneinander, und meines Wissens ist das heute noch so.

Nirgendwo sonst auf der Welt, nur in Budapest dürfen die Orthodoxen und die Neologen die Synagogen der je anderen nicht besuchen.

Und doch tricksten sie in der Damjanich-Straße die orthodoxen Eltern aus, im kleinen Hinterhof, damit niemand sah, wie sie mein brandneues Dreirad ausprobierten. Diese Kinder waren gierig, ausgehungert nach dem anderen, genäschig, aber noch in ihrer Animalität völlig unpersönlich. Es war eine ganz eigene Erfahrung. Sie mochten mich ansprechen, ich solle ihnen mein Dreirad geben oder meinen Reifen, sie mochten mich auch wütend anzischen, nicht hier, hier nicht. Sie mochten einem Fremden, den sie auch morgen als Fremden betrachten würden, Anweisungen geben. Wo denn. Sie mochten mich sogar anfahren. In ihnen schwelte wohl eine Dauerwut auf das Wissen der anderen oder auch auf deren Unbedarftheit. Wo denn wohl, wenn nicht auf dem Hinterhof. Als müsste ich über den Hochmut, den sie, für mich unzugänglich, uneinsehbar, mir gegenüber hegten, von vorneherein Bescheid wissen. Ich hingegen konnte sie auf dem Gang oder im Hof noch so lange ansprechen. Sie sahen mich nicht. Sie hörten mich nicht. Und sie sagten auch nicht alles auf Ungarisch. Die Hälfte manchmal auf Jiddisch. Klar, sie hielten mich für minderwertig, ich konnte ja ihre Sprache nicht, aber wenn sie bei meiner Tante oder meiner Großmutter die restlichen Palatschinken auffraßen oder mein brandneues Rad ausprobierten, profitierten sie absichtlich von der gegenseitigen Unkenntnis. Und das nun war echter Hochmut. Sie nützten auch das Vertrauen ihrer Eltern aus, und auch das war Teil ihres Hochmuts. Gegen den konnte man nichts tun, er war in jeder Situation einzukalkulieren.

Gut, dann eben auf dem Hinterhof.

Als sähen sie mich gar nicht, gingen die beiden ungefähr mit mir gleichaltrigen kleinen Jungen vor mir her, mit der Kippa auf dem Kopf, mit ihren wundersam gedrehten Peies, und ich durfte hinter ihnen her mein Rad die Treppe hoch-, die Treppe hinunterschleppen, zwischen die brandgeschwärzten Wände und Trümmer des Hinterhofs, damit sie darauf herumkurvten, solange es ihnen beliebte.

Ganz klar, dass sie das Rad nicht tragen konnten, damit hätten sie sich ja verraten, oder ihre Religion verbot ihnen, irgendetwas zu tragen, das treif war, Zeug der Gojim, oder was immer. Ich wusste wirklich rein nichts. Aber wie immer ich auch vorprellte, ich fand nichts, um meine liberal anerzogene Neugier zu stillen. Es war zu interessant, was alles ich von ihnen nicht wusste. Mein Wissensdurst war stärker als mein eigener Hochmut, stärker als die Kränkung. Das war nicht ich, das war die Macht der Aufklärung in mir, die auch ihnen nicht ganz fehlte, auch sie waren einigermaßen neugierig auf den Treif. Wenn ich ihnen jetzt ohne Widerrede zur Verfügung stehe, werden sie begreifen, dass ich nicht ihr Feind bin und sie sich nicht so brutal zu verteidigen brauchen. Doch dann endete die Sache genauso abrupt. Sie ließen mich mit meinem Rad stehen, ich konnte ihnen noch lange nachrufen. Sie gingen nicht hastig, nicht gemächlich, für den Tag war ich abgehakt, sie waren ans Ende ihres momentanen Freiheitsausbruchs gelangt, sie gingen weg, als wünschten sie nicht einmal mehr mit der Luft der fremden Welt in Berührung zu kommen.

Meine Cousine Márta hingegen hatte hier in der Damjanich-Straße eine kleine Freundin unter ihnen. Ich erinnere mich nicht an ihren Namen. Natürlich in der größten Heimlichkeit. Die langte bei uns zu, aber nicht weil sie hungrig war, auch nicht weil sie die unbekannten Speisen kosten wollte, sondern weil sie das Gesetz übertreten wollte, wozu sie doch ein schuldbewusstes kleines Schluchzen hören ließ. Es war schön, diesem Mädchen beim Sündigen zuzuschauen. Eine ganz große Entdeckung für mich. Jemandem ansehen, warum sie etwas tut. Aufgeregt von der Unbotmäßigkeit, stopfte sie die verbotenen fremden Speisen in sich hinein, als gäbe es keinen physischen Genuss. Es war ein rein geistiger Genuss, der Genuss waghalsigen Rebellentums. Ausprobieren, ob sie wirklich daran sterben oder eventuell die Welt untergehen würde. Sie saß auf einem Hocker, und nach ein paar Bissen machte sie fast schlapp vor Spannung. Auch später wurde ich mehrmals Zeuge derartiger rebellischer Fressereien. Aber nur bei Mädchen. Die Jungen hatten, wie mir scheint, nicht die Bereitschaft, nicht das Zeug zu einer solchen Rebellion. Das Dogma ist im Hirn von Jungen wahrscheinlich stärker verankert. Die Jungen stillten nur ihren Hunger, wenn sie bei uns aßen, und auch das taten sie seltener als die Mädchen. Bis Anfang der fünfziger Jahre waren diese Familien hier allesamt verschwunden, sie hatten Alija gemacht, wie man sagte, das heißt, sie waren aus dieser Fremde ausgewandert.

Meine große Jugendliebe, Hédi, die wunderbare Hédi Sahn mit ihren wunderbaren Augen, Hédi, die ich allein schon respektieren musste, weil sie an der Wandtafel mit dem Professor, Dezső Gulyás, über höhere Mathematik plauderte, während wir nur offenen Mundes starren und nicht einmal die Bindewörter verstehen konnten und sie an der Tafel konversierte wie die Steinmann, Gräfin genannt, beim Großmeister der satirischen Literatur Frigyes Karinthy, diese Hédi kauerte jetzt in einer Ecke der blitzsauberen Speisekammer ihrer Wohnung in der Dohány-Straße und stopfte, trotz allem, erst recht, gegen jedes göttliche Gesetz, etwas in sich hinein. Sie musste rasch handeln. Rasch kauen und schlucken. Solange ihre Mutter im Salon nicht Verdacht schöpfte, herauskam oder in ihrer unendlich gelangweilten Art auf den Flur herausrief, Hédi, Hédilein, Hédilein Liebes, was machst du dort so lange, Hédilein. Es war Jom Kippur. An diesem einen ganzen Tag plus eine Stunde dauernden jüdischen Fest hätte sie nichts essen dürfen. Im ganzen Haus durfte es nicht den kleinsten Brosamen geben. Als ich sie einmal fragte, woher sie diese ganze Mathematik nahm, zuckte sie mit den Schultern. Ich hoffte auf die Enthüllung eines großen Geheimnisses, ich selbst begriff ja nicht einmal die Grundoperationen richtig. Von der Kati eben. Kati war ihre sechs Jahre ältere Schwester, eine erwachsene Frau, vielleicht noch schöner als sie, was Hédi grässlich quälte, Kati ging auf die Universität, studierte Mathematik. Nur rasch, rasch, etwas in sich hineinstopfen, sich Genugtuung verschaffen. Ich weiß nicht, wofür. Für alles, für was immer. Anscheinend hatten sie nur gegen die Mathematik keinen solchen Widerstand. Sonst gegen alles. Auch gegen unsere Liebe, ihre Eifersucht. Sie war gleichzeitig in viele verliebt, nicht nur in mich, und das quälte sie, auch wenn sie so tat, als sei ich für sie nur eine kleine Rotznase.

Sie liebe nur mich, sonst niemanden.

Das stimmte zwar nicht, aber sie beschwor es, damit es wirklich so sei, damit sie sich mit ihren vielerlei Lieben nicht so schwertun müsse.

Damit ihre Mutter doch bloß nicht recht behielt, die sie allerdings mehr fürchtete als den Allmächtigen, wolle doch der Himmel über sie hereinbrechen.

Meinerseits war auch ich nicht nur in sie verliebt, sondern, was immer wir dagegen tun mochten, auch in Maja und Margit und Lívia.

Dass du ausgerechnet in diese stupide Éva Juhász verliebt sein musst.

Dieses wunderschöne Mädchen, diese geborene Rebellin mit

ihren orientalisch geschnittenen, dicht und lang bewimperten riesigen blauen Augen, ihrem dicken, bis zur Rückenmitte reichenden, tiefbraunen, fast aus dem Schwarzen ins Rötliche spielenden, irrsinnig duftenden Haar, das ich stundenlang kämmen, in dem ich stundenlang wühlen, minutenlang mein Gesicht darin verbergen durfte, so tief, dass mich die einzelnen Haare gar nicht kitzeln konnten, während sie das Gleiche mit mir tat. Sie zitterte vor Angst und der entsprechend gesteigerten Lust am Verbotenen. Vor ihrer Mutter hatte sie Angst, noch mehr vor deren mathematischer Begabung, denn auch die Mutter war ein Mathematiktalent, und ihre Strenge rührte vielleicht daher, wobei sie vom Gesichtspunkt der Diktatur des Proletariats gefährlich klassenfremd war, sie hatten ein noch größeres Juweliergeschäft gehabt als Janka, das selbstverständlich ebenso verstaatlicht wurde. Es war ihr gelungen, bei einem Großunternehmen als Hauptbuchhalterin unterzukommen, was mit Schmuck ja nicht gerade viel zu tun hat. Manchmal hatten alle drei Frauen gleichzeitig die Migräne und lagen stöhnend und winselnd in der verdunkelten Wohnung. Hédi aber hatte nicht nur vor ihrer Mutter Angst, dieser gefürchteten Buchhalterin, sondern auch vor dem Allmächtigen.

Ich hatte nicht das Gefühl, dass sie zwischen den beiden einen Unterschied machte, zumindest standen ihre Mutter und der Allmächtige für wahrscheinlich sehr nahe beieinander.

Oder dann später Mari, die immer wieder verlassene Frau meines überaus flatterhaften, um einiges älteren Freunds, der sich immer aufs Neue zu ihr zurückbettelte, Mari, die Sekretärin des hochverehrten und nicht weniger gefürchteten großen Gelehrten Professor Scheiber. Wenn sich Scheiber in sein mit Büchern und Papieren vollgestopftes Büro zurückzog, riss Mari ihre Schreibtischschublade auf und begann sich vollzustopfen, mit Grieben, Quarktäschchen, Kakaoschnecken, alles strikt unter verdächtigen Umständen produzierte, aus verbotenen Ingredienzien hergestellte, durch und durch unkoschere Dinge, die sie zumindest an diesem Ort nicht einmal hätte berühren dürfen. Unreine Speisen essen war so viel wie eine Abkehr vom Glauben. Sie krallte die Hand um die Leberwurst, die selbstverständlich aus Schweinsleber hergestellt war, woraus denn sonst, drückte sich aus der prallen Haut eine anständige Portion Füllung in den Mund, brach Stücke vom anständig weißen Brot ab, stopfte alles in sich hinein, biss in den teuflisch scharfen Essigpaprika. Während sie den vielen Treif, den wir zehn Minuten zuvor auf der anderen Seite des Josephsrings beim Metzger an der Ecke gekauft hatten, Leberwurst war neben den Schweinegrieben vielleicht die billigste Ware im damaligen Budapest, gierig und mit tödlichem Genuss kaute, mahlte, fraß, schmeckte, schluckte, wobei ihr der Saft vom angebissenen Essigpaprika über die Hand und in die Schublade floss und sie wegen seiner Schärfe prustete und schnaubte, ihre Zähne, ihre Lippen, ihr rundes Gesicht, alles chazer vom vielen Treif, hielt sie die Ohren gespitzt, sie lauschte und war darauf gefasst, dass der zürnende große gelehrte Gott zurückkam, um etwas zu holen, und sie erwischte.

Er kam tatsächlich häufig zurück, aus Vergesslichkeit, gelehrter Zerstreutheit, aber ganz offensichtlich auch, um bei der schönen und sehr begehrenswerten, dank der ewigen Nascherei eindeutig drallen jungen Frau herumzustehen. Es war eine sehr appetitliche Drallheit. Dem gelehrten Mann war es egal, was die Frau aß, mit welchem Geld sie es kaufte, wie viel sie verdiente, aber ihre Beine, ihr Schoß und ihr Busen, die interessierten ihn durchaus. Er war ein zürnender Gott, ausschließlich mit philologischen Spitzfindigkeiten beschäftigt. Einzelheiten betrachtete er ausschließlich vom Welthorizont her. Er kam, um jede kleine Bewegung der Frau, jedes Vibrieren der Brüste in ihrer Bluse zu verfolgen, ihre Atmung zu überwachen, und wenn er jetzt seine Wünsche nicht befriedigen konnte, weil dieser blonde Lümmel dastand, wenn er sie jetzt nicht auf dem Boden des Sekretariats flachlegen konnte, wollte er wenigstens grollen. Um sich nichts zu vergeben. Es stand ihm zu. Er war schließlich der Stammeshäuptling hier. Mari trug leichte Blusen, manchmal auch eng anliegende Rollkragenpullover. Sie hatte keine guten Manieren, aber eine angeborene, herausragende, geradezu verletzende Intelligenz. Sie lebte in einer infernalischen Ehe mit meinem Freund und Fotografenkollegen Miklós. Mir hatten sie die Rolle des Friedensrichters zugedacht, die ich nicht ausfüllen konnte, denn es war nicht so, dass der eine oder die andere etwas falsch machte, sondern sie machten sich gegenseitig und sinnlos das Leben zur Hölle. Ich konnte ihnen noch lange zureden, sie wegen ihrer Schlammschlacht auslachen. Sie schienen sich gegenseitig unter Wasser drücken zu wollen. Da war kein Zeichen von Liebe oder Zuneigung, nicht einmal von Sinnlichkeit. Nur betrügen sollte sie der andere nicht, obwohl sie sich gegenseitig dauernd betrogen. Die Sache war aber gänzlich unausgewogen. Mein Freund Miki verriet seine Seitensprünge jedes Mal, absichtlich oder unabsichtlich, worauf er triumphierend beobachtete, was daraus würde, er hingegen hatte von den Fehltritten seiner Frau jeweils lange keine Ahnung.

Ihre Seitensprünge hatten den einzigen Zweck, dem andern weh zu tun.

Die sehr frühe Heirat zweier Kriegswaisen, und auch gleich ein wunderschönes, anmutiges Kind.

Als müssten sie im Interesse ihres Überlebens noch rasch den anderen umbringen.

Ich habe vorhin vergessen, das noch zu erwähnen, Mari.

Mari, bring mir doch bitte die Akte dort.

Wieso muss ich dich um alles zehnmal anflehen, Mari.

Mit Mari sprach Scheiber in einem heikel nasalen Ton, mit anderen war er eher grob, verachtete sie echt und tief wegen ihrer unendlichen Stupidität, Gewöhnlichkeit und ihres abgrundtiefen Unwissens. Im Prinzip hatte er ja recht, er gehörte zu den immer und überall wenigen, die mit ihrem Wissen die Kontinuität der Kulturen garantieren.

Ruf die Chewra Kadischa an, Mari.

Mari, jetzt ist dir das Datum wieder entfallen.

Dass jemandem etwas entfallen konnte, hörte ich von ihm zum ersten Mal.

Manchmal trat er dreimal ab und dreimal wieder auf, denn dieser windige junge Mann stand immer noch hier herum und lehnte sich obendrein unverschämt gegen den riesigen, mit Büchern und Papieren überladenen Schreibtisch, nutzte unbefugt den Fußboden des von ihm geleiteten Instituts ab, so auch seinen Stuhl, dieser sichtlich geschlechtsreife Blonde, dem er keinerlei Beachtung schenken konnte, denn in der gesellschaftlichen Hierarchie konnte man nicht tiefer stehen als ich. Ein Industrielehrling. Eine Waise. Jemand, der auf der Welt niemanden und nichts hatte und haben würde, das heißt keinerlei brauchbaren Nexus. Wie man damals die gesellschaftlichen Beziehungen nannte. Und auch darin hatte Scheiber recht. In einer Diktatur sind die Beziehungen der Maßstab. Das war das Problem mit mir. Ich hatte keine. In jenen Jahren sah man mir wohl deutlich an, dass ich auf dieser Welt ein Geduldeter war, ein vorläufig Geduldeter. Aber wer weiß, wie lange noch. Und dementsprechend erwiderte er meinen seinem ungeheuren Wissen geltenden, überhaupt nicht förmlich gemeinten und stets respektvollst vorgetragenen, keineswegs aufdringlichen Gruß nicht einmal mit einem Kopfnicken. Seine rituelle Gleichgültigkeit kribbelte mir auf der Haut. Geradezu sinnlich lustvoll. Seine kurzen, gehaltvollen, die klassische ungarische Literatur betreffenden, mit einem unglaublichen philologischen Apparat arbeitenden Publikationen in Zeitungen und Zeitschriften las ich immer. Er machte mich auf meine Irrtümer aufmerksam, korrigierte, vervollständigte, stellte in Frage, rückte zurecht. Und sah die Sache immer richtig. Es war eine Entdeckung, dass objektives Wissen eine solche Qualität haben konnte, es lag ganz außerhalb meiner Erfahrung.

Kein Zweifel, der gelehrte Mann war auf den ersten Blick eifersüchtig auf mich. Er sah rituell durch mich hindurch wie durch eine Fensterscheibe, trotzdem verursachte ich ihm Unbehagen. Er mochte in seinem Büro keine solche Fliege sehen, keinen solchen Zivilisten, er wollte nicht den jungen Freund des abgelehnten Ehemanns auf seinem Sekretariat haben. Auch der Ehemann hatte es ja zu nichts gebracht, ein abgesprungener Rabbinerschüler, angestellt bei einem Fotografen in der Innenstadt, ganz offensichtlich ein Niemand, eine Null in Scheibers Augen. Aber Maris wegen erlaubte Scheiber dem Mann, sein Schmeichelritual aufzuführen. Miki war ein Großmeister der Schmeichelei, ein unwiderstehlicher Künstler, auch wenn er sie übertrieb und damit zwischen Anführungsstriche setzte. Sogar beim Schmeicheln hatte er etwas Fröhliches, Lausbubenhaftes, wirklich Nettes. In kürzester Zeit nahm er alle für sich ein, außer seine Frau. An der Längswand des überaus asketisch eingerichteten Sekretariats der Rabbinerschule, zwischen der Abdeckung der Aktenschränke und der Zimmerdecke, hingen zwölf Porträts in einer Reihe. Mittelgroße, relativ akzeptabel gerahmte Gemälde gleichen Ausmaßes, aus ganz verschiedenen Händen. Als ich das erste Mal hier eintrat, stand Scheiber vorgebeugt, mit einem Schriftstück in der Hand, zwischen den offenen Schränken. Er studierte das Papier, ganz nah darübergebeugt, die Brille auf die Stirn geschoben. Fast drückte er die Nase aufs Papier. Irgendwo musste seine Lesebrille sein, wahrscheinlich in seinem Arbeitszimmer, im Moment gerade unauffindbar.

Als ich eintrat, schaute er von dem Papier auf, sah mich aber nicht. Dass ich mich vorstellte oder dass mich Mari vorstellte, kam nicht in Frage.

Mari, wieso muss ich bei dir für alles eigens eine Eingabe machen.

Etwa ein halbes Jahr später riskierte ich es doch, mich vorzustellen, was ihn so überraschte, dass er es akzeptierte.

Doch kaum war ich eingetreten, sah ich auch gleich, dass in diesem Sekretariat zwischen ihnen alles in der besten Ordnung war. Ich kannte schon von früher diese jegliche Ästhetik entbehrende

Form der jüdischen Askese, die Wohnung in der Dohány-Straße, wo Hédi Sahn lebte, war auch so, oder die von Janka Tauber in der Wesselényi-Straße.

Zwischen den abgebildeten Notabilitäten hing auch das Porträt meines Urgroßvaters, Mór Mezei, da oben an der Wand.

Ich verriet auch Mari nicht, dass das dort mein Urgroßvater war, es hätte zwischen uns beiden keinen Sinn gehabt, keine historische Funktion. Obwohl ich sogar wusste, wer das Bild in Auftrag gegeben hatte und aus welchem Anlass. Dieses Wissen stammte aber aus einer versunkenen Welt, die uns nichts mehr anging. Mari arbeitete nicht aus Überzeugung für Scheiber, sondern weil ihr nichts anderes übrig blieb. Auch sie hatte niemanden und nichts mehr, hatte auch nichts gelernt, besaß nur gerade das Abitur. Sie hätte lieber an einem Ort gearbeitet, jedenfalls phantasierte sie davon, wo sie ihre aggressive Ungläubigkeit, die aber längst kein Atheismus war, nicht so hätte unterdrücken müssen. Ich meinerseits hatte an diesem Ort nun wirklich nichts verloren, jedenfalls dachte ich es mir so, dass mich rein gar nichts anging, was hier getrieben wurde. Und dennoch gab es diesen Ort auf der Welt, wo die Person meines Urgroßvaters noch vorhanden war, wenn auch ebenso vergessen wie sämtliche Urgroßväter, wie denn auch nicht, wo doch nach der knapp überlebten Massenschlächterei die konservativ-liberale Vorwelt vollständig versunken war, mitsamt ihrer falschen Feierlichkeit und antiquierten Gewähltheit.

Aber Urgroßvaters Dasein wäre an diesem aus Zeit und Raum gefallenen Ort, wo sich Menschen bewegten, die einfach nur Überlebende waren, auch keine unangenehme Erinnerung gewesen, damit tröstete ich mich.

Mit Scheiber sei sie also wirklich nie ins Bett gegangen, ich hatte zwar nicht nachgefragt, aber Mari erklärte jedes Mal im Detail, warum sie mit ihm nicht ins Bett ging.

Dieses wirklich nie klang nicht gerade überzeugend.

Sie schwor, nein, wirklich, mit ihm nie, lach nicht, glaub's mir, sie zog die Wörter in die Länge, verlangsamte, modulierte sie näselnd, so wie die jüdischen Damen von Pest es damals noch taten.

Sie verehre ihn, bete ihn geradezu an, was sie ja auch nicht tun dürfte, aber sie habe noch nie im Leben einen so gelehrten Mann gesehen. Er wäre ja auch zu alt. Solche ungepflegten Männer könne sie nicht ausstehen. Miki sei unordentlich, schlampig, sie hasse ihn von Herzen, aber wenigstens dusche er, gehe ins Schwimmbad, und wenn sie ihn deswegen anschreie, wasche er sich sogar das Haar. Ein unerträglicher Mann, das könne ich doch sehen. Nie. Mit dem nie. Sie würde sich vor ihm als Mann ekeln, wirklich.

Mari sprach von jedem Thema, als kämpfe sie mit tödlicher Müdigkeit, und vor allem, als sei sie ihrer Mitmenschen auf den Tod überdrüssig. Besonders der Personen männlichen Geschlechts. Der schönen, der hässlichen, der alten, der jungen, der intelligenten, der dummen. Auch Scheibers, auch meiner, auch ihres Mannes. Vielleicht allein ihrer kleinen Tochter nicht. Hätte sie einen Jungen geboren, wäre sie wohl auch seiner überdrüssig gewesen. Sie ließ von ihren schönen Lippen ein aus einer endlosen Melodie herausgeholtes Gebet abperlen, aber dabei hielt sie deinen Blick mit scharfer Aufmerksamkeit in Schach.

Sie hatte niemanden, ihre Eltern waren unmittelbar nach der Belagerung gestorben, wegen des Geschehenen, schlicht und einfach. In der großen Wohnung in der Damjanich-Straße blieb sie als Gymnasiastin allein zurück. Mag sein, dass eine Tante vom Land aus einem KZ zurückkam, jedenfalls glaube ich mich daran zu erinnern.

Wegen der verwaisten jungen Frau war der schlampig gekleidete Gelehrte dauernd aufgewühlt und erregt. Mari war nicht die einzige Frau, die eine so offensichtliche Wirkung auf ihn ausübte. Seine an den Ellenbogen ausgebuchteten Jacken, seine pluderigen Hosen, schmierigen Krawatten, seine schlecht oder gar nicht gebügelten Hemden, an denen da und dort Knöpfe fehlten, alles hing an ihm hinunter. In seinem frustrierten Begehren war er dauernd unzufrieden mit Mari, hatte sie auf der Pike, und das ganz offensichtlich nicht wegen verlegter Papiere und vergessener Telefonate.

Mari, deine Nachlässigkeit kostet mich Geld, viel Geld, ich bezahle sie teuer.

Als hätte er von Mari etwas einzufordern. Im Übrigen sorgte Mari unausgesetzt dafür, dass seine Hoffnungen nicht erloschen.

Ich werde dich hinauswerfen, Mari.

Werden Sie nicht tun, Herr Professor.

Tatsächlich, er warf sie nicht hinaus.

Wenn er die Tür aufmachte oder wenn er nicht da war, mit seinem formlosen Hut zu einer Vorlesung gegangen, in die Bibliothek, zu einem Vortrag, ins Archiv, sah man in sein Arbeitszimmer hinein, ein ziemlich geräumiges Eckzimmer, wo es nichts anderes als Bücher, Schriftstücke und Manuskripte gab. Und den mich stets einnehmenden dichten Duft alter Bücher und Papiere. Einen gelben Duft, den Duft des Vergilbens. Den Duft des allmählichen Schwindens von Säuregehalt und Zellulose. Die Bücher und Manuskripte, unter ihnen mehr als ein lateinischer und hebräischer Originaldruck, lagen zu Türmen gestapelt, jegliches Möbelstück war vergraben und verstellt. Wenn Scheiber nicht da war, musste die Tür des Arbeitszimmers offen bleiben, damit Mari die antiken Schriften und Originaldrucke im Blick behalten konnte. Die bösen Rabbinerschüler und die noch böseren städtischen Antiquare waren hinter den Manuskripten und Büchern her, der Kampf war praktisch verloren, es wurde gestohlen. Die beiden lebten in ständiger Alarmbereitschaft und ständig auf der Suche. Dauernd kam etwas abhanden, war schon wieder verschwunden. War in der Masse der Papiere untergetaucht, kam irgendwann wieder zum Vorschein oder war tatsächlich gestohlen worden. Wegen des ewigen Misstrauens und der ewigen Verdächtigungen vibrierte zwischen ihnen ein sachter Wahn. Ich kann noch hinzufügen, dass der ansehnliche Häuserblock, in dem das Pester Rabbinerseminar sowie das jüdische Lehrerseminar 1877 ihre Tore öffneten, nicht aus Steuergeldern finanziert wurde, auch nicht aus Spenden, sondern aus dem Kriegstribut, den Seine Majestät, Kaiser Franz Joseph, allergnädigst zurückzahlen ließ, nachdem er ihn nach der Niederschlagung der Revolution und des Freiheitskampfes von 1848/49 den Juden höchstselbst auferlegt hatte, da sie es gewagt hatten, gegen ihn zu kämpfen.

Dank Urgroßvater Mezeis taktischem Geschick und politischer Scharfsicht erstatte seine Majestät das Geld zurück, zum Zweck der Gründung einer Rabbinerschule und eines Lehrerseminars.

Der weise Mezei, das wurde das Epitheton seines Namens, lud seinen König zur Wohltätigkeit ein, die dieser nicht verweigern konnte. So jedenfalls wurde die Sache im damaligen politischen Bewusstsein verbucht.

Vom Bild blickte ein höchst respektgebietender Mann auf mich herunter, der, wie ein ungenannter Berichterstatter des konservativ-liberalen *Magyar Hírlap, Ungarischer Anzeiger*, am 16. Januar 1916 schrieb, schon am Vortag seines achtzigsten Geburtstags von Verehrern und Freunden mit allen Zeichen der Liebe und ehrenden Treue überhäuft worden sei, ganz ohne die Übertreibung gesagt, in der sich bei feierlichen Gelegenheiten Zeitungen und Laudatoren üblicherweise ergehen.

Schon zur Stunde der Vormittagsvisite meldeten sich sehr viele in seiner Wohnung in der Nagykorona-Straße, ob persönlich, ob mit Briefen und Telegrammen, und aus nahezu allen Gesellschaftsschichten, schrieb die Zeitung an diesem Tag. Deputationen aus der Provinz erwiesen ihm die Ehre. Unter ihnen die Präsidenten der israelitischen Gemeindebezirke, um dem Präsidenten ihres nationalen Büros den Beschluss ihrer außerordentlichen Vollversammlung zu überbringen. Den Beschluss, sein Porträt malen zu lassen, das, solange ihre Selbstverwaltung keine repräsentative Örtlichkeit besitze, wo selbiges Porträt einen würdigen Platz erhalten solle, dem Ungarischen Jüdischen Museum zur provisorischen Aufbewahrung anzuvertrauen sei, die Versammlung habe es einhellig beschlossen, woraufhin der festlich gebundene Auszug aus dem Versammlungsprotokoll dem Jubilar feierlich überreicht wurde. Ministerpräsident Graf István Tisza, mit dessen Vater, dem früheren Minsterpräsidenten Kálmán Tisza, oder auch im Beisein von Jókai Mezei sich so gern im Klub der Freisinnigen aufgehalten hatte, gratulierte in einem Brief, schrieb der ungenannte Berichterstatter.

Mikszáth nannte meinen Urgroßvater Tiszas Mamelucken, also einen als Leibwächter dienenden Sklaven, als wäre er auf einem märchenhaften orientalischen Markt gekauft worden, Jókai nannte ihn Kiebitz, also jemanden, der am Spiel nicht teilnimmt, sondern nur danebensitzt und beobachtet und hin und wieder seinen Senf dazu gibt, was alles für einen jungen Mann, der leidenschaftlich las und einigermaßen informiert war, hinsichtlich seines Ahnen nicht gerade schmeichelhaft klang. Für mich waren Kálmán Mikszáth oder Mór Jókai respektablere Figuren als mein erzkonservativer Urgroßvater. Mikszáth war kein Kiebitz und kein Mamelucke gewesen, in seiner Parlamentsberichterstattung hatte er meinen Urgroßvater launig aufs Korn genommen, was dieser und seine politischen Freunde sehr ungern hörten. Heute würde ich allerdings sagen, dass aus der Perspektive meines fachlichen Interesses Mikszáth für mich die größere Autorität war, Jókai hingegen betete ich einfach an, es war lange mein Ehrgeiz, von ihm alles zu lesen, doch insgesamt hatte mein in unbekannter Ferne weilender Urgroßvater, der Kiebitz, der Mamelucke, eine größere Wirkung auf mich. Ich wusste das jahrzehntelang nicht, merkte es nicht. Meine geistige Ausrichtung hatte eine diskrete Strömung, die ich hätte bemerken sollen, um sie irgendwann dann auch wirklich anzuerkennen.

Mein teurer Oheim Móricz, gestatte mir, mich den Reihen derer anzuschließen, die Dich zu Deinem heutigen Geburtstage besuchen. Ich wünsche Dir mit wahrer Hochachtung und Freundschaft, dass Du noch viele Jahre diesen Jubeltag in körperlicher und geistiger Kraft und Frische erleben und aus dem Erfolg Deiner gemeinnützigen Tätigkeiten innere Befriedigung schöpfen mögest.

Es grüßt Dich von Herzen Dein Dir treu ergebener István Tisza.

Aus Dresden sandten Sándor Wekerle, Graf Béla Serényi, József Szterényi, Baron Kuffner, Baron Kohner, Béla Weith, Endre György und Gustáv Gratz Grüße an den Gefeierten. Keine Ahnung, warum aus Dresden. Vielleicht bildeten sie eine Delegation beim sächsischen König. An dieser protokollarischen Aufzählung in der Zeitschrift ist interessant, dass die Vornamen von Baron Kuffner und Baron Kohner weggelassen sind, als wollte der Berichterstatter, der großen europäischen Strömung des konsevativen Liberalismus und der Idee der Gleichheit zum Trotz signalisieren, dass es jüdische Barone waren. Hundert Jahre später möchte ich jetzt also ihre Namen vervollständigen. Baron Kuffner hieß mit Vornamen Károly, Baron Kohner Adolf. Schon den Vater von Baron Adolf Kohner, Zsigmond, hatte unser Urgroßvater gut gekannt, da dieser ein halbes Jahrhundert lang als Rechtsberater der Pester Ungarischen Handelsbank fungiert hatte, deren Vizepräsident, später Besitzer, der baronisierte Zsigmond Kohner war. Soviel ich weiß, hatten solche gar nicht so feinen, kleinen, der Gleichheitsidee widersprechenden Präzedenzfälle und Unterscheidungen meinen Urgroßvater bewogen, die vertraulichen Propositionen des Hofs betreffend Adelstitel, Baronie und Mitgliedschaft im Oberhaus eine nach der anderen abzulehnen. Es mag auch eine persönliche Beschaffenheit mitgespielt haben. Vorher hatte er in seiner eigenen politischen Delikatesse nicht einmal den Titel eines Hofrats für sich gewünscht. Das kann ich gut nachvollziehen, auch ich bin seit eh und je bemüht, einen großen Bogen um formelle Ehrungen zu machen beziehungsweise rechtzeitig dafür zu sorgen, dass so etwas gar nicht erst aufs Tapet kommt. Was natürlich weder intelligent noch angebracht ist. Wer so krampfhaft bemüht ist, um keinen Preis der natürlichen menschlichen Eitelkeit und Prahlsucht nachzugeben, ist vielleicht doch nur maßlos eitel oder auf anspruchsvolle Art hochmütig, was ja äußerst unsympathisch wirken kann, sodass man intelligenterweise darauf verzichten sollte. Und es zeugt nicht nur von maßloser Eitelkeit, sondern auch von ziemlicher Beschränktheit, wenn man versucht, alle Fehler zu vermeiden.

Wenn der Hof in aller Diskretion einen Rang oder einen Titel anbot, wurde, für jede Eventualität bereit, auf die Reaktion des Betreffenden gewartet. Die Antwort hatte gemäß den Regeln der Schicklichkeit aus zwei Teilen zu bestehen. Aus dem umständlichst und förmlichst vorgebrachten Dank, der keinerlei persönliche Note zu enthalten brauchte, sowie aus einer bedeutenden Summe. Diese musste vom Ausgezeichneten gewissermaßen beiläufig, mit gebührender Bescheidenheit offeriert werden, für einen gemeinnützigen Bau, eine wohltätige Institution. Der jüdische Anwärter auf den Adelstitel, die Baronie oder den Sitz im Oberhaus musste sozusagen die Anzahl der erwarteten Nullen kennen. Waren die Nullen des hohen Anlasses nicht würdig, ließ der Hof nichts mehr von sich hören.

Als wäre die vertrauliche Proposition gar nie verlautet. Das gehörte zur allerhöchsten höfischen Schicklichkeit.

Mezeis Töchter und Söhne waren empört, sie hielten die ablehnende Antwort ihres Vaters für Torheit. Nicht einmal gefragt hatte er sie. Es mochte der Eindruck entstehen, sagten sie, als hätte er es aus Geiz getan, als reue ihn das Geld. Vor allem Záza, Erzsébet Mezei, war ganz aufgebracht, aber auch Klára, Anna, Pál und Béla waren unzufrieden.

Wie kam ihr Vater dazu, mit ihrem Schicksal so grob zu verfahren.

Über die nicht einmal ganz grundlose Annahme, bei seiner Ablehnung sei unter anderem sein Geiz im Spiel gewesen, lachte Urgroßvater genüsslich. Sonst lachte Mór Mezei selten. Vielleicht war er nicht einmal geizig, aber er schaute, wofür er sein Geld hergab oder nicht hergab. Aber auch das genüssliche Lachen besänftigte seine Kinder nicht.

Es war ja immerhin der König, den er zurückwies, argumentierte Záza, die schönste, eleganteste unter ihnen, auch wenn der

König von einer solchen Ablehnung nach höfischem Protokoll wohl gar nicht Kenntnis erhielt.

Einen König weist man nicht zurück.

Er darf es nicht wissen.

Nonsens, sagte man damals zu einem solchen mangelnden gesellschaftlichen Fingerspitzengefühl.

Mór aber bat seine Söhne und Töchter, vor allem Erzsébet, mit Kosenamen Záza, Zuzi oder auch Elisa, die seit dem Tod ihrer Mutter die verwaisten Kinder gegen Tanten, Haushälterinnen, Zimmermädchen und Erzieherinnen verteidigte und diese Rolle ein Leben lang beibehielt, dazu auch unverheiratet an der Seite ihres verwitweten Vaters blieb und ihm den Haushalt führte, Mór also schluckte sein Lachen hinunter und forderte sie in seiner direkten Art auf, gründlicher zu bedenken, was in einem solchen Fall zu bedenken war.

Es wäre ein Nonsens, wenn er angenommen hätte.

Ohne Sinn. Non-sens. Avec un trait d'union. Une absurdité.

Mit seinen aristokratischen Freunden habe er bis dahin im Freisinnigenklub als gleichrangiger Partner diskutiert, debattiert oder Pikett gespielt, und er möchte auch in Zukunft kein Parvenü sein.

Er könne seine aristokratischen Freunde und vor allem sich selbst nicht in eine solche peinliche Lage bringen.

Es war ein schlagendes Argument.

Sie mussten sich eingestehen, dass ein Mezei keinen solchen Fauxpas begehen darf.

Auch Záza sagte nichts mehr, und es vergingen dreißig Jahre, ohne dass sie die ungehobelte Ablehnung des höfischen Vorschlags je wieder erwähnten.

Bis zu diesem berühmten Geburtstag.

Am Abend feierten ihn dann die ungarischen Freimaurer, deren Ehrengroßmeister er war.

Ich habe mehrere auf intimer Kenntnis beruhende Werke und

Memoiren über die Freimaurer gelesen, ihre Verfassung studiert, allein schon, um die Aktivitäten meines Urgroßvaters zu verstehen, aber mangels eigener Erfahrung kann ich höchstens ihre radikal freigeistigen Prinzipien und den Sinn ihres geheimen Beziehungsnetzes begreifen. Die Idee, dass das Geheimnis der Freimaurer nicht einmal dann gelüftet werden kann, wenn sie selbst es wünschen sollten, ist zugegebenermaßen aufregend. Nicht zu reden von ihren geheimen Erkennungszeichen, die für Außenstehende völlig unverständlich sind. Am meisten beeindruckte mich das spanisch verfasste, aber auch in deutscher und ungarischer Übersetzung vorhandene Werk, *Jesuiten und Freimaurer*, des abgesprungenen Jesuiten Töhötöm Nagy, das Heimlichkeit, Geheimhaltung und Konspiration zum Thema hat. Das Buch hätte eine noch stärkere Wirkung, wenn der Autor das geplante Werk über seine eigene kommunistische Geheimdiensttätigkeit hätte schreiben und die Prinzipien kommunistischer Geheimhaltung in die Perspektive des historischen Christentums und seines geheimen großen Beziehungsnetzes rücken können, Freimaurertum und Kommunismus sind ja lediglich dessen Verästelungen.

Im Lauf seiner langen, gesegneten Tätigkeit, fuhr die konservativ-liberale Zeitung in ihrer Berichterstattung jenes Tages fort, hat Mezei ganze Generationen im Geist der Mitmenschlichkeit erzogen. Die Feier wurde von der Kálmán Könyves-Loge ausgerichtet, deren Großmeister auf Lebenszeit er ist, aber es erschienen auch die herausragendsten Repräsentanten weiterer Budapester Logen, die gesamte Führung der Ungarischen Symbolischen Großloge, also alle Hochgrade, ebenso die Mitglieder des Rats des Ungarischen Freimaurerbunds. Der Saal war zum Bersten gefüllt, die Teilnehmer standen dicht gedrängt.

Bestimmt, das schreibe ich jetzt, im Stammhaus der Großloge in der Podmaniczky-Straße, in der Freimaurersprache Werkstatt genannt.

Die Feier war nicht nur eindrücklich, sondern auch überaus

warmherzig und innig, schreibt die Zeitung. Nach Verklingen jeder Rede brausten minutenlang stürmische Hochrufe auf.

So der damalige Stil, den ich kopiere, höchstens dass ich zum Zweck der Leserlichkeit ein wenig die damalige Wortfolge, Rechtschreibung und Interpunktion verändere, nicht aber den Wortgebrauch.

Der bürgerlich radikale *Világ, Welt,* erwies dem Gefeierten mit einem Beitrag von Jób Bede die Ehre, einer Art politischen Porträts. Bedes Name und Tätigkeit sind heute in Vergessenheit geraten, aber in älteren Lexika finden sich noch die Spuren seines Tuns. Er war zu seiner Zeit ein namhafter Publizist gewesen, aus Siebenbürgen stammend, hatte an der Universität von Kolozsvár Recht und Philosophie studiert und dann als Schriftsteller und Übersetzer in Budapest bereits einen Namen erworben, bevor er das Erbe Kálmán Mikszáths antrat und Parlamentsberichterstatter des *Pesti Hírlap* wurde.

Das war ein großes Wort, das Erbe Mikszáths antreten, steiler konnte eine Journalistenkarriere damals kaum verlaufen.

Wie ich heute aus dem Abgeordnetenhaus kam, schreibt Bede, überlegte ich beim Durchqueren der Leopoldstadt, was ich über deren typische willensstarke Notabilität, Mór Mezei, schreiben wollte, doch zuerst musste ich natürlich die Nagykorona-Straße überqueren, dann die Fürdő-Straße und über die Andrássy-Allee in die Redaktion des *Világ* hinaufgelangen. Die Redaktion befand sich in der Nummer 47 der Andrássy-Allee, in einem aufs Oktogon blickenden Mietshaus, wohin nur gerade zwei Jahre später, am 4. August 1918, Klára Mezei aus dem tschechischen Turnau ihrem Schwiegersohn, dem Gnädigen Herrn Pál Aranyossy, einen Brief sandte, da dieser zu jener Zeit ebenfalls in der Redaktion des *Világ* arbeitete und also Kollege des alten Bede war.

Eigentlich galt der Brief ihrer Tochter Magda. In jenem letzten Kriegssommer gingen sie nicht nach Gömörsid.

Eugie, die älteste der Nádas-Geschwister, hielt es für richtig, ihre aus der Trauer und dem Entsetzen nicht herausfindende Mutter wenigstens für die Sommermonate von ihrem mehr denn je rabiaten Vater zu trennen, wobei sie auch nicht wollte, dass ihre Mutter mit Fräulein Júlia, deren Auswanderung nach Amerika ganz bestimmt im Herbst jenes Jahrs stattfand, und mit den kleinsten Kindern, Miklós und Laci, also unserem Vater, in Gömörsid allein blieb. Gyuris selbstmörderisches Gebrüll klang seit dem April des vorangegangenen Jahrs in der Familie nach. Eugie und László Mándoki waren gerade erst seit einem halben Jahr glücklich verheiratet. Sie wollte das Glück auch ein wenig mit ihrer Mutter teilen. Manchmal ist man jenseits von allem oder trotz allem glücklich. Mándoki diente als Chefarzt eines in Turnau, beziehungsweise Turovec, eingerichteten Militärkrankenhauses, Eugenie reiste ihm in dieses wunderhübsche Renaissancestädtchen nach und lud auch ihre Mutter ein, die dann ihren Brief von hier schrieb.

Auch Magda war erst seit einigen Monaten mit Pál Aranyossi verheiratet. Das junge Paar zog gerade um, Klára erreichte ihre Tochter am besten unter der Redaktionsadresse ihres Schwiegersohns. Sie wusste noch nicht, dass das junge Paar an diesem Tag die geräumige, Mór Mezeis Großzügigkeit zu verdankende Wohnung in der Nádor-Straße bezogen hatte und gerade dabei war, sie mit der Salongarnitur, Teil der Mitgift, und dem ganzen übrigen Brimborium eines bürgerlichen Haushalts einzurichten.

Meine liebe Magda, schreibt Klára Mezei in ihrem an die Redaktion des *Világ* adressierten Brief. Von Papa habe ich bereits zwei Briefe erhalten, auch von Záza und Pista je einen, Du aber wartest offenbar auf das versprochene Briefgeld und weigerst Dich hartnäckig zu schreiben, solange es nicht kommt. Nun, damit Du keinen solchen Vorwand mehr hast, hier ist es. Jetzt aber erwarte ich, dass Du Dich an unsere Abmachung hältst und mir täglich schreibst, auch wenn diese Briefe nicht mehr enthalten werden als unsere täglichen telefonischen Gespräche zu Hause. Ein- bis zweimal wöchentlich werde auch ich Dir schreiben. Natürlich ist auch das ein Ort, wo einem der Schreibstoff rasch ausgeht, wenn man täglich schreibt und sich nicht in jedem Brief wiederholen will.

Bestimmt weißt Du schon, dass wir mit der Wohnung zufrieden sind. Natürlich darfst Du Dir nicht die Bequemlichkeit einer herrschaftlichen Villa oder eines vornehmen Hotels vorstellen. Die Wohnung ist möbliert, in dem Sinn, dass sie zumeist von Pragern genutzt wird, die allerlei Einrichtungs- und Haushaltsgegenstände mitbringen, so wie auch wir es früher taten, als wir die Sommer im Haus in Pesthidegkút verbrachten. Geschirr gibt es nicht, und so decken wir den Tisch mit den verschiedensten ausgeliehenen Tellern, ob flach oder tief, weiß oder geblümt. Als Schüsseln dienen uns die Behälter der Essenslieferanten. Es gibt kein Mittagessen oder Abendessen, da wir uns nicht vorstellen, wie Záza angesichts unseres Tisches die Hände über dem Kopf zusammenschlagen würde. Als gestern nun Laci Mándoki zu Besuch vorbeikam, in Begleitung eines malariakranken Fähnrichs, der zu glücklicher Zivilistenzeit Kunstgewerbler in Budapest war und also ein Studienkollege Deiner Schwester Eugie, führten wir ihm den auf eine Streichholzschachtel geklebten Kerzenstumpf vor, damit er für seine Einrichtungspläne daraus Inspiration schöpfe. Heute haben wir im Übrigen auch konstatiert, dass die Wohnung unserem Sommersitz in Pesthidegkút außerordentlich gleicht, zumindest in der Hinsicht, dass in ihr immer der Wind weht. Nach und nach entdecken wir die Nachteile, und bei jeder Entdeckung senkt der arme Doktor Mándoki den Kopf noch tiefer. Ich glaube, sosehr der Herr auch in Eugie verliebt ist, wird er doch erleichtert aufatmen, wenn er uns aus dem Fenster des anfahrenden Zugs zum Abschied zuwinken wird. Alle Sorgen unserers Haushalts lasten auf seinen Schultern, denn mit ärztlichem und militärischem Rang lassen sich doch Dinge beschaffen, wohingegen man mich, eine Fremde, die nicht einmal Tschechisch kann, jeweils sehr kurz angebunden behandelt.

Unser Hauptproblem besteht darin, dass wir, entgegen dem

gegebenen Versprechen, keine Mehlkarten und keine Brotmarken bekommen haben. Wir ersetzen das Fehlende, so gut es geht, und die Kinder werden am Ende doch pausbäckiger nach Hause kommen.

Mehr schreibe ich heute nicht, damit auch etwas für den nächsten Brief bleibt.

Es umarmt Dich einmal, zweimal, zehnmal Deine Dich liebende Mutter, Klára.

Meine liebe Magda, schreibt sie eine Woche später.

Ich behaupte auf Ehr und Glauben, dass ich meiner Lebtag nie eine so fleißige Briefschreiberin gewesen bin wie jetzt. Es liegt nicht an mir, dass Ihr einzeln selten an die Reihe kommt. Diese Entschuldigung muss ich vorausschicken, denn Du hast den längst versprochenen Brief nicht nur wegen der Langsamkeit der Post vergeblich erwartet. Ich meinerseits habe diese Woche zwei Briefe von Dir erhalten. Zuletzt den, in welchem Du bestätigst, das Geld für die Marken erhalten zu haben. Auch Miklóslein hat Deine Postkarte erhalten. Aber wenn ich auch keine Briefe geschrieben habe, so habe ich auf den Postkarten die wichtigsten Ereignisse der vergangenen Woche festgehalten. Der Ausflug vom letzten Sonntag ist sehr schön gelungen, außer dass wir, als wir müde und hungrig an unserem Ziel anlangten, nichts zu essen bekamen. Im Hotel wohnen nur die Besitzer. Heuer haben sie das Hotel gar nicht erst aufgemacht. Aber was Dich betrifft, ist unsere Fahrt vom Freitag, die nach Reichenberg, viel wichtiger als dieser Ausflug. Wir sind um ein Uhr nachmittags von der Villa aufgebrochen, nur beanspruchte der Weg zu Fuß und per Eisenbahn hin und zurück so viel Zeit, dass für den Aufenthalt wenig blieb. So weiß ich gar nicht recht, ob dort wirklich ein so großer Mangel an Leinenwaren herrscht, wie die Sage geht, oder nur ich mich in die falschen Geschäfte verirrt habe. Ich konnte für Eugie nichts kaufen. Für Dich hingegen habe ich einen Kleiderstoff gekauft. Eugie und ich befanden, dass Dein Samtmantel diesen Winter noch hinhalten würde und dass jetzt ein Kleid das Gescheitere ist als ein Costume. Für ein Costume ist noch im Frühling Zeit, wenn Du bezüglich Farbe ungebunden bist. Ich hoffe, dass der Stoff Dein Gefallen finden wird, und ich darf jetzt schon verraten, dass es in jedem Fall Dein Geburtstagsgeschenk ist, natürlich zusammen mit dem Nähenlassen.

Ich hoffe, dass Dein Kollege inzwischen von seinem Urlaub heimgekehrt ist und auch Du des einen oder anderen freien Tags genießen kannst, solange Deine Tante Záza in Budapest weilt. Besuche sie unbedingt. Wann wir unsererseits nach Hause kommen, weiß ich noch nicht genau. Papa schreibt, ich solle bis September bleiben. Wenn ich das auch nicht tun werde, so kann es doch sein, dass ich unseren Aufenthalt etwas verlängere. Es hängt auch davon ab, wie wir mit Mehl versorgt werden. Hier haben sie im Übrigen schon beinahe alles gemäht, und wir haben mit großer Verwunderung festgestellt, dass es hier keine Wochentage, keine Sonntage gibt, wenn es um diese Arbeit geht. Aber sie haben ja auch recht, das gute Wetter auszunützen. Was sie vormittags nicht einbringen, steht nachmittags wieder unter Wasser. Ich weiß nicht, wie das Wetter zu Hause ist, hier ist uns noch nicht viele Wärme zuteilgeworden, Regen und Wind hingegen reichlich. Auch diese Woche bin ich mit Miklós und Lacilein an einem unsicher bewölkten Nachmittag aus dem Haus gegangen, und wir sind so nass geworden, dass uns kein trockenes Stück am Leibe verblieb. Unterwegs nirgends ein Haus, wo wir hätten Unterschlupf finden können. Lacilein war so erschrocken, dass er sogar sein ewiges Gejammer vergaß. Miklóslein ist auch hier nicht viel braver als in Budapest, hingegen isst er mit einem wahren Wolfshunger. Und hier kann man wegen der Kriegsversorgung wirklich nicht wählerisch sein. Sie sind viel besser zuwege, und es tut mir leid, dass ich sie nicht habe wägen lassen, als wir kamen. Doch dass sie die deutsche Sprache lernen, darauf habe ich auch hier keine große Hoffnung. Nein und nochmals nein. Ich verstehe ihre Widerspenstigkeit wirklich nicht. Ich glaube, jetzt habe ich Dir von allem berichtet, und es bleibt nichts mehr, als mich mit Küssen und Umarmungen von Dir zu verabschieden.

Du sollest Kriegshilfemarken auf Deinen Brief kleben, diese hingegen beiseitelegen. Das lassen Dir die Jungen ausrichten.

Deine liebende Mutter, Klára.

Grüße Pál von mir.

Ihren nächsten Brief schreibt sie im August.

Meine liebe Magda, ich habe Eure löcherigen Stümpfe erhalten, für den von Dir stammenden Teil danke ich Dir. Sooft ich sie in die Hand nehmen und konstatieren werde, dass es nichts an ihnen zu flicken gibt, werde ich der hochherzigen Gönnerin dankbar gedenken. Wie sehr werde ich mich erst über die neuen Strümpfe freuen, wenn eines schönen Tages das Stopfgarn gänzlich ausgeht. Diesem Zustand sind wir nahe. Schwarzes habe ich noch, aber das mitgebrachte weiße ist zu Ende. Nicht einmal in anderer Farbe erhalte ich welches. Laci und Miklós werden wohl in löcherigen weißen Socken umherlaufen müssen, denn es gibt keinerlei Stickgarn zu kaufen. Aus diesem Grund werden auch die mitgebrachten Handarbeiten unvollendet nach Hause zurückkehren, Eugie hingegen hat endlich ihr Kreuzstich-Kissen fertig, und seither ist sie schon dabei, das dritte Taschentuch ajour zu sticken. Heute habe ich Deine vom Zweiten datierte Postkarte erhalten, auf der Du Dich über die große Hitze beklagst. Ich hoffe, dass sie sich auch dort schon gelegt hat. Falls dieser Brief ein wenig schneller sein wird, kommt mein Hinweis noch rechtzeitig, vergiss nicht, am 14. ist der Geburtstag Eures Vaters. Erinnere auch Pista daran. Auch wenn Du ohne Hinweis daran gedacht hättest, er kann es immer noch vergessen haben.

Vorläufig weiß ich noch nicht zu sagen, wann wir nach Hause aufbrechen. Dein Vater kann darüber eher Auskunft geben.

Es umarmt Dich Deine liebende Mutter, Klára.

Einige Tage später dann.

Meine liebe Magda.

Bandi schreibt, Du seist krank gewesen. Teile unverzüglich mit, was Dir fehlte. Schreib außerdem Deine Hüftweite, miss sie eng über dem Kleid. Ich habe mir hier näml. für 44 Kronen ein Mieder gekauft, was sehr billig ist, wenn man bedenkt, dass ich für das Deine damals 78 Kronen bezahlt habe. Jetzt möchte ich auch für Dich eins erwerben. Beeile dich, denn sie haben keinen großen Bestand.

Wieder schönes Wetter, am Nachmittag, da heute Sonntag ist, machen wir einen Ausflug.

Es umarmt Dich Deine liebende Mutter, Klára.

Und zusammen mit Dir auch Pál.

Liebe Magda, schreibt sie in ihrem letzten in Turnau aufgegebenen Brief. Eure am dritten August geschriebenen Briefe sind erst gestern, am 14., eingetroffen; ich begrüßte jene, die mir galten, mit Freuden, da ich mir wirklich nicht hatte vorstellen können, was der Grund Deines hartnäckigen Schweigens sein mochte. Eigentlich verstehe ich auch jetzt nicht, warum Du das Eintreffen sämtlicher meiner Briefe abwarten musstest, bevor Du antwortetest, aber lassen wir das Thema, gehen wir auf den Inhalt Deines Briefes ein. In erster Linie habe Dank für Deine guten Wünsche. So wie ich dafür dankbar bin, so hat mit gleicher Freude Lacilein sein verspätetes Geburtstagspaket in Empfang genommen. Da er das Geschenk schon hatte, fiel ihm gar nicht auf, dass die Gratulation dazu fehlt. Dass er selbst Dir nicht schreibt, liegt an seiner Faulheit. Ich weiß nicht, bin ich mit den Kindern noch um einen Grad nachgiebiger geworden, oder sind die Kinder noch fauler als Ihr, jedenfalls gelingt es mir heuer weder Miklós noch Laci zu irgendeiner Tätigkeit anzuhalten. Aber auch ich nehme vieles, das ich zum Nähen mitgebracht habe, unangetastet wieder mit nach Hause. Ich habe wenigstens eine Ausrede, dieses Jahr ging der Haushalt mit noch mehr Aufwand einher als letztes Jahr. Manchmal sind wir sogar gezwungen, selber zu kochen, wenn auch nicht gerade das Mittagessen. Und wir haben auch nicht viel mehr Geschirr als Du, sodass dem Kochen immer das Abwaschen vorangeht. Was aber die Tischwäsche betrifft, wirst Du uns im Galopp überholen, wenn ich Dir verrate, dass Du die Deine auf dem untersten Regal des Wäscheschranks findest. Es liegen dort auch zwei noch ungesäumte Tischdecken mit 12 Servietten; die lass bitte vorläufig dort, denn ich würde die Säume lieber selbst nähen. Ich meine, dass Du, bis ich damit so weit bin, auch mit den restlichen wirst haushalten können. Ich werde ja auch, bis Du diesen Brief erhältst, wohl selbst zu Hause sein. Sollte aber dieses Schreiben ein bisschen flinker reisen, erinnere ich Dich daran, dass Du, und zwar gleich, mir Deine Hüftweite über dem Kleid schreiben sollst, eng gefasst, falls Du immer noch auf ein Mieder sinnst. So es dann doch nicht passen sollte, kann man es für diesen Preis jemandem weitergeben.

Es ist ein Feiertag, wunderbares Wetter, ich gehe zu den anderen in den Garten. Begnüge Dich also mit so viel.

Es umarmt Dich Deine liebende Mutter, Klára.

Mit Grüßen an Pál.

In der Redaktion des *Világ* angekommen, mache ich mich an den Artikel über Mezei, dachte Jób Bede zwei Jahre zuvor, während er auf der Straße unterwegs war, nachdem ich ihn ja schon im alten Abgeordnetenhaus als den freisinnigen Abgeordneten der Leopoldstadt habe kennenlernen können, der standhaft und unverbrüchlich bei den liberalen Ideen ausharrte.

Merken wir rasch an, dass sich das Gebäude des alten Abgeordnetenhauses in der Sándor-Straße befand, in nächster Nähe des Nationalmuseums. Es steht noch heute dort. Ein klassizistisches Prachtgebäude, seit Jahrzehnten Sitz des italienischen Kulturinstituts, mit dem getreulich erhaltenen einstigen Sitzungssaal.

Unter den Familienpapieren ist ein stark verblichenes Bild des Sitzungssaals erhalten, aus fotografischer Sicht ein seltenes Exemplar, da es in natürlicher Umgebung entstand, was damals noch umständlich war und selten gemacht wurde, es ist auf sogenanntem Salzpapier vergrößert, und der Zerfall der Salzkristalle hat in der schlecht fixierten Emulsion richtige kleine Explosionen verursacht. Es ist eine Art frühe Momentaufnahme, die Exposition dauerte manchmal minutenlang. Urgroßvater Mezei sitzt auf der hohen Bank des Sitzungssaals des alten Abgeordnetenhauses, die anderen Personen sind etwas verwischt, weil sie sich bewegten. Schon damals machte ich, schreibt Bede, mich kundig über seinen politischen Weg zu einer so herausragenden Position, verschaffte mir auch über seine frühere Laufbahn Kenntnis, da ich als gewissenhafter Parlamentsberichterstatter ja verpflichtet bin, die richtungsweisenden Politiker möglichst genau zu kennen. Hätten wir damals den Weg vom heutigen Parlament aus genommen, hätte der Spaziergang durch die Leopoldstadt noch ganz anders ausgesehen, wie ich vielleicht gar nicht zu erwähnen brauche.

Die mächtigen Gebäude und Straßen entstanden ja erst später. Dazu musste die Stadt ihren raschen Aufschwung nehmen, wie sie den Mór Mezeis und ihren unermüdlich aufrüttelnden Bemühungen zu verdanken ist.

Meine erste Erinnerung an ihn ist mit der riesigen Menge vor dem Lloyd-Palast verbunden, wo wir zusammengedrängt stehen.

Der Lloyd-Palast, füge ich in einer raschen Randbemerkung an, József Hilds wunderbarer Bau, beherbergte den ersten Sitz der Freisinnigen und ihr Klublokal, heute steht er leider nicht mehr. Es wurde während der Belagerung stark beschädigt, auch wenn der Schaden glaubwürdigen Architekten zufolge nicht unbehebbar war. Man hätte den Palast wiederherrichten können, aber schon stand das zweite stockhässliche Gebäude an seiner Stelle, worauf noch weitere Abbrüche und Bauten folgten. Europa hat zwei bedeutende Städte, wo man architektonische Beständigkeit nicht einmal vom Hörensagen kennt. In Budapest und in Berlin opfern die Architekten alles und jedes den aktuellen Bedürfnissen, und an beiden Orten entsteht das Stadtbild nicht aus Baulust, sondern aus Zerstörungswut. Ein paar Jahre nach der Belagerung standen die Trümmer des Lloyd-Palasts hinter Bretterzäunen immer noch. Seine ausgebrannten Arkaden, sein großer Saal mit der würdevollen Säulenreihe wurden in dem Jahr endgültig abgebrochen, als ich in die Schule kam. Wenn sie schon die Kettenbrücke wieder aufbauten, putzten sie im gleichen Aufwasch auch diese Ruine auf ewige Zeiten weg. Hier hatte die Budapester Öffentlichkeit zugunsten von Ministerpräsident Sándor Wekerle und der bürgerlichen Eheschließung demonstriert, und als in den Fenstern des freisinnigen Parteisitzes die Parteigrößen erschienen und die Menge mit Hochrufen auf Sándor Wekerle ihrer Stimmung Ausdruck verlieh, drängten sich Aberhunderte von Stimmen durch das dichte Gewirr und schwangen sich zum Balkon empor: Mór Mezei lebe hoch!

Es war die Stimme der Leopoldstadt. Sie grüßte ihren Stammeshäuptling. Aber zugleich feierte sie den hartnäckigen Verfechter von Ideen, jenen Mór Mezei, dessen Kämpfe in ferne Zeit zurückreichen.

Bevor die Hochrufe nach heutigem Stil doch eher in ferne Zeiten zurückreichen, muss ich Bede erneut unterbrechen, denn ich glaube, dass er sie nicht ganz richtig auslegt. Zweifellos war Wekerle Anhänger der bürgerlichen Ehe, aber das Gesetz, wie so viele andere Gesetze, hatte der eher im Hintergrund wirkende, schweigsame Mór ausgearbeitet, und die Menge feierte ihn bestimmt deswegen. Hatte er nicht schon, schreibt Bede und blickt damit in eine noch fernere Vergangenheit zurück, 1861 während des Absolutismus für die Emanzipation der Juden gekämpft. Von Statthalter Pálffy war er in der Károly-Kaserne in Untersuchungshaft genommen worden, und er verdankte seine Befreiung der Königin Elisabeth selig, war doch diese von ihrem beginnenden Lungenleiden geheilt aus Madeira zurückgekehrt, und der König dankte der Vorsehung mit einer Generalamnestie. Leere Grundstücke, schlammige, sumpfige Gebiete waren die Gegend, wo heute die mächtigen Häuserreihen der Leopoldstadt stehen, das Neugebäude stand noch in seiner ganzen Ungeschlachtheit da, und die reaktionären, gegen den Liberalismus gerichteten Strömungen wurden nach Wekerles Fall immer stärker.

Das auf Deutsch so genannte Neugebäude stand zwischen der Hold-Straße, Mondstraße, und der Nádor-Straße, mit seinem mächtigen Block und riesigen Hof umfasste es den ganzen heutigen Szabadság-Platz, Freiheitsplatz, oder vielleicht noch mehr. Es war ein ungeheures viereckiges Gebäude. An seine vier Ecken schlossen sich weitere viereckige Gebäudeblöcke an, ebenfalls mit geschlossenen Innenhöfen. Die größte Kaserne der Monarchie, das pompöseste der streng klassizistischen Gebäude, das verhasste Symbol der Habsburgtreue, des von den Türken befreiten und sogleich wieder einer Übermacht einverleibten ungarischen Königreichs, die Höchstleistung der klassizistischen Architektur. Kaiser Joseph hatte es in Auftrag gegeben, von einem Wiener Architekten französischer Herkunft, Isidorus Marcellus Canevale, stammten die Pläne, die Arbeiten leitete János Hild, sein Sohn, József Hild, der bedeutendste Meister der klassizistischen Architektur in Budapest, verdiente sich seine fachlichen Sporen ebenfalls mit diesem Gebäude. Später baute er aufgrund ähnlicher Pläne die viel bescheidenere, aber nicht weniger prachtvolle Maria Theresia-Kaserne an der Üllői-Straße.

Vielleicht bin ich nicht der Einzige, aber doch wahrscheinlich der Letzte, der es bedauert, dass das Neugebäude abgerissen worden ist. Mit seinem ungeheuren Innenhof wäre es heute ein Weltwunder. Die elf Fenster der Wohnung meines Großvaters väterlicherseits, Adolf Arnold Neumayer, gingen aufs Neugebäude, und seine beiden ältesten Kinder, Eugenie und György, beobachteten an jedem wichtigeren Feiertag von hier aus, wie die Soldaten unter Trommelwirbeln und Marschklängen durchs Südtor des schon zum Abriss bestimmten Gebäudes hinauszogen. Mein Vater sah ihr feierliches und leicht bedrohliches Erscheinen nicht mehr mit eigenen Augen, aber er erzählte davon so, wie er es von seinen ältesten Geschwistern gehört hatte. Als hätte er es selbst gesehen. Ihr Großvater, das heißt mein Urgroßvater, wohnte in der Nähe, im ersten Stock des sogenannten Baumgarten-Hauses, in der Nummer 13 der Nagykorona-Straße, Dreikronengasse, wo zwar nur neun Fenster auf die Straße gingen, dafür aber auf dem baumgeschmückten Hof Tag und Nacht Wasser aus zwei rotmarmornen Wandbrunnen floss, erzählten die Enkel später. Die Wandbrunnen gibt es noch. Ich bin mehrmals im Haus meines Urgroßvaters vorbeigegangen, in dieser bis zur Unkenntlichkeit entstellten Wohnung im ersten Stock, wo rund sechzig Jahre später die Schwiegereltern meiner Cousine Vera lebten, die Herczegs.

Damals nannte man nicht die Zimmer, um die Größe einer Wohnung anzugeben, sondern die Anzahl Fenster. Gezählt wurden die auf die Straße gehenden Fenster, der Hoftrakt zählte nicht, nur die straßenseitigen Repräsentationsräume waren maßgebend. Wenn sich die Enkel als kleine Kinder in Begleitung ihrer Erzieherinnen von hier, vom hofseitigen Eingang her der Wohnung ihres Großvaters näherten, und gemäß Vorschrift mussten sie von hier kommen, nicht durch den Haupteingang der Wohnung, mussten sie zuerst durch die lange Flucht von Büros marschieren, die mit Akten vollgestopft waren und wo wochentags Anwälte, Schreiber und Anwaltsgehilfen arbeiteten, denn hier befand sich die Anwaltskanzlei ihres Großvaters, in den hofseitigen Räumen dieses Stockwerks. Für die Sonntagsbesuche waren die Mädchen von Kopf bis Fuß weiß gekleidet. Und um einen romantischen Aspekt nicht zu vergessen, muss ich auch erzählen, dass in einem der Büros unter den Anwaltsgehilfen ein junger Mann saß, mit Namen Sándor Rendl, der jeden Schritt des ältesten Mädchens, der gertenschlanken, in einem weißen Spitzenkleid prunkenden Eugénia, verfolgte, und der dann in der weniger romantischen Geschichte der Familie noch eine große Rolle spielen wird. Wenn es viel Arbeit gab, ließ ihn der Urgroßvater auch sonntags kommen. Ich darf verraten, dass Eugénia nach ihrer Scheidung ihn heiraten und er Veras Vater werden wird. Endlich gelangten die Erzieherin und die Kinder zu einer großen gepolsterten Tür, hinter welcher der gefürchtete und verehrte Großvater an seinem mit Akten überhäuften Schreibtisch saß.

Aber noch waren sie nicht da, denn zuerst musste in einem abseits gelegenen Trakt des Gebäudes, wo er mit seiner Pflegerin lebte, auch noch der nunmehr fast blinde Urgroßvater, mein Ururgroßvater, der Schankwirt aus Sátoraljaújhely, Neustadt am Zeltberg, von den Urenkeln ebenfalls in corpore begrüßt werden. Er erkannte sie durch Tasten, was für die Kinder eine große Gaudi war. Manchmal versuchten sie ihren Urgroßvater mit allerlei Schleifen und Spitzen irrezuführen. Dieser unser erblindete Schankwirt-Ahne rauchte übrigens auch samstags die Pfeife, machte Musik und las, als hätte der Herr den Tag nicht geheiligt. Aus Pest, aus Wien, aus Paris ließ er die Bücher kommen. Er spielte gut Geige. Er pfiff auf den Gott der Juden. Nicht so seine Frau, Ida Friedlieber, die getreu ihrem Nachnamen eine friedliebende und gottesfürchtige Person war. Sehr kleinwüchsig, weswegen sie von ihren Kindern und auch noch von ihren Urenkeln Kleinmama genannt wurde. Sie hielt anständig Sabbat, lehnte also den jüdischen Glauben nicht ab, hatte in Sátoraljaújhely ihre fünf Söhne in diesem Sinn erzogen, und sie diskutierte mit niemandem über die Gebräuche, deren Einhaltung oder Ablehnung, oder über das Wesen des Schöpfers; das heißt, sie trennte streng Wissen und Meinung. Mit ihrem Mann diskutierte sie schon gar nicht. Mein atheistischer Ururgroßvater las, um sein ausuferndes Denken ein wenig in Schach zu halten, hauptsächlich Werke der Philosophie, er suchte eine Antwort auf die Frage, warum zum Kuckuck wir Menschen überhaupt einen Gott brauchen. Er blickte sozusagen neugierig in die verstaubtesten Winkel hinein. In ihrer Nähe, natürlich noch in Újhely, hatte anscheinend ein aus Monok stammender Gymnasiast zu Kost und Logis gewohnt, einer, der Flöte spielte. Bei den Hauskonzerten begleiteten sie gemeinsam Ururgroßvaters kleine Frau, die eine schöne Stimme hatte. Der Jüngling, der später Jurist im nahen Sárospatak wurde, hieß Lajos Kossuth. Der nachmalige Held des ungarischen Unabhängigkeitskriegs. Er musizierte nicht nur gern, sondern liebte es auch, mit meinem Ururgroßvater philologische und politische Fragen zu erörtern. Was später vor allem für die Laufbahn Ernős, des jüngsten Sohns dieses philosophierenden und musizierenden Schankwirts, von großer Konsequenz war. Aus den Musiknachmittagen wurde für die Familie eine ausgedehnte und verzweigte politische Geschichte. Ernő blieb lange Junggeselle, und bis er endlich doch heiratete, wohnte auch er in dieser großen Wohnung in der Nagykorona-Straße, auf Kossuths Empfehlung wurde er für mehrere Amtszeiten Abgeordneter der Unabhängigkeitspartei, aber er blieb in jedem Fall ein komischer Kauz.

Auch mein Vater wurde dem Brauch gemäß zusammen mit sämtlichen Kindern der Töchter und Söhne des Großvaters, also zusammen mit seinen Cousins und Cousinen, jeden Sonntagnachmittag in die Nagykorona-Straße gebracht. Die Kleineren wurden sonntags ebenfalls in Weiß gesteckt. In diesem Weiß viele Spitzen, viel Ajour-Stickerei, viele weiße Rüschen. Höchstens das Seidenband um die Taille der Kleinen war farbig. Berlinerblau oder Schwefelgelb. Diese Seidenbänder habe ich noch gesehen, befühlt, meine Finger und mein Blick erinnern sich an die überraschend kräftigen Farben. Die Kinderschar war fast unübersehbar. Mein Vater und seine älteren Geschwister, insgesamt zu siebt, kamen aus der nahen Báthory-Straße, denn als mit dem Abbruch des Neugebäudes begonnen worden war, hatte es sich empfohlen, rasch aus der Hold-Straße, Mondstraße, wegzuziehen. Es kamen Anna Mezeis Kinder, also die Krishaber-Kinder, Frank und Eugenie, im Gedenken an die im Kindbett verstorbene Großmutter, Eugenie Schlesinger, gab es auch in dieser Familie eine Eugenie, später hungarisierten die Krishabers ihren Namen zu Kövér, sie kamen aus der Duna-Straße, Donaustraße, und es kamen Pál Mezeis Kinder, Tamás und Endre, sie von weiter weg, aus einem Haus in der Radialstraße, das heißt in der Prunkstraße Andrássy-Allee; insgesamt elf Kinder.

Später zogen meine Großeltern mit den sieben Kindern aus der Báthory-Straße ins Haus an der Ecke Leopoldring und Pannónia-Straße, und hier begann dann die Neuleopoldstädter Geschichte der Familie.

Hinter der gepolsterten Tür arbeitete der Großvater an diesem Tag so wie an allen anderen Tagen. Gott verzeihe ihm seine maßlose Freigeistigkeit, er arbeitete auch samstags. Und auch sonntags. Ich weiß nicht, warum, aber auch ich arbeite jeden Tag. Nicht aus Arbeitswut, ich frage mich gar nicht erst, was ich anderes tun könnte. Der Diener meines Urgroßvaters, der arme Planck, der aus einem der in den Hügeln von Buda versteckten Schwabendörfer stammte und kaum zehn Jahre jünger war als sein Herr, arbeitete sein ganzes langes Leben lang ebenfalls an allen Tagen der Woche, als hätte der Allmächtige die Feiertage mit Arbeit geheiligt. Nach Urgroßvaters Tod, als er niemanden mehr zum Bedienen hatte, war er durch das Testament mit einer hübschen Summe versorgt, die er in der verbleibenden Zeit seines Lebens mit einem kleinen Nebenverdienst aufrundete, auf den er das ausschließliche Anrecht hatte. Zweimal jährlich suchte er wie ein Wiedergänger die Familie auf. Am Morgen des jeweils gleichen Tags im Frühling und im Herbst erschien er und putzte in allen Haushalten der Familie das Silber. An gewissen Orten dauerte das Unternehmen zwei, drei Tage.

Kenne ich. Eine Heidenarbeit.

Er war schon über neunzig, als die Familien in der Pannónia-Straße, in der Duna-Straße, in der Benczúr-Straße, in der Andrássy-Allee und oben in der Dobsinai-Straße eine nach der anderen gewahr wurden, dass er nicht mehr kam.

Er ging so still aus der Welt, wie er gelebt hatte. József Planck mit vollem Namen.

Das älteste Kind, Eugenie, durfte an der gepolsterten Tür klopfen. Sie betraten das auf die Nagykorona-Straße gehende Arbeitszimmer und begrüßten einzeln den Großvater, der seinerseits klingelte und Planck, den sie immer und ausschließlich bei seinem Familiennamen riefen, jedes Mal die gleiche Anweisung gab. Planck, holen Sie schon bei Schück ein Stanitzel Schokoladepralinen für die Kinder. Während Planck das Stanitzel Schokoladepralinen bei Schück, später bei Kugler, besorgte, fragte der Großvater die elf, später, zusammen mit Bélas Kindern, vierzehn Enkel aus. Dieses Wort, Stanitzel, das aus dem Deutschen in die Budapester Sprache Eingang gefunden hatte, ins Deutsche aus dem Italienischen, gebrauchte ich nicht, wir nannten es Tüte, aber bis in die siebziger Jahre des vergangenen Jahrhunderts war es in Budapest noch zu hören.

Es muss eine seltsame Stunde im Leben der Kinder gewesen sein. Weder ihre Eltern noch ihre Erzieherinnen durften beim großväterlichen Examen anwesend sein. Die Erzieherinnen warteten draußen, um die Kinder nach Abschluss des Examens nach Hause zu führen. Als sie größer und gescheiter wurden und die Benimmregeln kannten, durften sie dableiben, bis sich der Großvater erhob und mit Plancks Hilfe den Frack anlegte, worauf dann auch die Eltern in ihrer Abendgarderobe zum großen Familienabendessen eintrafen, und bevor zur Tafel gerufen wurde, plauderten die Kinder im großen Salon mit ihren Tanten und Onkeln und ihren Cousins und Cousinen. An jedem heiligen Sonntag das Gleiche.

Das Erbe Wahrmanns antretend wurde Mór Mezei zu einem kämpferischeren Abgeordneten als Wahrmann selbst, fuhr Bede mit seinem Bericht fort. Das war, füge ich ganz verwundert hinzu, viel gesagt, vielleicht auch dick aufgetragen, denn Wahrmann war alles andere als ein ängstlicher Mensch, wenn auch von völlig anderer Natur als sein Nachfolger.

Wahrmann war eine der dynamischsten Figuren der ungarischen Kapitalisierung, der um rund zweihundert Jahre verspäteten Industrialisierung des Landes. Ein untersetzter, schon in jüngeren Jahren schmerbäuchiger Mann mit auffällig rundem Gesicht, krankhaft kurzsichtig, von unvorteilhaftem Äußeren, wie man so sagt.

Er war Industriemagnat, Großgrundbesitzer, Verleger und Bankier in einer Person, ein unglaublich großzügiger und überwältigend intelligenter Mäzen, Gründer und Verleger der deutschsprachigen Tageszeitung *Pester Lloyd* und einer der bedeutendsten Virilisten der Stadt, das heißt einer der erstrangigen Steuerzahler. Alles miteinander. Ferenc Deák war schon früh auf ihn aufmerksam geworden. Wahrmann vertrat die Ansicht, dass sich die ungarische Industrie, das Finanzwesen und der Handel, also die ungarische Wirtschaft, von Österreich unabhängig machen müsse. Dafür sei genügend Kraft vorhanden. Im Hinblick auf die Unabhängigkeit des ungarischen Finanzwesens gründete er in Budapest eine Bank. Das gefiel dem Weisen des Vaterlands, Ferenc Deák. Wahrmann war Befürworter der jüdischen Emanzipation, und in dieser Frage arbeitete er mit unserem Urgroßvater eng zusammen. Es sei unterstrichen, dass Emanzipation für sie nicht Assimilation bedeutete, sondern Gleichstellung. Wahrmann wurde auf Deáks Empfehlung Abgeordneter der als Hochburg des jüdischen Großbürgertums geltenden Leopoldstadt. In dieser Eigenschaft stellte er einen Rekord auf, er hatte sein Amt während acht aufeinanderfolgenden Legislaturperioden inne, bis er es mitten in einer Amtszeit an unseren Urgroßvater weitergab. Dieser wurde am 9. Jänner 1893, einem Montag, im V. Bezirk der Haupt- und Residenzstadt Budapest zum Abgeordneten gewählt, schon am Donnerstag derselben Woche prüfte der Vorsitzende des ständigen parlamentarischen Untersuchungsausschusses, Lajos Ragályi, das Wahlprotokoll, befand es für gesetzmäßig und bescheinigte es. Die 132. Nationalversammlung unter der Leitung von Baron Dezső Bánffy nahm Ragályis Meldung an und reihte Herrn Mezei in die vierte Klasse ein, was den Platz in den Kommissionen bezeichnete, und zwar in der Wirtschaftskommission. Auch in den folgenden Legislaturperioden hatte er diesen Platz inne, wurde aber zusätzlich Mitglied der Kommission für Unterrichtswesen.

Wahrmann gehörte zu den Ersten, die sich mit ihren Investitionen auch an die ausländischen Börsen wagten, ebenso wenig schreckte er vor Duellen zurück. Seine Waghalsigkeit war in ganz Budapest berühmt.

Im Juni 1882 geriet er sich im Parlament mit Győző Istóczy in die Haare, dem ungarischen Anführer der antisemitischen Reaktion auf den Erfolg des europäischen Liberalismus.

Istóczys Bewegung war in der Monarchie keine Rarität, auch in der weiteren Welt nicht, aber immerhin bezeugen die parlamentarischen Protokolle, dass seine Interpretationen, Statistiken und Vorhersagen von seinen Abgeordnetenkollegen laut und fröhlich belacht wurden. Er imitierte und verfolgte den christlich-demokratischen Kurs des Berliner Hofpredigers Adolf Stoecker, obwohl er ein gebildeter Mann von selbständiger Denkfähigkeit und mit einem weiten Horizont war und meines Erachtens seinem deutschen Meister in geistiger Hinsicht überlegen. Stoeckers Ideologie setzte sich aus antikapitalistischen, antisozialistischen und antiliberalen Elementen zusammen, und zwischen diesen war, wie gallig bemerkt wurde, das einzige Bindemittel der Antisemitismus. Stoecker wollte einen von fremden Elementen gesäuberten christlichen Staat, einen Ordnungsstaat, der Schluss machen würde mit der ganzen Geschichte des Freisinns, dem liberalen Gleichheitsprinzip und der Säkularisierung. Davon wichen Istóczys Ideen ab. Er wollte in seinem Land den Rassengedanken auf den Liberalismus pfropfen, sozusagen die Quadratur des Kreises. Nicht weil er dumm gewesen wäre. Er wollte den liberalen Staat beibehalten, saß im Abgeordnetenhaus selbst unter den Freisinnigen, so wie Wahrmann und später unser Urgroßvater, aber seine Intelligenz hatte etwas Manisches, sie blieb auf bestimmte Ideen und irrige Annahmen fixiert. Istóczy gehörte zu den ersten in Europa, die das Judentum en bloc nach Palästina verpflanzen wollten. Er nahm Tivadar Herzls Idee von der zionistischen Bewegung um Jahrzehnte vorweg. In der Schwäche des Osmanischen Reichs und den expansionistischen Bestrebungen der russischen Diplomatie sah er eine großartige Chance, die jüdische Bevölkerung loszuwerden, ohne den Rahmen der liberalen Prinzipien zu verlassen, sozusagen legal. Angesichts der jüdischen Völker, die mitsamt ihrer lästigen Besonderheit von der östlichen in die westliche Hälfte des Kontinents strömten, hatte die Idee Aktualität. Die von den jeweiligen Regierungen unterstützten russischen, polnischen und ukrainischen Pogrome hatten Massen in die Flucht getrieben; und diese Juden waren tatsächlich ganz anders. Istóczys Gedanke hatte natürlich auch englische und französische Vorläufer, und er seinerseits war wiederum nicht der Letzte, der eine solche für den Liberalismus und demzufolge auch für die liberalen Regierungen unakzeptable Idee vertrat.

An der 118. Nationalversammlung, am 7. Juni 1882, regte Géza Onódy ebenfalls die vollumfängliche Aussiedlung der Juden an.

Ich wage mutig zu behaupten, dass der russisch jüdische Zustrom weder durch den Cordon noch durch andere Vorsichtsmaßnahmen aufzuhalten ist, denn kann der Jude an einem Punkt nicht ins Land kommen, kommt er an einem anderen Punkt herein; nach meiner Überzeugung ist es für uns am besten, wenn wir für ein Gebiet sorgen, in welches sie verbracht werden können. Der einzige Ort dafür ist aber Palästina, sie sehnen sich ja sowieso immer dorthin: Möge doch für einmal die goldene Stunde der Erfüllung ihrer Wünsche schlagen.

Lange Zeit blieb der Wunschtraum in der Luft oder lebte in den Tiefen des europäischen kollektiven Bewusstseins. Für mich wurde die Sache aktuell, als ich meinen Roman *Parallelgeschichten* schrieb und mich die Inkubationszeit des antisemitischen Gedankenguts beschäftigte. Wie viel Zeit braucht es, bis wir von der Idee zum Mord gelangen, beziehungsweise in welchen Abständen müssen wir den Massenmord wiederholen, um die Idee am Leben zu erhalten. Der Antijudaismus der christlichen Kirche führte mich in die fernste Vergangenheit zurück, bis zurück zu den Essensbräuchen in den urchristlichen Gemeinden. Jedenfalls vertreten nicht wenige Religionshistoriker die Ansicht, dass in den urchristlichen Gemeinden das gemeinsame Mahl Gegenstand des Konflikts wurde. Eine weitere Entdeckung im Lauf dieser Recherchen war, welchen Stellenwert die Idee von der gesamthaften Aussiedlung bei den streng auf Blutsbanden beruhenden, gleichzeitig deutsch- und judenfeindlichen ungarischen Geheimgesellschaften erhielt und welch bedeutende Rolle diese zutiefst antiliberalen und zutiefst heidnischen Gesellschaften später spielten, als die ungarische Verwaltung in mehreren Runden und mit großer fachlicher Sorgfalt die Entrechtung und Ausraubung der Juden und die Neuverteilung ihrer Güter durchführte, und wie wenig der Erfolg dieser Aktionen sie zu beruhigen vermochte. Unter den Schriften zur Nationalversammlung vom 28. August 1875 wird unter der Nummer 890 Istóczys Antrag aufbewahrt, in welchem er für den Fall, dass in einer Phase der Lösung der östlichen Frage, womit er das zerfallende Osmanische Reich meint, in den führenden Kreisen des europäischen Judentums oder von Seiten einer europäischen Regierung die Idee laut werden möchte, es sollten nicht nur die Freiheitsbestrebungen der östlichen Christenvölker den europäischen Interessen entsprechend Satisfaktion finden, sondern es solle auch dem vor achtzehn Jahrhunderten aus seiner verwüsteten Heimat vertriebenen jüdischen Volk nun endlich Gerechtigkeit zuteilwerden, indem seine heißgeliebte Heimat Palästina, gebührend vergrößert, etwa als unter der Souveränität beziehungsweise Souzeränität der Hohen Pforte stehende autonome Provinz oder als unabhängiger Judenstaat wiederhergestellt würde, dergestalt, dass das in seiner gegenwärtigen Vermehrung den Fortschritt der europäischen Völker behindernde, die christliche Zivilisation gefährdende Judenvolk sich selbst wieder zurückgegeben, mit eigener nationaler Regierung und nationalen Institutionen, inmitten verwandter semitischer Stämme, im entkräfteten und zurückgebliebenen Osten als lebenskräftiges, mächtiges neues Element zum wirkungsmächtigen Faktor werden könnte – für einen solchen Fall ruft Istóczy also die Regierung auf, dem Wunsch des Hauses entsprechend dahingehend zu wirken, dass die außenpolitischen Regierungsstellen der Monarchie sich einem Antrag mit solcher Stoßrichtung nicht nur nicht widersetzen, sondern im Gegenteil, im europäischen Interesse wie auch jenem der Monarchie und namentlich Ungarns, ihn unterstützen.

Unterdessen aber waren zwölf Jahre vergangen, Istóczy war über seiner Erfolglosigkeit radikaler geworden, hatte sich von den Freisinnigen immer mehr entfernt, stach von der Partei schon gründlich ab.

In dieser Zeit griff er in der Hitze einer parlamentarischen Diskussion Wahrmann tätlich an, worauf er im folgenden Jahr die nationale Antisemitische Partei gründete.

Wie ein Lauffeuer ging die Nachricht durch die Stadt, Wahrmann habe Istóczy zum Duell herausgefordert. Die Sekundanten hätten sich schon auf Zeitpunkt und Bedingungen geeinigt. Es wurde auch bekannt, dass Wahrmann bei einem bekannten Schützenmeister Stunden nahm, denn eine Pistole hatte er in seinem ganzen Leben noch nie in der Hand gehabt. Aber kaum hatten die Sekundanten die Distanz abgemessen und sich die Duellanten einander zugedreht und die ersten Schüsse abgefeuert, merken wir auch gleich an, dass keiner traf, brachen nicht nur zwei verspätete Geheimpolizisten aus dem Gebüsch, um sie auf frischer Tat zu ertappen und mit Gesetzeskraft am Blutvergießen zu hindern, sondern es traf auch, blutrünstig hechelnd, das städtische Gesindel auf der frühmorgendlichen Lichtung ein.

Ihre zweite Begegnung, diesmal schon an einem entfernteren Schauplatz, ging noch komischer aus. Auf der ebenfalls frühmorgendlichen Lichtung war es still, Vogelgezwitscher, wolkenloser Himmel, etwas Dunst. Niemand brach aus dem Gebüsch. Aber alle Schüsse gingen daneben.

Doch das Duell hatte rechtliche Konsequenzen. Der königliche Staatsanwalt richtete eine Anklageschrift ans Abgeordnetenhaus, in der er wegen festgestellten Duells und festgestellter Beihilfe die Aufhebung der parlamentarischen Immunität der Abgeordneten Győző Istóczy und Mór Wahrmann sowie ihrer Sekundanten, Prinz Gyula Odescalchi, Géza Ónody, Lajos Hentaller und László Visontai Kovách, verlangte. Der Immunitätsausschuss trat am 17. November 1882 zusammen. Aber weder die Blamage noch das Gerichtsverfahren, noch irgendwelche nationalen antisemitischen Parteien konnten Wahrmanns Laune trüben. Als er sich einige Jahre später, nunmehr fast blind, mit dem stocktauben, aber keineswegs antisemitischen Naturwissenschaftler Ottó Herman in die Haare geriet, forderte er auch den zum Duell heraus.

Sie stellten sich auf einer stillen Waldlichtung zum Schuss auf. Lange geschah gar nichts. Dann fragte der fast blinde Wahrmann leise seine Sekundanten, wo denn der Goj nun eigentlich stehe. Sie richteten seinen Arm auf die Schusslinie aus.

Und als beide ihren ersten Fehlschuss hinter sich hatten, fragte der stocktaube Ottó Herman seine Sekundanten, ob der Jude nun eigentlich schon geschossen habe.

Das geschah vor langer Zeit, vor den beiden großen Weltenbränden, zur hohen Zeit des launigen Anekdotenerzählens, und so stimmt das alles wahrscheinlich gar nicht, aber das macht nichts.

Sicher ist jedenfalls, dass Mezei mit fast unglaublicher Tatkraft an der Stärkung des liberalen Lagers arbeitete, fährt Bede fort. Neben der Forderung nach Gleichheit und Brüderlichkeit, neben der Forderung nach gleichmäßiger Verteilung der Bürden brodelte in den Seelen der Freisinnigen auch allezeit die Forderung nach streng gleichen Rechten. Mezei unterstützte die liberalen Regierungen, ging aber mit seinen Forderungen erheblich weiter als diese. Zu einer Zeit, da seine Partei nicht einmal das Wort auszusprechen gewagt hätte, nahm er schon das allgemeine Wahlrecht in sein Programm auf. Und dessen Anhänger ist er denn auch stets geblieben. Heute nun erreicht ihn der telegraphische Gruß des Ministerpräsidenten István Tisza, eines erbitterten Gegners des allgemeinen

Wahlrechts. Desgleichen gedenkt Justizminister Balogh in seinem Gruß Mezeis ausgesprochen nützlicher Tätigkeit, haben doch die Regierungen bei den Reformwerken und der Gesetzesvorbereitung sein Wissen und Können mehrfach in Anspruch genommen. Doch es möge kein Missverständnis aufkommen, Mór Mezei hat, was die allgemeinen Freiheiten betrifft, stets völlig anders gerichtete Rechtsprinzipien vertreten als Justizminister Balogh.

Des Weiteren ist der Tatsache zu gedenken, dass Mór Mezei mit einem imponierenden Auftritt sich neben Ministerpräsident Bánffy stellte, als die Reaktion diesen stürzen wollte, da er es gewagt hatte, der Herrschaft der Privilegierten den Kampf anzusagen.

Es war Mezei, der dazumal den Vertrauensantrag zugunsten Bánffys einreichte.

Kämpfe und Erfolge haben sein arbeitsames Leben groß gemacht, und wie schön mag es jetzt mit achtzig Jahren sein, auf das Geleistete zurückzublicken.

Hier folgt ein nicht sehr geschickter journalistischer Schnitt, eine kaum verständliche Satzfolge aus Bedes sonst flüssiger Feder. Über Mezeis Kindheit in Sátoraljaújhely, wo schon sein Urgroßvater gelebt hatte, in der Achtung vor den religiösen Riten, aber auch die modernen Wissenschaften pflegend. Das Familienoberhaupt habe den Obergespan in lateinischer Sprache begrüßt. Mór Mezeis Kindheit fällt in die Jahre vor der Achtundvierziger Zeit. Der erste israelitische Junge in Sátoraljaújhely (wo ein berühmter Wunderrabbi die Judenschaft in großer Disziplin zusammenhielt), der von seinem Vater ans Gymnasium geschickt wurde.

Offenbar schrieb Bede in der Redaktion des *Világ* aus seinem Notizheft eilig ein paar Daten heraus, und schon musste er mit dem Manuskript in die Druckerei hinunter. Er macht denn auch einen rechten Salat aus Zeiten und Ereignissen.

Der Wunderrabbi gehört tatsächlich zur Frühgeschichte der Familie, er hieß Izsák, und wenn ich richtig zähle, war er der Urgroßvater meines Urgroßvaters. Was für Wunder er wirkte, weiß ich nicht. Sein gelehrter Sohn, Marcus, mein Urururgroßvater, wurde aufgrund von Kaiser Josephs II. Toleranzedikt Professor an der israelitischen Schule von Sátoraljaújhely, konnte sich aber in dieser Glorie nicht lange sonnen, nur so lange, bis der Kaiser am 20. Februar 1790 entschlummerte. Der nächste Kaiser, Leopold II., hob die konfessionellen Schulen und die Professuren auf, Marcus Grinfeld musste sich nach einer anderen Beschäftigung umsehen. Er erhielt eine Stelle als Buchhalter bei einem Weinhändler namens Teitelbaum in Mád, und so musste er von seinem Geburtsort fast fünfzig Kilometer weiter weg in die Gegend von Tokaj ziehen. An diesem Punkt lohnt es sich, die Geschichte meiner Familie anhand des Werks von Béla Kempelen, *Ungarische jüdische Familien*, zu verfolgen. Es geschah nämlich, schreibt Kempelen, dass das Komitat Zemplén auf Verordnung des neuen Kaisers einen neuen Obergespan erhielt. Am Empfang des neuen Obergespans wünschte auch die Zempléner Judenschaft mit einer Abordnung teilzunehmen. Schön und gut, nur fand sich unter den Juden von Sátoraljaújhely kein einziger, der des Lateinischen mächtig gewesen wäre. Konnte man doch den Obergespan zu jener Zeit in keiner anderen Sprache begrüßen, nur in der Studiertensprache. Jemandem fiel ein, dass es im Komitat doch einen Juden gab, der Lateinisch konnte, Marcus Grinfeld. Sie gingen nach Mád, um ihn zu holen, damit er im Namen der Judenschaft den Obergespan begrüße.

Vergeblich versuchte sich Marcus Grinfeld herauszuwinden, es sei eine zu große Ehre, die Delegation überredete ihn. Er reiste nach Sátoraljaújhely hinauf, wo er an der Spitze der jüdischen Abordnung, in den Händen die Thora, vor dem Obegespan eine hübsche lateinische Ansprache hinlegte. Etwas später, 1805, wurde er als Dolmetscher vereidigt, zum Übersetzen «der jüdischen Schriften nach überlieferter Formel». Nach ihm erbte ein Verwandter von einem Nebenzweig, Sámuel Grünfeld, das Dolmetscheramt, und zwar mit der Vereinbarung, dass ihm «während der ordentlichen Gerichtsbarkeiten allweil, während der außerordentlichen hinwiederum dann, wenn der Gerichtsvorsitzende Verordnung erlasset zu holen einen jüdischen Zeugen in der Synagoge oder denselben zu sonstiger Leistung auffordert, an jedem Tage 12 silberne Kr. Tageslohn aus der Hauskasse ausgezahlet werden». Sámuel Grünfeld wurde unter den Juden Hézsl genannt. Er starb gegen Ende der 1850er Jahre. Sein Sohn Péter lebte bereits in Budapest.

Mórs und Ernős Großvater mütterlicherseits, Izsák Friedlieber, war ebenfalls in Sátoraljaújhely Steuerzahler gewesen. Er war 1828 gestorben. Seine Frau, Ziszel Schön, verblich 1864. Ihre Kinder waren Albert Friedlieber, Pinkász Friedlieber, dessen Sohn Ignác während der Revolution und des Unabhängigkeitskriegs von 1848/49 Brigadearzt war, und Mayer Friedlieber, seinerseits Leutnant der Honvéd-Armee, und es gab auch noch die Geschwister Samu Friedlieber, Ida Friedlieber und Klára Friedlieber.

Diese Ida Friedlieber wurde die Mutter von Mór und Ernő Mezei, jene, die so klein war, dass sie in der Familie Kleinmama genannt wurde.

Mezei war stets der herausragende Erste, schreibt Bede nach den von mir gerügten wirren Sätzen, in allen Fächern der Erste. Das Piaristengymnasium von Sátoraljaújhely hat nun ebenfalls seiner gedacht, die alten Klassenbücher hervorgeholt, heute Nachmittag ist auch von dort eine Deputation eingetroffen, um dem hervorragendsten Schüler, Mór Mezei, dessen sie stets voller Stolz gedenken, den Gruß zu entbieten. Mór Mezeis Zeitgenossen versäumen es nie zu erwähnen, dass er seine öffentlich-rechtliche Laufbahn bereits im Alter von vierundzwanzig Jahren mit dem Kampf für die Emanzipation der Juden angetreten hat. Das ganze Land verfolgte seinen Aktivismus erwartungsvoll. 1861 gründet Mezei in Budapest den Ungarischen Israelitischen Verein, dessen Geschäfte er als Sekretär führt. Er gründet die Zeitung «Ungarischer Israelit», die erste in ungarischer Sprache erscheinende konfessionelle Zeitung. Seine Tätigkeit ist auf die Hungarisierung und die Gleichberechtigung der Judenschaft ausgerichtet. Kaum aber hatte Wien im Namen des Schmerling'schen Absolutismus uns Graf Pálffy als Statthalter hergeschickt, wurde Mezei von demselbigen wegen eines Artikels sogleich in Untersuchungshaft genommen, und die Redaktion einer Zeitung wurde ihm verboten. Aus der Untersuchungshaft kam er, wie wir schon erwähnt haben, durch Begnadigung frei. Er konnte seine Tätigkeit nicht weiterführen und trat die Advokatenlaufbahn an.

Auch das stimmt nicht ganz, es ereignete sich in umgekehrter Reihenfolge. Mezei gehörte zu den ersten Juden, die mit einer Sondererlaubnis des Kaisers als Anwalt praktizieren durften, aber nicht nur in seiner Eigenschaft als Redaktor, sondern auch als Jurist fand er sich mit dem Statthalter sogleich auf Kollisionskurs wieder. Nicht zufällig und ganz und gar nicht unvorbedacht. Auch nicht im Widerspruch zu Schmerling oder zum Kaiser, sondern ausschließlich zu Graf Pálffy. Der Kaiser hatte ein Jahr zuvor Anton Ritter von Schmerling gerade deshalb zum Staatsminister ernannt, damit der eine gemäßigt freisinnige Verfassung ausarbeite, die für alle Völker der Monarchie annehmbar sei. Mein Urgroßvater baute auf diese nachgiebigere kaiserliche Stimmung, als er die Forderung nach Gleichberechtigung aller in der Monarchie lebenden Völker juristisch formulierte, womit er gegen die harte Linie des Grafen Pálffy stieß. Dieser war keineswegs Schmerlings Mann in Buda, im Gegenteil. Mein Urgroßvater wurde nicht nur in Untersuchungshaft genommen, sondern auch verurteilt, dazu noch zu Burghaft, er war schon nach der berüchtigten Burg von Kufstein verbracht worden, als ihm eine anlässlich des Geburtstags der von den Ungarn schwärmerisch verehrten Kaiserin Elisabeth ergangene Generalamnestie zuteilwurde. Wie Bede ganz richtig schreibt, setzte er nicht nur in seiner eigenen Wochenzeitschrift, sondern auch in anderen Tageszeitungen seine emanzipatorische Agitation fort. Eine gleich ausgerichtete Forderung der Protestanten gab ihm beträchtlichen Rückenwind, denn man darf nicht vergessen, dass die Protestanten zu jener Zeit ebenso wenig gleichberechtigt waren, nur waren sie viel zahlreicher als die Juden und hatten ein größeres gesellschaftliches Gewicht.

Wollen wir die Tätigkeit meines Urgroßvaters realistisch beurteilen, müssen wir in Betracht ziehen, dass in der Monarchie gleichzeitig mindestens vier politische Bestrebungen nebeneinander und gegeneinander existierten und er mit seinen emanzipatorischen Forderungen zwischen diesen seinen Platz finden musste. Die Kroaten, Italiener und Ungarn lehnten das Patent des Kaisers zur Reichsversammlung ab, aber den Ritter Schmerling wollten sie stürzen, weil er ein Verräter war, ein gewöhnlicher Verräter, er wurde in Pest und Buda gehasst, er wurde in Wien gehasst, er erfreute sich in der ganzen Monarchie eines allgemeinen Hasses, ein Achtundvierziger Wiener Revolutionär, der sich auf die Seite des Kaisers geschlagen hatte, unerhört, unakzeptabel. Aber gerade deswegen musste mein Urgroßvater mit seiner freisinnigen Überzeugung zu Schmerling halten. Der hatte zwar die Revolution verraten, war aber ein gemäßigter Freisinniger geblieben, und gerade deswegen brauchte ihn der Kaiser, als einen gemäßigt kaisertreuen gemäßigten Freisinnigen. So wie es auch meinem Urgroßvater nicht schwerfiel, sich zu mäßigen, denn im Gegensatz zu seinem jüngeren Bruder, Ernő, dem radikalen Achtundvierziger, war er von Natur aus gemäßigt. Mórs in seinem eigenen Blatt veröffentlichter Artikel brachte nur für den zutiefst traditionalistischen Pálffy das Fass zum Überlaufen, mein Urgroßvater unterstützte eigentlich die gemäßigt freisinnigen Vorstellungen Schmerlings und des Kaisers. Pálffy mit seinem Traditionalismus stellte sich im Grunde gegen den Kaiser, er wollte weder die Gleichberechtigung noch die liberale Staatsverwaltung. Womit er ja auch recht hatte. Neuerungen sind im Keim zu ersticken. Als ihm Urgroßvaters Artikel vorgelegt wurde, in dem sich dieser zu Schmerlings Ansichten bekannte, sprang er damaligen Zeitungsberichten zufolge von seinem Schreibtisch auf und begann wild zu schreien: *Der macht mir ja die Juden rebellisch, wie sie es schon in der Revolutionszeit waren! Die Lumpenkerle!* Und so wurde die Verhaftung meines jungen Urgroßvaters, seine Verurteilung und Verbringung ins Burgverlies zu einer wichtigen Episode der europäischen freisinnigen Bewegung und des Kampfes um die Emanzipation. So sehr, dass er über seine momentane Heldenrolle gleich wieder hinwegkommen musste. Zu unserem Glück gab es in seinem Naturell genügend Besonnenheit, genügend Demut vor der Sache der Emanzipation.

Kaum war das ungarische Ministerium ernannt, fährt Bede fort, begann Mezei in der Frage der Emanzipation eine desto stärkere Agitation. Er setzte sie nicht nur in seiner eigenen Wochenzeitung, sondern auch in den bedeutenderen Tageszeitungen an dem Punkt fort, an welchem er aufgehört hatte. Als Kulturminister Eötvös das erste Konsilium zur Frage der Emanzipation einberief, wurde Mezei sein Berater und Vertrauensmann. Er arbeitete für den Minister den Plan für die Emanzipations aus, und der Minister brachte diesen vors Parlament. Mezei wurde auch der erste Sekretär des jüdischen Kongresses.

Um zu verstehen, was Bede sagt, ist es wichtig zu wissen, dass die jüdische Religion keine hierarchisch organisierten Institutionen kennt, die Rabbiner der Gemeinden sind unabhängig, höchstens wählen sie aus gegebenem Anlass unter sich jemanden, der sie bei Kaiser und König repräsentiert. Ähnlich funktioniert das Presbyterium bei den Protestanten. In lokalen Fragen entscheiden nicht der Bischof oder der Seelsorger, sondern drei Presbyter. Mein Urgroßvater erkannte deutlich, dass die rabbinische Tradition die Juden ungeschützt ließ, dass sie keinen rechtlichen Status hatten. Der jüdische Kongress hätte diesen Status schaffen, also eine Institution ins Leben rufen sollen, die unabhängig von der religiösen Ausrichtung die Juden in weltlichen Angelegenheiten der Staatsverwaltung gegenüber einheitlich repräsentiert.

Das Werk scheiterte daran, dass die Orthodoxen die Bestrebungen des jüdischen Kongresses nicht teilten und ihre Abspaltung vollzogen. Diese wurde zur Zeit, als Trefort Minister für Glaubensangelegenheiten war, von der Nationalversammlung gutgeheißen, und der Kongress, der den größeren Teil der Juden in sich schloss, wurde zu einer separaten neologischen Organisation. Mezei ist, schreibt Bede, seit Schweigers Tod bis zum heutigen Tag deren Präsident.

Schon 1868 sollte er die Leopoldstadt zum Lohn für seine Arbeit zugunsten der Emanzipation als Abgeordneter vertreten. Doch dann gewann die Auffassung die Oberhand, dass ein Händler gewählt werden müsse. So überließ Mór Mezei das Feld Mór Wahrmann. In einem anderen Bezirk wollte Mezei kein Mandat annehmen, aber nach Wahrmanns Tod wählte ihn die Leopoldstadt für zwei Perioden ins Parlament. Seine legislative Tätigkeit war für die Schaffung liberaler Institutionen von großem Nutzen, und er hatte auch tätigen Anteil an der Schaffung der Handelsgesetze. Wer ihn nicht kennt, mag seine Art für unfreundlich halten, doch wer ihn kennenlernt, darf erfahren, was für eine außerordentlich liebenswürdige, seelenzarte, kluge Persönlichkeit er ist.

Dem Klub der Freisinnigen ist er ein Leben lang treu geblieben. Er trennte sich auch nicht von ihm, als seine Partei zur Nationalen Arbeitspartei wurde. Aber vielleicht frequentiert er den Klub nurmehr aus Gewohnheit. Podmaniczky und er haben da ihre ständige Kartengesellschaft. Seine Partner wechselten im Lauf der Zeit, aber es waren stets die besten Leute. Immer größere Probleme werden hier erörtert und gelöst. Mezei sind sie natürlich nicht neu. Er war stets ein Vorkämpfer für Ideen, die man noch heute vor der wärmenden Sonne des Fortschritts verschlossen halten möchte. Mezei beobachtet das still und weiß, dass die Zeit ihrer Verwirklichung nicht mehr fern ist. Es war auch die Rede davon, dass man auf Ministerpräsident Tiszas Initiative Mór Mezei für seine politischen Verdienste ins Magnatenhaus aufnehmen soll. Ja, nur ist er Präsident des jüdischen Kongresses, die Orthodoxen bekamen

Wind von der Sache und traten mit dem Wunsch hervor, dass in diesem Fall auch ihr Vorsteher zum Mitglied des Oberhauses ernannt werde. Mir ist in diesem Zusammenhang zu Ohren gekommen, dass man also auch Mezei lieber nicht vorschlägt. Je nun, mag Mór Mezei wohl denken. Er nämlich hält am wohlgeborenen Herrn fest. Er hätte bereits ein Hochwohlgeborener sein können, denn auch das hofrätliche Amt stand ihm zur Verfügung, aber er wollte es nicht und nahm es nicht an, jetzt hätte er als Mitglied des Magnatenhauses wiederum ein hochwohlgeborener Herr sein können, doch nahm die Sache eine andere Wende. Auch das Gnädig beanspruchte er nicht, nicht einmal in seiner Zeit als Abgeordneter gefiel es ihm. Das Wohlgeboren hingegen schon, es erinnert ihn an die Zeit, als Männer seines Glaubens nur mit königlicher Erlaubnis die Anwaltslaufbahn antreten durften. Und unter welchen Schwierigkeiten haben sie doch das Land aus jener Zeit in die heutige Zeit heraufhoben, sie, arbeitsame Männer, Kämpen der Menschenrechte, der Kultur und der Aufklärung.

Am folgenden Tag stand dann vor dem Haus in der Nagykorona-Straße im Schlaglicht jenes Vormittags die lange Reihe von Automobilen und glänzenden Gespannen, welche die nacheinander eintreffenden Deputationen brachten, schreibt das liberale jüdische Wochenblatt *Egyenlőség, Gleichheit*, in seiner Ausgabe vom 23. Januar. Die helle, herrschaftliche Wohnung war von Freunden und Kollegen mit Blumengebinden in einen wahren Garten verwandelt worden. Auf einem Tisch in der Ecke türmte sich der Berg von Telegrammen und Briefen. Der Gefeierte empfing die Abordnungen frisch und gutgelaunt, er hörte sich alles im Stehen an. In seiner Redeweise ist das alte kämpferische Temperament nicht verblasst, es mochte sogar vergessen lassen, dass man den Geburtstag einer etablierten Notabilität des öffentlichen Lebens feierte.

Über sechs Seiten gehen im *Egyenlőség* die Namensliste der zum Geburtstagsgruß erschienenen Abordnungen, die Texte ihrer deutschen oder ungarischen Reden und die ungarische Erwiderung meines Urgroßvaters. Aufmarschiert in seiner Wohnung in der Nagykorona-Straße sind das Direktionskomitee der Rabbinerschule, die Mitglieder des Magnatenhauses Vilmos Guttmann und Manfréd Weiss von Csepel, das Akademiemitglied Dr. József Bánóczi, der nat. Abgeordnete Dr. Izsó Rósa, die Rabbiner Dr. Simon Hevesi und Dr. Lajos Venetiáner. Aus der Professorenschaft die Professoren Dr. Mihály Guttmann, Dr. Henrik Bloch, Dr. Ármin Balogh, Dr. Mór Dercsényi, Dr. Miksa Klein. Dr. Ferenc Mezey sprach die hier angefügte Grußbotschaft, als Vorsitzender des Direktionskomitees, mit dem Gefeierten jedoch nicht verwandt, dem es sowieso nicht eingefallen wäre, merke ich am Rand an, seinen Namen mit dem adeligen Ypsilon anstelle des bürgerlichen i zu schreiben.

Gnädiger Herr Präsident! Geliebter väterlicher Freund! Im Namen des Direktionskomitees und der Professorenschaft des nationalen Rabbinerausbildungs-Instituts und nationalen israelitischen Lehrerseminars sind wir vor Dir erschienen, um Anteil zu haben an der tiefen Freude, die heute die kulturell fortschrittlichen Juden erfüllt, da sie die achtzigste Wiederkehr des Geburtstags ihres Anführers feiern dürfen. Die Worte des Psalms durchzittern unsere Seelen: Seh hajom osoh Adonai, nogiloh venismecho bo. Dieser Tag ist Gottes Werk, feiern wir ihn mit jauchzender Freude. Wenn wir Dich heute mit echt empfundener Liebe grüßen, soll damit nicht etwa der Wert Deiner Arbeit in einer für die ungarische Judenschaft großen Zeit geschmälert werden, es wird die Aufgabe der Geschichtsschreibung der ungarischen Juden sein, Dich, wie ich festen Glaubens bin, unter die unsterblichen Vorkämpfer Israels zu zählen. Auch will ich nicht Zeugnis ablegen für Deine sich so häufig manifestierende, aus Deinem glänzenden Geist in die Gegenwart ausstrahlende jüdische Treue, denn als Dein bescheidener, unverdient an Deine Seite gegebener Mitarbeiter könnte ich auch als voreingenommen gelten, als jemand, der im Zauberbann Deines strahlenden Geistes steht. In diesem Augenblick will ich nur der

Dankbarkeit eine Stimme verleihen, die wir für Dich als Gründer und Verwirklicher unseres Rabbinerausbildungs-Instituts nähren. Du warst bereits ein enthusiastischer Verfechter der Verwirklichung dieses Instituts, als der Gedanke an ein Seminar noch tollkühn schien und als ein Abfallen vom Glauben der Väter abgestempelt wurde, und bliebst auch deren Vorkämpfer, als auf den Trümmern so vieler Hoffnungen diese Bastion der ungarischen Judenschaft gebaut werden konnte und dann mit neuen Schanzen verteidigt werden musste. Heute wissen nur noch wenige, dass die Regeln und Beschlüsse des Kongresses die Früchte Deines großen Geistes sind. Ein halbes Jahrhundert hat viel von der Gesetzgebung zerstört, da sie sich nicht im Boden des konfessionellen Lebens nähren konnte, feindliche Stürme brachen nicht wenige Äste von ihr ab.

Was, füge ich hinzu, heute wie eine leise Anspielung wirkt, war damals ein deutlicher Seitenhieb gegen die während der Einheitsbestrebung abgespaltenen orthodoxen Gemeinden und ihren konsequenten und insofern einheitlichen Widerstand, ebenso gegen die fast schon traditionelle und nicht weniger konsequente politische Passivität und den tiefen Opportunismus der neologen Judenschaft.

Der Beschluss aber zur Verwirklichung der Rabbinerschule, den Du im Einklag mit Deinen kongenialen Kollegen vorbereitet hast, ist nach dem Kongress zu Leben erwacht und steht schon, dem Allmächtigen sei Dank, in Blüte und beglückt unsere Konfession mit reicher Frucht.

Geehrte Herren, erwiderte mein Urgroßvater auf diese Rede, Sie feiern mich hier als jenen, der auf dem 1868er Kongress die Idee der Verwirklichung eines Rabbinerseminars zum ersten Mal aufbrachte und für sie kämpfte. Tatsache ist, dass ich den Kampf zusammen mit meinem hervorragenden Freund Izsó Rósa führte. Ich ergreife die Gelegenheit, das von neuem zu betonen. Aber in welche Richtung die Angelegenheiten der fortschrittlichen Judenschaft sich auch entwickeln mögen, das Seminar ist der einzige wirkliche Wert, der vom Kongress übriggeblieben ist und der auch heute kein Gegenstand von Feilschen oder Konzessionen sein kann. Wir lassen nicht zu, dass jemand das Seminar anrührt, das Seminar halten wir in der Hand und lassen es nicht los. Das Institut ist der Stolz der ungarischen Judenschaft, der Erzieher des fortschrittlichen ungarischen Rabbinertums. Lob für meine Bemühungen zugunsten der Rabbinerschule und des Seminars nehme ich nicht an, ich habe nur meine Pflicht getan.

Was nach so vielen feierlichen Superlativen, Übertreibungen und Überschwang tatsächlich nicht gerade freundlich klingt. Man mag es höchstens als Berichtigung gelten lassen.

Diese Art Sachlichkeit ist mir aber sehr vertraut. Auch ich kann nicht anders, als Berichtigungen solcher Art anzubringen, auch wenn ich versuche, nicht so grob zu sein, wie ich eigentlich sein möchte. Ich darf ja nicht annehmen, dass jedermann, wenn es um ihn selbst geht, das Prinzip der Gleichheit und die Grundregeln der Sachlichkeit ernst nimmt. Diesbezüglich gab es in meiner Familie väterlicherseits zwar schon Grenzen, aber sie waren im Namen des Freidenkertums immer durchlässig, und auch die Hierarchien wurden fast oder gar nicht betont.

Wir setzten uns zum Mittagessen oder Abendessen, wenn es zubereitet war, und das Mittagsläuten, das heißt der aus der Monarchie stammende Brauch, hatte da nichts zu suchen. Ich erinnere mich nicht, dass je irgendwer etwas an der Temperatur der Suppe auszusetzen gehabt hätte. Ich wusste aber von meinem Großvater väterlicherseits, der laut Geburtsregister Adolf Arnold Neumayer hieß, seinen ersten Namen aber schon damals nicht verwendete, als die Familie noch nicht zu Nádas hungarisiert war, und der dann den Adolf endgültig loswurde, der Name erschien auf späteren Standesamtsregistern nicht mehr, seine Kinder hingegen nannten ihn spaßes- und rachehalber manchmal so, von ihm also wurde zwecks Erheiterung oder Abschreckung erzählt, dass er bei Tisch nun tatsächlich große Szenen gemacht habe. Er habe den Namen Nádas gewählt, witzelte man in der Familie, um auf dem Silber, das sie von meiner Urgroßmutter als Hochzeitsgeschenk erhalten hatten, die Monogramme nicht neu gravieren lassen zu müssen. Was schon sein kann. Ich habe die Geschichte von Tante Magda gehört, die geradezu glücklich war, wenn sie vom schlechten Benehmen ihres Vaters erzählen konnte. Sie und Gyuri, ihr ein Jahr älterer Bruder, hatten schon als kleine Kinder festgestellt, was für ein Schicksalsschlag es war, einen so unendlich dummen Menschen zum Vater zu haben. Im Rückblick würde ich sagen, dass er eher nur beschränkt war, denn auf seine Art hatte er schon Verstand, aber in den Augen der Familie Mezei war er ein ungehobelter Provinzler. Er war, wie ein mittlerer Grundbesitzer, ein richtiger Fettbauer sein muss. Ein Holzklotz. Ein Monsieur le baron de Thunder-ten-Tronckh, offenherzig und einfältig. Aber geizig war er bestimmt nicht, er warf ausgesprochen lustvoll mit Geld um sich und betätigte sich je nach Laune als Wohltäter. Aber auch das nur um seiner selbst willen, um von seiner eigenen Güte gerührt zu sein. Er war unberechenbar, mal sentimental, mal brutal. Was eine unattraktive, aber unter Männern keine seltene Mischung ist. Er hatte dauernd Angst zu verarmen, was zur Zeit der großen Wirtschaftskrisen, als die bedeutenden Bauvorhaben eingestellt wurden, auch wirklich eintrat, und auch später musste die Familie immer wieder von ganz unten anfangen. Meine Großmutter Klára war gezwungen, ihre Brüder, den bekannten Arzt Béla und den Rechtsberater Pál, um Unterstützung anzugehen oder in schwerwiegenden Fällen ihren Vater, da sie wieder einmal ihre Mitgift aufgebraucht hatten. Die erhielt sie dreimal. Und dazu drohte mein Großvater die ganze Zeit seinen Kindern, sie würden ihre verschwenderische Art noch bitter bereuen. Wenn dann die sieben mageren Jahre kommen und sie trockene Brotrinde würden kauen müssen, sollten sie daran denken, wie wählerisch sie früher gewesen waren. Alle mussten ihren Teller leer essen. Es gab keinen

Pardon, kein heikles Getue. Wer ein Gesicht schnitt oder auch nur das Essen auf dem Teller umherschob, musste vom Tisch aufstehen, und hinaus mit ihm aus dem Esszimmer. Sie traten weinend ab, verfolgt von den väterlichen Flüchen und schauerlichen Voraussagen, seelisch vernichtet, obwohl auch das Weinen streng verboten war.

Dieser Großvater hätte, erzählten sie, die Suppenschüssel niemals aus dem Esszimmerfenster der Wohnung in der Pannónia-Straße geschleudert, denn da wäre sie vom dritten Stock auf die Straße gefallen, und insofern beherrschte er also sein zügelloses Naturell, aber im Esszimmer ihrer Villa in Pesthidegkút, Kaltenbrunnen, oder im Gutshaus in Gömörsid schleuderte er, wenn die Suppe nicht heiß genug auf den Tisch kam oder schon wieder etwas auf dem Tisch fehlte, die Schüssel auch dann aus dem Fenster, wenn es geschlossen war. Über alles ergoss sich die Suppe, übers Tischtuch, die Wand, die Scheibe, ihre Arme, den Teppich. Und die Suppenschüssel in Pesthidegkút oder Gömörsid war ja bestimmt ganz schön groß. Oval mit zwei großen Griffen, ich selbst habe noch zwei dieser Art in der geschnitzten, neoromantischen, irrwitzig hässlichen Ebenholzanrichte gesehen, die in der Familie Kastellburg genannt wurde. Das Zimmermädchen hielt die Schüsseln an den Griffen und stellte sie auf dem Tisch ab, der zur Anrichte passte und achtzehn, ausgezogen vierundzwanzig Personen Platz bot. Schon wegen ihres Gewichts dürfte es nicht einfach gewesen sein, die Schüssel aus dem Fenster zu schleudern. Außer den Eltern und den sieben Kindern mussten der Hauslehrer Herr Tieder und die Erzieherinnen am Tisch Platz nehmen, ob in Pest oder im Sommerhaus oder in Gömörsid, das heißt also einmal das deutsche Fräulein mit dem ungarischen Namen, Jolán, einmal eine der französischen Mamsells, die so rasch wechselten, dass in der Familienchronik der Name von keiner einzigen erhalten geblieben ist, manchmal auch beide gleichzeitig, dazu das Kinderfräulein Júlia, das bei Tisch auf die Kleinsten achtzugeben hatte. Und die Kleinen taten gut daran, ihr zu gehorchen und sich vom Tafelende her kein väterliches Gedonner zuzuziehen, keine schrecklichen Prophezeiungen von trockenem Brot, Wassersuppe, denn wenn sie ungebärdig waren, böse, nichtsnutzig, ungezogen, frech, unverschämt, mussten sie tatsächlich Wassersuppe essen, das Zimmermädchen stellte einen Teller warmes Wasser vor sie hin, und sie mussten es auslöffeln. Magda, Pista und Bandi erbrachen sich deswegen häufig. Als Bettler unter der Brücke, so würden sie enden, oder im Straßengraben eingehen wie die verjagten Hunde, und jetzt sollen sie aufstehen und den Tisch sofort verlassen, bis morgen Mittag gibt es nichts mehr zu essen.

Nicht einmal Brot und Wasser.

In solchen Fällen steckten ihnen Fräulein Jolán oder Fräulein Júlia ausgesuchte Bissen zu.

Anhand der mündlichen und schriftlichen Berichte ist ihr Haushalt relativ leicht zu rekonstruieren. Wir wissen auch, dass es in dem riesigen, an der Ecke Pannónia-Straße und Leopoldring stehenden Haus insgesamt acht Wohnungen gab, und so kann man sich wohl gar nicht vorstellen, welche Grundfläche die hatten. Obwohl sogar ich noch, wenn ich nach der Belagerung gut hinguckte, einen Blick in diese Lebensform werfen konnte. In der Pressburgerstraße, in dem nach finnischem Muster gebauten Art nouveau-Gebäude Emil Vidors, standen in der Wohnung breitspurig und unverrückbar der Esstisch und die mit Intarsien, Säulchen, Schnitzereien von Göttern, Faunen, Schaumgeborenen und Satyrn überladene, mit Füllhörnern, Blumenkränzen, Früchteschalen und Akanthus dekorierte, sagenhaft hässliche Anrichte, darin das entsprechende Geschirr und Gerät, in den Schubladen das Besteck und das Tischzubehör für den Alltag und für die festlichen Anlässe, im unteren Bereich die Damasttischtücher für sechs, zwölf, vierundzwanzig Personen und die Türme der dazugehörigen sorgsam gestärkten und gebügelten Servietten sowie die Tischtücher und die dazugehörigen Servietten für die Jausen, und natürlich alle die dazugehörigen Fragmente von Geschichten.

Die Köchin und die Kleinmagd nahmen als Erste den Tag in Angriff. Sie mussten um vier Uhr in der Frühe aufstehen, und als Erstes musste die Magd in der Küche Feuer machen, dann gleich das Gemüse putzen, damit die Köchin, die im Familiengedächtnis als die dicke Mari figuriert, in jeder heiligen Morgenfrühe im großen Topf zusammen mit dem Gemüse anderthalb bis zwei Kilo Rindfleisch und fast ebenso viel Ochsenschwanz oder Rindsknochen aufsetzen konnte. Das ergab die Kraftbrühe, die für die Zubereitung der weiteren Speisen und Saucen benötigt war und beizeiten fertig sein musste. An bestimmten Tagen traf zur selben Stunde die Waschfrau ein, um in einer der Waschküchen des Erdgeschosses, im sogenannten Kesselhaus, unter dem Kessel einzuheizen, Wasser zu sieden und die kleine Wäsche in Angriff zu nehmen. Erst Jahrzehnte später versetzte die eklektizistische Architektur und die des Art nouveau die Waschküchen in die Nähe des Dachbodens, in den obersten Stock. Es gab zwei Kesselhäuser, im einen wurde vom frühen Morgen bis zum späten Nachmittag Wasser erhitzt, im anderen die Wäsche gekocht. Für die große Wäsche nahmen sie zusätzlich zur Waschfrau noch eine Frau auf, so sagten sie es, ich muss eine Frau aufnehmen, ich nehme eine Frau auf, nächste Woche müssen wir sogar drei Frauen aufnehmen, es ist Großreinemachen, bei der großen Wäsche musste aber auch die Kleinmagd, vielleicht sogar auch das Zimmermädchen dabei sein, um beim Spülen, Bläuen, Wringen, Stärken der Bettwäsche und Tischwäsche zu helfen, so auch am Schluss beim Aufhängen, denn es wurde in mehreren Trögen gewaschen, aber nur in einer Wanne gespült. Da ging der Nachmittag schon in den Abend über, sie wuschen bei Lampenlicht in der schon gründlich verbrauchten Lauge noch die kleineren bunten Sachen, die Socken, na, die lassen wir noch durchplätschern, sagten die Waschfrauen, während die anderen schon oben auf dem Dachboden beim Aufhängen waren. Die feuchten Sachen wurden vom Dienstpersonal, meistens zu zweit, in riesigen Weidenkörben auf den Dachboden hinaufgeschleppt. Das Personal durfte den Lift nicht benutzen, es durfte vom Laubengang nicht einmal ins gedeckte Treppenhaus treten. Die den Herrschaften vorbehaltenen Lifte waren ja auch wie Schmuckkästchen, auf Hochglanz poliert, mit Spiegeln geschmückt, die Damen konnten in den leichten kleinen Kabinen auf Samtbänkchen Platz nehmen. Das Personal musste das hintere Treppenhaus benutzen und die Dinge zu Fuß hochschleppen. Nicht nur sagte man Dienstbotentreppe, es stand auch angeschrieben. Dienstbotentreppe. Die Dienstmädchen hielten hier auch ihre Stelldichein ab, wenn ihre Zwölfender kamen. Ein höchst zweideutiger Ausdruck, dessen Bedeutung zwischen Hirschbock, Verehrer und gewöhnlichem Soldaten schwankte, aber er hatte eine noch krudere Bedeutung, bedeutete ein städtisches männliches Tier, einen einsamen Mann, hauptsächlich einen jungen Mann, der bockig ist, das heißt der Bock eines weiblichen Tiers sein möchte. Dein Bock kommt, Rozi, ich sehe ihn. Er soll dich dann aber nicht dick machen. Diese im Allgemeinen ungeschlacht aussehenden Männer standen auf der Dienstbotentreppe zwischen zwei Stockwerken hinter einer Säule oder einem Gitter und spähten von da aus. Auf die gleiche Art spähte ihre Puppe von der Küche aus, sie durfte erst weg, wenn es ihr die Hausfrau erlaubte. Ihre Puppe oder auch ihre Rose.

Ihre Rose kam manchmal auf ein Wort, einen Kuss heraus.

Die ist schwanger, schwanger, natürlich, ihr Bock hat sie gemacht.

Die liebe Kleine stiehlt Essen für ihren Bock.

Ein nettes Blümchen, kann ich nur sagen.

Wie hätte sie denn nicht stehlen sollen, diese unglücklichen, in ihrem Liebeshunger gedemütigten Männer standen manchmal wirklich stundenlang dort, auch im Winter, sich stumm nach ihrer Rose verzehrend. Solche herzzerreißenden Szenen habe ich im

Haus in der Pressburgerstraße noch viele erlebt. Vom Laubengang des sechsten Stocks sah ich in die Winkel der Dienstbotentreppe des riesigen Hauses hinein. Die Kleinmagd und das Zimmermädchen aber mussten bei der Großwäsche auch deshalb dabei sein, um die fremden Frauen beaufsichtigen zu können, nicht dass die teuren Sachen unter ihren Händen wegkamen. Sie sind ihr unter der Hand weggekommen. Was Stehlen bedeutete. Im Handumdrehen weg. Alles war teuer. Alles unersetzlich. Meine Aussteuer, und wenn sie das sagten, durfte wirklich nichts fehlen. Die Aussteuer war heilig. Fehlte eine von den zwölf oder vierundzwanzig Damastservietten oder hatte ein festliches Tischtuch aufgrund schmählicher Schlamperei einen Riss bekommen, war die ganze Tischwäsche unbrauchbar. Wie soll ich jetzt den Tisch decken. Jetzt kann ich nicht mehr anständig decken. Solche lückenhafte oder lädierte Tischwäsche wurde in den Alltagsgebrauch genommen, aber wenn die Dame des Hauses für viele Gäste decken lassen musste, waren die Lücken im kompletten Satz doch sehr ärgerlich. Der Hausherr lud Gäste ein, häufig unerwartet und uneingedenk ihrer Anzahl, er befasste sich ja nicht mit so nebensächlichen Fragen, wie etwa, was man seinen hereingeplatzten Gästen vorsetzen oder womit man den Tisch decken soll. Die Tischtücher der Aussteuer waren für die verschiedenen Anlässe vorgesehen, schneeweiß für die feierlichen Mittagessen, gebrochen weiß oder elfenbeinfarben für die festlichen Abendessen, cremefarben oder lachsfarben für das festtägliche Frühstück, für die Jause gelbe, rosarote eventuell gebrochen weiße, glänzende chinesische Schwerseide mit einem noch glänzenderen Muster, und so weiter, aber noch die schimmernde weiße Stickerei der weißen Damasttischtücher und Servietten war je nach Verwendung verschieden, die Tischtücher mit dem schlichteren Muster waren für den alltäglichen Gebrauch, die jeweiligen Servietten konnte man nicht mischen, Muster mischen, unmöglich. Impossible. War ein Tischtuch dahin, konnte man auch die entsprechenden Servietten nicht mehr gebrauchen.

Die Dame des Hauses musste scharf auf die Einhaltung der gesellschaftlichen Regeln achten, und diese erstreckten sich auch auf jedes kleine Detail der Tischwäsche.

Es fehlen schon wieder zwei Kissenbezüge.

Meistens kam alles wieder zum Vorschein, aber sie waren ständig auf der Suche, denn irgendetwas fehlte immer. Und von der heiligen Aussteuer durfte nichts fehlen, jedes einzelne Stück war für ein Leben gedacht. Aber noch die zuverlässigsten Waschfrauen stahlen. Ja, auch Attila Józsefs Mutter stahl, damit Attila einen Butterkipfel bekam oder Buntstifte, wenigstens einen blauen und einen roten. Keinen Augenblick konntest du die Waschfrauen allein lassen. Na gut, auch die Kleinmagd stahl, um es ihrem Bock zu geben. Dann stellte sich heraus, dass auch die Köchin regelmäßig stahl. Das gab ein Riesengeschrei. Köchinnen wie die Zsófi bei Urgroßvater Mezei oder die dicke Mari, und später, in den Kriegsjahren, die Irma bei meinem Großvater, oder eine wie Gizi bei meiner Tante Özsi in der Dobsinai-Straße, Gizella Mrázik, waren wirklich selten, waren sozusagen ein Wunder. Gizella Mrázik war fast zwanzig Jahre bei ihnen. Keine einfache Persönlichkeit. Ich habe da oft geschlemmt und weiß noch genau, wie die von ihr hergestellten Speisen schmeckten, dufteten. Speisen, die ich sonst nirgendwo gegessen habe. Die Rindsbrust mit Spargel in Sahnesauce. Die künstlerische Präsentation der einzelnen Gänge. Um solche Köchinnen beneideten sich die Damen gegenseitig, manchmal gelang es ihnen, sich eine Köchin anzuneiden, sie mit List wegzulocken, doch dann mussten sie damit rechnen, dass es mit der Freundschaft zwischen den beiden Familien vorbei war. Auch die Zimmermädchen stahlen. Vielleicht stahlen nur die Erzieherinnen nicht, die Diener hingegen bestimmt. Außer Planck. Und es stahl die Dame des Hauses, wie sonst hätte sie für den pflichtgemäßen Sommerurlaub in Karlsbad, in Abbazia eine anständige Sommertoilette zusammenbekommen. Sie musste gelegentlich etwas vom Küchengeld abzwacken. Der hochseriöse Herr des Hauses seinerseits bestahl den geschätzten Klienten, musste ihn mehrfach und gründlich rupfen, um neben den Haushaltskosten seine krummen Wege finanzieren zu können, sein parallel geführtes Liebesleben mit den unehelichen Bälgen.

Stand in der Küche der mächtige Suppentopf auf dem Feuer, konnten sie mit der Zubereitung des Frühstücks und gleichzeitig des Mittagessens beginnen. Die Zimmermädchen standen um halb fünf auf, die Erzieherinnen um fünf oder halb sechs, und bei so vielen Kindern musste auch die Dame des Hauses um diese Zeit aufstehen. An den Waschtagen natürlich früher, um mit der Kleinmagd der Waschfrau die Wäsche auszuhändigen. Diese musste unterdessen mit Holz oder Kohle ein Feuer machen, das war strikt ihre Aufgabe. Sie musste das Brennmaterial aus dem Keller heraufschleppen. Ganz zu schweigen vom Einheizen in den Zimmerfluchten, worauf in den Kachelöfen Holz nachgelegt und auf das Feuer aufgepasst werden musste. Deshalb war in den größeren oder vornehmeren Haushalten eine Hausbesorgerin nötig, eine Beschließerin, die das Wäscheaushändigen erledigte, für die Einhaltung der Tagesordnung sorgte und die aufwendige Beschaffung des Nötigen organisierte. Gerade deswegen lief Gizella Mrázik von der anderen Seite der Dobsinai-Straße, wo sie annähernd gleich viele Jahre bei Baron Bornemisza Wirtschafterin gewesen war, zu meiner Tante Eugenie über. Ich weiß nicht, wie die beiden Familien den Wechsel verkrafteten. Offenbar blieb kein Stachel. Gizi versprühte nicht gute Laune, lächelte genauso wenig wie meine Tante, schleppte ein Leben lang an einer wahnsinnigen Enttäuschung, aber sie war die Korrektheit in Person, und so bin ich fast sicher, dass sie das andere Haus konfliktlos verließ. Gerade die Konflikte hielt sie nicht mehr aus, deshalb hatte sie einen Rückschritt gemacht, ihre Position als Wirtschafterin aufgegeben, sie hatte einfach genug von den vielen Leuten und den vielen Faxen.

Die Arbeit im Haushalt war ein an strenge Zeitpläne und grillenhafte Programmänderungen gekoppelter Kurzstreckenlauf. Ich selbst habe zwar die frühmorgendliche Operation des Wäscheaushändigens nur noch in ihrer allerbescheidensten Form miterlebt, durchgeführt von meiner Mutter und Rózsi Németh oder von Rózsi Németh allein, aber auch so blieb es ein genau festgelegtes, klassisches Manöver, ein von psychologischen Motiven aufgeladenes Ritual. Die Wäsche musste schon am vorangehenden Nachmittag sortiert werden, sogar auch die kleine Wäsche. Nicht nur das Weiße und das Bunte wurden getrennt, denn wenn etwas abfärbte, war das eine Tragödie, sondern es gab auch empfindlichere Stücke, die mussten vorsichtig aussortiert werden. Es gab auch Sachen, die man nur zum Teil stärken musste, der Hausherr wünschte seine Manschetten schön steif gestärkt, hingegen sollte der Hemdkragen seinen geehrten Hals nicht reiben, die Taschentücher mussten wenig, die Ziertaschentücher mehr gestärkt werden, und so weiter, alle die Gebräuche, individuellen Motten, momentanen Wünsche, persönlichen fixen Ideen, mit denen sich eine Waschfrau vertraut machen und in Ehren herumschlagen musste. Es gab Weißes, das stark gebläut wurde, anderes nur schwach und anderes gar nicht.

Gott bewahre, gebrochenes Weiß bläuen wir doch nicht.

Am vorangehenden Nachmittag wurden die Wäschekasten geleert, wurde sortiert, wurden Listen erstellt, wurde die Wäsche nach Bedarf eingeweicht oder am nächsten Morgen trocken ausgehändigt, wegen des obligaten Misstrauens eventuell nur in Portionen. Im Takt und in der Reihenfolge, wie die Waschfrau arbeitete. In jedem Fall wurden die eingeweichten Stücke einzeln mit ihr besprochen. Zudem musste die Waschfrau mit der Lauge, der Waschseife, dem heißen Wasser sparen, und so hatte das ganze Manöver seine feste Abfolge. Das unerbittliche Prüfen jedes einzelnen Stücks geschah nicht nur im Interesse des Hauses, sondern mindestens ebenso in dem der Waschfrau. Sie musste auf völlig grundlose Anschuldigungen und maßlose Verdächtigungen gefasst sein. Gewaschen wurde im Trog, mit der Wurzelbürste. Die verschiedensten Sachen im selben Laugenwasser. Die Ökonomie des Waschens wurde sorgfältig eingehalten. Das Wassersieden war teuer, auch die Lauge war nicht gratis, die Waschfrau durfte nicht alle naselang das Wasser auswechseln. Alle naselang, das war das Fachwort dafür. Zuerst wurde das Weiße eingeweicht, dann gewaschen, dann gekocht, dann gute vierzig Minuten lang in der Lauge gesotten. Dieses Wasser wurde dann für die Buntwäsche verwendet. Die kleine Wäsche wurde im Waschtopf gekocht, die große im Kessel, auch aus hygienischen Gründen. Um jegliche Ansteckung zu vermeiden, musste die Bügelfrau, die selten mit der Waschfrau identisch war, der Beschaffenheit der Stücke entsprechend so heiß wie möglich bügeln. Sie kontrollierte die Temperatur des Bügeleisens dauernd. Das Eisen wurde mit Holzkohle beheizt, wegen des giftigen Kohlenmonoxids musste bei offenem Fenster gebügelt werden, im Zimmer war es gleichzeitig heiß und kalt, im Sommer unerträglich heiß. Weder durfte sich die Holzkohle im schweren Eisenguss-Bügeleisen entzünden, noch durfte sie erlöschen.

In bescheideneren Haushalten arbeitete man auch mit wechselnden Eisen, die auf der Herdplatte erhitzt wurden.

Alle diese Manöver nagten an den Sachen, so vorsichtig die Waschfrau oder die Bügelfrau auch vorgingen, nagten an der Weißwäsche, an der Tischwäsche, an der Bettwäsche. Nagen, das war das Wort dafür. Aber Flecken durften keine bleiben. Auch keine Knitter. Das Falten der Bettwäsche und der Tischwäsche hatte ebenfalls sein eigenes Raffinement. Jeder Fleck und Knitter wurde Gegenstand großer Hausdramen. Das Haus hallte von den Schreien, dem Gebrüll, dem Weinen und Kreischen der Frauen wider, wenn es Flecken gegeben hatte. Die Strenge der bürgerlichen Ordnung ebnete der siegreichen proletarischen Revolution gemütlich den Weg. Da das Leben so geplant war, dass die Bettwäsche und die Tischwäsche bis zu seinem Ende herhalten mussten, veranstaltete die Hausfrau schauderhafte Szenen, wenn etwas doch fadenscheinig geworden war, Risse und Löcher und Flecken bekommen, sich verfärbt hatte. An sich ist auch das verständlich. Die am strengsten bewachte Grenze der Mitmenschlichkeit, des pflichtgemäßen liberalen Vertrauens, der Sehnsucht nach Gleichheit befand sich hier. Die arme Waschfrau musste voraussehen, prüfen, mit einem einzigen professionellen Blick feststellen, was sie in welchem Zustand zum Waschen entgegennahm. Sie hielt die Stoffe gegen das Licht, ob sie nicht etwa irgendwo fadenscheinig waren. Der Zustand der eingeweichten Bettwäsche und Tischwäsche war immer ein Gegenstand lebhafter Diskussionen.

Bitte herzukommen, gnädige Frau, sagte die Waschfrau und hob von unter der Wurzelbürste ein Leintuch herauf. Es troff von Laugenwasser, während sie es gegen das Licht hielt. Sie wies auf eine dünn gewordene Stelle, es ist dann nicht ihr Fehler, wenn die unter ihrer Bürste reißt.

Schrubben Sie nur.

Und dann ist was von einem Gedöns, was mir die gnädige Frau macht.

In Pest drückten die Waschfrauen ihre Geringschätzung in schauderhaften Formulierungen aus. In Buda waren die Waschfrauen etwas vorsichtiger. Aber in jedem Fall verliehen sie ihrer Geringschätzung Ausdruck, im eigenen Interesse, aus Rache. Es spielten sich heikle Szenen zwischen der Hausfrau und der Waschfrau ab, die vergangene Woche des großen herrschaftlichen Hauses hatte ja ihre verräterische Spuren auf der Unterwäsche, auf der Bettwäsche, auf der Tischwäsche hinterlassen. Die Waschfrauen lasen diese Zeichen sehr wohl. Sie mussten seit je diese scheußlichen Spuren verschwinden lassen. Im herrschaftlichen Haus war die Waschfrau die Fachperson fürs Verschwindenlassen. Sie stand im Grenzbereich zwischen Schein und Wirklichkeit der Hausfrau so grimmig gegenüber wie ein Höllenhund. Sie konnte nicht umhin zu sehen, dass die gnädige Frau geruht hatte, in ihre schneeweißen oder rosaroten Unaussprechlichen zu menstruieren. Der

Herr Geheimrat hatte in dieser Woche zweimal die Bettwäsche vollgekotzt, dem Gestank nach hatte er Bier auf Pálinka getrunken, während er Rindsbraten in Rotweinsauce aß. Also das werde ich nicht ins Reine kriegen. Ins Reine kriegen, so sagte sie, während sie mit der Bürste unwirsch die Trogwand dröhnen ließ. In Buda drückten sich die Waschfrauen nicht so grob aus. Die Seidenpopeline-Unterhose des Herrn Geheimrats ist schon wieder voller Scheiße. Der gnädige Herr hat seinen Arsch wieder nicht anständig geputzt. War zu faul, nach dem Scheißen das Bidet zu benutzen. Oder sie hatten kein Bidet, und also war das kein herrschaftliches Haus. Das sind nur Emporkömmlinge. Mein Gott, was mache ich jetzt damit, sagte in solchen Fällen die Waschfrau, fachliche Besorgnis vortäuschend. Auf einem reich mit Brüsseler Spitzen verzierten Nachthemd aus weißem Batist war als letztes Zeichen einer lustlosen Vereinigung eine müde Spermapfütze eingetrocknet. Mit dem Zeugnis eines schwangerschaftsverhindernden Manövers oder einer vorzeitigen Ejakulation lag das Eheleben der Herrschaften hier vor ihrer Nase. Also, das krieg ich dann nicht raus, dass kein Fleck bleibt, sagte die Waschfrau empört. Solange die Waschmittel mit biologischem Fleckenentferner nicht erfunden waren, blieb der Spermafleck auch auf der Bettwäsche erhalten, und das war nun schon eine Katastrophe. In der Krisztinastadt oder in der Leopoldstadt oder auch auf dem bürgerlichen Großen Ring kam es der Niederlage bei Mohács gleich. Eine eigene Kategorie war die Popeline-Unterwäsche der Männer, denn natürlich schüttelten sie die letzten Tropfen nicht anständig von ihrem Schwanz ab, kann man auch nicht, und diese im Allgemeinen nach links geschnittenen Unterhosen konnte man waschen, so viel man wollte, nach einer Zeit prangte doch wieder ein großer gelber Fleck am Zwickel. Von dem Urin, Sperma und Schweiß war die Unterwäsche nicht mehr makellos, da konnte die Dame des Hauses noch so meckern. Nicht zu reden davon, dass sich der Herr des Hauses wieder aufs feinste Popeline-Taschentuch einen abgewichst hatte. Jetzt, wo es eingetrocknet war, sah man erst recht, dass es kein Rotz war. Schon mit dem Rotz hatte die Waschfrau ja genügend Sorgen. Sie holte ihn mit der Wurzelbürste vom Taschentuch, aber wenn sie ihn nicht sofort aus dem Trog entfernte, klebte er sich an ein anderes. Was sich zuweilen erst beim Bügeln herausstellte. Hat sie es jetzt nicht hineingebügelt, mein Gott, mon Dieu. Sie hätten nie ausgesprochen, was sie hineingebügelt hatte, um nichts auf der Welt, es genügte zu sagen, sie habe es hineingebügelt. Auch die Rotweinflecken gingen aus den Seidendamast-Tischtüchern nicht immer raus, trotz den Spezialrezepten einer jeden Waschfrau. Wenn nichts half, sagte die impertinente Waschfrau zur Dame des Hauses nur ein Wort, Schere. Entweder sie lachten gemeinsam darüber, oder es war das letzte Wort der Waschfrau, je nach Haus, und das war nicht nur in Budapest so, sondern auch von Königsberg bis Lissabon, von Oslo bis Mailand.

Wenn nicht gewaschen wurde, ging die Köchin mit dem Zimmermädchen, kaum hatte diese das Frühstücksgeschirr abgeräumt, zweimal in der Woche auf den Markt, auch wenn die beim Metzger, Gemüsehändler, Lebensmittelhändler und Kolonialwarenhändler laufend bestellten Waren täglich ins Haus geliefert wurden. Standen hohe Festtage oder Besuch an, war die Essensordnung komplizierter, brauchte es viele und spezielle Zutaten, und die Herrin des Hauses ging mit, um das Unternehmen zu befehligen. Um sich mit dem Mittagessen nicht zu verspäten, mussten sie spätestens um halb zehn wieder in der Küche stehen. Bis dahin war die Knochen- oder Kraftbrühe gar, sie bildete die Grundlage der Suppen und Saucen, mit ihr wurden die Mehlschwitzen fürs Gemüse und die Braten aufgegossen. Die schwereren Einkäufe, Kartoffeln, Kohl, Einmachobst oder die großen Körbe mit Tomaten brachten Träger, die das alles hinter ihnen her über die Dienstbotentreppe in den oberen Stock schleppten. Die Küchen hatten einen separaten Ausgang auf die hinteren Gänge. Noch in den Jahren nach der Belagerung standen die Träger mit ihren rot-schwarzen Schildmützen und ihren zweirädrigen Karren entlang der Märkte auf den Straßen. Auf den Budapester Bahnhöfen hingen noch Anfang der siebziger Jahre ein paar betagte Gepäckträger herum. Dann endete ihre Zeit. Die beim Lebensmittelhändler, im Kolonialwarenladen oder beim Drogisten eingekauften Waren brachte ein Angestellter oder ein Gehilfe auf die Stockwerke hinauf. Die blutigen Fleischstücke und Knochen im großen Korb nach Hause zu schleppen war das Amt der Kleinmagd. Es gab auch den kleinen Korb, der hing der Köchin am Arm. Gizella Mrázik aber ging mit meiner Tante Eugenie nicht einkaufen, das war eine ihrer strikten Vorbedingungen. Es war auch die Stimme der Zeit, wie man sagte. Die Ausnahme, die Renitenz werden mit kleinen Schritten zum großen historischen Umschwung. In den kleinen Korb kamen die heiklen oder zerbrechlichen Dinge, der Käse, der Aufschnitt, die Butter, die Eier, der Quark, die Sahne, die saure Sahne, alles, was nicht zerbrechen, zerdrückt werden, ausfließen durfte. Sie schleppten gewaltige Mengen nach Hause, wenn nicht täglich, so mindestens zweimal in der Woche, um so viele Menschen fünfmal täglich füttern zu können. Damit alles reichhaltig und sättigend sei, wie man sagte. Da war das Frühstück, da war die Zehn-Uhr-Jause, da war das Mittagessen, da war die Vier-Uhr-Jause, da war das Abendessen. Letzteres einmal in der Woche kalt, am Ausgehtag der Köchin. Das Personal bekam nur dreimal zu essen, in den aristokratischen Häusern eher nur zweimal. Denn je größer das Personal, umso mehr Münder, umso komplizierter die Logistik des Haushalts. Die Welt besteht nicht nur aus interstellarer Ausdehnung. Für die Reste kam der Bettler, der durfte nicht einmal über die Hintertreppe heraufkommen, die Kleinmagd brachte die in Zeitungspapier gewickelten Reste in den Hof hinunter.

In einer der handschriftlichen Varianten ihrer Memoiren beschreibt Tante Magda einen Tag aus der Perspektive der Dadusch, des Kindermädchens, der Kinderfrau, das heißt des Fräuleins Júlia. Da ist der Fall von Fröl Júlia, schreibt sie. Der arme Pista, der ewige

Sündenbock, ist mit einer Triefnase an den Abendtisch gekommen. Unser Vater brüllt Juliska in beleidigender Weise an. Wie ich sehe, taugen Sie nicht einmal mehr, um auf die Kinder aufzupassen.

Juliska, oh Juliska, die uns morgens alle bis zur Hüfte abschrubbte, unser Frühstück überwachte, und mich und Özsi, während Gyuri und Pista in Papas Wagen mitfuhren, in die Schule in der Szemere-Straße begleitete, dann nach Hause hastete, lüftete und unsere Betten machte, dem Zimmermädchen beim Reinemachen der Kinderzimmer half, abstaubte, jeden Tag musste sie dazu jeden Gegenstand einzeln in die Hand nehmen, um zehn Uhr gab sie den Kleinen die Jause, dann setzte sie sich neben unsere Mutter ans Fenster, um Strümpfe zu stopfen, Wäsche auszubessern. Mittags wieder zur Schule, um uns abzuholen. Nachmittags half sie unserer Mutter etwa, die schmutzige Wäsche für die kleine Wäsche zu sortieren. Was für einen Riesenhaufen von Schmutzwäsche doch so ein großer Haushalt produzierte. Dann ging sie mit uns spazieren. Nach dem Abendessen wusch sie einen jeden von uns der Reihe nach von Kopf bis Fuß, ließ uns im Bett einen nach dem anderen die Gebete hersagen. Mit Özsi musste sie immer ein wenig kämpfen. Meine Schwester behauptete hartnäckig, sie habe schon für sich gebetet.

Ich gab mich dem Gebet inbrünstig hin. Ich glaubte. Ich glaubte ehrlich, dass ich sterben würde, wenn ich ein Gebet ausließ oder es nicht in echtem Glauben hersagte.

Tante Magdas Freunde und Mitarbeiter im Parteihistorischen Institut oder ihre Lektorinnen beim Kossuth Verlag strichen diese unschuldig schönen Sätze, sie selbst trug zur methodischen Verstümmelung ihres Manuskripts bei. Eine der eingreifenden Lektoren war Ágnes Szabó. Der Vorgang dauerte lange, fast zehn Jahre, wenn ich mich richtig erinnere. Verschiedene Gremien des Instituts kamen zusammen, um das Manuskript zu schützen, das heißt umschreiben zu lassen und zu verstümmeln, damit es keine Angriffsflächen bot. Oder sie selbst griffen Tante Magdas Aussagen an, zogen sie in Zweifel und machten die entsprechenden Streichungs- und Ergänzungsvorschläge. Die Gremien des Instituts beauftragten neben dem Lektor verschiedene Parteihistoriker mit der Betreuung des Manuskripts. Tibor Erényi, Ágnes Ságvári, Tibor Hajdú. Sie mussten zu bestimmten Teilen oder Punkten des Werks Stellung nehmen. Tante Magda ließ Kapitel weg, schrieb andere neu, war empört, tobte und fluchte aus ihren Kissen heraus. Gemeinsam schnitten und nähten sie nach bestimmten Kriterien ihre Lebensgeschichte. Ihre Lektorin verteidigte sie nicht mehr, sondern ließ sie, aufgrund anderweitiger wissenschaftlicher oder persönlicher Loyalität, plötzlich im Regen stehen, verriet sie, fiel ihr in den Rücken, und die Gruppe ordnete sich entlang der Argumente und Gegenargumente dauernd um. Bei alledem litt aber meine Tante, so grässlich das klingt, vor allem daran, dass sie nicht anders konnte, als mit den Streichungen und Korrekturen ihrer Genossen einverstanden zu sein.

Die Selbstzensur gehörte im Namen der Askese prinzipiell zur kommunistischen Bewegung. Im Prinzip kannte die Selbstaufopferung keine Grenzen. Es bedeutete einen masochistischen Genuss, die eigene Position aufzugeben. Ich hingegen beobachtete neugierig, wie sie mit dem Leben von jemand anderem umgingen. Es wurde gestrichen und umgeschrieben und wurden neue Versionen verfügt, damit möglichst wenige persönliche Elemente im Manuskript verblieben. Der Blick sollte, hieß es, objektiv sein. Ein Zeitzeugnis. Das war damals die große Forderung. Vom Persönlichen, diesem bürgerlichen Stumpfsinn, mussten sie sich auch im Nachhinein noch befreien. Es sollte möglichst wenig von dem kleinen Mädchen bleiben, das Tante Magda einmal gewesen war, worauf sie sich von ihrer eigenen Klasse abgewandt hatte, gerade weil sie am unabhängigen Urteilsvermögen dieses kleinen Mädchens festhielt. Das musste sie verschleiern. Sie verschleierte freiwillig, dass sie auch nach sechzig Jahren derselbe unabhängige Geist geblieben war wie mit vier. Die auf Freiwilligkeit gegründete kommunistische Askese erkannte die gottgegebene Unabhängigkeit der Person nicht an, unterdrückte ihre unabhängigen Regungen beziehungsweise ließ sie von der Person selbst unterdrücken.

Der Mensch mit seiner animalisch opportunistischen Grundeinstellung mag ja den Forderungen einer Zeit gerecht werden, aber er spürt doch am eigenen Leib, dass nicht wirklich er das tut. Dass es nicht wirklich sein Leben ist. Auch der nächste Satz Tante Magdas war nicht genehm. Überhaupt liebte ich Gedichte, schrieb sie. Das wurde gestrichen. Genossin Aranyossi soll nicht Gedichte lieben. Deshalb war für mich das abendliche Gewaschenwerden mit kaltem Wasser so lustvoll. Diesen masochistischen Satz hingegen ließen sie seltsamerweise durchgehen. Juliska sagte mir während des Waschens Gedichte auf. János Arany, Petőfi, József Kiss. Von ihr lernte ich diese Gedichte aufsagen. Vielleicht entschädigte mich das Schicksal mit den Gedichten für meine angeborene Unmusikalität. Fröl Juliskas Arbeitstag hörte mit dem unsrigen noch lange nicht auf. Ich staune, dass dieses altmodisch klingende unsrigen stehenbleiben durfte. Meine Mutter und sie stellten sich an den großen blauen Kinderzimmertisch und kontrollierten unsere abgelegten Kleidungsstücke eins ums andere. Lose hängende Knöpfe, zerrissene Unterwäsche, Löcherstrümpfe wurden in Arbeit genommen. Auch Löcherstrümpfe erlaubten sie ihr nicht, machten löcherige Strümpfe daraus. Ihre um zwei Generationen ältere Sprache soll es nicht mehr geben, na, machen wir sie weg, und sie selbst bot Hand dazu, diese geborene große Dame gab den Purifikatoren nach, denn sie wollte ja ein Leben lang eine Proletarierin sein. Eine Asketin und Purifikatorin. Und zu alledem waren da noch die wöchentlichen Arbeiten, das warme Kinderbad, die Haarwäsche am Samstag; dienstags das Ordnen unserer Gestelle mit den Spielsachen, das Schrankputzen und Neuordnen, das Kleben der zerbrochenen Spielsachen, das Nähen der Stoff- und Plüschtiere.

Zu Recht war also Júlia vom hingeworfenen Satz unseres Vaters aufs Blut beleidigt. Sie gab zurück. Mein Vater brüllte, Júlia rannte aus dem Esszimmer und begann zu packen. Meine Mutter saß noch ein paar Minuten da, stand dann auf, ging zu Júlia und redete ruhig auf sie ein. Machen Sie keine große Sache aus diesem Zwischenfall, Júlia. Juliska sagte weinend, sie halte das nicht mehr aus. Meine Mutter sprach jetzt noch leiser. Sie wissen doch, dass mein Mann aufbrausend ist, aber ein guter Mensch. Und wohin wollen Sie gehen. Es ist dunkle Nacht. Was macht ein Mädchen vom Land in dunkler Nacht in Pest.

Sie gehe zu ihrer Schwester, der Lujza, schluchzte Júlia. Lujza war Erzieherin in einer ähnlich großen Familie. Aber würden sie ihr denn erlauben, an Lujzas Arbeitsplatz unterzuschlüpfen. Und wenn ja, wie lange. Bestenfalls dürfe sie dort eine Nacht verbringen, und dann wohin.

Die Fröl beruhigte sich langsam, kam sogar an den Tisch zurück. Mein Vater aß das Abendessen fertig, sagte kein Wort.

In der Sommervilla oder im Gutshaus, von den Dorfbewohnern Schloss genannt, war er er bei Ordnungswidrigkeiten jeglicher Art aber tatsächlich fähig, die Suppenschüssel zu nehmen und hinauszuschleudern, dass Glas und Porzellan nur so klirrten.

Und dazu brüllte er.

Adolf Arnold war ein starker, stimmgewaltiger, hoch und breit gewachsener Mann. Seine Töchter, Özsi und Magda, nannten ihn hinter seinem Rücken Zuchtstier. Einmal, als sie abends im Bett lagen, gelobten sie sich, nur einen kleinen, feinen, klugen und hässlichen Mann zu heiraten. Sie versprachen sich auch, dass sie einschreiten würden, sollte die andere wegen eines solchen Zuchtstiers, wie es ihr Vater war, den Kopf verlieren. Sie würden der anderen nicht erlauben, das Gelöbnis zu brechen. Das mit der der Suppenschüssel war während anderthalb Jahrhunderten so etwas wie das Maß des männlichen Benehmens. Die obligatorische männliche Kraftmeierei vor den Frauen und zum Schaden der Frauen. Es vergingen Jahrzehnte, es geschahen Weltkatastrophen, aber die Szenen blieben sich gleich. Im Geburtshaus meiner Frau Magda in Rákoskeresztúr wurde die Szene noch Anfang der vierziger Jahre aufgeführt, auch wenn ihr Vater kein Jude war, kein Großunternehmer, auch kein Grundbesitzer, sondern László Ponižil hieß, meistens auch ohne Hatschek, auf den er aber Wert legte, denn er war Mähre, ein katholischer Maurer, doch die Szene kultivierte er trotzdem.

Wenn seine protestantische Frau halb deutscher, halb slowakischer Abstammung, Zsuzsanna Csakja, ihm die Suppe nicht zur richtigen Zeit, nicht mit der richtigen Temperatur auftrug oder eventuell gar den Schöpflöffel vergessen hatte oder die Schüssel nicht richtig placierte, die Seite mit dem Schöpflöffel, den Magdas Vater mit seinem Maurerselbstbewusstsein Kelle nannte, nicht in seine Richtung drehte, jetzt ist die Kelle schon wieder auf der falschen Seite, oder wenn es zur Suppe kein Brot auf dem Tisch gab, jetzt ist schon wieder kein Brot da, brüllte er und schleuderte die Schüssel durchs Fenster des von ihm eigenhändig und prächtig erbauten Hauses, dass es klirrte. Nicht einmal. Nicht zweimal. Es war ein obligatorisches Familienprogramm, so wie etwa die betrunkene Heimkehr aus der Kneipe. In dem von Slowaken und Mähren bewohnten Viertel des nunmehr an Budapest angegliederten Dorfs mussten sie sich nicht Punkt Mittag, sondern Punkt halb eins mit dieser dauernden Befürchtung an den Tisch setzen, die beiden Mädchen und die sanfte, opferbereite Mutter. Aber sicher ist, dass Magda Ponižils Großeltern in dem von Deutschen bewohnten Viertel noch pünktlich zum Mittagsläuten aßen.

In unserer Familie in der Nagykorona-, Hold-, Báthory-, Duna- oder Pannónia-Straße, aber auch in der Andrássy-Allee oder später in den Pressburgerstraße, in der Benczúr- und Dobsinai-Straße wäre es damals undenkbar gewesen, den Schöpflöffel im Voraus in die Suppe zu tauchen, ihn in der Schüssel zu servieren. Ich weiß nicht, warum. Auf diese Frage hätte wohl mein Vater ebenfalls keine rationale Antwort gehabt. Es wäre ein Verstoß gegen die Tischsitten gewesen, wie er einem gar nicht einfallen durfte. Noch heute erfüllt es mich mit einiger Befremdung, wenn Magda den Schöpflöffel im Voraus in die Suppe taucht, auch wenn ich meine männliche Großartigkeit heftig im Zaum halte. Ich werfe die Schüssel weder in Buda noch in Gombosszeg aus dem Fenster, so wie ich auch in unseren früheren Arbeiterviertelwohnungen, auf dem Téglagyár-Platz in Pesterzsébet oder in der Andor-Straße in Kelenföld, nichts aus dem Fenster warf. Bei uns wurde das Servierbesteck neben den für die Schüssel freigehaltenen Platz gelegt. Die Erwachsenen bedienten sich selbst, oder die Hausfrau bediente oder die älteste Frau am Tisch. War Besuch da, halfen ältere weibliche Verwandte oder Personal aus, und dann kam das zum Servieren benötigte Gerät gar nicht auf den Tisch, es wurde den Gästen hingehalten. Sie nahmen mich fast nie in größere Gesellschaft oder zu Empfängen mit, Kinder hatten an solchen Orten nichts verloren. Vielleicht war nur das Hochzeitsessen eine Ausnahme oder die Familienzusammenkunft beim Trauermahl, das wir nie Leichenschmaus nannten.

Meine Geburtsstadt, die ich von allen Orten auch als Erinnerungsort am besten kenne, hat nicht je gesondert eine jüdische und eine nichtjüdische Geschichte, wobei die Geschichte ihrer Tischsitten wiederum nicht im Zeichen einer einzigen Etikette steht. Die Urbanität an sich erlaubt nicht, die Stadt entlang religiöser oder abstammungsmäßiger Linien aufzuteilen. Neben ihrer deutschen Geschichte, ihrer ungarischen Geschichte, ihrer türkischen Geschichte, ihrer slowakischen, serbischen, ja, griechischen Geschichte hat sie mehrere christliche und mehrere jüdische Geschichten. So wie sie eine katholische Geschichte, eine reformierte Geschichte, eine evangelische und griechisch-katholische Geschichte hat, hat sie eine Budaer Geschichte, eine Óbudaer Geschichte, eine Pester Geschichte, die alle voneinander verschieden sind, und gleicherweise hat sie auch eine aschkenasische Geschichte, eine sephardische Geschichte, eine orthodoxe und eine neologe Geschichte, eine chassidische Geschichte und neuerdings auch eine Familiengeschichte der Lubowitscher Glaubensströmung, eine Geschichte der assimilierten Juden und eine der emanzipierten Juden, eine zionistische Geschichte, sie hat durchaus auch eine Geschichte des kämpferischen Atheismus, eine Geschichte der Abtrünnigen, eine der Ungläubigen, und innerhalb aller dieser Sparten eine Geschichte der Reichen und eine der Armen, eine Geschichte der ewigen Underdogs und eine der Emporkömmlinge, eine Geschichte der Unterwelt, eine industrielle Geschichte und so weiter und so fort. Alle diese Geschichten überlappen sich. Sie kreuzen sich, geraten in Konflikte, sie leben nebeneinander, manchmal gegeneinander. Das kann auch gar nicht anders sein, denn zu Beginn des neunzehnten Jahrhunderts waren von den acht Millionen Einwohnern des Ungarischen Königreichs insgesamt nur zweiundvierzig Prozent ungarischer Zunge. Ihre Lebensgeschichten sind mit den Steinen und Straßen vermengt, eine Stadt könnte sonst gar nicht leben, so wie auch ich gründlich vermengt bin mit den verschiedenen Familienzweigen und ihren individuellen Geschichten, oder dann, Resultat eigener unglücklicher Bemühungen, vermengt mit anderem, gegen meine Vorfahren, die davon nicht haben hören können, vielleicht auch nicht hätten hören wollen.

MARZELLINES OPFERUNG

Aus Paris bin ich schließlich unter dem stummen Gemurmel der Toten abgereist. Eigentlich wusste ich gar nicht, wohin ich unterwegs war. Den Ort hatte ich auch auf keiner Internetseite gefunden. Ich war unterwegs, weil ich ihn nach so vielen Jahrzehnten wiederfinden musste. Aus der Literatur wusste ich so viel, dass ich am besten zuerst nach Toulouse fuhr und von dort dann wahrscheinlich auf einer Nebenlinie nach Latour de Carol. Schon der Ortsname ist eigentümlich. Irgendein Karl muss dort einen Turm besessen haben. Ich war etwa acht Jahre alt gewesen, als ich den Ortsnamen zum ersten Mal gehört hatte. Aber vorher ging ich noch rasch in die Nachbarschaft, in die Rue Geoffroy-l'Asnier, zur Wand der Namen und Serge Klarsfelds Sammlung von Kinderporträts.

Die Namen von sechsundsiebzigtausend Personen in den Stein gemeißelt. Von Menschen, die nicht mehr existieren.

Während der letzten Jahrzehnte sind die Massenmorde des zwanzigsten Jahrhunderts auch für mich zu einem Berufsproblem geworden. Mit Fiktionalisierung konnte und kann ich ihrer Masse nicht gerecht werden. Oder meine Erzählung stockt schon bei der ersten Silbe, das erste namenlose Opfer steht im Weg. Wo immer, mit wem auch immer ich anfangen möchte, an ein Ende würde ich nicht kommen. Ein einzelner Mensch mit seiner Vorstellungskraft, wie ich es bin, kann so viele Unbekannte nicht imaginieren, ihre Wege nicht verfolgen, sie beobachten, was auch für jeglichen Helden meiner Fiktion gilt. Er kann nicht tun, als hätten sie nicht existiert, als brauchte er nicht jenseits, nicht diesseits der Erzählung nach dem Sinn seines Überlebens zu suchen. Serge Klarsfeld aber wirft sich in den Dschungel der Geschichte und fördert in jahrzehntelanger hartnäckiger Arbeit Amateurfotos zutage, mit denen niemand gerechnet hat. Wieso sollte man sich an das Gesicht und die Leiche der ermordeten Kinder unbekannter Menschen erinnern wollen.

Ich bin berufshalber verpflichtet, mich nur mit identifizierbaren Menschen zu beschäftigen. Was zwar stumpfsinnig ist, es gibt ja keinen Augenblick, in dem eine in ihrer Namenlosigkeit erstarrte, unabsehbare Menschenmasse nicht um mich wäre, meine familiäre und menschliche Mehrzahl, aber ich muss dennoch alle übergehen, die keinen Namen haben und nicht aufgrund einer Eigenschaft aus dem stürmischen Meer der Konflikte oder der Sandwüste der Langeweile herausragen.

Klarsfeld macht mich auf den Kompositionsfehler aufmerksam. Diese Personen wurden von ihren Mördern in die vollkommenste Entpersönlichung gestoßen, ihre Gesichter wurden ihnen genommen, und das habe er nicht ertragen, nicht akzeptieren können, schreibt er, deshalb habe er sie zurückgebracht. Der für einen Augenblick aufblitzende Blick der toten Kinder fügt dem Marmorblock des theologischen Denkens Risse zu. Das hingegen hat Klarsfeld nicht einkalkuliert, behaupte ich. Die Risse sind da, selbst wenn die christliche Kirche seit Jahrzehnten vom Fehlen dieser Personen keine Kenntnis nehmen will. Die Geschichte ihrer Abschlachtung und die Geschichte ihrer Abwesenheit scheint den europäischen Alltag nicht durchdrungen zu haben, und die Kirche meint offenbar, die Scharte mit dem Begriff der göttlichen Vorsehung und der Schicksalhaftigkeit noch auswetzen, das alles noch herüberretten, aufpolieren zu können.

Doch es nützte nichts, eine Karte erster Klasse zu lösen, es wurde nicht angenehm für mich, meine grauenhaft spießigen Reisegefährten mit ihren Essenskartönchen und Kühltaschen gingen mir vom ersten Moment an auf die Nerven. Sobald der Hochgeschwindigkeitszug, der berühmte TGV, die Wagenkomposition aus der Menschenmenge der Gare de Lyon herausgezogen hatte und würdevoll mit uns zu rollen begann, begannen sie ihrerseits, als geschähe es auf den Stundenschlag, zu essen. Der französische Spießer kommt mit wenigem aus, damit sein Hedonismus befriedigt ist. Es war schrecklich anzusehen, wie sie unablässig für sich und um sich herumfuhrwerkten, ausschließlich für sich selbst Dinge öffneten, schlossen, herausholten, hineinschoben, abstellten, hochhoben, um unter dem Dauergeknister ihrer Tüten und dem Geknatter ihrer Plastikbehälter vor aller Augen die vier gemäß den spezifischen hedonistischen Riten vorgeschriebenen Gänge methodisch in sich hineinzustopfen. Am Ende doch noch drei verschiedene Käsesorten, und dann noch ein bisschen Obst. Aus der Thermosflasche noch ein bisschen Kaffee. Bis der Magen platzt. So hungrig kann kein Mensch sein. Einen solchen Appetit kann man gar nicht haben. Sie aßen nicht, weil sie hungrig waren. Auch nicht, weil sie es ohne Genuss keinen Augenblick aushielten. Sie aßen, weil ihre Lebensführung sie zu einem lebensgenießenden Akt verpflichtete. Die vier Gänge mussten sein, auf Biegen und Brechen. Die täglich zu vertilgende Baguette musste frisch und knusprig sein, so knusprig, dass ihre Brösel in einen Umkreis von zehn Metern verspritzt werden konnten. Und dazu braucht es auch den Wein aus zwei Reisefläschchen. Und Wasser aus den heftig umweltverschmutzenden Plastikflaschen. Das alles legten sie aus, nahmen es herunter, heraus, hinein, zerknautschten und warfen es weg, wickelten aus, wickelten ein, entkorkten, stöpselten wieder zu, drehten den Drehverschluss auf, drehten ihn wieder zu. Ich ergriff die Flucht. Ich floh vor ihrem pickelharten hedonistischen Pflichtbewusstsein und ihrer kartesianischen Strenge. Ich floh vor Descartes' und De Sades zerstörerischem Geist. Ich mochte ihnen nicht mehr zuschauen, mochte ihr öffentliches Schmatzen nicht mehr hören, ihr schamloses Kauen, das unkontrolliert laute Schlucken in ihrer Kehle, ich ging weg, um mir anderswo einen Platz zu suchen, aber der Teufel hol's, ich fand keinen. Es gab keinen freien Platz mehr in diesem verfluchten Zug. Als reisten an diesem verfluchten Tag alle mit mir zusammen nach Bordeaux und Toulouse. Auch in den Gängen standen die Leute bei dieser wahnwitzig rasenden Fahrt. Bei einer solchen Geschwindigkeit hätten die Passagiere eines deutschen oder Schweizer Zugs nicht im Gang stehen dürfen.

Wieder einmal begriff ich nichts.

Der Zug riss mich manchmal mit, und hätte nicht ein starker Mann nach mir gegriffen, mich am Kragen gepackt, wäre ich kopfüber in den unten an der Zugtreppe gähnenden Schlund gefallen. Auch so schlug ich mir den Kopf an einer Eisenstange an. Der Schlag, die geplatzte Kopfhaut, das über meine Stirn fließende Blut ernüchterten mich dann einigermaßen.

Den Ort hatte ich unter allen den Namen gesucht, die aus der Literatur und der Fachliteratur bekannt sind, ihn aber zuerst weder unter Vernet noch unter Le Vernet gefunden. Weder auf der Karte, auch nicht auf der detaillierten Autokarte, und nicht einmal im Internet, sosehr ich auch suchte. Hingegen fand ich in den Pyrenäen einen idyllischen Badeort namens Le Vernet-les-Bains, wo es ganz nett war, sich ein wenig umzublicken. Es ist ein an heißen Quellen reicher, üppig aufgeblühter, sich eines Erlebnisbads rühmender kleiner Ort, dieses Le Vernet-les-Bains. Vor dem Krieg muss es ein elendes Nest gewesen sein, ein paar Leute, ein paar Ziegen, irgendwo hoch in den Bergen, ich hingegen hätte meinen Ort zu Füßen der Berge finden müssen, den Erinnerungsort, um Pierre Noras Ausdruck zu verwenden. Ariège. Unter dem Namen dieses Départements, beziehungsweise seines wilden Bergflusses, unter dem Namen Le Vernet d'Ariège fand ich endlich die Seite, wo der Schauplatz der aus der Literatur und den Memoiren meines Onkels vertrauten Geschichte identifizierbar wurde, aber mehr stand auch hier nicht. Und da war ich schon in Toulouse, aber anderntags verlor ich auch diese Spur, meinen Gastgebern sei Dank.

Sie meinten zu wissen, dass es südlich der Stadt einen Ort solchen Namens gab, nicht mehr als zwanzig Minuten mit dem Zug entfernt. Wir fanden es auf der Départementkarte in der nächsten Nähe einer Gemeinde namens Venerque. Nicht Ariège sagten sie mehr als einmal, pas Ariège, pas Ariège, nein, nein, als sprächen sie zu einem Idioten oder einem Schwerhörigen. Et voilà. Einfach nur le Vernet, simplement. Hingegen wussten sie nicht, dass dort vor sechzig, hundert Jahren oder noch früher irgendetwas vorgefallen wäre. Abends kam ein befreundetes Ehepaar zum Essen, auch sie Ärzte, fröhliche, südlich großmäulige Menschen, aber auch sie wussten von nichts. Ihre Wissenslücke geht bestimmt aufs Konto der bürgerlichen Geschichtsschreibung. Auf diesem Konto klaffen noch viele weitere Lücken, im Lauf meiner Tätigkeit bin ich mehrmals, bei den verschiedensten Themen, gegen die Ignoranz der guten bürgerlichen Geschichtsschreibung geprallt. Wovon die wackeren Bourgeois und Spießer keine Kenntnis zu haben wünschen, weil es ihr hochverehrtes Weltbild stören würde, das heißt den Geschäftsgang und ihr Bedürfnis, gut dazustehen, davon wollen auch ihre Geschichtsschreiber nichts wissen. Man beschäftigt sich mit politischer Geschichte und politischer Philosophie, indem man die Arbeiterbewegungen doch lieber auslässt oder möglichst wenig erwähnt, und so wird die Sozialgeschichte des Kontinents nicht richtig verständlich, und das Bild vom Zustand der Epoche wird endgültig verzerrt. Wir erkennen darin unser damaliges und heutiges Selbst nicht. Nur vom Rand her, nur aus dem Winkel nationaler oder konfessioneller Voreingenommenheit und eines spezifischen ästhetischen Gefühls beschäftigt man sich mit dem Kolonialismus, dem militanten Missionarstum und dem Sklavenhandel, will sagen mit der nach Schwefel stinkenden Geschichte aller der Genozide. Diese wird nach Möglichkeit nicht ins nationale Bewusstsein eingebaut. Der religiöse Universalismus, der abergläubische Rassismus wirken noch heute nach, und gerade deswegen vermeidet man tunlichst, sie auch in den Institutionen, Verwaltungssystemen und Humanwissenschaften zu entdecken, obwohl das durchaus möglich wäre. Auch meine Pariser Freunde hatten nichts von dem Internierungslager Vernet gehört, so wenig wie mehrere andere, aus verschiedenen Gesellschaftsschichten stammende Freunde, im Übrigen alles aufgeschlossene Franzosen, Frauen und Männer, denen Drancy oder Les Milles zwar vage, aber doch etwas sagte. Le Vernet ist nicht einfach eins der Lager im Universum der französischen Lager, das man vielleicht kennt oder eben nicht kennt, sondern es war das größte und dazu ein Straflager, ein camp spécial in der damaligen offiziellen Bezeichnung. Ich habe aufgrund von Anne Grynbergs zusammenfassendem Werk, *Les Camps de la honte*, 88 Lager gezählt. Denis Peschanski gibt in *La France des Camps: L'internement 1938–1946* eine noch höhere Zahl an, er weiß von rund 600 000 Gefangenen in 200 Lagern. Natürlich kann ich auch fragen, wo es einen Ungarn gibt, der von den Internierungslagern Ricse, Csörgő oder Garany etwas weiß oder an diesen Orten zeigen kann, wo genau sich die Leidensstätte unserer Mitbürger befunden hat.

Doch an dem Tag in Toulouse akzeptierte ich bereitwillig die Version meiner Gastgeber und ihrer südlich munteren Gäste. So wie ich auch die Ahnungslosigkeit meiner Pariser Freunde bereitwillig hinnahm. Ich war der Gast. Ich konnte an ihrem Abendtisch nicht herumbrüllen, während wir uns mit der Leber gequälter Gänse vollstopften, den afghanischen Teppich mit den Bröseln ihrer unglückseligen Baguettes vollstreuten und Henri Bourgeois' Sancerre aus Chavignol tranken. Ich akzeptierte ohne Widerrede ihre Behauptung, der zufolge Le Vernet, dieses simplement, das mit Venerque eine gemeinsame Bahnstation hat, il faut faire attention, s'il-vous-plaît, ne pas confondre les deux, ich hatte keine Zweifel, diese beiden Orte, die ich nicht verwechseln durfte, lagen ja beide auf der Linie Toulouse–Barcelona, und so dachte ich noch beim Kartenlösen, dass das in Ordnung, ich auf der richtigen Spur wäre, dass ich Richtung Latour de Carol reisen würde, welches die französische Grenzstation ist, wo nach dem Zusammenbruch der katalanischen Front, im Februar 1939, die geschlagenen Republikaner einzeln und in Gruppen herübersickerten, fast zwölftausend Flüchtlinge, praktisch die ganze 26. Division, spanische Anarchisten, Kommunisten, die Mitglieder der Internationalen Brigade, unter ihnen auch Ungarn, die beneideten Freunde und Genossen meines Vaters.

Er hatte auf der Seite der Republikaner mitkämpfen, seine Solidarität unter Beweis stellen wollen. No pasarán. Das war sein wohl heißester politischer Wunsch in seinem jungen Leben gewesen. Aber bei der illegalen Musterung wurde er von den illegalen kommunistischen Ärzten ausgemustert, sie hielten seine physische Konstitution für ungeeignet. Er durfte nicht hingehen und freiwillig Menschen töten und als Held fallen. Obwohl das doch zu einer so romantischen Situation geführt hätte, wenn er beim Ebro gefallen wäre. Ich wäre nicht gezeugt worden. Wenn er protestierte, kam es immer schrill und unsympathisch heraus. Auch wenn er argumentierte, er wirkte dann wie ein mit den Füßen stampfendes Kind. Er wollte nicht nur recht haben, nicht nur ein falsches Wissen berichtigen, sondern überhaupt im Recht sein, und auch das sofort.

Er war ein stiller Mensch, sanft, so wie alle seine Brüder, aufmerksam, bis in die Fingerspitzen höflich, und hatte doch seine völlig unerwarteten hysterischen Anfälle.

Sie erklärten ihm, dass er eine pathologische Wirbelsäulenverkrümmung habe, und ob er es wisse oder nicht, er sei ein schwerer medizinischer Fall. Möge sein, dass es ihm noch niemand gesagt habe, aber er müsste ein Korsett tragen. Seinen erhaltenen ärztlichen Unterlagen entnehme ich, dass er bei der geheimen Musterung davon wahrscheinlich schon wusste. Am 4. Oktober 1934 hatte Dr. Dezső Markó im Charité-Röntgeninstitut eine Aufnahme von ihm erstellt und befunden, dass auf den lateralen Aufnahmen der unteren und oberen Lendenwirbel eine ausgesprochene Kyphose zu sehen sei, das heißt eine Verkrümmung der Wirbelsäule. Die Untersuchung stand vielleicht im Zusammenhang mit den Verletzungen, die er in der Hadik-Kaserne erlitten hatte. Im Bereich der Verkrümmung waren die Wirbel verflacht und verbreitert. Die Wirbelzwischenräume normal, von mittlerer Weite. Die Konturen der Wirbel deutlich. Zusammenfassend vertrat der Arzt die Meinung, mein Vater habe eine auf rachitischer Basis entstandene Kyphoskoliose, eine vom Säuglingsalter an erfolgte Störung im Knochenaufbau, in der Alltagssprache englische Krankheit genannt.

Und so durfte er also nicht solidarisch sein, nicht freiwillig in den Tod gehen. Es nützte nichts, den illegalen kommunistischen Arzt damit überzeugen zu wollen, dass die Expeditionen in den Alpen, das Klettern, die mehrwöchigen Rudertouren auf der Donau und der Theiß, die Skitouren in der Tatra und den Alpen ihn nicht stärker belastet hätten als sonst jemanden. Zudem war er klein. Laut seinen aus derselben Zeit stammenden militärischen Dokumenten nicht mehr als 165 Zentimeter. Allerdings, wie die erhaltenen Sommerfotos oder meine eigenen Erinnerungen belegen, insgesamt zu guter Form trainiert, hübsch, zäh, gesund, auch wenn sein Skelett wohl wirklich angegriffen war, was man aber mit bloßem Auge nicht sah. Erst vor dem Tod unserer Mutter sackte er plötzlich in sich zusammen, seine Schultern hoben sich, als sei er bucklig. Nach der verlorenen großen Schlacht beneidete er sogar die Gefangenen, Hingerichteten, Gefallenen. Sein Gesicht verzog sich, seine lebenslange Selbstdisziplin geriet ins Wanken, seine Narbe aus der Kindheit wurde blasser, wenn Onkel Pali und Tante Magda meinen Eltern erregt und leidenschaftlich von den Säuberungsaktionen der von Moskau gelenkten antitrotzkistischen Exekutionskommandos berichteten. In diesem aufgeregten Vortrag lag etwas seltsam Überhebliches, in einer für mich bisher unbekannten Manier. Sie schienen sich gegenseitig übertrumpfen zu wollen. Der eine weiß etwas noch Größeres, noch Schrecklicheres zu berichten als die andere. Sie quollen über von einem Wissen, das sie ja eigentlich schon früher mit den anderen hätten teilen müssen. Die

Kenntnis vertraulicher Informationen war in der Diktatur ein ganz besonderes Privileg. Die Mitglieder meiner Familie gelangten aber nie in die privilegierteste Sphäre hinein. Nicht etwa, weil sie aus der großen diktatorischen Parteimacht herausgebröckelt wären, sie waren gar nie drinnen gewesen. Schon aufgrund ihres Naturells waren sie dazu ungeeignet. Aber das einzusehen hatte keiner von ihnen die Kraft.

Das war es, was sie mit ihrer gelegentlichen Prahlerei verdeckten, wobei sie mit etwas prahlten, wofür sie sich hätten schämen müssen.

Was in diesem Fall bedeutete, dass sie, was immer ihre persönliche Meinung war, hätten zur Kenntnis nehmen müssen, dass der Versuch, die anarchistische und trotzkistische Bewegung zu vernichten, auch nachträglich nicht auf das Konto von Francos Faschisten gesetzt werden konnte. Schon da hätten sie es der Moskowiter Fraktion der Kommunisten anlasten müssen, und zwar öffentlich, sie waren ja im Auftrag ihrer Partei Redakteure linksgerichteter Zeitungen. Und wenn sie es damals wussten und nicht schrieben, nicht in *Femmes*, nicht im Pariser *Magyar Munkás*, dem *Ungarischen Arbeiter*, nicht in *Regards*, weil sie meinten, im Interesse der Einheit der europäischen antifaschistischen Bewegung von diesen Serienmorden schweigen zu müssen, dann hätten sie auch wissen müssen, dass das auf ihren persönlichen Konten stehenbleiben würde. Und nach dem Krieg erfuhren sie von den Schauprozessen und den stalinistischen Säuberungen nur dadurch, dass auf geheimen Sitzungen gehaltene Reden vertraulich weitergeflüstert wurden, obwohl doch ihre besten Freunde schon bei den Säuberungen der dreißiger Jahre umgebracht worden waren. Für den Verstand des Kindes war die Abrede das interessanteste Element dieses Schweigens. Sie stellten sogar in Abrede, dass sie damals irgendetwas verschwiegen hätten, wobei sie jetzt von Dingen sprachen, die sie früher nie erwähnt hatten. Sie hatten von der Fälschung der freien Wahlen geschwiegen, von den blauen Zetteln, obwohl sie selbst diese gedruckt und mit Lastwagen verteilt hatten, und untereinander hatten sie damit aufgeschnitten, in meiner Hörweite. Zu viele waren daran beteiligt gewesen, als dass es hätte geheim bleiben können. An jenem Sommernachmittag standen sie im Garten und sprachen von Angelegenheiten und Vorgehen und versuchten sich gewissermaßen mit Informationen über die Lügen, Heimlichkeiten und Beseitigungen zu übertrumpfen, nachdem man von alledem sehr lange nicht gesprochen hatte, nicht hatte sprechen dürfen, und wenn es jemand doch gewagt hatte, hatten sie die vertraulich geflüsterte Information als Gräuelpropaganda, als Wühlarbeit der Reaktion werten müssen.

Es war Sommer, große Hitze, das Gespräch fand bei uns statt, zuerst in den Zimmern, sie waren unruhig. Sie fanden es drinnen stickig, und in jenen Jahren befürchteten sie zu Recht, dass die Wände Ohren haben könnten. Sie selbst hatten mit ihrem Fachwissen zu den Ohren beigetragen. Mein Vater, Jupi, mit seiner Erfahrung in der Fernmeldetechnik, ebenso mein Onkel Endre Nádas, mit Decknamen Vadas. Sie setzten das Gespräch auf der großen Terrasse fort, zuletzt auf dem Rasen unter der riesigen Blutbuche. Das muss im heißen Sommer 1954 gewesen sein, diese Familienzusammenkunft. Diesmal aber ausschließlich der kommunistischen Sektion der Familie. Nicht einmal der eingefleischte garamistische Sozialdemokrat, mein Großvater, durfte dabei sein. Mein Onkel Pista war allein gekommen. Er hatte seine aufbrausende, vorlaute Frau nicht mitgebracht, das bei Klosterschwestern erzogene Goldmark-Mädchen Teréz, die mit ihren auf erlesen geschliffenen, aber höchst aufdringlichen Manieren auch sonst vom Familienverband abstach und alle offensichtlich irritierte.

Es war der letzte Sommer, in dem unsere Mutter noch irgendwie lebte. Männer und Frauen, aufgewühlt von der Masse und der Verkettung eindeutiger Verbrechen, im Schatten des purpurgrünen Laubs. So wie sie mit den rosa geränderten, großgeblümten Teetassen aus Erzsébet Mezeis rosa Salon um zehn Gartenstühle herum verstreut auf dem Rasen stehen, gestikulieren und schreien, auftrumpfend, sich hochschaukelnd.

Es war ein langer Nachmittag, der Himmel hatte sich bewölkt, sie wollten ihr Leben in der kommunistischen Bewegung überblicken, während sich ein Sommergewitter zusammenbraute, aber nicht ausbrach.

Was anderes hätte ich tun sollen, als alles gut verstehen zu wollen, als ganz wach zu sein.

Französische Gendarmen fingen die über die spanische Grenze herübergeflüchteten Kämpfer ein, oben in den Bergen, auf zweitausend Metern über dem Meeresspiegel. Rund fünftausend von ihnen wurden nach Mazarès abgeführt, wo es ebenfalls eine aufgelassene Ziegelei gab, die anderen nach Le Vernet d'Ariège verbracht.

Obwohl mir doch schon am Vortag seltsam vorgekommen war, dass weder in den Erinnerungsschriften noch in der historischen Literatur von der Nähe zu Toulouse die Rede ist, hingegen viel von der Nähe zur spanischen Grenze und von den hohen Bergen, und also war diese Spur falsch. Die geschlagene Kompanie musste über der Baumgrenze auf unwegsamen Pfaden die Pässe überqueren. Mein Onkel, der nicht aus den Bergen hierhergebracht, sondern 1939 an einem frühen Herbstmorgen in Paris verhaftet worden war, wo er damals nicht mehr als Sekretär des Redaktionsausschusses fungierte, secrétaire du comité de rédaction, de facto Chefredakteur der mit Sicherheit wichtigsten Illustrierten, der von ihm gegründeten Wochenzeitschrift *Regards* (laut Impressum: *Le grand Hébdomadaire illustré du Front Populaire*), sondern wegen der kriegerischen Ereignisse auf Anordnung Moskaus, besser gesagt, auf höfliche Aufforderung von Seiten Gyula Alpáris, die Leitung des illegalen Internationalen Informationsbüros, *Rundschau* genannt, hatte übernehmen müssen – auch mein Onkel schreibt mehrmals und detailliert von den nahen Bergen. In einem seiner zwei noch vorhandenen Notizhefte hält er sogar fest, dass einem im Lager verbreiteten Aberglauben zufolge alles Schlechte von den nahen Pyrenäen kommt.

Was ja eine ziemlich haarsträubende Behauptung ist, aber wohl nichts anderes als die zornige Verkehrung des ex montibus salus, des Heils aus den Bergen.

Hier sind die Berge wirklich auf Armeslänge entfernt und sehen aus, als weilten Götter auf ihren wolkenumhüllten Gipfeln.

Als er von Alpári die Redaktion der illegalen *Rundschau* aus purer politischer Höflichkeit übernahm, das heißt der Parteidisziplin folgend eine fachlich wertvolle Arbeit mit einer fachlich wertlosen vertauschte, seien sie gerade von den margeritenübersäten Hügeln und tiefgrünen Wäldern um Asnières nach Paris zurückgekehrt, aus dem Sommerurlaub, schreibt Tante Magda in ihren Erinnerungen, doch habe sie da schon seit etlichen Monaten eine diffuse Angst gehabt. Schiss. Das war eins ihrer Lieblingswörter, das sie aber in ihren Erinnerungen nicht verwendet. Daneben der Eindruck, dass sich bei ihrem Mann etwas grundlegend verändert habe. Dass sie augenblicklich aus Paris verschwinden sollten. Ihr Instinkt sagte ihr das. Verschwinden, sich verdünnisieren. Seit der Niederschlagung der Commune zwanzig Jahre zuvor war das schon der sechste Ort, an dem sie lebten, und nach allen diesen Erfahrungen diktierten Tante Magda ihre Gefühle, dass sie auch die heißgeliebte Stadt Paris verlassen sollten. Zu dem Zeitpunkt war sie noch die verantwortliche Redakteurin der Frauenzeitschrift *Femmes*, der Illustrierten einer auf breiter politischer Basis gründenden internationalen, pazifistischen, antifaschistischen Frauenorganisation. Sie konnte noch nicht wissen, dass der Zweite Weltkrieg ausgebrochen war, aber sie wusste, dass die deutsche Luftwaffe polnische Städte bombardierte, dass die deutschen Streitkräfte sich in Bewegung gesetzt hatten, um Polen niederzuwalzen, und dass es nur noch eine Frage von Tagen, vielleicht Stunden war, bis England und Frankreich Deutschland den Krieg erklären würden. Die deutsche Besatzung war noch in weiter Ferne, und schon begann die linksliberale Regierung Daladier, im Sinn eines politischen Vorgriffs die antifaschistische Einheitsfront zu untergraben, Kommunisten und Fremde obsessiv zu verfolgen, um die Faschisten im eigenen Land handzahm zu machen und auch den deutschen Nazis ein paar Signale zu senden. So jedenfalls charakterisierte Tante Magda in ihren Erinnerungen und bei unseren nächtlichen Gesprächen Daladiers Politik. Mit uns kann man schon reden, wir mögen weder die Bolschewisten noch die Juden. Tante Magda war über Daladiers Linie noch dreißig Jahre später aufgebracht. Klar, Daladier hatte keine Lust, wegen der Polen in den Krieg einzutreten, und so nahm er die ins Visier, die in der bald schon anstehenden Landesverteidigung seine Verbündeten hätten sein können.

Mit ihren pragmatisch-politischen Kalkülen treten sich die Linksliberalen meistens selbst in den Arsch.

Allerdings hatten in der französischen Innenpolitik fremdenpolizeiliche Interventionen durchaus ihre Tradition.

Auch bei Ausbruch des Ersten Weltkriegs waren Ausländer verhaftet, interniert und während der vier Kriegsjahre überwacht worden, als wären sie gefährliche Verbrecher.

Aus Sicherheitsgründen musste mein Onkel die Redaktion der *Rundschau* in Windeseile vom exponiertesten Punkt der Stadt, den Champs-Élysées, an die Place des Victoires verlegen, ins Zentrum und in eine vornehme Gegend, was beides Schutz zu bieten schien. Es stellte sich als Naivität heraus, die Naivität eines Menschen, der zu lange in Friedenszeiten gelebt hatte. Wobei mein Onkel schon aufgrund seiner Natur zu Blauäugigkeit neigte, was ihn sympathisch machte. Tante Magda beschreibt, wie sie für eine Flucht plädierte und wie ihr Mann allen Argumenten gegenüber taub blieb. Die Hetzjagd auf die Kommunisten, habe sie ihm gesagt, würde nicht vor ihrer Schwelle haltmachen, sie würden keine Ausnahme bilden, ihre Aktivitäten würden in dieser Stadt demnächst keinen Raum mehr haben. Sie sollten ihre Zelte abbrechen. Er gelte als Franzose, erwiderte Onkel Pali. Worauf Tante Magda wütend herausplatzte, die Frage sei nicht, als was er für seine Freunde gelte, sondern wie lange die Polizei seine Aktivitäten toleriere. Bestimmt nicht mehr lange.

Meinst du, die wissen nicht, warum Thorez' Auto jeden Tag stundenlang vor deinem Büro steht, fragte sie außer sich. Maurice Thorez hatte das Büro meines Onkels zum Ort seiner vertraulichen Unterredungen gemacht, von hier aus wickelte er seine vertraulichen Telefongespräche ab.

Sieht denn nicht jeder Verkehrspolizist von Paris, wohin der Generalsekretär der Kommunistischen Partei fährt. Meinst du im Ernst, dass sie ihn nicht erkennen, oder seinen Wagen und den Chauffeur. Sei nur ganz ruhig, die wissen auch, schrie sie, dass er gestern an deinem Schreibtisch sein erstes Interview gegeben hat, weil ihn der Reporter der *Times* im Interesse seiner eigenen Sicherheit nicht in der Parteizentrale treffen wollte, klar nicht.

Du lässt dich immer an der Nase herumführen.

Aber er habe doch sein Büro an einen sichereren Ort verlegt.

Von wegen sicherer, schrie meine Tante, wo du doch täglich lange Ferngespräche mit Moskau führst, wie zum Kuckuck wäre das sicher.

Meinst du im Ernst, dass die nicht wissen, mit wem du worüber sprichst.

Auf diese Art stritten wir zwei ganze Tage und Nächte lang, schreibt sie in ihren Erinnerungen. Onkel Pali wollte nichts davon hören, dass sie Paris verlassen sollten. Obwohl Tante Magda darauf beharrte, dass sie auf dem Land eine Gemüsegärtnerei einrichten würde, umgraben, pikieren, pflanzen und jäten und damit bis zum Kriegsende durchhalten. In ihren Erinnerungen stellt sie sich dar, als wäre sie mit ihren Fluchtgedanken und Vorahnungen die einzige Vorausblickende gewesen. Aber nur in ihren Erinnerungen, bei den Gesprächen mit mir präsentierte sich ihre Geschichte anders. In ihren Erinnerungen scheint ihr gar nicht in den Sinn zu kommen, dass sie mit einer Flucht vor den freiwillig übernommenen legalen und illegalen Aufgaben davonlaufen würden. Sie stellt die Diskussion auf eine Art dar, als sei ihr Mann im Kopf nicht ganz richtig gewesen. Als hätte sie an seiner Stelle denken und die Dinge organisieren müssen. Obwohl es sich doch eher so verhielt, dass Onkel Pali sein Amt, das heißt seine Partei, nicht feige aufgeben wollte. Das hätte er nicht fertiggebracht. Hätte es weder sich noch den anderen antun können. Die eine beschäftigte sich mit ihren Instinkten und hatte zweifellos recht, ihr Fluchtinstinkt funktionierte richtig, der andere beschäftigte sich mit den ethischen Prämissen seines Lebens in Beruf und Partei, und deshalb war sein Entschluss dazubleiben richtig. Ein echtes Drama. Man lässt wegen eines prächtigen Gemüsegartens und des verlockenden Instinktlebens seiner Frau die Freunde und Kollegen in einer kritischen Situation nicht im Stich. Eine durchaus ehrenvolle Entscheidung. Andererseits setzt man seine Freiheit oder sein Leben nicht unnötigerweise aufs Spiel. Auch dieser Gedanke ist zweifellos vernünftig.

Meine Tante nahm das Drama, das ihnen die Zeit auf den Leib schrieb, offenbar nicht in seinem vollen Umfang zur Kenntnis.

Man konnte nicht gleichzeitig vernünftig und ehrbar sein.

Um das echte Drama zu verdecken, nämlich ihre als Vernunft bemäntelte Bereitschaft zum Verrat, stellt sie später ihren Mann als leicht schwachsinnig dar. Und damit der Leser auch wirklich überzeugt ist, bereitet sie dieser Insinuation mit der idyllischen Beschreibung ihres Urlaubs in Asnières das Terrain vor.

Und schmeckt das Drama von Vernunft und Ehre mit einem Anachronismus ab.

Denn erst vom Beginn der fünfziger Jahre an verschlechterte sich der geistige Zustand Onkel Palis tatsächlich rapide, ein medizinisch irreversibler Vorgang, der gegen Ende der sechziger Jahre abgeschlossen war. Es war keineswegs eine Verblödung im metaphorischen Sinn, sondern ein physiologisches Phänomen, unter dem nicht nur der Kranke selbst, sondern auch seine Umgebung zu leiden hatte. Die Hirnwindungen verlieren ihre Form, die strukturbildenden Zellen lösen sich auf. Der an Demenz Erkrankte vermag zwischen den sinnlichen Empfindungen, den sprachlichen Informationen und den verschiedenen Schichten der Erinnerung keinen für die Außenwelt nachvollziehbaren Zusammenhang mehr herzustellen, der Bestand an Wissen geht verloren oder ist nur noch bruchstückhaft vorhanden. Gesagtes und Geschriebenes werden genauso formlos wie das Hirn. Wir wissen nicht, was solche Menschen denken und fühlen.

Auf irgendeine Weise wissen sie aber doch, vielleicht über Umwege, was mit ihnen in der für sie undurchsichtig gewordenen Außenwelt geschieht. Manchmal begann Onkel Pali laut zu weinen, wenn er auf eine Frage nicht antworten konnte. So wie Jahrzehnte später mein väterlicher Freund und Meister Miklós Mészöly einen Wutanfall bekam, wenn er zwischen den verschiedenen Schichten seines Bewusstseins keine Verbindung herstellen konnte. Noch einmal, ein letztes Mal hatte ich ihn ausfragen wollen über seine Rolle in der zu Jahrhundertbeginn gegründeten und sicher heute noch aktiven, zugleich deutsch- und judenfeindlichen illegalen Organisation namens Ungarische Gemeinde. Ihn über alles ausfragen, was er wusste, über alles, was er mir schon einmal erzählt hatte, um an die winzigen Einzelheiten heranzukommen, von denen er doch nicht erzählt hatte und die fürs Verständnis notwendig sind. Ich sah seinem Gesicht an, dass er in seinem Bewusstsein den Ort für die Frage suchte, aber nicht fand. Außer sich brüllte er mich beim Abendessen an, warum ich ihm solche idiotischen Fragen stelle. Mindestens zehn Jahre zuvor hatte ich zum ersten Mal gespürt, dass mit ihm etwas nicht stimmte. Ja, er selbst hatte seine Zukunft vorausgespürt. Und mich sehr ernsthaft gebeten, es ihm zu sagen, sollte ich an ihm die ersten Zeichen von Verblödung sehen, dann würde er seinem Leben ein Ende setzen. Ich solle es ihm versprechen. Ich solle es ihm schwören. Es sei meine Freundespflicht. Ich versprach es nicht, noch weniger schwor ich. Ich lachte. Vielleicht lachte ich ihn aus, und darin lag eine gewisse Verantwortungslosigkeit. Die Verantwortungslosigkeit des Jüngeren, der noch nicht von der dramatischen Frage belastet ist, ob es sich mit umnachtetem Geist zu leben lohnt. Tut es nicht. Das ist völlig klar. Auf mich wirkte er mit seiner Bitte nur pathetisch.

Er zitierte Aristoteles, dem zufolge man seinen Freund schlicht zusammenschlagen müsse, wenn er dabei sei, eine Torheit zu sagen oder zu begehen. Die Idee der Freundschaft verpflichte dazu. Und was, warf ich ein, wenn ich mich täusche. Wenn ich seinen Zustand falsch sehe. Oder, noch schlimmer, wenn Zorn, Neid oder Rachsucht meine Einschätzung beeinflussen.

Ich wisse eben nicht, was die Antike unter Freundschaft verstand.

Das hieß, ich sei kein wirklicher Freund, er habe seine Freundschaft an einen Unwürdigen verschwendet.

Was mir aber auch wieder nicht gefiel, ich sagte, er scheine mich bei meiner Freundeseitelkeit packen zu wollen, um ein unmoralisches Versprechen aus mir herauszupressen.

Wir diskutierten so lange, bis wir vergessen hatten, worüber eigentlich.

Aber er kam immer wieder damit, dass ich es ihm versprechen sollte.

Ich versprach es nicht.

Meine Tante habe die ersten Zeichen der Demenz ihres Mannes schon auf den margeritenübersäten Hügeln, wie sie schreibt, und in den tiefgrünen Wäldern von Asnières wahrgenommen.

Kann ja sein, dass sie wirklich eine Veränderung festgestellt, oder vielleicht auch zum ersten Mal in ihrer Ehe gespürt hatte, dass ihr Mann sie unter Berufung auf seine redaktionellen Verpflichtungen betrog, so wie er sie mit Ausnahme der ersten Ehejahre nebenher immer betrogen hatte, aber ich neige doch zur Annahme, dass Tante Magda die späteren Entwicklungen auf frühere projiziert. Was eine geübte Historikerin, wie sie es war, mit mehreren umfangreichen Monographien und Biographien auf ihrer Werkliste, Monographien über Léo Frankel oder Gyula Alpári, ja nicht wirklich tun dürfte. Wenn man bemerkt, dass im Bewusstsein des anderen etwas nicht richtig funktioniert, etwas dauerhaft gestört ist, sucht man die Erklärung nicht in der Demenz. Sie mag einem in den Sinn kommen, als Idee, als Möglichkeit, der da ist verblödet, der ist nicht mehr richtig im Kopf, ist verdeppert, war schon immer ein Idiot, sagt man sich. Aber die Rationalität lässt nicht zu, dass man eine Krankheit konstatiert. Man erfindet allerlei kleinliche Gründe, wie um sich absichtlich in die Irre zu führen. Etwa, dass der andere lügt. Dass er einen für blöde hält. Dass er etwas im Schilde führt. Und so weiter.

Die Margeriten beginnen Anfang Juni zu blühen. Und wenn das bei Tante Magda die deutlichste Erinnerung hinterlassen hat, dann waren sie nicht nur in den Urlaub gefahren, sondern für den ganzen Sommer nach Asnières-sur-Oise gezogen, so wie in früheren Sommern an andere Orte. Sie schreibt, ihr Mann habe mit dem Fahrer des Milchwagens Freundschaft geschlossen, der habe ihn morgens mitgenommen, und auf diese Weise habe er nicht bis zur hochgelegenen Bahnstation in Viarmes marschieren müssen. Manchmal ging auch sie mit, auch sie musste manchmal nach Paris fahren, um in der Redaktion oder im Vertrieb von *Femmes* präsent zu sein, der Rückweg habe dann keine Probleme bereitet, da ging es abwärts. Es sei wunderbar gewesen, durch die Sommernacht zu gehen. Pali sei wöchentlich nur einmal, wenn die neueste Nummer der *Regards* im Druck war, zurückgekommen, mit dem letzten Zug um Mitternacht, und bei diesen Gelegenheiten sei sie ihm im Mondschein oder in stockdunkler Nacht durch die schlafenden Dörfer bis an den Fuß der Hügel entgegengegangen. Von diesen nächtlichen Spaziergängen, den Wochenenden am Ufer der Marne, den Sommerferien in der Bretagne, dem Zauber der französischen Landschaft, der Rhône oder den Loire-Schlössern erzählte sie mir ebenfalls bei unseren nächtlichen Gesprächen.

Als ich zum ersten Mal in Paris war, brauchte ich praktisch keinen Stadtplan, ich fand die Orte leicht, Tante Magda hatte bei jenen nächtlichen Gesprächen alles gründlich in meine Vorstellung eingezeichnet.

Auf dem Weg nach Hause hätten sie leise die Ereignisse des Tages besprochen. Es sei ein einfaches, heiteres Leben gewesen, notiert sie. Obwohl doch in jenem Jahr, vielleicht in jenen Jahren unser individuelles Unglück seinen Aufschwung nahm, schreibt sie im folgenden, nicht ganz gelungenen Satz. Der Ausdruck seinen Aufschwung nehmen hat eine positive Bedeutung, er geht schlecht mit Unglück zusammen. Sie selbst spürt den sprachlichen Haken und schreibt im nächsten Satz von dem kaum wahrnehmbaren haarfeinen Spalt, der sich mit den Jahren zwischen ihnen weitete und sie immer mehr voneinander entfernte. Was stilistisch wiederum nicht ganz lupenrein ist. Ein haarfeiner Spalt kann sich nicht so sehr weiten, für eine grundlegende Entfremdung braucht es schon eher tektonische Kräfte. Höchstens, dass die Beteiligten die tektonischen Kräfte lange Zeit nicht wahrnehmen wollen. Einige Jahrzehnte später, als sie auf die Fragen eines jungen Arztes antwortet, formuliert sie zum ersten Mal, welche leichten Verwerfungen im Charakter ihres Mannes sie in jenen Nächten von Asnières wahrgenommen hatte, und der Arzt habe, schreibt sie, bestätigt, dass das tatsächlich die ersten Symptome der Krankheit sein können.

Und siehe da, nach der zwei Tage dauernden Diskussion scheppert morgens um sieben Uhr an der Tür ihrer Pariser Wohnung, 22, Rue Saint-Augustin, die Klingel.

Sicher die Milchfrau mit der Monatsrechnung.

Oder die Polizei, sagt sie.

Zu fünft brachen sie mit dem Hausdurchsuchungsbefehl in den Zimmern ein. Schmissen alles durcheinander. Vor allem das Zimmer ihres Sohnes Georges, der auf dem Land war, durchwühlten sie. Sie fanden dort zwar nur einen Schrank und einen aus Orangenkisten gezimmerten Schreibtisch, aber gerade das kam ihnen offenbar besonders verdächtig vor. Die hinter Vorhängen verborgenen Wandschränke bemerkten sie nicht. So blieben viele wichtige Schriften erhalten, unter anderem ein Manuskript Mihály Károlyis, das er ihnen zur Aufbewahrung anvertraut hatte.

Meinen Onkel nahmen sie gleich mit. Sie hatten einen Haftbefehl.

Zu meiner Tante sagten sie, sie solle sich auf der Präfektur nach ihm erkundigen; in ihren Erinnerungen nennt sie die folgenden Jahren die vergeudeten Jahre.

Obwohl ich nicht wirklich glaube, dass ein Menschenleben vergeudete Jahre haben kann. Nicht einmal Verblödung ist Vergeudung. Hätten sie in der Hoffnung auf einen Gemüsegarten Paris verlassen, hätten sie ihre internationale Bewegung, die im Zeichen der sozialen Gleichheit stand, im Stich gelassen und wären von ihren Freunden zu Recht Verräter, oder schlicht Hosenscheißer, genannt worden. Das verstand auch Tante Magda sehr wohl. Sie wusste auch, dass die Logik ihrer Erziehung, das heißt die Einflüsterungen ihres Fluchtinstinkts, und die Logik der Bewegung in ihrem Fall nicht zu vereinbaren waren. Gut, aus einem bescheidenen Gewinn hätten sie nach dem Krieg die Gemüsegärtnerei vergrößern, zwei Lastwagen und auch einen kleinen Sommersitz irgendwo in Aix kaufen können, sie hätten sogar dank der Kenntnisse und Erfahrungen meiner Tante eine Kette von Gemüsegärtnereien lancieren, nach der Vergrößerung des Unternehmens in einem der besseren Viertel von Paris eine schönere Wohnung kaufen können und so weiter, bis die Bäume in den Himmel gewachsen wären und sich das vollkommene bürgerliche Glück aus Knospen zu Blütenpracht entfaltet hätte.

Mir scheint, dass nicht mein Onkel verblödet, sondern meine Tante mit ihrem Fluchtinstinkt nicht ganz bei Trost gewesen war, aber nicht weil diese parodistisch prächtige Lebensbahn ihrem destruktiven Naturell nicht entsprochen hätte, sondern weil sie nicht einmal im Moment der Drucklegung des Manuskripts das konkrete moralische Gegenargument einsah. Sie nahm nicht zur Kenntnis, merkte nicht, dass Onkel Pali auf seine blauäugige, oder wenn man eben will, bescheuerte Art, auch in ihrem Namen für den Anstand und gegen die nüchterne Vernunft entschieden hatte. Das war ihr persönliches Drama. Und die folgenden Jahre, die wegen der konspirativen Geheimniskrämerei der kommunistischen Bewegung zweifellos viele blinde und dunkle Flecken haben, waren überhaupt nicht vergeudet, sondern sie verbrachten sie in einem hochanständigen und recht großartigen Widerstand, nachdem die Ereignisse auch meiner Tante die Fluchtgedanken ausgetrieben hatten.

Tante Magda gehörte zu den intelligentesten Lebewesen, denen ich in meinem sich in die Länge ziehenden Leben begegnet bin. Aber es gab doch einen kleinen Webfehler. Sie vermochte ihre Affekte und Absichten, ihren Realitätssin und ihre Ideen nicht immer miteinander in Einklang zu bringen. Sie wollte von ihrem Mann Genugtuung erhalten, und sie hatte ihm und ihrem Sohn und gegebenenfalls auch mir gegenüber rohe Aufwallungen, die ihr nüchternes Urteilsvermögen und ihr elementares moralisches Bewusstsein trübten. Ja, ausgerechnet nach seinem Tod wollte sie sich vom geliebten Mann Genugtuung verschaffen, mit Hilfe ihrer Erinnerungen, also auf ewig. Nicht weil ihr Mann ihr keine Knopffabrik gekauft hatte, nicht weil sie beide auf dem Gömörsider Gut ihres verhassten Vaters keine Mustergärtnerei eröffnet hatten, nicht weil er sie in eine politische Bewegung eingeführt hatte, von der sie lange, sehr lange kein Wort verstand, auch wenn sie deren Slogans eifrig nachplapperte, nicht weil sie im Namen der vorgegebenen Ideale jahrzehntelang unter Entbehrungen wie Bettler leben mussten, nicht weil sie die heimliche Unterstützung der wohlhabenden Familienmitglieder annehmen oder diese sogar, wenn es ihnen gerade ganz schlecht ging, anbetteln musste, nicht weil die von ihnen gewählte internationale Bewegung sie am Ende in die totale Lebensniederlage hineinstieß, sondern weil Pali aller ihrer gegenseitigen Liebe und allem ihrem felsenfesten Zusammenhalten zum Trotz sie ein Leben lang ohne die geringsten Gewissensbisse mit jedem Rockzipfel betrogen hatte und sie es erst nachträglich fertigbrachte, das zur Kenntnis zu nehmen.

Schon aufgrund ihrer Erziehung verschloss sie unter Höllenqualen ein Leben lang die Augen davor, ertrug es irgendwie, und vor allem liebte sie diesen Mann.

In ihren hinterlassenen Schriften und Dokumenten sehe ich, dass mein früherer Verdacht nicht unbegründet ist und auch sie mindestens einmal einem sinnlichen Rausch nachgegeben und während langer heimlicher Monate ihren ungetreuen Ehemann betrogen hatte, der nach Art der gehörnten Ehemänner von nichts eine Ahnung hatte. Er hatte sogar mit diesem schönen, wackeren Mann, Frigyes Karikás, in größter Freundschaft an der ersten ungarischen Übersetzung des *Schwejk* zusammengearbeitet. Aber dieser über alles geliebte, dieser charmante, klar denkende Mann, dieser Pál Aranyossi wurde, daran besteht kein Zweifel, am Ende seines Lebens wirklich dement. Mit seinem Gedächtnis war auch sein Charme dahin. Mindestens zehn Jahre lang war meine Tante dauernd auf dem Sprung, um zu verhindern, dass er irgendwelchen Blödsinn machte. Um es genauer zu sagen, er litt an vorzeitiger Verdummung, einer Dementia praesenilis, die mit geistiger Verwirrung einhergeht, und sogar noch während der Zerfall seiner Persönlichkeit, der Abbau seiner prägnanten Charaktereigenschaften vor sich ging, betrog er sie, betrog sie bis an die Schwelle der völligen Umnachtung.

In dieser fortschreitenden Umnachtung betrog er sie auf die scheußlichste und auffälligste Weise, und Tante Magda erzählte das unter schallendem Gelächter ihren Freundinnen, um es erhobenen Hauptes ertragen zu können.

Stellt euch vor, mit wem mich Pali letzthin betrogen hat, dieses Schwein.

Er war schon ganz verblödet, merkte schon gar nicht mehr, dass er in die Hose machte, und grabschte immer noch, wie ich selbst bezeugen kann, grinsend nach den Brüsten und dem Hintern des

Dienstmädchens, in einem seltsamen Automatismus, als gehorche er einer unabhängigen erotischen Mechanik. Das zeigt aber auch, welchen Platz dieser Trieb im Menschen hat, ganz offensichtlich funktioniert er unabhängig von dem Charaktereigenschaften, und diese können, solange sie noch gegeben sind, das rohe Funktionieren der erotischen Kräfte höchstens mäßigen. Wenn Marika an ihm vorbeiging, angelte er nach ihr. Packte sie, wann immer er nur konnte. Es war eher lächerlich als grob oder beängstigend. Nett und hoffnungsvoll gab er ihr eins auf den Hintern. Dazu grinste er wie ein ungezogenes kleines Kind, das schon weiß, dass es das nicht dürfte. Zum Glück war das Dienstmädchen, die meine Tante zwar Hausangestellte nannte, aber doch als Dienstmädchen behandelte, eine höchst einfühlsame Person und eher mit dem Schwerkranken solidarisch als mit der unausstehlichen Dame des Hauses. Marika war vor ihrem Mann von Kistarcsa nach Budapest geflüchtet, der hatte sie zuerst durch die Polizei zurückbringen lassen, geschlagen, er schlug und trat sie regelmäßig, kaum eine Woche verging, ohne dass er sie grün und blau schlug, er war Aufseher im berüchtigten Internierungslager von Kistarcsa gewesen, auch er aus dem Ort, aber mindestens zehn Jahre älter als Marika, und die Natur hatte ihn nicht nur mit Brutalität, sondern auch noch mit krankhafter Eifersucht geschlagen. Als man, um das Lager aufzulösen, die Aufständischen in Gefängnisse überführte, wurde Marikas Mann ins Gefängnis von Vác versetzt, und da floh sie mit ihrem kleinen Sohn erneut. Wenn der Greis wieder einmal in die Hose gemacht hatte, veranstaltete die Dame des Hauses eine fürchterliche Szene, schrie den unglücklichen Alten an, du hast wieder in die Hose gemacht, wieso hast du nichts gesagt, so lange, bis Marika aus der Küche kam, im Bad ein Becken mit lauwarmem Wasser holte und ohne viel Aufhebens die Sache in Ordnung brachte. Offenbar begriff der Unglückliche manchmal, dass etwas vorgefallen war, und begann kläglich zu weinen. Aber nicht, weil er in die Hose gemacht hatte, das nahm sein Hirn vielleicht tatsächlich nicht zur Kenntnis, dazu war es nicht mehr fähig, nicht einmal der eigene Gestank machte ihm seine Lage bewusst, sondern er weinte, weil ihn seine Frau, diese angebetete große Dame, wegen etwas anschrie, das er nicht verstand.

Und sie türmte sich da über ihm, mächtig, im Bewusstsein ihrer Stärke, und schrie und kreischte wie eine Furie.

Waren sie in Gesellschaft, schnitt sie ihrem Mann immer wieder rasch und witzig das Wort ab, damit die anderen um Gottes willen nicht bemerkten, was sie schon lange wussten. Wie hätten sie denn nicht bemerken sollen, dass der strahlend geistreiche Pali nicht mehr strahlte, sondern verblödet vor sich hin starrte und zuweilen etwas Unverständliches sagte. Sie ließ ihn ins Krankenhaus einweisen, schickte ihn ins Sanatorium, damit sie ihn nicht dauernd vor den Augen hatte und wir den Verfall nicht sahen. Oder sie musste darauf achten, dass der nunmehr auch in seinen Bewegungen behinderte alte Mann heil über die Straße kam. Dass er nicht stumm zwischen den Fußgängern des Theresienrings verschwand, auch nicht aus dem Garten in Leányfalu entkam. Dass die Wohnungstür immer verriegelt, beide Gartentore abgeschlossen waren. Den Wohnungsschlüssel nie stecken lassen, sonst macht er die Tür auf.

Wie oft muss ich das noch sagen.

Denn, ja, zuweilen ließen wir den Schlüssel stecken, und dann machte er sich im Hausmantel oder im Pyjama auf, wohin, das wusste er nicht. Auch ich brachte ihn mehrmals von der sonnenbeschienenen Visegráder Landstraße zurück, auf der er im Pyjama und in schlappenden Pantoffeln mit ätherischer Ruhe dahinwanderte. Das alles konnte sie ihm allein schon wegen der rigoros rationalistischen Familientradition nicht verzeihen. Weder seine Seitensprünge noch die Trauer über ihr eigenes Leben. Sie konnte ihm nicht verzeihen, dass sie sich dann auch ihre eigene, vom Vater geerbte aufbrausende Seite, ihren eigenen, lebenslangen Opportunismus hätte verzeihen müssen.

Auch ich musste mich stark kontrollieren, um Miklós Mészöly

das mit ihm Geschehende zu verzeihen, und hätte es auch gar nicht gekonnt, wenn mich meine Frau Magda nicht scharf zurechtgewiesen hätte.

Während der Fahrt auf dieser Nebenlinie konnte ich in alle Richtungen aus dem Zug schauen, ich sah keine Berge. Obwohl doch mein Onkel in einem seiner Hefte geschrieben hatte, dass sich die felsigen Berge in einem düsteren Halbkreis dicht um sie herum erheben, dass sie weiß, blau und kristallen blitzen, wenn die Sonne auf sie scheint, oder dass sie sich bei bedecktem Wetter braun, schwarz und gewichtig über dem Lager erheben wie ein Albdruck. Das sind seine Worte, in seinem Tagebuch von Le Vernet. Auf der einen Seite bilden eisige Ketten aus spitzen Kegeln, Kamelhöckern, Bärenschädeln, Hundeköpfen und Ziegenrücken die Landesgrenze, so seine Vergleiche. Diesseits der Grenze das im Krieg darniederliegende Frankreich, jenseits dunkel und drohend das ungeheure spanische Gefängnis, so seine Lagebeurteilung. Und dazwischen sie in dieser moderigen Mausefalle kauernd. Für ihn mochte im Augenblick der Niederschrift nicht nur das Lager in Le Vernet, sondern die ganze Welt eine Mausefalle sein, und so falsch war seine Lagebeurteilung nicht. Er pflegte noch einen den Vergleich bevorzugenden literarischen Stil, die zeitgenössischen Schriftsteller und Journalisten machten geradezu Jagd auf die möglichst treffende und ungewöhnliche Analogie. Vergleiche und Metaphern galten als wichtiges Merkmal literarischer Erfindungsgabe. Im Zeichen der Wende zum Unpathetischen gebrauchten Camus und Beckett dann diese Stilmittel nicht mehr. In der zweiten Hälfte des Dezembers 1940, kurz vor Weihnachten, brach der Schnee aus der Richtung des höchsten Gipfels der Pyrenäen, des Pic du Midi, über sie herein, ihre Kleidung wurde muffig, sie bekamen Läuse. Sie hätten sich zusammengekauert und geschlottert, schreibt er, auch die ungewohnte Schneedaunendecke habe die ungeheizten Baracken nicht erwärmt. Auch so eine Metapher, Schneedaunendecke, von der man ja wirklich erwarten könnte, dass sie ein wenig wärmt. Die Schneemasse erschwerte ihre philosophischen Gesundheitsspaziergänge, obwohl sie immer noch täglich über die knirschenden Wege zwischen den Sektoren stapften, aber es fiel immer mehr Schnee. Er vertrieb auch die Studienzirkel in den sonnigeren Winkeln des Hofs und behinderte das Studium an der freien Universität, das Linguistik, Philosophie, Geschichte und politische Wissenschaft umfasste und peripatetisch, also spazierend und plaudernd, betrieben wurde.

In Trauben folgten die Studenten auf den breiten in den Schnee getretenen Wegen den Professoren, ihren Mithäftlingen.

Vom Lager in Le Vernet sind diese zwei Hefte übrig geblieben, einfache Schulhefte, dazu Dutzende irgendwo herausgerissener Heftseiten und noch einige vollgeschriebene Drucksachen. Unter anderem eine unausgefüllte Demande d'entrée en Suisse, also ein Einreiseantrag für die Schweiz, auf der bedruckten und der nicht bedruckten Seite gleicherweise vollgeschrieben. Auf diesem Schriftstück schreibt er mit violetter Tinte und seinen regelmäßigen, grätig geneigten, bezaubernden, wenn auch nicht leicht leserlichen Buchstaben, es gebe keine Gesellschaftsschicht, kein Segment, keinen Glauben, keine Anschauung, die unter den 3000 Internierten des Lagers nicht vertreten wäre. Besonders seien deutsche, spanische, ungarische und jugoslawische Journalisten, Schriftsteller, Künstler, Schauspieler und Dramaturgen in großer Konzentration vorhanden. Er sehe die Kollegen häufig auf den Lagerwegen, wie sie im Gehen monologisierten, in der Hand eine Feder, ein Heft, um zwischendurch stehen zu bleiben und etwas zu notieren. Auch er mit seinen zwei Schulheften gehörte wahrscheinlich dazu.

Die Heftumschläge sind von einem stark ausgebleichten Terrakotta. Auf dem einen Umschlag sitzt eine liederlich aussehende barfüßige Göttin auf einem dorischen Kapitell, in der einen Hand eine Laute, während sie die andere Hand nach einem Rosenstock über ihr ausstreckt, um die gewählte Rose vom gewählten Zweig zu brechen. Das Heft hat auch einen Titel: *Le Floréal*. Auf dem

Rücken des Hefts finden sich nützliche schulische Informationen. Table de multiplication. Division du temps. Signes abréviatifs employés en arithmétique. Chiffres romains. Auch auf dem Rücken ungarischer Hefte gab es solche Aufdrucke, Konjugationen, Multiplikationstabellen, die Konversion der römischen Ziffern, Umrechnungstafeln verschiedener Maßeinheiten. Auf der Innenseite des Terrakotta-Umschlags kleben zwei Originalgraphiken vom Alltag im Lager. Sie stammen kaum aus derselben Hand, aber beide sind das Werk ausgebildeter oder zumindest geübter Pressegraphiker, beides Tuschzeichnungen. Das eine Bild zeigt das dunkle Innere einer Baracke. Es ist eine von den parallelen Strichen eines dicken Tuschpinsels ausgemalte Nahperspektive auf die mittlere Etage einer dreistöckigen Pritsche, wo sich jemand zusammengekauert, die militärische Schildmütze über die Augen gezogen, schlotternd in seinen großen Militärumhang geflüchtet hat. Über dem anderen, im Augenblick leeren Platz der Pritsche leuchtet durch ein kleines Fenster die Schneemasse herein. Unter dem leuchtenden Fensterchen ist auf der Pritsche ein Koffer sichtbar, genau so, wie Bruno Frei es in seinen Erinnerungen beschreibt, *ich stellte meinen Koffer an das Kopfende der Bretter, wobei es schwer war zu verhindern, dass er beim Fensterloch hinausfiel*, was bedeutet, dass da kein Glas war und dass es alle so machten. Auf dem Bild ist auch ein Stoffwulst zu sehen, vielleicht ein Kissen, vielleicht eine Decke, und in der Nähe der auf diese mittlere Etage hinaufführenden Holzleiter ein glänzender leerer Teller und ein leuchtender Löffel, sehr nachdrücklich, der nüchtern leuchtende Hunger. Seitlich ist auch die Leiter zu sehen, die zur dritten Etage der Pritsche führt, darüber noch ein Fenster, durch das die verschneiten Felsrippen zu ahnen sind. Das Bildchen ist signiert. Ich habe mich bemüht herauszufinden, wer hinter dem Kürzel «CS 1940» steckt, aber leider nichts gefunden.

Das zweite Bild ist nicht signiert, es ist eher eine Karikatur der sanitären Verhältnisse im Lager le Vernet d'Ariège. Vor einem mit Hopit, also Hôpital, und mit einem roten Kreuz bezeichneten Gebäude, das wir nicht Krankenhaus, sondern Krankenstube nennen würden, steht in einer dicken Winteruniform ein französischer Gendarm, der die zum Krankenhaus strebenden, abenteuerlich ausstaffierten und sichtlich schlotternden Häftlinge beschimpft, herumkommandiert, kontrolliert, zur Eile antreibt. Unter ihnen befindet sich ein kleines Kind in kurzer Hose und mit Filzpantoffeln, die Hand vor die Augen gehoben und weinend, obwohl ich aus keiner Quelle ersehe, dass im Lager von Le Vernet auch Kinder oder Jugendliche interniert waren, aber nichts ist unmöglich, wir müssen das Bild als glaubwürdige Information akzeptieren. Es kommt auch ein junger Mann mit Krücken daher, ihm fehlt ein Bein, am vorhandenen Fuß trägt er keinen Schuh, er wird von einem bärtigen Mann gestützt, der einen hohen spanischen Strohhut trägt und wenigstens Stiefel anhat, neben ihm eilt jemand mit Zahnschmerzen, das Gesicht mit einem Tuch umbunden, frierend, die Hände in den Taschen vergraben, in einer Weste, die gewiss nicht für ihn geschneidert worden war, an seiner Brust platzt sie fast, aber wenigstens wärmt sie, hinter ihnen ein schnurrbärtiger Mann mit einem dicken Verband um den Kopf und in einer Uniformjacke, dann ein Mann mit dem Arm in der Schlinge und in Arbeiterkleidung mit Schildmütze, und am Ende, als Antreiber, mit einer Baskenmütze, der einzige Intellektuelle der Gesellschaft, die Hände in einem Wintermantel vergraben, der bessere Tage gesehen hat, um den Hals einen mehrfach geschlungenen künstlerisch langen Schal, in städtischen Halbschuhen.

Das Heft ist in drei Sprachen abgefasst. Es enthält ungarische Notizen über das bewegte Schicksal der Mitgefangenen, mit Nummern versehene deutsche Gedichte und auf Französisch übersetzte Gedichtfragmente. Auf der ersten Seite des Hefts weist ein Name gleich darauf hin, dass die Gedichte die Lagerverse des Schriftstellers Rudolf Leonhard sein müssen, eines Mitgefangenen und Genossen meines Onkels. Aus dem Impressum der *Regards* wird auch ersichtlich, dass neben Anna Seghers, Theodor Plievier und

Arthur Holitscher auch Rudolf Leonhard einer der deutschen Korrespondenten des Blattes war. Fedor Gladkow, Wladimir Posner, Wsewolod Iwanow und Walentin Katajew berichteten aus der Sowjetunion. Eine glanzvollere Liste von Berichterstattern könnte sich ein Redakteur auch heute nicht wünschen. John Dos Passos berichtete aus den Vereinigten Staaten, Egon Erwin Kisch aus der Tschechoslowakei, Mihály Károlyi war für die Berichterstattung aus Ungarn verantwortlich. Es lohnt sich, die Mitglieder des Redaktionskomitees aufzuzählen: Romain Rolland, Maxim Gorki, André Gide, Henri Barbusse, Charles Vildrac, Eugène Dabit, André Malraux, Isaak Babel, Wladimir Posner.

Die Bedeutung der Nummern in Klammern ist mir hingegen nicht klargeworden. Das Gedicht *Schwalben* hat die Nummer 501. Die *Krähe* ist Nummer 253, die *Braut* 190, die *Vorsicht* 394. Es kann sich nicht um die Seitenzahlen eines Buchs handeln, da diese deutschen Gedichte ganz offensichtlich hier in einer der dunklen Baracken oder während der stundenlangen Spaziergänge zwischen den Baracken entstanden sind. Vielleicht sind es die Seitenzahlen eines handschriftlichen Buchs. Leonhards hier entstandener Gedichtzyklus ist unter dem Titel *Le Vernet* auch erschienen, nach seinem Tod, in der vierbändigen Gesamtausgabe seines Lebenswerks. Das sachlichste Bild von den Baracken zeichnet Arthur Koestler. Sie hätten aus Brettern bestanden, schreibt er, und seien mit einer Art wasserundurchlässigem Papier bezogen gewesen. Alle waren sechsundzwanzig Meter lang, viereinhalb Meter breit, und in jeder waren zweihundert Menschen untergebracht. Die Einrichtung bestand aus zwei Reihen dreistöckiger Pritschen entlang der Wände, zwischen ihnen ein schmaler Gang. Auf dem untersten und mittleren Bett konnte man sich nicht aufrichten, zwischen den Betten war ein Abstand von einem Meter. Die Stützpfeiler teilten die Reihen in zehn Abschnitte ein, diese waren zweieinhalb Meter breit, und da in jedem Abschnitt fünf Menschen lagen, hatte ein jeder einen halben Meter Platz. Was bedeutete, dass man auf der Seite liegend schlafen musste, und wenn sich einer umdrehte, mussten es alle tun. Die Pritschen waren von einer dünnen Strohschicht bedeckt, Stroh war das einzige bewegliche Mobiliar der Baracken. Bruno Frei beschreibt diese strohgefütterten Baracken am dramatischsten, ihn hatte ein Wächter nach seiner Ankunft einfach hineingestoßen und gesagt, er solle sich beim Barackenvorsteher melden, der teile ihm einen Platz zu. In dem Augenblick aber, als er hineingestoßen wurde, wurde Frei blind und taub. Als fiele er in einen nachtdunklen Schacht, in dem ein Höllenlärm herrschte. So wie in den Gängen einer Mine, von überallher Gejohle, Knirschen, Hämmern, Poltern. Während er sich vorgetastet habe, schreibt er, habe er sich in einem schmalen Gang wiedergefunden, an dem beidseits zweistöckige Bretterverschläge entlangliefen. Einige Männer in dem undurchsichtigen Halbdunkel seien damit beschäftigt gewesen, an die Tragbalken der Verschläge Querlatten zu nageln, die als Hühnerleiter dienen sollten. Für diese Arbeit hatten sie keine Hämmer, sie schlugen die Nägel mit Steinbrocken ein. Mitten auf dem schmalen Gang stand ein Gendarm, der gerade mit beiden Händen einen Strohballen aufriss, während sich wildentschlossene Gestalten fluchend und mit verzerrten Gesichtern um jede Handvoll Stroh fast prügelten. Wenn du Stroh haben willst, beeile dich, brüllte jemand Bruno Frei ins Ohr. Er wusste nicht, was er dafür tun müsste, wozu er Stroh brauchen würde. Er verstand überhaupt nichts, nur sich rasch irgendwo hinlegen, das war sein einziger Wunsch; dann möge mit ihm geschehen, was wolle. In dem Augenblick umarmte ihn jemand von hinten und flüsterte ihm mit seiner kräftigen Stimme ins Ohr, also auch du hier, Genosse. Er wandte sich um und sah Mario in die Augen, unter Marios Brille flossen Tränen übers zerfurchte Gesicht hinunter. Frei fühlte, dass er am Ende seiner Selbstbeherrschung angelangt war. Sie umarmten sich heftig. Das hier ist die Abteilung der Verbrecher, flüsterte Mario. Bisher dachte ich, ich sei mit diesen Unglücklichen allein, aber von jetzt an wird es leichter zu ertragen sein. Er zog seinen

Freund an sich. Die Stimme des Gendarmen riss sie aus der gemeinsamen Rührung.

Dank der Gedichte und Gedichtübersetzungen in den beiden Terrakotta-Heften kann man verfolgen, wie das streng und intelligent organisierte Lagerleben des kommunistischen Widerstands funktionierte. Auch Bruno und Mario stoßen dazu und bauen später in der Baracke der Verbrecher ihre eigene kleine Widerstandszelle auf. Mein Onkel macht nicht nur Notizen, bereitet nicht nur die imaginäre nächste Nummer der zum Eingehen verurteilten und im Nichts des Weltkriegs verschwindenden *Regards* vor, sondern er arbeitet auch für die Gegenwart im Lager, indem er die offensichtlich für den Vortrag gedachten Verse seiner deutschen Mitgefangenen auf Ungarisch oder Französisch übersetzt. Neben dem Gedicht *Das Jahr* notiert er, es sei wichtig, aber für wen oder was es wichtig war, wird nicht klar. Vielleicht sollte das Gedicht vorgetragen werden, und deshalb war es wichtig, dass er es als Erstes ins Französische übersetzte. Es ist bemerkenswert, wie er sowohl für die ungarische als auch die französische Version gelungene poetische Lösungen findet. Neben den deutschen Gedichten, Gedichtfragmenten und den Übersetzungen finden sich in dem Heft auch Tagebucheinträge und Notizen auf Ungarisch und Französisch, die das Lager beschreiben, das Krankenhaus, die hygienischen Verhältnisse, die medizinische Versorgung, die Krankheiten, die verzweifelte Hilflosigkeit der gefangenen Ärzte, ohne Medikamente, ohne Verbandsstoff, salle des tuberculeux pas séparée, er beschreibt die Küche, die verschiedenen Nahrungsmittel, ihre Qualität, ihre Menge. Er beschreibt das alles ohne jegliche Gefühlsäußerung. Nur einmal ein Aufschrei mitten in einem Bericht, bei der Beschreibung der Zustände im Krankenhaus, was Ernährung und Medikamente betrifft. Gangster. Die noch den Schwerkranken das Essen stehlen. Die nicht einmal in der gefährlichen ansteckenden Phase die neuen Lungenkranken von den anderen Kranken trennen lassen, den Kranken, die einen Rückfall erlitten haben, gönnen sie nicht einmal ein Glas Milch oder ein Aspirin. Die Milch wird von den Pflegern getrunken. Wonach er im gleichen sachlichen Ton die Essensrationen beschreibt, die gerade dafür reichen, dass man weiterhungert. Das alles ist aber nicht zur Information der Nachwelt geschrieben, sondern es handelt sich um die Notizen des anständigen Journalisten, der seinen nächsten Bericht vorbereitet.

Aus der Lagerliteratur des zwanzigsten Jahrhunderts kenne ich noch einen ähnlich sachlichen Bericht zu Hygiene und Ernährung, Primo Levis und Leonardo De Benedettis Zeugnis *So war Auschwitz*. Auf den Werklisten Primo Levis figurierte dieses erste, allerdings auch nicht literarische Werk lange Zeit nicht, bis es 2015 beim italienischen Verlag Einaudi neu erschienen ist. 2017 ist es bei Hanser auch auf Deutsch erschienen. Die beiden Autoren warten mit sonst nie erörterten anthropologischen Fakten auf. Im Zusammenhang mit einem ungewöhnlichen Thema beschenken sie die Nachwelt mit der entwaffnenden Sachlichkeit des Turiner Zirkels. Diese ist frei von ideologischen Komponenten und stellt innerhalb der europäischen fixen Ideen eine erfrischende Oase dar. Hier zeigt sich die unerschütterliche, auf ihre geistigen Quellen, den Humanismus und die Antike, zurückgreifende europäische Rationalität von ihrer besten Seite. Das Buch ist zuerst 2005 bei einem kleinen Pariser Verlag, den Éditions Kimé, auf Französisch erschienen. De Benedetti war Arzt, Chirurg, Levi Chemiker, die beiden ergänzten sich bestens. Ein paar Tage nach ihrer Befreiung notierten sie auf Bitte eines Sanitätsoffiziers der Roten Armee ihre Beobachtungen zu den hygienischen und sonstigen Verhältnissen im Lager. Auch De Benedetti war aus Turin verschleppt worden, die beiden waren mit demselben Transport nach Auschwitz gebracht worden und kehrten zusammen in ihre im italienischen Geistesleben herausragende Geburtsstadt zurück, wo Levi nach der Niederschrift seiner großen Werke Selbstmord beging, indem er sich in den Treppenschacht seines Wohnhauses stürzte. Schon in dieser frühen, 1946 abgeschlossenen Analyse blieb die augenfällige Frage im Raum, wie das Überleben unter eigentlich lebensunmöglichen hygienischen und ernährungstechnischen Umständen möglich ist. Arthur Koestler fasst seine Erfahrungen in Le Vernet in seinem Zeugenbericht, *Abschaum der Erde*, mit dem Gedanken zusammen, der europäische Kontinent sei in jenen Monaten auf das Niveau gesunken, wo jeder seinem Gott dankt, wenn man ihn nur erschießt, statt ihn zu erwürgen, zu köpfen oder totzuschlagen. In einem solchen Zustand wirkt jede Klage frivol und unanständig. Der übliche Maßstab des Leidens und der Demütigung verzerrt sich, das Ertragen kennt keine Grenzen mehr.

Das andere Heft meines Onkels hat sich mehr oder weniger aufgelöst, war aber offenbar schon ursprünglich nicht vollständig gewesen, oder er hatte auf dem Marsch je nach Bedarf Seiten und Doppelseiten herausgerissen. 100 pages. Das steht in Art nouveau-Buchstaben auf dem Umschlag des Hefts, also hundert Seiten. Auch sein Name steht da, mit kleinen, bescheidenen, attraktiv intelligenten Buchstaben in Tinte. Aranyossi. Bar. 7. Also Baracke Nummer 7. In diesem Heft findet sich ein Einakter auf Französisch, mit dem Titel *Flamenco*, aus fünf nummerierten Szenen bestehend, für einen Musiker geschrieben und durch Liedertexte unterteilt, sowie ein ebenfalls aus fünf nummerierten Szenen bestehender, wohl ebenfalls für einen Musiker gedachter Dramenentwurf, *Bolero*, mit einigen ausgearbeiteten Szenen. *Flamenco* ist ein in jeder Hinsicht überzeugendes Werk. Es ist anders als die mit großem Fachwissen geschriebenen späteren Werke meines Onkels, denn es führt keinen propagandistischen Besen. Wohl sein am besten geschriebenes Werk, neben seinem leicht propagandistischen Dokumentarroman *Wer hat Vilma Montesi umgebracht*, den er geschrieben hat, als er schon erkrankt war, und der 1956 erschienen ist. Auch *Flamenco* war zwar eine Auftragsarbeit der Bewegung. Aber das Leiden war allgemein und alles übergreifend, und in diesen Zustand musste er eine Bresche schlagen. Er war ein Profijournalist, er schrieb alle seine Artikel oder Bücher im Auftrag, auch im Auftrag der Partei, und deshalb ist auch immer der ideologische Pferdefuß zu sehen. Ohne Auftrag und Abgabetermin konnte er nicht arbeiten, ich habe selbst erlebt, wie er sich wand, herumkramte, mit alten Kumpanen im Dorf essen oder trinken ging, oder auch mit Ministerpräsident Münnich oder mit sonst einem guten Kameraden, es war ihm gleich mit wem, dem Nachbarn, dem Gärtner; oder er saß in den Tiefen eines Fauteuils, die Brille in die Stirn geschoben, und las stundenlang mit regloser Miene, wie jemand, der nur kurz irgendwo hineinblättern, eine Angabe suchen wollte, um dann gleich aufzustehen, gleich an die Arbeit zurückzukehren. Nur hätte er ohne Auftrag nie gewusst, was seine Arbeit war. Als Übersetzer wie als Schriftsteller schrieb er mit leichter Hand, elastisch, in einer aus den verschiedensten Fächern des Wortschatzes schöpfenden Sprache. Französisch, Deutsch, Ungarisch, ja, auch Schwedisch. Im Fall von *Flamenco* mochte der Auftraggeber die illegale internationale Kommunistengruppe gewesen sein.

Die kommunistische Geheimorganisation des Lagers bestand aus mehreren nationalen Sektionen. Die spanische und die deutsche Sektion waren die größten und stärksten. In den Memoiren von Dezső Jász, einem Brigadier der republikanischen Armee, erfahren wir, dass Árpád Haász der erste ungarische Bekannte war, den er im Internierungslager von Le Vernet traf. Jener Árpád Haász, der einst György Nádas in den Galilei-Kreis gefolgt war, in der Eigenschaft eines Sekretärs, und der am 27. April 1917 in einem empörten, erschütterten Brief meinem Großvater mitteilte, sie hätten in einer außerordentlichen Sitzung des Präsidiums ihre Bibliothek nach ihrem Freund und Kameraden György Nádas benannt. In seinen mit *Vom Räteungarn zu den Pyrenäen* betitelten Erinnerungen listet Jász die Namen der Kommunisten auf, mit denen ihn das Schicksal im Lager zusammenbrachte. Er war der Cousin jener Magda Bán, mit der zusammen mein Vater und mein Onkel im illegalen Keller eingemauert waren. Als Erstes nennt er meinen Onkel, Pál Aranyosi, ohne aristokratische

Ausschmückung, dann folgen noch zahlreiche Namen, László Rajk, Imre Sebes, Sándor Sebes, Sándor Sziklai, András Tömpe, István Tömpe oder auch Ferenc Münnich, alles Leute, die die ungarische Nachkriegsgeschichte aus ihrer jahrhundertealten feudalen und kapitalistischen Bahn warfen und neu formten, wenn auch nicht zur allgemeinen Zufriedenheit oder im Sinn ihrer persönlichen Vorstellungen. Rajk wurde von seinen eigenen besten Genossen umgebracht, mit dem paranoiden Kalkül, dass damit die Gegner des Kommunismus abgeschreckt würden, Sziklai wurde am 26. Oktober 1956 in Budapest von den Aufständischen umgebracht, da er die Diktatur des Proletariats vor den Proletariern und dem Gesindel beschützen wollte, András Tömpe beging am 15. Dezember 1971 Selbstmord, desillusioniert vom Tun seiner Partei. Er verstand seine Tat als Provokation, als Selbstmord mit politischem Unterton. Seine mit der kapitalistischen Marktwirtschaft liebäugelnde Partei ließ, so empfand es Tömpe, mit der revisionistischen Wirtschaftsreform die Zügel endgültig gleiten, die Grundprinzipien der Diktatur des Proletariats verratend, der innere Feind des Kommunismus wurde nicht mehr rigoros verfolgt und also der kapitalistischen Restauration der Weg gebahnt, womit er nicht einmal unrecht hatte.

Árpád Haász ist in der illegalen kommunistischen Organisation des Lagers von Le Vernet der Verantwortliche für Agitation und Propaganda, und es ist wahrscheinlich, dass er Aranyossi in Baracke 7 den Auftrag für das Theaterstück gab. Aranyossi und Árpád Haász kannten sich ebenfalls aus dem Galilei-Kreis. Wo sie auch Dezső Jász kennengelernt hatten.

Wie immer man es wendet, der Galilei-Kreis war im Budapest der ersten zwei Jahrzehnte des zwanzigsten Jahrhunderts die Quelle sämtlicher antifeudaler, antiklerikaler, antiautoritärer, linksgerichteter, liberaldemokratischer Bestrebungen, und er blieb trotz oder gerade wegen der dramatischen Versuche, seine geistige Ausstrahlung zu unterbinden, trotz des Prozesses gegen seine Mitglieder noch gute fünfzig Jahre bestehen. Nicht nur György Nádas, der später Selbstmord beging, gehörte ihm an, sondern auch seine jüngere Schwester Magda, seine ältere Schwester Eugénia und der jüngere Bruder István. In der Anker-Gasse, bei den wissenschaftlichen Vorträgen im großen Saal im dritten Stock oder nebenan in den Räumen der Bibliothek, lernten die Mädchen ihre zukünftigen Männer kennen, Magda den Journalisten Pál Aranyossy, der sich damals noch mit y schrieb, Özsi den Medizinstudenten László Mándoki, von dem sie sich später scheiden ließ, als sie dahinterkam, dass er sie betrog, einmal erwischte sie ihn mit seiner Sekretärin sogar in flagranti. Den nächtlichen, bettwarmen Schwur zwischen Özsi und Magda, wonach sie nur kleine, fragile, stille, feine und unbedingt hässliche Männer ins Herz schließen würden, konnten sie mit diesen beiden einhalten. Ich fand allerdings weder Aranyossi noch Mándoki hässlich. Aber für die Mädchen waren sie in keiner Weise solche prächtigen Zuchthengste, wie es ihr feudal-bourgeoiser Vater, mein Großvater, gewesen war. Sie gehörten zur ersten Generation, die auf den Spuren der Revolutionen und Desillusionierungen des neunzehnten Jahrhunderts sich weder vom König etwas erbat noch von der Gesellschaft etwas verlangte, sondern anders leben wollte und das tatsächlich auch tat. Nicht nur wollten sie ihre Mieder, ihre Taillen, wie man damals sagte, ablegen, sondern sie wollten sich auch nicht mehr unterwerfen, niemandem, auch den Eltern nicht, wollten emanzipiert sein, in jedem Sinn des Wortes, national, religiös, geschlechtlich, gesellschaftlich, sie wollten das Wahlrecht, sie waren gegen den Krieg, sie tolerierten Ausbeutung und Volkselend nicht mehr, hassten aber ein Leben lang auch den Wohltätigkeitsfimmel. Nietzsche, der auf diese Generation großen Einfluss hatte, durchdrang ihr Hirn mit seinem Willensprinzip, einer Anschauung, an der György Nádas mit seiner psychischen Fragilität oder auch Tante Magda zerbrachen. Man muss wollen, so dachte diese Generation, und der Mensch kann wirklich wollen. Als sich Aranyossi und Mándoki in diese eigensinnigen Bürgermädchen verliebten, waren sie schon gute Freunde, beide Pazifisten und Sozialisten, beide mit Erfahrung an der Front, wo sie beide schwer verwundet worden waren, beide in den letzten zwei Kriegsjahren in den rückwärtigen Dienst versetzt. Aranyossi lag mit Lungenspitzenkatarrh im Notkrankenhaus des königlichen Schlosses von Gödöllő, Mándoki leistete in Turnau, einem Badeort in Tschechien, ärztlichen Dienst in einem zum Militärkrankenhaus umgewandelten Sanatorium, wurde dann Laborleiter, schließlich Chefarzt.

Wenn sie nicht nach Budapest kommen konnten, schrieben sie sich.

Mein Lieber, schreibt Mándoki am 23. November 1916 aus Turnau in Böhmen, ich höre von Eugie, dass Du in Gödöllő glücklich in Noahs Arche hineingepaddelt und mir böse bist, weil ich Dir bisher nicht geschrieben habe. Ich entschädige Dich mit diesem Brief, und zu Deiner Rettung gratuliere ich Dir.

Er und meine Tante Eugie waren damals fast schon ein Jahr heftig ineinander verliebt, aber sie konnten an eine Verlobung nicht einmal denken. Mein Großvater wollte von dem schwachbrüstigen jungen Mann nichts hören. Er würde doch seine stadtbekannt schöne Tochter nicht mit einem vermögenslosen Frontarzt verheiraten. Özsi konnte hübsch zeichnen, und nach ihrem Abitur am berühmten Gymnasium des Nationalen Verbands für Frauenausbildung, damals das einzige Mädchengymnasium in Budapest, das 1869 unter der Leitung einer hochgebildeten Adeligen, Hermina Beniczky Veres, eröffnet worden war und sich von den Jungengymnasien nur darin unterschied, dass in den ersten Jahrzehnten kein Latein gelehrt wurde, wechselte Eugenie auf eigenen Entschluss an die Gewerbezeichenschule in der Oroszlán-Straße, Löwenstraße, mit genauem Namen Stuhlhauptstädtische Gemeinde-Gewerbezeichenschule, wo sie sich die Kenntnisse einer Ziselierin aneignen wollte. So sagte man damals, sich die Kenntnisse aneignen. Schon im achtzehnten Jahrhundert hatte es in Budapest eine Zeichenschule gegeben, auf dieser Tradition baute die neue Schule auf, gleichzeitig stand sie in einer starken fachlichen und persönlichen Verbindung mit den analogen Gewerbezeichenschulen in Wien, der Fachschule für Zeichnen und Malen und der Kunstgewerbeschule. Durch diese Schulen wurden die feudalen Wohnungseinrichtungen zum Bürgerlichen hin aufgelöst. Vielleicht war das Biedermeier der erste Schritt auf dem Weg einer stilistischen Popularisierung, es war einfach, anspruchsvoll und für die Massenproduktion geeignet. Die größtenteils aus gutbürgerlichem Haus stammenden Studentinnen erwarben sich an dieser Schule Meisterbriefe in den verschiedenen kunstgewerblichen Fächern, was ihnen die mühsamen Lehrlingsjahre und die endlosen Gehilfenjahre ersparte. Tante Özsi lernte hier Margit Gráber kennen, und ihre besondere Freundschaft begleitete sie bis an ihr Lebensende. Gráber schreibt in ihren Memoiren, dem *Buch der Erinnerungen*, sie hätte sich, bis sie an die Schule in der Oroszlán-Straße kam, an allen Schulen gelangweilt. Seither sei die Straße umbenannt worden, die Schule zu einem Kunstgewerbe-Gymnasium geworden, und doch sei alles genau gleich geblieben wie zu ihrer Zeit. Als sie kürzlich da vorbeigegangen sei, schreibt sie, seien die gleichen Mädchen auf den Gängen hin und her gelaufen, wie sie eins gewesen sei; zwischen hochgewachsenen Professoren, in die solche Mädchen denn auch immer verliebt sind.

In dieser Schule saß man nicht in Bänken. Sondern ums Modell herum. Oder über Gegenstände gebeugt. Sie alle zeichneten gern, aber niemand verlangte von ihnen Rechenschaft, sie schwänzten die Stunden, wann es ihnen beliebte. War der Winter endlich vorbei und das Wetter auf einmal schön, machten sie sich davon, um auf der nahen Donau Propeller zu fahren oder Ausstellungen zu besuchen oder im entfernteren Stadtwäldchen über den Teich zu rudern. Der Propeller war ein kleines weißes Schiff, das zwischen den beiden Flussufern pendelte. Und doch habe sie hier alles gelernt, was man in einer Schule über Malerei lernen kann, schreibt

Gráber. Sie hatten gute Professoren, besonders Manó Vesztróczy, der auch als Maler durchaus seinen Wert gehabt habe. Von ihm habe sie gelernt, auf die Proportionen eines Bilds zu achten, auf seine Struktur, auf die Abstimmung der Farben und auf noch vieles andere mehr. Gern erinnere sie sich an seine leuchtend grünen Landschaftsbilder, umso mehr, als diese in der Kunstgeschichte vergessen seien. Abends hätten sie ihre Geschwister, die an der Universität studierten, in den Galilei-Kreis mitgenommen.

Zum Nationalfeiertag am fünfzehnten März veranstaltete der Kreis jeweils ein großes Fest in der Vigadó-Halle, der Redoute. Der große Dichter Endre Ady schickte jedes Jahr zur Feier ein Gedicht. Margit wurde 1912 die Ehre zuteil, das Deckblatt des Programmhefts gestalten zu dürfen. Margit Gráber wurde auch für mich, für die Entwicklung meines Bildgefühls, zu einer wichtigen Person, und in meiner fotografischen Ausbildung spielte die Tradition der einstigen Gewerbezeichenschule ebenfalls eine Rolle. Das alles erwähne ich nur, um zu zeigen, wie die einzelnen Schichten meines Lebens miteinander verklammert sind.

Wie ein Kreuzreim, wobei die meisten Dinge so funktionieren.

Nach der Belagerung wurde die Schule als Kunstgewerbe-Lyzeum wiedereröffnet, und als sie 1950 ins Ingenieur- und Kunstgewerbegymnasium umgewandelt wurde, kam die kunstgewerbliche Abteilung in ein trostloses, brutal umgebautes Proletarierhaus in der Práter-Straße. Die Ausbildung hielt aber an ihrer fachlich anspruchsvollen, auf die Kunst zentrierten Tradition fest. Auch hier kümmerte es niemanden, wer anwesend war und wer nicht. Ich arbeitete als Lehrling in einem Fotografenstudio in der Kossuth Lajos-Straße, für Theorie der Fotografie und die entsprechenden Wissenschaften besuchte ich zweimal wöchentlich, morgens und nachmittags, dieses Proletarierhaus. Wir lernten Optik, Lichtlehre, Fotochemie und Komposition bei zwei Kunsthistorikern, Frau Rózsa und Lajos Végvári; bei ihr aus der kunsthistorischen Perspektive, von der Antike bis zur Gegenwart, bei ihm aus jener der Fotografiegeschichte mitsamt aller ihrer piktorialistischen und veristischen Schulen. Drei Jahre lang. Auch damit lagen wir genau in der Tradition der einstigen Ausbildung an der Gewerbezeichenschule, hier war neben den überkommenen kunstgewerblichen Fächern wie Teppichweberei, Gobelinstickerei, Kupferschmiedekunst, Glaskunst, Gold- und Silberschmiedekunst, Möbelschreinerei, Holzschnitzerei, Intarsienherstellung und Porzellanmalerei die erste auf der Kunstgeschichte beruhende fotografische Ausbildung Budapests lanciert worden. Was bedeutete, dass diese Fächer aus dem Sumpf der Geschmäcklerei und Geschäftemacherei herausgeholt und institutionalisiert wurden. Abgesehen davon, dass es, so wie für Margit Gráber, auch für mich die erste und letzte Schule war, in der ich nicht dauernd vor tödlicher Langeweile einschlief. Wer in den theoretischen Fächern durchs Examen fiel, erhielt den Meisterbrief nicht. Sonst aber gab es keinen Zwang. Endlich begriff ich, worum es ging, was womit zusammenhing, endlich konnte ich mein ganzes vorhandenes Wissen an seinem angestammten Ort verwenden oder es an einem neuen Ort versorgen. In dem Jahr, als Margit Gráber das Deckblatt des Festprogramms gestaltete, wurde ihre Freundin Özsi, die Schöne der Schule, von der Fotografie-Abschlussklasse für die Meisterarbeit abgelichtet. Sieben Porträts, besser, sieben Brustbilder sind erhalten geblieben, das Werk sieben verschiedener Fotografen, mit der gleichen Technik. Die Bilder sind im Atelier entstanden, vielleicht in verschiedenen Ateliers, mit Atelierkameras, aber ohne jeden künstlichen Beleuchtungseffekt, das heißt mit Streulicht, und mit sieben verschiedenen Optiken. Verschiedene Optik bedeutet verschiedene Belichtungsdistanzen und Lichtstärken.

Von den damaligen Foto-Atelierhäusern der europäischen Großstädte sind nur zwei erhalten geblieben, das eine in Paris, das andere in der Nagymező-Straße, Großwiesenstraße, in Budapest. Eine Hauptattraktion dieser Ateliers, neben ihren optischen Möglichkeiten, war die künstliche Beleuchtung, das zweite Instrument der fotografischen Charakterisierung. Die sieben Studenten hatten das Examensbild in einem gleichmäßigen Streulicht herzustellen, mussten also im Namen der Meisterschaft auf diese Hauptattraktion verzichten. Streulicht ließ sich in einem solchen Atelier am besten dadurch herstellen, dass das nordwärts ausgerichtete Dachfenster und das nach der Straße gehende Atelierfenster mit cremefarbenen oder weißen Stoffbahnen oder Rollos verhängt wurden und also das direkte in ein indirektes Licht verwandelt wurde. Streulicht charakterisiert nicht. Direktes Licht hingegen schon, indem es die charakteristischen, eventuell unvorteilhaften Gesichtszüge heraushebt oder im Schatten verschwinden lässt. Man kann damit das Gesicht oder die Figur formen, strecken, verkürzen. Das Streulicht ist das Grundlicht des Ateliers, beziehungsweise dient es dazu, die tiefen Schatten aufzuhellen. Für den Fotografen ist Streulicht eigentlich auch in der freien Natur nicht viel wert. Es verströmt Langeweile. Auf Nadars Porträts bedeutet es Alltäglichkeit, in Stieglitz' Landschaften Zeitlosigkeit, aber nur dann bedeutet es irgendetwas, wenn es bewusst eingesetzt wird. Stark gestreutes Licht lenkt die Fotografie in Richtung der Abstraktion. Der radikal veristische Fotokünstler, der alte Ernő Vadas, bei dem wir Stunden hatten, aber nicht er kam zu uns, sondern wir mussten zu ihm gehen, fasste seine Abneigung gegen die abstrakte Fotografie in einem kernigen Satz zusammen. Wenn das Wetter so bewölkt und das Licht so stark gestreut ist, gehen Sie nach Hause vögeln und fotografieren Sie nicht. Die Mädchen schnappten nach Luft, aber Herr Professor, sie waren empört oder taten so. Er ließ sich aber von seiner Wortwahl nicht abbringen und blieb dabei ernst und streng.

Und Sie, schnauzte er die Mädchen an, warum wissen Sie eigentlich, was das Wort bedeutet, Sie haben noch jungfräulich zu sein.

Das Streulicht beraubt den Fotografen seines einfachsten Instruments, er hat nichts mehr, um die Dinge herauszuheben oder zu verdecken. In der Fotografie geht es schließlich nur um Lichtzeichnung, um die zeichnerische Fähigkeit des Lichts, ums Verhältnis von Licht und Schatten, selbst dann, wenn man auf Charakterisierung oder auf andere, wesentlich bildnerische Effekte verzichtet.

Die Lehrlinge mussten die Fotos auf einem mattbraunen dünnen Papier auf ein gegebenes Maß vergrößern, das Papier galt damals als ein absolutes Novum, da auf ihm das Porträt, das Dokument, die Skizze ohne jegliche Repräsentationsabsicht daherkommt. Schwierigere Bedingungen für die Charakterzeichnung des Modells gibt es kaum. Ohne Beleuchtungseffekte erhält die Einstellung eine wichtigere Rolle als der Charakter, die Distanz und die Position des Körpers haben mehr Bedeutung als die Person des Modells. Ein Foto beantwortet die abstrakte Frage, wie ich einen Gegenstand sehe, oder die konkrete Frage, wie der Gegenstand an und für sich ist. Auf diesen Fotos sind sieben Versionen der Jugendschönheit meiner Tante Özsi zu sehen, und auf sämtlichen erscheint diese Schönheit bescheiden. Obendrein zeigen zwei eine Perspektive auf den Körper, wie sie mit den damaligen Schönheitsbegriffen kaum zu vereinbaren war. Auf dem einen ragt Özsis feingliedriger Körper in einem gestreiften Baumwollkleid über den Betrachter in die Höhe, die kubistischen Buckel und Brüche des Baumwollstoffs füllen fast die ganze Bildfläche aus, mit einer Kraft, als wollten sie die Person aus dem Bild verdrängen, auf dem anderen wird der schlanke Körper hinter dem weichen Stoff scharfkantig und steht in starker Gegenposition zum Kopf, das Profil ist das eines Sperbers; bestimmt spielt dabei auch ihre Beziehung zu den Fotografen eine Rolle, aber diese kraftvollen Aspekte meiner Tante kenne ich auch aus eigener Erfahrung, bei den speziellen Einstellungen treten sozusagen ihre verborgeneren Eigenschaften hervor. Charakteristisch für sie war ein herrschaftliches Selbstbewusstsein, das aber nie etwas Demonstratives hatte. Sie ließ sich nie auf Diskussionen ein, sondern wartete ab, bis man erschöpft war und nicht mehr weiterwusste. Dann kam sie mit ihrer eigenen Entscheidung, die vor dem Hintergrund ihres Schweigens eher wie ein bescheidener Vorschlag wirkte.

Ihre Entscheidungen beruhten nicht so sehr auf Vernunftgründen, auch nicht auf Emotionen, sondern eher auf ihrem Formgefühl. Sie begründete sie auch nie.

Es gibt ein Foto von ihr, das die regelmäßige, feine Kühle, den nie lächelnden Ernst ihres Gesichts und die hinreißende Sinnlichkeit ihres Körpers wie zwei gegensätzliche Seiten ihres Wesens zeigt. Dieses Foto hängt neben ein paar anderen aus fotografischer Sicht herausragenden Familienbildern seit vielen Jahrzehnten an der Wand unseres Schlafzimmers in Gombosszeg. Özsi ist uns zugewandt, aber mit ihren stark ausgeformten riesigen Augen blickt sie anderswohin, in die Ferne, unterhalb des Bildhorizonts. Ihr Blick ist traurig, spiegelt auch Lebensangst. Auch später war sie noch so, eine geheimnisvolle Frau, eine feine, nie lächelnde Schönheit, wenn auch ohne jegliche Spiritualität. Bei ihr hatte alles Bodenhaftung, war mit erdbezogenen Formen verbunden, offensichtlich hat nie jemand die Seile ihres Ballons gekappt, aber auch dem Irdischen maß sie augenscheinlich keine allzu große Bedeutung bei, auch dem Besitz nicht, höchstens für die ästhetischen Aspekte des irdischen Daseins hatte sie Aufmerksamkeit. Auf dem Foto trägt sie ein raffiniert geschnittenes, ärmelloses, schulterfreies Prinzesskleid aus matt heller Seide mit dunklem Passepoil-Besatz und einer nachlässig über die Schulter geworfenen Nerzstola. Um ihren Hals an einer kaum sichtbaren Goldkette ein pflaumengroßes Medaillon, ein antike Kamee, an den makellos geformten Armen je zwei feine Perlenschnüre, die durch einen goldenen Armreif schlüpfen. Die eine Hand ruht weich auf ihrem Schoß, zwischen zwei Fingern hält sie etwas, vielleicht einen geschlossenen Fächer oder ein hauchzartes Täschchen. Mit der anderen Hand hält sie den Pelz an der Schulter fest, als fürchte sie, er könnte abrutschen, und so sind ihre beiden nackten Arme eigentlich gekreuzt, ihr Haar verliert sich im gleichmäßigen Dunkel des Hintergrunds.

Sie sei neugierig, gelehrig und naiv gewesen, schreibt Margit Gráber von sich selbst, die Eltern hätten sie für das Berufsleben ausersehen und sie an der Hochschule für Kunstgewerbe eingeschrieben. Zwei Jahre studierte auch meine Tante Özsi dort. Gráber war zwei Jahre älter als sie. Erstmals wurden auch Frauen aufgenommen, was die männlichen Kommilitonen nicht gerade zu Freudentänzen veranlasste. Eingehend setzten sie den Fräuleins auseinander, dass ihre Bemühungen vergeblich seien, nur Männer seien fähig, wahre Kunst hervorzubringen. Das war damals die Auffassung. Nicht nur akzeptierten die Mädchen das nicht, sie lachten die armen Jungen auch noch aus. Als es nach Krieg auszusehen begann, griffen sie auf ihren im Galilei-Kreis erworbenen Pazifismus zurück und hofften, dass sich die organisierten Arbeiter Deutschlands nicht würden hineinreiten lassen. Und als das europäische Kriegs-Volksfest, die Mobilmachung, dann ausbrach, hätten sie alle gewusst, schreibt Gráber, dass ihre glückliche Welt zu Ende war. Grábers Bruder wurde am ersten Kriegstag als Festungsartillerist eingezogen und leistete bis zum letzten Tag Dienst an der dalmatischen Küste. Gráber, von den Freundinnen Médi, Mädel, genannt, hatte an der Hochschule Glasmalerei gelernt, und als der Werkstattleiter ebenfalls einrücken musste, war sie es, die für öffentliche Gebäude und Treppenhäuser Glastafeln entwarf und diese mit Burgfräulein und Rittern bemalte, bis sie in einer Ausstellung ein aufsehenerregendes Werk Béla Iványi Grünwalds sah. Sie schrieb sich sogleich an seiner Schule ein. Er sollte ihr Meister werden. Im Sommer folgte sie ihm in die Künstlerkolonie von Kecskemét. Als sie mit ihrem Bündel dort eingetroffen sei, habe der Meister mit Csaba Perlrott auf der besonnten Treppe des Gebäudes gesessen, auch jetzt in einem leichten, eleganten Anzug, aber ohne Schuhe. So etwas hatte die kleine Médi in ihrem Leben noch nie gesehen. Man zeigte sich nicht in mangelhafter Aufmachung. In der besseren Gesellschaft nicht einmal in der Familie. Die zwei perfekt mit Leinenanzug, Weste und Krawatte ausstaffierten barfüßigen

Männer warfen Münzen in die Luft, sie fuchsten, um es genau zu sagen. Diese Nonchalance hatte bestimmt eine stark erotische Ausstrahlung. Margit Gráber und der um einiges ältere Csaba Vilmos Perlrott wurden bald ein Paar, und dazu hätten sie sich, wie Médi später verschämt erzählte, in der Morgenröte ihrer Liebe auch keine elterliche oder offizielle Bewilligung geholt.

Meine Großmutter folgte stumm der grausigen Entschlossenheit meines Großvaters, ihre ausnehmend schöne gemeinsame Tochter diesem László Mándoki, diesem hergelaufenen Militärarzt, nicht zur Frau zu geben, nein, das nicht. Sie folgte ihm darin ergeben und opportunistisch und erregte damit den Unwillen ihrer Töchter. Warum widersteht unsere Mutter nicht, warum kann sie sich nicht wenigstens einmal auf die Hinterbeine stellen. Manchmal allerdings gelang es meiner Großmutter, mit stiller Diplomatie zu verhindern, dass bestimmte rigide Entscheidungen meines Großvaters in die Katastrophe führten, es gelang ihr, seinen Wahnwitz gewissermaßen zu humanisieren. Und da wussten die geplagten Eltern noch nicht, was ihre andere Tochter, die destruktive und renitente Magda, im Schilde führte. Ihretwegen würden sie sich mit einem noch größeren Schaumschläger, einem stellenlosen, verwundeten, lungenschwachen kleinen Französischübersetzer oder Journalisten, oder was immer der war, als Brautbewerber konfrontiert sehen. Der große Familienskandal braute sich zusammen. Magda kannte Aranyossi seit rund anderthalb Monaten, sie schrieben sich Briefe, was die beiden Mädchen unter einander natürlich besprachen. Aus einer Andeutung wird ersichtlich, das Özsi den im Hinterland Dienst leistenden Mándoki die erfreuliche Tatsache mitteilte, dass sich sein Freund heftig in ihre jüngere Schwester verliebt habe.

Özsi war kühl, zurückhaltend, Magda leidenschaftlich, eigensinnig, laut, fröhlich, ungezügelt.

Seit dem Ausbruch des Kriegs habe er eine Methode, schrieb Mándoki in diesem Brief an seinen Freund aus dem Galilei-Kreis, sie sei ihm noch in Galizien oben eingefallen, während des blutigen Elends beim ersten Rückzug. Die Methode bestehe, wenn man wolle, besser, wenn man sie durchhalte, darin, die Dinge der sichtbaren Welt, die Bäume, die Büsche, ja, die ausgebrannten Hütten und verwesenden Tierkadaver für sich so zu gruppieren, dass sie eine Art Harmonie ergeben. Die Methode habe ihm in den Zeiten des Hungers und des Dursts geholfen. Bestimmt hätte sie noch besser funktioniert, wäre nicht alles noch schrecklicher gewesen. Kurz und gut, das solle nicht einfach auf die Erklärung hinauslaufen, warum er seinem Freund nicht geschrieben habe, sondern er wolle sagen, dass er seither für nichts mehr Energie habe. Er sei leer. Er schließe sich in seinem Zimmer ein, er gehe in Deckung, wie man an der Front sage, in den Graben, in den Unterstand und lebe sein eingepupptes Leben. Als Puppe könne man kein produktiver Mensch sein, das sei nur natürlich. Für die Aufarbeitung der schrecklichen Ereignisse brauche es mehr als die endlose Monotonie des kriegsversehrten Hinterlands.

Was seine alltäglichen Angelegenheiten und Umstände betreffe, wisse sein Freund sicher schon, dass ihn der Stabsarzt aus Mitleid mit seiner krankhaften Magerkeit krankgeschrieben habe, was ihm natürlich nicht helfen würde. Als Arzt habe er praktisch nichts zu tun, schon deswegen freue ihn die Krankschreibung. Er könne ohne Übertreibung sagen, dass er sich verzehre, die Wände hochklettere, fast den Verstand verliere. Er träume seinen arbeitsreichen Tagen in Budapest nach, als es wirklich eine Befreiung war, an einen schönen Ort hinauszufahren, natürlich nicht allein, schreibt er, womit er wieder auf Özsi oder vielleicht eine mondäne Damengesellschaft anspielt, mit der er und sein Freund ihre fröhliche Feiern abgehalten hatten. In den Winter- und Sommersemestern des Galilei-Kreises waren sie nicht nur Hörer, sondern auch Vortragende gewesen, zusammen mit Eduard Bernstein, Oszkár Jászi, Zsigmond Kunfi, Ervin Szabó und György Nádas.

Aus den damaligen Flugblättern geht hervor, dass György Nádas einen Vortrag über die Gesetzmäßigkeiten der Preisentwicklung hielt, László Mándoki über die Tendenz der Naturwissenschaften zu unbegründeten Verallgemeinerungen und Urteilen, Oszkár Jászi über die Kämpfe der Völker und den Frieden der Nationen, Eduard Bernstein über das Prinzip der Vermeidbarkeit der Kriege, Zsigmond Kunfi über den Zusammenhang zwischen Pazifismus und Sozialismus, Ervin Szabó über die internationale Verkehrsfreiheit als das Pfand eines dauerhaften Friedens, Pál Aranyossy (der sich damals noch aristokratisch so schrieb) über den französischen Sozialismus und Jean Jaurès. Seine geistige Untätigkeit sei eine Qual, schreibt Mándoki, in einem solchen Zustand würde er seine Kriegsversehrtheit nie loswerden. Er verbringe täglich vier bis fünf Stunden auf der Abteilung, tue es aber nur aus purer Höflichkeit, mit den Kranken habe er nichts zu tun, er plaudere mit den Kollegen. Er lese Dostojewskis letzten Roman, die *Brüder Karamasow*, und das seien seine wertvollsten Stunden. Halbe Nächte verbringe er mit dem Buch, könne es kaum weglegen, es sei ein schönes, großartiges Werk. Er bitte seinen Freund inständig, ihm seine neueste Anatole France-Übersetzung zu schicken. Unter Dostojewskis Wirkung beschäftige ihn die Frage, welchen tragischen Beiklang die gewöhnlichsten, einfachsten Begriffe im Leben eines Menschen annehmen können. Etwa der Gottesbegriff. Darüber hätten sie beide sehr wenig gesprochen. Er denke nicht oft daran, aber als ungelöstes Problem treibe ihn der Begriff um. Nicht als Frage, ob es Gott gibt. Seit er als Gymnasiast das Beten aufgegeben habe, beschäftige ihn die Frage der Existenz Gottes nicht mehr. Aber gerade da liege der Hund begraben. Auch wer glaube, glaube doch nicht so felsenfest, wie es die christliche Lehre verlangt. Sehr viele glauben an Gott, aber wenn sie wirklich an ihn glaubten, gäbe es keine Kriege. Die meisten Menschen sollten doch mit genügend Gewissen ausgestattet sein, um einzusehen, dass es eine Sünde ist zu glauben, ohne wirklich an etwas zu glauben. Aber für eine solche Einsicht braucht es Erschütterungen, die die ganze Menschheit in Bewegung versetzen, einen Krieg. Denn sonst reden sich die Menschen auf den Lebenskampf und ähnliche Gemeinplätze hinaus. Und wenn sie über etwas Ungewohntes stolpern, wagen sie nicht, sich ein bisschen anzustrengen und mit induktiver Logik die Dinge zu Ende zu denken, allgemeine Schlüsse zu ziehen, weil sie das Resultat nicht im Voraus sehen wollen. Und was tun die Ungläubigen, was tue ich, fragt er seinen Freund und sich selbst. Es gibt keinen Menschen, der in einer schrecklichen Situation nicht Gott anriefe. Und sei es auch nur einmal, in einem einzigen Augenblick der Erschütterung. Was aber solle der an wissenschaftliche Ordnung und logisches Denken gewöhnte Mensch tun, wenn er in solche banale kriegerische Umstände gerät. Blickt er um sich, kann er Gott als Organisationsprinzip nicht akzeptieren. Es wäre nicht nur unwissenschaftlich, sondern auch überflüssig. Und doch müsse man die Gemeinheit und Sklavenhaftigkeit der eigenen Seele anerkennen. Was kann man da tun, fragt er in dem Brief seinen Freund. Etwa die erschütternden Umstände gar nicht erst entstehen lassen, fragt er. Aber können wir darauf hoffen, fragt er, sind so viel Wille und Verstand möglich. Dann setzt er dem Grübeln mit einer energischen Wendung ein Ende, nennt seinen Freund wieder seinen lieben Alten und bittet ihn, so bald wie möglich zu schreiben, zu sagen, ob er etwas für ihn tun könne.

Das meint er sicher als Arzt, mit Blick auf den Gesundheitszustand seines Freundes. Er umarmt ihn, in Erwartung der Antwort.

Wo war da ihre Ergriffenheit aus der Zeit des Ersten Weltkriegs, ihre blasse Jugendhoffnung auf revolutionären Fortschritt. Solche Hoffnungen hatten in Le Vernet wohl kaum Platz. Aber wenn die kommunistische Bewegung in dieser misslichen Lage überhaupt noch zu etwas taugte, dann dazu, ihren Mitgliedern keine Schwäche, keine Entmutigung, keine Schwermut zu erlauben. Der kommunistischen Gruppe des Lagers gelang es, den Alltag zu organisieren und dem Leben der Gefangenen eine minimale Struktur zu geben. Zumindest in den Baracken, in denen die Kommunisten den Kriminellen gegenüber in der Mehrheit waren. Sie bildeten sogar eine hochgeheime militärische Gruppe, deren Anführer Dezső Jász war. Sie organisierten die Spionageabwehr, entlarvten oder überwachten heimlich die Spitzel, riefen einen Wachdienst ins Leben, knüpften Kontakte zu den Wächtern, die mit der Résistance zusammenarbeiteten, organisierten die geregelte und regelmäßige Ausbildung der Gefangenen, da sie die geistige Anregung als eine elementare Voraussetzung des Überlebens betrachteten. Ja, wieder einmal mussten sie sich mit dem Überleben beschäftigen, wieder einmal war ein selbständig geführtes Leben in ferne Zukunft gerückt.

Das Theaterstück wurde offenbar auch aufgeführt.

Darauf weisen in den vollgeschriebenen Heften Randbemerkungen in einer winzigen und eindeutig fremden Schrift hin, jemand hat stark kritische französische Anmerkungen notiert. Ändern. Voller. Ausführen. Neu schreiben. Ausführen. Ausführen. Es ist die Handschrift eines Profi-Regisseurs, der mit dem Autor die seines Erachtens nötigen Änderungen dann besprechen wird. Onkel Pali folgt den Vorschlägen sehr erfinderisch. Die gestrichenen und die eingeschobenen Textstellen sind dramaturgisch gleichwertig, die Einschübe verderben die Qualität nicht, sondern führen nuanciertere Gesichtspunkte und Anschauungen in den Text ein, auch wenn es überhaupt keine agitatorischen, auf die Bewegung bezogenen Gesichtspunkte sind. Die Einschübe schreibt Onkel Pali auf gleiche feinlinierte Heftseiten, die er mangels eines Klebstoffs mit den Rändern von Briefmarken an die entsprechenden Stellen klebt. So entsteht ein Leporello-Manuskript. Die Streichungen sind zuerst ziemlich unsicher, später zieht er sie mit kraftvolleren Linien nach, was ich völlig verstehe. Der Profi weiß in solchen Fällen, dass er, da hilft kein Weinen und kein Beten, streichen, das Ergebnis einer vielleicht mehrtägigen Arbeit zunichtemachen muss, und dabei weiß er noch nicht einmal, ob ihm eine bessere Variante gelingen wird.

Der Schauplatz des Dramas ist eine Baracke des Lagers Le Vernet, und so wie es der Autor beschreibt, hatten sie nicht nur gemalte Kulissen, sondern auch eine Art Vorhang. Mitten in einer Baracke stellte das Bühnenbild wohl dieselbe Baracke dar. Eine phänomenale inszenatorische Idee. Uns nicht mit der Nase auf die Wirklichkeit der Baracke stoßen, sondern sie malerisch darstellen und uns damit aus dem Ort herausholen, an dem wir uns gerade mitsamt unserem Gestank befinden. Eine barocke Idee, eine zutiefst französische Idee, hinter der die Grisaille-Malerei und die Trompe-l'œils Poussins stehen. Wir sind nicht in dieser Baracke, sondern in einer Baracke. Wir sind nicht in diesem Schloss, sondern in einem Schloss. Die Welt war zu diesem Zeitpunkt eine große Häftlingssiedlung, vom Atlantik bis zum Pazifik legte sich ein Netz von Lagern über sie. In diesem Lager gab es eine leerstehende Baracke, die Nummer 32, und offensichtlich hatte das Lagerkommando die Bewilligung erteilt, die Theatervorführung dort abzuhalten. Solange der Präfekt des Départements Ariège den allzu humanen Lagerkommandanten noch nicht wegbeordert hatte, wurden in der Baracke einmal wöchentlich sogar Filmvorführungen organisiert. Der Präfekt warf einen schweren, langen Schatten auf das Lager, es wurde ein Befreiungskrieg gegen ihn geführt, gegen den neuernannten Lagerkommandanten half ihnen der Kommandant der Lagerwache, Gaston Delache. Die kommunistische Widerstandsbewegung benutzte diese leere Baracke als Basis, als Sprungbrett für die Flucht, und möglicherweise halfen gegen ein Entgelt auch die Verbrecher mit. So wie sich Dezső Jász erinnert, gelang es ihnen, während eines einzigen Jahres mehr als dreißig Genossen zur Flucht zu verhelfen. Gaston Delache war Mitglied der *Armée secrète*, der geheimen Armee der Résistance, und auch unter den Wächtern war mehr als einer, der zum gegebenen Zeitpunkt nicht merkte, was er hätte merken sollen. In derselben Baracke hatten die Verbrecher ihr von einem anthropologischen Standpunkt höchst bemerkenswertes Nachtleben organisiert. Davon erfahren wir nur in den mit *Einbildungsroman* betitelten Memoiren Erwin Blumenfelds, die vom galligen Stil Thomas Theodor Heines und George Grosz' inspiriert sind. Die französische Verwaltung hatte aus irgendeinem Grund auch ihn des Privilegs teilhaftig werden lassen, die Baracke mit Schwerverbrechern zu teilen, die durch sämtliche Gefängnisse Frankreichs gegangen waren. Wenn überhaupt möglich, war Blumenfeld in noch ungnädigere Umstände geraten als Bruno Frei und dessen italienischer Genosse, der zerfurchte, bebrillte Mario, der auch in Koestlers Memoiren eine Rolle spielt. In dieser Baracke 31 der Sektion C organisierte der «Prinz von Andorra» die Dinge persönlich. Das sonnengebräunte Gesicht des Prinzen war von schlecht verheilten Narben übersät, eines seiner Augen fehlte, es war ihm bestimmt in einem Lager, vielleicht auf der Teufelsinsel vor Guyana, ausgeschlagen worden. Dieser Dandy ohne Furcht und Gnade, wie ihn Blumenfeld charakterisiert, trug ein schwarzes Monokel und verhüllte zwecks Schonung seiner Mitmenschen sein Gesicht mit einem schiefsitzenden Panama. Sein weißes Tennishemd hingegen stand bis zum Bauchnabel offen, die Hemdschöße über der Taille zusammengeknotet, damit man die auf seine Brust tätowierte Krone sehen konnte. Er trug nie zweimal hintereinander die gleiche Hose. Wandelte in hochhackigen spitzen Lackschuhen und klopfte sich mit einer Reitpeitsche auf den Unterschenkel oder auch wahllos auf die Menschen um ihn herum. Als Erwin Blumenfeld zusammen mit weiteren deutschen Gefangenen hier eintraf, lebten die Verbrecher seit einem Jahr in dieser Baracke. Nach ihren eigenen Gesetzen, schön gemütlich. Das Wachpersonal hatte gute Gründe, die Verbrecher auf ihre eigene Art leben zu lassen, es entsprach auch mehr oder weniger den Prinzipien der Institutionen, die den Lagern vorstanden. Als sich die eben eingetroffenen deutschen Gefangenen irgendwie zu orientieren versuchten, antworteten diese spanischen und französischen Kriminellen auf keine ihrer Fragen. Sie verachteten die Deutschen. Das Lagerkommando versuchte die Verbrecher im Zaum zu halten, indem es ihnen gestattete, sich mitsamt ihrem Rassismus breitzumachen und die Oberhand zu gewinnen, es schloss die Augen vor dem Schwarzhandel, den die verschiedenen Verbrecherorganisationen mit dem Aufsichtspersonal trieben, aber es versuchte sie doch auch zu spalten, indem es fremde Elemente, Kommunisten, zwischen sie einstreute.

An einem der ersten Tage von Blumenfelds Aufenthalt im Lager fehlte beim Morgenappell ein junger Spanier.

Es hieß, er habe sich aus Liebeskummer wegen des Prinzen erhängt, und tatsächlich fand man ihn auch gleich in der Baracke. Die prominenteren Häftlinge in Baracke 31 hielten sich sorgfältig rasierte junge Liebhaber. Kaum aber hatten sie den jungen Mann abgeschnitten, wurde der Strick zum Gegenstand eines lebhaften Handels. Der Strick eines Erhängten bringt Glück, und so war die Nachfrage um einiges größer als das Angebot. Die Leute des Prinzen schnitten den Strick in Stückchen und verkauften sie, die glücklichen Käufer trugen sie als Talisman über dem Herzen. Laut Blumenfeld ließ sich der Prinz von Andorra durch nichts aus der Ruhe bringen. Auch nicht, als etwas später ein wegen seiner Magerkeit El Greco genannter weiterer spanischer Liebhaber von ihm beim Morgenappell plötzlich aus dem Glied vortrat, sich vor aller Augen mit einem Küchenmesser den Bauch aufschlitzte, um dann nach den herkömmlichen Regeln des Seppuku ins Messer zu sinken. Nachdem er vor aller Augen den Geist ausgehaucht hatte, wurde seine Leiche von der Lageraufsicht weggeschafft. Der Prinz von Andorra nahm von alledem anscheinend keine Kenntnis. Kaum war der Morgenappell vorbei, habe er sich auf seinen im Gras aufgestellten Liegestuhl gelegt, um seiner Gewohnheit gemäß ein Sonnenbad zu nehmen, während ihm seine Unterleibeigenen, wie Blumenfeld schreibt, manipediküren. Auf seine peinliche, angestrengt scherzhafte Art fügt Blumenfeld hinzu, er habe in seinem Gepäck eine Nummer von *Harper's Bazaar* mitgehabt, in der Fotografien von ihm publiziert waren, worauf er so stolz gewesen sei, dass er die Nummer mitgebracht habe, um immer wieder darin zu blättern. Dieses ihm so teure Magazin habe er dem Prinzen von Andorra geschickt, um auf irgendeine Art einen Kontakt zu ihm herzustellen. Seine journalistische Neugier sei da am Werk gewesen, schreibt er, aber mir scheint eher, dass er sich gern einen kleinen Vorteil verschafft hätte. Noch am Nachmittag desselben Tags wurde er zur Audienz bestellt, wurde aber nicht zum Prinzen persönlich vorgelassen; dessen Flügeladjutant wies ihn an, das kostbare Magazinexemplar für den Prinzen zu signieren. Er erhalte dafür ständigen Zutritt zum Kasino. Blumenfeld dachte an einen schlechten Scherz. Doch am Abend wurde er in der leeren Baracke 32 eingeführt, und da stellte sich heraus, dass die Sache wörtlich zu verstehen war. Das ihm bis dahin verborgene Leben des Lagers tat sich vor ihm auf. Der prinzliche Kämmerer, der über den Adjutanten stand, besaß Nachschlüssel zu sämtlichen Baracken des Lagers, und die des Spielprivilegs teilhaftigen Gewohnheitsverbrecher wurden durch die Drähte der drei Sektionen des Lagers hindurch in die leere Baracke gelotst, wo um große Einsätze gewürfelt und Baccarat und Chemin-de-fer gespielt wurde. Die Verbrecher wussten, wie man über die mit Hochspannung verstärkten Stacheldrahtzäune kam, um nach Tarbes ins Puff zu gehen, sogar gruppenweise, oder um für die nächtlichen Orgien Nutten hereinzuholen, oder um Kokain, Seidenunterwäsche, Zigaretten, Pâté de foie gras, erlesene Weine und Liköre zu beschaffen und daneben für gutes Geld die Briefe der Kommunisten am Lagerzensor vorbei rein- und rauszuschmuggeln, sie wussten auch, wie man jemanden wegen genau dieser Vergehen auf einträgliche Art denunzierte.

Das Stück meines Onkels hat sechs Personen. Rodrigues, der Protagonist, ist laut Programmzettel ein stark mitgenommener, aber sehr energischer Mann um die fünfundvierzig. Sein namenloser Schachpartner ist ein fröhlicher, lebhafter Mann unbestimmten Alters, etwas zerstreut, aber von geradem Charakter. Mein Onkel hat sich da selbst beschrieben, wie mir scheint. Dann ist da eine Art

Kiebitz, der sich nicht von der Seite der Schachspieler rührt, ein Schönling von vierzig Jahren, ein gutgenährter stiller Mann, der es nicht aushält ohne andere, aber auch kaum ein Wässerchen trübt. Der vierte ist Sanchez, einer der Typen, die sich immer jemandem anhängen müssen, der ewige Vermittler, der überall mitmischt, ewig den Dreck aufrührt, auch er um die vierzig. Der fünfte ist Juan, auch wenn er eigentlich die zweitwichtigste Person ist, jünger als die anderen, obwohl er älter aussieht, nicht zuletzt wegen seiner stark sonnengebräunten Haut. Man könnte sagen, dass er schön ist, schreibt der Autor. Auf Ungarisch würde man das verschämter ausdrücken, ich müsste es mit gutaussehend übersetzen, aber hier lasse ich schön stehen. Wenn ein Mann schön ist, soll er eben schön sein. Auch wenn sein Gesicht eine Verkrampftheit zeigt, eine Gehetztheit, von den schrecklichen Ereignissen, die ihn gebrochen haben und ihn nie mehr verlassen werden. Zuletzt ein namenloser andalusischer Bauer mit Gitarre, er wird die Vorstellung mit Liedern begleiten. Der Autor beschreibt ihn als etwas älter als die anderen, um die fünfzig, an seiner Kleidung ist das ganze Elend der Flucht erkennbar, halb Soldat, halb doch eher Lastträger, der bei den republikanischen Marschkolonnen als Pferdepfleger diente. Er bringt für sich einen Hocker mit, und wenn er gerade nicht an der Gitarre zupft und singt, schnitzt er an einem großen Suppenknochen, den er aus einem Kessel gefischt hat. Der Gitarrist tritt auf Seite 14 des Manuskripts zum ersten Mal auf, aber der Regisseur verlangt in einer kurzen Anweisung, der Autor solle ihn einiges später einführen. Anscheinend einigen sie sich darauf, ihn in der vorletzten Szene auftreten zu lassen, doch dann verwerfen sie diese Lösung, wobei sie auch die Liedertexte umschreiben und neu arrangieren, und so kann es doch sein, dass der andalusische Lastträger schon in der dritten Szene auftrat und die Vorstellung durch sang.

Inhaltlich geht es um ein äußerst heikles Eifersuchtsdrama. Ich glaube nicht, dass dahinter eine allgemein bekannte Lagergeschichte steht, da hätten sie ja jemanden unter ihren Gefährten mehrfach abstempeln müssen. Es ist eine treffend gewählte Eifersuchtsgeschichte, wie sie jeden Mann ohne Ausnahme berührt.

Sanchez teilt Rodrigues mit, im Lager sei ein neuer spanischer Häftling eingetroffen und wolle ihn sprechen. Nach einigem Hin und Her stellt sich heraus, dass der Neuankömmling Juan ist, früher Rodrigues' bester Freund, der ihm aber die Frau ausgespannt hat. Da verwandelt sich der bis dahin gemütlich schachspielende Rodrigues in ein wildes Tier. Er will schon Sanchez beiseitewischen, um Juan zu töten, zu erwürgen, niederzumähen, aber Juan ist einer Baracke der entferntesten Sektion des Lagers zugeteilt worden. Die Verbrecher oder die Mitglieder des kommunistischen Widerstands können zwar über die Sperren hinweg in die anderen Sektionen gelangen, aber das ist doch immerhin ein riskantes Manöver, das gründlich vorbereitet sein will. Einfach loslaufen geht nicht. Auch Morden geht nicht einfach so. Das Stück droht schon in dieser ersten aufgewühlten Szene zum Operettenlibretto zu werden, aber mein Onkel folgt der französischen Dramentradition so getreulich, dass er nicht in diese erste dramaturgische Falle tappt. Er beginnt mit dem Unterschied der Charaktere zu operieren. Setzt die Szene gewissermaßen aus, um die Charaktere zu entwickeln. Im hereinbrechenden Chaos der Gefühle stimmt er die Monologe und Dialoge auf die musikalisch aufgebaute klassische Ordnung ein. Ganz offensichtlich wünschen Corneille und Racine gemeinsam Hals- und Beinbruch für die Vorstellung. Auch die großen Vorgänger bauten auf das Harmoniebedürfnis der Zuschauer. Und damit auch auf die disharmonische Natur der Welt, à la Lully, der die Zeit bis zum schrecklichen Finale in gleichmäßige, regelgemäße Rhythmen auflöst, wobei er die Spannung nicht nur hält, sondern sie steigert und den Hörer mitnimmt, mitstrudelt. Es kann sogar sein, dass dieser Juan, der einstige beste Freund, in der Zwischenzeit zum Verräter an der republikanischen Sache geworden ist. Es kann auch sein, dass der hinterhältige, allzu bewegliche Sanchez, Diener aller

Herren, ein Spitzel der Wachmannschaft ist und deshalb Juan um jeden Preis aus der anderen Sektion des Lagers herüberretten will. Und es kann sogar sein, dass die geliebte Frau in der Hoffnung auf Familienglück die Republikaner ebenfalls verraten hat und inzwischen nicht nur die Geliebte seines besten Freundes, sondern auch Falangistin geworden ist. Ganz offensichtlich denkt mein Onkel dabei an den Versuch seiner Frau, die Bewegung wegen einer Gärtnerei zu verraten, und seine noch aus der Friedenszeit stammende Gehörntheit, die Liebesrache meiner Tante, ist in seinem Bewusstsein offenbar ebenfalls am Werk.

Kaum aber geraten wir auf dieses gefährliche, schwer paranoide Terrain des männlichen Denkens, dreht mein Onkel noch einmal an der dramaturgischen Schraube. Juan betritt ohne jegliche Voranmeldung die Baracke.

Die einstigen Freunde stehen sich nun frontal gegenüber. Ein solches Aufeinandertreffen nimmt die Seele eines jeden Mannes stark mit, erschüttert seinen Körper, besetzt ihn in jeder Zelle.

Mein Gott, was wird es hier geben.

Mord, das ist klar.

Nach dem Krieg gab es aus der Feder bedeutender Autoren über Le Vernet eine reiche Memoirenliteratur, hingegen wurde es von der wissenschaftlichen Literatur kaum berücksichtigt, denn dann hätte die bürgerliche Geschichtsschreibung ein neues Kapitel beginnen müssen. An den Aufzeichnungen meines Onkels ist interessant, dass er, wenn er ungarisch schreibt, den Begriff Internierungslager verwendet, auf Französisch hingegen Konzentrationslager. Auf Französisch folgt er wohl unwillkürlich dem damaligen Sprachgebrauch, und der beruhte auf der Terminologie der deutschen Besatzungsmacht, später wird der Begriff in der Fachliteratur korrigiert und effektiv zu Internierungslager, während das Wort Konzentrationslager nur für die deutschen Lager verwendet wird. Die Geschichte des Internierungslagers Le Vernet geht aber auf viel früher, auf die Zeit der Kolonialkriege, zurück. Diese frühere

Geschichte hat sich in keiner vergleichbar reichhaltigen Memoirenliteratur niedergeschlagen, auch in keiner historischen, ich jedenfalls habe keine Spur davon gefunden. Man weiß so viel, dass die französische Armee im letzten Jahrzehnt des 19. Jahrhunderts die aufgelassene Ziegelei für die Unterbringung ihrer senegalesischen Einheit verwendete. Bestimmten Quellen zufolge hatten noch früher farbige Kollaborateure in den ziegelgedeckten Unterständen gewohnt, diese armen Seelen wären in ihren Ländern bestimmt umgebracht worden, hätte die französische Administration sie nicht aus der Kolonie herausgeholt. In den Sommerwochen nach dem Ausbruch des Ersten Weltkriegs wurden österreichische Staatsbürger (bestimmt auch ungarische) hier interniert, etwas später dann die aus der Monarchie stammenden Kriegsgefangenen (bestimmt auch unter diesen viele Ungarn). Nachdem zu Beginn der zwanziger Jahre die letzten Gefangenen entlassen worden waren, wurde das Lager in ein Depot für Kriegsmaterial umfunktioniert.

Ich brach gegen Mittag aus Toulouse auf, es war Dienstag, warm, der berühmte Wind stürmte am Stadtrand über Gräser und Häuser hinweg, der vent d'autan, mit anderem Namen vent du midi, der Südwind, der unter dem stark verhängten Himmel heftig weht, an den Wänden zerrt und rüttelt, nicht loslässt, den Wahn der Wüste mit sich bringt, und wenn er aufhört, haben wir innerhalb von fünf Minuten den Regen am Hals. So lautete die alte Weise vom Wind, ich zumindest übersetze sie ohne Versfüße so. Aber es regnete nicht, da war nur dieser unbarmherzig trockene afrikanische Wind. Die Bahnwagen voller Mittelschüler. Mir gegenüber saß ein arabisches Mädchen mit markantem Gesicht, sie studierte eine Schularbeit. Ihr Gesicht wurde immer sorgenvoller, offenbar verstand sie etwas nicht. Ihre ausgeprägten Gesichtszüge wurden beinahe tragisch. Unvermittelt packte sie ihre Schulpapiere weg, nein, damit mag sie sich nicht mehr abgeben. Sie kramte ihren kleinen runden CD-Player hervor, drückte sich die Hörer ins Ohr und verwandelte sich. Sie begann zu strahlen. Kurz darauf warf sie mir einen provokanten Blick zu, einen bezauberten und bezaubernden, womit sie mich natürlich überraschte. Es war klar, dass ihr Blick nicht dem alten Mann galt. Mit ihrem prallen, starken Körper sprach sie nicht mich an. Und als sie es sehr verlegen selbst bemerkte, schraubte sie die Flamme zurück, womit noch klarer wurde, dass es nur eine Übertragung gewesen war.

Ihr Strahlen galt den Erinnerungen, mit denen die immer wieder gehörte Musik verknüpft war.

Die Musik beschwor die Person herauf, mit der sie verbunden war.

Ich blickte zum Fenster hinaus, wie jemand, der jedes einzelne Element der Landschaft seinem grauen Gedächtnis einschreiben will. Um nicht zu vergessen, dass, tatsächlich, dies die Landschaft gewesen war. In jedem Fall war es die Nebenlinie, auf der zwischen Juni 1943 und Juli 1944 die sechs Transporte fuhren, die dann nach langer Reise in Dachau und Mauthausen oder Ravensbrück endeten. Die Transporte wurden von Le Vernet d'Ariège zuerst nach Bordeaux geführt, in die entweihte Synagoge, oder nach Toulouse, in die blassrote Caffarelli-Ziegelfestung. Der letzte Transport, der später in der Fachliteratur Geisterzug genannt wurde, ging mit nahezu hundert Rinderwaggons ebenfalls von hier ab und sollte drei Tage später in Dachau ankommen. In Angoulême wurde der Zug durch eine gesprengte Brücke aufgehalten und nach Bordeaux zurückdirigiert, wo die Gefangenen die nächtliche Bombardierung des Frachtbahnhofs in den Waggons eingesperrt überstanden, sofern sie sie überstanden. Mehrere Waggons erhielten Treffer, einer verbrannte mitsamt seiner Insassen. Bei allen folgenden Bombardierungen blieben die Gefangenen in den Waggons eingesperrt. Die Alliierten bombardierten mit Vorliebe die Brückenköpfe, die Bahnhöfe beschossen sie aus dem Tiefflug, die Maquisards sprengten mit Vorliebe die Gleise, bataille du rail hieß das, Schlacht um die Verkehrswege, was die Gefangenentransporte zu mehrtägigen Aufenthalten zwang.

Mangels Fahrtwind fehlte den Gefangenen in den Waggons die Luft.

Manchmal gelang es ihnen, mit weißen Taschentüchern und hellen Kleidungsstücken den im Tiefflug angreifenden alliierten Flugzeugen ein Signal zu geben. Es bestand auch Hoffnung, von den Maquisards befreit zu werden. Wie sich später herausstellte, hatte es tatsächlich solche Versuche gegeben, aber alle schlugen fehl. Am Morgen wurden die Gefangenen in die Synagoge getrieben, wo weitere Transporte aus den Lagern der Umgebung eintrafen, aus der Festung Hâ, aus dem Lager Souge, wo am Vortag fünfzig Gefangene wegen Fluchtversuchs hingerichtet worden waren. Die Gefangenen wurden wieder einwaggoniert, ihre Zahl war auf 700 gestiegen, davon 62 Frauen. Sie litten an Hunger und Durst in diesem letzten und heißesten Sommer des Kriegs. Ihre Bedürfnisse konnten sie nirgends verrichten. Die Toten und die Wahnsinnigen wurden manchmal tagelang nicht entfernt. Urin und Exkremente auch nicht. Zuweilen durften sie für ein paar Minuten aus den Waggons aussteigen, die oft in der sengenden Sonne auf einem Nebengleis standen, wenn den Transporten der Wehrmacht die Vorfahrt gegeben wurde.

Oder das französische Bahnpersonal sabotierte die Weiterfahrt des Zugs in der Hoffnung, er würde von den näher kommenden Alliierten befreit, bevor ihn die deutsche Gendarmerie über die Grenze brachte, was mit einer Reihe von Sabotageakten auch fast gelang.

Der Zug war am 3. Juli vom Hauptbahnhof Toulouse-Matabiau abgefahren, am 17. August war er noch immer durchs Rhônetal unterwegs, wo es dann bei Roquemaure wegen der gesprengten Gleise nicht mehr weiterging. Wieder wurden die Gefangenen aus den Waggons getrieben und gezwungen, ins siebzehn Kilometer entfernte Sourgues zu marschieren. Hier endlich gelang 34 Gefangenen mit Hilfe des Bahnpersonals die Flucht. Die anderen wurden erneut einwaggoniert. Die Reise dauerte volle acht Wochen.

563 Gefangene kamen lebend in Dachau an, die Frauen wurden gleich nach Ravensbrück weitertransportiert.

176 der Passagiere des train fantôme erlebten die Befreiung.

Schon am Mittag in Toulouse, unterwegs zum Bahnhof Matabiau, hatte es einen solchen verirrten Blick gegeben, da war ich es, der beim Warten auf den Bus den Blick schweifen ließ. Das Leben ist voller emotionaler und erotischer Lichtblitze, in der Literatur hat Konstantinos Kavafis das Phänomen zum ersten Mal beschrieben. Als rufe aus dem Instinktleben ein Versprechen der Ewigkeit. Es kann sich immer alles ereignen, und in den Eingeweiden, im Blick ereignet es sich auch. Der Mensch ist ein Lebewesen, das fortwährend alle anderen mustern muss, seine Promiskuität kennt keine Grenzen, er hat keine geschlechtlichen Hemmungen, seine Aufmerksamkeit ist animalisch. Er merkt selbst nicht, wie er alle eliminiert, die nicht in Frage kommen, die Hässlichen, die Alten, die Schwachen, die Kranken. In solchen Fällen wird die angeborene Unhöflichkeit des Menschen evident. Und ebenso regelmäßig kehrt sein Blick zurück zu allen denen, die seinen animalischen Bedürfnissen entsprechen oder die er als mögliche Schicksalsgenossen einschätzt, wobei er auch gleich entscheidet, wer und wie. Wem muss man sofort und hemmungslos die Faust in die Visage drücken, wen verjagen oder auch beseitigen. Eine junge, augenscheinlich leidgeprüfte Araberin mit zähem Körper wartete im trockenen, starken Südwind an der menschenleeren Haltestelle unter freiem Himmel. Meine Aufmerksamkeit bestätigte mir, dass mein Anspruch berechtigt war, dann ließ sie ihren Gegenstand ebenso unerwartet und unverständlich wieder fallen. Es war auch klar, dass nicht ich das war, besser, nicht mein bewusst kontrolliertes Ich, und es war klar, dass die physische Anziehung sogleich von gesellschaftlich bedingter Ablehnung begleitet wurde. Beide Affekte funktionieren automatisch. Später kam ein Weißer dazu, gepflegt, dicklich, um die vierzig, ein dezenter Herr, der wohl in einer der Villen der Gegend wohnte, er wünschte mir einen guten

Tag, der augenscheinlich leidgeprüften Araberin wünschte er nichts, womit er auf der animalischen Ebene unsere abstammungsmäßige Zusammengehörigkeit bestätigte, Weiß gehört zu Weiß, was wir ohne die Anwesenheit der arabischen Frau füreinander überhaupt nicht gefühlt hätten, abgesehen davon, dass ich blutsmäßig einem Araber viel näher stehen müsste als einem solchen wahrscheinlich mit Okzitanischem, Provenzalischem, Angelsächsischem vermischten dicklichen Franken, der sich setzte und sich in Dokumente und Landkartenentwürfe vertiefte, die er aus seiner Aktentasche geholt hatte, wobei er wohl an etwas ganz anderes dachte. Vielleicht an seine missmutige Frau, an ihre wieder einmal peinliche Nacht. Er mochte ein Kaufmann sein, ein Immobilienmakler, Landvermesser, beglaubigter Buchhalter oder was weiß ich. Dann gesellte sich noch ein gertenschlanker Araber zu uns, kaum etwas älter als die Leidgeprüfte, der Bus kam noch immer nicht. Ich spazierte ungeduldig hin und her, machte eine plötzliche Wendung, da bemerkte ich unwillkürlich, dass den beiden ein paar Sekunden genügt hatten, und schon hatten sich ihre Blicke ineinander verkeilt, schon hielten sie einander mit roher Kraft fest, mein Gott, gingen die weit.

Der arabische Mann hatte mich also rasch und ungehindert von meinem im Prinzip rechtmäßigen Platz verdrängt. Oder die arabische Frau hatte ihn rasch an meinen Platz gelassen.

Mit meinem unbedachten Blick überraschte und störte ich sie, als hätte ich mit meinem unausgesetzt skandalösen Instinktleben mich absichtlich zwischen sie gestellt.

Als verziehen sie sich selbst nicht, dass ich sie zusammen gesehen hatte.

In einem einzigen Augenblick war dieser Wirrwarr entstanden, unter Fremden. In einem einzigen Augenblick hatte ich ihr kurzes kleines Glück zerstört.

Die Bahnstation, auf der ich schließlich ausstieg, leerte sich im Handumdrehen, und genauso leer war die Umgebung.

Ich fand zwar ein Hinweisschild, auf dem aber keine Spur des Erinnerungsorts oder der Geschichte zu sehen war. Gemäß den Anweisungen meiner ahnungslosen Gastgeber musste ich in jedem Fall darauf achten, nach Le Vernet zu marschieren, nicht nach Venerque. Bis ich mit dem Studium des Schilds und der Karte fertig war, hatten sich auch die paar Mittelschüler in der Umgebung der Station in Luft aufgelöst. Es war niemand da, dem ich folgen konnte. Auf dem frisch asphaltierten Platz arbeiteten zwei schwarzafrikanische Arbeiter, sie malten unter lustvollem Gerufe weiße Zeichen auf den duftenden Asphalt. Mich sahen sie an wie eine Erscheinung und verstanden kein Wort von dem, was ich zusammenstotterte. Sie blickten von einem anderen Kontinent herüber, vielleicht von einem anderen Planeten, verstanden nicht, was ich mit diesem berühmten camp d'internement wollte. Auch am Stationsgebäude war nichts angebracht, das auf das Ereignis vor siebzig Jahren hingewiesen hätte. Eine alte Platanenallee führte in die Gemeinde, ich machte mich auf den Weg. Nach etwa anderthalb Kilometern fand ich am Ende der Allee ein kleines Dorfzentrum, mit geometrisch zurechtgestutzten Platanen und den üblichen Geschäften; Bankfiliale, Friseur, Lebensmittel, ja, auch ein Blumenladen, aber alles geschlossen, so wie überall in der französischen Provinz um die Mittagsstunde, ebenso die Fensterläden in den Stockwerken streng geschlossen, so auch die Läden an den Türen. Auf dem kleinen Platz signalisierte eine Tafel, dass ich in der Nähe eine befestigte Kirche aus dem siebzehnten Jahrhundert finden könne. Mir schwante, dass der berühmte Jakobsweg irgendwo in dieser Gegend durchführt, der Chemin de Saint-Jacques de Compostelle, über den jährlich Zehntausende gehen, im klassischen Vertrauen auf die Vorsehung. Dann sah ich noch weitere dieser bescheidenen und unbeirrten Wegweiser, die befestigte Kirche war eine Station der Wallfahrt, mich aber interessierten weder Kirche noch Wallfahrt, noch das Vertrauen in die Vorsehung.

Ich weiß nicht, was mich führt, ich weiß nicht, wohin es mich führt. Nicht Neugier. Jetzt, gegen Ende meines Lebens, ist in mir nur noch sehr wenig Neugier vorhanden.

Viel eher ist da vielleicht das Gefühl, das vor Jahrhunderten die Pilger auf ihren Weg schickte.

Buße tun für Sünden, die ich nicht begangen habe. Nicht die Absicht habe zu begehen. Ich brauche den Herrn nicht anzurufen, dass es auch nie meine Absicht sein möge. Sich seelisch wehren gegen die Regression des Menschen zu Massenmord und Folter.

Nüchterne Erkenntnisse haben keinen vorgezeichneten Pilgerweg.

Abbitte leisten für das reine Überleben, auch wenn mein Überleben ganz sicher nicht mein Verdienst ist, es ist kein Verdienst, und mangels eines Sinns kann ich es nicht einmal als Geschenk empfinden. Schweigend an Orte marschieren, wo gelitten und gestorben wurde, keine Ahnung, warum, es hatte weder Sinn noch Funktion, aber man kann auch nicht umhin, die Frage zu stellen. Wer ihr ausweicht, gerät nicht nur in Teufels Küche, sondern stößt die in Teufels Küche befindliche Menschheit noch ein wenig tiefer hinein. Dieser Abgrund hat keinen Boden. Ein Begräbnisritual abhalten, aber nicht in weltlichem oder kirchlichem Sinn, nein, ganz und gar nicht. Im Namen der Seele weder den Ort vergessen noch das leise Gemurmel der Toten, noch ihr im Gemurmel vorhandenes Wesen.

Der Erinnerungsort, der lieu de mémoire, wie ihn Pierre Nora nennt, war nicht da. Ich hätte zwar noch anderthalb Stunden Zeit gehabt, um mir diese vermaledeite und bestimmt schöne befestigte Kirche anzuschauen, die wirkungslos gewordenen Devotionalien sorgfältig zu betrachten, bis ich um einen Irrtum reicher nach Toulouse zurückfahren würde, um am folgenden Morgen die ganze Suche von vorn zu beginnen. Aber ich kehrte nicht um, sondern ging weiter, unwillig zuzugeben, dass sich meine Gastgeber geirrt hatten, und so fiel am Ende ich herein.

Etwas vom Dorfzentrum entfernt fand ich ein auf die Hauptstraße ausgerichtetes, verlassenes, mit Brettern vernageltes Herrschaftshaus und geriet über diesen Verfall längere Zeit ins Grübeln. Architektonisch erinnerte es an das herrschaftliche Haus, die Sommerresidenz der Bonyháder Familie Perczel auf dem Schwabenberg, wo ich als Kind mit meinen Eltern, meinem Bruder und den zu uns gezogenen Großeltern mütterlicherseits gewohnt hatte, bis zuerst meine Mutter, dann mein Großvater aus unserer Reihe wegstarb und unsere Restfamilie auseinanderzog. Lange sprach ich von dieser Villa als unserem Haus, unserem Garten, obwohl es nicht uns gehörte; mit seinem Garten, seinen Bäumen, Pflanzen und nicht zuletzt mit der damals für mich noch nicht einsehbaren Tatsache, dass sich Besitzverhältnisse ändern können, war es dennoch grundlegend für die moralischen und ästhetischen Anschauungen und Entscheidungen meines späteren Lebens. Ich trabte an der eingefallenen, da und dort mit Draht ausgebesserten, einst prachtvollen Backsteinmauer entlang. Das Haus hatte einen großen verwilderten Park ganz nach meinem Geschmack. Die alten Bäume, die Eichen, die Ahorne, die Platanen spendeten einen angenehmen Schatten. Es war einer der typischen Herrschaftssitze vom Ende des neunzehnten Jahrhunderts, sein architektonischer Bestand noch intakt, nur die dazugehörige ausladende, auftrumpfende Lebensweise war verschwunden. In seltsamer Zweisamkeit standen hier ein Fabrikbetrieb und ein Herrschaftshaus beisammen, noch heil und ganz, die Lebensweise hingegen war wie ein Teppich darunter weggezogen worden.

Der bröckelnden Mauer entlang erreichte ich schließlich den lebhaft fließenden Ariège. In diesem Le Vernet führt eine imposante Brücke mit vier Bögen die stark befahrene Hauptstraße über den Fluss.

Nicht so wie in Bordeaux, wo jedes Gebäude aus gelbem Sandstein besteht, etwa der zerbombte und wieder aufgebaute Bahnhof Saint-Jean und der mehrfach bombardierte Frachtbahnhof, besteht in Toulouse und Umgebung fast alles aus blassroten Ziegeln, die öffentlichen Gebäude, die Kathedrale, die Herrschaftssitze, die Brücken, die Festungen oder die eisigen frühmittelalterlichen Kastelle der Grafen von Foix. In Foix befand sich die Präfektur, wo der Befehl ergangen war, die Gefangenen zu foltern und auszuhungern. Der Herzog von Toulouse erteilte 1125 den Bürgern die Erlaubnis, ein Stadthaus zu bauen. Das Ziegelgebäude riesigen Ausmaßes schuf eine Mode, die Bürger erkannten ihre Stärke, ihre Selbständigkeit, und auf diese Art erhielt die Stadt ihre durchwegs ziegelrosa Farbe.

La ville rose.

Toulouse.

Für diese rosaroten Städte musste eine Menge Ziegel gebrannt werden. Vielleicht stammt aus jener Zeit die praktische Idee, die unerwünschten Elemente, die Fremden, die Kriegsgefangenen, die politisch Unliebsamen und die politischen Flüchtlinge unter den Dächern verlassener Ziegeleien zu sammeln und elend darben zu lassen.

In der traurigen Sparte der europäischen Ziegeleien ist das Lager von Le Vernet d'Ariège wohl eins der ersten, wenn es nicht überhaupt das erste ist.

Ich wusste, dass ich nur noch die leere Stelle dieses Lagers finden würde, wenn ich die leere Stelle denn fand. Angesichts des wild rauschenden Ariège gewann die Vorstellung wieder Kraft, dass ich vielleicht doch am richtigen Ort war, dass dieses Le Vernet doch jenes Le Vernet wäre.

Den literarischen und historischen Beschreibungen zufolge musste der Ariège da hindurchrauschen und -tosen.

Abenteuerlustige Kajakfahrer mühten sich die wahnwitzigen Schnellen hinauf.

Aber eine endlos ausgedehnte flache Wiese, auf der damals die Ziegelei oder die Holzbaracken gestanden hätten, fand ich nirgends, nirgends den Wasserturm, nirgends die Berge.

Bruno Frei beschreibt die Ankunft genau, alle beschreiben sie seltsamerweise, jene Wiese hinter der Station, über ihr die schneebedeckten Gipfel und dunklen Schluchten der Pyrenäen. Frei beschreibt die alphabetisch eingeteilten Wohneinheiten der fünfzig Hektar großen Stadt, wo er zu den Verbrechern eingeteilt wird. In der Geschichte der Lager gibt es ja auch diese Übereinstimmung, dass Kommunisten und Verbrecher systematisch gemischt werden, damit man sie bei Gelegenheit aufeinander loslassen kann, unter Ausnutzung ihres eingefleischten Gegensatzes. In der Haftanstalt am Margaretenring nicht anders als in den deutschen Konzentrationslagern. Ich weiß nicht, wer sich das ausgedacht hat und auf welche Art sich dann die teuflische Idee des Aufeinander-Loslassens in der Welt der europäischen Gefangenenlager verbreitete. Hingegen irrt Bruno Frei ganz offensichtlich, wenn er schreibt, das Lager habe unmittelbar hinter der Station gelegen. Koestler schreibt plausibler, die Gefangenen hätten von der Station bis zum Lagertor rund anderthalb Kilometer auf der Landstraße marschieren müssen. Heute brausen da Lastwagen durch, einer nach dem andern, laut und luftverdrängend. Zuerst hatte ich den Ort des Lagers nicht gefunden, weil ich am falschen Ort gewesen war, als ich den richtigen nun endlich gefunden hatte, fand ich wiederum nichts.

Ich musste meine Augen ans große Nichts von Le Vernet gewöhnen.

Nach zwei Tagen entdeckte ich den mir aus der Literatur bekannten Wasserturm auf seinen Stelzenbeinen. Er war viel kleiner, als ich ihn mir anhand der Beschreibungen vorgestellt hatte.

Heute werden Heuballen unter ihm und um ihn herum gelagert. Etwas weiter weg zog jemand mit einem Traktor eine Egge über das Feld, das die Erde des Lagers gewesen war und in früheren Jahrhunderten die Erde unter der Ziegelei. Ich begann mich zu fragen, ob dieser Jemand mit seiner Egge oder seinem Pflug jemals fremde Gegenstände zutage förderte. Was wirft die Erde des Lagers herauf, was wirft seine säende Hand in die Erde des Lagers. Die Frau des Bauern bog gerade auf ihrem Motorrad auf die Straße heraus, als ich im höllischen Luftzug der Lastwagen dort anlangte. Sie war dabei, ihr Mittagessen zu holen, genauso sagte sie es, als ich sie aufhielt, ich gehe das Essen holen, als kennten wir uns schon lange. Sie stellte nur einen Fuß ab, den Motor nicht, aber sie gab mir über das Motorengebrumm und das regelmäßige Summen des Traktors hinweg bereitwillig Auskunft, was wo gewesen war, was wo ist, was ich wo finden würde. Der Frage, ob sie zum Erinnerungsort und damit zur Geschichte des Orts einen Bezug habe, wich sie geschmeidig aus. Nur keine Emotionen. Will man ernten, muss man säen. Will man säen, muss man eggen. Mit ihrem geöffneten Helm, ihrem braungebrannten, eher städtischen Gesicht war sie als Person präsent, während sie der Geschichte gegenüber vollkommen unpersönlich blieb. Sie wollte schon fast zwischen der persönlichen und der historischen Verantwortung unterscheiden, aber dann fand sie keine Worte dafür. In ganz Europa fand kaum jemand Worte dafür, kaum jemand suchte danach. Mit ihrer Bereitwilligkeit signalisierte sie allenfalls, dass sie zu den Menschen gehörte, die das Leiden und die Vergangenheit anderer Menschen nicht leugnen, um die eigene Ehre zu retten, was schon viel ist an Aufgeklärtheit und sozialem Verantwortungsbewusstsein, wie sich diese Frau gegen die kirchlichen und weltlichen Niederträchtigkeiten des zwanzigsten Jahrhunderts hatte bewahren oder abringen können, und auf seine Art durchaus respektgebietend. Der kirchliche und weltliche Herdengeist hat uns ja alle brutal im Griff.

Gerade an der Stelle, wo wir plaudernd standen, mochten die Latrinen gewesen sein. Bruno Frei beschreibt, wie sie täglich ihre Scheiße mit Eimern aus den Latrinen schöpfen mussten. Noch demütigender war, dass sie wöchentlich mehrmals auch die Latrinen des Wachpersonals leeren und ihre eigene Scheiße mit den immer abgestandeneren, zäheren Fäkalien des Personals zusammenschütten mussten. Das Ganze wurde in großen Behältern auf Wagen zu den Gruben gebracht, die sie in gefährlicher Nähe zum Ariège ebenfalls selbst hatten ausheben müssen, im eisigen Bergfluss stehend spülten sie die geleerten Behälter und die schmutzigen Eimer aus.

Während ich mit der Frau auf dem Motorrad sprach, starrte ich auf die stumme Platanenreihe, der die Gefangenen mit dem Blick gefolgt waren, bis ganz hinunter zum rauschenden Ariège, diese Gefangenen, mein Onkel, sein lieber Freund Antal Bieber aus der Bácska, die glücklicheren Genossen meines Vaters oder László Rajks.

Manchmal, wenn der kleine Wasserturm den Dienst versagte, holten sie das Wasser auch aus dem rauschenden Bergbach. Dieses Detail hatte ich wahrscheinlich sonst irgendwo gelesen, vielleicht bei Erwin Blumenfeld oder Rudolf Leonhard, Dezső Jász, Ferenc Münnich, vielleicht bei Francesco Nitti, ich weiß es nicht mehr, ich suchte und suche die Textstelle und finde sie nicht. Das war jeweils ein glücklicher Moment. Der Anblick des Flusses, sein Rauschen gaben ihnen eine Art Freiheit zurück. Dieser Satz geht mir nicht aus dem Kopf. Vielleicht war es auch mein Onkel, der das erzählt hat. Mein Onkel, dem im Sommer 1941, zusammen mit László Rajk, nach anderthalb Jahren Gefangenschaft seine Genossen zur Flucht verhalfen, um ihn auf abenteuerlichen Wegen zur illegalen Parteiarbeit nach Budapest zurückzuschicken. Das ist nun eine wirklich unbereinigte, kaum zu klärende Geschichte, diese ihre Flucht. Ich kenne davon mindestens vier Versionen. Antal Bieber floh später, wurde wieder zurückgebracht, im örtlichen Gefängnis der Garde Mobile halb totgeprügelt, aber kaum war er wieder auf den Beinen, floh er erneut. Auch seine Flucht begann in der leeren Baracke 32, dem Kasino, wie es Dezső Jász in seinen Erinnerungen beschreibt, und bestimmt wurde auch Antal Bieber, so wie die anderen Kommunisten, von den Kriminellen in die Außenwelt befördert, dank der aus der Außenwelt hereinkommenden beträchtlichen Geldmittel.

Ein paar Tage danach stieß ich auf dem Hauptplatz von Le Vernet d'Ariège, wo genauso geometrisch geschnittene Platanen stehen wie im anderen Le Vernet oder wie auf sämtlichen Plätzen von Frankreichs Kleinstädten, im kleinen, von der Tagesschule abgeknapsten Museum auf einige dicke Fotoalben.

Ich war allein da.

Man bittet auf dem Gemeindeamt um den Schlüssel, und dann kann man hier mit Fotos und Dokumenten lange verweilen.

Während ich las, blätterte, Notizen machte, um meine mir unverständliche Leidenschaft zu befriedigen, aßen auf der anderen Seite der dünnen Wand, eher einer Scheinwand, die Schüler zu Mittag, ein gleichmäßiges Geschrei und Geschirrgeklapper.

Es war Freitag, zuvor hatte ich auf dem Gemeindeamt ein bisschen um den Schlüssel kämpfen müssen.

In dem winzigen Museum lag der Geruch von Speisen, und man verstand wörtlich, was die Lehrerin rief.

Es muss Braten gegeben haben, vielleicht mit Kartoffelgratin. Ich versuchte es zu erraten, während ich entsetzt auf die Bilder in den Alben starrte.

In Le Vernet d'Ariège war ich an einem Mittwoch eingetroffen, am Nachmittag, und da war das Museum geschlossen.

An der Glastür klebte ein Zettel, man könne den Schlüssel zu Bürozeiten auf dem Gemeindeamt abholen, aber auch das war geschlossen. Das Städtchen hat außer dem Hauptplatz noch einen Marktplatz mit einer uralten Kirche. An den zu Quadern zurechtgestutzten Platanen öffneten sich gerade erst die Blätter, nirgends eine Seele, nirgends ein bisschen Schatten. Auf dem unerbittlich regelmäßigen Platz waren an den strengen kleinen Häusern sämtliche strengen Fenster mit Läden verschlossen. Ich setzte mich auf eine Treppenstufe, aß mein Mitgebrachtes und lauschte auf das Rauschen des nahen Ariège. Aber nicht nur der Ariège rauscht an den Gärten vorbei, sondern es fließt auch ein sauberes Bächlein durch die Gemeinde, verschwindet zuweilen stumm, kommt stumm wieder zum Vorschein, gläsern durchsichtige Fische blitzen in ihm auf. Es mochten etwa zehn Minuten vergangen sein, als ich spürte, dass mich jemand beobachtete. Auf der gegenüberliegenden Seite des Platzes stand in der offenen Tür seines Hauses ein noch älterer Mann als ich, mit beiden Händen auf seinen Stock gestützt, und beobachtete in aller Ruhe, was dieser Fremde hier trieb, wartete geduldig ab, bis ich ihn bemerkte und ansprach.

Die Fotos in den dicken Alben stammten von einem ausgebildeten Fotografen. Er hatte mit einem Studioapparat und mit Studioscheinwerfern gearbeitet. Und mit dem gleichen Lamellenzähler wie ich einst im großen Atelier in Budapest in der Kossuth Lajos-Straße. Von jedem Häftling hatte er zwei Aufnahmen gemacht, ein frontales, eines im Profil, ordentliche, schöne Brustbilder. Ganz bestimmt war der Fotograf selbst ein Häftling gewesen, er arbeitete gemäß den Anforderungen der Polizeifotografie, folgte aber doch seinem früheren fotografischen Anspruch an sich selbst. Er kannte die Häftlinge, bildete sie ab, charakterisierte sie, spielte mit den vorgegebenen Profilen und Frontalansichten. Diese Art der Porträtfotografie, ungekünstelt, veristisch schonungslos, unpathetisch, wurde Jahrzehnte später, ungefähr Ende der sechziger Jahre des vergangenen Jahrhunderts, große Mode.

Verblüfft betrachtete ich die Arbeit des illusionslosen, aber warmherzigen Vorgängers.

An jenem Mittwoch aber war ich sofort von der Treppenstufe aufgestanden und über den Platz zu dem Alten gegangen, um in Erfahrung zu bringen, wie ich ins Museum hineingelangen konnte.

Er sagte, es sei Mittwoch.

Eine Weile redeten wir hartnäckig aneinander vorbei.

Schon weil er einen Schlaganfall gehabt hatte und ich kaum verstand, was er sagte. Aber vor allem verstand ich ihn nicht, weil ich nicht wusste, dass in Frankreich am Mittwoch die Ämter geschlossen sind, er hingegen verstand nicht, was der dämliche Fremde daran nicht verstand.

Er wiederholte immer nur, es sei Mittwoch.

Na schön, es ist Mittwoch, es war ja Mittwoch, aber was heißt das.

Etwas benommen dachte ich sogar einen Augenblick, das sei gar nicht Französisch, gar nicht Dialekt, gar nicht Hirnblutung, sondern Okzitanisch, und Mittwoch bedeute auf Okzitanisch etwas ganz anderes, aber auch das half nichts. Wenn das Okzitanisch war, musste ich mercredi also auf Okzitanisch verstehen, einer wundersamen, fast ausgestorbenen Sprache, die es eigentlich nie gegeben hat, da sie aus einzelnen Dialekten bestand, keine geschriebene Sprache, keine literarische, sondern eine farbige Volkssprache, in solchen Dialekten hatte einst das Leben der mediterranen Völker pulsiert, und in dieser Gegend sprechen ihn die Ureinwohner vereinzelt immer noch. Mein französischer Übersetzer, Marc Martin, kann nicht mehr Okzitanisch, seine Eltern hingegen sprachen es noch mit ihren Eltern oder verstanden es zumindest noch, wenn diese Okzitanisch sprachen. Jahre später erfuhr ich von ihm auch, was Le Vernet, und ich habe vier Le Vernets gefunden, bedeutet. Mir war der Gedanke gekommen, dass auch dieses Wort okzitanisch sein könnte. Und tatsächlich, so ist es, außerdem existieren in den Regionen Pyrenées und Provence nicht vier, sondern sieben Gemeinden dieses Namens. Es bedeutet Erlenhain, und Erlen bevorzugen feuchte, sumpfige Böden. Auch wir in Gombosszeg haben einen Erlenhain. In einem lateinischen Dokument von 1373 wird ein Vernetus genannt, lateinisch für Le Vernet, und das mag die früheste erhaltene Erwähnung sein.

Ich solle am Donnerstag oder am Freitag wiederkommen.

Dann plauderten wir doch ganz gemütlich über seine Krankheit. Was genauso wie in Ungarn auf dem Land hauptsächlich dazu dient, sich den anderen gut anzuschauen. Er musterte mein Gesicht, meine Haltung genauso, wie ich es bei ihm tat. Das viele Reden dient der Ablenkung, gibt den stillen Erwägungen Raum. Warum ich wohl hergekommen sei, was ich hier denn wolle. Danach forschte er auf meinem Gesicht. Warum mich wohl diese alte und schmachvolle Geschichte interessiere. Er wollte von meinem Gesicht ablesen, was sie mit mir zu tun hatte.

So unvermittelt hätte ich ihm die Geschichte gar nicht erzählen können.

Während ich seinen Zügen abzulesen versuchte, was er oder seine Familie wohl mit der Schande des Lagers zu tun haben könnten.

Ob er wohl als Kind vor der Station die nackt ausgezogenen Häftlinge gesehen hatte, während ihnen die Gendarmen in den Darm griffen.

Er wäre der Zweite gewesen, den ich mehr oder weniger offen gefragt hätte. Denn am Dienstag hatte ich in unmittelbarer Nähe der Station schon jemanden gefragt, einen Mann meines Alters, doch der verweigerte die Antwort auf eine so unangenehme Art, dass ich am Mittwoch dem Alten mit dem Schlaganfall die Frage erst nach einiger Zeit zu stellen wagte.

Er sei schon ein großes Kind gewesen, warum sollte er nicht davon wissen, seine Familie habe immer hier gelebt, sagte er gereizt. Aber ich solle am Donnerstag wiederkommen. Höchstens mal nach Perpignan seien sie gefahren. Nach Toulouse oder Foix nur dann, wenn sie am Gericht oder auf der Präfektur zu tun gehabt hatten, wozu hätten sie noch weiter reisen sollen. Und er wiederholte noch einmal, ich solle am Donnerstag wiederkommen. Um nicht weiter von dieser verfluchten Geschichte sprechen zu müssen.

Gut, kratzen wir nicht länger an der Wunde des Ortes.

Ich hatte keine weiteren Fragen, beziehungsweise schluckte ich sie hinunter, was bei mir doch eine kleine, leere Aufregung hinterließ.

Gut, ich stelle die peinlicheren Fragen nicht, kann sie auf eine stilistisch annehmbare Art auch gar nicht stellen, aber dann werde ich etwas nicht erfahren, und er wird etwas nicht erzählen können.

Am Donnerstag konnte ich nicht kommen, da verabschiedete ich mich von meinen Gastgebern und zog von Toulouse nach Pamiers, um wenigstens der leeren Stelle des Lagers näher zu sein. Einige Wochen lang hatte auch Tante Magda hier gewohnt, nachdem sie in Vierzon zum ersten Mal illegal die Demarkationslinie überschritten hatte; sie hatte den Fluss Cher überqueren müssen, ein schwieriges und riskantes Unterfangen, sie war in einer Nussschale herübergebracht worden, um in Le Vernet d'Ariège ihren Mann besuchen zu können. Und hier hatte sie dann auch genächtigt, bei Genossen, französischen Genossen, in diesem ihr schon von früher bekannten Pamiers, um Rajk und Aranyossi zur Flucht zu verhelfen. Jedenfalls hat sie es mir so erzählt. Ich sehe allerdings, dass sie es auch in zwei weiteren, voneinander abweichenden Versionen beschrieben hat, und in der für die Öffentlichkeit, das heißt die Parteigeschichte bestimmten Version steht kein Wort von der Fluchthilfe und ihrer Beteiligung daran. In einer nicht verwendeten Aufzeichnung aus den fünfziger Jahren kam dann noch eine vierte Version zum Vorschein, der zufolge ihr Mann aus Les Milles geflohen war, es steht in einem verworrenen Kontext, zwischen nicht zueinander passenden Angaben, obwohl das die definitive Version ihrer Memoiren hätte sein sollen.

Ich kam am Freitag.

Die Läden an der Haustür des Alten waren geschlossen.

Der Name Pamiers war mir also keineswegs unbekannt, als ich am Donnerstag von Toulouse hierherzog. Nicht nur aus der Literatur kannte ich ihn, sondern auch aus der Familiensaga.

Anna Seghers' Tochter und Sohn, Ruth und Peter, wurden auf der Flucht aus Paris von einer fremden Bäuerin aus reiner Herzensgüte über die Demarkationslinie geschmuggelt. Netty, also Anna Seghers, wurde ihrerseits für beträchtliches Geld von einem verdächtigen Typ hinübergeschmuggelt, den Schmuggel von drei Personen konnte die Herzensgute nicht übernehmen.

Auch sie waren nach Pamiers gekommen, damit Seghers ihrem Mann, László Radványi, näher sein konnte, der ebenfalls Häftling des Lagers war.

Tante Magda übernachtete zuerst bei ihnen, hatte aber, als sie in Pamiers angekommen war, Netty nicht zu Hause angetroffen.

Nur zwei ausgehungerte Kinder. Ihre Mutter hatte nach Marseille reisen müssen, um auf dem Konsulat ihre Ausreise nach Mexiko in die Wege zu leiten. Offenbar nahm das viel mehr Zeit in Anspruch als geplant. Zuerst war sie einkaufen gegangen, hatte gekocht, um den Kindern anständig zu essen zu geben. Als Netty ein paar Tage später zurückkam, stellte sich heraus, dass die Kinder nicht deswegen hungerten, weil sie ihnen nicht genügend Geld dagelassen hätte, sondern sie gingen nicht einkaufen oder essen, um das Geld für die Reise nach Mexiko zu sparen.

Die beiden Familien kannten sich noch von Berlin.

Später waren sie sich in Paris wiederbegegnet, und als Onkel Pali an einem der Tage nach Kriegsausbruch verhaftet wurde und Tante Magda es für angebracht hielt, aus ihrer Wohnung wegzugehen, folgten Seghers und Radványi mit Hilfe des illegalen Nachrichtennetzes so lange ihrer Spur, bis sie sie mitten in Butte-aux-Cailles, in der Rue Bellier-Dedouvre, in ihrem Versteck ausfindig gemacht hatten. Sie halfen ihr, gaben ihr Geld, bis dann auch Radványi verhaftet wurde.

Schlief Tante Magda vor Mitternacht ein, schreckte sie nach anderthalb Stunden wieder hoch. Oder sie konnte überhaupt nicht einschlafen. Und wenn sie doch und sogar ohne hochzuschrecken schlief, dann schreckte sie eben in der Morgenfrühe hoch, und das war, sagte sie, die unangenehmste Variante. Wenn sie nicht schlief, las sie, von aufgetürmten Kissen gestützt, oder plauderte mit mir.

Ihre nächtliche Beklemmung ließ sich auch mit Beruhigungsmitteln oder Schlafmitteln nicht auflösen. Ich saß auf der Kante ihres Betts oder im barocken Lehnstuhl unserer Urgroßmutter.

Schon seit zehn Jahren hatte sie diese Schlafstörungen. Seit dem 30. Mai 1949, als Rajk verhaftet worden war, und ein paar Tage später seine Frau, Júlia Rajk, die Tante Magda öffentlich eine wackere Genossin nannte, in Wirklichkeit aber nicht ausstehen konnte, sie für eine halsstarrige, ignorante, anmaßende Person hielt, eine Intrigantin, eine sture Person, die mit ihrer Ignoranz schreckliche Anklagen auf Rajk herabbeschwor, seine Karriere zerstörte, während sich Tante Magda nur Rajks wegen gezwungen fühlte, sie zum Schein zu ertragen, aber nachdem auch András Szalai verhaftet worden war, der in der Widerstandsbewegung István Nádas' Vordermann gewesen war, konnte von Nachtruhe keine Rede mehr sein, ein paar Tage zuvor, am 24. Mai, war schon Béla Szász festgenommen worden, den sie ebenfalls von Paris her kannten, wo Szász eine Zeitlang Jean Renoirs Assistent gewesen war und vor einer großen Filmkarriere stand, hätte ihn die Partei nicht nach Hause beordert, er seinerseits ließ sich von seiner Partei auf eine Art gängeln, dass es unschön war, um den 5. Juli wurde auch György Angyal verhaftet, dessen Frau, Panni, verzweifelt bei Tante Magda klingelte, da sie nicht zu telefonieren wagte.

Es sei ein Sonntag gewesen, die Morgenfrühe auf den Sonntag. Sie hätten nichts machen können.

Meine Tante schluchzte auf, als sie das erzählte, mit dem bellenden, winselnden, zurückgehaltenen Familienweinen, die beiden Söhne würde ich ja von Leányfalu her kennen. Da gerade erinnerte ich mich nur an den einen, Ádám, den lebhafteren, wie ein ungezügelter Engel war der gewesen.

Sie zogen vorsichtig Erkundigungen ein, bei Personen, die sich bestimmt auch vor einer Verhaftung fürchteten. Sie versuchten auch Dajmírlein, qui ne sait pas dire dormir, zu überreden, er solle bei der ÁVO etwas in Erfahrung bringen, aber Kató, das heißt seine Frau Kató Elek, erlaubte es nicht, es komme nicht in Frage. Wegen amerikanischer Spione würden sie sich nicht exponieren. Das war das gutbürgerliche Wort dafür. Exponieren. Ich werde mich doch nicht exponieren. So klang es glaubwürdig. Wenn man Dajmírlein etwas fragte, antwortete meistens Kató, er las ihr von den Lippen seine eigene Meinung ab. Am Donnerstag, dem 7. Juli, wurde der Architekt Károly Perczel verhaftet, der in der Rue Bellier-Dedouvre das Leben der Widerständler organisiert und ihnen in der Weihnachtsnacht auf seiner Geige die Internationale vorgezirpt hatte. Für Panni Angyal hatten sie noch Wochen später keine Nachrichten. Ein Genosse, ein wirklich guter Genosse, hatte sie wissen lassen, dass sie besser daran taten, den Mund zu halten und keine Fragen zu stellen, auf die es keine Antwort gab. In den ersten Kriegswochen hatten sie alle, die Angyals inklusive, in den kleinen Wohnungen der Rue Bellier-Dedouvre gewohnt und sich gegenseitig geholfen, so gut es ging, die ganze Gegend war voller bettelarmer Emigranten. Von einer Freundin, Vilma Ligeti, die ein paar Monate zuvor von Paris nach Hause gekommen war, wussten sie auch, dass Ilona Kojsza aus ihrer Wohnung in der Galamb-Straße spurlos verschwunden war.

Ich weiß es nicht, ich weiß es nicht, bitte mich nichts zu fragen, gnädige Frau, der Hauswart wagte Vilma nichts von Ilonas plötzlichem Verschwinden zu sagen. In Paris hätte der Hauswart bestimmt etwas gesagt. Noch zwanzig Jahre später regte sich Vilma darüber auf. Sie hatte überhaupt die fixe Vorstellung, dass ihr die Menschen alles, aber auch wirklich alles erzählen würden. Gleichzeitig wurde in Prag Noel H. Field, ein amerikanischer Millionär, zusammen mit seiner Frau regelrecht in eine Falle gelockt, entführt und dann verhaftet; sie hatten in der Schweiz gelebt, in Genf, und die illegalen kommunistischen Parteien und deren Flüchtlinge unterstützt, über ein unitarisches Hilfswerk mit Sitz in Paris. Sie wurden heimlich mit dem Flugzeug nach Budapest gebracht, wovon mein Onkel bald erfuhr. Ilona Kojsza war Fields Pariser Beauftragte gewesen und dann seine Sekretärin in dessen Genfer Büro.

Wie Leute, die ins Fadenkreuz geraten oder sich in einer Spinnwebe verheddern und das Ganze nicht glauben können, und es war ja tatsächlich nicht zu glauben.

Aranyossi war zu jener Zeit seit zwei Jahren Generalsekretär des Nationalen Bunds Ungarischer Journalisten, er war im Frühling 1947 von den Koalitionsparteien als einziger Kandidat für diesen Posten vorgeschlagen worden. Aber was galten da noch die Übereinkünfte der Koalitionsparteien. Er blieb noch ein Jahr im Amt, dann wurde er mit Hilfe eines still und leise konstruierten finanziellen und erotischen Skandals von dem Posten entfernt. Und als wäre das noch nicht genug, wurde am Ende auch Fitos verhaftet, das heißt Géza Losonczy, Páls und Magdas Vordermann in der Widerstandsbewegung. Es war klar, auch sie selbst würden nicht verschont werden, die stalinistische Säuberungswelle würde auch sie erreichen. Von einem tschechischen Journalisten erhielten sie Nachricht von der Verhaftung der Fields. Gegen Ende des Sommers fühlten sie, dass sich die Schlinge zusammenzog, und verstanden nicht, warum sie nicht geholt wurden. Um sie herum wurden allmählich sämtliche Freunde und Bekannte verhaftet, die nach der Belagerung aus der französischen Emigration nach Hause gekommen waren. Die Erklärung war einfach. In der Tat war im Politbüro Gerő darauf aus, sie verhaften zu lassen, Gábor Péter hatte schon ihre falschen Geständnisse in der Tasche, aber Generalsekretär Rákosi verhinderte ihre Festnahme mehrmals. Wenn es die Situation verlangte, gab Rákosi jeden auf, aber Aranyossi ließ er aus einer seltsamen emotionalen Verbundenheit nicht fallen. Dieser hatte 1934 in Paris ein aus namhaften linksgerichteten Persönlichkeiten bestehendes Komitee gegründet, das sich lange Zeit vergeblich um die Freilassung oder Auslieferung des zu lebenslänglich verurteilten Rákosi bemühte und ihm mit Autorenwidmungen versehene Bücher der Komiteemitglieder, alles Mitarbeiter oder Mitglieder der Redaktion der *Regards*, zukommen ließ. So erhielt Rákosi im Csillag-Gefängnis von Szeged mit Widmungen versehene Bücher von Romain Rolland, Henri Barbusse, André Gide, Martin Andersen Nexö und Henrik Potoppidan. Über eine lange Zeit traf offenbar jede Woche ein Buch ein. Der Gefängnisdirektor leitete die Exemplare weiter, ungeachtet der Tatsache, dass Rákosi wegen seines renitenten Verhaltens in Einzelhaft und unter Leseverbot gehalten wurde, weder Bleistift noch Papier bekam, keine Briefe schreiben und niemanden empfangen durfte. Man überließ den Gefangenen seinen Erinnerungen und Vorstellungen, was eigentlich ausgereicht hätte, um gründlich durchzudrehen. Rákosis Freude über die Bücher muss maßlos gewesen sein. Und noch bevor die Lieferung dieser bedeutenden Werke nach Szeged begann, hatte Aranyossi sogar erreicht, dass der Erzbischof von Paris einen persönlichen Abgesandten zu Rákosi ins Gefängnis schickte. Einen geachteten katholischen Politiker, Henri Lacaze, der Rákosi persönlich ein Geschenk des Erzbischofs überbrachte, eine französische Bibel in Prachtausgabe. In Begleitung eines ungarischen Mönchs klingelte er in Szeged einfach an der Gefängnistür und wies sich als Abgesandter des Erzbischofs von Paris aus. Der entsetzte Gefängnisdirektor ließ den Gefangenen aus der quälenden Einsamkeit in sein Büro heraufbringen und durfte dann zuschauen, wie der Abgeordnete der französischen Nationalversammlung Rákosi unter lebhaftem Geplauder die Gabe des Erzbischofs überreichte, eine in bordeauxroten Samt gefasste französische Bibel.

Das alles war den Aranyossis nicht mehr gegenwärtig. Sie verstanden nicht, warum man sie nicht verhaftete. Es hatte auch kompliziertere, gefährlichere und bedeutendere Aktionen gegeben. Tante Magda hatte Monate im Pas-de-Calais verbracht, in der Bergwerk-Gegend, und für die bedürftigsten Proletarierfrauen eine Frauenorganisation aufgebaut, einen kleinen Herd des Widerstands und der Solidarität. Sie hatte Streiks organisiert. Als Imre Sallai und Sándor Fürst 1932 von einem Budapester Standgericht zum Tode verurteilt wurden, zertrümmerten sie die Einrichtung der Empfangsräume der ungarischen Botschaft. Dajmírlein organisierte zwei Tage später das Gleiche in Brüssel. Das war die bessere Aktion, weil sie da die Einrichtung der Amtsräume zerstörten und die Papiere aus dem Fenster warfen. Dajmírlein, qui ne sait pas dire dormir, wurde denn auch verhaftet und kommentarlos hinausgeworfen, das heißt zur größten Freude der französischen Polizei über die Grenze abgeschoben.

In ihrer Wohnung am Theresienring schreckte Tante Magda bei jedem kleinen Geräusch hoch.

Es war keine laute Wohnung, ihre Fenster gingen nicht auf den Ring, sondern auf die enge Nebenstraße, die zur Musikakademie führt, die Szófia-Straße. Besonders erschrak sie, wenn die schmiedeeiserne Tür des Aufzugs zugeschlagen wurde. Obwohl der Liftschacht weit weg war. Einige Wochen später verstanden sie wenigstens die Logik der Verhaftungen. Verstanden auch rascher als die anderen, dass es sich um eine nicht so bald endende Säuberungswelle, um Schauprozesse handelte, da sie schon in den dreißiger Jahren sichere Nachricht von den stalinistischen Säuberungen erhalten hatten. Wer von dieser offensiven Taktik Kenntnis hatte, wusste auch, dass Rákosi und Gerő nicht nur einheimische Kommunisten festnehmen lassen würden, sondern auch Leute, die aus der Emigration im Westen heimgekehrt waren, je nach den belastenden Daten, die man aus ihnen herausholen oder herausprügeln konnte. Auch Tante Magda und Aranyossi würden an die Reihe kommen. Allein schon weil sie in Paris mit Gerő in Konflikt geraten waren, und zwar gerade in der Frage, ob die französische und die ungarische Partei Moskaus Anweisungen sklavisch befolgen oder unabhängig bleiben sollten. Die Säuberungswelle würde sie nicht auslassen. Tante Magda geriet nicht in Panik, jedenfalls behauptete sie, dass sie keine Angst gehabt habe. Eher war sie müde, der Sache überdrüssig, war es müde, unlösbare Aufgaben lösen zu wollen, sie war wahnsinnig beklommen, was nicht das Gleiche ist wie Angst. Die Beklemmung hat keinen Gegenstand. Wieder einmal sah sie ihr Ende nahen. Sie hatte keine Reserven mehr, weder geistige noch physische, sie wusste es und konnte vor Anspannung keine Nacht durchschlafen. In der nächtlichen Stille, während Pali an ihrer Seite süß schlummerte, denn Pali ließ sich sein Leben lang von nichts aus der Ruhe bringen, lag sie wach und dachte über ihre Vergangenheit nach, suchte nach Fakten, die sie in den Augen der Genossen belasten konnten, und konstruierte

Argumente gegen sich selbst. Sie hielt in der schweigenden Nacht Verteidigungsreden.

Tagsüber erledigte sie ihre Angelegenheiten, nachts hingegen konnte sie ihre Verteidigungsreden nicht mehr abstellen. Von da an schliefen sie in getrennten Betten. Sie zog mit ihrer Bettstatt in Palis Arbeitszimmer, um ihn mit ihrer Schlaflosigkeit nicht zu stören. So konnte sie wenigstens Licht machen. Sie versuchte zu lesen. Aber das ging nicht, was immer sie in den Händen hielt, sie formulierte im Kopf doch immer nur die Verteidigungsreden. Sie hatte das Gefühl, dass die Sache unvermeidlich auf sie zukam, dass sie wahnsinnig werden, es im Kopf nicht aushalten würde. In den dreißiger Jahren hatten sie das Faktum der stalinistischen Säuberungen in ihren Blättern, den *Regards* und den *Femmes*, in Abrede stellen müssen. Gegen ihr journalistisches Gewissen.

Ich beugte mich in der Nacht im barocken Lehnstuhl meiner Urgroßmutter vor und schrie sie an.

Warum nicht aufs Gewissen gehört. Warum in Abrede gestellt. Wäre gar nicht nötig gewesen. Warum habt ihr nicht geschrieben, was ihr wusstet.

Ich war ein ungerechter Halbwüchsiger, sie aber nahm mein Geschrei gar nicht zur Kenntnis. Sie seien, fuhr sie ungerührt fort, weil sie wollte, dass ich verstand, überzeugt gewesen, dass ein solches erschütterndes Bild der Sowjetunion die europäischen antifaschistischen Volksfrontbewegungen geschwächt, vielleicht sogar gesprengt hätte. Es sei eine pragmatische Entscheidung gewesen, ich könne ihr glauben, dass sie nicht von Zynismus geleitet gewesen seien. Angesichts der nazistischen Offensivpolitik wäre das Riskio zu groß gewesen. Gerade deswegen hätten sie mit den großen Renegaten der kommunistischen Bewegung einen erbitterten Kampf geführt, mit Koestler, mit Gide, Orwell, Silone und den anderen, obwohl auch sie selbst von den Säuberungen wussten.

Warum habt ihr dann gelogen, warum nur. Ich konnte es ihr gegen alle Vernunftgründe nicht verzeihen.

Später fand ich dann Spuren dieser bewussten und schwerwiegenden Lügen. In den *Regards* gab es eine ständige Kolumne, *Nouvelles de la vie soviétique, Nachrichten vom sowjetischen Leben*. Im Gegensatz zu den anderen Artikeln stand diese Kolumne im Zeichen von Gut und Böse, Weiß und Schwarz, das Leben in der Sowjetunion wurde hier zum Dogma. Der französische Kapitalismus und seine Anomalien gegen die entsprechenden Phänomene des glänzend organisierten sowjetischen Lebens. Ich kann nicht einmal behaupten, dass die Gegenüberstellung in jedem einzelnen Punkt falsch war. Nur gingen sie leider noch weiter. Sie schickten den ganz bestimmt arglosen Paul Vaillant-Couturier, zeitweilig Chefredakteur der *Humanité*, für zehn Monate zur Berichterstattung in die Sowjetunion, wo er laut den *Regards*, für die er auch berichtete, zweiundzwanzigtausend Kilometer zurücklegte. Sie sprachen oft von Vaillant-Couturier, den sie gern gemocht hatten. Mit seiner Witwe Marie-Claude, die in Auschwitz und Ravensbrück gewesen war, nachdem sie von Pétains Geheimdienst entlarvt und den Deutschen ausgeliefert worden war, und die dann beim Nürnberger Prozess als Zeugin einvernommen wurde, standen sie nach der Belagerung noch lange in Kontakt, und wenn ich mich richtig erinnere, war sie auch bei uns in Budapest. Paul Vaillant-Couturier war Anwalt gewesen, Journalist, Abgeordneter des Départements Seine. Ein einnehmender, wankelmütiger Mensch, so sprachen sie von ihm. Er hatte der kommunistischen Partei mehrmals den Rücken gekehrt und war mehrmals reuig zurückgekommen. Darüber amüsierten sie sich noch viele Jahre später, von jemand anderem hätten sie so viel Wankelmütigkeit allerdings nicht akzeptiert, die seine hingegen fanden sie aus irgendeinem Grund charmant. Die beiden Paul, der Redakteur und sein Mitarbeiter, standen sich wohl wegen ihrer ähnlich einnehmenden Art nahe, aber auch wegen der großen Wende in ihren Lebensbahnen. Vaillant-Couturiers Mutter, Marguerite Vaillant, hatte im ausgehenden neunzehnten Jahrhundert den Ruf einer bedeutenden Sängerin. Ihr Sohn lebte als junger Mann ein klassisches Dandy-Leben, er schrieb, malte, hörte Jurisprudenz, seine Gedichte erschienen bei anarchistischen und katholischen Verlagen, und er verdrehte allen den Kopf, aber auch er musste einrücken und ging mit großer Begeisterung an die Front, wo er die Entsetzlichkeit des Kriegs erlebte und mit der gleichen Gesinnung heimkehrte wie Onkel Pali, als überzeugter Sozialist, wie man damals sagte. Sein mit *Säuberungstheater* betitelter, makellos geschriebener Bericht über die Sowjetunion ist heute wegen seiner Ahnungslosigkeit bestimmt ergreifender, als er damals war.

Man hatte Vaillant-Couturier ein Theater vorgeführt, das er für bare Münze genommen hatte.

Aus meiner Kindheit kannte ich die gebundenen Exemplare von zwei, vielleicht drei Jahrgängen der *Regards*. Und ohne dass es mir bewusst wurde, hinterließen die Illustrationen der Zeitung eine starke Spur in meiner Sichtweise als Fotograf.

Sie bewahrten diese Exemplare in der Wohnung am Theresienring unten in den Schränken des kleinen Garderobenzimmers auf. Es war nicht einmal ein Zimmer, eher ein Durchgang, vielleicht zwischen dem Schlafzimmer und dem Badezimmer, aber wenn ich mich richtig erinnere, hatte der Raum ein Fenster auf den Hof. Früher hatte sich in dieser Wohnung das Anwaltsbüro Sándor Rendls befunden, und hier war vielleicht das Aktenarchiv gewesen. Wenn sie etwas aus den oberen Schränken brauchte, stellte sich Tante Magda auf die drei Bände der *Regards*, um die Hutschachteln mit ihren Winter-, Frühlings-, Herbst- oder Sommerhüten herunterzuholen. Sie hatte viele Hüte, die sie je nach Saison wechselte. Ihr Haar war stark ausgedünnt, was für eine Frau eine Tragödie ist, auch wenn sie sich das nicht anmerken ließ. Ich hatte das Gefühl, sie wolle der Außenwelt den Anblick ersparen. Sie trug Hüte oder Turbane. Da unten im Schrank lagen wohl nicht sämtliche Jahrgänge. Die *Regards* waren am 1. Januar 1932 zum ersten Mal erschienen, zum letzten Mal im September 1939. Alle Jahrgänge hätten einen viel größeren Packen ausgemacht. Yvette zog sich oft auf diese stille kleine Insel zurück, und ich folgte ihr, damit wir Abstand zu den lauten Erwachsenen hatten oder eine wichtige literarische Frage besprechen konnten. Wir blätterten in den alten Ausgaben. In den Nachrichten aus einer fernen, versunkenen Welt, die aber immerhin ein Bild von Yvettes Heimat vermittelten, auch von der kaum fassbaren Konsistenz der weiten Welt, in diesem hermetisch geschlossenen Land, in dem wir lebten. Bevor ich nach Toulouse fuhr, um die Leerstelle des Lagers Le Vernet zu suchen, ging ich in Paris jeden Tag in die Bibliothèque Nationale, um diese versunkene Zeitung mit meinen alten, allmählich einer Operation bedürftigen Augen gründlicher zu studieren. In unserer gemeinsamen Wohnung am Theresienring standen die drei Sammelbände dann noch lange in Georges' Zimmer, hinten auf dem Bücherregal, zwischen lateinischen Originaldrucken und sorgsam gebundenen, aber veralteten Lexika. Ich erinnere mich genau an ihren Platz, könnte sie jederzeit dort hervorholen.

In die Bibliothèque Nationale ging ich jeweils frühmorgens, nicht in die Rue Vivienne in die prachtvolle alte Bibliothek, sondern auf den Quai Mauriac, ins brandneue, unter die Erde versenkte und zum Himmel gestreckte viertürmige Wolkenschloss der Postmoderne, hinunter in die Rohbeton-Stollen, hinein in ihre Rohbeton-Eingeweide. Manchmal stand ich im Pariser Regen zusammen mit mehreren hundert schirmbewehrten Menschen auf dem plankengedeckten Flachdach, auf den Einlass durch den Metalldetektor wartend. Ich blieb jeweils bis zum späten Nachmittag, einen ganzen Monat lang. Dieses Gebäude ist eine Hochleistung der manieristischen Architektur. Es hat keinen Winkel, keine Proportion, kein Maß, die sich mit der Vernunft oder den ihr geweihten Funktionen vereinbaren ließen. Aber es ist ohne Zweifel sehr ästhetisch. Und der Bibliothek war es sogar gelungen, es auszufüllen. So viel Zeit hatte ich der Sache ursprünglich gar nicht widmen wollen, ich wollte mir nur diese Zeitungen einmal gründlich anschauen, wissen, wie sie gemacht waren, aber das Material ließ mich nicht los. Ich sah etwas wieder und hatte gar nicht gewusst, dass es Teil meiner Erinnerung war. Ich kam an kein Ende. Meiner Ausbildung nach wäre ich ja nicht nur Fotograf, sondern auch Journalist, und mit meiner Zeitungserfahrung darf ich ruhig sagen, dass *Regards* ein hervorragend redigiertes Blatt war. In einer solchen hervorragend redigierten Nummer stand Paul Vaillant-Couturiers subtil geschriebene epochale Selbsttäuschung. In der redaktionellen Einführung, die wir früher Monokel oder Kopf nannten und die heute Lead heißt, eine Zusammenfassung der wesentlichsten, vielleicht gar nicht expliziten Gedanken des Artikels, heißt es zu diesem Beitrag, er gehe auf den Kampf ein, den das sozialistische System mit dem inneren Feind führe. Nicht mehr die schwierig zu organisierende Sabotage sei das konterrevolutionäre Kampfmittel der Überlebenden des alten Systems, der Ingenieure alten Zuschnitts, die Sabotage gelte nunmehr eher als eine Seltenheit, man habe sich vielmehr auf die Verlangsamung, Behinderung der sozialistischen Produktion verlegt. Das ist eine Art redaktioneller Zusammenfassung, die, um es altmodisch zu sagen, auf Blickfang, nach heutigem Jargon auf Reißer macht. Den Artikel haben wir noch gar nicht gelesen, schon gibt der Redakteur in Fettschrift zwei Schaufelvoll obendrauf. Obwohl Vaillant-Couturiers Bericht von ideologischen, antiintellektuellen, systemorganisatorischen oder industriegeschichtlichen Komponenten frei ist. Es ist der glühend naive Bericht eines ahnungslosen Reisenden. Heute Abend habe er in einer Säuberungskommission den Vorsitz, sagt Genosse Degott eines Tages zu ihm, und ob er keine Lust habe mitzugehen. Den Genossen Degott kennt er schon lange. Sie müssen fünfzig Kilometer reisen. Degott ist wohl ein Pseudonym, als russischer Name klingt er jedenfalls nicht gerade überzeugend. Natürlich, sehr gern, sagt Vaillant-Couturier. Und gewissermaßen im Sinn einer Fußnote erzählt er dem Leser auch gleich, was man unter einer Säuberung zu verstehen habe; eine innerhalb der kommunistischen Partei realisierte Einrichtung, die dem Schutz des

Sowjets, das heißt der proletarischen Selbstverwaltung diene. Und sogleich dürfen wir mit ihm zur Zeitreise aufbrechen. Denn er beschreibt eine an den russischen Klassikern geschulte idyllische Kutschenfahrt, in einer Diligence durch die Lichter und Farben atmenden Wälder in Moskaus Umgebung. Bis wir im Klub des Landwirtschaftskombinats einer Krasnaja Presnja genannten Ortschaft ankommen. Ein Klub, so wie überall, wo die Arbeiter ihre eigenen Herren sind und sich auch um ihre Weiterbildung selbst kümmern. Zwei Ingenieure, ein älterer und ein jüngerer, haben vor der Kommission zu erscheinen. Die Bankreihen des Klubs sind schon besetzt. Der jüngere Ingenieur, mit Namen Golizyn, ist der Sekretär des wegen einer Sabotageaktion festgenommenen älteren Ingenieurs. Also hatte dieser doch die Sabotage als gegenrevolutionäres Mittel gewählt, hingegen ist der Name bestimmt auch fiktiv, jedenfalls ist ziemlich unwahrscheinlich, dass der Sekretär des älteren Ingenieurs ein verzauberter Fürst wäre und den Namen des letzten Ministerpräsidenten des letzten Zaren trüge. Wahrscheinlich fiel Vaillant-Couturier dieser bekannte Name ein, als er für die Person ein Pseudonym suchte. Fürst Golizyn war nach der Oktoberrevolution von den Bolschewiken vor Gericht gestellt, aber wegen mangelhafter Begründung der Anklagepunkte freigesprochen worden. Am 2. Juni 1925, einem Dienstag, wurde er in Sankt Petersburg von der Spezialabteilung des KGB umgebracht. In der russischen Literatur wimmelt es im Übrigen von Prinzen und Fürsten Golizyn, Vaillant-Couturier hatte den Namen vielleicht auch daher, es gibt einen Fürst Golizyn bei Puschkin, in seiner Erzählung *Der Mohr des Zaren*, bei Tolstoj gibt es gleich mehrere, in *Krieg und Frieden*, in *Anna Karenina*. Als Oblonskij mit Levin das Hotel betritt, teilt ihnen der Kellner mit, es seien frische Austern eingetroffen, und wenn es die gnädigen Herren wünschten, könne er selbstverständlich auch im Séparée auftischen. Jetzt gerade weile dort Fürst Golizyn in Gesellschaft einer Dame, aber soviel er wisse, würden sie sich bald entfernen. Wie auch immer, der jüngere Ingenieur namens Golizyn bekennt, mit dem älteren, dem Direktor, zusammengearbeitet zu haben, bekennt auch, dass sie mit dem Bau des Testlabors für landwirtschaftliche Geräte absichtlich noch nicht begonnen haben.

Während Sie dafür Millionen aus dem Fenster warfen, wendet Genosse Degott, Präsident der Säuberungskommission, aufgebracht ein. Wenn ich fragen darf, wie lange haben Sie die Arbeit verhindert.

Fünf Monate.

Aber wie konnten Sie nur, ruft Genosse Degott.

Allein hätte er es nicht tun können, versucht sich Genosse Golizyn herauszureden.

Vaillant-Courier beobachtet, dass die beiden Ingenieure nach dem Ende der Verhandlung auf ihre Plätze zurückkehren. Er beschreibt die Szene getreulich, ohne ein Wort davon zu verstehen. Er begreift nicht, dass sie für ihn inszeniert ist. Sein Redakteur hingegen versteht es wahrscheinlich schon. Versteht es zu einem Zeitpunkt, als die großen Säuberungswellen noch gar nicht begonnen hatten, während man in Paris doch schon davon gehört hat. Auf dem Rückweg fragt Vaillant-Courier den Genossen Degott sogar, was jetzt mit den beiden Ingenieuren geschehen würde, ob man sie verhaften würde. Ach woher, sagt Genosse Degott, Präsident der Säuberungskommission, das fehlte noch. Sie werden an ihre Arbeitsplätze zurückkehren und in der Produktion ihre Plätze finden. Das ist nun einmal so in der Diktatur des Proletariats, wo die Arbeiter die Demokratie für sich selbst aufbauen, fasst Vaillant-Couturier das Erlebte zusammen. Wo wären hier die Folterkammern der GPU, der Staatlichen Politischen Verwaltung, wo die Willkür, die Täuschung, fragt der Berichterstatter zum Abschluss.

Auch der deutsch-sowjetische Nichtangriffspakt traf sie nicht unerwartet, vielleicht begriffen sie nur im ersten Augenblick nicht, warum ihre eigene Partei sie mit verlängertem Arm aus Moskau in den Rücken stach. Aber vor der Öffentlichkeit, ja, noch vor ihren engsten Freunden versuchten sie den Vertrag mit dem Naziregime damit zu erklären, dass der Sowjet Zeit gewinnen müsse, es handle sich um einen rein diplomatischen Akt, und wenn sich damit der Krieg vermeiden lasse, umso besser. Sie gaben Flankenschutz, logen, und verziehen es sich nie. Die Falschheit ihrer Argumente holte sie ein, als Stalins Armee aufgrund einer Geheimklausel des Vertrags die polnischen Ostgebiete überrollte und annektierte. Das war ein Schock, der zwar in den späteren Kriegsschrecken unterging, den aber die europäische linke Volksfront nicht überlebte. Es hatte in Menschenleben zu messende Konsequenzen, auch in den Widerstandbewegungen. Es bedeutete das Ende ihrer Glaubwürdigkeit. Noch für mich als Halbwüchsigen konnte es nichts anderes bedeuten. Deswegen schrie ich ja meine Tante an. Sie ertrug es schweigend, weil sie mir recht gab. Nicht nur sie selbst verziehen sich nicht, auch ihre Freunde verziehen ihnen nicht. Vilma Ligeti platzte noch Ende der sechziger Jahre fast vor Wut, wenn sie daran dachte, wie schamlos Magda und Pali ihr ins Gesicht gelogen hatten. Die lügen auch jetzt noch. Haben immer gelogen. Ihre Wut war nicht unverständlich, war doch ihr Lebenspartner, an dessen Namen ich mich nicht erinnere, ich erinnere mich nur, dass er ebenfalls aus der Kommunistischen Partei Frankreichs ausgetreten war und sich später in der Résistance einer gaullistischen Gruppierung angeschlossen hatte, als Verwundeter in einem Krankenhausbett von einem Gestapo-Kommando entlarvt und erschossen worden. Vilma musste annehmen, dass ihn seine ehemaligen Genossen verraten hatten, die Krankenschwester, die für den kommunistischen Widerstand arbeitete.

Aber sie belogen sich selbst, nicht mich. Ich glaubte ihnen nicht. Keinen Augenblick. Die machten sich selbst kaputt, nicht mich, diese ganze verdammte Bande.

Es gab kein Gegengewicht, die Geschichte konnte nicht neu geschrieben werden, es gab nichts, in dessen Namen sie sich etwas hätte verzeihen können. Was immer Tante Magda gedacht und beabsichtigt hatte, es war von den Massenmorden nicht mehr zu trennen. Sie wusste nicht, was kommen würde, was für einen Sinn, wenn überhaupt, es haben könnte, aber so, wie sie in ihrem auf die Szófia-Straße gehenden Zimmer hochschreckte und auf die Kissen gestützt lauschte, ob dem leisen, gerade noch hörbaren Klicken der Lifttür ein lang anhaltendes Klingeln, vielleicht ein Poltern an ihrer Wohnungstür folgte, konnte es nicht weitergehen, das wusste sie genau.

Diese Art von Beklemmung, dieses Hochschrecken kenne ich, auch wenn meine Beklemmung ganz anderen Quellen entstammt.

Sie hatte sich getäuscht, das war ihr Gefühl, ihr Leben verfehlt, aber wann und wie genau, hätte sie nicht sagen können.

Auch ich weiß es von meinem Leben nicht. Ich weiß nur, dass es eine gewisse Kohärenz hat, aber auch diese hat keinen Sinn. Ich jedenfalls habe ihn nicht gefunden.

Was den Sinn des Lebens betrifft, bin ich meiner Tante gegenüber insofern im Vorteil, als man ein von der Geburt an verfehltes Leben nicht weiter verfehlen kann.

In jenen langen Nächten konnte ich sie aber noch so bestürmen, wo sie denn ihr Leben verfehlt habe, sie konnte oder eher wollte nicht antworten, obwohl sie es versuchte.

Aus ihrem Gestammel schälte sich nur ein französisches Wort heraus, cauchemar, cauchemar, Albtraum, Albdruck. Schreckensbilder und Schreckensgestalten ängstigten sie. Kamen in der Nacht zu ihr. Traten aus dem Schatten meiner Urgroßmutter hervor. Wichen nicht von der Stelle. An der Wand hing in einem modernistischen goldenen Rahmen Vilma Parlaghys prachtvolles, lebensgroßes Gemälde meiner Wiener Urgoßmutter im rosaroten Abendkleid, der letzte barocke Lehnstuhl aus ihrem Wiener Kleinen Salon, der barocke Lüster, der riesige barocke Spiegel waren noch vorhanden, aber an der Spitze der Geistergestalten schritt der Kommunist Frigyes Karikás einher, Genosse Virág mit Decknamen, und sogar den sprach sie mit verliebter Bewunderung aus. Mama Falus, hatte Frigyes zu ihr gesagt, Genosse Virág, sie zu ihm. Ganz offensichtlich hatten sie ihre Decknamen als Kosenamen verwendet. Das war ihr Spiel gewesen. Mit diesem Genossen Virág hatten die Genossen nicht viel Federlesen gemacht, sondern ihn nach seiner Verhaftung in der Nacht auf den Samstag, den 5. März 1938, in der Lubjanka totgeschlagen, nachdem sie ihn aus Paris zurückbeordert hatten und er treu und trottelhaft nach Moskau zurückgekehrt war, um am Proletarierstaat mitzubauen. Er hatte gerade noch die erste ungarische Übersetzung des *Schwejk* beenden können. Für einen *Monde* genannten Verlag, den György Bölöni und Pál Aranyossi in Paris gegründet hatten und für den Graf Mihály Károlyi nicht nur das Startkapital beschafft, sondern auch eine großzügige Bürgschaft übernommen hatte, woraus ihm noch viel Verdruss entstehen sollte. Sie gaben anspruchsvolle, von der ungarischen Zensur verbotene Werke auf Ungarisch heraus und schmuggelten sie über die Grenze. Unsere Eltern hatten sich selbstverständlich die geschmuggelte Erstübersetzung des *Schwejk* beschafft, und so las auch ich später Jaroslav Hašeks Werk in Frigyes' Übersetzung.

Sie musste Licht machen, damit Frigyes sie nicht heimsuchen kam, oder damit er wieder ging, falls er schon da war. Damit auch Fitos nicht kam, das heißt Géza Losonczy mit seinem entschlossenen Schritt, seinem fast gleichgültig gleichmütigen Ausdruck und seinem, wie Tante Magda ihn charakterisierte, streichelnden aufmerksamen Blick, und damit András Szalai mit seinem breiten Lächeln nicht kam. Sie musste sich in harmlose Lektüren flüchten. Damit Ilona Kojsza nicht kam, in ihrer Schönheit und ärgerlichen Beschränktheit. Tante Magda schnappte nach Luft, so sehr hasste sie diese Frau, und es störte sie sehr, dass ich mich zuweilen mit Ilona traf und sie mir die jenseits aller Vorstellung liegende Geschichte ihrer Folterungen in sämtlichen Einzelheiten erzählte. Tante Magda spritzte Galle gegen diese Kojsza, auch wenn sie nicht umhinkonnte, sie für ihre Schönheit, ihre Tapferkeit und angeborene Eleganz, die sie noch besonders ärgerte, zu bewundern. Zehn Jahre später, im Sommer 1974, stieß ich zufällig auf die Villa mit Türmchen in den Budaer Hügeln und fotografierte sie, die Nummer 48 in der Eötvös-Straße, die verstaatlichte Villa eines jüdischen Industriellen mit höllisch schlechtem Geschmack, wo Kojsza und die anderen um falscher Geständnisse willen geschlagen und gefoltert worden waren. Sie sollten etwas gestehen, das sie nicht begangen hatten. Bestimmt war es dieses Haus, in dem Kojsza, Rajk und Béla Szász gefoltert worden waren, auch Kardinal Mindszenty wurde hier gefangen gehalten. Hier legte Rajk sein erstes Geständnis ab. Hier wurde er zum ersten Mal mit Béla Szász konfrontiert. Szász und Kojsza ließen sich auf eine solche Gemeinheit, die falsche Zeugenaussage, nicht ein. Ich fand das Haus aufgrund ihrer Beschreibungen und dank eines Zufalls. Ihre Beschreibungen beruhten einzig auf Sinneseindrücken. Auch ich stütze mich bei jeder Beschreibung auf meine Sinneseindrücke. Etwas anderes gibt es nicht. Auf Töne, Gerüche. Das ist der gemeinsame Nenner zwischen den Menschen. Die Hände hinter dem Rücken gefesselt, die Augen verbunden, wurden sie in der stummen Nacht weggebracht, nur das Zischen und Quietschen der Reifen, nur die Düfte der Sommernacht.

Sie wussten nicht, wo sie waren, wohin sie gebracht wurden, wie der nächste Augenblick aussehen würde. Was anderes hätten sie registrieren können als Einzelheiten, jede kleine Einzelheit, was anderes hätte sich in der Erinnerung erhalten können.

Vor allem Fitos sollte nicht kommen, dessen Schicksal das grellste Licht auf die freiwilligen Verbrechen und die Katastrophe der kommunistischen Bewegung warf, nur daran nicht denken müssen. Als Fitos, alias Géza Losonczy, zum wer weiß wievielten Mal verhaftet wurde, bereits zum zweiten Mal von seinen lieben Genossen, sodass er sich ihretwegen wieder dem Henkersknecht, dessen Name mir entfallen ist, obwohl ihn mir Ilona Kojsza genannt hatte, gegenüberfinden durfte, jenem, der in Horthys politischer Polizei die

Kommunisten schon vor der Belagerung geprügelt hatte, ebenso während der Belagerung als Pfeilkreuzler, in der Andrássy-Allee, und ebenso nach der Belagerung am selben Ort, im selben Haus, worauf er siebenundfünfzig und achtundfünfzig, auch das weiß ich von Kojsza, jene prügeln ließ, die es gewagt hatten, sich zur Revolution zu bekennen, wie eben Losonczy. Schon die Tatsache, dass Prügel offenbar ewig und immer gültig sind, ließ Losonczy fast den Verstand verlieren.

Seine Befrager dachten, er simuliere. Dass er sich auf diese Art vor dem Geständnis drücken wolle. Vor einem falschen Geständnis natürlich.

Sie schlugen ihn aus Wut tot. Jedenfalls hieß es damals in Budapest so. Ich spreche hier von einem Budapest, in dem es keine zuverlässigen Informationen gab. Nach einer anderen Version trat er in den Hungerstreik, und sie hätten ihn mit Zwangsernährung umgebracht.

In ihre Kissen versunken, schloss Tante Magda lieber die Augen, es war ihr zu hell. Sie wollte mir von diesen Morden, von denen ich auch vorher schon gehört hatte, nicht bei Helligkeit erzählen. Im Dunkeln aber kamen die Gestalten. Also machte sie wieder Licht. Aber auch bei Helligkeit kamen sie. Früher hatte sie nie Angst gehabt, wusste gar nicht, was das ist, die zwanzig Jahre der Emigration, ihr karges Leben, ihre neun Ausweisungen, der Gebrauch von falschen Namen, falschen Papieren, die illegale Heimkehr, die deutsche Besatzung, die Pfeilkreuzlerherrschaft hätten bei ihr überhaupt keine Angst oder Beklemmung ausgelöst. Ich konnte es kaum glauben.

Meine Skepsis quittierte sie auf ihre herrschaftliche Art eher mit Staunen, lachte mich aus. Ganz im Gegenteil, sagte sie, sie habe gefürchtet, nicht normal zu sein, weil sie so gar keine Angst hatte.

Deshalb wahrscheinlich war sie zweimal zusammengebrochen.

Das eine Mal, als Pali aus dem Staatskasino abgeführt wurde, da dauerte der Zusammenbruch zwei Tage, der befreundete Arzt Oszi Solt brachte sie mit Spritzen wieder hoch und holte sie auch aus ihren Ohnmachten zurück. Das andere Mal brach sie wegen Pista zusammen. Pista selbst war im Keller zusammengebrochen, und sie habe ihm nicht helfen können. Noch heute schmerze sie das. Tatsächlich lag Weinen in ihrer Stimme, als sie das erzählte. Als sie den weinenden Pista im dämmerigen Kellervorraum zurückgelassen, den Keller von außen abgeschlossen, ihn mit seinem Weinen eingeschlossen hatte, worauf sie noch dort, im Palatinus-Karree, zwischen den hohen Gebäudeblöcken zwischen der Pressburgerstraße und dem Donaukai einen Weinkrampf bekam, nicht aufhören konnte, sich an die Hauswand lehnen musste, worauf sie für eine Woche außer Gefecht war. Wegen der Kätzchen, als Pista ihr die Sache mit den Kätzchen erzählte, hätten sie beide diesen Nervenzusammenbruch gehabt, er habe es nicht wirklich erzählen können, habe dort im Kellervorraum nur geweint und gezittert, sagte sie, während sie in ihren Kissen zu schluchzen begann. Oszi war auch da zur Stelle gewesen, hatte sie mit etwas hochgespritzt, vielleicht mit Vitaminen.

Das war wohl die Rache der jahrzehntelang verdrängten Angst.

Nur Klári, deine Mutter, übertraf mich an Furchtlosigkeit.

Ich dürfte es dir ja nicht sagen, aber auch Klári sehe ich immer wieder.

Auch sie kommt.

Irgendwie rang Tante Magda in den Nächten, in denen wir im schwachen Licht des barocken Wandleuchters in ihrem Zimmer saßen, um eine endgültige Bilanz.

Einmal sagte sie knapp und bündig, ihr Herz sei voller Toten.

Zu viele teure Menschen waren umgebracht worden, von den Nazis, aber vor allem auch von den nahestehenden eigenen Leuten, den kommunistischen Genossen. Das Fürchten habe sie von ihren eigenen Genossen gelernt, so schrecklich das klinge.

Aber sie hätte sie um keinen Preis verleugnet.

Da konnte ich noch lange argumentieren, herumschreien, sie provozieren.

Ihr Herz sei voller Toter.

Der pflichtgemäßen familiären Abneigung gegen das Pathos zum Trotz vibrierte in diesem Satz doch massives Selbstmitleid, ein letztes kleines, schillerndes Signal der Selbsttäuschung. Auch wenn Theatralik in unserer Familientradition verpönt war. Unser Großvater, das heißt ihr verhasster Vater, hatte ihnen genügend Szenen gemacht, um sie ihnen auf ewig zu verleiden. Durch den historischen Maßstab ihrer Reue wurden Tante Magdas Fehler in meinen Augen aber doch verzeihlich. Durch ihre Trauer um die erloschene kommunistische Leidenschaft. Ihr Leiden war proportional zum ungeheuren Zusammenbruch der tief in der christlichen Geschichte eingebetteten Utopien. Und ich, törichter Halbwüchsiger, wollte sie retten. Meinem Wissenshunger hingegen kamen ihre Schlaflosigkeit, ihr Hochschrecken, ihr Herzweh gelegen, ich hörte ihr gern zu, im letzten verbliebenen barocken Lehnstuhl aus dem Kleinen Salon meiner Urgroßmutter. Mir imponierte auch das Ausmaß ihrer Reue, sie befriedigte meine Rachsucht, die ich wegen meiner blöden Eltern als Gepäck mitschleppte. Ich wollte wissen, wer die Toten ihres Herzens waren, wollte deren Schicksal kennen. Die Toten meiner toten Mutter und meines toten Vaters. Ich wollte die Geschichte der zwei großen Massenmorde des Jahrhunderts kennen und verstehen, und vor allem die Geschichte der kommunistischen Bewegung, die für mich keinen Anfang, kein Ende hatte.

In jenen Jahren waren die ungarischen Gefängnisse noch voller politischer Gefangener.

Ich wollte wissen, wie ich im Gegensatz zu ihnen mein eigenes, utopiefreies Leben einrichten und verbringen sollte. Wie und nach welchen Gesichtspunkten ich die Dinge, mit denen sie mir bewusst oder unbewusst den Kopf gefüllt hatten, umwerten sollte. Ein paar Monate lang war mir von der geschichtlichen Dimension ihrer Erinnerungen schwindlig. Aber auch Tante Magda profitierte von meiner Gegenwart. Meine scharfe Aufmerksamkeit hielt sie gefangen. Und sie hatte das Bedürfnis, ihr geheimes Wissen wenigstens einer wohlmeinenden Seele, dem Petyonka, weiterzugeben. Den Kosenamen Petyonka hatte ich mit meiner Art allerdings ziemlich rasch von mir abblättern lassen. Nur sie verwendete ihn noch. Wenn in der Diktatur des Proletariats offen gezeigtes Wissen verboten, ja, Wissen und Faktenkenntnis an sich verpönt sind, dann möge, dachte sie wahrscheinlich, wenigstens die mündliche Tradition funktionieren. Wenigstens im Sinn eines Geheimwissens sollen wir das für die Kontinuität des Lebens unerlässliche Minimum an Sachlichkeit aufrechterhalten.

Manchmal dämmerte draußen der von Neonlichtern angeleuchtete Himmel schon, die erste Straßenbahn ratterte vorbei, und noch immer stellte ich Fragen, noch immer redete sie. Obwohl ich früh aufstehen musste, ich durfte mich an meinem Arbeitsplatz oder in der Gewerbeschule nicht verspäten. Am Arbeitsplatz musste ich um sechs sein, in der Schule zum Glück erst um acht.

Marika, die Hausangestellte, deren Nachname mir nicht einfallen will, schüttelte mich wach. Sie zwang mich zu frühstücken, lief mir nach, essen Sie das noch, Péter, während Sie sich die Schuhe binden, Péter, während Sie den Mantel anziehen.

Ich kam nicht zu spät. Oder höchstens zweimal, und da gaben mir meine Mitschülerinnen Deckung.

Mein Waisendasein hatte seine Vorteile.

Man fand es ergreifend, dass ich völlig verwaist war. Ich fand nichts Ergreifendes daran. Es war eine krude Realität, dass ich nirgends mehr zu Hause war. Es mochte viermal in der Woche vorkommen, dass ich im Fotoatelier an der Kossuth Lajos-Straße im allerletzten Augenblick hereingestürzt kam, oder, zweimal in der Woche, in der nach István Dési Huber benannte Gewerbeschule in der Práter-Straße, aber immerhin, ich war da.

Wenn ich nachts von einer Party, einem Rendezvous, einem

Konzert, einem Tanzanlass, einer Zecherei, aus dem Kino, dem Theater, der Oper oder von meinem Stammplatz, der Galerie des Cafés New York und der dort zusammengewürfelten Gesellschaft von Gammlern, Taschendieben, Dichtern, versoffenen Diplomaten, hinausgeworfenen Rabbinerschülern, stellenlosen Journalisten, dilettantischen Prosaschreibern und feingestimmten Philologen, Männern und Frauen, Huren und Schürzenjägern, Schwulen und Strichern, Alkoholikern, einer unglaublichen Gesellschaft, in der praktisch keiner mit dem anderen etwas am Hut hatte, einem Rudel weggeprügelter Hunde, wie ich einer war, wenn ich von da angeheitert in die gemeinsame große Wohnung am Theresienring nach Hause kam, falls ich nach Hause kam und nicht irgendwo übernachtete, und sah, dass unter der Tür des Zimmers meiner Tante Licht durchkam, platzte ich bei ihr herein.

Ich hatte den Eindruck, dass sie damit rechnete, mich erwartete, sich freute.

Der Theresienring hieß da schon Lenin-Ring, unsere Wohnung befand sich am Lenin-Ring 65, aber die Budapester folgten den politischen Umbenennungen immer mit rund zehn Jahren Verspätung. Es gab Leute, die immer noch Horthy Miklós-Straße sagten statt Bartók Béla-Straße. Der Theresienring wurde für die Budapester erst Ende der sechziger Jahre zum Lenin-Ring, in der Zeit, als ich meine Stelle aufgab und die Stadt verließ, um mich nach Kisoroszi an der Spitze der Insel von Szentendre zurückzuziehen. Der Lenin-Ring blieb für mich Theresienring, so wie auch meinem kommunistischen Vater nie eingefallen wäre, Marx-Platz zu sagen, er sagte immer, wir treffen uns am Berlinerplatz.

Manchmal ging ich einigermaßen angeheitert zu meiner Tante hinein, in der Zeit trank ich. Hauptsächlich Spirituosen, viele, möglichst billige, albanischen Cognac, ungarischen Zwetschgenpálinka, polnischen Wodka und sonstige rasch wirkende Gifte. Für mein Alter und meine Konstitution trank ich zu viel, aber nie mehr als mein Lehrlingslohn und das mit Schwarzarbeit verdiente Geld hergaben. Mein Freund Miki und ich fotografierten auf Hochzeiten, er ging voraus, verhandelte, was darin bestand, dass er mit einem offiziell aussehenden Rechnungsbuch und einem gut gespitzten Tintenstift und vor allem mit seiner wunderbar einschmeichelnden Art, die voll beißenden Humors war, voller Lust und Scharfsicht und bitterer Menschenkenntnis, das junge Paar oder seine Angehörigen bezirzte. Den älteren Frauen, also den Müttern des jungen Paars, durfte er, wie er wusste, keine fotografischen Dienste anbieten, da diese Frauenspersonen einzig dafür lebten, das verdammte Geld zusammenzuhalten, nicht auszugeben. Keinen Fillér aus der Hand zu lassen. Sie würden dann sowieso ins Studio des bekannten Fotografen gehen. Ach woher, die gehen nirgendshin, die sagen einfach zu allem sofort nein. Und bleiben unerbittlich dabei. Miki wusste das, kannte sie in- und auswendig. Man musste die baufälligen und schon angesäuselten Väter ansprechen. Die Frontkämpfer, die Kriegsgefangenen. Je ärmer oder angeschlagener, umso leichtgläubiger. Die Untertanen. Was für ein Glück, geehrter Herr, dass Sie uns hier finden und wir noch im letzten Augenblick verfügbar sind, um diese wundervolle Hochzeit zu fotografieren. Noch nie eine so schöne Braut, einen so stattlichen Bräutigam. Und wenn das Terrain vorbereitet war, wenn die Opfer mit verlegener Miene die Anzahlung gemacht hatten, um diese zusätzliche Unannehmlichkeit so schnell wie möglich hinter sich zu bringen, trat ich mit meiner Fotoausrüstung auf den Plan. Und zwar rasch. Bevor die Frauenspersonen, die dauergewellten Schreckschrauben auftauchten und alles rückgängig machten, damit wir nicht zu ein bisschen Schwarzgeld kamen. Unser Arbeitsort waren die Hochzeitssäle. Miki steckte auch dem Standesbeamten etwas zu, damit er uns nicht hinauswarf. Damals gab es auch schon weibliche Standesbeamten, und die setzte er mit seiner Jugendschönheit sofort außer Gefecht. In jedem Fall aber erhielt das junge Paar anständig gemachte Fotos. Ich gab mir alle Mühe, sie um einiges schöner und stattlicher aussehen zu lassen, als die Ärmsten, gehetzt und abgewetzt in ihrer beim Verleih geholten Kleidung, es waren. Ich leuchtete heftig aus, retuschierte heftig. Abends machte Miki in der Stadt die Runde, lieferte die fertigen Fotos ab, wobei es nicht immer leicht war, das Honorar einzutreiben.

Ich weiß nicht, ob meine Tante meine Saufereien bemerkte, sie sagte nie etwas.

Wenn ich total betrunken nach Hause kam, sackte ich gleich ins Bett. Oder stopfte in der Küche irgendwelche Reste in mich hinein, Marika im Dienstbotenzimmer wachte von meinem Rumoren auf, gab mir zu essen, schlug die Decken zurück, brachte mich zu Bett, weil sie nicht wollte, dass ich in meiner Kleidung schlief. Die nächsten Angehörigen bewahren einen vor den Gefahren nicht, die wirklich auf einen lauern. Mit knapp achtzehn war ich auf dem besten Weg, zum Alkoholiker zu werden. Alkoholismus war in unserer Familie unbekannt. Fast alle waren verrückt, aber ich weiß von keiner Abhängigkeit. Aber noch in stark alkoholisiertem Zustand hatte mein Geist eine saubere Zone, und so konnte ich nüchtern feststellen, wie nutzlos meine Betrunkenheit war. Dort, wo ich Hilfe brauchte, half der Alkohol nicht. Einmal kam meine Tante aus Berlin, wo sie sich natürlich auch mit ihrer Freundin Netty getroffen hatte, nach Hause, sie hatte an einer internationalen Historikerkonferenz oder so etwas teilgenommen, der längere Archivrecherchen vorangegangen waren. Der Zug traf am späten Abend ein. Ich hatte auch zu Hause Rum oder Pálinka, den ich im Schreibtisch aufbewahrte. Ich holte sie am Westbahnhof ab, mehr oder weniger sturzbetrunken, damit sie den Koffer nicht zu schleppen brauchte.

Da merkte sie wahrscheinlich schon etwas.

Aber aufgrund ihrer Erziehung musste sie sich von jedem peinlichen Anblick abwenden. Ungezogenheiten, Ungezügeltheit nahm man besser gar nicht zur Kenntnis. Noch eher als eine Freundin war Netty ihre gute Genossin. Seghers, so nannte Tante Magda sie streng. Sie nannte sie nie bei ihrem literarischen Vornamen, sagte nie Anna, höchstens dass ihr hin und wieder ein Netty entschlüpfte, aus ihrem gutbürgerlichen Vorleben. Seghers war nicht die bekannte Schriftstellerin, sondern ihre Genossin, eine deutsche Genossin, die Frau eines ungarischen Genossen. Sie waren aus ähnlichem Holz geschnitzt und stammten aus sehr ähnlichen Verhältnissen. Angeborene Intelligenz, vielseitiges humanistisches Wissen, empirische und theoretische Gesellschaftskenntnis, das alles hatten sie wohl gemein. Seghers war schön, auch im Alter noch eindrucksvoll, meine Tante konnte auch in ihrer Jugend nur gerade hübsch genannt werden, später hatte sie noch in ihrem Auftreten die Selbstsicherheit der großbürgerlichen Dame, auch wenn von Bürgerlichkeit keine Rede mehr sein konnte. Über der Zwecklosigkeit ihres Lebens waren ihr Körper und ihre Intelligenz plump geworden. Meine Tante litt unter ihrem unvorteilhaften Äußeren. Sie sei eine Patapuff, also eine patte à pouf, eine schwerfällige Frau. Ein unbeholfenes Wesen, das sich höchstens intellektuell reflektieren kann. Dieses selbstironische patte à pouf traf ihre Beschaffenheit genau. Für Einzelheiten hatte sie schon Aufmerksamkeit, auch die Sensibilität, sich in sie einzufühlen, für ihre Feinmechanik, vor allem die gefühlsmäßige, hatte sie jedoch keine Geduld. Sie alle sahen keine Zukunft mehr für ihre Utopie, die ja auch gar keine Zukunft mehr war. Sie wurden ungeduldig, und so etwas ist auch für die materielle Welt verheerend. Die auf Hegel beruhende marxistische Geschichtsauffassung, an die sie ihr ganzes Erwachsenenleben geknüpft hatten, wurde zum Problem. Sie hatten zur Vollendung der Geschichte beitragen wollen. Das glückliche Ende der Geschichte sehen, das Ende allen Leidens, die Erlösung der Menschheit. Doch mit dem endlosen Zug der Toten hinter sich mussten sie erkennen, dass der Messianismus als Geist der Geschichte ein leerer und rein spekulativer Begriff ist.

Hegel war da nirgends, Kant ebenso wenig.

So wie es ihre gutbürgerliche Erziehung forderte, retteten sie sich mit ihrer Verzweiflung, ihrem Unverständnis, ihrer Schuld, ihrer Enttäuschung, ihrer täglichen Sühne und ihren verschiedenen Anklagen ins Schweigen. Man beklagt sich nicht, man macht keine Vorwürfe. Es war ihnen schon bewusst, dass sie die Wirklichkeit ignorierten, die kritische Betrachtung der Realität war ja ihr ganzes Leben lang ihr Anliegen gewesen. Am Ende ihres Lebens fanden sie sich mit ihrem heillos verzerrten Wissen und ihrer obsolet gewordenen kritischen Anschauung nun auf einmal inmitten einer fiktiven Realität wieder. Im Namen einer sich auf ewig in die Zukunft zurückziehenden Utopie mussten sie das wirkliche Leben ignorieren. Ihr Realitätsbewusstsein dauernd umformulieren, es also täuschen, betrügen. Sie wussten auch, dass ihre gedrückte Stimmung die allgemeine Krise und Depression der kommunistischen Bewegung nicht nur reproduzierte, sondern noch vertiefte. Der Kommunist ist nicht depressiv, und das nicht aus Disziplin, sondern weil er das Vertrauen in den Sinn der Selbstaufgabe und des kritischen Geistes nicht verliert. Deswegen fühlte sich mein armer Vater verpflichtet, in seinem Abschiedsbrief die Partei demütig um Verzeihung zu bitten. Zuerst bat er um Verzeihung dafür, dass er auch uns mitnehmen, das heißt, über uns stehen bleiben und uns sorgfältig eine Kugel in den Kopf oder ins Herz jagen würde, und als er das angesichts der Schönheit meines schlafenden Bruders dann doch nicht tut, bittet er in einem Zusatz seine Partei um Verzeihung, denn mit sich selbst werde er irgendwo draußen auf dem Donaukai von Óbuda doch Schluss machen und uns den Genossen und unserem Schicksal überlassen. Noch in ihrer Trauer, mit ihren Zweifeln und Zusammenbrüchen waren sie keine selbständigen Menschen. Sondern mit ihrer Partei verwachsen, und das begriffen sie nicht. Sie hatten keine eigene Persönlichkeit mehr, eine Partei aber, welcher Art auch immer, kann die Persönlichkeit nicht ersetzen.

Sie stellten sich ihr Leben in einem Plural vor, wie er weder in der Sprache noch in der Kultur vorkommt.

Ihre Vorstellungen waren nicht realisierbar.

Ein halbes Jahrhundert hatten sie nach dem Maßstab der Selbstlosigkeit gelebt, in ihrem Zusammenbruch oder am Ende ihres Lebens mussten sie nun einsehen, dass die Selbstaufgabe und die Selbstlosigkeit nicht den geringsten Sinn gehabt hatten und auch nachträglich niemandem nützen würden.

Ihr Tun hatte höchstens einen stillen Selbstwert, was den Lauf der Welt natürlich überhaupt nicht berührte, nicht änderte, und auch in Zukunft würde sich bestimmt niemand dafür interessieren. Die Außenwelt lebte nicht im Kult der Selbstaufgabe, der Solidarität, der Empathie, sondern in dem der Selbstverwirklichung. Immerhin macht ihr Leben deutlich, nach welchem System sich die Gesellschaft bewegt, es macht die menschliche Monomanie und Egomanie sichtbar. Ich jedenfalls meine das seit jener Zeit deutlicher zu sehen. Tatsächlich hatten sie die Formen der Solidarität aus dem Bereich der reinen Wohltätigkeit herausgehoben, hatten für sie Institutionen geschaffen, hatten sie gewissermaßen konkretisiert, hatten die christliche Nächstenliebe und die soziale Fürsorge in die staatliche Administration eingefügt, hatten auch den Sinn der weltlichen Askese entdeckt, und das alles ist ein echtes Verdienst, aber damit hat es sich auch. Die Herrschaft und den Wahn des Faschismus hatten sie nicht abwehren, nicht aufhalten können. Wenigstens hatten sie es versucht. Auch das ist ein Verdienst. Aber keine Falschheit, keine Lüge, kein Betrug, kein Raub und kein Mord hatten als Preis genügt, um das Prinzip der Kollektivität in die Wirtschaft hineinzupeitschen. Nicht Fülle hatten sie geschaffen, sondern dauerhaften Mangel. Hatten die Gesellschaft aufs Niveau eines Dilettantenvereins hinuntergedrückt. Die Menschen lernten zwar, aus der Not eine Tugend zu machen, aber dafür dachten sie, dass jeder von allem etwas verstehen muss und man alles mit allem ersetzen kann, und damit war das Ethos eines jeden Gewerbes zerstört.

Ohne Willkür und Unterdrückung konnte sich dieses System

keinen einzigen Tag halten, und das gab sie der Lächerlichkeit preis.

Im barocken Wiener Lehnstuhl sitzend sah ich ein, dass man so etwas nicht einsehen kann. Wenigstens wollte ich meiner Tante helfen, manchmal mit brutalen Methoden, ja, aber ich wollte sie eben so weit bringen, dass sie es doch einsah.

So ungeschützt zu reden, wie sie es in jenen Nächten mit mir tat, hätte sie, glaube ich, sonst nicht riskiert.

Ich war ein verrückter Halbwüchsiger, ungerecht und extrem, und ich begriff auch nicht, warum sie nicht wenigstens mit ihren Freundinnen so klar und deutlich sprach. Seit ihrer Mädchenzeit hatte sie ja ein Heer von Freundinnen, Bori Fáy, Jolán Szilágyi, Borbála Szerémi, Panni Angyal, Bella Dobrova, Kató Gortvai, Anna Kara, Erzsi Perczel, Dóra Járó, Margit Izsáky, Vera Földes, Vilma Ligeti, Sári Vadas, Bori Zsigmondi und so weiter, der Altehexenbund, wie sie von sich sagten, die VDAS, Vereinigung Demokratischer Alter Schachteln.

Jede einzelne Frau hatte ein interessantes Schicksal, aber wenn sie zusammen waren, krächzten sie wild durcheinander wie eine Schar Krähen.

In meinem jugendlichen Überschwang konnte ich nicht begreifen, was sie zu verlieren hatte, wenn sie mit ihnen Klartext redete.

Vielleicht waren Stefike Dési Huber und Jolán Kelen die beiden Ausnahmen, mit denen konnte sie ohne Verstellung, in einer normalen Tonlage sprechen, aber in politischen und moralischen Fragen belogen auch sie sich gegenseitig konsequent, und hauptsächlich belogen sie sich selbst. Vielleicht war Stefike Dési Huber die Einzige, bei der nicht immer alles mit Lügen versetzt war, wenn sie log, log sie eher aus Rücksicht. Sie trug ihr schneeweißes Haar in einem verwelkten kleinen Knoten und war stets aufmerksam. Hörte ihnen mit gütiger Miene zu und erinnerte mich immer an den Akaziengeschmack des Honigs, sie war süß, eine von Natur aus süße Frau, sie wich ihnen aus, kommentierte nichts, um nicht urteilen zu müssen. Ihr fehlte die Fähigkeit zur theoretischen oder ideologischen Konstruktion. Seghers begann heimlich zu trinken, Tante Magda wurde herzkrank.

Tagelang musste sie wegen Kreislaufbeschwerden das Bett hüten, die Wand anstarren. Um ihre Depression aufzuheben, war sie herzkrank geworden.

Einmal fragte ich sie, was sie, wenn sie doch das alles so klar sehe, mit Déry, Koestler oder Gide für ein Problem habe. Falls sie aber mit ihnen einverstanden sei, warum sie dann diese großen Renegaten so erbarmungslos hasse. Was sie mit Imre Nagy, Frau Rajk, Frau Károlyi oder mit Milovan Djilas für ein Problem habe.

Und warum sie nicht auspacke, warum sie das Ganze nicht schön laut erzähle. Warum sie keinen Skandal mache.

Sie zögerte, dann sagte sie, mich darf nur meine Partei begraben.

Ich gebe zu, die Antwort traf mich unvorbereitet, ihre hochmütige Stumpfsinnnigkeit war wie eine Ohrfeige, sie brachte mich auf.

Das sagst du aber nicht im Ernst, dass dir wichtig ist, wer dich begräbt. Das sagst du aber nicht im Ernst, dass du dein Leben aus der Perspektive deiner Beerdigung gestaltest.

Das sagst du aber nicht im Ernst, dass dir deine Beerdigung wichtiger ist als das Leben anderer.

Auf Beerdigungen scheißt man doch.

Warum scheißt du nicht hier aus dem zweiten Stock auf deine Beerdigung.

Sie sah mich an, sagte nichts, schaute drein wie jemand, der in den weichen Winternebel starrt. Ich sprach absichtlich so vulgär, verwendete Wörter, die sie nie im Leben ausgesprochen hätte, ich wollte sie provozieren. Allerdings hatten wir da schon alle möglichen Beerdigungen hinter uns, so auch die Exhumierung und infame Neubestattung der Entehrten und Hingerichteten, wir wussten, was eine solche nekrophile Zeremonie bedeutete. Das

Nonplusultra an Niedertracht, an Perfidie, eine Parodie, eine Farce, noch milde ausgedrückt. Nicht mal so viel wert wie ein Stück Scheiße.

Rajk wurde exhumiert und in einem Prunkgrab neu bestattet, von denen, die ihn hingerichtet hatten.

Mich darf nur meine Partei begraben und niemand sonst, wiederholte sie stur, und in diesem Ton solle ich nicht mit ihr sprechen. Sonst möge ich so nett sein und ihr Zimmer verlassen.

Ich hätte dieses kahle alte Wrack am liebsten aus ihrem Bett gezerrt, damit sie mit ihrem Leben endlich etwas Intelligentes tat, endlich laut und öffentlich sprach.

Sie verbitte sich das, sagte sie mit jener wehleidigen Damenhaftigkeit, über die sie ein Leben lang gespottet hatte. Während sie den Stil mit ihren aus dem gleichem bürgerlichen Holz geschnitzten Freundinnen durchaus pflegte. Je älter und enttäuschter sie wurde, umso stärker meldeten sich aus ihrem Unbewussten der bourgeoise Zungenschlag und die entsprechenden Verhaltensmuster. Als müsste sie an der Spitze ihrer radikal kommunistischen Freundinnen immer noch eine Schar von Zimmermädchen, Dienern, Köchinnen und Erzieherinnen befehligen, obwohl klar war, dass sie höchstens diese paar wackeligen alten Frauen herumdirigierte.

Ihre schwere Herzkrankheit war wohl das Symptom ihrer schweren, historisch begründeten Depression, sie wies aber die einzige mögliche Kur zurück. Sie verachtete alle, die im Namen der Realität oder der Gerechtigkeit mit der kommunistischen Bewegung öffentlich brachen, und zuweilen lebte sie von dieser Verachtung. Sie ihrerseits wählte lieber Herzschwäche und Schlaflosigkeit. Sie traf sich zwar mehrmals mit Ilona Duczynska, in Wien, in München, sogar ich traf sie Ende der siebziger Jahre in München, aber auch die verachtete sie zutiefst. Eine Verräterin. Bei ihrem Treffen mit Frau Károlyi musste ich ihr assistieren. Es war seltsam, dass sie mich darum bat, zu der Zeit sprachen wir nicht mehr miteinander. Sie erwiderte nicht einmal meinen Gruß, wenn wir uns in der großen Wohnung zufällig kreuzten. Ich hatte mich nämlich während einer unserer plötzlich aufflackernden nächtlichen Diskussionen hinreißen lassen zu sagen, sie sollten ihr Haus in Leányfalu nicht verkaufen, sondern dem Staat zurückgeben.

Es sei ihre Privatangelegenheit, was sie verkaufe und was nicht, ich solle mich da nicht einmischen.

Warum wäre, widersprach ich, ein Haus, das sie vom Staat erhalten hatte, eine Privatangelegenheit. Dieses Haus sei Volkseigentum und bleibe es auch dann, wenn sie es in Besitz genommen habe. Warum das Privatvermögen jetzt auf einmal so wichtig sei, warum sie ihre die Selbstbereicherung betreffende kommunistische Überzeugung so plötzlich aufgebe. Woher sie das Recht auf ein Privileg nehme, worauf sie es begründe.

Ich solle augenblicklich ihr Zimmer verlassen.

Ich stieß unter mir den barocken Lehnstuhl meiner Urgroßmutter weg und sprang auf.

Sie forderte mich auf, innerhalb einer Woche eine Wohnung zu finden und auszuziehen.

Ich sagte, wenn sie nicht zu mehr fähig sei, sollen sie doch ihr Haus ficken gehen. Hingegen dächte ich nicht daran, aus meiner eigenen Wohnung auszuziehen.

Damit ging ich aus dem Zimmer, in die Küche hinaus, und schlemmte zufrieden, weil ich mit diesem Dialog den letzten Faden durchgeschnitten hatte. Darin lag etwas Erhebendes. Jetzt banden mich keine familiären Verpflichtungen mehr. Allerdings fragte ich mich nicht, was daraus noch entstehen würde. Freiheit, das war klar, die schwierige Freiheit. Da erschien mein Cousin Georges aufgewühlt und atemlos in der Küchentür.

Was hast du meiner Mutter gesagt, brüllte er.

Ich habe gesagt, ihr sollt euer Haus ficken gehen.

Einen Augenblick schien es, dass er entweder auf mich losgehen oder ohnmächtig werden würde.

Oder gebt es denen zurück, von denen ihr es bekommen habt.
Zwischen uns auf dem Tisch lag tatsächlich das Küchenmesser, mit dem ich Brot geschnitten hatte, was uns beiden nicht entging. Ich war nicht aufgebracht, ich hörte nicht einmal zu essen auf.
Er ging wortlos hinaus, durch mein Zimmer hindurch und knallte die Tür hinter sich zu.

Zu meiner Entlastung sei gesagt, dass ich damals noch nicht einmal sechzehn war, gerade in einem Alter, in dem man mit seiner Familie zu brechen pflegt, weil einem alles, was diese Schweine sagen, bis ins Mark verlogen vorkommt.

Und dann bittet mich meine Tante im Sommer nach Aranyossis Tod, sie zu begleiten. Sie gehe nicht gern allein hin, sagte sie, wobei ihre Bitte eher nach einer Aufforderung klang, es werde um Katinka zu viel Wirbel gemacht, und sie fühle sich in den letzten Tagen nicht wohl. Wir würden nicht zum Abendessen bleiben, sie würde nur hingehen, um Katinka zu begrüßen, aus reiner Höflichkeit. Sie könne es sich nicht leisten fernzubleiben. Beide vermieden wir die Frage, warum sie nicht ihren Sohn darum bat. Wir wussten schon, warum sie ihn nicht bitten konnte. Als Graf Mihály Károlyi, ungarischer Botschafter in Paris, die Nachricht von der Verhaftung Außenminister László Rajks erhalten hatte, hatte er auf der Stelle einen Brief an Rákosi geschrieben und eine Erklärung verlangt. Den Brief hatte er nicht seiner Sekretärin zur umgehenden Versendung mit dem diplomatischen Kurier übergeben, sondern Überzieher und Hut genommen und war selbst in die Rue Saint-Jacques geeilt. Hier befand sich damals die Presseabteilung des Konsulats und der Botschaft, unter der Leitung von Ferenc Fejtő. Der Graf aber, den seine Mitarbeiter mit Herr Präsident ansprachen, da er 1918 Präsident der Ersten Ungarischen Republik gewesen war und abgesehen von allen seinen anderen Titeln und Rängen eine Würde besaß, wie man sie nicht verlieren kann, ging diesmal nicht zum Chef der Presseabteilung, sondern zu Georges, dem einzigen, ihm seit dessen früher Kindheit bekannten Sohn seines Freundes, Mitarbeiters und Mitstreiters Pál Aranyossi. Wenn die Károlyis am Abend gerade nichts zu essen hatten und auch kein Geld, gingen sie mitsamt ihren drei Kindern zu den Aranyossis, und wenn die etwas zum Kochen hatten, Zwiebeln, Paprika, Kartoffeln, bekamen auch die Károlyis von den Paprika-Kartoffeln zu essen.

Ich glaube nicht an die Richtigkeit der Anklagen, die zur Verhaftung unseres Außenministers geführt haben, sagte der Botschafter heiserer als sonst, als er Georges' Zimmer betrat, je ne crois pas à la véracité des accusations qui ont entraîné l'arrestation de notre ministre des Affaires étrangères. Ich habe Rákosi einen Brief geschrieben, j'ai écrit une lettre à Rákosi, in dem ich eine ernsthafte Erklärung verlange, pour réclamer des explications sérieuses. Und er fragte Georges, ob er den Brief mit unterschreiben wolle, voulez-vous la signer avec moi? Wie Georges später in seinen auf Französisch verfassten Memoiren schreibt, habe er sich die Frage kaum bis zu Ende angehört und auch nicht daran gedacht, welchen Respekt er diesem tapferen und opferbereiten Mann schuldete, sondern geantwortet, für ihn zähle einzig die Meinung der Partei, pour moi, c'est la parole du parti qui décidera. Als hätte er nicht begriffen, dass er in den folgenden Monaten von Amts wegen die skandalösen Lügen eines Schauprozesses würde wiederholen müssen wie ein Papagei.

Ich verstehe, sagte Károlyi und ging grußlos aus dem Zimmer. Fejtő trat zurück, Károlyi trat zurück, sie entfernten sich erhobenen Hauptes. Georges blieb, und natürlich wurde er etwas später Leiter der Presseabteilung.

Die Károlyis und Fejtő verziehen ihm diesen Verrat nie.

Wir fuhren mit der Straßenbahn ins Restaurant Rózsadomb, Rosenhügel. Es war noch das Trauerjahr, meine Tante, die leidgeprüfte Witwe, von Kopf bis Fuß in Schwarz, so konventionell wie nur möglich. Sie trug einen kleinen schwarzen Hut, von dem kein Schleier, sondern eher nur als Andeutung ein schwarzes Netz hing, es fasste, so wie es während des Trauerjahrs schicklich war, ihr Gesicht bis zu den Lippen ein, dazu schwarze Handschuhe, schwarze Schuhe, schwarze Nylonstrümpfe, aber nicht die dünnsten, das hätte sich zur Trauerkleidung nicht geschickt, so begegneten sich die beiden alten Damen nach mehr als einem Jahrzehnt wieder. Die Gäste hatten sich noch nicht zu Tisch begeben, es war auch noch nicht Abend, sie mochten fünfzehn an der Zahl sein, hauptsächlich wilde Feministinnen, ich entdeckte Júlia Rajk, Sára Karig, aber alles lief so rasch ab, dass ich kaum Zeit hatte, sie mir genau anzuschauen. Es standen mehr oder weniger drei Gruppen herum, alle mit dem Aperitifglas in der Hand. Die große Glastür des Restaurants war offen. Frau Károlyi stand mitten in einer Gruppe, und als wir eintraten, stellte sie ihr Glas sofort ab, um Frau Aranyossi entgegenzueilen, wobei diese sie erst mit einiger Verspätung erkannte. Kein Wunder. Frau Károlyi trug ein schwarzes Lederkostüm, das ihr ein militärisches, martialisches Aussehen verlieh, und in Budapest, das seit Jahrzehnten von der weiten Welt isoliert war, hatte noch nie jemand so etwas gesehen. Beziehungsweise hatte ich im Jahr zuvor, als sie nach der langen Emigration auf einen kurzen Besuch nach Hause gekommen war, um das Terrain zu sondieren, mit den Machthabern vorsichtig wieder Beziehungen zu knüpfen, hatte ich als der unscheinbare kleine Fotograf der Frauenzeitschrift *Nők Lapja, Blatt der Frauen*, sie in dieser Aufmachung schon gesehen. Sie war wohl als Provokation gemeint. Ich hatte zum Tross der Journalisten gehört, als sie unter der Leitung des Protokollchefs des Staatspräsidiums zu einer neugebauten Wohnsiedlung gefahren worden war, dann am folgenden Tag auf die Burg von Buda, damit sie einige Schauplätze ihres früheren Lebens wiedersah, vielleicht auch eins ihrer ehemaligen Palais. Im Keller eines dieser Palais war jetzt ein Restaurant eingerichtet, auch da hinunter wurde sie geschleppt. Wieso hätte sie das interessieren sollen. Nichts interessierte sie. Nicht einmal ihr hübscher englischer Sekretär, obwohl gemunkelt wurde, der junge Mann sei der

Liebhaber der alten Dame. Einige meiner Fotos wurden publiziert. Es waren sehr schlechte Fotos. Jetzt aber war ich meinem Schicksal dankbar, dass ich die perfekt inszenierte Begegnung der beiden alten Damen, der roten Gräfin und der kommunistischen Grande Dame, mit eigenen Augen mitverfolgen durfte. Sie packten sich an den Armen und hielten sich auf eine Art fest, dass es nicht zu einer Umarmung kommen konnte. Ich war meiner Tante nicht gefolgt, sondern in der offenen Tür des Restaurants stehen geblieben. Offenbar kondolierte Gräfin Károlyi kurz und förmlich, sagte ein paar Sätze über den Verstorbenen, von dem sie im Übrigen keine hohe Meinung hatte. Sie hatte ihren Mann vor Aranyossi zu schützen versucht. Nach ihrer Meinung war er schuld daran, dass der Graf den Kommunisten zu nahe kam. Károlyi war zwar auch unabhängig von den Warnungen seiner Frau bemüht, Maß zu halten, aber mit Aranyossis Nachhilfe kam er den Kommunisten tatsächlich näher, als es seine Absicht gewesen war. Aranyossi hatte schlagende Argumente, er selbst war eine überzeugende Persönlichkeit. Meine Tante nahm die Beileidsbekundungen mit dem weidwunden Witwengesicht entgegen, dann warfen sie einen kurzen Blick in die Runde, Frau Katinka Andrássy Károlyi schien etwas Geistreiches zu sagen, das die schwerfälligere Frau Aranyossi witzig fand, sie lachten, dann schien Frau Aranyossi etwas Inniges zu sagen, worauf Frau Károlyi ein wenig den Kopf wiegte und mit ähnlicher Innigkeit antwortete, was, glaube ich, das einzige Aufblitzen von Ehrlichkeit war, und um diese leichtsinnig-innige Saite noch weiter zu spannen, lud sie, gegen die Verabredung und schon aus reiner Höflichkeit, Frau Aranyossi zum Essen ein, was diese unter Berufung auf ihr schmerzensreiches Witwentum mit Dank ablehnte, wofür Frau Károlyi das tiefste Verständnis hatte, worauf Frau Aranyossi der Hoffnung Ausdruck verlieh, Frau Károlyi nicht über Gebühr ihrer Gesellschaft entzogen zu haben, was Frau Károlyi damit erwiderte, dass sie Frau Aranyossi zuvorkommend zur offenen Tür des Restaurants geleitete, um sie ihrem Sekretär, einem der Frau Aranyossi bereits vorgestellten, aber offensichtlich völlig unbekannten jungen Mann, wieder anzuvertrauen.

Erneut berührten sie sich an den Armen, fassten sich gegenseitig einen Augenblick an den Ellenbogen, um sich auch jetzt nicht umarmen zu müssen.

Bloß weg hier, und ein paar Schritte entfernt war auch gleich ein Taxistand.

Tante Magda verachtete alle zutiefst, die im religiösen Sinn des Schuldbekenntnisses und der Selbstaufgabe noch einen großen Skandal veranstalteten, bevor sie aus dieser weltverändernden und terroristischen Strömung der europäischen Geschichte ausstiegen. Sie kannte alle die verfluchten Renegaten persönlich und fand persönliche Gründe, kleine Charakterfehler, um sie verachten zu können. Mit der sogenannten Gerechtigkeit hatte das nichts zu tun. Sie verachtete Djilas, Spender, Silone, Koestler, Orwell. Aber dabei schimmerte ihre konservativ-liberale Erziehung stark durch, was für meine geistige Orientierung große Bedeutung hatte. Die radikalsten Töne ihrer politischen Verachtung wurden durch ihre Erziehung gedämpft, sie durfte nicht fluchen, wie ich fluchte, wie meine Mutter geflucht hatte oder ihr wild bäuerischer Vater, mein Großvater Neumayer. Tante Magda wog ab. Ihre Erziehung zwang sie, abzuwägen und den literarischen Wert der verräterischen Werke anzuerkennen, ebenso die bedeutenden geistigen Fähigkeiten der Personen, die sie im Übrigen wegen ihrer Charakterlosigkeit verachtete, ebenso die vorteilhaften Aspekte ihres Charakters oder ihrer Erscheinung, um sie dann mitsamt dem Ganzen, ihrer männlichen Schönheit oder ihrer dichterischen Begabung, zu verachten. Ihre heimliche Liebe war Karikás, aber nicht einmal sein Schicksal schien sie von dem Prinzip abzubringen, dass es besser sei, von seinen eigenen Genossen ermordet zu werden, als ein Verräter zu sein.

Was mich stark ergriff, ja, geradezu rührte. Für sie gab es kein Zurück. Ich verstand jetzt, dass sie einst tatsächlich gegen ihre liberal-konservative Welt aufbegehrt, eine neue Ordnung gewollt hatte, aber ein zweites Mal nicht rebellieren, ihren Lebensfilm nicht zurückspulen konnte. Dann aber ist es besser, konsequent zu sein und im Verein der Lügner und Mörder zu verbleiben. Für eine weitere Wende hatte sie keine Reserven mehr. Sogar als rebellierender Halbwüchsiger sah ich das ein, aber ich hatte Angst, dass dieser geliebte, ja, verehrte Mensch unwürdig enden könnte, und verzieh ihr deshalb ihre Altersschwäche nicht. Ich will keine Verräterin sein, sagte sie, und auch das klang falsch, denn sie war ja durch und durch eine Verräterin. Sie hatte fast alle verraten, hatte auf Wunsch ihre Vergangenheit mehrmals umgeschrieben, hatte ihren Mann verraten, auch ihre große heimliche Liebe Frigyes Karikás hatte sie verraten, ihren Sohn ebenfalls, mehrmals und massiv, ihn verleugnet, verleumdet, ihn wegen seiner Schwächen wiederaufgenommen und ihn dabei zutiefst verachtet, und auch mich verriet sie mehrmals auf hässliche Art, veräußerte, ohne etwas zu sagen, den Rest unseres kleinen Erbes, einmal zog ich die untersten zwei Schubladen der Kommode heraus, weil ich etwas unter dem Silber suchte, aber da war kein Silber mehr, kein einziges Stück, obwohl sie mich respektierte, meine analytischen Fähigkeiten, sie respektierte mein Schreibtalent, pflegte es wie eine Gärtnerin, stutzte es, bog es zurecht, verwies mich an Autoren, auf Quellen.

Mit ihrer Sturheit machte sie sich selbst kaputt.

Und doch erreichte sie ein hohes Alter, und je mehr sie sich kaputtmachte, umso mehr kehrte der Grundton ihrer Erziehung zurück.

Er klang wohl mit der Stimme von Fräulein Jolán in ihren Ohren.

Haltung.

Contenance.

In Pamiers hatte sich Seghers mit ihren beiden Kindern im Herbst 1940, also zwei Jahre vor meiner Geburt, niedergelassen. Ich traf an einem Donnerstag sechzig Jahre später ebenfalls dort ein. Noch bevor wir geboren werden, schaffen andere die Grundzüge unseres Lebens. Ihre Wirtin, eine französische Genossin, an deren Namen ich mich nicht erinnere, erzählte herum, Seghers und ihre Kinder seien polnische Flüchtlinge. Tante Magda hatte den Straßennamen ebenfalls mehrmals erwähnt, aber auch an den erinnere ich mich nicht. Impasse. Nur das ist mir geblieben, denn es war ein Wort, das ich nicht von früher kannte, und doch verstand ich es sofort. In jenen Jahren war es nicht ratsam gewesen, das Kind einer Deutschen und eines Ungarn zu sein. Ungarntum oder Deutschtum hatten im leicht entflammbaren französischen Nationalismus schon zur Zeit des Ersten Weltkriegs Steine, Knüppel, eingeschlagene Köpfe, Stockhiebe, schleimige Spucke bedeutet, und während der deutschen Besatzung brauchte es nicht viel, die Tradition wiederzubeleben. Für den französischen Nationalismus besteht zwischen einem Deutschen, einem Österreicher und einem Ungarn nicht der geringste Unterschied. Alles verdammte *boches*. Mir aber versprach Pamiers sofort Gutes. Ich stieg im besten Hotel ab. Auch wenn es nichts anderes war als das auf bessere Tage zurückblickende mickrige kleine Hotel einer abgelebten alten Stadt. Die französische Provinz kann ganz schön trostlos sein. Sie unterscheidet sich von der trostlosen ungarischen Provinz nur dadurch, dass die französische Armut geordnet ist. Morsche Gänge, abgetakelte Zimmerchen, elende, saubere Badezimmer. Ein strahlender, bequem eingerichteter Speisesaal, ein hervorragender Koch, phantastisches Abendessen, das schon. Die Gänseleber-Terrine in Calvados-Gelee wurde mit Lebkuchenzwieback gereicht. Ein genüsslicher Einstieg in ein königliches Mahl. Dazu die mit unvertrauter Herbe und unvertrauter Süße gesegneten Weine der Gegend, an einem Abend die frisch gefangene Forelle, an einem anderen das Rebhuhn, das Lamm, die lokalen Käse von den würzigen Hochweiden, der brutale Cassoulet toulousain, und dann die Krönung, das Dessert du jour. Die Butter von den Hochweiden tut auch in den Süßspeisen das Ihre. Meine Tante und ihre Genossen waren wohl kaum hier abgestiegen, als sie wegen der Fluchthilfe-Aktion gekommen waren. Es hätte die Polizei auf sie aufmerksam gemacht, während sie den Regeln des Untergrunds gemäß möglichst das Inkognito zu wahren hatten. Bestimmt waren sie einzeln angereist, einzeln über die Demarkationslinie gelangt und in einem entlegenen Viertel des Städtchens je einzeln bei Genossen abgestiegen, die auf illegalen Wegen benachrichtigt worden waren. Es musste ein Treffpunkt abgemacht werden und für den Notfall eine Ausweichlösung. Um von den Umständen der Fluchthilfe eine Ahnung zu erhalten, das seltsame Haus zu finden, von dem meine Tante erzählt hatte, ging ich gleich dieses abgelegene Arbeiterviertel suchen, aber ein solches Viertel gab es in dem Städtchen nicht. Oder es existierte nicht mehr. Erst Tage später stieß ich am Sonntagnachmittag in einer engen Schlaufe des laut rauschenden Ariège darauf, in der Nähe des Pont du Jeu, am Nordrand des Städtchens. Am Ufer standen in einer Reihe verlassene oder halb abgerissene Werkhallen, das einstige Arbeiterviertel mit einer uralten, aber akkurat in Ordnung gehaltenen Pétanquehalle und den unweigerlichen Sonntagsspielern, die, reglos beobachtet von Greisen und kleinen Jungen, ihre boules warfen. Dazu eine auch sonntags arbeitende, neue Papierfabrik. Davor die strenge kleine Promenade der disziplinierten französischen Armut, mit grauen, wenn auch zu schönen Bogen geschnittenen Platanen, die Promenade ebenfalls voller Sonntagsspaziergänger. Ich fand die namenlose Sackgasse, die impasse sans nom, mit dem Haus, in dem sie, falls ihre nächtlichen Erzählungen stimmten, genächtigt hatte, und ich bewunderte ergriffen ihren konspirativ kommunistischen Erfindungsgeist. Das Häuschen stand an dieser Arbeiterpromenade, es war unglaublich schmal, hatte aber zwei Stockwerke und Zimmer auf dem Dachboden. Zur Eingangstür führten Stufen hinunter, und falls die Polizei nachts an ihr polterte, konnte Tante Magda an der Hinterfront des Hauses bequem durch ein Fenster im Erdgeschoss auf eine Wiese hinaussteigen und über einen Pfad an der Ariège-Schlaufe entlang fliehen, um dann eventuell auf ein Zeichen zurückzukommen oder von ihren Genossen bei der Weiterflucht unterstützt zu werden.

Es war alles so, wie sie es erzählt hatte, nach so vielen Jahrzehnten war das auf die Wiese gehende Fenster immer noch da, der ausgetretene Pfad, aber als ich zu einem ersten Erkundungsspaziergang aus dem Hotel aufbrechen wollte, warnte mich der Portier zuvorkommend, ich solle mich nach abends acht Uhr doch besser nicht auf der Straße aufhalten.

Ich dachte, ich verstehe nicht richtig.

Wieso sollte ich mich nicht auf der Straße aufhalten, fragte ich verständnislos.

Ich würde es selbst sehen, ich würde mit meiner weißen Haut allein sein, sagte er, und als er die erstarrte Ablehnung auf meinem Gesicht las, sagte er nichts mehr und vertiefte sich in seine Papiere.

Solange ich im Hotel wohnte, antwortete er auf keine irgendwie persönlich gefärbte Bemerkung mehr. Er verzieh mir nicht, und ein paar Stunden später verstand ich, warum nicht.

Ich hatte als stupider Fremder, der obendrein kaum etwas Französisch kann und doch unverfroren zu reden wagt, seine Warnung nicht ernst genommen, hatte seine Hilfsbereitschaft, seine Solidarität zurückgewiesen.

Denn ich konnte nicht wissen, wo ich war und was ich wissen sollte.

Pamiers ist die Stadt der uralten Ordenshäuser, der Gymnasien, mit himmelhoch ragenden Backsteinklöstern, der Dominikaner, der Karmeliten, der Augustiner, der Franziskaner, mit spätmittelalterlichen Backsteinmauern, Backsteinkirchen. Die Stadt hat eine asketisch schöne Backsteinkathedrale, aber das alles ist weitgehend tot, leer, ausgeweidet. Heute bewohnen hauptsächlich arabische Einwanderer das älteste Viertel der Stadt. Alt heißt hier achtes Jahrhundert. Nach zwanzig Uhr füllen sich die Plätze mit alten Männern in Kaftan und Fez, sie stehen in Trauben herum oder sitzen aufgereiht, spielen Schach, schweigen, drehen ihre Gebetsketten in der Hand, lassen sie abperlen und plaudern friedlich, ohne die um sie herumtobende Jugend zu beachten. Nach einiger Zeit merkt man plötzlich, dass man keine einzige arabische Frau sieht. Nur arabische Männer und Jungen. Nirgends eine arabische Frau. Was in dieser architektonisch zutiefst europäischen Umgebung, wo man ohne weiteres ins Frühmittelalter zurückblicken kann, gleichzeitig drohend und überwältigend wirkt.

Verschlossene, mit Brettern vernagelte Häuser und leere Geschäfte, in sich zusammengesackte frühmittelalterliche Häuserzeilen. Die leere Hülle eines einmaligen alten Städtchens.

Manchmal huscht ein Imam in seinem wundersamen Kaftan oder ein von Kopf bis Fuß blau oder schwarz verschleierter weiblicher Schatten durch die leeren Straßen.

Auf den Bergen, auf einsamen Felsspornen ringsum die seit fast achthundert Jahren zerstörten Burgen der Albigenser oder Katharer, der Reinen, wie sie sich selbst nannten. Mit achtzehn wollte ich, den geistigen und moralischen Untergang meiner Eltern vor Augen, einen Roman über die Reinen schreiben, jahrelang sammelte ich Material, damals begann ich die Bibliotheken zu frequentieren, ich lernte recherchieren, und was hätte ich nicht alles gegeben, um diese auf päpstlichen Befehl zerstörten Burgen mit eigenen Augen sehen zu können. Zum Glück sah ich sie nicht. Zu meinem größten Glück habe ich den Roman nicht geschrieben. Zehn Jahre später begriff ich auch, warum ich nicht hatte anfangen können. Etwas hatte mich zurückgehalten, etwas Unerklärliches. Mit der Geschichte des Untergangs der Reinen hätte ich die Geschichte des Untergangs der kommunistischen Bewegung geadelt, die Geschichte der Selbstvernichtung und Selbsttäuschung, der anthropologisch verbrämten Hoffnungsideologie, eine Geschichte, die nicht auf andere projizierbar war. Für die Geschichte ihrer schönen Hoffnungen und ihres skandalösen Versagens gäbe es allenfalls in der genetischen und psychischen Beschaffenheit des Menschen eine Erklärung. Vielleicht spürte ich das. Die Götter hätten für diesen Roman keine Bürgschaft übernommen. Subjekt und Objekt des Vergleichs hätten sich auf verschiedenen Ebenen befunden. Bei allen, die es doch mit historischen Analogien versuchten, ging die Sache schief, bei jedem einzelnen der älteren Kollegen, bei László Németh, Gyula Illyés, István Örkény, Ferenc Sántha, András Sütő, bei allen, die mit Hilfe der geschichtlichen Analogien die Zensur und Selbstzensur gewissermaßen allegorisch unterlaufen und vor allem ihre Illusionen hinsichtlich der sozialistischen oder kommunistischen Utopie, ihre Tendenz zu Selbsttäuschung und Selbstvernichtung in den Griff bekommen wollten; sie fielen mit ihren historischen Texten durch. Gingen in die Falle ihrer Vergleiche. Sie merkten nicht, dass Subjekt und Objekt des Vergleichs nicht den gleichen Maßstab hatten. Sie manipulierten, um sie auf eine Ebene zu bringen. Statt die historische Neuheit der diktatorischen Machtausübung anzuerkennen und zu sehen, dass jede positive oder negative Analogie falsch war. Diese eines besseren Loses würdigen, ergrauten alten Kollegen adelten mit ihren historischen Vergleichen die moderne Form der Unterdrückung, unter der sie litten und gegen die sie im Namen ihrer Kultiviertheit und ihres traditionellen Freiheitsbegriffs protestierten, oder wenn sie das nicht wagten, sondern auf schweinische Art kollaborierten, sich mit Wonne im Schlamm wälzten, auf Empfänge gingen, sich kraft kleiner Privilegien wichtigtaten, sich anbiederten, Auszeichnungen in Empfang nahmen, wollten sie immer noch, dass wenigstens ihre allegorischen Werke an ihrer Stelle protestierten.

Jetzt um acht Uhr zehn aber war ich mit diesen arabischen Männern und Jungen aus dem Maghreb so allein, dass ich mich unbehaglich zu fühlen, dann Angst zu haben begann; ich konnte mir noch lange sagen, dass mich die französische Kolonialgeschichte nichts anging, dass ich auf ihren parallel zum französischen Rassismus gepflegten steinharten arabischen Rassismus scheiße. Was geht mich das an. Ich bin ein Tourist, und fertig. Ich konnte denken, was ich wollte, die Jungen, die mit ihren Rollbrettern und

Rollschuhen und Baseballschlägern herumtobten und die voneinander entfernt stehenden Gruppen von jungen Männern drängten mich mit koordinierten Bewegungen, mit elementarer Jagdlust von dem Hauptplatz, ihrem Hauptplatz, während sie taten, als donnerten sie mit ihren Rollbrettern nur zufällig auf mich zu. Sie waren schön, stark, brutal, grinsten mir mit der elementaren Freude des Hasses zu. Wie jeder Rassismus beruhte auch dieser auf dem zerbrechlichen Spiel der Zusammengehörigkeit. Es ist ein typisches Männerspiel, zutiefst erotisch, gespielt nur unter Männern, im Vertrauen auf die gemeinsame Stärke, Potenz, Erektion, ein Spiel, auf das natürlich auch bestimmte Frauen mit ihrer Paarungs- und Fortpflanzungshysterie gern eingehen. Ihre Aufgabe besteht darin, diese ineinander verliebten Männer zu sich umzupolen. Der Rassismus ist die älteste kollektive Form der Erektionsverehrung. Er hat magische Schichten und ist mit der Idee der Fortpflanzung verwoben. Zuerst versuchte ich mir einzureden, dass es ein Zufall war, dass ich mich täuschte, dass mich der Rassismus des französischen Portiers angesteckt hatte, seine Paranoia, pfui, aber bei der dritten Attacke funktionierte das nicht mehr. Es war zu befürchten, dass mich einer von hinten, von der Seite, von vorn mit vollem Schwung über den Haufen fahren würde, sie kamen gleichzeitig von mehreren Seiten, aber sie umzingelten mich nicht ganz. Sie spielten mit mir, packten mich bei meinem Sicherheitsgefühl. Ich wollte schon weggehen, vorher aber nahm ich hastig an einem Automaten Geld auf, wodurch meine Lage noch brenzliger wurde. Wie ich es wage, so etwas ohne ihre Einwilligung zu tun. Sie hüpften von ihren Rollbrettern, das Grinsen verschwand aus ihren Gesichtern, nur noch ihre Anspannung, ihre Schönheit, die Jean Genet, bestochen von ihr, in seiner überladenen Sprache so impertinent besungen hat, um seine weißhäutigen Landsleute tödlich zu ärgern. Auf die Art wurde auch er zu einem antizionistischen Rassisten. Genauso stark, genauso magisch instinktiv hätte er sich auch von der Schönheit und wiederum dem Rassismus zionistischer Jungen bestechen lassen können. Das Rollbrett lief ihnen immer wieder davon, als wolle es mich von meinen Beinen mähen, immer im letzten Augenblick angelten sie mit dem Fuß danach, umstanden den Automatenblock eng, schauten mich an, wollten provokant meinen Code sehen, wichen nicht von der Stelle, und ich hätte mich nicht gewundert, wenn sie mir aus reinem Spaß die Karte und das Geld aus der Hand gerissen hätten. Das hätte ich mir nicht leisten können. Es gelang mir nur knapp, das Versuchsterrain meiner Blauäugigkeit, den Hauptplatz dieser wunderschönen alten Stadt, zu verlassen. Da fand ich mich in einer Nebenstraße einer anderen Gruppe arabischer Männer gegenüber, die mich keines Blickes würdigten, sie betrachteten mich im wahrsten Sinn des Wortes als Luft, aber sie kamen mir auf eine Art entgegen, ließen mir einen so schmalen Weg frei, dass ich mich an die Wand eines frühmittelalterlichen Hauses drücken musste.

Und keine andere Wahl hatte, als mich wegzustehlen. Die erotische Phalanx und die gemeine Methode des Angstmachens überwältigten mich, ich kann es nicht leugnen. Sie spielten nicht mit mir, sondern demonstrierten sich gegenseitig ihre Stärke und koordinierte Potenz.

Ich wollte es nicht wahrhaben, aber sie hatten mich tatsächlich gedemütigt. Es war unerwartet und überraschte mich, dass ich sie bewunderte und verstand und mich von ihnen gleichzeitig gedemütigt fühlte. Ich lief durch die leere Straße, denn laufen musste ich, obwohl ich mich schrecklich schämte.

Ganz in der Nähe des Hotels stürzte ich mich durch die offene Tür eines Restaurants. Es war völlig leer. Nach einer Weile kam aus der Tiefe der Küche der Patron zum Vorschein. Auf der Abendkarte hatte er keine Suppe, aber er sagte, er koche mir gern eine. Was es für eine sein solle. Diese Frage verschaffte mir tiefe Genugtuung, ein französischer Gastwirt würde mir eine Suppe kochen, also war ich doch zu Hause. Als ich schon mein Wasser, meinen Wein bekommen hatte und in der Küche mein Süppchen hörbar brodelte, kamen eine Mannschaft lärmender Sportler und ihr älterer Trainer herein. Sie setzten sich unter minutenlangem schrillem Stuhlgeschiebe lärmend an ihren Stammtisch, und von da an hatte der Wirt alle Hände voll zu tun. Er schleppte Weine herbei, aus der Küche strömten schwere Gerüche. Für mich hatte er eine überaus geistreiche, mit Zitrone gewürzte Gemüsesuppe gekocht, eine dichte, würzige, sahnige, wofür er nicht mehr als fünfzehn, zwanzig Minuten gebraucht hatte.

Aber am Freitag, als ich mit dem Zug von Pamiers nach Le Vernet d'Ariège hinüberfuhr, hieß es auf dem Gemeindeamt, ich solle am Nachmittag wiederkommen oder am Montag, jetzt sei Mittagspause bis drei, da gäben sie den Schlüssel nicht heraus.

Eine trockene, strenge kleine Frau saß hinter dem mächtigen Schreibtisch.

Ich nahm sie nicht ganz ernst, denn mit ihrer Schärfe und ihrem etwas trockenen Aussehen erinnerte sie mich an Yvette, die Tochter meines Cousins Georges. Ich versuchte es zuerst mit Argumenten, so wie ich es als Kind bei der zwei Jahre älteren Yvette getan hatte, ich erklärte der Frau, ich würde im Museum gerade so viel Zeit brauchen wie sie zum Mittagessen.

Bis sie zurück sei, würde ich mit dem Schlüssel wiederkommen, ich verspreche es.

Nein, das sei nicht möglich, komme nicht in Frage.

Wieso sollte das nicht möglich sein, fragte ich, gewissermaßen aus der Hüfte zischend, im Bewusstsein meiner Rechte, so scharf zurück, wie es Yvette an meiner Stelle getan hätte.

Sie könne das Museum nicht ohne Aufsicht lassen, damit sei ich doch sicher einverstanden, da seien wertvolle Dokumente.

Ich verstehe, sagte ich, aber ich sei mehrere tausend Kilometer gereist, eigens dafür, nur dafür, jetzt sei ich schon zum dritten Mal vergeblich hier, ich sei schon am Dienstag und am Mittwoch da gewesen.

Sie nickte zufrieden, sie wisse, dass ich schon da gewesen sei, als sei sie stolz, dass dieser *boche* schon zum dritten Mal hier auflief. Sie hatte es bestimmt vom Alten mit dem Schlaganfall gehört, oder von allen denen, die ich unterwegs angesprochen hatte. Ich glaube nicht, dass in jener Woche in Le Vernet d'Ariège etwas anderes vorgefallen wäre. Schon wieder ist ein dreckiger Fremder gekommen, der in unserer örtlichen Schande wühlen will.

Ich sagte, sie könne das nicht machen, ich hänge seit Dienstag hier herum, ich wolle nicht ein viertes Mal wiederkommen.

Sie könne nichts anderes sagen, sagte sie so diszipliniert wie lustvoll schadenfroh, ich solle am Nachmittag wiederkommen, oder am Montag, oder wann immer.

Oder tun, was ich wolle.

Das nun ging zu weit, dieser letzte zornige kleine Ausbruch, diese sture Arroganz, mit der sie mich erneut an Yvette erinnerte, das arrogante kleine französische Mädchen. Das war zu stark, das weckte in mir jetzt doch den Kindheitszorn.

Yvette und ich hatten eine wolkenlose, neugierige und geduldige Beziehung gehabt, aber wir waren uns zuweilen doch in die Haare geraten, weil ich spürte, dass ihre Sturheit nicht zu ihrem Naturell gehörte, sondern auf den Gemeinplätzen und Gebräuchen der unerschütterlichen französischen Überheblichkeit beruhte. In Frankreich macht man das so, schrie sie. Hin und wieder musste ich zugeben, dass man in Frankreich recht hatte, wenn man es so machte. Aber es gab eine Grenze, die sie besser nicht übertrat. Trotzdem wagte sie sich immer wieder vor, mit diesem schadenfrohen, arroganten kleinen Lächeln, und übertrat die Grenze manchmal auch auf eine hinterhältige Art. Überhaupt waren Grenzüberschreitungen ihre Spezialität, sie konnte gar nicht ohne sein. Wenn ich wütend signalisierte, dass sie sich auf verbotenes Terrain verirrt hatte, lachte sie das überraschte kleine Lachen ihrer Großmutter, wie ich es auch von meinem Vater und meiner Mutter kannte. Diese Familienart schlug auch durch ihre spitze kleine französische Arroganz durch, lockerte sie ein wenig, wonach die Dinge wieder eine Zeitlang so liefen, dass es auch für mich akzeptabel war. Bis sie ihr System, das im Sinn des französischen Kolonialismus verdrahtet war, unmerklich wiederhergestellt hatte. Pickelhart. Der intelligente Eingeborene akzeptiert die französische Ordnung gerade dank seiner Intelligenz. Das Universum ist frankophon, auch der liebe Gott spricht fehlerfrei das Pariser oder Versailler Französisch. Der französische Ordnungsbegriff ist entgegen allem Anschein um etliches strenger als der deutsche. Er ist nicht auf animalisch funktionierende Gruppen, Truppen oder Armeen zugeschnitten, nicht auf Herdenbewusstsein, nicht auf blinden Gehorsam, nicht auf den Traum vom großen Königtum des winzigen preußischen Staats, königliche Träume darf man nur im Spiegelsaal des Versailler Schlosses proklamieren, nicht auf bewaffnete Rechtfertigung, nicht auf rituelle Erektion, sondern auf die Person, die persönliche Einsicht, die individuelle Vernunft und die ganz persönliche staatsbürgerliche Kopulation.

Ich gehe hier nicht weg, bis sie mir den Schlüssel gebe, sagte ich und war tatsächlich bereit, in den Sitzstreik zu treten. Die spitze kleine Frau starrte mich nur an. Wie ich als Fremder das wage. Dann kam mir plötzlich eine rettende Idee, ein Argument der Vernunft. Mein ganzes rationales Wesen zu kühler Drohung konzentrierend warf ich die letzte Trumpfkarte auf den Tisch, sie würde mir bestimmt den Schlüssel geben, es sei ja noch nicht Mittag, das sei es erst in fünf Minuten, also müsse sie den Schlüssel für fünf Minuten herausgeben. Dazu nickte ich und zeigte auf die überpünktliche amtliche Uhr an der Wand. Das Museum hatte noch fünf volle Minuten offen zu bleiben. Sie gab den Schlüssel wortlos heraus. Ihr scharfes kleines Gesicht blieb trocken und streng, wurde nicht abweisend, nicht feindlich. Die cartesianische Vernunft, vorausgesetzt, dass sie gerade funktioniert, macht die Gesichtszüge peinlich neutral. Vielleicht hatte sie sich auch etwas gelockert, vielleicht hatte ich mit meiner Standfestigkeit ihre plebejische Seele erreicht, denn sie sagte leidenschaftslos, falls ich schon vor drei Uhr, bevor sie zurückkomme, fertig sei, solle ich den Schlüssel in der Küche der Mensa abgeben.

Und so, im Mensalärm und Mensageruch, blickte ich auf einmal in die Augen des jungen László Rajk. Der Studio-Lamellenzähler, mit dem die Fotografen, in Le Vernet d'Ariège oder auch in der Kossuth Lajos-Straße in Pest, die Negative identifizierten, zeigt für dieses Foto die Nummer 043. Rajk war also der dreiundvierzigste, den der betreffende Fotograf, selbst ein Häftling, im Lager von Le Vernet aufgenommen hatte. Auf den Fotos tragen die Häftlinge Uniformen, dunkel getönte Hemden, noch dunklere Jacken. Vielleicht hatte man ihnen die saubere Uniform auch nur für die Fotografie angezogen. Vielleicht war der Fotograf auf diese humane Idee gekommen, um sie nicht in ihren unwürdigen zivilen Lumpen zu verewigen. Vielleicht ließ er alle das gleiche gute Hemd, den gleichen Rock anziehen. Arthur Koestler beschreibt in seinen Memoiren *Abschaum der Erde* seine ersten Eindrücke anders, und auch auf den paar wenigen erhaltenen Amateuraufnahmen sind keine Jacken oder Uniformen zu sehen. Auf diesen in der Sommerhitze entstandenen Amateurbildern sind alle halbnackt, die zivilen Hosen oder noch viel zivileren Unterhosen sind zu Lappen gewaschen, zu Fetzen getragen.

In den Sommermonaten liefen diese bis auf die Knochen abgemagerten Männer wohl mehr oder weniger nackt umher.

Koestler schreibt, sie seien etwa dreißig gewesen, kahlgeschorene Männer, am Kinn mehrtägige Stoppeln, in Lumpen gekleidet, so seien sie mit der Schaufel auf der Schulter marschiert. Die bewaffneten Bewacher hätten die Gruppe mit einer Gleichgültigkeit begleitet, als trieben sie Rinder. Einige Häftlinge marschierten mehr oder weniger barfuß durch den Schlamm, andere trugen löcherige alte Schuhe, nicht ein Paar, sondern an jedem Fuß einen anderen, die Zehen schauten heraus, wieder andere hatten sich einfach ein Stück Kautschuk an die Füße gebunden. In seinem Heft beschreibt mein Onkel für den Programmzettel ihre Aufmachung etwas vorteilhafter. Bei ihm trägt Rodrigues eine abgewetzte, aber in Ordnung gehaltene spanische Uniform. Sein namenloser Schachpartner ist in sportlichem Zivil, sieht aber doch wie ein Gammler aus, weil er über dem sonst respektgebietenden Golfanzug einen zerfetzten alten Mantel gegen die Kälte trägt. Der ebenfalls namenlose Kiebitz trägt über seinem Arbeitsoverall einen ausrangierten Frisiermantel. Sanchez ist halb in Zivil, halb in Uniform, sieht aber ganz annehmbar aus. Juan, der gerade erst aus der Außenwelt im Lager angekommen ist, trägt dezente, saubere Kleidungsstücke, nicht einmal die Krawatte fehlt. An der halb soldatischen, halb bäuerlichen Aufmachung des alten andalusischen Bauern haben hingegen die Fährnisse der Flucht ihre Spuren hinterlassen.

Auf dem Foto trägt der junge, knochendürre Rajk ein hübsches Hemd und eine hübsche Jacke, und auf seinem Gesicht, an seiner Kleidung, in seinem Blick ist nichts von dem zu sehen, was Koestler beschreibt. Nichts, das auf Sklavendasein, infernalische Zustände, Demütigungen hinwiese. Höchstens seine braungebrannte Magerkeit. Das ist in der Tat die Magerkeit des unter Entbehrungen schuftenden Arbeiters, die Magerkeit der Tagelöhner, der Streckenarbeiter, der Herrschaftsknechte, die jahrhundertelang nur gerade so viel Kalorien zu essen bekamen, dass sie ihre physische Existenz aufrechterhalten konnten. Sein oberster Hemdknopf steht offen. Er strahlt Ruhe und trotzigen kommunistischen Widerstand aus. Nicht einmal der Hunger hat seine selbstbewusste Haltung gebrochen. In dem Album sind mehrere hundert nummerierte Bilder gesammelt. Irgendwo muss es eine Liste gegeben haben, die den Nummern entsprach. Aber in dem kleinen Museum fand ich nichts dergleichen, und ich hätte mir doch gern den guten Kumpel meines Onkels angeschaut, den Antal Bieber aus der Bácska, denn an dessen Gesicht konnte ich mich beim besten Willen nicht erinnern. An den großen Bauch und das fettglänzende Gesicht des Pfeilkreuzler-Bezirksführers schon, nicht aber an das Gesicht

Biebers. Ich versuchte unter den Unbekannten auch noch weitere mir aus meiner frühesten Kindheit vertraute Gesichter zu entdecken, György Angyal, Imre Mező, Ferenc Münnich oder Dezső Jász. Offensichtlich waren bestimmte Fotos auch einfach herausgenommen worden, Verwandte, am Leben gebliebene Genossen und Bekannte waren gekommen, hatten bestimmt auch den Schlüssel verlangt und die Porträts ihrer lieben Toten gestohlen. Das Porträt meines Onkels Pál fand ich nicht. Der Gedanke trieb mich um, die beiden Fotos von Rajk, das im Profil und das frontale, mitgehen zu lassen. Irgendwo musste es doch die nummerierten Negative geben, den Vergrößerungen sah man an, dass sie viel später als die Aufnahmen entstanden waren, vielleicht in den siebziger Jahren, sicher nicht vorher.

Dann ließ ich Rajks Porträts doch nicht mitgehen, ich wollte, dass auch andere dieses wirklich schöne und auf späteren Aufnahmen schon gründlich gezeichnete Gesicht sähen. Mit einiger Erfahrung lässt sich der Ursprung oder das Alter von Fotos auch ohne chemische oder optische Hilfsmittel ziemlich genau feststellen. Die Fototechnik hat sich seit den Urzeiten der Fotografie mehr oder weniger in Zehnjahreszyklen modernisiert, die Neuerungen lassen sich auf den Fotos nachvollziehen, sogar zwischen Aufnahme und Abzug kann man den Altersunterschied feststellen. Die Aufnahme mag im Jahr seiner Internierung, 1939, oder im Sommer 1940, entstanden sein, Rajks sonnengebräunte Haut spricht für den Sommer, aber der Abzug im Museum stammt ganz offensichtlich aus den siebziger Jahren. Im Lager hatte man damals vielleicht nur Kontaktabzüge hergestellt. Und sie gar nie vergrößert. Das genaue Datum der Aufnahme lässt sich natürlich nur bestimmen, wenn man das Negativ hat, mit den Markierungsnummern an den Rändern, vielleicht auch mit der Fabrikationsnummer, und anhand seiner matten Rückseite kann man auch feststellen, auf welche Art es entwickelt und fixiert worden war; als ich das Foto aus seiner Schutzhülle zog, sah ich sofort, dass die Vergrößerung aus einer viel späteren Zeit stammte, solches Fotopapier hatte es vor dem Krieg nicht gegeben, nicht einmal vor den siebziger Jahren. Was eigentlich zum Diebstahl ermunterte. Es war aber auch klar, dass sich die Kuratoren bestimmt nicht beeilen würden, die Fotos zu ersetzen. Was mich wiederum vom Diebstahl abhielt. Rajks Exekution und seine dramatische Neubestattung sieben Jahre später gehörten zu den größten seelischen und geistigen Erschütterungen meiner Kindheit.

Deshalb hatte ich das Gefühl, ein Anrecht auf das Foto zu haben. Oder ich würde eins seinem Sohn weitergeben, dem Sohn mit der Kopfform des Vaters, den hervorstehenden Wangenknochen und der höckerigen Stirn. Das neugeborene Lacilein war ja schließlich in den mit feinster Wolle gefütterten, mit Brüsseler Spitzen verzierten Wickelsack aus edelstem Damast gesteckt worden, in dem schon die fünf Kinder meiner Urgroßmutter Eugenie gesteckt hatten, zuerst unsere Großmutter Klára, dann Anna, Erzsébet, Béla und Pál, dann der Reihe nach die Kinder unserer Großmutter, Eugenie, György, Magda, István, Endre, Miklós und zuletzt László, unser Vater. Später verbrachten die Säuglinge meiner Tante Eugenie ihre ersten Wochen in diesem Sack, György Mándoki aus ihrer ersten Ehe, Veronika Rendl aus ihrer zweiten, zwischen den beiden auch der Neugeborene von Tante Magda, György, aus dem in der französischen Emigration Georges wurde. Ihr zweites Kind, Bucika, fiel aus dem Familienreigen, es starb als Neugeborenes in einer Vorstadt von Stockholm, in Råsunda, wo ich sein Grab gesucht, aber nicht gefunden habe. Der phantastische Wickelsack war in Budapest geblieben, und so kam ich dran, dann meine Cousine Kati, dann mein Bruder Pál, bis eines schönen Tages in der Pause irgendeiner Versammlung des Frauenbunds die hochschwangere Júlia Rajk meiner Mutter klagte, sie wisse nicht, was sie tun solle, es gebe keine Wickelsäcke zu kaufen. Sie könne den unseren haben, sagte meine Mutter, und schon am nächsten Morgen trug sie ihn in die Széchenyi-Straße und durchschnitt so auf ihre eigene brutale Art den feinen familiären Faden. Die große Familie der Kommunisten war für sie die wahre Familie. In dieser Familie genoss László Rajk die größte Achtung, auch wenn ich nicht behaupten kann, dass man ihn geliebt hätte. Man hielt ihn für zuvorkommend, aber kalt.

Zuneigung war kein Kriterium für das kommunistische Zusammengehörigkeitsgefühl. Höchstens dass man seine Gefühle niederrang, wenn man jemandem vertrauen musste, den man nicht mochte.

Meine Eltern verfolgten die Radioübertragung der Gerichtsverhandlung gegen Rajk in düsterster Stimmung. Ich hatte keinen Platz mehr zwischen ihnen. Mein Bruder noch eher, da er von seiner Geburt an Tag und Nacht brüllte, dauernd hatte er irgendein haarsträubendes Problem, nicht nur die Kinderkrankheiten mit den steilen Fieberkurven, sondern er lief vor Trotz immer wieder blau an, das hatten wir beide wahrscheinlich von der Familie meines Vaters geerbt, mein Bruder brüllte, dass ihm der Atem stockte, und sorgte so dafür, dass sich unsere abgeschotteten Eltern wenigstens in praktischen Fragen um ihn kümmerten. Aber während des Rajk-Prozesses waren sie nicht einmal mehr fürs Praktische da. Ein Bergsturz begrub sie gerade unter sich. In jenen Wochen hatte uns Rózsi Németh in ihrer Obhut, aber auch sie war durch die Ereignisse abgelenkt. Vom 16. bis 24. September übertrug Radio Kossuth jeden Abend zwischen sieben und acht Uhr die Verhandlung, dann wieder zwischen neun und elf Uhr. Rózsi beobachtete aufmerksam, was Papachen und Mamachen dazu sagen würden. Oder was sie nicht sagen würden. Niemand wusste, was mit Lacilein war, noch weniger, wohin der Familien-Wickelsack gekommen war. Zum Radiohören waren sie nicht immer zu Hause, manchmal gingen sie woandershin, ich weiß nicht, wohin. Da saß ich allein beim Radio, Rózsi hörte nur zwischendurch hinein. Sie schickte mich zu Bett. Manchmal gaben meine Eltern doch Töne von sich. Lacileins Schicksal hatte meine Mutter schon vom Augenblick von

Júlia Rajks Verhaftung beschäftigt, sie war augenscheinlich beunruhigt. Oder besser, sie war von ihrer eigenen instinktiven Unruhe beunruhigt. Sie war wie jemand, der seiner Unruhe Herr werden, sein Mitgefühl einschläfern oder verdrängen will. Daran erinnere ich mich deutlich, an diese stillen Erwähnungen von Lacilein. Es waren nicht unbedingt Sätze. Hunde geben auf diese Art Signale von sich. Lacileins Schicksal wühlte auch mich auf, ich stellte mir den Säugling mit seinen Eltern im Gefängnis vor. Und weil ich wusste, dass sein Schicksal meine Mutter beschäftigte, fragte ich, fragte mehrmals, was mit Lacilein sei. Das Gefängnis stellte ich mir vor wie auf frühen Stichen den Kerker der Burg Kufstein, mit den in Ketten liegenden ungarischen Häftlingen, wo auch unser Urgroßvater kurze Zeit, vielleicht nur ein paar Wochen, gefangen gewesen war. Oder ich stellte mir vor, dass sie Lacilein in der leeren Wohnung zurückgelassen hatten. Denn auf meine Fragen erhielt ich, wenn ich mich richtig erinnere, nur ein Kläffen als Antwort. Der ist gut aufgehoben oder so etwas. Und doch wollte ich mir vorstellen, was sie sich vorstellten. Die Besorgnis meiner Mutter und ihre Anstrengung, sie im Zaum zu halten, hinterließen bei mir so starke Spuren, dass ich Jahrzehnte später, als auf dem nachwinterlichen Weg, der in Kisoroszi zu unserer Hütte am Waldrand führte, dieses Lacilein stand, als junger Architekt mit Riesenstatur, brummend tiefe Laute ausstoßend und schallend lachend, wobei er ein wild kraushaariges Mädchen um die Schultern gefasst hielt, sie waren zusammen mit András Monory Mész gekommen, der auf der Fachhochschule für Film und Theater Kameramann lernte, dass ich also da kaum ein Wort herausbrachte. Er gab sich auch gar nicht mit mir ab, sondern rang im frühlingshaften dürren Laub weiter mit diesem Mädchen, die Ági Zsigmondi hieß, wobei er sich wirklich anstrengen musste, sie niederzuringen. Meine geschichtsbedingte Stummheit dauerte noch lange an, sie war nichts anderes als ein sinnloses, aber umso tieferes Schuldgefühl wegen seines aus der Bahn geratenen Schicksals. Sie dauerte an, bis er für die

Pécser Vorstellung meiner Komödie *Hausputz* das Bühnenbild entwarf, auch wenn die Aufführung meinet- und seinetwegen schon vor dem Beginn der Proben verboten worden war, worauf er ein paar Jahre später für die schließlich bewilligte Vorstellung in Győr erneut das Bühnenbild entwarf.

Bei den Verhaftungswellen, so auch bei der stark unter Zensur stehenden Übertragung des großen Schauprozesses, gab es keinen Aspekt, der meine Familie nicht persönlich berührt hätte. Das war der dritte große Schlag, den ihre Partei gegen sie führte, und bei weitem nicht der letzte. Während der Übertragungen verstummte die Stadt. Meine Eltern schienen in jenem September sich eines Delikts, das sie nicht begangen hatten, anklagen zu müssen. Oder hatte vielleicht ihre Menschenkenntnis versagt. Oder hatte vielleicht der Prozess eine nachvollziehbare Absicht, nur keine Glaubwürdigkeit. Aber was bedeutete das. Wäre es möglich, dass sich ihre Partei täuschte. Die Fortsetzung der Geschichte des Wickelsacks gestaltete sich dann auf besondere Weise, schweren Herzens muss ich auch das erzählen. Einige Zeit später, als die Spannung noch anhielt, das Leben aber geordnet weiterging, nicht trotz, sondern gerade wegen der Hinrichtung der Hauptangeklagten, womit die dynamische Zeit nach der Belagerung, die des abenteuerlichen Neubeginns auf den Budapester Trümmerfeldern, ein für alle Mal abgeschlossen war, rief Tante Eugenie unsere Mutter an, es sei an der Zeit, den Wickelsack herzugeben, Vera würde binnen kurzem gebären. Ich erinnere mich gut an dieses Telefongespräch, auch daran, wie Tante Eugenie nicht den geringsten Zweifel hatte, dass der Wickelsack bei uns war. Unsere Mutter gestand, sie habe ihn weitergegeben. Sie solle ihn zurückverlangen. Mutter sagte am Telefon nicht, von wem sie ihn zurückverlangen müsste. Sicher nicht, denn unser Vater leitete da schon die ministeriale Abteilung, in der er nicht nur das Funktionieren des Telefonsystems, sondern auch die technischen Voraussetzungen für dessen Abhörung zu gewährleisten hatte. Die Geschichte des Wickelsacks nahm daraufhin eine legendäre Wendung. Vera glaubt sich zu erinnern, dass unsere Mutter den Wickelsack von Júlia Rajks Mutter, Mária Földi, zurückerbat, und so konnte sie dann ihren Sohn, Gábor Herczeg, vier Jahre nach Rajks Hinrichtung in denselben mit Brüsseler Spitzen gesäumten Wiener Wickelsack stecken, in dem jeder Neugeborene der Familie gesteckt hatte. Aber von László Rajks Schwiegermutter hatte unsere Mutter den Wickelsack bestimmt nicht zurückerbitten können. Es konnte nicht stimmen, wie mir fünfzig Jahre später plötzlich aufging. Mir dämmerte auch, dass sie von dieser Angelegenheit untereinander ganz anders gesprochen hatten, als die offizielle Version unserer Mutter gelautet hatte.

László Rajk wurde am 30. Mai 1949 in seiner Wohnung in der Vérhalom-Straße von einer bewaffneten Abordnung verhaftet. Einem Montag. An dem Tag wurde Júlia Rajk noch nicht verhaftet, sondern zusammen mit dem Säugling, ihrer Mutter und der Haushaltsangestellten unter Hausarrest gestellt. Sie kamen am 6. Juni, um sie zu holen, also am folgenden Montag. Für eine Einvernahme, wie sie sagten, dabei war es eine Verhaftung. Júlia meinte sich später zu erinnern, dass sie gerade dabei gewesen sei, den knapp vier Monate alten Jungen zu stillen. Beim Abschied legte sie ihrer Mutter ans Herz, das Kind nie jemandem anzuvertrauen, als wisse sie, was geschehen würde. Am nächsten Tag, Dienstag, wurde das Kind der Großmutter kommentarlos weggenommen, und Júlia Rajks Mutter und die Haushaltsangestellte wurden so, wie sie waren, aus der Villa hinausgeworfen. Sie konnten sehen, wohin sie gingen. Am folgenden Tag wurde die Villa geräumt, damit Generalleutnant Sándor Nógrádi, politischer Chef der Volksarmee, einziehen konnte. Also konnte meine Mutter vier Jahre später den Wickelsack nicht von Frau Földi zurückverlangt haben. Der Säugling war sicher mitsamt dem Sack mitgenommen worden. Bestimmt wusste unsere Mutter, was geschehen war, wohin sie ihn gebracht hatten. Ja, offenbar wusste sie auch, dass Júlia Rajks

Mutter den Säugling nicht zurückbekommen hatte, sosehr sie sich bei allen möglichen Behörden darum bemühte. Mutter war bestimmt auch darüber informiert, dass man ihm seinen Namen weggenommen und einen falschen gegeben hatte, und wusste also auch, wo sie den Wickelsack suchen musste. Vielleicht ahnte auch ich etwas, die Frage, was mit den Kindern von Verrätern geschieht, beschäftigte mich noch jahrelang, und ich kannte die Antwort, sie werden in ein Institut gebracht und dort zu anständigen Menschen geschnitzt. Wahrscheinlich hatte es meine Mutter so formuliert, mit dem Wort schnitzen, bei mir jedenfalls blieb es hängen. Denn es beschäftigte mich, was geschehen würde, wenn sich auch von unseren Eltern herausstellen sollte, dass sie Verräter sind. Auf welche Art würde ich die Nachricht aufnehmen müssen. Was würde mit uns geschehen. Auch ich würde dann geschnitzt werden. Man würde alles Überflüssige von mir wegschnitzen. Dass Júlia Földis und László Rajks Sohn jetzt István Kovács, nach anderen Quellen István György hieß, wusste unsere Mutter vielleicht nicht, aber immerhin gehörte sie zu den ganz wenigen, die wussten, wohin der Säugling gekommen war und wo sie also den Wickelsack zurückverlangen konnte, sofern er in der Zwischenzeit bei Emmi Pikler nicht zu einem Lumpen verbraucht worden war.

Seine Papiere waren offensichtlich schon vorbereitet, er wurde im Säuglingsheim in der Lóczy-Straße schon unter seinem neuen Namen aufgenommen. In dieser Institution waren um die Uhr zwölf stillende Mütter im Dienst. Direktorin war Emmi Pikler. Sie war nicht nur Lacileins Kinderärztin gewesen, sondern auch die der Kinder anderer verhafteter Eltern. Es ist unwahrscheinlich, dass sie im Säugling István Kovács oder István György nicht den Sohn der verhafteten Júlia Földi und László Rajk erkannte. Lacileins Körper war genauso unverwechselbar wie Lacileins mit Brüsseler Spitzen gesäumter Seidendamast-Wickelsak. So schmachvoll es ist, unsere Mutter holte sich den Wickelsack keineswegs von Frau Földi zurück, sondern von Emmi Pikler, sämtliche Daten weisen darauf hin.

Zusammen mit Emmi Pikler hatte sie nach der Belagerung das System der Kinderwohlfahrt aufgebaut, das Netz von Krippen und Kindergärten, zusammen hatten sie die Ausbildung der Betreuerinnen und Kindergärtnerinnen organisiert, Emmi Pikler war für die fachlichen Bereiche, unsere Mutter für die Organisation und die Aufsicht zuständig gewesen.

Bei der Verhandlung musste Aranyossi von Amts wegen dabei sein. Als an jenem Tag Ende Sommer der Anruf kam, stand er im Büro von seinem Schreibtisch auf und verharrte reglos. Eigentlich konnte er nicht wissen, worauf sich die Aufforderung bezog. Aber er wusste es. Von draußen drang der unbeteiligte Lärm der Andrássy-Allee herein. Sein erster Gedanke war, dass er in Paris hätte bleiben sollen. In Aulnay-sous-Bois, einer Arbeitervorstadt, lebten ihr Sohn, ihre Schwiegertochter, die Lehrerin an der örtlichen Schule war, ihre beiden Enkel, Yvette und Jean-François, die ihr Großvater zum ersten Mal gesehen hatte, als er im Juli 1946 als Chefredakteur der Wochenzeitschrift *Szabadság, Freiheit*, nach Paris zurückgekehrt war, um für dieses Blatt und weitere Budapester Blätter über die Friedensverhandlungen zu berichten. Er schrieb aber sehr wenig. Was weder seine Mitarbeiter noch seine Frau verstanden. Tante Magda rügte und mahnte ihn in ihren Briefen, sie war wütend auf ihn, und in ihren Memoiren wertet sie diese empörende Nachlässigkeit ebenfalls als ein Zeichen fortschreitender Demenz. Wenn man seine nachgelassenen Briefe und Schriften chronologisch ordnet, sieht man aber, dass er heimlich abzutasten begann, auf welche Art er sich wieder ins Leben der Stadt einfügen könnte. Schon in der ersten Woche wurde ihm klar, dass das kaum ein Problem wäre. Seine geliebte Stadt Paris, die ihn in den ersten Kriegstagen grob verstoßen und der Vernichtung preisgegeben hatte, hätte ihn jetzt ohne weiteres mit Freuden wieder aufgenommen, Treffen folgte auf Treffen, er schloss einen Vertrag auf ein zukünftiges Buch ab und wurde auf der Stelle Sekretär der Romain Rolland-Gesellschaft. Ich habe nichts gefunden, das erklären würde, warum er trotzdem nach Ungarn zurückkehrte. Er war zusammen mit der ungarischen Delegation in einem der bombastischen Hotels auf den Champs-Élysées, im Hôtel Claridge, abgestiegen, und von hier aus begann er ihre gemeinsame Zukuft, oder seine eigene Zukunft, zu planen.

Ein Bote brachte die Eintrittskarte zur Verhandlung, erzählte er, da schon etwas verunsichert durch die fortschreitende Demenz.

Solange man mit ihm überhaupt noch sprechen konnte, machte er, wenn ich ihn etwas fragte, ein Gesicht, als taste er sich ängstlich durch ein Dunkel, ach, wo ist das in meinem Bewusstsein schon wieder. Nicht hier. Vielleicht dort. Er fand es nicht immer. Und wenn er endlich darauf stieß, dann war es zu viel aufs Mal, ein unauflöslicher Klumpen von Informationen. Sie erdrückte ihn mit ihrer Masse. Ein paar Jahrzehnte später ließ Miklós Mészöly ein ähnliches Mienenspiel los, wenn er am Rand der Demenz versuchte, meine Fragen nach seiner illegalen Tätigkeit in der Geheimorganisation Ungarische Gemeinde zu beantworten. Die Eintrittskarte galt als Ehrung, die Aranyossi kraft seines Amtes zukam, gleichzeitig war sie eine schwere Warnung. Nur konnte er nicht wissen, wovor man ihn warnte. Aber wahrscheinlich kam auch ihm die auf der Hand liegende historische Analogie in den Sinn. Auf die gleiche Art hatte die Heilige Inquisition der Häresie verdächtige Gläubige zum Autodafé eingeladen. Sollen sie mit eigenen Augen sehen, was mit Häretikern geschieht. Falls sie ihrer Häresie entsagen, ändert das auch nichts, das Urteil ist gefällt, nur sind sie dann dem Herrn genehm und kommen nicht in die Hölle. Es gibt keinen Zufall, keinen Glücksfall, keine Gnade, wir selbst haben das alles außer Kraft gesetzt. Solche Dinge sagte er. Auf der Welt herrscht einzig die göttliche Vorsehung. Ich musste ihn immer wieder auf die konkrete Frage zurückbringen. An jenem sonnigen Frühherbstmorgen waren sie in der Wohnung am Theresienring sehr früh aufgestanden, daran erinnerte er sich, sie hatten gemeinsam gefrühstückt, Tante Magda hatte ihn stumm hinausbegleitet, sie hatten kein Wort gesprochen. Im Leben gibt es Stunden, in denen man das Gefühl hat, die Luft bestehe aus Stoff. Er musste in die Magdolna-Straße, in den Prunksaal des Sitzes der Eisenarbeiter-Gewerkschaft. Vertraute Gesichter empfingen ihn da, in der Reihe vor ihm saß der berühmte Schriftsteller Tibor Déry, aber man sprach möglichst wenig miteinander. Sie saßen zwar da, aber er glaube nicht, sagte er, dass sich auch nur einer von ihnen nicht im Schockzustand befunden hätte, als die Anklageschrift verlesen wurde. Kein Wunder, dass in jener Zeit seine Umgebung die ersten Zeichen der Demenz an ihm wahrnahm. Im Zuchthaus am Margaretenring hatte man während der Belagerung ja nicht nur Rajk, sondern auch ihn schwer gefoltert. Für die illegale kommunistische Bewegung war er damit in den Verdacht geraten, dass man ihn als Nazi-Spitzel in den kommunistischen Untergrund einschleusen wollte. Laut Anklage hatte Rajk nach dem Ausbruch des Spanischen Bürgerkriegs von der ungarischen Geheimpolizei die Weisung erhalten, nach Spanien zu fahren und zu melden, welche ungarischen Kommunisten an den Kämpfen teilnahmen, ja, er sollte im Bataillon Rákosi seine subversive Tätigkeit weiter ausbauen. Onkel Pali habe sich im Verhandlungssaal dabei ertappt, dass er bei jedem Punkt der Anklageschrift die Augen schloss und den Kopf senkte. Denn wo war da noch das Bataillon Rákosi gewesen, als der Bürgerkrieg ausgebrochen war, das habe er denken müssen, und auch die Antwort sei unvermeidlich gewesen. Nirgends. Im anachronistischen Wolkenkuckucksheim. Aber als wolle ihm seine Partei gerade damit etwas signalisieren. Wer geht schon so leichtfertig mit Daten um. Wenn der Staatsanwalt so etwas Unmögliches behauptet, kann das kein Irrtum sein. Das habe er denken müssen. Offenbar brauchte die Partei diese Lüge. Als Übersetzer habe er sich viel mit Philologie beschäftigt, und wie er es auch drehte und wendete, keine einzige Behauptung habe gestimmt. Er erzählte das mit dem Gleichmut seiner fortgeschrittenen Krankheit. Er lag im Hausmantel auf dem Sofa oder saß hinter dem Schreibtisch. So wie er gerade gelegen oder gesessen hatte, als ich mit einer brennenden Frage zu Geschichte, Literatur oder Linguistik bei ihm hereingeplatzt war. Er schien noch immer die Erklärung für etwas zu suchen, das kaum zu erklären ist. Seine Krankheit vertrieb als Erstes seinen Humor, dann seine Mimik, am Ende nahm die teuflische Demenz auch seine Gestik mit. Der Spanische Bürgerkrieg war im Juli 1936 auf Madeira ausgebrochen, die erste Gruppe ungarischer Freiwilliger traf erst ein gutes Jahr später, im Oktober 1937, in Madrid ein. Erst dann hätte Rajk etwas auszuspionieren gehabt. Es war unmöglich, dass Staatsanwalt Gyula Alapi die Chronologie der Ereignisse nicht kannte. Also habe in seinen Ausführungen eine Geheimbotschaft gesteckt. Damals war mein Onkel noch nicht krank gewesen, aber bestimmt hatte auch ihn die Paranoia des Systems eingeholt und eingesperrt, und als er mir das alles zu erzählen versuchte, kannte ich die Konsequenzen der Angelegenheit schon und verarbeitete das Gesagte dementsprechend. Laut dem nächsten Anklagepunkt hätte Rajk die Niederlage der Republikaner nicht einmal abgewartet, um sich über die französische Grenze zu retten, und auch das habe nicht gestimmt, auch da habe er gestutzt, sagte Onkel Pali, Rajk aber hätte laut Anklage in den Internierungslagern von Saint-Cyprien, Gurs und schließlich Le Vernet die in die Lager eingeschleusten Agenten des jugoslawischen Spionagediensts kennengelernt. Und dann sei in der Anklage ein Punkt gekommen, womit mein Onkel erst recht nichts habe anfangen können, nämlich dass Rajk unter den Agenten zuerst den Kumpel meines Onkels, Antal Bieber, kennengelernt habe, Staatsanwalt Alapi sprach den Namen falsch aus, Bebler, vielleicht stand in seinen Papieren der Name falsch geschrieben, er las die Anklagepunkte ab. Oder Bieber hatte gar nicht Bieber geheißen, sondern in der Tat Bebler, und so wäre auch das ein Teil der Geheimbotschaft gewesen, die mein Onkel aber nicht habe entschlüsseln können. Auch Antal Bieber hätte ihn dann hereingelegt, der legte alle herein. Alle legten alle herein. Aber, wandte mein Onkel gegen sich selbst ein, wieso hereingelegt, dann hättet ihr ihn in der Bácska nicht unter dem Namen Bieber gefunden. In der Bácska wohntet ihr ja bei Biebers, nicht bei Beblers. Ich habe euch doch dahin empfohlen, zu Antal Bieber. Im Lager sei nicht der jugoslawische, sondern der französische Geheimdienst eingeschleust gewesen, was alle gewusst hätten, und laut Anklage ebenso auch der amerikanische Geheimdienst, der Allen Dulles unterstand und in Europa von Noel H. Field repräsentiert wurde. Der Name Field habe ihn ins Herz getroffen. Er habe gewusst, dass Field verhaftet worden war, aber nicht gewusst, weswegen. Deswegen also. Auf die Art also hängen die Dinge zusammen. Interessanterweise erzählten Tante Magda und Onkel Pali zwei verschiedene Versionen der Geschichte. Noch von ein und demselben Ereignis vermittelten sie zwei völlig verschiedene Bilder. Bei Tante Magdas Erzählungen hatte ich nie Zweifel, dass die Dinge tatsächlich so geschehen waren. Sogar wenn sie es anderen zu einem anderen Zeitpunkt anders erzählte, weil es ein parteiinterner Gesichtspunkt oder der Selbstschutz erforderten. An der Glaubwürdigkeit von Onkel Palis Erzählungen hatte ich hingegen immer leise Zweifel, er fabulierte ein wenig um der Ästhetik willen, rundete ab, hob Pointen heraus, oder zumindest konnte ich nicht so leicht hinter die Fassade seiner Erzählung sehen. Obendrein war er von Kopf bis Fuß ein Aristokrat, er durfte nichts wirklich Persönliches sagen und musste um jeden Preis ritterlich bleiben, sogar seiner eigenen barbarischen Bewegung gegenüber. Als Philologe hatte er die Tendenz, die Gegenstände seiner Erzählungen umherzuschieben, sie in einem historischen oder geschichtsphilosophischen Kontext zu placieren, um sie auch vom Gesichtspunkt der humanistischen oder sogenannt christlichen Ethik zu sehen, und er machte lieber einen großen Bogen um die Frage, wo in dem Ganzen sein eigener Platz gewesen war. Rajk selbst, hieß es in der Anklage, wäre in die Gestapo eingeschleust gewesen. Die hatte das Lager tatsächlich besucht, was man, dem französischen Wachpersonal sei Dank, ebenfalls im ganzen Lager wusste. Mit dem innigsten Einverständnis der Vichy-Regierung begannen die Gestapoleute tatsächlich, die deutschen Emigranten zu sortieren und zu dezimieren, wie aber hätte sich die Gestapo einschleusen können, wenn sogar der französische Kommandant der Wache bemüht war, sie abzubremsen. Die Gestapoleute wurden von den Franzosen unter Gebrüll und Gefluche bald aus dem Lager vertrieben. Sie wurden in dieser ersten Runde vom französischen Wachpersonal einfach hinausgeekelt. Eines schönen Tages aber sei Noel H. Field persönlich in Le Vernet aufgetaucht und habe Rajk mitgeteilt, er wolle ihm auf ausdrücklichen Wunsch seiner Vorgesetzten zur Heimkehr verhelfen. Viel später geschah tatsächlich etwas Ähnliches, aber nicht Field brachte die Botschaft. Field hatte das Lager als Repräsentant des Schweizerischen Roten Kreuzes besucht, aber nicht um Rajk irgendwelche Anweisungen zu geben, sondern um einen jugoslawischen Kommunisten, an dessen Namen sich Onkel Pali nicht mehr erinnerte, mit Hilfe eines echten Schweizer Schutzbriefs herauszuholen, er wisse das von Kojsza, die den jugoslawischen Kommunisten persönlich in Genf abgeholt habe. Rajk und Field kannten sich nicht einmal. Oder sie taten sehr geschickt so, als kennten sie sich nicht. Doch was immer geschehen war, wie immer, mit wem immer, am ersten Tag des großen Prozesses betraf die Fiktion nicht mehr nur Rajk und die angebliche Fluchthilfe, sondern berührte auch die Geschichte von Onkel Palis eigener Flucht, auf Anweisung seiner Partei war ja auch ihm zur Flucht verholfen worden, zusammen mit Rajk, und ob also, sagte er sarkastisch, auch ihm die Gestapo dabei geholfen habe.

Die Geschichte seiner Flucht erzählte aber nicht er, ich kannte sie von Tante Magda.

Vielleicht war die fingierte Anklage in seinem Bewusstsein sofort in Realität umgeschlagen, und damit konnte er nicht umgehen, ohne verrückt zu werden. Verbrechern gegenüber kann man eben doch nicht ritterlich sein, nicht einmal als aristokratischer Herr, der sich über die eigene Person erhebt. Verrücktheit ist manchmal der einzige Ausweg.

Jeder Satz der Anklageschrift habe die vorangehenden aufgehoben. Er habe nichts mehr verstanden und nur denken können, dass die spinnen, wenn sie einen solchen Text vortragen. Laut Anklageschrift wäre eine weitere deutsche Abordnung in Le Vernet eingetroffen, was auch stimmte, sie waren gekommen, um die der Vichy-Regierung unterstehende Lagerleitung zu ersetzen, und da habe der Führer der Abordnung, ein Major der Gestapo, Rajk wiederum kommen lassen und ihm mitgeteilt, er würde ihn zu Geheimdienst-Aktivitäten nach Ungarn schicken. So viele Fußnoten, um diese Verzerrung zurechtzubiegen, gibt es gar nicht. Demnach wäre Rajk zugleich von den Amerikanern und den Deutschen nach Ungarn geschickt worden. Mehrere Bekannte, sagte Onkel Pali, hätten gedacht, dieser schauderhafte Lapsus der Anklageschrift sei das Ergebnis eines internen Kampfs, so wie er früher zwischen Kunisten und Landleristen getobt hatte, dass also viele Hände an der Schrift geschrieben hätten, dazugeschrieben, hineingeflickt, gestrichen, aber er und seine Freunde hätten das nicht so gesehen. Hätte sich Rajk schon früh, in der Illegalität, irgendwann, aus einem dunklen Grund, vielleicht für einen Teller Linsen, sämtlichen Geheimdiensten der imperialistischen Großmächte verkauft, warum wären sie alle dann nicht mitangeklagt. Warum würden sie dann als friedliche Beobachter dasitzen, statt beschuldigt zu werden, dass sie doch sicher von Rajks Aktivitäten gewusst hätten. Wenn das so wäre, wieso hätte sie, fragte mich deine Mutter ganz still, dem Spross eines Verbrechers den mit Brüsseler Spitze gesäumten Seidendamast-Wickelsack der Familie gegeben. Und wenn wir nichts gemerkt haben, warum nicht. Das war die große Gegenfrage. Und wenn sie nichts gemerkt hatten, waren also auch sie eingeschleuste Agenten, nur wussten sie es noch nicht. Oder die Anklage war falsch.

Diesem Gedankengang konnte man nur in Kenntnis des Innenlebens der kommunistischen Bewegung folgen, das heißt in Kenntnis seiner konspirativen Struktur, wobei er auch dann unverständlich blieb. Es hatte keinen Sinn, ihm folgen zu wollen. Unsinniges begreifen zu wollen ist sinnlos. Aber einfach mit Schweigen kommt man über solche historischen Produktionen auch nicht hinweg. Deshalb wollte ich Rajks Porträts mitgehen lassen, um endlich zu verstehen, um endlich den Kommunisten zu verstehen, das Unverständliche an ihm, aber am Ende ließ ich sie aus demselben Grund da. Anderen zur Belehrung. Sie sollten sein verstocktes schönes Gesicht sehen, in dem die Ideologie übers Leben triumphiert. Allerdings glaube ich nicht, dass außer mir noch jemand auf diese Geschichte neugierig sein könnte, obwohl ohne diese Geschichten die Geschichte der europäischen sozialen Bewegung nicht verständlich ist. Angesichts dieser Verbrechen und Verbrecher wandte sich die europäische Öffentlichkeit von der mehrere hundert Jahre alten Geschichte der sozialen Bewegungen erschreckt ab, verstieß gewissermaßen die Geschichte der Arbeiterbewegungen aus ihrem historischen Bewusstsein, stempelte sie rückwirkend ab, und sie wird wohl kaum eine Wende vollziehen, um diese Geschichte doch noch zu integrieren. Im Museum fand ich weder im Archiv noch in den Katalogen Angaben zu Bestand und Aufbewahrungsort der Negative. Wahrscheinlich werden sie im Musée de la Résistance in Toulouse aufbewahrt. Sofern sie vorhanden sind, und warum sollten sie das nicht, sind sie wohl von ansehnlicher Zahl. Zwischen 1939 und 1945 hatte das Lager zur Gloria der französischen Staatsräson rund vierzigtausend Gefangene aus 58 Nationen.

Später fand ich auch den Friedhof des Lagers.

Jetzt aber war erst Dienstag, am Dienstag stand ich an demselben Fluss, dem rauschenden Ariège. Auch wenn ich einsehen musste, dass ich anderswo war, dass dieses Le Vernet nicht jenes Le Vernet war. Etwas weiter entfernt führte ein Ehepaar am Ufer seinen Hund spazieren, verspielt bellte er die gegen die Strömung ankämpfenden Ruderer an. Die Ruderer bellten zurück, was den Hund noch glücklicher machte. Etwas später, zurück an der kleinen Station, entdeckte ich auf dem Fahrplan zufällig den Namen Le Vernet d'Ariège. Etwa vierzig Minuten weiter auf derselben Strecke, und der Zug würde, wie ich sah, in ein paar Minuten einfahren. Ich jubelte, ich hatte es also doch gefunden. Was ich jetzt brauchte, war eine Fahrkarte. Im leeren Wartesaal dirigierte mich der Eisenbahnangestellte hinter seiner tauben Glaswand zu den Automaten, bereitwillig und mit ausladenden Gesten machte er Zeichen, gehen Sie da hinaus, um die Ecke, dort hinter dem Gebäude ist der Automat, aber schnell, schnell, beeilen Sie sich. Ich hatte kein Kleingeld. Meine Bankomatkarte nahm der Apparat nicht an. Er sagte, sie sei stumm. Das Adjektiv, muet, überraschte mich, aber wenigstens lernte ich für die verbleibenden Jahre meines Lebens, dass der Begriff der Stummheit oder Wortlosigkeit auch auf Bankomatkarten anwendbar ist. Etwas weiter weg stand ein junger Mann bei seinem Wagen, er beobachtete, wie ich mit meiner Karte ungeschickt herumfummelte, ich rief zu ihm hinüber, ob er Kleingeld hätte. Hatte er nicht. Ich solle aber den anderen Mann da fragen. Ich sah keinen anderen Mann. Dort, in seinem Wagen, zeigte er. Dafür war aber keine Zeit mehr, der Zug fuhr ein. Den hätten wir verpasst, rief ich dem jungen Mann lachend zu, er aber, als müsste er sich für unsere gemeinsame Erfolglosigkeit schämen, errötete und rief, ich solle gehen, laufen, ich solle den Zug nehmen, die Fahrkarte könne ich auch beim Schaffner lösen.

Ich brauche nicht einmal eine Buße zu zahlen.

Ich begann auf dem grob knirschenden Schotter zu rennen und erwischte den Zug gerade noch, sprang gerade noch auf, bevor sich hinter mir die automatische Tür schloss. Durchs Glas hindurch winkte ich dem jungen Mann einen Dank zu. Er freute sich über den doch noch herausgeschundenen Erfolg, errötete wieder und winkte strahlend zurück. An jenem Dienstagnachmittag war das bestimmt eins der kleinsten Weltereignisse. Doch der Schaffner kam nicht. Ich ging die Wagen entlang und setzte mich dann irgendwo halbwegs hin. Es war ein angenehmes Gefühl, zu Lasten der französischen Steuerzahler zu reisen. Mit ein bisschen Schiss, den hat man ja doch vor dem strengen französischen Schaffner, der einen beim Schwarzfahren erwischen würde. Es hatten mich bereits mehrere Schaffner abgekanzelt, weil ich meine Karte zu kompostieren vergessen hatte. Dieser Ausdruck war ebenfalls neu. Il est nécessaire de composter son billet avant de monter à bord du train. Man muss also die Karte in einen Automaten stecken, der Tag und Stunde draufstempelt, und damit ist sie kompostiert, das heißt entwertet. Über dieses Wort freute ich mich so wie über das erste französische Wort meines Lebens. Bateau. Schiff. Und also macht man sich im Zug wieder auf den Weg, hat Schiss und schämt sich. Dafür, dass einem die Franzosen so nett behilflich sind, und dann betrügt man sie doch, die französischen Steuerzahler. Nicht nur hat man nicht kompostiert, man hat nicht einmal eine Karte. Unterdessen schwankt man mit dem Wagen, hält sich fest, nimmt im Spätnachmittagslicht seine Mitreisenden einzeln in Augenschein.

Das war schon das Licht des Südens, trocken und warm, das Licht des Mittelmeers. In der hereinschlagenden Luft riecht man trotz aller Trockenheit den Duft des ewigen Schnees. Seine Schärfe. Nicht mehr als eine eisige kleine Strömung im trockenen Duft der Felsschluchten und Wälder. Eine feuchte Schärfe. Der Himmel war etwas bedeckt, unsichtbar die nahen hohen Berge, die man mit seinem tierischen Geruchssinn in der Menge der Duftströme ausmacht. Kurz und gut, ich sah nicht, was da zu sehen wäre. Berge wären zu sehen. So fuhren wir in der Station ein, wo ich fast nicht aussteigen konnte. Auf einmal war ich, wo ich hatte sein wollen. Das war der Name der Station. Ich drückte auf den entsprechenden Knopf, aber die Tür ging nicht auf. Ein großgewachsener Junge, der mit weggestreckten Beinen in der Nähe der Tür gesessen hatte, erhob sich faul, um dem tapsigen Greis zu helfen, er gab dem Knopf einen kräftigen Hieb, schlug ihn gewissermaßen k. o. Dann signalisierte er, dass ich es das nächste Mal auch so machen solle, ohne Rücksicht auf Verluste den Knopf k. o. schlagen. Mit der Faust, sagte er, merde, putain.

Erwin Blumenfeld schreibt über seine Ankunft, er habe noch nie den Namen der Hölle als Ortsnamen auf einem harmlosen Ortsschild gesehen: Le Vernet d'Ariège.

Und er habe während des ganzen Krieges noch nirgends eine solche Ansammlung junger französischer Soldaten gesehen. Die erschöpften Häftlinge bekamen sogleich die Kolbenschläge zu spüren, als hätten sie noch Widerstand leisten können. Sie mussten sich bei helllichtem Tag auf offener Straße nackt ausziehen, damit die Soldaten sie bis zur Prostata, so Blumenfeld, abtasten konnten, um Geld, Waffen, Flugblätter oder was immer zu suchen, während die Bewohner von Le Vernet völlig gleichgültig vorbeigingen oder apathisch auf den Zug warteten. Außer mir stieg hier an diesem Dienstag niemand aus. Ich machte auf dem weißen, von Unkraut durchsetzten, knirschenden Kies des Bahnsteigs unsicher ein paar Schritte. Der Zug hinter meinem Rücken rollte weg, der Ton entfernte sich. Es wurde still, eine mit dichten Geräuschen angereicherte Stille, eine riesige Stille unter dem nach Regen aussehenden bedeckten Himmel, durch den hindurch die Sonne aber kräftig wärmte. Es war sommerlich schwül. Über den Wiesen schrien die Zikaden, ein mächtiges, verliebtes Pulsieren. Das Schreien und Kreischen unbekannter, unsichtbarer Vögel durchschnitt den Ton.

Erst am nächsten Tag wurde ich gewahr, dass es nicht nur eine Vogelart war, die den Lärm der Zikaden und der nahen *Nationale 20* übertönte, überschrie, sondern mindestens drei. Der klassizistische Block des einstöckigen Stationsgebäudes stand stumm und verlassen vor mir, im Erdgeschoss und im ersten Stockwerk die strengen Läden auf ewige Zeiten geschlossen. Die französische Geschichte wird sich niemals dahingehend entwickeln, dass die Stationsvorstände kleiner Ortschaften mit ihren Familien hier im ersten Stock wohnen würden, während im Erdgeschoss neben dem

Wartesaal ein Fahrdienstleiter und ein Telegraphenbeamter Dienst leisten.

Etwas weiter weg standen beidseits des geschlossenen Gebäudes zwei phantastische, riesige Lorbeerbäume. Ihre regelmäßigen, vollen Kronen überragten das Dach.

Sonst nichts auf dieser wehrlosen Wiese, in dieser mit technischen und biologischen Geräuschen durchsetzten Taubheit und Stummheit.

Und wiederum einen Tag später bemerkte ich, dass die den Grundton angebenden Spatzen jenseits der Gleise in gelb blühenden Ginsterbüschen und in streng voneinander getrennten Scharen lebten, während die Elstern in den Lorbeerbäumen knarrten und außer ihnen noch ein mir unbekannter Vogel ziemlich laut rief. Von diesen Vögeln sah ich später in Pamiers noch mehr und noch weitere in den Bergen oben, auf den Felsen, auf den moderigen, in den Himmel ragenden Ruinen der beinahe seit einem Jahrtausend zerstörten Kirchen der Albigenser. Bestimmt müssen diese Wesen, dachte ich in den Bergen oben, während der Ariège um mich herum paradiesisch rauschte, so vorlaut rufen und kreischen, um sich über das laut rauschende Wasser hinweg zu verständigen.

Weiter weg sah ich noch eine Baumgruppe, unter ihr eine Art Raststätte, wo auf dem Asphalt ein paar Autos und Lastwagen im Schatten standen, wobei sie ein paar Minuten später, als ich wieder hinschaute, nicht mehr dort waren.

Verschwunden wie Geister.

Ich wusste, es gab kein Weiter.

So wie in den Beschreibungen der ehemaligen Deportierten sah man im Westen zwischen drohend dunklen, gedrungenen Wolken die düsteren Felsblöcke der Pyrenäen. Die Wolken wichen nicht von der Stelle, als wären sie der ewige Zorn der Berge. Diese selbst, in ihrer schneebedeckten, von Felsschluchten unterteilten Pracht, sah ich erst, als ich nach Pamiers übersiedelte. Und ich merkte auch erst später, dass das Stationsgebäude nicht leer war, sondern eine junge Frau mit ihrem kleinen Kind heimlich dort wohnte, Obdachlose, die hier Zuflucht gefunden hatten. Ich war, ohne es zu wollen, hinter ihr Geheimnis gekommen, als die Frau einen Fensterladen im Erdgeschoss vorsichtig aufstieß, um ihren kleinen Sohn mitsamt seinem Dreirad durchs Fenster hinauszustellen, während ich da schon seit mindestens vierzig Minuten auf meinen Zug wartete. Zum Glück bemerkte sie nicht, dass ich ihr Inkognito gelüftet hatte. Nachdem sie das Kind hinausgestellt hatte, schloss sie den Fensterladen gleich wieder. Von da an gab ich mir Mühe, die Station bei meinen Gängen möglichst auszulassen. Ich begegnete ihnen noch zweimal. Einmal schaute ich aus der Entfernung zu, wie der kleine Junge unter den Bäumen der Raststätte vergnügt auf seinem Dreirad herumkurvte und seine Mutter ihm mit kleinen Schritten folgte, während sie mich der Entfernung zum Trotz im Auge behielt. Ob ich nicht endlich mit meinem Zug abgefahren sei. An dem Tag hatte ich mir in Pamiers Proviant gekauft, ein dickes Stück Presskopf mit Essig, es hatte mich schon lange gelüstet zu kosten, wie der französische Presskopf schmeckt, ich brach eine Semmel entzwei und stopfte den Presskopf dazwischen und kaute zum Abschluss jenes Tags im Schatten der vom Zikadenlärm erfüllten Lorbeerbäume daran. Sie beobachtete mich. Ich war froh, als sich dann die Zugtür endlich hinter mir schloss. Am letzten Tag aber, es muss der folgende Dienstag gewesen sein, ich hatte dank der Angaben der Frau mit dem Motorrad jenseits des heute noch funktionierenden Wasserturms den als nationale Gedächtnisstätte bezeichneten Friedhof des Lagers endlich gefunden, entstand so etwas wie ein Missverständnis. Der kleine Junge radelte allein hinter der Station umher, er fuhr mir auf dem Gehsteig entgegen. Schon von weitem lächelte er süß und vertrauensvoll und wollte sofort ein Gespräch beginnen. Ich verstand von seinem Gezwitscher kein Wort. Ich lächelte zurück, hätte aber nicht gewagt, seine Annäherung zu erwidern, ganz bestimmt beobachtete uns hinter den geschlossenen Läden seine erschrockene Mutter. Ich spürte es. Die Haare standen mir zu Berge, die Haare auf meinen Armen, Schenkeln. Lieber den Zug verpassen, lieber weit wegspazieren von der Station. So aber musste ich an dem Haus vorbeigehen, das einst ebenfalls zum Lager gehört hatte, der Kommandant des Wachpersonals hatte darin gewohnt, vielleicht auch Gaston Delache, der für die Résistance arbeitete, am ersten Tag hatte da ein Mann meines Alters auf eine unvorsichtige Frage seinen Hund auf mich gehetzt. Seine gegabelte Hacke war in der lockeren Erde des Beets stecken geblieben, er hatte den Hund gerufen und ihm wohl so etwas wie Fass gesagt. Ich kenne das Wort nicht, mit dem man in Frankreich einen Hund auf einen Fremden hetzt, und so verstand ich es auch nicht.

Bei meinen Pendelfahrten kam ich täglich zweimal an dem ehemaligen Kommandogebäude und den einstöckigen Mannschaftsgebäuden vorbei.

Der Hund vergaß mich nicht. Jedes Mal, wenn ich vorbeiging, begann er hinter dem Zaun zu toben und begleitete mich bellend über dessen ganze Länge. Er tobte auch, wenn ich auf der anderen Seite der *Nationale 20* marschierte, im Benzingestank und Lastwagenlärm, um zu seinem Gefletsche und Gebell, seinen hochgezogenen Lefzen und dem Klappen seines Kiefers Distanz zu halten.

Hauptmann Gaston Delache hatte vielleicht gar nicht hier in Le Vernet d'Ariège gewohnt, sondern im benachbarten Saverdun, durch das sich der wasserreiche Bergfluss Ariège ebenfalls stürzt. Ich habe versucht, es herauszufinden, ohne Erfolg. Der Hauptmann hatte zwei kleine Töchter, Jacqueline und Michèle, was wir aus dem 1944 verfassten unveröffentlichten Tagebuch ihrer kleinen Freundin Andrée Rou wissen. Jacqueline und Michèle seien ihre allerbesten Freundinnen. Ihre Lehrerin heiße Madame Dreuil, zu der die Mädchen bewundernd aufblicken, denn sie sei streng, aber gerecht. Für die Schülerinnen, die wegen der Lebensmittelknappheit und der Rationierung nicht genug zu essen hätten, habe sie die Schulspeisung organisiert. Von Mittag bis zwei Uhr bekomme man zu essen. Bei der Speisung helfe eine Frau namens Jeannette beim Auftragen. Tüchtige Frauen, schreibt Andrée, es fehle nicht viel, dass sie sich für die Kinder aufopfern. Zauberhaft, wie dieses Mädchen Tagebuch schreibt. Sie beginnt mit einer historischen Zusammenfassung, aus wenigen Sätzen entsteht ein deutliches Bild von der deutsch besetzten Region und deren heimlichen gesellschaftlichen Bewegungen, von der zone libre, die sogar den Anschein von Freiheit verloren hatte. Sie sei Augenzeugin gewesen, schreibt Andrée, als die Tanks und Lastwagen durchrollten, um die spanische Grenze abzuriegeln. Sie hätten noch eine Freundin, Pierrette Rouziès, die Tochter des herumbrüllenden Schreiners. Das sei die Mädchengruppe. Ihre Mottos seien Freundschaft, Treue und Verschwiegenheit. Jeden Tag treffen sie sich am Zaun mit der Jungenschar. Die Jungenbande wird von Andrées kleinem Freund Henri Maurette angeführt. Auch ältere Jungen gehören dazu, Henri hat einen siebzehnjährigen und einen zwanzigjährigen Bruder, die von ihren Eltern den Hof in Piquetalent übernommen haben und dort selbständig wirtschaften. André Saint-Martin, der Sohn des Gendarmen, und Maurice Durin, der Sohn des Arztes, gehören auch zu der Bande. Andrées Vater hat eine Garage, ihre Mutter ist Postaufseherin in Saverdun. Die Weihnachtsferien sind zu Ende, Andrée macht sich bereit, am nächsten Tag, Montag, dem 3. Januar, muss sie wieder zur Schule. Zu Weihnachten hat sie eine Orange und Schokolade bekommen, die sie nur sehr ungern auswickeln würde. Maurice Durin sagt am Zaun, bevor er in die Schule gekommen sei, habe er sich im Zimmer neben dem Büro seines Vaters aufgehalten, da habe er eine weibliche Stimme gehört, Madame Duffieux, die Frau des Zahnarztes, sie habe gesagt, die Gestapo komme ihn verhaften, auch ihr Leutnant solle verhaftet werden. Ich habe deinen Vater gesehen, sagt Andrée am Zaun sofort, er ist zu meinem Vater gekommen, um ihm zu sagen die Gestapo wolle ihn verhaften, sie hätten schon ein Teil aus seinem Auto herausmontiert, um ihn an der Flucht zu hindern.

Mein Vater sagte, sie sollten gleich losfahren, er bringe ihn, wohin er wolle.

Aber wer ist der Leutnant, fragt da Henri Maurette. Das muss mein Vater sein, sagt Pierrette und wird bleich. Sie waren ja oft zusammen in unserem Haus, nachts, sie führten gedämpfte Gespräche. Ich habe das vorausgesehen. Und tatsächlich, am Dienstag fehlt Pierrette in der Schule.

Am Freitag sieht Andrée sie kommen und läuft ihr entgegen, um mit ihr zu sprechen. Vom Hof der Jungen rennen alle zum Zaun, wollen wissen, was geschehen ist. Sie kann ihnen nicht viel Gutes berichten. Am Nachmittag erzählt sie, sie könne nachts nicht schlafen. Maurice Durin sagt, die Deutschen seien zu ihnen gekommen, und als sie nur seine Mutter fanden, hätten sie sie gleich in die Zange genommen, aber sie habe immer nur wiederholt, sie wisse nicht, wohin ihr Mann gegangen sei, und da hätten sie aufgehört und seien weitergeeilt. Sie sind auch zu uns gekommen, um zehn Uhr abends, sagt Pierrette, acht Deutsche und ein Franzose. Sie haben meine Mutter ausgefragt, wo mein Vater sei. Sie haben ihr eine Pistole in den Bauch gedrückt, aber sie antwortete immer nur, sie wisse nichts. Er habe sich bestimmt irgendwo versteckt. Sie solle sein Versteck angeben. Ich weiß nichts. Das machte den Franzosen nervös, er schlug meine Mutter mit dem Handschuh ins Gesicht.

Diese Dreckskerle, brüllen die Jungen auf der anderen Seite des Zauns, die sind fähig, eine schwache Frau zu schlagen, damit sie ihren Mann aufgibt. Was meinen die, wer sie sind.

Ich stieg an der Station von Le Vernet d'Ariège als Einziger aus und dachte im ersten Moment an nichts.

Stand in der seltsamen Stille der Natur, einem Intervall im Dröhnen der Geschichte, und wusste, dass ich angekommen war, ich bin da, so habe ich es gewollt, von hier rühre ich mich nicht mehr weg, und ich begann unwillkürlich und zu meiner größten Schande laut zu weinen.

Lange, vielleicht bis zu meinem dreißigsten Jahr, verstand ich die Bedeutung der Dinge in dieser großen gemeinsamen Geschichte nicht. Die Bedeutung von Le Vernet. Heute kenne ich sie, Vernet bedeutet Erlenhain. Als Kind musste ich mich ungeheuer anstrengen, um den anderen in ihren Gedankengängen folgen zu können. Ich war nicht naiv. Ich wusste alles, so wie ein paar Jahre zuvor diese Kinder in Le Vernet oder Saverdun alles gewusst hatten. Ein Anblick oder eine Situation stellten den Zustand der Dinge hinreichend dar, trotzdem verstand ich die Worte meistens nicht, ich konnte sie nicht so auslegen, wie es die anderen offenbar taten, und ich verstand nicht nur keine Fremdsprache, sondern vor allem meine Muttersprache nicht. Im Grunde genommen kämpfe ich bis zum heutigen Tag erbittert darum, die Wörter zu verstehen, die von den anderen gedankenlos verwendet werden.

Als Kind verursachte es mir zum Beispiel lange, sehr lange großes Kopfzerbrechen, was wohl Bravsein und das Gute überhaupt bedeuten mochten.

Diese Kriegskinder am Zaun wissen fast alles, auch Dinge, die sie nicht wissen dürften. Sie wissen, dass Pierrettes Vater, der herumbrüllende Schreiner, auf dem Hof Gewehre vergraben hat und dass er und Doktor Durin vielleicht über die spanische Grenze gelangt waren. Sie wissen, dass jemand nach Pamiers geschickt worden war, um drei junge Männer über die Grenze zu bringen. Sie wissen, dass die Männer jenseits der Grenze nicht in Sicherheit sind, aber sie wissen auch, dass sie nicht hierbleiben können. So wie Pierrettes Onkel, Louis Maurette, der von Saverdun nach Foix, von dort nach El Serrat und von dort nach Andorra hätte fliehen sollen, aber kaum hatte er die Grenze überschritten, erwischten ihn die Franquisten und warfen ihn ins Gefängnis, dann ist er nach Casablanca geflohen, dann nach Algier gegangen, von wo aus er mit der Befreiungsarmee zurückkehren wird. Zuerst werden Luftlandeaufklärer der Fallschirmjäger abspringen. Sie hören das Londoner Radio, sie wissen, dass sie auf einen bestimmten Satz warten müssen. Les mimosas sont en fleur. Die Mimosen blühen. Sie wissen, dass eine Frau auch dann nicht schwach werden darf, wenn sie alles weiß, nicht einmal dann, wenn sie gefoltert wird. Auch die Frau des Doktors Durin wusste alles. Sie kamen wieder, verhörten sie bis in die Morgenfrühe, am Ende schrie schon Marie, die Mutter des Doktors, an ihrer Stelle, sie wisse nichts. Nebenan weinte Maurice Durin die ganze Nacht aus Angst um seine Mutter, auch das erzählt er am Zaun den anderen. Sie diskutieren die Frage, ob nur die Männer verhaftet und nach Deutschland verschleppt werden würden oder auch die Frauen und die Kinder, worauf André Saint-Martin, der sich einiges auf seine Informiertheit einbildet, sie tröstet, nein, die Frauen und die Kinder nehmen sie sicher nicht mit, worauf die Tochter des Kommandanten der Lagerwache von Le Vernet einwirft, sie wisse das aber von ihrem Vater anders, es seien schon viele Frauen, Massen von Frauen, verschleppt worden.

Ich war beklommen, milde ausgedrückt, das Schreckliche, das ich im Namen meiner Bravheit würde begehen müssen, machte mich beklommen. Ich darf nichts preisgeben. Ich muss ein Held sein. Ein Held, der sogar seine eigenen Eltern opfert, sollte sich herausstellen, dass auch sie Verräter sind. Meine Beklommenheit war berechtigt, ich wurde entlarvt. Aber nie dann, wenn ich es nach den Regeln der Logik erwartete. Nie dann, nie so. Nicht dann, wenn ich meinen Hang zum Bösen nicht im Zaum halten oder wenigstens ein wenig bremsen konnte, wenn ich meinem Eigensinn genussvoll freien Lauf ließ, sondern dann, wenn ich dem allem nicht nachgab, weil ich brav sein wollte.

Ich sei ein feiger Wurm, sagten sie, warum ich nicht zurückgeschlagen habe. Eben, weil ich brav sein wollte. Warum ich nicht sage, was ich denke. Wie solle da aus mir ein aufrechter Mensch werden. Es könne mich doch nicht ein jeder schlagen. Wenn es einer tue, würden es morgen alle tun. Du musst um dein Recht kämpfen. Auch das verstand ich nicht, diesen aufrechten Menschen, und noch viel weniger dieses mein Recht, das also mein Eigentum wäre, und wie sollte ich gerecht um mein Recht kämpfen. Jeden Gedanken brauchst du nicht auszusprechen, auch Ehrlichkeit und Offenheit haben ihre Grenzen. Das sah ich sofort ein, nur wusste ich nichts damit anzufangen, da ich nicht wusste, wo die Grenzen abstrakter Begriffe zu suchen sind. Ich stellte mir vor, dass sie irgendwie räumlich festlegbar waren. Man braucht nicht gerade zu flunkern, es genügt zu schweigen. Du sollst mutig sein, nicht tollkühn, handle überlegt, aber feig darfst du auch nicht sein. Überlege zuerst, bedenke die Folgen, erst dann kommt das Handeln. Du musst wissen, was du warum tust. Sogar dann, wenn du mit dem Kopf gegen die Wand läufst. Auch wir laufen mit dem Kopf gegen die Wand. Sie lachten. Wenigstens ihr Lachen verstand ich.

Du musst über alles Rechenschaft ablegen.

Die Konsequenzen deiner Entscheidungen erhobenen Hauptes tragen.

Keine Klagen.

Andere Male schalten sie mich wegen meiner Überheblichkeit. Aufgeblasene Kröten benehmen sich so. Wenn sie sagten, ich sei hochnäsig, tastete ich an meiner Nase herum, ob sie hoch sei, eine hohe Nase.

An diesem Freitag am Zaun erzählt ihnen Jacqueline Delache auch noch, die Deutschen hätten aus dem Château de la Hill vierzig Judenkinder mitgenommen, um sie in ein deutsches Konzentrationslager zu bringen. Worauf Pierrette den Mund zum Weinen verzieht und sagt, von dort komme niemand lebend zurück. Aber warum Kinder, fragt Lysou, der Jüngste in der Gruppe. Weil, erklären ihm die Größeren, Hitler die Juden hasst, er will alle umbringen. Aber das ist widerwärtig, Kinder können sich nicht wehren. Andrée Rou erklärt ihm, die Deutschen seien Rassisten, sich selbst halten sie für vollkommen, alle anderen für minderwertig, und die Minderwertigsten seien die Juden. Die Erklärung leuchtet Lysou ein, aber er fragt verzweifelt, ob niemand diese Kinder vor dem Verschlepptwerden beschützen kann. Doch, sagte

Jacqueline Delache, aus dem La Hill ist die Direktorin gekommen und hat mit meinem Vater und dem Lagerkommandanten gesprochen, den ganzen Tag haben sie diskutiert, sich verschiedene Tricks ausgedacht, wie die Vichy-Regierung verhindern könnte, dass die Kinder nach Deutschland gebracht würden, um sie stattdessen dem Schweizerischen Roten Kreuz zu übergeben, sie hätten erreicht, dass die Direktorin die Kinder einstweilen nach Pailhès zurückbringen dürfe. Dem Tagebuch zufolge brechen die Kinder in Hochrufe auf die Direktorin aus, die die ihr anvertrauten Kinder nicht fortgelassen hat.

Am nächsten Tag erwartet sie der Bandenführer der Jungen, Henri, am Zaun mit der guten Nachricht, dass sich Pierrette und Maurice keine Sorgen zu machen brauchen, ihre Väter seien nicht erwischt worden, sie seien in der Nähe, bei ihnen auf dem Hof draußen in Piquetalent. Und an diesem Tag erfahren sie auch, dass in den Acht-Uhr-Nachrichten des Londoner Radios der Satz erklungen war.

Die Mimosen blühen.

Es war nicht klar, was ich um meiner Bravheit willen tun musste.

Um mir verständlich zu machen, was Konsequenzen sind, nahm mich mein Vater einmal ins Badezimmer mit und demonstrierte mir anhand eines mit Wasser gefüllten Gummischlauchs das Gesetz der kommunizierenden Röhren. Mag sein, dass das nicht als moralische Belehrung gedacht war, aber ich fasste es doch so auf. Wenn du den Schlauch hier anhebst, wird das Wasser dort hinausfließen, das ist unvermeidlich; verstehen wir es so, dass es keine Handlung gibt, die nicht auf der Stelle Wirkung und Reaktion zeitigt. Oder als ich zu Weihnachten von Onkel Pista, dem Chemiker, einen alten hölzernen, zweiteiligen Chemibaukasten erhielt und mein Vater sogleich demonstrierte, wie in einem Reagenzglas aus zwei Dingen ein drittes wird. Er erhitzte und mischte Substanzen und verzauberte mich damit an diesen verschneiten Abenden und stillen Sonntagvormittagen. Es schien auch die Antwort darauf zu sein, wie aus der Liebe zweier Menschen ein dritter wird. Das hatten sie schon mehrmals erzählt, meine Mutter offener, mein Vater verhüllter, aber ich hatte es keinmal verstanden. Zwei Menschen würden sich sehr lieben und fest umarmen. *Na, sag schon*, hätte dazu meine Großmutter in der Péterfy-Sándor-Straße gesagt, was in meinen ungarischen Ohren wiederum unverständlich klang. Und meine Mutter hätte die Folge der Liebe unter ihrem Herzen getragen. Also war ich ihrem Herzen schon vor meiner Geburt nahe gewesen. An jenem Weihnachtsabend aber war ich drauf und dran, die Sache zu verstehen. Die physikalischen und chemischen Vergleiche so zu verstehen, dass sie mir gleich die Essenz des Universums enthüllen würden.

Es war ein seltsames Gefühl, an einem einzigen Weihnachtsabend das Unendliche zu verstehen.

Das Verstehen des Unendlichen begann mit dem Verstehen des Lackmuspapiers. Wenn ich das Papier in eine beliebige Flüssigkeit stecke, zeige es mir, ob die Lösung sauer oder basisch reagiert, und ob ich wisse, was Säure und Base seien. Die Seife ist basisch, der Essig ist sauer. Dann würde ich auch ein für alle Mal verstehen, was eine chemische Reaktion ist. Das verfärbte Lackmuspapier zeigt mit Hilfe einer Farbskala, ob die Reaktion stark oder schwach ist. Aber woher haben wir denn diese Skala, ich verstand es nicht. So wenig wie das Unendliche. Wie könnte man in Worte fassen, was von Hand und mit dem Maßstab nicht messbar ist. Woher weiß das Papier, was es zeigen soll. Ich musste akzeptieren, dass das Erfahrungswerte waren, das Ergebnis von Konventionen, Einstellungen, Beobachtungen. Und doch war ich voller Zweifel, mein Bewusstsein protestierte, ich hatte das Gefühl, ich müsse die willkürlichen Behauptungen fremder Menschen akzeptieren. Es beleidigte mein heftiges Freiheitsbedürfnis. Ich weiß nicht, wer sie sind. Lavoisier. Dank ihm weißt du, dass sich bei den chemischen Reaktionen nicht die Quantität verändert, sondern die Gestalt, und das nennen wir nach ihm das Massenerhaltungsgesetz. Du weißt auch, dass der

Eisenofen heißer ist als deine Körpertemperatur. Du brauchst nicht jedes Mal den Ofen zu berühren, um die Richtigkeit dieser Aussage zu kontrollieren.

Da sähen wir ja schön aus.

Es ist nicht jeder ein Lavoisier.

Ganz schlau kam ich dahinter, dass ich manchmal wirklich den Mund halten konnte, dass ich nicht unbedingt jedes Mal zu fragen, zu widersprechen oder zu zweifeln brauchte. Dass es genügte, so zu tun, als hätte ich verstanden. Ich verstand kein Wort, aber ich tat so, als ob. Das bewirkte, dass ich plötzlich doch verstand. Aber der Trick funktionierte nicht immer. Ich tat, als hätte ich verstanden, nickte eifrig, damit wir es hinter uns brachten, aber ich verstand immer noch nicht. Es gibt chemische Reaktionen, die nur in sauren, andere, die nur in basischen Lösungen zustande kommen, deshalb müssen wir die chemische Reaktion mit Lackmus feststellen. Das Lackmus war im Grunde nichts anderes als ein Löschblatt. Und doch konnte es etwas, das ein Löschblatt nicht konnte, weil jemand es mit dieser Eigenschaft aufgeladen hatte. Auch die chemische Reaktion wurde mir durch die Erläuterung meines Vaters nicht klar. Sie gebrauchten das Wort für Menschen, die sie ablehnten. Ein alter Reaktionär. Der reaktionäre Jóska. Die alten Reaktionäre. Die ganze reaktionäre Bande. Wenn aber jeder chemische Vorgang, ob sauer oder basisch, gleicherweise reaktionär ist, was fang ich dann damit an. Ohne Lateinkenntnisse war ich von den beiden Bedeutungen des Wortes lange verwirrt. Außerdem gibt es Stoffe, die nicht an der chemischen Reaktion teilnehmen, erklärte mein Vater über dem in verschieden große Fächer eingeteilten Kasten mit dem gefährlichen Inhalt, und doch kann eine bestimmte chemische Reaktion ohne sie nicht stattfinden. Das hätte ich zufällig noch verstanden. Diese Stoffe sind wie bescheidene, fleißige Menschen, dachte ich. Sie drängen sich nicht auf, sie arbeiten nicht um eines Lohns oder einer Belohnung willen; ich war voller Anteilnahme und Sympathie für die Katalysatoren.

Ich verstand sogar, dass aus dem Doppelzerfall der sauren und der basischen Stoffe im gegebenen Fall Salze entstehen, das würde das Ergebnis des Vorgangs sein, durch Trocknung würde man Salz gewinnen. Wir trockneten. Tagelang arbeiteten wir im Badezimmer mit diesen Stoffen. Der Doppelzerfall war ein Wunder. Das Wort selbst war schön. Die Röhren oder die Retorte vorsichtig über dem Bunsenbrenner erhitzen. Die festen Stoffe und die dünnflüssigen Reste abschöpfen. Zur alten Ausrüstung gehörte auch eine winzige Apothekerwaage, mit Tellern aus Horn. Sogar den Gebrauch der Waage in der Chemie verdanken wir Lavoisier. Die Messungen müssen im Prinzip immer die ursprüngliche Menge des Stoffes ergeben. Auch das verstand ich. Aber sie ergeben sie nie. Auch das verstand ich. Den Bunsenbrenner kannte ich schon von der Goldschmiedewerkstatt meines Großvaters in der Holló-Straße. Die Zustandsveränderungen und Zustandserhaltungen waren fabelhaft esoterisch. Jede Handlung hat ihre messbare Wirkung, so viel verstand ich. Aus so und so viel Stoff haben wir das und das gemacht, in dieser Quantität. Dann aber müssten Bravheit und Bosheit ein nachweisbares Gewicht haben. Doch das erfuhr ich von meinem Vater nicht mehr, da er wegen eines großen Unfalls unerwartet wegmusste. Irgendwo war etwas passiert, er kam tagelang nicht nach Hause, und ich musste alles abwaschen und in die Holzfächer zurücklegen.

Lange Zeit verwirrten mich die Begriffe nicht nur, weil sie ungeklärt oder zweideutig blieben. Manchmal blockierte mich schon ihre morphologische Gleichheit. Manchmal hingegen klaffte eine Lücke, eine Leere in ihrer Auslegung, und ich verstand nicht, warum die anderen das nicht bemerkten oder warum sie den leeren oder willkürlichen Definitionen gegenüber so leichtgläubig waren. In anderen Fällen ließ mir der Entscheidungsdruck keine Zeit, die Sache richtig zu überlegen. Ich musste mich entscheiden, bevor ich den Gegenstand meiner Entscheidung und deren Konsequenz, Ursache und Wirkung, also die Zusammenhänge, erfasst hatte.

Wenn du geschlagen wirst, schlage zurück. Das klang ganz einfach, ein deutlicher Befehl, doch die Folgen waren nicht in jedem Fall abzusehen. Oder ich wurde für etwas bestraft, das ich nicht getan hatte, das zu tun mir nicht im Traum eingefallen wäre.

In solchen Fällen schien die ganze Welt mit allen ihren Begriffen und ihrem Sinn über mir einzustürzen.

András und ich sollen Yvette die Unterhose ausgezogen haben, und ich hätte Yvette niedergehalten, damit wir es uns anschauten, sie hätte sich mit aller Kraft gewehrt, gestrampelt, ich hätte sie gewürgt, leugnen ist zwecklos, ihr Hals und ihre Arme sind voller blauer Flecken.

Dabei hatten wir sie ihr nicht ausgezogen, es uns nicht angeschaut, ich wusste gar nicht, worauf ich hätte neugierig sein sollen, wie auch, von einer Abwehr Yvettes konnte auch keine Rede sein, ich hätte sie ja auch gar nicht niederhalten können, gewürgt hatte ich sie auch nicht, ich würgte nie jemanden. Kein Wort stimmte, ich begriff nicht, woher sie das nahmen, und was ich jetzt also mit meinem Gerechtigkeitssinn anfangen sollte.

Dass Yvette die Geschichte erfunden hatte, konnte mir wirklich nicht in den Sinn kommen.

Dazu mussten noch mindestens zwanzig Jahre vergehen, erst dann ging es mir auf.

Yvette war scharfkantig, traurig, wild, hellblond, mit knabenhaft kurzgeschnittenem Haar.

Sie war tödlich gekränkt, und niemand, behauptete sie, nahm das zur Kenntnis, wusste es vielleicht gar nicht. Auch dieses Wort verstand ich lange nicht, dieses tödlich. Wer tödlich gekränkt ist, kann auch nicht mehr klagen. Wenn er sich hingegen noch beklagt, kann seine Gekränktheit nicht tödlich sein. Aber man sagte es eben so, vor allem die Mädchen. Tödlich verliebt. Tödlich gekränkt war sie von ihrer Mutter, die sie von Aulnay-sous-Bois weggeschickt hatte, aus der Nähe ihrer Geschwister, tödlich gekränkt hatte sie auch ihr Vater, Georges, der sich wortlos aus ihrem Leben verflüchtigt hatte. Er hatte nicht nur Frau und Kinder verlassen, um sich mit einer fremden Frau zusammenzutun und auch ihr Kinder zu machen, sondern er hatte auch Yvette hierhergeschickt, in dieses wildfremde, widerliche Land. Damit er sie nicht am Hals hatte. In der Familie war verbucht, dass wir beide uns auffällig glichen, da wir beide Großmutter Mezei nachschlugen, der Klára Mezei. Bestimmt hätten wir uns deshalb so lieb. Auch das frappierte mich, wieder verstand ich ein Wort nicht. Nie wäre mir in den Sinn gekommen, dass Yvette und ich uns lieb hatten. Ich verstand nicht, was sie meinten. Ich weiß nicht, warum, aber es schmeichelte mir, dass ich diesen beiden nahestehenden Personen glich, Yvette und der Großmutter, auch wenn ich sie noch so lange anschauen konnte und nie eine Ähnlichkeit entdeckte. Soviel ich von ihr kannte, war Großmutter Mezei eine müde, grauhaarige alte Frau gewesen. Sie hatte sieben Kinder geboren und großgezogen. Auf den Fotos trug sie schwarze, weit geschnittene Seidenkleider und war schon ganz lange tot. Nachdem ihr ältester Sohn, György, der an der Königlichen Ungarischen Technischen Universität Architektur studiert hatte, sich mit zweiundzwanzig umgebracht hatte, trug sie nur noch Schwarz, zwanzig Jahre lang, Schwarz bis zu ihrem Tod. Es war nicht als Demonstration gemeint, sie brachte es nach Ablauf des Trauerjahrs einfach nicht fertig, das viele Schwarz abzulegen.

Was auch verständlich war, sie konnte ihr totes Kind nicht von einem Tag auf den anderen vergessen, lieber dehnte sie das Trauerjahr bis zu ihrem Tod aus.

Sie trug auch ihre Perlen und ihren sonstigen Schmuck nicht mehr, außer einer zweireihigen Halskette aus Obsidian, die tiefschwarz war, mit zu Oktaedern geschliffenen, mattpolierten Perlen.

Györgys Tod hat in der Familie eine bis zum heutigen Tag andauernde Erschütterung hinterlassen, schon bei der Erwähnung des Namens bricht jeder in Tränen aus, hundert Jahre später zucken allen die Lippen, worauf man das Weinen verschluckt. Es wird ein lautes Ächzen daraus. Das familiäre Ächzen in den Fällen großer Trauer. Ich habe nicht nur diese Art von Erschüttertsein, dieses Lippenzucken und Ächzen, nicht nur den Anlass der Erschütterung geerbt, sondern auch den Namen des Architekturstudenten als zweiten Namen. Auch der Sohn von Tante Eugenie hat ihn geerbt, ebenso Tante Magdas Sohn, aber das half alles nichts mehr. György Nádas war tot. Ich habe seinen Namen zusammen mit der Verpflichtung geerbt, ebenfalls jeglichen Schmerz zu verschlucken, meine Tränen nicht zu zeigen, niemandem mit lautem Weinen zur Last zu fallen.

Und nie ein Wort über die Gründe dieses Selbstmords. In tiefstes Schweigen sei er gehüllt. Auch dazu darf ich nur zufällig ächzen.

Großmutter Mezei war eine gebildete, bescheidene, stille Person gewesen, das wussten wir, sie hatte unter ihrem lauten, vierschrötigen, brutalen Mann ein Leben lang gelitten, wenn auch nicht so sehr, dass sie, sagte man in der Familie, sich je beklagt hätte.

Warum lässt Mutter das zu, wurde sie von ihren Töchtern immer wieder gefragt. Wenn man sie mit solchen Fragen plagte, senkte sie schamhaft die deutlich gezeichneten, zum Flattern neigenden Lider, lächelte fein und schwieg beredt. Möglich, dass sie ein Leben lang in diesen in seiner Jugend auffällig schönen, eleganten Mann verliebt gewesen war, was die Mädchen nicht zur Kenntnis nahmen oder missbilligten. Es war ihnen peinlich, dass so viele Geschwister geboren wurden, und sie nannten ihren Vater Zuchtstier. Mit ihren Hetzreden und ihrem Aufbegehren gegen die Familienordnung erreichten sie bei ihrer Mutter zwar gar nichts, aber im Verhältnis zu den Jungen kamen sie bei ihrem tyrannischen Vater doch glimpflicher davon. Sie schlug er nicht. Die zweireihige schwere schwarze Halskette, die unsere Großmutter auf den Fotos trägt, bewahrte meine Mutter in einer vom verschnörkelten Monogramm der Großmutter gezierten Bonbonnière mit Silberdeckel auf. In Großmutters Leben war dieses Monogramm wohl der einzige Schnörkel gewesen. Wenn ich fragte, warum sich dieser unbekannte Onkel, dieser György, dessen Namen ich als zweiten trage, umgebracht hatte, bekam mein Vater das winselnde Lippenzucken, aber er antwortete nicht. Auch er war zu Hause gewesen, zehnjährig, als es geschehen war. Er sagte nichts. Meine Mutter sagte einmal nur gerade so viel wie Liebeskummer. Sie sagte nicht, er hat es aus Liebeskummer getan, sondern kürzte den Satz ab. Liebeskummer. Als habe er sich wegen etwas Nebensächlichem umgebracht. Wenn ihre Tochter Vera danach fragte, antwortete Tante Özsi das Gleiche. Liebeskummer. Was auch hieß, frag nicht mehr. Ich aber fragte bei jeder Gelegenheit weiter. Tante Magda wich einmal der Frage aus, indem sie sich der Sache von einer anderen Seite näherte. Er war wirklich ein seltsamer Junge, sagte sie, ein sehr ängstlicher Junge, ihr Vater habe ihn unablässig gequält. Er beschäftigte sich mit Dingen, mit denen sich Jungen nicht zu beschäftigen pflegen, jedenfalls der Sitte gemäß nicht.

Aber womit denn, womit pflegten sich Jungen nicht zu beschäftigen, fragte ich. Sie neigte den Kopf nachdenklich seitwärts, und das unterdrückte Winseln und die unerhörte Schande ließen ihre Lippen zittern. Zum Beispiel habe er gestickt, ich spürte, dass sie das noch nie laut ausgesprochen hatte, er saß gern bei Fröl Júlia und unserer Mutter, und sie stickten zu dritt. Unsere Mutter hatte nichts dagegen einzuwenden. Wenn es unser Vater sah, begann er zu toben. Er lernte von unserer Mutter Strümpfe stopfen. Er konnte es genauso gut wie unsere Mutter. Er half ihr beim Stopfen. Das alles sagte sie so wütend, noch nach allen den Jahrzehnten mit so viel heiliger Entrüstung, als wäre sie selbst ihr verhasster, verachteter Vater und ebenfalls der Meinung, dass Jungen so etwas nicht tun.

Ein Junge hilft seiner Mutter nicht beim Stopfen der löcherigen Socken. Mir aber dämmerte, dass sie ihn gemeinsam umgebracht hatten, auch wenn noch Jahre vergehen mussten, bis ich verstand, warum sie es getan hatten.

Yvette glich unserer verstorbenen Großmutter, Klára Mezei, überhaupt nicht. Oder vielleicht doch, am Kinn, am charakteristischen Zitronenkinn, vielleicht auch an den deutlich gezeichneten, dünnen Augenlidern. Heute sehe ich die physische Ähnlichkeit zwischen uns dreien sehr wohl, damals sah ich sie nicht. Alle drei Mezei-Mädchen hatten ein solches Kinn und solche deutlich gezeichneten, durchsichtigen Lider. Kinder sehen das Wesen der Menschen und achten deshalb nicht auf deren Züge, sie sehen das Geschöpf, das diese Züge trägt. Yvette war dauernd aufgebracht, wütend, reizbar, leicht beleidigt, sie war wirklich weit entfernt davon, ihre Kränkungen klaglos zu ertragen. Zwei Jahre älter, fast um einen Kopf größer, war sie um einiges stärker als ich. Sie ging dreimal in der Woche vom Theresienring zum Training im Sportschwimmbad auf der Margareteninsel. Zum Treni. Im Schwimmbad nahm sie die Gewohnheit an, sich mit größeren Jungen zu balgen. Sie lud mich ein mitzukommen, auf die Margareteninsel, ins Treni. Ich traute der Sache nicht, auch dem Wort nicht, ein-, zweimal ging ich trotzdem mit, aber das Wort nahm ich nie in den Mund. Rotz. Popel. Sie spuckten genüsslich den heraufgehusteten Schleim ins Wasser. Furzten hinein. Bliesen ihren Rotz hinein. Pissten hinein. In den Duschen pissten sie sich auch gegenseitig an. Statt auf die Margareteninsel zu gehen, gingen sie auf die Margareteninsel hinaus, aber auch das nahm ich nicht in den Mund, ich ging auf die Margareteninsel. Dort aber grüßte mich Yvette nur knapp zwischen zusammengepressten Zähnen. Ich verstand das nicht, warum hatte sie mich dann eingeladen. Als wäre ich nicht ihr Cousin. Gut, ich war nicht ihr Cousin ersten Grades, das war ihr Vater. Auch dieses Cousin war für mich ein ziemlich schleierhaftes, verdächtiges Wort, nicht nur, weil es mir mit seiner Einteilung in Grade seltsam vorkam, sondern auch, weil Großmutter Tauber immer betonte, dass Elemér, von dem wir nicht sprechen, der Cousin ersten Grades gewesen war und große Schande über die Familie gebracht hatte, als er vom Kálvária-Platz nach Csepel hinausgelaufen war. Bevor das Training begann, ließen die großen Jungen Yvette tatsächlich keinen Augenblick in Ruhe, jagten sie in Gruppen ums Becken herum, verstellten ihr den Fluchtweg, sie aber entwischte geschickt, und als sie einmal doch erwischt und zu Boden gedrückt wurde, entschlüpfte sie mit ihrem feuchten Körper wie ein Aal zwischen den anderen feuchten Körpern und rannte die Zuschauertreppe hoch.

Als ich das zweite Mal ins Schwimmbad runterging, so sagten sie es, komm runter ins Sportbad, ich sage dann dem Trainer, er soll mit dir eine Probe machen, dann kannst du mit mir ins Treni, begegneten wir uns auf dieser Treppe, aber sie grüßte mich nicht einmal, sondern lief einfach weiter, obwohl sie gar nicht verfolgt wurde.

Wie also hätte ich ihr die Unterhose ausziehen können. Darin glichen wir uns ja, dass auch sie nicht gerade gehorsam war, sich auch immer querlegte. Ich sei eigensinnig, wie kann man denn nur so eigensinnig sein, fragten meine Eltern, meine Lehrer, auch die Rózsi Németh, meine Patin, fragte es, aber sie ihrerseits lachte darüber, freute sich, dass auch aus mir ein hartgesottener Protestant werden würde.

Warum ich immer das Gegenteil wolle, ich sei starrköpfig, störrisch, störrisch wie ein Esel.

Gerade das verstand ich nicht. Woher soll ich denn wissen, warum ich so störrisch bin, wieso fragen sie mich. Sie müssten es doch wissen. Und wenn ich nun einmal so bin, wie könnte ich dann anders sein. Und warum würden wir Klára Mezei nachschlagen, wenn wir ja gerade nicht so sanft und geduldig sind wie sie, die sich ein Leben lang aufgeopfert hat. Yvette konnte wenigstens den Anschein erwecken, ein fragiles, stilles kleines Mädchen zu sein. Obwohl sie durch und durch provokant war, auf eine hinterhältige Art. Mir war wegen meiner eigenen Widerspenstigkeit unbehaglich, sie hingegen lebte sie laut und lustvoll aus. Auch das verstand ich nicht, ich konnte sie nur voller Bewunderung anstarren. Wie macht sie das. Sie zeigte gerade das Gegenteil ihres wahren Wesens. Ich wäre ganz ehrlich gern anders gewesen oder hätte gern wenigstens so getan, damit sie mit mir zufrieden sein konnten, aber ich konnte nicht entscheiden, welches der vielen vorhandenen Verhaltensmuster und welchen der Stile ich zu diesem Zweck wählen sollte. Jede beliebige der Bravheit Vorschub leistende Art schien recht zu sein, aber da ich selbst nicht beliebig war, hätte ich simulieren müssen. So wie meine Cousine. In meinem Eifer, und vor allem geleitet von meinem Liebesbedürfnis, einer zutiefst menschlichen Regung, begann ich allerlei Rollen auszuprobieren. Mädchenrollen, Jungenrollen. Ich probte die Rolle des großen Entdeckers, der einen noch unbekannten Winkel der Erde entdeckt. Ich packte meinen kleinen Rucksack, ein Hemd, Unterwäsche, ein Handtuch, die Jause, aber Rózsi Németh hörte das vorsichtige Klicken der Wohnungstür und holte mich aus dem Treppenhaus zurück. Oder ich wäre der junge Mozart. Ich klimperte ekstatisch auf dem Klavier meiner Tante in der Dembinszky-Straße herum, bis sie aus der Küche gehinkt kam und verlangte, ich solle aufhören, sie halte das nicht aus. Was ich da treibe, sei Unsinn. Sie gebe mir gern Stunden, aber ich solle versprechen, die Finger vom Klavier zu lassen.

Ich saß betroffen auf dem Klavierschemel, die Szene wirkte lange nach. Sie hatte nicht ihr Instrument verteidigt, sondern mich ganz offensichtlich im Namen ihrer Berufung zurechtgewiesen.

Yvette experimentierte nicht mit Rollen, Mahnungen und Kritiken reizten und ärgerten sie nur.

Sie verzog das Gesicht und blies die Luft aus, das sei ihr wurscht, sagte sie, merde, putain, und platzte fast vor Wut.

Sie brachte es fertig, auch die zu genießen.

Wenn sie ins Schwimmbad ging, musste sie am Oktogon die Straßenbahn Nummer sechs nehmen, beim Abgang zur Insel aussteigen, die Treppe hinunter, unter der Fahrbahn hindurch, auf der anderen Seite wieder hoch, aber das mache sie nicht immer, erzählte sie stolz, sie folge manchmal den strengen Ermahnungen ihrer Großmutter nicht, sondern laufe von der Fußgängerinsel aus über die Straße. Verbote übertrat sie gern, sie jauchzte im wahren Sinn des Wortes, war aufgeregt und rot vor Vergnügen. Ich hätte ihr die Unterhose nicht ausziehen können, auch wenn ich gewollt hätte.

Aber ich wollte gar nicht, wozu auch, ich verstand nicht, warum ich das wollen sollte, wie bin ich in die peinliche Situation geraten, mich für etwas rechtfertigen zu müssen, das mir völlig fernliegt. Wenn das geschehen kann, dann kann auch geschehen, dass ich nicht ich bin. Oder vielleicht gerade umgekehrt. Auf dem gefälschten Papier ist mein wirklicher Name verzeichnet, und das jetzt ist mein falscher Name, ich trage diese Lüge meiner Eltern, obwohl ich das nicht bin. Sehr lange quälte mich der Gedanke, dass alle meine Probleme mit den Begriffen vielleicht daher stammten. Ich bin nicht der, der ich bin. Wie kann ich beweisen, dass ich etwas nicht getan habe. Ich verstand es nicht. Etwas war nicht geschehen, ich hatte es nicht getan. Die Säure und die Base hatten sich nicht vermengt, also hatte auch kein Salz entstehen können. Da ist nichts, das man wägen könnte, und das Nichts führt zu keiner chemischen Reaktion. Ich kam einfach nicht auf den Gedanken, dass meine Lieblingscousine meiner Lieblingstante Dinge erzählte, die in keiner Weise der Wirklichkeit entsprachen.

Yvette hätte das eigentlich gar nicht nötig gehabt, sie hatte mir die Geschichte aller ihrer Kränkungen in allen Einzelheiten erzählt. Kränkungen, die ich beim besten Willen nicht verstand. Ich wollte diese große Vertraulichkeit gar nicht, sie wollte, dass wir keine Geheimnisse voreinander hatten. Normalerweise legen nur Mädchen untereinander derartige Gelübde ab, das ist bei ihnen wie ein Anfall von Sinnlichkeit. Den Jungen fällt so etwas nicht ein, im Gegenteil, die Dinge müssen vor dem anderen männlichen Wesen möglichst geschickt verdeckt und verheimlicht werden. Die Jungen zogen sowohl vor den Mädchen als auch vor den anderen Jungen eine Schau ab. Vor den Mädchen spielten sie die Sanften, vor den Jungen die harten Kerle. Ich identifizierte mich in keiner Weise mit ihnen, obwohl ich schon sah, dass ich auch mit den Mädchen nicht identisch war. Lange Zeit fragte ich mich nicht, was ich dann für ein Geschlecht hätte, aber nicht weil ich stumpfsinnig gewesen wäre, sondern es war mir einfach zu klar, dass ich nicht so war wie die anderen Jungen. Bis dahin wäre mir nicht eingefallen, dass man gemeinsame Geheimnisse haben könnte, wozu denn, wozu sollte man sich alles, aber auch alles erzählen. Jeder maß diesem Wort, Geheimnis, eine besondere Bedeutung bei. Die Stimmen wurden gedämpft, man flüsterte sich ins Ohr. Im Zeichen der Ehrlichkeit wurde gelogen, wurden die Dinge verzerrt. Man wusste, dass ich wusste, und sagte in meiner Hörweite doch etwas anderes, um das große Geheimnis zu wahren, das dann doch jeder jedem ausplauderte. Es vergingen Jahre, bis ich dahinterkam, warum die Menschen vom Geheimnis und vom Schein so angezogen sind. Das Geheimnis ist so etwas wie die familiäre Bankeinlage, die staatliche Goldreserve, die im löcherigen Topf vergrabenen Silbertaler, man kann es ausscharren, handeln und wuchern damit, aber nur, wenn das Geheimnis ringsum hermetisch scheint. Alle müssen tun, als kennten sie es nicht. Nachdem ich feierlich Geheimhaltung geschworen hatte, vertraute sie mir sogar an, sie sei nicht in mich verliebt. Das verstand ich nun endgültig nicht. Ich nahm es schweigend zur Kenntnis, sie war ja zwei Jahre älter und ein Mädchen. Sie musste es besser wissen. Vielmehr beschäftigte mich die Frage, warum sie in mich verliebt sein sollte und es dann doch nicht war. In allen ihren Geheimnissen vibrierte eine seltsame, aus der Tiefe heraufzischende Wut. Sie ertrage nicht, dass sie im Schwimmbad kein Oberteil anhaben dürfe und sich sogar vor András Gönczi ohne präsentieren müsse. Zuerst hätten ihre Eltern sie aus ihrem Leben verbannt, und es habe sie in dieses wildfremde Land verschlagen, wo außer ihrem Großvater kein Mensch, kein einziger Mensch anständig Französisch spricht, ihre Großmutter gehe ihr mit ihren Fehlern direkt auf die Nerven, und dann werde sie auch noch in ihrer Weiblichkeit gedemütigt. Das Haar lasse man ihr beim Herrenfriseur schneiden. Na gut, die Vilma Ligeti kann Französisch. Sie könne sich noch so wehren, nein, bitte nicht zum Herrenfriseur, nicht so einen Jungenschnitt, nicht so kurz. Und dann müsse sie zum Schwimmen eine Badehose wie die Jungen tragen und mit ihnen ums Becken herumrennen.

Auch den Jungen ziehe man nicht die Hose aus, damit sie ihren Schwengel zeigten, warum dürfe sie dann kein Oberteil tragen, sie verstehe das nicht.

Das Wunderbare daran war, dass ich zum ersten Mal diese schönen Schwimmbadwörter meiner Muttersprache hörte, Schwengel, Schwanz, Sack, noch nie hatte ich das von jemandem gehört, nur gerade Fotze kannte ich; zuerst dachte ich, es seien französische Wörter. Mindestens zwanzig Jahre mussten noch vergehen, bis ich endlich verstand, was mit Sack gemeint ist. Die Hoden gleichen ja einem Sack gar nicht, keine Hoden der Welt tun das. Auch ficken verursachte mir Kopfzerbrechen, da man einmal fick dich sagte und eine Grobheit damit meinte, während ein anderes Mal ficken etwas ganz anderes bedeutete. Die fickt gut, sagten die Jungen, und ich hatte keine Ahnung, was sie meinten. So redeten sie im Schwimmbad auf der Margareteninsel. Anfangs war ich es gewesen, der Yvette ungarische Wörter beigebracht hatte, aber sie sagte, diese Ausdrücke habe sie hier im Sportschwimmbad gelernt, und sie behauptete, auf Französisch gebe es das nicht, sie könne sie mir also nicht beibringen. Fotze, Muschi und Sack stammten tatsächlich direkt aus dem Sportbad, und so hängen diese Wörter für mich bis heute eher mit dem Treni zusammen als mit den Körperteilen, die sie bezeichnen. Mir gefiel aber nicht, dass bei ihnen alles immer merde und putain war. Außer Scheiße und Hure kannte ich noch Bockmist. Kaum war sie angekommen, standen wir am nächsten Tag schon am Donauufer zwischen den Weiden, in Leányfalu, wo Onkel Pali und Tante Magda ein Sommerhaus besaßen, das sie vom Amt für verlassene Güter erhalten hatten. Um drei Uhr zwanzig kam die Petőfi mit ihrem Schaufelrad stromaufwärts gestampft, Marktfrauenschiff genannt, auf ihm kehrten die Marktfrauen mit ihren leeren Körben von den Märkten in Pest und Buda nach Nagymaros oder Dömös zurück, wobei die echten Marktfrauenschiffe nicht einmal einen Namen hatten. Ich zeigte darauf, hajó, sagte ich, worauf sie in ihrer stets unangenehmen, heiseren Wut aufschrie, dass sie rot wurde, non, non, bateau, wir verteidigten aus voller Kehle dieses Wort unserer jeweiligen Muttersprache, hajó, bateau, hajó, bateau, bis das Stampfen des Schiffs unser Geschrei verschluckte. Wir genossen es, lachten uns wegen der sinnlosen Rechthaberei gegenseitig aus, fanden es lustig, wie widerspenstig und dumm die Sprache des anderen war. Am Lautbild der Wörter konnten wir nichts ändern, höchstens die Bedeutungen austauschen. Und so glaubte ich ihr noch lange, dass Möse eine Spezialität der ungarischen Schwimmbadsprache war, die man nicht auf Französisch übersetzen kann.

Aber die großen Wellen warf nicht die Petőfi, sondern um halb elf die Kossuth, nur konnte ich Yvette das nicht erklären, und wenn ich noch so fuchtelte, sie verstand es nicht, wie immer ich es in meiner Muttersprache versuchte.

Sie lernte sehr schnell Ungarisch, innerhalb von ein paar Monaten, ich hingegen lernte bei diesem sprachlichen Wettstreit kaum Französisch. Demi, so viel wenigstens lernte ich. Wir schauten auf die Uhr, und wenn es dix heures et demi war, rannten wir ans Ufer, um die Wellen der Kossuth nicht zu verpassen.

Ans Ufer hinunter durften wir auch allein, aber ins Wasser nur bis zu den Knien, wegen der Wirbel. Weiter hinein war verboten. Wir taten es trotzdem, schwammen gegen die Wellen an, schwammen ganz in die Nähe der Schaufelräder, das nahe Schlagen der Schaufeln war wunderbar erschreckend, wir schwammen in die Wirbel hinein, auch in die größten.

Allein hätte ich das nicht gewagt, mit ihr hingegen machte ich fast alles mit. Sie war wagemutig, wirklich tollkühn, und es gab kaum etwas, das sie nicht zur Rebellion anstachelte.

Zum Glück erfuhr ihre Großmutter nie, wie verrückt ihre feine, stille, fragile kleine Enkelin nach den Wirbeln war und überhaupt was für eine wilde Frauensperson. Zusammen mit den älteren Jungen machte sie Jagd auf die größten und gefährlichsten Wirbel, von denen es in der Umgebung von Leányfalu genügend gab. Sie beharrte nicht darauf, dass ich mitging. Sie ging allein oder mit den größeren Dorfjungen. Die gefährlichsten Wirbel gab es oberhalb der Schiffsstation, auch wenn dort die Donau vom Ufer aus gesehen ausgesprochen harmlos aussah. Das Wasser war an der Oberfläche wie gewölbt, mit riesigen, ovalen Flecken, an deren Rand nicht Wasser, sondern eine dichte, gelbe, graue Creme aus der Tiefe heraufzubrodeln schien. Man hätte sie aufs Brot streichen können. Yvette ließ sich durch diese Trichter in die Tiefe ziehen, strampelte sich wieder hoch.

Meine Mutter hatte mir, als ich kaum fünf Jahre alt war, im Sommer in Balatonlelle Schwimmen und gleichmäßiges Atmen beigebracht, ich konnte gut schwimmen, lange, ausdauernd, mit einem guten Rhythmus, aber besonders wagemutig war ich nicht. Ich schämte mich ein wenig, aber ich mied die an den Rändern brodelnden, schlammschweren gewölbten Flecken und Trichter in einem großen Bogen. Um ihnen ganz auszuweichen, musste ich bis zur Flussmitte schwimmen, wo die Strömung erschreckend stark und tief war. Vor ihr hatte ich aber weniger Angst als vor den Wirbeln. Nur ein einziges Mal machte ich freiwillig mit, wir schwammen in den gefährlichsten Wirbel hinein. Und einmal geriet ich in die Nähe der großen Trichter, weil ich Yvette unvorsichtig und blind gefolgt war und nicht auf den verräterischen Zustand der Oberfläche geachtet hatte. Wir wollten auf eine leere Sandbank hinüberschwimmen, knapp oberhalb der Schiffsstation, in jenem Sommer war diese Sandbank unsere große Entdeckung, wir verbrachten Stunden zwischen ihrem eher spärlichen Weidenbestand, doch dann erwischte mich ein Wirbel, es gab kein Zurück oder hätte es nicht gegeben. In solchen Fällen wehrt man sich besser nicht, hatten die Dorfjungen gesagt, achte darauf, dass er dich bei den Füßen mit hinunternimmt. Und tatsächlich, beide Male war es ein unvergleichliches Erlebnis. Das Wasser zog mich mit ungeheurer Kraft hinunter, ich hatte das Gefühl, dass ich nicht ganz unelegant seine Kehle hinunterrutschte, unten aber folgte eine lange, eine sehr lange Pause. Das war ja auch unbegreiflich. Wie konnte es hier unten plötzlich so viel Licht geben. Ein blond schaukelnder Widerschein auf dem ruhevollen, mit Steinen verzierten Sandbett des Flusses. Noch heute sehe ich das blond wellende und funkelnde Licht, das in der Strömung schaukelnde, durchleuchtete Laichkraut, das kristallen strahlende Flussbett mit den Kieseln und größeren Steinen. Ein starker Aufprall, unter meinen Sohlen das stein- und kieselbestreute Flussbett, das ungeheure Gewicht der Wassermasse auf meinem Körper.

Es war magisch, überirdisch, ein ewiges Sein, dem man sich gern überlässt.

Die großen Jungen hatten gesagt, man müsse sich sofort, mit aller Kraft abstoßen.

Das Wasser lud zum Bleiben ein.

Lud mich ein, es zu schlucken.

Ich hatte die Augen geöffnet, schon mit vier hatte ich gelernt, mit offenen Augen zu schwimmen. Fünfundzwanzig Jahre lang mit offenen Augen, bis die zwischen Wien und Bratislava völlig verschmutzte Donau zu einer schleimigen Brühe geworden war. Yvette aber sah ich schon eine Weile nirgends mehr, weder an der Oberfläche noch in der Tiefe. Ich schaute vergeblich nach ihr aus. Nichts zu hören, eine seidig strömende taube Stille. Jetzt verstand ich, was die Jungen mit ihrer Warnung gemeint hatten. Bleib nicht beim Wasser. Denn man wäre wohl geblieben, so stark war die Sehnsucht, ein Fisch zu werden, ein Stein, Laichkraut, blondes Licht, und sich von der Strömung sacht schaukeln zu lassen. Stoß dich mit aller Kraft ab. Man muss sich von seiner tiefen Todessehnsucht abstoßen.

Oder dann eben bleiben.

Auch Yvette gefiel es, sie ließ sich längere Zeit da unten wiegen. Sie bewegte die Beine auf eine Art, dass sie unten blieb.

Nie mehr geriet ich absichtlich in die Wirbel, ich mied sie mit aller Kraft.

Yvette las viel, auch ich las viel, sie las in der Straßenbahn, im Stehen, alles, was sie in der umfangreichen Bibliothek ihres Großvaters auf Französisch fand, und sie las auch viel Ungarisch. Der Alte hatte unglaublich viele Bücher, die er gar nicht gesammelt hatte, sie waren ihm zugeflogen, er las unausgesetzt, übersetzte, redigierte, rezensierte, die Bücher blieben an ihm kleben. Sie kamen in großen Paketen. Auch zu uns kamen die Bücher in großen Paketen, wir hatten wohl ein Kaufprivileg. Yvette und ich lasen in diesen Jahren eine ansehnliche Menge von Büchern, vor allem Klassiker. Und wählerisch waren wir auch. Nicht ins Lesen, nicht in die verschiedenen Inhalte waren wir verliebt, sondern in einzelne Autoren, und wir gaben uns gegenseitig Hinweise. Wir hatten bei weitem nicht den gleichen Geschmack. Ihr Altersvorteil von zwei Jahren spielte keine Rolle, das heißt, ich strengte mich sehr an, damit sie mich nicht für eine dumme kleine Rotznase hielt. Blieb ein Autor an unserer Angel hängen, war es fast schon ein Sport, alle seine greifbaren Werke zu lesen. Ich las in der von unserer Großmutter hinterlassenen Prachtausgabe sämtliche Stücke von Molière, ich kann nicht einmal sagen, dass ich sie nicht verstand, und als ich ans Ende gelangt war, begann ich aufs Neue. Für mich alles Lehrgedichte. Von Großmutter Mezei und von den Büchern meines armen Gyurileins waren phantastische Prachtausgaben bei uns gelandet, zum Teil im deutschen Original, zum Teil in ungarischer Übersetzung. Schiller erwies sich als harter Brocken, der *Wallenstein* langweilte mich halb zu Tode, ich verstand ihn nicht und konnte nicht wissen, dass das auch an der schwachen Übersetzung lag. *Die Räuber* und *Don Carlos* entschädigten mich für alle die Schiller-Niederlagen. Diese Stücke kann man vielleicht nicht einmal mit schwachen Übersetzungen kaputtmachen. Aus Schillers Rhythmen wehten eine Unabhängigkeit und Freiheit, die für mich neu waren. Wir lasen auch Dichter, János Arany, hauptsächlich seine Balladen, den *Toldi,* dann Petőfi, von ihm alles, den *Dorfhammer* mehrmals, wir lasen ihn uns vor, freuten uns wie wahnsinnig über das Geschenk, mit dem gleichen wahnsinnigen Genuss lasen wir die parodistischen Dichtungen, die geheimnisvollen Liebesgedichte, die scherzhaften Theaterstücke von Mihály Csokonai Vitéz, aber auch Heine las ich damals zum ersten Mal, das war wunderbar, weil Heine zu lesen eine einsame Beschäftigung ist, ich glaube nicht, dass ich jemandem von dieser Freude erzählte. Und gleichzeitig auch Goethe, Mihály Tompa, Puschkin, József Kiss, alle die Schriftsteller und Dichter, deren reich illustrierte Bücher aus Klára Mezeis Nachlass zu uns gekommen waren. Aus dieser reichhaltigen Quelle stammten auch Babits und Ady, in wunderschönen Erstausgaben, mit erhabenen Umschlägen, die auch zum Betasten angenehm waren. Babits' ersten Gedichtband, die *Blätter aus dem Kranz der Iris,* las ich, weil auf dem marmoriert beigen Umschlag eine erhabene Iris prangte. Die Blume hatte schöne grüne Blätter und einen langen Stiel, die Blüte war eher violett als blau. Rund zweiunddreißig Jahre später hatte ich mein *Buch der Erinnerung* fertiggeschrieben. Während des Schreibens hatte ich gedacht, mein emphatisch parodistischer Stil stütze sich auf Proust und Thomas Mann. Dann fiel mir nach allen den Jahren wieder Babits' Gedichtband in die Hände, zufällig, ich hatte gerade etwas ganz anderes gesucht. Und ich stellte überrascht fest, dass sich das Buch, an dem ich elf Jahre lang geschrieben und das ich wohl nur zufällig am Jahrestag des Selbstmords unseres Vaters beendet hatte, am 15. April 1985, er hatte sich am 15. April 1958 umgebracht, und also stimmten bei diesen zwei Daten alle Zahlen überein – dass das Buch völlig von Babits' früher poetischer Sprache inspiriert ist.

Babits' Gedichtband war 1909 erschienen, im Geburtsjahr unseres Vaters. Der Satzbau in meinem Buch ist schlicht ein Babits-Zitat, zuweilen gibt es wörtliche Anleihen, obwohl ich mich bewusst an keinen einzigen Vers, an kein Wort erinnere.

Babits, Proust und Thomas Mann schöpften offensichtlich aus denselben literarischen Quellen.

Wenn ich mich recht erinnere, las Yvette viel Dickens, sie war eine Schwärmerin, mochte listige Bosheiten, während ich alle beschaffbaren Jules Vernes und Walter Scotts las. Bei dem einen tauchte man so schön in die Abenteuer des Wissens ein, bei dem anderen in die ungezügelten Naturgewalten, sie aber hatte über diese Autoren nur Abschätziges zu sagen, hielt mein Interesse für eine Jungen-Idiotie. Mich hingegen langweilte und langweilt noch heute die Monotonie der menschlichen Bosheit. Einmal muss sie erzählt werden, ein zweites Mal kann man sich darauf beziehen, dass man sie erzählt hat, aber dreimal und einundzwanzigmal braucht man es nicht zu wiederholen. Man beachte doch, wie vorsichtig Molière mit der Bosheit umgeht, wie er auch jene des Harpagon kalibriert und einteilt, bis sie mit diesem durchbrennt, aber da ist sie nicht mehr Bosheit, sondern Besessenheit des Menschen von den Gegenständen, pathologische Objektfixiertheit. Ja, es gibt viel Bosheit auf der Welt, Molière selbst hat sich wohl einiges zuschulden kommen lassen, aber die Literatur beschäftigt sich nie mit einzelnen Gegenständen und Phänomenen, sondern mit Konstellationen. Mich jedenfalls interessierten die Abenteuer der Phantasie oder der Wissenschaft stärker. Puschkins verrückte spätromantische Erzählungen las ich mehrmals, zusammen lasen wir auch den *Dubrowskij* und den *Mohr des Zaren*, sie aber zog den gerade übersetzten *Onegin* vor, Lajos Áprilys Verse sang sie geradezu. Ich meinerseits brauchte gut dreißig Jahre, bis ich diese Liebe, diese verpfuschte Art des Liebens anhand meiner eigenen unerfüllten Lieben einigermaßen verstand. Wir waren froh, dass Tolstoi so viel geschrieben hatte. Und kaum zu glauben, wie rasch man im Gesamtwerk von Gogol, Gontscharow oder Turgenjew an ein Ende gelangt. Die *Toten Seelen* oder der *Oblomow* wühlten uns auf, ohne ihren Humor würde ich einen großen Teil der menschlichen Eigenschaften noch heute nicht verstehen. Die Menschenkunde der russischen Klassiker war für uns beide wichtig. Die Kleinlichkeit des Menschen, seinen Ehrgeiz, seine elementare Angst vor dem Hunger und vor der Lächerlichkeit, seine elementare Abhängigkeit von den anderen und also das Verhältnis zwischen Individuum und Außenwelt kann man nur mit Hilfe der russischen Autoren verstehen. In Sachen Menschenkenntnis können ihnen höchstens Flaubert und vielleicht noch Balzac das Wasser reichen. Soweit ich mich erinnere, schaltete sich mein Vater nur ein einziges Mal in unsere gemeinsame jahrelange Leseleidenschaft ein. Auf Yvettes Rat wollte ich mir Dostojewskij vornehmen, Vater sah mich einen seiner Romane aus dem Regal nehmen und bemerkte, dass das später sinnvoller wäre. Wenn ich mich richtig erinnere, waren es *Böse Geister*, und ich hatte das Buch wohl wegen seines Titels gewählt.

Jede Einschränkung irritierte mich. Wieso sollte ich es nicht lesen. Weil du eine Menge Dinge nicht verstehen würdest, du würdest meinen, du verstehst sie, aber du würdest sie missverstehen, was schlimmer ist.

Das war eine methodologische Bemerkung, kein Verbot, was Missverständnisse sind, wusste ich schon gründlich, auch wenn ich mich in ihren Labyrinthen nicht auskannte, je mehr ich hinausgelangen wollte, umso mehr verhedderte ich mich in ihnen, und so verschob ich Dostojewskij tatsächlich auf später. Wir hatten eine in flammend rotes Leinen gebundene Dostojewskij-Gesamtausgabe, in höllisch schlechten, offenbar unredigierten Übersetzungen, und diese improvisierten Texte waren es, die ich mir mit achtzehn oder neunzehn in endlosen Sommernächten einverleibte. Immer noch zu früh. Es wurde Morgen. Für den Schlaf blieben mir insgesamt zwei Stunden. Ich saß in meinem hofseitigen Zimmer in der Wohnung am Theresienring mit den letzten zwei Sätzen von

Verbrechen und Strafe. Denen zufolge hier bereits eine neue Geschichte beginne, die Geschichte der Erneuerung eines Menschen, der von einer Welt in eine andere übertrete, wo er eine neue Wirklichkeit kennenlernen würde, und deshalb schließe der Autor die Erzählung jetzt ab. Heute tut es mir leid, dass ich diese Bücher nicht früher gelesen habe, und wenn sie noch so schlecht oder fehlerhaft übersetzt waren. Hätte ich *Böse Geister* dem Vorbehalt meines Vaters zum Trotz gelesen, hätte ich von den christlichen Wurzeln und den psychologischen Grundlagen der kommunistischen Weltbewegung, von der gruppenpsychologischen Katastrophe, der die von sozialem Verantwortungsgefühl erfüllten Protagonisten des zwanzigsten Jahrhunderts entgegengingen, vielleicht mehr verstanden, und so wären mir auch meine Eltern in ihren Verrenkungen und mit ihrem Gewürge nicht so lange fern und unverständlich gewesen, und ich hätte vielleicht auch ihren frühen Tod besser verstanden.

Unter den neueren Autoren mochten wir Gorki, Ostrowski, Bunin und Alexej Tolstoi, den Yvette entdeckt hatte, es war eine riesige Überraschung, noch ein Graf Tolstoi. Ich las alle verfügbaren Jókais und träumte von der alten, hundertbändigen Gesamtausgabe. Yvette machte einen großen Bogen um Jókai. Meine Eltern hatten mir diese hundertbändige Ausgabe kaufen wollen, aber es gelang ihnen nur, ein paar Bände aufzutreiben. Yvette zog unter den ungarischen Romanautoren Mikszáth und Móricz vor. Wenn wir im Sommer in Leányfalu Eis essen gingen, fuhren wir mit dem Rad an Móricz' gepflegtem Apfelgarten vorbei, im Frühling kam der Gärtner zu uns, der bei Móricz gearbeitet hatte und jetzt für dessen Tochter Virág arbeitete. Ich wusste, dass Jókai abends mit unserem Urgroßvater Mezei und dem Ministerpräsidenten Tisza Tarock gespielt hatte, außerdem hatte ich den Urgroßvater, der auch mit Kálmán Mikszáth befreundet war, unter den Personen des *Neuen Zrínyianer* entdeckt. Sein Abgeordnetenhaus-Kollege Mikszáth hatte ihn nicht mit vernichtendem Humor, sondern mit nachsichtiger Zuneigung charakterisiert. Das war für mich, in Bezug auf die Romanliteratur, eine merkwürdige Überraschung, sie weckte meine Neugier, was die narrativen Techniken betrifft. Beobachten, auf welche Art sich die schriftstellerische Phantasie von der Realität entfernt, auf welche Art der Autor auf sein eigenes Leben zurückgreift, auf welche Art er daraus schöpft, auf welche Art er damit in Berührung bleibt. Die narrativen Techniken auch von diesem Gesichtspunkt beobachten. Wie gerät ein echter Urgroßvater in eine Erzählung hinein.

Es war für mich eine beschlossene Sache, dass ich Schriftsteller werden würde, aber darüber sprach ich mit niemandem. Ich bereitete mich allein darauf vor. Es war schmeichelhaft, dass der Urgroßvater, Yvettes Ururgroßvater, im *Neuen Zrínyianer* vorkam, aber deswegen gefiel der Roman keinem von uns beiden. Noch in anderer Hinsicht steckten wir bis zum Hals in Literatur. Wir hatten gehört, dass dieser Urgroßvater, beziehungsweise Ururgroßvater, Mór Mezei, in jener untergegangenen konservativ-liberalen Welt selbst auch mehrere Bücher geschrieben hatte, Bücher politischen Inhalts, auch wenn man ihn in der Familie genauso wenig als Schriftsteller betrachtete wie seinen jüngeren Bruder Ernő. Obwohl Ernő eine Zeitlang nicht nur als Politiker und politischer Schriftsteller bekannt gewesen war, sondern auch als Romancier, ja, als Dichter. Seine erste belletristische Arbeit, *Streifzüge unter italienischem Himmel*, stand in hellbraunes, wächsern glänzendes vergoldetes Leinen gebunden im Bücherregal meiner Eltern. Wegen seines reizvollen Titels nahm ich es mir mehrmals vor, aber noch als Erwachsener hatte ich Mühe damit. Ernő hatte besonders schön schreiben wollen, der Sinn seiner Sätze blieb in seinen überdrehten Formulierungen stecken. Als Kind war ich nur von der Szene gepackt, in der der junge Autor den Helden des ungarischen Unabhängigkeitskriegs von 1848, Lajos Kossuth, im Turiner Exil besucht, um mit ihm die brennenden aktuellen Angelegenheiten zu erörtern, den Ausgleich mit Österreich und die darauffolgenden öffentlich-rechtlichen Diskussionen, wobei sie auch über die Protagonisten des politischen Lebens sprechen, ihre Charaktere, Affekte und Leidenschaften, wie er es formuliert. Kossuth hatte diesen Jungen im Haus meines Ururgroßvaters schon als Kind gekannt. Unter Leidenschaft verstand man damals wohl etwas anderes. Einen Furor ohne erotische Implikationen. Es war schmeichelhaft und kaum vorstellbar, dass Kossuth einst einen meiner Ahnen als Kind gekannt und mit ihm anlässlich des sonntäglichen Musizierens geplaudert hatte. Ein Oberst namens Daniel Ihász geleitete Ernő zum Gartenhaus, in dem Kossuth wohnte. Die Beschreibung dieses im hinteren Teil eines Gartens verborgenen Hauses, des zwischen Rosenbeeten dorthin führenden Wegs packte mich besonders. Überhaupt imponierte mir Kossuths Rhetorik. Ich hatte seine gesammelten Reden unter den Büchern meiner Eltern gefunden, noch heute prangt auf dem Buch der hässliche Fleck von meinem Milchkaffee, ich las diese Reden nicht nur, sondern konnte die wohlklingendsten Stellen zur größten Gaudi meiner Mitschüler auch auswendig hersagen.

Noch jahrzehntelang rezitierte ich beschwingt den ersten Absatz seiner Rede vor dem Abgeordnetenhaus am 11. Juli 1848.

Meine Herren! Derweil ich die Tribüne besteige, um Sie aufzufordern, das Vaterland zu retten, schnürt mir die Großartigkeit des Augenblicks den Busen zusammen.

Vor allem dieses schnürt mir den Busen zusammen.

Ernő Mezei beschrieb Kossuth als einen vorurteilslosen Denker, der fremden Gesichtspunkten und Ideen stets objektiv begegnete. Ernős Buch verschwand später bei den vielen Umzügen, aber auch Mórs informative Bücher und politische Broschüren waren nicht mehr greifbar, verständlicherweise, war doch in der ungarischen Geschichte der Augenblick gekommen, da der von beiden gepflegte und den nächsten Generationen weitergegebene liberale Unabhängigkeitsgeist definitiv nicht mehr an der Tagesordnung war. Am 16. Juni 1944 wurden auf Anordnung des Regierungsbeauftragten Mihály Kolozsvari-Borcsa die Werke von 120 ungarischen und 130 ausländischen Autoren eingesammelt. Anzahlmäßig bedeutet das 447 627 Exemplare, die auf 22 Güterwagen geladen wurden. Die Ladung wurde nach Csepel gebracht, wo die Bücher im Rahmen eines offiziellen Akts, in Anwesenheit des Regierungsbeauftragten sowie des deutschen Kulturattachés, eingestampft wurden. Schon als Kinder wussten wir, dass sämtliche Werke Mór und Ernő Mezeis Bestandteil dieser Ladung gewesen waren. Auch diese Wörter waren neu, einstampfen, sämtliche Werke. Bei der Gelegenheit erklärte mein Vater, was Papiermühle, Wiederverwertung von gebrauchtem Papier und von Lumpen, Zellulosegehalt des Holzes, Papierherstellung, geschöpftes Papier und Wasserzeichen bedeuteten, und nahm so dem fürchterlichen Wort Einstampfen seine Bedrohlichkeit.

Das Einsammeln und Einstampfen der Werke waren ein Erfolg, Titel und Zusammenfassungen blieben erhalten, die Bücher selbst waren nicht mehr vorhanden.

Yvette wurde dann auch noch eine Rolle in der Literatur zuteil. Zsuzsa Thury nahm sie zum Modell ihres Jugendromans *Das französische Mädchen*. Das Buch war jahrzehntelang ein Bestseller. Yvette würdigte es keines Wortes, was mir imponierte. Ich las es, und in der Tat gab es nicht viel darüber zu sagen. Aber zumindest hätte ich erfahren wollen, was an der Geschichte der Wahrheit entsprach, was der Phantasie der Autorin entstammte, wie sich beides zueinander verhielt, aber sie zuckte nur mit den Schultern. Wenn schon Jugendbuch, dann sollte es von Kämpfen und Abenteuern handeln, kein Mädchenroman sein. Sie mochte *Die roten Achselbänder*, einen russischen Jugendroman, den ich beim besten Willen nicht zu Ende lesen konnte, auch wenn ich, um ihr zu gefallen, beschloss, nach Moskau zu gehen und mich wie die Helden des Romans auf der Militärakademie einzuschreiben und Offizier zu werden. In diesem merkwürdigen Genre, dem sowjetischen Tendenzroman oder Lehrroman, mochte ich den *Alexan-*

der Matrosow am liebsten. Dieser Roman handelt vom Schicksal eines kleinen Bauernjungen, der am Ende seine Kameraden rettet, indem er zu einer deutschen Maschinengewehrstellung kriecht und mit seinem Körper die feindlichen Geschosse auffängt. Solche Selbstaufopferung überraschte und überwältigte mich. Eine Selbstaufopferung wie bei Jesus. Die Bibel las ich heimlich. Ich wollte mit niemandem darüber sprechen. Nicht einmal mit Yvette. Tante Magda, die Yvettes Großmutter war, woran ich mich nie gewöhnen konnte, schrieb ebenfalls Romane und geschichtliche Werke. Eine ihrer besten Freundinnen, Vilma Ligeti, hatte dafür die gleichen Worte übrig wie wir für die Jungmädchenliteratur. Na schön, Magda schreibt, diese Schwäche muss man ihr verzeihen, aber ernst zu nehmen braucht man es nicht, es ist purer Journalismus. Da hatte sie aber unrecht. Magda und Vilma hatten sich in der Pariser Emigration kennengelernt und unter Geschrei auf ewig miteinander gebrochen, als der deutsch-sowjetische Nichtangriffspakt bekanntgeworden war, worüber sie dann endlos diskutierten und sich dauernd in die Haare gerieten. Vilma ließ sich hinreißen, Tante Magda und Onkel Pali gingen aber nicht darauf ein, Vilmachen war zwar eine süße kleine Frau, wie es Onkel Pali formulierte, weiter ging der Satz nicht, über ihre geistigen Fähigkeiten wollten sie lieber nichts gesagt haben. Die Widerstandsbewegung brachte sie wieder zusammen. Vilma war sehr stolz auf ihren französisch leichten, zwitschernd schwatzenden Stil, den wiederum Tante Magda als pimf abtat. Pimf bedeutete in der damaligen Budapester Sprache einfältig, unausgereift, unerheblich. Zweimal brauchte man das nicht zu sagen, nicht einmal den Satz brauchte man zu beenden. Aber es war doch nicht ganz gerecht. In Vilmas Texten hatten die gefälligen und mondänen Elemente einen guten Rhythmus, sie waren mit gutem Taktgefühl eingestreut, wenn auch, nun ja, in durch und durch banalen Zusammenhängen, aber sie verliehen dem Stil doch eine Qualität, die man nicht mit einer Handbewegung abtun konnte. Mit einem solchen musikalisch aufgebauschten, meisterhaft mondänen, gefälligen Stil brillierte ein paar Jahre später Françoise Sagan, wobei Vilma, das muss festgehalten werden, nie diesen Grad trister Leere erreichte. Die hat in der französischen Literatur ihre ganz eigene Tradition. Sie geht offensichtlich auf Colette zurück. In der schwerfälligen literarischen Tradition Ungarns wirkten Rhythmus und Taktgefühl dennoch erfrischend. Später hat es Magda Szabó mit einem solchen leichten Gemisch versucht. Ich folgte Vilmas Interpunktionstechnik verblüfft, so viele Satzzeichen in einem einzigen, ausufernden Satz hatte ich noch nie gesehen. Mit Einwürfen, Ausrufen, Rückfragen, Fragmenten von innerem Monolog, also mit einer Menge von sprachlichen Meta-Ebenen sprengte sie die Strenge der Beschreibung. Tante Magda ihrerseits nahm sich als Schriftstellerin nicht ganz ernst, und damit lag sie richtig. Ihr Roman *Fünf junge Damen in einem herrschaftlichen Haus* ist aber durchaus anständiges Handwerk. Es könnte sogar etwas mehr als edler Zeitvertreib sein, wäre aus politischen Erwägungen das letzte Kapitel nicht danebengeraten. Am liebsten würde ich dem Roman diesen entwürdigenden roten Schwanz abschneiden, den sie angehängt hat, um Sühne zu leisten für alle Freuden ihrer großbürgerlichen Herkunft. Als Kind las ich das Buch mit großem Vergnügen, allein schon weil es mir einen Blick in unsere Familiengeschichte erlaubte, in den Alltag auf den Gütern in Tiszasüly oder Gömörsid, einen Blick auch auf die heikle Beziehung zwischen Realität und Fiktion, da ich die Familiengeschichten und Familienlegenden schon kannte, eine Beziehung, von der nie irgendwo die Rede war und die mich gerade deshalb mehr als alles andere interessierte. Ich mochte elf Jahre alt gewesen sein, als mir klarwurde, dass ich jetzt schon Schriftsteller war. Wenn man mich fragte, was ich werden wolle, wenn ich groß sei, sagte ich aufs Geratewohl irgendetwas, das aber sagte ich nie. Die Schriftstellerei war kein Entschluss, ich würde es eher eine Erkenntnis nennen. Keine gewichtige Erkenntnis, aber es war doch klar, dass ich zum Versuchsterrain geworden war, auf dem sich lebende und tote Schriftsteller kreuzten. Ich las nicht nur, sondern achtete auch auf die Wirkung der Satzgefüge, beobachtete, was womit erreicht wird, welchen Stellenwert die Sätze haben, was sie anpeilen und nicht oder knapp erreichen, was ihr Ehrgeiz ist, ihr heimlicher Gegenstand, ihre heimliche, sie beflügelnde Leidenschaft.

Yvettes Großvater schrieb spektakulärer als ihre Großmutter. Seine Übersetzungen sind meines Erachtens auffallend schön. Mit seinem an den Siebenbürger Memoirenschreibern des 17. und 18. Jahrhunderts geschulten Wortschatz, dem präzisen Ausdruck, dem leichten Charme kompensierte er den Mangel an Tiefe und Originalität, wie sie ein Mensch vernünftigerweise auch gar nicht intendieren kann. Er schrieb Gelegenheitsliteratur auf Bestellung und zum Abgabetermin. Oder er übersetzte. Auch das war aufregend zu beobachten. Wie er das Material sammelte, anhäufte, markierte, annotierte, mit Zetteln versah, wie er mit seinen Kollegen und Freunden über Themen und Autoren diskutierte. Wie ihm die Ausläufer und Bürogehilfen der Verlage oder Redaktionen die Manuskripte und Abzüge zum Redigieren oder die gedruckten Bücher zum Rezensieren brachten. Von seinen Übersetzungen habe ich als Kind mehr oder weniger alles gelesen, Balzac, Victor Hugo, Flaubert und Romain Rolland, und dann auf dieser Spur weiter die Bücher, die Yvette im Original las. Er schrieb seine Übersetzungen in Hefte, auch einfach im Gehen, setzte sich kaum an den Schreibtisch, oder wenn, dann nur schräg, oder er saß, mit dem Heft auf dem Schoß, es mochten auch nur Zettel oder Zeitungsränder sein, auf einem Gartenstuhl. Wenn Yvette etwas auf Ungarisch las und nicht verstand, ein neues Wort, einen stehenden Ausdruck, vielleicht auch eine Liebesszene, wie sie uns bei unseren Lektüren noch nicht vorgekommen war, rief sie mich an. Sie hätte auch ihren Großvater oder ihre Großmutter fragen können, tat es wahrscheinlich auch, aber ich glaube, dass sie bestimmte Fragen für mich vorbehielt. War eine Szene besonders aufregend, las sie die

Textstelle auch gleich vor. Den Hörer ans Ohr gepresst, hielten wir uns gegenseitig lange Lesungen ab.

Vielleicht war sie wegen ihres Vaters noch besonders an diesen Liebesszenen interessiert, und darüber konnte sie mit ihren Großeltern nicht sprechen. Verstehen, sehen, was der schändliche Mann mit seinen Geliebten trieb.

Was Grigori mit Oksinja im Stall trieb. Das verstand sie wohl immer noch besser als ich, der nichts verstand. Eine Leidenschaft, die in Rauferei endet. Ich begriff die Brutalität solcher Szenen nicht, welche Bedeutung hatte sie für die Protagonisten, welche für den Autor, was wollte er damit sagen, gefühlsmäßig aber waren wir von diesen Gewaltsätzen dennoch überwältigt. Vielleicht wollte Yvette wissen, was sie als Frau würde tun müssen, um der Liebe eines Mannes würdiger zu sein, als es ihre Mutter gewesen war. Was hätte ihre Mutter als Oksinja um dieses Grigori willen tun müssen. Und was machen die Kosaken, wenn sie in den Ställen der zurückeroberten Dörfer auf die Frauen losgehen. Was müssen wir da von den wild dahingaloppierenden Freiheitshelden denken. Auch das verstand ich nicht, sie hingegen schien etwas begriffen zu haben. Was dort geschah, kam aus einer anderen Ecke als die Grausamkeiten bei Dickens oder Zola. Ihr schändlicher Vater trieb es wahrscheinlich auch so. Ich wusste, dass die Russen, unter ihnen auch Kosaken, während der Belagerung Frauen vergewaltigt hatten, aber ich wusste nicht, was ich mit diesem Wissen anfangen sollte. Höchstens wurden die Begriffe Belagerung oder Keller dadurch reichhaltiger. Ihren Verdacht, ihre Ahnungen oder ihr Wissen konnte Yvette auch mit mir nur anhand der Lektüren teilen, sie forschte der Sache leidenschaftlich nach, was ihren anhaltenden Schmerz verriet. In Bezug auf uns selbst konnten wir nicht darüber sprechen. Ich schreckte vor dem Gedanken zurück, dass auch unser Vater mit unserer Mutter es so getrieben hatte und dass auch ich es mit jemandem so würde treiben müssen. Das Liebemachen war wirklich nicht vorstellbar, auch wenn ich wusste, dass es so etwas gab, dass es einem Ringen ähnlich war, aber in meinem Bewusstsein verbanden sich Oksinja und Grigori gleich mit der Willkür, den Überfällen auf der Straße, den Morden und Zerstörungen. Auch ich rief Yvette jeweils an, zusammen gingen wir auf den Spuren weiter, wie sie die Literatur legte, die vielen Lektüren lieferten uns eine Beispielsammlung menschlichen Verhaltens, zeigten uns, wie sich Sagen und Verschweigen zueinander verhalten können.

Hinter der sichtbaren Welt gibt es noch eine andere. Dort zeigen sich das wahre Gesicht und die wahre Gestalt des Menschen, oder nur von dort aus gesehen werden sie sichtbar.

Bei Pontoppidan, Andersen Nexö oder Strindberg stießen wir auf ähnlich brutale Szenen, die Spuren legten hinter die sichtbare Welt. Oder auf schamhafte Anspielungen. Ohne eine solche Spurensuche hätten wir diese hervorragenden Romane und Dramen vielleicht nie gelesen. Trotzdem dachte ich lange Zeit überheblich, dass mich diese andere, wahrere Welt nichts angehe, auch wenn ich für meine Arbeit unbedingt davon würde wissen müssen. Und so kam ich sehr lange nicht mit ihrer Realität in Berührung, obwohl mich ihre Botschaften erreichten, wurde ich erst später von anderen dahin geführt. Aber auch dann konnte ich mich nicht mit ihr identifizieren, ich blieb in allen Lebenslagen der Beobachter, beobachtete, was die anderen taten. Als hätte ich keine eigenständige Lebenslust, einzig das geschriebene Wort erweckte in mir Leidenschaft, der Satzbau, der Rhythmus und das sich daraus ergebende Geflecht. Ich half Yvette gern bei ihren Nachforschungen, aber eher aus Mitgefühl, damit sie wegen ihres Vaters nicht so leiden musste. Mir selbst sollte niemandes Leidenschaft ins Mark dringen, da passte ich auf. Wenn auch andere, dachte ich angestrengt, heimlich solche Dinge trieben, eventuell waren sogar meine Eltern dazu imstand, dann war daran wohl nichts Besonderes. Sie machen es sich gegenseitig nach, imitieren einander, mich aber geht das nichts an, sagte ich mir, dafür bin ich zu außergewöhnlich. Und doch war ich nicht immer so feinfühlig, wie ich das gern von mir gedacht hätte, und wenn ich mir das eingestand, war ich gründlich erschüttert. Plötzlich war auch ich ein lächerlicher Mensch. Ein Autor, ein Buch, eine Szene hatten mich mit einem Mal ertappt. Ich musste es mir in meiner echten großen Unschuld eingestehen. Yvette war es, die Meister Rabelais entdeckt hatte. Ich finde keine Angaben darüber und auch das Buch nicht, aber ich erinnere mich deutlich, dass ihr Großvater der erste ungarische Übersetzer des *Gargantua* gewesen war. Ich erinnere mich ans publizierte Buch. Dieser Rabelais hatte es geschrieben, und ihr Großvater hatte es übersetzt. Das ging über unsere Begriffe. Wir wussten nicht, wer dieser Rabelais war. Ein Schwein aus längst vergangenen Tagen, ein Mönch, wie aber hatte ein würdiger alter Herr wie ihr Großvater solche überwältigenden Schweinereien mit ungarischen Wörtern aufs Papier schreiben können. Sie lieh mir das Buch für ein paar Tage aus. Rabelais walzte mich mit seiner rohen Kraft nieder, ich konnte ihm nicht ausweichen, er packte mich mit seiner Schelmenlaune, seiner Spottlust, zog mich ins verrückte Abenteuer der Phantasie hinein, ich musste nach Luft schnappend mitlachen, er entlarvte mich, zeigte mir, wie auch ich zwischen den vielen verlogenen und manierierten Lebensrollen mit meiner Brutalität lächerlich hin und her torkelte. Rabelais verschont nichts und niemanden, aber nicht weil er grausam wäre, sondern weil es keine glaubhaften Lebensrollen gibt, keine, die nicht falsch wäre, und das sagt er uns aus reiner Mitmenschlichkeit.

Worauf ich unter den Büchern meiner Eltern auch gleich den *Pantagruel* fand, geschrieben von Meister François Rabelais, Altarist und Doctor der Medicin, übersetzt von György Faludy, herausgegeben von Cserépfalvi. Den kannte ich doch. Auch wenn ich bis zum heutigen Tag nicht weiß, was ein Altarist ist. Also waren auch unsere Eltern solche Schweine, hatten solche Bücher im Regal. Was ihr würdiger Großvater mit anderen Frauen trieb, konnte Yvette nicht wissen, weil sie es nicht wissen durfte. Für mich war es, als hätte ich den Stein der Weisen gefunden. Ich war mit meinen

Eltern mehrmals in Cserépfalvis Buchhandlung gewesen, wo wir öfter ihren Großvater getroffen hatten, also holten sie sich ihr geheimes Wissen dort. Aus Rücksicht durfte ich ihr nicht sagen, was ich von ihrem Großvater wusste, wobei ich selbst nicht verstand, warum ich rücksichtsvoll war.

Was unterscheidet die Rücksicht von der Lüge, auch das verstand ich nicht, jahrzehntelang nicht.

Rabelais wühlte uns beide auf. Wir lachten wild und lagen danach erschöpft auf meinem Bett. Wir lasen ihn parallel, einander über die Schulter blickend, wir rauften und krachten vor dem Bett zusammen. Interessanterweise hat sich der Text in meinen Augen bis heute nicht verändert, noch heute platze ich fast vor Lachen, er sprengt mir Seele und Körper, nur sehe ich heute, was ich mit zwölf verstand und was nicht, und was alles in allem doch.

Auch Yvettes heimliche Wut und Empörung verstand ich kaum. Ich verstand gar nichts.

Wenn ich etwas nicht verstand, das für die Franzosen selbstverständlich ist, sagte sie, ich sei ein grobschlächtiger Ungar. Zu denen wollte ich zwar nicht gezählt werden, aber ihre Sentenzen über die Ungarn überzeugten mich doch nicht ganz, da ihre Sentenzen über die Franzosen auch nicht immer standhielten. Ich guckte auf ihre Brüste, aber sie hatte keine Brüste. Wieso hätte sie dann ein Oberteil tragen sollen. Sie beharrte darauf, dass ihr das in Frankreich nicht passieren würde. Die Franzosen hätten so viel Verstand, einem Mädchen so etwas nicht zuzumuten.

Wenn sie so redete, schürzte sie die Lippen und blies die Luft aus.

Nach altem ungarischem Sprachgebrauch sagt man in solchen Fällen piha, was bestimmt aus dem Französischen kommt.

Aber auch das habe ich erst Jahrzehnte später begriffen, blöd, wie ich bin.

Für diese fremden Wörter in fremden Sprachen hätte ich gern eine akzeptable Erklärung gehabt.

Ich begriff nicht, wie die gleichen Menschen je nach Ort verschiedene Sprachen sprechen konnten.

Wie ist der Mensch ein Riese geworden.

Ich hatte ein Buch mit diesem Titel, ein Weihnachtsgeschenk meines Vaters, eine Geschichte der Technik für Kinder, die mir die Idee der heroischen Inbesitznahme der Erde durch den Menschen nahebringen sollte.

Es kommt eine Zeit im Leben, in der man sich des bisher erworbenen Wissens immer wieder vergewissern muss.

Die Jungen haben, wie immer Yvette ihn nennt, tatsächlich einen Schwengel, aber ich fand keine Antwort auf die Frage, wozu der ihnen, außer zum Urinieren, noch diente. Warum war er so, wenn es bei den Mädchen anders war.

Einmal fragte ich meinen Vater. Auch er hatte einen, ja, und mit seiner Beträchtlichkeit überraschte mich sein Zubehör immer wieder. Ich suchte Gelegenheiten, um diese Beträchtlichkeit zu sehen. Auch meiner würde so werden, wenn ich einmal groß wäre, hatten sie mir einmal in der Badewanne unter Gelächter versprochen. Dann sollten wir ihm aber auch sagen, warum es nötig ist, dass aus dem Kleinen ein Großer wird. Aber könnte man ihn nicht eher irgendwie loswerden. Warum hat er kein Gewinde, damit man ihn abschrauben könnte. Oder könnte man ihn nicht abschneiden, endgültig wegoperieren. Mein Vater war überrascht, dass seinem Sohn so etwas einfallen konnte, aber im Grunde war er empört. Was sollte er jetzt mit mir anfangen, mit einem solchen Deppen. Dass sein Sohn ein solcher Schwachkopf war, der einen zwang, auf derartigen hanebüchenen Unsinn einzugehen. Meine Frage wühlte ihn auf, seine Gesichtszüge verknäuelten sich. Das passierte ihm selten, und es erschreckte mich ein wenig. Ich spürte gleich, dass ich die Frage nicht hätte stellen dürfen. Aber gerade diese Episode zeigte mir, dass verwandtschaftliche Bande kein Scherz sind, keine Erfindung, sondern dass der Bruder, die Schwester wirklich unsere Geschwister sind. Wenn er in Verlegenheit gerät, reagiert er wie seine Geschwister. Wir sind also wirklich eine Familie. Unsere Mundwinkel und Augenwinkel zittern auf die gleiche Art vor Erstaunen und Empörung, und wir beherrschen uns auf die gleiche Art.

Er fragte mich unsicher und sanft, warum ich so etwas Dummes frage, wie mir so etwas einfallen könne, warum ich den Pimmel loswerden wolle, aber ich merkte schon, dass er Zeit gewinnen wollte, am liebsten hätte er mir eine Ohrfeige verpasst.

Ich hatte viel gegen meinen Schwengel einzuwenden, und jetzt war das herausgekommen. Jetzt hatte ich mich mit meiner unvorsichtigen Frage verraten.

Er drückt mich, stört mich, ist eigentlich überflüssig, ich weiß nicht, wie ich ihn in der Hose verstauen soll, sie reibt ihn.

Überhaupt rieb jeder Stoff.

Das war eins der beharrlichsten Leiden meiner Kindheit, das Reiben des Hemdkragens am Hals, der Hose an meinen Schenkeln, der Schuhe an meinen Fersen, Zehen. Nicht einmal meinem Vater wagte ich zu erzählen, dass er vom Geriebenwerden manchmal hart wurde, dieser Schwengel oder Schwanz oder Pimmel oder wie ich ihn nennen sollte. Ich hatte Angst, es könnte eine Krankheit sein. Besser nichts sagen, damit meine Eltern nicht verzweifeln. Sie werden es dann schon sehen, wenn ich sterbe. Oder könnte man eventuell etwas dagegen tun, das stand heimlich hinter der Frage an meinen Vater. Den unerklärlichen, nicht zu beruhigenden, wiederholten Selbstgenuss irgendwie unterbrechen.

Jetzt red doch keinen solchen Unsinn, sagte er gereizt. Als erkläre er, dass er mit niemandem über Sinnloses diskutierte.

Ich versuchte ihn zu überzeugen, gab noch einen drauf und sagte, ich könne den Pimmel schütteln, soviel ich wolle, der letzte Tropfen gehe immer in die Hose, und ob man da nicht etwas machen könne, ihn irgendwie zudrehen.

Schließlich schafften es die Mädchen auch ohne ihn. Das war mein letztes Argument.

Es wäre viel besser gewesen, wenn ich als Mädchen geboren worden wäre.

Aber je mehr ich argumentierte, umso mehr erstarrte er, seine Empörung verschwand, er antwortete nicht mehr, ich schien gegen eine Wand zu sprechen.

Also war ganz klar, sie hatten dafür gesorgt, dass ich als Junge geboren würde, auch wenn meine Mutter behauptete, sie hätten ein Mädchen gewollt, Lüge, es war eine Lüge, sie hatten beschlossen, dass ich ein Junge sein musste.

Aber warum sagte dann meine Mutter, sie habe ein Mädchen gewollt.

Vom Vorwurf der geschlechtlichen Demütigung entlastete Yvette ihre Eltern geschickt und schob die Schuld den barbarischen Ungarn zu, vor allem ihrer Großmutter, Urmutter und Urgrund aller ungarischen Verbote, das große gewichtige physische Hindernis vor jeder persönlichen Freiheit und allen irdischen Freuden, von Yvette gehasst und unter Zischen verabscheut und verehrt und nie losgelassen, weil sie hoffte, dass die Großmutter ihr dann in Leányfalu erlauben würde, ein Oberteil zu tragen.

Was sie aber nicht tat.

Ich sagte nicht, dass ich das nicht verstehe, aber ich verstand es wirklich nicht.

Auch nicht, warum das so wichtig war oder warum es ihre Großmutter nicht erlaubte.

Aber ich begann an der eigenen Haut zu spüren, wie es für sie war. Wenn wir auf die Straße hinausliefen, im starken Sonnenschein über die Landstraße ans Ufer hinunter, weil um halb elf oder um drei Uhr zwanzig das Schiff kam, le bateau, hob sie die Arme auf eine Art vor die Brust, wie es die erwachsenen Frauen tun, wenn sie ihren Büstenhalter vor anderen ausziehen müssen. Etwa meine Mutter bei der Schneiderin. Und im Sommerurlaub in Göd hatte ich in der gemeinsamen, dunklen Kabine des Badehauses die Frauen beim Ausziehen gesehen, wenn ich mit meinem

Großvater da eingetreten war. In solchen Fällen werden die Unterarme über den Brüsten gekreuzt.

Manchmal bekam auch ich Gänsehaut vor Schande und Kränkung.

Wenn wir zusammen mit Vilmachen, dem Dummerchen, auch als stupides Vilmalein bekannt, so die Bezeichnungen meiner Tante, in Leányfalu waren, erbarmte die sich Yvettes und band ihr ein kleines rotes Tuch um, drehte sie, freute sich, c'est joli, so hübsch avec ce petit rouge, mit diesem kleinen roten Irgendwas. Nicht nur Vilma, sondern auch ihr Vater und Großvater waren eine Ausnahme unter den ungehobelten Ungarn, da sie schön französisch sprachen und ihnen bestimmt auch nicht verborgen geblieben war, dass das Universum ja alles in allem französisch ist. Georges wies seine Mutter dauernd zurecht, wenn sie in der Hitze des Gefechts Fehler machte. In solchen Fällen sah man seinen familiengemäß verknäuelten Gesichtszügen an, wie erbarmungslos er seine Mutter dafür verachtete, dass sie nicht Französin war. Obwohl er als Fünfjähriger in Berlin von ihr Französisch gelernt hatte. Daher sein geistreicher Scherz, seine Muttersprache sei eigentlich nicht Ungarisch, sondern Französisch, denn seine Mutter hatte tatsächlich französisch mit ihm gesprochen. Das Französisch eben, das ihr zur Verfügung stand. Ich hatte bald begriffen, dass für diese Franzosen meine Muttersprache mit jeder von mir ausgesprochenen Silbe an Gültigkeit verlor, ob wir uns gegenseitig verstanden oder nicht.

Ich war in meinem eigenen Land, das Ganze war wahnwitzig ungerecht.

Ich schien mich sogar schämen zu müssen, weil sie kein Oberteil tragen und ihre Muttersprache nicht frei sprechen durfte.

Wenn im Sommer Yvettes Familie zu Besuch kam, wurde auch ich nach Leányfalu gebracht, damit die Kinder nicht dauernd ihren Eltern am Hals hingen, sondern einen Spielkameraden hatten. So die strenge Anordnung meiner Tante. Und meine Eltern gingen immer auf alles ein, was meine Tante wünschte. Was mich mindestens ebenso demütigte wie Yvette die Jungenfrisur oder das fehlende Oberteil. Wenn ich etwas nicht selbst beschlossen hatte, wollte ich es nicht. Dieser Affekt war so stark, dass ich vor Wut öfter ohnmächtig wurde. Meine Ohnmachten wurden legendär. Bis Elza Baranyai die rettende Idee hatte, man solle bei der nächsten Ohnmacht nicht sie rufen, sondern meine Mutter solle mir tüchtig links und rechts eine schmieren.

Ihn nicht fächeln, Klári, Liebe, sondern ihm zwei schön große Ohrfeigen geben. Gesagt, getan, und ich wurde nie wieder ohnmächtig, auch mein kleiner Bruder erhielt aufgrund der positiven Erfahrung seine zwei schön großen Ohrfeigen, als er ohnmächtig wurde, aber bei ihm funktionierte die Methode nicht immer. Er lief vor Luftmangel blau an, und das sah beängstigender aus. Sie wagten nicht, ihn zu schlagen. Und so musste doch wieder Elza Baranyai kommen, bis es der Ärztin erneut verleidet war und sie meiner Mutter den Rat gab, ihn nicht danach zu schlagen, Klári, Liebe, sondern vorher, sobald das Kind mit den Füßen zu stampfen beginnt.

Das wirkte.

Von Pflichten und Verpflichtungen wollte ich nichts hören. Ich will selbst entscheiden, wann ich mit wem wo spiele. Ich werde auch dann nicht mit Fremden spielen, wenn es meine Verwandten sind.

Ich will mit niemandem spielen.

Lieber beobachtete ich, wie mein nackter Bruder im Garten von Leányfalu im Laufgitter mit gutem Appetit seine Scheiße aß. Was soll ich sagen, ich fand den Anblick erbaulich. Kaum hatte er sie aus sich hinausgepresst, aß er sie wieder.

Noch lange schalten sie mich dafür, warum hast du es zugelassen, warum hast du nichts gesagt.

Hast zugeschaut, wie er sie auf seinem Gesicht verschmiert.

Wenn Vilma Ligeti mit uns in Leányfalu war, hatten wir nicht so viele Pflichten.

Yvette und ihre Geschwister gingen ihnen ungerührt nach, ohne zu protestieren.

Ich hingegen unterdrückte meine brodelnde Wut nicht, sondern ich sagte, dass ich wütend sei und sagte auch, warum.

Mein Freund ist András Vajda, und niemand sonst. Allerdings wäre mir Laci Tavaly nach wie vor lieber gewesen, aber der hatte jetzt andere Freunde. Ich verstand es nicht, er erklärte es auch nicht, wahrscheinlich kam er gar nicht auf die Idee, dass es etwas zu erklären gäbe. Gerade deshalb mochte ich Laci Tavaly. Für ihn war alles selbstverständlich, was für mich völlig unverständlich war. Er begriff immer alles gleich, was ich noch jahrzehntelang nicht verstand. Es tat schrecklich weh, dass er mir keine Erklärung gab. Das war der Urschmerz in meinem Leben, der Musterschmerz. Oder er hatte so schwerwiegende Gründe, dass er es allein schon aus Schonung nicht sagen konnte. So wie auch ich ihn nicht darauf aufmerksam machen konnte, wenn ihm der Pimmel aus der Hose hing, nicht sagen konnte, dass niemand außer mir das sehen durfte. Er hatte seine guten Gründe, nichts zu sagen. Erst vor kurzem habe ich unter den Schriften meiner Eltern einen Durchschlag auf dünnem Schreibmaschinenpapier wiedergefunden, der die Sache erklärt. Ich hatte das Dokument schon vor Jahrzehnten gelesen, das mich persönlich betreffende Detail war aber meiner Aufmerksamkeit entgangen. Das Papier ist eine mit mehreren Durchschlägen verfasste Anzeige, in der verschiedene Personen genannt werden. Das maschinengeschriebene Original war offensichtlich ein Blatt mit dem Briefkopf des Demokratischen Bunds Ungarischer Frauen. Der Durchschlag verrät, dass meine Mutter die Anzeige verfasst hatte, wobei sie in ihrer beider Namen schrieb. Vielleicht hatte sie den Brief diktiert. Adressiert ist er an die Großbudapester Kommission der Ungarischen Arbeiterpartei, Köztársaság-Platz, Platz der Republik. In der Beilage schicke sie, schreibt sie, das heute Morgen, am 19. Juni 1950, vorgefundene Flugblatt, das der Wind zwischen der Pressburgerstraße und dem Neupester Kai ins Palatinus-Karree getrieben hatte. Sie nehme an, dass ein direkter Zusammenhang zwischen dem Flugblatt und der kürzlich im Palatinus-Karree eingerichteten Kellerkapelle bestehe. Schon Ende des vergangenen Jahres, im November und Dezember, sind wir, schreibt sie, auf nächtliche Pfeifsignale aufmerksam geworden. Wahrscheinlich sollten damit näher kommende Fahrzeuge signalisiert werden. Damals schrieben wir die Pfeifsignale Einbrechern zu, fährt sie fort, und meldeten das der Polizei unter der Rufnummer 123-456. Die Pfiffe wiederholten sich. Später hatten wir den Eindruck, sie hätten aufgehört. Aber vor einigen Wochen hätten sie Kenntnis erhalten, schreibt sie, dass im Haus gegenüber, in der Pressburgerstraße 14, eine Kellerkapelle eingerichtet worden sei und stark frequentiert werde. Sie hätten auch diesbezüglich schon Anzeige erstattet.

Der Kellerbesetzung sei vorangegangen, dass ein in der Nummer 13 des Szent István-Platzes wohnhaftes Individuum namens Dr. Lajos Szigeti ein Möbellagerungs-Unternehmen gegründet und die Lokalität zu diesem Zweck gemietet habe, wie sie in Erfahrung gebracht hätten. Das Lokal habe fast sechs Monate leergestanden, die Miete sei gezahlt worden. Sie sähen zwischen den beiden Sachverhalten einen Zusammenhang, und möglicherweise bestehe auch ein enger Zusammenhang mit den Aktivitäten der Kirchengemeinde der Basilika. Sie müsse auch erwähnen, schreibt meine Mutter, dass der Hauswart der Pressburgerstraße Nummer 14, mit Namen Szakonyi, während der deutschen Belagerung grüne Hemden getragen und seinem Verhalten nach zu den Pfeilkreuzlern gehört habe. Noch in der ersten Zeit nach der Befreiung habe er dahingehende Aussagen gemacht. Der Hauswart der Pressburgerstraße Nummer 12, Emil Tavaly, müsse vom Vorhandensein der Kapelle ebenfalls Kenntnis haben. Ursprünglich sei er Eisenarbeiter gewesen, schreibt sie, während der Inflation sei er aber seiner Arbeit ferngeblieben, habe sich von seiner Klasse gelöst und sei durch seine Frau unter klerikalen Einfluss geraten. Er ist Mitglied unserer Partei, schreibt sie, aber in dieser Frage gibt seine Frau die Richtung an. Bestimmt wissen beide vom Vorhandensein der Kapelle. Aufgrund ihrer Pflicht, das Tor zu öffnen, sind sie auch zu später Nachtstunde noch auf, im Sommer verbringen sie praktisch die ganze Nacht vor dem Tor, sie sitzen bis zum Morgengrauen draußen vor dem Haus.

Einige Tage zuvor, gegen ein Uhr morgens, hätten sie erneut Pfiffe gehört. Worauf ich auf die Straße hinunterging, um zu sehen, woher die Signale kamen. Bestimmt war es unsere Mutter, die hintergegangen war, auch wenn aus der Kopie nicht hervorgeht, wer den Brief unterschrieben hat. Es ist unwahrscheinlich, dass unser Vater einen Brief mit Briefkopf unterschreiben durfte. Während sie auf der Straße gewesen sei, schreibt sie, hätten sich die Pfiffe nicht wiederholt, doch kaum habe sich das Tor hinter ihr geschlossen, sei wieder ein Pfiff zu hören gewesen. Das verstehe ich nicht ganz, die Budapester Hausbewohner hatten damals keinen Schlüssel zum Tor. Sie fügt noch an, dass die Keller der Palatinus-Häuser sehr verschachtelt sind und also geeignet für illegale Tätigkeiten. Sie hätten diese Keller früher denn auch für solche Zwecke verwendet, schreibt sie. Offenbar, schreibt sie, hat der Feind diesen Umstand ebenfalls entdeckt und nützt ihn nun aus. Sie hätten den Eindruck, dass die nächtlichen Pfiffe der Sicherung eines im Zusammenhang mit einer Druckereitätigkeit eintreffenden und abgehenden Verkehrs dienten.

Ich hatte Angst, dass es von nun an immer so bleiben würde. Dass ich nie mehr einen Freund haben würde.

Yvettes beide jüngeren Brüder hingegen, Serge und Jean-François, interessierten mich nicht.

Wie könnte ich jemandes Freund sein, den ich nicht kenne. Aber wenigstens konnte ich sie beobachten, und das stumme Beobachten wurde für mich zur Hauptbeschäftigung, mehr als die Freundschaft, mehr als Laci Tavaly. Ihre Eigenschaften schienen aufeinander abgestimmt, ich bewunderte sie für eine solche Komposition, es gab kein Durcheinander, auch wenn sie noch so verschieden waren. Sie waren alle drei vorsichtig, diszipliniert, in fast allen Lebenslagen nüchtern, mit trockener, fremder, ausdrucksloser Miene. In ihren Mundwinkeln saß ein zuvorkommendes, scharfes halbes Lächeln, in dem immer ein wenig Abweisung mitschwang.

Wenn sie ihre Ausbrüche hatten, dann so unerwartet wie bei der Französischen Revolution, wenn das Volk mit seinen Forderungen die Königin vor ihrem Frisierspiegel und in mangelhafter Toilette überrascht.

Sie konnten jederzeit ausbrechen. Aber nie unkontrolliert. Es war ihnen bewusst, dass sie jetzt einen Ausbruch haben würden, was ihre Wut noch mehr brodeln und qualmen ließ.

Mir waren solche Ausbrüche verboten, bei ihnen wurden sie gefördert oder zumindest toleriert.

Auch ihre Mutter Sonia hatte ihre Ausbrüche wie ein Vulkan.

An jenem Abend aber wurde ich beschuldigt, zusammen mit András Yvettes Irgendwas nicht nur angeschaut zu haben, sondern ich hätte es auch noch berührt. Dieses Etwas, dessen Namen die Erwachsenen um nichts in der Welt in den Mund genommen hätten. Sie sagten nicht, was ich berührt hätte. Ich protestierte, ich hätte nichts von ihr berührt, was für ein Nichts, das hätte auch ich nicht auszusprechen gewagt. Dann hätte meine Verteidigung einen Gegenstand bekommen und gleich wie ein Geständnis geklungen. Doch, ich hätte es berührt, kreischte meine Lieblingstante, die aus einem rätselhaften Grund Yvettes Großmutter war und sich jetzt von der Tante oder Großmutter in eine gewöhnliche Furie verwandelte, ich löge, ich hätte es berührt. Tante Magda sprach mit stark rollendem r, und jetzt kreischte sie auch noch rechthaberisch dazu. Auf die Art wollte sie die Wahrheit aus mir herauspressen.

Das aber war die Falle. Es wäre eine Lüge gewesen, wenn ich ihr Gerechtigkeitsgefühl mit dem Geständnis eines Vergehens befriedigt hätte, das ich nicht begangen hatte.

Wie hätte ich es denn begehen sollen. Ich wusste nicht einmal, dass man so etwas tun konnte.

Soll ich jetzt lügen, damit sie zufrieden ist, damit sie endlich Ruhe gibt, oder soll ich nicht lügen, um bei der Wahrheit zu bleiben. Die beiden Forderungen waren nur logisch fassbar, ethisch nicht.

Es war Spätsommer oder Frühherbst, warm, die Fenster standen offen, die Lichter brannten schon. Knapp eine Stunde zuvor hatte Tante Magda Yvette bei uns abgeholt, jetzt stand sie plötzlich wieder da, mit einem ihrer bunten Kaschmirturbane um den Kopf, kreischend.

Ich kannte sie wirklich gut, aber so etwas hatte ich bei ihr noch nie gesehen. Es war ein Ausnahmezustand, ich fühlte es. Aber ich hatte Angst, er würde nicht vorübergehen.

Wir wohnten in der Pressburgerstraße 12, im sechsten Stock oben, sie unweit des Oktogons, auf dem Theresienring, Ecke Szófia-Straße, im dritten Stock. Yvette hatte ihr wohl schon in der Straßenbahn von ihren Kränkungen erzählt, ihr die blauen Flecke gezeigt, die sie sich wahrscheinlich im Schwimmbad geholt hatte, als sie sich mit den Jungen balgte, und die hatten sie vielleicht tatsächlich auf den Boden gelegt, sie gewürgt, es sich angeschaut, es betastet. Vielleicht erwartete sie von mir, dass auch ich sie zu Boden werfe, so wie diese größeren Jungen im Schwimmbad oder Grigori im Stall die Oksinja. Oder auch nicht. Ich verstand nichts. Vielleicht hatten auch diese größeren Jungen nichts von ihr berührt. Und meine Tante musste kehrtmachen, zornig und empört, wie sie war. Sie bekam keine Luft. Ich verstand kein Wort. Wenn sie so etwas behauptet, warum hat sie Yvette nicht wieder mitgebracht. Nicht einmal mit ihrer französischen Arroganz hätte die es gewagt, mir eine solche Anklage ins Gesicht zu sagen. Ich wäre auf sie losgegangen, hätte sie verhauen. Meine Eltern standen aufgebracht mitten im Atelier zwischen den nervös beiseitegestoßenen Fauteuils. Sie quäkten erregte Wörter, türmten sich über mir auf, zeigten zu meiner größten Überraschung nicht die geringste Absicht, mich vor dieser Furie, dieser rasenden Verwandten zu beschützen. Was ich sagte, hatte ihr gegenüber kein Gewicht. Sie selbst hatten kein Gewicht ihr gegenüber. Sie glaubten mir nicht. Obwohl sie mich früher öfter in Schutz genommen hatten, sogar, wenn ich tatsächlich etwas ausgefressen hatte. Als ich die unerhörte Gemeinheit begangen hatte, einen Zettel ans Tor zu heften, laut dem ich ein Doktor war, ein Frauenarzt, Sprechstunden dann und dann, und die empörte Hauswartsfrau, die Frau Tavaly, Lacis Mutter, mit dem Zettel gekommen war, das gehe nun doch zu weit. Der Hausbesitzer sei völlig außer sich. Wie könne in seinem Haus ein so verdorbener, frecher kleiner Junge wohnen. Erst viele Jahre später dämmerte mir, dass sie mir den Umgang mit Laci Tavaly nicht deswegen verboten hatten, nicht wegen meiner Unmoral, wie es mir die Angestellte des Hausbesitzers vorwarf. Wieso hätten sie mich vor diesen Idioten nicht in Schutz nehmen sollen, wo sie doch eine solche spießige künstliche Empörung nicht ausstehen konnten. Unmoralisch und was noch. Sie hatten mich auch früher schon in Schutz genommen, als ich noch größere Schandtaten begangen hatte.

Ich hatte hässliche Dinge in die Atelierwohnung vis-à-vis hinübergebrüllt, auf die andere Seite des Palatinus-Karrees. Sie beruhigten die Dame, überboten sich gegenseitig mit Erklärungen, baten sie in meinem Namen um Verzeihung und stauchten mich erst zusammen, als diese grässliche Person abgezogen war. Die grässliche Person war eine schlanke, wilde, blonde Schönheit. Das war ja gerade das Problem. Ich hatte sie vom Fenster des Kinderzimmers aus belauert. Möglichst unbemerkt, hinter dem Vorhang, unter dem Fenstersims, schwer verliebt, zum ersten Mal in meinem kleinen Leben. Meine Tage waren mit dem Wunsch ausgefüllt, sie zu sehen, in möglichst mangelhafter Bekleidung, es trieb mich um, nackt sollte sie daherkommen, in jedem Fall kommen. Vielleicht, damit möglichst viel von ihrer Schönheit sichtbar würde.

Und einmal war sie tatsächlich nackt durch ihr Atelier gegangen. Dieser frühe Furor des Wartens und Begehrens war die Vorlage für alle meine späteren erotischen Leidenschaften.

Er galt nicht ihrer Nacktheit, sondern der Vollkommenheit ihrer Person oder der Sehnsucht nach Vollkommenheit, und Unverhülltheit ist nur eine ihrer Eigenschaften.

Ich verstand nichts, auch das nicht.

Demnach ist ein Verwandter ein Mensch, der jederzeit in unsere Wohnung, in mein Leben hereinplatzen, mein Zimmer betreten, herumschreien, mich beliebig anklagen, vielleicht sogar schlagen kann, und sie werden mich nicht vor ihm beschützen.

Obwohl sie der Meinung sind, dass man ein Kind nicht schlagen darf. Meine Tante war wegen meines hartnäckigen Leugnens so aufgewühlt, dass sie drauf und dran war, sie hatte schon zweimal die Hand gegen mich erhoben. Aber das konnte sie mit dem Sohn ihres jüngsten Bruders doch nicht machen.

Dank dieser äußersten Selbstbeherrschung gab sie mir keine Schläge für etwas, das ich nicht begangen hatte. Wie hätte ich dieses Paradox begreifen sollen.

Eine Verwandte darf einen sogar schlagen, eine Verwandte ist jemand, deren Etwas ich nicht einmal dann anschauen darf, wenn ich es mir gern anschauen würde. Ein Verwandter muss einer Verwandten gegenüber besonders in diesem Bereich Selbstdisziplin üben. Wenn ich etwas anschauen will, soll ich es anderswo suchen.

So die magische Zusammenfassung der Szene. Auch der Hausbesitzer wäre nicht so empört gewesen, hätte ich mich den Passanten als Kieferchirurg oder Damenfriseur empfohlen. Wenn ich es recht bedenke, hatte aber die Frauenarzt-Episode doch eine Vorgeschichte, und der Hausbesitzer und die Hauswartsfrau hielten mich zu Recht für verworfen.

Um das zu verstehen, hätte ich die Zusammenhänge überblicken müssen, so wie es die Erwachsenen taten. Aber ich war völlig ahnungslos, und es musste noch eine sehr lange Zeit vergehen, bis ich verstand, was sie verstanden hatten.

Ich hatte dem Hauswartssohn, dem Laci Tavaly, zeigen wollen, dass diesmal ich es war, der ein neues Wort kannte. Ich erinnere mich nicht, von wem ich es gehört hatte, vielleicht im Kindergarten. Die Tavalys wohnten im Erdgeschoss, ganz hinten im mit gelbem Klinker gepflasterten Hof. Das neue Wort erfüllte mich mit solcher Freude, solchem Eifer, dass ich es, kaum war ich aus dem Kindergarten zurück, mit ihm teilen wollte. Das Gesicht ans Geländer gepresst, brüllte ich vom sechsten Stock seinen Namen in den Hof hinunter, so lange, bis er herauskam.

In einem solchen Hof hallen Rufe gewaltig wider. Er nannte mich Nádas, ich ihn Tavaly. Der ganze Hof hallte von seinem Namen. Aus irgendeinem Grund riefen sich die Jungen beim Nachnamen, bis sie herangewachsen waren.

Was ist, brüllte er zurück, und dann brüllte er auch gleich, man dürfe hier nicht so herumbrüllen, ich solle das Maul halten. Andernfalls käme seine Mutten heraus.

Aber ich weiß ein neues Wort, brüllte ich, es war irgendwie wichtiger als die Hausordnung und der Hausbesitzer.

Was für ein neues Wort, brüllte er.

Möse, brüllte ich in den widerhallenden Hof hinunter.

Was für eine Möse, brüllte er.

Die Möse von den Mädchen.

Bist du blöd, Nádas, brüllte er, das wusste ich schon letztes Jahr, in Németlad.

Da aber waren die Hausfrauen schon aus ihren Küchen auf den Laubengang herausgekommen. Seine Mutter, die Dienstmädchen, auch sie schrien empört und hauptsächlich lachend, das gehe jetzt doch zu weit. Im zweiten Stock kam die gefürchtete Bedienstete des Hausbesitzers heraus.

Was zu viel sei, sei zu viel, die gnädige Frau verbitte sich ein solches Geschrei.

Dass ein kleiner Junge vom sechsten Stock einen solchen Skandal verursacht, skandalös.

Ich verstand wirklich nicht, in was für eine Situation ich geraten war, wir hatten doch geplant, dass Yvette meine Frau sein würde, dem Umstand, dass ihr eigentlich der Andris Gönczi gefiel, maßen wir keine besondere Bedeutung bei.

Sie hatte mir erklärt, dass wir nur Cousins zweiten Grads waren. Was mich sogleich beruhigt hatte.

In Frankreich wäre eine Ehe zwischen uns nur verboten, wenn wir Cousins ersten Grades seien. Ich sei aber nicht ihr Cousin ersten Grades, sondern der ihres Vaters.

Und dann sagte sie wieder etwas, das ich noch nie gehört hatte.

In Frankreich wird die Blutschande schwer bestraft.

Das Wort beschäftigte mich noch lange, das schändliche Blut der Verwandten. Es mussten wirklich Jahre vergehen, bis ich den Sinn dieser Sinnlosigkeit begriff. Auch musste ich mir die verwandtschaftlichen Beziehungen immer wieder hersagen, um sie zu verstehen. Die ältere Schwester meines Vaters, Magda Nádas, war Yvettes Großmutter. Das Problem bestand eigentlich nicht darin, die Beziehungen zu verstehen oder fraglos zu akzeptieren, ich hatte eher mit den entsprechenden Wörtern Mühe. Schwiegersohn, Schwiegertochter, Schwägerin, die Nichte des Schwiegersohns der Patin in Törökszentmiklós. Und überhaupt, wer garantierte, dass ich wirklich das Kind meiner Eltern war. Vielleicht logen sie, vielleicht war ich im Krankenhaus vertauscht worden. Vielleicht hatten sie mich zwischen den Trümmern gefunden und aufgenommen. Oder was wäre gewesen, wenn meine Großmutter Mezei nicht den brutalen Arnold Neumayer geheiratet hätte, jenen Neumayer, der später den Familiennamen zu Nádas hungarisierte, sondern den József Kiss. Wenn Klára dem verliebten Dichter keinen Korb gegeben hätte. Dann wäre ich vielleicht gar nicht hier. Wäre noch gar nicht, würde erst später geboren werden. Würde Unbekannten gleichen. Würde nicht so heißen, auch mein Vorname wäre anders, und wo wäre dann ich. Das Ich wäre ein anderes Ich. Ich würde Yvette nicht kennen und meine eigene Mutter auch nicht.

Wegen solcher rätselhaften verwandtschaftlichen Verhältnisse hatte es Yvette so weit weg von ihrer Heimat verschlagen.

Ihre Mutter sei krank, lungenkrank, das war ihre Lüge, und könne deshalb nur die beiden kleineren Jungen versorgen und aufziehen. Zwei Kinder seien ja schon mehr als genug. Zum Glück sagte ich nicht, sie solle doch nicht so dick auftragen beziehungsweise den schamlosen Lügen ihrer Eltern und Großeltern nicht aufsitzen. Ich durfte es nicht sagen, denn es gab eine weitere familiäre Vorschrift. Wir behandeln Schwäche oder Naivität rücksichtsvoll. Ich durfte nicht sagen, dass ihre Großmutter der Vilma Ligeti etwas ganz anderes erzählt hatte. Sonia sieht nicht aus, als sei sie krank, geschweige denn lungenkrank. Sie könne sich nicht vorstellen, warum man dem armen Kind einen solchen Unsinn erzähle. Na ja, sie wird vielleicht wieder einen harmlosen Fleck auf der Lunge haben.

Vilma protestierte, wie könne Magda so etwas sagen, sie wisse doch, dass Sonia wirklich krank sei.

Alles Komödie, lautete die Sentenz meiner Tante.

Von den beiden hatte Tante Magda mehr Prestige, und so akzeptierte ich bereitwillig ihre Version.

Sonia spielt Komödie.

Sonia war eine große, knochige Frau, die herzhaft Schläge austeilte, wenn sich die Kinder nicht benahmen, und die so große Schritte machte, dass man ihr kaum folgen konnte, nach Komödie sah sie eigentlich nicht aus. Sie war direkt, freundlich und frei von Schnickschnack. Ihre Kinder waren ihr nie diszipliniert genug. Georges liebt diese Frau nicht mehr, deshalb hat er sie verlassen. Auch Georges machte solche Schritte, auf so bestimmte Art, so große. Es war interessant, sie zu beobachten, wenn sie in Leányfalu nebeneinandergingen, Sonia und Georges. Auch Yvette ging so, die Füße ein wenig nach außen gedreht. Wir nicht. Sonia kann im Haus nicht Ordnung halten, alles steht kopf, ein Chaos, un bordel, alles starrt vor Dreck, du hast es doch gesehen, Vilma, du weißt es genau, und jetzt diskutierst du doch.

Georges hat sie gar nie geliebt. Er kann sowieso nicht an sich halten. Er legt sofort jede Frau flach, und dann will er sie auch gleich heiraten.

Georges liebt niemanden.

Na, gerade deswegen hat sie sich flachlegen lassen, damit er sie heirate.

Damit irgendjemand sie heirate.

Die Sache verhielt sich aber überhaupt nicht so. Nach fünfzig Jahren kann ich das sagen, anhand der Briefe, die Sonia ihrer Schwiegermutter aus dem Sanatorium schrieb. Aus diesen anspruchsvoll formulierten Briefen voller Zärtlichkeit geht auch hervor, wie sensibel, teilnahmsvoll, zärtlich und hilfsbereit meine Tante ihrer schwerkranken, wegen ihrer Kinder besorgten Schwiegertochter antwortet.

Meine Mutter führte mit ihren Schwestern, ihren Schwägern und vor allem ihren Schwägerinnen endlose Telefongespräche. Und so entging mir von diesen immer wieder umgewendeten, ausufernden Familiengeschichten kaum etwas. Sonia war schwer krank. Aber davon sprach niemand, alle sprachen davon, dass sie das Geschirr nicht spülte. Auch mit Tante Magda besprach unsere Mutter alles, ebenso mit Tante Eugenie, mit Tante Teri, Teréz Goldmark, die ganz plötzlich Pista, also István Nádas geheiratet hatte, besprach sie die Dinge schon weniger ausführlich. Mit Tante Irén, Irén Tauber, sprach sie nur vorsichtig, denn die schwebte ein wenig über dem Boden und erweckte den Eindruck, als verstehe sie alles nur halb und sei vielleicht ein bisschen belämmert. Was auch stimmte, Irén verstand nichts von dem, was die anderen Wirklichkeit nannten, und torkelte so wie ich zwischen den Wortbedeutungen umher. Mit Tante Bözsi, Erzsébet Tauber, besprach Mutter die Dinge noch zurückhaltender, weil sie deren laute Stimme fürchtete, mit Dajmirlein qui ne sait pas dire dormir, also mit Endre Nádas, besprach sie fast alles, auch wenn es nicht viel Sinn hatte, Dajmirlein war auf gar nichts neugierig, auf niemanden, war augenscheinlich gelangweilt und antwortete nie, wovon auch immer die Rede war, er gab nur unbestimmte Laute von sich und beschränkte sich auf das Ausstoßen von Gemeinplätzen, mit seiner Frau hingegen, der großmäuligen und lauten Tante Kató, Katalin Elek mit Mädchennamen, besprach Mutter die Dinge nur zum Schein. Vielleicht besprach sie nur mit Pista nichts, mit ihm plauderte sie über ganz andere Themen. So wie sie auch ihren Vater, Arnold Tauber, nicht mit dem Bericht über die familiären Intermezzi belasten durfte, da ihn solche Dinge von Herzen nicht interessierten. Ach, mein liebes Kind, sagte er bei solchen Gelegenheiten verschämt. Meinem Vater berichtete sie in allen Einzelheiten, was sie mit wem besprochen hatte, worauf sie gemeinsam die familiären Begebnisse und Meinungen durchkauten und dabei so ineinander aufgingen, so wenig aufpassten, dass sie kein Blatt vor den Mund nahmen. Oft interessierte es sie gar nicht, ob ich da war, wo ich war, ob ich alles hörte, ihre intimen kleinen Familiengeschichten, und mich freute das, so lernte ich wenigstens alle die Standpunkte kennen.

Die verschiedenen Perspektiven auf dieselbe Sache. Heute gleiche ich allerdings eher István Nádas oder Arnold Tauber, diese sich im Wesentlichen wiederholenden Einzelheiten interessieren auch mich nur begrenzt. Oder nur so lange, bis ich ihre Funktion verstehe.

Dass diese realistischen kleinen Geschichten nicht einmal entfernt an die Realität herankommen, hätte ich schon früher wissen können, die Lichtjahre an Distanz überraschten mich aber doch, als mir Sonias ausnehmend schön formulierten Briefe in die Hände gerieten.

Der Apfel fällt natürlich nicht weit vom Stamm. Was doch dieser Pali schon wieder treibt. Die Aranyossis sind nun einmal so. Nur die Männer. Der Irma oder der Nusi ist so etwas fremd, das sind völlig ehrbare Familienmütter. Die arme Magda, was die alles mitmachen muss. Wenigstens will Pali alle diese Frauen nicht gleich heiraten. Die arme Magda geht mit einem neuen Stoff, den ihr Pali aus Paris mitgebracht hat, zu ihrer Schneiderin, findet die Tür offen, und was sieht sie, stell dir mal das vor, den Pali mit der Schneiderin auf dem Tisch zwischen Schnittmustern und zugeschnittenen Stoffen.

Aber was heißt Pali.

Schon der Vater, der Gyula, hatte in Kolozsvár jede Frau flachgelegt, und dann ließ er in jeder Stadt weitere fünf Geliebte zurück.

Es mussten lange Jahre vergehen, bis ich begriff, was an jenem Abend geschehen war.

Yvette dachte vielleicht, dass ich András Vajda mehr liebte als sie. Ja, ich liebte ihn, auf andere Art, vieles an ihm gefiel mir. Da hätte sich Yvette nicht getäuscht. Ich liebte sein zurückhaltendes kleines Lächeln, seine dunkle Haut, sein dichtes schwarzes Haar, den Regengeruch dieses Haars. Und ich liebte auch die Tatsache, dass ich wieder einen Freund hatte, der nur mein Freund war. Da doch der Laci Tavaly nicht mehr mein Freund war. Zum Glück wusste ich noch nicht, was man Zuneigung oder Liebe nennt, wusste nicht, warum die erwachsen genannten Menschen so bemüht waren, diese beiden Dinge zu trennen, Zuneigung und Liebe, ich mochte ihn einfach, und für Yvette war das eine einzige feindliche Realität. Ich muss gespürt haben, ohne mir dessen bewusst zu werden, was für ein intelligenter kleiner Junge dieser András Vajda war. Es wurde mir erst später klar, als wir in der Mittelschule wieder in dieselbe Klasse kamen. Seine Intelligenz muss aber schon früher stark auf mich gewirkt haben, mit ihr betörte er mich mehr als mit allem anderen, betörte mich mit seinem verzeihenden, verständnisvollen kleinen Lächeln, mit dem er anderen zuhörte. Yvette schmerzte das bestimmt sehr. Nicht dass ich an Yvettes Eigenschaften etwas auszusetzen gehabt hätte, auch ihre intellektuellen Fähigkeiten waren beträchtlich, sie betrafen aber eher das Aufnahmevermögen.

Sie versuchte unsere Spiele so zu wenden, dass wir uns gegen András Vajda verbündeten. Aber ich wollte das nicht, allerdings nicht etwa aus Anstand nicht, sondern weil András unser hinterhältiges Spiel nicht verstanden hätte. Bei Gemeinheiten kam sein hervorragender Geist nicht mit. Er war schutzlos. Hinterhältigkeit lohnt sich nur hinterhältigen Menschen gegenüber, und ich verstand nicht, warum Yvette das nicht verstand. Tschitschikow ist nicht amüsant, weil er alle Grundbesitzer täuschen will, sondern weil die alle darauf aus sind, ihn hereinzulegen. Beide Seiten wissen nicht, was die andere denkt, beide wollen die andere hereinlegen.

Laci Tavaly durfte ich ja nicht mehr gernhaben, das heißt, ich bemühte mich mit aller Kraft, ihn nicht mehr gernzuhaben, auf ihn brauchte Yvette also nicht eifersüchtig zu sein, auch wenn er mir mit seiner Kraft, seiner Geschicklichkeit, seiner sanften, milchweißen Schönheit nach wie vor stärker imponierte als irgendjemand sonst.

Und er konnte wirklich alles besser als ich, obwohl er weder größer noch intelligenter war.

Wegen dieser Liebe lebte ich jahrzehntelang in dem Glauben, Németlad sei jener zauberhafte Ort der Welt, wo sie alles besser wissen als die anderen. Laci zum Beispiel wusste nicht nur vor mir, was eine Möse war, sondern er wusste auch, was Mutterkorn war und wie man es nach der Ernte auf dem Stoppelfeld einsammelte.

Ich hingegen konnte mir Mutterkorn, Stoppelfelder und Ernten nicht einmal vorstellen, so etwas hatte ich nur aus dem Zugfenster gesehen.

Ich wusste auch nicht, warum sie das Mutterkorn auf dem Feld suchen mussten.

Trotzdem stimmte irgendetwas nicht mit meinem Protest.

So ahnungslos konnte ich ja doch nicht sein, nicht so unsicher, wie ich es in Bezug auf die zusammengesetzten Wörter war.

Denn einmal in Dömsöd, wo wir in einem großen, verschlafenen, villenartigen Haus Ferien machten und ich nach dem Mittagessen von meiner Großmutter mütterlicherseits, Cecília Nussbaum, zusammen mit der Tochter von Imre Szántó und Irén Tauber, also mit meiner Cousine Márta, im verdunkelten Zimmer zu Bett gebracht wurde, damit es endlich ein bisschen Stille und Ruhe gab, ließ mich Márta aber nicht in Ruhe, wollte sich unbedingt an mich schmiegen. Sooft ich sie wegstieß, sosehr ich mich zurückzog, sie rutschte mir unter der Decke nach, hielt mich mit den Knöcheln in der Klemme, ließ mich nicht los. Schon ohne sie war es unter der Decke ganz schön warm. Sie flüsterte, ich solle ihn ihr zeigen. Sie würde es auch zeigen. Die Dorfjungen hätten ihn ihr am Ufer unten alle gezeigt. Márta war klein, fröhlich, heute lebt sie mit unzähligen bildschönen brasilianischen Enkeln und zwei brasilianischen Urenkeln in São Paulo, sie also lief mir dauernd nach, ließ sich nicht abschütteln. Sie war nur deshalb nicht lästig, weil sie so fröhlich war, so ungebremst heiter.

Und sie dachte, ich lache mit, dabei lachte ich sie meistens aus. Mit ihrer kleinen Freundin, der Jutka Lombos, redete sie unausgesetzt riesigen Blödsinn, sie tratschte und zwitscherte drauflos, kreischte vor Freude an sich selbst, verwendete Wörter, die es nicht gab und die nichts bedeuteten.

Ich wusste zwar, dass ich gemein war und mich beherrschen sollte, aber ich lachte sie trotzdem aus.

Jetzt aber überraschte sie mich, ich verstand nicht, was sie wollte, starrte sie nur an, wehrte mich, denn da war keine Fröhlichkeit mehr, kein riesiger Blödsinn, keine Heiterkeit, im Gegenteil, sie war wild entschlossen, hartnäckig und trotzig. Sie habe auch den ihres Vaters gesehen, der habe einen größeren als mein Vater. Sie würde gern wissen, was ich für einen habe. Nur verstand ich wirklich nicht, was ich herzeigen sollte.

Gut, dann zeige sie es zuerst, ich solle unter die Decke schauen. Als etwas später Laci Tavaly seinen zeigte und wollte, dass ich auch meinen zeige und wir sie vergleichen, wusste ich wenigstens schon, was er wollte und was wir von dem Vergleich haben würden. Márta zog sich tatsächlich die Unterhose aus. Endlich verstand ich, ach so, darauf läuft das Spiel hinaus. Völlig ungebeten strampelte sie sich unter der Decke die Unterhose von den Beinen, aber ich sah nichts. Was das für ein Spiel war oder was das Ganze sollte, verstand ich schon deshalb nicht, weil uns die Erwachsenen täglich mehrmals am Ufer die nasse Badehose oder die Unterhose umstandslos herunterzerrten, um uns die trockene Spielhose anzuziehen, ein sorgfältig gebügeltes Kleidungsstück mit Trägern, mit dem man nicht ins Wasser durfte, und dabei konnte ja jeder alles sehen. Nicht erst hier in Dömsöd, auch schon früher in Göd, im berühmten Nest von Göd, wohin wir mit Großmutter und Großvater in die Ferien fuhren und Márta zusammen mit Jutka Lombos im Seitenwagen des Motorrads ihrer Eltern angefahren kam.

Meine Eltern wären in keinem Fall nach Göd mitgekommen. Sie konnten dieses ganztägige kleinbürgerliche Gesuhle nicht ausstehen.

Meine Großeltern hatten ein kleines Holzhaus am Donauufer, die Villa Tauber. Aber es gehörte nicht ihnen allein, sie teilten es sich mit anderen, die es vor oder nach uns nutzten. Hier in Göd wurde sowieso alles geteilt. Auch die Fahrräder durfte sich jedermann nehmen, die befreundeten Familien kauften gemeinsam ein und kochten gemeinsam. Ich fand das in Ordnung, aber meine Eltern nannten es kleinbürgerlichen Sumpf, Sozi-Sumpf, was für sie das Gleiche war. Ich sah in Göd keinerlei Sumpf. Mich überraschte eher, dass Márta ein solches heimliches kleines Privatinteresse hatte, von dem ich vorher nicht gewusst hatte und das wir offenbar geheim halten mussten. Ich selbst kannte so etwas nicht.

Schon in Göd war ich also damit konfrontiert gewesen, dass mir etwas fehlte, das bei anderen funktionierte.

Auch das war ja wieder so etwas Unmögliches, dass mich etwas quälte, das ich nicht kannte und nicht hatte.

Unter der Decke war es heiß, der durchdringende Geruch der Donau war an uns haften geblieben, in unserem Haar, an unserer Haut, der Geruch von Schlamm und dem von den Schiffen herstammenden Öl, und es war dämmerig unter der Decke, ein wenig Licht sickerte durch. Ich solle weiter hinunterrutschen, sagte Márta ungeduldig, sie lenkte meinen Kopf, bis ich zwischen ihren gespreizten Schenkeln lag. Sie zog es mit ihren kleinen Fingern auseinander, damit ich hineinblicken konnte. Zwischen den Falten war es krud und klebrig rot, als hausiere sie mit einer schauerlichen Wunde. Ich fand es erbärmlich, eklig. Und sogleich machte mir mein Ekel Angst, da ich kein Mitleid verspürte, was mich sehr überraschte, das anvertraute Geheimnis erschreckte mich, sie hat eine solche Wunde, und ich kann meine Teilnahmslosigkeit nicht verbergen.

Zum Glück merkte sie es nicht.

Oder es war mir doch gelungen, die Teilnahmslosigkeit zu verbergen.

Und so war an jenem Abend die Angelegenheit nicht ganz sauber. Ich hätte wissen müssen, wovon die Erwachsenen sprachen, worauf sie anspielten, welches Geheimnis und welche Angst sie so aufbrachten.

Aber ich wusste es nicht.

In meinem Bewusstsein gab es schon viel, vielerlei Information, aber zwischen diesen Dingen gab es noch keinen funktionierenden Kontakt. Die Struktur lag vor, ihre Elemente aber hätten durch sachliches Wissen in einen Zusammenhang gebracht werden sollen. Mein Vater sprühte Blitze, meine Mutter tobte, meine Tante konnte sich nur knapp zurückhalten, mich nicht zu schlagen. Von Laci Tavaly hätte ich ja auch erfahren können, dass Möse nicht nur ein neues Wort war, das ich aus dem Kindergarten oder weiß Gott woher nach Hause gebracht hatte, sondern dass jeder in Németlad wusste, was Möse war und dass sie mit dem Ding identisch ist, das die Mädchen haben und das Márta mir an jenem Nachmittag gezeigt hatte, was wiederum Laci Tavaly nicht wissen konnte.

Aber in Németlad verwenden sie das Ding für etwas, das ich ebenfalls nicht verstand.

Sosehr ich im Recht war, sosehr ich protestierte, dass ich es nicht getan hatte, sie sagten immer nur, ich erschwere mein Vergehen noch durch Lügen, wofür sie mich noch extra bestrafen würden. Es war wie das Schicksal, siehe, es hatte mich eingeholt. Jetzt würde ich für alle meine bisherigen Lügen büßen, für alle meine Betrügereien und Falschheiten verdammt werden.

Oder diese Demütigung betraf etwas, wovon ich nichts wusste, sie sagten es ja nicht.

Ich schimpfte wirklich auf die Juden, sie hatten unseren Herrn Jesus Christus ans Kreuz genagelt.

Die elenden Mörder müssen bis zum Ende der Zeiten Buße tun. Die Juden sind Gottesmörder. Auch ihre Nachkommen sind jederzeit zum Morden bereit. Ganz klar, über jeden Zweifel erhaben. Der Religionslehrer hatte in allen Einzelheiten erzählt, wie unser Jesus Christus zusammen mit zwei Räubern ans Kreuz genagelt worden war, und deshalb verehren wir nicht wie die Katholiken das Kreuz, wir hassen es. Auch das verstand ich, ganz klar, wir mussten das Kreuz hassen. Wir verehren auch die Heiligen nicht, wir verehren einzig Jesus Christus. Unseretwegen hat er sein Leben geopfert. Der Religionslehrer demonstrierte eindrücklich, auf welche Art allen dreien Hände und Füße mit Eisennägeln durchbohrt worden waren. Das konnte ich mir auch nicht vorstellen, diese Nägel, da ich mir nicht vorzustellen wagte, ich sei ein Nagel und durchdringe unter dem Schlag des Hammers die Handfläche eines lebendigen Menschen. Ich studierte meine Handflächen, wo ließe sich da der Nagel am wenigsten schmerzhaft einschlagen.

Wie hätte ich wissen sollen, dass ich von den mörderischen Juden abstammte und als Gottesmörder zur Welt gekommen war.

Auch wenn ich wirklich hätte wissen können, dass meine Eltern an keinen Gott glaubten, ja, dass sie dagegen waren, dass jemand so törichtes Zeug redete, und warum ich ihnen dann mit solchem Unsinn komme.

Ich hingegen konnte nicht ohne eine Gottesvorstellung leben, ihnen zum Trotz, was mich seelisch lange Zeit auf die Probe stellte und mehr als riskant war.

Ihre Worte anzweifeln. Dagegen sein. Das verursachte mir ein beträchtliches Unbehagen.

Und überhaupt hat dieser ganze Unfug keinen Sinn, Jesus Christus war ja selbst Jude, falls er je gelebt hat. Und Unsinn reden wir nicht.

Ich wusste, dass mich Albert Bereczky in der reformierten Kirche in der Pressburgerstraße getauft hatte, ich besuchte den reformierten Religionsunterricht; ich wusste auch, dass er sich während der Belagerung anständig verhalten hatte, aber woher zum Kuckuck hätte ich wissen sollen, dass ich trotzdem nicht an den Freuden der Judenhatz teilnehmen durfte, an dieser großen kollektiven Freude, dass ich von diesem großen innigen Volksfest ein für alle Mal ausgeschlossen war. Der historische Schleier war für mich nicht transparent, und als ich später die Ausgrenzungsmechanismen doch ein wenig verstand, schloss mich das von der animalischen menschlichen Gemeinsamkeit noch stärker aus. Ich verstand kein Wort von dem Ganzen, gewöhnte mich daran, dass ich nichts verstand, es mussten viele Jahre vergehen, bis mir dämmerte, was diese allgemein gebräuchlichen Wörter, diese kollektiven Beschimpfungen und kollektiven Schwärmereien bedeuteten. Ich begann zu verstehen, dass man die Bosheit hinter einer scheinbar braven Sprache geheim halten sowie die je individuellen Formen der Bosheit kennen muss. Darauf hatten sie mich mit negativer Logik immerhin gebracht. Wenn ich schon brav sein und dafür vieles unterdrücken und ausmerzen muss, was sonst lustvoll, bereichernd und welterobernd sein könnte, dann wollen wir aber sehen, welche protektionistischen Bedingungen, welche Privilegien wir herausschinden können, wollen auch sehen, was man wann besser verschweigt und wann man es zum Nutzen der hochheiligen Gemeinschaft doch vorsichtig zur Sprache kommen lässt.

Ich wollte schließlich ein braver kleiner Junge sein, und dazu musste ich sehr komplizierte Sachen begreifen und lösen, ohne die entsprechenden Ausdrücke verstehen und einordnen zu können.

Als könnten mir meine Eltern und Erzieher nicht sagen, was ich mit meiner heimlichen, gedämpften Bosheit machen soll. Wohin mit ihr. Sie überließen es mir und verursachten mir damit große Probleme. Auch an den zweiten Schritt, die Entsorgung der vielen schädlichen Abfallprodukte des Bravseins, dachten sie nicht, mochte ich das Problem selbst lösen, die Reste unters Bett wischen, sie stopfen, wohin ich wollte. Ich beobachtete auf den Gesichtern der Erwachsenen die Wirkung der aus Betrug und Lüge zusammengesetzten Gelegenheitsbravheiten. Wollte sehen, ob für sie schon die Absicht, brav und gut zu sein, das Brave und das Gute waren. Wollte die Unterschiede und die entsprechenden geschickten kleinen Manöver verstehen. Wie real sind Bravheit und das Gute, wenn man sie doch nie auf ehrliche Art erreicht.

Ein Gelegenheitswert, nie endgültig, wechselhaft, nur einen Moment lang von Bestand.

Auf die Juden hatte ich ja nur geschimpft, weil ich brav sein, meinen gerechten, aufgeklärten Eltern gefallen wollte. Nicht so sehr meinem gottesmörderischen Vater, den die soziale Ungerechtigkeit wegen seiner großbürgerlichen Erziehung oder seiner angeborenen Gleichgültigkeit höchstens theoretisch interessierte, sondern meiner gottesmörderischen Mutter, in der das proletarische Gerechtigkeitsbewusstsein nur so loderte. Obwohl auch das nicht stimmte, den proletarischen Mythos hatte sie nachträglich erfunden, um dann nach Lust lodern zu können. Sie war in eine in proletarischen Umständen lebende Kleinbürgerfamilie hineingeboren worden. Den Unterschied konnte ich sehen, es lag auf der Hand, dass hier etwas nicht stimmte. Schein und Wirklichkeit stimmten nicht überein, hatten je eine andere Psychologie, eine andere Ethik, und doch wiederholte ich jahrelang gehorsam, ich stamme väterlicherseits aus einer bürgerlichen, mütterlicherseits aus einer proletarischen Familie. Obwohl ich auf keiner Seite aus einer proletarischen Familie stamme. Auf einem anderen Blatt steht, dass mir die plebejische Logik genauso vertraut ist wie die elitistische. Sie sind sozusagen gleichwertig. Doch mein Gefühlshaushalt gibt wegen meiner Mutter immer dem Plebejischen den Vorrang, die Empathie zieht mich in diese Richtung.

Wenn ich die anderen zufriedenstellte, schadete ich mir selbst, das war jetzt klar.

Man verfügt über Eigenschaften, von denen man selbst nicht weiß. Wenn man zwei Eltern, vier Großeltern und acht Urgroßeltern hat, ist das soziale und emotionale Netz, das man erfassen, aufarbeiten und pflegen muss, für ein Kind wahrlich undurchsichtig. Und dann sind Bravsein und das Gute vielleicht doch nicht nur eine Frage des Willens. Ich verstand überhaupt nichts mehr. Um brav zu sein, hätte ich also gestehen müssen, dass ich Yvette die Unterhose ausgezogen hatte, und weil ich das nicht gestehen konnte, war ich in ihren Augen böse. Obwohl ich es gar nicht getan hatte. Wie hätte ich es gestehen sollen. Oder wussten sie es besser als ich, hatte ich es getan, jawohl, ich hatte Yvette die Unterhose ausgezogen. In meiner Verbitterung ging mir sogar das durch den Kopf. Vielleicht bin ich ja tatsächlich so verstockt, dass ich mich eine halbe Stunde danach nicht mehr erinnern will, nur um nichts gestehen zu müssen. Ich habe etwas angeschaut, das mich so wenig interessierte, dass ich nicht einmal auf die Idee gekommen war, es könnte mich interessieren.

Vielleicht hatte ich sie wirklich zu Boden geworfen, gewürgt, ihr am Hals und an den Armen blaue Flecken gemacht.

Von da an quälte ich mich noch jahrzehntelang mit grundlosen Selbstanklagen.

Warum darf man nicht Möse sagen, wo doch in Németlad jeder weiß, dass es nicht nur ein Wort ist, sondern dass die erwachsenen Männer, laut Laci, das hineintun, was Márta sehen wollte und was ich meinerseits nicht gern in der Hose trage, weil ich noch lange nicht weiß, wozu es außer zum Urinieren gut ist. Und als ich schon handfeste Gründe habe, es zu wissen, weiß ich es immer noch nicht. Und warum benennen sie nicht deutlich, was András Vajda und ich nicht gesehen haben, als wir Yvette die Unterhose nicht auszogen. Was also darf ich, wenn ich brav sein will, von dem, was alle letztes Jahr schon wussten, nicht wissen und nicht aussprechen. An diesem Punkt ahnte ich, dank der von ihnen übernommenen Logik, doch etwas. Bestimmt darf man nicht benennen, was nicht sichtbar ist. Die Mädchen tragen ihre Wunde innen, wir Jungen dürfen sie nicht aufdecken, oder die Mädchen dürfen sie nicht zeigen. Bei ihnen fehlt etwas, die Jungen haben etwas im Überfluss, und von beidem spricht man den Erwachsenen zufolge besser nicht. Es gibt Dinge und Ereignisse, für die es zwar Wörter gibt, man darf sie aber nicht aussprechen.

Als verstünden sie auch die Geschichte von Adam und Eva so.

Oder meinen vielleicht die Erwachsenen gar nicht Bravsein mit Bravsein, auch diese Frage tauchte bei mir auf.

Sie wissen nicht, was sie tun, wissen nicht, was sie reden. Nein, diese Hypothese hielt nicht stand. Wie könnten sie so ahnungslos sein, wo sie doch im Namen meiner Zukunft und meiner Enwicklung tugendhafte Handlungen fördern und fordern, wobei sie es sind, die so tun, als übersähen sie den Dschungel der Konsequenzen nicht, in den uns diese verdächtig pragmatische Auffassung von Bravheit und vom Guten führt. Als wollten sie nicht wissen, dass das Animalische und das Humane nicht einfach am Rand des Dschungels aufeinandertreffen. Auch ich erzähle Yvette nicht alles, was ich von ihrer Mutter, ihrem Vater, ihrem Großvater und von wem sonst noch weiß. Von ihrer angebeteten und gehassten Großmutter. Ich will ihr keine Gemeinheiten weitersagen, möchte sie mit diesen angeblichen Wahrheiten nicht noch mehr zur Verzweiflung treiben, und gerade deswegen nistet sich die Lüge zwischen uns ein.

Oder das alles hat so seine Richtigkeit, und Bravsein wäre reine Verstellung, auch daran dachte ich.

Die Erwachsenen haben kein Gesicht, sondern sie tragen eine Maske. Aber nicht im Namen der Bravheit und des Guten, sondern damit ihre wohlkalkulierte Bosheit ihrem persönlichen Glück nicht im Weg stehe. Im Paradies der Bosheit müssen sie sich vor der Bosheit schützen. Dagegen hätte ich nichts einzuwenden gehabt. Im Namen des ewigen Friedens nehmen wir den Krieg auf uns. Wenn ich einmal groß bin, werde ich es auch so machen. Aber was soll ich bis dahin mit allen den strengen Verhaltensregeln und der bombastischen Moralrhetorik anfangen, wo ich doch gerade wegen der Wörter nicht verstehe, was ich verstehen sollte. Dafür, dass unser moralisches Korn so schlecht stand, war der rhetorische Aufwand sehr groß, das fühlte ich deutlich, während ich beobachtete, wie sie mit ihren Maßstäben manövrierten. Nicht einmal mit Aristoteles hätte ich etwas anfangen können, sage ich jetzt. Denn wenn wirklich alles auf der Welt nach dem Guten strebt, dann sähe man das. Dann gäbe es irgendwo ein Anzeichen dafür, einen sichtbaren Vorteil, wenigstens mit der Zeit, mit den Jahrtausenden ein kleines Licht.

Die Wörter waren auch deswegen schwer zu verstehen, weil ihre Bedeutung je nach Gebrauch schwankte, ihren momentanen Wert hätte man eigentlich nur mit Hilfe von Wörtern verstehen können, die einen unveränderlichen Sinn hatten. Das Relativitätsprinzip und die Unschärferelation gelten nicht nur für physische Objekte und die Mechanik, sondern auch für die Sprache. Und so bereitete es mir noch Jahrzehnte später Kopfzerbrechen, was ich mit dem Guten, dem braven Verhalten anfangen soll. Nicht im praktischen Sinn, sondern was ich in meinen Texten damit anfangen sollte. Noch unter den Händen geübter Erzähler wird gern Schwachsinn daraus. Der meistens eine Folge der Selbstverherrlichung ist, des religiösen Glaubens an die Veredelung des Menschen oder des Glaubens an den menschlichen Geist. Dem Erzähler wird es noch in anderer Hinsicht schwergemacht. Er arbeitet mit Materialien, die jedermann jeden Tag verwendet, das heißt mit gründlich abgenutzten, gründlich falsch benutzten Wörtern. Manchmal bringt sie der Erzähler in gereinigter Form zurück, aber mit dem Guten kommt er doch am wenigsten zurecht. Nicht etwa, weil es etwas so Seltenes wäre. Sondern vielleicht eher, weil man das Gute nur als das Gegenteil des Bösen fasst, negativ, und so über die hohe Schwelle stolpert, über die auch schon die Gnostiker und die Scholastiker gestolpert sind. Worauf sie verbannt und verbrannt wurden, doch das theologische Problem dieses Dualismus war damit nicht gelöst. Auch andere konnten nicht verständlicher erklären, woher das Böse kommt. Die Humanisten und die Aufklärer stolperten erneut über dieses Problem, worauf es ihre Nachkommen aufgaben, die Sache klären zu wollen, und Ende des zwanzigsten Jahrhunderts die große Diskussion um die Fragen, ob die Welt von einer Substanz oder von zweien sei, ob man vor dem Altar zwei oder drei Wesen huldigen und sich mit zwei oder drei Fingern bekreuzigen muss, ob das Böse Teil der Vorsehung ist, und so weiter, einfach ad acta legten. Und wenn das Böse schon in die Vorsehung hineingeraten und zu unserer aller Freude emsig und gewinnbringend aktiv ist, ob dann der Allmächtige Macht darüber hat, und welcher Art diese Macht ist, und ob die vielen persönlichen kleinen Vorteile, die uns die Bosheit bringt, nicht eventuell unsere einzige schöne Welt zerstören. Und wenn er keine Macht darüber hat, wie könnte er dann der Allmächtige sein. Oder wenn er selbst nicht existiert und es keine höhere Instanz gibt als die Schöpfung selbst, wenn es niemanden gibt, der sich mit der Unterscheidung von Gut und Böse beschäftigt, kein Politbüro, kein

Sanctum Officium, auch kein persönliches oder kollektives Wissen, denn der Kosmos ist gewissermaßen wertneutral, und die innerhalb der physikalischen Regeln lebenden Subjekte sind alle gleich, ja, wenn es um des Weltfriedens willen vernünftiger ist, auch die Frage nach der Wahrheit zurückzuziehen, auf welche Übereinkunft sollen wir dann das Zusammenleben der Menschen gründen, oder worauf müssen wir uns mangels einer solchen Übereinkunft gefasst machen.

Vom Wirken des Guten hienieden, von seiner Relativität und Unbeständigkeit, gaben mir später nicht die Theologen, nicht die Philosophen genauere Kunde, sondern zwei ehemalige Auschwitz-Häftlinge, Rudolf Vrba, die legendäre Figur der in Auschwitz aktiven Widerstandsbewegung, und der bedeutendste von den Schriftstellern, die Selbstmord verübt haben, Primo Levi.

Es mussten fünfzig Jahre vergehen, ich musste mich durch die ganze vom Weltenbrand und der systematischen Menschenvernichtung handelnde Literatur und ihre sämtlichen Fußnoten durchlesen, um endlich mit Vrba und Levi in den Abgrund zu blicken, wie er zwischen der europäischen Theologie, dem europäischen Humanismus, der europäischen Aufklärung und der europäischen Wirklichkeit zu aller Zeit klafft. Der pragmatische Vrba sieht das Gutsein in einer einzigen Person verkörpert, dem alten, spindeldürren Isaak Rabinovic, der unter der Krempe seines schwarzen Huts heraus die Leute betrachtet, die in einen Rinderwaggon gepresst sich einem unbekannten Ziel nähern. Sie wissen nicht, wann sie ankommen werden. Sie wissen nicht, wohin sie fahren, sie wissen nicht, warum. Seit man sie hier hineingequetscht und der Zug sich in Bewegung gesetzt hat, kauert der alte Rabinovic in einer Ecke und schweigt. Nach Stunden überrascht er sie mit einer Feststellung, die nach Vrbas Meinung nicht von der Resignation, nicht vom Glaubenseifer diktiert ist, sondern von einer stillen Überraschung, wie man sie empfindet, wenn man zwischen seinen unkontrollierten Begriffen auf eine wesentliche Erklärung stößt.

Nach Gottes Willen muss es so sein. Als sagte er, jemand weiß es gewiss, wenigstens kennt mein Vater den Sinn, den das alles hat.

Den Zweifel, den der menschliche Geist seit Epikur ernst nehmen muss, misst Vrba hingegen an der Figur des Moses Sonnenschein. Am Selbstbewusstsein dieses tiefgläubigen polnischen Rabbinersohns, der gegen die Empörung und den Protest der anderen und vielleicht zum eigenen Trost wiederholt, dass es nach Gottes Willen so sein muss. Den Arm dieses Mannes packt Vrba, als sie, sich an der Ladebordwand eines Lastwagens festhaltend, in der Morgendämmerung durchs Lager gefahren werden. Auch er muss auf die Bedeutung der Wörter achten, so wie ich als Kind und auch jetzt noch, im Vorzimmer des Todes. Im eisigen Lampenlicht der Morgenfrühe sehen sie mehrere tausend nackt ausgezogene Frauen. Ohne ihn würde ich mich nicht getrauen, das niederzuschreiben, nicht einmal, es mir vorzustellen, aber Vrba sagt, es seien zehntausend nackte Frauen gewesen. Im Frauenlager wird von Wächtern mit Hunden und Peitschen eine Typhusinspektion durchgeführt. Wer Typhus hat, wird umgebracht werden, andere werden innerhalb der folgenden halben Stunde an der Kälte der Morgenfrühe sterben.

Gott will es so, wiederholt Moses Sonnenschein, als ihn Vrba, von theologischen Zweifeln überwältigt, fragend am Arm berührt.

Die Männer werden direkt zu den brennenden Gräben gefahren. Sie müssen die riesigen Haufen abgelegter Kleidung für die Desinfektion und die Neuverwendung sortieren.

Die Kleidung derer, die in den Gräben brennen oder schon verbrannt sind.

Von der Menschenverbrennung im Freien, von den nackten Frauen in den Verbrennungsgräben sind die Negative von vier Aufnahmen erhalten. Bestimmt hatte ein Mitglied des Sonderkommandos, des sogenannten Aufräumungskommandos Kanada, die Bilder gemacht. Bestimmt mit einem Fotoapparat, den ein Deportierter in einem der Rinderwaggons zurückgelassen hatte, auf dem

Bildzähler hatte der Fotograf wohl gesehen, dass auf dem Film noch vier Aufnahmen waren. Der Unbekannte hat die Bilder mit voller Absicht für uns gemacht, falls wir es noch nicht wüssten, sollen wir jetzt erfahren, wie nackte Frauen bei ihrem letzten Schritt vor dem Verbrennungstod aussehen.

So viel an Gutem gab der Augenblick her.

Wie der Schrei auf ihren sich öffnenden Lippen aussieht. Wie die Verbrennung ihrer Leichen unter Gottes freiem Himmel aussieht. Von ihm wissen wir es.

Als Moses Sonnenschein und Rudolf Vrba drei Stunden später von der Einäscherungsarbeit zurückgebracht werden, steht die Hälfte der Frauen immer noch im Freien, die Selektionierten warten auf den Ladeflächen von rund vierzig Lastwagen auf den Abtransport. Und als die Motoren aufheulen, bricht aus den Kehlen mehrerer tausend Frauen ein Murmeln herauf, Vrba schreibt es so, aus den Kehlen mehrerer tausend Frauen, meinerseits wage ich mir das immer lautere Murmeln mehrerer tausend in den Tod fahrender nackter Frauen nicht vorzustellen. Klage, Seufzer, Gebet, immer stärker, es übertönt den Motorenlärm. Einige werfen sich über die Ladebordwand. Vergessen wir nicht, dass jede jemand ist, Tochter, Ehefrau, Geliebte, einige werfen sich aus reiner Todesangst über die Ladebordwand. So viel gibt der Augenblick für sie an Gutem her. Sie werden der Reihe nach erschossen oder geraten unter die Räder. Auf der Ladefläche kann Moses Sonnenschein, am offenen Tor des Paradieses vorbeifahrend, nur murmeln, es gibt keinen Gott.

Ende der Illusion.

Sein auf fünf Jahrtausende zurückgehendes, auf die Idee der Vorsehung gegründetes Vertrauen löst sich auf, seine ethische Selbstdisziplin platzt.

Jetzt ist auch sein Wahn nicht mehr aufzuhalten, ein ums andere Mal ruft er, es gibt keinen Gott.

So viel an Gutem hat der Augenblick für ihn. Er hat die endgültige und unwiderrufliche Entkräftung aller möglichen Gottesbeweise auf den Nenner gebracht, und das muss er der Welt auch mitteilen.

Falls er aber existiert, brüllt er, dann flucht ihm, er brüllt es dreimal hintereinander, flucht ihm, flucht ihm, flucht ihm.

In dem Augenblick kann sich Gottes Güte auf seinen Lippen nicht anders manifestieren, was in Ordnung ist.

Ich nehme sie zurück, ruft mit Leverkühn der am *Doktor Faustus* arbeitende Thomas Mann zur gleichen Zeit im hochvornehmen Pacific Palisades im fernen Kalifornien, in jenem mit dem besten bürgerlichen Geschmack eingerichteten Haus, wo das Personal das Silber in Ordnung hält, während er das Schluchzen unterdrückt, um arbeiten zu können, erst am Nachmittag wird er schluchzen, wenn es keinen Sinn mehr hat, wenn er vor dem Fünfuhrtee zu seinem Spaziergang aufbricht, zum Fünfuhrtee werden Canapés serviert werden, canapés au saumon fumé, au fromage et au concombre.

Der Autor und sein Protagonist nehmen gemeinsam das Triumphlied der Bourgeoisie zurück, die Neunte Symphonie, obwohl der Autor noch lange nicht alles weiß.

So viel an Gutem gibt zwischen der Arbeit und dem Fünfuhrtee der allgemein verwendete europäische Gottesbegriff her. Mehr war es noch nie.

Nie mehr, als es für die Zurücknahme einer Behauptung braucht.

Seither aber kann man die Zurücknahme nicht mehr zurücknehmen. Sooft die Neunte erklingt, vor allem ihr von den Nazis zu Tode strapazierter letzter Satz, die Ode an die Freude, so oft erklingt auch ihre Zurücknahme. Das Fresko der Sixtinischen Kapelle hat überhaupt nichts mit Theologie zu tun. Thomas Manns frühe, intuitive Erkenntnis über die elementare Notwendigkeit der Zurücknahme ist mehrfach dokumentiert. In Kenntnis dieser Dokumente kann ich nicht umhin zu fragen, wozu ich an jenem Mittwoch, jenem 14. Oktober im Jahre 1942 des verfluchten Herrn, als die tausendneunhundertsiebenundvierzig Bewohner des Ghettos von Misotsch von den Männern des Einsatzkommandos 9 am frühen Morgen in den nahen Talkessel getrieben wurden, wozu ich denn eigentlich zur Welt kam, in jenem Budapest, das in strahlendem Sonnenschein schwamm. Während man die Häftlinge auszog und niedermähte, die Verwundeten dann noch einzeln in den Kopf schoss, wurde das Manöver in jeder seiner Phasen aus demselben Kamerawinkel, gegen Heinrich Himmlers strenges Fotografierverbot, sorgfältig aufgenommen, damit zu Hause in Deutschland in den Familienalben auch das noch vorhanden war und man es, von festlicher Milde erfüllt, nach dem Weihnachtsessen den vollgefressenen Familienmitgliedern herumzeigen konnte, sehet, was für eine Schlächterarbeit wir um unseres lieben Familienglücks willen verrichten mussten, wieso blieb ich da nicht im Geburtskanal stecken. Wieso verhedderte ich mich nicht in die Nabelschnur. Und warum hatte ich gezeugt werden müssen. Meine Mutter hätte doch sehen können, in was für eine Welt sie mich hinausstieß. Sie war nicht blind, nicht uninformiert, schon gar nicht unintelligent, nicht einmal unvorbereitet oder hilflos. Wieso steckte sie nicht eine Stricknadel hoch. Wieso bat sie nicht Imre Hirschler, mich wegzumachen. Jetzt mit vierundsiebzig Jahren sage ich, dass ich mich im weggemachten Zustand viel besser gefühlt hätte denn als Überlebender. Damals konnte Klára Tauber doch wirklich keine Zweifel mehr daran haben, dass Epikurs These stichhaltig ist. Entweder ist Gott nicht allmächtig, nicht gut, oder es gibt ihn nicht. Warum hatte ich selbst später nicht die Kraft, mich umzubringen. Auch diese Frage liegt auf der Hand. Das Selbstmordverbot ist nur in einer Welt gültig, in der die Vorsehung wirksam ist. Wieso habe ich meinen verfluchten suizidären Trieb unterdrücken können. Warum schien das vernünftiger, wo doch die Anstrengung zu leben nicht den geringsten Sinn hatte.

Und warum hatte ich mehr Kraft dafür, es nicht zu tun. Auf

diese sinnlosen Fragen, die ich mir noch heute stellen muss, gibt es nur dann eine sinnvolle Antwort, wenn es keine Vorsehung gibt.

Falls aber ein fürsorglicher Gott doch existieren sollte, habe ich für die Beschaffenheit des Menschen keine Erklärung.

Obwohl das Gute, sagt der von theologischen Problemen gequälte Erzähler laut, und das nicht etwa, weil er seiner so sicher wäre, sondern weil er Angst hat und ihm vor Selbstwiderspruch die Stimme zittern könnte, obwohl das Gute unabhängig vom Bösen wirkt, parallel zu ihm. Die beiden stehen in keinem hierarchischen Zusammenhang. Zuweilen stehen sie in gar keinem Zusammenhang. Sie treiben sich gegenseitig nicht an und behindern sich nicht. Die Fotos von der Massenschlächterei stehen in keinem Kausalzusammenhang mit der um das Weihnachtsessen schwebenden und von mörderischen Instinkten sachte vibrierenden familiären Liebe. Ich glaube, das kann jeder verstehen. Auch im einzelnen Menschen wirken Gut und Böse gleichzeitig, das je autonome Funktionieren des Guten und des Bösen kennt kein physisches oder emotionales Hindernis; es beruht in beiden Fällen auf derselben menschlichen Gegebenheit, auf etwas, das wir bestimmt als Instinkt aus der Tierwelt mitgebracht haben. Das Primat hat immer das individuelle Handeln. Ich muss handeln, ob es um meinen Verstand oder die gemeinsame Zukunft geht. Außer mir gibt es keine Welt. Mein Vater und meine Mutter waren dem Zeugungstrieb machtlos ausgeliefert. Und ich der Zeugung. Wir haben einen Gott mit Tiernatur, er ist jeder menschlichen Handlung machtlos ausgeliefert. Wenn es nicht so wäre, würden die Priester der kriegführenden Parteien nicht im Namen ihrer Wahrheit die Waffen segnen, mit denen sich diese dann gegenseitig niedermachen werden. Mögen sie Blutpfropfe aus ihren Lungen hochhusten. Mögen ihnen die Hände verdorren, wenn sie im Namen des serbischen Gottes die Serben zum Abschlachten der Kroaten ins Feld schicken. Nicht einmal im Traum dürfte ihnen so etwas einfallen.

Wir haben einen Gott, der jederzeit jegliche Handlung bedenkenlos zulässt, insofern ist er wirklich allmächtig.

Im Dienst dieses Gottes muss der Mensch nur dafür sorgen, dass seine Handlung auf keine ethischen oder psychischen Hindernisse stößt, die er selbst unter Berufung auf die Güte Gottes aufgestellt hätte. Dass niemand im Namen Jesu Christi den irischen Protestanten verbieten kann, die irischen Katholiken haufenweise zu morden, wo doch irische Katholiken im Namen Jesu Christi haufenweise irische Protestanten morden. Dass es kein Verbot gibt, wonach die Kroaten im Namen ihres eigenen speziellen Jesus Christus nicht die Serben abschlachten dürften. Der Papst beschäftigt sich der Doktrin gemäß nicht mit dem Seelenheil der Opfer, sondern mit dem der Mörder, das heißt, er predigt die Handlungsfreiheit der Überlebenden. Das stumme Gemurmel der Toten hat seine hochverehrten Ohren noch nicht erreicht, ja, er muss mit seinem Glauben genannten Wissen sein Gehör ausschalten. Die europäische Geschichte steht im Zeichen der Handlungsfreiheit. Die individuelle Freiheit darf nicht zugunsten von Gottes Allmacht eingeschränkt werden. Wenn sie aber nicht eingeschränkt wird, steigt die Zahl der Toten sogleich sprunghaft in die Höhe, besonders unter den geschlechtsreifen männlichen Exemplaren.

Dann schlägt in den von einer religiösen oder weltlichen Universalität fabulierenden, im Dienst des tierartigen männlichen Gottes stehenden Gesellschaften die kosmische Kraft durch und gefährdet die Erhaltung der Spezies.

Dann vernichten, ihre Todesangst niederringend, die geschlechtsreifen männlichen Kämpfer im Dienst ihrer Götter und Kirchen die geschlechtsreifen männlichen Kämpfer, vernichten also im Namen ihrer Überzeugungen sich selbst.

Wieso zum Teufel muss man dann den Selbstmord verbieten, gutheißen sollte man ihn.

Auch Primo Levi verbindet seine theologische Frage mit einer bestimmten Person, nämlich dem Häftling Nummer 141 565. Er heißt Elias, offensichtlich ein polnischer Jude, sonst wissen seine Mitgefangenen sehr wenig von ihm. Außer Polnisch und dem speziellen Jiddisch des Warschauer Ghettos spricht er keine Sprache. Vielleicht ist er zwanzig Jahre alt, vielleicht vierzig. Er behauptet, er sei dreiunddreißig und habe schon siebzehn Kinder gezeugt. Er kann schön singen. Wenn er zu sich oder zu den anderen spricht, scheint er zu einer großen Menge zu sprechen. Er ist ein Zwerg, nicht größer als eineinhalb Meter, aber stark wie Herkules. Sein Kopf ist nicht der eines Menschen. Die Schädelnähte treten hervor, seine Nase, sein Kinn, seine Stirn und sein Kiefer sind hart und massiv wie bei einem angriffsbereiten Tier. So beschreibt ihn Primo Levi. Man sieht Elias immer in Bewegung. Er ermüdet nicht, erkrankt nicht, verletzt sich nie. Er kann alles, wozu zwei Hände benötigt werden, keine Arbeit, die er nicht singend oder Reden schwingend verrichtete. Während die anderen unter dem Gewicht eines Zementsacks zusammenbrechen, trägt er auf den Schultern drei. Das schreibt Levi, ich würde nicht wagen zu sagen, dass Elias auf seinen kurzen, krummen, stämmigen Beinen drei Säcke über eine schwankende Planke balanciert. Höchstens dass er flucht, er begleitet seinen männlichen Kraftakt mit lustvollen, qualvollen Grimassen. Während die anderen hungern, verwundet oder krank sind, Blut scheißen, abmagern, verhungern, beschafft er sich auf rätselhaften Wegen Nahrungsmittel, niemand weiß, wie. Seine außergewöhnlichen Eigenschaften sanktionieren die auf Vernichtungsmodus eingestellte Lagerordnung. Vor der Selektion braucht er keine Angst zu haben. Mit seiner bloßen Existenz belegt er, dass in Auschwitz alles in der besten Ordnung ist, beziehungsweise dass es kein Auschwitz gibt, das man nicht singend ertragen könnte. Die Kapos, seine Mithäftlinge und die Wächter akzeptieren alle diese Thesen, für die sie ihn respektieren. Sie gibt ihnen die Zuversicht, dass auch sie das drückende Joch der Humanität einfach abwerfen könnten, um ebenfalls auf geradem Weg ins Paradies des Überlebens zu kommen. Sie blicken zu ihm auf, auch wenn niemand gern auf seinen Kopf, in sein Gesicht schaut. Elias erinnert sich an keinerlei Vergangenheit, hofft oder fürchtet keinerlei Zukunft, und so sieht sein Gesicht auch aus. Es ist nur Funktion, ohne Ästhetik. Zwei wertvolle Eigenschaften sichern seine Existenz, Schwachsinn und Bestialität. Der aus humanistischen Turiner Kreisen stammende Chemiker Levi postuliert, dass außer dem Schwachsinn und der Bestialität alles eine Sackgasse ist, was er nicht nur auf Auschwitz münzt, nicht nur auf die europäische Vergangenheit und Zukunft, sondern auf die menschliche Existenz überhaupt, auf das großangelegte Experiment, mit dem der Mensch seinem Dasein einen höheren Sinn zu verschaffen sucht.

Jeder will der Bestialität und dem Schwachsinn der anderen aus dem Weg gehen, ob in der bestialischen Vergangenheit oder der schwachsinnigen Gegenwart, jeder möchte, dass sich die anderen an einen einzigen Maßstab halten, aber alle messen mit verschiedenen Ellen, und niemand hat deren weniger als zwei. Den Splitter im Auge der anderen sieht man, den Balken im eigenen nicht. Meine Eltern und Verwandten brauchten nur das Wort wohingegen zu sagen, und schon verstand ich. Und wenn wir schon mit zweierlei Ellen messen, dann sollen sich im Hinblick auf die Zukunft zuerst die anderen bessern, zuerst die Nachbarn, wohingegen wir, wie wir alle wissen, mit uns selbst beim besten Willen nichts anfangen können. Mit der einen Skala des Maßstabs messe ich, welche meiner vergangenen Handlungen ich auslöschen, vergessen, wegretouchieren, verbergen und verleugnen muss, Handlungen, die mir, wohingegen, nach der anderen Skala auch in Zukunft nützlich sein könnten. Oder im Sinn der langfristigen Planung, was für eine Handlung muss ich zu meiner moralischen Veredelung vollziehen, nachdem ich eine Bosheit begangen habe, die ich mir bis zur Stunde meines Todes nie eingestehen werde, ganz sicher nicht, da ich sie im Interesse meines Überlebens, meines Wohlbefindens und meines Glücks auch morgen werde begehen müssen.

Von sich selbst kann ein intelligenter Mensch ja doch nicht behaupten, schwachsinnig und bestialisch zu sein. Das verbieten ihm schon die überlebensnotwendige ethische Mimikry und die dazugehörigen frommen Legenden, und in den meisten Fällen wäre es ja auch nicht wahr. Menschliche Blutrünstigkeit und Zerstörungswut versehen wir mit dem Adjektiv tierisch, korrekterweise, da sie mit tierischen Instinkten verbunden sind, aber eigentlich bringen wir die Tiere mit unseren miesen kleinen selbstgebastelten Verbrechen in Verruf. Und so weiter. Einmal ist das Überleben der Spezies oder des Individuums der Maßstab, das nennt man dann pragmatisches oder praktisches Denken und bezieht es auf unsere Welt, auf die angeblich uns geschenkte Welt und ihre physikalischen Möglichkeiten, dann wieder legt man den ethischen und ästhetischen Maßstab an bereits vollzogene Handlungen an und nennt es reflexives oder historisches Denken, mit dem das Geschehene notiert und mit anderem Geschehen verglichen und das individuelle Bewusstsein vom Gesichtspunkt des kollektiven gewertet wird, dann wird alles zusammen gespeichert.

Aber selbst wenn ein bestimmtes Handlungsmuster zur Norm erhoben worden ist, wird es keine Handlung geben, zu der nicht der mit tierischen Instinkten operierende Gott antriebe.

Die allumfassende Liebe kann im Namen der allgemeinen Wohlfahrt oder der Gleichheit durchaus aufgehoben werden, wieso denn nicht. Und wenn das Gute so aussieht, was macht uns dann das herzzerreißende Schluchzen der Mütter aus. Sie selbst haben schließlich ihre Söhne zum Töten geschickt, auch sie profitieren vom erfolgreichen Rauben und ausgiebigen Morden. Zwischen dem pragmatischen und dem reflexiven Denken gibt es zwar eine Beziehung, aber keine Hierarchie, und vor allem liegt in ihrer Vermengung keine Kohärenz, weder eine moralische noch eine begriffliche. Dieser unser Gott ist nun einmal so, ein inkohärenter und inkonsequenter Gott, einen anderen haben wir nicht.

Nur sehr wenige sind fähig, den Forderungen des reflexiven Denkens gemäß zu leben.

Aber auch wenn diese wenigen weitgehend ihren Vorstellungen und gesellschaftlichen oder religiösen Utopien gemäß handeln, können nicht einmal sie ihre grundmenschliche Realität ausschalten, in kritischen Situationen handeln auch sie nach den Gesetzen des Schwachsinns und der Bestialität. Keine Macht der Welt wird diese beiden zum Guten veredeln können. Keine Vorstellung, keine Reflexion, keine Utopie kompensiert den Mangel an Gutem. Es lässt sich nicht aus der Abwesenheit des Bösen destillieren. Es ist nicht didaktisch, es lässt sich auch nicht teilen oder weitergeben. Die von Güte und Liebe kündenden weltverbessernden Absichten führen geradewegs in die Hölle, wo sich dann auch bald herausstellt, welche persönlichen Interessen dahintersteckten. Probleme werden nach den Vorgaben desselben bestialischen, schwachsinnigen, inkonsequenten und inkohärenten Gottes gelöst, in dessen Dienst man sie überhaupt erst hervorgebracht hat. Während man sie löst, oder zumindest so tut, als ob man sie löste, schafft man hundert andere. Bei der Beschäftigung mit Theologie und politischer Philosophie müssen wir uns vor der Theologie und der politischen Philosophie hüten. Veredelungsversuche anhand der Theologie und der politischen Philosophie führen auf längere Sicht in die Niedertracht.

Das Gute hat es nicht nötig, dass ihm ein Mensch oder eine Gemeinschaft zum Sieg verhilft.

Und so lässt sich das Gute mit einem Text nur schwer einfangen, viel schwerer als jegliche Einzelheit einer Massenschlächterei oder einer Revolution, obwohl auch die nicht leicht in einen Text zu fassen sind. Es ist uns nicht gegeben, reflexiv zu handeln. Quelle und Ziel des Guten sind ja auch nicht das Handeln, sondern die Wahrnehmung, der Einblick in die Funktionsweise der Einsicht. Die Beschreibung einer Abendgesellschaft, einer Kopulation, einer Massenschlächterei ist Kinderspiel, da sie mit Identitäten, Ähnlichkeiten und Unterschieden arbeitet, Qualitäten und Quantitäten aufeinander bezieht, was allen vertraut ist. Um aber ein Bild des

Guten zu erhalten, muss ich nicht als Erstes den Gegenstand der Wahrnehmung wahrnehmen, sondern deren Mechanismus, wie er auch im größten Skandal wirksam ist. Selbst wenn man um diesen strukturellen Vorrang weiß, bleibt die Beschreibung mit ihren traditionellen Mitteln hilflos. Das Gute ist etwas, das quantitativ oder qualitativ zu beschreiben keinen Sinn hat, während der Text auf qualitative und quantitative Analysen nicht verzichten kann und also gewissermaßen vom Guten abrutscht. Vielleicht ist Tschechow der Erste und Einzige, in dessen Netz ein wenig davon hängen bleibt. Obwohl man nicht sagen kann, dass seit seinem Tod das Gute als Desiderat, als Absicht, als moralische Forderung auch nur zeitweilig, provisorisch, unter bestimmten Umständen die Grenzen der Gleichgültigkeit hätte durchbrechen können. Das Gute hat in der neueren Literatur keine Spuren hinterlassen, immerhin fällt sein Fehlen auf. Kafka, Beckett, Camus sind diesem Fehlen nachgegangen. Auf negativer Spur folgten sie dem Mechanismus, der die Wahrnehmung regiert.

Zu den wiederkehrenden Fragen des Erzählers gehört auch, was der Text mit dem Glück anfangen soll.

Was soll er mit der hauptsächlichen Quelle des Glücks anfangen, der allenthalben natürlich wuchernden Liebeslust. Eros, der große Aufwiegler, Hermes, der große Seelenführer, der seit Jahrtausenden bemüht ist, die Lust zu zügeln, zu kanalisieren. Es werden Vorschläge gemacht, Verbotsschilder aufgestellt, die Lust wird standardisiert, damit sie den Liebenden als Ritual offeriert werden kann. Damit sie sich nicht im hilflosen Chaos ihrer Animalität in die Arme sinken. Was aber meistens der Fall ist. Sie sollen aber doch rechtzeitig zur Besinnung kommen, mit den Füßen festen Boden suchen, damit sie am nächsten Morgen, wenn um sechs Uhr dreißig der Wecker klingelt, aus dem paradiesischen Abgrund heraufklettern und zur Arbeit gehen können.

Und was sollen wir Erzähler mit der anderen wichtigen Quelle des Glücks anfangen, mit der in der Natur selten vorkommenden Freundesliebe, der Philia der Griechen, was mit der Caritas und Humanitas der Lateiner. Die institutionellen Kirchen bemühen sich, diese Phänomene ebenfalls unter dem kultischen Joch zu halten. Man täusche sich ja nicht, die Säkularisierung hat die Macht der Kirchen nicht etwa eingeschränkt, sondern gesteigert, das heißt ihre begriffliche Willkür. Das wollen wir noch sehen, sagen sie zu ihren schwachsinnigen, bestialischen, mit ihren philosophischen und theologischen Fragen gefährlich sich selbst überlassenen, inkohärent und inkonsequent handelnden Mitmenschen, ob die Liebe noch eine edlere Gestalt hat als jene Erotik, die der persönlichen Gefühle entbehrt.

Wenn du schon mit den von uns gesegneten Waffen leidenschaftslos morden sollst, warum solltest du da nicht leidenschaftslos lieben.

Die göttliche Liebe kann nicht anders als neutral sein.

Kaum ist man geboren, werfen sie schon das Netz der Begriffe nach einem aus. Die Nächstenliebe stehe höher als die Liebe. In der anderen Person liebe man nicht die Person, sondern die Schöpfung. Wenn den Kirchen, wenigstens in den Klöstern, das Manöver der Sublimierung tatsächlich nach Wunsch gelänge, wenn Liebe und Zuneigung tatsächlich eine gemeinsame Substanz hätten, die von den persönlichen Aspekten, ja, vom Körper und dem Geschlecht des anderen Menschen gelöst werden könnte, würden die kosmische Einsicht und Voraussicht tatsächlich zu funktionieren beginnen. Würde die Anverwandlung der göttlichen Liebe wirklich zu einer Frage des guten Willens, und nichts stünde ihrer allgemeinen Verwirklichung im Weg. Es wäre sicher sehr gut, wenn es so wäre. Dann wären Liebesgenuss und Menschenliebe tragende Fundamente des Humanismus und der Aufklärung. Sie sind es aber nicht. Immer wieder hat es Bemühungen gegeben, diese menschlichen Grundbegriffe exakt zu fassen und in den Wörterbüchern der Kultur richtig einzuordnen, um sie so gewissermaßen zu beglaubigen, was aber weder den Gnostikern noch den Scholastikern, weder den Humanisten noch den Aufklärern gelungen ist. Die Institutionalisierung des Guten ist eine verzehrende Utopie geblieben. Die Menschenliebe und der Liebesgenuss nehmen nicht nebeneinander auf den für sie bestellten Thronen Platz, auch wenn sie durchaus funktionieren, den rituellen gesellschaftlichen Regeln zum Trotz. Erotik und Philanthropie setzt kaum jemand nebeneinander, obwohl sie in der Morgenfrühe des Humanismus Hand in Hand auftraten. Unsicher, zerquält und bleich vor mönchischer Askese, brutal vor Machtgier. In der Morgenfrühe der Aufklärung kehren sie als libertiner Affekt durch eine Seitentür zurück. Heute hört man kaum mehr von ihnen, und was man hört, ist meistens geschäftsmäßig oder verfälscht, Pornographie oder Sentimentalität. Aber wer möchte deswegen behaupten, dass sie nicht heftig und fröhlich aktiv sind. Dass es keine Menschenliebe gibt. Keine großen Begegnungen. Keine guten Menschen. Die Menschheit wäre längst ausgestorben ohne die anderen Lenden geschenkten Freuden und ohne die weiteren Manifestationen menschlicher Güte. Auch Erotik ist Wahrnehmung der Welt, auf freudvolle, leidenschaftliche Art. Warum verschwindet dann in der erzählenden Literatur die Welt des Guten, warum hält sie sich bedeckt, warum verkommt die Schöpfung zum Jammertal. Höchstens ein Schatten des Guten, eine Erinnerung ans Glück, sonst nur akuter Schmerz anstelle einer Betrachtung dieses Mangels, nur akuter Schmerz anstelle der heftigen Liebeslust, nur die Freude am Jammern und Klagen anstelle einer Betrachtung der Wahrnehmung an sich.

Was ist Güte, was Freude, was Glück, was Lust. Aus streng professionellen Gründen muss ich diese Fragen wie das Schießpulver im Trockenen aufbewahren.

Wer kann die Nächstenliebe von der Liebe, das heißt von der leidenschaftlichen Sehnsucht nach Nächstenliebe trennen. Und umgekehrt, gibt es Liebe ohne leidenschaftliche Nächstenliebe. Woraus ist das alles gemacht. Wo ist sein Platz in der Schöpfung. Sind es angeborene Gefühle, oder sind sie nach magischem und mythischem Muster angeeignet, sind es gehirnphysiologische oder biochemische Größen, Funktionen, zufällig entstehende Gefühlsgestalten. Die wir mangels eines Besseren Seele nennen, oder räumt ihnen im Gegenteil die Seele den Platz zum Funktionieren ein. Was für eine Rolle spielen sie, hat jeder ein gleich großes Quantum von ihnen, haben sie verschiedene Eigenschaften. Lässt sich das Gute steigern, und wenn ja, wer misst es, mit welcher Art Instrument, welcher Maßeinheit. Erfahrungsgemäß haben Lust und Glück ihre Varianten, Abstufungen und Mengen. Aber in welchem Bezugssystem, mit welchem Maßstab wir sie auch messen, wer wüsste zu berechnen, wie viel Platz sich die Untreue, die Verführung, die Betäubung, die Täuschung, die Lüge, der Verrat, der Neid, die Tücke, die Augenwischerei, die Übervorteilung, der Diebstahl, der Raub, die Rammelei und Fickerei, die Ausbeutung, der Hass und der Mord bei Gelegenheit im alltäglichen Eden erkämpfen. Ein nettes Eden, dieses alltägliche, man sollte es nicht verachten. Ob sich wohl Gewinnsucht, Machtgier oder Rachedurst mit der süßen Liebeslust berühren. Natürlich tun sie das. Ob sie sich in der Lust der Seele oder des Körpers berühren. Wo sonst. Ist es der Lust gleichgültig, ob ihr Gegenstand das Geld ist, das Gold, das Vermögen, die Position, vielleicht ein Paar attraktiv gezeichnete Lippen, ein sich erhitzender Körper, eine heraussprudelnde Ausscheidung, erreicht man sie um den Preis des Verrats, der Täuschung, der Tücke oder dank edler emotionaler und geistiger Konzentration. Der Lust ist das alles gleich. Hebt die Zärtlichkeit und Güte einem Menschen gegenüber die Rücksichtslosigkeit und den Verrat an einem anderen Menschen auf. Wohl kaum. Darf ein glücklicher Mensch andere ausrauben, zu Bedürftigen, Unglücklichen machen. Wieso denn nicht. Kann im Schatten eines solchen Vergehens mein eigenes Glück gedeihen. Kein Problem. Wie weit reicht die erbauliche Wirkung meiner Liebe, die vernichtende Wirkung meines Verrats im Leben eines anderen. Ist es eine zeitliche oder räumliche Wirkung, bleibt sie oder vergeht sie.

Sind Güte, Freude, Glück, Lust je nach Geschlecht anders, oder zeigen sie gerade, wie vieles beim Menschen nicht ans Individuum, nicht ans Geschlecht gebunden ist.

Hat wohl jeder eine eigene Sprache. Hat diese Sprache ein Wörterbuch oder besteht sie nur aus Körpersprache und Gestik, die zur gebräuchlichen Sprache oft im Gegensatz stehen oder sie ergänzen.

Es gibt keinen Erzähler, der diese fachlichen Fragen nicht täglich beantworten müsste. Und wenn er nicht antwortet, weil er gerade den Garten Eden des Verrats, des Raubs, der Rammelei, der Rauferei, des Hasses und des Mordes beackert, tauchen die Fragen am nächsten Tag doch wieder auf. Haben die Säugetiere das Streben nach dem Guten wohl mit dem Menschen gemeinsam. Schließen sich Animalität und Humanität tatsächlich aus, wie Balzac im Vorwort zur *Comédie Humaine* sagt. Bedingen die Gegenstände und Erscheinungsformen der Güte, der Zärtlichkeit, des Glücks, der Lust und der Liebe die Gefühlszustände des Einzelnen, oder sind sie nur Farbtupfer in seinem Leben. Sind sie eventuell eine kulturschaffende Kraft. Vermitteln sie zwischen den Kulturen und Religionen, oder bellen sie wie Zerberus die kulturellen Grenzverletzer an.

Erhalten sie wohl die Hierarchie aufrecht, wenn es denn eine Hierarchie gibt, und wenn es keine Hierarchie gibt, weil man keine haben will, ob sie dann wohl diesen Zustand stützen.

An jenem Abend im Frühherbst, als Tante Magda Klage gegen mich erhob, stand ich ihren wirren Begriffen doch nicht ganz so ahnungslos gegenüber, denn der Schock hatte mich schon viel früher erreicht, verschiedene geistige Schocks.

Ich mochte sechs Jahre alt gewesen sein, als sie mich in die Oper mitgenommen hatten, in den *Fidelio*, dirigiert von Otto Klemperer, damals der Musikdirektor des Hauses. Ich glaube, es war eine Galavorstellung. Wir saßen klopfenden Herzens in einer dunkel goldglänzenden, mit bordeauxrotem Samt und lilienbedruckter

Seide ausgeschlagenen Loge. Eigentlich hätten meine Eltern die Lilienseide von den Wänden reißen müssen. So wie die Schüler der Volkskollegien es in den von ihnen besetzten Adelsschlössern taten. Den ganzen spießigen Kitsch, den Stuck, die Vergoldungen genüsslich zerschmettern. Das Rampenlicht beleuchtete unschuldige, aufmerksame Gesichter. Es mochte November 1948 gewesen sein, nach der Machtübernahme durch die Kommunisten. László Rajk war noch Außenminister, aber Großvater Tauber sprach mit seiner Tochter schon da kaum ein Wort mehr, und unser Vater, der technische Beirat László Nádas, wurde in diesem Monat auf Anordnung des Ministerpräsidenten Lajos Dinnyés vom Büro für Kriegsreparationen ins Verkehrsministerium versetzt. Alle außer mir schienen mit dem falschen Prunk von anno dazumal zufrieden. Ich finde diese vom Ende des achtzehnten Jahrhunderts stammenden Opernhäuser von Charles Garnier in Paris oder das von Miklós Ybl in Budapest bis zum heutigen Tag entsetzlich hässlich, auch wenn ich nachvollziehen kann, warum anderen diese vielen Fälschungen gefallen. Säugetiere sind aufmerksam, indem sie ihre Voreingenommenheit momentan aufheben. Bei der menschlichen Aufmerksamkeit decken sich die animalischen und humanen Beobachtungen selten, und so stimmen die animalischen Elemente des Urteils nicht unbedingt mit dessen humanen Elementen überein. Die festlich geputzte Gesellschaft saß also in aufgehobener Voreingenommenheit erstarrt im Widerschein der Bühne. Angespannt und erstarrt in meiner eigenen aufgehobenen Voreingenommenheit beobachtete ich die unschuldigen, aufmerksamen Gesichter, um zu verstehen, was auf der Bühne geschah. Das war nicht leicht. Jaquino war wie verrückt in die süße kleine Marzelline verliebt, um sie dann, als seine Liebe unerwidert blieb, erregt zu verfolgen. Sie wollte ihn nicht mehr, floh vor ihm. Ihre Liebe galt jetzt dem neuen Gefängniswärter, Fidelio. Gestern hatte sie ihn noch nicht geliebt, da war sie noch in Jaquino verliebt gewesen, und dieser verstand das Ganze ebenso wenig wie ich. Einzig Beethoven hatte es verstanden, in seinem Leben hatten alle immer jemand anderen geliebt, nur ihn nicht, oder doch, aber die liebte dann er nicht.

Wie kann man so etwas begreifen oder verzeihen. Und warum dulden die Leute einen solchen Frevel. Marzelline liebt jetzt diesen Fidelio, der sie ebenso schändlich betrügt wie sie ihren Jaquino. Wüsste Marzelline, wie niederträchtig Fidelio ist, würde sie ihn wahrscheinlich nicht lieben. Aber sie wusste es nicht, nur wir wussten es. Und wenn Jaquino wüsste, wie gemein Marzelline ist, würde er sie dann lieben.

Diese ganze Ahnungslosigkeit hielt sie und mich und uns alle in ihrem Bann. Alle konnten sehen, wie falsch und verdorben Fidelio war, trotzdem protestierte niemand, sondern jeder bewunderte seinen Witz. Wie geistreich ist doch diese schreckliche Leonore, dass sie sich, um Florestan zu befreien, als Mann verkleidet, sich zur Maske des schönen Fidelio macht. Und die arme Marzelline kann nichts tun, sie verliebt sich in diese Maske und muss um des sanften Fidelio willen den ungeschlachten Jaquino verlassen. Wenn man etwas Besseres sieht, ist man gleich zum Tausch bereit. Und warum sollte sie den anderen nicht ausnutzen, ihn nicht an der Nase herumführen, wo er doch nun einmal so dumm ist und also ihrer gar nicht würdig. Die ganze Welt erwies sich als ein einziger großer, vereinbarter, unübersichtlich verflochtener Betrug. Nicht nur auf der Bühne, auch im Zuschauerraum und zu Hause.

Denn hier gab es keinen Fidelio, der eine verkleidete und zu allem bereite verliebte Frau gewesen wäre. Im Programmheft stand Leonore, Fidelios wahrer Name, und daneben auch der Name der Sängerin. Leonore gab sich als Fidelio aus, aber in Wirklichkeit war sie eine Frau namens Anna Báthy, die zur selben Friseuse ging, Pirichen, wie die Schwiegermutter des frischverheirateten Onkels Pista, Stefánia Klébinder, die im Chor der Gefangenen sang. Als müssten wir gerade wegen der gemeinen Täuschung die Anna Báthy für ein Beispiel ehelicher Treue halten. Schließlich war sie eine berühmte, gefeierte Sängerin, berühmt und gefeiert, weil sie allabendlich in dieser lächerlichen Maskerade das große Täuschungsmanöver durchführte. So tat, als wäre sie der schlanke Fidelio, der in Wirklichkeit die verschlagene Leonore ist. Es war klar, dass nicht nur wir diese Albernheit schlucken mussten, sondern auch die Anna Báthy selbst. Gemeinsam glaubten wir alle, was einzeln keiner glauben konnte.

Unsere kollektive Aufmerksamkeit bewegte sich gleichzeitig auf der animalischen und der humanen Bahn, auf inhaltlich völlig verschiedenen Parallelen.

Auch meine in Sachen Gerechtigkeit und Gleichheit heiklen Eltern bedachten die doppelbödige Botschaft mit keiner Kritik oder Widerrede, sie protestierten nicht. Obwohl sie das Gebäude hätten zerstören, es an seinen vier Ecken anzünden, Salz über seine rußgeschwärzten Trümmer streuen müssen. Ich verstand die böse, dicke, verkleidete Frau sehr wohl, der die süße Marzelline genauso egal war wie das Leid des armen Jaquino, oh ja, ich verstand sie. Die Männerhose platzte fast über ihrem großen Arsch. Zum ersten Mal in meinem Leben fiel mir auf, dass die Wahrnehmung eine Wahrnehmung hat, dass ich einen Schritt zurück machen konnte. Eine überwältigende Erkenntnis in der dämmerigen Loge der Budapester Oper. So verliebt oder dumm Marzelline auch sein mag, sie könnte doch trotzdem merken, dass sie in eine Frau, eine böse Frau verliebt ist, aber auch Jaquino merkt nicht, wen Marzelline da liebt. Eine Frau mit einem großen Arsch, die zufällig auch noch Sängerin ist, na nü, wie Großmutter Cecília Nussbaum sagen würde. Auch Don Pizarro merkte es nicht, auch Rocco merkte es nicht. Aus irgendeinem Grund konnten die auf der Bühne das niederträchtige System der Falschheiten nicht durchschauen. Was die Zuschauer nicht zu überraschen schien, auch meine Eltern nicht, niemand schien es zu sehen. Die Niedertracht, auf der Bühne und im ehrfürchtigen Zuschauerraum als Güte gehandelt, wurde dadurch haushoch. Mit einem Mal durchschaute ich dieses ganze große System der gegenseitigen Täuschung, aber ich wusste nicht, wie man ihm entkommt, und hatte das Gefühl zu ersticken.

Marzelline muss getäuscht, der arme Jaquino in den Wahn getrieben werden, damit die verschlagene Leonore den für die Freiheit der Völker kämpfenden Florestan befreien kann.

Den außer der Freiheit der Völker nichts interessiert. Er ist ein berufener Revolutionär, ein Held, der sich nicht einmal in der Tiefe des Kerkers von den Gefühlen oder dem Leiden anderer berühren lässt, oder er muss im Interesse der Freiheit der Völker so tun, als berühre ihn nichts. Und auch wir dürfen die vielen Niederträchtigkeiten bestimmt deshalb nicht bemerken, damit wenigstens er für die Freiheit der Welt kämpfen kann, dieses eine Mal wollen auch wir ihn nicht verraten. Während im nach Freiheit rufenden Chor der Gefangenen die Stefánia Klébinder singt. Von der im Namen der Zukunft vergewaltigten Gegenwart wusste ich dank meinen kommunistischen Eltern. So sah für sie damals das Gute aus, dem sie in der Rüstung der Gefühllosigkeit dienen mussten. Was seine historische Logik hatte, seine weltlichen und kirchlichen Muster und Analogien, es hatte seine in einen Jugendroman passende Abenteuerlichkeit, märchenhafte Heldenhaftigkeit, seine konkrete Utopie, seine Askese, und an dem Abend hätte ich die Oper in diesem Sinn akzeptieren müssen. Jetzt wollen wir doch noch ein wenig stillsitzen und einsehen, dass die Freiheit der Welt über dem Glück einzelner Personen steht. Auf dieser Weltbühne ist die Freiheit der Völker wichtiger als Florestan und seine Freiheit, wichtiger als Leonores Ehre. Wenn jemand für die Freiheit der Völker kämpft, ist auch klar, dass er auf die Liebe zu einzelnen Personen verzichten muss. Florestan liebt nicht eine einzige Person, sondern alle, er muss nicht eine einzige befreien, sondern alle auf einen Schlag. Wieso sollten Fidelio und Florestan die süße kleine Marzelline und den armen kleinen Jaquino nicht opfern, diese dumme Gans und diesen ungehobelten Klotz. Ich wusste von meinen Eltern, dass Stefánia Klébinder auf der Bühne gar nicht sang, sondern nur den Mund auf- und zumachte, sie war gar nicht Mitglied des Chors, sondern des Tanzkorps, die Tänzer mussten die Menge der Gefangenen vergrößern. Als wäre die große weite Welt nur ein Abbild eines unbestimmbaren Gebildes, ein Schein, ein System unüberblickbarer Spiegelungen. Und warum hätte man sie auch nicht benutzen sollen, die Anna Báthy und die Stefánia Klébinder, wo doch Marzellines Liebe auch nur ein schmählicher Selbstbetrug war. Ihre neue Liebe, bei der sie nicht einmal bemerkte, dass sie in eine Frau verliebt war, Selbstbetrug auch ihre frühere Liebe, bei der sie einen Mann als Verlobten akzeptiert hatte, den sie nicht ausstehen konnte, nicht einmal seinen Geruch. Wo immer man sich in diesem rundum dramatischen Universum befand, stieß man auf Betrug. Und brauchte nicht einmal vom Gulag, von den Schauprozessen, von den geheimen Folter-Holzkammern der Villen in Buda zu wissen.

Fälschung, eine falsche Nachricht, ein falscher Stein in einer falschen Fassung.

Nur mangels des universalen moralischen Bedürfnisses nach Treue hätte man nicht von Fälschung sprechen können. Ich war aufgewühlt, rebellierte hilflos und benommen. Ich verstand zwar die Sache, akzeptierte sie aber nicht, oder wenn ich sie akzeptierte, verstand ich sie gleich wieder nicht mehr. Ich war so aufgewühlt, dass ich noch fünfundzwanzig Jahre später bei den ersten Takten der *Fidelio*-Ouvertüre von einem Unwohlsein befallen wurde. Unter den Linden in Berlin war das. Der neben mir sitzende junge Dichter Wolfgang Jöhlig brachte mich wieder zu Bewusstsein, er hatte zunächst gedacht, ich sei schon über den ersten Takten eingeschlafen, zusammengesackt, wie ich dasaß. Das war am Sonntag, dem 3. November 1973. Nicht, dass ich mich ans Datum erinnere, sondern umgekehrt, ich habe das Programmheft aufbewahrt, um mich ans Datum dieser auch im Übrigen denkwürdigen Aufführung zu erinnern.

Da war wieder das Weltbild der unenthüllten Falschheit.

An dem Abend sollte das wirkliche dicke Ende aber erst noch kommen. Das Singspiel, ursprünglich mit *Léonore ou l'amour conjugal* betitelt, war neun Jahre nach dem Sturm auf die Bastille am 18. Februar 1798 in Paris uraufgeführt worden. Mit rauschendem Erfolg, wie vielleicht unnötig ist zu sagen. Das Stück schrieb den Drang nach Freiheit und den sinnlichen Rausch in die Ränkespiele von Liebe und Politik ein, was sich als epochemachender dramaturgischer Einfall erwies. Es verkleidete die blutigen Revolutionen gegen die Willkürherrschaft als gefühlvolles Schäferspiel und fand damit den Schlüssel zum billigen Erfolg. Es schuf eine Gattung und machte in gewissem Sinn Geschichte. Von da an hießen in Frankreich solche Stücke *comédie larmoyante*, in Deutschland Rührstück oder Befreiungsoper, so auch in der ungarischen Theatersprache, obwohl tränenreiche Komödie viel zutreffender ist.

Die ethischen und ästhetischen Gesten der Befreiungsoper sind ins europäische kulturelle Bewusstsein eingebaut.

Der Komponist dieser ursprünglichen Version ist ein Pariser Sänger namens Pierre Gaveaux, sein Librettist ein Beamter aus der Touraine namens Jean-Nicolas Bouilly, beide keine großen Kirchenlichter oder scharfsinnigen Anthropologen. Angeblich hatte sich Monsieur Bouilly die Geschichte nicht aus den Fingern gesogen, und wenn das stimmt, ist der Jaquino und Marzelline betreffende Befund noch verheerender. Wir sehen den Gefühlserguss, der gegen die Ideale des Menschen seine Realität darstellt, gerade deswegen noch besser. Denn wenn so etwas wirklich vorkommen kann, dann sind Hosenrolle und Verkleidung nicht entzückende theatralische Liebesränke, sondern der frühe und naive Ausdruck der Tatsache, dass für den Unterschied zwischen weiblich und männlich kaum zwei Prozent des genetischen Bestands verantwortlich sind, was heißt, dass wir etwas, das statistisch gesehen kaum ins Gewicht fällt, in tückischer Absicht kulturell enorm aufbauschen. Und das tun wir nicht aus Schwachsinn, sondern im Gegenteil, wir stellen uns schwachsinnig, um die wahren

Gegenstände unseres Interesses und unserer Leidenschaften und damit unsere bestialischen Eigenschaften zu kaschieren und uns erhobenen Hauptes Komödie vorspielen zu können. Tränenreich Komödie zu spielen ist Teil der ethischen Mimikry. Sie verleiht der Bestialität eine taufrische naive Unschuld. Der Betrug verdeckt einen noch größeren. Wir müssen uns gegenseitig etwas verheimlichen, wovon jedermann weiß. Mit Monsieur Gaveaux' und Monsieur Bouillys Singspiel zog die politisch verbrämte emotionale und erotische Realität beziehungsweise die sich in politischen, emotionalen und erotischen Schein rettende bürgerliche Animalität siegreich auf der Bühne ein. Die Ränkespiele der Liebe und der Politik wurden zwar plump übereinandergeschrieben, aber die ethische Mimikry erhielt damit Bürgerrecht. Sie löste die religiöse ab.

Seither müssen wir im Dienst des tierischen Gottes eine solche politische Auffassung als die einzig moralische ansehen.

Man braucht vor uns nicht zu erschrecken, uns aber auch nicht aufzusitzen. Auch die Elster baut mehr als ein Nest. Das eine braucht sie, um die Jungen auszubrüten, das andere, um die auf die Jungen scharfen Feinde zu täuschen.

Mag sein, dass der sicher moralische Monsieur Bouilly diese doppelte Täuschung nicht im Namen und im Interesse des historischen Triumphs der Moral inszenierte. Er stellte vielmehr seine Geschichte als tränenreiche Komödie dar, um ihre zugrunde liegende politische Intention nicht beim Namen nennen zu müssen. Trotz gründlicher theaterhistorischer Recherchen ist noch nie jemand auf eine Angabe gestoßen, wonach es in Tours wirklich eine Adlige gegeben hätte, die als Mann verkleidet ihren ungerechterweise eingesperrten Mann aus dem Kerker befreit und zu diesem Zweck die Tochter des Kerkermeisters verführt hätte, um den echten Gefängniswärter Jaquino zu erpressen. Aber auch wenn Monsieur Bouilly nur fabuliert, wie es im schwachsinnigen Dienst bestialischer Götter ein jeder moralische Dilettant tut, ist das Kuddelmuddel, das uns die Herren Beethoven und Sonnleithner auf den Spuren der Messieurs Gaveaux und Bouilly servieren, nicht ohne Bedeutung.

Der wackere Monsieur Bouilly wollte sich der jakobinischen Willkürherrschaft entgegenstellen, wozu er aber nicht genügend Mumm hatte, sodass er sich als Gegner der monarchischen Willkürherrschaft ausgab. War er vielleicht auch, aber die jakobinische Willkür lastete noch mehr auf ihm. Mit der Fiktion eines Liebesverrats verschaffte er sich Genugtuung für das politische Unrecht, wobei er tat, als liege ihm die Freiheit der Völker am Herzen, obwohl er nur sein eigenes kleines Scheißleben vor der jakobinischen Willkür schützen wollte.

Mittlerweile sind wir daran gewöhnt, dass es so sein muss, dass ein moralischer Mensch so handelt.

Zum wurmstichigen Apfel des christlichen Moralbegriffs haben wir die wurmstichige Birne der Aufklärung hinzugefügt, und aus diesem Manöver ist die Moral der Moderne hervorgegangen. Jaquino und Marzelline feiern im Finale zusammen mit Leonore und Florestan und dem Publikum den Sieg einer großen Täuschung, die den Sieg der universellen menschlichen Freiheit darstellen soll. Was man schon deshalb nicht glauben kann, weil dieser Sieg sie beide, Marzelline und Jaquino, zugrunde gerichtet hat. Und was wäre das für eine Universalität, aus der wir im Namen unserer Freiheit die arme kleine Marzelline und den armen kleinen Jaquino, diese beiden Schwachköpfe, ausgeschlossen haben. Eine solche Allegorie brauchte ich nicht. Was nicht bedeutet, dass ich Beethovens ungeschickt zusammengeschusterte einzige Oper nicht zärtlich lieben und bis zum Überdruss hören würde. Zwischen dem Urteil meines sechsjährigen Wesens und meiner heutigen Einstellung besteht kein Widerspruch. Diese frühen negativen Prägungen haben den weiteren Verlauf meines Lebens eindeutig bestimmt. Ich weiß nicht, woraus sie bestehen, aus Materie oder ob sie eher strukturelle Muster sind, denen ich mich unwillkürlich anpasse oder die ich auch ablehne, wobei ich erst später rein zufällig erkenne, welche Vorlage meiner Anpassung oder Ablehnung zugrunde lag; eines jedenfalls ist sicher, die Muster sind unveränderlich. Mit sechs sah ich *Fidelio* zum ersten Mal. Ein Jahr später kam der Rajk-Prozess. An dem Abend, als man mich beschuldigte, mag ich neun Jahre alt gewesen sein. Meinung stand gegen Meinung, Tante Magda behauptete, dass ich leugnete, von Leugnen konnte aber nicht die Rede sein, auch das war demütigend, dass sie mich mit der Nase auf ein Vergehen stoßen wollte, das ich nicht nur nicht begangen hatte, sondern das nicht einmal als Phantasie in meinem Bewusstsein existierte.

Und da ließen sich meine Eltern unter dem Einfluss meiner Lieblingstante zu einer großen Gemeinheit hinreißen.

Vielleicht war es die Idee meines Vaters, dass meine Mutter András Vajdas Mutter anrufen solle, damit sie alle hörten, was András zur Angelegenheit zu sagen hatte. Meine Mutter tat es ungern. Sie wand sich, was ich sofort verstand, meine Tante und mein Vater hingegen gar nicht.

Tante Magda wurde gleich ungeduldig, nicht erst in einer Woche, Klári, Liebe, sondern jetzt gleich.

Ruf du sie an.

Wieso ich, du bist mit ihr bekannt.

Das war meine Mutter tatsächlich.

Während der Belagerung hatte sie sich entschieden geweigert, András zu sich zu nehmen. Daher ihr Widerwille gegen das Telefonat. Nachträglich hatte sie damit argumentiert, dass sie für fünf Kinder hatte sorgen müssen. Auch wenn sie Ende Oktober 1944 noch nicht wissen konnte, dass sie ab Mitte Dezember tatsächlich fünf Kinder in ihrer Ohut haben würde. Die Zahl der Kinder nahm in den Tagen der Pfeilkreuzler-Schreckensherrschaft immer mehr zu, während sie an ihrer unmöglichen Rolle immer mehr zerbrach. Einer illegalen Aktivität nachgehen und gleichzeitig Kinder retten ist tatsächlich keine geringe Verantwortung und kaum miteinander vereinbar. Trotzdem wurde sie bis zu ihrem letzten

Augenblick von Gewissensbissen gequält, es brach ihr das Herz, dass sie sich geweigert hatte, und deshalb machte sie lieber einen großen Bogen um András Vajdas Mutter. Vielleicht sagte sie sich, dass sie sich in jenem Sommer zugunsten ihrer illegalen Tätigkeit von Imre Hirschler bereits ein Kind hatte wegmachen lassen und dass sie wegen eines fremden Kindes ihr lebendes Kind nicht gefährden durfte, auch wenn sie wohl spürte, dass das Argument schwach war. Mit dem Kind auf dem Arm, es war gleich alt wie ich, war András Vajdas Mutter vor meiner Mutter auf die Knie gesunken, Klári, Liebe, ich flehe dich an. Sie musste irgendwohin reisen, um irgendwelche Personen zu retten, irgendwo herauszuholen, vielleicht ihre Eltern aus einem Ghetto in der Provinz. Sie fiel auf dem modernistisch gemusterten Kelim auf die Knie, den ich später an meinen Bruder weitergab. Lange erzählte ich ihm nicht, was auf dem Teppich geschehen war. Der für mich eine ebenso schmerzliche Bedeutung bekam wie für meine Mutter. Sie war mir und sich selbst gegenüber noch brutal genug gewesen, die Szene auf dem Teppich mehrmals vorzutragen, sie mir einzutrichtern, sie konnte gar nicht aufhören damit. Zu ihrer Rechtfertigung erzählte sie sogar, wie sie bei Hirschler das Kind hatte wegmachen lassen, obwohl es bestimmt ein Mädchen geworden wäre, es wäre dein Schwesterchen gewesen. Ich mochte diesen bedeutungsträchtigen Teppich nicht mehr sehen. Fünfzig Millionen Menschen waren vernichtet worden, aber vier Jahre nach der Belagerung rang meine Mutter immer noch mit diesem verdammten Kelim und meinem weggemachten Schwesterchen. Der Teppich wurde zu einer Obsession, auch mein Schwesterchen war eine Obsession, so wie die Stiefelchen und der Fuß der Vernichtung in seinem rahmengenähten herrschaftlichen gelben Schuh. Sooft sie durchs Zimmer ging, musste ihr die flehende Frau einfallen. Dass András auch ohne ihre Hilfe davongekommen war, half nichts. Und nicht nur davongekommen, er brachte es auch fertig, seinen kleinen Bruder aus einem Fenster im dritten Stock zu stoßen, der fiel aufs Dach eines geparkten Wagens und, Wunder über Wunder, erlitt nicht einmal Prellungen.

Alle liefen gleich in die Wallenberg-Straße hinunter, um sich das Auto anzuschauen. Man jubelte, konnte es nicht glauben. Ein paar Tage danach ließen sie am Kinderzimmerfenster ein Gitter anbringen. Und jedes Mal, wenn ich auf der anderen Straßenseite vorbeiging, musste ich hochschauen, um zu sehen, ob das berühmte Gitter noch da war.

Auch bei uns ließen sie vor dem Kinderzimmerfenster sofort ein Gitter anbringen.

Jetzt rechneten sie bestimmt damit, dass der kleine Junge, der weniger eigenwillig war als ich und, von jenem beabsichtigten oder unbeabsichtigten physischen Schrecken auf immer traumatisiert, das Vergehen, das wir nicht begangen hatten, sofort gestehen würde.

Als meine Mutter den Hörer abhob, um diese Gemeinheit zu begehen, rannte ich aus dem Atelier, woran mich niemand hinderte. Obwohl ich spürte, dass ich mir mit dieser Flucht schadete. Ich blicke nicht männlich, will heißen schwachsinnig den Tatsachen ins Auge, jedenfalls nicht in solchen Fällen, so lautete die schwergewichtige Sentenz der ethischen Mimikry.

Aber gerade das war der alte Fehler, schon wegen meiner Eltern hätte ich mich nicht zu der Lüge durchringen können, die sie im Namen der Wahrheit von mir verlangten.

Ich weiß nicht, was geschah, was András Vajdas Mutter sagte, was er selbst nicht sagte. Mag sein, dass auch er sich nicht nach den Regeln der larmoyanten Komödie verhielt. Danach quälte mich die Sache noch jahrelang, ich versuchte mir vorzustellen, was wir nicht getan hatten. Wir halten Yvettes nackten Beine und Arme nieder, aber da verschwinden die nackten Beine und Arme aus dem Bild, weil wir ja nichts niedergehalten hatten. Sie erwähnten das Ganze nie mehr, sie schwiegen, auch ich sagte nichts mehr, erfuhr nichts mehr. Das Bild existierte nicht. Das war einer der härtesten

Aspekte der Realität meiner unmittelbaren Umgebung, dieses allseitige Schweigen. Es war Teil der bürgerlichen Anstandsregeln. Wir wissen immer mehr, als wir erzählen, wissen auch anderes, und das ist in Ordnung so. Schon um uns nicht gegenseitig mit unangenehmen Wahrheiten zu belasten, schweigen wir. Auch Yvette sagte nicht, dass ihre Großmutter die Sache erfunden hätte. Auch nicht, dass ich etwas Unanständiges begangen hätte, das an ihrem Hals, ihren Armen und Schenkeln Flecken hinterlassen hatte. Und ich wagte nicht zu fragen, warum und wie sie zu den Flecken gekommen war und warum sie mich angeschwärzt hatte statt die Jungen im Schwimmbad, ich hatte Angst, dass ich etwas noch viel Schrecklicheres zu hören bekommen würde.

Jedenfalls lud sie mich danach vergeblich ein, mit ihr zum Treni zu gehen. Ich mochte sie gern, noch heute mag ich sie gern, aber zwischen uns war doch etwas zerrissen.

Bis zum Alter von siebenundvierzig Jahren setzte ich keinen Fuß mehr ins Sportschwimmbad auf der Margareteninsel.

Auch András fragte nicht nach, aber mit diesem Abend endete unsere Freundschaft. Später begegneten wir uns unter dramatischen Umständen auf dem Chemietechnikum, wo wir erneut in dieselbe Klasse kamen.

An jenem Abend aber saß ich in der dunklen Küche, im Dienstbotenzimmer kramte Rózsi Németh herum, wahrscheinlich schrieb sie einen Brief oder suchte dafür die Sachen zusammen. Bei solchen Gelegenheiten schaute sie zuerst ihre alten Briefe durch, schob sie auf ihrem kleinen Tisch am Fenster hin und her, erst danach machte sie sich ans Schreiben. Sie sammelte ihre Briefe oben auf dem Schrank in einer großen Holzschachtel mit Schubladen, in der ursprünglich Großmutter Mezei in Gömörsid die Fadenknäuel zum Strümpfestopfen aufbewahrt hatte. Diese matt glänzende Schachtel gab es noch lange, dann verschwand sie spurlos, zusammen mit der dazugehörigen, noch viel prächtigeren, reich mit Intarsien geschmückten, auf Hochglanz polierten Nähschatulle.

Rózsi Németh schrieb mit schwerer Hand. Nicht einmal das Tagebuch, das über die Entwicklung meines Bruders geführt werden musste, wurde ihr anvertraut, sondern unsere Mutter notierte in ihrer schönen, regelmäßigen Handschrift, was ihr Rózsi berichtete, auch wenn es Tage gab, an denen Rózsi doch das eine und andere aufschreiben musste. Sie machte wacker Fehler, das war das Problem. Er is durchs ganze Zimmar gloffn, schrieb sie, ihrem Dialekt phonetisch folgend. Er hat guate Laune ghabt und guat gschlafn. Auch ihre Handschrift war nicht so ordentlich, durchdacht und entschlossen, wie sie selbst es war.

Aber an ihren stoisch klingenden Notizen erkenne ich sie trotzdem gleich.

Zuerst füllte sie ordentlich die tägliche Rubrik aus, wonach das sieben Monate und zwei Tage alte Kind am Samstag, dem 26. März, morgens um sieben Uhr 200 Gramm bekommen hatte, wohl die Muttermilch, die sie am Abend zuvor bei András Kepes' Mutter geholt hatte, um zehn Uhr wieder Milch, wahrscheinlich aufgekochte Kuhmilch, am Nachmittag Wirsinggemüse, um sechs Uhr nachmittags einen Apfel, was also bedeutet, dass meine Eltern am Samstagnachmittag immer noch nicht zu Hause waren. An den Apfel erinnere ich mich gut, es war ein geraffelter Apfel, sie raffelte jeden heiligen Nachmittag einen Apfel mit einer Raffel aus gegossenem Glas. Die Raffel hatte schon die älteren Geschwister meines Vaters bedient und mich auch. Und was der Unterschied zwischen dem gegossenen und dem geschliffenen Glas ist, wie das Glas in der Glashütte geblasen oder gegossen wird, hatte mein Vater auf einer Wanderung in den Zempléner Bergen erklärt, als Nebenstrang einer anderen Erläuterung. Vágáshuta. Wir durchquerten das sich am Talboden duckende kleine Dorf, Vágáshuta. Manchmal brachen richtige Erklärungsballungen aus ihm hervor, jeder Satz hatte noch mindestens zwölf Verzweigungen, Fußnoten, und diese Ballungen haben in meinem Bewusstsein ganz bestimmt strukturelle Spuren hinterlassen. Vielleicht gibt es schon a priori, genetisch, ein strukturelles Muster, das mit seinen Verästelungen hungrig nach speicherbaren Gegenständen und Informationen ruft, damit sich das Bewusstsein später mit Hilfe dieses Rasters im Labyrinth der eigenen Assoziationen auskennt. Manchmal raffelte Rózsi Németh auch für mich einen nachmittäglichen Apfel auf der gläsernen Raffel, und wenn ich gerade neben ihr stand, raffelte sie auch einen Keks mit hinein. Mein Vater demonstrierte anhand dieser alten Apfelraffel, woran man gegossenes Glas erkennt, er führte meinen Finger über ihre Seite und erklärte, wie der Guss entsteht und durch das Aufeinandertreffen zweier Gussformen die Raffelstruktur. Die man im Fall von Glas nicht wegfeilen könnte. Spürst du. Ich durfte auch das Kerngehäuse essen. Die Kerne zu essen war allerdings verboten, da sie in kleinen Mengen Blausäure enthalten, Gift. Auf die Art hatten die Frauen von Tiszazug ihren verhassten Männern in kleinen Mengen Arsen verabreicht. Das mit dem Vergiften hatte er ja schon einmal erklärt, die Sache mit dem Cyan, das in gefährliche Nähe zu den Zionisten geraten war. Ich sollte auch von der Gefährlichkeit der Gifte wissen. Nimmt man Gift in ganz kleinen Dosen ein, beginnt es der Organismus anzuhäufen, bis die Menge den kritischen Punkt erreicht. Darüber lachten sie schallend, die Schlauheit der Arsenfrauen imponierte ihnen. Die Gerichtsmediziner hatten anderthalb Jahrzehnte gebraucht, bis sie das seltsame Phänomen des Aussterbens der männlichen Bevölkerung von sieben Dörfern begriffen. So lange häufte der Organismus das Arsen an, bis es die überflüssigen Ehemänner umgebracht hatte, ohne an deren Leichen irgendwelche verräterischen Merkmale zu hinterlassen. Mit Quecksilber und Arsen könne der Organismus nichts anfangen. Und ob ich wisse, dass ich unter den mörderischen Frauen eine Verwandte habe, Frau Majzik, geborene Júlia Nádas. Sie sei als Erste verhaftet worden, nachdem man auf dem Friedhof von Nagykörü das Grab des József Majzik ausgehoben hatte, Nachtwächter sei der Gute in seinem Erdenleben gewesen, die Gerichtspathologen hätten in seinen sterblichen Überresten große Mengen Arsen gefunden. Das nahm mir den Atem. Wieso wäre das nur meine Verwandte. Wir gerieten gefährlich in die Nähe eines früheren Scherzes meiner Mutter, den sie dann sehr bereut hatte. Es war Sonntag gewesen, sie hatten vor den Aktenschränken auf dem bedeutungsträchtigen Kelim gesessen und ein Dokument gesucht. Als ich über ihnen stehen blieb, reichte mir meine Mutter auf nonchalante Art über die Schulter hinweg ein zweifach gefaltetes amtliches Dokument, das Geburtsregister eines gewissen außerehelich geborenen Péter Kovács, mit dem Datum meiner eigenen Geburt. Im ersten Augenblick verstand ich es so, dass dieser Péter Kovács am selben Tag in Tornyiszentmiklós geboren worden war. Einen Sekundenbruchteil lang blitzte in mir auf, dass auch das eins der gefälschten Papiere sein könnte. Sie aber sagte, während sie schon andere Papiere studierte, sie hätten es mir eigentlich schon lange sagen wollen, dass ich nicht ihr Kind sei, sie hätten mich während der Belagerung auf der Straße gefunden, und was sei ihnen da übriggeblieben, als mich zu adoptieren. Ich ahnte zwar, dass dieser Péter Kovács aus Tornyiszentmiklós ein weiterer ihrer grausamen Scherze war, aber ich konnte nicht ausschließen, dass die Sache vielleicht doch stimmte. Beide schauten mich neugierig an. Ich drehte mich auf dem Absatz um und ging, ob die Sache stimmte oder nicht, wortlos aus dem Zimmer. Dort sackte ich gegen meinen Willen und meine Vernunft aufs Bett und begann zu weinen. Eigentlich hatte ich meine paar geheimen Gegenstände rasch aus ihrem Versteck holen und gehen wollen. Weg hier. Es wurde eine Energie frei, als hätte sich in meinem Inneren ein Kern gespalten, ein Atomkern. Da kam meine Mutter, die das wahrscheinlich spürte, schon gelaufen, warf sich vor dem Bett auf die Knie, es sei nur ein Scherz gewesen, ein schlechter, sie gebe es zu, sie umarmte mich, küsste mich, wo sie nur konnte, was die Energie in mir mit einem tierischen Gebrüll beantwortete, wie ich es selbst noch nie gehört hatte, obwohl es noch nicht einmal voll aufgedreht war, ein wenig konnte ich es noch zurückhalten. Auch mein erschrockener Vater erschien in der Kinderzimmertür, und wie immer in kritischen Situationen blieb er lieber draußen, hielt sich lieber heraus, fern und kühl. Eine Weile brüllten und weinten meine Mutter und ich gemeinsam, aber ich bin, glaube ich, bis heute nicht darüber hinweggekommen, so wie sie auch an dem Sonntagnachmittag mein Weinen nicht beruhigen konnten. Sie ließen Elza Baranyai kommen, ich musste irgendein Medikament schlucken. Am Abend weinte ich mich irgendwie in den Schlaf. Bei der Dokumentensuche waren sie ineinander versunken gewesen. Sie hatten sonst wenig Gelegenheit zu stiller Zweisamkeit. Wahrscheinlich war ich unerwartet am Rand ihres Duetts aufgetaucht, und das gefälschte Papier kam meiner Mutter gerade gelegen, mich wenigstens für die Dauer einer vorübergehenden Sehnsucht auszuschließen. Jetzt aber rief sie ganz rasch, ich solle nicht erschrecken, nicht erschrecken, sie erstickte ihren neuerlichen schlechten Scherz im Keim, die Frau Majzik sei nur eine Namensvetterin, nur eine Namensvetterin.

Heimlich aß ich die Kerne doch, es war angenehm, sie zu zerbeißen und ihre Bitterkeit zu spüren. In Tiszazug hatten sie jeden einzelnen Mann beseitigen wollen. Sie wollten nur ein einziges Kind von diesen Männern, um das Erbe nicht aufteilen zu müssen. So groß war dort damals die Armut, denn Land, das die Tisza nicht überflutet, ist rar. Davon hatte dein Urgroßvater noch sechshundertsechzig Morgen. Abends um acht bekam mein Bruder Grieß und Tee mit Zitrone, wobei Zitrone ausschließlich ihm zustand. Wir anderen tranken den Tee mit Pistas Zitronenersatz. Es war dicker Milchgrieß, wenn ich mich richtig erinnere, die Körner waren stark aufgequollen, mit einer Prise Zucker gekocht, und ich durfte den Topf ausputzen, zuerst kratzte ich den Grieß mit einem kleinen Löffel von der Topfwand, dann mit dem Finger. An diesem Samstag hatte mein Bruder zweimal Stuhlgang, sein Gewicht und seine Temperatur notiert Rózsi Németh an dem Tag nicht, die dafür vorgesehene Rubrik ist leer geblieben. Daneben gab es auch noch eine Rubrik für Bemerkungen. Rózsi notiert da, mein Bruder habe die Sonntagskrankheit. Schon am Samstag. Sonntagskrankheit war ihr privater Fachausdruck für eine Besonderheit meines Bruders, nämlich dass er an den Sonntagen, an denen unsere Eltern ein paar Stunden zu Hause verbringen konnten und nicht irgendwohin, vielleicht auch in zwei verschiedene Richtungen rennen oder auf Tage an unbekannte Orte verreisen mussten, dass er also an solchen Tagen vom frühen Morgen bis zum späten Nachmittag brüllte, ohne dass ihm etwas fehlte. Die Logik des Säuglings war umwerfend. Am frühen Montagmorgen, wenn sie weggingen, nachdem sie schon am Sonntagnachmittag ausgegangen waren, ins Kino, ins Theater, zu Besuch, brüllte er nicht, er begnügte sich mit meiner und Rózsi Némeths Gesellschaft, hingegen brüllte er, wenn sie am Sonntagmorgen überraschend zu Hause blieben, da bestrafte und bedrohte er sie mit seinem Gebrüll, zeigte ihnen, wie schrecklich einsam er ohne sie war, das heißt, er hatte offensichtlich ein strukturelles Wissen, die Struktur der nicht realisierten Möglichkeit lag in seinem Bewusstsein bereit, er wusste etwas, wovon er konkret nichts wissen konnte. Sein Zeitgefühl funktionierte einwandfrei. Wenn die Heimkehr unserer Eltern bevorstand, gurgelte er sich langsam ins Weinen hinein, und wenn sie dann tatsächlich nach Hause kamen, brüllte er schon aus voller Kehle und hörte nicht mehr auf.

Man konnte nichts machen. Er weinte theatralisch. Sein Atem setzte aus, er wurde blau. Er war erschöpft, setzte wieder an. Probierte die Rhythmen und Takte und Variationen des Weinens durch, machte einen Kopfsprung in die Bitterkeit seines Lebens, ritt sich ins Gefühl hinein, ein verlassenes Kind zu sein, ließ wie wild seine auf mangelnden Körperkontakt bezogenen Signale los, solange ihm der Atem reichte. Er sabotierte gewissermaßen seine vitalen Funktionen. Was der Ärmste hingegen nicht kannte, war Emmi Piklers Methode, Kinder weinen zu lassen. Sie sollen sich mit ihren Spielsachen selbst beschäftigen und nicht dauernd in den

Arm genommen werden, sonst werden sie verwöhnt. Und für ihre Lungen sind Weinen und Brüllen geradezu empfohlen. Wenn ihn unsere Mutter nicht rechtzeitig mit Ohrfeigen traktierte, wurde er manchmal vor Gebrüll ohnmächtig.

Ich saß still, wollte nicht, dass Rózsi Németh meine Anwesenheit bemerke und frage, was mit mir geschehen sei.

Sie hätte mit ihren Fragen das Drama gleich relativiert, wobei sie auch nie ihre Teilnahme und Anteilnahme verweigerte.

Ich hätte ihr nichts erzählen können, da ich von der Szene meiner Anklage nichts begriffen hatte. Nach einer Weile hatten meine Eltern Tante Magda hinausbegleitet, das war geschehen, sie hatten in der offenen Tür stehend noch geplaudert, hatten gar nicht aufhören können, das war geschehen. Ich weiß nicht, worüber sie plauderten, es interessierte mich nicht mehr, ich wollte nichts mehr hören, kein Wort mehr. Ich war fertig mit ihnen, und das nicht aus Trotz, nicht aus kindlichem Eigensinn, und es war auch nicht mein erster schwerwiegender Bruch mit ihnen. Ich hatte einfach kein Bedürfnis mehr, sie zu verstehen. Rózsi Németh hatte schon früh bemerkt, dass mein Bruder mit seinem Gebrüll seine Unzufriedenheit mit unseren Eltern ausdrückte, vor allem mit unserer Mutter. Die ihn verließ, um so rasch wie möglich in ihrem Büro in der Széchenyi-Straße ihrer landesweiten Organisationstätigkeit nachgehen zu können. Für mich war das nicht problematisch, ich fühlte mich nicht verlassen, denn ich stellte mir vor, dass sie in dieser Zeit bestimmt vielen Menschen half, und damit war ich zufrieden. Ihr Büro befand sich in einem riesigen Raum. Wenn ich mich in dem Stadtpalais weit aus dem Erkerfenster lehnte, konnte ich die Donau und in Buda oben die ausgebrannte Silhouette der Burg und der ganzen bürgerlichen Stadt sehen. Meine Mutter führte das Tagebuch, vielleicht morgens früh, vielleicht abends spät, vielleicht aufgrund von Rózsi Némeths täglichen Berichten, in jedem Fall weiter. Stillen konnte sie ja den Säugling nicht, wozu sollte sie also zu Hause bleiben. In den ersten Wochen hatte sie unter wahnsinnigen Schmerzen damit experimentiert, hatte es zu zwingen versucht, ein paar Tage lang mit Hilfe eines elektrischen Abpumpgeräts ihre Schlupfwarzen bearbeitet. Aber mein Bruder war wohl noch keine sechs Monate alt, als sie ihn völlig Rózsi Németh überließ. Manchmal kam sie aus der Széchenyi-Straße auf einen Sprung nach Hause, es war ja nicht weit, kaum drei Straßenbahnhaltestellen entfernt.

Heute bist du 1 Jahr alt, mein Paulchen. Dieser einzige Satz steht in der Rubrik *Bemerkungen* in ihrer Handschrift am 24. August 1949. Dann bis Anfang Oktober keine weitere Notiz. Vom 1. Oktober an führen Rózsi Németh beziehungsweise unser Vater die Aufzeichnungen fort. Vater war in der Rechtschreibung nicht so sattelfest wie Mutter, aber auch er hatte eine schöne Handschrift. Laut Emmi Piklers Anweisungen sollten die Eltern sorgfältig Tagebuch führen, wenn sie später zusammen mit dem Kinderarzt die Stationen der Entwicklung des Kindes überblicken wollten. Besonders wenn es Probleme gibt. Man müsse die Entwicklungsgeschichte des Kindes genau kennen. An dem Tag befand sich der Sohn von Júlia Földi und László Rajk unter dem Decknamen, den ihm der Geheimdienst verliehen hatte, schon seit zwei Monaten in der Obhut des von Emmi Pikler geführten Säuglingsheims in der Lóczy-Straße. Auch der Sohn von Éva Bozóki und Ferenc Donáth, Mátyás, war bei der Verhaftung seiner Eltern hier untergebracht worden.

Aus einer Notiz unseres Vaters wird ersichtlich, was im August geschehen war, warum das Tagebuch hier eine Lücke hat.

Deine Mutter ging zur Schule.

Der Satz steht in Vaters Handschrift in der Rubrik *Bemerkungen*. Womit er gewissermaßen die fast anderthalb Monate dauernde Unterbrechung in den Aufzeichnungen rechtfertigt. Im Tagebuch ist es nicht die einzige botschaftartige, in der zweiten Person Singular abgefasste Notiz. Unsere Eltern sprechen sozusagen im Voraus zu meinem erwachsenen Bruder.

Dank des Tagebuchs, konzipiert im Namen der Sachlichkeit und ihrer Utopie, wissen wir sogar, dass meinem Bruder am 1. Oktober 1949 die Nase lief.

Doch die beiden, Rózsi und unser Vater, hielten die Tagebuchdisziplin nur anderthalb Monate durch.

Bevor sie höher eingeteilt wurde, schickte man meine Mutter auf die Parteihochschule.

In einen Internatskurs, der sechs Monate dauern sollte, wobei sie sich, wenn ich mich richtig erinnere, unter irgendeinem Vorwand um zwei Monate drücken konnte. Die höhere Einteilung bedeutete auch, dass sie vom Palais in der Széchenyi-Straße in ein hübsches kleines Palais in der Múzeum-Straße zog, wo alles noch so vorhanden war, wie es von den Besitzern zurückgelassen worden war, im Krieg oder nach ihrer Enteignung. Auf dem Kaminsims aus weißem Marmor standen noch die ursprünglichen Gegenstände. Das alles wurde mitsamt der ganzen Immobilie vom Amt für verlassene Güter verwaltet, mit dem Recht, es jemand anderem zuzuteilen. Ich betrachtete die Gegenstände auf dem Sims des Kamins aus Carrara-Marmor und das mit blendend weißem Carrara-Marmor ausgekleidete Treppenhaus im Bann dieses Wortes, Carrara. Es wurden Tote gesucht, Massengräber geöffnet, Leichen unter Ruinen herausgeholt. Jemand wurde identifiziert, ein anderer exhumiert, noch ein anderer meldete sich von einem fernen Kontinent, jemand trat auf eine Mine. Der Carrara-Marmor ist überhaupt ein zauberhaftes Material, unter seinem leuchtenden Weiß schimmert es blau und rosa. Wie bei einem menschlichen Körper. Mit einem Adergeflecht und roten Blutzellen.

Onkel Pali und Tante Magda erhielten in Anerkennung ihrer Verdienste ein Sommerhaus in Leányfalu. Aufgrund des Beschlusses des im Sinn von § 3 der Verordnung Nr. Reg. 13.240/1947 gebildeten Rechtfertigungsausschusses anerkenne ich Ihre im nationalen Widerstand (in der Widerstandsbewegung und dem deutschfeindlichen Freiheitskampf) erworbenen herausragenden Verdienste. Ich setze Sie hiermit unter gleichzeitiger Versendung der Anerkennungsurkunde davon in Kenntnis. Die Benachrichtigung und die Urkunde sind von Ministerpräsident Lajos Dinnyés unterzeichnet. Ungefähr gleichzeitig mit dem Erhalt der Urkunde wurden sie vom Geschäftsführer des Bezirks Pest Nord, Dr. Jenő Sövény, in einem Beschluss davon benachrichtigt, dass er die Mobilien des ehemals im Besitz von Dr. Károly Pinter befindlichen Hauses in Leányfalu an Dr. Pál Aranyosi, Teréz-Ring 6, Budapest VI. Bezirk, überschrieben habe, unter Berufung auf Beschluss Nr. III/1946.18 des Rats für Grundbesitzaufteilung, welcher die Immobilie von Dr. Károly Pinter konfisziert habe. Noch sehr lange sah ich dieses Haus unter diesem Aspekt, als ein konfisziertes, als müsste ich mir das frühere Leben darin vorstellen, bis ich mich daran gewöhnt hatte, dass das ihr Haus war, ihre Einrichtung. Die Konfiszierung wurde mit dem Beschluss Nr. II/2 des OTT 379, 759/1948 zu Rechtskraft erhoben, und die Benutzung der Immobilie wurde auf den § 16 des IX.t.c 1946 beziehungsweise den § 29 des F.M. Sz. 18,000/1946 gestützt. Demzufolge habe ich die betreffende Immobilie an Pál Aranyossi, Einwohner von Budapest, überschrieben, nachdem der Genannte bewiesen hat, dass er im Interesse der Entstehung der Volksdemokratie zu Hause und im Ausland jahrelang erfolgreich tätig und der Verfolgung ausgesetzt gewesen war, womit er sich das Recht auf die Zuteilung einer entsprechenden Immobilie erworben hat.

Das Haus mochte aus mehreren Gründen verlassen worden sein. Die Besitzer waren während der Belagerung umgekommen, sie waren aus der Deportation nicht heimgekehrt, sie waren ausgewandert, sie waren Nazis, Pfeilkreuzler, die es für angebracht gehalten hatten zu verschwinden und irgendwo in Chile oder in Tasmanien unterzutauchen. Das Volksgericht hatte sie wegen Kriegsverbrechen verurteilt, das Urteil mochte begründet oder unbegründet sein. Es waren Deutsche gewesen, Angehörige der deutschen Minderheit, sie waren einwaggoniert und ausgesiedelt worden.

Es muss Tante Magda gewesen sein, die zum Akt der Inbesitznahme erschien, Onkel Pali befand sich gerade an der Spitze einer Journalistendelegation in Warschau. Sie waren in unmittelbarer Nähe des Präsidentenpalasts im wunderbaren alten Hotel Bristol abgestiegen, in der Krakowskie Przedmieście. Zwanzig Jahre später stieg auch ich in diesem Hotel ab, in den Maitagen, als Innenminister Mieczysław Moczar, der eigentlich Mykoła Demko hieß, von den Genossen Mietek genannt, Mieczysław Moczar war sein Deckname im Partisanenkrieg gewesen, in dem er sich mit besonderer Grausamkeit hervorgetan hatte, als er also im Namen des Kriegs gegen den Zionismus, aber hauptsächlich mit geheimdienstlichen Mitteln, mit Hilfe von Provokation und Desinformation, im Rahmen einer antisemitischen Kampagne und bei schwelender Massenhysterie die letzten Juden aus Polen erfolgreich vertrieb, etwa dreißig- bis vierzigtausend, laut anderen Quellen fast achtzigtausend polnische Bürger. Ich wollte mir aus der Nähe ansehen, was hier geschah, deshalb war ich nach Warschau gekommen. Als Journalist. Ich arbeitete bei einem in hoher Auflage erscheinenden kleinen Lokalblatt, dem *Pest megyei Hírlap*, *Nachrichtenblatt des Bezirks Pest*, das genauso unter Parteiaufsicht stand wie sämtliche anderen Zeitungen. Meinen Gastgebern in der Redaktion des *Życie Warszawy* hatte ich einen anderen Grund genannt, meinem Chefredakteur in Budapest hingegen, Andor Suha, hatte ich die Wahrheit gesagt.

Mein Herzchen, schrieb Onkel Pali aus diesem wundervollen Friedenszeiten-Hotel an Tante Magda. Diesen Brief schreibe ich hauptsächlich, weil ich so appetitliches Briefpapier dafür habe, außerdem findest du darauf die Adresse, unter der du mich am 13., 14. und 15. erreichen kannst. Morgen früh starten wir mit dem Flugzeug zur Rundreise, zuerst nach Gdańsk (Danzig), dann nach Gdynia, wo wir drei Tage verbringen werden.

Auch ich fuhr nach Gdańsk, wo mir drei Schiffsfabrik-Arbeiter ernsthaft auseinandersetzten, dass die Juden schuld waren am

Fleischmangel. Sie hätten in den Außenhandelsfirmen die Schlüsselpositionen besetzt, und um einen Mangel zu schaffen und Spannungen hervorzurufen, verkaufen sie alles Fleisch ins Ausland. Die Aussage wurde auch vom Dolmetscher bestätigt.

Hier sollen, schrieb Onkel Pali, die größten landwirtschaftlichen Kooperativen sein. Von hier setzen wir unseren Weg nach Stettin fort, fahren dann nach Boroszló hinunter, wo wir die Eröffnung der Ausstellung nicht abwarten, sondern einen Ausflug zu den oberschlesischen Minen machen, dann nach Katowice, Auschwitz, Krakau.

Auch ich fuhr damals an diese Orte.

Aus Krakau fliegen wir am 12. nach Warschau zurück, schrieb Onkel Pali, von wo aus wir noch einen Ausflug machen müssen, nach Lodz, bevor wir am 15., diesmal mit dem Zug, nach Hause fahren. Unser offizieller Empfang wird auch erst in den letzten Tagen stattfinden, am Ende der Rundreise. Wir werden am Grab des unbekannten polnischen Soldaten feierlich einen Kranz niederlegen – was auch unser Botschafter Révész sehr befürwortet –, und danach kommt das offizielle Abendessen, denn bis dahin stopfen sie uns nur halboffiziell mit Essen voll. Am Flughafen empfing uns Botschafter Révész mit der amüsanten Nachricht, ein junges Paar erwarte begeistert unsere Ankunft, es wolle sich nicht ohne mich trauen lassen. Na, rate einmal, um welches Jungvolk es sich handelt. Du errätst es nicht: das Mädchen aus Brüssel, Carine, und der kindliche Celadon unseres außenpolitischen Apparats, Feri Majoros, haben sich anlässlich des Centenariums im März ineinander verguckt. Carine wohnt bereits hier in Warschau, sie wartet darauf, dass sie mit ihrem Bräutigam nach Budapest fahren und sich von einem ungarischen Standesamtsbeamten trauen lassen kann.

Meine Warschauer Impressionen? Den Film über Warschau hast du ja gesehen. Er ist ein schwacher Abklatsch dessen, was einen hier auf Schritt und Tritt begleitet und quält. So viele Ruinen, eine so große vandalische Vernichtung kann man sich gar nicht vorstellen. Es ist ein ermüdendes, bedrückendes Erlebnis. Wir haben auch das Ghetto besucht, stell es dir geschändet vor wie die Ziegel- und Trümmerhaufen des Budapester 7. Bezirks, da und dort ein aufragendes Stück eines schönen schmiedeeisernen Tors. Im Übrigen auf dem ganzen riesigen Gelände keine Spur von Leben, höchstens Unkraut, das da und dort über der Asche und dem Ruß sein Lager aufschlägt.

Zwanzig Jahre später, im denkwürdigen Mai 1968, sah auch ich noch das einstige Ghetto in diesem Zustand; nicht nur dort eine unübersehbare Trümmerwüste, auch die Altstadt lag noch in Trümmern, ein Bretterzaun umgab den Trümmerhaufen des Präsidentenpalasts. Nur das Bristol ragte weiß und mit einer Eleganz, die nicht von dieser Welt war, aus der Trümmerwüste heraus. Nachts mit beleuchteter Fassade. So kam es weiß aus einer nie gewesenen Vergangenheit gegeistert. Hingegen standen beidseits der Krakowskie Przedmieście die Linden schon einigermaßen hoch und dufteten honigsüß.

In jener Zeit, auch daran erinnere ich mich gut, musste unsere Mutter meinen einjährigen Bruder wegen der Kaderschule schweren Herzens sich selbst überlassen. Sie musste in einem großen Schlafsaal dieser verfluchten Internatsschule übernachten, was lächerlich war und sie empörte. Sie suchte nach Ausflüchten, erfand Argumente, um dieser ungeheuren Ehre zu entgehen. Mit Frau Rajks Verhaftung im Juni wurde das Amt der Generalsekretärin des Demokratischen Bundes Ungarischer Frauen vakant. Für den Posten war Valéria Benke ausersehen, die bis dahin die Sekretärin der Budapester Sektion gewesen war, wobei dann Magda Jóború ernannt wurde. Benke wollte vorschlagen, meine Mutter für ihre frei werdende Stelle zu nominieren. Das hätte einen großen Schritt vorwärts in der Nomenklatura bedeutet, aber dazu fehlte ihr die Kaderschule. Der Unterschied zwischen allen den Rängen beschäftigte mich damals ebenfalls stark, wo doch meine Eltern von der Gleichheit, der Gleichrangigkeit der Menschen sprachen.

Von jedem, der die grundlegende Gleichrangigkeit nicht ernst nahm, sagten sie höchst verächtlich, er habe die Rangkrankheit. Der leidet an Rangkrankheit. Als könnten sie die vollkommene menschliche Gleichrangigkeit erreichen, und jemand mit seiner Rangkrankheit hinderte sie daran. Aber ich verstand die Sache auch sprachlich nicht. Sie sagten nicht, jemand gehe in die Parteischule, sondern auf die Parteischule, obwohl es doch klar war, dass niemand aufs Dach der Parteischule kletterte, um dann dort oben eine höhere Einteilung zu erhalten. Und doch sagten sie es so, auf die Parteischule, während ich in die Volksschule ging, beziehungsweise in die Grundschule, wie sie damals schon hieß. Frau Rajk war ich mehrmals begegnet, wenn ich mich richtig erinnere, einmal im Büro meiner Mutter, in jenem großen leeren Raum, und ich glaube, einmal nahm mich meine Mutter zu ihr mit, in Júlias Arbeitszimmer, um mich zu zeigen, die Erwachsenen zeigen sich ja gegenseitig ihre Kinder. Aber meine Erinnerungen an sie in der Zeit vor ihrer Verhaftung sind sehr undeutlich. Einmal, vor einer Straßendemonstration, beugte sie sich zu mir herunter und sagte etwas zu mir. Nicht sie selbst machte mir starken Eindruck, sondern eher die Tatsache, dass man hinter ihrem Rücken über sie sprach, und da auf der Straße blickte ich in diesem Bewusstsein zu ihr hoch, auch ich etwas misstrauisch. Außerdem weiß ich, dass Tante Magda ihretwegen auf die Redaktion der Illustrierten *Asszonyok, Frauen*, verzichten musste, weil sie Júlia nicht ausstehen konnte. Sie sprachen in scharfem Ton voneinander, wenn auch vorsichtig. Der vorsichtige Respekt hatte aber nichts mit Júlia zu tun, sondern mit ihrem Mann, dem Innenminister. Júlia Rajk selbst hielten sie für eine Verrückte, für unberechenbar. Für eine beschränkte, überhebliche, hysterische Person, für eine Ehefrau, wie Tante Magda es formulierte.

So viel ist sicher, dass sie eine entschlossene, impulsive Persönlichkeit war, die sich zweifellos selten so verhielt und äußerte, wie es ihre Genossen von ihr erwartet hätten. Sie dozierte, gestikulierte, argumentierte, und das nicht auf besonnene Art, sondern impulsiv und in unangenehmer Tonlage.

Valéria Benke in ihren ewigen weißen Blusen hatte ich hingegen auf den ersten Blick gemocht. Vielleicht war ich ein bisschen verliebt in sie, so wie sich die kleinen Jungen in erwachsene Frauen verlieben. Unter diesen von der Geschichte geschundenen Frauen, und zu diesen gehörten sowohl meine Mutter wie auch Frau Rajk, war Valéria Benke eine Einzelerscheinung mit ihrem ländlichen Anstrich, ihrem geflochtenen Haarkranz, ihrer schön gewölbten glatten Stirn, dem dunklen Muttermal unter dem Auge, dem hübschen Grübchen am Kinn, eine flaumige Dorfjungfrau aus dem westungarischen Gyönk, die vor dem sonntäglichen Gottesdienst ihre duftenden Blumen gießt. Sie war aufmerksam, lebhaft, von scharfem Geist und leisem Wort. Eine Lehrerin vom Land. Auch darin stach sie von den anderen ab, die waren laut, vorlaut, sehr urban, besserwisserisch, als wollten sie dauernd die anderen mit Reden oder auch gleich konkret niederwalzen. Alle anderen. Auch Frau Rajk schmetterte dauernd, wusste alles besser, stauchte alle zusammen. Sie fielen einander ins Wort, was die Benke nie tat. Welches war also die Beschaffenheit des kommunistischen Menschen. Auf Frau Benkes Gesicht waren nie heftige Emotionen zu sehen. Ich sah sie erröten. Noch als ältere Frau hatte sie diese Neigung zum Erröten. Ich erinnere mich auch an ihren stets frischen Duft, es mochte eine Seife oder ein Wasser mit dem Duft einer Frühlingsblume sein. Sie kleidete sich einfach, Bluse und Rock, bei kühlerem Wetter eine Strickjacke, aber auch das anders als die anderen. Die anderen, diese kaum älteren, aber wegen der Dinge, die sie mitgemacht hatten, um etliches älter aussehenden Frauen von der kommunistischen Frauenbewegung kehrten in jenen Jahren zu einem Stil zurück, den ich nicht Mode nennen möchte, es war eher eine aus den Anfängen der Frauenbewegung wieder heraufgeholte Manier, eine Demonstration nach Suffragetten-Art, mit der sie ihre Unabhängigkeit und Gleichberechtigung unterstrichen, sie waren ja nicht so heikle kleine Frauchen, die man am Hinterteil tätscheln oder jederzeit flachlegen konnte, um sie dann vom Kochherd und dem Spültrog wegzukommandieren und bei offiziellen Feierlichkeiten und Empfängen als repräsentatives Gesteck am Revers zu verwenden, als Genossin Ehefrau, nein, sie waren keine Genossinnen Ehefrau, kein Gesteck am Revers des hochverehrten Genossen, damit ist ein für alle Mal Schluss, liebe männliche Kollegen. Ihr müsst schön die neue Ordnung lernen. Sie nannten sich offiziell weibliche Partner. Wir sind so, sagten diese weiblichen Kolleginnen, wie wir sind. Und ihre spezielle Art, sich zu kleiden, war zusätzlich als politischer Protest gedacht, gegen die Damen der bürgerlichen Damenorganisationen. Was stellen sich diese schnatternden Gänse vor, diese wirren Hühner, ihretwegen werde ich mir noch Pfauenfedern in den Hintern stecken. Ich bin doch nicht vom Affen gebissen. Wäre ja noch schöner. Mit ihrer brutalen Art, sich zu kleiden, reihten sie sich in die strenge Phalanx der kommunistischen Frauenbewegung ein und zeigten den mit Pfauenfedern geschmückten schnatternden herrschaftlichen Damen, dass sie zwar ihre Kolleginnen waren, aber nicht ihre Genossinnen. Sie ihrerseits waren sturmgeprüfte, mit den Kampfgenossen gleichrangige Kämpferinnen, die in Kampfformation die Bourgeois epatierten.

Sollen sie sich doch aufblasen und platzen, wenn es ihnen nicht gefällt.

Davon war ich doch etwas überrascht, allein schon ihretwegen.

Die bürgerlichen Parteien pflegten nach wie vor die Tradition der Wohltätigkeit, die dem Krieg, dem gesellschaftlichen Umbruch und dem nach der Belagerung eintretenden unsentimentalen Stimmungsumschwung zum Trotz immer noch ihren unechten, auf Repräsentation eingestellten und vor allem antiemanzipatorischen Charakter hatte. Familie, Kinder und Dienst an der Karriere des Mannes waren für diese Damen die einzige Berufung der Frau.

Schon in den Monaten nach der Belagerung hatten sie ihre wohltätigen Aktivitäten in diesem Sinn verfolgt, in prächtiger Toilette, mit schleierbehangenen Hüten, auf denen künstliche Blumen und Früchte prangten, mit Hirschleder-Handschuhen, Kaschmirturbanen, flaumigen Boas, Stolen, Pelzen, hochgeschlitzten engen Röcken, in Samt und Seide, so begluckerten sie in parfümduftenden Trauben und volantgeschmückten Kränzen die Kriegswaisen und Kriegsversehrten. Ich liebte sie heiß in dieser ihrer Toilette, diese sorgfältig frisierten Damen der Bourgeoisie, während sie gerade beim Begluckern sind, Köstlichkeiten verteilen, ihren Auftritt haben, ins Theater und auf Empfänge gehen, unter den bissigen Kommentaren meiner Mutter aus dem Wagen steigen, in den Wagen steigen, mit behandschuhter Hand dem staunenden Plebs zuwinken, ich konnte nicht genug von ihnen bekommen, in den Augen der kommunistischen Frauen hingegen war das alles ein Skandal, Heuchelei, Infamie, zu der sie wegen der Koalitionsregierung gute Miene machen mussten, während sie am liebsten gekotzt hätten. Das nun verstand ich. Bestimmt war den kommunistischen Frauen ihr neuer Kleidungsstil von der politischen Psychologie diktiert worden. Sie mussten ihren guten Willen zur Zusammenarbeit mit ihren revolutionären Tendenzen vereinbaren. Ihre Kleidung sollte den bürgerlichen Damen signalisieren, dass sie jetzt die Siegerinnen waren, o ja. Heute haben wir noch eine Demokratie, aber morgen wird Sozialismus daraus, und dann ist Schluss mit dem ganzen Firlefanz. Njet Federboa. Aus. Basta.

Unmittelbar nach der Belagerung hatten sich Tante Magda oder meine Mutter noch ähnlich wie die bürgerlichen Frauen gekleidet, was mich auch wieder überraschte, ich verstand diesen Mangel an Konsequenz nicht, was soll denn das, bis dahin waren sie ganz und gar nicht in Konfektionskleidern herumgelaufen, sondern hatten Schneiderinnen gehabt, Modistinnen, Handschuhmacher, Korsettistinnen, und sie unterschieden sich von Tante Eugie höchstens dadurch, dass sie für das alles weniger Geld hatten, aber auch sie hatten mich an Orte mitgenommen, wo sie in Modezeitschriften blätterten und über das Thema schwatzten und zwitscherten, so auch mit Tante Irén, also Irén Tauber, die für sie nähte, wobei sie gar nicht fragten, ob sie dafür Zeit habe.

Diese stumme Heilige nähte nachts für sie. Sie tauschten Schnittmuster, ließen Säume ansetzen, ließen umändern, auswechseln, umstülpen, ergänzen, und sie strickten sogar oder ließen stricken. Es gab Strickerinnen, Strickfrauen vom Land, Stickerinnen, Häklerinnen. Fürs Gehäkelte und für Damen, die häkelten, hatten sie seit je die tiefste Verachtung, sie waren ganz für die traditionelle Stickerei, da diese von Bäuerinnen gemacht wurde.

Die starke antisentimentale Welle nach der Belagerung schwemmte zwar auch die bürgerlichen Frauen aus ihrer neobarocken Gestimmtheit hinaus, den Neobarock der Horthyzeit hätten sie ja auch nur schwerlich restaurieren können, die Kommunisten und Sozialisten hingegen standen im Spannungsfeld des Versprechens einer neuen Welt und der harten Realität der alten. Die kommunistischen Frauen konnten nicht gut in Plattformschuhen auf Agitationsrunden gehen, mit Schleierhüten und künstlichen Blumen in die Dörfer hinaus oder in die Welt der Höfe auf der Tiefebene, wohin sie zuerst auf Lastwagen, später in ihren Gesundheitsdienstwagen fuhren. Sie hatten keine Zeit mehr, zum Friseur zu gehen. Sie hatten auch keine Frisuren mehr. Die Stimmung des Neuanfangs hatte alle gepackt, unabhängig von der politischen Einstellung. Die erste Kleidungsrevolution mag im Herbst 1946 stattgefunden haben. Sie trugen auch keine Schuhe mit hohem Absatz mehr und legten die Büstenhalter ab. Sie trugen keinen Schmuck. Das Parfüm blieb vielleicht, aber nix Schminke, Lack, Lidschatten, Puder und Lippenstift. Sie feilten ein wenig an ihren Nägeln herum, aber da war keine Pediküre, keine Maniküre mehr. Höchstens dass sie sich ein Hühnerauge wegmachen ließen, die unangenehme Hornhaut an den Sohlen, sonst nichts, rein gar nichts. Nach der Belagerung wurde auch das zu einer Epidemie. Es gab keine bequemen Schuhe, keine neuen Schuhe. Der größte Teil der Tierhäute war bei den Reparationslieferungen draufgegangen. Meine Mutter pinselte farblosen Lack auf ihre Fingernägel und die Nägel ihrer wohlgeformten Füße. Wenn sie ein wenig Zeit übrig und ein bisschen Geduld hatte, durfte ich ihr die Nägel lackieren. An diesem einzigen kleinen Zeichen der Eleganz hielt sie aus irgendwelchen Gründen fest. Sie wurden auch ihre Seidenstrümpfe los, damit sie nicht mehr zu den Strümpfestopferinnen laufen und unter der Unterhose lästige Strumpfhalter tragen mussten. Mit einem Mal verachteten sie die Frauen, die Korsetts trugen. Gestern noch nicht, heute ja. Ich liebte die in Korsetts gesperrten Frauen, das Korsett selbst, als Gegenstand, als Kunstwerk, seine Konstruktion aus Elfenbeinstäbchen und Stahlplättchen, sodass es auf dem Boden oder auf dem Tisch frei stehen konnte. Manchmal holte ich die alten Korsetts meiner Mutter aus dem Schrank, und da waren sogar noch Korsetts, die meiner Großmutter, Klára Mezei, gehört hatten, ja, ein schaumweißes, flaumleichtes Fischbein-Korsett meiner Urgroßmutter. Meine Mutter maß einmal lachend die Hüftweite der Urgroßmutter daran ab. Die feinsten Stücke wurden unter den Abendroben getragen. Die Korsettherstellung galt als Spitzenhandwerk, auch wenn die Herstellerinnen selbst meistens hässlich, heruntergekommen, zwergwüchsig, bucklig, hinkend, glatzköpfig und hühnerbrüstig waren. Ich weiß nicht, warum man solche Mädchen Korsettistin lernen ließ. Bei den Frauen standen sie sehr hoch im Kurs. Sie arbeiteten nicht in lauten Salons, es war ja ein höchst intimes Metier, kein Mann durfte da den Fuß hineinsetzen, die Korsett-Werkstätten waren in Etagenwohnungen und Hinterhöfen eingerichtet. Es war ein ergreifendes Erlebnis, die merkwürdigen, ärmlich gekleideten kleinen Kobolde zu sehen, wie sie sich mit Nadeln und Schneiderkreide an üppigen, vor Gesundheit strotzenden Frauenkörpern zu schaffen machten. Die kommunistischen Frauen befanden eines Tages nicht nur das Korsett, sondern auch die Strumpfhalter und die Seidenstrümpfe für überflüssig. Weg damit, weg damit. Dass sie den lästigen Strumpfhalter ein für alle Mal loswurden, war schon richtig. Dauernd gingen daran die Halter auf, er zerfranste, weitete sich aus, war zu eng, das Gummi riss, er trocknete nicht rechtzeitig und musste feucht angelegt werden, er hakte sich auf, hakte sich aus, verhakte sich, der Haken fiel ab, brach, schnitt und kniff die Haut, oder der Gummiknopf wurde abgerissen. Immer im ungünstigsten Augenblick. Wenn sie dringend, jetzt gleich, irgendwohin rennen mussten oder wenn sie auf der Stelle mit jemandem ins Bett zu gehen wünschten und ihre Strümpfe wegschleudern wollten, um den nackten Körper des anderen zu spüren, war da noch das schreckliche Hindernis von sechs oder acht Patentknöpfen. Am Gummiknopf die Metallschlaufe hinunterstoßen, ausklinken. Manchmal war ich es, der meiner Mutter oder einer der Tanten dabei half. Jetzt hat sich das blöde Ding wieder verhakt, und wenn sie es mit nervösen Fingern befreiten, verhakte sich gleich ein anderes, und damit der Ärger komplett sei, begann am eingeklemmten Seidenstrumpf auch gleich eine Masche zu fallen. In Strümpfen mit Fallmasche konnte man sich aber auf der Straße nicht blicken lassen. Nicht einmal eine kommunistische Genossin hätte das riskiert. Proletarierinnen trugen sowieso Baumwollstrümpfe. In Seidenstrümpfen mit Fallmaschen gingen nur abgetakelte alte Huren auf die Straße.

Auf die Strumpfhalter-Frustration konnte nur rasche Penetration die Antwort sein. Für sie hatte die einen hohen Preis. Obwohl ich sagen würde, dass Eile fürs erotische Glück nicht unbedingt ein Hindernis darstellt. Zu ihren flachen Schuhen, strikt flachen Sandalen, schauderhaften Sandaletten trugen sie dicke Tourensocken und gerippte Kniestrümpfe. Die rutschten immer wieder hinunter, da sich der Bund geweitet, die nachträglich eingenähten Gummibänder gelockert hatten. Die Farbe wählten sie beliebig, was ihnen gerade in die Hände fiel und keine Löcher hatte. Sie hassten das Strümpfestopfen, löcherige Socken machten sie nervös. Die Farben wurden nicht mehr aufeinander abgestimmt. Es kommt, wie es kommt. Schmuck trugen sie selbstverständlich auch nicht mehr. Wäre ja noch schöner. Über die wunderschönen Clips und Ohrhänger lachten sie nur. Die meisten legten auch ihre Eheringe ab. Ich bin doch kein Tier, das man beringt. Mit dreißig nannten sie sich alte Schlachtrösser und sahen auch so aus, sie waren Schlachtrösser, sie nannten ihre Organisation VDAS, Vereinigung Demokratischer Alter Schachteln. Ihre Selbstironie gefiel mir enorm, meine Augen hingegen konnten sich nicht daran gewöhnen, dass meine Mutter ein solches verachlässigtes altes Schlachtross sein sollte. Ich schämte mich für sie. Einmal fragte sie im Weggehen nebenbei, was ich mir zum Geburtstag wünsche. Es mochte mein siebter, oder eher mein achter Geburtstag gewesen sein. Ich wünschte mir, sie solle eins ihrer schönen Kleider anziehen. Eins, das sie mindestens drei Jahre nicht mehr getragen hatte. Und damit klar sei, was ich meine, fügte ich rasch hinzu, und ihre Schlangenleder-Schuhe anziehen. Und ihre Perlen anlegen.

Sie zog ihr schwarzes, atlasgesäumtes Samtkleid mit U-Boot-Ausschnitt an, das Kleid mit den langen engen Ärmeln und den Atlas-Manschetten, die zurückgeschlagen getragen wurden und eine Reihe winziger, samtbezogener Knöpfe hatten, die sie natürlich nicht zuknöpfte. Diese sozusagen nachlässige Offenheit verlieh dem asketisch geschlossenen Schnitt eine gewisse Pikanterie. Die Perlenkette bestand aus winzigen Perlen, sie stammte vielleicht von Großmutter Mezei, da diese nach Gyuris, also György Nádas' schrecklichem Selbstmord ja ausschließlich Schwarz trug. Mindestens zwanzig Stränge aus Perlchen, Perlensand, eben gezeugter Perlenansatz, die sie wie ein Geflecht in mehrfachen Lagen trug, aber noch schöner waren sie, wenn sie lose herabfielen, wenn sie sich die Kette nicht um den Hals wand, denn so kam jedes Perlenkörnchen zur Geltung. Vater hatte einmal das Perlentauchen erklärt. Nach Möglichkeit erklärte er alles, was hieß, dass er wohl sehr viel wusste. Die Goldschnalle durfte dann ich schließen, es war eigentlich eine goldenen Rosette, die meine Mutter manchmal auch vorn trug. Sie zeigte mir, was für ein schlaues Schloss Großvater erfunden hatte, nachdem sie die Kette einmal fast verloren hätte. Die schwarzen Schlangenleder-Schuhe hatten für damalige Begriffe extrem hohe, dünne Absätze. Ich half ihr beim Anziehen, und es war offensichtlich, dass sie sofort zu diesen verpönten alten Stücken zurückfand, überhaupt zum Ritual des Ankleidens. Zuerst wollte sie keine Strümpfe anziehen, um sich den Strumpfhalter zu ersparen, also um nicht vor mir die Unterhose hinunterschieben zu müssen, zog sie dann aber doch an, um nicht barfuß in die mit buttergelbem Ziegenleder gefütterten Schuhe schlüpfen zu müssen. Nur hatte ihre Bekleidungsrevolution schon so durchgeschlagen, dass sie in der Wäscheschublade keinen einzigen heilen Seidenstrumpf mehr fand. Es war eine wundervolle Schublade. Die schwarzlackierten Bauhaus-Möbel waren innen aus seidig weißem Birkenholz. Am Ende zog sie Strümpfe an, an denen die Maschen noch nicht ganz hinuntergefallen waren. Unterdessen klingelte es an der Tür, meine Schulkameraden kamen, meine Gäste, die ich zu meinem Geburtstag eingeladen hatte, zu Kakao mit Schlagsahne und Butterzopf. Aber für die war es zu früh. Rózsi Németh kam vom Zopfbacken erhitzt aus der Küche. Sie buk ausgezeichnet, doppelt geflochtene, hohe glänzende Zöpfe. Die Herbstsonne strahlte in unseren Flur herein. Ich verstand nicht, was los war. Das Licht blendete mich. Zwei Lieferanten brachten etwas Riesiges, Eingepacktes, einen Pingpongtisch, einen echten, grünen, nicht einen aus zweiter Hand, sondern brandneu, dazu separat die aufklappbaren Stützen des geschickt konstruierten zweiteiligen Tischs, in einer großen, flachen Pappschachtel das Netz, die Schläger und zwei schneeweiße Bälle. Das Ganze kam geradewegs aus dem Geschäft, auf Bestellung. Sie konnten Rózsi Németh aber nicht sagen, wer den Tisch bestellt hatte. Er ist bezahlt. Wer soll den bezahlt haben. Aber da war er. Sie lehnten die Teile gegen die Flurwand, warteten, bis ihnen Rozsi aus der Küche ein Trinkgeld brachte. Ich dachte, es könnte ein Geburtstagsgeschenk meines Vaters sein, ein dummer

Gedanke, eine unbegründete Hoffnung, so große Überraschungen, dazu war er nicht in der Lage. Er war ein Asket. Was konnte er anderes sein, mit einem zugleich geizigen und verschwenderischen Vater, wie er einen gehabt hatte. Es blieb ihm nichts anderes übrig, wenn er jenem nicht nachschlagen wollte.

Meine Mutter trat in den Flur, als die Lieferanten schon gegangen waren.

Zu der Zeit hatte ich in der Schule in der Sziget-Straße einen Mitschüler namens Fenyvessy, der eigentlich nicht mein Freund hätte sein können, da ja Laci Tavaly mein Freund war, und man nicht zwei Freunde haben kann; als Laci Tavaly nicht mehr mein Freund sein wollte, wobei ich nicht verstand, warum nicht, vielleicht hatten es ihm seine Eltern verboten, er hatte jetzt einen anderen Freund und wollte partout nicht mehr meiner sein, ich schlich vergeblich um ihn herum, wurde András Vajda mein Freund. Der Fenyvessy hatte eine kleine Schwester, vielleicht ein Jahr jünger als wir, sie kam in die Schule, als wir in der Sziget-Straße schon in die zweite Klasse gingen, wobei Fenyvessy nicht den reformierten, sondern den katholischen Religionsunterricht besuchte, und in dieses katholische kleine Mädchen verliebte ich mich auf der Stelle, obwohl der Religionslehrer im reformierten Unterricht immer irgendwelche unangenehmen Bemerkungen über die Katholiken auf Lager hatte. Heuchler sind's. Dieses kleine Mädchen war wohl meine erste Liebe. Und so viele Lieben hatte ich dann ein ganzes Leben lang nicht. Erfahrene Psychologen sagen, dass man im Leben höchstens zweimal verliebt sein kann. Etwas öfter war ich schon verliebt, oder vielleicht auch nicht. Es kommt ja auch darauf an, was man Verliebtheit nennt. Es war jedenfalls ein ganz anderes Gefühl als das für die Frau mit der blonden Mähne in der Atelierwohnung gegenüber, auf die ich ein Auge geworfen, die ich täglich belauert, auf die ich stundenlang gewartet hatte, in der Hoffnung, dass sie wieder splitternackt durchs Zimmer gehen würde.

Diese Verliebtheit war weniger quälend, eher leicht und angenehm. Es fiel mir zum Beispiel gar nicht ein, dass auch dieses kleine Mädchen splitternackt sein könnte.

Bis dahin hatte ich nicht gewusst, dass es so etwas gibt. In dem Augenblick, als mir bewusst wurde, dass ich aus unerfindlichen Gründen meinen nackten Fuß an ihr nacktes Füßchen drücken möchte und dass ich diesen Wunsch beständig verspürte, wurde vielleicht auch sie sich bewusst, dass auch sie das wollte, was ein ständiges, keusches Schamgefühl auslöste, bei mir wie bei ihr. Es mochte Frühling sein, warm, sie trug schon ein kurzes Röckchen, mir hatte man schon die kurze Hose angezogen, und so drückten wir nicht nur die Unterschenkel, sondern auch die Oberschenkel gegeneinander. Von da an wollte ich immer zum Fenyvessy gehen. In dem Sommer ging ich zum Spielen immer zu ihnen. Es schien, als wollte ich Fenyvessys Freund sein, und diesen Schein pflegte ich auch, obwohl er seinerseits einen Freund hatte, den Berci Marthy. Ich fürchtete, sie würden den Betrug merken. Es wurde zu meiner moralischen Mimikry, zu meiner larmoyanten Komödie, dass ich gern der Freund dieses Fenyvessy wäre. Ich hatte das Gefühl, dass ich von der unabweisbaren, ätherischen Anziehung zwischen mir und seiner kleinen Schwester nicht sprechen durfte, zu niemandem, nie, lieber verletzte ich die Grundregel der Freundschaft doppelt. Meine Niedertracht kannte keine Grenzen, ich hätte um ihretwillen alles getan. Ich war Marzelline, was heißt Marzelline, ich war der böse Fidelio. Es muss ein ziemlich hässliches kleines Mädchen gewesen sein, wenn ich mich heute an sie erinnere. Mit einem leicht watschelnden Gang, wobei Watscheln, rachitisch krumme Beine, Buckel oder Hühnerbrust damals nichts Ungewöhnliches waren. Sie watschelte auch nicht so stark, dass sie mir dadurch nicht noch vornehmer erschienen wäre. Sie muss krankhaft mager gewesen sein. Mir gefiel das. Ein kümmerliches kleines Mädchen. Mir gefiel das. Ja, noch heute rufen diese Adjektive bei mir ein freudiges Gefühl hervor. Ihr unendlich trauriges Gesichtchen war dürr, trocken, wie das eines uralten Mütterchens, das den ganzen Tag Reisig aus dem Wald auf dem Rücken nach Hause schleppt. Ein altes Hutzelweib, in der Sprache der Märchen. Auch ihr dunkles Haar hing kümmerlich und reizlos herunter. Wie Werg, hätte es im Märchen geheißen. Ich aber sah sie mit anderen Augen. Auch jetzt sehe ich sie nicht mit sachlichem Blick, sondern der verliebte Blick diktiert die Erinnerung. Sie war samtig und intensiv kreolenbraun, während ihr Bruder und ihre Mutter knallblond waren, mit leuchtend weißer Haut, wie die Iren oder die Engländer mit leuchtend roten Flecken auf den Pausbacken; beide waren stark, laut, fettig, entschlossen. Wahrscheinlich war der Vater so sehnig und schwarz, ein trauriger, unsicherer Adeliger aus der Tiefebene. Chefbeamter eines postalischen Hauptamts. Ich fand seine kleine Tochter vornehm, an deren Namen ich mich nicht einmal mehr erinnere, Ida vielleicht, Ida Fennyvessy, Idalein, Iduschchen. Ich weiß es nicht, stelle es mir nur vor. Als hätte sie einen althergebrachten ungarischen Namen gehabt, einen adeligen Namen. Ilma. Etelka. Imola. Ilonka. Ich probiere nur. Ihre Traurigkeit, ihre Angeschlagenheit waren wichtige Elemente ihrer Vornehmheit. Sie machten mir Eindruck. In jenem Sommer sprachen wir gar nicht miteinander, sagten vielleicht kein Wort zueinander, ich bewahre ihr Schweigen auf. Sie hatten im Kinderzimmer zwei kleine Stühle, und während Fenyvessy, an dessen Vornamen ich mich ebenso wenig erinnere, vielleicht Gábor oder Géza, mit seinem Freund irgendwo an einem anderen Punkt der Wohnung herumtobte, sie spielten auf den Balkon Knopffußball oder waren im Hof unten, was mich keinen Deut interessierte, saßen wir stumm nebeneinander auf den beiden Stühlchen und pressten unsere in Socken steckenden Unterschenkel aneinander. Diese Fenyvessys wohnten in einer nahe gelegenen Seitenstraße, vielleicht in der Katona József-Straße, in einer gräumigen, üppig eingerichteten Wohnung im ersten Stock, wo sie alles durcheinander hinschmissen und tagelang, ja, wochenlang liegenließen. Auch das fand ich überaus attraktiv. Ihre

Mutter liebte nur ihren Sohn, mit ihm konnte sie nach Lust und Laune herumschmettern, sie brüllten sich dauernd etwas zu, von der Küche ins Zimmer, vom Hof oder von der Straße zum Stockwerk hinauf, vielleicht verachtete sie sogar ihre kleine Tochter ein wenig, jedenfalls kümmerte sie sich nicht um sie. Inmitten dieses ganzen von fettigem, fleischigem Geschrei begleiteten Gelaufes vegetierte das Hässlichlein still, und ihre Mutter wurde ziemlich rasch auf mich aufmerksam, wollte mich gewissermaßen für ihre Tochter angeln, sie hatte ja in dieser Familie niemanden. Das Kalkül war völlig durchsichtig, sie lud mich ein, stopfte Dinge in mich hinein, wollte, dass ich noch blieb, ach, geh doch noch nicht, bleib noch zum Mittagessen, was willst du denn schon gehen, iss doch mit uns zu Abend. Da sind ein paar Datteln, die haben wir in einem Paket geschickt bekommen, die hier habe ich für dich beiseitegetan. Ob sie mir Palatschinken mit Quark machen solle. Die Mimikry dieser Frau galt der fehlgeborenen Tochter oder überhaupt ihrem Frauenhass. Sie gab die fürsorgliche Mutter, aber sie war die Mutter nur des einen Kinds. Sie forderte mich zum Bleiben auf. Damit ihre Tochter jemanden hatte. Sie schien gar nicht wissen zu wollen, was wir im Zimmer stumm trieben. Unglaubliche Dinge. Oder vielleicht merkten wir es nicht, wenn sie hereinschaute. Manchmal bekam das kleine Mädchen von dieser großen Aneinanderdrückerei Gänsehaut an den Beinen, Schenkeln, Ärmchen oder vielleicht überall. Das war gleichzeitig anziehend und abstoßend, es ließ mir die Haare zu Berge stehen. Obwohl sich gerade damit eine Art Grenze zeigte, die Gänsehaut war eine leise moralische Warnung, ich solle nicht so drücken. Das darf man nicht. Mich schauderte es vielleicht wegen der Aufforderung zur Selbstdisziplin. Und weil sie es gemerkt hatte. Das Angenehme schien Vernunftregeln und Grenzen zu haben, die man respektieren musste, um die Sache nicht zu verderben. Als wir aber die Pappschachtel aufgemacht hatten, lag ein Briefchen in einem Umschlag drin, es stellte sich heraus, dass sie das geschickt hatten, die Fenyvessys, zu meinem Geburtstag, mit vielen lieben Grüßen.

Meine Mutter sagte sofort, ich dürfe das nicht annehmen.

Wieso nicht. Wieso darf ich es nicht annehmen. Ich fragte, ich diskutierte noch.

Sie antwortete nicht, schüttelte nur den Kopf, nein, nein, das nicht, so geht das nicht.

Was geht so nicht, fragte ich.

Das wird so nicht gehen.

Wir legen jetzt den Brief schön in seinen Umschlag zurück, in diese Schachtel zurück, und wir warten das Väterchen ab und besprechen dann alles mit ihm.

Nach der Auffassung unserer Mutter war es ein zu großes Geschenk, man konnte es nicht annehmen.

Ich würde sagen, du löst die peinliche Situation, indem du den Tisch der Schule anbietest.

Das verstand ich eigentlich schon, konnte aber nicht akzeptieren, dass man gerade so ein allzu großes Geburtstagsgeschenk zurückweisen musste. Da stellte sich wieder die Frage der Gleichrangigkeit, der Rangkrankheit, der ganzen heiklen Hierarchie unter Gleichgestellten. Schließlich hatte ich das Geschenk zum Geburtstag erhalten, ich konnte es doch nicht der Schule geben. Meine Mutter verstand mein Problem und gab mir recht. Sie konnte nicht wissen, dass ich in Fenyvessys kleine Schwester verliebt war und dass sie das Geschenk bestimmt gemacht hatten, damit ich sie heirate. Ich müsse mich mit einem Brief bedanken, aber gleichzeitig müsse ich den Tisch der Schule anbieten, und im Dankesbrief müsse ich ihnen das auch höflich mitteilen. Wenn sie beleidigt sind, ist das ihre Sache.

Die Sache verhielt sich aber genau umgekehrt, so wie auch mit ihrer Einteilung, alles verhielt sich immer genau umgekehrt, sie wusste sehr wohl, dass sie eine niedrigere Einteilung erhielt, die sie als eine höhere zu betrachten und zu akzeptieren hatte. Auch sie durfte deswegen nichts sagen, so wie auch ich jetzt schwieg. Sie hatte keine Wahl. Man enthob sie ihrer Funktion als Sekretärin der nationalen Organisation. Warum hätte sie Lust haben sollen, das Bessere gegen das Schlechtere einzutauschen. Obendrein hielt sie die Kaderschule für Zeitverlust und musste doch tun, als sei es eine Ehrung. Musste gute Miene dazu machen. Die beiden Angelegenheiten, Einteilung und Pingpongtisch, liefen parallel ab, wir mussten beide dazu schweigen, und so durchschaute ich ihre Heuchelei.

Ich bekannte mich nicht, sie bekannte sich nicht.

Bis dahin hatte sie, als kommissarische Leiterin mit den entsprechenden Portefeuilles ausgestattet, allen voran dem der Volkswohlfahrt, landesweit ein Netz von Institutionen aufgebaut und überwacht, Kinderspeisung, Kinderferienlager, zusammen mit Imre Hirschler ein Frauenschutzwerk, zusammen mit Emmi Pikler ein Säuglingsschutzwerk, zusammen mit Magda Jóború das Netz der Abendschulen, mit Magda Nádas-Aranyossi das Netz zur Schulung der analphabetischen Frauen auf den Höfen, zusammen mit ich weiß nicht wem einen schulärztlichen Dienst, einen ambulanten Gesundheitsdienst, alles, was nach ihrer Überzeugung zum Aufbau einer neuen Welt gehörte. Das alles hatte sie zu überblicken, es landesweit an Ort und Stelle zu beaufsichtigen. Zu ihrem Wirkungskreis gehörte auch die Organisation der Kriegsgefangenen-Fürsorge, wobei später zur Organisation die konkrete Fürsorge-Arbeit hinzukam, was nach meiner Erinnerung hauptsächlich in der Weiterleitung von Briefen und Paketen und der Unterstützung der Zurückgebliebenen bestand, und dabei kam sie mit einigen hohen Offizieren und Generalen der sowjetischen Besatzungsarmee in Kontakt. Diese waren selbstverständlich allesamt Helden der Sowjetunion. Was sie aus dem Vollen genoss, es schmeichelte ihr, von Amts wegen mit ihnen zusammenzuarbeiten, mit ihnen in der Stefania-Allee zu Mittag oder zu Abend zu essen, im ehemaligen Offizierskasino, das die sowjetische Armee schon während der Belagerung in Besitz genommen hatte. Wenn von den ungarischen Unternehmen Unmögliches verlangt wurde, jenseits ihrer Kapazitäten oder ihrer Reichweite, nützte sie diese Bekanntschaften aus. Sie fuhr in gepanzerten Wagen mit. Einmal durfte ich mit ihr ins Offizierskasino. Wo sie mit den Russen Sekt trank und ein wenig beschwipst war. Auch ihnen erzählte sie, wie ein russischer Soldat der ersten Kampfeinheiten sie im Keller der Damjanich-Straße, wo sie nach Waffen suchten, geohrfeigt hatte, während sie doch in ihrer Freude einem der Soldaten um den Hals habe fallen wollen. Die Organisation des feierlichen Empfangs der heimkehrenden Kriegsgefangenen gehörte ebenfalls zu ihren Aufgaben. Oder auch die Organisation der landesweiten Aktionen und Demonstrationen der Frauenbewegung, zu denen sie mich manchmal mitnahm. Sie demonstrierten gegen den Schwarzhandel, gegen die Inflation, gegen die Geldentwertung, gegen alles, was im Gegensatz zu ihren kommunistischen Vorstellungen stand oder der bürgerlichen Restauration Vorschub geleistet hätte. Anfangs stimmten sie sich mit den Ansprüchen der Frauenorganisationen anderer Parlamentsparteien ab, mit den Frauen der sozialdemokratischen Partei, der Kleinlandwirtepartei und der Bauernpartei, also mit ihren Koalitionspartnerinnen, manchmal organisierte Mutter Unterhandlungen auf noch höherer Ebene, deshalb war ihr Büro in einem so großen, in der Manier des Budapester Klassizismus attraktiv schmucklosen Raum untergebracht, um für die großen zwischenparteilichen Verhandlungen Platz zu bieten.

Jedenfalls war das ihre Antwort auf die Frage, warum in dieser ganzen großen Gleichheit ein einzelner Mensch ein so großes Zimmer mit einem so großen goldenen Lüster habe.

Die Parteischule befand sich am Rand des Stadtwäldchens, in der Ajtósi Dürer-Allee. Im hallenden leeren Gebäude lag der Geruch frisch gekochten Kaffees und frisch hektographierten Papiers. Die Straße heiße so, weil Dürers Vater, der Kupferstecher in einer kleinen Gemeinde bei Gyula war, ursprünglich aus Ajtós stammte.

Ich müsste mich erinnern, wir seien ja zusammen in Gyula gewesen, wir hätten die Busse vom Gesundheitsdienst begleitet. Nichts hatten wir begleitet. Wir waren in Vaters Dienstwagen meiner Mutter nachgefahren, es war ein spontaner Entschluss gewesen, zuerst hinaus in die Welt der Höfe bei Szeged, dann am nächsten Tag nach längerem Überlegen nach Gyula. Die deutschen Söldner hatten Ajtós vom König geschenkt erhalten. Der alte deutsche Name der Gemeinde ist Türer gewesen, daher Ajtósi, von ajtó, Tür. Unter diesem Namen kam der Türer nach Nürnberg, wo sein Sohn geboren wurde, der Dürer. Ajtósi war sein Adelsname, die Türers von Ajtós waren ungarisch geadelte Deutsche. Sein Sohn hieß Albrecht, er selbst hieß auch schon so. Vergiss das nicht, wenn wir nach Hause kommen, schauen wir uns seine Bilder an. Wir schauten sie uns tatsächlich an, aber der Besuch auf der Parteihochschule war diesmal kein Erfolg gewesen. Vater hatte meine Mutter überraschen wollen. Zum ersten Mal in meinem Leben stellte sich heraus, dass eine Überraschung auch danebengehen kann. Wir fanden leere Gänge vor, unsere Schritte hallten laut, die Seminarräume waren ebenfalls leer, keine Seele im Vortragsaal, am Ende fand Vater doch jemanden, der uns sagte, die Hörer seien mit ihren Professoren auf einem Ausflug zum Normabaum-Hügel, die Stunden würden dort abgehalten werden. Wir waren umsonst gekommen. Es mochte Frühherbst gewesen sein, jedenfalls sehe ich das Schulgebäude im Frühherbstlicht vor mir. Wir folgten ihnen nicht auf den Normabaum-Hügel. Dort hätten wir hinter den dichten Laubkronen der Eötvös-Straße gleich die Villa mit Turm sehen können, wo Rajk, Kojsza, Béla Szász und die anderen Kommunisten von den Kommunisten wegen nichts gefoltert worden waren und wo zuvor Kardinal Mindszenty verhört worden war. Die komplizierten nachrichtentechnischen Apparaturen des geheimen Gebäudes, dessen Überreste ich zu Beginn der siebziger Jahre noch gesehen habe, als ich zufällig auf sie stieß, hatte mit großer Wahrscheinlichkeit mein Onkel Endre Nádas, das heißt Dajmírlein qui ne sait pas dire dormir geplant und installiert. Dajmírlein, Major des Staatssicherheitsdiensts, später Oberstleutnant, der einzige Junge in der Familie, den mein Großvater nie geprügelt hatte und den wegen seiner Ausnahmestellung alle seine Geschwister hassten. Wie Tante Magda in ihren Memoiren schreibt, wünschten sie ihm den Tod.

Einmal aber gelang der Besuch bei meiner Mutter, nämlich Rózsi Németh und mir.

Da war es schon kalt, wenn ich mich richtig erinnere, Winter, aber die Vormittagssonne strahlte.

Wir gingen zu Fuß, jedenfalls marschierten wir schon von der Váci-Straße an, wir schoben meinen Bruder im Kinderwagen, an der Ziegelmauer des Szabolcs-Krankenhauses entlang, wo ich geboren worden war, dann über den Heldenplatz. Wenn er nicht nach unserer Mutter brüllte oder wegen ihrer Abwesenheit krank wurde, war mein Bruder ein heiteres Kind, selbstzufrieden, energisch. Er spielte mit seiner Phantasie, seine seidig braune Haut strahlte geradezu, er hatte sie vielleicht von unserem Vater geerbt oder eher von unserer Großmutter mütterlicherseits, Cecília Nussbaum. Cecília Nussbaums Kraushaar war im Alter glatt geworden, ihre seidig braune Haut weiß. Mein Bruder hatte ein schokoladebraunes, dick gefüttertes Mäntelchen mit braunem Samtkragen an, und obendrein war er in seine Wagendecken aus Kamelhaar gewickelt. Während wir den Platz überquerten, durfte ich ihn schieben, er gurgelte, zeigte auf Dinge, kommentierte sie von seinem Sportwagen aus. Noch mit acht, neun Jahren monologisierte er auf diese Art. Manchmal verstand man ihn, manchmal nicht. Es war wohl sein sich artikulierender Bewusstseinsstrom, er phantasierte, dialogisierte, aber er machte nicht den Eindruck eines Verrückten. Ich konnte ihn noch so anflehen, anschnauzen, er hörte nicht auf. Erst als sich unser Vater umbrachte, hörte er damit auf. Genau in der Stunde. Keine lauten Selbstgespräche mehr. Er machte auch nie wieder ins Bett. Das stundenlange rituelle Weinen hatte schon früher, mit dem Tod unserer Mutter, aufgehört. Ja, in der Morgenfrühe, als unser Vater gerade Hand an sich legte, schreckte er hoch und weckte mich, um mir zu sagen, dass unser Vater nicht nach Hause gekommen war, bestimmt habe ihn die Straßenbahn überfahren. Ich drehte mich wütend auf die andere Seite, er solle mich in Ruhe lassen mit solchem Blödsinn, er solle mich schlafen lassen. Als er später dann aufstand, wagte es ihm von den Erwachsenen niemand zu sagen. Fast alle erhoben sich aus ihren Fauteuils, als wäre der König im Pyjama eingetreten, und aus einem rätselhaften Grund erwarteten sie die Lösung von mir. Um den in verschiedenen Fauteuils schluchzenden Onkeln und Tanten diese Sorge abzunehmen, erfand ich an jenem Morgen die Zwischenlösung, ihm zu sagen, unser Vater habe einen schweren Unfall erlitten, er sei ins Krankenhaus gebracht worden, deshalb seien alle bei uns versammelt. Damit wir besprechen können, wie es weitergehen soll. Wer ihn morgens zur Schule bringen wird. Und jemand brachte ihn auch gleich dorthin, vielleicht Onkel Pistas Frau, Teréz Goldmark, als wäre nichts geschehen. Damit er nichts von der ungeheuren, den familiären Vorschriften gemäß gebremsten Erschütterung sehe. Doch in dem Augenblick, als er schläfrig aus dem Bett kletterte, ins andere Zimmer hinüberstolperte und einen Blick auf die bestürzten Erwachsenen warf, ohne seinen Vater zu sehen, wusste er genau, was geschehen war, sah es den Gesichtern deutlich an.

Das sagte er vierzig Jahre später, dass er alles gewusst habe, als er die so früh am Morgen zusammengescharten, an verschiedenen Punkten der Stadt aus dem Bett gejagten Geschwister, Ehemänner und Ehefrauen erblickte. Noch vierzig Jahre später nahm er mir meine brutale Lüge übel.

In jenem Augenblick aber nahm er sie mir gnädig und ohne mit der Wimper zu zucken ab, dann zog er sich selbständig an, obwohl er das wegen seiner Beinschienen sonst nicht konnte.

Am nächsten Tag fragte er mich sogar scheinheilig, wann denn unser Vater nach Hause käme. Er blinzelte vorsichtig hinter seiner Maske hervor, um zu sehen, ob die Familienlüge noch galt, ob er sie noch zu glauben hatte.

Am Tag vor der Beerdigung, als ich im Schrank unseres Vaters einen Anzug, ein Hemd und Wäsche für seine Einkleidung auswählte und zwischen den Hemden seinen auf blaues Flugpostpapier geschriebenen Abschiedsbrief fand, musste ich meinem Bruder doch sagen, was geschehen war, und da durfte endlich auch er nach Herzenslust mit uns schluchzen.

Er weinte wie unser Vater und dessen Brüder. Verklemmt, beherrscht.

Sportwagen, so hieß der offene Kinderwagen, der klassische Kinderwagen mit Verdeck hieß Tiefwagen. Es waren dieselben, die sie in den Trümmerjahren nach der Belagerung mit mir darin geschoben beziehungsweise für Transporte benutzt hatten. Als mein Bruder dran war, waren diese Kinderwagen schon zerbeulte alte Dinger, die dann noch von unseren Cousins geerbt wurden.

So schoben wir die Belagerung mit, rollten sie über den Heldenplatz, schoben sie über die Ajtósi Dürer-Allee.

Zusammen mit anderen kam die Frau laut redend aus dem lärmenden Speisesaal.

In dem Augenblick wies nichts an ihr darauf hin, dass sie unsere Mutter wäre, die Frau unseres Vaters. Als hätte sie während der Internatszeit ihr früheres Ich abgelegt und wäre wie jedermann geworden. Sie war zu einer beliebigen fremden Frau geworden. Zu einer wackeren Beamtin. Einer guten Genossin. Bestimmt sah ich da zum ersten und letzten Mal in meinem Leben meine Mutter in ihrer physischen Realität, sah sie so wie die anderen sie sahen, für die sie nicht meine Mutter war. Sie wirkte müde, viel älter, als sie war, ein gutgelaunte Frau, intelligent und diszipliniert.

Unsere Gegenwart verursachte unter den herausströmenden Menschen ein Durcheinander. Die Frau stutzte, sie war überrascht. Sie freute sich nicht.

Mein Bruder in seinem braunen Samtkragenmäntelchen hingegen wurde gleich aus seinem Wagen gerissen, ihre Genossinnen Mitschülerinnen reichten ihn sich weiter.

Wir waren gleich die beiden Söhne von Klári und wurden in der Küche mit Mehrfrüchtemarmelade-Biskuitrolle gefüttert.

Aber das unbegründet große Geschenk, den überall aufstellbaren Pingpongtisch durfte ich nicht annehmen, nein.

Zum Glück hatten wir keine Zeit für eine Diskussion, es klingelte, die Kinderschar kam.

Marthy und Fenyvessy gaben Anordnungen, stellten den Tisch im Atelier auf und begannen zu spielen, als wären wir anderen gar nicht da.

Etwas später, vielleicht ein Jahr danach, zogen wir unerwartet aus der Wohnung in der Pressburgerstraße aus, und die Versetzung von meiner alten Schule in eine neue, unbekannte traf mich gänzlich unvorbereitet. Da war ich nicht mehr in das kleine Mädchen verliebt, dessen Vorname mir immer noch nicht eingefallen ist, Etelka vielleicht, Etelka Fenyvessy oder so etwas, und ich durfte auch nicht mehr zu ihnen gehen. Ich hatte vergeblich um den Pingpongtisch gekämpft, in der Woche nach meinem Geburtstag musste ich mich im Büro des Direktors präsentieren, wo ich schon erwartet wurde, sie wussten, warum ich kam, und ich musste den Tisch mitsamt seiner Ausrüstung feierlich dem Sportclub der Schule anbieten.

Ich hätte mich gefreut, wenigstens einen Schläger, einen Ball behalten zu dürfen, aber ich musste alles hergeben.

Es muss der 6. Januar gewesen sein, als wir umzogen, ein Freitag.

Tiefer Schnee bedeckte die Stadt an jenem Morgen, eisige Windböen von der Donau fielen über uns her, während wir in Mutters Dienstwagen in Richtung der Hügel fuhren. Am nächsten Morgen erklärte mir mein Vater, in welche Richtung ich gehen musste, es fiel dichter Schnee. Wenn ich aus dem Gartentor trete, nach links, bis ich an eine Kreuzung komme, wo ich am Straßenrand sogar ein Kruzifix sehen würde, dann nach rechts, das sei die Diana-Straße, schön steil, könne ich nicht verfehlen, ich müsse lange hochsteigen, und wenn ich oben sei, würde ich hinter den Bäumen die Kirche und die Schule sehen. Das würde nicht länger als zehn Minuten dauern. Wir übten es durch, das ist meine linke Hand, zuerst biege ich so ab, nach links, das ist meine rechte Hand, und da kam die Kontrollfrage: Mit welcher schreibst du. Das war das Einzige, das ich von diesem Links und Rechts behalten konnte, das Schreiben. Ich spürte, dass mir meine Eltern diese Links-rechts-Unsicherheit übelnahmen. Dass sie mich für schwachsinnig hielten, dass ich sie unnötigerweise ärgerte. Ich aber wollte ihr braves Kind sein. Manchmal übte ich es auch für mich, welches ist die rechte Hand, welches die linke, aber die Angelegenheit wurde nicht sicherer. Die Schule hat zwei Tore, das eine führt zum Kindergarten, linker Hand, das andere ist die Schule, rechter Hand, beides steht mit großen, breiten Buchstaben angeschrieben, ich könne es nicht verfehlen. An der Fassade solle ich dann die Sonnenuhr anschauen. Es sei die größte und schönste Sonnenuhr von Budapest, auch wenn man im Januar ja nicht viel davon hat, aber im Sommer machen wir im Garten eine Sonnenuhr, und dann erkläre ich sie dir. Unnötig zu sagen, dass ich mich darauf einstellte, und als der Sommer gekommen war, lag ich meinem Vater in den Ohren, machen wir jetzt die Sonnenuhr, aber wir machten nie eine. Er hatte keine Zeit mehr für Erklärungen. Ich hatte sogar Mühe, zum Gartentor zu gelangen, so viel Schnee lag, so groß war der Garten mit seinen riesigen Bäumen, Büschen und schneebeladenen Tannen. Ein anderthalb Hektar großer Park, man kann ihn nicht anders nennen. Wahrscheinlich inmitten eines Eichenwalds. So fremd, fern und erschreckend, als wären wir gar nicht oberhalb der Stadt, aus der wir Hals über Kopf weggezogen waren. Auf der Straße wirbelte der Wind den Schnee auf, schlug ihn mir in die Augen, in der großen Kälte schneite es scharfe kleine

Körnchen. In den folgenden Jahren lernte ich auch, welche atmosphärischen Verhältnisse welchen Schneefall mit sich bringen. Auf dieser Straße wurde der Schnee nicht weggeräumt, es gab keine Wagenspuren, auch keine Fußspuren, höchstens die eines Hundes oder Hirsches. Nicht nur die Buchstaben, auch Spuren zu lesen hatte ich von meinem Vater gelernt, er hatte es mir auf Ausflügen beigebracht. Die Spur des Fuchses erkennst du im Schnee leicht, denn wo seine Pfoten einsinken, zieht auch sein Schwanz eine Spur. Es war kein Fuchs. Ich musste mir meine Schildmütze über die Augen, den Schal vor den Mund ziehen, ich hatte die Stiefelchen an, mit dicken, über den Schaft gerollten Socken. Schon am Vortag für den Umzug hatten wir die Stiefelchen angezogen. Es wird kalt sein, auch im Haus. Man konnte kaum etwas sehen, nirgends eine Menschenseele, in der Tiefe der eingeschneiten Gärten, hinter den verschneiten hohen Zäunen, den kahlen Bäumen und den Schwarztannen mit ihren Schneekissen ahnte man die Umrisse ausladender Villen, Dächer, Veranden, Säulen, schneegepolsterter Fenstersimse. Im Schneefall eine unbekannte Stille, man hörte nur das Gegeneinanderschlagen von trockenen Eichenblättern und das Wehen des Winds in den Tannenzweigen. Als ich in diesem frühmorgendlichen Schneetreiben endlich vor dem sturmgepeitschten Kruzifix stand und so gut es ging zur steil nach oben führenden, dick verschneiten Diana-Straße hochblickte, auf der frische, glatte Radspuren zu sehen waren, packte mich ein Windstoß von vorn. Das Gesicht schützen, zurückschauen in diese gewisse Gyöngyvirág-Straße, Maiglöckchenstraße, in die wir aus unerfindlichen Gründen gezogen waren. Die erste Nacht in dem eiskalten, von den mächtigen Windstößen widerhallenden, fremden Haus hatten wir hinter uns. Es fehlte an allem. In dem Augenblick war nur klar, dass ich in dieser Straße des Schwabenbergs schon gewesen war. Ja, ich wusste, dass Masa Feszty das Blechkruzifix bemalt hatte, die Tochter des großen national-romantischen Malers Árpád Feszty, die vom religiösen Wahn ergriffene Enkelin Mór Jókais.

Aber in dem vom Wind immer wieder beschleunigten und verwehten Schneefall konnte ich keine langen Tänze vollführen, ich musste die Diana-Straße in Angriff nehmen, um nicht zu spät zu kommen. Diese Diana-Straße war ich mit Sándor Rendl mehrmals hinaufgegangen, und der hatte mir von den beiden Feszty, Árpád und Masa, von den Blechkruzifixen, von Mór Jókai, Kálmán Tisza, dem Tarock, den Mamelucken und meinem Urgroßvater Mór Mezei erzählt. Besser gesagt, auch er hatte davon erzählt, aus einer ganz anderen Perspektive als mein Vater oder meine Tantchen. Er war in der Anwaltskanzlei meines Urgroßvaters Referendar gewesen, und seine exemplarisch maßvollen, eher informativen als belehrenden Geschichten stellten für mich einen sichereren Orientierungspunkt dar als die Familienlegenden.

Es war Sommer gewesen, offenbar ein kühler Sommer, und bestimmt ein Sommersonntag. Sándor Rendl hatte seinen Spazierstock in der Hand und einen Mantel über dem Arm. Ich weiß auch, welches Jahr das gewesen sein muss. Nur gerade zwei Jahre nach der Belagerung, im August 1947. Von Masa Feszty und ihren Blechkruzifixen hatte er bei einem früheren Sonntagsspaziergang erzählt. Wahrscheinlich nahmen wir diesen Weg mehrmals, wie oft, weiß ich nicht mehr. Ich habe mit Hilfe seiner Tochter Vera überprüft, ob meine Erinnerung stimmt. Sie stimmt, hier hatte Sándor Rendl seine Sonntagsspaziergänge gemacht. Vor der Belagerung hatte er Vera mitgenommen, der Spaziergang hatte zwei festgelegte Routen. Siebzig Jahre später sind wir im Kopf gemeinsam die Straße abgegangen, sind uns gewissermaßen gegenseitig gefolgt und haben uns die beiden Richtungen aufgesagt.

Wenn meine Eltern zu beschäftigt waren und nicht wussten, wohin mit uns, brachten sie uns manchmal auch zu meiner Tante Irén in die Damjanich-Straße, zu Irén Tauber. Von dort gingen wir zusammen mit Mártilein, unserer Cousine, in die nahe gelegene Dembinszky-Straße, zu Tante Bözsi, das heißt zu Erzsébet Tauber, bei der die Großeltern Arnold Tauber und Cecília Nussbaum seit einiger Zeit ein Zimmer bewohnten. Sie hatten aus einem mir unbekannten Grund ihre Wohnung in der Péterfy-Sándor-Straße aufgeben müssen. Wahrscheinlich weil man sonst Tante Bözsi ein Zimmer weggenommen hätte, um eine Familie vom Land oder sonst irgendwen dort einzuweisen. Bei ihr durften wir nicht einfach jederzeit hereinplatzen, allein schon weil Tante Bözsi auf ihrem großen Bösendorfer-Flügel Klavierstunden gab. Die ganze Straße hallte davon wider, das ganze Haus, wenn sie ihren Schülern vorspielte und mit ihrer durchdringenden, voluminösen, etwas knarrenden Altstimme die eigene Vorführung überschrie. Sie unterrichtete auch meine Cousine Márta, das Mártilein, wie sie sagte. Adagio, piano, habe ich gesagt, aber sie hatte es nicht gesagt, sie hatte es gebrüllt, piano, piano, wie oft muss ich es noch sagen, pianissimo, brüllte sie. Du schaust wieder nicht auf das, was da steht. Mártilein hatte zu Hause kein Klavier, sie musste zum Üben jeden Tag hierherkommen. Die Noten kannte sie vor den Buchstaben. Und wenn wir da waren, in der Dembinszky-Straße, durften wir im Salon nicht beliebig ein und aus gehen. Was seid ihr nur für Nichtsnutze. Sie lebe vom Unterrichten, rief Tante Bözsi mit ihrer schmetternden musikalischen Stimme, ihr ganzer Brustkasten vibrierte mit, sie setzte ihn wie ein Musikinstrument ein. Sie könne nicht unseretwegen ihre Schüler verlieren. Das war ein Scherz, um uns zu zeigen, wie böse sie auf uns war. Interessanterweise war sie das wirklich. Sie leitete auch einen Arbeiterchor bei den Eisernen, das heißt bei der Freien Gewerkschaft Ungarischer Eisen- und Metallarbeiter, und dort ließ sie ihre Stimme nun wirklich heraus, außerdem leitete sie ein Mandolinenorchester. Bei diesen Proben sprach sie nicht laut, sie zupfte nur an ihren Stimmbändern wie an einer Mandoline. Immer hatte sie irgendwo Probe, auf der István-Straße, auf dem Bethlen-Platz. Sie wusste gar nicht, wo ihr der Kopf stand, sie musste gehen, wir hingegen sollen brav sein, bis sie wiederkommt. Wir gingen ihr auf die Nerven, wenn wir nicht brav genug waren. Das verstand ich auch nicht. Ihr Eingemachtes war das schönste und schmackhafteste. Sie wollte nicht, lange nicht, dass ihr Mann als tot bescheinigt werde. Nicht einmal als Verschollenen solle man ihr Miklós Nádas bescheinigen. Das verbitte sie sich. Ihre Nachbarn versuchten sie zu überreden, sie solle ihn als tot bescheinigen lassen, da könne sie eine Witwenrente beziehen. Das war das höchste Glück für ihre Nachbarin, die Witwenrente. Sie hatte eben bescheinigen lassen. Erzsébet Tauber hingegen musste jeden Sommer alles genauso einmachen, Pfirsiche und Birnen, Weichseln und Kirschen, Gurken und Paprika, Letscho und Kürbis, wie es Miklós vor der Belagerung gemocht hatte. Alles soll so sein. Alles soll so bleiben. Ob sie es wollte oder nicht, alle Verschollenen wurden aber bescheinigt. Miklós sollte alles, aber auch alles genau gleich vorfinden, wenn er zurückkam. Sie schnitt kleine Sterne aus Möhren und verzierte damit die Gurkengläser. Sie hatten sich mein Sternchen, mein süßer Schatz, mein Herzchen, meine Einzige genannt. Nicht einmal die Stühle durfte man verrücken. Miklós konnte jederzeit nach Hause kommen. Ich hatte meine Zweifel, aber ich wartete trotzdem mit ihr zusammen auf dieses Jederzeit, wenn unser Herzchen kommen würde. Und bis dahin sollten sich die Teppiche, die Tischdecken oder die Möbelpolster nur ja nicht abwetzen, sie überzog alles mit Schutzbezügen. Es wurde zu einer Obsession. Auf die Schutzbezüge kamen Flickenteppiche, auf die Spitzendeckchen legte sie zum Schutz der Spitzen Wachstuchdecken mit Spitzenmuster.

Auch auf den Theresienring durfte ich allein gehen. Vor der Belagerung, und auch noch eine Zeitlang danach war hier Sándor Rendls Anwaltsbüro gewesen. Seine Aktenschränke, die Lingels, standen noch hier, auch in seinem Arbeitszimmer war alles unverändert. Die dunkelgrau gepolsterten, tiefen, in gewissem Sinn strengen Fauteuils, Bastione des Rechtsschutzes, in denen die eines juristischen Beistands bedürftigen Schwerreichen aufgerichtet sitzen mussten. Auch auf dem strengen, auf die Fauteuils abgestimmten Sofa wurde ihnen Hilfe zuteil. Die Armlehnen waren hoch genug, sie brauchten ihre Arme nicht zu senken. Das ganze riesige Zimmer, dessen Fenster auf die Szófia-Straße gingen, auf das Gebäude der Musikakademie, war mit einem aus hellen Farben, hellblau, zitronengelb, silbergrau, korallen und rosarot gewobenen leuchtenden Smyrna ausgelegt. An den Wänden die strengen Szentendre-Landschaften von János Kmetty, aus der dunkelsten seiner dunklen Phase, sowie die bewegten Landschaftsbilder von Bertalan Pór aus seiner farbigsten Frühzeit. Der Mahagoni-Schreibtisch mit dem bordeauxbraunen Lederbezug und das prachtvolle Schreibset aus schwarzem Marmor mit Aufsätzen aus geschliffenem Glas, mit dem Petschaft, den Tintenfässern, dem Pulverstreuer, dem Federhalter, dem Briefhalter und den Briefbeschwerern waren ebenfalls noch da, das rasiermesserscharfe Federmesser mit seinem Griff aus schwarzem Marmor, das Papiermesser mit seinem Griff aus schwarzem Marmor, die stark abgegriffenen antiken Münzen im Münzenbehälter aus schwarzem Marmor, na und dann die breitmäulige Löschwiege, der Tapper, unter deren schwarzen Marmordeckel man ein Löschblatt klemmen konnte und die man bei ihrem funkelnden Griff aus geschliffenem Kristallglas fassen musste, um den Brief trocken zu tappern. Das liebte ich. Das Wort selbst. Das gleiche Wort verwendeten die Frauen für unerlaubte Berührungen, tappieren, tappern, betapen. Dir schmier ich eine, Junge, wenn du nicht aufhörst, mich zu betappen. Der hat ihr zwischen die Schenkel getappert. Auch die großen Jungen verwendeten das Wort. Bist du schwul, oder was, betapp mich nicht.

Nachdem Sándor Rendl seine Kanzlei aufgegeben hatte, da sie ihm sowieso weggenommen worden wäre, wurde er Rechtsberater der Ungarischen Handelsbank beziehungsweise des Finanzministeriums, und Pál Aranyossi erbte sein Arbeitszimmer mit allem Drum und Dran. Ich weiß nicht, warum, aber sie zogen aus der Damjanich-Straße hierher, in die leerstehende Anwaltskanzlei, und wenn ich aus irgendeinem Grund mehrere Tage hier am Theresienring übernachten musste, machte mir Tante Magda das Bett auf diesem dunkelgrauen Rechtsanwalts-Sofa. Der Samt stach durchs Laken. Er war nicht auf seidig, sondern auf borstig getrimmt. In dem riesigen Zimmer auf dem Sofa einzuschlafen war angenehm, ich beobachtete die Lichter der Ringstraße, wie sie über die Decke zogen, morgens wachte ich von den Schattenwürfen und Geräuschen des Verkehrs auf, und ich beklagte mich nicht, obwohl es mir schwerfiel, auf den piksenden Borsten einzuschlafen. Ich durfte auch noch im Zimmer bleiben, wenn Onkel Pali arbeitete. Er schrieb Briefe, übersetzte oder schrieb seine Artikel. War er mit einer Seite fertig, rief er mich vom Schreibtisch, ich könne kommen und tappern. In dieser Wohnung war ich eine geachtete Person. Auf dem Schreibtisch stand in einem aufklappbaren roten Lederetui mein Foto vor ihm, neben denen von Yvette und Jean-François. Damals war sein drittes Enkelkind, Serge, vielleicht noch gar nicht geboren. Aber merkwürdigerweise nahmen sie mein Foto auch nicht heraus, als Serge geboren war und sie Fotos von ihm erhielten. Ich passte auf, was im Lederetui geschehen würde, aber es geschah nichts. Als wäre ich seit der Belagerung das dritte Enkelkind. Während er arbeitete, und das tat er sehr überzeugend, so überzeugend, dass ich alle die kleinen Manierismen des schriftstellerischen Handwerks von ihm übernommen habe, durfte ich auf dem Sofa lesen, das heißt, ich blätterte hauptsächlich in Kunst- und Foto-Alben, nicht einmal, nicht zweimal, sondern immer wieder, und immer wieder in denselben, was mich überhaupt nicht langweilte, es war interessant, neue Einzelheiten zu entdecken, Bekanntes zu wiederholen. So wie es mich meine Mutter mit dem Sonnenuntergang am Balaton gelehrt hatte. Oder ich blätterte in den alten, gebundenen Nummern der *Regards*. Ich durfte alles aus den Regalen holen, seine wunderschön gebundenen alten Lexika mit den ganzseitigen, herausklappbaren farbigen Illustrationen. Sie exakt wieder zurückfälteln, an den gleichen Ort zurückklappen. Manchmal durfte ich seine riesige Mappe mit Graphiken hervorholen und, am großen Rauchtisch stehend, die Graphiken von Gyula Derkovits, János Nagy Balogh, József Nemes Lampérth, István Nagy, István Dési Huber, Béla Uitz und Bertalan Pór vorsichtig, auf jede meiner Bewegungen achtend, durchblättern. Ich weiß nicht, wie viele Male, immer aufs Neue. Von Derkovits die Holzschnitte von Dózsas entsetzlich vergoltenem Bauernaufstand. Jedes Mal das gleiche Entsetzen für mich. Die bezaubernd zärtlichen Frauenakte von Béla Uitz. János Nagy Baloghs Bleistiftzeichnungen von bettelarmen Bauernstuben, István Nagys dick und mit unglaublicher Sicherheit gezogene Kohlezeichnungen, Heuhaufen, Hügelrücken, Hütten, der Himmel aus dem Dunkel der Kohle nur knapp herausleuchtend. Nemes Lampérths stürmische Tuschezeichnungen von Traumlandschaften, wo alles in eine Richtung lehnte, als wolle es der Wind zu Boden drücken. Und so weiter. Bestimmt enthielt die Mappe noch mehr Künstler der sozialbewussten Linken der ungarischen Moderne, aber ich erinnere mich nur an diese. Es gab noch eine gütige Frau mit Kopftuch, eine in den Details reiche Bleistiftzeichnung von Jolán Szilágyi. Keine gute Zeichnung, aber der Blick der Frau packte mich jedes Mal. Die Frau mochte Russin sein. Sie hatte das Kopftuch auf unvertraute Art umgebunden. Oder Rumänin. Sprechen durfte man dabei nicht, ich hätte Onkel Pali beim Nachdenken gestört, aber hin und wieder fragte ich doch etwas. Er gab knappe Antworten. Ansonsten starrte er stumm vor sich hin und kratzte sich am kahlen Schädel, wobei auf seinen Lippen ein seliges kleines Lächeln schwebte. Manchmal kratze auch ich mich auf diese Art am Kopf. Oder er antwortete, er denke nach. Er saß nie in nachlässiger oder mangelhafter Kleidung am Schreibtisch. Schon am frühen Morgen legte er den Anzug an, mit Weste, dessen Jackett er an den Tagen, an denen er nicht irgendwohin rennen musste, mit einem Hausrock vertauschte. Band sich jeden Morgen eine Krawatte um. Aber trotz seiner konventionellen Anzüge blieb er ein Bohemien. Alles an ihm war locker, bequem, weich, selbst der Krawattenknopf, er machte einen großen Knoten und zog ihn nicht an.

Zu schreiben begann ich im Alter von elf Jahren, bei Lampenlicht, an einem Winternachmittag. Auch ich saß an meinem Schreibtisch, einem alten, tintenbefleckten Büroschreibtisch, der längst nicht so vornehm war wie der von Sándor Rendl. Mit der Knappheit seiner Antworten signalisierte Onkel Pali, dass er, na gut, antwortete, aber jetzt gehen wir nicht darauf ein. Auch die anderen in der Familie wussten nicht wenig, er aber hatte, was Literatur, Sprachen, Theater, Geschichte und politische Philosophie betrifft, wirklich ein immenses lexikalisches Wissen. Er hatte drei Stärken, das lexikalische Wissen, die Sprachen und das Übersetzen. Seine Übersetzungen sind noch heute nicht veraltet, was sehr viel heißt. Er hatte die Stirn in die Hand gestützt und beobachtete, auf welche Art sich der nächste Satz einfügte. Man sieht den vollständigen Satz in der Vorstellung, auch die Wörter sind Bilder, auch die Sätze. Wie wäre es, wenn man die Wortfolge änderte, die Syntax umkrempelte. Man muss es ausprobieren. Abgesehen davon, dass man sich genau erinnert, wie und unter welchen Umständen das Wort einem zum ersten Mal ins Bewusstsein getreten ist, auf welche Art man es erfasst und gespeichert hat. Abgesehen auch davon, dass jedes Wort im Bewusstsein eine individuelle, von der wissenschaftlichen zuweilen wesentlich abweichende Etymologie hat. In jedem Fall aber muss man hören, auf welche Art sich der Satz mit umgekehrter Wortfolge an den vorangehenden oder folgenden anschmiegt. Man sagt ihn laut vor sich hin. Oder was wäre, wenn man den folgenden Satz vorzöge, oder vielleicht den ganzen Absatz. Der ungarische Satzbau ist über alle Maßen flexibel und gibt schon mit den kleinsten Verschiebungen spezielle, unbekannte, ungewöhnliche Schattierungen her. Manchmal mache ich das sogar im Schlaf, besser gesagt, manchmal besteht mein Traum aus den Verschiebungen von Wort- und Satzfolgen. Was nicht heißt, dass diese Träume hinter ihrer linguistischen Fassade nicht etwas ganz anderes signalisieren wollen. Plötzlich stand Onkel Pali auf, schlug etwas in einem Handbuch nach. Oder suchte in einem anderen Buch einen Satz, hier musste er sein, da und da, und dann fand er ihn doch nicht. Oder er suchte etwas und vergaß sich über der Lektüre. Das passiert auch mir oft. Die visuelle Erinnerung teilt der konzeptuellen mit, dass der betreffende Satz ungefähr auf Seite vierzig, links, vierte Zeile von unten zu finden wäre, und ungefähr dort ist er auch. Oder er ist nirgends. Nicht in diesem Buch, nicht unten, nicht oben, nicht auf irgendeiner Seite eines anderen Buchs. Vielleicht gibt es einen solchen Satz gar nicht. Meine Phantasie hat ihn dem Autor in den Mund gelegt.

Es gibt Sätze, Wendungen, die ich seit Jahrzehnten suche, ich erinnere mich an sie, weiß, dass es sie geben muss.

Oder Onkel Pali blieb mit einem zufällig wiedergefundenen Satz am Fenster stehen, schaute hinaus, ließ seine Aufmerksamkeit schweifen. Vielleicht hatte er auch etwas gesehen, das ihn fesselte, vielleicht geschah hinter einem von Klavieren, Flöten, Geigen und Pauken tönenden Fenster der Musikakademie etwas Ungewöhnliches, und er vergaß das Buch in seinen Händen. Sein Arbeitszimmer war voller aufgeschlagen herumliegender Bücher, voller Zeitungen und Zeitschriften, zu einigen der Bücher ging er wieder zurück oder nahm sie mit zu seinem Schreibtisch, um Sätze daraus in sein Manuskript zu übernehmen. Wenn er eine fremde Übersetzung redigierte oder rezensierte, verglich er die beiden Manuskripte, das Original und die Übersetzung. Manchmal schrieb er nicht in ein Heft oder auf lose Blätter, sondern auf die Rückseite von der Länge nach entzweigeschnittenen Typoskripten. Diese papiersparende Methode habe ich bestimmt von ihm übernommen, wobei ich sie nicht immer befolgte, dann wieder doch, unter Miklós Mészölys Einfluss, der auch so arbeitete. Auf die Art frischen neue Inhalte die alten Manuskriptblätter auf.

Onkel Pali machte während der Arbeit Notizen zu anderen Themen auf diese Blätter, ließ sich manchmal davon ablenken und schrieb eine Weile an etwas ganz anderem weiter. Einem seiner Notizhefte entnehme ich, dass er über unsere Mutter schreiben wollte, über Klári Tauber, aber ein Manuskript habe ich nicht gefunden. Jetzt gerade finde ich auch das Notizheft nicht. Er fragte bestimmte Personen über unsere Mutter aus und notierte sich die Namen derer, die er auch noch ausfragen wollte. Er und Klári standen sich wohl nahe, auch wenn unsere Mutter, glaube ich, eine der wenigen Frauen in seinem Bekanntenkreis war, mit denen er nicht ins Bett ging. Nehme ich mal an. Als hätte ich noch nach allen den Jahrzehnten Angst um meine Mutter. Was auch nachträglich keinen Sinn ergibt. Dieser Pál Aranyossi war ein interessanter Mann. Frauen gegenüber stets aufmerksam, höflich, zurückhaltend, wobei eine seltsame Fröhlichkeit in seinen Augen aufblitzte, die Freude am Spiel, sonst funkelte er nie so, Wortspiele sprudelten aus ihm heraus, Scherzwort um Scherzwort, aber er wurde nie vorlaut, nie schlüpfrig. Er war von den Frauen elektrisiert. Aber ich sah nie, dass er sie mit dem Blick ausgezogen hätte. Ihre Körper gemustert, ihren Hintern, ihre Beine, ihre Brüste, so wie die anderen Männer, die demonstrativ eine eingehende Qualitätsprüfung vornehmen, als wollten sie die Inbesitznahme der einzelnen Körperteile vorführen. Die kruden Gesten, wie sie die Demenz zehn Jahre später bei ihm hervorrief, wirkten sehr ungewohnt. Auch unter Männern ließ er sich nie von den einschlägigen Themen hinreißen, etwa wenn er und Oszkár Orody, Oszkár Solt oder Ferenc Münnich auf der Veranda in Leányfalu an ihrem Wein nippten oder noch früher in der Ameise oder in der Nixe, von wo ich auf Geheiß meiner Tante diese Hallodris nach Hause holen musste, das Abendessen sei fertig.

Aber kein großes Gekoche.

Ich improvisiere nur einen Salat, und tatsächlich, sie improvisierte, mit dem, was sie im Garten und in der Speisekammer gefunden hatte.

Münnich, der Ministerpräsident, sprach vielleicht lieber von den

Frauen als von der Politik. Was vielleicht auch daran lag, dass er älter wurde. Alte Männer werden redselig. Onkel Pali wahrte auch in Männergesellschaft den gebührenden Abstand zum Thema, er hörte zu, mit einiger Neugier, aber er redete nicht mit. Münnich redete sich heiß. Sonst war er nicht so laut, nur wenn er trank, im Übrigen war er still, verträumt, schien auf etwas zu warten, aber er trank eben gern. Seine Frau war geisteskrank. Er verließ sie nicht, auch wenn es nie klar wurde, ob sie in einer geschlossenen Anstalt lebte oder in ihrem ehemals gemeinsamen Zuhause. Er besuchte sie, ließ sich auch nicht scheiden, lebte aber mit einer viel jüngeren, schlanken Athletin zusammen, Eta Berényi, die vor der Belagerung bei den Arbeitersportlern eine Schülerin meiner Mutter gewesen war. War Münnich angesäuselt, gestattete er sich in Männergesellschaft schlüpfrige Scherze, nicht auf verletzende Art, sondern in der Manier des gemütlichen Herrn vom Land. Er ließ seine Frauenbekanntschaften Revue passieren, damit die anderen Männer über die Abenteuer lachen konnten. Ich meinerseits versuchte krampfhaft zu verstehen, wie diese Abenteuer mit Eta Berényi zusammenhingen, die mir stärker erschien als dieser alte, gesundheitlich angeschlagene Mann, der rasch beschwipst war, wonach man ihn unbeschränkt abfüllen konnte. Betrunken sah ich ihn nie. Anders mein Onkel Pali, der eine große Aufnahmekapazität hatte, nur schön langsam, gleichmäßig, viel, worauf sein Gesicht mit einem Mal zerfiel und er schauderhaften Blödsinn zu reden begann. Fröhlichen Blödsinn, sozusagen. Manchmal musste man ihn ins Bett schleppen. Er lachte unaufhörlich. Wir wussten nicht immer, worüber, aber er lachte auf ansteckende Weise, wir mussten mitlachen. Lachend ärgerte sich Tante Magda über ihn, beschimpfte ihn. Bei solchen Gelegenheiten wurde deutlich, wie sehr sie ihn liebte, so wie sie den hilflosen, lachenden Mann auszog. Sie tranken ausschließlich gute Weine, die sie auf eigenen Wegen beschafften oder die man ihnen kistenweise von den Weingütern schickte. Aus Sopron, Szekszárd, Eger, Tokaj. Und also beobachtete ich das Benehmen meines Onkels genau, um zu verstehen, wie aus diesem feinsinnigen Mann der Blaubart hervortreten oder mit obszönen Scherzen Rabelais hervorbrechen konnte, in geheimer Privatausgabe.

Man sah seinem reglos aufmerksamen Gesicht an, dass er für diese in den Regalen stehenden oder auch herumliegenden Handbücher, die Mengen von ausgebreiteten Notizblättern und Zetteln einen inneren Kompass hatte. Er fand blind zu jedem hin. Auch bei mir verhält es sich ähnlich, selbst wenn ich meine Bücher von irgendwoher irgendwohin verschieben oder die Ordnung der Aktenschränke und Bücherregale verändern muss. Der Geist schreibt rasch und sicher eine neue Registratur. Was offensichtlich bedeutet, dass er zu seinen Gegenständen eine räumliche Darstellung assoziiert beziehungsweise dass das Denken einen Kompass und Landkartenabschnitte hat. Da aber auch die Phantasie solche Landkarten hat, verwechselt der Geist manchmal zufällig oder absichtlich die Koordinaten. Zuweilen sagte Onkel Pali etwas, manchmal nicht einmal auf Ungarisch, und da durfte ich nichts sagen. Er sprach mit sich selbst. Hörte sich den Satz an, prüfte ihn auf seinen Rhythmus. Wenn das Telefon klingelte, legte er die Feder locker hin und plauderte lange oder wartete auf ein Ferngespräch, manchmal sprach er in fremden Sprachen, vor allem Französisch und Deutsch. Oder auch Schwedisch. Eine Zeitlang berichtete er für die schwedische kommunistische Zeitung *Ny Dag*. Die Unterbrechungen störten ihn offenbar nicht. Kaum hatte er aufgelegt, fuhr er, den Kopf leicht in den Nacken gelegt, aus größerer Entfernung wieder auf die Arbeit blickend, mit dem Schreiben oder Nachdenken fort. Unsere gemeinsame Stille, dieses vom Geratter und Geklingel der Straßenbahnen auf dem Ring, vom Hupen, von den Übungen auf den Instrumenten, den unzufriedenen oder begeisterten Rufen der Musikprofessoren, dem Gebrüll und Gefluche der Kohleträger in der Kohlehandlung im Keller begleitete gemeinsame Schweigen, liebte ich leidenschaftlich. Mit ihm zusammen zu schweigen fiel mir überhaupt nicht schwer. Manchmal blickte er über die Brille hinweg zu mir herüber, und da sah ich, dass er stolz war auf mich, dankbar, dass ich so ausdauernd den Mund halten konnte. Als er mit der Berichterstattung für das schwedische Blatt begann, am Freitag, dem 12. Juli 1946, um genau zu sein, teilte die Redaktion den Lesern mit, ab heute würde ein Autor ständiger Mitarbeiter, an dessen Namen sich die Veteranen der Partei sehr wohl erinnerten. Er ist nach der Niederschlagung der ungarischen Revolution als Flüchtling nach Stockholm gekommen und hat genügend Zeit bei uns verbracht, um Schwedisch zu lernen.

Mit Revolution meinte die schwedische Zeitung das Ereignis von 1918, das wir Diktatur des Proletariats nennen und das in gebildeten Kreisen früher Commune hieß. Später, schreibt das Blatt, ist Aranyossi nach Paris gegangen und war lange Jahre, bis zum großen parteiinternen Konflikt von 1929, Korrespondent des *Folkets Dagblat*. Hier hingegen ist vom inneren Konflikt der schwedischen Partei die Rede. Viele, fährt der Artikel fort, erinnern sich noch an seine brillanten, lebendigen Berichte. Danach wurde er Direktor einer Pariser Wochenzeitung, dann einer internationalen Presseorganisation mit Sitz in Paris, während seine Frau, Magda Aranyossi, Redakteurin einer großen französischen Frauenzeitschrift war. Nach der Besetzung Frankreichs wurde Aranyossi in einem der grausamsten Konzentrationslager, in Le Vernet d'Ariège, interniert. Es gelang ihm zu fliehen und nach Ungarn zurückzugelangen, wo er wiederum die nazistische Gefängnisfolter zu überleben hatte. Heute ist er Redakteur der großen ungarischen Illustrierten *Jövendő*, aber er will sich die Zeit nehmen, interessante Berichte zu senden, von denen einer schon heute in der Zeitung zu lesen steht.

Im Sommer brachen Yvette und ich von hier auf, vom Theresienring, wir nahmen die Straßenbahn zur Schiffsstation am Bem-Platz, fuhren von dort mit einem der Marktfrauenschiffe nach Leányfalu hinaus oder manchmal mit einem der großen Schiffe, der Kossuth, der Petőfi. Manchmal gab mir Tante Magda extra Geld, und da durften wir im glanzvollen Speisesaal dieser großen Schiffe zu Mittag essen.

Bei anderen Malen wurde ich auf Tage, zuweilen auch auf eine Woche in die Dobsinai-Straße auf dem Orbán-Hügel geschickt. Hierher durfte ich nur allein kommen, mein Bruder zum Glück nicht. Die einstöckige Villa war das Werk eines am Bauhaus geschulten Architekten, János Beutum, der nicht nur Architekt war, Baukünstler, wie man damals sagte, sondern auch Innenarchitekt, er hatte das Haus mit eigenhändig entworfenen Möbeln eingerichtet. Die Familie der ältesten Schwester meines Vaters war im Frühjahr 1933 hier eingezogen, im Frühjahr 1944 wurde das Haus konfisziert; sie mussten ausziehen und beinahe alle Möbel und Einrichtungsgegenstände zurücklassen. Fürs Packen und Ausziehen bekamen sie drei Tage Zeit. Es gelang ihnen, einige Gegenstände und Möbel ins Büro meines Onkels Sándor am Theresienring transportieren zu lassen, worauf das Büro einige Wochen später mitsamt allen Einrichtungsgegenständen ebenfalls beschlagnahmt wurde, ohne dass man etwas daraus entfernt hätte. Die antiken Möbel und beweglichen Gegenstände, den Schmuck, das Familiensilber, unter anderem das für einundzwanzig Personen berechnete Silberservice meiner Urgroßmutter mitsamt den Silberplatten und den Tafelaufsätzen, brachten sie bei christlichen Bekannten unter. Was für die christlichen Bekannten kein ungefährliches Unterfangen war, verpflichtete doch die ung. königl. Verordnung 1.600 M. E. von 1944 betr. Anmeldung und Beschlagnahme jüdischen Vermögens, mit der die Juden das Recht verloren, in irgendeiner Form über ihren Besitz zu verfügen, verpflichtete also alle Personen, ob Juden oder Nichtjuden, die Wertgegenstände aus jüdischem Besitz aus welchen Gründen auch immer in Verwahrung haben, zur Meldung. Diese den christlichen Bekannnten anvertrauten Objekte überstanden die Belagerung alle unbeschädigt. Und kamen auch wieder zu ihnen zurück. Was in jenen Jahren keineswegs selbstverständlich war. Nur ein Teppichläufer war im christlichen Depot von einem Minenfeuer stark beschädigt worden, sie mussten ein beträchtliches Stück davon wegschneiden lassen. Was ein hervorragender Weber an der Ecke Veres Pálné-Straße und Reáltanoda-Straße besorgte, wo er noch lange zu finden war. Der Teppich ließ auch in den folgenden siebzig Jahren, meinen Lebensjahren, die Operationsnarben nicht sehen, und so ist er, wenn auch abgetreten, immer noch in meinem Besitz.

Der Weber verwebte die Wunden des Teppichs mit Fäden, die aus dem abgeschnittenen Teil herausgezogen wurden.

Das beschlagnahmte Haus in der Dobsinai-Straße brannte in den Tagen der Belagerung unter bis heute nicht geklärten Umständen aus. Es blieben nur die tragende Struktur und die rußgeschwärzten Wände erhalten. Die von spezialisierten Handwerkern hergestellten Fenster und Fensterrahmen waren verbrannt, auch die Türen und Türrahmen, das Parkett, das Treppenhaus, alles, die ganze brennbare Inneneinrichtung des Hauses mit allen ihren eigens angefertigten Kunstgegenständen. Im Herbst 1946 bauten es meine Tante und ihre Familie mit leichten Eingriffen in Grundriss und Treppenhaus wieder auf und richteten es neu ein. Obwohl es ihnen in ihrem Leben nicht zum ersten Mal schwante, dass sie von hier besser weggehen sollten, weg aus dieser Stadt, weg aus diesem Land, weg von hier. Ende der dreißiger Jahre, nach dem Anschluss Österreichs, hatten sie das zum ersten Mal ernsthaft erwogen. Als sei es ein Zeichen des Himmels, erhielt Sándor Rendl von der Bank of England das ehrenvolle Angebot, die juristische Direktion der nahöstlichen Vertretung der Bank zu übernehmen, zusammen mit den juristischen Problemen der anstelle des zusammengekrachten Osmanischen Reichs gebildeten Nachfolgestaaten. Die Vertretung hätte ihren Sitz in Haifa gehabt. Sie machten eine Rundreise durch den Nahen Osten. Zuerst nach Ägypten, dann nach Palästina, Libanon, Syrien, aber vor allem wollten sie Haifa sehen. Tante Eugenie empfand das Leben in Haifa als zu chaotisch, um sich dort niederzulassen. Sie würden aus einer schwer gefährdeten Stadt in ein im Kriegszustand befindliches Dorf ziehen müssen, wo sie ohne jegliches zionistische Bewusstsein und ohne jegliche religiöse Überzeugung mit der jüdischen Bevölkerung würden zusammenleben müssen, in Feindschaft mit der arabischen Bevölkerung. Sie hätten auch dann inmitten eines Bürgerkriegs gelebt, wenn ihnen die Bank of England bestimmte exterritoriale, koloniale Rechte zugesichert hätte. Also blieben sie in ihrem Haus in Buda. Ja, zogen nach der Belagerung dort wieder ein. Obwohl Zoltán Vas kurz vor der kommunistischen Machtübernahme, bevor die Grenzen hermetisch geschlossen wurden, den Mitgliedern der Expertengruppe, die die Schaffung des Forint vorbereitet hatte, also auch Sándor Rendl, sehr ritterlich die Möglichkeit angeboten hatte, das Land mitsamt ihrem Vermögen zu verlassen. Sie sahen ein, dass sie das tun sollten, gleichzeitig musste Sándor Rendl aber auch einsehen, dass ihm seine angeschlagene Gesundheit nicht erlaubte, in fremder Umgebung ein neues Leben zu beginnen. Nur Finanzminister Ferenc Gordon nahm die Gelegenheit wahr.

Also blieben sie wieder da. Im Frühling 1952 mussten sie ihr Haus erneut verlassen, diesmal ohne Hoffnung auf Rückkehr.

Diesen endgültigen Auszug erlebte Sándor Rendl zum Glück nicht mehr.

Tante Eugenie hatte bei der zweiten Planung den Charakter der einstigen Einrichtung etwas verändert. Zwei Lehnstühle von der ursprünglichen Einrichtung blieben im Büro am Theresienring, diese zitierten deutlich die radikalen Arbeiten Gerrit Rietvelds, des großen Architekten des holländischen De Stijl, den berühmten blauen und den berühmten roten Stuhl. Diese Beutum-Stühle waren aber dank Sitz- und Rückenkissen bequemer. Bei der neuen Einrichtung nach der Belagerung verzichteten sie auch auf den avantgardistischen Radikalismus des De Stijl und folgten einer gemäßigteren Richtung des Modernismus. Die neuen Möbel wurden in der Werkstatt eines Büroausstatters namens Sándor Heinrich angefertigt, sein Geschäft befand sich in der Párisi-Straße, auch vor der Belagerung hatte er die Möbel angefertigt, auch für uns, er hatte ein unglaubliches Gefühl für Einfachheit und Glätte und deren handwerkliche Ausführung. Die Einrichtung wurde, wenn überhaupt möglich, noch heller, noch schmuckloser, noch glatter, noch transparenter. Es war nicht Tante Eugenie, die Beutums ästhetischem Rigorismus folgte, sondern dieser folgte ihr. Beutum war zwar der funktionalen Architektur und Innenarchitektur des Bauhauses und des De Stijl verpflichtet, aber im Lauf seines Lebens entwarf er doch viel auf vielerlei Art, er war ein flexibler Architekt. Sogar Brücken entwarf er. Die Zusammenarbeit zwischen den Bauherren und dem Architekten war also ungetrübt und endete dann doch im Unfrieden. Es gab nämlich einen Unternehmer namens Manó Balassa, welche Art Unternehmer weiß ich nicht mehr, ebenfalls ein Klient Sándor Rendls, und der war bei einer Einladung zum Abendessen so von dem Haus entzückt, dass er bei Beutum einfach eine Kopie bestellte. Er fand auch gleich am Ende der Straße das entsprechende leere Grundstück. Nur sollte alles noch größer sein. Und Betum baute ihm nicht nur die vergrößerte Kopie des Hauses an der Ecke Dobsinai-Straße und Fodor-Straße, sondern übernahm auch die Inneneinrichtung eins zu eins, ohne eine Erlaubnis einzuholen, ohne eine Vorwarnung. Tante Eugenie, die es gelassen zu nehmen schien, war von Beutums Vorgehen doch tief erschüttert, auf Jahrzehnte. Wenn ich ihr diesbezüglich eine Frage stellte, rang sie nach Luft. Struktur und Inneneinrichung des Hauses waren das Ergebnis ihrer gemeinsamen Arbeit gewesen, ihr gemeinsames geistiges Eigentum, und Beutum hatte es einem Fremden verkauft, hatte sie übel verraten.

Die Einheit und Einteilung, die Symmetrien und Asymmetrien, die auf der Südostseite starke Dekonstruktion des freistehenden, einstöckigen Kubus mit Flachdach ist wirklich einzigartig und imposant. Das Abkupfern ist ja zweifellos eine Frechheit, Tante Eugenies Aufgebrachtheit verständlich, aber ihren Zorn aus dem Jenseits in Kauf nehmend muss ich doch sagen, dass das Balassa-Haus an der Ecke zur Fodor-Straße noch eine Spur perfekter geworden ist. Selbst wenn das Ganze von Größenwahn und der Freude am Überflügeln motiviert war. Balassa gehörte bestimmt zu den Menschen, die alles schneller haben wollen, die weiter spucken, höher springen, in größerem Bogen pissen. Aber in größerem Maßstab erlangte Beutums Idee sozusagen ihre idealen Proportionen. Der Kubus ist einfach besser, die Dekonstruktion überzeugender. Dennoch war in Sándor Rendls und Tante Eugenies Haus das Verhältnis von äußerer Form und Innenräumen bestechender. Ich bin auch im Balassa-Haus gewesen. Sándor Rendls Haus bleibt in jeder Hinsicht bescheiden, auch in den Ausmaßen, keineswegs aber knauserig, es waren ja die allerbesten Materialien verwendet, die modernsten architektonischen Techniken angewendet worden. Nicht einmal die Bescheidenheit ist auffällig. Nichts ist überdimensioniert, nichts wird unterschätzt. Die Repräsentationsräume sind nicht auf Kosten der Diensträume bemessen, alles ist funktional aufeinander bezogen. Sie hatten im Voraus gewusst, was im Haus wohin gehören musste. Offenbar hatten sie eine klare, sozusagen endgültige Vorstellung von ihrer Lebensführung. Und so erhielten alle notwendigen Gegenstände, alle Verrichtungen einen genau zugemessenen Platz. So viel Selbstkenntnis und Voraussicht haben mich schon als Kind überwältigt. Sie überließen nichts dem Zufall. Na gut, als Kind konnte ich die dekonstruktivistischen Aspekte des Gebäudes nicht sehen, mich fesselten die innere Wohlproportioniertheit, die genauen Abmessungen des Hauses. So wie auch der Innenraum, die Einrichtung und die Lebensführung auf intelligente Art miteinander harmonierten. Es war ein Haus für Reiche, ohne Zweifel, aber ohne aufzuschneiden. Seine Grundstimmung war vielmehr vom Understatement bestimmt, was ja heißt, dass da etliches vorhanden war, das Bescheidenheit gebot. Die Bescheidenheit ist eine geistige Haltung und keine Mimikry. In diesem Haus war nichts spontan, keine Handlung, kein Gegenstand. Was seinen Platz hatte, blieb für immer dort, Gegenstände verschwanden nicht, häuften sich auch nicht an.

Doch die architektonische Strenge machte das Gebäude nicht steril, was, glaube ich, den Farben und der Qualität der verwendeten Materalien zuzuschreiben war.

Wenn sie im Esszimmer oder im Sommer auf der Esszimmer-Terrasse, was mir besonders gefiel, der leichte Wind, der dauernde kleine Kampf ihrer Hände mit den Rändern der Damasttischtücher und Damastservietten, damit die nicht in den Honig hineingeblasen wurden oder die Tasse umkippten, gefrühstückt hatten, holte der Chauffeur den Wagen aus der unterirdischen Garage, um Sándor Rendl ins Büro zu fahren. Vor der Belagerung mit einem an eine Karosse erinnernden Pontiac Early, nach der Belagerung mit einem Mercedes. Zum Verständnis jener Zeit lohnt es sich, die Geschichte des Pontiac zu erzählen. Als ungarische Juden ungarisches Land nicht mehr pachten oder besitzen durften, als alle ihre Wertgegenstände und ihr ganzes Geld schon aufgelistet und blockiert waren, als sie nicht mehr mit dem Zug oder in Reisebussen fahren, Theater, Kino, Konzerte besuchen und ihre Kinder keine Schuluniformen tragen durften, als Juden nur zu bestimmten Tageszeiten die Wohnung verlassen und auch die öffentlichen Bäder nur an bestimmten Tagen, zu bestimmten Stunden besuchen durften und sämtliche Werke von 114 einheimischen und 34 ausländischen Juden aus den Bibliotheken entfernt und zum Preis von Abfallpapier an die Behörden eingehändigt und dann in feierlichem Rahmen eingestampft wurden, da erschien Verordnung Nr. 3.520 M.E. von 1944, unterschrieben von Ministerpräsident Géza Lakatos, mit der über die jüdischen Waren- und Materiallager sowie ihre weiteren Wertgegenstände verfügt wurde. Unter weiteren Wertgegenständen konnte man alles verstehen. Sándor Rendl wurde aufgrund der Verfügung aufgefordert, die Räder seines Kraftwagens Marke Pontiac Early abzumontieren und auf dem und dem Militärkommando an dem und dem Tag zu der und der

Stunde einzuhändigen, unter Androhung strafrechtlicher Verfolgung. Er ließ die Räder abmontieren, lieferte sie ab, erhielt eine Quittung. Ein paar Tage danach erhielt er die Aufforderung, den Kraftwagen abzugeben. Er versuchte die Sache zu klären, die Räder zurückzubekommen, der Absurdität irgendwie Herr zu werden, die nicht im Interesse der Heimat sein könne, deren Hauptaugenmerk doch der Kampf gegen den Bolschewismus sei. Das Militärkommando beharrte aber auf der Ablieferung des amputierten Wagens. Rendl musste den aufgebockten Wagen mühevoll und selbstverständlich auf eigene Kosten aus der Garage holen lassen. Der Wagen wurde auf einen speziellen Lastwagen geladen und an die angegebene Adresse geliefert. Wo es hieß, er solle ihn wieder mitnehmen, in diesem Zustand wolle man ihn nicht haben. Rendl ließ ihn auf eigene Kosten vom Lastwagen heben und unter anderen beschlagnahmten Fahrzeugen auf dem Kasernenhof stehen.

Bei ihnen lief jeden heiligen Morgen ohne jegliche Hast alles genau gleich ab, und das machte mir großen Eindruck. Vor der Belagerung wurde Vera von ihrer Mutter zur Schule begleitet, diese ging dann zum Einkaufen weiter, Kommissionen machen, wie es in der damaligen städtischen Sprache hieß. Gemeint war die vormittägliche Einkaufsrunde. Sie fuhr mit dem Taxi oder der Straßenbahn zum Markt in der Fény-Straße, Lichtstraße, oder zu Kovács in der Andrássy-Allee, manchmal durfte ich mitgehen, Kovács war ein riesiges Lebensmittelgeschäft neben der Oper, an der Ecke zur Dalszínház-Straße, Liedertheaterstraße, vollgestopft mit allen irdischen Gütern, und hier wählte sie die Lebensmittel für die nächsten Tage aus, wie sie es mit der Köchin besprochen hatte, und die Waren wurden, in Schachteln und Körbe verpackt, noch am selben Vormittag nach Hause geliefert. Dann ging es in die Innenstadt, und von dort kamen wir gegen Mittag nach Hause, manchmal mit allerlei duftenden Päckchen beladen. Am Weihnachtstag 1949 erstrahlte Herrn Kovács' Lebensmittelgeschäft überraschenderweise noch in vollem Glanz. Es hatte die erste Welle der Verstaatlichungen irgendwie überstanden, Kovács musste in Sachen Warenbeschaffung eine Art Privileg genießen. An den Tag erinnere ich mich genau, es war der Tag, an dem die im dritten Jahr an der Technischen Universität studierende Vera einen Maschinenbau studierenden Kommilitonen, Tamás Herczeg, heiratete, einen großgewachsenen, umwerfend wohlgelaunten, vor Gesundheit strotzenden blonden Burschen mit einem schallenden Lachen, und an dem Mittag waren sämtliche Mitglieder der beiden Familien zu einem Stehempfang in die Dobsinai-Straße geladen. Die Familien kannten sich schon lange, was die beiden jungen Leute aber nicht gewusst hatten, als sie sich kennengelernt hatten. Tamás Herczegs Großvater Ármin Hegedűs war Architekt gewesen, der für seine Gebäude das von unserem Großvater Adolf Arnold Nádas entwickelte Trocknungsverfahren verwendete. Das Hotel Gellért am Fuß des Gellért-Hügels hat Hegedűs gebaut, mein Großvater hat es getrocknet. Ihre Kinder hatten die Sommerferien zusammen verbracht, einmal im Gutshaus von Gömörsid, einmal auf Hegedűs' Gut in Iharos. Ich hatte so etwas noch nie gesehen, einen Stehempfang. Das Wort war neu, die Sache ebenfalls. Ich erinnere mich auch, dass die Kraftbrühe in Tassen serviert wurde. An dem Tag stand noch ein Empfang an, zum Abend hatte das junge Paar seine Freunde eingeladen, und das waren viele. Am 24. November 1956, nachdem wir uns von ihnen verabschiedet hatten und mein Vater ihnen bezüglich der mitzunehmenden Dinge nützliche Ratschläge erteilt hatte, verließen die Freunde gemeinsam das Land. Vierunddreißig Freunde waren es, und so viele gingen denn auch und kamen am 4. Januar 1957 mit dem Schiff in Halifax an.

Als Tante Eugenie und Gizi das Gefühl hatten, dass für den abendlichen Empfang noch etwas fehlte, dass sie sich in den Mengen verschätzt hatten, zog sich meine Tante mit einem Zettel und dem Telefon hinter die Haufen von Resten auf der Anrichte zurück, um Kovács anzurufen, er solle noch das und jenes schicken, und ich lief ihr aufgeregt nach. Ich hoffte, dass wir die Dinge bei Kovács holen gehen würden. In den ersten Monaten des folgenden Jahrs wurde der wunderbare Laden bestimmt geschlossen. In Budapest gab es keinen Laden mehr, dessen Regale nicht leer gewesen wären. Daran erinnere ich mich noch genauer.

Die Frau des Chauffeurs arbeitete als Dienstmädchen, sie servierte und half auch beim Reinemachen. Sie wohnten im Untergeschoss in einer südwärts gelegenen Wohnung mit eigenem Eingang. Auch die Köchin hatte hier unten ihr Zimmer, eins nach Westen, wenn ich mich richtig erinnere. Nicht, dass mich Gizella Mrázik in ihr Zimmer gelassen hätte, als ich sie einmal holen musste. Auch die Küche durfte ich nicht ohne Erlaubnis betreten. Ganz offensichtlich irritierte meine Anwesenheit Gizella höllisch, ich ging überaus vorsichtig mit ihr um. In diese Räume im Untergeschoss gelangte man natürlich nicht nur von außen, sondern auch vom Treppenhaus her. Gizella Mrázik mochte schon die Erwachsenen nicht, Kinder hasste sie besonders. Beutum hatte die Fenster des Untergeschosses etwas über dem Bodenniveau placiert, damit die Personalwohnungen Sonne hatten, und so schien das Untergeschoss das Erdgeschoss ein wenig in die Höhe zu heben. Das verlieh dem Gebäude Würde, machte es aber nicht überheblich, sondern höchstens imposant. Den angehobenen Raum beherrschten zwei großzügig bemessene Räumlichkeiten, das Wohnzimmer, das zur Zeit seiner Entstehung noch Herrenzimmer oder Salon genannt wurde, und das Esszimmer. Das Herrenzimmer brach die streng rechtwinkligen Flächen, indem es in einen halbrunden Erker überging. Dessen an einer Schiene aufgehängte Fenster funktionierten nach dem Harmonikaprinzip, die sechsflügeligen Fenster ließen sich über die ganze Breite öffnen, die Fensterflügel schoben sich aufeinander und ließen sich dann in die Wand hineinschieben.

Im Frühling oder im Sommer öffnete sich so der Raum auf ein prachtvolles Panorama, über die Gärten hinweg auf die Stadt.

Das Herrenzimmer schloss sich ans Esszimmer ohne jegliches architektonisches Zeremoniell an, auch das war damals beispiellos, es schickte sich nicht, Salon und Esszimmer aufeinander zu öffnen, aber mit dem Esszimmer waren wir wieder bei der geometrischen Strenge. Seine Eckfenster gingen nach Osten und nach Süden. Von hier trat man auf die Terrasse hinaus und konnte von dort zwischen den Steineichen und Stauden eines Steingartens in den Garten hinuntergehen. Selbstverständlich wurde dieser von einem Gärtner gepflegt. Wenn Vera mittags von der Schule, später von der Universität, nach Hause kam und ihr Vater aus dem Büro oder von einer Gerichtsverhandlung zurückchauffiert wurde, stand das Mittagessen bereit. Davor herrschte immer erwartungsvolle Stille im Haus. Der Tisch war schon seit einer Weile gedeckt, und es kamen nur wenige Geräusche aus der Küche. Die befand sich hinter dem Esszimmer, an der Westfront des Hauses, man gelangte über einen Verbindungsflur dorthin, die Köchin reichte dem Dienstmädchen die Speisen durch ein Schiebefenster über der Anrichte. Das war Gizella Mráziks Hauptbedingung gewesen, deshalb, wirklich ihretwillen, war das Esszimmer so angelegt. Damit sie nicht vor den Gästen erscheinen musste.

Das Entree war nicht groß, von hier führte die Treppe zur Etage hinauf und ins Untergeschoss. Ich müsste sagen, dass alles wohlproportioniert war, müsste dann aber auch sagen, in Bezug worauf. Es war in Bezug auf die Körpermaße des Menschen proportioniert. So wollte es die Funktionalität des Bauhauses. Leg keine größeren Maßstäbe an als den des menschlichen Körpers. Höchstens die Terrassen waren etwas überdimensioniert. Die größte Terrasse war die auf dem Flachdach, oben auf der dritten Ebene des Hauses. Manchmal schlich ich mich allein da hinauf, was meine Tante nicht gern sah. Im ersten Stock öffneten sich das Kinderzimmer und das Schlafzimmer auf Terrassen mit Blick auf die Stadt. Die aus drei parallelen Stahlrohren gebildeten Terrassengeländer verliehen dem Gebäude einen waagrechten Rhythmus. In diesem Stock lagen auch das Badezimmer und die Garderobe. Eine Garderobe mit Fenstern nach Norden und geräumig genug, der Hausfrau und ihren Näherinnen Platz zu bieten.

Am liebsten ließen sie bei meiner Tante Irén arbeiten, Irén Tauber, auf die sie sehr hohe Stücke hielten.

Durchs Garderobenfenster sah man den Schwabenberg. Genau den Punkt, an dem wir an einem verschneiten Januartag ankommen würden. Und so kannte ich die Gyöngyvirág-Straße, die Maiglöckchenstraße, und ihre Umgebung schon von früher, von den Sonntagsspaziergängen mit Sándor Rendl. Wir spazierten jeweils von der Dobsinai-Straße auf die weitkurvige Fodor-Straße hinaus, kamen dann auf den Orbán-Platz und begannen die Diana-Straße hochzugehen, die damals eher wie ein ausgewaschener Graben aussah. An der Ecke Gyöngyvirág- und Diana-Straße blieben wir regelmäßig vor dem Blechkruzifix stehen, das Masa Feszty mit reinen Farben bemalt hatte. Hier begann das steilste Stück. Der Ort blieb auch später bedeutungsvoll für mich, denn auf dem Rückweg von der Schule trennten Gábor Baltazár und ich uns hier von unseren Mitschülern, von Csíder, Székács, Piros, die in die Lóránt-Straße, Rolandstraße, mussten, ins Sperrgebiet beziehungsweise, was Székács betrifft, in dessen unmittelbare Nähe. Csíders und Piros' Väter waren Mitglieder des Wachpersonals, aber wir durften nicht wissen, in welcher Einheit und was sie bewachten. Wir beide bogen hier in die Gyöngyvirág-Straße ein, gingen an Frau Rózas Apfelgarten vorbei, dann verabschiedete sich auch Gábor, seine Mutter wartete manchmal am Fenster ihres straßenseitigen Wohnzimmers auf ihn. Gábor und seine Schwester Éva wohnten in der Villa neben uns. Ihr Vater war nach Venezuela emigriert, ich erinnere mich nicht mehr, wohin genau, und damals verstand ich nicht, was das bedeutete, emigrieren. Als hätte er wegen einer undurchsichtigen Angelegenheit das Land nach der Belagerung in Eile verlassen müssen, ich schaute nach, wo dieses Venezuela lag, sehr weit weg, heute meine ich eher, dass es wirtschaftliche

Gründe waren und er sie nicht wirklich verließ, sondern nicht mitnehmen konnte, allein zu fliehen war sicherer. Er würde sie dann holen lassen. Ein Wagen würde kommen, um sie zu holen und ihnen zur Flucht zu verhelfen, vielleicht. Auch Gábor wusste darüber nichts Genaues, mag sein, dass die geplante Flucht erdichtet war, eine kindliche Phantasie, die Hoffnung, seinen Vater wiederzusehen. Und auch morgens auf dem Hinweg warteten wir hier auf die anderen, beim mit reinen Farben bemalten Kruzifix.

Wir zwei, Gábor und ich, waren uns schon bei der ersten Begegnung näher als irgendjemandem sonst. Er war um einiges größer als ich, ein langgliedriger, dunkelhaariger, dunkelhäutiger schöner Junge. Die Mutter war eine echte Schönheit, harmonisch an Gliedern und in den Bewegungen, wie man es nur in Filmen sieht, und er hatte offensichtlich den Körperbau seiner Mutter geerbt. Wenn ich mir jetzt sein Bild heraufbeschwöre, würde ich angesichts dieser Ähnlichkeit zwischen Mutter und Sohn sagen, dass vielleicht nicht Gábors physische Beschaffenheit, sondern eher sein Vertrauen und seine Sicherheit ähnlich geartet waren, er hatte keinen Zweifel, dass er mir alles erzählen konnte.

Sándor Rendl war herzkrank, er hatte Zucker und hohen Blutdruck, was man auch den roten und blauen Äderchen auf seinen Wangen und seiner Nase ansah. Von weitem sah er wie ein rotwangiger Engländer aus, der in seinem Leben schon viel halbrohes Roastbeef gegessen hatte. Er war aber wirklich krank, auch wenn er davon kein Aufhebens machte. Die wenigen unterdrückten Zeichen zeigten mir, auf welch subtile Art Schein und Wirklichkeit in der Selbstdisziplin aufeinandertreffen. Immer noch faszinierten mich die Adern, ihre Wege, ihr Leben, ihre Veränderungen. In der Zeit unmittelbar vor seinem Tod platzten dann nicht wenige dieser Äderchen an seiner Nase. Ich weiß nicht, warum. Vielleicht hatte es mit dem hohen Blutzuckergehalt zu tun. Die Stelle wurde sozusagen zu einer Pfütze, die Haut riss auf, verheilte ödematös, vernarbte eiterig, der Schorf löste sich zu früh, hinterließ schlecht heilende kleine Wunden. Auf dem Gesicht älterer Menschen sah man das damals nicht selten.

Der Arzt hatte ihm zu langen Spaziergängen geraten. Das Herz immer schön arbeiten lassen, so viel wie möglich, es nicht bequem werden lassen.

Auch deshalb blieben wir an der Ecke der Gyöngyvirág-Straße stehen, damit er unbemerkt Atem schöpfen konnte, erst dann konnte es weitergehen.

Auf der Westseite ihres Hauses gab es noch ein ganz kleines Zimmer, das Zimmer seines Stiefsohns, des im Arbeitsdienst ermordeten György Mándoki. Manchmal durfte ich dort schlafen. Außer den Reinmachefrauen und Dienstmädchen betrat es sonst nie jemand. Das Feuer hatte es bis auf die Wände ausgebrannt. Im ersten Jahr nach der Belagerung, nachdem sie ihr Haus wieder aufgebaut und eingerichtet hatten, warteten sie noch auf ihn. Die Reinmachefrau kam frühmorgens und ging erst am Nachmittag wieder, gegen drei Uhr. Vielleicht kam sie auch nicht jeden Tag, aber jedenfalls wurde jeden Tag Staub gewischt. In diesem kleinen Zimmer fühlte ich mich unbehaglich wie an einem unbefugten, heiligen Ort. Auch für sie muss es so gewesen sein, denn sie brachten mich nur dann hier zu Bett, wenn sie Gäste zum Abendessen hatten. Sie mussten oft einheimischen oder ausländischen Geschäftspartnern zu Ehren Abendessen geben. So sagten sie es, zu Ehren. Wieder ein neuer Ausdruck. Zwei Wände des Herrenzimmers waren von Bücherregalen bedeckt, neben der Tür hingegen befand sich eine bequeme, großzügig mit Kissen ausgestattete, von den Regalen eingerahmte Nische, fürs Lesen im Liegen gedacht, und wenn sie keine Gäste hatten, machten sie mir das Bett hier.

Die Moderne gab den Grundton von Tante Eugenies ästhetischer Bildung an. Sie hatte kaum als Kunsthandwerkerin gearbeitet, vielleicht fehlte ihr das Gefühl, berufen zu sein, sie war keine Künstlerin geworden, sondern Ehefrau, weswegen ihre jüngere

Schwester Magda, die laut Geburtsregister eigentlich Ida Magdolna hieß, sie ein wenig verachtete, soweit eine grobschlächtige Patte-à-pouf-Frau ihre schlanke, elegante und wunderschöne ältere Schwester verachten kann. Die ewige Ehefrau, die freiwilllig die weibliche Sklaverei auf sich nimmt. Aber wenn Eugenie ihr gelerntes Handwerk Goldschmiedin ausgeübt hätte, dann bestimmt in modernistischer Richtung. So wie ihre Kommilitonen auf der Kunstgewerbeschule und ihre Künstlerfreunde, die modernistischen Maler und Bildhauer der Zeit. In ihrem Haus gab es nur wenige Gegenstände, aber es waren ausgesuchte, delikat aufeinander abgestimmte Objekte. Sie besaßen einen ziemlich großen, leicht transparenten Chrysopras-Kelch, außergewöhnlich im Schliff, aber auch in der Farbe, einem gleichmäßig blassen, fleckenfreien Apfelgrün; Qualitäten, die man von einem Halbedelstein eigentlich nicht erwarten kann. Als hätte er seine Form nicht durch Schliff, sondern durch Spaltung oder Splitterung erhalten. Die Ränder waren scharf, fast rasiermesserscharf und leuchteten im schwächsten Licht auf. Vor allem in der Dämmerung leuchtete das Apfelgrün, leuchtete aus dem Dämmer heraus. Außerdem gab es ein paar Original-Fayenceteller und Fayencevasen, das heißt altes Majolikageschirr aus dem italienischen Faenza, mit über der Glasur aufgetragener Kolorierung und blauem und terrakottafarbenem, rankenartigem Renaissance-Ornament auf zitronengelbem Grund. Ich versuchte der Zeichnung zu folgen, noch heute habe ich in den Fingerspitzen das Gefühl der reliefartigen Ranken. Die Polster und Vorhänge stammten aus der Werkstatt Éva Szabós, der neben Ernő Schubert bedeutendsten ungarischen Textilkünstlerin der Zeit, sie hatte in der privaten Graphikschule des Großmeisters der avantgardistischen Moderne, Sándor Bortnyik, studiert, dem *Atelier*, das den Prinzipien des Bauhauses folgte und deshalb manchmal auch ungarisches Bauhaus genannt wurde. Danach studierte sie in München und Berlin Weberei und Textilentwurf und schloss ihre Studien beim hervorragendsten Wiener Meister der Formplanung, Josef Hoffmann, in den *Wiener Werkstätten* ab. 1931 eröffnete sie ihre erste Weberei in Budapest, in der Bálvány-Straße, Götzenstraße, die altehrwürdige Innenstadt-Straße wurde später mehrmals umbenannt, ein Jahr danach eröffnete sie ein Geschäft in der damals überaus eleganten Kossuth Lajos-Straße. Heute ist die Eleganz dieser Straße natürlich dahin. Mit ihren rustikal wirkenden, aus Baumwolle, Wolle, Leinen und Hanf gewobenen Möbelbezügen und Vorhängen belieferte Szabó die bedeutendsten ungarischen Architekten und Inneneinrichter der Zeit. Sie arbeitete nicht nur für Beutum, sondern auch für den um etliches bedeutenderen Kozma, wie auch für Farkas Molnár. Textur und Muster ihrer handgewebten Stoffe entwickelte sie aus historischen Elementen, sie griff auf den Formenreichtum der Kunst der frühchristlichen Zeit, der Renaissance und des Barock zurück; die Motive stellte sie in geometrischer Ordnung nebeneinander und vervielfachte sie ins Endlose. Das war schon die repetitive Geste der Massenproduktion, auch wenn in ihrer Werkstatt alles nach individuellen Entwürfen und in Handarbeit hergestellt wurde. Gerade dieser Kontrast von repetitivem Muster und Handarbeit war großartig. Zum Nachmittagsschlaf auf dem Sofa des Herrenzimmers musste ich den Kopf auf ein graues Baumwollkissen legen, das von schwarzen Wollfäden, die von orangegelben Hanffäden durchzogen waren, reliefartig überhöht wurde und auf dem stilisierte Vögel, Pfauen, Löwen, Hühner, Lebensbäume, Wunderhirsche, Tulpen, Rosetten, ja, Ritter in voller Rüstung, an ihr Handgelenk geleinte Falken balancierend, sich mit feinem Humor vervielfachten, endlos viele, in auslaufenden, symmetrisch angeordneten Reihen. Die Tatsache, dass alle diese den verschiedensten Orten entlehnten Motive gleichwertig waren, hätte auch die ästhetischen Ansprüche meines späteren Meisters Miklós Mészöly befriedigt. Ich weiß nicht, ob er diese Produkte kannte, für mich war es die erste Begegnung mit einer solchen Ästhetik, und als ich Mészölys Schriften begegnete, verstand ich deren Sprache bestimmt deswegen. Diese reliefartigen Stoffe wurden in Jacquard-Weberei hergestellt, das heißt auf Handwebstühlen, die für große Muster geeignet waren, aus drei verschiedenen Fäden, Baumwolle, Wolle, Hanf, deren Fadensteuerung dank des Lyoner Webermeisters Joseph-Marie Jacquard schon in den ersten Jahren des neunzehnten Jahrhunderts mechanisiert worden war. Manchmal versuchte ich zu zählen, wie viele Pfauen, wie viele Ritter, wie viele Pferde, wie viele Hühner. Und schlief manchmal darüber ein, nach Lyon hingegen, wo die schmutzig blaue Saône und die sandgelbe Rhône unter dem verschleiert blauen Himmel träge zusammenfließen, gelangte ich erst sechzig Jahre später.

Den reliefartigen Möbelstoff, mit dem das einzige Kissen auf dem Sofa des Herrenzimmers bezogen war, hatte Szabó nach dem Vorbild der alten ungarisch-siebenbürgischen Kreuzstich-Stickerei gewoben. Der Stoff hieß Transsylvania, und er war sogar waschbar. Die einfache Pflege der Stoffe gehörte ebenfalls zu den strengen Vorgaben des Bauhauses. Auch auf dem Gebiet der bedruckten Textilien leistete Éva Szabó Bedeutendes. Veras Zimmer im ersten Stock erhielt seinen Grundton von den gewobenen grasgrünen Möbelbezügen aus feiner Baumwolle und grober Wolle, auf ihrem Sofa lag ein Cretonnekissen, blattgrün auf elfenbeinfarbenem Grund, mit barockisierenden Motiven. In diesem Fall hatte Szabó das Motiv nicht verkleinert, sondern vergrößert. Im Zimmer standen noch zwei mit ähnlich bedruckter Cretonne bezogene Fauteuils, gedämpfte Farben auf elfenbeinfarbenem Grund. Für mich stellten diese Stoffe eine Einführung in den Stil der Neuen Sachlichkeit dar. Die bedruckten Textilien waren nach der Göttin Erda aus der germanischen Mythologie benannt, die Pflanzenmotive erinnerten an den Weltenbaum der skandinavischen Mythen, die Esche, oder an die Pflanzenranken der Renaissance-Wandteppiche. Vielleicht hatte Szabó während einer ihrer Studienreisen in einem isländischen Manuskript aus dem siebzehnten Jahrhundert eine Initiale gesehen und deren müdes Gelb, Braun, Blau und Rosarot auf ihre bedruckten Cretonne-Stoffe übertragen. Aber da war noch mehr. Von Veras Zimmer aus betrat man ein geräumiges Schrankzimmer, auf dessen Regalen mit bedrucktem Stoff bezogene Pappkartons aufgereiht waren. Ich liebte es, mich heimlich einzuschleichen und vorsichtig die Deckel zu heben. Noch mehr liebte ich es, wenn meine Architektur studierende Cousine gerade ein Stück aus ihrer feinen Unterwäsche auswählte oder sich anzog. Und das Schönste war, dass sie nichts gegen meine Anwesenheit hatte. Ich erinnere mich an alle Formen ihres Körpers, sogar aus verschiedenen Blickwinkeln. Sie sagte, ihr Busen sei im Verhältnis zu ihrer Hüfte und Taille zu groß, sie habe ihn von der Großmutter Mezei geerbt, sie sei während der Bauzeit des Hauses bei unserer Großmutter in der Pannónia-Straße gewesen, so schade, dass ich die Großmutter Mezei und die Pannónia-Straße nicht mehr gekannt hätte, sie habe die Großmutter sehr geliebt, eine wunderbare Großmutter. In der Familie liebe sie vielleicht nur meine Mutter so stark. In der Pannónia-Straße habe ihr abends mein Vater Märchen erzählt, der sei damals ein junger Mann gewesen, der noch bei den Eltern lebte. Das war für mich völlig neu. Kaum zu glauben. Unser Vater erzählte abends nie jemandem irgendetwas. Vielleicht ein einziges Mal. Und auch da war es eher eine mit Märchenelementen aufbereitete Seelenpredigt. Es war langweilig. Kaum hatte er begonnen, war ich schon tödlich gelangweilt, denn an der Intonation spürte ich, dass eine Moral folgen würde. Er war aus irgendeinem Grund zutiefst unzufrieden mit mir, ich war nicht so, wie ich sein sollte. Hin und wieder, als unsere Mutter nicht mehr lebte, mag er meinem Bruder Geschichten erzählt, ihm zum Zweck der seelischen Veredelung Parabeln vorgetragen haben. Mit ihm war er nicht ganz so unzufrieden. Ich meinerseits war aus einem für mich selbst unerfindlichen Grund zutiefst mit meinem Bruder unzufrieden, auf die Art gab ich das väterliche Erbe weiter, die ewige, durch Blutsverwandtschaft gerechtfertigte Unzufriedenheit. Beglückt durfte ich Vera helfen, die passenden Schuhe auszusuchen. Sie hatte ein Paar weiße Sandalen mit Plattformsohle, sogar an den

Namen des Leders erinnere ich mich, Nubuk, diese weißen Nubuksandalen mochte ich mehr als alle ihre anderen Schuhe, während ich aus dem Verhalten meines Vaters deutlich herausspürte, dass ich mich nicht mit derartigen Dingen beschäftigen, nicht einmal ein Interesse dafür haben dürfte, ich war ja ein Junge, ich aber probierte Veras Plattformsandalen heimlich sogar an, um zu erfahren, was für ein Gefühl es für die Frauen ist, auf Korkpiedestalen zu wandeln.

Éva Szabó schuf auch ästhetisch bedeutende einfarbige, musterfreie Möbelstoffe, die von ihren Laudatoren allerdings meistens nicht erwähnt werden. Diese einfarbigen Stoffe hatten eine kräftige, fast rustikale Textur und waren dicht gewoben. Sie beließ die wollenen Kettfäden knotig, und da die Knoten keiner Regel folgten, wäre die Oberfläche unregelmäßig geworden, wenn der quer verlaufende Schussfaden aus Baumwolle oder der einzelne rustikal wirkende Hanffaden nicht Ordnung geschaffen, dem Stoff nicht Berechenbarkeit verliehen hätten. Die besondere Farbenpalette machte diese rustikalen Texturen salonfähig. Vom Standpunkt des avantgardistischen Modernismus konnte man Éva Szabós Kunst für opportunistisch halten, und das war sie auch. Um den Ansprüchen der höheren Kreise zu genügen, entfernte sie sich vom avantgardistischen Modernismus und rutschte in Richtung klassizistische Moderne, ich aber hatte mit meinen Fingern, Handflächen, meiner Phantasie meine Freude an ihrem Opportunismus.

Bei ihr gab es keine ungebrochenen Farben. Aber sie verwendete auch keine Pastellfarben, keine Mischfarben. Sie verwendete die Farben der Erde und der Pflanzen.

Auf diese Art werden unter einem grau bewölkten Himmel die Farben der Erde matt. Ich glaube, so muss ich sie nennen, matte Farben. Bestimmt mischte sie Schwarz in die aus natürlichen Stoffen gewonnenen Farben, um sie ins Grau kippen zu lassen. Diesen bewölkten Stoff hatte Tante Eugenie für die Möbelbezüge in ihrem Haus ausgewählt. Im Salon herrschte ein Farbton zwischen rustikal gewobenem Terrakotta und mattem Orange vor, der sich vom verschleierten Braun der Nussbaummöbel abhob. Das Esszimmer war von der Kombination von mattem Grau und dem gleichen Terrakotta-Orange bestimmt. Es waren mit Hanf verstärkte Baumwollstoffe beziehungsweise mit Baumwolle versetzte Wollgewebe, wobei Szabó auch mit Seide, Brokat, Musselin arbeitete. Um diese machte Tante Eugenie einen großen Bogen. Für die geschnürte Prunktracht Ihrer Exzellenz, geborene Magdolna Purgly, Gemahlin des Ritters von Nagybánya, Miklós Horthy, hatte Éva Szabó, auf persönliche Bitte der gnädigen Reichsverweserin, handgewobene Brokate entworfen. Sie entwarf auch für sakrale Zwecke. Für den neuen Dom von Pécs stellte sie einen Seidenvorhang riesigen Ausmaßes her. Sie gehörte zu den wenigen privilegierten Personen, die nach den Verstaatlichungen selbständig bleiben durften. Im allerletzten Moment, 1952, musste sie ihre Werkstatt in einen genossenschaftlichen Kleinbetrieb umwandeln, dessen künstlerische Leiterin sie bis zu ihrem Tod bleiben durfte.

Als Halbwüchsiger und auch noch als junger Mann klapperte ich auf meinen städtischen Pilgerfahrten fast wöchentlich und ohne besondere Absicht die verstaatlichen Antiquariate ab, denn anderswo waren die Werke der avantgardistischen und klassizistischen modernen Maler nicht zu sehen, in Ausstellungen traten sie kaum auf, wie die Maler das nannten, sie waren in den Tiefen des Lagers der Ungarischen Staatsgalerie versenkt, die Werke zweier ungarischer Malergenerationen verschwanden auf diese Art, sie sollten nicht existieren, um der engagierten, naturalistischen Malerei, sozialistischer Realismus genannt, keine Konkurrenz zu machen, um also dem Dilettantismus das Primat zu garantieren. In diesen Antiquarien in der Kossuth Lajos-Straße, im Klotild-Palast auf dem Apponyi-Platz oder im größten Antiquariat an der Ecke Lipót-Ring und Falk Miksa-Straße hingen jede Woche andere solche aus dem Ausstellungsverkehr gezogene Bilder, wobei die ungarischen Modernisten ganz selbstverständlich mit spießigem Kitsch, marktschreierischem Abfall und den Meisterwerken der österreichischen und ungarischen, aus den bürgerlichen Wohnungen des neunzehnten Jahrhunderts stammenden Landschaftsmalerei gemischt wurden. Die Bilder der Künstlerkolonien von Nagybánya, Szolnok, Kecskemét und Szentendre, von Künstlern, die ich persönlich kannte, oder von den Toten, an die man sich damals noch lebhaft erinnerte, wurden für ein paar Fillér angeboten; ihnen also ging ich nach, denn es war ja nicht zu erwarten, dass diese Kunstwerke irgendwo anders an die Öffentlichkeit gelangen würden. Auf meinen Wegen blieb ich auch immer instinktiv vor Éva Szabós Schaufenster stehen. Gelegentlich betrat ich den Laden auch. Neue Stoffe gab es bei ihr kaum. Zu der Zeit entwarf sie nur mehr Bezüge für die Möbel von Kulturhäusern, genossenschaftlichen Ferienheimen und Parteihäusern, und diese Stoffe waren nicht mehr wie die früheren, auch Szabó war vom hohen Ross ihres Selbstanspruchs abgestiegen, mit ihrer repetitiven Manier siedelte sie sich jetzt eher zwischen den Paneelen der Wohnsiedlungen an, wurde banal, didaktisch, blieb aber mit hartnäckiger Konsequenz bei der Handweberei und bei der auf den historischen Motivschatz zurückgreifenden klassizistischen Moderne, was den Geschmack des offiziellen Kurses, jenen der späten Rákosi-Zeit und der beginnenden Kádár-Zeit, offenbar nicht störte. Die Verkäuferinnen der älteren Generation schienen ein Herz zu haben für diesen verrückten blonden Halbwüchsigen, der ich war und von dem sie aus irgendeiner Quelle wussten, dass er verwaist war, sie wussten auch, dass er im nahe gelegenen Fotoatelier eine Ausbildung machte, dieser Jüngling, der von den handgewobenen Textilien und den bewölkten Farben aus einem merkwürdigen Grund nicht genug bekommen konnte.

Sämtliche Goldschmiedearbeiten im Haus in der Dobsinai-Straße waren Werke Margit Tevans. Die offensichtlich zwei Richtungen, zwei Epochen in ihren Werken vereinte, die reinen Formen der frühchristlichen, nicht einmal unbedingt römischen, eher byzantinischen liturgischen Kelche, Schalen und Platten und die mit Motiven und Symbolen überbordend narrativen, rustikalen Ornamente der Volkskunst-Schnitzerei und -Stickerei. Wir hatten mehrere Bücher mit ihren Werken. Die Bücher waren von den herausragendsten Graphikern des ungarischen Modernismus gestaltet worden, in erster Linie von György Buday. Margit Tevan selbst entstammte dieser mehr oder weniger genialen Typographenfamilie aus Békéscsaba. Ihre Arbeit war das Pendant von Szabós Arbeit mit den Textilien. Die demonstrativ materielle, mit kleinen Hammerschlägen gearbeitete Glätte von Messing, Kupfer und Zinn kontrastierte in ihren Arbeiten mit prallvollen Reliefs, die aus der Symbolwelt der Märchen und Legenden schöpften. Es war packend, das Eine und das Viele, das Vereinfachte und das Rustikale, das Glatte und das Übervolle so nebeneinander zu sehen. Diese klassizistische, wertekonservative Version der ungarischen Moderne (die politisch keineswegs weniger gefährdet war als die avantgardistische Hauptrichtung) richtig zu lesen lernte ich ebenfalls im Haus meiner Tante. Die listige Gegenüberstellung überzeugte mich. Ich ließ Tevans Schalen, Platten, die Karyatiden an den Füßen ihrer Kelche, die auf den Zigarettenbehältern oder den Aschenbechern aufmarschierenden mythologischen Pflanzen, Tiere, Ungeheuer, Ranken, Winden und Himmelskörper nicht nur sprechen, ich phantasierte nicht nur mit ihnen, sondern folgte ihnen auch mit den Fingern; ich betastete sie, roch an ihnen. Die Zigarettenasche hatte auf den bearbeiteten Metallen einen ganz eigenen Geruch hinterlassen. Tante Eugenie rauchte nicht, nur hin und wieder zündete sie sich in einem Fauteuil des Herrenzimmers sitzend eine Zigarette an, was ihr sehr gut stand und die im Übrigen angenehm duftete.

Außer ihr rauchte in der Familie niemand. Manchmal zündete sich meine Mutter mit ihr zusammen auch eine an.

Es gab auch noch eine Tischklingel aus Bronze, die sie im Esszimmer verwendeten, wohl eine Antiquität, eine Dame in Renaissancekleidung und mit Kopfbedeckung, der Klöppel hing unter ihrem gleichmäßig gefältelten Rock. An den nackten Wandflächen waren Bilder nur sparsam vorhanden. Sie sollten einander nicht stören. Da war ein früher Egry, den ich mit siebzehn für zwei Fillér an einen Sammler verkaufte, als ich definitiv mit meiner Familie gebrochen hatte, mit allen, und im wahrsten Sinn des Wortes nichts zu essen hatte. Noch heute bereue ich, es verkauft zu haben. Das Bild hatte in der Dobsinai-Straße im ersten Stock gehangen, im Schlafzimmer, das mit den antiken Möbeln und Gegenständen unserer Urgroßmutter eingerichtet war. Außerdem Kernstoks mit schlafwandlerisch sicheren Linien gezeichnete prächtige Pferde und noch prächtigere Reiter; diese Reiter hatten männlich breite, wohlgeformte Schultern und schmale Hüften, aber ihre Gesäße rundeten sich auf den Pferden auf weibliche Art. Mehrere Bilder von Szőnyi, Gemälde und Graphiken, Pastelle und anderes von Margit Gráber und Vilmos Csaba Perlrott, mehrere Kmettys, auch Bilder von Márffy, Vaszary und Czóbel. Die Skulpturen stammten von Pál Pátzay, und ich meine mich an einen schweren Briefbeschwerer von Ö. Fülöp Beck zu erinnern.

Kunstalben waren damals in den häuslichen Bibliotheken eine Rarität, aber unter ihren Büchern fand ich doch ein Album von Fülöp Beck. Mehrheitlich handelte es sich um Sammelalben, informative thematische Alben, Der weibliche Akt, Das Kind in der bildenden Kunst, Die Kunst der Graphik, Blumenstillleben in der ungarischen Malerei, Die Meisterwerke der ungarischen Goldschmiedekunst, Die niederländische Malerei, Die Bildhauerkunst der italienischen Renaissance, Die Zeichnungen Leonardos, Die Florentiner Skulpturen Michelangelos und so weiter. Oder es waren Ausstellungskataloge. Später besaß auch ich eine große Sammlung davon, bis ich wegen chronischen Platzmangels eines schönen Tages fast alle wegwarf. Es war angenehm, die Skulpturen zu betasten. Mit den Fingern, den Handflächen den Formen zu folgen, die kalten Oberflächen zu spüren, die Vertiefungen und Kanten anstelle des wärmestrahlenden Körpers. Was ist eigentlich ein Ohr, eine Nase, wie gehen die Formen ineinander über, um ein Gesicht zu bilden, wie passen sie sich gegenseitig an, was ergeben sie für ein Relief. In welchem Verhältnis stehen Gesicht und Schädel. Der literarische Text tut sich schwerer mit dem individuellen Relief des Gesichts.

Bei den Skulpturen ging es nicht um die Masse des Körpers aus Fleisch, sondern um mehr, um anderes, um etwas, das gleichzeitig mit der organischen und der anorganischen Natur in Verbindung stand.

Noch bevor ich den Schädel eines lebenden Menschen zwischen den Händen hielt, hatte ich einen Bronzeschädel gehalten.

Sándor Rendls Anwaltskanzlei war mit internationalen finanzrechtlichen Fällen befasst. Aber bei Gelegenheit vertrat er auch Künstler, die zum Freundeskreis seiner Frau gehörten, und diese bezahlten manchmal nicht mit Geld, sondern mit Kunstwerken, die seine Frau ausgewählt oder auch bestellt hatte. So wie er im Namen des familiären Zusammenhalts auch die verhaftete oder angeklagte kommunistische jüngere Schwester seiner Frau und ihre kommunistischen Brüder nach dem besten Wissen vertrat, selbst wenn es gegen seine Überzeugung war, und von ihnen konnte er weder Geld noch Kunstwerke erwarten. Sie standen in einem kühl-herzlichen Verhältnis zueinander. Und waren auf eine Art unvereinbar. Es war eine physische Unvereinbarkeit, wie ich hinzufügen muss. Oder es kam wieder einmal heraus, dass seine Frau ihren Geschwistern Geld zuschob und es ihm verschwieg. Er flehte sie vergeblich an, es nicht zu tun. Oder er durfte ihnen abends wieder einmal in ein Gefängnis nachgehen und die Person finden, die er zum Zweck ihrer Freilassung dick schmieren musste.

Das wirst du doch nicht auf dein Gewissen laden, dass du es nicht tust.

Sándor Rendl tat es, aber zwischen ihnen beiden entstand jedes Mal eine Spannung, die lange anhielt und sie laut streiten ließ.

Onkel Sándor hatte Mühe zu akzeptieren, dass er aus familiären Gründen eine politische Überzeugung teilen sollte, die er für wirr, ja, für gefährlich hielt. Ob vor der Belagerung, ob nach der Belagerung, er stimmte für die Unabhängige Kleinlandwirtepartei. Für meine Eltern war das eine große reaktionäre Bande.

In der Dobsinai-Straße standen drei Auftragswerke von Patzay. Das lebensgroße Porträt von Sándor Rendls Eltern, dem greisen Schachtelfabrikanten und seiner betagten Frau Irma Grünberger, ein hervorragendes, keinerlei Verunstaltung, keine Abweichung, keine flachgedrückte Nase, keine abstehenden Ohren, keinen schlaffen Hühnerhals verhüllendes, ironisch liebevolles Werk, das offensichtlich der Psychologie und dem Formprinzip von Houdons Voltaire-Porträts folgte. Die liebevoll porträtierten Alten verloren sich später im Dschungel der Familiengeschichte. Zuletzt habe ich sie in der Speisekammer von Tante Magdas Wohnung am Theresienring gesehen, also in unserer gemeinsamen Wohnung, und dazu noch auf dem untersten Bord des Regals, verbannt zwischen leere Einmachgläser; sie besaßen auch eine etwas überlebensgroße Büste von Tante Eugenie, die man ganz sicher unter die hervorragendsten Werke der ungarischen Moderne der Zwischenkriegszeit zählen muss, auch wenn diese Werke der klassizistischen Moderne heute in Vergessenheit geraten sind. Der unaufgeregten, intim klassizistischen Richtung. Die avantgardistische Moderne war linksgerichtet. Die klassizistische Moderne konservativ, so konservativ, dass sie in der Zwischenkriegszeit zuweilen den von offizieller Seite bevorzugten christlichen Kurs übernahm, ja sogar mit dem Faschismus liebäugelte, dem manche Künstler auch gänzlich verfielen. So wie auch die Avantgarde mit der Linken nicht nur liebäugelte, sondern wirklich und kämpferisch kommunistisch wurde und daran als Kunst auch gleich kaputtging. In Margit Grábers Atelier oder auf der Donauinsel von Szentendre, in einer auf einem Floß stehenden knirschenden, schaukelnden, schwappenden kleinen Kneipe, in der die Maler zu Abend zu essen pflegten, leider erinnere ich mich nicht mehr an den Namen der schwimmenden kleinen Kneipe, hatten sie für diese künstlerisch gefährliche politische Wahl einen Patentsatz. Jemand ist still dreingetreten. Sie sagten nicht in was, sagten nicht, in die Scheiße getreten, nein, sondern einfach, den großen Humoristen Karinthy zitierend, still dreingetreten. Das war ihre summarische Meinung. Sie wussten es im Voraus, aus Erfahrung, und ich als Kind merkte es mir ein für alle Mal. Mehr Worte verschwendeten sie nicht an den vom Weg abgekommenen Künstler. Jemand ist still dreingetreten.

Die Büste aus der klassizistisch-modernistischen Schule war ein kühles, elegantes Stück, genau wie ihr Modell, meine noble, kühle, nie lachende Tante. So wie Tevans Werke in der Tradition der frühchristlichen Kunst standen, so hatte Pátzay wohl die Herme des heiligen Königs László zum Vorbild genommen. Die Büste meiner Tante wird von einem leicht am Körper haftenden Kleid bedeckt, jene des heiligen László von einem Mantel. Das ist der ganze Unterschied. Plus die fünfhundert Jahre, die zwischen ihnen liegen. Die Herme des heiligen László war um 1420 in der Regierungszeit von König Zsigmond entstanden, und sie ist nicht nur eine Plastik, sondern auch ein Schädelreliquiar, in einem von Bändern zusammengehaltenen Gehäuse ist im Schädel der Büste der Schädel des Heiligen untergebracht, das Original gewissermaßen in Bronze gefasst, und Mantel und Reliquienbehälter sind ein Werk der Goldschmiedekunst. Logischerweise ist die Büste etwas überlebensgroß, zumindest um so viel, wie das Material dick ist. Und so wurde auch die Büste meiner Tante ewas überlebensgroß. Das konnte ich immer wieder feststellen, wenn sie an der Büste vorbeiging. Jetzt habe ich sie auch ausgemessen. Dass Pátzay einen kirchlichen Gegenstand zum Vorbild nahm, entbehrt im Hinblick auf meine Tante nicht der Ironie. Nicht nur, dass der christlichen Richtung derartige Zitate lieb waren, und Pátzay, der sich staatliche Aufträge für öffentliche Statuen sichern wollte, hatte wegen seiner Rolle während der Diktatur des Proletariats in der Tat einiges abzuarbeiten, sondern das Zitat wies offensichtlich auch aufs nie ausgeübte Handwerk des Modells hin, die Goldschmiedekunst.

Das war die heimliche Widmung der Büste. Sie entstand 1928 und figurierte noch im selben Jahr unter dem Titel *Porträt von Frau Dr. Eugenie Rendl* auf der Biennale von Venedig. Inventarnummer 1450 der Esposizione Internazionale d'Arte della Città di Venezia. Ich weiß nicht, in welcher Beziehung der junge Mann vom Land und das herrschaftliche Fräulein aus Budapest standen, ich habe keine Angaben dazu, jedenfalls wurden sie im gleichen Jahr geboren und hatten in ihrer Jugend zum gleichen linksgerichteten avantgardistischen Künstlerkreis gehört, von dem sie sich später beide trennten und auch politisch entfremdeten. Kaum anzunehmen, dass sie sich in ihrer Zeit als linksgerichtete Avantgardisten nicht gekannt hätten.

Die profane Büste meiner Tante Eugenie, mit ihrem ewigen antiken kleinen Lächeln in den Mundwinkeln, steht heute auf dem von unserer Großmutter Mezei geerbten Biedermeier-Sekretär im Wohnzimmer meines Bruders.

Ob sie wussten oder nicht, was für ein kirchengeschichtlich, kunstgeschichtlich und gesellschaftshistorisch aufgeladener Inhalt sich in der Büste verbarg, ich jedenfalls bin nicht erst jetzt dahintergekommen. In Onkel Palis Arbeitszimmer hatte ich die Bilder von Houdons wunderbaren, verrunzelten Voltairebüsten gesehen, mein Onkel arbeitete nämlich jahrzehntelang an einer nie publizierten Voltaire-Monographie, und ebenso hatte ich in einem von Tante Eugenies Kunstbüchern die Herme des heiligen László entdeckt. Auf dem Umschlag eines kleinformatigen Buchs über Goldschmiedekunst, wenn ich mich richtig erinnere, wobei ich nicht recht verstand, was eine Porträtbüste mit Goldschmiedekunst zu tun hatte. Bis zum heutigen Tag habe ich keine plausible Erklärung gefunden, warum die Büste Herme genannt wird. Eine Herme ist ein von einem Hermeskopf gekrönter vierkantiger Pfeilerschaft, aus dem ein Phallus ragt. Wie auch immer, die Büste des heiligen László ist Mensch und Konstrukt zugleich. Der Verweis auf dieses Vorbild ließ sich schon deswegen nicht übersehen, da Pátzay, nicht gerade zuvorkommend, aus dem Frauenkopf die männlichen Züge, gewissermaßen die genetische Struktur, herausgeschält hat. Und auch das Umgekehrte gefiel den klassizistischen Modernisten. Bei betont männlichen Figuren machen sie auf die femininen Züge des Körpers aufmerksam. Bei diesem Spiel mit der geschlechtlichen Identität ging Béni Ferenczy am weitesten. Was wohl auch daher rührte, dass er eine durchaus feminine, seine Schwester Noémi hingegen eine durchaus männliche Figur hatte, als hätte die Natur ihre Geschlechter vertauscht, und dieser Spur gingen sie in ihrer Kunst nach. Ich kannte sie nicht, sah sie aber öfter auf Vernissagen. Ferenczy gestaltete die weibliche Brust zuweilen brutal männlich. Als wäre er sein ganzes Leben lang wütend auf sie. Er knallte den Ton auf die Statue, drehte zwischen zwei Fingern eine Brustwarze, drückte sie auf, fertig. Nicht nur die Bildhauer, auch die vom Klassizismus inspirierten Maler, Szőnyi, Kernstok, spielten damit. Über dem Pferderücken schweben die durchgeistigt weiblichen Hintern von Kernstoks stattlichen Reitern. Sobald sie auf den Pferderücken zurückplumpsen werden, sehen sie dann nicht mehr so ideal aus. Es wird sie auseinanderdrücken. Das will Kernstok nicht, er will den idealen Hintern. Seine weibliche Fülle und Rundung. Aus irgendeinem Grund findet man diese Form attraktiv. Zu meiner größten Überraschung hatte mein väterlicher Freund und literarischer Meister Miklós Mészöly einen solchen weiblich geformten Hintern, obwohl er sonst wirklich mit allen schönen und unschönen Zügen der männlichen Konstitution versehen war. Er hatte die stattlichen Schultern und den weiblichen Hintern von Kernstoks Reitern. Als ich zum ersten Mal in seiner Wohnung in der Városmajor-Straße, Stadtmeiereistraße, war und wir schon seit dreieinhalb Stunden redeten, in den Blick des anderen versunken, sprang er mit einem Mal auf und rief, wir sollen etwas trinken gehen, dann warf er sich die Kleidung vom Leib, seltsamerweise auch die Unterhose, nahm frische Unterwäsche aus einer Kommode und zog ein frisches Hemd und eine neue Hose an. Das ist der typische Malerblick, in der Frau den Vater, im Mann die Mutter sehen; seit damals sehe auch ich in der Frau, im Mann die verborgenen Züge und schlafenden Energien. In einem Gesicht die Vererbungslehre eingezeichnet sehen. Das Sehen lernte ich als junger Bursche von den Malern. Sehen meint auch, dass man fähig ist zu sehen, was man nicht weiß, nicht kennt. Ferenczy verfährt mit den riesigen weiblichen Gesäßen gerade umgekehrt wie Kernstok mit den männlichen Hintern. Genussvoll setzt er das weibliche Fett fest aufs Postament, auch wenn er die Grobheit des Aufeinandertreffens zuweilen mit Draperien mildert, aber doch nie auflöst. Es muss diesen Künstlern eine unglaubliche Freude, eine Erregung in der Lendengegend verschafft haben, wenn sie sich sagen konnten, das habe ich jetzt wirklich erfasst. Gepackt. Das habe ich jetzt getroffen, wenn mich nicht alles täuscht.

Sie besaßen noch eine weitere Skulptur von Pátzay, eine mitsamt dem Sockel gerade nur 32 Zentimeter hohe Kleinplastik. Den physisch sehr ausgearbeiteten Akt des halbwüchsigen David in einem Moment der Niedergeschlagenheit.

Ende, Niederlage, es hat keinen Sinn mehr, noch etwas zu versuchen. Das schien er mit erhobener Hand zu sagen. Alles dahin. Die Kristallachse des Universums ist zerbrochen.

Aber vielleicht genau in dem Augenblick entdeckt David den glänzenden Kiesel im Bachbett, mit dem er den Lauf der Geschichte verändern wird.

Wir sehen ihn schreiten. Die Skulptur ist seit meiner frühesten Jugend in meinem Besitz, seit jeher steht sie am Rand meiner verschiedenen Schreibtische und Regale. Ich habe sie an die Orte meines lebenslangen freiwilligen Exils mitgenommen, nach Kisoroszi, nach Gombosszeg. In Jahrzehnten der Entbehrung lebte ich mit ihr zusammen. Sie war die einzige Augenzeugin meines misslungenen Selbstmordversuchs, meiner Schande, meiner Hilflosigkeit. Eine gute Skulptur lässt sich nicht nur betrachten, sie selbst sieht auch. Es müssen mehrere Abgüsse von ihr entstanden sein, offensichtlich ganz verschiedener Qualität, der Abguss in der

Ungarischen Nationalgalerie ist um etliches schwächer als meiner. Es kann sogar sein, dass der Skulptur in der Nationalgalerie eine frühere Tonvorlage zugrunde liegt.

Zu meinem größten Glück darf ich seit sechzig Jahren das vollkommene Exemplar betrachten. Auch wenn es künstlerisch nicht ganz an die Büste meiner Tante heranreicht.

Pátzays Modell mag ein kahlgeschorener Proletarierjunge gewesen sein, und insofern ist die Statue bei mir an einem sehr guten Ort. Trotzdem kann ich nicht sagen, dass ich in allen diesen Jahren die Plastik verstanden hätte, ich studiere sie jeden Tag, sie ist unerschöpflich. Und als ich nach dieser beinahe sechzigjährigen Bekanntschaft eines schönen Tages in die Arbeit versunken im großartigen Fotoarchiv des Deutschen Literaturarchivs saß, in Schillers Geburtsort Marbach, wo nach wie vor im Tal unten der Neckar gemächlich fließt, lebt, strömt und ich seit Tagen acht, sogar auch zehn Stunden täglich in der Fotothek saß, um auf Wunsch des Archivs den fotografischen Nachlass Hunderter von toten Kollegen durchzusehen, ich hatte eine Woche Zeit, eigentlich ein unmögliches Unterfangen, stand plötzlich auf einigen großformatigen Amateuraufnahmen in Harry Graf Kesslers Nachlass der von Zweifeln geplagte, in den Kampf getriebene David vor mir.

Die Fotos hatte Harry Graf Kessler selbst gemacht, und zwar unter dem Holzgebälk von Maillols Atelier, was daran erkennbar ist, dass auf einer der Aufnahmen der Künstler mit seinem spärlichen Bart steht und gerade ein Bein der Statue formt. Möglich, dass Maillol dem Grafen Kessler gerade die fertige Tonvorlage vorführte und für den Fotografen so tat, als forme er sie noch. Auf dem Modellierholz ist ein wenig Ton zu sehen. Bildende Künstler tun den Fotografen diesen Gefallen gern, erst recht dem verehrten Auftraggeber, für die Fotografie nehmen sie noch einmal etwas Farbe von ihrer schmucken Palette auf den Pinsel, legen ein bisschen Ton auf ihr Modellierholz.

Auf anderen Fotos hingegen steht das Modell vor dem gerade entstehenden Akt.

Jetzt war ich sicher, dass Pátzay Maillos Narziss gekannt hatte. Ich musste meine weltbewegende Entdeckung auf der Stelle Professor Frank Druffner mitteilen, der damals im Marbacher Archiv die Bild-, Skulpturen- und Fotosammlung leitete. Er hörte mir aufmerksam zu, ein wenig so, wie man einem Verrückten zuhört, auch wenn er wohl durchaus verstand, wovon ich redete. Die Arbeit des Archivars und Konservators besteht ja auch aus der sorgfältigen Systematisierung von winzigen Übereinstimmungen. Es vergingen keine zwanzig Minuten, und er brachte mir kommentarlos den entsprechenden Passus in Graf Kesslers Tagebüchern. Druffner kannte die Stelle. Graf Kessler notiert am Montag, dem 24. Juni 1907, in seinem Tagebuch, Maillol habe einen kleinen Radfahrer zu ihm geschickt, im Übrigen sei der Betreffende ein Jockey namens Gaston Colin. Maillol denke sich Colin als Modell für das Relief und den Narziss. Er will fürs Modellstehen nur 5 frcs zahlen, und für diesen geringen Betrag findet man schwer ein anständiges Modell, Graf Kessler gibt dem Jungen das Übrige, und eine Woche später, am Freitag, notiert er in seinem Tagebuch, er habe bei den Maillols in Marly gegessen, zum ersten Mal. «Ich kam ziemlich früh», schreibt er, «gegen halb sieben, da Maillol keine Zeit angegeben hatte, und ging mit ihm vor Tisch noch ins Atelier, wo er mir das Relief abdeckte. Der Junge ist schon fast fertig. Er nimmt als Modell für den Kopf den kleinen Colin, für den Akt den jungen Gaboriau aus St. Germain, einen Taugenichts, Preisboxer, Fußball Capitän, Pastorensohn, Schiffsjunge a. D., Maler und Schüler von Maurice Denis. Ich sagte Maillol, der Akt scheine mir ‹plus près de la nature› als seine früheren Arbeiten.» Kessler war zweisprachig. In seinem Tagebuch mischt er die Sprachen. Er dachte auf Deutsch, schrieb deutsch, aber französische Ausdrücke übersetzte er nicht auf Deutsch. Auf seine Bemerkung habe Maillol geantwortet: Mais ça n'a pas d'importance, ça! Das hat doch nichts zu bedeuten. Der

Ausdruck ist das Wichtige. Es gibt köstliche ursprüngliche Sachen, in denen wenig Natur ist. Aber die Künstler haben so viel gearbeitet und gearbeitet, um das Gefühl auszudrücken, dass es eine vorzügliche Sache geworden ist. Das Gefühl ersetzt das Wissen. Le sentiment remplace la science. Schauen Sie, auch ich, als ich anfing, wusste nichts und arbeitete sogar ohne Modell, und das, was ich machte, war unbeholfen; aber ich arbeitete und arbeitete so sehr, bis es mir gelang, Sachen zu machen, die mein Gefühl stark ausdrückten. Dann zeigte er die Aktstudien nach dem kleinen Colin für den Narziss. Seine Beine mache ich noch ein wenig kürzer, seine Arme verstärke ich, aber dies hier, die Brust, und sein Rücken sind sehr hübsch. Regardez, c'est curieux, il a des seins comme une jeune fille. Schauen Sie, wie merkwürdig, er hat Brüste wie ein junges Mädchen.

Bis wir zu diesem Kruzifix am Straßenrand heraufgelangt waren, um dann gewohnheitsgemäß stehen zu bleiben und auszuruhen, hatte ich Onkel Sándor nur aus Gründen der höflichen Konversation erzählt, auf welche Art meine Eltern und ihre Freunde die nächsten Parlamentswahlen fälschen würden, und damals, mit fünf, wusste ich sogar auch, dass der Betrug von Innenminister Rajk gelenkt und organisiert wurde.

Es konnte mir nicht in den Sinn kommen, dass ich gerade ein Geheimnis mit sieben Siegeln ausgeplaudert hatte.

Bei diesen Sonntagsspaziergängen auf der heimtückischen Steigung der Diana-Straße sagte Onkel Sándor nach einer Weile immer weniger, atmete immer schwerer. Die Straßen hatten ein unregelmäßiges, ausgewaschenes Pflaster, mit der Spitze seines Spazierstocks klopfte und kratzte er auf den Steinen. Mein Vater hatte mir auch früh beigebracht, wie man eine Konversation bestreitet. Man redet nicht drein, fällt dem anderen nicht ins Wort, stellt bestimmte Fragen nicht. Man übernimmt auf eine bestimmte Art das Wort, wechselt das Thema.

Aus reinem Pflichtgefühl hatte ich Onkel Sándor eine Neuigkeit erzählen wollen, damit nicht er reden musste, aber wieder einmal ging mit meinem übergroßen Pflichtbewusstsein etwas schief.

Bis wir oben bei der Uhr-Villa ankamen, hatte ich die geheime Geschichte weitgehend vorgetragen.

Worauf ich nur noch weiterredete, weil er völlig verstummt war, auf seltsame Art schwieg, sodass ich vorsichtig zu ihm hochschielte und zu sehen meinte, dass sich seine Gesichtsfarbe verändert hatte. Vielleicht stieg auch sein Blutdruck ein wenig, befiel ihn ein kleines Unwohlsein.

Die berühmte Uhr-Villa steht auf einem Hügelsporn, Jahre später besuchte ich hier einen Mitschüler, der darauf bestanden hatte, dass ich mir sein Knopffußballbrett ansehe, das ihm der Paps gemacht hatte; sie wohnten in einem Nebengebäude der Villa. Es mochte früher ein Stall gewesen sein, Jahrzehnte später war ich dann auch im klassizistischen Hauptgebäude, dessen Tympanon von ländlich anmutenden gedrungenen dorischen Säulen getragen wird. Zur Zeit ihrer Entstehung hatte sie mit ihrem stolzen Säulengang auf ein großes Weingut geblickt. Von der im Tympanon angebrachten Uhr hatte die Villa ihren Namen. Zur Zeit unserer Spaziergänge klaffte an ihrer Stelle ein Loch. Die Uhr war während der Belagerung abmontiert worden. Etwa zweimal saß ich im ehemaligen, auf den Säulengang gehenden Esszimmer, nämlich als die demokratische Opposition einige Vorträge ihrer fliegenden Universität hier abhielt. So etwa der Philosoph Mihály Vajda einen Vortrag über die Demokratie. Diese Vorträge fanden an verschiedenen Orten statt, doch auch die Spitzel waren mit von der Partie, und so wurde meine Teilnahme in den entsprechenden geheimdienstlichen Akten vermerkt. Obendrein wurde ich in einer Zusammenfassung, unterschrieben von einem gewissen Dr. Attila Izsó, auf die Liste der Zielpersonen aufgenommen, die man im Rahmen einer mit dem Decknamen «Wartende» versehenen vertraulichen Ermittlung gründlicher observieren musste.

Laut der Definition des im Februar 1981 begonnenen, aber nie abgeschlossenen *Objekt-Dossiers* 11-OD-4884 galten jene Personen als zu Observierende der ersten Kategorie, die abgesehen vom Besuch der fliegenden Universität auch bei anderen oppositionellen Aktivitäten eine Rolle übernommen hatten, etwa als Initiatoren oder Organisatoren. Zielpersonen erster Kategorie der vertraulichen Ermittlung waren etwa János Kis, Erzsébet Vezér, János Kenedi, Ferenc Kőszeg und noch andere mehr. Ich figurierte in der streng geheimen Akte als zu Observierender zweiter Kategorie. Die zu Observierenden der zweiten Kategorie, schrieb Dr. Izsó, nehmen auch an anderen oppositionellen Aktivitäten teil, sind aber weder Initiatoren noch Organisatoren. Die häufigste Motivation für ihre Aktivität, so Dr. Izsó, sei die Tatsache, dass sie mit den zur ersten Kategorie gehörenden, aus Gründen des Staatsschutzes observierten Personen in enger Beziehung stehen. László Rajk wurde observiert, der junge Rajk, der im Wickelsack unserer Familie gelegen hatte, aus dem ihn seine Mutter, Júlia Földi, noch zum letzten Stillen raushob, und auch auf dem einzigen Foto, das von ihnen beiden erhalten ist, hält Júlia Rajk den Säugling in dem wohlbekannten Wickelsack, während ihn László Rajk hingebungsvoll betrachtet. Das herangewachsene Lacilein muss den Spitzeln wesentlich mehr Mühe gemacht haben als ich, verkaufte er doch Samisdat-Ausgaben in seiner Wohnung, Samisdat-Boutique genannt, und obendrein in dem Haus in der Galamb-Straße, aus dem man Ilona Kojsza noch vor der Verhaftung seines Vaters verschleppt hatte, um von ihr belastende Aussagen gegen diesen zu erhalten; allerdings hatten die Observanten mit mir wahrscheinlich die kompliziertere Aufgabe, da ich damals schon seit gut zehn Jahren aus der Gesellschaft ausgestiegen war, meine Stelle aufgegeben und meiner Geburtsstadt den Rücken gekehrt hatte, um an die Spitze der Insel von Szentendre zu ziehen, in ein schläfriges kleines Dorf, Kisoroszi, wo es einem Agenten eher schwerfallen durfte, eine gesellschaftliche Gelegenheit für meine Observierung zu finden. Es hatte sich dort eine kleine Künstlerkolonie gebildet, eher eine Zufallsgeburt, da praktisch alle eine andere Auffassung von Kunst hatten und sich gegenseitig nicht inspirierten. Man war dem Maler István B. Nagy, dessen Vater der Ortsarzt war, hierhergefolgt, meinerseits war ich einem anderen Maler gefolgt, Lajos Sváby, dann kamen noch der Bildhauer Miklós Melocco, später der Lehrer Péter Melocco hinzu und so weiter, auch ein Tamás Soundso mit seiner lebhaften Freundin, ein heillos schwacher Bildhauer, ein freundlicher, dummer Mensch. Im Herbst wurde es still, bis zum folgenden Frühsommer zogen die Künstler wieder in die Stadt. Nur ich blieb. Und saß in meinem gemieteten Zimmer. Oder ging einmal zu den Mészölys hinüber, die zwischen Kisoroszi und Budapest pendelten. Wir machten lange Spaziergänge, oder ich besuchte den reformierten Pfarrer von Kisoroszi, József Tóth und seine große Familie. Bei ihm nahm ich zum ersten Mal das Abendmahl, dafür musste ich den Heidelberger Katechismus lernen und das Glaubensbekenntnis ablegen. Ich habe keine Ahnung, wer mich observierte. In diesen Sommern in Kisoroszi war ein großes Kommen und Gehen, von den ersten Herbsttagen an nur noch Totenstille. Meine Akten aus dieser Zeit sind nicht aufzufinden. Man spürte aus vielem die ehrende Aufmerksamkeit des inneren Sicherheitsdiensts. Manchmal machten sie es extra auffällig, das war als letzte Warnung gedacht, aber wir bissen die Zähne zusammen und kümmerten uns nicht darum, wer was observierte und wie oft diese letzte Warnung noch inszeniert wurde. Was für eine Warnung. Damit durfte man sich nicht befassen, sonst hätte sich die Diktatur in den Kern der Persönlichkeit vorgedrängt, um dort Fäulnis hervorzurufen, oder man wäre im Netz der systemspezifischen Paranoia hängen geblieben.

Um unsere Freiheit ging es, um die gottgegebene Freiheit des Fühlens.

Mein väterlicher Freund und Meister Miklós Mészöly und ich beschlossen, konsequent und kontinuierlich nicht zur Kenntnis zu nehmen, dass wir observiert wurden. Uns nicht darum zu kümmern, wenn in unserer Abwesenheit zuweilen unbekannte Personen unsere gemieteten Zimmer besuchten und Gegenstände und Möbel verschoben. Noch heute suche ich manisch, wenn ich Papiere nicht gleich finde. Die Scheißtypen hatten ein paar lebenswichtige, nichtreproduzierbare Notizen mitgenommen, was ich noch heute nicht glauben kann, sie dachten vielleicht, die Notizen enthielten einen Geheimcode. Einen zu knackenden. Ich hatte ein paar farbige Darstellungen von der Struktur und dem Mechanismus des Bewusstseins angefertigt, und ich kann es heute noch nicht fassen, dass sie die einfach mitgenommen haben. Bestimmt dachten sie, die Geheimbotschaft stecke in den Farben der Darstellungen. Mit ihren Miniatur-Apparaten fotografierten die Agenten schwarzweiß, auf meinen Darstellungen aber waren die Farben wichtig. Die brauchten sie, um diese anständig und mit einigem Fachwissen hergestellten Zeichnungen zu analysieren. Ich hatte am Chemietechnikum zwei Jahre lang darstellende Geometrie gelernt, und ich hatte alle meine geometrischen Kenntnisse und meine ganze Intuition auf diese Darstellungen der Struktur des Bewusstseins verwendet. Verrückte Darstellungen, ich gebe es zu, visionäre Bilder, sie waren in einem Moment der Gnade entstanden, im Sommer 1971, als eine verpatzte Liebe und ein Drogenabenteuer zusammenkamen. Mészöly seinerseits musste besonders viel nicht zur Kenntnis nehmen, in seiner Wohnung in der Városmajor-Straße und in den verschiedenen gemieteten Zimmern in Kisoroszi, schließlich im großen Holzhaus oben auf dem Weinberg, wurde er vierundzwanzig Stunden pro Tag abgehört. Auch seine Akte ist nirgends zu finden, aber aus den Akten anderer Protagonisten der Opposition geht eindeutig hervor, dass er mehrere Jahre lang, vielleicht ein ganzes Jahrzehnt lang, observiert wurde. Wir sagten es uns, wenn wir bemerkten, dass das Fühlen und Denken des anderen wieder einmal allzu sehr um die Spitzel kreisten. Zu erörtern, wer in unserer Umgebung ein Spitzel sein könnte, war tabu. Wir unterbrachen uns jeweils gegenseitig, gingen nicht auf dieses Thema ein. Eine solche Selbstzensur war besser, wir wussten über die Desinformationstechniken der Geheimdienste zu genau Bescheid. Sie konnten auch tragische Konsequenzen haben. Wir wollten uns nicht dadurch demütigen lassen, dass wir unsere Bekannten betreffenden Desinformationen auf den Leim gingen. Wir verboten uns Misstrauen und Verdächtigungen. Vertrauen war unsere einzige Medizin gegen die Diktatur, unser einziges Gegengift. Wer sympathisch ist, der ist sympathisch, wer unsympathisch ist, soll eben unsympathisch sein. Wir lassen einzig unserer Sensibilität Raum. Wenn wir mit jemandem nicht vertraulich sprechen wollen, dann tun wir es eben nicht. Allerdings kann man auch trotz allem hereinfallen, es gibt ja auch attraktive Spitzel, wie denn auch nicht, das ist sozusagen ihre Berufspflicht, und wir sind ja alles andere als unfehlbar. Wir vertrauen unserem Gespür, folgen einzig unserer Empfindung. Wenn die Diktatur schon alles aufgewühlt hat, soll das Empfinden das Einzige, das Letzte sein, das sie nicht durchdringen kann. Den Papieren entnehme ich, dass die Observanten auch über Ági Zsigmondi Bericht erstatten mussten, über jenes exotisch aussehende Mädchen, das in Kisoroszi so umwerfend vehement im Herbstlaub mit dem bis dahin glücklich herangewachsenen Lacilein gerungen hatte. Unter anderem sind totalitäre Systeme unfähig einzukalkulieren, dass schöne junge Mädchen mit schönen jungen Männern im Herbstlaub ringen, und also können sie sich mitsamt aller Meldungen aller ihrer Beamten ficken lassen. Jetzt und in alle Ewigkeit, Amen. In der zweiten Kategorie wurde auch der Soziologe Iván Pető beobachtet, der nach der Wende Präsident des Bundes Freier Demokraten wurde, ebenso Ambrus Oltványi, auch der dürfte kein einfacher Fall gewesen sein, denn er saß dauernd nur in seinem Zimmer. Er war als Kind an Kinderlähmung erkrankt und kämpfte sein Leben lang mit den Folgen, war aber trotzdem ein unerschrockener Mensch. Eine Zeitlang wohnte er in dem Haus in der Városmajor-Straße, in dem die Mészölys ihre Atelierwohnung hatten, Miklós nahm mich manchmal zu Ambrus ins Erdgeschoss mit, wo der inmitten seiner riesigen Bibliothek an einem Biedermeiertischchen saß. Seine ganze Wohnung war eine einzige Bibliothek. Im Dezember 1956 wurde er wegen Verbreitung illegaler Flugblätter von den sowjetischen Militärbehörden in Gewahrsam genommen, und während er drinnen war, wie man damals sagte, drinnen, er ist hineingebracht worden, drinnen behalten worden, versagten die Nerven seiner Mutter, und sie brachte sich um. Unter den Hörern der fliegenden Universität gab es noch eine dritte Kategorie, schrieb Dr. Izsó in seinen streng vertraulichen Ausführungen, Personen, die in den vertraulichen geheimdienstlichen Ermittlungen nur peripher ins Blickfeld des Geheimdiensts geraten waren, beziehungsweise die außer dem Besuch der Vorträge keine weiteren Aktivitäten verfolgten.

Als ich die Vorträge in der Uhr-Villa besuchte, hatte sich am Gebäude, verglichen mit meinen frühkindlichen Erinnerungen, nichts verändert, abgesehen davon, dass das Loch, das die Uhr hinterlassen hatte, auf ziemlich hässliche Art zugemauert worden war und das ganze Gebäude als Kunstdenkmal langsam vor die Hunde ging, es waren Teile weggenommen, dazugebaut, es war allerlei gemacht worden, was man nicht hätte machen dürfen. Ungarn war zu einem Hüttenland, Schuppenland, Stümperland, Pfuschland verkommen, zu einem Land, in dem niemand mehr irgendetwas von irgendetwas verstand, aber zum Überleben trotzdem jeder alles tat. Um die einstigen Gesindehäuser und einstigen Ställe herum lag entsetzlicher Schlamm und türmten sich Abfallberge, weil in der Diktatur alle dauernd alles sammelten, aufbewahrten, lagerten, um für Eventualitäten gerüstet zu sein, und so wuchsen hinter jedem Schloss, jeder Villa, jedem Landhaus, in den Eingangshallen, auf den Laubengängen und den Treppenabsätzen der Mietshäuser die Haufen von altem, wild durcheinandergeworfenem Zeug.

Bei einem früheren Sonntagsspaziergang hatte mir Onkel Sándor die Geschichte des Gebäudes erzählt. In der kritischen Phase des Befreiungskriegs, zur Zeit des sogenannten Frühjahrsfeldzugs vom Mai 1849, war die Uhr-Villa Sitz des Kriegsrats von Oberbefehlshaber Görgey gewesen, der von hier aus die Belagerung Budas befehligte, das er dann auch zurückeroberte. Damals war das Gebäude noch relativ neu. Eine Art Familiensommersitz eines Pester Schokoladenfabrikanten namens Ferenc Heidrich. Der Kriegsrat tagte in seinem Esszimmer, zweihundertzwanzig Jahre später hielt die demokratische Opposition hier die Vorlesungen ihrer freien Universität ab. Die Villa war im Stil der klassizistischen ländlichen Herrensitze gebaut, auf der Südostseite der Kalkhügelkette lagen damals hauptsächlich Weingüter, die Hügelkuppen und die Nordhänge waren von stark duftenden Eichenwäldern und ihrem wundervollen Unterholz bedeckt, schwäbische Weinbauern wohnten hier, sie sprachen ausschließlich deutsch und brachten ihre Schweine zur Eichelmast in die Wälder. Erst später kamen die Sommerfrischler aus Budapest. Aber auch da blieb Deutsch die Sprache des Hügels. Dem Geschmack und der Lebensweise der Urlauber entsprach am ehesten der Stil des Herrenhauses, gegen den deutschen Stil, den des österreichischen Hochadels und des Hofes, vertrat das Herrenhaus den Stil des ungarischen mittleren Adels, den nationalen, rebellischen Stil, auch wenn man mit den Ortsansässigen deutsch sprechen musste. Man zog mit dem gesamten Hausrat für den Sommer hinauf, so wie Großvater Neumayer mit den sieben Kindern und dem Personal für den Sommer nach Pesthidegkút zog, später abwechslungsweise auch ins ferne Gömörsid, wohin der Umzug nicht so umständlich war, da dort ein ständiger Haushalt funktionierte.

Auch Sándor Rendl hatte als hoffnungsloser Liebhaber auf dem Gut meines Großvaters in Gömörsid seine Aufwartung gemacht. Ebenso der junge Pál Aranyossi, wobei die Familie noch hoffte, die Verlobung könnte geheim gehalten werden. Großvater bot Aranyossi äußerst schlau eine Stelle an, als Französischlehrer der Kleinen, Miklós und Laci. Über dieses Angebot, das natürlich einer groben Zurechtweisung gleichkam, amüsierten sich die beiden Verliebten köstlich.

Bis wir oben angekommen waren, war Sándor Rendl fast völlig verstummt, und ich hatte das Gefühl, ich müsse ihn unterhalten.

Nur sein lauter Atem war hörbar, das Geräusch unserer Schritte, das Klopfen seines Stocks.

Der Grund auf dem Orbánberg und dem Schwabenberg ist bröselig, Kalkstein zerfällt leicht, asphaltierte Wege gab es hier in jenen Jahren kaum. Vielleicht war als einzige die Istenhegyi-Straße asphaltiert. Unter dem kühlen, bewölkten, nach Regen aussehenden Sonntagshimmel war auf der nassen Straße niemand zu sehen. Bei solchem Wetter stachen die größeren Steine schön gewaschen aus dem mit weißen Brocken gemischten gelben Lehm leuchtend hervor. Als ich vorsichtig zu ihm hochschielte, sah er aus, als würde er mich am liebsten ohrfeigen. Obwohl ihm sicher nichts ferner stand. Er wurde nie laut. Blieb in jeder Lage höflich und aufmerksam. Auch seine Frau vergötterte er auf diese aufmerksame Art und war von jedem Wort und jeder Geste seiner Tochter entzückt, blieb aber auch dabei zurückhaltend. Auch dem Personal gegenüber benahm er sich so. Aber jetzt, glaube ich, brodelte es in ihm, bei aller Selbstdisziplin. Mich hatte er unter die Fittiche genommen, passte auf mich auf, was machen die zu Hause mit Péter. Noch kurz vor seinem Tod lud er mich auf Spaziergänge ein, wobei er keinen anderen Ton annahm, wie unter Erwachsenen plauderte er mit mir über die verschiedensten Themen. Von der Kuppe des Schwabenbergs, wo meine spätere Schule stand, kehrten wir auf verschlungeneren Wegen auf den Orbánberg zurück. Wir stiegen in die Költő-Straße, Dichterstraße, hinunter, wo wir immer aufs Neue das Haus mit dem gewundenen Kamin bewunderten, eine Rarität, ein Meisterwerk des Kaminbaus, das sich ein leicht verrückter Pester Schauspieler namens Károly Benza hatte bauen lassen, dann schauten wir gleich daneben in Mór Jókais Garten hinein, wo das Tor immer weit offen stand, damit ich mit eigenen Augen sehen konnte, wohin mein Urgroßvater Mezei an Sommerabenden zu Besuch gegangen war. Jetzt wohnte Jókais Enkelin Masa Feszty in dem Haus, die ich ein paar Jahre später in ihrem Studio besuchte, weil ich für den literarischen Fachkreis neue Jókai-Dokumente beschaffen sollte.

Masa Feszty empfing mich misstrauisch, am liebsten hätte sie mich mitsamt meinem Anliegen gleich wieder hinausgeworfen, und um das nicht tun zu müssen, traktierte sie mich mit ihren neuen Bildern. Ob ich ihre neuen Bilder sehen wolle. Als ob ich die alten gesehen hätte. Wenn ich mich richtig erinnere, waren es Andachtsbilder, Wundertaten und Erscheinungen der Heiligen, Heiligenscheine und Strahlenkränze. Für unseren Fachkreis rückte sie natürlich mit keinem einzigen Jókai-Dokument heraus. Sie sagte, sie würde mich bei Gelegenheit benachrichtigen. Ich wartete jahrelang darauf. Warum nur hatte ich dem Drängen der Fachkreisleiterin, einer Professorin, nachgegeben. Ich hatte nachgegeben, weil sie eine überzeugende Person war, groß, grobknochig, bleich, hochgebildet, eine Nonne, deren Kloster von einem Tag auf den anderen aufgelöst worden war, die Nonnen hatten die Tracht ablegen müssen und waren auf die Straße gesetzt worden. Es muss ein Lehrorden gewesen sein. Onkel Sándor und ich gingen über die Hangya-Straße, Ameisenstraße, und die Csorna-Straße weiter, dann mussten wir nur noch die Fodor-Straße überqueren und waren wieder in der Dobsinai-Straße. Das waren zum Teil sehr steile Straßen, nicht einmal gepflastert, ausgespült, über weite Strecken nur Pfade, unkrautbewachsen, unbegangen, unbefahrbar, zumeist unbewohnt.

Ich weiß nicht mehr, mit welchen Worten ich die Geschichte zum Besten gab. Ich erinnere mich nur noch, worum es ging. Und daran, dass ich es aufgeregt erzählte, begeistert, aber kein einziges Wort davon ist erhalten geblieben. Jedenfalls gelingt es mir nicht, auch nur eines heraufzubeschwören. Überhaupt habe ich ein stark visuelles Gedächtnis. Es bewahrt höchstens die Wörter auf, die an Bildern haften, Wortfetzen, Satzfragmente, anhand deren manchmal der ganze Satz rekonstruierbar ist. An den blauen Zettel hingegen erinnere ich mich sehr wohl, jenen blauen Zettel, der aufgrund der Wählerliste bescheinigte, dass der Betreffende berechtigt war, seine Stimme auch in einem Wahlkreis abzugeben, in dem er sich nur vorübergehend aufhielt. Sicher ist, dass ich lange und genüsslich auf die Tricks einging, wie ich sie von meinen Eltern gehört hatte. Nicht etwa, dass sie mir auch nur ein Wort davon gesagt hätten. Sie sprachen miteinander darüber. Sie telefonierten. Bestimmt war ich ihnen gefolgt, bestimmt lauschte ich gewohnheitsgemäß, kombinierte, denn ihre dauernde Abwesenheit akzeptierte ich ja noch, nicht aber, dass sie mich, wenn wir zusammen waren, von ihrem Leben ausschlossen.

Sie wurden mit Lastwagen an bestimmte Orte gefahren, um ihre blauen Zettel mehrmals abzugeben. Dazu mussten sie, sage ich heute, da ich die Protokolle der Nationalversammlung vom Juni und Juli 1947 nachgelesen habe, weil es mich interessierte, was sich Sándor Rendl beim Anhören meines Berichts gedacht haben mochte, mit Hilfe mehrerer Gesetzesartikel das über alle Zweifel erhabene demokratische Wahlgesetz von 1945 modifizieren und das Vorgehen den Koalitionsparteien eintrichtern, der Bauernpartei, der Kleinlandwirtepartei und den Sozialdemokraten. Damit waren die Hindernisse beseitigt. Auch wenn niemand verstand, warum sie das Gesetz zur Einwohnerkontrolle änderten. Die Koalitionsparteien waren da bereits bis in die obersten Gremien hinein durchsetzt mit heimlichen bona fide-Kommunisten, die je nach Bedarf die Gemäßigten oder die Radikalen aus der jeweiligen Parteiführung verdrängten. Sie gingen Schritt für Schritt vor. Von dem allem muss Sándor Rendl bei unserem Sonntagsspaziergang gewusst haben. Ich habe den Verdacht, dass dieser Sonntag gerade der Wahlsonntag war. Auch für den noch vorhandenen kleinen Widerstand muss klar gewesen sein, dass in der Küche der Kommunisten etwas brodelte, nur wussten sie nicht, was. Das Bild einer

Verschwörung kam in ihren Köpfen nicht zustande. Die aus ihren Parteien verdrängten Gemäßigten und Radikalen gründeten neue Parteien, worauf die Kommunisten mit erneuten ad hoc-Gesetzesänderungen reagieren mussten, um zu verhindern, dass diese neuen Parteien an den Wahlen teilnahmen. Die kommunistischen Abgeordneten nahmen die demokratische Verfassung Stück für Stück auseinander, wobei ihnen ihre zerrütteten Koalitionspartner im Hinblick auf eventuell gleich zu erwerbende Privilegien unbewusst halfen.

Etwas früher in jenem Sommer war ich, wohl ebenfalls an einem Sonntagvormittag, mit meinen Eltern in die Délibáb-Straße gegangen. Wir waren auf dem Weg zu einem Generalstabsoffizier, das Wort machte mir Eindruck, Generalstab, vielleicht zu Kari Tóth, der damals vielleicht noch nicht General, sondern Oberst war, einer der ehemaligen Turner meiner Mutter bei den Eisenarbeitern. Ein schöner Mann. Wir fuhren mit der Straßenbahn zur Váci-Allee, gingen dann zu Fuß weiter. Mein Vater trug unterwegs in allen Einzelheiten vor, unter welchen Umständen der Schein eines Bilds entsteht, also was délibáb, Luftspiegelung, Fata Morgana, bedeutet. Der Schein ist eine optische Wirklichkeit. So müsse ich das verstehen. Außerhalb der physikalischen Wirklichkeit gibt es keine Wirklichkeit. In der Délibáb-Straße, in einer dunkel eichenholzgetäfelten Villa mit großen Fenstern, deren obere Scheiben aus dunklem Bleiglas waren, sodass es im Treppenhaus wegen des vielen dunkel glänzenden prachtvollen Glases nur gerade dämmerig war, fand eine Besprechung statt, es waren viele Leute in dem dunkel getäfelten Raum, in dem wegen der dunklen Fenster auch am helllichten Tag der Kronleuchter brannte und aus dem ich in einem bestimmten Moment zusammen mit anderen Kindern ausgeschlossen wurde. Einige wurden von ihren Eltern vor die Tür gestellt, am Schlafittchen hinausbefördert, wenn sie sich zwischen den Beinen der Erwachsenen wieder hineingeschlichen hatten. Für lange Erklärungen war keine Zeit. Unbarmherzig wurden die mit Intarsien überladenen Flügel der schweren Eichenholztür geschlossen. Draußen auf dem Fußboden aus eingelegter Eiche, Kirschbaum oder Birke saßen noch andere brüllende kleine Kinder herum. Auch dieses Haus muss die enteignete oder zurückgelassene Villa eines steinreichen Industriellen gewesen sein, mitsamt ihrer unversehrten Einrichtung. Unter den vielen Kindern kannte ich nur Kari Tóths Tochter, die ihrer Mutter glich. Ihrer Mutter aus dem Gesicht geschnitten, sagten die Erwachsenen begeistert, genau die Ani, aber auch mit ihr ließ sich nichts anfangen, sie gab groß an und tat heikel und war zu klein für mich. Dieses aus dem Gesicht geschnitten verstand ich lange nicht. Dem Ansatz meines Vaters folgend, versuchte ich es als physische Wirklichkeit zu verstehen. Aus einem Gesicht herausgeschnitten und kopiert. Von der Besprechung aber scheine ich doch etwas mitbekommen zu haben.

Oder jemand hatte etwas in Erfahrung gebracht. Einzelheiten, die zu meinen Vermutungen und meiner Geschichte passten, wie ich sie dann meinem Onkel Sándor begeistert vortrug. Ich war stolz auf meine Eltern. Sie hatten sich zusammen mit ihren Freunden etwas ganz Geistreiches, ganz Geheimes ausgedacht, womit sie die ganze reaktionäre Bande austricksen würden, und ich war dank großer Schlauheit dahintergekommen.

Die Aufregung muss groß gewesen sein, und ich, davon angesteckt, hatte sie an Onkel Sándor weitergegeben.

Bis wir dann in die Gyöngyvirág-Straße hinaufgelangt waren, um uns beim bemalten Kruzifix etwas auszuruhen, waren mein aufgeregter Stolz, mein Großtun schon dahin, wie ich noch genau weiß. Ich erinnere mich noch, wie ich zu seinem Gesicht hochschiele, seine Figur beobachte. Er trug Anzüge mit Weste, nie dunkle, im Sommer ganz helle, im Winter eher hellgraue. Auch in seiner Kleidung war nichts Großspuriges. Ein makellos gekleideter Herr, über dem Arm der helle Mantel, in der Hand der Spazierstock. Einzig außergewöhnlich an ihm war höchstens der Schnitt seiner Augen, das mongolisch anmutende, glänzend gespannte, runde Gesicht, das wenige markante Züge hatte außer zwei kleinen Runzeln an den Mundwinkeln und zwei Runzeln neben den Augenschlitzen. Gespanntheit war der charakteristische Zug seines reglosen Gesichts, aber in seinen Anzügen spiegelte sie sich nicht. Seine Kleidung hatte bei aller Gepflegtheit und Perfektion eine Lockerheit. Seine Tochter und seine Frau kleideten sich makellos und prächtig, neben ihnen war er eher bescheiden gekleidet, und zu unseren Spaziergängen trug er seine alten Anzüge. Ich konnte nicht wissen, dass mein Bericht an die demokratische Ursünde rührte und er zuerst eine dem geistigen Niveau eines fünfjährigen Kindes entsprechende moralische und pädagogische Position finden und vorher noch seine Aufwallung beruhigen musste, damit er vernünftig sprechen konnte. Ich glaube nicht, dass er meine Erzählung für Kindergeplapper hielt. In seinem Kopf mochte sich plötzlich das Bild von der Strategie zusammenfügen, die diese Kommunisten seit Monaten verfolgten, während in jenen Tagen nicht einmal die oppositionellen Abgeordneten das richtig einschätzten. Diese Kommunisten werden mit dem Wahlbetrug die Demokratie kaputt schlagen. Deshalb also hatten sie die zentrale Einwohnerkontrolle aufgehoben. Deshalb also hatten sie blaue Zettel, genannt Auszug aus dem Namensregister, einführen müssen, die blauen Zettel, mit denen jedermann an jedem beliebigen Ort wählen konnte und von denen sie weit mehr als nötig gedruckt hatten. Deshalb also hatten sie diesen kleinen Jungen in der Dobsinai-Straße deponiert, um mit ihren Lastwagen ruhig umherfahren und an zwei Orten, fünf Orten, wer weiß, an wie vielen Orten wählen zu können.

Kurz und gut, Sándor Rendl wusste nicht, wohin mit seiner Empörung und seiner Wut auf meine Eltern, und das war es wohl, was ich auf meiner Haut spürte, im wahrsten Sinn des Wortes auf meiner Haut.

Das Vergessen ist an bestimmten Punkten aufgeplatzt, und jetzt verstehe ich die Situation, ja, erinnere mich auch an die weiteren Einzelheiten. Dieser Sonntag mag wirklich der Tag der Parlamentswahlen gewesen sein, der 31. August 1947. Onkel Sándor war vor dem Frühstück von seinem Chauffeur in die Némétvölgyi-Straße gefahren worden, zu seinem Wahlbezirk, Tante Eugenie war zu Hause geblieben, sie würde am Nachmittag gehen. Der Zug fahre ja nicht davon. Auch das weiß ich noch, dass Gizella Mrázik ihren freien Tag hatte, Tante Özsi bereitete das Frühstück zu, oder sie war mit dem Mittagessen beschäftigt, jedenfalls stand sie in der Küche. Die Némétvölgyi-Straße läuft nicht davon. Zum Spaziergang brachen wir nach dem Frühstück auf, nachdem er schon gewählt hatte, was ihn offensichtlich weniger beschäftigte als mich, und deshalb war ich wohl so aufgeregt, wahrscheinlich kam mein Erzählzwang aus einem Mangelgefühl.

Wenn er das große Geheimnis nicht kennt, muss ich es mit ihm teilen.

Er seinerseits verfolgte keine politischen Aktivitäten, repräsentierte kein politisches Anliegen, gehörte keiner Partei an, auch wenn er eine dezidierte politische Auffassung hatte.

Im Jahr nach der Belagerung gab es nichts, das in den Haushalten und auf den Gütern nicht gefehlt hätte, während die Reparationslieferungen von Industrieerzeugnissen und landwirtschaftlichen Produkten im Wert von 300 Millionen Dollar innerhalb von sechs Jahren schon am Tag nach der Unterzeichnung des Waffenstillstandsabkommens zu beginnen hatten und obendrein auf Nachfrage, was bedeutete, dass das dem Ministerpräsidenten unterstellte Amt für Reparationen jedes Unternehmen oder jeden landwirtschaftlichen Betrieb verpflichten konnte, Materialien und Produkte je nach Produktionsfähigkeit in einer bestimmten Qualität und Menge und in einer bestimmten Zeit zu liefern, wodurch das Gleichgewicht des von Kriegsmängeln beherrschten Markts zerfiel, der Schwarzmarkt aufblühte und der Pengő im Frühling des folgenden Jahres infolge einer galoppierenden Inflation zusammenzubrechen begann. Das Wiedergutmachungsgesetz wurde in der Nummer vom 12. Februar 1946 des *Magyar Közlöny*, des *Ungarischen Anzeigers*, publik gemacht, der Pengő brach Anfang Juli zusammen, und von einer eben erst in Schwung kommenden fragilen Wirtschaft nur schwach gestützt, musste eine neue Währung eingeführt werden. Die Quadratur des Kreises.

Zusammen mit Zoltán Vas, dem kommunistischen Präsidenten des Wirtschaftlichen Oberrats, der unter der Aufsicht des Ministerpräsidenten Ferenc Nagy von der Kleinlandwirtepartei stand, wurde auch Sándor Rendl Mitglied der Fachkommission, die die Einführung des Forints vorbereitete und organisierte. Sándor Rendl war von der Kleinlandwirtepartei delegiert worden, und auch wenn er kein Mitglied dieser Partei war, stand er ihr doch am nächsten. Er hatte die internationalen finanzrechtlichen Fragen abzuklären. Und musste jetzt von einem Kind erfahren, was diese Kommunisten vorhaben. Warum sie seit Monaten die größte Partei der Koalition zerwühlen, die er mit seinem Fachwissen und seiner Stimme seit je unterstützt hat. Unter den wichtigen Parteien vertraten die Kleinlandwirte die Unverletzlichkeit des Privateigentums am konsequentesten. Genauso konsequent vertraten und beförderten meine Eltern die völlige und endgültige Aufhebung des Privateigentums. Das war der archimedische Punkt, von dem aus sie die kapitalistische Weltordnung aus ihrer Bahn werfen und den Menschen von seinem Hauptübel, dem Festhalten am Besitz, befreien würden.

Als wir uns wieder auf den Weg machten, um auf der Diana-Straße das letzte steile Stück hochzusteigen, nahm er seinen Überzieher und den Stock in die linke Hand und fasste mit der anderen meine Hand. Auch der Überzieher weist darauf hin, dass dieser Sonntag der letzte Augusttag war, also der Tag der Parlamentswahl. Genau solche sandfarbenen Paletots trugen die Herren an kühleren Sommertagen. In den Zeiten vor dem meteorologischen Chaos erreichte jedes Jahr am 20. August, dem Tag des heiligen Stefan, frühnachmittags eine Kaltfront das Land und stieß mit der seit rund anderthalb Monaten herrschenden, höchstens von Gewittern gemilderten Hitzeperiode zusammen. Es gab Donner, Sturm und Blitze, das war jedes Jahr die große Wende, und dann folgte kühles, regnerisches Wetter, das sich erst in den ersten Septembertagen wieder zu erwärmen begann.

Es war nicht auszumachen, ob sich mein Onkel an mir festhielt oder mir beistand. Er hielt mich selten bei der Hand, höchstens wenn wir eine größere Kreuzung überquerten. Auf der verkehrsreichen Böszörményi-Straße oder der leeren Fodor-Straße. Ähnlich wie die anderen Mitglieder meiner Familie war er in bezug auf körperliche Berührungen sehr zurückhaltend. Was ebenfalls zu meinem strengen Erbe gehört, ein Leben lang habe ich mich damit herumschlagen müssen. Seit ich auf der Welt bin, verhalte ich mich anders, als es meinen emotionalen Antrieben entsprechen würde. Die Emotionalität gehört zur individuellen Konstitution, sie ist kein Resultat der Erziehung. Mich bei der Hand haltend, sprach er ganz leise, sozusagen nebenbei, das heißt auf seine eigene konservativ-liberale Art, beschrieb er mir sachlich das Funktionieren einer parlamentarischen Demokratie. Er orientierte gewissermaßen den fünfjährigen Jungen darüber. Auch darüber, auf welche Art sie nicht funktioniert. Auf welche Art man sie lähmen kann. In meiner Erinnerung ist kein vollständiger Satz erhalten geblieben, nur Wörter, Fragmente. Was nicht heißt, dass ich nicht verstanden hätte, was er mir sagte. Ich hörte zum ersten Mal die Begriffe Verfassungsputsch und Militärputsch und hatte deshalb später diese Begriffe auf Abruf bereit. Höchstens, dass mich die Nähe von Putsch und Punsch störte. Ich lechzte immer nach Punschtorte und Punscheis, da ist Rum drin, sagten sie, und ich bekam nichts. Das spezifische Gewicht musste ich jedes Mal neu lernen, den Putsch nicht. Auch wenn ich noch heute den Punsch jedesmal aktiv verdrängen muss. Na ja, auch den délibáb, die Luftspiegelung, mussten sie mir kein zweites Mal erklären.

Gegenstand und Ton seines Vortrags sind mir noch deutlich im Gedächtnis. Die Sätze sind verlorengegangen, die Gesamtstruktur und ihre Bedeutung sind geblieben. Ans landesweite Netz der Wahlbezirke erinnere ich mich, weil er, um ein Beispiel zu nennen, auch sagte, dass dieser Stadtkreis außer der Némétvölgyi-Straße noch einen Wahlbezirk habe, mit einem Wahllokal in der Schule in der Diana-Straße. Jahre später, als wir schon auf dem Berg wohnten, wusste ich also, wohin unsere Eltern wählen gingen, auch wenn ich da schon keine Zweifel mehr hatte, was den Ausgang der Wahl betraf.

Es war mir auch völlig klar, dass das seine maßvolle, gänzlich unaufgeregte Antwort war auf die Dinge, die ich ihm begeistert erzählt hatte.

Es war kein Urteil, nicht einmal eine Qualifizierung, aber es war nicht einfach nur eine Meinung, sondern bestärkte mich darin, die Urteile meiner Eltern nicht für die einzig gültigen halten zu müssen.

Wir waren noch nicht einmal oben an der Diana-Straße angelangt, und wieder war ihm der Atem ausgegangen. Schon deswegen musste er seinen Vortrag beenden. Wieder standen wir vor einer klassizistischen Villa, von der aus man auf einen Steilhang blickte. Sie war später gebaut worden als die Uhr-Villa und folgte weniger dem Stil der Herrenhäuser auf dem Land als dem der Adelsschlösser. Fünf Jahre später ging ich täglich auf dem Weg in die Schule hier vorbei, bis zu viermal, sechsmal im Tag, da ich einkaufen, anstehen ging oder in den Lehrgarten der Schule, und so konnte ich verfolgen, wie der wildromantische englische Park des Miniaturkastells immer stärker verwilderte. Verlassene Gärten zogen mich an, das Verwildern war nach meinem Geschmack. Die Statuen, die für Blumen bestimmten Steinmuscheln und Steinkelche kippten um. Lagen neben ihrem Postament im Laub, niemand half ihnen auf die Beine, auch denen in unserem Garten nicht, Schnee deckte sie zu, ein paar Jahre danach waren sie von Efeu überwachsen. Der Wald verschluckte die Spazierwege wieder, das Unkraut spaltete fröhlich die Steinplatten der Terrassen. Die Besitzer waren weggegangen, oder die Villa war enteignet worden, die Besitzer aus Budapest ausgesiedelt. Nur der Hauswart und seine Familie wohnten noch im tympanongeschmückten Nebengebäude, ich kannte sie, der jüngere Sohn ging mit mir zur Schule, wie er hieß, weiß ich nicht mehr. Auch der Hauswart war aus der Kriegsgefangenschaft zurückgekehrt, das weiß ich noch, mit einem der letzten Gefangenentransporte, sie erkannten ihn nicht, als er nach Hause kam.

Er hatte das Prunktor abgerissen, um mit den behauenen Steinen hinter dem Kastell einen Stall zu bauen.

Aus der Pressburgerstraße hatten wir kaum etwas mitgenommen, der Möbeltransporter hatte nur wenig zu tun gehabt. Die Villa, die wir bezogen, hatte man der aus Bonyhád in Südungarn stammenden Familie Perczel weggenommen, auch für sie war die Villa eine Art Sommerhaus gewesen, im letzten Drittel des neunzehnten Jahrhunderts, ihrem eklektizistischen Stil nach zu urteilen. Mór Perczel, General im Befreiungskrieg, mochte zur Zeit des Baus schon ein Greis gewesen sein, zurückgekehrt aus der jahrelangen Emigration. Ein Kampfgreis, wie man damals sagte, ein mürrischer, unnahbarer Mensch. In seiner Jugend war er unter den Soldaten sehr beliebt gewesen, als Heerführer aber gänzlich erfolglos. In seinem Haus gab es einen von Halbsäulen aus grünem Marmor unterteilten Empfangssaal, wobei sich dann herausstellte, dass die Säulen und akanthusgeschmückten Kapitelle aus bemaltem Gips bestanden, den ganzen Saal entlang verlief ein Wintergarten aus eisenverstrebtem Glas. Die Villa hatte einen komplizierten Grundriss, da war die Reihe der Räumlichkeiten, wie sie ein solcher Herrschaftssitz haben musste: das große Esszimmer, in dem man bis zu einundzwanzig Personen zum Essen empfangen konnte, um danach auf die mit türkisch gemusterten Majoliken ausgelegte Terrasse hinauszutreten und von dort in der Gesellschaft plaudernder Damen über die mit behauenen Blumenkelchen geschmückte Treppe in den Park hinunterzuspazieren oder sich mit den Herren zusammen ins anschließende Rauchzimmer zu verfügen. Wie es sich für jedes anständige Herrschaftshaus gehört, folgte an der Nordfront am Ende eines kleinen Verbindungsflurs die Reihe der Schlafzimmer. Vielleicht zwei, oder eher drei, sehr geräumig, ich weiß nicht mehr genau, wie viele. Nicht die Anzahl der Zimmer interessierte mich, sondern das vergangene Leben des leer widerhallenden Hauses. Mit ihren handbemalten Delfter Kacheln waren die Küche sowie das außergewöhnlich große Badezimmer die prachtvollsten Räume, mit dem gekachelten Kochherd, der auf eine für mich überraschende Art mitten in der Küche stand, und dem walzenförmigen Badezimmerofen aus Delfter Kacheln, dessen Kupferauskleidung Löcher hatte, die man nur hätte reparieren können, wenn man vorher die Delfter Kacheln abgenommen hätte. Auf den blau bemalten und bestimmt auch von Hand geformten Kacheln niederländische Landschaften, im Hintergrund kaum sichtbare Volksszenen, insgesamt vielleicht fünf Motive. Eine Distelwiese mit Kühen, in der Entfernung zwei Hirtenkinder. Am Rand einer weidenbestandenen Wiese eine Windmühle, auf dem Weg im Hintergrund ein einsamer Wanderer, mit seinem kleinen Bündel auf dem Rücken. Schlittschuhläufer auf einem gefrorenen Kanal, von einer Deichbrücke aus gesehen. Ein Markt oder Jahrmarkt mit seinen Ständen und Buden. Ein zwischen windschiefen Hütten in den Hintergrund führender Schlammpfad, auf dem ein Fuhrwerk näher kommt. Genau so, wie ich es hundert Jahre später im völlig flachen, ländlichen Holland sah. Die einzelnen Motive nahezu identisch, aber alles handgemalt, was dem Begriff des Identischen eine neue Bedeutung verlieh. Auch das war eine Entdeckung und wurde fast zwanzig Jahre später zu einem literarischen Thema, die Wirklichkeit als sich ewig wiederholende Variante. Die Porzellaneinrichtungen waren prachtvoll und ausladend, die Badewanne mit ihren Seifenhaltern, die raumgreifenden WC-Schüsseln, die großzügigen Kurven der Waschbecken, das ausgebuchtete Bidet mit seinen Springbrunnen, in einer Nische die Ruhebank, in der Küche das professionell bemessene, fast zwei Meter lange und einen Meter breite Abwaschbecken auf seinen blau ornamentierten Elefantenbeinen aus Porzellan, der eingebuchtete Rand des Beckens, damit man sich bequem hinstellen, sich sicher abstützen konnte, ganz zu schweigen von den entsprechend großen Wasserhähnen mit ihren altertümlichen Aufschriften, prachtvoll, prachtvoll. Als wären Bad und Küche für träge Riesen konstruiert. Für Riesendienstmädchen mit Riesenarmen und riesige herrschaftliche Monster mit Riesenärschen. Anderthalb Jahre später wurde das alles abgeschlagen, in kleine Stücke zerhackt und als Schutt abtransportiert. Damit sie nicht zweimal zu kommen brauchten. Wir hatten im Badezimmer noch lange kein warmes Wasser. Und da gab es auch keine Meistersleute mehr, sie waren aus ihren Werkstätten in die verstaatlichten Betriebe hinübergescheucht worden. Wenn in einem verstaatlichten Haus etwas kaputtging, kamen sie mindestens zu dritt vom FIK, ich finde keinen Handwerker, die vom FIK kommen schon, nur keine Angst, wo sind schon die Meistersleute, das FIK kam nicht, wir warten aufs FIK. Das war das frisch gegründete Fővárosi Ingantlankezelő Vállalat, das Hauptstädtische Immobilienverwaltungs-Unternehmen, das betrunkene, ahnungslose, brutale, bauernschlaue Hordenvolk. In den darauffolgenden zwanzig Jahren machten die in den verstaatlichten Häusern alles kaputt, was noch funktionierte, sie brachten es nicht fertig, auch nur irgendetwas anständig zu reparieren. Zuerst schlugen sie vom Badezimmerofen die Delfter Kacheln ab, um den Kupferkessel zu flicken. Aber was jedem slowakischen Kesselflicker gelungen wäre, brachten sie nicht fertig. Sie montierten den Kessel heraus und nahmen ihn mit. Und brachten ihn nie wieder, für Kupfer zahlte das MÉH, die Altwarensammlung, eine Menge Geld. Einen Ersatz gab es nicht. Jetzt floss nicht einmal mehr kaltes Wasser in die Wanne. Etwa anderthalb Jahre nicht, bis sie die Wanne mitsamt dem Badezimmer zertrümmerten. Bis dahin erwärmten wir das Wasser bereits in einem großen Wäschetopf. Ein ans Bidet montierter Gummischlauch leitete das kalte Wasser in die Wanne. Mich berührte das alles nicht. Während ich im seichten, im Topf erwärmten Wasser in der Wanne saß, betrachtete ich die haarfeinen Unterschiede zwischen den Delfter Motiven. Das ehemalige Rauchzimmer war jetzt unser Kinderzimmer, das ehemalige Esszimmer das Schlafzimmer meiner Eltern. Alle anderen Räume standen leer oder fast leer. Mit einer während der Belagerung geeichten Mentalität nahm ich zur Kenntnis, dass es jetzt so war, weil es nicht anders sein konnte. Jeder Augenblick ist eine Errungenschaft, ein Gestern und Morgen existieren nicht. Ich erinnere mich nicht, dass ich je etwas gefragt hätte. Es war kalt im Haus, wir konnten heizen, so viel wir wollten, noch nach drei Tagen, nach einer Woche eine schauderhafte Kälte. Auch später wurde es nicht warm. Fünf Jahre lang lebten wir so. Es wurde nur wärmer, wenn der wunderbare Frühling kam und man endlich die Fenster öffnen konnte. Ich erinnere mich nicht, dass ich wegen der Kälte je unzufrieden gewesen wäre, aber daran erinnere ich mich, wie der warme Frühling endlich zum Fenster hereinströmt.

Der Heizraum war im Keller, aber um den am frühen Morgen im unablässigen Schneefall zu erreichen, musste man ums Haus herumschaufeln. In jenem Winter fiel dauernd Schnee, der Winter hörte nicht auf, Schnee zu schütten. Vater schaufelte ihn auch spätnachts weg, um am Morgen nicht so viel schaufeln zu müssen. Vergeblich, der Wind wischte wieder Schnee darüber, rüttelte die ganze Nacht am leeren Haus, heulte an den Traufen entlang, zischte auf den Tannen, brüllte am Nachthimmel. Der Heizkessel wurde mit Kohle beheizt, mit Braunkohle aus Nógrad, was Vater die Gelegenheit gab, über die Kohlesorten zu dozieren, über den in Kalorien gemessenen Heizwert der verschiedenen Sorten, über den Diamanten als die höchste Stufe der Verkohlung, über den Graphit, für den es praktisch kein Lösungsmittel gibt, und so weiter, bis hinunter zu unserer kleinen Braunkohle aus Nógrad, die obendrein zu viel Kohlenstaub enthielt, weil nur der Abfall in den Handel kam, die gute Ware nahm die Wiedergutmachung mit, auch das Lignit erklärte er, bis hin zum Torf. Auch diese beiden Wörter, Lignit und Torf, hat er mir mit auf den Weg gegeben. Wegen des Kohlenstaubs erlosch die Glut immer wieder. Das war mir ziemlich gleich. Dann fachte ich sie eben wieder an. Heizte notfalls noch einmal ein. Wenn ich mittags von der Schule komme, solle der Heizkessel meine erste Aufgabe sein. Manchmal musste ich auch mittags den Schnee wegschaufeln, wenigstens die Schneewehen. Also war meine erste Aufgabe der Heizkessel. Es gab eine alte, handgeschnitzte Schneeschaufel, wir hatten sie hier vorgefunden. Wahrscheinlich, wenn ich es mir heute überlege, das mit einer Ziehklinge ausgeführte Werk von Trogmacher-Zigeunern, aus Weidenholz, vielleicht aus einem einzigen Strunk, das weiß ich heute nicht mehr. Auf den Ausflügen im Spätherbst oder im Vorfrühling lehrte mich Vater, in den Öfen der Hütten einzuheizen. Unterdessen nahmen wir die Feuerkammer durch, den Kamin, den Durchzug, die Belüftung, die Verbrennung, sämtliche Bedingungen der vollständigen Verbrennung, die Verbrennungsprodukte, die Asche, die Laugenwirkung der Asche, den Eisenofen, den Kachelofen, das Ofeninnere aus Schamotte. Ich weiß nicht warum, aber die Schamotte erklärte er besonders eingehend, aus irgendeinem Grund hatte sie seine Phantasie gepackt. Wir repetierten auch, die Repetition ist die Mutter des Wissens, ein lateinischer Spruch, die lateinische Sprache, die lebenden und die toten Sprachen, damit ich mir die wichtigen Dinge merkte. Und ich, als geübter Überlebender, folgte ihm in seinem Wissen, so weit er mich hineinließ. Im Haus berührte mich nur die Leere der Zimmer und des Wintergartens, der Widerschein des Schnees, ich weiß nicht, warum. Es war wie eine Theatervorstellung. Vielleicht zum ersten Mal bemerkte ich an den Wänden der leeren Zimmer, in den Fensterfüllungen und auf den Türen die Veränderungen und

Verschiebungen des Lichts, sah, dass es ein Spiel der Außenwelt, der Wolken und Tageszeiten war, Spiegelungen, Konsequenzen, sekundär.

Das Haus war vor unserem Einzug wahrscheinlich frisch getüncht worden, der Geruch war in der Kälte besonders aufdringlich, man roch sogar den Gestank des Leims heraus, und jenseits oder diesseits dieser Gerüche lag noch lange ein wildfremder Geruch, der mir vom Leben der Menschen erzählte, die vor uns hier gelebt hatten, der Geruch des Hauses.

Wenn die Glut nicht mehr glühte, sondern nur noch glimmte, musste ich vorsichtig Holz, manchmal auch Kleinholz nachlegen, warten, und wenn der Kohleblock endlich an den Rändern aufflammte und dann zu glühen begann, konnte ich mit der staubigeren Kohle kommen, aber vorsichtig, um Himmels willen, das Ganze ja nicht löschen. Das waren meine letzten traulichen Momente mit meinem Vater, als er mir den sparsamen Umgang mit dem Heizkessel beibrachte, ich musste mit Hilfe des Manometers auch den Druck kontrollieren, das System reinigen, den Kamin öffnen, schließen, wenn der Wasserdruck fiel, Wasser nachfüllen, abwarten, bis auf dem Hausdach das Überlaufrohr zu funktionieren begann, und im Haus die Heizkörper einzeln kontrollieren, ob die Dichtungen nicht rannen; das Manometer, die Wärmeausdehnung, den Wärmeausdehnungs-Koeffizienten erklärte er ebenfalls unbarmherzig. Kleinholz und Späne bereitete er sonntags für die Woche vor. Auch das brachte er mir bei, nur verbot er mir noch auf ein paar Jahre den Gebrauch der Axt. Wenn die Kohle nicht mehr glühte, auch die Schlacke abgekühlt war und sich das Feuer in keiner Weise wieder anfachen ließ, musste ich die Schlacke entfernen und wieder Feuer machen. Auch die langen Schlackelöffel stammten von unseren Vorgängern. Alle hier vorgefundenen kleinen Gegenstände berührten mich tief, ich stellte mir in dieser großen, fremd riechenden Stille ihre frühere Verwendung vor. Meine Phantasie begann in diesem Haus und seinem Garten erst wirklich zu arbeiten und bis zu einem gewissen Grad das Fehlende zu ersetzen. Es gab sogar vier verschiedene Schlackelöffel, und ich kam langsam dahinter, dass sie für vier Manöver dienten. Mit dem einen Löffel konnte man die an der Kesselwand haftende Schlacke abstemmen, mit einem anderen den hartnäckigen Schlackeblock zertrümmern, mit dem dritten die Schlacke in der unter dem Maul des Kessels befindliche Eisenpfanne herausziehen und mit dem vierten, einem länglichen Schöpflöffel, in den Ecken des mit Schamottestein ausgekleideten Kessels die aufgehäufte Asche entfernen.

Manchmal war ich hier nicht allein. Ich mochte am Vortag einen Fuchs, der sich versehentlich hereinverirrt hatte, in einen leeren Kellerverschlag gesperrt haben, und dann standen mir die Haare zu Berge, wenn er plötzlich vor mir davonlief, oder ich entdeckte in einem Sägemehlhaufen ein Igelnest.

Es kann sein, dass die vier schmiedeeisernen Löffel noch aus dem Besitz der Perczels stammten, sie waren seriöses Handwerk, wohl die Arbeit eines Dorfschmieds, aber es kann auch sein, dass Márton Horváths Hauswart sie auf dem Flohmarkt gekauft hatte.

Márton Horváths ehemaliger Hauswart wohnte in der Tiefe des Parks in der Hauswartswohnung, morgens musste er sich von dort, ziemlich weit weg, einen Weg durch den Schnee schaufeln. Die Hauswartswohnung war ein hübsches Häuschen zwischen dem Tennisplatz und den Gewächshäusern, vom Herrschaftshaus sah man es nicht einmal, es war hinter Bäumen und Büschen versteckt. Nur gab es kein Herrschaftshaus mehr, auch keinen Hauswart, der ging irgendwo arbeiten. Die Horváths hatten das Haus zum Herbstanfang verlassen, um auf den Rosenhügel oder anderswohin zu ziehen, und da wurde der Status des Hauswarts aufgehoben. Von der Hauptstädtischen Gärtnerei erhielten wir eine Rechnung für die Gartenpflege im Sommer. Meine Eltern schrieben zurück, sie hätten die Rechnung weitergeleitet, wir selbst hätten keinen Bedarf für Gartenpflege. Es war ein Betrag, den wir nicht hätten zahlen können. Horváth gehörte zum kleinen Kreis um die mächtigsten moskautreuen Parteibosse. Der kleine Kreis, das heißt fünf Personen, Mátyás Rákosi, Ernő Gerő, Mihály Farkas, József Révai und Márton Horváth, wurde im Parteijargon Fünfergespann genannt. Horváth war Mitglied des Politbüros, Chefredakteur der Tageszeitung der Partei. In der Politischen Kommission oder in der Zentralleitung war die Meinung des Fünfergespanns maßgeblich. Der *Szabad Nép, Freies Volk*, war nicht einfach nur eine Tageszeitung, sondern in Wahrheit die zentrale Tageszeitung der Partei, die die täglichen verschlüsselten Mitteilungen der Zentralleitung der Partei der Ungarischen Werktätigen enthielt. Ein Presseerzeugnis, in dem noch die schlichtesten Nachrichten in einen Jargon übersetzt waren, und zwar auf eine Art, die nicht einmal von denen verstanden wurde, die den Schlüssel dazu besaßen. Was konspirative Sprache betrifft, bleibt der *Szabad Nép* einsame Spitze. Zusammen mit *Neues Deutschland*, während ihm die französische *L'Humanité* oder die italienische *L'Unità* das Wasser nicht reichen können. Es gibt keinen Satz im *Szabad Nép*, den man heute ohne Fußnoten verstehen würde, doch während man die Fußnoten schriebe, würde sich herausstellen, dass die Sätze auch damit keinen Sinn ergeben. Horváth trug eine kleine Brille, war unangenehm dick, und zu dem Zeitpunkt stand auch schon seine Grabinschrift fest. Ich tauche meine Feder in Scheiße und schreibe, dass ich Márton Horváth heiße. Womit nicht nur er als Mensch gemeint war, sondern auch sein Schreibtalent. Unsere Eltern hielten den Chef des Parteiblatts für eine große Null, einen Karristen. Nach seinem fürchterlichen Sturz schrieb diese große Null sogar noch Romane. Mit Karrierist schienen unsere Eltern so etwas wie Abenteurer oder Raubritter zu meinen. In ihrer speziellen, ich würde sagen ausschließlich kommunistisch durchtränkten Sprache hatte nicht nur Karrierist eine scharf negative Konnotation, sondern auch die Karriere selbst, das Vorankommen, das Sich-Geltung-Verschaffen.

Der kommunistische Mensch musste die Dinge aus rationalen Motiven tun, manchmal auch Dinge, die gegen die eigene Geltung, das eigene Vorankommen, ja gegen das Gesetz, den Anstand, den guten Geschmack oder die allgemeine Auffassung gehen. Sie lachten alle aus, die sich Geltung verschaffen und vorankommen wollten. Das setzte sich in mir so tief fest, dass ich bis heute vermeide, das Wort Karriere auszusprechen. Nicht nur auf Ungarisch. Lässt es sich nicht vermeiden, verwende ich auch auf Deutsch lieber das Wort Laufbahn, denn in meinem Bewusstsein ist das Wort bis heute negativ besetzt. Mir aber war gerade aus rationalen Gründen egal, dass Márton Horváth eine Null war. Denn ich verstand lange nicht, wo sich in der Sprache meiner Eltern Realität und Idee kreuzten, das heißt, ich wusste nicht, ob sie im gegebenen Fall vom Idealen oder von der Wirklichkeit sprachen, aber als wir in dieses wildfremde Haus zogen, durchschaute ich es schon etwas besser. Auch das Entschlacken erledigte ich anständig. Es gab noch andere Grabinschriften. Der Keszi ruht hier, die Made der Maden Gier. Die oberste Parteileitung war zunächst der Meinung gewesen, dass ihr innerster Kreis, also das Fünfergespann, aus konspirativen Gründen am selben Ort wohnen sollte. Wahrscheinlich damit sie sich gegenseitig beobachten konnten. Zu diesem Zweck wurden zwischen der Istenhegyi-Straße und der Diana-Straße fast alle Villen enteignet, die Bewohner umgesiedelt, ausgesiedelt, verhaftet, in Internierungslager geschickt, oder ich weiß nicht, was sonst noch alles. Aus irgendeinem Grund wurde der Familie Székács das Haus nicht weggenommen. Ich verstand es nicht, verstehe es noch heute nicht. Dann wurde es enteignet, aber sie konnten bleiben. Die Székács hatten in Orosháza mehrere Mühlen besessen, die alle verstaatlicht wurden, außerdem beträchtliche Beteiligungen an Mühlenunternehmen in der Tiefebene, und diese Aktien waren genauso viel wert wie die übrig gebliebenen Aktienpakete meiner Familie, die von Anna Mezei in der Duna-Straße, die von Erzsébet Mezei in der Benczúr-Straße oder die von Sándor Rendl in der Dobsinai-Straße, nämlich nichts. Trotzdem bewahrten sie diese Papiere auf und knüpften große Hoffnungen an sie für den Fall, dass die Amerikaner zurückkommen und das Land von den Russen zurückerobern würden. Auch ich habe sie jahrzehntelang aufbewahrt. Die Aktiengesellschaften wurden aufgelöst, die Vermögen dem Budget einverleibt, die Kommunisten haben, wie die älteren Damen sagten, unser Vermögen konfisziert, die Kommunisten, das heißt ihre eigenen Nichten und Neffen. Eine Injurie. Sie schüttelten missbilligend den Kopf. Wenn etwas schiefging, musste es das Personal in Ordnung bringen. Das waren sie so gewohnt. Aber wenn eine Injurie vorlag, waren sie sprachlos, der Atem blieb ihnen weg. Géza Székács und seine kranke oder hypochondrische Mutter waren aus irgendeinem Grund in dieser ihnen immer fremder werdenden Umgebung geblieben. Anna und Erzsébet Mezei wurden in ihren aus unzähligen Zimmern bestehenden Wohnungen, in der Duna-Straße und der Benczúr-Straße, in den hinteren Dienstbotenflügel verbannt. Erzsébet, das heißt Záza, hatte großes Glück, sie durfte neben dem hofseitigen Zimmer auch die Küche behalten, so auch den zur Küche führenden Flur mit der Toilette fürs Personal sowie das Dienstmädchenzimmer, in dem angeblich ihr Dienstmädchen wohnte, aber wahrscheinlich war das nur ein für uns erfundener Euphemismus. Der Flur wurde durch einen Schrank unterteilt, jenseits des Schranks wohnten jetzt die neuen Mitbewohner. Man hörte alles. Wenn ich mich heute an sie erinnere, an die beiden alten Frauen, habe ich den Eindruck, dass die feministische Dame und ihr Dienstmädchen von früher Jugend an zusammengelebt hatten. Anna, das heißt Tante Baby, hatte in der Duna-Straße weniger Glück als ihre jüngere Schwester Záza. Sie durfte nur ein einziges Zimmer ihrer Wohnung behalten und erhielt dazu das Küchennutzungsrecht, was ihr aus irgendeinem Grund gefiel. Sie fand es lustig, dass sie ihre eigene Küche, ihr eigenes Geschirr benutzen durfte und dass jetzt auch andere, die ihre Zimmer mitsamt den Möbeln besetzt hatten, diese Gegenstände benutzten. Etwas Kindliches kam über sie. Früher hätte sie niemals einen Kochtopf in die Hand genommen, wozu auch, sie hätte nicht einmal gewusst, wo man ihn anfasste und wie viele sie davon hatte, aber zu ihrem Glück lebte sie nicht mehr lange. Záza schon. Ihr Dienstmädchen starb vor ihr, inmitten des revolutionären Aufruhrs.

Kurz vor unserem Umzug besuchten wir Záza ein letztes Mal, am Mittag des 1. Januar, einem Montag. Ich weiß nicht, wer in der Familie die Idee gehabt hatte, sie in ihrem einzigen Zimmer mit diesem Neujahrsbesuch zu überraschen. Am ersten Tag des Jahres kamen die Mezeis am Mittag immer zusammen, genau zum Glockenschlag, und dieser familiären Gewohnheit schlossen sich die immer neuen Zweige der Familie an, die Nádas, die Kövérs, die Mándokis, die Rendls, die Aranyossis, die Taubers, die Goldmarks, die Herczegs, und so weiter, immer bei jemand anderem zu Hause, wo für eine solche Anzahl an Personen genügend Platz war. Sie hätten den Brauch nie ausgelassen. Ich bereitete mich rechtzeitig auf diese Zusammenkünfte vor. Das Stimmengewirr, das Gewirbel waren mächtig, die Familien mussten die Kinder mitbringen, normalerweise gab es kein warmes Essen, sondern ein üppig gedecktes Buffet erwartete die Gäste, sie sagten Büfé und schrieben Bufett, während mein Bruder und ich extra Buffet sagten, auf den Anrichten Berge von Tellern, auf den Platten Berge von Gebäck. Irgendwo an der Ecke des dick eingeschneiten Köröndes, des Kreisels, und der Ferdinánd-Straße fanden wir einen kleinen geöffneten Blumenladen, unser Vater kaufte für Tante Záza Primeln. Es waren die letzten, die sie hatten, und mir schien das ein Riesenglück. Aber wir trugen auch große Pakete voller Gebäck, denn es sollte eine Überraschung werden, Tante Záza war auf den Besuch nicht vorbereitet, rechnete nicht damit, die Geschwister und Schwägerinnen hatten zuvor alles in allen Einzelheiten besprochen, die Überraschung, wer was mitbringen würde, aber ja nicht vor oder nach dem mittäglichen Glockenklang. Alle müssen gleichzeitig eintreffen. In der benachbarten Straße, der Vilma királynő-Straße, erklangen zwei verschiedene Glockenklänge, ein evangelischer und ein katholischer, und als wir eintrafen, wurden die Glocken geläutet. Natürlich waren nicht alle pünktlich, es gab die notorischen Zuspätkommer, die Aranyossis waren noch nicht da, als wir klingelten, wir aber schon, und ich war es, der vor der vormaligen, aufs hintere Treppenhaus gehenden Küchentür stand, mit den aus dem Papier geschälten violetten Primeln in den Händen. Hinter mir war die festliche Gesellschaft im mittäglichen Glockenläuten immer stärker angewachsen, mein Vater klingelte. Lange geschah nichts. Nie habe ich in meiner Familie eine so peinliche Spannung erlebt. Man durfte nämlich nicht noch einmal klingeln, *unmöglich*, *impossible*, wir standen also vollzählig auf dem Gang und warteten feierlich. Vor der Tür mit Glasfenster. Jemand flüsterte, klingle noch einmal, Laci, vielleicht haben sie es nicht gehört. Vater klingelte noch einmal, es geschah also das Unmögliche, diesmal etwas länger, worauf sich die Tür einen Spaltbreit öffnete und Zázas Dienstmädchen erschien, mit ungekämmtem grauem Haar, den Seidenmorgenrock nur gerade am Hals zusammenhaltend. Sie machte sie gleich wieder zu. Die Glocken waren verstummt. Wir standen zu Stein erstarrt da.

Dann aber wendete sich alles zum Guten, die Cousinen und Cousins schrien fröhlich, Záza, lass uns herein, bis sich Záza endlich den Morgenrock überwarf, wobei alle so taten, als sähen sie in Zázas einzigem übriggelassenen Zimmer das ungemachte Bett nicht und sähen nicht, dass die beiden aussahen, als wären sie gerade aus demselben Bett herausgesprungen. Die Familienmitglieder überschwemmten den Raum, deckten den Tisch, organisierten, übernahmen die Rolle der beiden Frauen, bis die Überraschung Wirklichkeit wurde und ich der frisiert von irgendwoher auftauchenden alten Dame die Primeln überreichen konnte. Ein paar Stunden später ließen wir sie in ihrem einzigen, hofseitigen Zimmer glücklich auf den Trümmern des Neujahrsbesuchs zurück.

Géza und ich wurden Freunde. Er war ein ernster Junge, untersetzt, stark, mit warm blickenden braunen Augen, wir besuchten uns gegenseitig, planten, weit weg zu reisen, Weltreisende zu werden, und um uns darauf vorzubereiten, würden wir ganz viel Jules Verne lesen und im Sommer probeweise vielleicht sogar nach Orosháza gehen. Einige Villen waren einfach abgerissen, ihre Fundamente eingeebnet worden. Andere wurden leer stehengelassen, oder die Familien des Wachpersonals wurden vom Land hierher umgesiedelt. Meine Mitschüler, der Csíder und der Piros, waren ebenfalls vom Land gekommen, so auch Margit Leba, sie wurden mit ihren Habseligkeiten in solche Häuser hineingestellt. Auch sie wohnten in großen leeren Zimmern. An beiden Enden der Loránt-Straße waren Schranken und Wächterhäuschen errichtet worden, der Bezirk wurde zum Sperrgebiet erklärt und der Rückeroberung durch den Wald preisgegeben. Mich ließen die Wachen immer durch die Schranke, rasch, rasch, beeil dich, nicht dass sie dich noch sehen. Das heißt, ihre Kommandeure sollten mich nicht sehen. Die sich aber um uns Kinder nicht kümmerten. Wenn sie mich nicht durchließen, hatte das gute Gründe, die aber nicht genannt wurden. Sie folgten mir mit dem Blick, um sicher zu sein, dass mich nicht ein Wachhund erwischte. Wir wussten auch, was die guten Gründe waren, sprachen aber nicht darüber. Der Rákosi mit seiner Begleitung kommt in einer halben Stunde. Die Wachmannschaft war über die K-Linie alarmiert worden, so die konspirative Bezeichnung fürs Telefonnetz der Behörde. Die Benutzung dieses speziellen Netzes gehörte zu den größten Privilegien. In Budapest durften es etwa fünfhundert Personen benutzen, in der Provinz etwa hundert. Der Gesprächsverkehr war vom gewöhnlichen Netz streng getrennt und funktionierte also jederzeit reibungslos, war keinen falschen Verbindungen ausgesetzt, in der Stoßzeit nicht überlastet und konnte nicht abgehört werden, im Prinzip konnte sich niemand dazuschalten. Das stimmte aber nicht ganz. Mein Vater wandte mir den Rücken zu, verdeckte den Apparat, damit ich den Trick nicht sah, und drückte in einem bestimmten Rhythmus auf die Gabel, die kleine Klingeltöne hören ließ. So konnte er sich in Gespräche einschalten, wenn er dringend jemanden sprechen musste. Einmal schaltete sich ein Unbekannter in ein endloses Gespräch ein, das ich mit Yvette führte, schwieg einige Augenblicke, vielleicht wartete er, bis wir fertig waren, dann meldete sich zu unserem größten Schrecken eine unbekannte Stimme, sagte etwas von einem dringenden Anliegen, hört jetzt auf, damit ich deinen Vater anrufen kann, worauf er sich grußlos wieder ausschaltete. Das Ministerpräsidialamt informiert, unter Berufung auf den Beschluss der Konferenz vom 26. Mai 1949 und die Überschreibung Nr. 7.904/1949 des Verkehrsministeriums, den Herrn Minister, also Ernő Gerő, dass das Ministerpräsidialamt fünf behördliche Telefonleitungen benötigt. Auf dem zweiten Listenplatz für eine geheime Telefonleitung steht gleich nach dem Ministerpräsidenten ihr Vordermann, Fitos, also Staatssekretär Géza Losonczy, dessen Verhaftung zwei Jahre danach anstehen würde. Außenminister Rajk hingegen hat nur noch vier Tage, als sein Ministerium den Herrn Verkehrsminister bittet, im Rahmen des Ausbaus der behördlichen Linien im Büro des Außenministers eine Hauptverbindung und in seiner Wohnung in der Vérhalom-Str. 27/b eine Nebenverbindung zuzuschalten. Einen Monat später informiert ein am 28. Juni 1949 abgefasstes Schreiben, das im Namen des Präsidialamts des Verkehrsministeriums, das heißt von dessen zu einem Wasserkopf angewachsenen Sekretariat, von Abteilungsleiter Dr. Kálmán Kovács, gegengezeichnet wird, unseren Vater, der Herr Minister habe die Absicht, in beiden Ressorts des Ministeriums, bei der Eisenbahn und bei der Post, also in den Gebäuden Andrássy-Allee 75 und Krisztina-Ring 12, neben der zentralen Verwaltung eine geheime administrative Einheit zu schaffen, in mit Überwachungsanlagen ausgestatteten Räumen, die von Funktionären kontrolliert würden, die von den Abteilungen delegiert werden, und dementsprechend werde der Herr technische Beirat László Nádas in die Kontrollkommission der geheimen Administration delegiert.

Bei den staatlichen Institutionen nannten sich die Genossen damals noch Herr.

Wenn sie das Wachpersonal über die K-Linie alarmierten, dass Rákosi komme, rannten wir stumm und aufgeregt auf die Istenhegyi-Straße hinaus, wo der Konvoi in wahnwitzigem Tempo reifenquietschend die Straße heraufgekurvt kam. Zwei mächtige ZIM eskortierten einen noch mächtigeren; dieser hatte Weißwandreifen und weiße Spitzenvorhänge, als wäre er zu einer Hochzeit unterwegs. Den ZIM hätten die Russkis nach dem Pontiac kopiert, sagten die Jungen. Aber solche Spitzenvorhänge hatte ich noch nie in einem Auto gesehen. Hinter ihnen saß angeblich Rákosi. Die Jungen meinten zu wissen, dass der Wagen gepanzert und extra für ihn angefertigt war. Aber sie sagten auch, dass manchmal nur so getan wurde, als säße Rákosi in dem gepanzerten Wagen, während er ganz unauffällig und separat in einem alten Pobjeda in den Zugliget hinausgefahren wurde. Auch dort habe er ein Haus. Oder sie tun so, als brächten sie ihn mit dem Konvoi in den Zugliget hinaus, und eine halbe Stunde später bringen sie ihn mit dem Konvoi hierher. Auf die Art muss man den Feind täuschen. Jeden Tag anders vorgehen. Unberechenbar sein. Ein großes Attentat ist in Vorereitung. Auch wir müssen vorsichtig sein, wenn wir den näher kommenden Konvoi beobachten, damit uns die Geheimdienstler nicht für Attentäter halten, die machen nämlich kein langes Federlesen, sondern knallen einen einfach nieder. Bis zum letzten Mann müssen sie die Attentäter entlarven. Sie niederknallen. Oder sonst beseitigen. Da haben sie eine Menge Methoden, nur keine Angst. Man sah nicht einmal, ob in den drei großen russischen Wagen jemand saß, auch die beiden anderen waren mit Vorhängen verhängt. Nicht nur die Autos kämen aus Moskau, sondern, stell dir mal vor, auch die Vorhänge sind echte Moskauer Vorhänge. Auch der Wagen vom Stalin hat solche.

Eine an ein Bachbett erinnernde steile, ungepflasterte Straße, die die Adonis-Straße und die Lóránt-Straße verbunden hatte, war aufgehoben worden. Sie hatte nicht einmal einen Namen gehabt und früher den schwäbischen Weinbauern gedient, wenn sie mit ihren Fuhrwerken von ihren auf dem Südosthang gelegenen Weinbergen zurückkamen oder in Fässern das Wasser für die Spritzmittelherstellung transportierten; manchmal waren die Ladeflächen voller Fässer, und der Regen wusch die Radspuren gründlich aus. Wenn es auf dem Schwabenberg regnete, stürzte das Wasser in den Gräben von der Hügelkuppe herab, und wenn die Gräben voll waren, überschwemmte es die Fahrbahnen, riss sie mit. Das Sperrgebiet war von einem hohen, mit Stacheldraht verstärkten Drahtzaun umgeben, der mit einem Sensor verbunden war, bei jeder Berührung wurde die Wache in der Villa an der Ecke Istenhegyi- und Loránt-Straße alarmiert. Hier wohnte im ersten Stock Csíder, die Wachstube befand sich im Erdgeschoss. Der unendlich lange Zaun wurde von der Dämmerung bis in die Morgenfrühe von Scheinwerfern beleuchtet. Eigentlich leuchtete der Zaun mutlos vor sich hin. Aber wenn er unter einem Windhauch erzitterte, sich ein Vogel auf ihn setzte oder ein Fuchs ihn beschnüffelte, leuchtete er auf, das Licht wurde blendend, erlosch, leuchtete wieder auf, verbreitete rhythmisch Schrecken, und im selben Rhythmus schrillte auf der Wachstube die Klingel. Innerhalb der Umzäunung wurden große, erschreckend stumme Deutsche Schäferhunde losgelassen, auch das in einem unberechenbaren Rhythmus. Menschen sah man nie, nur die Hunde zogen ihre Runden. Von Csíder wusste ich, dass die Hunde auf den Mann scharf gemacht waren.

Dieser Ausdruck, auf den Mann scharf gemacht, erfüllte mich mit Entsetzen, auch wenn ich spürte, dass es sprachliche Großtuerei war.

Die Hunde kennen die Wächter und ihre Familienmitglieder, Fremde hingegen packen sie, werfen sie zu Boden, beißen ihm jedoch den Arm oder die Kehle nicht durch, lassen aber auch nicht los, bis die Wächter den Eindringling von ihnen übernehmen.

Später entschied die oberste Parteiführung, dass es aus Sicherheitsgründen besser wäre, wenn die zum Fünfergespann gehörenden Genossen doch nicht alle am gleichen Ort wohnten, oder zumindest noch ein zweites Haus hätten. Im Fall eines Aufruhrs sollte nicht die gesamte Parteiführung exponiert sein. Das Wort Aufruhr hatte ich noch nie gehört, erst jetzt, von diesen Jungen. In der Loránt-Straße wurden die Wache und die Hunde zurückgezogen, die Wächterhäuschen, die Umzäunung und die Schranke abgerissen. Noch fünf Jahre bis zum Aufruhr. Von dem allem wollte außer den Kindern natürlich niemand wissen oder reden, die Erwachsenen verstummten in jenen Jahren, sie mussten ja damit rechnen, dass das ewig so weiterging, aber auch die Jungen flüsterten nur, es war ihnen verboten herumzuplappern. Bis ich mir von Anlage und Topographie des Sperrgebiets ein Bild machen konnte, dauerte es Jahre, auch ich hatte es, abgesehen von der Straße, nicht betreten dürfen, genauso wenig wie die hier wohnenden Kinder, aber sie streiften doch vorsichtig umher. Oder phantasierten nur davon, schnitten damit auf. Dem erzwungenen Schweigen muss man mit Übertreibungen begegnen. So viel ist sicher, dass ich nicht über unseren Zaun hinüberklettern konnte, die Hunde erschienen sofort auf dem Plan. Ich stand in den leeren Zimmern. Ich stand im schmerzhaft hellen Wintergarten. Tat in den leeren Zimmern rein gar nichts. Ich ging von einem zum anderen. Die leeren Zimmer besetzten mein ganzes Wesen, alles, was ich war und bin. Daraus bin ich entstanden. Ich musste sie jeden Tag betrachten, ihre Stille hören. Jedes schwieg auf seine Art. Ich brachte sie mit verschiedenen Wörtern, verschiedenen Lauten immer aufs Neue zum Sprechen. Ich wusste, was in ihnen geschehen war, und ich setzte die angefangenen Geschichten fort. Mit dem Haus war ich ganz allein, mit dem Klappern der Traufen, dem Schneefall, dem Keller, dem Dachboden, dem Heizkessel, den kalten, leeren Räumen. Es machte die Sache nicht besser, dass Vater in den unbewohnten Zimmern die Heizung abstellte. Die bewohnten Zimmer und Nebenräume wurden dadurch nicht wärmer. Durch Türspalten kam Luftzug. Um die bewohnten Räume herum kühlte das unbewohnte Haus innerhalb von wenigen Tagen aus.

Wenn die Sonne schien, wurde es im Wintergarten am wärmsten, im leeren Flur gefror nachts das Wasser im Glas. Darüber mussten meine Eltern schallend lachen. Klári, stell dir vor, das Wasser im Glas ist gefroren. Vater hatte die Heizkörper wahrscheinlich nicht einmal ganz zugedreht, denn dann wäre das Wasser in den Rohren in der als Sommersitz gebauten dünnwandigen Villa gefroren. Es gab keine Kohle. Unsere Eltern sahen im Kohlemangel, oder überhaupt in jedem Mangel, etwa dem dauernden Mangel an Grundnahrungsmitteln, nicht die Anomalie der Planwirtschaft, nein, es gibt jetzt keine Kohle für uns, weil sie für die Hochöfen, Gießereien und Eisenwerke benötigt wird, gerade eben, damit die Planwirtschaft auch auf der Ebene der Schwerindustrie in Schwung kommt. Das Opfer müssen wir im Namen unserer Zukunft schon bringen. Ich fragte nichts, sie erklärten nichts, aber ich durchschaute die Zusammenhänge doch. Eigentlich hätte man diesen Heizkessel nicht mit Braunkohle beheizen dürfen. Er funktionierte mit Koks. Den aber gab es nun wirklich nicht. Klar, wenn die Sowjets, die Jugoslawen oder die Tschechen, deren Reparationsforderungen wir gemäß dem Pariser Friedensvertrag entsprechen müssen, Koks oder Schwarzkohle aus Pécs wollen, müssen wir ihnen Koks oder Schwarzkohle aus Pécs liefern. Auch das brauchten sie mir nicht eigens zu erklären. Der Pariser Friedensvertrag war so viel wie ein militärischer Befehl, der obendrein die Zeitgrenzen vorschrieb. Es gab nichts zu diskutieren, höchstens, dass man versuchen konnte, über diplomatische oder militärische Kanäle rationale Argumente anzuführen. Wenn wir das und das termingerecht liefern, gefährden wir andere Lieferungen. Solche Umstände wurden manchmal in Betracht gezogen, was aber der ungarischen Wirtschaft insgesamt nichts nützte. Auch das brauchten sie mir nicht zu erklären, sie redeten ja dauernd vom Stand der Lieferungen, von Konventionalstrafen. Wenn sie Lignit haben wollten, lieferten wir Lignit, auch Industriediamanten, aus den Beständen. Was ein Industriediamant ist, hatte mein Vater in der Pressburgerstraße erklärt. Die zu liefernden Waren ließen sich nicht gegen andere eintauschen. Als unsere wenige Kohle aus Nógrad, die wir in einem sorgfältig beiseitegeschaufelten Haufen hier vorgefunden hatten, aufgebraucht war, gab es keine Kohle mehr. Et voilà. Meinem Vater zuliebe tat ich so, als interessiere mich diese ganze Heizungsangelegenheit, schließlich sollte das ja meine Aufgabe in der Familie werden, aber sie interessierte mich nicht. Das Kohleschaufeln ging mit neun Jahren nicht so leicht, ich konnte die Schaufel nur mit Mühe unter den Haufen schieben, ihr Stiel war zu lang, ich konnte sie kaum hochheben, ohne dass sie kippte, aber daran denke ich erst jetzt, damals beschäftigte mich das nicht, ich konnte nicht sagen, ich sei noch ein Kind. Ich schaufelte ja. Meinen Bruder brachten sie im Dienstwagen, in dem meiner Mutter oder dem meines Vaters, in den Kindergarten, und erst nachmittags um sechs holten sie ihn ab, wiederum mit dem Dienstwagen. Zu dem Zeitpunkt haute er im Kindergarten schon seit mindestens einer Stunde auf die Pauke, schrie, brüllte aus voller Kehle. Er hatte eine biologische Uhr, brüllte auf einen bestimmten Zeitpunkt hin. Von Telepathie wusste ich zwar nichts, aber meine Erfahrung war doch, dass er mit unseren Eltern auf irgendeine Weise verbunden war, auf viel stärkere Art als ich. Aus Schluckauf und Winseln wurde immer genau dann ein Gebrüll, wenn sie sich aufmachten, um ihn zu holen, oder im Gegenteil, wenn sie durch etwas zurückgehalten wurden. Meine Eltern und ich machten uns einen Spaß daraus. Wenn er vom Schluckauf zum Gebrüll wechselte, schaute ich auf die Uhr, und Mutter fragte nach, wenn sie heimkam. Die Zeitpunkte stimmten immer überein. Er begann um halb fünf mit dem Schluckauf und schaukelte sich damit und dem Gejammer so lange hoch, bis ein wahnsinniger Schmerz daraus wurde, mit dem er unsere Eltern begrüßen konnte. Um fünf hatten die Kindergärtnerinnen das Gefühl, bis sechs hielten sie das nicht mehr aus. Manchmal sperrten sie meinen Bruder auf den Gang hinaus, damit er die anderen nicht ansteckte.

Aufgepasst, der Nádas weint schon wieder.

Zum Glück war der Gang im Kindergarten geheizt.

Wenn er sie ansteckte, weinten die Kleinen tatsächlich im Chor und wussten nicht, warum.

Heute muss ich doch sagen, dass diese großen gemeinsamen Heulereien phantastisch waren, epochale Feiern der menschlichen Empathie.

Mutter telefonierte aus der Múzeum-Straße erschrocken nach Hause, sie erreiche Vater am Krisztina-Ring nicht, bald sei es sechs Uhr, ich solle rasch meinen Bruder holen gehen, sie sei noch in einer Besprechung, ich solle ihn ordentlich anziehen und nach Hause bringen. Bei solchen Gelegenheiten rannte ich über einen steilen, ausgewaschenen Pfad durch den Wald, das war die Abkürzung. Wenn er sah, dass nicht seine Mutter, nicht sein Vater kam, sondern ich, fiel mehr als einmal seine Atmung aus. Etwas war gerissen, der Schmerz blieb in seiner Luftröhre stecken. Ich musste ihm auf den Rücken klopfen, die Kindergärtnerinnen schüttelten ihn, ich massierte ihm instinktiv die kleinen Gliedmaßen, den Brustkasten, doch kaum kam er mit einem Aufstoßen wieder zu Atem, tobte er weiter, stampfte, brüllte, stieß mich weg, du nicht, du nicht, ich durfte ihn nicht anziehen, und wenn ich ihm trotzdem die Kleidungsstücke und die Straßenschuhe aufnötigte, gab er mir, während ich sie schnürte, mit beiden Füßen Tritte, auf der Straße durfte ich ihn nicht bei der Hand nehmen, du nicht, du nicht, meine Gegenwart tat ihm weh, ich war der Schmerz, und er brüllte an jedem Tag einer jeden Jahreszeit die ganze verschneite, windgepeitschte, sonnige, neblige, kalte, heiße Diana-Straße entlang. Hartnäckig verharrte er in der Einsamkeit, die er sich selbst als Strafe auferlegt hatte. Wenn ich ihn am Arm nahm oder am Kragen packte, brüllte er, ich solle ihn loslassen, ich solle ihn in Ruhe lassen. Vier Jahre lang brüllte er jeden Nachmittag, bis zum Tag, an dem unsere Mutter starb. Auch zu Hause beruhigte er sich nicht, er brüllte das ganze leere, kalte Haus voll. Mich berührte das nicht, man brauchte mir nicht zu erklären, warum das so war und wie es anders sein könnte. Ich verstand es, aber was nützte das. Ich musste aufpassen, dass es nicht auch mir weh tat. Manchmal verlor ich die Geduld. Manchmal wurde er müde. Dann setzte er von neuem an. Aß nichts, trank nichts. Man konnte ihn nicht ablenken. Manchmal machte mich die hartnäckige Sinnlosigkeit dieser emotionalen Anstrengung wütend. Ich wusste, dass er nicht aufhören würde, aber ich haute ihm doch eine. Tüchtig auf den Kopf, ich konnte nicht in unserem Zimmer bleiben, konnte nicht lernen, nicht lesen, ich gab ihm eine Tracht Prügel auf den Hintern, auch ich brüllte, brüllte über sein Gebrüll hinweg; interessanterweise war er nie überrascht, er erwartete es von mir, drehte noch um einen Grad auf, in dem leeren, kalten Haus wurden der Lärm und die Sinnlosigkeit unseres Lebens noch größer. Was immer ich mir ausdachte, seine emotionale Konzentration aufs Brüllen, auf den Schmerz ließ sich durch nichts ablenken.

Wenn ich es versuchte, oder im Gegenteil, wenn ich seine Lautstärke übernahm, ihn nachzuahmen begann, ihn verspottete, wurde er zu einem Giftzwerg, stampfte mit den Füßen, violett im Gesicht.

Lass mich in Ruhe, brüllte er.

Auch wenn ich gar nichts zu ihm sagte, ihn gar nicht ansah, brüllte er diesen einzigen ewigen Satz, weil er meine Anspannung spürte.

Ich wollte auf keinen Fall, dass sie mich morgens zusammen mit meinem Bruder zur Schule brachten.

Ich wollte mit Géza Székács und Gábor Baltazár gehen.

An einem der ersten Tage hatte ich eine interessante Entdeckung gemacht.

Einige Kinder wurden morgens mit dem Wagen zur Schule gebracht, oder sie kamen mit ihren Eltern, oder ein Chauffeur brachte sie, doch sie wurden dafür von den anderen gehasst und verachtet. Das war ja damals sehr selten, nach der Belagerung gab es kaum mehr fahrtüchtige Personenwagen. In unserer Klasse wurde ein einziger Junge mit dem Wagen gebracht, der Konkoly-Thege, mit einem Hudson, wenn ich mich richtig erinnere, er wohnte in der Konkoly-Thege-Straße, sein Vater war Direktor des Astronomischen Instituts, Konkoly-Thege, der Astronom. Dieses Chauffiertwerden nahmen ihm meine Mitschüler übel, da konnte sein Vater noch lange ein Astronom sein, und die Straße konnte noch lange nach seinem Großvater benannt sein, und er konnte noch lange erklären, er wohne am weitesten weg und sein Vater sei keiner von der Partei, sondern Astronom.

So weit weg wohne sonst niemand.

Schaut mal den Konkoly-Thege, heute haben sie aus dem Parlament einen ZIM nach ihm geschickt.

Gestern tat's noch ein Tátraplán.

Und der Vadász würde ihn doch gern auf dem Rücken herbringen.

Einen Dreck würde ich.

Dieser Konkoly-Thege musste jeden Morgen so tun, als höre er das alles nicht. Jeden Morgen huschte er ins Klassenzimmer wie einer, der damit rechnet, verprügelt zu werden, nur seinen Kopf sollten sie nicht treffen. Aber die Fahrerei gab er trotzdem nicht auf, oder seine Eltern zwangen ihn dazu. Mir aber zog sich bei der Nennung des Tátraplán der Magen zusammen, denn ich war ja doch ein wenig stolz darauf, dass mein Vater mit einem solchen dunkelblauen Wagen mit Heckmotor zur Arbeit oder aufs Land gefahren wurde, mit einer echten Stuka. Die Jungen nannten den Wagen Stuka, wegen seines lauten, stinkenden Heckmotors oder der stromlinienförmigen Karosserie. Einen solchen Spezialstatus hatte ich besser zu meiden, das war klar. Andererseits ließ er sich nicht meiden. Auch in dieser Schule musste ich vor der Klasse stehend Einteilung, Beschäftigung und Gehalt meiner Eltern hersagen. Damit war ich für längere Zeit erledigt. Es war mein eigener Entschluss, morgens nicht in ihr Auto zu steigen.

Sie kümmerten sich nicht darum, nahmen einfach zur Kenntnis, dass ich nicht mitfuhr.

Vielleicht lag es auch einfach an meinem Heranwachsen, ich fragte sie nichts mehr und erzählte ihnen auch nichts. Das tat nicht weh, noch heute nicht. Wenn ich etwas erfahren wollte, erfuhr ich es über andere Wege oder erfuhr es später, viel später, oder nie, auch nachträglich nicht, was auch in Ordnung war. Jetzt kann ich nachforschen, mich in den Archiven mit den verrückten, schamlosen Auslassungen beschäftigen. Es ging nicht darum, dass ich sie nicht liebte, aber es interessierte mich nicht mehr, was sie sagten, es hing mir zum Hals heraus. Ich kannte es im Voraus. Es war mir im Voraus über. Höchstens stellte ich Kontrollfragen. Es ging auch nicht darum, dass sie mich nicht mehr liebten. Ich nahm zur Kenntnis, dass mir jetzt gerade so viel von ihrer Liebe zustand. Sie hatten nicht einmal die Zeit, mich in irgendeiner Sache zu instruieren oder anzuleiten. Es berührte mich auch nicht, wenn ich sah, dass ich sie mit meinen Kontrollfragen in Verlegenheit brachte, dass sie an der Sache vorbeiredeten, oder auch aus einem unerfindlichen Grund methodisch und übereinstimmend logen.

Sich heimliche Blicke zuwarfen.

Na, das erzählen wir ihm aber nicht.

Als wäre ich ein Idiot, der ihrem Blick nicht folgen könnte.

Mit dem unerwarteten Umzug endete etwas, das wir zuvor schon beendet hatten. Die Fragerei hatte keinen Sinn mehr, lohnte sich nicht. Es kann sein, dass sich Rózsi Németh an dem Abend, als sie mich beschuldigten, gar nicht zum Briefschreiben anschickte, sondern beim Packen war. Sie zog einige Zeit vor uns weg, vielleicht ein Jahr zuvor. Auch das schmerzte nicht, jetzt gehörte es schon zur stabilen Weltordnung, dass man sich nicht beklagte. Hunger hat man auch nicht. Sich-Beklagen ist die schlechte Gewohnheit anderer, nicht die unsere, auch wenn ich nicht wusste, welche dann die unsere war. Es gibt niemanden, bei dem man die Klagen einreichen kann, höchstens beim lieben Gott, per Rohrpost, wie meine Mutter sagte. Deswegen schlug ich meinen Bruder, er solle endlich aufhören zu weinen, weil es niemanden gibt, dem er klagen könnte, das solle er endlich begreifen. Aber der kleine Idiot begriff es nicht. Rózsi Németh zog ins nach Amália Bezerédj benannte Kindergärtnerinnenseminar. Der kleine Idiot wollte unsere Eltern erpressen, er verstand nicht, dass sie nicht erpressbar waren, sondern von den Sorgen ums Land erfüllt. In den folgenden zwei Jahren besuchten wir Rózsi Németh mehrmals im Stall, wie sie es nannten. Diese jungen Frauen vom Land behaupteten, im Schlafsaal rieche es nach Pferden. Wir schnüffelten prüfend. Sie meinten das aber nicht als Beschwerde, schnitten eher damit auf, es gefiel ihnen, in einem gräflichen Pferdestall zu wohnen. Vielleicht rochen sie es, vielleicht bildeten sie es sich nur ein, dass da der durchdringende Geruch der gräflichen Pferde in der Luft lag. Eigentlich sagte Rózsi, man rieche die gräfliche Pferdepisse. Schon als der Pferdestall umgebaut wurde, gingen wir ihn ansehen, in Mutters Dienstwagen, einem gewöhnlichen hechtgrauen Pobjeda. Sie ging mit den Architekten über die Baustelle, der Podjeda hingegen gehörte leider nicht zu den bemerkenswerten Wagen. Sie hatten nichts davon gesagt, dass Rózsi Németh wegziehen würde, um Kindergärtnerin zu werden, um nicht ein Leben lang fremden Menschen dienen zu müssen, und dass auch wir wegziehen würden. Ich wiederum fragte nicht nach. Weder aus Eigensinn noch aus Starrsinn, nicht einmal aus Gleichgültigkeit. Es würde sich schon herausstellen, eine andere Information oder ein anderer Umstand würden die Sache schon klären. Das war kein Beschluss meinerseits, war nicht Zorn, nicht Schonung ihnen gegenüber, ich wusste nicht, warum ich so war, einige Zeit vor unserem Wegzug hatte sich einfach etwas verändert, noch heute weiß ich nicht, was.

Wenn ich mich recht erinnere, empfand ich diese erste, bewusst erlebte Trennung meines Lebens wohl eher als eine Erleichterung. Nicht fragen. Ich begann mich mit einem Thema zu beschäftigen, das meine Aufmerksamkeit dann mein Leben lang fesseln sollte, mit dem gleitenden Übergang zwischen Schein und Wirklichkeit. Trotz allem Bemühen habe ich aber nie feststellen können, was die Wirklichkeit in Bezug auf den Schein ist. Wirklichkeit ist einer unserer nebulösesten Begriffe. Zumindest in den Sprachen, die ich kenne. Es bestand kein Anlass mehr, sie mit Fragen zu bestürmen. Auch sie waren ganz offensichtlich nicht die Repräsentanten der Wirklichkeit, sondern die Gefangenen des Scheins. Ich durfte die Beobachtung nicht durch meine Emotionen verpfuschen. Mich interessierten nicht die Erscheinungsformen von Schein und Wirklichkeit, sondern die begrifflichen Manöver, mit denen meine Eltern den selbstfabrizierten Schein, also ein Wirklichkeitsgleichnis, in der konkret fassbaren Wirklichkeit unterbrachten. Auf welche Art sie den Schein aus wirklichen Elementen zusammensetzten und ihn in die Wirklichkeit zurückstellten, die so zu einem System des vielfachen Scheins wurde. So lächerlich es klingen mag, vom Alter von acht Jahren an schaute ich lieber im Lexikon nach statt zu fragen. Außenstehenden stellte ich noch immer gern Fragen, etwa Tante Eugenie, die knappe, trockene, zumeist desillusionierende Antworten gab, Onkel Pista, der auf alles zunächst mit leichtem Schrecken reagierte, als höre er etwas Schockierendes, worauf seine Antwort wissenschaftlich flächendeckend und anspruchsvoll war, aber am liebsten fragte ich Tante Magda aus, die mich mit ihren märchenhaften, abenteuerlichen, endlosen Antworten immer überraschte, aber statt meine Eltern zu fragen benutzte ich lieber den *Révai* oder das Lexikon des *Pesti Hírlap*, *Pester Anzeiger*, und vor allem das *Gesellschaftslexikon* mit sechzehn Farbtafeln, zahllosen Bildern und Graphiken, mit der Chronik der sozialen Bewegungen als Anhang, in der Edition des *Népszava*, des Blatts der Sozialdemokraten. Bis zum Ende meiner Teenagerjahre blieb dieses sozialdemokratische Lexikon meine ständige Lektüre, ich benutzte es so wie Pál Aranyossi, wenn er an seinem schwarzen Scheibtisch Artikel schrieb, redigierte oder übersetzte und plötzlich aufstehen musste, um eine Angabe zu suchen oder nachzuprüfen. Jetzt erreichten sie mich auch mit ihren pflichtgemäßen Erklärungen kaum. Die ewige Moral meiner Mutter war mir mindestens so verleidet wie die ewige Physik meines Vaters. Ich wusste im Voraus, wovon sie was hielten. Ich achtete nicht mehr auf den Gegenstand ihrer Erklärungen, sondern auf das, was sie damit wollten, nicht auf ihre Aussagen, sondern auf ihre Absichten. Woraus gerade wegen meiner Anhänglichkeit, das heißt wegen des Zwangs zur Kindesliebe, ein riesiges Unbehagen entstand. Es tat weh, sie zu täuschen. Was sie sagen, interessiert mich überhaupt nicht, ich beobachte nur, warum sie es sagen, wie sie es sagen. Ich bin dabei, sie zu übertölpeln. Gleichzeitig wurde auch klar, dass sie nicht in meinen Kopf hineinsahen. Ich achtete auf anderes, während sie sprachen. Als anständiger Autist hatte ich auch schon vorher instinktiv auf anderes geachtet, ohne zu bemerken, dass ich das tat, aber von dem Moment an, als sie mich einer Sache beschuldigten, die ich nicht getan hatte, und ich mich nicht verteidigen konnte, sondern im Namen unseres gemeinsamen Anspruchs auf Bravheit ausgeliefert vor ihnen stand, hatte ich keine andere Wahl mehr.

Beobachten, woraus sie ihre Gebäude errichteten, was sie womit verdeckten, wie andere über dieselbe Sache urteilten, was ich mit ihrer heimlichen Absicht anfangen, wo ich sie in meinem Bewusstsein speichern könnte.

Damals, noch in der Pressburgerstraße, brachten sie meinen Bruder frühmorgens in die Kinderkrippe, in dasselbe Haus am Leopoldring Nummer 2, wo ich nach der Belagerung in den Kindergarten gegangen und einmal davongelaufen war, um mit meinem Eis in der Hand vor die Räder des Busses zu treten, vor dem gegenüberliegenden berüchtigten Haus Nummer 3, in dem während der Belagerung die Pfeilkreuzler in den Kellergängen Menschen gefoltert und ermordet hatten. Mit acht blieb ich allein in der Wohnung in der Pressburgerstraße, ohne Rózsi Németh. Für mich selbst zu sorgen fiel mir an den Tagen am schwersten, an denen ich Nachmittägler war, das heißt am Nachmittag zur Schule ging. Ich durfte mich nicht vergessen. Zum ersten Mal in meinem Leben gab mir niemand die Zeit an, ich musste mich auf mein eigenes Zeitgefühl verlassen. Rechtzeitig das Mittagessen aufwärmen, rechtzeitig die Sachen zusammensuchen und in die Tasche packen, es durfte nichts fehlen, rechtzeitig die Wohnungstür abschließen, den Schlüssel am geheimen Ort verstecken, einmal fiel er heraus, rechtzeitig in der Schule ankommen, auf der Straße nicht herumgaffen, meine Neigung zum Herumgaffen im Zaum halten. Mit der Freiheit, der zeitlosen Zeit, wie sie mir den ganzen Vormittag grenzenlos zur Verfügung stand, waren diese vielen Pflichten nicht vereinbar. Sie sind es noch heute nicht. Nicht im praktischen Sinn nicht, sondern begrifflich nicht. Auch dafür musste ich selbständig die Lösung und die Erklärung finden. Ohne die Grenzenlosigkeit gab es keine Freiheit. Entweder funktioniert das eine nicht und hat also keinen Sinn, oder das andere funktioniert nicht und hat seinerseits keinen Sinn.

Und um die Leere zu füllen, ist der Mensch sogar fähig, sich einen Gott auszudenken.

Einmal hatte ich den Auftrag, einen Fremden, der so und so aussehen würde, ins Atelier zu führen, sonst nirgendwohin, weder ins Schlafzimmer noch ins Kinderzimmer, er werde sich im Studio die Möbel aus Gömörsid ansehen. Ich wartete auf ihn, aber er kam nicht. Und dann war ich einmal an einem Winternachmittag, vielleicht Ende November, auf dem Weg von der Schule nach Hause, es war schon dunkel, eine blaue Dunkelheit in der Winterdämmerung, auf der Straße und in den Geschäften und Wohnungen leuchteten die Lichter gelblich, die beleuchtete gelbe Straßenbahn schepperte auf der mit gelbem Keramit ausgelegten Straße vorbei, die Nummer fünfzehn, und ich sah schon von der Ecke der Sziget-Straße aus, dass im sechsten Stock oben das Fenster unseres

Ateliers beleuchtet war. Ich traf meine Eltern beim Reinemachen an. Das Atelier war an dem Tag fast völlig geräumt worden. Das Kastell, das heißt die Anrichte aus Gömörsid, war weg, ebenso der Esstisch aus Gömörsid mit den geschnitzten Beinen und der endlos langen Tischplatte, die von hölzernen, mit Blumen, Muscheln, Seesternen und Früchten geschmückten Göttern getragen wurde, der Tischplatte, auf der meine Mutter und mein Vater in den Zeiten vor der Ewigkeit so selbstvergessen mit mir gespielt hatten, es muss unmittelbar nach der Belagerung gewesen sein, mein Vater schubste mich weg, ich kippte hintenüber und glitt die Tischplatte entlang, meine Mutter fing mich am anderen Ende auf, drehte mich mit einer einzigen Bewegung um und schubste mich zurück, und ich fand das so unwiderstehlich lustig, dass mir vor Lachen der Atem wegblieb, noch siebzig Jahre später ruft die Erinnerung bei mir das Gefühl ungetrübten Glücks hervor, eines Glücks, wie es Imre Kertész in Auschwitz empfunden haben muss, das skandalöse Glück des reinen Existierens, die üppig geschnitzten Esszimmerstühle waren weg, von der Salongarnitur der Großmtter Mezei waren nur noch zwei wacklige, beiseitegeschobene Lehnstühle da. Ich fragte nicht, warum man die dagelassen hatte. Wohin der Rest gebracht worden war. Sie erzählten begeistert, welche Mühe es diesen handfesten Burschen gemacht habe, die Anrichte vom sechsten Stock hinunterzuschleppen. Ich fragte nicht, wer die handfesten Burschen waren. Wir werden das doch nicht unser ganzes Leben lang mitschleppen. Sie hätten sich auf den Treppenabsätzen immer wieder verkeilt. Ich fragte nicht, wohin wir das nicht mitschleppen würden. An den folgenden Tagen packten sie das Geschirr aus der abtransportierten Anrichte in Holzkisten aus dem Keller, die Tischwäsche, das Küchengeschirr, sämtliche Bücher, Schriften, Sommerkleider, Bettwäsche, und dann geschah nichts. Sie sagten nicht, warum nicht oder was geschehen sollte. Ich fragte nicht. Die Packaktion war noch nicht einmal beendet, und schon mussten sie täglich die nötigsten Dinge wieder auspacken, und von da an war ihr Leben eine einzige Suche. Entweder sie lachten darüber, dass sie etwas nicht fanden, oder darüber, dass sie es gefunden hatten. Fast ein Jahr lang standen die offenen Kisten im leeren Atelier, umgeben von den Haufen provisorisch wieder ausgepackter Sachen. Im Atelier gab es keine Beleuchtung mehr, Vater hatte auf einer ungeheuer langen Leiter stehend den unbarmherzig hässlichen Lüster aus Gömörsid von der ungeheuer hohen Decke abmontiert und gesagt, den verkaufen wir dem erstbesten Trödler. So erfuhr ich, dass die handfesten Burschen Trödler gewesen waren. Die Trödler kamen auf Aufforderung, andere blieben einfach inmitten der laut widerhallenden Höfe stehen und schrien. Trödler, der Trödler ist da. Gebrauchte Kleidung, Geschirr, Gemälde, Lumpen, Teppiche, kaufe alles. Altwaren, Altwaren. Der Kauf von allem klang sehr süffig aus ihrer Kehle herauf. Es verschwanden die Teppiche, auch im Kinderzimmer fehlte mein riesiger Teppich aus Torontál mit seinem geometrischen Muster, über den ich immer vorsichtig getrippelt war, weil ich auch auf dem asymmetrisch komponierten Muster das System suchte. Aus dem Schlafzimmer meiner Eltern war der Perserteppich verschwunden, ebenso die Kästen mit der Tischwäsche aus Gömörsid. Nach so vielen Jahrzehnten wird mir zum ersten Mal bewusst, was alles verschwunden war, das heißt, was alles mich nicht interessierte, wonach allem ich nicht mehr fragte. Vielleicht hatten die Geschwister unter sich diese alten Dinge aufgeteilt, die letzten Überreste ihres Gömörsider Erbes.

Vielleicht endete damit die erste Epoche des familiären Plurals. In jenem Jahr gab es keinen Weihnachtsbaum, keinen Schmuck. Ich fragte nicht, warum nicht. Rózsi Németh fuhr aus ihrem Kindergärtnerinnenseminar in Nagytétény, aus jenem Amália Bezerédj-Institut, ich wusste lange nicht, wer zum Kuckuck die gewesen war, auch das *Gesellschaftslexikon* sagte es nicht, direkt nach Törökszentmiklós, in ihr Dorf, in den gleichen Ort, aus dem die Leute meines Onkels Pista gekommen waren. Jetzt kamen sie nicht mehr, denn in seinem Chemieunternehmen waren zwölf Personen beschäftigt gewesen, und Betriebe, die mehr als zehn Personen beschäftigten, wurden verstaatlicht und geschlossen. Das war ihm aber geradezu recht, er gab seinen Betrieb auf, noch bevor die Verfügung in Kraft trat. In dieser verrückten Geste erkenne ich mich wirklich. Viel seltsamer schien mir, dass seine Frau, Terézia Goldmark, bei einer Familienzusammenkunft ein riesiges Geschrei daraus machte. Sie kreischte und rollte das r. Verstand nicht, warum Pista das getan hatte. Sie erklärten es ihr. Sie schien erreichen zu wollen, dass die anderen Pista vom Gegenteil überzeugten. Eigentlich hatte sie ja recht, sie war von einem wohlsituierten Ingenieur aus gutbürgerlicher Familie geheiratet worden, und mit einem Mal findet sie sich unter diesen besitzlosen, geisteskranken Kommunisten wieder. Rózsi Németh rief Muttilein in ihrem Büro an, um ihr ein gesegnetes Weihnachtsfest zu wünschen. Auch darüber amüsierten sie sich. In ihrem Lachen war eine scharfe kleine atheistische Distanznahme, mit nicht wenig Zuneigung gewürzt. Gesegnet, das ging sie nichts an, weder wollten sie Segen erhalten noch ihn jemandem wünschen, aber es gefiel ihnen, dass sich Rózsi Németh in keiner Weise von ihrem Atheismus beirren ließ und also ein freier Geist war.

Auch durften wir nicht mehr in die Kirche zum Weihnachtsgottesdienst.

In jenem Winter ging ich Schlittschuh laufen. Manchmal wagte ich mich auch vormittags auf die Bahn hinunter, dann auch am Nachmittag. Von nachmittags um drei Uhr an schmetterte der Lautsprecher Walzer und Foxtrott. Ich wusste schon, dass das Unternehmen riskant war, ich hätte nicht einmal in den Ferien so viel Zeit mit Schlittschuh laufen verbringen dürfen, aber ich musste es einfach tun. Ich machte, was ich wollte, in der leeren Wohnung hinderte mich niemand an irgendetwas. Einmal sagten sie, ich solle am Vormittag nicht weggehen, es komme ein Telefonmonteur, tatsächlich, er kam mit seiner kleinen viereckigen Tasche und allen seinen Instrumenten, ein kraushaariger blonder Mann, der schon

Melodien pfiff, während ich ihm öffnete, und jetzt entnehme ich den Archivschriften, dass das alles am Dienstag, dem 29. März 1949, geschah, und jetzt, wo ich vor mir sehe, wie ich dem pfeifenden Mann die Tür öffne, erinnere ich mich auch, dass das Wetter an dem Tag frühlingshaft war, aber stark bewölkt. Während ganze Schriftpacken verschwunden sind, ist im Archiv sogar der kleine handschriftliche Beleg erhalten geblieben, auf dem der pfeifende Mann seinem Chef mitteilt, er habe zu der postdienstlichen Privatnummer 124-185, das war unsere Telefonnummer in der Pressburgerstraße, 1 Stck. dienstliche Signalklingel montiert, was weitere vier Beamten mit Signatur gegengezeichnet haben. Aus weiteren Akten, Beschreibungen, Memoranden, Abschriften geht auch hervor, dass der Auftrag zur sofortigen Erledigung der Montage telefonisch von Postgeneraldirektor Pápai gekommen war, er seinerseits hatte von Verkehrsminister Ernő Gerő die Anweisung dazu erhalten. Der Papierkram wurde später erledigt, das heißt, die Belege wurden regelwidrig vordatiert, und so liegt das Datum der effektiven Erledigung der Arbeit anderthalb Wochen vor dem Auftragsdatum. Die Signalklingel verursachte mir später viel Kopfzerbrechen, ich konnte noch so aufpassen, es gelang mir nicht zu beobachten, wie mein Vater sie betätigte. Weder bei hereinkommenden noch bei hinausgehenden Telefonaten. War jemand im Zimmer, stellte er sich vor den Apparat und manipulierte rasch etwas daran, und dann benutzte er nicht die Wählscheibe, sondern die Gabel zum Wählen der Nummer. Als gäbe er Morsezeichen durch. Er signalisierte damit einer Zentrale, dass er nach Hause gekommen war, oder er meldete, wohin er ging. Er musste jederzeit abrufbar bleiben. Über dieselbe Zentrale konnte er Leute anrufen lassen, wobei er nicht deren Namen, sondern einen Code angab. Und das immer außerhalb meiner Hörweite, so wie ich auch seine Hand nicht sehen durfte. Ich wüsste auch nicht zu sagen, auf welcher Ebene der Nomenklatura dieses Kommunikationssystem eingesetzt wurde. Nach dem Inhalt der Anrufe und Besprechungen zu urteilen, musste der Kreis ziemlich groß sein, er reichte vielleicht von den Fachbeauftragten bis in die höchsten Regierungskreise. Einmal gab er Anweisungen, ein andermal erhielt er sie.

Für die Eisbahn hatte ich eine Wochenkarte, die jeweils wie eine Straßenbahnkarte gelocht wurde. In den Weihnachtsferien konnte es sogar vorkommen, dass ich nicht einmal zum Mittagessen nach Hause ging, um das Abonnement nicht zweimal lochen zu müssen. Im Aufenthaltsraum konnte man für zwanzig Fillér eine Buttersemmel oder ein Butterhörnchen kaufen, für dreißig eins mit Mortadella. Für zwanzig Fillér schraubte mir ein Mann die Kufen an meine Stiefelchen. So gab ich bis zu vierzig, fünfzig Fillér aus, was ebenfalls zu etlicher Beklemmung führte, da ich auf die Art mein ganzes Taschengeld verbrauchte. Sonntagabends bekam ich das Taschengeld für die Woche, davon durfte ich, mit der Verpflichtung abzurechnen, das Abonnement und die Buttersemmeln kaufen. Während des wöchentlichen Abrechnungsexamens musste ich Vaters Belehrungen punkto Sparsamkeit oder seine Ausfälle gegen die Verschwendung schweigend über mich ergehen lassen, was mir nicht leicht fiel. Alles in allem war es die Sache wert, denn die großen Mädchen liefen gern Schlittschuh mit mir. Ich lernte von ihnen das Kranzflechten. Es war wie ein Training, auch wenn wir nicht wussten, wann und wo die Vorstellung stattfinden würde. Während sie ihre Pirouetten drehten, dann auf der Spitze wendeten und zwischendurch mächtig aufs Eis stürzten, musste ich sie mit ruhigem Vorwärtsübersetzen und steigender Geschwindigkeit immer enger umkreisen, gewissermaßen einen Kranz um sie flechten. Bis der Kreis ganz eng wurde. Dabei prallten wir manchmal zusammen und fielen in einem wirren Haufen aufs Eis. Die großen Jungen kamen. Sie machten Haufen-ist-zu-klein, das heißt der Menschenhaufen über uns wurde immer größer. Das Gewicht und der nasse Geruch des Menschenhaufens, das ganze Geknuffe und Gerangel waren alles andere als angenehm. Die großen Mädchen waren mit der Darbietung zufrieden, wenn der Page in gleichmäßigem Tempo gerade dann den engsten Kreis zog, wenn die Drehgeschwindigkeit der Ballerina erschöpft war, und dann durfte er ihr mit einer Verbeugung zum abschließenden Knicks die Hand reichen.

Die großen Jungen hatten keine Lust dazu, sie machen doch nicht die Pagen dieser blöden Mädchen. Ich schämte mich ein wenig, dass mir das nicht eingefallen war, wo ich doch ein großer Junge sein wollte, hätte ich das bedenken sollen, aber dennoch beschloss ich, Tänzer zu werden, jawohl, ich würde ihr Page sein, ich würde die großen Mädchen in die Luft heben. In dem Jahr hatten wir bei einer Kindermatinee am Sonntagvormittag in der Oper den *Nussknacker* gesehen, und im selben Jahr durfte ich auch abends mitgehen, an einem der Abende sah ich auf der Freilichtbühne der Margareteninsel die *Flammen von Paris* mit Gabriella Lakatos und Viktor Róna. Die Geschichte mit ihrer Narodniki-Gestimmtheit, ihrer plebejischen Kraft packte mich, ich wollte sogleich Viktor Róna sein, so ein schöner, schlanker Revolutionsheld. Im Gegensatz zur spießigen Wohlanständigkeit und den kleinlichen Komplikationen des *Fidelio* beglückte mich Viktor Rónas physische Revolution, tut es heute noch weitgehend, denn das Ballett ist das Werk eines hervorragenden russischen Choreographen, Wassilij Iwanowitsch Vajnonen, eines Petersburger Tänzers, Zögling des Balletts des Zaren, und so brachte das Werk die zweihundertjährige, wenn nicht sogar vierhundertjährige Tradition des Bühnentanzes in meine Geburtsstadt, den Petipa, nicht dessen Geist, sondern dessen Person, Ballett ist ja ein konkretes Genre, bewahrt pas à pas die Schritte Petipas auf, mehrerer Petipas, zuerst die von Marius, aber auch die seines Bruders Lucien und die ihres Vaters Jean-Antoine, der sich 1848 von Madrid an die Oper des Zaren engagieren ließ, ebenso die Schritte aller ihrer Schüler, Nijinskij, Fokin, die ganze Schule von Petersburg und Leningrad inklusive Djagilew, die klassische und moderne Tradition. Mehr und Größeres gibt es auf dem Gebiet des Balletts nicht. Später habe ich Gabriella Lakatos fotografiert und mit Viktor Róna ein Interview geführt, und da verstand ich bis zu einem gewissen Grad, warum aus mir, abgesehen von den lauthals homophoben Einwänden meines Vaters, kein Tänzer hatte werden können. Was mir bis heute leidtut. Sonst tut mir nichts leid. Alles in meinem Leben geschah, wie es geschehen musste. Das hingegen tut mir leid. Hätte ich ein Durchhaltevermögen gehabt wie Viktor Róna als Kind, hätte ich es sicher geschafft. Auch er war als Kind klein gewesen, sogar noch als Teenager, und sein Ballettmeister sagte ihm, dass gut zu tanzen nicht genüge, er müsse auch wachsen. Wenn er über den Sommer nicht wachse, würde er ihn im nächsten Jahr aus der Klasse werfen. Róna wuchs in jenem Sommer, als würde er gestreckt. Im folgenden Jahr sahen wir den *Schwanensee* und den *Brunnen von Bachtschissarai*. Die großen Jungen hingegen waren auf immer höhere Geschwindigkeit aus, anderes interessierte sie nicht. Ich hätte gar nicht ausprobieren können, wie das mit dieser hohen Geschwindigkeit war, denn die großen Mädchen stritten sich fast um mich, für alle sollte ich den Pagen spielen.

Lange Jahrzehnte ist mir das alles nicht mehr in den Sinn gekommen, habe ich nicht mehr an die kleinen Eisprinzessinnen gedacht.

An alle die kleinen Einzelheiten, ihre engsitzenden Hosen, ihre Norwegerpullover, ihre von Kälte und Aufregung geröteten Gesichter. Sie waren verschwunden.

An jenem ersten Morgen im Schneefall fand ich die Schule auf dem Schwabenberg ganz leicht. Der Pedell führte mich ins Direktorenbüro. Die Direktorin hieß Frau Halmágyi oder Frau Harsányi, ich erinnere mich nicht mehr genau, was mir leidtut, da sie eine sehr beachtenswerte Person war. Ihre Güte und Aufmerksamkeit schienen in einem schweren Leid zu wurzeln, das sie nicht mit anderen teilen wollte. Ich erfuhr nie, was für ein Leid. Offenbar hatte es sie veranlasst, Personen in den Lehrkörper aufzunehmen, die anderswo vertrieben oder vergrault worden waren. Unter diesen mochte Tamás Bánky sein, der Gesangslehrer und Chorleiter, oder Judit Benkő, die Biologielehrerin, mit der wir den während der Belagerung beschädigten Schulgarten pflegten, oder Lóránt Ferkay, der gleichzeitig überdisziplinierte und renitente Zeichenlehrer, oder auch József Gulyás, der schöne, traurige, unbarmherzige Mathematiklehrer mit dem starken Grübchen am Kinn, auch er, nehme ich an, aus der Kriegsgefangenschaft zurückgekehrt. Auf den Gesichtern der ehemaligen Kriegsgefangenen lag etwas ganz Eigenes, wie eine spezielle Mischung aus Heiterkeit, Ergebenheit und Gleichgültigkeit, die ein Leben lang nicht verschwand. Zu dieser Gruppe gehörte wohl auch Erzsébet Galgóczy, die Ungarischlehrerin mit ihrem zu einem Kranz hochgesteckten grauen Haar, die Nonne mit ihren grauen Kleidern mit weißem Kragen, manchmal trug sie eine gestreifte Schürze darüber und dazu gerippte Baumwollstrümpfe, oder die Russischlehrerin, an deren Namen ich mich nicht erinnere und die ich fürchtete wie das Feuer; sie war eine gehetzte, ungepflegte kleine Frau von schlechten Manieren, nervös, lebhaft, während der Stunden zu Wutanfällen neigend, sie tobte, kreischte, schlug um sich, wir wussten nicht warum, oder sie saß apathisch da, und es war ihr gleichgültig, was wir taten, was wir sprachen, manchmal rannte sie aus dem Klassenzimmer und kam nicht zurück, oder kam mit verweinten Augen, und sie mochte viele Sprachen kennen, aber Russisch überhaupt nicht. Vielleicht ging sie jeweils vor der Stunde die nächste Lektion durch. Wir hatten den Eindruck, sie wolle die Sprache gar nicht kennen. Sie wurde zu einer Hauptfigur meiner wiederkehrenden Albträume, die von mir verlangte, etwas zu lösen, das sie selbst nicht lösen konnte. Nicht nur, dass ich kein Russisch lernte, sondern ich verstand sechs Jahre lang nicht, was man von mir wollte, in meinen Träumen aber sucht sie mich immer noch heim, an der Spitze der Examenskommission, mit ihrem zerzausten Haar und ihrem schlampig herunterhängenden Kleid, und kreischt auf Russisch.

Die Direktorin war eine unförmige, schlecht gekleidete Frau, Brillenträgerin, mit gehetztem Gesichtsausdruck und trägen Bewegungen. Mutter von etwa vier Kindern, die ebenfalls hier zur Schule gingen und denen man keinerlei Leid ansah. Vor ihrer Mutter brauchte man sich nicht zu fürchten. Sogar die Brille hing ihr von der Nase. Ganz zu schweigen davon, dass ihre Brüste unter der abgetragenen Strickjacke auf die gleiche Art nach allen Seiten schwappten wie bei den Frauen der Frauenbewegung. Sie saß schräg an ihrem Schreibtisch, als wäre es gar nicht ihr Büro, aber kaum hatte sie von ihren Papieren aufgeblickt, verstanden wir uns schon, was mir auch gleich Angst machte, denn neben allem Leid saß in ihrem Blick ein ironisches Leuchten. Manchmal ließ sie ihre Brille spöttisch blitzen. Die wahren Humoristen sind von Bitterkeit und Leid gequälte Menschen.

Sie nahm ihre ausgewaschene, ausgeweitete Jacke, na, komm schön mit, Junge, deine Klasse ist nicht in diesem Gebäude, ich bringe dich hin, Lieber, deine Klasse ist in der Baracke. Alle, die in dieser Stadt geboren waren und hier die Belagerung überlebt hatten, wussten durchaus, was eine Baracke war. Baracke, das Wort hatten die Heimkehrer aus den Lagern mitgebracht, es konnte auch eine Militärbaracke sein, ein neben einem zerbombten Gebäude erhaltenes Nebengebäude, ein Depot, das in der Trümmerstadt für anderes verwendet wurde, oder es war eine Krankenhausbaracke, auch von denen gab es in der Stadt mehr als genug. Sie nannte alle Lieber, oder mein Liebes, und darin war nichts Falsches. Diese schlampige Frau schien jedes einzelne Kind in der Schule zu kennen und zu lieben. Kaum war jemand in ihr Blickfeld geraten, liebte sie ihn gleich, was doch ein wenig verletzend war. Deshalb musste man sich vor ihrem ironischen Blick hüten. Die Krankenhausbaracken waren Notkonstrukte mit Holzrahmen, sie standen zumeist in öffentlichen Parks oder in den Gärten öffentlicher Krankenhäuser und waren in größter Eile für die Verwundeten des Ersten Weltkriegs und für die Epidemiekrankenhäuser aufgestellt worden, als es in den öffentlichen Krankenhäusern und den Krankensälen der Privatsanatorien oder in den Spiegelsälen der Schlösser keinen

Platz mehr für weitere Krankenbetten gab. Unsere Baracke stand gegenüber der Kirche, ganz am Rand des öffentlichen Parks, an der Ecke der Felhő-Straße, Wolkenstraße, ein bescheidenes, grau gestrichenes, hübsches kleines Gebäude. Die beiden Krankensäle gingen von einem langen Gang ab. Die Baracke war für lungenkranke Soldaten bestimmt gewesen, und obwohl ich in diesem Buch nichts undokumentiert lassen möchte, damit zu guter Letzt, bevor ich sterbe, Schein und Wirklichkeit, Realität und Phantasie doch noch auseinandergehalten werden, habe ich keine weiteren Angaben darüber gefunden; im Gegenteil, ich fand Angaben, wonach dieses Provisorium 1926 von der Stuhlhauptstadt errichtet und der Öffentlichkeit übergeben worden sei. Ich glaube nicht, dass das stimmt. Die Baracke war wohl aufgefrischt und für neu ausgegeben worden. Man erzählte damals auf dem Schwabenberg immer noch mit einigem Ekel, im ersten Krieg seien die Lungenkranken, für die im Szent János-Krankenhaus kein Platz mehr war, hierhergebracht worden, man habe auch die gasgeschädigten, rekonvaleszenten Verrückten hier angeschleppt, damit sie wenigstens an der frischen Luft waren. Man habe ja sonst nichts mit ihnen anfangen können. Die Armen seien den ganzen Tag im Park zwischen den Bäumen umhergeirrt. Und tatsächlich wurde dann in diesem Park den Helden des Ersten Weltkriegs ein vom üblichen Kitsch einigermaßen abweichendes Denkmal aufgestellt.

Frau Halmágyi oder Harsányi zog sich die Jacke über den Kopf, so eilten wir im Schneefall durch die zur Kirche führende Allee zu diesem kleinen militärischen Gebäude. Als wir eintraten, fiel ein unbekanntes Gewicht auf mich, das dann viele Jahre nicht mehr weichen sollte.

Im großen, prächtigen Kanonenofen loderte das Feuer. Heute weiß ich, dass das Gewicht Beklemmung heißt. Vorher in meinem Leben war ich nie beklommen gewesen. Starke Beklemmung gibt einem das Gefühl, man habe einen schweren, voluminösen Körper. Er wird formlos, quillt aus seinen Umrissen, zerfällt. Im Klassenzimmer stank es unbarmherzig. Die spezifische Mischung muffiger Gerüche. Es war klar, dass ich von hier nicht loskommen würde, die Direktorin hatte ja auch zärtlich meine Schultern umfasst und sagte dauernd Lieber.

Du setzt dich in die hinterste Bank, Lieber.

Wenn ich davongelaufen wäre, hätte ich selbst nicht gewusst, warum.

Lauter fremde Gesichter starrten mich an.

Anderswo gab es keinen Platz.

Ich hätte nirgendshin laufen können.

Es stinkt, uns sagt er, dass es bei uns stinkt. Für den stinken wir. Jetzt schaut mal den kleinen Stadtwurm an. Sein empfindliches Näschen verträgt das Kohlegas nicht.

Der Blödian meint, ich furze. Dabei habe ich nur Kohle nachgelegt.

Was glotzt du, wenn ich furze, kotzt du.

Für meinen Fluchtinstinkt hatte ich keine rationale Rechfertigung, konnte aufgrund meiner Erziehung keine Argumente dafür ins Feld führen. Wenn man mich zärtlich umfasst hält, darf ich mich nicht losreißen. Ich darf nichts Sinnloses tun. Von diesem Moment an wusste ich lange Zeit nicht mehr, was ich mit mir und meiner Umwelt anfangen sollte. Wie ich ihr Gewicht loswerden könnte. Wie ich mich und sie zur Übereinstimmung bringen könnte. Wie ich meine auseinandergerutschten Gliedmaßen zusammenklauben könnte, damit sie wieder einen Körper bildeten. Wie man aus Endgültigkeit und Eingeschränktheit doch Freiheit gewinnen könnte. Später lernte ich die Ingredienzen dieses Gestanks bestimmen, was gleichzeitig zu einer Soziologie des Orts wurde, beides deckte sich völlig, im ersten Augenblick aber waren da nur Kohlegas und Beklemmung. Ich wusste, was Kohlegas war, welche Wirkung es auf den Blutkreislauf haben konnte und wie eine Kohlegasvergiftung aussah, mein Vater hatte mir ja schon die Erklärung der halben physikalischen Welt aufgedrängt, und wenn er Zeit hatte, ließ er mich repetieren, damit ich die halbe physikalische Welt im Schlaf hersagen konnte, aber was Beklemmung war, das wusste ich nicht. Sogar das Spinnennetz hatte er mir erklärt, die Seidenraupe, die Herstellung von Rohseide, China, die Seidenstraße, den Hof des Kaisers von China, die Verbotene Stadt und die Frauen mit den gebundenen Füßen, und so weiter, er fragte auch, ob ich wisse, wie die Spinne den Sicherungsfaden zwischen zwei Bäume spannt, wie hätte ich es wissen sollen, wo sie doch nicht fliegen kann, aber ich erinnere mich nicht, früher je beklommen gewesen zu sein, denk nach, es ist sehr einfach, und wenn es auch einfach war, er erklärte es weitschweifend, ebenso die Metamorphose der Raupen, die Zusammensetzung des Speichels der Raupen und der Spinnen, den Begriff der Metamorphose selbst, die wir nur bildlich, im mythologischen Sinn verstehen, also erzählte er auch von den Religionen und den Formen des Aberglaubens, vor denen man sich selbstverständlich hüten muss, was wir ja auch tun, so wie der Teufel vor dem Weihwasser oder der Vampir vor dem Knoblauch. Über den Vampir und den Teufel lachten sie, redeten allerlei zusammen, das ich überhaupt nicht verstand, es war eine erotische Anspielung, und am Ende hielten sie sich den Bauch vor Lachen.

Das Klassenzimmer, in dem ich an meinen Platz stolperte, war überheizt und vollgestopft, es gab keinen Ausweg, keinen Rückweg, von den Fensterscheiben floss das Wasser. Ich fand kaum einen leeren Kleiderbügel. Die Mäntel stanken. Meine Mitschüler stanken. Die Zahl der Bewohner des Schwabenbergs war nach der Belagerug plötzlich ums Mehrfache angestiegen, die verlassenen Villen und die sehr geräumigen Häuser der ausgesiedelten schwäbischen Bauern waren ausgebombten Familien zugewiesen worden. Manchmal waren es auch mehrere Familien pro Haus. Auf dem Berg, hier nannte man es so, Berg, gab es viele Bedienstetenhäuser, Bedienstetenwohnungen, die zu den Weinbergen, den herrschaftlichen Gütern, den größeren landwirtschaftlichen Betrieben gehört hatten, daneben Hauswartwohnungen, verlassene Gärtnerwohnungen, solide gebaute Schuppen, Gartenhäuschen, leere Ställe, Kornkammern, das alles wurde von der Stadt als Wohnfläche in Anspruch genommen, als sich die Industrie nach der Belagerung die Umgebungen einzuverleiben begann und sich aufblähte wie das Pummelchen im Märchen. In der hintersten Bank musste ich mich neben einen äußerst komischen Vogel setzen. Das Klassenzimmer war nicht klein, vom Widerschein des Schnees auch hell, aber man hatte eine Menge Bänke hineingepfercht. Erst nach einiger Zeit begriff ich, dass das, was über die drei auf den Park gehenden Fenster floss, der Dunst vom Atem der Schüler war. Manchmal erschien der Pedell aus dem Hauptgebäude, um Kohle nachzulegen. Kaum saß ich neben dem komischen Vogel, strömte der Duft von Knoblauchbrot, Kochspeck, Presskopf, Kolbász auf mich ein, was alles mit Zwiebeln, mit Essigpaprika gegessen wurde, der komische Vogel roch so. Auf dem Berg durfte man noch lange Tiere halten, Kühe, Pferde, Schweine, Hühner, Gänse, Enten, Schafe, Ziegen. In Törökszentmiklós habe ich die von Fett trübe Brühe im Kessel gesehen, in der mit Knoblauch, Minze, Lorbeer, Salz und Pfeffer die großen Seiten von Halsspeck gekocht werden, die Knödel, die Würste, Blutwurst und Leberwurst, in dieser Reihenfolge, mit diesen Zutaten. Die Knoblauchzehen werden am Ende mit einem Löffelsieb herausgehoben, in einer großen Schüssel mit Salz und Paprika vermischt, aus einem anderen Kessel mit mehreren Schöpflöffeln brodelnden Fetts übergossen, das Ganze wird, noch warm, ringsum auf den heißen Speck gestrichen, und zuletzt werden die Speckseiten durch den Paprika gerollt. Der Speck wird unter die Traufe in die Kälte gehängt, damit er schön ausfriert.

Die in Trockenbau erstellten provisorischen Baracken, so wie diese für die beiden untersten Klassen der Schule verwendete Baracke mit ihren auf Holzstrukturen montierten imprägnierten Gipstafeln, hatten kaum ein Fundament, es reichte manchmal nicht einmal an die Frostgrenze hinunter, gerade das war ihre architektonische Neuheit, die Lagerbalken wurden auf eine Sandschicht oder Schotterschicht gelegt, darauf grobe Schiffsplanken. Gegen die Fäulnis wurden sie mit Öl imprägniert, oder das Öl sollte den Fäulnisgeruch übertünchen. Und auch der Fußboden wurde nicht mit Wasser gereinigt, sondern mit öligem Sägemehl aufgewischt. Der Gestank abgestandenen Rohöls lag in der Luft, wurde ranzig, gärte. Die Wände des Gebäudes waren trocken, die imprägnierten Gipstafeln leiteten das Wasser ab und sollten im Prinzip auch schalldicht sein und die Temperatur konservieren, aber die Kälte kam praktisch von überall, sie strömte aus den Wänden, strahlte vom Fußboden herauf, und wenn der Ofen noch so glühte. Obendrein saß ich in der Nähe des Fensters. Es zog herein, man konnte zuschauen, wie sich Eisblumen bildeten. Die Holzstruktur hingegen war ein Lieblingsort von Pilzen, sie schimmelte und rottete im ewigen Dunst. Bis dahin hatte ich diesen auf dem Land vorherrschenden Geruch nicht gekannt, den fauligen, muffigen Gestank. Später konnte ich die verschiedenen Gerüche gut unterscheiden, den lokalen muffigen Geruch, das heißt den Geruch der Baracke, und die mitgebrachten muffigen Gerüche. Jedes Kind hatten seinen spezifischen Geruch. Die meisten waren ungewaschen. Dreckig, darf man schon sagen. Sie badeten nicht, und sie wuschen sich auch nicht. Höchstens die Hände und das Gesicht, auch das nur so aufs Geratewohl, sie platschten sich etwas Wasser aus der Waschschüssel auf Gesicht, Hals, Schultern, Brust, Achselhöhlen, mehr nicht. Und auch dazu musste man sie eigens auffordern. Abends fielen sie ins Bett, so wie sie von ihren Streifzügen und Ballspielen nach Hause gekommen waren. Sie schliefen in der Kleidung, die sie auch tagsüber trugen, in Klotthose und Turnerleibchen, und wechselten sie höchstens einmal wöchentlich. Als wir Jahrzehnte später in Kisoroszi an der Spitze der Insel von Szentendre lebten, wo es in keiner Unterkunft fließendes Wasser gab, wir mussten das Wasser am Brunnen holen, behauptete Miklós Mészöly, die Haut reinige sich von selbst. Tut sie nicht. Nach einer Woche stank auch er. Nur nimmt man den eigenen Geruch nicht unbedingt wahr. Nach kurzer Zeit brachte wahrscheinlich auch ich meinen eigenen muffigen Geruch in die Schule mit.

Der komische Vogel, neben den man mich in der hintersten Bank gesetzt hatte, hieß János oder József Tót, sein Vater war der Pedell der Schule, sie wohnten im Straßenwärterhaus in der Felhő-Straße, in der Einzimmerdienstwohnung, später wurde das Haus abgerissen. Er selbst verschwand schon früher aus unserem Leben. Sein Verschwinden beschäftigte mich noch lange. Ich weiß nicht, was mit ihm geschehen ist. Es war ein blasser, magerer kleiner Junge, der in einem unmöglichen Filzanzug umherlief, solche Uniformen aus dunkelgrauem Filz hatten die Straßenfeger, vielleicht war sein Vater Straßenfeger gewesen, und sie hatten für ihn die Uniform abgeändert, aus der er mit großen dunklen Augen auf die blinde Welt herausblickte. Auch er war dreckig, obwohl er stets ein weißes Hemd trug, dessen Kragen bis zur Wochenmitte schwarz wurde. Im Turnen waren wir zwei die Letzten in der Reihe. Auch ich verstand nichts, aber ich gab mir Mühe. Wenn ich mich richtig erinnere, war er der Kleinere, aber sein Autismus war noch ausgeprägter. Er war fast hermetisch in sich verkapselt. Unser Lehrer, an den ich mich nicht erinnere, nur daran, dass es ein älterer Mann mit unangenehmem Geruch war, hätte ihn gern in die Hilfsschule versetzt, also zu den Belämmerten, aber wegen des Pedells konnte er das nicht tun. Vor dem hatten alle Angst, auch die träge Direktorin hütete sich vor ihm, der Pedell zeigte alle an. Er war hinterhältig, mit uns hemmungslos tyrannisch, den Lehrern gegenüber duckmäuserisch, und dann zeigte er sie an. Jahre später, als wir schon im Hauptgebäude untergebracht waren, führte eine seiner Anzeigen zu einer schauderhaften Szene. Mindestens fünfzehn Geheimdienstleute in voller Einsatzbereitschaft kamen mit ihren Motorrädern mit Seitenwagen angebraust. Sie riegelten alle Ausgänge der Schule ab, es durfte niemand hinaus, niemand hinein. Wir mussten die Turnhalle verlassen und ins Klasssenzimmer zurückkehren. Die Gänge wurden leer und stumm. Sie nahmen von jedem eine Schriftprobe. Und notierten, wer fehlte, die knöpften sie sich in ihren Wohnungen vor. Der Pedell hatte nämlich an der Wand einer Kabine des Jungen-Klos ein Verslein gefunden.

Gibt dir das alles den Rest, halt dich am Lebensstandard fest, lehren uns Stalin und Rákosi.

Sein Sohn war rücksichtsvoll in die letzte Bank gesetzt worden, weil er nicht aufzupassen brauchte, er durfte machen, was er wollte, solange er mit seiner Begriffsstutzigkeit die anderen nicht aufhielt. Er wurde nie aufgerufen. Mich interessierte dieser Tót. Wenn er etwas sagte, nur so, vor sich hin, und ich zufällig antwortete, oder ich sagte vielleicht etwas, wozu ich nur selten das Bedürfnis hatte, dann schaute er mich mit seinen großen dunklen Augen lange an, auch seine schönen Lippen öffneten sich ein wenig, er war erstaunt, als wäre ich das achte Weltwunder, irgendeine merkwürdige Geräuschquelle, eine Erscheinung, kein wirklicher Mensch, oder meine Frage wäre das achte Weltwunder. Nicht etwa, weil er sie nicht verstanden hätte, er verstand sehr wohl. Der Lehrer täuschte sich. Tót war überhaupt nicht dumm, sondern tatsächlich weggetreten, wohin, war nicht klar, auch nicht, ob er sich in die vertraute Welt zurückbefördern konnte. Er schaute höchstens herüber, staunte über den Zustand der Welt, aber herauskommen konnte er nicht, und es fiel ihm auch nicht ein, dass er von irgendwoher herauskommen müsste. Unterdessen tat er den ganzen Tag etwas Profanes, auf manische Art. Von irgendwoher hatte er immer saubere Schreibblätter oder unbeschriebene Hefte, das Papier war starke Mangelware, es wurde rationiert, vielleicht stahl es der Pedell für ihn im Lehrerzimmer, denn solange er Papier hatte, war er ruhig, und auf dieses Papier schrieb er mit vielen Schnörkeln seinen Namen. Sonst nichts. János oder József Tót. Bis das Blatt voll war. Einmal sagte er, das sei seine ministeriale Unterschrift. Ich hatte nicht gefragt, er sagte es nicht zu mir. Er sagte es zu sich selbst, er schreibe seine ministeriale Unterschrift. Mein Banknachbar bereitete sich täglich auf seine Ernennung zum Minister vor. Wenn es dann so weit war, musste seine Unterschrift sicher und ausgeformt sein, er würde ja Berge von Akten unterschreiben müssen. Wie viele Male in den anderthalb Jahren, in denen ich neben ihm saß, er wohl seinen Namen als ministeriale Unterschrift niedergeschrieben hat, hunderttausendmal, eine Million Mal, ich weiß es nicht. Irgendwo sammelte er diese Unterschriften, denn einmal sagte er, ich solle zu ihnen hinübergehen, er würde alle aus ihrem Versteck holen und mir zeigen, wir würden eine gefällige auswählen. Wenn er den Mund auftat, sprach er sehr gewählt, als wäre er bereits ein hoher Beamter. Er las alte Bücher, alte ungarische Autoren, Jósika, Eötvös, Zsigmond Kemény, ich weiß nicht, woher er diese muffig riechenden, in Glanzleinen oder in Leder mit Silber- oder Goldprägung gebundenen Bücher hatte. Das Wort gefällig hörte ich von ihm zum ersten Mal im Leben. Wenn ich nicht aufpasste, zog er auch meine Hefte oder Bücher zu sich hinüber und schrieb sie mit seinem Namen voll. Ich weiß nicht, warum, aber ich nahm sie ihm nie weg, ich ließ ihn schreiben, ja, es tat richtig gut zu sehen, wie er mein Heft oder die leeren Seiten meines Buchs zu Unbrauchbarkeit vollschrieb.

Manchmal begann auch ich meinen Namen zu schreiben, aber das war mir rasch verleidet. Ich versuchte es mit schönen Schnörkeln, aber irgendwie passten sie nicht zu meinem Namen.

Betrat man das Hauptgebäude der Schule und gelangte über fünf Stufen zum ersten Absatz, war linker Hand das Kabuff des Pedells. Das Hauptgebäude hatte Zentralheizung, aber er beheizte seine Nische mit einem Eisenofen, und es herrschten da drinnen eine ungeheure Hitze und ein ebensolcher Gestank. Er sah nicht aus, als könnte er der Vater dieses János oder József Tót sein. Vielleicht war er der Stiefvater, vielleicht war der wirkliche Vater am Don gefallen. Wenn der Pedell das Schiebefenster der kleinen Kammer nur aufschob, um jemandem zu drohen, einen Schlüssel auzuhändigen oder herauszubrüllen, ob es endlich Ruhe gebe, quollen von drinnen Hitze und Gestank heraus. In ihrer Küche im Straßenwischerhaus lag der Geruch von angebranntem Fett. Das Zimmer benutzten sie nur zum Schlafen. Einmal, als der János oder József Tót längere Zeit fehlte, ging ich bei ihnen vorbei, er war wirklich krank, saß im großen Bett seiner Eltern, schrieb seinen Namen in ein bereits mit seinem Namen vollgeschriebenes Heft. Er hatte das Heft umgedreht und schrieb seinen Namen auf die leeren Stellen. Ich sollte ihm sagen, was wir in den letzten Tagen durchgenommen hatten, welche Aufgaben er machen müsse, aber das interessierte ihn nicht. Eine Zeitlang hörte er mir verblüfft zu oder schaute eher, beobachtete, wie ich das Mundwerk laufen ließ, dann wandte er sich wieder seinem Heft zu und schrieb weiter, schrieb und schrieb, dass er der János oder József Tót sei. Heute muss ich sagen, dass ich diesen dreckigen kleinen Jungen in seinem schmutzigen weißen Hemd zärtlich liebte, seinen schönen Mund, seinen tiefschwarzen Blick.

Die schwäbischen Häuser oder herrschaftlichen Villen waren im Prinzip viel anspruchsvoller gebaut als die ungarischen Lehmhäuser auf dem Land, aber mangels einer anständigen Kanalisation strömte, quoll, rauschte nach jedem Regen das Wasser, bildete kleine Springbrunnen, und nach Wolkenbrüchen stürzte es von der Bergkuppe und den Anhöhen, nährte richtige Wasserfälle, sprudelte an den ersten wärmeren Frühlingstagen in gelben Strömen unter dem Schnee hervor und riss mit lautem Rasseln weißgewaschene Kalkbrocken mit. Es gab auf dem Berg kaum ein Haus oder einen Herrschaftssitz, in dem es nicht in mindestens einem Raum feucht und muffig war. Auch in der benachbarten Villa der Baltazárs roch es muffig. Ich hielt es für einen herrschaftlich muffigen Geruch, da es vom Parfüm ihrer Mutter durchschwebt war. Diese junge Frau war die schönste Frau, die ich bis dahin gesehen hatte, und so musste ich den muffigen Geruch ihrer Zimmer irgendwie beschönigen. Muffiger Geruch ist auf warme Art dunkel. Das

Muffige hat eine höhere Temperatur als der Boden oder die Luft, es ist ein Verfalls-, ein Verbrennungsprodukt. Unsere beträchtlich bemessene, nach Südost ausgerichtete Perczel-Villa war in den Berghang eingekeilt, sodass ihre Nordwestfront nicht eigentlich auf den Park ging, sondern auf grob geschichtete Stützwände aus Naturstein. Diese trockneten nie aus, auf den weißen Steinen schimmerte noch in der größten Sommerhitze Feuchtigkeit. Große violette Nacktschnecken und bläuliche Blindschleichen lebten in den Spalten, die Eidechsen hingegen mieden diese Steine, sie sonnten sich am Fuß der trockenen Südwände und in den Steingärten. Unsere Küche mit den fabelhaften Delfter Kacheln ging auf diese feuchten Nordwestwände, ebenso das leere Dienstmädchenzimmer, die Speisekammer, eins der leeren Schlafzimmer und das mit Delfter Kacheln prunkende Badezimmer. Jeder Raum roch stark, die gekachelten Räume etwas weniger. Die Zimmer und das Entree waren relativ trocken und geruchsfrei, der leere Wintergarten mit seinem Stahlgerüst hingegen stank. Sein Fußboden mit den wackelnden, dauernd verrutschenden türkischen Kacheln zeugte von den Bewegungen des Hauses, es rutschte und wackelte auf dem durch Lehm-Mergelschichten unterbrochenen Kalkmergel-Grund. Sobald der Schnee geschmolzen war, grub Vater an verschiedenen Stellen Löcher, maß sie, untersuchte sie, erklärte, dass der Wintergarten kein Fundament habe, das Stahlgerüst stehe auf einer fünf Ziegel hohen Grundmauer, und auch die sei nicht anständig isoliert, unter den Kacheln bekomme die dünne Betonschicht von den Bewegungen des Terrains Risse, senke sich, hebe sich, höchstens das enorme Gewicht der Stahlstruktur bremse die Wirkung der Erdbewegungen im Winter und im Frühling. Das Ganze werde schon nicht über uns einstürzen. Aber der dunkel muffige Geruch fraß sich in unsere Kleidung, in unser Haar, in unsere Haut hinein. Besonders durchdringend wirkte er, wenn wir in die Stadt hintergingen oder in die Dobsinai-Straße hinüber, vor allem, wenn wir im Regen nass geworden waren und so auf

Besuch gingen, fremde Wohnungen betraten, alle vier gemeinsam stinkend. Wir stanken im Kino, wir stanken in der Buchhandlung Cserépfalvi in der Váci-Straße, die bereits enteignet worden war und wo wir uns manchmal mit den Aranyossis trafen, bis die Buchhandlung endgültig geschlossen wurde, und noch intensiver stanken wir in den Logen der Theater und der Oper.

Ich nehme an, dass meine Eltern das nicht rochen, zumindest wurde es nie zur Sprache gebracht, vielleicht zogen sie es vor, auch darüber zu schweigen.

Warum zum Teufel wir aus der Pressburgertraße weggezogen waren, kann ich mir auch nur aus indirekten Daten zusammenreimen, für den Umzug bestand keinerlei Notwendigkeit, jedenfalls finde ich bis heute weder in unseren Papieren noch in meiner Erinnerung einen Anhaltspunkt. Erst Jahre später hätte man von Notwendigkeit sprechen können, als nämlich unsere Großeltern, Arnold Tauber und Cecília Nussbaum, zu uns zogen, weil sich meine Tante mütterlicherseits, die Frau von Miklós Nádas, geborene Erzsébet Tauber, wieder verheiraten wollte, mit Gyula Nemes. Und warum hatte sich der geplante Umzug fast um ein Jahr verzögert. Ich hatte damals nicht den Eindruck, dass es unseren Eltern bestimmt war, in der Nomenklatura mehrere Stufen zu erklimmen. Und wenn doch, machten sie kein Aufhebens davon, sie behielten es für sich, ihr Ehrgeiz machte keine Luftsprünge, im Gegenteil, an so etwas durfte man nicht einmal denken, das wäre eine Schande gewesen. Der Kommunist hat Dinge zu erledigen, er muss fleißig arbeiten, nicht Karrieren aufbauen. Der Kommunist ist dort tätig, wohin ihn seine Partei stellt. Aufgrund der erhaltenen Dokumente, der Berichte von Freunden und Bekannten und meiner Erinnerungsfragmente muss ich doch sagen, dass kaum etwas anderes in Frage kommt. Wenn ich ihre Schriften chronologisch ordne, sehe ich, dass wir im Januar auf den Schwabenberg gezogen waren und im März der Staatspräsident meiner Mutter die damals höchste Auszeichnung verlieh. Die Troika oder das Fünfergespann hatte sie wahrscheinlich für etwas ausersehen und sie deshalb umziehen lassen.

Aber so viel ist sicher, dass unsere Eltern in den vier Jahren nach der Belagerung die Spitze ihrer Laufbahn erreichten. Nach dem Wertmaßstab der kommunistischen Bewegung erbrachten wohl beide auf ihre Art optimale Leistungen. Offensichtlich waren sie ihrem Aufgabenbereich in jeder Hinsicht gewachsen. Unsere Mutter mit ihrer guten Laune und ihrem Organisationstalent, unser Vater mit seiner Fachkenntnis und seiner an Starrsinn grenzenden Beharrlichkeit. Die eine war resolut, offen, fröhlich, der andere so auf Inhalte und Verfahren konzentriert, als identifiziere er sich mit ihnen. Die Genossen auf den Kaderabteilungen hatten allen Grund, auf sie aufmerksam zu werden und sie für verschiedene Posten vorzuschlagen. Die bilden sich nicht einmal auf ihre Opfer etwas ein. Und dann muss eine Störung dazwischengekommen sein, ein Berechnungsfehler, ein Charakterfehler, ein stummes Krachen, ein Blitzen, ein Sturm, ich weiß nicht, was, ein Bruch, der offenbar noch vor unserem Umzug eintrat.

Beide veränderten sich in den darauffolgenden Jahren zusehends, in den verbleibenden wenigen Jahren ihres Lebens, die eine erkrankte, der andere sackte in jedem Sinn des Wortes zusammen und wurde verrückt, man hätte ihn auch in eine Institution verbringen können, aber wir ertrugen ihn. Stumm stürzten sie ins Nichts. Ich nicht, oder beinahe nicht, mich hielt der Garten aufrecht, die Pflanzen, die Tiere, das Aquarium, das Terrarium, die Mädchen, und vor allem der Lehrgarten der Schule, der in den ersten Jahren des zwanzigsten Jahrhunderts hier in der Felhő-Straße angelegt worden war, meine Pflichten in Krankenpflege und Haushalt hielten mich aufrecht, mein Bruder hingegen stürzte um ein Haar mit ihnen ins Verderben. Ihn bewahrte wohl seine starke Konstitution.

Ich hatte schon im ersten Sommer auf dem Schwabenberg von Nachbarn einen kleinen Hund geschenkt erhalten, der reichte mir.

Auch in ihrem Zusammenbruch blieben sie stumm, verstummten kleinlaut vor der haarsträubenden Logik des Geschehens, bei beiden schien auf einmal ihre von seelischen und körperlichen Mängeln gezeichnete Kindheit durch. Ihr restlicher kleiner Infantilismus. Aber solange unsere Mutter am Leben war, das heißt scherzend und kichernd vor sich hin starb, ließ Vater kein Wort der Klage hören. Stumm sackte er in sich zusammen und kicherte mit unserer dämlichen Mutter mit. Eigentlich waren sie tödlich angespannt, reizbar, anderen gegenüber nahezu verständnislos, sie entfernten sich immer mehr, wurden unerreichbar, worunter besonders mein Bruder litt. Er verstand es nicht. Ich meinerseits verstand es, eher ließ ich meine Besorgnis um sie nicht an mich heran. Als Zuflucht hatte ich meine Höflichkeit, außerdem konnte ich meiner Grausamkeit freien Lauf lassen, meinem Bruder oder meiner Großmutter Cecília Nussbaum gegenüber. Ich folgte meinen Eltern nicht mehr, um etwas über sie zu erfahren. Es war besser, nichts zu wissen. Aber wenn ich die Umgebung auf dem Schwabenberg, die Größe der Villa, die mächtigen, als Arboretum gepflanzten Bäume des Parks, den gepflegten Zustand des Tennisplatzes und der Gewächshäuser, wovon ich mir erst ein Bild machte, als Ende März endlich der Schnee schmolz und ich gewahr wurde, wo wir jetzt wohnten und was alles uns zur Verfügung stand, Gewächshäuser, ein Tennisplatz mit rotem Sand, da ist die Walze dazu, da das Netz, meine Eltern erwähnten das alles mit keiner Silbe, außerdem die unmittelbare Nachbarschaft des Parteiführers, das an unseren Zaun reichende Sperrgebiet, das sie ebenso wenig erwähnten und ich allein entdecken musste, obwohl es alles andere als ungefährlich war, wenn ich diese Dinge in Rechnung stelle, muss ich doch annehmen, dass einer von ihnen mit einer bedeutenden und wahrscheinlich gründlich überdimensionierten Ernennung rechnen musste. In jenen Jahren, wie in allen Gründerjahren, kamen solche unverhältnismäßigen Beförderungen durchaus vor, auch wenn sie jedes Mal überraschten. Aber ich weiß nicht, welcher Art sie hätte sein können und wen von den beiden es betraf. Vielleicht beide. Ich habe keine Angaben dazu.

Trotz Recherchen habe ich nichts gefunden.

Mutter kannte fast alle in der obersten Parteiführung, das schon, sie hatte anlässlich bestimmter Aktionen oder als ständige Mitarbeiterin mit den Frauen der Parteibosse zusammengearbeitet und dabei von deren häuslichen Konflikten einiges mitbekommen, sodass sie die verborgenen Seiten dieser Männer allein schon deswegen kannte. Diese als lehrreich geltenden fremden familiären Wellengänge besprach sie mit Vater oder am Telefon mit Tante Magda; sie wussten, das Frau Rákosi nicht schwanger wurde, wussten, dass sie organisch gesund und fruchtbar war, es ist klar, von wem sie es wussten, von Doktor Hirschler, wussten von ihm, dass Rákosi von einem Test seiner Zeugungsfähigkeit nichts wissen wollte, wussten auch, warum nicht, woraufhin sie so lachten, dass ich kein Wort mehr verstand. Oder sie kannte die Männer vom Untergrund her, so sagte man von den Bekanntschaften aus der Zeit vor der Belagerung. Jemanden vom Untergrund her kennen, von der Bewegung her, was man im Sinn des Hegel'schen und Marx'schen Geschichtsbegriffs zu verstehen hatte. Sie stellten sich unter Geschichte etwas vor, das in organischer Entwicklung auf seine Vollendung zustrebt, das Menschengeschlecht dahin aufhebend, sie hatten das erkannt und arbeiteten der Geschichte in die Hand, lebten in einer Art laizistischer Messias- oder Christuserwartung, das Paradies der Vollendung hat Marx Kommunismus genannt, und wir können sein Eintreten mit unserer Tätigkeit fördern oder behindern, in letzterem Fall sind wir aber verdammte Reaktionäre, Diener und Speichellecker der Bourgeoisie, aber das Rad der Geschichte können wir trotzdem nicht zurückdrehen.

Bei der organischen Entwicklung unseres Vaters scheint Gerő als Mentor fungiert zu haben, wie ich mehreren schriftlichen Zeugnissen zu entnehmen meine. In welcher Charge oder in welchem Amt Gerő auch tätig war, als Verkehrsminister, später als

Finanzminister, als Innenminister, jedes Mal baute er um sich herum eine aus jüngeren Männern bestehende Garde auf und stützte sich auf deren Fachkenntnis. Auch wenn er gelegentlich in Fachbereichen tätig war, blieb er gleichzeitig der Hauptadministrator der Partei, und auch in dieser Eigenschaft brauchte er Fachleute. Unser Vater war ihm bestimmt von Nutzen. In den offiziellen Biographien wurde Gerő als Ökonom aufgeführt, aber einen solchen Abschluss hatte er nicht. Er hatte an der Budapester Medizinischen Universität zwei Jahre lang Medizin gehört, woraufhin er von der illegalen kommunistischen Bewegung gepackt und von jeglicher Schule ferngehalten wurde. Im Jargon der Bewegung wurden diese um Gerő gescharten Fachleute Gerő-Boys genannt. Bedenkt man, welche Bedeutung man damals in Ungarn mit Boy verband, liegt der Schluss nahe, dass die Ministerialbeamten nicht einfach nur harmlos spotteten, sondern diese auf den Spuren oder im Dienst Gerős wandelnden neunmalklugen Schatten hassten. Sprechen wir es aus, mein Vater muss einer dieser hassenswerten Boys gewesen sein. Die Abkömmlinge der Großbourgeoisie, wie er einer war, wurden in der Nomenklatura im Hintergrund verwendet.

Bestimmt ging ihr Kontakt auf die ersten Jahre des Wiederaufbaus zurück, als Gerő Verantwortlicher für den Brückenbau geworden war und damit auch ein wichtiges Instrument der kommunistischen Parteipropaganda. Gerő, der Brückenbauer. Nicht nur in meinem Bewusstsein war der Name Gerő mit dem Brückenbau verbunden, sondern auch in den mangels Brücken getrennten Städten Buda und Pest verschmolz der Begriff des Brückenbaus mit der segensreichen und heroischen Tätigkeit der Kommunisten. Dem zertrümmerten Buda fehlte Pest stärker als umgekehrt, aber ohne Buda war auch Pest seiner Hügel, seiner Wälder, seiner Freiheit, seiner Luft beraubt. Ganz bestimmt hatte mein Vater an der Einweihungsfeier der wieder aufgebauten Margaretenbrücke nicht aus beruflichen Gründen teilnehmen müssen, sondern Gerős wegen. Die Erinnerung an die Einweihung ist in der Urschicht meines Bewusstseins mit Gerős Namen verbunden, wegen der Assoziation mit dem Brückenbau. Das Bild der zerstörten Brücke glänzt aus dem Dunkel meines Unbewussten herauf, der Kai ist voller Toter, voller Ruß, voller kaputter Gegenstände, kriegerisch glitzert in diesem tiefsten Sediment jener kälteste Winter des Jahrhunderts, ein gefrorenes Glitzern, über dieser tiefsten Schicht liegt der Brückenbau mit dem Lärm des Einrammens der Pfähle und den vielen diesbezüglichen Erklärungen meines Vaters, auf diesen Bildern und Silben ruht der Brückenbau, der Heroismus dieser Arbeiten, der Bau der Caissons, das fast ebenso laute Einrammen der Pfähle, die Reime auf Gerő, erő, Kraft, merő, rein, hídverő, Brückenbauer, der Reim als solcher, aus dem Namen kann man Reime machen, der Dichter ist eine Reimfabrik. Zum Namen kommt das warme, nahe Gefühl von Gerős Person hinzu, bestimmt bin ich ihm auch begegnet. In einer jüngeren Bewusstseinsschicht ist das noch stärker präsent, wohl weil der gereimte Ernő Gerő einen Anzug aus einem ähnlichen oder dem gleichen Wollstoff trug wie mein Vater, was meine emotionale Identifikation mit diesem Fremden verstärkte, obwohl ich schon damals wusste, dass diese Person früher, vor der Belagerung, zur Zeit der Illegalität, zur Zeit der Bewegung, als sie an der geschichtlichen Notwendigkeit arbeiteten, in Paris mit Tante Magda in Konflikt geraten war. Er war ursprünglich Landlerist gewesen, wurde dann in Moskau Anhänger Béla Kuns, was ihm die Aranyossis nie verziehen. Obwohl sie genau wussten, dass in der sowjetrussischen Emigration Verrat die Bedingung des Überlebens war. Eine andere Möglichkeit gab es nicht. Schlichte Ehrlosigkeit genügte nicht immer. Das aber sprachen sie lange, allzu lange nicht aus, obwohl sie es wussten. Sie verziehen Gerő auch seine Frau nicht, Erzsébet Fazekas. Diese schnatternde Gans. Diese Sonntagsschriftstellerin und in keiner Wissenschaft bewanderte Universitätsprofessorin. Diese geborene Intrigantin, dieses Dienstmädchen, diese Hauswartin, diese Dilettantin. Dass jemand sein Familienleben so wenig aus der Arbeit in der Bewegung heraushalten kann. Damit meinten sie Gerő selbst, der das nicht konnte. Mein Kopf war voller solcher Sätze. Es bedeutete, dass dieser Gerő ein beinflussbarer Schlappschwanz war, ein Wurm, ein Einzeller.

Das auf freundlich gestimmte Gefühl, siehe Anzugsstoff, hätte also in der obersten Bewusstseinsschicht mit einem auf feindlich gestimmten Gefühl kämpfen müssen, mit dem Urteil, dass er ein schwacher Mensch war und seine Frau ein nichtswürdiges Wesen. Je nach Bezugspunkt, dem meines Vaters oder dem Tante Magdas, präsentiert sich mir mein Wissen von Gerő noch heute gegensätzlich, denn ich liebte die eine nicht weniger als den anderen. Und angesichts solcher mikroskopischen Einzelheiten des Bewusstseins darf ich auch noch erzählen, dass es ein sportlicher Stoff war, aus zwei verschieden gefärbten Wollfäden gewoben, Millepoint hieß das, da er tatsächlich aussah wie tausend Pünktchen, und um das Gewebe noch interessanter zu machen, wurden in den dunkleren Faden rustikal wirkende rote oder grüne Knötchen eingewoben, die in unregelmäßigem Rhythmus auf der braunen, grauen oder schwarzen Grundfarbe der Anzüge oder Kostüme aufschienen. Personen aus der gehobenen Mittelschicht trugen solche Anzüge oder Kostüme, eventuell auch Aristokraten, ebenso die sportlicheren Damen, die sportiven Damen, wie man in diesen Kreisen sagte. Zwischen den mikroskopischen und den makroskopischen Inhalten des Bewusstseins gäbe es nur in einer hierarchisch gegliederten Weltordnung einen qualitativen Unterschied, nur gibt es eine solche weder im Universum noch im menschlichen Geist, und deshalb darf die realistische Anschauung keine Einzelheit auslassen.

Auf Touren oder Ausfahrten trugen die Damen und Herren zu ihrer Millepoint-Ausstaffierung eine Schildmütze aus dem gleichen Stoff.

An seinen Beratern hielt Gerő auch gegen den fachlich oder politisch motivierten Widerstand der Ämter oder Institutionen fest. Aus Archivdokumenten ersehe ich, dass Vater aufgrund seiner Arbeit im Amt für Reparationen zu Gerő in persönlicher Beziehung stehen musste, wenn sie sich nicht schon von früher kannten. Innerhalb der Partei der Ungarischen Werktätigen war Gerő Leiter der Staatspolitischen Abteilung, das heißt der Haushaltsplanung. Nachdem Standard, Eliwest-Priteg oder die Telefonfabrik im Auftrag des Amts für Reparationen und unter einer strikt einzuhaltenden Terminvorgabe eine höchst kostspielige, mehrere tausend Arbeitsstunden mehrerer hundert Mitarbeiter und eine Menge importierter Bestandteile beanspruchende Einrichtung produziert hatte, die stückweise, nummeriert, wasserundurchlässig, unter Beilegung der Montageanleitung montierbereit verpackt worden war, sagen wir eine vollständige Senderstation, eine vollständige Telefonzentrale oder eine Eisenbahn-Schaltanlage, konnte es vorkommen, dass der Auftraggeber die Bestellung plötzlich stornierte und stattdessen etwas anderes wollte. Solche herrschaftlichen Marotten bedrohten die ungarische Wirtschaft punktuell mit dem Kollaps, wie man damals schrieb. Die Marotten hatten auf ihre Art Sinn, und anhand der Akten sehe ich, dass mein Vater das verstand. Die Vertretung der tschechischen Regierung in Budapest machte höchstens in technischen Detailfragen Einwände oder Vorschläge. Am ehesten neigte die jugoslawische Regierung dazu, ihre Bestellungen während der Produktion zu ändern, mehr als einmal wurden sie überhaupt zurückgezogen. Es wurde ein Usus daraus gemacht, wie man damals sagte. Das Niveau der jugoslawischen industriellen Entwicklung war nicht hoch, und in solchen Fällen liegt auch der Planungshorizont tief, außerdem hatten in der Regierung die Partisanen die Mehrheit gewonnen, die aus der Vorkriegszeit übriggebliebenen Fachleute verdrängt und die Verwaltung des Landes nach ihren eigenen Gesichtspunkten auf den Kopf gestellt. Unsere Eltern hätten sich in diesem zeitgenössischen Genrebild wiedererkennen können, aber Leute, die mit radikalen politischen Ansichten geschlagen sind, erkennen sich nie in etwas wieder. Genau das kennzeichnet sie, und deswegen müssten wir uns vor den Diktaturen hüten. Vater fuhr mehrmals nach Belgrad zu Verhandlungen. Er kam jedes Mal aufgewühlt zurück und sagte, die Jugoslawen seien leider nicht verhandlungsfähig. Ante Pavelić ist geflohen, Mihailović hingerichtet worden, trotzdem können sie ihren Untergrundkrieg nicht aufgeben. Die Tschetniks gegen die Kommunisten, die Kommunisten gegen die Ustaschas, die Ustaschas gegen die Tschetniks. Meine Eltern vergötterten die jugoslawischen Partisanen wegen ihres Muts, meine Mutter war nicht nur von Titos männlicher Kraft, sondern auch von Jowankas Schönheit hingerissen, als diese zum ersten Mal auf offiziellen Besuch in Budapest weilten und meine Eltern mit den Aranyossis zum Empfang bei Ministerpräsident Lajos Dinnyés geladen waren. Sie und Tante Magda priesen Jowankas Schönheit um die Wette. Josip und Jowanka lebten in wilder Ehe, das wusste man, aber Kata Hegedűs, Dinnyés' Frau, hatte kein Problem damit, Jowanka im Rahmen eines Damenprogramms zu empfangen und sie in die besten Modesalons der Innenstadt zu begleiten, worauf sich in der Budapester Gesellschaft dann doch die Nachricht verbreitete, Jowanka sei zwar eine sehr ansehnliche, kraftvolle Person, verfüge aber noch über keine diplomatische Erfahrung, sie würde es schon noch lernen, aber vorerst benehme sie sich wie eine Kuhhirtin, ein Trampel, womit sie Frau Dinnyés wiederholt in tödliche Verlegenheit gebracht habe. Wir müssen es ihr nachsehen. Die Bedeutung von nachsehen, so auch den Unterschied zwischen Ehe und wilder Ehe erklärten sie mir eingehend, aber ich verstand trotzdem nichts. Noch lange fragte ich mich, was eine Ehe wohl wild oder zahm mache. Sie sahen Jowanka ihre Trampelhaftigkeit nach, an der fachlichen Einstellung der südslawischen Kommunisten liefen sie hingegen auf. Vielleicht erschraken sie ja doch vor dem Zerrspiegel. Sie hätten kaum etwas Schwerwiegenderes von jemandem sagen können, als dass er nicht verhandlungsfähig sei, also unfähig zu argumentieren und Kompromisse einzugehen, und nur darauf aus, das in seinem Kopf vorhandene fertige Resultat zu diktieren. Es bedeutete, dass der Betreffende für die Übernahme von Ämtern ungeeignet war. Die Mitglieder der jugoslawischen Delegation sind gute Genossen, aber für ihr Amt ungeeignet. Wenn die sowjetischen Regierungsvertreter Schwierigkeiten machten, wusste man wenigstens, warum, und auch, wie sich die Sache lösen ließ, man war also nicht befremdet. In Jugoslawien hingegen fehlte alles, und was wohin geliefert oder nicht geliefert sollte werden, nach Zagreb oder nach Belgrad, das entschied immer das aktuelle Kräfteverhältnis der voneinander unabhängigen Machtzentren. Es hatte keine einsehbare Logik, beziehungsweise meine waren Eltern plötzlich mit der Tatsache konfrontiert, dass auch sie sich über die Rationalität der kommunistischen Machtausübung Illusionen machten.

An der fachlichen Kompetenz der sowjetischen Delegation konnte kein Zweifel bestehen, dafür verlangte ihr Geheimdienst den Einbau strategisch wichtiger Bestandteile in die Lieferungen, was die in englischem oder amerikanischem Besitz befindlichen fernmeldetechnischen Unternehmen auf Anweisung ihrer eigenen Geheimdienste nicht ausführen konnten, selbst dann nicht, wenn es ihr Handelsinteresse und der Friedensvertrag verlangt hätten. Der Kalte Krieg reifte, nahm Gestalt an, verschärfte sich. Wenn die Russen eine Wiedergutmachungslieferung nicht annahmen oder den Auftrag zurückzogen, war der Betrieb der sowieso schon mit schweren finanziellen Problemen kämpfenden ungarischen Fermeldeunternehmen gefährdet. Mein Vater machte es sich zur Aufgabe, mit den überflüssig gewordenen Einrichtungen das inländische Netz auszubauen. Das Netz war auf der Höhe der Zeit, es lohnte sich, sein Niveau zu halten. Meistens arbeitete er mit den Beamten aus Gerős Ministerium zusammen, sie bildeten eine Fachkommission, um die fachlichen und finanziellen Bedingungen der Übernahme der halbfertig oder fertig liegengebliebenen Einrichtungen zu prüfen beziehungsweise dem Minister Vorschläge zu machen. Als Gerő später unseren Vater vom Amt für Reparationen ins Verkehrsministerium mitnahm, wechselte dieser auch in der Fachkommission den Stuhl und repräsentierte von da an das Ministerium gegenüber dem Amt. Gerő brauchte ja nicht zu wissen, dass die widerliche turbantragende Person, die in der Kommunistischen Partei Frankreichs über ein recht weit verzweigtes Beziehungsnetz verfügt hatte und eine Landleristin gewesen war, die ihm mit ihren moskaufeindlichen Einwänden so lange zugesetzt hatte, bis ihn die französischen und russischen Genossen am Ende ihrer Aussöhnungsgespräche zum Rücktritt gezwungen und ins von den Säuberungen stumme Moskau zurückgepfiffen hatten, dass also diese Aufrührerin mit Turban die Schwester meines Vaters war. Ich weiß nicht einmal, wie Gerős Naturell war, ob rachsüchtig oder nachsichtig, gewiss aber weiß ich, dass er die Aranyossis gern ausgezählt hätte, und zwar endgültig, wenn ihn Rákosi in seiner Voreingenommenheit nicht daran gehindert hätte.

In den Akten des Amts für Reparationen zeichnet sich, wenn auch undeutlich, der Tätigkeitsbereich meines Vaters ab. Im zwischen 1946 und 1952 entstandenen Aktenpaket Nummer XIX-A-11 gibt es kaum offizielle Akten, die keinen direkten Einfluss auf mein allerpersönlichstes Leben gehabt hätten. Einige hat eindeutig mein Vater verfasst, auf anderen Papieren erkenne ich Signaturen, Berechnungen oder Randbemerkungen in seiner Handschrift. Er machte sie immer mit Bleistift. Er hatte wundervolle Bleistifte und Nachfüllbleistifte der Marke Koh-i-Noor Hardtmuth, dicke, dünne, weiche, harte. Die hatte er bestimmt von den Verhandlungen in Wien oder Prag mitgebracht, einen bewahre ich immer noch auf, so auch seinen Rechenschieber. Ich weiß nicht, warum. Von einer solchen Reise hatte er wohl auch meine Schreibtischlampe aus rotem Kunststoff mit ihrem ovalen roten Schirm mitgebracht, bei deren Licht ich mit elf Jahren zu schreiben begann. Keine Ahnung mehr, wann und wie sie mit ihrem roten Licht aus meinem Leben verschwunden ist. Später dann schrieb ich an den nüchternen Vormittagen. Von der Standard, der Telefonfabrik oder der

Eliwest-Priteg erhielt mein Vater Bereitschaftsmeldungen, sie versuchten, Zeit zu gewinnen, ihn hinzuhalten, er drängte und half, mit Unterstützung des Planungsbüros, des Industrieministeriums oder des Verkehrsministeriums, die kurzfristigen Finanzierungsprobleme der zu Wiedergutmachungen verpflichteten Unternehmen zu lösen.

Die ausländischen Zulieferer, englische, österreichische oder Schweizer Firmen, hoben die Preise an, in ganz Europa mussten Kriegslücken gefüllt werden, Eile und Nachfrage waren groß. Damit die Liefertermine eingehalten werden konnten, mussten die Ministerien kurzfristige Darlehen genehmigen, was der Finanzminister mit etlicher Gereiztheit aufnahm, kein Wunder, auf diese Art wuchs das Defizit in mehreren Verwaltungsbereichen gleichzeitig. Auf den Abrechnungen und Bereitschaftsmeldungen rechnete Vater mit seinen wundervollen Bleistiften immer sorgfältig nach und bat gegebenenfalls die Firmen, ihre Berechnungsfehler zu korrigieren. Was eher der diplomatische Ausdruck einer generellen Sorge war, denn der Finanzchef oder der Oberingenieur der betreffenden Firma konnten ja auch rechnen, es ging vielmehr um die Diskussion zwischen dem Wirtschafts-Oberrat, der Alliierten Aufsichtskommission, dem Finanzminister, dem Büro für Materialien und Preise einerseits und den Unternehmen andererseits, eine Diskussion, bei der es um die verschiedenen Multiplikatoren beziehungsweise die verschiedenen Wechselkurse ging. Es war eine Schlammschlacht. Eine Schlacht der Giganten. Im Waffenstillstandsvertrag war die Summe der Wiedergutmachungen in Pengő festgelegt, der Friedensvertrag hatte das übernommen, die Lieferungen mussten also mit der Alliierten Aufsichtskommission in dieser Währung abgerechnet werden. Wo aber war da schon der Pengő. Nach der Einführung der neuen Währung, des Forint, musste der Finanzminister einen Multiplikator angeben, der den Unterschied zwischen Pengő und Forint auf dem Finanzmarkt ausglich. Der Multiplikator wurde auf 3,00 festgelegt. Der Wirtschaftsoberrat unter Zoltán Vas akzeptierte, dem fachlichen Rat Sándor Rendls folgend, die Ziffer nur provisorisch. Man konnte ja nicht voraussehen, wie sich der Forint anderen Währungen gegenüber verhalten würde, und konnte sich nicht auf etwas Unvorhersehbares festlegen. In jedem Fall aber war nach ein paar Monaten klar, dass der Minister die Ziffer zu tief angesetzt hatte. Mit diesem Umrechnungsschlüssel erlitten die zu Wiedergutmachungen verpflichteten, in ausländischem Besitz befindlichen Unternehmen beträchtliche Verluste, und man konnte von den englischen oder amerikanischen Besitzern nun wirklich nicht erwarten, dass sie für die Kosten der ungarischen Reparationslieferungen aufkamen. Andererseits war auch nicht unverständlich, dass der Minister an dieser Ziffer festhielt. Er musste ja das wegen der Wiedergutmachungen entstandene Haushaltsdefizit möglichst niedrig halten. Der Umrechnungsschlüssel brachte aber die Fernmeldeunternehmen, das heißt Telefonfabrik, Eliwest-Priteg und auch Standard, die stärkste unter ihnen, in kurzer Zeit an den Rand des Ruins. Wäre der eingetreten, hätten sie ihre inländischen Zulieferer mitgerissen, wären den ausländischen gegenüber zahlungsunfähig geworden, hätten also auch kein Rohmaterial mehr einkaufen können, und der ungarische Staat hätte seinen Reparationsverpflichtungen nicht nachkommen können. Was diese betrifft, war die Fernmeldetechnik nicht einfach eine unter vielen, sondern ihre Lieferungen kamen dem Volumen gemäß an dritter Stelle nach jenen der Stahlindustrie und der Bergwerke. Mein Vater hatte dieses Volumen sicherzustellen. Hier schreibe ich konsequent mein Vater, weil mein Bruder zu dem Zeitpunkt noch nicht geboren war. Aus den Archivdokumenten ersehe ich, dass mein Vater die Gesichtspunkte aller Parteien verstand, akzeptierte und keiner gegenüber voreingenommen war. Er vermittelte in ungarischer, französischer und hauptsächlich deutscher Sprache zwischen den Abordnungen und den Industrieunternehmen, er korrespondierte, verhandelte, tat, was er zu tun hatte. Damals war die internationale Sprache der

Fernmeldedienste und der Eisenbahn nicht Englisch, nicht Deutsch, sondern Französisch, mit den Jugoslawen und den Tschechen war es trotzdem einfacher, auf Deutsch zu verkehren, aus der österreichisch-ungarischen Monarchie war immerhin diese gemeinsame Sprache übrig geblieben.

Ganz bestimmt war seine Arbeit angesichts dessen, was volkswirtschaftlich auf dem Spiel stand, alles andere als langweilig. Während ich im Nationalarchiv die in bürokratischem Kauderwelsch abgefassten Dokumente las, dachte ich an den Herrn Fachrat, wie er an einem Wintersonntagvormittag im warmen Wasser der vollen Badewanne seinen Körper hatte schweben lassen, auf und ab, und dabei genüsslich ein bisschen vor sich hin gekichert hatte. Dieses Bild mit allen seinen erhellenden Details stammt noch aus dem Badezimmer in der Pressburgerstraße, auf dem Schwabenberg badete niemand mehr in einer vollen Badewanne, nicht nur fehlte das warme Wasser, auch Vaters spielerische Heiterkeit war dahin, seine Selbstzufriedenheit, hier war er schon ein gehetztes Wild. Doch an jenem Wintervormittag, im warmen Wasser der randvollen Wanne schwebend, hatte er mir das Grundprinzip des korrekten Haushaltens erklärt. Damit die Ziege satt wird und der Kohl erhalten bleibt. Während er auf seinem Amt gewiss bestrebt war, diesem Prinzip gerecht zu werden, kicherte er in der Wanne schwebend über die lustige Begriffsstutzigkeit seines Sohns. Ich stotterte herum und konnte wieder einmal nicht erklären, was alles ich nicht verstand, ja, das Prinzip der Sättigung der Ziege und der Erhaltung des Kohls machte mich geradezu wütend. Ich verstand es gerade wegen des Gesetzes des Stoffwechsels und des Substanzerhalts nicht, hatte er doch diese Naturgesetze unlängst erklärt und mir anhand verschiedener Beispiele eingetrichtert. Die Substanz bleibt erhalten, als Kohl ist sie hingegen nicht mehr verwendbar. Im kriegsverschuldeten Europa versuchten in jenen Jahren tatsächlich alle, im Sinn dieses Spruchs zu verfahren, bei allen Verhandlungen wurde manövriert und ausgewichen, und im Privaten bestimmt auch dazu gekichert. Man wollte den Mangel und die Verantwortung dafür oder beides auf jemand anderen abwälzen. Churchill tat das als Erster, in seiner berühmten Fulton-Rede. Frankreich und Italien stolperten von einem Regierungswechsel zum anderen, Marshallplan hin oder her, Deutschland wischte im Interesse seines ganz eigenen Überlebens noch gut zwei Jahrzehnte lang den finanziellen, materiellen und geistigen Dreck, den sein Krieg hinterlassen hatte, unter den Teppich, was nur möglich war, weil es das Hauptinteresse der westlichen Bündnispartner wurde, dass Deutschland als maßgebliche Macht so bald wie möglich wieder auf die Füße kam. Hermann Josef Abs, Vorstandssprecher der Deutschen Bank, der 1952 die Delegation der Bundesrepublik bei den internationalen Verhandlungen über die Kriegsschuld Deutschlands anführte, wird in Deutschland bis zum heutigen Tag als Nationalheld verehrt, da es ihm dank einer schlauen Verhandlungstaktik gelang, sein Land von den Wiedergutmachungen, die den ganzen deutschen Staatshaushalt bedrohten, teilweise freistellen zu lassen, sehet den großen Schelm, wie er den Ball anderen zuspielt und es fertigbringt, Nationen, die Deutschland zuvor schon ausgeraubt hatte, astronomische Summen an Defiziten aufzubürden.

In dieser ganzen Anomalie gab es auch einen kleinen lokalen Versuch, die Dinge auf andere abzuwälzen, als nämlich die in ausländischem Besitz befindlichen ungarischen fermeldetechnischen Fabriken in den Beamten des Material- und Preisbüros Kampfgenossen fanden. Diese gaben 3,888 als den realen Wechselkurs an, womit die fernmeldetechnischen Fabriken nicht nur zufrieden sein, sondern auch noch Gewinne erzielen und also die offizielle Linie torpedieren konnten. Eine eilends erlassene drakonische Anordnung des Industrieministeriums machte ihnen zwar einen Strich durch die Rechnung, trieb aber die Unternehmen nicht in den Ruin. So war dann mein Vater gezwungen, in einem eingeschriebenen Brief vom 13. Dezember 1947 an den Herrn Generaldirektor Nándor Lenkei am Hauptsitz der Standard, Fehérvári-Straße, zu seinem größten Bedauern mitzuteilen, dass er nicht imstande sei, den Gegenwert ihrer Reparationslieferungen an den vom Material- und Preisbüro festgelegten Wechselkurs von 3,888 anzugleichen. Es sei richtig, dass nach Vorschrift Nr. 10,029 des Wirtschaftsoberrats der Wechselkurs 3 provisorisch sei, aber Punkt 5 der Verordnung Nr. 150,150/1946 schreibe vor, dass im Fall von Wiedergutmachungs-Lieferungen lediglich 5 Prozent Gewinn verrechnet werden darf, und demnach wäre die Gewinnmarge im Fall der Anwendung des vom Material- und Preisbüro angegebenen Wechselkurses um einiges höher als erlaubt. In einem neuen Absatz schreibt er in der üblichen offiziellen unpersönlichen dritten Person, man sei mit Herrn Generaldirektor Lenkei schon Mitte Oktober übereingekommen, über die definitiven Preise zu verhandeln. Die Standard würde kurzfristig einen Preisvorschlag machen müssen, bei dem der Gewinn nach dem erlaubten Schlüssel errechnet worden wäre. Trotz mehrmaligen Drängens von Seiten des Amts für Reparationen sei der Preisvorschlag nie gemacht worden. So würden sie an ihrem früheren Standpunkt festhalten, dem gemäß sie die Zahlungen oberhalb des Multiplikators 3 nur leisten können, sofern die Standard nach dem Gewinnschlüssel abrechnet.

Die Zahlung wurde denn auch so vorgenommen und ergab einen fünfprozentigen Gewinn, es war das letzte Mal, dass die Standard einen bescheidenen Gewinn verbuchen konnte.

Solche und ähnliche Akten, Notizen, Niederschriften, Notizbücher und Mahnungen unterschrieb nicht unbedingt unser Vater, sondern der Leiter der Industrie-Hauptabteilung des Amts für Reparationen, der technische Oberrat Ferenc Pikler, ein Maschineningenieur, aber die Autorschaft meines Vaters ist doch eindeutig belegt, auf der Akte wird er als Vortragender, als Beirat oder als technischer Rat aufgeführt. Wir kennen sogar das Kürzel der Abtipperin der Akten, FrG. Es mochte die Frau sein, die mir im fünften Stock des Bürohauses in der Rumbach Sebestyén-Straße Papier und Buntstifte gegeben hatte, damit ich mit Zeichnen beschäftigt sei, obwohl ich mich nicht mit Zeichnen beschäftigen wollte, da mich ihre Beziehung zu meinem Vater interessierte. Bis dahin hatte ich noch nie so etwas gesehen. Da schien eine Beziehung zwischen meinem Vater und dieser Frau zu bestehen, die auch ich sofort attraktiv fand und wegen meiner Mutter auch gleich von Herzen hasste. Hast du dir so gedacht, das mit dem Zeichnen. Heute würde ich sagen, dass ich das gegenseitige Versprechen einer möglichen Beziehung wahrnahm. Mein Vater arbeitete nicht als Beamter der Hauptabteilung, sondern unmittelbar an der Seite von Oberrat Pikler. Er stand auf dem vierten Platz der Gehälterliste der technischen Hauptabteilung. Am 4. Juli 1947 betrug Oberrat Piklers Gehalt 1200 Ft., das des stellvertretenden Abteilungsleiters István Szabó 1000 Ft., Chefingenieur Miksa Villányi erhielt 700 Ft., der technische Rat László Nádas 600 Forint, womit sein Gehalt das Doppelte oder Mehrfache seiner Mitarbeiter betrug. Für die Gehälter war der kommunistische Präsident des wirtschaftlichen Oberrats, Zoltán Vas, zuständig. Dieser Pikler war ebenfalls aus der französischen Emigration heimgekehrt, er hatte in Marseille gelebt, wo er sich der Résistance angeschlossen und als Maquisard gegen die deutsche Besatzung gekämpft hatte.

Wenn mein Vater an der oder jener Besprechung teilgenommen hatte, oder wenn man mit einem Schreiben auf den oder jenen Brief von ihm reagierte, erscheint zuweilen sein Name in der Akte.

Das folgende Jahr aber war dann nicht mehr das Jahr der liberalen Kompromissbereitschaft, wie sie Familientradition war, nicht mehr das Jahr der Übereinkünfte und Vergleiche, und Vater war auch nicht mehr so heiter wie früher, wenn auch im Wesentlichen noch er selbst. Der Krieg, die Wiedergutmachungen und der Wiederaufbau hatten in der ungarischen Wirtschaft eine klaffende Lücke hinterlassen, die Ungarn auf niemand anderen abwälzen konnte. Die große Zirkusnummer des Abwälzens gelang nicht einmal den Kolonialmächten vollständig, obwohl die im Prinzip stehlen konnten, was und wo sie wollten, so wie sie es von früher gewohnt waren. Sie fanden sich sogleich bewaffneten Unabhängigkeitsbewegungen gegenüber. Nicht nur unser Vater kam in den folgenden Jahren mit der Ziege und dem Kohl nicht weiter. Das Prinzip hatte wohl nur in der glücklichen Vorwelt funktioniert, als man die Schulden dem Leibeigenen oder dem Nigger aufhalsen oder dem Juden sagen konnte, man zahle nicht, und wenn ihm das nicht passe, veranstalten wir ein nettes kleines Pogrom, an dem auch unser Volk seine Freude haben wird. Der Partei unserer Eltern hingegen kam sogar noch die klaffende Lücke gelegen. Sie wollten sie mit attraktiven Verstaatlichungen füllen. Denn sie sahen, dass sich die Aufteilung des Bodens, die Aufteilung des kirchlichen und weltlichen Großgrundbesitzes, die seit Jahrhunderten fällig war, bewährt hatte, große Mengen von elenden, analphabetischen Kleinbauern und in Leibeigenschaft gehaltenen Tagelöhnern und Herrschaftsdienern kamen endlich zu Land, zu eigenem Land, und die landwirtschaftliche Produktion stieg sogleich sprunghaft an. Als würden sie geadelt, erhielten sie das Land mit einem Grundbrief. Ausgestellt kraft der am 15. März 1945 in Debrecen erlassenen Verordnung Nr. 600/1945 M.E. Die Grundbriefe, von Landwirtschaftsminister Ferenc Nagy unterzeichnet, wurden von den Grundanspruchskommissionen der Gemeinden auf den Namen der neuen Besitzer ausgefüllt, mit Vermerk von Flur, Zuteilungsnummer, Katasterwerten in Morgen und Quadratmetern. Unter den auf mich gekommenen Papieren befindet sich auch ein solches unausgefülltes Formular. Nicht für die Kommunisten war der Grundbrief eine Genugtuung und ein Sieg, sondern auch für die Besitzlosen.

Gleichzeitig wurden die in englischem und amerikanischem Besitz befindlichen, wegen der Reparationslieferungen verschuldeten, wenn auch auf dem höchsten technischen Stand der Zeit produzierenden Großunternehmen aus marktstrategischen Gründen noch gehalten, da man schon sah, was in der ganzen unter sowjetischer Aufsicht stehenden Zone bei dem allgemeinen Verstaatlichungsfieber herauskam. Die ungarische Regierung war aber bestrebt, die Gewinne der Unternehmen mit allen ihr zur Verfügung stehenden Mitteln zu minimieren, ja, sie in den Ruin zu treiben und zum niedrigstmöglichen Wert zu verstaatlichen. In der Partei unserer Eltern sprach man ganz unverblümt davon. Auf der Sitzung vom 19. Januar 1949 des Sekretariats der Partei der Ungarischen Werktätigen sagte Gerő, man dürfe das Abwürgen der vollständig oder mehrheitlich in ausländischem Besitz befindlichen Unternehmen nur mit der gebotenen Vorsicht betreiben, unter Berücksichtigung unserer Produktionsinteressen und der heiklen Übereinkünfte im Außenhandel. Es war nicht unvorstellbar, dass mit der unter Wert betriebenen Verstaatlichung der ausländischen Betriebe das monumentale Haushaltsdefizit tatsächlich ausgeglichen werden konnte. Eliwest-Priteg und die Telefonfabrik wurden ohne besondere Schwierigkeiten in die roten Zahlen getrieben, und der Staat verleibte sie sich unter Preis ein. Die Standard war das bedeutendste fernmeldetechnische Großunternehmen Mitteleuropas und das letzte noch nicht verstaatlichte. Nicht etwa, weil es Gerő oder Rákosi nicht gewollt hätten, sondern weil der russische Geheimdienst aus den Reparationslieferungen bis zum allerletzten Augenblick möglichst viele strategisch relevante Informationen herausholen wollte. Doch der amerikanische Geheimdienst und der Kader der amerikanischen Armee waren auf der Hut und ließen die Standard keine kriegswichtigen Neuerungen in die Einrichtungen einbauen. Und so hatten die Schwankungen in den Lieferungen nach Russland ihre Logik, der die fachlich versierten Mitarbeiter des Amts für Reparationen durchaus zu folgen vermochten. Die Russen legten sich quer, drängten, erpressten, bemängelten, zahlten nicht, nahmen die Lieferungen nicht entgegen, weil in den Einrichtungen die hauptsächlich die Flugtechnik und den Flugverkehr betreffenden Neuerungen fehlten, auf die sie im Rahmen des Wettrüstens angewiesen waren.

In den Akten der Staatspolitischen Abteilung der Partei der

Ungarischen Werktätigen ist eine für die Industriegeschichte relevante Aufzeichnung vom 26. Februar 1948 erhalten geblieben. Sie gilt als der früheste Hinweis darauf, dass die kommunistische Führung die Verstaatlichung der Standard zu erwägen beginnt. Die Schrift befasst sich mit den symptomatischen Problemen der Fabrik, die auf die mangelnde Kapitalausstattung zurückgehen, wie sie die ungarische Wirtschaft im Allgemeinen kennzeichnete. Das Dokument wurde von einer Person verfasst, die die technischen und wirtschaftlichen Aspekte der für die Verstaatlichung vorgesehenen Fabrik in- und auswendig, im Detail und in den großen Zusammenhängen kennt. Bei uns zu Hause war die Standard ein dauerndes Gesprächsthema.

Ich würde sagen, dass mein Vater die Aufzeichnung verfasst hat, auf Gerős Bitte, denn in jener Zeit, gab es wohl sonst niemanden außer ihm, der sie hätte verfassen können.

Angesichts der Archivdokumente scheint es überhaupt sehr wahrscheinlich, dass es Gerő war, der unseren Vater vom Amt für Reparationen ins Verkehrsministerium holte. Damals gehörten nicht nur die Straßen und die Eisenbahn, sondern auch die Post und das Fernmeldewesen zum Portefeuille des Verkehrsministers. In den folgenden Jahren wurde das Ministerium aufgeteilt, dann wieder zusammengelegt, und die Stellung unseres Vaters sprang entsprechend zwischen Oberabteilungsleiter, Amtsabteilungsleiter, stellvertretendem Amtsabteilungsleiter, Abteilungsleiter, Gruppenleiter und stellvertretendem Hauptabteilungsleiter hin und her. Noch vor seinem Eintritt war ein Arbeitsplan für die umfassende Reorganisation der beiden Ministeriumsteile angefertigt worden, so viel ist sicher. Umfassend, das war das Stichwort für die Reorganisation, was in der Sprache der monarchischen ungarischen Verwaltung so viel wie bodenlose Reorganisation hieß, die weder Sinn noch Nutzen hatte, aber um des Ministers willen sein musste. Die umfassende Reorganisation stellte alles auf den Kopf, aber so, dass möglichst alles beim Alten blieb. Den entsprechenden Plänen sieht man deutlich an, dass sie auf Teufel komm raus entstanden sind, die wahnwitzigen Vorschläge wurden vom Verkehrsrat unter dem Vorsitz von Pál Pamlényi am 20. September 1948 verhandelt und dann zum Beschluss erhoben. Die telegraphischen Einrichtungen müssen ausgebaut und rechtzeitig vorgezogen werden. Der Beschluss verrät allerdings nicht, wohin die ausgebauten Einrichtungen vorgezogen werden sollten, was genau und in Bezug worauf, aber beschlossen wurde es. Das Überwachungssystem muss von unten nach oben bis zum Generaldirektor ausgebaut werden. Dieser unverständliche Satz ist schon eher verräterisch. Er bedeutete, dass die Überwachung nur die Hierarchien der Generaldirektionen betreffen durfte, während die ministerialen Hierarchien tabu waren. Die Korruption ist mit der richtigen Wahl der Führungsstäbe auszurotten. Dass etwas auszurotten ist, muss in der bis zum linguistischen Selbstmord neutralen, in der Monarchie ausgefeilten Verwaltungssprache eine echte Neuheit gewesen sein. In diesem überflüssigen und sinnlosen Reorganisationswahn brauchte Gerő wahrscheinlich Leute, Schachfiguren, mit denen er andere Figuren austauschen, schlagen und den nicht austauschbaren Figuren schachmatt ansagen konnte. Unseren Vater hatte er bestimmt für die Stelle von jemand anderem ausersehen, und es ist belegt, dass er ihn in ein Amt weiterschieben wollte, das in den Kompetenzbereich des Ministerpräsidenten gehörte, aber dann muss etwas dazwischengekommen sein, ich weiß nicht, was, und Gerő selbst wurde von der nächsten Reorganisations-Flutwelle weggeschwemmt.

Ich habe keinerlei Angaben darüber gefunden, warum die Ernennung meines Vaters nicht zustande kam.

Die Archivdokumente wären nur dann von Nutzen, wenn die ursprünglichen, am 4. November 1948 verfassten Schriften zu den Ernennungen zum Hauptabteilungsleiter, sieben an der Zahl, nicht nachträglich aus dem Archiv des Ministeriums entfernt worden wären. In dem Archivregister ist das Datum der Ernennung verzeichnet, von der eigentlichen Urkunde sowie von weiteren sechs eine

Ernennung betreffenden Schriften erfahren wir nur aus kurzen Notizen, die Schriftstücke selber fehlen. Erfahrene Archivare sagen, dass der Grund für ein solches systematisches Fehlen nie Schlampigkeit ist, sondern jemand hat die Akten entfernt und absichtlich nicht vermerkt, wann und warum und wohin er sie gebracht hat. In einem Archiv wird auch festgehalten, wann und von wem eine Akte zurückgebracht wird, und diese wurden nie zurückgebracht.

Gleichzeitig mit der Ernennung musste gemäß der monarchischen Bürokratie der Ernennende, in diesem Fall der Ministerpräsident beziehungsweise der zuständige Minister ein Verfahren in Gang bringen, das die Festlegung von Rang und Einteilungskategorie der ernannten Person betraf. Wo war da schon die Monarchie. Die monarchische Bürokratie hingegen blieb bis zum Ende der sechziger Jahre des zwanzigsten Jahrhunderts beinahe unangetastet. Das sollte man nicht vergessen, es zeigt, wie lange der ungarische Staat nach dem preußischen Administrationssystem funktionierte und von welchem Zeitpunkt an er teilweise nach dem byzantinischen Staatsverwaltungssystem zu funktionieren begann, wann er ins organisatorische Chaos stürzte. Nach der monarchischen, das heißt der preußischen Ordnung hatte der Beamte nicht nur eine Einteilung, sondern auch einen Rang, und um den festzulegen, dienten komplizierte Rangordnungen als Wegweiser. Die Festlegung der Einteilung und des amtlichen Rangs beanspruchte zwei verschiedene Verfahren. Außerdem musste auch das Wirtschaftsamt das die Entlohnung betreffende Verfahren eröffnen. Das sind schon drei Verfahren, und diesen parallelen Spuren bin ich gefolgt. Das Verfahren zur Rangeinteilung wurde von Postoberrat Dr. Árpád Honéczy mit einer undatierten Vorlage eingeleitet, die, anderen Daten nach zu urteilen, sicher nach dem 4. November und ganz sicher vor dem 16. November entstanden ist. In der Vorlage ersucht Oberrat Honéczy die geehrte Ernennungs- und Anstellungskommission, der Herr Minister möge Beirat László Nádas in der postalischen 9. Entlohnungsstufe zum Postoberkommissar ernennen. Aus der von Minister Ernő Gerő unterzeichneten Schrift geht auch hervor, dass László Nádas, der vom 5. Juni 1946 bis zum 3. November 1948 beim Amt für Reparationen rangmäßig als technischer Beirat, einteilungsmäßig als Referent den Dienst versah und daher in die 3. Stufe der VII. Staatlichen Lohnklasse eingeteilt war, am 4. November des laufenden Jahres durch den Herrn Minister unter der Ziffer 11 098/1948.M.E.II/A ans Ministerium überstellt wurde. Da wüssten wir also etwas Konkretes über die Ernennung und könnten zufrieden sein. Wenn der letzte Absatz der Schrift nicht sogleich in Widerspruch geriete zu den ersten sieben auf früher beziehungsweise später datierten Einträgen des Archivregisters. Im letzten Absatz steht nämlich nicht, dass der Minister László Nádas zum Oberabteilungsleiter in der IV. Hauptabteilung des Verkehrsministeriums ernannt hat, wie das im Register vermerkt ist, sondern dass in Anbetracht von László Nádas' politischer Vergangenheit und seiner fachlichen Ausbildung ihm der Minister in der unter seiner Leitung stehenden IV. Hauptabteilung die Stellvertretung des Abteilungsleiters zu übertragen wünscht. Nach so vielen Jahren ist mir wirklich herzlich egal, welche Stellung der Ministerpräsident oder der Minister meinem Vater zu übertragen wünschte, aber der Minister musste doch wissen, wozu der Ministerpräsident meinen Vater ernannt hatte und warum seine verschiedenen Papiere mehr als einen Monat lang der Ernennung entsprechend registriert wurden. Ich habe versucht, die Ernennung zum Oberabteilungsleiter im Register der Tagesordnungen des Ministerrats zu finden. Über Ernennungen auf dieser Ebene entschied aufgrund der Empfehlung der zuständige Minister, der Ministerrat beziehungsweise der Ministerpräsident persönlich. Auch im Verzeichnis der Ministerratsbeschlüsse bin ich auf keine solche Angabe gestoßen. Es gibt zwar einen László Nádas, der zur gleichen Zeit zum Direktor einer Technischen Schule ernannt wurde, aber das ist wohl nur eine Namensgleichheit oder Chaos. Nur herrschte damals in der Bürokratie noch kein Chaos. Mit der

Vorlage zu László Nádas' amtlichem Rang war noch ein weiteres Durcheinander entstanden. Oberrat Honéczys Vorlage war ursprünglich in 7 Exemplaren angefertigt worden, von denen sind 5 erhalten, 2 müssen im Papierkorb irgendeiner Abteilung, Hauptabteilung, Unterabteilung, eines Hilfsbüros, vielleicht in der um den Minister organisierten Präsidialabteilung gelandet sein, und so wurde die Vorlage am Dienstag, dem 16. November, mit kaum verändertem Text noch einmal geschrieben, jemand machte auch noch Korrekturen am Rand, wahrscheinlich der Minister, aber es entstand doch eine Unruhe in den verschiedenen Hauptabteilungen, Generaldirektionen, Unterabteilungen, Hilfsbüros, an jeder Stelle, die das Papier nach bürokratischer Ordnung passieren musste. Aus den Randnotizen wird ersichtlich, dass die Oberräte, Oberaufseher, Referenten und Direktoren von Hilfsbüros begannen, die Akten zwischen dem Hauptsitz in der Dob-Straße und dem Postpalast am Krisztina-Ring hin- und herzuschieben; alle testierten, unterschrieben, schrieben um, schickten hoch, schickten hinunter, registrierten, schrieben Begleitbriefe, das heißt, sie arbeiteten im Geist der nicht mehr existierenden österreichisch-ungarischen Monarchie eifrig an der Akte. Es häufte sich eine unglaubliche Menge von Schriftstücken an, was bestimmt nicht das Verfahren in die Länge ziehen sollte, vielmehr sollte das Hin-und-her-Geschiebe Früchte bringen, damit sie endlich ermitteln konnten, dass László Nádas nicht zum Postoberaufseher ernannt werden kann. Sie müssten ihn zum technischen Oberrat der Post ernennen. Was sie allerdings nur vorsichtig an den Aktenrändern vermerkten. Wahrscheinlich war aber allen klar, dass sie ihn nur dann zum Postoberaufseher hätten ernennen können, wenn seine bisherige Abteilung mit der Auslieferung von Briefen befasst gewesen wäre, er als Fernmeldetechniker hätte nur zum technischen Oberrat der Post ernannt und in ich weiß nicht welche Gehaltsklasse eingeteilt werden können. Vielleicht hatte sich das Präsidialamt, der allmächtige Minister selbst oder der wackere Oberrat Honéczy mit seiner geschätzten Vorlage geirrt, was aber niemand einfach so auf ein Papier zu schreiben wagte.

Es wäre wirklich leicht gewesen, einen solchen kleinen Formfehler zu korrigieren und die Sache in Ordnung zu bringen. Aber offenbar handelte es sich nicht um einen Formfehler, sondern im Gegenteil, es muss schon zuvor etwas bekanntgeworden sein, und vielleicht gerade deswegen wurde die Vorlage im vielköpfigen Amt auf den langen Weg geschickt, damit die Dinge Zeit hatten, unauffällig zu geschehen, und jenes Etwas, von dem ich nichts weiß, dazwischenkommen konnte.

Diese fleißig umhergeschobenen und mit Randbemerkungen versehenen Akten haben nämlich einen äußerst verräterischen Subtext. Falls es der Ministerpräsident und der Minister wünschen, werden wir László Nádas selbstverständlich zu allem und jedem ernennen, und wenn es zum Erzbischof von Esztergom sein muss, so der opportunistische, zynische, tschinownikische Subtext, den die auf jede Formalität akkurat achtgebenden Bürokraten allesamt kannten und hersagen konnten, aber gerade als perfekte Untertanen des Kaisers und Königs Franz Joseph, als die treuesten Diener des Ministerpräsidenten und des Ministers, als pflichtbewusste Zeugen mussten sie ihre Vorgesetzten mit zurückhaltenden Randbemerkungen wissen lassen, dass mein Vater die für die rangmäßige Einteilung benötigten Voraussetzungen nicht besaß. Das heißt, sie schalteten das rechtmäßige Abwehrsystem des Apparats ein. Was ich als liberaler Demokrat nur gutheißen kann. Mit ihren Randbemerkungen brachten sie den Minister oder Ministerpräsidenten in eine unbequeme Lage. Vielleicht wussten sie, dass der Minister sowieso abgesetzt werden würde, und da solle er seinen Protégé mitnehmen, wohin er wolle. Auch der Ministerpräsident von der Kleinlandwirtepartei wird abgesetzt und ein verschreckter Kleinbauer als Puppe an seine Stelle gesetzt werden, der alkoholisierte István Dobi, der zwar nicht so dumm ist, wie er seiner Rolle gemäß aussieht, aber doch dumm genug, dass die Kommunisten mit ihm machen können, was sie wollen. Die Beamten spüren die baldigen Wechsel instinktiv voraus. In solchen Fällen entscheiden sie nichts mehr, sondern warten ab, waschen sich nicht einmal mehr das Haar, soll es ruhig fettig werden, sie warten auf den neuen Mann. Um den Abzusetzenden herum kühlt die Luft ab, aus seinem Mund kommt ein säuerlicher schlechter Geruch. Man weicht ihm in großem Bogen aus. Ein noch größeres Rindvieh wird Minister werden, das stimmt schon, aber dieses Rindvieh, dem eine seinem Rang entsprechende Ausbildung ebenfalls fehlt, wird wenigstens von intern kommen. Lajos Bebrits heißt der Betreffende, aber der Minister ist sowieso immer ein politischer Ochse. Sein Büro hat die Aufgabe, das Netz der Vernunft unter ihm aufzuspannen. Deshalb muss jeder Direktor einer Hauptabteilung ein ausgebildeter Fachmann sein. Für unseren Vater hätte sich Gerő vielleicht über die Randbemerkungen hinwegsetzen sollen, unrechtmäßig vorgehen, oder er hätte einsehen müssen, dass er László Nádas auch nicht zum technischen Oberrat der Post ernennen konnte, da dieser, so anständig er sein Fach auch verstand, keine Ausbildung zum Ingenieur hatte. Und wie sehen wir dann aus, wenn einer Oberabteilungsleiter ist, aber nicht technischer Oberrat der Post. Das gibt es nicht. Oder wie man damals auf den Ämtern sagte, das ist ein Nonsens, wenn ich bitten darf. Die Akte kam mit diesen chiffrierten Bemerkungen aufs Präsidialamt zurück, um dem Minister etwas mitzuteilen, das er von Anfang an hätte wissen müssen.

Ein kleiner, an drei Stellen belegter, von drei Personen gegengezeichneter Begleitzettel der Akte macht klar, dass mein unglücklicher Vater von diesen im Hintergrund stattfindenden Komplikationen nichts wusste, während sein Mentor schon einen Rückzieher zu machen begann. Am Donnerstag übernahm Vater in gutem Glauben die ihm anvertraute IV. Hauptabteilung im Postpalast am Krisztina-Ring, wo sich sein Sohn Péter schon am Samstag von einem Paternoster-Lift in den obersten Stock tragen ließ, von dort auf den Dachboden, dann zurück ins Erdgeschoss, ja, in den Keller hinunter, bis zum Gehtnichtmehr, obwohl er im Keller und auf dem Dachboden, wenn die Kabine über ihren tiefsten und höchsten Punkt hinweggehoben wurde, vor Angst zitterte, dass etwas schiefgehen und er auf ewig in diesem Übergangsstadium stecken bleiben würde, und so weiter, bis ein Portier den glücksstrahlenden blonden kleinen Jungen bemerkte und unter großem Geschimpfe aus dem Lift holte, aber womit denn sich die Abteilung seines Vaters im fünften oder sechsten Stock beschäftigte, das bekam er erst ein halbes Jahrhundert später nach dem Studium tödlich langweiliger Akten heraus: Es war die Fernmelde-Hauptabteilung. Meinem Vater konnte kein Verdacht kommen, denn er leitete die Abteilung fast ein halbes Jahr lang auch ohne Ernennung, außerdem erhielt er der bürokratischen Ordnung gemäß vom Wirtschaftsbüro die entsprechende Gehaltseinteilung und das entsprechende Gehalt. Die drei Verfahren liefen wohl je unabhängig über ihre parallelen bürokratischen Bahnen, gemäß der monarchischen Bürokratie durften sie voneinander auch gar keine Kenntnis haben, höchstens nachträglich hatten die anderen Abteilungen ein Visionierungsrecht. Das Wirtschaftsbüro erhielt die Urkunde der Ernennung zum Hauptabteilungsleiter und durfte sich ausschließlich nur mit dem beschäftigen, was ihm vorgesetzt wurde. Das Verfahren im Präsidialamt betraf jenes im Wirtschaftbüro so lange nicht, bis die weiteren zwei Instanzwege beschritten worden waren.

Aus den amtlichen Dokumenten wird ersichtlich, dass nicht jedes Hilfsbüro, nicht jede Abteilung darüber informiert wurde, dass jetzt auf einmal auch der Minister nicht mehr genau wusste, wozu er eigentlich diesen László Nádas ernennen sollte, oder wenn er ihn schon ernannt hatte, was denn seiner Einteilung als Hauptabteilungsleiter im Weg stand, man wünschte auch niemandem auf die Nase zu binden, warum die ursprüngliche Ernennung ein paar Tage danach heimlich rückgängig gemacht werden musste oder warum man dem Ernannten ein halbes Jahr lang nicht mitteilte, dass seine Ernennung bereits zurückgezogen worden war. Aber es ist schon klar, warum die Beamten nicht anders verfahren konnten. Der Minister hätte sonst den Unglücklichen mit Hilfe einer weiteren Masse von Transskriptionen, Memoranden, Aufzeichnungen absetzen, das heißt ihm unter einem Vorwand einen Tritt in den Hintern geben müssen, um ihn jetzt doch zum stellvertretenden Abteilungsleiter zu machen, wozu aber der Rang eines technischen Fachrats der Post zu hoch gegriffen war, und so hätte man auf einer anderen Abteilung auch dieses Verfahren wieder aufrollen müssen, kurz, bürokratisches Chaos und bürokratischer Wahn hätten sich der Sache bemächtigt, während doch die bürokratische Ordnung wichtiger ist als der einzelne Fall. Auch so schwankten sie am Rand des Abgrunds. Sie hatten keine andere Wahl, sie mussten die ursprünglichen Akten in aller Stille aus dem Archiv entfernen.

Nur hätte, das muss man auch sehen, der Widerstand des Apparats allein nicht zu einem solchen bürokratischen Durcheinander geführt. Wahrscheinlich war noch etwas geschehen, das die Akten nicht erwähnen, da es auf höherer Ebene geschehen war. Aber was immer es war, um die Sache zu vereinfachen, wurden auf Anweisung des Ministers die Akten der Ernennung zum Hauptabteilungsleiter entfernt. Ich erinnere mich, dass es weder in der Dob-Straße noch auf dem Krisztina-Ring einen Ofen gab, als Kind war ich an beiden Orten gewesen. Wenn ich mich richtig erinnere, gab es im Ministeriumsgebäude in der Andrássy-Allee einen Kachelofen, aber dahin wurde unser Vater erst am Ende seiner Ministeriums-Karriere versetzt, als Leiter der Abteilung für Eisenbahn-Fernmeldeverkehr. Ich nehme an, dass die entfernten Akten zerrissen und in den Papierkorb geworfen wurden. Die Papierkörbe wurden, auch das weiß ich noch, von stets paarweise auftretenden Beamten der Geheimen Verwaltungsabteilung abtransportiert. Wahrscheinlich brauchte es zwei, damit der eine geheime Verwaltungsbeamte den anderen kontrollieren konnte. Dank meiner in den Büros und auf den Sekretariaten meiner Eltern gesammelten Erfahrungen mit der Bürokratie kann ich auch noch erwähnen, dass die überflüssigen oder fehlerhaften Akten in eigens markierten Papierkörben landeten, in die ich zum Beispiel meinen Apfelbutzen nicht werfen durfte.

Die Sekretärin informierte die Beamten telefonisch, dass sie den Papierkob holen konnten, worauf das Paar der Geheimen erschien, auch nach Arbeitsschluss. Bis die Reinmachefrau kam, mussten die markierten Körbe geleert sein.

Aus einer unleserlich unterschriebenen handschriftlichen Randbemerkung auf einem der erhaltenen Papiere wird noch ersichtlich, dass auch die Ernennung zum Hauptabteilungsleiter und die damit einhergehende Rang- und Lohnstufe ursprünglich nur provisorisch gemeint gewesen ist, und so habe es für sie im Prinzip keinen Wert, sich mit dem Fall László Nádas ernsthaft zu befassen, vermerkte ein unleserlich unterschreibender Chefbeamter am Rand der Akte, da auf László Nádas eine wichtigere Einteilung warte, über die dann der Herr Ministerpräsident entscheiden werde. Ich habe keine Ahnung, was dieses noch Wichtigere gewesen wäre, über das der Ministerpräsident nicht entschied oder dann anders entschied. Der zum heiteren Pfeifen aufgelegte blondgelockte junge Mann muss jedenfalls die Signalklingel genannte Einrichtung in der Pressburgerstraße in dem Moment montiert haben, als dieses ausnehmend Wichtige in Aussicht stand. Noch war Ernő Gerő der Minister, aber nicht mehr lange. Noch war Lajos Dinnyés der Ministerpräsident, aber nicht mehr lange. Mit Hilfe der Signalklingel konnte Vater mit den Telefonzentralen in Verbindung treten, beziehungsweise konnte sich jemand ins Gespräch einschalten. Ich fand die Sache äußerst aufregend. Es lag auf der Hand, dass Vater mit seinen Kollegen oder Vorgesetzten sprach, entschuldige, bitte, dass ich dazwischentrete, aber ich muss mit dir besprechen, und dann folgte jeweils ein haarsträubender Satz. Oder umgekehrt. Er wurde angerufen. Die Telefongespräche mit meiner Cousine Yvette wurden zweimal unterbrochen, auch daran erinnere ich mich. Beide Male stockte mir vor Verblüffung der Atem. Jemand hatte das Ende meines Satzes abgewartet, dann eingeworfen, ich möchte mit deinem Vater sprechen. Ja, bitte, zu deiner Verfügung. Ich habe die Pläne durchgesehen und muss dich aufmerksam machen, dass ihr die Zeichnung für die Abdichtungen der bespulten Leitungen nicht nur für die betroffenen Transformatorenstationen, sondern auch für die Verzweigungen ausarbeiten müsst. Verzeih bitte, aber letzthin habe ich vergessen zu fragen, wie viele Pupinspulen in den beiden Kästen sind. Meines Erachtens ist das zu wenig. Und vergiss bitte nicht, dass der Tonfrequenzteil des Abschnitts C2-D unabhängig von der Korrosionsprüfung fertiggestellt sein muss, den Tonfrequenzteil des Abschnitts B-C2 könnt ihr erst in Kenntnis des Resultats der Korrosionsprüfung abschließen. Bitte zieht auch unbedingt in Betracht, dass die Kabelkanäle auf der Kettenbrücke und der Eisenbahnverbindungsbrücke des Südbahnhofs bis Dezember gelegt werden müssen, wir können die Arbeit nicht ins neue Planjahr hinübernehmen.

Ich liebte es, hinter seinem Rücken zu stehen und diesen vollkommen unverständlichen Sätzen zu lauschen.

Manchmal gestikulierte er wild, ich solle weggehen. Augenblicklich verschwinden.

In solchen Momenten sprach er mit hochrangigen Personen aus dem Militär oder dem Geheimdienst. Ich schlich davon, aber mein Gedächtnis bewahrt sein Fachwörterbuch auch ohne den Sinn der Sätze. Integrierte Schaltung. Keine Ahnung, was das ist, aber es klingt gut. Floßgasse. Im Wasserbau gibt es Floßgassen, der Kanal hat eine, warum sollten dann die gelegten Kabel nicht auch eine haben. Heute weiß ich, was auf die Lorenz-Maschine tun heißt, ich habe es recherchiert. Tut es bitte auf die Lorenz-Maschine, seid so gut, ich generiere dann die Erlaubnis nachträglich. Was bedeutete, dass sie eine Telefonleitung abhören, nötigenfalls ein Telegramm oder ein kodiertes Gespräch dechiffrieren sollten, das war gemeint, wenn mein Vater auf die Lorenz-Maschine tun sagte. Von dem allem hatte ich kein exaktes Wissen, aber es blieb mir nicht verborgen, dass hinter der sichtbaren Regierung eine geheime Regierung aktiv war und dass auch mein Vater für diese arbeitete, die viel wichtiger war als die öffentliche. Ich weiß etwas, das andere nicht wissen können. Wie hätte ich nicht neugierig sein sollen, allein schon, weil mich Onkel Sándor recht wirksam gegen die Heimlichtuerei geimpft hatte. Die Frage war jetzt, welches geheime Wissen unser Vater gegen wen verwendete. Generieren bedeutete in ihrer Sprache, ihr dürft es ruhig illegal tun, ich besorge dann nachträglich beim Innenminister oder dem Verteidigungsminister die gesetzliche Bewilligung. Sie arbeiteten mit der deutschen Lorenz-Maschine, deren Kodierungs- und Dekodierungsprinzip von einem kleinen Londoner Braintrust des englischen Geheimdiensts noch vor der Bombardierung von Coventry geknackt worden war, wonach die Nazi-Heeresleitung vor den Alliierten kein Geheimnis mehr hatte. Der sowjetische Geheimdienst hatte die vorgefundenen Lorenz-Maschinen mit richtigem Gespür sogleich aus Deutschland abtransportiert und nach der kommunistischen Machtübernahme vielleicht ein paar an Ungarn abgegeben. Also war die mit dem Fernmeldedienst befasste Hauptabteilung nicht nur für den Ausbau und den Betrieb der Telefonzentralen und Telefonleitungen verantwortlich, sondern auch für die Chiffrierung der geheimen Botschaften, das Abhören der als verdächtig eingestuften Telefonanschlüsse und gegebenenfalls auch für die Dechiffrierung der Nachrichten. Aus anderen Papieren ersehe ich, dass ein ungenannter Oberbeamter des Innenministeriums beziehungsweise ein gewisser Béla Berczely vom Verteidigungsministerium die Anweisung zum Abhören verdächtiger Anschlüsse und zur Dechiffrierung seltsam klingender Telegramme gab. Was markiert der Markierungsstein beim Ausbau von Telefonleitungen, ich weiß es nicht. Beim Geheimdienst wird die Stelle einer Geheimbotschaft mit oder auf einem Markierungsstein markiert. Ich kenne auch den technischen Unterschied zwischen einer Nebenstation und einer Hauptstation nicht, weiß nicht, was Kabelerdung bedeutet oder was für ein Gewächs der Pupinspulenkasten ist. Ich weiß zwar, dass die Rohre in diese wasserdichten Kästen verlegt werden, aber ich weiß nicht, wozu die Rohre dienen.

Wenn mein Vater ans Ende seiner aus den unbekannten Wörtern bestehenden Mitteilungen kam, fragte er manchmal, verstehe ich, oder, verstehen wir. Die Frage schien unlogisch, aber so sprachen die Vorgesetzten mit ihren Mitarbeitern. Auf diese indirekte Art, ohne ihn explizit anzusprechen, fragten sie den anderen, ob er verstanden hatte. Mir ging das mächtig auf die Nerven, und ich versuchte meinen Vater mehr als einmal auf diesen logischen Widersinn aufmerksam zu machen, er hörte aufmerksam zu, dachte nach, verstand es, und braver Junge, der er war, versuchte er diese bürokratische Unsitte zu vermeiden, verfiel dann aber doch wieder in die Beamtensprache, und ich sagte nichts mehr. Wobei man natürlich wissen muss, dass in dieser Antiwelt das Organisationsprinzip und die Führungssprache der Eisenbahn, der Post und der Telegraphie nach preußischer, das heißt monarchischer Ordnung militärisch war und sich also die Mitarbeiter nur auf der eigenen Hierarchiestufe kollegial begegneten, im Übrigen wurde ihre Arbeit Dienst genannt, sie gingen in den Dienst, kamen vom Dienst, waren im Dienst, führten Befehle aus, duzten oder siezten sich je nach Rang, und die Untergebenen verhielten sich den höheren Beamten gegenüber dementsprechend.

Der Beschluss des Vorgesetzten galt als sogleich auszuführender Befehl.

Wie auch immer, es ist unwahrscheinlich, dass unsere Eltern aus eigenem Antrieb handelten und auf eigenen Entschluss aus der Pressburgerstraße wegzogen, dazu noch an den Rand des Sperrgebiets, wohin nicht jeder Beliebige ziehen durfte. Der Rosenhügel hieß in der Budapester Sprache Kaderberg, das Pasarét-Viertel Kadersommerfrische, aber der Schwabenberg war so hoch oben, dass nicht einmal die gallige Budapester Sprache ihn erreichte. Es ist wahrscheinlicher, dass man meine Eltern im Hinblick auf ihre Beförderung umziehen lassen wollte und dass einen Augenlick vor dem Umzug der Blitz aus heiterem Himmel kam, nämlich dass die Partei ihre Pläne mit ihnen geändert hatte. Unser Vater wurde doch nicht zu ich weiß nicht was ernannt, und sogar seine provisorische Ernennung wurde zurückgezogen.

Es kann auch sein, dass sich nicht unser verletzend unpersönlicher Vater diesen plötzlichen Umschwung eingebrockt hatte, sondern unsere unerbittlich objektive Mutter mit ihrer Beliebtheit und ihrer gemeingefährlichen Gerechtigkeitsliebe.

Das alles bleibt natürlich Spekulation, ich spiele die Tastatur der Möglichkeiten durch und weiß eigentlich kaum etwas über diesen letzten großen Akt unseres gemeinsamen Lebens.

Zu der Zeit besuchte ein namhafter russischer Professor Budapest, wovon ich auch wieder mit Verspätung erfuhr, da ich, verwirrt durch ihre heftigen Stimmungsschwankungen, keine Fragen mehr stellte, ein Chirurg der Orthopädie, Held der fortschrittlichen sowjetischen Wissenschaft, wie man damals sagte. Solche Leute trugen tatsächlich den Titel eines Helden der sozialistischen Arbeit. An den Namen des Chirurgen müsste ich mich eigentlich erinnern, weiß ihn aber nicht mehr. Er war gekommen, um den Kollegen in Budapest seine weltberühmte Methode der Hüftoperation vorzuführen. Wie man anständig eine Hüftverrenkung operiert, wie man den kranken Hüftknochen gegen allerlei Eisenstücke austauscht, wie man sie mit dem Hüftknochen verklammert. Er kam, um seine Erfahrungen weiterzugeben, was in der Beziehung der Brudernationen ein wichtiges Konzept war. Meine zweifache Tante und fast auch Mutter, die verwitwete Frau von Miklós Nádas, geborene Erzsébet Tauber, lag da schon seit Monaten unter zunehmenden Schmerzen auf der orthopädischen Klinik der Karolina-Straße. Anhand ihrer Hüftverrenkung demonstrierte der Held der fortschrittlichen sowjetischen Wissenschaft den ungarischen Kollegen die Operation, auf deren Erfolg man noch eine Weile hoffte.

Tante Bözsi strahlte in ihrem Krankenhausbett, als wir sie mit Mutter zusammen besuchten, dass sie das erleben dürfe.

Man komme das Wunder bestaunen.

Auch der Professor komme täglich mehrmals vorbei, der Zinner. Vielleicht hatte man meinen Eltern zuerst eine möblierte Villa angeboten, vielleicht hatten sie deshalb fast alle ihre Sachen weggegeben. Was aber aus anderen Gründen kaum wahrscheinlich ist. Mehrere ihrer Bekannten, Genossen, Freunde waren in verlassene oder enteignete Villen gezogen, auch ich war mit ihnen an solchen Orten zu Besuch gewesen. Nicht nur in der Délibáb-Straße, Fata Morgana-Straße, auch in einer an eine Eulenburg erinnernden mächtigen Villa auf dem Sas-Berg, Adlerberg, auch die hatte sich irgendein Industriemagnat auf einem wilden Felsensporn gebaut, um von dort hochmütig auf die Stadt hinunterblicken zu können. Diese Genossen hatten drei Kinder, unter ihnen einen Jungen in meinem Alter, mit üppig geringelter blonder Haarpracht. Er wollte Architekt werden, ich hatte damals noch nicht entschieden, ob ich Tänzer oder ebenfalls Architekt werden würde, aber wir beschlossen, gemeinsam Architektur zu studieren, und planten sofort ein Gebäude, das wir mit seinen aus Moskau stammenden Bauklötzen auch gleich realisierten. Er wurde tatsächlich Architekt. An seinen Namen erinnere ich mich allerdings nicht mehr. Während ich das Lajos Petrik-Chemietechnikum besuchte, ging er ein paar Schritte entfernt in der Szent Domonkos-Straße, die damals schon nach András Cházár benannt war, aufs Architekturtechnikum. Manchmal begegneten wir uns zufällig unterwegs, auf der Straße oder im Trolleybus. Ich ging mit meinen Eltern auch in eine neobarocke Villa zu Besuch, zu dessen Neobarock auch Personal gehörte, auf dem Orbán-Berg, in der Fodor-Straße, in unmittelbarer Nähe von Sándor Rendls moderner Villa. Die von anno dazumal im Haus hängengebliebene Köchin bekochte die Hausbewohner inmitten riesiger Dampfwolken, in einem großen Topf brodelte Wasser mit Petersilienknödeln, ich durfte hineinblicken, dann betraten wir zusammen mit den neuen Bewohnern ohne Vorwarnung die Wohnung des mitgeerbten Hauswarts, was die Hauswartsfamilie sehr überraschte, sie protestierten vorsichtig, aber die Hausbewohner wollten uns alles zeigen, so stolz waren sie, dass sie plötzlich über so viel verfügten. Die Genossen teilten den Immobilienbestand der alten Ordnung unter sich auf, ebenso die Sachwerte, die sie sich ausersehen hatten und gegebenenfalls beschlagnahmten. Meine Mutter war befremdet, zeigte es auch, obwohl man in ihren Kreisen solche Manöver mit Schweigen überging. Sie öffneten die vollen Wäscheschränke, zeigten, was diese Leute, die in ihrer Angst aus der Heimat davongelaufen waren, alles besessen hatten. Meine Mutter konnte mit diesen Dingen, die den Hausbewohnern vom Büro für verlassene Güter zugeteilt worden waren, angeblich alles, aber auch alles nach einer strengen Inventur, nichts anfangen, und sie machte ihrer Befremdung Luft, zeigte sie aggressiv. Ich weiß nicht, wie sie die Tatsache geschluckt hatte, dass auch die Aranyossis auf diese Art zu ihrem Haus in Leányfalu gekommen waren. Von denen, die einem nahestehen, schluckt man als Herdentier vieles. Ich weiß nicht, welcher Satz den Skandal ausbrechen ließ. Ich stand weiter weg, als plötzlich die Hölle losbrach. Ihr genießt es, euch in den zurückgelassenen Sachen fremder Leute breitzumachen, schrie sie. Ob sie mit den Aranyossis je über solche Dinge sprachen, weiß ich nicht. Vielleicht war meiner Mutter der Kragen eher wegen der Aufschneiderei der Hausbewohner geplatzt.

Aber Klári, Liebe, du enttäuschst uns. Du solltest dir die Dinge nicht so zu Herzen nehmen, Klári, Liebste.

Jetzt entschuldige mal, das ist doch zum Kotzen.

Ich höre gar nicht, was du redest, Klári. Das waren doch verdammte Burschui, Klári, warum soll ich mit denen Mitleid haben.

Wir gingen vorzeitig weg, blieben nicht zum Mittagessen.

Gingen weg nach dem immer lauter gewordenen Wortwechsel mit der Frau des Hauses, als schon alles schrie, weil die Ehemänner und die anderen Gäste die beiden wild gewordenen Frauen zu beruhigen versuchten, beide kreischten, es war zu befürchten, dass sie übereinander herfallen würden, unsere Mutter schnappte rot angelaufen nach Luft, in solchen Momenten sah man, dass ihre Blondheit eigentlich ins Rötliche spielte, worauf sie ihren Mantel nahm und regelrecht hinausstürmte, wir folgten ihr verlegen und stumm unter den empörten Kommentaren der Hausbewohner und der anderen Gäste. Und wenigstens jetzt muss ich gestehen, dass die Semmelknödel im Topf wundervoll ausgesehen hatten, so im brodelnden Wasser. Es tut mir noch heute leid.

Aber es kann auch sein, dass sie ursprünglich dem Auslandsdienst zugeteilt worden waren und deshalb fast alles weggaben.

Zur gleichen Zeit mussten die Großeltern Tauber ihre Unabhängigkeit aufgeben und zu ihrer Tochter, meiner Tante Bözsi, in die Dembinszky-Straße ziehen, wahrscheinlich weil diese Pflege brauchte, da sie, der an der Spitze des Fortschritts einherschreitenden russischen ärztlichen Kunst sei Dank, nie mehr auf ihren Beinen stehen konnte. Einmal wurden ihr die Schrauben aus den Eisenteilen herausgenommen, dann wieder hineingetan, andere Eisenteile an andere Stellen geschraubt. Dieses Eisen an jenem Eisen fixiert. Für mich bedeutete es eine riesige Veränderung, nicht mehr in die Péterfy-Sándor-Straße gebracht zu werden, und mein Großvater Arnold Tauber nahm mich sonntags nur noch selten zu seiner Schwester in die Wesselényi-Straße mit oder ins Stadtwäldchen, wo er sich mit seinem Freund traf.

Möglich, dass unsere Eltern dem kommunistischen Puritanismus folgten, als sie vor dem neuen Schritt im Leben endlich alle zu ihrer Vergangenheit gehörenden Sachen loswerden und getreu ihren Prinzipien die letzten verräterischen Spuren des aus der Unterdrückung der Besitzlosen stammenden Großgrundbesitzes von Gömörsid tilgen wollten, was ja durchaus achtbar war. Nur war die neue Umgebung selbst maßlos und nicht mit ihrem Puritanismus zu vereinbaren. Sie konnten auch nichts mit ihr anfangen. Standen im Frühling vor den Rosenbeeten, den Rosenlauben, den traurigen Beeten voller verwelkter Blumen vom Vorjahr, vor dem Felsengarten voller mehrjähriger Pflanzen, standen in dem mit botanischen Seltenheiten launig vollgepflanzten Park und kannten die Namen der Pflanzen nicht, wussten nicht, was man mit ihnen anfangen könnte oder müsste.

Sie hatten auch kein Werkzeug, wussten lange nicht, wo sie überhaupt danach suchen sollten.

Unser Vater zimmerte für unser Hündchen eine gut isolierte Hundehütte, wir kleideten sie aus.

Die Felhő-Straße erhielt für mich mit der Zeit auch deshalb eine besondere Bedeutung, weil dort der Lehrgarten der Schule war. Auch gab es da Gewächshäuser. Draußen lag noch hoher Schnee, drinnen war es dunstig warm, und ich begann mit Säen und Pikieren schon im zweiten Winter auf dem Schwabenberg meine bis heute andauernde Karriere als Gärtner. Zuerst lernte ich, wie und womit man die Reihe markiert, wie man die Erde bearbeitet, wie und in welcher Tiefe man die Samen sät, wie man sie in die Finger nimmt, wie sie keimen, was das Keimblatt ist, wie man die Reihen oder Felder verdichtet oder ausdünnt, wie man das Pflänzchen heraushebt, wenn über den Keimblättern die ersten richtigen Blätter erschienen sind und die Pflanze schon etwas erstarkt ist, wie man sie an ihren eigenen Platz verpflanzt, damit aus ihr ein anständiger Setzling wird. Lernte, welche Pflanze das mehrmalige Verpflanzen schätzt, welche darunter leidet. Was man an Ort und Stelle aussäen muss, was als Setzling oder Keimling verpflanzen. Der Pedell war gekommen, um zu sagen, wer den Biologie-Fachkreis besuchen wolle, solle sich nach dem Unterricht bei der Biologielehrerein Judit Benkő im Lehrgarten melden, und mich interessierte das mehr als der Literatur-Fachkreis. Ich hatte Judit Benkő noch nie gesehen. Außer mir meldete sich niemand, ich weiß auch nicht, warum ich es tat. Vielleicht meldete ich mich, weil sich sonst niemand meldete, um die Ehre der Klasse zu retten, wie man sagte, denn sonst hielt ich mich bei solchen Dingen eher zurück. Judit Benkő sah ich im Gewächshaus zum ersten Mal, sie schaute auf, als ich eintrat. Winkte mich herbei, und von da an beobachtete ich vor allem ihre Hände und ihr Lächeln. Sie arbeitete rasch und entschlossen, manchmal auch langsamer, damit ich ihre Handgriffe beobachten konnte. Von ihr habe ich gelernt, wie man eine Pflanze berühren muss, bis heute verrichte ich alle Arbeiten im Garten mit ihren Händen. Sie war eine junge Frau, wohl nicht älter als dreißig, wenn ich es heute bedenke. Bestimmt eine alleinstehende Frau, was historische Gründe haben mochte, wie mir mein sechster Sinn schon damals sagte. Irgendwie wusste ich es. Nach der unauslöschlichen Erfahrung der Belagerung. Jede Tragödie wird zu einer gemeinsamen Erfahrung. Bestimmt litt sie unter einem Verlust. Sie trug eine ausgewaschene blaue Arbeitsschürze, eine Skihose, an den Füßen Schnürstiefel mit darübergerollten Tourensocken. In den Wintern nach der Belagerung liefen viele so herum. Judit Benkő war wortkarg, gab selten Erklärungen, aber stumm war sie nicht. Ihre Wortkargheit erinnerte mich ein wenig an die von Großvater Tauber. Sie schwatzte nicht unnötig daher, schmückte nichts aus, und das kam mir bekannt vor. Eher verfolgte sie aufmerksam, was ich tat, und wenn sie unzufrieden war, führte sie es einfach noch einmal vor. Sie war still, aber nicht ängstlich, auf eine Art still, die Aufmerksamkeit weckt, auch in den Stunden sprach sie leise, und ich erinnere mich nicht, dass jemand das ausgenützt hätte. Noch die ungezogensten Jungen waren in ihrer Gegenwart etwas eingeschüchtert und gaben Ruhe. Auf ihren Lippen saß dauernd ein schmerzliches, herbes kleines Lächeln. Sie kam leise und ging leise. Sie machte uns befangen, nicht nur in unserer Klasse, auch in den Gängen war eine deutliche Aura um sie, wir reagierten auf etwas, wovon wir konkret nichts wussten. Aber vergessen wir nicht, dass für den Geist das Konkrete immer weniger zählt als das Abstrakte. Man tratschte auch nicht hinter ihrem Rücken, es wusste einfach niemand etwas von ihr, und etwas zusammenzufabulieren wagte auch niemand. Allmählich wuchs die Gruppe um sie herum an, wir waren etwa zu sechst, die Jungen in der Minderzahl, aber wir kamen nicht jeden Tag in den Lehrgarten, sondern abwechselnd nach einem bestimmten Rhythmus mehrmals in der Woche, manchmal sogar am Sonntag. Jemand hatte immer die Aufsicht, Pflanzen verlangen ständige Aufmerksamkeit und Teilnahme, aber allein Aufsicht halten durften nur die Jungen. Mädchen wurden nie mit den Jungen allein gelassen. Sie hielten zu zweit Aufsicht, durften in den Gewächshäusern oder einem Schuppen nicht allein bleiben. Der Junge hingegen, der Aufsicht hatte, durfte sich allein im Schulgarten aufhalten. Das Gewächshaus musste bis Ende März täglich zweimal, morgens und am frühen Abend, geheizt werden, das sonntägliche Heizen übernahm ich, da ich in der Nähe wohnte. Aber manchmal schauten auch die anderen vorbei, oder Judit Benkő kam unerwartet aus der Stadt herauf. Für den Montag musste man den Mist hineinkarren, die Temperatur des Wassers kontrollieren, die Reihen von Setzlingen vorsichtig gießen, besprühen, da und dort etwas herausziehen, ohne dass sich die Wurzeln der Setzlinge lockerten. Und vor dem kleinen Heizkessel sitzen, aufs Feuer achtgeben, der Stille zuhören.

Mein kleiner Hund saß vor dem Schulgarten und lief erst nach Hause, wenn ich in die Schule ging. Er verstand alles, man brauchte ihm nichts zu erklären.

Die anderen hatten davon keine Ahnung, von diesen verzauberten frühen Morgen, vom Wachsen der Pflanzen, von dieser Art von Befriedigung, auch unsere Eltern nicht.

Im Februar des darauffolgenden Jahres starb Sándor Rendl, gerade als wir mit der Aussaat beginnen wollten. Ich war im Gewächshaus dabei, den Kompost aufs Hochbeet zu schaufeln. Unser Vater holte mich, ich müsse sofort mit nach Hause kommen. Ich hatte ihn zufällig schon gesehen, als er die steile Straße heraufstieg, aus dem Wald kam, und ich verstand nicht, wie war mein Vater mit seiner erschrockene Miene hierhergeraten, ich wollte ihn gar nicht zur Kenntnis nehmen, er soll nur schön wieder weggehen, der frische Kompost war wichtiger, auch den hatten wir selbst hergestellt, ich stelle ihn noch heute nach der Lehrgarten-Methode her, Vater soll seinen Angelegenheiten nachgehen, er soll weggehen. Er ging aber nicht weg, sondern kam über den langen Gartenweg. Wechselte draußen ein paar Worte mit Judit Benkő, ich sah, dass sie ihm gefiel, was mich erleichterte. Sándor Rendl hatte hintereinander zwei Herzanfälle gehabt, er war ins János-Krankenhaus eingeliefert worden, das man von uns aus über die Diósárok-Straße auch zu Fuß erreichen konnte, dem Abschlussbericht zufolge hatte eine Hirnembolie den Tod herbeigeführt. Damals konnte man da kaum etwas machen. Am Abend gingen wir zu Fuß zu ihnen hinüber auf den Orban-Berg.

Und was dort geschah, kann man nur begreifen, wenn ich vorher erzähle, was zwei Jahre zuvor, im Herbst 1950, vorgefallen war. Unsere Eltern hatten es in Bruchstücken und Stichworten, gewissermaßen chiffriert erzählt, ganz davon schweigen konnten sie allerdings auch nicht, es war ja in unserer Familie geschehen, etwas, das sie irritierte und wofür sie sich irgendwie schämten. Der Schwiegervater von Vera Rendl, Onkel Feri, das heißt Ferenc Herczeg, wurde in ihrer Wohnung in der Nagykorona-Straße verhaftet, die damals schon Alpári Gyula-Straße hieß, während Tante Magda bereits Material sammelte für die Monographie, die sie genau zehn Jahre später über Gyula Alpári publizieren würde, zu einer Zeit, da mein Bruder und ich schon unter ihrer Vormundschaft stehen und wir zusammen am Theresienring wohnen, wobei bis zu jenem nächtlichen Gespräch, nach dem ich ein für alle Mal mit meiner Familie breche, noch einige Monate werden vergehen müssen, der Theresienring heißt da schon Lenin-Ring, die Häuser sind umnummeriert worden, auch wenn in der Sprache des Theresienviertels die Straße noch lange Theresienring heißt, womit ich keineswegs sagen will, dass alles mit allem zusammenhängt, doch an diesem Punkt verdichtet sich für mich meine Geschichte gründlich, so wie erhitzte Milch plötzlich anbrennt, denn Gyula Alpári war auf dem

Kongress der III. Kommunistischen Internationale auf Vorschlag Lenins Chefredakteur des offiziellen Blatts des Exekutivkomitees geworden, der *Internationalen Presse-Korrespondenz*, *Imprekorr*, wie das Blatt zuerst geheißen hatte, später fungierte es unter dem Titel *Rundschau* als internationale Presse- und Fotoagentur, also als eine Deckorganisation, die Alpári an wechselnden Schauplätzen, zuerst in Berlin, dann in Zürich, schließlich in Paris betrieb, bis er in den angespannten Wochen nach dem Ausbruch des Kriegs Pál Aranyossi mit der Idee überraschte, er solle die Redaktion der *Regards* jemand anderem übergeben, ihn selbst habe die Partei in die illegal gewordene Kommunistische Partei Frankreichs umdirigiert, Aranyossi solle also die Redaktion der *Rundschau* übernehmen, was in fachlicher Hinsicht kein vorteilhaftes Anebot war, er aber als Befehl der Partei verstehen musste, scherzhaft trösteten sie sich damit, dass er den Stafettenstab von Lenin übernommen hatte, bis er an einem rosigen Septembermorgen des Jahres 1939 anlässlich einer gründlichen Hausdurchsuchung festgenommen wurde, um nach Le Vernet d'Ariège deportiert zu werden, Alpári selbst wurde erst ein Jahr danach von der Gestapo verhaftet, ihn brachten sie geradewegs ins Konzentrationslager Sachsenhausen, wo sie von ihm verlangten, er solle aufschreiben, wie die Komintern funktioniere, was kein Mensch auf sich nehmen konnte, er weigerte sich, wurde erschossen, bei Herczegs hingegen erschienen die Männer der ÁVO, des Geheimdiensts, in derselben Wohnung, die früher Mór Mezei gehört hatte, als die Straße noch Dreikronengasse hieß, Nagykorona-Straße, um die Wohnung zu durchsuchen, seine Frau, Erzsébet Hegedűs, war nicht zu Hause, sie saß gerade zusammen mit meiner Tante Eugenie im Nationaltheater, *Macbeth* in allen fünf Akten, und als sich Erzsilein nach elf Uhr abends von Özsi verabschiedete, die beiden kannten sich von früher Kindheit an, und aus dem Taxi stieg, während Özsi mit dem Taxi in die Dobsinai-Straße weiterfuhr, bemerkte sie, dass der Hauswart vergessen hatte, das Tor zu schließen, er hatte es aber nicht vergessen, sondern saß als

Zeuge der Hausdurchsuchung in ihrer Wohnung, und ihr Mann war verschwunden.

Die ÁVO-Leute antworteten auf keine einzige Frage.

Ferenc Herczeg war Chefingenieur einer Textilfabrik gewesen. Vor seiner Verhaftung hatte ich ihn nur etwa zwei-, dreimal getroffen. Später stellte sich heraus, dass man ihn verhaftet hatte, weil in seiner Fabrik ein Hochdruckkessel explodiert war und der Verdacht auf Nachlässigkeit oder Sabotage bestand. Vielleicht stand ja eine feindliche Macht hinter der Sabotage. Von feindlichen Mächten sprachen sie aber nur zu meiner Beruhigung, ich sah, dass sie selbst nicht daran glaubten. Erzsébet Hegedűs, die Frau des Verschleppten, und sein Sohn Tamás Herczeg versuchten ihn ausfindig zu machen, aber sie erfuhren nicht, wo er gefangen gehalten wurde, wer ihn gefangen hielt und warum, ob er eine Zahnbürste, einen Pyjama hatte und wie die Anklage gegen ihn lautete. Wochen vergingen. Vielleicht wussten es Dajmirlein qui ne sait pas dire dormir und seine vielsprachige Frau Kató, beide Majore der ÁVO. Sándor Rendl versuchte seine alten Beziehungen zu aktivieren, um etwas zu erfahren, doch alte Beziehungen, Nexus, wie man damals sagte, existierten nicht mehr. In den gutbürgerlichen Kreisen war oft der Satz zu hören, du täuschst dich, ich habe hier keinerlei Nexus mehr. Es mochte Sándor Rendls letzte wohltätige Aktion vor seinem Tod gewesen sein, sie brachte ihm aber höchstens die bittere Erfahrung, dass entweder er sich täuschte oder die Welt um ihn herum aus den Angeln war. Das Beziehungsnetz, das die Stadt seit Jahrhunderten kontinuierlich zur Stadt gemacht hatte, existierte nicht mehr. Die kommunistischen Machthaber hatten den gesamten Verwaltungsapparat ausgetauscht, auch Rendl kam nicht mehr an vertrauliche Informationen heran. Es konnte sich nicht um eine strafrechtliche Angelegenheit handeln, das war klar. Nirgends ein Staatsanwalt. Auch kein bestellter Anwalt. Der Volksstaatsanwalt würde aus den Kulissen hervortreten, wenn die Anklage druckfertig wäre. Falls Onkel Feri dann noch lebte. Es war klar, dass sie ihn in der Andrássy-Allee suchen mussten, die inzwischen Sztálin-Straße hieß. Vielleicht versuchte man ihm einen Verschwörungsprozess anzuhängen, so wie gegen den Generaldirektor der Standard, Imre Geiger, und dessen angebliche Komplizen. Sie waren aber genauso wenig Verschwörer wie die Kommunisten Rajk oder Fitos, und sabotiert hatten sie auch nichts. Geiger wurde zum Tode verurteilt und hingerichtet.

Sie mussten mit ihrem Bruder, mit Dajmirlein, Endre Nádas, sprechen, der würde bestimmt etwas in Erfahrung bringen.

Allerdings wusste niemand, welche Aufgaben Dajmirlein qui ne sait pas dire dormir beim Geheimdienst hatte, davon sprach er nie, jamais, jamais, als höre er die Frage gar nicht, unser Vater wusste es vielleicht, denn heute sehe ich, dass sich ihre Fachgebiete berührten, weiß es aber auch erst nach gründlicher Archivrecherche, sicher ist, dass einzig unser Vater Dajmirleins amtliche Telefonnummer kannte, und er durfte sie an niemanden in der Familie weitergeben, daran erinnere ich mich genau. Er gab sie auch Pista nicht, Teréz Goldmark war eine unzuverlässige Person, dieses bürgerliche Huhn plaudert alles aus. Wenn jemand aus der Familie während der Arbeitszeit etwas von Dajmirlein wollte, rief er unseren Vater an. Die zu Klatsch neigenden Familienmitglieder verbreiteten, dass Dajmirleins Frau, Kató Elek, ihren Majorsrang ihrer außergewöhnlichen Sprachenkenntnis verdankte, und sie sagten lachend, Madame Major werde am Ende auch noch Mongolisch lernen, um zum General zu avancieren. Kató war eine unausstehliche Person, so viel ist richtig, hinterhältig, intrigant, obendrein feig. Sie schnatterte und haderte dauernd, war ewig aufgebracht. Tante Eugenie sprach auch später nicht davon, wie und wo das unglückselige Treffen zwischen ihnen stattgefunden hatte, ob Kató zugegen gewesen war, ob diese vielleicht den Skandal vom Zaun gebrochen hatte, immerhin wussten wir, dass Dajmirlein seine ältere Schwester scharf zurückgewiesen hatte. Er werde der Sache nicht nachgehen. Er werde bei niemandem nachfragen. Bestimmt hätte man gute Gründe für Herczegs Verhaftung gehabt, es würde nichts nützen, etwas zu unternehmen, wegen eines solchen Menschen könne er sich nicht kompromittieren. Er hoffe, dass Özsi das verstehe. Ich kann mir wenige Dinge vorstellen, die Tante Eugenie nicht verstanden hätte. Sie konnte zutiefst unverständliche Dinge völlig ungerührt zur Kenntnis nehmen. In der Familie konnten das außer ihr nur ihre Tante Záza, Erzsébet Mezei, ihre Mutter, Klára Mezei, und deren Vater, Mór Mezei. Von Ernő Mezeis Gesicht hingegen war jede Gefühlsregung abzulesen. Auch die Gesichter der Nádas blieben bei solchen Gelegenheiten nicht neutral, sie erzitterten, erbebten; in ihrem Blick wurde der permanente Schreck über den Zustand der Welt noch tiefer. Auch mein Bruder nimmt zweifelhafte oder unangenehme Nachrichten auf diese Weise auf. Am Abend von Sándor Rendls Tod ging Dajmirlein, Adolf Arnold Nádas' liebstes Söhnchen, der ÁVO-Major, der kleine Eisenkneter qui ne sait pas dire dormir, den die anderen Geschwister wegen seiner Auserwähltheit so hassten, dass sie ihm den Tod wünschten, wenn möglich noch weiter. Als er von unserem Vater die Nachricht erfuhr, rief er sofort seine Schwester aus dem Büro an, und sie wechselten die üblichen paar Worte über die Todesumstände, die Beerdigung, worauf Dajmirlein seine Schwester gewissermaßen nebenbei bat, am Abend, wenn er und Kató in die Dobsinai-Straße hinübergehen würden, um auch noch persönlich zu kondolieren, möge Veras Mann, Tamás, nicht zugegen sein, damit sie ihm die Hand nicht geben müssen.

Sie beide, er und Kató, könnten es sich von Amts wegen nicht leisten, mit den Angehörigen einer in Untersuchungshaft befindlichen Person in direkten Kontakt zu treten.

Das war an sich schon empörend. Ferenc Herczeg war ja nicht in Untersuchungshaft, sondern wurde geschlagen und gefoltert, damit er Verbrechen gestand, die er nicht begangen hatte, gar nicht hätte begehen können, er hätte seine Kontakte zu ausländischen Mächten gestehen müssen, den Verrat von Kriegsgeheimnissen, von denen ein solcher aus der geordneten Mittelschicht stammender Herr keine Ahnung haben konnte, und um sich aus der Affäre zu ziehen, schwärzte er am Ende seinen liebsten Jugendfreund an, der nach Australien ausgewandert war, schön weit weg, in Australien konnte die falsche Aussage dem Freund nicht schaden, aber als die Behörden sahen, dass sie auf die ausländischen Mächte verzichten mussten, dass Herczeg nichts mit feindlichen ausländischen Mächten zu tun hatte und dass sich auch die Sabotage-Anklage nicht überzeugend formulieren ließ, da er an der Explosion ganz offensichtlich unschuldig war, verbrachten sie ihn ohne Anklage, Gerichtsverhandlung oder Urteil auf unbefristete Zeit ins Internierungslager Kistarcsa, und von dort erhielt die Familie das erste Lebenszeichen nach einem ganzen Jahr.

Er könne versprechen, sagte Major Endre Nádas, der als Leiter der technischen Abteilung die fachlichen und technischen Bereiche des weitverzweigten Geheimdiensts unter sich hatte, wie ich anhand des kargen Aktenbestands heute feststellen kann, er gewährleistete gewissermaßen das Funktionieren des Betriebs, was nicht wenig ist, also, er könne versprechen, dass sie ihren Besuch ganz kurz halten würden.

Er hoffe, dass seine Schwester das verstehe.

Eugenie antwortete, vielleicht zum ersten Mal in ihrem Leben, sie verstehe es nicht, sie verlange von ihrem Bruder auch nicht, dass er und seine Frau vorbeikämen und ihre Karriere gefährdeten, wenn sie es aber doch taten, würde sie selbstverständlich dafür sorgen, dass Vera und ihr Mann nicht zugegen seien, was sie aber nicht ihrem Bruder, sondern den beiden zuliebe tun würde.

Das Gras wuchs wie wild, eine Sense hatten wir natürlich nicht, und unser Vater hatte in seinem Leben zwar Leute beim Mähen gesehen, aber er selbst konnte es nicht.

Es ist eine interessante Wendung in der Geschichte meiner Bewusstwerdung, dass ich im Lehrgarten der Schule innerhalb von einigen Jahren die Grundbegriffe der Blumengärtnerei und des

Gemüseanbaus lernte, darüber hinaus auch das Pfropfen, Impfen und Stutzen der Obstbäume, ich lernte graben, rechen, hacken, ebnen, düngen, kompostieren, setzen, umpflanzen, vereinzeln, spitzen, die Frucht im richtigen Augenblick ernten, Stiele ausdünnen, Wurzeln mit der Hacke ausgraben, abdecken, auflockern, ja, mein Können ging bis zur Reispflanzung, und im Garten von Tante Magda in Leányfalu vertiefte ich dann noch meine gärtnerischen Kenntnisse, arbeitete manchmal an Sommermorgen mit ihr zusammen, sie war eine wirklich erfahrene, wenn auch ungewöhnlich nachlässige Gärtnerin, und mir wäre oben auf dem Schwabenberg nie in den Sinn gekommen, eine Hacke in die Hand zu nehmen oder Unkraut auszurupfen oder eventuell nach der Gartenschere zu greifen. Ich erinnere mich nicht, ob wir überhaupt eine Gartenschere hatten, eigentlich hätte eine da sein müssen, da es viele Rosen gab, Heckenrosen, Rosenstöcke, Kletterrosen, sogar eine Rosenlaube, die meine Eltern so sehr verabscheuten, dass sie sie abrissen. Ich schaute mit entsetzlicher Gleichgültigkeit zu, wie dieses launig angelegte Arboretum einging, das heißt, ich beobachtete ungerührt, fast neugierig den verzweifelten, kommunistisch inspirierten Aktivismus meiner Eltern. Immer beschlossen sie etwas, das sie dann mangels Fachwissen oder Zeit nicht in Angriff nehmen konnten, und wenn doch, machten sie auf der Stelle etwas kaputt, oder sie konnten die Sache nicht abschließen, und so war es definitiv mit ihr vorbei.

Rákosi berief unsere Mutter in die Akadémia-Straße zu einer Besprechung im engen Kreis, so viel weiß ich. Gegenstand der Besprechung war die Einführung eines Gesetzes zur Geburtenregulierung, wobei die Anwesenden nicht informiert waren, worum es gehen würde. Rákosi empfing unsere Mutter mit ausnehmender Herzlichkeit. Erkundigte sich nach dem Befinden ihrer Söhne. Im Frühling jenes Jahrs war sie mit der höchsten staatlichen Auszeichnung geehrt worden, Goldgrad. Kann sein, dass sie es war, die zu etwas ernannt werden sollte, ich weiß es nicht. Ich kenne auch den

Zeitpunkt der Besprechung nicht. Jahrzehnte später erfuhr ich von Valéria Benke, die zu den Anwesenden gehört hatte, nur gerade, dass die Beratung einige Jahre vor dem Erlass des drakonischen Gesetzes, das als Ratkó-Gesetz bekannt war, stattgefunden hatte, und von ihr weiß ich auch, dass es Sommer war, Hundstage-Hitze. Rákosi brachte bei der Beratung vor, die Genossen in der Politischen Kommission seien mit den niedrigen Geburtenraten unzufrieden, und er ging auf die daraus entstehenden volkswirtschaftlichen Probleme ein. Er zählte Punkt für Punkt seine Forderungen zur Arbeitskräftewirtschaft auf. Anna Ratkó, die Volksgesundheitsministerin, die Tante des mit mir fast gleichaltrigen Dichters Jóska Ratkó, eine waschechte Volkskaderfrau, fehlte auffällig unter den Geladenen, einer ihrer Stellvertreter repräsentierte das Ministerium. Aus Rákosis Vortrag ging hervor, dass sie nicht nur mit Ratkós Arbeit als Ministerin unzufrieden waren, sondern auch mit ihr als Person. Auch Genossin Ratkó hat keine Kinder. Rákosi meinte das als scherzhaftes Beispiel, nicht einmal die besten Genossen nähmen den gefährlichen Geburtenrückgang und dessen volkswirtschaftliche Konsequenzen ernst, und die Mitglieder der Politischen Kommission seien der Ansicht, dass das von Seiten bestimmter Genossen keine parteikonforme Haltung sei. Woraus die Geladenen folgerten, dass man Ratkó das Ministerium wegnehmen wollte oder es vielleicht schon getan hatte. Wie bei so vielem, ließ sich auch in dieser Frage nicht entscheiden, was Rákosi womit verdeckte, was er womit kompensierte. Auch die Anwesenden wussten ja, dass Rákosis Frau nicht schwanger wurde, obwohl die beiden es immer wieder heldenhaft versuchten, an den von Hirschler angegebenen günstigen Tagen, und Genosse Rákosi begleitete seine Frau persönlich zu den Arztvisiten. Auf dieser Konferenz stellte sich auch heraus, dass der Begriff der Volkswohlfahrt nunmehr selbst die marxistisch geschulten Mitglieder der Politischen Kommission in Verlegenheit brachte. Soziale Fürsorge ist nur bei Ungleichheit nötig. Wenn nun die materielle Grundlage der Ungleichheit aufgehoben ist, da sich die Produktionsmittel jetzt in der Hand der Arbeiterklasse befinden, die Beschäftigung allgemein geworden ist, es keine Arbeitslosen mehr gibt, müssen Fragen der Volkswohlfahrt in einem anderen Rahmen gelöst werden, und die ministerialen Kompetenzen müssen dementsprechend umformuliert werden. Unserer Mutter wurde unbehaglich zumute, als sie das hörte. Man verstand nicht, worauf Rákosi hinauswollte. Mutter gegenüber saß Valéria Benke in einer ihrer üblichen weißen Blusen an Rákosis langem Konferenztisch im ersten Stock des Parteihauptsitzes in der Akadémia-Straße, wo Rákosi nach einem umständlichen Vorlauf seine Vorstellungen von einer strengen Geburtenpolitik vortrug. Die Zahl der Abtreibungen und künstlichen Eingriffe sei auf null zu reduzieren, der Gebrauch von Präservativen einzuschränken. Bis zum Alter von fünfundvierzig Jahren müsse jede Frau jedes Kind austragen. Lediglich medizinisch belegte Gefährdung der Gesundheit oder unmittelbare Lebensgefahr können Ausnahmen darstellen. Die Frauen müssen gebären, aus volkswirtschaftlichen Gründen. Nachdem er es ausgesprochen und dargelegt hatte, erwärmte er sich immer mehr für die Idee. Wenn wir das Gesetz nicht schaffen, die Genossen sollen sich das gut merken, können wir den Kommunismus nicht aufbauen, denn dann gibt es, Genossen, niemanden, mit dem wir es tun können.

Es war sogar bekannt, dass Imre Hirschler vorgeschlagen hatte, Rákosi solle sein Sperma untersuchen lassen, wir müssen, lieber Genosse Rákosi, im Hinblick auf die Diagnose nicht nur wissen, ob Fenyocska fruchtbar ist, sondern auch, wie die Dinge um die Fähigkeiten des Genossen Rákosi stehen. Es ist ja vom Gesichtspunkt der Behandlung nicht gleichgültig, ob die Spermien an ihren Ort gelangen oder nicht. Wenn sie zu faul sind und nicht hingelangen, hat es keinen Sinn, dass wir Genossin Kornyilova, die geschätzte Frau des Genossen Rákosi, behandeln, Fenyocska wird davon nicht schwangerer.

Nachdem ihm Hirschler ein drittes Mal zugesetzt hatte, fragte

Rákosi ganz still, was er denn tun müsse, worauf Hirschler unverblümt sagte, nichts einfacher als das. Er gebe dem Genossen Rákosi einen speziellen Behälter, mit dem solle Genosse Rákosi auf die Toilette hinaus und ein Probe nehmen.

Wie stellen Sie sich das vor, lieber Genosse Hirschler, fragte Rákosi und wurde rot.

Davon wolle er lieber nicht phantasieren, sagte Hirschler lachend, aber Genosse Rákosi habe ja bestimmt schon von so etwas gehört. Wir könnten auch sagen, er solle eigenhändig sich selbst berühren, gewissermaßen abzapfen.

Es bereitete Hirschler eine elementare Freude, eine kindliche, teuflische Freude, wie er mir Jahrzehnte später erzählte, der einzige Mensch auf Erden zu sein, der aus der Deckung seines Berufs mit dem Parteiführer ungestraft auf die Art sprechen durfte.

Nachdem Genosse Rákosi seinen Vortrag beendet hatte, bat er die Anwesenden, ihre geschätzte Meinung zu äußern, und Benke sah, dass unsere Mutter einen roten Kopf bekommen hatte, sich immer weniger beherrschen konnte, die wird uns wieder einen Skandal machen, Benke gab ihr unter dem Tisch Tritte, signalisierte, sie solle den Mund halten, schweigen, abwarten, bis sie an der Reihe war, sich beruhigen, unsere Mutter nahm das nur aus den Augenwinkeln wahr, und als ihre unmittelbare Vorgesetzte, Magda Jóború, Nachfolgerin der verhafteten Frau Rajk als Sekretärin des Demokratischen Bunds Ungarischer Frauen, ans Ende ihrer eigenen diplomatisch verklausulierten Rede gelangt war, sei unserer Mutter der Geduldsfaden endgültig gerissen, wie mir Ende der siebziger Jahre die ansonsten höchst verschwiegene Benke im Bibliothekszimmer ihres Hauses in der Orló-Straße genüsslich erzählte. Unsere Mutter habe wutentbrannt ausgerufen, im Sinn der einfachen Volksweisheit sage ich mit meinem einfachen Volkshirn nur das, lieber Genosse Rákosi, zuerst den Stall, dann die Schweine.

Alle erstarrten, es entstand tiefste Stille. Man hörte nur den

Lärm vom Platz vor dem Parlament, die Straßenbahn Nummer zwei, eine, die anhielt, eine, die anfuhr, wegen der Hitze standen in dem Raum in der Akadémia-Straße die Fenster offen.

Im ersten Augenblick verstand niemand, was diese aufgebrachte Frau da sagte. Wer ist die überhaupt, wie kommt sie überhaupt hierher. Sie verstanden es schon deshalb nicht, weil in der Sprache des einfachen Volks, auf die sich unsere Mutter bezog, der kahlköpfige, übergewichtige Rákosi Schwein oder Mastschwein genannt wurde.

Unerhört.

Vielleicht wusste Genosse Rákosi selbst, mit welchen Titeln ihn das einfache Volk bedachte.

Wie kann man so etwas aussprechen.

Und bis sie begriffen, was es bedeutete, und sahen, dass sie die unbekannte Frau schon lange kannten, war es zu spät, der brutale Satz konnte nicht mehr zurückgenommen werden.

Wie genau meinen Sie das, liebe Genossin Nádas, fragte der dicke, fettglänzende Genosse Rákosi mit seinem zuvorkommendsten Lächeln, nachdem er verstanden hatte, er war ja ein Junge vom Land, auch wenn er nicht so aussah, als habe er verstanden.

Valéria Benkes und Ernő Havas' Haus schien eine einzige Bibliothek zu sein. Im oberen Stock war ich nie, aber vielleicht lagen auch dort überall Bücher herum. Benke amüsierte sich immer noch köstlich über alle die Dinge, die unsere Mutter einst gesagt hatte. In ihrer Stimme lag ein komisches Zittern, das aber nichts mit dem Alter zu tun hatte. Sie artikulierte auf besondere Art. Vielleicht weil sie in jungen Jahren ihren Dialekt hatte loswerden müssen. Ich weiß es nicht. Jetzt wirkte es, als zittere in ihrem Vergnügen, ihrer Hochachtung vor unserer Mutter noch die Angst von damals mit.

Ich meine es so, Genosse Rákosi, dass man die Aufgabe umgekehrt angehen sollte, zuerst braucht es eine angemessene Anzahl von Krippen, Kindergärten und Schulen, viele Tagesschulen,

Lehrer in den Tagesschulen, Schulküchen, Kartoffeln für die Küche, aber auch Wickeltücher braucht es, Windeln, die muss man zuerst produzieren, die Versorgung garantieren, zuerst braucht es alle diese Dinge, die es zur Zeit nicht gibt, die Kinderärzte brauchen sterile Spateln, Genosse Rákosi, um den Kleinen in den Hals zu blicken und zu sehen, ob er entzündet ist, sie können es nicht sehen, weil es im ganzen Land keine Spateln gibt, es gibt keine Poposalben, es braucht Gummiunterhosen, Genosse Rákosi, aber für eine Volksvermehrung dieses Ausmaßes braucht es vor allem Krippenplätze, Hebammen, Geburtshelferinnen und dazu die entsprechende Ausbildung, die Organisation der Geburtshilfe nach Bezirken, da wir die Kindersterblichkeit nicht vergrößern, sondern reduzieren möchten, es braucht Impfstoff und Kapazitäten zu dessen Herstellung, in keinem Fall andersherum, Genosse Rákosi, so habe ich es verstanden, und zumindest im Namen der Budapester Organisation bestehe ich auf dieser Reihenfolge, sagte sie und schob stur den roten Kopf vor. Auf dem Land fehlen die Versorgungssysteme vollends, der Mangel an Krippenplätzen erlaubt es den Frauen nicht einmal in den größeren Städten, eine Arbeit anzunehmen. Für die Schulküchen braucht es außer verrottetem Kohl, verrotteten Kartoffeln und verrotteten Möhren noch etwas mehr, Genosse Rákosi, und nicht nur fürs Ferienheim von Aliga, habe sie gesagt, erzählte Benke, da die Parteiferienheime Mutter besonders ärgerten, seien wir doch endlich imstande, wenigstens die Kindergärten und Kinderkrippen mit Früchten und Gemüse zu versorgen, wann hat einer der Genossen denn eine Zitrone gesehen, der soll sich melden, der eine gesehen hat, außer vielleicht hier auf dem Büfett, und da habe ich das Selbstbestimmungsrecht der Frauen noch gar nicht in Betracht gezogen. Das ich aber ungern aus der Rechnung wegließe, Genosse Rákosi. Wenn wir es nämlich weglassen, werden im Handumdrehen wieder die Engelmacherinnen und die weisen Frauen mit ihren heißen Bädern und ihren langen Stricknadeln auf den Plan treten, aber wir dürfen mit dem Leben der Frauen nicht so verantwortungslos spielen.

Jetzt verstehe ich, was die Genossin Nádas mit dem Stall und den Schweinen gemeint hat, unterbrach sie Rákosi, denn unsere Mutter hätte bestimmt noch lange weitergesprochen. Damals lebten Menschen wie sie in der Vorstellung, das Problem sei nur, dass der Diktator bestimmte Dinge nicht wisse. Die Nachricht von den Missständen sei noch nicht zu ihm gedrungen. Die bösen Berater verschwiegen sie ihm. Man müsse es ihm nur klar sagen. Falls er die Genossin Nádas richtig verstehe, sehe sie das Gesetz als verfrüht an, habe der unerschütterlich lächelnde Rákosi zu unserer puterrot angelaufenen Mutter gesagt, dafür sind wir ja da, Genossen, worauf er eine Pause anberaumte, damit die Genossen unter sich über diese wichtigen Fragen nachdenken und dann konkrete Vorschläge zu deren Lösung machen könnten. Konkret war eins seiner Lieblingswörter. Für ihn musste immer alles konkret sein. Die Genossen mussten dauernd ihre Überlegungen konkretisieren, um mit diesem Wort dem ewigen Drumherumreden und dem Positionsgerangel eine Form zu geben. Das kapierten unsere Eltern noch lange nicht, ich aber verstand schon sehr früh, dass in ihrer Sprache die Begriffe nicht das bedeuteten, was sie bedeuteten. Deshalb hatte er sie zu sich gebeten, nicht aufs Beschwerdeamt, nicht zu Beschwerdearien hatte er sie gebeten, sondern damit sie unter Genossen offen von den konkreten Dingen sprachen, die zwar von der Politischen Kommission schon gründlich diskutiert worden waren, aber einer Diskussion unter Genossen steht ja nie etwas im Weg. Kaum waren sie vom Tisch aufgestanden, wurde unsere Mutter von den anderen in die Zange genommen. Sie schalten sie, zischten ihr wie Schlangen zu, wie sie das habe tun können. Eifrige Sekretärinnen hatten die große Flügeltür schon geöffnet, und im Nebenraum stand wie üblich das üppig gedeckte Büfett. Ich kann jederzeit hersagen, was es auf solchen Tischen gab. Der Anblick schlug bei meiner Mutter wohl dem Fass den Boden aus. Nicht nur vertrug sie den Anblick üppig gedeckter Tische nicht mehr, es wurde ihr auch übel von dem ständigen Um-den-Brei-Reden, das heißt, sie konnte mit den Formen des Terrors nichts anfangen. Ihre inneren Organe warnten sie, dass es hier nicht weiterging, sie versagten den Dienst. Es stieß ihr sauer auf, sie bekam Gallenschmerzen, Rückenschmerzen.

In der Sprache der Bewegung hießen der Terror und sämtliche seiner kleinen teuflischen Diktate Voluntarismus, was mit der ursprünglichen, philosophischen Bedeutung des Worts nichts zu tun hatte, aber auch konkret bedeutete das Wort nicht mehr das, was es bedeutet hatte, für sie war es der revolutionäre Terror gegen die Gegner des Terrors, das heißt, sie veredelten jeden Wunsch des Diktators mit dem Geist des Jakobinertums. Ohne Marat und Robespierre wird das Feuer der Revolution zu Asche. Mutters Magen vertrug Genosse Rákosis Voluntarismus nicht, das heißt das Format des Terrors, auch wenn sie vielleicht mit seinen Absichten im Wesentlichen einverstanden war. So sahen die beiden unseren Eltern angebotenen Mühlsteine aus, zwischen denen sie sich aufreiben durften. Sie wollten etwas, wollten es aber nicht so. Sie dachten, die Systemfehler seien Stilfehler. Sie wollten es anders. Sie bezogen ihre historischen Muster, ihren Begriffsschatz und ihre Analogien aus den falschen Quellen. Sie wollten die Dinge auf vernünftige und selbstlose Art erreichen. Sie hielten an ihrer aufgeklärten Askese fest. Für diesen löblichen Anspruch hätten sie überall auf Mitstreiter stoßen sollen, aber sie fanden sie nicht einmal in ihrem engsten Freundeskreis, da solche Menschen zwar in der Natur vorkommen, aber selten sind wie weiße Raben, und so wurde unsere Mutter immer gereizter. Als Kind verstand ich das nicht. Später dachte ich, ihre Ideen seien stupid gewesen. Aber keiner der beiden war stupid. Und wie käme man um die Idee der sozialen Gleichheit herum. Ohne Ideen und Utopien geht man ganz einfach zugrunde. Man kann regredieren, sich der Magie ergeben, wenn man mit Rationalismus und Pragmatik nichts mehr anfangen kann, aber ins Tierreich gibt es keinen Weg zurück. Vor ihnen stand die Masse der menschlichen Individuen, die für sich doch immer mehr haben wollen, als sie verbrauchen können. Das Universum der Gleichheit ist mit Menschen, die nicht nur an ihrem Privatbesitz festhalten, sondern diesen auch noch vermehren wollen, nur schwer realisierbar. Sie beriefen sich dauernd auf die Massen, deren Repräsentantin ihre Partei angeblich war, aber diese selben Massen wünschten ebenso dauernd etwas anderes als die Partei. Die Pause wollte kein Ende nehmen. Es verging eine peinlich lange Zeit, Genosse Rákosi tauchte nicht wieder aus seinem Büro auf, allen war es unbehaglich zumute, dann erschien auf dem Gang Ferenc Donáth, der Büroleiter des Parteisekretärs, bis er ein paar Monate später als Verschwörer verhaftet wurde. Gewissermaßen im Vorübergehen teilte er einem der auf dem Gang stehenden und rauchenden Genossen mit, Genosse Rákosi müsse sich unvorhergesehenen Aufgaben widmen, er bitte um Verzeihung, die Beratung werde vertagt, und ging weiter über den leeren Gang auf sein leeres Schicksal zu. Seine Frau, Éva Bozóky, wurde ins Internierungslager von Kistarcsa verbracht, ihr Kind in Emmi Piklers Säuglingsheim in der Lóczy-Straße.

Nachdem man aufgehört hatte, unsere Mutter zu beschimpfen, kristallisierte sich um sie herum ein tödliches Schweigen, die Teilnehmer an der Beratung verließen das Gebäude in der Akadémia-Straße, ihre Chauffeur fuhren einer nach dem anderen mit den Dienstwagen vor, um sie zu ihren prächtigen Amtssitzen zurückzubringen. Das war die harte Realität. Ich habe solche Szenen mehrmals miterlebt, vor ihren jeweiligen Amtssitzen, vor dem Theater oder auch in der Eingangshalle der Oper. In solchen Momenten war Schluss mit der Genossen-Manier, dem diplomatischen Geplänkel, dem Lächeln, Lachen und gemütlichen Reden, die Genossen waren auf der Hut, erstarrten zu Salzsäulen, wenn der geringste Fehler passierte, an der Reihenfolge der Abfahrten, den dem Personal zugezischten Befehlen und Zurufen, den Marken und Jahrgängen der Wagen sah man, wer in der Nomenklatura wo seinen Platz hatte und was ihm zustand. Was er tun musste, um seine Position nicht nur zu halten, sondern vorzurücken, weiter bis an die Spitze. Es war klar, dass die Irre unsere Mutter war, wenn sie hier noch auf irgendeine Gleichheit und Brüderlichkeit hoffte, während sie diese strenge Hierarchie bediente, deren Teil sie auch war. Diese Art von Selbstbetrug nahm mein Bewusstsein nicht an, ich konnte den Anblick oder das Erlebnis noch einige Jahre lang nirgends hintun, nicht auslegen. Sie war darauf bedacht, sich in solchen Situationen anders zu verhalten. Aber sie konnte sich nicht anders verhalten, da es keine separate Wirklichkeit gab. Kleine Organisationskomitees, beinahe unsichtbare Personen, beschwingte kleine Frauen und grimmige Männer sorgten für die korrekte Abwicklung der Abfahrten, was nicht leicht war, da die Wagen aus Sicherheitsgründen entweder in die Parteigarage in der Kárpát-Straße zurückgebracht werden oder in den benachbarten Straßen, von den anderen isoliert, unauffällig warten mussten. Es kam auch der kleine, unbedeutend kleine Pobjeda meiner Mutter, der später dann durch ein noch älteres Gefährt ersetzt wurde, was darauf hinwies, dass ihre Aufstiegsmöglichkeiten beschränkt waren. Sie ertrug gutgelaunt und diszipliniert die Stille ihrer Ausgegrenztheit, aber bis zu ihrem Tod vermochte sie die Wand nicht zu durchbrechen, die Spannung nicht zu lösen, die sie selbst zwischen ihren Ideen und Wahrnehmungen schuf. Man kann nicht einmal sagen, dass ihre Genossen nicht immer noch von ihr begeistert gewesen wären, vielleicht sogar mehr Personen als früher. Wie sie mit ihrem scharfen Verstand den Schlüssel einer Situation finde, wie sie kein Blatt vor den Mund nehme, wie entschlossen sie sei. Anna Ratkó wurde zwar versetzt, das Ministerium für Volkswohlfahrt unter ihrem hübschen Hintern weggezogen und inmitten des immer massiver werdenden Volkselends liquidiert, sie bekam das Gesundheitsministerium, wo sie die Vorstellungen der Partei zur Geburtensteigerung ohne zu mucken ausführen durfte.

Vielleicht waren sogar mehr Leute denn je von unserer Mutter begeistert, auch wenn sie sich nicht allzu freundschaftlich geben durften, sie luden sie vorsichtig da und dort ein, wollten ihr nicht die Tür vor der Nase zuschlagen, waren aber auf der Hut, und meine Eltern in ihrer wirklich bescheidenen Manier bliesen in dieser um sie herum entstehenden Leere zum Rückzug. Sie gingen nun nicht mehr auf einen Kaffee oder einen Tee zu Valéria Benke und Ernő Havas in die Loránt-Straße hinüber, und diese kamen nie mehr zu uns in die Gyöngyvirág-Straße, so wie auch ihre ältesten Freunde fernblieben, der Kari Tóth, der Sanyi Kerekes, der Jani Asztalos, zuweilen riefen sie an, aber dann wurde doch nichts aus einem Treffen, es schwebte zwischen ihnen der angeblich jakobinische Geist ihres eigenen Terrors, es schwebte zwischen ihnen der Schrecken der Anklage auf Fraktionsbildung, vor der sie sich schon in der Zeit im Untergrund gefürchtet hatten, was sie als schweres Gepäck mitschleppten. Um zumindest eine Verbindung mit den Freunden zu wahren, schickten sie uns manchmal auf die Geburtstagsfeiern von deren Kindern, was mir überaus peinlich war, mein Bruder hingegen war in die Schöpfung eingetreten, um sich an allem zu freuen, und so konnte man ihn von diesen Zwangsfreundlichkeiten kaum loseisen, oder wir wurden zusammen mit den Kindern von Freunden auf Ausflüge mitgenommen, an denen unsere Eltern nicht mehr teilnahmen, um diese nicht zu kompromittieren. Das alles war beschämend, zum Heulen. Die Anklage auf Fraktionsbildung besagte, dass die Parteieinheit zerstört und die Möglichkeit geschaffen wird, dass sich Spitzel einschleichen konnten und der Feind die Reihen sprengen. Das war das Urmuster ihres vom Untergrund her stammenden Gefühls für Gefahr, das Schreckgespenst der gesprengten Reihe. Vor der Fraktionsbildung mussten sie sich hüten wie der Priester vor der Todsünde oder der Teufel vor dem Weihwasser. Ihrem menschlichen Grundbedürfnis nach politischer Vereinigung oder politischem Bündnis mit Gleichgesinnten war ein für alle Mal der Weg versperrt.

Vielleicht war Mutters Beerdigung die erste stille politische Demonstration oder eine frühe Variante davon, wie man sie nur im Kreis der Genossen verstehen konnte. Und sie auch verstand. Bestimmt wussten alle ganz genau, was sie zu dieser Beerdigung gebracht hatte. Auch wenn sie nicht laut sagen durften, dass es der Tod einer solchen Klári war, ja, in ihrer Verängstigung durften sie es nicht einmal sich selbst eingestehen. Sicher spielte auch die Persönlichkeit der Verstorbenen eine Rolle, aber so viele konnten sie doch nicht aus der Nähe gekannt haben. Bestimmt lag es an ihrer Offenheit, für die sie berühmt gewesen war, daran, dass Offenheit und Ehrlichkeit inmitten des Terrors mit ihrem Tod verlorengegangen waren. Erst dreizehn Jahre später gelangte in dieser Weltgegend die Anschauung zum Durchbruch, die bei der Beerdigung unserer Mutter ein solche Menge von Menschen mit unzähligen Kränzen, Sträußen und einzelnen Blumen auf dem Friedhof Farkasrét, Wolfwiese, versammelt hatte, sie wurde explizit, als die kleine Gruppe der tschechischen und slowakischen kommunistischen Intellektuellen von einem Sozialismus mit menschlichem Antlitz zu träumen und zu diskutieren begann und Frau Dubček in Bratislawa eilig packte, um mit dem neuen Slogan nach Prag zu ziehen, und Alexander Dubček endlich das Unmögliche laut aussprach. Sogar den russischen Genossen wollte er einreden, dass auch sie eigentlich nichts anderes wollten, glaubt es uns, Genossen, wir wollen den Sozialismus mit menschlichem Antlitz, Genosse Breschnew. Die Dummköpfe merkten nicht, wie skandalös diese Aussage war. Denn genau besehen bedeutete sie, dass die real existierenden sozialistischen Gesellschaften unmenschlich waren und Genosse Breschnew ein Monstrum. Um seinen Gegenargumenten Nachdruck zu verleihen, gab Genosse Breschnew bei den geheimen Verhandlungen von Ágcsernyő, in jenem auf ein Nebengleis geschobenen präsidialen Eisenbahnwaggon, dem Genossen

Dubček mächtig eins auf den Mund. Dubček und Genossen hatten nämlich vergessen, ihren Slogan für den allgemeinen Gebrauch zu übersetzen. Was auch gar nicht möglich gewesen wäre. Denn sonst hätten sie gleich freie Wahlen ausschreiben müssen, bei denen sie mit ihrem Sozialismus mit menschlichem Antlitz ganz klar verloren hätten, ein Dammbruch, wonach sich die freie Marktwirtschaft über sie ergossen hätte. Die ganze alte Scheiße, wie Marx in seiner hervorragenden *Deutschen Ideologie* sagt. Es gelang ihnen auch, sich der Tatsache bewusst zu werden, nun ja, vielleicht gelang das eher den Philosophen der Neuen Linken unter ihnen, dass der Marxismus keine Welterklärung, keine Philosophie ist, nicht zufällig wehrt sich Marx selbst dagegen, zu einem Ismus zu werden, Gott verzeihe ihm seine Sünde, aber der Marxismus kennt keine Anthropologie, auch keine Ethik, selbst wenn Engels zum Ursprung der Familie einige Überlegungen angestellt oder Lenin eine wirklich idiotische Vorstellung von der menschlichen Erotik hatte, die er der unglücklichen Rosa Luxemburg schriftlich mitteilte, der Marxismus ist in Wahrheit eine brauchbare wirtschaftliche Vorstellung, die die Grundzüge des Kapitalismus beschreibt, wobei ihre Methodologie nicht einmal für die Beschreibung der real existierenden Sozialismen taugt, da der Marxismus weder die ererbten noch die angeeigneten Eigenschaften des Menschen beschreibt und dessen mythische und magische Orientierungen und Bindungen gänzlich außer Acht lässt. Unsere Mutter hatte keinerlei theoretisches Rüstzeug, ihre Bildung war sehr beschränkt, auch wenn ihre rhetorischen Fähigkeiten auf der Höhe waren, das schon, aber für ihre bescheidenen humanistischen Grundbedürfnisse fand sie keinen geistreichen Slogan. Die öffentliche Meinung konnte es auch nicht berühren, was sie zu zweit oder mit ihren Freunden in ihrer im Untergrund ausgearbeiteten Geheimsprache erörterten, das heißt, was sie seit Jahrzehnten sogar voreinander verschwiegen und auf welche Art das Schweigen in ihrer Sprache bereits eingebaut war. Wenn sie die Rücksichtslosigkeit, das Schweigen des anderen satthatten, so hatten sie immer die anderen bis obenhin, nie sich selbst, sie bezichtigten, beurteilten, betratschten einander unaufhörlich, denn ihre Ideen und Utopien konnten sie nur dann in die nächste Woche hinüberretten, wenn sie diese Woche die Systemfehler immer noch als persönliche Irrtümer ansahen und für alles rasch einen Sündenbock fanden. Die unter Tabu gehaltenen, später verurteilten Serienmorde und Massenmorde stießen vielen auf, das ist wahr, dennoch schwiegen sie darüber, als hätten sie sie selbst begangen. Davon sprachen sie nicht, beziehungsweise sie sprachen immer nur bildlich davon. Sie hatten einigen Grund zum Schweigen. Mit dem Putsch gegen den Rechtsstaat hatten sie ein neues Kapitel in der Geschichte der Unmenschlichkeit eröffnet, und sie schrieben es mit Hilfe des Terrors weiter. Unverzüglich, das war ihr Slogan, unverzüglich mussten die Anordnungen ihrer unfehlbaren Partei ausgeführt werden.

Sie hätten aus etwas herausschlüpfen müssen, das sie selbst verursacht hatten, denn ihre Vorstellungen waren ohne Terror nicht umzusetzen.

In unserer Mutter sah ich das schillernde Beispiel dieser Unmöglichkeit.

Wann immer Stalin gestorben sein mag, am Morgen oder am Nachmittag, ich hatte, als ich die Nachricht hörte, zum ersten Mal im Leben eine umfassende Vorstellung von der Welt, einen Wachtraum, eine Vision vom Zustand meines Bewusstseins. Ein ganz konkretes Bild von der Oberfläche der Welt, wie man sie von oben sieht, etwa aus dem Flugzeug, mit ihren Wäldern, Feldern und Flüssen. Bestimmt hatte ich in alten Wochenschauen Flugaufnahmen gesehen, vor allem von Luftschlachten, von Bombenexplosionen auf der Erde unten, aber Flugaufnahmen waren damals doch eher selten. Als ich die Nachricht hörte, stand Moskau mit dem großen Toten im Zentrum meiner magischen Landkarte. Auch Budapest war an seinem Ort, ebenso Paris, Prag, Stockholm und das märchenhafte Luleå, ebenso Rom, Belgrad, Warschau, ebenso das im Bürgerkrieg belagerte Madrid, Le Vernet mit den Pyrenäen, auch Buchenwald, Sobibor, Theresienstadt, Oradour-sur-Glane, Lidice, Hiroshima und Nagasaki, und auch Lisboa, also Lissabon, denn das konnten wir manchmal mit unserem großen Radio mit Universalempfang hören, aber es blieb ein unerreichbarer Name, hatte keinen Platz auf der Landkarte meines Bewusstseins, auch wenn ich im Konversationslexikon gelesen hatte, dass die portugiesischen Kolonien unter den Einfluss des englischen Kapitals geraten waren, auf die Art habe Lissabon seine Bedeutung als Kolonialmacht verloren, so wie auch London ohne sein Kolonialreich in seinem dichten Dickens'schen Nebel versunken war, Terra incognita in der Geographie des Terrors, aber alle die auf unwegsamem Gelände erreichbaren oder auf ewig eingeschneiten kleinen menschlichen Nester, Siedlungen, Gouvernementssitze, Tomsk, Kursk, Tula, Kaluga, Omsk, Kazan, Wolgoda, Tobolsk und so weiter, deren Namen die russischen Autoren manchmal nur mit Asterisk oder dem Anfangsbuchstaben bezeichnen, was uns gleich deutlich macht, dass der Autor jetzt eine geheime Geschichte erzählen wird, verzauberte Orte, wo jederzeit Tischitschikow in seinem geblümten Frack und mit seinem stinkenden Diener in seiner Kalesche eintreffen könnte, um in der verrauchten, lärmenden Herberge abzusteigen, in der das Muster der sich von der Wand schälenden Tapete vor lauter Fliegendreck nicht mehr erkennbar ist, bis hin nach Kamtschatka waren sie allesamt da, nur Kolyma mit Warlam Schalamow, der mit den höchsten Göttern kämpft, noch nicht, das Universum der Gulags kam erst mit Solschenizyn auf die Karte, aber auch Kistarcsa, wohin Tamás Herczegs Vater gebracht worden war, und als noch dunklerer Fleck Recsk, dessen Name allein schon wie eine Salve ist, dort wurde der Dichter interniert, der die Verse Villons, die meine Cousine Yvette und ich mit Begeisterung lasen, ins Ungarische übersetzt hatte, der Dichter György Faludy, alle die Internierungslager, die ich aus der mündlichen Überlieferung kannte. Ich wusste aber nicht, was in den Lagern geschah. Als ich die Nachricht von Stalins Tod hörte, weinte ich. Aber eigentlich weinte ich wegen dieses Wachtraums, wegen des Anblicks der weiten Welt im Verlies meines Bewusstseins. Stalin kann nicht tot sein, das Universum kann nicht angetastet werden. Unsere Mutter war betroffen von meinen Tränen. Sie sagte nichts, berührte mich nicht, aber es war etwas Befehlshaberisches an ihr. Ich blieb mit meiner Erschütterung über Stalins Tod in der Familie sozusagen allein. Auch Großvater Tauber ließ das Ereignis völlig kalt. Ich bat meine Großmutter Tauber, Cecília Nussbaum, um einen schwarzen Stoff, vielleicht habe sie so einen in ihrem Flickensack, denn die Wandzeitung in der Schule war noch am nächsten Tag rot gedruckt. Das durfte nicht so bleiben. Sie fand nur ein altes schwarzes Unterkleid. Ich zerschnitt es, trennte die Spitzen ab und fasste die Tafel der Wandzeitung damit ein. Wenn ich mich richtig erinnere, schrieb ich auch einen Artikel zu Stalins Tod. Niemand sagte etwas. Auf dem Gesicht meines Vater zeigte sich doch so etwas wie Genugtuung. Immerhin, sein kleiner Junge weint bei der Nachricht von Stalins Tod. Meine Mutter schien eher befremdet, als wäre sie angewidert von dem, was sie und mein Vater mir eingegeben oder in mir geweckt hatten. Genau das war das große Problem ihres Lebens. An diesem Tag und den folgenden und schließlich am Tag von Stalins Begräbnis wurde die Spaltung unter meinen Mitschülern immer spürbarer. Nein, das Rad der Zeit war nicht angehalten worden, das Ereignis nicht so erdbebenartig, wie ich aufgrund meiner an den verschiedensten Orten aufgelesenen Wissensbrocken gedacht hatte, die Uhren tickten im gewohnten Takt weiter. Die von mir überblickte Welt vollzog zwar ein Ritual um den Toten, aber die Weltachse war nicht zerbrochen, die Erde würde sich weiterhin um die Sonne drehen, und so stimmte etwas nicht ganz mit meinem tiefen Schrecken und meiner Vision, sie waren Heuchelei, Mimikry, das heißt, ich verstand fatalerweise wieder etwas nicht. Als wäre ich mit meiner eigenen Heuchelei konfrontiert. Mehrere Mitschüler hatten Stalin einen Posträuber genannt, was ich nicht nachprüfen konnte, ich wagte auch nicht, meine Eltern oder sonst jemanden zu fragen, ob Stalin in jungen Jahren wirklich ein Posträuber gewesen sei, aber ich sah deutlich, dass es ihnen Spaß machte, die Sache in die Welt hinauszuposaunen. Posträuber. Genussvoll sprechen sie das Wort aus, Posträuber, endlich ist der Posträuber abgekratzt. Es wäre ja doch am einfachsten gewesen, meine Eltern zu fragen. Natürlich ist er ein Posträuber gewesen, hätten sie geantwortet, auf diese Weise beschaffte er das Geld für die bolschewistische Bewegung. Ich durchforschte zwei Bücher auf den Posträuber hin, beide habe ich noch. Das eine ist eine offizielle Biographie, geschrieben von einem Kollektiv, das andere ein großformatiges Bilderbuch, *Stalins Leben in Bildern*. Den Posträuber fand ich nicht, auch im Konversationslexikon nicht, aber ich war überrascht, dass Stalin Seminarist gewesen war. Auch darauf hätten sie eine einfache Antwort gehabt, heute würde ich mir mit der Stimme meiner Mutter antworten, dass Stalin nur dann nicht Bolschewik geworden wäre, wenn er kein Seminarist gewesen wäre. Dann hätte er vielleicht nicht gemerkt, dass man ihm die Welt falsch erklärte. So einfach ist das. Aber gerade deswegen fragte ich nichts, um nicht eine Antwort zu bekommen, deren Logik in Ordnung war, mit der ich aber doch nichts hätte anfangen können.

Den Székács fragte ich aber doch vorsichtig, woher er das mit dem Posträuber habe.

Er zuckte mit den Schultern und sagte, das wisse doch jeder.

Und bis mir aufging, was es hier zu verstehen gab, hatte unsere Mutter ihre erste Operation hinter sich, Mitte September war ihr die Brust amputiert worden, bis zum dritten Oktober lag sie auf der Chirurgie des Krankenhauses in der Kútvölgyi-Straße, ich ging über die Diósárok-Straße zu ihr, mit meinen einmal recht, einmal schlecht gebackenen Biskuitkuchen. Wie ich die Eier dazu beschafft hatte, ist eine Geschichte für sich. Kaum war sie wieder auf den Beinen, vertraute man ihr die Organisation des Ersten-

Mai-Umzugs an, was sie als spezielle Auszeichnung verstand. Von da an sahen wir sie monatelang nicht, wie sehr mein Bruder auch winselte, weinte und brüllte. Auch unser Vater sah sie nie. Gegen ihn lief im Ministerium bereits das Verfahren wegen Veruntreuung und Unterschlagung, unter dieser Anklage klappte er im wahrsten Sinn des Wortes zusammen, sein kranker Rücken krümmte sich, sein Nase wurde spitz, er blickte verschreckt in die Welt hinaus. So blieb es bis zu seinem Tod, er nahm immer stärker ab, verfiel zusehends, aber bis dahin musste er sich noch durch die 365 Tage von fünf Jahren hindurchkämpfen. Aus ihrem Geflüster hatte ich nur das herausgehört, Unterschlagung. Nur dieses Wort. Die Zeiten rutschen ineinander, dann wieder dehnen sie sich ins Unendliche. Unterschlagung. Nur dieses Wort. Wieder verstand ich nichts. Ehrlich gesagt, ich wollte es auch nicht verstehen. Unterschlagung gehörte für mich nicht zu den in der Natur vorkommenden Phänomenen oder Begriffen. Ich erfasste den unguten Sinn des Wortes, kannte es aus der Literatur, aber im Zusammenhang mit meinem Vater konnte ich nichts damit anfangen. Ich bemerkte auch, dass sich seine Freunde von ihm abwandten und er allein sein Recht nicht verteidigen konnte. Er wurde im klinischen Sinn des Wortes manisch, wurde so, wie die Griechen die Manie in der Mythologie darstellten, die Götter schlugen ihn mit ewiger Unruhe, gaben kein Pausenzeichen dazu, ihn interessierte außer der Krankheit unserer Mutter nur noch sein Recht, sein ihm zustehendes Recht. Er verfolgte sein Recht. Vergeblich rief er Kari Tóth an. Unermüdlich suchte er Kari Tóth. So etwas wäre ihm früher nie passiert, er hatte ja eine wirklich gute Erziehung gehabt, jetzt begann er anderen zur Last zu fallen, er schaufelte das Essen in sich hinein, um es möglichst rasch hinter sich zu bringen und weiter seinem Recht nachjagen zu können. Auch Berczely empfängt ihn nicht. Bebrits empfängt ihn nicht. Geh zu Gerő. Kerekes redet sich auf seine Überlastung hinaus. Gerő empfängt nicht. Bei Tisch kaute er laut, schmatzte wild, um den Bissen so rasch wie möglich hinunterzuschlucken und seine Eingaben schreiben zu können. Über den Teller gebeugt, löffelte er die Suppe so schnell wie möglich in sich hinein, hob den Teller an den Mund und schlürfte den Rest aus, um die Zeit nicht weiter mit gesittetem Auslöffeln zu verlieren. Auf diese Weise gerieten auch die Tischmanieren meines Bruders außer Rand und Band. Für die ich im Prinzip zuständig gewesen wäre. Sie machten mir dauernd Vorwürfe, dass ich mich nicht genügend um meinen Bruder kümmere. Du bist der Ältere, das ist deine Pflicht. Ich konnte sie nicht erfüllen. Mein Bruder machte es unserem völlig sich selbst entfremdeten Vater nach, schlang das Essen hinunter, schlürfte und schmatzte, unsere Mutter schien es nicht zu bemerken, nicht zu sehen, nicht zu hören. Kerekes sagt, er ruft zurück, dann ruft er aber nicht zurück. Auch Dedics empfängt ihn nicht. Janics hat heute gebrüllt, er solle aufhören, ihn zu verarschen. Nádas, hören Sie schon auf, mich zu verarschen. Wie hätte ich nicht von zu Hause weglaufen sollen, als mir bewusst wurde, dass man mit meinem Vater auf diese Weise umsprang. Ich ging ins Kino, wohin denn sonst, auch der Géza Székács kam mit und der Gábor Baltazár, auch seine Schwester Éva und andere, viele, an die ich mich heute nicht mehr erinnere. Auf dem Weg ins Kino wurden wir immer mehr. Nicht nur mein Hund kam mit, auch andere Hunde. Auch die Baltazárs hatten einen Hund. Damals wäre auf dem Schwabenberg niemandem eingefallen, die Hunde an der Leine zu führen. Die liefen umher, wie es ihnen passte. In Rom sah ich später ein ähnliches Wunder, aber das war noch das Rom vor dem Massentourismus. Zur Paarungszeit bildeten sie Rudel und fochten furchtbare Kämpfe aus. Eigentlich kämpften sie um die Weibchen, aber dann machte sich ihr Kampfinstinkt selbständig. Manchmal wurde das ganze Rudel vom Kampffieber ergriffen, und das Weibchen rannte mit eingezogenem Schwanz davon, oder sie stürzte sich auch in die Schlacht.

In jenem Winter lag wieder viel Schnee, der Wind heulte, es war klirrend kalt, wir kletterten über die endlose, vereiste Schweizer Treppe auf die Bergkuppe hinauf. Im allzu warmen, quälend nach den Kindern stinkenden Kino wurde ein idiotischer sowjetischer Film gezeigt, eine Komödie, vielleicht der *Fröhliche Markt*, oder was weiß ich, irgendein Schwachsinn. Die Vorstellungen waren durchgehend, sie endeten nie, es wurde nie Licht gemacht. War eine Rolle abgespult, fing es gleich wieder von vorn an. Ein Riesenspaß, sich diese Endlosfilme anzuschauen. Man konnte jederzeit hinein, und man kam heraus, wenn man genug hatte. Und alles mit einer einzigen Karte. Inmitten des revolutionären Terrors war dies das Nonplusultra an Freiheit. Die anderen hatten schon längst genug, sie gingen, was, du schaust dir diesen Scheiß weiter an, mir aber war er nicht verleidet, da ich überhaupt nicht mehr nach Hause wollte. Lieber wäre ich in die Welt hinausgelaufen. Nur noch diesen Film, dann laufe ich in die Welt hinaus. Zu diesem Zweck hatte ich mir die Stiefelchen angezogen. Vielleicht merkte ich da zum ersten Mal, wie klar das Gedächtnis die Bilder aufbewahrt. Ich hatte nicht genug von diesem Scheiß, weil ich auf den Bildern noch beim zweiten, dritten Mal Einzelheiten entdeckte, die ich zuvor nicht bemerkt hatte, und dieses Erlebnis schuf die Vorstellung von der Unendlichkeit der Entdeckungen und Nachforschungen.

Dieses Kino auf der Bergkuppe hatte sich zuerst in der näher gelegenen Melinda-Straße befunden, jetzt war es in der Rege-Straße, und ich hätte nur ein paar Schritte tun müssen, um wirklich in die Welt hinauszulaufen. Hier endete die Stadt mit ihren letzten Straßenlampen. Danach nur noch verschneite Wälder, unter dem Wetterbaum die weiten Abhänge, die Sternwarte, das Harang-Tal, Glockental. Ich schaute mir den Film drei- oder viermal an, versunken in der Beobachtung der unauffälligen Einzelheiten, und so mochte es schon auf Mitternacht gehen, als ich im Schneesturm durchgefroren und sehr befriedigt nach Hause kam. An dem Tag lief ich doch noch nicht von zu Hause weg. Ich würde es tun, wenn der Schnee geschmolzen wäre. Überall brannten die Lampen. Kaum war ich eingetreten, stand ich meiner Mutter gegenüber. Sie gab mir eine Ohrfeige. Du Schwein, brüllte ich. Worauf auch schon mein Vater dastand. Er gab mir eine Ohrfeige. Auch er hatte mich noch nie geschlagen. Diese seine erste Ohrfeige war so mächtig, dass ich regelrecht wegflog und durch den Gang rutschte. Dabei kippte ich das Telefontischchen um und prallte gegen die Wand, die Gegenstände vom Tischchen fielen mir auf den Kopf. Ich brüllte aus Leibeskräften, ihr Schweine, ihr Schweine. Erst Jahre später erfuhr ich, dass sie gerade die Polizei hatten rufen wollen. Ich hatte nichts gesagt, sie hatten nicht gewusst, dass ich wegging, sie wussten nicht einmal, wann ich gegangen war, wussten nicht, wohin ich gegangen war, und hatten meine Abwesenheit erst bemerkt, als sie meinen Bruder zu Bett brachten. Vergeblich riefen sie Bekannte und Unbekannte an, sie fanden mich nirgendwo, auf das Kino kamen sie nicht, vielleicht wussten sie auch nicht, dass ich von meinem Taschengeld jede Woche mehrmals ins Kino ging, sie waren durch die ganze eingeschneite Gegend gelaufen, hatten in Sturm und Dunkelheit nach mir gerufen, voller Angst, seit einigen Monaten trieb in den Bezirken von Buda ein Lustmörder sein Unwesen, der später auch erwischt und gehängt wurde. In den offiziellen Nachrichten wurde so etwas natürlich weggelassen, es wurde höchstens stark ausgeschmückt mündlich verbreitet, und auch wenn ich es gehört hätte, hätte ich es nicht verstanden, das Wort Lust sagte mir lange Zeit nichts, nicht einmal in Gedichten, für mich stammte der letzte Lustmörder aus den Koalitionsjahren, und von meinen Eltern glaubte ich zu wissen, dass es im Kommunismus keine Verbrechen mehr gab.

Sie hatten auch nichts dagegen, dass ich allein irgendwohin ging. Frühmorgens, noch in der Dunkelheit, ging ich in den Lehrgarten, was im Prinzip ebenfalls hätte gefährlich sein können, ich musste vor dem Unterricht in den Gewächshäusern einheizen. Auch unsere Mutter ging früh am Morgen aus dem Haus, zuerst zur Bestrahlung, zur Blutentnahme, zur Sondierung, zur Katheterisierung, zur Drainage oder weiß der Teufel, wozu, die Drainage-Kanüle wurde herausgenommen, wieder hineingetan, da ihre elende Wunde nicht verheilte, sie sonderte Feuchtigkeit ab, vereiterte immer wieder, musste neu verbunden werden, danach verschwand unsere Mütter in den Labyrinthen der nationalen Organisation, fuhr nach Csepel, fuhr nach Csongrád, nach Szeged, nach Székesfehérvár, nach Sátoraljaújhely, kam nicht nach Hause, auch am nächsten Tag nicht, oder als Schatten ihrer selbst am späten Abend oder in der Nacht. Manchmal sahen wir sie erst am Morgen des dritten Tages wieder, wenn wir alle wiederum in einen dunklen Morgen aufbrachen. Unsere Eltern wurden zu Schatten, zu Gespenstern. Und mein Bruder wurde Bettnässer, was unser aller Leben noch trostloser machte. Jeden Tag ein frisches Laken. Gummilaken, von dem der Urin aber doch abfloss, oder der Überzug der Steppdecke wurde nass, die Decke saugte die Flüssigkeit auf. Seine Matratze stank. Nach einer Weile stank unser ganzes Zimmer. Ich konnte nicht erwarten, dass unsere Eltern alles waschen würden, ich wusch es selbst, so gut es ging, wusch es ab, hängte die Sachen auf, versuchte sie auf den ewig nur lauwarmen Heizkörpern zu trocknen, bezog alles neu. Wenn er laut zu stöhnen begann, musste ich so rasch wie möglich wach werden, aus dem Bett springen und ihn hinausbegleiten, da der Ärmste mit dem Harndrang kämpfte, der im Traum wahrscheinlich als Monster erschien, als Lindwurm oder Riesenschlange, er ächzte schauderhaft, und wenn es mir nicht gelang, sofort in die eiskalte Nacht hinauszuspringen, das Nützliche mit dem Unangenehmen zu verbinden, wenn ich wieder einschlief, war es zu spät, er konnte es nicht mehr zurückhalten. Ich hatte den Trick begriffen, nämlich noch vor seinem letzten Stöhnen und Wimmern hinauszuspringen und ihn zu erwischen. Die Vernunft gebot, wacher zu schlafen, und mit der Zeit pendelte ich mich völlig auf den Wachschlaf ein. Aber es genügte nicht, ihn hinauszubegleiten, er selbst wachte nicht aus dem Tiefschlaf auf. Jede Nacht hatte ich mit diesem besonderen Fall von Schlafwandeln zu tun. Wenn ich ihm vor der WC-Schüssel nicht die Pyjamahose auszog, ihm nicht den Pimmel hielt oder zu halten gab, wenn ich ihn vor seinem Bett oder im Flur losließ, statt ihn an den Schultern, am Arm, am Hals festzuhalten, ihn zu stützen oder wenigstens zu ihm zu sprechen, wenn ich ihn nicht antrieb, na los, los, bleib nicht stehen, wenn ich ihm nicht erklärte, Palichen, wir gehen jetzt schön aufs WC, jetzt sind wir erst im Flur, halt durch, lass es nicht los, dann pisste er im Gehen und im Traum sogleich in die Welt hinaus, das heißt, in seiner Pyjamahose begann es zu fließen. In einer Schicht seines Bewusstseins spürte er ja, was los war, aber er schlief im Stehen und Gehen trotzdem weiter. Noch heute bin ich im Schlaf auf unbehagliche Art halb wach. Manchmal verschaffte ich mir doch Genugtuung. Sprang erst recht nicht aus dem warmen Bett, bis in den Sommer hinein war das Haus kalt, draußen herrschte schon Hitze, drinnen immer noch Eiseskälte, nein, ich gehe nicht, meinetwegen soll er sich vollpissen. Ich schlafe weiter im warmen Bett. Aber die lustvolle Rache hatte einen hohen Preis. Tags darauf musste ich seinen Pyjama, sein Laken, sein Gummilaken, den Matratzenbezug oder auch, so gut es ging, die Matratze selbst waschen, und unser Zimmer stank immer noch.

Urin verdirbt in ein paar Stunden. Der Wachschlaf war aber keineswegs nutzlos. Wenn ich als Kind das nicht gelernt hätte, hätte ich rund anderthalb Jahrzehnte später in der Emigration in Kisoroszi meine freudianische und jungianische Selbstanalyse nicht durchführen können. Dafür musste ich im Schlaf drei Manöver ausführen. Träumen, das heißt, mein Bewusstsein spontan und unkontrolliert nach seinem organischen Schaltungssystem funktionieren lassen, zweitens alles beobachten, das heißt ohne irgendwelche abenteuerlichen literarischen Ansprüche dem Funktionieren meines organischen Systems zuschauen, und drittens Elemente und gelegentliche Anhaltspunkte festhalten, Tausende von Elementen, eine riesige Menge von Anhaltspunkten, die das organische Schaltungssystem während seiner Arbeit durcheinandergeworfen hatte.

Ich meine das strukturelle Bild, die Oberfläche der Traumvorgangs, die gesamte Topographie des Herumschweifens im Traum, die Traumfassade in freudianischer Terminologie. Dieses System funktioniert wie ein Aushubgerät. Es spuckt jede Nacht große Haufen vor uns hin. Einige dieser Elemente sind keine Gegenstände, auch keine sprachlichen Einheiten, sondern zu Metamorphosen bereite Emotionen, Affekte, Abstraktionen in wechselhaften gegenständlichen Formen, also gegenständliche Zitate von Elementen der Bewusstseinsstruktur. Nach dem Aufwachen musste ich mir diesen Haufen von Gegenständen und Abstraktionen mitsamt allen ihren bildlichen Elementen und Symbolen anschauen, das heißt den Traumvorgang nüchternen Sinns bewerten. Auf diesen Weg machte ich mich als Kind und als junger Mann, oder vielleicht kam ich nur zufällig da vorbei, und auf diese Weise blieb ich am Leben, das heißt, auf diesem analytischen Weg konnte ich den dauernd aus großer Tiefe heraufbrechenden Trieb unterdrücken, mich auf der Stelle umzubringen. Mein Leben hat keinen Sinn. Ich jedenfalls habe ihn auch seither nicht gefunden. In meinem Fall war der Wachschlaf die Bedingung für die Befriedigung des Lebenstriebs. Jeder ist fähig zum Wachschlaf, höchstens macht man keinen Gebrauch davon. Jedes Säugetier schläft wach, nur auf bestimmten Zivilisationsstufen überlassen wir uns dem Luxus des Tiefschlafs. Notfalls kann jeder seine Fähigkeit zum Wachschlafen aktivieren, und dann kehrt sich die Hierarchie um. Je intelligenter er ist, umso leichter fällt es ihm, als waches Tier zu schlafen.

Damals kam kein Auto mehr, um unsere Mutter abzuholen, sie musste sich beeilen, um bei der Haltestelle Gyöngyvirág-Straße die Zahnradbahn zu erreichen, und so gingen wir einen kurzen Abschnitt zusammen durch das Morgendunkel, ich durchquerte den Braun-Wald, um noch vor Schulbeginn in den Gewächshäusern einzuheizen und in der Felhő-Straße vielleicht Lívia Süle zu sehen. Dort wohnte aber auch Hédi Sahn, die mich der Livi Süle bewusst und unbarmherzig aus der Hand geschlagen hatte, wie es die Mädchen nannten, ich selbst bemerkte den gelenkten Vorgang und die dramatische Wende kaum, das Aus-der-Hand-Schlagen, diesen großen Sprung in meinem Liebesleben. Hedvig Sahn war bei weitem nicht so zurückhaltend wie Lívia Süle, und ihr gegenüber hatte ich keinerlei körperliche Hemmungen. Wir redeten den ganzen Tag. Wenn sie wollte, dass ich ihre wunderbaren Brüste anfasse, nur zu, dann fasste ich sie an, wenn sie wollte, dass ich sie kämme und dabei, nur zu, ihren Hals küsse, und nicht nur einmal, dann kämmte und küsste ich sie.

Welchen Schmerz ich damit Lívia zufügte, erfuhr ich auch erst Jahrzehnte später.

Wenn ich heute das ausgemergelte, graue Gesicht meiner Mutter heraufbeschwöre, ihre zu Schlaffheit abgemagerte Gestalt, sehe ich, dass der von ihr organisierte Umzug zum Ersten Mai vielleicht die größte Anstrengung ihres Lebens gewesen ist, es war nicht auf sie zugeschnitten, ist es auf niemanden, sie wollte damit ganz allein etwas lösen, ihrer Krankheit zum Trotz die kommunistische Weltbewegung retten, obwohl die nicht einmal dann unter ihren eigenen Trümmern hätte gerettet werden können, wenn Mutter von ihren Freunden nicht verlassen, mit dieser heroisch lächerlichen Lebensaufgabe nicht allein gewesen wäre.

Am Tag jenes Umzugs war das Land schon zeitig auf den Beinen. Das klang gut. So hieß es in der Zeitung, so hieß es im Radio, aber stimmen tat es nicht. Die Hansdampfe, die Verrückten, die Speichellecker und Arschlecker waren auf den Beinen, die Karrieristen, die Opportunisten waren auf den Beinen sowie die Hunderttausende, die durch drakonische Anordnungen an ihren Arbeitsplätzen zur Teilnahme am Umzug gezwungen worden waren. Das Organisationskomitee, der Stab meiner Mutter, trieb die Menschen an wie eine Herde Lämmer. Und damit auch wirklich alle auf den Beinen waren, schmetterten im ganzen Land, den Schwabenberg ausgenommen, Lautsprecher an Gebäuden und Pfählen kommunistische Märsche und Soldatenlieder. Widerhallend, knatternd, die Töne dehnend, die Melodie verschmierend. Diese zerbeulten, da und dort durchschossenen Lautsprecher aus der Kriegszeit hießen auf dem Land Blechhuren, keine Ahnung, wieso, aber so hießen sie eben. Einmal pro Monat gab es auch Sirenenprobe. Die Belagerung hatte nicht wirklich aufgehört. Auch meine Mutter und ich waren zeitig auf den Beinen, es war noch dunkel, ich durfte mitgehen, und ich lief fröhlich mit ihr zusammen ins Verhängnis. Ein Wagen holte uns ab, ich weiß nicht mehr, was für einer, in wahnsinniger Hast kurvten wir bis zum kühlen Morgen zwischen Aufmarschorten, Bahnhöfen, Dekorationen-Werkstätten, dem Aufmarschplatz auf der Dózsa György-Straße und den verschiedenen Standorten des Unternehmens für Öffentliche Sauberkeit und des Nationalen Rettungsdiensts hin und her. Kühle frühe Morgen machten mich glücklich. Es machte mich auch glücklich, dass ich meinen Hunger und Durst spürte, dass ich meine Mutter begleiten, alles sehen, alles beobachten durfte, sehen, wie ernst man sie nahm und wie sie allen gegenüber aufmerksam und maßvoll blieb. Sie hatte einen Einsatzstab, die mit Armbinden ausgestattete Organisationsgarde, wahrscheinlich viele Leute, das überblickte ich nicht, wenn wir irgendwo hineingingen, telefonierte Mutter mit ihnen oder erhielt ihre Nachrichten. Zu einem bestimmten Zeitpunkt trafen in Extrazügen, auf Lastwagen und Autobussen an bestimmten Punkten die Leute vom Land ein, je separat die Abgeordneten der Komitate, die Abgeordneten der Provinzstädte, sie alle mussten empfangen, gelenkt, umgelenkt werden, auch das gehörte zum Taktplan, aber natürlich geschah nichts genau so wie vorgesehen, man musste improvisieren, die Leute mussten auf einer anderen Route zu ihren Bestimmungsorten gebracht werden, wo sie das Dekorationsmaterial ausgehändigt bekamen. Dann mussten sie langsam und unter geheuchelten Rücksichtsbekundungen über die vorausbestimmten Routen getrieben werden. Nicht anhalten, Genossen, den Schritt halten, Genossen. Wenn irgendwo wegen der totalen Lustlosigkeit oder Unaufmerksamkeit der

Teilnehmer ein Stau entstand, wurde die mahnende Stimme sofort drohend. Die Leute vom Land waren die ganze Nacht durchgereist. Vor einem Massenstau musste die Polizei besonders auf der Hut sein, für solche Fälle war sie zuständig, nicht die Organisatoren. Ein Stau musste in jedem Fall vermieden werden. Als sich im Stadtwäldchen nach mehrstündigem Gedrücke und Geschiebe die Spitze des Umzugs endlich in Bewegung setzte, mussten die einzelnen Umzugsgruppen in lockerem Abstand voneinander gehalten, der kontinuierliche Ablauf des Umzugs so gestaltet werden, dass der Taktplan und die synchronisierte Gesamteinteilung gewahrt blieben und die Fluchtwege nicht verstopft wurden, es mussten Straßen und Routen freigehalten und die von verschiedenen Punkten der Stadt eintreffenden Umzugseinheiten auf den Weg geschickt werden, ohne dass sie zusammenstießen. Das ging nur über große Umwege und mit irrsinnig langen Wartezeiten. Die Arbeiterschaft von Szeged durfte nicht mit den Arbeitern von Beloiannisz handgreiflich werden. Wie sollte man von diesem ganzen überflüssigen Zirkus nicht die Nase voll bekommen, wenn man ja schon von vornherein keine Lust dazu gehabt hatte. Auch wir mit unserem Auto verkehrten auf Umwegen. Der Aufmarsch der Hauptstadtbewohner war nach Bezirken organisiert, es gab markierte Aufmarschplätze, die Menschenmassen mussten von den Außenbezirken nach einem bestimmten Plan in die Innenstadt gebracht werden. Zu dem Zeitpunkt war Budapest schon nicht mehr die Stadt, die ich gekannt hatte, nicht meine Geburtsstadt, sondern Großbudapest. Eine aus der Winterstarre des Krieges neuerwachte Stadt mit ihrem ganzen Gürtel von Agglomerationen. Umliegende Siedlungen wie Újpest, Sashalom, Rákosszentmihály, Cinkota, Kispest, Pestlőrinc, Pesterzsébet, Budaörs waren eingemeindet worden. Am Ende mussten diese zum Umzug abkommandierten und nach allen den Stunden müden Menschen wieder geregelt aus der Stadt hinausverfrachtet werden, wozu Fahrzeuge nötig waren, die an den entsprechenden Stellen bereitstehen mussten. Nicht jeder Beliebige durfte auf der offiziellen Maifeier im Stadtwäldchen Bier trinken, Wurst essen, Karussell fahren oder in die Schiffsschaukel steigen. Sondern nur die ausgezeichneten Arbeiter und die Stachanowisten mit ihren Familien. Ich konnte sehen, wie die beiden Organisationssysteme, die Polizei und die Garde, zusammenarbeiteten. Es gab Meldegänger in Ledermontur und mit fürchterlich knatternden Seitenwagen-Motorrädern, die zwischen den Aufmarschorten und den Versorgungsstationen pendelten und nach Bedarf auch Sachen transportierten. Es gab Boten mit einfachen Motorrädern, die der Organsiation zur Verfügung standen, und solche mit Motorrad oder zu Fuß, die für die Koordination der Versorgungsstationen benötigt wurden. Die Umzugsteilnehmer mussten essen können, zumindest etwas zwischen die Zähne bekommen, und irgendwo mussten sie sich auch entleeren können. Immer wieder drohte etwas zu fehlen, entstand ein Stau, ein Durcheinander, und für alles und jedes musste Ersatz bereitstehen. Von den Lagern mit den Dekorationen mussten die Transparente, die Tafeln, die Fahnen, die Wagen mit den lebenden Bildern zum Abmarschpunkt gelangen, außerdem mussten die Erste Hilfe-Stationen, die Ärzte, die Krankenschwestern, die Instrumente und das Verbandsmaterial in Bereitschaft sein. Mutter und ihr Stab hatten eine große Karte, die sie notfalls auf dem Asphalt ausbreiteten und um die herum sie knieten. An allen den erwähnten Orten schauten wir vorbei. Die Organisation hatte ihren offiziellen Sitz im Büro unserer Mutter in der Mérleg-Straße, Waagestraße, im dritten Stock des Parteikomitee-Hauptsitzes, aber da waren wir nur einmal, am frühen Morgen, vorbeigekommen. Dort hatte ein Riesenlärm geherrscht, man lief mit Papieren umher, man telefonierte, und vor allem tat man sich wichtig. Das ganze Hin und Her und die Anforderung, für die dringenden Entscheidungen mehrere Dinge gleichzeitig zu erfassen, den Überblick zu bewahren und gegebenenfalls auf Menschenkenntnis zurückzugreifen, elektrisierten unsere Mutter, sie war ganz in ihrem Element. Je näher der Zeitpunkt des

Umzugsbeginns rückte, umso größer die Spannung. Sie steckte auch mich an. Meine Mutter hingegen nicht, sie war nicht aufgeregt, sie funkelte elektrisiert, aber nicht einmal ihre Sicherheit wirkte beruhigend, dafür war die Spannung zu groß. Niemand sprach es aus, aber man hatte Angst, dass ein Unglück geschehen könnte, man befürchtete Provokationen, fürchtete sich vor dem Unvorhersehbaren, das als Provokation ausgelegt werden könnte, was für sie alle Gefängnis bedeuten würde, um jeden Augenblick, der verging, waren sie froh, uff, das hätten wir hinter uns, das hätten wir geschafft, wobei sich abzeichnete, dass nicht die Phase des Aufmarsches gefährlich war, sondern die der Auflösung. Wenn die Leute nach allen den verplemperten Stunden plötzlich frei waren und nur eines im Kopf hatten, nach Hause. Endlich in Ruhegelassen werden. Endlich nicht mehr herumdirigiert werden. Aber um ein Chaos zu vermeiden, konnte man sie noch nicht gehen lassen. Polizei und Organisationskräfte mussten die sich auflösende Menge kanalisieren. Die stärksten Polizeieinheiten standen also für die Auflösungsphase bereit, in der Sztálin-Straße, beziehungsweise in der Podmaniczky-Straße, die da schon nach dem marxistischen Philosophen László Rudas benannt war, die Straße mit der Freimaurerloge, wo in prähistorischer Zeit unser Urgroßvater zu seinem achtzigsten Geburtstag fast zu Tode gefeiert worden wäre. Die Umzugsteilnehmer mussten bis ganz zum Oktogon getrieben werden, der damals schon Platz des 7. November hieß, mussten in Marschformation gehalten werden, was nur möglich war, weil im ganzen Land, ja, in dieser ganzen Ecke Europas der Terror herrschte. Wer ausbrechen wollte, wurde am Ohr gepackt, brutal umstellt oder einfach zurückgestoßen. Die ungarischen Polizisten trugen damals noch keine Gummiknüppel. Für Bitten und Flehen waren sie taub. Auf dem Theresienring, damals schon Lenin-Ring, gab es nur eine Marschrichtung, auf die Margaretenbrücke zu, einen Stau durfte es nicht geben, die Menge wurde vorwärtsgetrieben, in dieser Phase der Auflösung waren keine pseudogemütlichen Aufforderungen mehr zu hören, keine na los, Genossen, nicht stehen bleiben, kruzitürken noch mal, weitergehen, na, bleibt schon stehen, Herrgott noch mal, nicht drängeln.

Nach dem Beginn des Umzugs hatte unsere Mutter also besonders ein Auge auf die Ausweichstraßen, die zugänglich zu halten waren, sowie auf die Zelte des Rettungsdienstes beziehungsweise auf dessen Bereitschaftsgrad. Vor Umzugsbeginn stiegen wir auf dem Aufmarschplatz auch noch rasch auf die Tribünen, wo die Ehrengäste erwartet wurden. Mutter war gut gelaunt, energisch, laut, überschrie jeden Wutanfall oder hysterischen Ausbruch, entwaffnete sämtliche Gereiztheiten, übertrieb die Übertreibungen, was immer nur einen Augenblick lang wirkte, im nächsten war schon alles wieder angespannt. An den Tribünen aus Tannenholz beidseits der Stalin-Statue wurde bis zum letzten Augenblick gezimmert, gehobelt, gehämmert. Es hallte auf dem leeren frühmorgendlichen Platz wider. Wir stiegen auf die Haupttribüne. Wir traten auch auf den Balkon des monumentalen Piedestals der monströsen Stalin-Statue hinaus, wo Genosse Mikojan und Genosse Rákosi zusammen mit den Mitgliedern des Politischen Komitees stehen würden. Hier wehte ein angenehmes Lüftchen. Aber es war auch der einzige Ort, wo nicht einmal Mutters gute Laune etwas ausrichtete. Sie wollte nur sehen, ob alles sauber war, ob aus der Nádor-Straße die spezielle Küchenbrigade mit ihren Kellnern eingetroffen war. Die Konstruktion aus rotem Naturstein, verziert mit Sándor Mikus' roten Reliefs, hatte einen ziemlich unbequemen Innenraum, ein steiles Treppenhaus, im Mezzanin einen kleinen Raum mit Oberlicht, hier stand der berühmte Büfetttisch für die Genossen. Solche Büfetttische schwebten in unerreichbarer Höhe, man wusste, dass es sie gab, hatte aber keine genaue Vorstellung, womit sie beladen waren, man wusste nur, dass sie überladen waren. Nur hier und nur für einen Augenblick habe ich je einen gesehen. Ich durfte aber nicht lange zuschauen, was da alles aufgefahren wurde. In jeder Ecke dieses Innenraums aus rustikalen roten Quadern standen bis an die Zähne bewaffnete Soldaten in Paradeuniform mit Paradehelm. Wir wurden von ihnen auf Schritt und Tritt angehalten. Hier trat auch meine Mutter lieber den Rückzug an. Als nähme sie doch lieber etwas nicht zur Kenntnis. Wir standen also in der Morgenfrühe auf dem völlig leeren, gefegten, abgespritzten Platz. Warum hätte ich nicht denken sollen, dass das in alle Ewigkeit so bleiben würde, in einer leergefegten Ewigkeit, für die ich mir die Methoden der Organisation eines Erster-Mai-Umzugs unbedingt aneignen müsste. Der Überlebende muss auch einen Umzug organisieren können. Über den Platz der Ewigkeit schallten unter dem banal schleierwolkigen kühlen Himmel Werbungstänze, Brauttänze, Csárdás, die Trompeten von kommunistischen Märschen. Wir überqueren den Platz diagonal. Wie hätte ich ahnen können, dass es nur zwei Jahre später im angenehm lauen Abendlicht eine wilde, unorganisierte Menge hierherspülen würde, aus der ganzen Stadt, von anderen Orten mit Lastwagen, dass von irgendwoher auch Eisenstricke und Kaltmeißel zum Vorschein kommen würden, woraufhin so lange an Sándor Mikus' gigantischer Statue gemeißelt und gezerrt werden würde, bis sie oberhalb der Stiefel des Genossen Stalin brechen und von ihrem Piedestal aus rotem Stein herunterkrachen würde.

Während wir über den Platz gingen, machten die Mitarbeiter des Ungarischen Radios die letzten Lautsprecherproben, ohne die aufpeitschende Musik abzustellen. Hinter der Glasfassade des modernistischen Gewerkschaftssitzes, in dem das Tonstudio eingerichtet war, bewegten sich Gruppen von Leuten, dahin waren wir unterwegs, wir hatten beide eine beschriftete Armbinde an, mit der wir alle Polizeikordons passierten, fast überall kannte man meine Mutter und überfiel sie auch gleich mit Problemen. Na, also, noch einmal, klang es zwischen den Bläsern über den Platz, Mikrophonprobe, eins, zwei, drei, Gyuri Bán, auch du bitte, Józsi Varga, auch du bitte, Józsi Varga, bitte, wir begrüßen die Arbeiter des Roten Csepel, alles hallte auf dem leeren Platz mehrfach wider, und mit ihnen zusammen mit ihnen zusammen zusammen begrüßen wir grüßen wir ßenwir alle Arbeiter ter ter der Mátyás-Werke Werke Werke, Jani, hier schalten wir auf Musik nicht wahr wahr, und dann Gyuri Gyuri, bitte bitte bitte, es lebe Rákosi, es lebe die Partei Partei, gut, Kinder, wir können los. Schalt das Mikrophon aus, Herzchen, wir haben wieder auf den Platz geschaltet.

Wir sind auf Sendung, bitte schön, fünf, vier, drei, zwei, eins.

Mittag kam, und nirgends in der Stadt läuteten die Glocken, und dann waren wir in dem Geschalle und Geplärre schon einiges über den Mittag hinaus, als unsere Mutter die abschließende Marschkolonne auf der István-Straße auf den Weg schicken konnte. Punkt halb zwei musste das Ganze beendet sein. Wenn ich mich richtig erinnere, eröffnete sie den Umzug mit den Turnern und dem Roten Csepel, das heißt den Arbeitern von Csepel, und wenn ich mich richtig erinnere, schloss sie ihn mit dem anderen großen Arbeiterbezirk von Pest ab, mit Angyalföld. Diese Gruppe hatte, wenn ich mich richtig erinnere, besonders farbig und fröhlich zu sein. Aber schon beim Abmarsch war ersichtlich, dass davon nicht die Rede sein konnte. Gute Laune und Heiterkeit, sofern vorhanden gewesen, waren bis dahin verflogen, denn je mehr man Heuchelei forciert, umso schneller erschöpft sie sich. Alle waren müde, durstig und hungrig, hatten es bis oben hin satt, hätten sich am liebsten in der ersten Querstraße dünngemacht, um so rasch wie möglich zu Hause zu sein, wenn dieser freie Tag und wohl auch das ganze Leben schon flöten gingen. Inzwischen war auch der Himmel drückend grau geworden. Unsere Mutter schien von dem allem kaum etwas zu bemerken, wahrscheinlich war sie glücklich und zufrieden, es ohne Katastrophe hinter sich gebracht zu haben, kein einziges Mal war die Menge in Panik geraten, es war kein Wind aufgekommen, es hatte keine Provokation gegeben, auch kaum Unfälle, es hatte nicht gehagelt, alles in allem war doch etwas erledigt worden, niemand war durchgedreht, aber nicht einmal mit dieser letzten großen Kraftanstrengung konnte sie den letzten großen Zusammenbruch verhindern. Auch ihre Aufgepeitschtheit war dahin, sie sprühte nicht mehr Funken, war vor Anstrengung aschgrau im Gesicht, hatte wieder die charakteristische Farbe der Krebskranken. Was die Stimmung der letzten Marschkolonne betrifft, war sie wohl doch nicht so naiv gewesen, sondern hatte in weiser Voraussicht nach dem Zug der Leute von Angyalföld die Turner eingeplant, damit es einen bewegten und spektakulären Abschluss gäbe. Die letzten Marschkolonnen schleppten sich müde an den Tribünen vorbei. Es war ja schon komisch, wie auf der anderen Seite des Platzes Józsi Varga oder Gyuri Bán mit ihren klangvollen Stimmen die ewige, unauflösliche Freundschaft zwischen dem sowjetischen und dem ungarischen Volk schmetternd hochleben ließen, Hurraaaa, Hurraaa, aber was immer sie ins Mikrophon schrien, nur ihre schönen und fast echt klingenden Stimmen hatten ein Echo, einmal, zweimal, fünfmal, niemand in der apathischen letzten Marschkolonnen antwortete, aber wirklich niemand, kein einziges Schwein. Eine gründlichere Lektion in Menschenkunde konnte ich nicht bekommen, ich hätte taub und blind sein müssen, um sie nicht zu verstehen.

Die Abschlussturner kamen auf sechs riesigen Festzugswagen, von sechs in stinkenden Benzinqualm gehüllten Zetors geschleppt, unter riesigem Geratter. Sie formierten sich während der Fahrt zu langweiligen und wahrscheinlich symbolisch gemeinten Pyramiden oder schmissen mit ihren Keulen und Stäben um sich. Oder schwenkten ihre Fahnen. Als am Ende die Zetors von der István-Straße auf den Platz einbogen, um sich nebeneinander aufzustellen, sodass sich die Turner gewissermaßen in Schlachtordnung vor den Tribünen zu Pyramiden türmen konnten, nahm mich meine Mutter bei der Hand. Wir beide gingen als Nachhut hinter ihnen her, und nach uns nicht die Sintflut, sondern die Leere, die vollkommene Leere.

Die Stalin-Statue stand weit weg von der István-Straße. Zumindest für ein zwölfjähriges Kind schien sie weit weg zu sein, nach einem so erschöpfenden Vormittag, mit der Last einer solchen Erkenntnis. Wir gingen und gingen. Vor uns das langweilige Pyramidengeturne, das Gewerfe, das Geschwenke, das Geknatter der Zetors und die Benzinwolke. Hinter uns die Leere. Mit leeren Glasaugen blickten die Häuser der Ajtosi Dürer-Allee hinter uns her. Auch für unsere Mutter war das Spiel vorbei. Sie brach zusammen, konnte kaum mehr gehen. Ich war vor allem von der sich hinter uns ausbreitenden, mächtiger werdenden Leere überwältigt. Solche Leeren gibt es in einer lebendigen Stadt nicht. Während wir uns der schändlichen Mikus-Statue näherten, die über der Tribüne hochragte, und schon den kleinen Rákosi sahen, den kleinen Mikojan, den kleinen Mihály Farkas, den kleinen Ernő Gerő, den Brückenbauer, der unseren Vater ums Verrecken nicht empfangen wollte, und alle die anderen kleinen erschreckenden Bekannten und Unbekannten, schien Mutter von der hinter uns wachsenden Leere gereizt, sie verstand nicht, warum ich mich dauernd umdrehte, was ich da sah, oder sie verstand es viel besser als ich, denn als sie sich auch umdrehte, um zu sehen, was ich da hinten beobachtete, unternahm sie eine allerletzte Anstrengung, um dieser Leere ihres Lebens Herr zu werden, noch einmal, ihren Genossen auf der Tribüne zulieb, irgendwie Funken zu sprühen, und obwohl sie sehen konnte, dass sich die Genossen auf der Tribüne in ihren ungeschlachten Moskauer Mänteln und zu großen Moskauer Hüten schon regten, dass sie es kaum abwarten konnten, bis diese keulen- und reifenbewehrte Arbeitergymnastik an ihnen vorbeigezogen war, ließ sie meine Hand los, riss sich die Armbinde ab und begann damit in Richtung der Tribüne zu winken, winke auch du, rief sie, während sie ihre Stimme über den Lärm und den Gestank der Zetors, die widerhallenden Bläser und das Schlagzeug erhob, die Arme schwenkte und in hysterischer Freude ganz allein schrie, Esleberákosi, Eslebediepartei, Esleberákosi, Eslebediepartei, was nur ich hören, nur ich sehen konnte, niemand sonst, und ich weiß nicht, warum, aber ich konnte nicht mitwinken.

Sie schrie, was meine Mitschüler bei den Schulfeiern im terrordiktierten Takt auf die Art riefen, Eskleberákosi, Eslebedieparschei, Eskleberákosi, Eslebedieparschei, und für mich klangen Mutters Hochrufe genauso, wie sehr sie auch jubelte. Stalin, Rákosi, Eslebedieparschei, Eskleberákosi. Obwohl die Direktorin, diese total abgehetzte Frau, in ihrer Strickjacke die Reihen abging und uns beschwor, Kinder, anständig, anständig, aber sie sprach nicht aus, was wir Kinder anständig tun sollten, wenn wir doch so fröhlich schrien. Das Leben wäre ein Schwank gewesen, wenn es keine Tragödie gewesen wäre.

Zum Glück sah niemand, was meine Mutter trieb. Ich hielt Ausschau, wohin ich mich vor Scham verkriechen könnte.

Sie war nicht aufzuhalten in ihrer Verbitterung.

Zum Glück sah niemand, was ich trieb. Es ging mir ja schon durch den Kopf, dass ich aus Solidarität, damit sie mit diesem Gewinke und Geschrei nicht so allein sei, ebenfalls winken und schreien müsste, aber ich konnte den Arm nicht heben, aus meiner Kehle wäre kein Ton gekommen, ich wollte nur verschwinden, diese meine Mutter stehenlassen, versuchen, aus dieser fürchterlichen Szene meines Lebens auszusteigen.

In jedem Fall brach sie mir genau in jenem Moment das Herz, sie, meine skandalös idiotische Mutter. Es war ein Glück, wirklich ein großes Glück, dass die Brustamputation erfolglos gewesen war, dass sie schon Metastasen in der Leber hatte, dass der Krebs allen radiologischen Bemühungen zum Trotz munter weiterarbeitete. Noch ein Jahr lang machten ihr die Ärzte vor, sie habe Gallensteine, deshalb habe sie keinen Appetit, deshalb könne sie nichts verdauen. Ich kochte ihr feine Hühnersuppen, wo in aller Welt ich ein Huhn herhatte, weiß ich nicht mehr, doch, natürlich weiß ich es, von der anderen Seit der Gyönyvirág-Straße, vom schwäbischen Bauernhof, nur durfte ich das niemandem sagen, es war eine Schwarzschlachtung gewesen, daraus kochte ich die Suppe, brachte ihr meine Einmachsuppe, die ich so gekocht hatte, wie es mir meine Großmutter Tauber, Cecília Nussbaum, in ihrer Küche in der Péterfy-Sándor-Straße gezeigt hatte.

Es hieß, bei Mutters Beerdigung seien mehrere tausend Menschen auf dem Friedhof gewesen, und das stimmte wohl auch. Die Menge staute sich vor dem Haupteingang. Vor der Aufbahrungshalle war der riesige Platz gedrängt voll von dunkel gekleideten Menschen, auf den Wegen zwischen den Gräbern staute sich unter dem zornigen Himmel die Menge schwarz, stumm und wohl ebenfalls zornig, auch da war es Mai, der Mai des folgenden Jahres, ich habe keine Ahnung, wer diese Menschen waren, woher sie kamen, unser Vater und wir schritten gesenkten Hauptes zwischen ihnen hindurch, bis wir den zwischen laut flackernden Kandelabern stehenden Katafalk erreichten.

Überall Menschen und noch mehr Menschen, dazu der aus Lautsprechern herausknatternde Arbeiter-Trauermarsch, Menschen, so weit das Auge unter dem schweren Maihimmel reichte.

Am Tag nach dem Skandal in Rákosis Beratungszimmer ließ Mutters Vorgesetzte, im Übrigen ein wichtiges Element der um meine Tante Magda herumwimmelnden Freundinnenschar, auch sie eine Magda, wobei niemand ihren Vornamen verwendete, in der Korona der Freundinnen war sie doch eher nur korrespondierendes Mitglied, dauernd wurde ihre Anwesenheit vermisst, wo zum Kuckuck ist die Jóború, was macht denn die Jóború, die Jóború kommt, die Jóború müsste schon hier sein, aber Jóború wollte hoch hinaus und hatte genau besehen keine Zeit für Pläusche unter Freundinnen, sie war eine fast männlich entschlossene, sehr gebildete Frau mit scharfen Zügen und scharfem Verstand, und jetzt ließ sie meine Mutter aus der Múzeum-Straße in ihr kleines Marmorpalais in der Széchenyi-Straße kommen.

Nicht morgen, nicht in einer Stunde, Klári, Liebe, sondern sofort.

Sie sei, sagte Jóború zu unserer Mutter, kaum hatte diese das ehemalige Arbeitszimmer Júlia Rajks betreten, mit sofortiger Wirkung ihres Amtes enthoben, sie würde in Bälde auf die Parteihochschule geschickt werden.

Am selben Tag wusste ich schon, dass sie nicht auf die Parteihochschule gehen würde.

Was die Partei von dir wünscht, kannst du nicht verweigern, Klári, Liebe.

Ich weiß, dass ich es nicht verweigern kann, aber diese Parteihochschule verweigere ich trotzdem.

Aber wieso denn.

Ganz einfach, sie hat keinen Sinn. Ich habe sie schon einmal ausprobiert, auch da hatte sie keinen Sinn.

Jetzt musst du sie auf einer höheren Stufe besuchen.

Ihr wollt mich also nach Moskau schicken.

Ich hoffe, dass das eine genügend große Ehrung ist.

Ich geh aber nicht.

Dann werden wir uns nicht verständigen können.

Ich tue wirklich immer, was die Partei verlangt, ich werde dorthin gehen, wohin mich die Partei stellt, ich bin auch bisher immer dorthin gegangen, wohin mich die Partei stellte, aber mit meiner Meinung werde ich nicht hinter dem Berg halten.

Gerade deswegen sollst du auf die Parteihochschule gehen, die Partei wünscht es.

Ich gehe nicht auf die Parteihochschule, die hilft nichts bei diesem Konflikt.

Du kannst mit der Partei keinen Konflikt haben, Klári, Liebe.

Du weißt doch ganz genau, Magda, dass auf der Parteihochschule Idioten idiotisches Zeug lehren. Ich habe nicht mit der Partei einen Konflikt, sondern mit Menschen. Solange unter euch jemand ist, ein Mensch, auch nur ein einziger, der zuhört, werde ich meine Meinung äußern. Ich will nicht übertreiben, aber ich werde sie auch äußern, wenn kein einziger mehr da ist.

Das ging wochenlang so, telefonisch und persönlich.

Schon früher hatte sie einmal wegen der Parteihochschule gebockt und musste daraufhin gewissermaßen zur Vernunft gebracht werden. Und jetzt verweigerte sie Moskau. Einen so großen Fehler darf man in dieser Partei nicht machen, Klári, Liebe. Jóborús Verzweiflung war verständlich, sie durfte nicht ein Auge zudrücken. Sie musste es melden, sonst geriet sie in die Klemme. Das nannte sich Parteidisziplin. Sie teilte ihre Besorgnis um Klári mit Magda Aranyossi. Es ging nicht anders, sie musste die Angelegenheit melden. Tante Magda war die Einzige, die unsere Mutter nicht zu überzeugen versuchte, dass sie auf die Parteihochschule nach Moskau müsse. Klári habe leider fast immer recht, sagte sie zu Jóború, sogar dann, wenn sie Unsinn rede. Und als unsere Mutter selbst ihr die Geschichte vortrug, sagte sie am Ende nur, sie mache sich Sorgen.

Ich mache mir Sorgen, Klári, Liebe.

Das hoffe ich, aber ich hoffe, dass du dir nicht meinetwegen Sorgen machst.

Auch deinetwegen.

Tante Magda dachte wohl an ihre eigene Karriere, die am Widerstand der verkalkten Júlia Rajk aufgelaufen war, an die fast wörtlich gleichen, sinnlosen Dialoge. Ein paar Jahre zuvor hatte sie Júlia Rajk geschrieben, sie möchte von der Redaktion der von ihr gegründeten Wochenzeitschrift *Asszonyok* dispensiert werden. Aus dem beengenden Frauenbund entlassen werden. Es gibt nur eine maschinengeschriebene Version ihres Briefes, aber sie erzählte auch in den Nächten davon, wenn ich in der Wohnung am Theresienring im barocken Lehnstuhl meiner Wiener Urgroßmutter neben ihrem Bett saß, während der barocke Wandleuchter brannte und Urgroßmutter persönlich vom berühmten Gemälde der berühmt-berüchtigten Vilma Parlaghy auf uns herunterblickte. Den Dispensierungsantrag begründete sie im erhaltenen Schreiben in drei Punkten. Sie sei erschöpft. Aber nicht einmal eine gründliche ärztliche Untersuchung habe dafür eine annehmbare Erklärung gefunden. Im nächsten Satz macht ein komischer Verschreiber deutlich, woher ihre Erschöpfung stammt. Offensichtlich will sie sagen, ihr chronisch schlechter Zustand behindere sie bei der Arbeit, aber sie schreibt chronisch schlechter Umstand. Was ihren folgenden Satz überdeutlich macht, nämlich dass sich im Frauenbund ein Geist entwickelt habe, der ihr fremd sei, in dem sie sich nicht zu Hause fühle, und sie könne die für die Arbeit nötigen Beziehungen nicht aufrechterhalten. Eigentlich waren die zwei Begründungen nicht vereinbar. In den mehr als zwei Jahrzehnten ihrer Emigration hatten sie und Aranyossi sich einen ganz anderen Arbeitsstil angewöhnt, Kollegialität, Korrektur, Selbstkorrektur, Argumentation, Kompromisse. Es war gar nicht Júlia Rajks autoritärer Stil, den sie nicht vertrug, Júlia hatte sie nur einmal angebrüllt, worauf Tante Magda zurückgebrüllt hatte, sodass Júlia sofort den Mund hielt, sondern sie ertrug Júlias Untergebene nicht, das dauernde Kuddelmuddel um sie herum, die Wichtigtuerei, den Übereifer. Und nicht etwa, weil Tante Magda heikel war, das war sie nicht, sondern sie vertrug es nicht, weil es nichts brachte, uninspiriert war, mit Subalternen kann man keine Zeitung machen. Ihres Erachtens, schreibt Tante Magda in ihrem durchaus maßvollen Briefentwurf, gelte das dauernde Misstrauen dem Blatt gegenüber eigentlich ihrer Person, und sie hoffe, dass eine andere verantwortliche Redakteurin Júlia und dem Parteisekretariat zeigen werde, wie verantwortungsvoll sie und ihre Kolleginnen die Arbeit verrichtet hätten.

Júlia Rajk nahm die Demission gern an, gab aber Tante Magda noch gewaltig eine obendrauf.

Woraufhin die Mitarbeiterinnen des Blatts eine Petition an Júlia Rajk richteten.

Wir, die Mitarbeiterinnen, haben folgenden Beschluss gefasst, und wir bitten dich, Júlia, jede Abteilung und jeden Abteilungsleiter des MNDSZ davon in Kenntnis zu setzen, schrieben sie. Es ist uns zu Ohren gekommen, dass unbekannte Personen über unsere ehemalige Chefredakteurin und Abteilungsleiterin, Magda

Aranyossi, das tendenziöse und böswillige Gerücht verbreitet haben, sie sei entlassen worden, weil sie mit ihrem unverträglichen Charakter ihre Mitarbeiterinnen schikaniert habe. Viele von uns haben von der ersten Stunde nach der Belagerung an mit Magda zusammengearbeitet, und wir haben von diesem Gerücht nur mit der größten Empörung Kenntnis genommen. Es entspricht nicht im Geringsten der Wahrheit, im Gegenteil, Magda Aranyossi hat uns alle nicht nur mit ihren herausragenden Fähigkeiten, sondern auch mit ihrer großen moralischen Stärke, ihrer starken Persönlichkeit, ihrem Takt und ihrer Güte, ja, ihrer Güte, zusammengehalten und zusammengeschweißt. Sie hat unsere tägliche Arbeit mit dem Geist der Kollegialität und der Solidarität durchsetzt. Sie hat es uns gelehrt, mit ihr konnten wir es üben. Wir halten es für unerlässlich, dass unsere Stellungnahme von jedem einzelnen Mitarbeiter der MNDSZ-Zentrale zur Kenntnis genommen wird, und sofern wir vom Urheber des Gerüchts Kenntnis erhalten, werden wir auf disziplinarischem Weg gegen ihn vorgehen.

Nachdem unsere Mutter ihre Geschichte, die Tante Magda schon von Jóború kannte, zu Ende erzählt hatte und sie noch kurz ein paar Worte darüber gewechselt hatten, begann Tante Magda, auf ihre großbürgerlich souveräne Art, von anderem zu sprechen, löschte gewissermaßen das Thema.

Über Unsinn kann man nicht sinnvoll sprechen, das war ihre Meinung.

Das gefiel mir sehr, diese Methode.

Ich verstand zwar lange nicht, was jemanden vom Amt dispensieren heißt, aber immerhin kannte ich jetzt den Ausdruck. Er war gewichtig genug, dass ich ihn nicht vergaß. Auf eine Art war ich stolz darauf, was alles mit meiner Mutter geschah. Auch daran hatte ich nicht gedacht, dass meine Mutter ein Amt haben könnte. Ich verstand auch nicht, warum sie nicht auf die Parteihochschule in Moskau wollte, obwohl das doch eine so große Ehre war, ich zum Beispiel wäre gern nach Moskau auf die Lomonossow-Universität gegangen. Auf die Militärakademie. In den Urlaub in Artjek. Aber ich fragte nicht, warum sie nicht wollte. Die Zurücksetzung spürte man ihr deutlich an, mein Vater beobachtete sie mit geweiteten, erschrockenen Augen, unsere Mutter mochte noch so lachen, noch so schmettern, noch so über ihre Lebensniederlage scherzen. In dieser Frage würde sie nicht siegen, ihrem Leben keinen Sinn mehr geben. Tante Magda war sich ihrer eigenen Niederlage schon länger bewusst und erholte sich nie mehr davon. Ich war von dem allem so überrascht, dass ich überhaupt nichts mehr zu fragen wagte. Wenigstens hatte Rózsi Németh die Kindergärtnerinnenschule erfolgreich absolviert, und jetzt fuhr sie geradewegs nach Paris, natürlich hatte da auch Georges die Hand im Spiel, in der folgenden Woche würde sie schon abreisen. Als frischdiplomierte Kindergärtnerin sollte sie die Kinder der Botschaftsmitarbeiter betreuen. Das war eine große Genugtuung für meine Eltern. Rózsi geht nach Paris, nach Paris, die Rózsi hat Kleidersorgen. Morgens kam kein Dienstwagen mehr, um unsere Mutter abzuholen, kein hässlicher grauer Pobjeda, auch das war neu. Es hätte keinen Sinn gehabt zu fragen, warum er nicht kam. Beobachten, Daten sammeln war gescheiter. Wer ruft an, wer kommt, um sie von etwas zu überzeugen, das sie nach wie vor nicht will, wer geht erbost wieder weg, wer ist mit ihr einverstanden, hast ja eigentlich recht, Klári, Liebe, wer wird unter der Anklage auf Verschwörung oder Sabotage verhaftet, und sind unsere lieben Eltern nicht vielleicht auch Verschwörer. Muss ich sie anzeigen, wenn ich sicher bin, dass sie im Dienst fremder Mächte stehen. Ich durfte mich nicht in diese Sache hineindenken, sonst wäre ich ohnmächtig geworden, und so ließ ich es bleiben, andererseits konnte ich nicht so tun, als käme mir das nicht in den Sinn, die große Frage der Zeit, was dann wäre, stand immer wieder vor mir. Aber dann hörte ich auch immer gleich den Spruch meiner Mutter, was wäre, was wäre, wenn ich mit vier Rädern ausgestattet wäre, worauf man lacht und gemeinsam sagt, dann wäre ich ein Omnibus.

Heimlich holte sie aber doch ihre russische Grammatik hervor, ich nehme an für den Fall, dass ihr keine andere Wahl bliebe. Meine arme, arme idiotische Mutter. An diesem heiklen Punkt konnte man ihre abgrundtiefe Naivität erkennen. Hier versagte ihr berühmter Realitätssinn. Von ihren Genossen wurde sie sogleich abgeschrieben, was hätten die noch mit ihr anfangen sollen, zu gebrauchen war sie ja nicht mehr. In den ersten Tagen blieb sie zu Hause, machte Frühstück, putzte die Wohnung, ging dann auf einmal zu Fuß in die Stadt hinunter, auf der Diósárok-Straße, zum Markt in der Fény-Straße, Lichtstraße, kam mit der Zahnradbahn zurück, die Bahn fuhr vom Városmajor mit den Haltestellen János-Krankenhaus, Orgonás, Fliederhain, Waldschule, Gyöngyvirág-Straße, Maiglöckchenstraße, Városkúti-Straße, Stadtbrunnenstraße, Eötvös-Straße, Melinda-Straße, Endstation Széchenyiberg. Sie brachte einen Fisch mit, einen Karpfen, später begann sie diese Fahrten mit der Zahnradbahn zu schätzen, fing sofort mit allen ein Gespräch an, einmal brachte sie eine Ente mit, fast alle redeten gern mit ihr, und so erfuhr sie viel, was sie zuvor gar nicht geahnt oder vielleicht nicht hatte wissen wollen, sie würde Karpfengratin machen und hatte dazu Tomaten, Kartoffeln, Zwiebeln und Paprika gekauft, sie behauptete, sie genieße ihr Hausfrauendasein, was ich ihr keinen Augenblick lang glaubte. In dieser Frage hatte ihre Mutter, Cecília Nussbaum, recht. Deine Mutter ist nicht geeignet, einen Haushalt zu führen, alle Mühe habe ich mir gegeben, es ihr beizubringen, vergeblich, der Allmächtige sei mein Zeuge. Der Bözsi habe ich es noch beibringen können, der Irén habe ich es noch beibringen können, ihr habe ich es nicht beibringen können. Jetzt sah unsere Mutter mit eigenen Augen das wirkliche Leben und war geradezu begeistert. Der Satz war sarkastisch gemeint, auf ihre Genossen gemünzt. Werd ich euch noch erzählen, Genossen, was es im Leben draußen auf der Schattenseite alles gibt. Das verstand ich nicht, meine Eltern hatten von der Schattenseite im Leben draußen beide nicht den leisesten Dunst.

Als Mutter schon mit der Zahnradbahn und dem Bus verkehrte statt mit ihrem Dienstwagen, hatte sie noch immer keinen Dunst. Vielleicht waren die beiden so ahnungslos, dass sie einfach nicht merkten, was im Kopf anderer Leute vorging, ich weiß es nicht. Ich fragte nicht nach. Nur, wer wird dem Karpfen eins auf den Kopf geben. Am Mittag erwartete sie uns mit dem fertigen Essen. Die Ente schmeckte durchdringend nach Sumpf, wir mochten sie nicht essen, obwohl sie wunderbar knusprig rotbraun gebraten war. Mutter hätte an ihr riechen, sie in Essigwasser einlegen sollen. Als ich ein zweites Mal auf die russische Grammatik stieß, versuchte sie sich darauf herauszureden, dass sie ihre Unkenntnisse auffrischen wolle. Dazu lachte sie verschämt. Eine Zeitlang brauchte ich nicht in der Schule zu essen, eine glückliche Wende in meinem kleinen Leben, ich war dankbar. Die Speisen dort gingen ja noch, aber mich ekelte vor dem fettigen Blechgeschirr, den fettigen Blechbechern, den fettigen Blechtellern, dem fettigen Blechbesteck, die Löffel hatten messerscharfe Ränder, die Messer ihrerseits schnitten nicht, die Gabeln waren so spitz, dass die Jungen Gabelwerfen machten und die Gabeln problemlos in die Anschlagstafel hineinjagten, aber mich ekelte auch vor meinen Mitschülern und ihrem Treiben. Das Inferno, Mittagessen genannt, war nüchternen Sinns nicht zu begreifen. Was treiben diese brutalen Bestien mit den Speisen und miteinander, und die Lehrer, die Aufsicht haben, brüllen nicht weniger brutal herum, obwohl sie das ganze Chaos überhaupt nicht interessiert. Die beiden armen, diese beinahe ungenießbaren Speisen produzierenden Köchinnen zu beobachten, was immer sie taten, wohin immer sie gingen, wohin sie ihren magischen Gleichmut auch immer mitnahmen, das war das Einzige, um dessentwillen ich das Ganze ertrug, den Ekel niederrang, ihretwegen sogar aus dem fettigen Becher trank. Die Becher stanken nach Fett und Paprika. Zwei Riesinnen. Sie und die Küchenmädchen spülten das Geschirr mit Soda, aber offensichtlich gab es nicht genügend Soda, nicht genügend warmes Wasser. Nichts gab es. So riesige Frauen habe ich weder vorher noch später je wieder gesehen. Allein schon ihre nackten Arme, wenn sie die Becher in der Paprikabrühe umherschwenkten. Es mochten Zwillinge sein. Sie trugen ihre monumentalen Körper auf Elefantenbeinen watschelnd. Augenbrauen hatten sie nicht, kein einziges Härchen. Jeden Tag zogen sie mit dem Augenbrauenstift einen großen Bogen auf ihre fettige Stirn, jeden Tag kam der Bogen anders heraus, ihren kleinmädchenhaften Schmollmund bemalten sie mit purpurrotem Lippenstift. Sie waren stark und fett, jeder sichtbare und unsichtbare Teil ihrer Haut war zum Äußersten gespannt und glänzte fettig, sie wuchteten riesige Schüsseln, einen halben Zentner schwere Mehlsäcke, noch schwerere Kartoffelsäcke, rollten Fässer mit Sauerkraut und Essiggemüse. Sie servierten nicht, sie machten keine Portionen, sondern knallten die Speisen mit großen Löffeln auf unsere Teller und schleuderten sie uns über den Tresen entgegen. Kartoffelteigwaren. Grießnudeln. Krautfleckerl. Das waren die wiederkehrenden Gerichte in der Tagesschule. Man wusste nicht, wer wer war, die beiden sahen nicht nur gleich aus, sondern machten auch alles gleich. Schmissen den gebratenen Speck auf die widerlich stinkende Kartoffel- oder Möhrenbeilage, falls es gerade gebratenen Speck gab. Knallten die Sauce darauf. Die stellten sie aus Fett, Mehl und Zwiebeln her. Und übergossen fast alles damit. Es gab kein Federlesen, keine Extratouren, für den einen so, für den andern anders. Auf diesbezügliche demütige Bitten reagierten sie nicht. Schmissen, knallten, schleuderten, schmetterten die Speisen hin. Ich sage nicht, dass sich nicht gerade darin ihre Menschlichkeit offenbarte. Sie waren unsere tägliche Realität, der man sich stellen musste. Bei der erstbesten Möglichkeit setzten sie sich plötzlich mit gespreizten Beinen hin. Über ihren Lippen stand der Schweiß in Perlen, der purpurrote Lippenstift war verschmiert oder verschwunden. Unter ihrem zu einem Knoten gesteckten spärlichen Haar floss der Schweiß. Manchmal sah ich sie in die Kirche gehen. Setzen konnten sie sich nur auf diese abrupte Art, es war eher ein Hinuntersacken. Die Beine konnten sie nicht aneinanderschmiegen. Sie mussten schauen, wohin sie sich setzten, nicht alles trug ihr Gewicht. Das Bücken übernahmen die zwei Küchenmädchen. Wenn etwas von ihrem mit Blech gedeckten Tisch fiel, versuchten sie gar nicht erst, es aufzuheben.

Jeden Morgen kamen sie aus dem Dickicht der Stadt auf den Berg herauf, in der Zahnradbahn konnten sie sich mit ihren ausladenden Hintern nicht nebeneinander auf zwei Plätze setzen. Sie brauchten vier Plätze. Ich verfolgte die Bewegungen dieser Hinterteile mit so starrem Interesse, manchmal ganz aus der Nähe, dass ich fast vornüberfiel. Auch im Winter trugen sie leichte Kleider, einen Mantel nur an den kältesten Tagen. Ihre Gesäßberge bewegten sich synchron. Sie trugen hohe Schnürschuhe, aber auch in denen hatten ihre Füße kaum Platz, sie konnten sie kaum richtig schnüren. Ich folgte ihnen, wo ich nur konnte. Es brauchte seine Zeit, bis sie sich von der Haltestelle Városkúti-Straße über die heimtückische Steigung der Diana-Straße prustend zur Schule hochgekämpft hatten. Aber vielleicht noch schwieriger war für sie der Abstieg über eine vereiste Straße, eine gefrorene Schneewehe, übehaupt das Abwärtsgehen. Sie konnten nicht einfach so über Dinge hinwegtreten. Sie machten alles gemeinsam, aber sie hielten sich nie aneinander fest. Zum Glück mussten sie die Schule nicht durch den Haupteingang betreten, da hätte ihnen nach dem Aufstieg auf der Straße noch das Treppensteigen bevorgestanden, zuerst hinauf, dann wieder hinunter ins Untergeschoss, in die Küche gab es auch einen Eingang in der Felhő-Straße. Von der Küche ging ein breites Schiebefenster auf den armseligen Speisesaal, wo wir auf Feldstühlen an langen Feldtischen saßen und wo jeden Mittag Gabeln aus der Anschlagtafel ragten. Die beiden Köchinnen rochen aufdringlich. Auf ihrer Haut trugen sie jedes in ihrem Leben gekochte Gericht.

Sie sprachen nicht, weder zueinander noch zu jemand anderem, auf ihren glänzenden runden Gesichtern wurde nie ein Gefühl oder ein Affekt erkennbar. Ich sah sie nur ein einziges Mal sprechen, mit dem leicht bedepperten Kirchendiener, als der gerade einmal aus der Kirche trat.

Wenn auf dem Grund der Kessel etwas übrig blieb, rief an ihrer Stelle eins der Küchenmädchen durchs Schiebefenster, Nachschlag, Kinder, es gibt Nachschlag.

Die Hungrigen sprangen auf, drängelten sich um den Nachschlag, die aßen alles. Die hätten auch Nägel gegessen, wie man zu sagen pflegte. Für viele war das die einzige Mahlzeit am Tag, worüber aber nicht gesprochen wurde. Die Hungrigen waren schon früh am Vormittag so hungrig, dass sie den anderen die Jause aus dem Mund starrten. Auch ich war dauernd hungrig, aber es wäre mir nicht in den Sinn gekommen, dass der Hunger nicht einfach Teil der Schöpfung war. Damit man mir die Jause, die nie aus etwas anderem als aus einem Butterbrot oder Schmalzbrot bestand, nicht aus dem Mund starrte, gab ich die Hälfte davon wortlos dem Tót. Er sprach nicht mit mir, auch mit niemand anderem, lebte wie ein kleines Tier unter uns und hatte sich auf die Hälfte meiner Jause spezialisiert. Er nahm sich zwar zusammen, aber manchmal wollte er die ganze Jause haben. Mit einer für ihn typischen vornehmen Bewegung nahm er sie mir einfach aus der Hand, und ich wehrte mich nicht.

Nachmittags, wenn ich aus der Schule kam, saß unsere Mutter in einem Fauteuil am Fenster, stopfte Strümpfe, was sie in unserem früheren Leben niemals getan hätte, ihre Mutter, Cecília Nussbaum, hatte ja auch geschimpft, die ist sich zu gut dafür, die braucht Dienstpersonal, die nimmt sich noch ein Dienstmädchen, als hätte ich ihr nichts beigebracht. Ich habe allen meinen Töchtern alles beigebracht. Abends deckte Mutter in der Küche den Tisch, wir redeten vorsichtig miteinander, möglichst um den Brei herum, für sie war die Welt zu einem unlösbaren Problem geworden, mir gingen diese unlösbaren Probleme über den Verstand, ich wusste nicht einmal, was sie meinten, wenn sie sagten, Verstand, Vernunft, unter solchem Geplauder, eigentlich Geplänkel, erwarteten wir Vater mit dem Essen, und nicht einmal mein Bruder brüllte. Man hätte ja denken können, er würde an unserer Mutter kleben, wenn sie einmal da war, aber nein, er rannte wie ein kleines Tier mit den anderen Kindern herum oder beschäftigte sich auf dem Boden mit seinen Spielsachen, wobei er vor sich hin sang, es genügte, wenn unsere Mutter irgendwo in der Nähe war. Die gemeinsamen Abendessen waren so neu für uns, dass in der Küche nicht einmal genügend Stühle vorhanden waren. Mutter saß auf einer vom Umzug übriggebliebenen Kiste. Fast unnötig zu sagen, dass wir kein weißes Tischtuch mehr hatten, keine weißen Batistservietten, es wurde auch nicht mehr gespeist, es gab dazu kein Tischgeplauder, sie sagten in unserer Gegenwart nichts mehr, sie hätten ja von Veruntreuung und Dispensierung sprechen müssen, wir aßen einfach, auf die silbernen Serviettenringe stieß ich erst Jahre später in einer Schublade, sie kamen mir wie eine Art Reliquien vor. Das Familiensilber wurde nicht mehr geputzt, schwarz angelaufen lag es in einem Haufen in der mit Birkenholz furnierten schwarzen Kommode. Mutter stellte den Topf mitten auf den Tisch. Von Vaters historischen Anstandsregeln war nichts mehr übrig geblieben. Natürlich steckte der Schöpflöffel im Topf. Sie konnten vor uns nicht sagen, was sie wirklich beschäftigte, und waren so angespannt, dass sie uns nur gerade mit den grundlegenden Dingen versorgen konnten, aber auf diese Weise hatten wir wieder zu essen und etwas anzuziehen. Sie interessierten sich aber kaum noch für uns, höchstens anfallartig, im Rhythmus ihrer Emotionen. Mir war das gleichgültig, ich nahm zur Kenntnis, dass mein ganzes früheres Wissen nutzlos war, eine Formalität, die jetzt keine Gültigkeit mehr hatte. Immerhin begriff ich, dass das Leben formal strukturiert ist. Unsere Mutter leitete ihr fieberhaftes Aktivitätsbedürfnis ins Auftrennen von Pullovern um, gemeinsam strähnten wir die Wolle, machten Knäuel, und sie strickte aus der Baumwolle oder Wolle etwas Neues, wobei es für beide schonungsvoller gewesen wäre, wenn wir dabei keine Pseudogespräche geführt hätten. Ich hatte nicht gewusst, dass sie stricken konnte. Meine Großmutter, Cecília Nussbaum, hatte doch geschimpft, nicht einmal häkeln kann die, auch Stricken habe ich ihr nicht beibringen können. Stricken kann die schon, aber sie strickt nicht, weil es einfacher ist, nichts zu können. Sie wolle aus den Resten zuerst eine gestreifte Weste für unseren Vater stricken, dann komme ich dran, sie habe beschlossen, mir einen Rollkragenpullover mit Norwegermuster zu stricken. Es seien noch viele alte Sachen zum Auftrennen da. Doch das alles dauerte nur eine kurze Zeit, ein paar Wochen, höchstens zwei Monate. Mein Norwegerpullover blieb auf ewig unvollendet. Ich wartete noch lange darauf, bis einmal der Rest meiner Naivität, ohne die man nicht leben kann, platzte. Der Krebs wird sich wohl während dieser Gnadenfrist in ihrem Organismus eingenistet haben, auch wenn sich ihre Stimmung überhaupt nicht veränderte. Eine entschlossene Frau, die mit beiden Beinen im Leben steht. Sie wachte gutgelaunt auf, ging gutgelaunt schlafen, nur manchmal brannte der Zorn mit ihr durch.

Mein Hauptinteresse in jener Zeit galt aber Lívia Süle aus der Parallelklasse. Es begann auf einem Sportfest, das gemeinsam mit den Mädchen stattfand, alle guckten in die Runde, um vor Langeweile nicht zu sterben. Wir hätten es nicht gewagt, uns näher zu kommen, dazu bestand auch kein Anlass, aber mit dem Blick ließen wir uns nicht los. In der Schule interessierte mich nur noch die Frage, wo diese Lívia gerade war. Lange kannte ich nicht einmal ihren Namen, weder den Vor- noch den Nachnamen, er interessierte mich auch nicht. Es kam mir nicht in den Sinn, dass ich ihren Namen verwenden müsste oder wir miteinander sprechen könnten. Doch das Schweigen zwischen uns wurde immer schmerzhafter. Ich konnte von ihrer Aufmerksamkeit nicht genug bekommen. Es beschäftigte mich, dass ihre Mitschülerinnen sie beobachteten, während ich diese gerade Lívias wegen nicht beachtete, obwohl sie schon gemerkt hatten, wie diese doofe Lívia Süle und ich uns gegenseitig im Auge behielten. Genauso stark beschäftigte mich, dass die Größeren unter meinen Mitschülern vorhatten, mich zu verprügeln. Wenn ich daran dachte, hörte ich gleich auf, an Lívia zu denken. Während ich mir in der Garderobe auf dem Bänkchen ahnungslos die Schuhe schnürte, summte mir jemand ins Ohr, nur keine Angst, ich schaute auf, sie wüssten schon, sagte der Jemand, wo ich mich herumtreibe, sie wüssten schon, was ich tue, vor ihnen könne ich keine Geheimnisse haben, sie wüssten schon, dass ich auf dieses stupide Mädchen warte, die Lívi Süle, aber die Lívi Süle, da könne ich Gift drauf nehmen, würde ich denen von der Mátyás-Straße nicht wegschnappen, da könne ich den Kopf drauf wetten, sie würden mich an einer Ecke abpassen, überall würden sie mich abpassen, sie stehe unter ihrem Schutz, sie würden mir einen Sack über den Kopf ziehen, damit ich nicht um Hilfe rufen könne, ich solle mir bloß nicht einbilden, dass ich ihnen entkommen könnte. Das alles war mir neu. Die Menge an Informationen, die einer Lösung harrten, entsetzte mich. Der Betreffende gab mir locker und gelassen zu verstehen, dass ich des Todes war. Eine Ironie des Erinnerungsvermögens, dass ich den Namen des Überbringers dieser Hiobsbotschaft vergessen habe, er hatte sich vertraulich eng neben mich auf die Bank gesetzt, um mir das Urteil der größeren Jungen mitzuteilen. Du bist des Todes, Jungchen. Es muss ein Mitschüler aus dieser Riesenklasse gewesen sein, wir waren vielleicht sechsundvierzig, einer, mit dem mich das Schicksal bis dahin noch nicht zusammengebracht hatte. Doch dann bekräftigten auch mir bekannte Jungen die Warnung, ich solle mich ganz ruhig aufs Schlimmste gefasst machen, jetzt sei es genug, wenn ich nicht schleunigst von der Schule verschwinde, das sei ihre Schule, würden sie mich gründlich zurechtstutzen. Prém sagte, er warne mich aus reinem Wohlwollen. Das war auch so ein sprachliches Rätsel. Schmutziges Wohlwollen sagte man nie. Wie sollte ich wissen, was reines Wohlwollen war. Mein Sprachgefühl akzeptierte nicht, dass das reine Wohlwollen eigentlich Übelwollen bedeutete.

Genauso die ehrliche Teilnahme. Die Erwachsenen sagten ehrliche Teilnahme, aber ihrem Gesicht sah man die Teilnahmslosigkeit an, auch wenn sie sich noch so Mühe gaben, sie zu verbergen. Auch an Préms Vornamen erinnere ich mich nicht, an die Beschaffenheit seines Haars hingegen schon, wie Borsten, an seine Augen, an sein hübsches kleines Lächeln, seine feinen Glieder. Er war wie ein lebhafter kleiner brauner Käfer. Ein Aal. Ein Kobold. Er hatte sich auf die ihm eigene hinterhältige Art in meine Bank gedrängt. Ich musste von ihm abrücken, auch er gehörte zu den muffig riechenden Bergkindern, aber wir berührten uns doch, und ich roch nur seinen Geruch, meinen eigenen roch ich nicht. Ich solle hier in der Schule die Luft nicht mehr verpesten. Offenbar merke ich nicht, dass es meinetwegen in der Klasse stinke. Er wisse nicht, warum ich hergekommen sei. Auch andernorts gebe es genügend Schulen. Meinen geschätzten Eltern würde es bestimmt nicht schwerfallen, uns anderswohin zu karren. Du meinst, wir merken das nicht, sagte er drohend, mit zwei Wagen werdet ihr herumgekarrt, deine Alten holen deinen Bruder im Kindergarten ab wie eine ganze Delegation. Ja, es konnte vorkommen, dass meine Eltern jeder mit einem eigenen Wagen hier eintrafen. Und Prém hob den Hintern an und ließ einen mächtigen Furz los, wozu er dem Usus gemäß sang, ich schicke dir eine napoletanische Melodie, in der mein Herz schlägt, meinen mit zwei Wagen vorfahrenden Eltern schickte er das Geknatter. Den Furz hatte er schon in Reserve gehabt, sich darauf vorbereitet, um ihn im richtigen Augenblick gegen mich loslassen zu können. Er wartete auf meinen Protest. Ich sag's doch, um dich herum stinkt's, sagte er, ein Stinktier würde es nicht aushalten. Das gehörte ebenfalls zu den Gemeinplätzen, es war die letzte verbale Stufe der Herausforderung.

Unterdessen beobachteten uns die anderen, na, wird's endlich. Aber mich konnte man in keine Schlägerei verwickeln, ich fragte mich nie, warum das so war, oder im Namen welchen Prinzips ich mich prügeln müsste, und warum ich nicht einmal angesichts so vieler Gemeinplätze der Grausamkeit nicht zuschlage. Obwohl mich auch meine Eltern anstachelten, ich solle es nicht zulassen, ich solle mich verteidigen, aber für mich gab es da nichts, wogegen ich mich hätte verteidigen sollen. Die anderen erstarrten geradezu vor meiner Gleichgültigkeit, das sah ich, sie schlichen stumm oder unter weiteren Drohungen und Flüchen davon.

Als könnte man die Sache auch vergessen, nur erhielt ich die tägliche Warnung auf Zetteln serviert. In meiner Manteltasche, in den Fächern meines Pults, in meinem Heft. Ich wusste nicht, was ich tun sollte, wusste nicht, womit ich das verdient hatte oder wieso ich von dieser Schule weggehen sollte, wohin könnte ich gehen, ohne meinen Eltern von alledem berichten zu müssen, ohne dass sie überhaupt merkten, was los war. Ich plante, eines schönen Morgens heimlich zum Orbánberg hinüberzugehen, über die Dobsinai-Straße zur Németvölgyi-Straße, Deutschtalstraße, hinunterzugehen und dort einfach in die Bärenschule hineinzugehen, die so hieß, weil zwei steinerne Bären den Eingang bewachten.

Ich wollte sie nicht belasten, aber ich war nicht aus Herzensgüte so rücksichtsvoll, sondern dachte, die Situation zuerst lösen zu müssen, bevor ich ihnen davon erzählen könnte.

Solange ich das Ganze nicht verstand, gab es auch nichts zu erzählen, und soviel ich auch nachdachte, ich verstand es nicht. Sie würden sich mein Gestammel anhören, oje, das arme kleine Kind, würde meine Mutter sagen. Prügle dich. Sei doch nicht so ein Hosenscheißer, so ein Schlappschwanz. Du wirst noch zum Märtyrer der Familie. Das Ganze war wirklich unverständlich. Ich gehörte zu den Kleinsten, aber abgesehen davon konnte an mir nichts Auffälliges sein. Ich sprach kaum mit jemandem, verließ meine Bank selten, auch den Garten kaum. Ich hatte kein Bedürfnis danach. Ich las und las und las. Höchstens, dass ich vorsichtig Lívi Süle bebachtete, das war alles, aber ich verstand nicht, warum ich mir das verbieten sollte, wie sie es überhaupt gemerkt hatten, was für ein Gesetz dagegensprach. Ich lernte von ihnen sämtliche Synonyme des in Aussicht gestellten Manövers kennen. Sie würden mich erwischen, verdreschen, verhauen, mir die Hucke vollhauen, mich blutig hauen, versohlen, vertrimmen, mir die Birne einschlagen, die Fresse einschlagen, den Arsch kaputt treten, den Schwanz kaputt treten, nur keine Angst. Ich hatte Angst. Auf den Mund würden sie mir treten. Mir den Hals umdrehen. Mir die Zähne einschlagen. Mir die Galle zermantschen. Mich versohlen, dass ich Blut spuckte. Ich hatte keine Zweifel, dass sie es tun würden, nur wusste ich nicht, und wenn ich noch so nachdachte, warum sie es tun müssten. Jeder kleine Windhauch im Garten ließ mich erzittern. Ich war der Ohnmacht nahe.

Aber ich konnte nicht anders, tagelang streifte ich mit meinen Büchern durch den Garten, sein pflanzliches und tierisches Leben faszinierte mich und verschaffte mir eine ungeheure Erleichterung, genauso wie die vielen Autoren mit ihren Geschichten.

Ich wusste, dass es zwei Mannschaften gab und dass die sich prügeln würden, und ich wusste auch, dass das irgendwie mit meiner Verprügelung oder Vertreibung oder Vernichtung zusammenhing. Die von der Mátyás király-Straße, König-Matthias-Straße wollten die von der Diana-Straße unterkriegen. Solchen kindischen Stumpfsinn, solche Stammesfehden kannte ich schon aus der Schule in der Sziget-Straße, Inselstraße, nur hatte ich das Ganze auch seinerzeit nicht verstanden, der Kampf gegen die von der Pannónia-Straße interessierte mich nicht. Nicht ihre Siege, ihre Niederlagen, ihre Konkurrenz, ihre Erfolge im Knopffußball oder im Laufen. Ich blieb der Beobachter von dem allem, warum auch nicht, ich hätte gern verstanden, was sie mit dieser ewigen Aufschneiderei, dem Stammesgerangel, dem ewigen Siegenwollen beabsichtigten. Einer pflanzte sich vor einem anderen auf und sagte, mach bloß keinen Stunk, sei bloß nicht so sauer. Dabei war er selbst der Angreifer, er selbst war sauer, der andere wollte gar keinen Stunk, aber man brauchte ihn nicht lange anzustacheln, dann war auch er sauer, beide wollten Stunk, beide waren sauer, und schon prügelten sie sich. Verblüfft studierte ich den Ablauf dieser menschlichen Dramen. Die Prügelei brauchte den verbalen Vorlauf. Wenn sie sich hingegen Hurensohn nannten, schlugen sie sofort zu. Auch ich hätte das tun müssen. Der Zusammenprall schien der emotionale Höhepunkt zu sein, den man erreichen musste, während die anderen zuschauten, sich freuten oder entsetzten. Schon in der Sziget-Straße hatte ich nichts damit anfangen können, eine so grobe Pflicht war nichts für mich, auch auf dem Eisfeld nicht. Was rempelst du mich an, brüllten sie, während sie einen anrempelten, dass man vornüberfiel. Ich hielt mich heraus und dachte, damit sei ich unauffällig. Ein Irrtum, auf dem Schwabenberg hatten die Machtkämpfe unter den heranwachsenden männlichen Exemplaren eine echte gesellschaftliche Bedeutung, die sie in der Sziget-Straße nicht gehabt hatten. Diese Bedeutung war nicht leicht zu verstehen, sie gehorchte auch topographischen Gesetzen. Wer jenseits der Gleise der Zahnradbahn wohnte, in der Városkúti-Straße, in der Diósárok-Straße, in der Béla király-Straße, oder noch weiter weg, gehörte zu denen von der Mátyás király-Straße, es gab aber welche, die diesseits wohnten, auf dem Gottesberg oder auf dem Kleinen Schwabenberg, und trotzdem zu denen von der Mátyás király-Straße gezählt wurden. Ich brauchte lange, bis ich verstand, dass die scharf in Gruppen getrennten erwachsenen Bewohner des Bergs ihre eigenen, dörflich anmutenden Fehden gewissermaßen den Kindern überschrieben hatten. Oben lag mit Unten in Fehde, das Personal mit der Herrschaft, wobei die traditionellen Systeme der Feindseligkeit durch Ungleichheiten neuerer Art und anders gelagerte Zwiste durchkreuzt wurden. Denn man konnte zwar in der Költő-Straße, Dichterstraße, in der Lóránt-Straße, in der Normafa-Straße, in der Evetke-Straße oder in der Tündérhegyi-Straße, Feenbergstraße, wohnen, musste aber gegebenenfalls trotzdem zu denen von der Mátyás király-Straße halten. Die Fälle, die die topographischen oder gesellschaftlichen Grenzen überschritten, verwirrten mich besonders. Obendrein zählten nur die Jungen, die Mädchen gehörten nirgends dazu. Lívia Süle gehörte topographisch gesehen zu denen von der Diana-Straße, und doch hatten die von der Mátyás király-Straße einen kollektiven Anspruch auf sie, was ich nicht begriff, der Anspruch galt dem ganzen Territorium. Der heimliche Krieg vererbte sich ausschließlich über die männliche Linie. Man brauchte sich gar nicht einer der Truppen anzuschließen, um hierhin oder dorthin zu gehören. Auch das verwirrte mich gründlich. Als hätte jemand schon im Voraus entschieden, wohin ich gehörte. Mit meinem wahnsinnigen Freiheitsbedürfnis konnte ich mir so etwas nicht einmal vorstellen, geschweige denn akzeptieren. Ich war nirgends beigetreten, und doch hätte ich zu den Jungen von der Diana-Straße halten müssen, die von der Mátyás király-Straße hatten ja uns allen mit der letzten großen Abrechnung gedroht. Und daneben war da noch die Frage der Abrechnung mit meiner Person. Manchmal verwendeten sie die Mehrzahl, wenn sie zu mir sprachen. Gerade wenn wir nicht damit rechneten, würden sie kommen. Ich wusste lange nicht, was diese Mehrzahl für sie bedeutete. Ich ahnte natürlich schon, dass zwischen der großen allgemeinen Abrechnung und der Abrechnung mit mir ein Zusammenhang bestand, denn als ich schon sehr intensiv bedroht wurde, murmelte der Baltazár beim Abschied ganz leise, damit es seine ihn wie jeden Tag am Fenster erwartende Mutter nicht höre, ich solle keine Angst haben, auch wenn die noch so drohen, sie hätten es besprochen, der Trupp würde mich verteidigen. Das warf mich völlig um, ich war ihm dankbar, man kann es nicht anders sagen, ich hatte ja niemandem etwas davon gesagt, und doch wusste es Gábor, hatte es bemerkt. Hatte es mit anderen hinter meinem Rücken besprochen. In meinem Interesse, das ist klar, aber hinter meinem Rücken, und also wollte mir auch das nicht gefallen, ebenso wenig wie mein dankbares Gefühl. Nur drohten die von der Mátyás király-Straße später damit, dass sie meinetwegen unseren ganzen Trupp kaltstellen würden, passt bloß auf, abservieren, die von der Diana-Straße würden noch bereuen, dass sie mich einfach so aufgenommen hatten, passt bloß auf, wir haben eine Wunderwaffe, mit der zünden wir euch die ganze Gegend an. Auch ich war nicht von einer Mutter geboren worden, sondern aus der hundertvier Tage dauernden Belagerung von Budapest herausgekrochen, nicht meine Mutter hatte mich aus ihrem Schoß hinausgestoßen, sondern ein Kellerverschlag in der Damjanich-Straße, sie brauchten mir also nicht eigens zu erklären, was ein Flammenwerfer war. Den Flammenwerfer hatte Vadász versprochen, er wohnte zwar in der Melinda-Straße und hätte also eigentlich zu der Seite gehören müssen, auf der mich unbekannte Jungen eingereiht und aufgenommen hatten, Unbekannte, in deren Namen mich der Baltazár ermutigte, keine Angst zu haben, sie würden mich verteidigen, trotzdem gehörte der Vadász zu denen von der Mátyás király-Straße. In beiden Lagern war dauernd von Waffen die Rede und wurde Munition gesammelt. Es wurden Minen demontiert. Natürlich hatten sie auch Schleudern, deren Größe und Beschaffenheit ein ewiger Gesprächsstoff war. Unser Vater zerrte mir eines Abends meine brandneue Schleuder aus der Hosentasche, zusammen mit den sorgfältig gesammelten Kieseln, beschlagnahmte sie und sagte, er würde sie vernichten, Flehen nützte nichts, er hatte auch schon mein Blasrohr beschlagnahmt, mit dem man sich gegenseitig tatsächlich schwere Augenverletzungen zufügen konnte, und ich konnte und wollte ihm nicht erklären, dass er mich meiner letzten Verteidigungswaffe beraubte.

Seit einiger Zeit hatte er aufgehört zu dozieren, aber jetzt fürchtete ich, er würde wieder loslegen und ich würde wieder versuchen müssen zu verstehen. Ich wollte mir die Schleuder schnappen, aber er schlug mir lachend auf die fuchtelnde Hand. Ich wollte mit dem Kopf gegen ihn rennen. Er erwischte mich bei den Schultern und schüttelte mich, damit ich zu Sinnen kam. Ich war auch nicht ganz sicher, ob die Jungen nicht einfach blufften. Beide Truppen sandten Aufklärer aus. Ich war so lange nicht sicher, bis ich mit eigenen Augen sah, dass die feindlichen Aufklärer in unserem Garten waren, das Glashaus durchsuchten. Sie waren zu viert, ich bemerkte sie zufällig, während sie da umherschlichen. Ich rannte durch die Küche, auch die hatte eine Tür zum Garten, dann die Treppe hoch, auf die Straße hinaus, hinüber zum Baltazár, er solle kommen, aber bis er begriffen hatte und wir wieder zurück waren und laut raschelnd durch den Garten liefen, war niemand mehr da. Sie waren wahrscheinlich von Frau Rózas Apfelhain her gekommen, wir fanden im Zaun der Baltazárs ein Loch, das war die einzige Möglichkeit, bei uns einzudringen, auf den beiden anderen Seiten grenzte der Garten ans Sperrgebiet. Ein paar Tage danach sah ich, dass sie auf der Seite des Zauns sämtliche Scheiben der Glashäuser eingeschlagen hatten. Das war ein immenser Schaden. In jenen Jahren gab es beim Glaser kein Fensterglas, genauso wie beim Metzger das Fleisch fehlte. Sie hatten es mit einem Instrument getan. Dann schlugen sie auch die übrigen Scheiben der Glashäuser ein, worüber der ehemalige Hauswart am Sonntag meinen Vater unterrichtete, der Herr Szabó, der weit weg arbeitete, in Csepel. Wohin Elemér nackt gelaufen war, und wenn ich mich nicht anständig benahm, wenn ich mich nicht benahm, wie sich brave Kinder benehmen, würde es mir auch so gehen. Die Zerstörung war entsetzlich. Sie hatten nicht nur jede einzelne Glasscheibe eingeschlagen, sondern auch den wunderbaren eingelassenen Lehmziegelkamin und den dazugehörigen Heizungstunnel zerstört. Baltazár meinte, sie hätten nach unseren Waffen gesucht, und als sie nichts fanden, hätten sie in ihrer Wut die Scheiben zertrümmert. Das sei nur eine Warnung, dass jetzt der Krieg komme. Wir müssten uns vorbereiten. Am Ende ihres Gartens stand ein kleiner Schuppen, wir legten die Steine, auch größere, für die Schleudern auf seinem abgeschrägten Dach aus, Csíder war auch da. Piros hatte gesagt, er komme nicht, weil er sich vor Schiss in die Hose machen würde.

Er habe in der Nacht das Poltern und Klirren gehört, sagte Herr Szabó zu unserem Vater, und sei aufgestanden, um nachzusehen.

Sie berieten zusammen, ob sie bei der Polizei oder bei der Wache in der Lóránt-Straße Anzeige erstatten sollten.

Was mich noch weiter in die Angstspirale hineintrieb.

Ich brauchte eine neue Schleuder. Ich hatte irgendwelches wertvolle Zeug gegen Munition für zwei Maschinengewehre eingetauscht, die schob ich jeden Abend vorsorglich unters Bett und steckte sie mir am Morgen wieder in die Tasche. Vielleicht ein ganzes Jahr lang trug ich sie überallhin mit, dann kam Rózsi Németh aus Paris zurück, ich durfte zu ihr in die Stefánia-Straße, die damals schon nach Marschall Woroschilow benannt war, und sie bemerkte, wie ich vor dem Zubettgehen ein Versteck für die Munition suchte. Sie sagte, ich solle die Hose ausziehen, ich zog sie vorsichtig aus, damit nichts herausfiel, Rózsi beobachtete mich, dann nahm sie die Hose, drehte sie rasch um und schüttelte die Munition heraus. Sie sagte, sie würde das jetzt beschlagnahmen, aber wir wollen ein Geschäft machen. Sie würde meinem Vater und meiner Mutter nichts sagen, ich hingegen müsse versprechen, nie mehr Munition und Sprengstoff anzurühren, und wenn es andere täten, deren Nähe zu meiden.

Solange ich aber noch im Besitz der Munition war, verfolgte mich die fixe Idee, ich würde in die Schule an der Németvölgyi-Straße gehen, mich unbemerkt in eine Bank setzen, und eine weitere fixe Idee war, dass ich bestimmt irgendwo ein Maschinengewehr für meine Munition finden würde. Ich lief durch den Braun-Wald in die Felhő-Straße, um jenseits des Zauns Lívia zu sehen, die hin und wieder hinausgeschickt wurde, geh schon die Wäsche aufhängen, oder geh schon, hol sie herein, es kommt Regen, während ich in der Gyöngyvirág-Straße irgendwie voraussah, auf der Haut spürte, dass ich jetzt hingehen sollte, sie ist auf dem Hof draußen, ich lief und gab auf jedes Knirschen und Knacken im Wald acht, aber da war kein einziges liegengelassenes Maschinengewehr. Ich machte mir zusammen mit Gábor Baltazár eine neue Schleuder. Unter den Jungen wurde heftig diskutiert, ob die Gummischleuder oder die

Riemenschleuder weiter reiche. Auch mich beschäftigte die Frage, aber von mir dachte ich nie, dass ich ein Junge sei und zu ihnen gehöre. Welches ist die bessere Munition, Steine oder Blei, auch das war eine grundlegende Frage. Sie schossen mit U-Nägeln auf Vögel. Die Bleimunition gossen sie selbst. Schaudernd vor Angst und Hoffnung lauschte ich, beobachtete das Unterholz des Eichenwalds, ob nicht irgendwo der Lauf eines Gewehrs herausragte, das ich auflesen könnte, oder ob sich etwas regte, ob sie vielleicht dabei waren, den Wald mit einem Flammenwerfer in Brand zu stecken, damit ich mit ihm zusammen verbrannte, doch für meine Munition fand ich einfach kein Gewehr. Der verlassene Verteidigungsgürtel der Deutschen zog sich mit seinen Schützengräben und Betonbunkern durch die Dickichte und Wälder des Schwabenbergs, des Orbánbergs und des Gottesbergs. Es war kein Scherz, wir wussten, dass die von der Mátyás király-Straße einen ganzen Haufen Handgranaten hatten. Sie bewahrten sie in einer Höhle auf, die wir nie fanden, und wir selbst hatten keine Höhle.

Nachmittags lagen wir auf Baltazárs Schuppendach auf dem Bauch und hielten Ausschau nach dem Feind.

Ich sagte nicht, obwohl es mir mehrmals auf der Zunge lag, sie sollen mich von dieser verfluchten Schule nehmen, mich in die Németvölgyi-Straße bringen, mich irgendwohin bringen, auch wenn meine Mutter einmal meine Bedrücktheit bemerkte. Sie fragte mich aus, aber ich sagte nichts, schon früher hatte es einen solchen Dialog zwischen uns gegeben. Als ich darum gebeten hatte, von dieser Schule in die Gorkij, die russische Schule, gehen zu dürfen, in der Ajtósi Dürer-Allee, so wie der Szása Hámor, die Hámors waren aus der russischen Emigration zurückgekehrt, Szása war dort geboren, hatte meine Mutter wütend den Kopf gesenkt, ich sah, dass ich offenbar etwas Unanständiges verlangt hatte. Ich sah auch, dass sie sich zusammennahm, um ihren Jähzorn zu beherrschen, mich nicht anzufahren. Nach längerem Schweigen sagte sie, du heißt nicht Szása und nicht Wologja, obwohl auch das schöne Namen sind, und selbst wenn du so heißen würdest, da darfst du nicht hin. Ein ungarisches Kind lernt ungarische Literatur auf Ungarisch. Ich verstand es nicht ganz, aber von der Mutter akzeptiert man ja fast alles. Eigentlich hatte ich nicht Szása, sondern dem blondlockigen Jungen folgen wollen, mit dem ich dann Architektur studieren würde und dessen Name mir entfallen ist. Das mütterliche Verbot erinnerte mich irgendwie an die Situation, als wir in der Markthalle in der Hold-Straße Zsuzsa Leichner getroffen hatten, die in Washington lebte, ihr Mann war dort Botschafter, der Emil Weil, der Botschafter, der Boote schafft, sie seien, sagte Zsuzsa Leichner, nur kurz auf Urlaub zu Hause, und sie fragte ahnungslos, ob wir mit dem Wagen da seien. Seid ihr mit dem Wagen da, Klári, Liebe, sie dehnte das Wort, Waagen. Worauf unsere Mutter antwortete, nein, Zsuzsi, Liebe, wir sind nicht mit dem Waagen da, sondern mit dem Einkaufskarren. Was nicht einmal stimmte, auf der anderen Seite der Hold-Straße wartete ihr hässlicher grauer Dienstwagen samt Chauffeur auf uns. Die arme Zsuzsa Leichner stand wie begossen da, sie hatte ja aus reiner Zuvorkommenheit gefragt. Ihre Villa befand sich in der Istenhegyi-Straße, ich war einige Male dort gewesen, und sie hätte uns mit unseren Einkäufen leicht nach Hause fahren können. Jetzt wusste sie nicht, was sie mit Mutters Antwort anfangen sollte. Oder als uns eine Frau, die mir unbekannte Ilona Vigh, im kleinen Marmorpalais in der Múzeum-Straße sah und Mutter fragte, was sie mir zum Frühstück gebe, ihre beiden kleinen Jungen hätten keine Lust mehr auf Kakao mit Schlagsahne. Die Ilona Vigh gab sich wirklich irritierend gekünstelt. Dann gib ihnen Einmachsuppe, Ilona, auch wenn es nicht leicht sein wird, Eier zu beschaffen, antwortete unsere Mutter und ließ die blöde Gans stehen. Eier oder Sahne bekam man schon jahrelang nicht mehr. Mangelware, das war das Wort dafür. Milch auch nur gegen Marken, ich musste auf dem Schwabenberg um sie anstehen, und es passierte mehr als einmal, dass die große Kanne schon geleert war, wenn ich mich mit meiner kleinen Kanne anstellen wollte. Und wenn ich trotzdem Milch nach Hause brachte, war die oft sauer, gerann beim Kochen sofort, und jedes Mal hatte ich das Gefühl, es sei meine Schuld. Weil ich die Kanne wieder nicht richtig ausgespült hatte. Wie sollte ich beweisen, dass ich sie gespült hatte. Zucker bekam man auch nur gegen Marken. Mehl auch nur so. Auch Fleisch hätten sie nur gegen Marken verkauft, wenn es Fleisch gegeben hätte. Beim Metzger gab es ausschließlich Schmalz, im Winter formten die geschickten, witzigen Dekorateure des Fleischhandels aus den Schweineschmalz-Blöcken Hammer und Sichel oder Büsten von Stalin und Rákosi, die sie mit rotem und grünem Kirschpaprika umkränzt ins Schaufenster stellten, womit sie auch dem Nationalgefühl Genüge taten und noch stärker unserer Liebe zur Partei, was ich auch wieder nicht verstand, es war ja eigentlich Majestätsbeleidigung, und doch taten alle, als bemerkten sie die Niedertracht nicht, und wenn im eiskalten Laden das Schmalz ausging oder die wärmeren Tage kamen, wurden die Schmalzbüsten aus dem Schaufenster genommen, um stückweise verkauft zu werden, sie schnitten Scheiben von Stalins oder Rákosis Schmalzkopf, und die Kunden genossen das stumm. Was auch wieder über meinen Verstand ging. Die blöde Ilona hatte sich die Schokolade und das Kakaopulver wahrscheinlich im Privilegierten-Laden beschafft. Anderswo in der Stadt oder im Land gab es so etwas nicht, nur in diesen geheimen Läden. Es gab einen *Morgengetränk* genannten Kakaoersatz, mein Bruder mochte ihn, ich verzichtete lieber darauf. Lange wusste ich auch nicht, wo es die Geschäfte geben mochte, in denen die Frauen alle die Leckereien für ihre Kinder einkauften. Unsere Mutter hingegen lief wegen solcher Dinge puterrot an und bekam einen Wutanfall. Deswegen durfte ich nicht in die russische Schule. Eine bisher unbekannte Gereiztheit hatte sich unserer Mutter bemächtigt, man konnte sie nicht mehr ungestraft alles fragen, ihr alles sagen, sie auch nicht mehr um alles bitten. Sie hasste die Privilegierten. Deren Kinder besuchten die russische Schule und machten mit ihren Eltern Urlaub auf der Krim. Szása Hámor hatte es in allen Einzelheiten erzählt, und nächsten Sommer solle ich doch mitgehen. Kam nicht in Frage. Einmal bemerkte ich leise, dass ich mich im Fall herausragender Noten bei den Jungpionieren melden würde, als Pionier-Eisenbahner. Kam nicht in Frage. Du meldest dich nicht zur Janitscharenausbildung. Von denen war sie angewidert, diese Idioten machten in ihrer Habgier und ihrem Egoismus alles kaputt.

Eigentlich musste ich ihr recht geben, nur leuchtete mir nicht ein, warum sie nicht sah, dass wir mindestens genauso zu den Privilegierten gehörten, da mochten sie noch so lange auf ihrer großartigen Gleichheit herumreiten. Ich konnte nicht auf ihren Schutz hoffen, auch auf keine Erklärung, sie waren ahnungslos, unwissend, sie konnten nichts dafür, bis zu einem gewissen Grad taten sie mir auch leid. Außerdem wusste ich von den Jungen, dass man des Todes war, wenn man schwach wurde und irgendjemandem etwas ausplauderte. Meine Eltern wussten rein gar nichts von diesem heimlichen Weltgeschehen, von der erstarrten Stille, dem Gehüstel, den sich suchenden Blicken, wenn der Metzger Stalins Kopf tranchierte und mit regloser Miene fragte, ob es auch noch die Nase sein dürfe. Man durfte auch kein Schwein schlachten, ohne es zu melden, aber auf den Höfen der Budapester Berge wurde trotzdem geschlachtet. In der Nacht, in der Morgenfrühe. Im Sommer wurden die Heuhaufen von vornherein so aufgestellt, dass man dahinter Schweine schlachten konnte und der Lärm gedämpft war. Wer erwischt wurde, wanderte ins Gefängnis oder nach Recsk in den Steinbruch. Jedes einzelne Ei hätte gemeldet werden müssen. Nicht einmal die Hälfte der Dinge wurde gemeldet. Die Leute wären ja auch vor Hunger krepiert, wenn sie alles gemeldet hätten. Sie verkauften die Sachen im Schwarzhandel. Auch ich kaufte die Milch bei ihnen, wenn sie im Laden ausgegangen war. Auch den Quark. Auch die Butter, auch die Eier, als ich meiner Mutter Bikuits buk. Ich sagte einfach nicht, woher ich die Sachen hatte. Ich sagte, ich hätte Eipulver verwendet. Vielleicht vertrauten sie mir, weil sie wussten, dass ich den Mund halten würde. Hätten sie mich gefragt, hätte ich gesagt, es sei ausgegeben worden. Wenn im Laden eine bestimmte Ware eingetroffen war, riefen sich die guten Nachbarn zu, sie werde ausgegeben. Ausgegeben. Unterschwellig funktionierten stille Bezugssysteme mit ihren Schutzformationen und Trutzbündnissen, es gab die Pfeilkreuzler, die Schwaben, die Großungarn und die Monarchisten, alle mit ihrer einzig gültigen Wahrheit, alle mit den einschlägigen Bildern auf dem Ehrenplatz in Küchen und Zimmern, Bildern der Jungfrau Maria, der Königin Elisabeth, des Lajos Kossuth, der Leiche des in Mohács im Bach Csele ertrunkenen Königs Lajos, alle Weltanschauungen, brodelnder Hass und konfessionelle Grenzlinien, die von den heimlichen Tauschhandelswegen kreuz und quer übertreten wurden, du gibst mir das, ich gebe dir jenes, und dank der anderen Kinder hatte ich da einen schonungslosen Einblick. Die Baltazárs hatten in einem Paket etwas erhalten, das sie am anderen Ende der Stadt gegen diese oder jene Sache eintauschten. Die Hälfte der Milch wurde schwarz verkauft, die andere Hälfte mit Wasser gepanscht, den Kontrolleuren gab man von der schwarzen Schweineschlachtung. Mich interessierte diese verborgene Welt, aus der in zwei Jahrzehnten die gesamte ungarische Schwarzwirtschaft herauswuchs und sich verfestigte, genauso wie mich die seltsame Ahnungslosigkeit meiner Eltern interessierte. Ihr Bezugssystem, ihre Denkweise. Unsere Eltern lebten in einer anderen Realität, und auch dort waren sie inzwischen auf ein anderes Ufer verschlagen. Innerhalb einer erstaunlich kurzen Zeit, innerhalb von etwa anderthalb Jahren, hatte ich die Ursachen der Spannungen gefunden, hatte die soziale Schichtung unserer neuen Umgebung verstanden. So krasse Abgrenzungen habe ich in meiner Geburtsstadt sonst nie gesehen, auch später nicht. Damals wurde die traditionelle Fehde zwischen den einstigen Herrschaften und dem einstigen Dienstpersonal, den einstigen Knechten und Tagelöhnern beziehungsweise die Fehde zwischen den Sommerfrischlern und den ständigen Bewohnern, den Bauern und der Gentry gekreuzt vom Grabenkrieg zwischen Schwaben, Ungarn und Juden, abgeschmeckt vom Kampf der Protestanten gegen die Katholiken und dem Freiheitskampf des die Heimat auf ewige Zeiten nach allen Seiten verteidigenden Klein- und Mitteladels, der auch den höfischen Hochadel bekämpfte, was der erbittertste und vergeblichste Kampf war, dazu der mehrmals verlorene Modernisierungskampf der neureichen Großindustriellen, im Bund mit dem höfischen Hochadel, gegen die Gentry und den Mitteladel, der ausdauernde Sprachenkampf der schwäbischen Bauern gegen die von den ungarischen Nationalisten aggressiv betriebene ungarische Assimilation, ganz zu schweigen davon, dass je nach den Machtverhältnissen alle dauernd die Fronten wechselten, in verschiedenen, auch inexistenten Rollen gegeneinander auftraten, die Bündnisse mal gruppenweise, mal einzeln austauschten, wobei der heimliche, sämtliche Fraktionen vereinende Verteidigungskrieg gegen den Bolschewiken, den Russen, den Sowjet, den Russki, den Kollektivismus, den Proletarier der Welt und den Kommunisten der Welt, die zusammen mit der Kriegsniederlage, haben wir es denn nicht gesagt, als schaurige Zugabe ihnen allen auf den Kopf gekracht waren, dem Ganzen die Krone aufsetzte. Na, da habt ihr den kollektiven Topf, fresst schön. Auch in die Winkel des hassbrodelnden Antikommunismus sah ich hinein, und wenn ich es gar nicht wollte. Ich war der Feind, der alle vereinte. Langsam wurde mir meine Situation klar, auch wenn ich mir noch jahrzehntelang nicht eingestehen konnte, was sich für mich eigentlich geklärt hatte, denn ich hatte keine Ausweichmöglichkeiten. Ich wusste nur, dass ich an diesem unterirdischen Krieg nicht teilnehmen, keinerlei Rolle übernehmen wollte, in diesem Krieg möchte ich mich mit niemandem schlagen, möchte auch nirgends Sieger sein, und deshalb werde ich mich nicht in die Deckung meiner Eltern zurückziehen, werde niemanden anschwärzen, das ist das Einzige, das ich tun kann, aber Opfer werde ich auch nicht sein. Sie alle mögen ihren Krieg gegen mich ausfechten, wie sie wollen.

Aber ich sagte nicht, sie sollen mich am Arsch lecken, dafür verstand ich sie doch zu gut, und ich hatte auch Grund zur Vorsicht.

Die Belagerung hatte mich über den gewaltsamen Tod genauestens aufgeklärt. Wenn ich kein Glück habe, dann eben nicht, wenn ich mich nicht verteidigen kann, dann eben nicht.

Die gefrorenen Leichen mit ihren Schusswunden auf dem Schlitten aus Gömörsid brauchten keine weitere Erklärung.

Solange ich mich auf dem Heimweg von der Schule an Gábor Baltazár und Géza Szćkács hielt, ging alles gut, sie waren Ausnahmen in dieser vor Hass, Gekränktheit und Aufwallungen stumm brodelnden Umgebung, stammten offensichtlich aus dem gleichen konservativ-liberalen Biotop, mit dem ich über die Familientradition verbunden und von dem ich auch selbst angezogen war, den Hinweg zur Schule machten wir ebenfalls gemeinsam, auch der Piros, eigentlich ein ungeschlacht liebenswürdiger Knechtssohn, war dabei, ebenso der Csíder, ein hochgeschossener, starker, pfiffiger Proletarierjunge, alles in allem ein sanfter Mensch, eine fast zarte Seele, und wir alle hatten die Schleuder in der Tasche, dazu eine Handvoll Kiesel oder Bleigeschosse, denn wir gehörten zu denen von der Diana-Straße. Allerdings war nur ich so mehrfach bedroht, obwohl ich mich nicht einmal mit meinem eigenen Trupp identifizieren mochte, mich widerten sogar die Sportanlässe an, ich verzog mich lieber, wenn in meiner Nähe eine Mannschaft angefeuert wurde, ich mochte es nicht hören. Schon als Kind lief ich lieber Langstrecken, nur um nicht auf der Kurzstrecke gegen jemanden antreten zu müssen. Meine Situation wurde noch prekärer, als ich mich fürs Mittagessen in der Tagesschule einschreiben musste, worauf ich jeweils allein nach Hause ging. Das Essensgeld richtete sich nach dem Einkommen der Eltern, unterhalb eines Limits war das Essen gratis, und so kam wieder einmal heraus, dass meine Eltern das höchste Monatsgehalt hatten. Unser Vater zweitausendsechshundertdreißig Forint, meine Mutter zweitausenddreihundertzehn, astronomische Summen. Man verstand nicht, warum zum Kuckuck ich in die Tagesschule ging. Auch hier fiel ich also aus dem Rahmen, und obendrein hatte ich anders gelagerte Interessen. Was ich las, was ich hörte, war den anderen fremd. Nachmittags gab es in der Tagesschule eine Brotschnitte und einen Apfel. Oder eine Brotschnitte und eine Schnitte Mischmarmelade. Die von der Mátyás király-Straße beschlagnahmten diese jeden Tag feierlich. Sie kommentierten den Vorgang. Jetzt nehmen wir ihm die Marmelade weg. Ich blickte ihr nach. Sie hatten sie mir vom Brot genommen. Der Brotgeschmack verwandelte auf angenehme Art den Geschmack des Apfels. Noch heute suche ich auf der Zunge diesen Zusammenklang. Die großen Jungen wechselten sich beim Beschlagnahmen ab, mal des Apfels, mal des Brots, mal aller beider, es war wie die Aufteilung eines Gebiets, wie die Aufteilung Europas durch die Großmächte in Jalta. Ich verfolgte das alles mit großem Interesse, da es zum spiritus loci gehörte.

Einer verriet auch das Gesetz, auf dem die Beschlagnahme beruhte. Zu Hause fresst ihr euch bestimmt voll wie die Tiere.

Unsere Mutter erhielt ein neues Amt, über das meine Eltern nicht sprachen, Mutter empfand es als entwürdigend und vollkommen sinnlos, die Ernennung sah nach einem Gnadenbrot aus. Sie wurde in einem Bezirks-Parteiausschuss die verantwortliche Abteilungsleiterin für Agitation und Propaganda und musste genau die Anordnungen und Gesetze anderen schmackhaft machen, oder zumindest vernünftig begründen, gegen die sich ihr Gerechtigkeitssinn wehrte. Meschugge, hätte Großmutter Tauber gesagt. Mutter übernahm das Amt, ohne zu mucken, und tröstete sich damit, dass der fünfte Bezirk ein wichtiger Bezirk sei, hier befand sich die Mehrzahl der Ministerien, sie leite ja sogar den Parteiausschuss, auch wenn ihre Vorgesetzte dieselbe Ilona Vigh war, die sie im Marmorpalais der Múzeum-Straße wegen des Kakaos mit Sahne abgekanzelt hatte. Für meinen Vater zeichnete sich auf seinem Amt ein weiteres großes Problem ab. Hinter meinem Rücken flüsterten sie von etwas, das schwerwiegender war als Veruntreuung.

Wenn ich aus irgendeinem Grund nicht in die Tagesschule musste oder wenn ich sie einfach schwänzte, huschte ich nach dem Mittagessen durchs hintere Tor aus der Schule, dem in der Felhő-Straße, das wir eigentlich nicht benutzen durften. Es war manchmal geschlossen, dann blieb nur das Hintertor des Tagesschul-Hauses, aber auch das war nicht immer geöffnet. Also musste ich über den Zaun klettern und durch den Wald laufen, damit sie mich nicht erwischten. Aber sie kamen dahinter, passt mal auf, der kleine Nádas hechtet allein durch den Brantschi, so nannten die von der Mátyás király-Straße den Braun-Wald. Wir sind keine Schwaben, dass wir schwäbisch sprechen sollten, sagten sie, sie seien Großungarn, sagten sie. Es sprach sich sogar herum, dass der kleine Nádas zweimal in der Woche zu Frau Lehel in den Klavierunterricht ging, zu Mária Lehel, vor der alle Kinder zitterten, selbst die, die gar nicht zu ihr gingen, und auch die, die von ihren berühmten Bäumen Birnen stahlen. Mária Lehel hatte wundervoll gestutzte Bäume, deren Stämme sie mit Kalk bestrich, damit keine Schädlinge ihre Birnen befielen. Die Beleuchtung in der Felhő-Straße war schlecht, drei Laternenpfähle, die ich so rasch wie möglich anpeilen musste, wenn ich hier einbog. Nachmittags um vier dämmerte es, um fünf, wenn ich von Mária Lehel zurückkam, war es im Winter stockdunkel, und um von einem Lichtkegel zum anderen zu gelangen, musste man durch die eigene panische Angst hindurch. Noch heute schleppe ich mich in meinen Träumen angstbesessen zwischen Lichtkegeln. Ich weiß, dass ich den nächsten nicht erreichen werde, dass sie mich erwischen werden.

Fast hätten sie meine Selbstachtung aufgerieben, ich war für die Rolle des Opfers ausersehen, aber die wollte ich auf keinen Fall annehmen, ich wahrte hartnäckig den Schein. Als würde ich nichts verstehen, nichts wissen, nichts ahnen, nichts fürchten.

Es wäre sowieso unverantwortlich gewesen, meine Eltern mit solchen Kindereien zu belasten. Sie hatten offensichtlich ein großes existenzielles Problem, das sie sich selbst nicht eingestehen durften. So wie wir voreinander unsere Sorgen verschwiegen, hätte es nichts genützt, wenn ich mich ihnen anvertraut beziehungsweise ihr großes Problem mit ihnen geteilt hätte. Sie verstanden absolut nichts, ich hingegen verstand sie schon, stimmte im Grunde meines Herzens sogar mit ihnen überein. Ich sah völlig klar, wie sie, auf ihrer eigenen Bahn voranschreitend, fast alles ringsum missverstanden oder nicht verstehen wollten. Schon nach zwei Tagen hatten sie in der unmittelbaren Umgebung eine Klavierlehrerin für mich gefunden, Mária Lehel, die ihre Schüler schlug, auf die Hände, auf den Kopf, sie hatte einen scharfen Dirigentenstab und Partiturenbündel, mit denen schlug sie ihre Schüler. Wenn ich danebengriff, ihre Taktangabe nicht bemerkte oder die falsche Tonart wählte, packte sie mich beim Haar, schlug meinen Kopf auf die Tasten, dass das Klavier dröhnte. Moll, verflixt noch mal. Sie hatten diese unbarmherzige Mária Lehel für mich gefunden, nur damit sie mich nicht zum Ballett anmelden mussten. Das war vielleicht meine letzte Bitte gewesen, in der Schule beginne ein Ballettkurs, darum hatte ich sie gebeten, hatte es gegen meine Überzeugung herausgekeucht, denn eigentlich wollte ich sie um nichts mehr bitten. Ich wollte brav sein. Ich bitte um nichts, ich beklage mich nicht, ich frage nichts, ich friere nicht und bin nicht hungrig, um ihre fragile Existenz nicht zu gefährden. Sie sollen merken, was für ein bescheidenes, wackeres Kind sie haben. Aber sie merkten es nicht. Ganz am Ende hätte ich nicht einmal den Mund auftun dürfen, geschweige denn um etwas bitten. Der Satz kam so schief heraus, dass auch ich mich schämte. Gebt mir bitte Geld, ich möchte mich für den Ballettkurs einschreiben. Mehr brachte ich nicht heraus.

Sie schauten sich an, lachten, was heißt lachen, sie wieherten, was auf der Gefühlsebene bedeutete, dass ich aus ihrer Symbiose ausgeschlossen war, sie beide hingegen vom Lauf der Welt etwas sehr, sehr gut verstanden. Gar nichts verstanden sie. Ihre Köpfe waren mit psychologischen Gemeinplätzen vollgestopft, andere Kenntnisse hatten da keinen Platz mehr. Ihre Unwissenheit war aufreizend. Mit ihrem großen verächtlichen Gelächter stellten sie sich zugleich eine Frage. Sie waren tatsächlich fast immer aufeinander abgestimmt, was durchaus seine Ästhetik hatte, seine Eleganz, auch seine starke erotische Ausstrahlung. Es zog mich an, ob ich wollte oder nicht. Möchten sie denn, fragten sie einstimmig zurück, dass aus ihrem Sohn das und das würde. Das hatte ich noch nie gehört, dass wegen des Balletts aus einem Jungen irgendetwas würde, und auch nachdem ich es schon öfter und in verschiedenen Zusammenhängen gehört hatte, wusste ich noch lange, fast bis zu meinem dreißigsten Jahr, immer noch nicht, was ich damit anfangen sollte. Ich bewunderte ihr auf synchron geschaltetes Gelächter. Verstand aber durchaus, dass sie auf meine Kosten lachten, dass sie etwas Plumpes fragten, das ich weniger verstand als meine Mitschüler, die mich deswegen wieder verdreschen, blutig prügeln oder umbringen würden. Im Chor, aber auch gegenseitig riefen sich meine Eltern zu, dass sie das garantiert nicht wollten, nein.

Garantiert nicht wollten, dass ihr Sohn garantiert schwul würde.

Das wäre keine gute Investition. Sie wollen doch nicht mein Schwulsein finanzieren. Ich solle mir das Geld dafür mit Schneeschaufeln verdienen. Es waren gerade Winterferien. Und so machte ich mich am nächsten Tag in der Morgenfrühe auf, noch im Dunkeln. Um fünf Uhr konnte man sich in der Felhő-Straße auf dem Gelände des Amts für Öffentliche Hygiene melden. Menschen waren da versammelt, wie ich sie auf dem Schwabenberg bis dahin noch nie gesehen hatte, überhaupt nirgendwo in meiner Geburtsstadt. Mit ihnen zusammen wartete ich auf den zuständigen Beamten, wir stampften mit den Füßen, sie musterten mich, was ich da wohl verloren hatte, und dann schickte mich der Zuständige umgehend nach Hause, Kinder könne er nicht gebrauchen.

Sie nehmen dich erst ab sechzehn, Kleiner, rief mir eine Frau nach.

Ich verstand nicht, wovon meine Eltern sprachen, schnappte aber immerhin die Wörter Investition und Finanzierung auf und dachte, dass meine tänzerischen Absichten von einem zweideutigen finanziellen Kuddelmuddel durchkreuzt worden waren, doch als der Monat endete, gaben sie mir Geld, ich solle die schlagkräftige Klavierlehrerin bezahlen, und da sah ich verblüfft, dass der Betrag sehr viel höher war, als was sie für den Ballettkurs hätten auslegen müssen. Wieder konnte ich ihnen im Labyrinth ihres Denkens nicht folgen. Es war klar, dass ich von ihrer Welt, die sich immer weiter entfernte und der gemäß ich statt des billigen Ballettkurses teure Klavierstunden nehmen musste, obwohl ich tanzen wollte, nicht Klavier spielen, kaum je etwas verstehen würde und das auch noch auf ewig würde geheim halten müssen, um sie nicht mit meinen Ideen zu belasten.

Es war nicht mehr so dunkel, die Tage wurden länger und wärmer. Die dicke Schneedecke badete im Sonnenlicht, hauchte leichte Dunstwolken aus, aber kaum war es wieder dunkel und kalt, wurde dichter Nebel daraus. Er rieselte, als ich mit meinen Partituren und Notenheften von Mária Lehel kam, und da traf mich ein Schneeball so hart ins Gesicht, dass ich nichts mehr sehen konnte. Ich wollte gerade rasch in Richtung des Parks schauen und sehen, woher der Schneeball gekommen war, da kam schon der nächste, und wieder einer, nicht alle trafen, einer aber enthielt einen Stein. Er schlug mir die Partituren und Hefte aus der Hand, sie schlitterten auf der erstarrten Schneeoberfläche in alle Richtungen, die Jungen konnten zufrieden sein. Man sah nur ihre Schatten. Sie lachten und stießen Schlachtrufe aus. Einer ließ einen Pfiff los, bestimmt ein Signal für andere, die weiter weg waren. Dann entfernten sich ihre harten Schritte in der zur Kirche führenden Allee. Es wurde still. Wieder nur das Rieseln des Nebels zwischen den Bäumen. Ich stand da, wischte mir das Gesicht ab, auch am Hals klebte mir schmelzender Schnee, und gleichzeitig verfolgte ich das alles mit einem wachen, unbeteiligten Gefühl, es war mir passiert, das schon, als ich mich bückte, um den Schnee abzuschütteln, tropfte etwas Dunkles auf die Schneedecke. Der Stein hatte mich oberhalb der Schläfe verletzt. Die Schädelhaut blutet stark, aber kurz. Am nächsten Tag war ich für sie vogelfrei geworden, Prém wollte mir auf dem Gang ein Bein stellen, mehrere der Umstehenden wollten schon lachen, aber es gelang mir, dem ausgestreckten Bein auszuweichen. Wahrscheinlich war ich auf alles gefasst. In der Turnstunde tat Prém während des Laufens, als könne er nicht weiter, Herr Lehrer, ich habe mir den Fuß verstaucht, aber mich legte er nicht herein, er durfte sich aufs Bänkchen setzen, ich war auf der Hut, wusste schon, worauf er aus war, und wieder gelang es mir, seinem elegant in meinen Schritt hineingleitenden Fuß auszuweichen. In derselben Turnstunde trat Vadász den Kasten unter mir weg, als ich mich darüber hinwegschwingen wollte. Ich wäre aufs Rückgrat gefallen, hätte ich im Sekundenbruchteil, bevor er seinen polternden Tritt gab, nicht die Absicht durchschaut. Inmitten des Gepolters gelang es mir, mich so weit zu bremsen, und das war schon viel, dass ich nur über den Rand der Matte flog, worüber sie gelacht hätten, wenn sie nicht Vadász für seinen gescheiterten Versuch hätten schallend auslachen müssen. Der Turnlehrer, an dessen Namen ich mich nicht erinnere, aber daran schon, dass er ein äußerst attraktiver Mann war, ein Sadist, auch das wurde später zu einer Frage, warum muss jemand im Paradies der Schönheit grausam sein, erwischte Vadász beim Haar und begann ihn unter infernalischem Gebrüll zu schütteln und zu schlagen, er trat ihn mehrmals und stieß ihn zu Boden.

Vadász kreischte, bitte nicht, bitte aufhören, ich tu's nie mehr. Aufhören, sagst du, du dreckiges Schwein, du Scheißkerl, aufhören soll ich, du Hurensohn, dass ich noch deinetwegen ins Gefängnis komme, und er gab Vadász auf dem Boden Tritte. Kannst deine Hure von Mutter ins Gefängnis bringen, kannst du. Das überraschte mich doch, dass er eigentlich nicht mich verteidigte, sondern um sein schönes Selbst besorgt war. Als wäre etwas passiert, und obendrein ihm, das nicht passiert war, und nicht ihm. Er schleuderte den Medizinball gegen Vadász, der Ball war gerade in

Griffnähe. Vadász schützte seinen Kopf, der Ball traf ihn in den Rippen, sodass er minutenlang ohne Atem liegen blieb, während der schöne Täter brüllend hinausrannte, aber nicht etwa, weil es ihm leidtat, sondern um etwas anderes zu finden, womit er diese Drecksau totschlagen konnte.

Als er mit einem kaputten Speer zurückkam, lag Vadász immer noch auf dem Boden.

Und dann war ich es, dem Prém am nächsten Tag zuflüsterte, das würde ich bereuen, nur keine Angst, der Turnlehrer habe den Vadász wegen mir so verprügelt, dass der nicht zur Schule gekommen sei, und diese Beleidigung würde sein Trupp nicht dulden. Ich hätte hier keinen Platz. Statt Vadász kam seine Mutter in die Schule, sie reichte bei der Direktorin Klage gegen den Turnlehrer ein, der ein paar Tage danach von der Schule in der Diana-Straße verschwand. Ich solle nur keine Angst haben, ich würde nicht lange auf ihre Rache warten müssen. Dazu lächelte Prém süß, als flüstere er mir ein nettes Kompliment ins Ohr. Er war unglaublich. Auf eine Art bewunderte ich ihn wie eine Naturgewalt. Er verwandelte seine Verkommenheit, sein brodelndes Rachebedürfnis in ein Spiel, was das Ganze noch unbarmherziger machte und ihm alle seine kindlichen Aspekte nahm.

Eigentlich verlangte er von mir, dass ich mich ihrem Willen und ihrer Willkür ausliefere, was immer sie mit mir anstellten.

Dann tänzelte er schön rhythmisch weiter die Straße hinunter, wie jemand, der etwas zu seiner vollen Zufriedenheit erledigt hat.

Wäre ich Tänzer geworden, könnte ich seine sadistisch selbstzufriedenen Schritte phantastisch gut nachtanzen.

Vielleicht wäre dieser Krieg, den ich mangels masochistischer Neigungen und mit meiner rationalistischen Erziehung nicht als Krieg ansehen konnte, sondern vielmehr als ein verblüffendes Symptom der allgemeinen Verblödung, noch lange weitergegangen, wenn eines schönen Tages Vadász, dessen Vorname mir leider entfallen ist, mich nicht plötzlich herausgefordert hätte. Ich war gerade aus meiner Bank getreten, da stand er vor mir, kaum auf Armeslänge entfernt. Ausweichen war unmöglich. Gleichzeitig bemerkte ich, dass ich umzingelt war, sie hatten sich abgesprochen. Es gab kein Vor, kein Zurück. Vadász trug karierte Hemden, immer nur karierte Baumwollhemden. Er hatte ein rot kariertes, ein grün kariertes und ein blau kariertes, das war alles, jetzt gerade hatte er das Grünkarierte an. Er war ein kräftiger Junge mit regelmäßigen Gesichtszügen, um etliches größer als ich. Am meisten fesselte mich die Farbe seiner Haut, seine leuchtend weiße Stirn mit den starken schwarzen Augenbrauen, die auffällig männlich waren in seinem weißen Gesicht, seine schwarze Mähne.

Falls er einem Dreckjuden begegne, sagte er, werde er ihm die Fresse einschlagen, dass die Sau krepiere.

Er hatte den Satz noch nicht einmal beendet, als ich schon wusste, was er weiter sagen würde, so wie ich auch gewusst hatte, worauf sie alle aus waren, auch über die Kräfteverhältnisse hatte ich keine Zweifel, aber meine Hand setzte sich in Bewegung, und während ich brüllte, dann hast du hier einen Dreckjuden, bekam er eine Ohrfeige, nicht von mir, sondern von meiner Hand, ich selbst war erstaunt, was für eine verborgene, zuvor nie gespürte Lebensenergie die Hemmung aufriss, eine solche Ohrfeige, dass er ins Wanken geriet, vielleicht eher vor Überraschung, aber er fiel über seine Bank hinweg und rutschte wie zusammengefaltet unter den Sitz. Von dort konnte er nicht auf würdige Art hervorkriechen, um mich tatsächlich totzuprügeln. Er war lächerlich geworden. Obwohl von uns beiden ich der Überraschtere war, ich wusste nicht, wie mir geschah, die Lebensenergie war mir von außen zur Verfügung gestellt worden, obendrein wiederholte ich mir den Satz meiner Mutter, und doch war diese Energie mit mir identisch. Aber ich war nicht verantwortlich für die freigewordene Kraft. Ich hatte es getan, ohne einen Antrieb zu verspüren, und deshalb verschaffte es mir auch keine Befriedigung. Ich konnte nicht vor mir selbst zurückweichen. Ich selbst hatte keine solche Kraft. Weder davor noch danach habe ich jemanden geschlagen. Ja, doch, meinen Bruder, aber eher nur symbolisch, damit er aufhörte, nach unseren Eltern zu jaulen, die ja doch nicht kamen. Damit er endlich begriff, dass wir uns außerhalb ihrer Interessensphäre befanden. Einmal habe ich auch Magda geschlagen, aber auch das war nicht im Affekt, sondern in einer ekstatischen List der Liebe. Wenn ich ihren unverständlichen Selbstschutz weder mit Worten noch mit irgendeiner Bewegung unseres Liebemachens durchbrechen kann, nachdem ich mich schon sieben Jahre lang darum bemüht habe, dann werde ich sie nicht davon überzeugen können, dass ich ihr niemals Bedingungen stellen würde. Dass sie sich vor mir nicht zu schützen braucht. Auf irgendeine Weise musste ich sie aus ihrem Liebesschock herausreißen, aus ihrem paranoiden Traum, von ihrem Geist eingegeben, Monster gebärend, aus ihrer immer wieder angestimmten hysterischen Liebeslitanei, die auch immer wieder mit Tränen endete, mit ewigem Bruch, nie mehr, nie mehr, um dann am Dienstag oder Freitag genau so weiterzugehen, aber bis zum heutigen Tag denke ich erschrocken an die Stärke des Schlags. Obwohl er nützte. Was ihn moralisch nicht unbedingt rechtfertigt.

Wir weinten, schluchzten, was danach, beim Liebemachen, viel brachte, sie war ein für alle Mal aus ihrem zwanghaften Verhalten herausgeholt, so gründlich, dass wir nie mehr darüber zu sprechen brauchten.

Das alles geschah in einer Dachkammer in Kisoroszi, im August 1968, es war heiß, die Fenster standen weit offen, wir beide lagen nackt auf einem wackeligen Eisenbett, ein paar Tage nachdem die Warschauer Pakt-Truppen in Prag einmarschiert waren. József Tóth, der Seelsorger von Kisoroszi, den die in Kisoroszi versammelte kleine Künstlerkolonie aus irgendeinem Grund Titu nannte, kam unter großem Geknarre die Treppe herauf und brachte mir das Wort. Wenn ich am Sonntag nicht zum Gottesdienst gegangen war, kam er am Montag, um mir seine Predigt zu erzählen, und wenn ich am Donnerstag nicht in die Bibelstunde ging, kam er am Freitag, um mir sagen, welchen Bibelvers sie durchgenommen hatten. Er machte das bei allen so, zog im Dorf seine Runde, bei allen, die nicht im Gottesdienst gewesen waren, auch wenn sie schon seit zehn Jahren keinen Fuß mehr in die Kirche gesetzt hatten, aber willens waren, ihn anzuhören. Ich musste hinausrufen, er solle sich einen Stuhl nehmen, vor der Tür warten, jetzt könne er nicht hereinkommen. Schon wenn er mich mit Magda antraf oder ich zusammen mit ihr zu ihm ging, geriet er in Verlegenheit, aber dann fand er eine Lösung, wie sich unser Zusammenleben mit der Heiligen Schrift vereinbaren ließ, bis dahin hatten wir für ihn in Sünde gelebt, da wir nicht verheiratet waren. Er sehe, dass wir uns lieben. Trotzdem leben wir in Sünde. Er dürfe uns die Liebe nicht verweigern, dazu habe kein Mensch das Recht, aber wir dürfen von ihm auch nicht verlangen, dass er der Sünde Vorschub leiste. Klar, 3. Buch Moses, 20,10: Wer die Ehe bricht mit jemandes Weibe, der soll des Todes sterben, beide, der Ehebrecher und die Ehebrecherin. Auch wenn er das nicht aussprach.

Der arme Titu, er wurde mit seiner Phantasie nicht fertig und mit unserer Beziehung nicht, wir rüttelten an seinen Nerven. Und wie sollte er die Worte des Propheten Jesaja auslegen, der geradewegs rät, man solle die Frau, die die Ehe bricht und jemand anderen liebt, nur ruhig weiter lieben, so wie der Herr die Söhne Israels liebt, obwohl sie sich anderen Göttern zuwenden. Also war seine Liebe zu uns berechtigt, und doch kam er mit uns auf keinen grünen Zweig.

Wenn er einen von uns allein sah, war das etwas anderes. Zusammen verstärkten wir seine Gewissensnot.

Denn auch der Apostel Paulus sagt im 1. Korinther, 6,18: Fliehet die Hurerei! Alle Sünden, die der Mensch tut, sind außer seinem Leibe; wer aber huret, der sündigt an seinem eigenen Leibe.

Ich sagte, ich hätte jedes seiner Worte verstanden und gewürdigt, könne ihm aber trotzdem nicht helfen, da wir nicht gegen unseren Leib sündigten und auch nicht gegen den des anderen.

Nein, sagte er erschrocken und wiegte seinen großen runden Kopf mit der Drahtbrille, er wisse, dass ich ihm nicht helfen könne, es sei ja seine Gewissensnot, die er mit Gottes Hilfe selber lösen müsse.

Auch die anderen waren hilflos, sie hatten ja eigentlich auf meine Kosten lachen wollen, und jetzt war da dieser große Trampel, dieser Ritter der Gerechtigkeit, dieser unter seine eigene Bank gefallene Vadász, der es dem Drecksjuden hatte zeigen wollen. Sie lachten auf wirklich demütigende Art über seine Schlappe. Er wollte hervorkraxeln, sie halfen ihm zum Schein, stießen ihn aber eigentlich zurück, um weiterlachen zu können, obwohl er doch immer ihr Vorkämpfer gewesen war. Er tat mir leid. Und ich hätte nicht einmal sagen können, dass ich sie nicht verstand, ja, ich verstand sie, auch wenn mir ihr Spiel nicht gefiel, aber ich verstand, dass für diese Idioten Stärke und Geschicklichkeit noch wichtiger waren als ihre düstere Ideologie.

Eines schönen Tages kam dann Titu strahlend zu uns, mit Gottes Hilfe habe er die Sache gelöst, habe die Heilige Schrift durchforstet, er jubelte geradezu, dass ihm so etwas hat geschehen können, er habe den Morgen kaum abwarten können, um zu uns zu kommen. Er sei wie vom Blitz getroffen gewesen. Wie zu Boden geschmettert und dann doch wieder erhoben. Die Ehen werden im Himmel geschlossen. Und wenn er doch mit beiden Augen eine Ehe sehe, könne auch der Priester nichts anderes tun, als sie zu segnen. So wie im Epheserbrief V, 20, und saget Dank allezeit für alles Gott und dem Vater in dem Namen unseres Herrn Jesu Christi und seid untereinander untertan in der Furcht Gottes. Mehr könne er nicht sagen. Und damit segnete er uns wirklich, was immer das bedeutete. Wenn uns das in den Sinn kommt, amüsieren wir uns ein bisschen, aber es gibt nichts zu lachen, nichts zu grübeln, bis zum heutigen Tag leben wir unter diesem Segen.

Der heimliche Krieg zwischen den Truppen ging weiter, aber der Krieg gegen mich hörte in dieser Schule ein für alle Mal auf.

Beendet in dem Augenblick, als ich sie mit ihrem schadenfrohen Gelächter stehenließ und auf den Gang hinausging. Noch im selben Jahr spielte ich in Mihály Vörösmartys Versdrama *Csongor und Tünde* den Csongor, der Gesangslehrer Bánky hatte es mit uns einstudiert, und wir schafften es sogar in die schauderhaften Illustrierten, mit Fotos. In meiner Schnurweste, mit meinem rotsamtenen Tschako und den roten Maroquinstiefeln wurde ich im Handumdrehen der Liebling der Mädchen und vor allem von deren Müttern. Noch jahrzehntelang konnte ich die wunderschöne Dichtung von Anfang bis Ende auswendig aufsagen, alle ihre Rollen. Das Vorher war wie weggeblasen. Sie nahmen mir den Apfel nicht mehr weg. Nahmen mir die Marmeladeschnitte nicht mehr vom Brot. Und der Herr Lehrer Bánky, eine fröhliche Bohnenstange von Mensch, entdeckte bei diesem Proben meine Singstimme, ich müsse in den Chor. Er ließ mich Sopransoli singen. In meinen anderen Schulen, im Chemietechnikum, in der Gewerbeschule wäre der dritte Krieg gegen mich geführt worden, aber da wusste ich schon, was zu tun war. Ich klopfte den Hasen aus dem Busch, noch bevor sie das Gewehr anlegen konnten. Ich nannte die Sachen sogleich beim Namen und verdarb ihnen damit ihre kollektive gute Laune.

Damals in der Schule der Diana-Straße war der Wind der gruppendynamischen Wende wohl so stark, dass nicht einmal Vadász der rituelle Rachefeldzug gestattet war. Später lud er mich zu sich nach Hause in die Melinda-Straße ein, um irgendetwas zu tauschen, was offensichtlich ein Vorwand war. Auch untereinander verkehrten sie in dieser Handelssprache. Ihre scheinbar ehrlichen Gespräche waren genauso Teil eines Handels, dienten der Stärkung oder Schwächung der Abhängigkeit, waren als Bestechung gemeint, falls jemand nach Selbständigkeit strebte. Man muss ihn unterwerfen. Bestimmt ging es beim Tausch um Munition. Oder, wenn ich mich richtig erinnere, um eine aus Munition herausmontierte Zündvorrichtung, die ich seiner Meinung nach aus irgendeinem Grund unbedingt haben musste, und aus Rücksicht sagte ich nicht, dass ich sie nicht brauchte. Auch das war ein interessantes Phänomen, der friedliche Kleinhandel zwischen tödlich verfeindeten, sich dauernd bekämpfenden Truppen.

Noch zur Zeit meiner Verfolgung hatten mich vier Jungen aus einer höheren Klasse im Park abgepasst, um mich jetzt einmal wirklich gehörig zu verprügeln. Ich hatte versucht, ihnen auszuweichen, sie aber hatten immer wieder meinen Namen gerufen, waren mir gefolgt, ich solle stehen bleiben, solle doch nicht gleich in die Hose scheißen, ob ich denn ein kleines Mädchen sei, ob ich schwul sei, dass ich vor ihnen solchen Schiss habe, und beim Heldendenkmal war es einem von ihnen gelungen, vor mich hinzutreten. Sie wollen mir etwas zeigen. Ich solle mir nicht in die Hose machen. Ihr macht euch immer gleich in die Hose. Sie wissen, dass uns so etwas sehr interessiere. Dann waren auch die anderen schon da und umstanden mich. Ich musste es so verstehen, dass ich nicht ich war, sondern ein Jude, ein Hosenscheißer, so wie alle anderen, die ganze jüdische Bande, die sind zahlreicher als die Schaben, leider ist es dem Hitler nicht gelungen, sie allesamt auszurotten, und uns, die Hosenscheißerjuden, interessiere ein solches Wasweißich ungeheuer. Aber ich war nicht willens, die Mehrzahl zu akzeptieren. Sogar Erwachsene, die mich mit dieser Mehrzahl ansprachen, fragte ich rigoros, wer wir, was für ein Wir. Ich bin hier allein. Gehört hatte ich es zur Genüge, ich wusste schon, was es bedeutete und wo mein Platz in diesem Wir war. Nie bekam ich auf meine Rückfrage eine Antwort. Auch auf Deutsch bekam ich das mehrmals zu hören, auf Französisch geht es vielleicht nicht, ich weiß es nicht, aber auch auf Deutsch erhielt ich nie eine Antwort auf meine Gegenfrage. Mehr als einmal war ich gezwungen, alte Gelehrte, ehrwürdige Kollegen zu fragen, wen sie mit der geschätzten Mehrzahl meinten, wo sie doch sahen, dass hinter mir kein Heer stand, dass ich ganz allein war. Unter kitzligem Gekicher und großen Gewieher zogen die Jungen aus einem Umschlag ein Amateurfoto mit gezacktem Rand, das interessiere uns, ich solle es für zehn Forint kaufen. Sie zeigten es nicht lange her, zogen es zurück, streckten es mir wieder unter die Nase. Zehn Forint, das war sehr viel. Woher hätte ich so viel Geld haben können. Eine Semmel kostete zwanzig Fillér. Eigentlich betrieben sie die Sache auf kleinlaute Art. Bestimmt brauchte ein älterer Bruder die zehn Forint. Kleinlaut fuhren sie mit den Fotos unter meiner Nase herum, das sei kein hoher Preis dafür, was da alles drauf sei, und von denen hätten sie noch mehr, die sie mir jetzt noch nicht zeigten. Auch mein Papachen werde sich bestimmt dafür interessieren. Nur deinem Mamachen zeig sie nicht. Sie wieherten. Wirklich erschrocken wären sie gewesen, wenn ich auf das Geschäft eingegangen wäre. Ich begriff nicht, was diese aus den unteren Gesellschaftsschichten stammenden nackten Frauen und Männer auf den aufgewühlten Betten und auf der daneben herumliegenden Bettwäsche taten. Ich müsse auch gar nicht gleich bezahlen. Mein erster Gedanke war, dass die Fotos aus der Klapsmühle stammten, eine Klapsmühle hatte ich noch nie gesehen. Von außen hatte man mir welche gezeigt. Hier leben die Verrückten. Ich könne sie auf Kredit mitnehmen und später bezahlen, nur koste es dann natürlich mehr. Sie würden mir die Fotos auch als Pfand ausleihen, aber da müsse ich ihnen etwas Wertvolles dafür geben. Sie wüssten, dass ich eine wertvolle Briefmarkensammlung habe. Lange folgten sie mir zwischen den nebeltropfenden Bäumen des Parks, boten ihre Ware an, und die ganze erniedrigende Szene hätte sich wohl nicht abgespielt, wenn sie nicht gewusst hätten, wie hoch das Gehalt meiner Eltern war, aber es mochte kommen, was wollte, ich beharrte stur darauf, dass ich die Fotos nicht brauchte. Ich besaß tatsächlich eine Briefmarkensammlung, die noch mein Vater als Kind angelegt hatte, tatsächlich mit wertvollen Raritäten darin, ich war nur der Fortsetzer der Sammlung, Vater hatte auch alles erklärt, was man vom Briefmarkensammeln wissen musste, das Einlegen, das Trocknen, die Grundbegriffe der Systematik, aber ich sagte ihnen, sie täuschten sich, ich hätte keine Briefmarkensammlung. Ich sagte nicht, für solche Fotos gebe ich keine zehn Forint aus, da ich keine Ahnung hatte, was für welche es waren. Ich spürte allerdings, dass ich nicht so leicht davonkommen würde, offenbar standen sie unter ziemlichem Druck, die Fotos zu verkaufen, die tatsächlich ein gewichtiges Geheimnis enthüllten. Am Ende tat es mir leid, sie ihnen nicht abzukaufen, aber wenn ich nachgegeben hätte, wäre es noch demütigender gewesen. Noch jahrelang beschäftigten mich die Fotos und die Frage, was sie an diesen ungepflegten Menschen zwischen den fleckigen Wänden dieser elenden Zimmer so geheimnisvoll oder interessant fanden. Auch wenn ich schon wusste, dass der erigierte Penis bei der Paarung der Weibchen und Männchen eine Rolle spielte. Und ich hatte auch gesehen, dass der wunderschöne schwarze Hund der Baltazárs unser als hässlich geltendes weibliches Hündchen besteigen wollte und dazu etwas langes Rotes hervorstreckte, aber es gelang ihm nicht, er war zu groß, sein blutrotes Etwas reichte nicht bis zu unserem Hündchen hinunter.

Darum geht's aber schon nicht, ob ihr die Fotos braucht oder nicht braucht, verdammt noch mal. Wir hauen dich platt, wenn du sie nicht kaufst. Ich ging aber einfach geradeaus weiter, ließ mich in keiner Weise auf ihr übles Geschäft ein, und irgendwo beim Haus des beglaubigten Buchhalters, an der Ecke Diana- und Felhő-Straße, blieben sie stehen, dieses eine Mal hatte ich Glück, sie folgten mir nicht weiter, blökten mir nur nach, einmal würden sie uns verprügeln, dass wir uns in die Hose scheißen. Diese Mehrzahl bezog sich diesmal eindeutig auf den Trupp der Diana-Straße, nicht auf die hergelaufene Heerschar gotteslästerlicher dreckiger bolschewistisch-kapitalistischer Juden, die in einer einzigen Person auf ewig ich war, ich, als Gottesmörder geboren. Die von der Mátyás király-Straße durften die Diana-Straße nicht betreten, so wie auch ich als Erwachsener zum ersten Mal in die Mátyás király-Straße ging. Am Ende besuchte ich Vadász in der Melinda-Straße tatsächlich.

Die Melinda-Straße gehörte zu uns, dorthin durfte ich gehen, auch wenn Vadász zur Mátyás király-Straße gehörte. Heute erinnere ich mich nur noch an ihr gemütliches, vollgestopftes Wohnzimmer, das auf eine Veranda ging. Und daran, wie leicht mir entschlüpfte, das nächste Mal solle er zu uns kommen. Im Weggehen sagte ich das. Ich wusste, dass es eine Übertreibung war, es war als Höflichkeit gemeint, aber unangebrachte Höflichkeit ist unwillkürlich eine Unhöflichkeit. Nein, es war nicht angebracht, ihn einzuladen. Er kam auch nicht, und das war für uns beide besser so.

Auch die Arbeiter kamen unerwartet, auch davon hatten unsere Eltern nichts gesagt. Als ich von der Schule nach Hause kam, stand alles sperrangelweit offen, unbekannte Personen gingen im Haus ein und aus, sonst war niemand zu Hause, nur die unbekannten Arbeiter, die meine Gegenwart einfach nicht zur Kenntnis nahmen und auf die Wände einhämmerten. Meine Hündin lief mir entgegen, bis dahin hatte sie sich irgendwo versteckt, sie kam mir nach, ganz offenbar war ich nunmehr ihr einziges Zuhause, sie war verwirrt, verstand nicht, was geschah. Es war ein wunderbares Tier, lauter Vertrauen und Gutartigkeit. Nur Gábor Baltazár kam ihr gleich. Sie schlugen im Badezimmer und in der Küche die Delfter Kacheln von der Wand und schmissen den Schutt aus dem Fenster. Die paar ärmlichen Möbel des Kinderzimmers hatten sie zuvor schon, vielleicht zusammen mit unseren Eltern, in Perczels Empfangssaal hinübergeschoben, einfach zwischen die marmorierten Säulen und Halbsäulen, bis sie auch die Säulen kaputt schlugen, weil der Architekt behauptete, sie hätten keine statische Funktion, seien nur Dekor, andere waren gerade dabei, zwischen dem früheren Esszimmer und dem früheren Rauchzimmer die schon herausgehauenen Türrahmen herauszuheben. Auf den schwarz lackierten, auf flammend roten Sockeln stehenden modernistischen Möbeln im Schlafzimmer unserer Eltern lag dicker Staub. Noch heute verstehe ich nicht, warum sie nichts zu deren Schutz unternommen hatten.

Es war eine wunderbare Hündin, wir nannten sie, wie anders, Buksi, eine Promenadenmischung, sagten unsere Eltern etwas verächtlich, auch das verstand ich nicht, warum ein Hund rassenrein sein muss, wo wir doch den Rassenbegriff ablehnen, wohl die Frucht der Liebe zwischen einem Dackel und einem Spaniel, mein Bruder und ich liebten sie innig. Sie begleitete uns überallhin, beschützte uns, galoppierte neben uns her, man hätte sie nicht abschütteln können, sie begleitete uns erhobenen Kopfes bis zum Norma-Baum, mit federnden Schritten, als sei sie stolz auf unsere große Freundschaft, nur zu den Rutschpartien im Harang-Tal kam sie nicht mit. Eine Weile noch schaute sie mir von der Bergkuppe sehnsüchtig hinterher, doch als ich rasch zurückblickte, war sie nicht mehr da. Sie trabte mit eingezogenem Schwanz eilig zurück, flog auf ihren kurzen Beinchen heimwärts. Man konnte sie nicht in den Garten sperren, sie grub sofort ein Loch, brach triumphierend aus, lief uns unter wahnsinnigem Gebell nach. In ihrer Freude musste sie pinkeln, manchmal mir auf die Schuhe. Das störte mich überhaupt nicht. Sie kam mit mir in den Lehrgarten, in die Schule, wartete beim Eingang stundenlang auf mich, oder unten an der Ecke der Diana-Straße, beim Blechkruzifix, das die Masa Feszty in ihrem religiösen Wahn knallbunt bemalt hatte. Wenn ich vor dem Lebensmittelgeschäft, der Bäckerei oder Metzgerei Schlange stehen musste, wartete sie auf der anderen Straßenseite, ganz bescheiden, sie zeigte, was sie für ein braver Hund war, um nicht mit Fußtritten verjagt zu werden. Was will dieses hässliche Vieh hier. Na so was von einem hässlichen Vieh. Wem gehört dieses hässliche Vieh. Es gehört mir und ist nicht hässlich. Wenn der nicht hässlich ist, Jungchen, dann weißt du nicht, was schön ist.

Dieser Hund war glücklich mit uns, und mein Bruder und ich waren glücklich mit ihm.

Über das Baudurcheinander konnte ich sie aber nicht beruhigen.

Von jenem Frühlingstag an wusste ich nicht mehr recht, wo unsere Küche war oder ob es im Haus Wasser gab oder wie lange es in dem dunklen Loch mit seiner kleinen, auf den Gang gehenden Luke, das von jetzt an unser Badezimmer sein sollte, kein elektrisches Licht geben würde, den Elektromonteur hatten sie anderswohin mitgenommen und gaben ihn nicht wieder her.

Wir waren schon mitten im Umbau, als sich herausstellte, dass sie ihn eigentlich abblasen müssten, da unsere Großeltern zu uns ziehen würden, die Großeltern Tauber, Arnold und Cecília. Mitten im Umbau hätten sie neu planen müssen, auf die Art war es zu eng. Tante Bözsi, Witwe von Miklós Nádas, geborene Erszébet Tauber, wartete nicht länger auf ihn, was die Familie wie ein Blitzschlag traf, Miklós kommt nicht, Miklós ist verloren, Miklós, mein süßer, teurer Schatz, mein Augenlicht, ist ermordet worden, sie hatte vergeblich gewartet, vergeblich das Eingemachte hergestellt, vergeblich strahlte zu jeder Zeit jeder Gegenstand in der Wohnung, vergeblich strahlte sie selbst mit ihrer hochgetürmten, über dem Warten unmerklich weiß gewordenen Frisur, vergeblich pflegte sie ihr teures Nest, das sie sich gemeinsam gebaut hatten, und so wolle sie nun doch den Witwenschleier abwerfen und den aus ähnlichen Gründen verwitweten Gyula Nemes heiraten. Diesen hatte ich in der Wohnung in der Dembinszky-Straße schon angetroffen. Vielleicht blieb mir bei der Nachricht von der Witwenheirat der Mund nicht gerade offen stehen, aber so fühlte es sich an. Ich hatte schon bis dahin das Liebesleben der Erwachsenen nicht verstanden und konnte jetzt erst recht nicht mehr hoffen, je etwas zu verstehen, da diese Heirat über mein Vorstellungsvermögen ging, ich würde die beiden wohl für den Rest meines Lebens offenen Mundes anstarren müssen. Dieser Gyula Nemes war ein recht amüsanter Mensch, alles an ihm hing in alle Richtungen, nicht nur seine Kleidungsstücke, sondern darunter auch sein großer Bauch, sein Hintern, seine Brüste, seine Backen, sein großes Doppelkinn, seine Augenlider, seine struppigen Augenbrauen, er war mindestens zehn Jahre älter als Tante Bözsi, deren berühmte misslungene Operation weitere Operationen nach sich gezogen hatte, Professor Zinner und

Professor Glauber von der Orthopädischen Klinik in der Karolina-Straße hätten gern die Folgen der fortschrittlichen sowjetischen ärztlichen Kunst korrigiert, beide waren Experten für angeborene Hüftverrenkung, sie gaben also nicht nach und nicht auf, wohl aus starkem fachlichem Ehrgeiz, auch die Patientin durfte nicht aufgeben, sogar im Liegen hatte sie chronische Schmerzen, konnte weder gehen noch stehen, aber auch die Korrekturversuche schlugen der Reihe nach fehl, was nicht sein durfte, die Partei konnte sich nicht täuschen, die fortschrittliche sowjetische Wissenschaft konnte sich nicht täuschen. Sonst müssen wir ein bisschen korrigieren, ein bisschen Kosmetik betreiben, dann ist es für alle gut. Nur an Krücken konnte Tante Bözsi in die Küche oder ins Badezimmer hinaus. Ihre Schüler dirigierte sie meistens vom Bett aus, in einem Bettumhang aus Spitzen, in schaumiger Spitzenbettwäsche, auf spitzenbesetzte kleine Kissen gestützt, frisiert, maniküert, noch inmitten der größten Schmerzen ungebrochen guter Laune.

Ihre Stimme wurde noch gewaltiger. Jetzt musste sie nicht mehr nur sich selbst überschreien.

Ich verstand einfach nicht, wie Gyula Nemes hier hereinpasste, mit seiner Schwerhörigkeit, seinen verbeulten Anzügen, den Krawatten voller Fettflecken, Kaffeeflecken, den Schuppen auf den Schultern seiner dunklen Jacketts. Vielleicht war er stark schwerhörig, vielleicht deshalb musste Tante Bözsi ihren durchdringenden Alt noch mehr aufdrehen. Mit dem sie auch knattern konnte, wenn sie wütend war. Die beiden lachten ständig. Sie forderte auch ihre Gäste auf, Gyula anzubrüllen, nur ganz ruhig, Rózsilein, so, als wären Sie wütend auf ihn, und nicht einmal das reichte bei jedem Mal, es kam wohl auf die Stimmlage des Betreffenden an. Sie lachten über alles. Es war unerklärlich, worüber diese beiden Verfolgten des Schicksals, die Braut und der Bräutigam, so viel zu lachen hatten. Gyula, du sollst nicht so laut denken, brüllte Tante Bözsi den guten Onkel Gyula an, wenn er laute Fürze fahren ließ, weil er meinte, es höre sie niemand, worüber sie wiederum schallend lachten, während ihre Gäste mit ihren Tellern voller Gebäck betreten dasaßen, mit den vielen feinen Kompotts und der vielen Schlagsahne.

Unsere Eltern nannten unseren Hund Grünmantel, Farbe des Hundes grün, hatte der Tierarzt seine Assistentin auf den Impfausweis eintragen lassen. Weiblich, Bastard, grün. Wie könnte ein so wunderhüsches kluges Tier ein Bastard sein, eins, dessen Augen mich und die ganze Welt so anstrahlen, eins, das ich so liebe. Ich war bis in die Tiefen meiner Seele beleidigt. Dieser Tierarzt hatte einen Lebensnerv in mir angekratzt. Ich protestierte sogleich, die Farbe des Hundes sei Rotbraun, mit schwarzen Flecken an den Läufen und den Ohren. Ich wollte das Grün auf dem Impfausweis nicht. Der Hund ist nicht grün, bitte schauen Sie ihn sich genauer an. Der Tierarzt war nicht nur von meinem Ton überrascht, mit Erwachsenen durfte man nicht so sprechen, und wer einen Doktortitel hatte, stand in jedem Fall über den anderen, mit einem Doktor durfte man nicht diskutieren, sondern auch meine Wortwahl überraschte ihn. Noch nie hatte ihn jemand aufgefordert, sich etwas genauer anzuschauen. Erst recht kein Kind. Der Schulhof war voller kläffender, jaulender, hier und da einander oder die menschlichen Wesen anfallender, knurrender, zähnefletschender, keuchender und zitternder Hunde, wir zerrten sie an notdürftigen Leinen aus Schnüren, Stricken und Gürteln. In dieser lärmenden tierischen und menschlichen Schar hatte der Tierarzt keine Zeit für Polemik. Er blickte auf seine fragend schauende Assistentin, dann sprach er, keine Widerrede duldend, das Urteil, nichts zu machen, Junge, die Farbe des Hundes ist grün. So wurde es eingetragen. So stand es unverrückbar auf dem Papier. Kaum war ich mit meiner Hündin draußen in der Felhő-Straße, wurde ich von Weinen gepackt. Was heißt Weinen, Schluchzen. Ich schluchzte den ganzen verdrängten Schmerz meines disziplinierten Lebens hinaus. Die Hündin war rotbraun. Wenn's sein muss, schreie ich das ins Universum hinaus. An ihrem Rücken war das dichte Fell ganz glatt, mit ein paar schwarzen Streifen, und an ihren rotbraunen Ohren, ihren krummen, rotbraunen Läufen saßen schwarze, wunderschön gewellte kleine Büschel. Ihr wunderschönes Äußeres und ihr forscher Gang sahen dadurch richtig komisch aus. Als trüge sie flauschige Pantoffeln. Ich liebte es, wie sie in ihnen zackig daherkam und ihre Nägel auf dem Asphalt klopfen ließ. Aber nur mein Bruder und ich sahen ihre Schönheit, für alle anderen war sie ein hässliches, widerliches Vieh. Bei aller meiner Verzweiflung, durch die Tränen der ohnmächtigen Wut und Verblüffung hindurch, musste ich aber doch zugeben, dass über Buksileins Rücken, an der Oberfläche des dichten, fettig glatten Fells, aus einem bestimmten Winkel gesehen, unter bestimmten Lichtverhältnissen tatsächlich eine bei anderen Hunden nie gesehene seidig grüne Schattierung lief, die sich mit ihr bewegte, stärker und schwächer wurde, wie bei Seidenshantung-Kleidern, von Bordeauxrot zu Schwarz, von Braun zu Grün. Ich fand dieses Changieren, wie es die Damen mit dem Ausdruck einer versunkenen Welt sagten, changierend, ich habe ein kleines changierendes Kostüm, na so etwas, mit einem changierenden Kostüm zu einer Beerdigung zu kommen, wer hat schon so etwas gehört, ich also fand dieses Changieren sehr vornehm, jetzt aber war mein Hund abgestempelt, und unsere Eltern waren davon ganz aufgekratzt. Das ist wirklich ein grüner Hund. Auch vom Changieren waren sie beflügelt. Wir haben einen grün changierenden Hund. Sie konnten das wunderbare Tier nicht ausstehen, das uns im zerstörten Heizungsrohr des zerstörten Glashauses einen Wurf von sechs wunderbar säuselnden, wimmernden, grün changierenden Welpen bescherte. Ich hatte die Hündin schon mindestens zwei Tage lang vergeblich gerufen, vergeblich auf sie gewartet, vergeblich im Garten nach ihr gesucht. Bis ich diese unbekannten kleinen Töne hörte und auf einmal in die wunderbaren Augen meiner wunderbaren Hündin blickte, die mich von unten beobachtete, während an ihren Zitzen die Kleinen schmatzten und stießen, sie beobachtete, ob ich es mit ihnen gut meinte. Sie demonstrierte ihre Hilflosigkeit, leckte die Welpen, damit ich es sah. Wie hätte ich es nicht gut mit ihnen meinen sollen. Sie leckte auch meine Hand, ließ zu, dass ich ein Junges vorsichtig aufhob, verfolgte es aber mit flehendem Blick, gab mir mit dem Blick Anweisungen, bitte pass auf, bitte nicht so stark, bis ich das erschrocken wimmernde, himmlisch riechende blinde Energiebündelchen wieder an ihre Zitzen legte. Dieser Duft war das Muster, die Idee des Hundegeruchs. Ich brachte der glücklichen Hundemutter Wasser und Futter. Bis die Welpen eines Tages die Augen aufmachten und an einem der folgenden Tage Buksi an unserer Schwelle kratzte, winselte, sich im Kreis drehte, auf der Stelle hüpfte, etwas verlangte, mich mitnehmen wollte, aber ich verstand nicht, sie rutschte auf dem Bauch, auf ihren geschwollenen Zitzen, schlug mit dem Schwanz auf den Boden, rannte aufgewühlt zwischen dem Glashaus und dem Haus hin und her. Ich rannte mit. Ich sollte etwas für ihre Jungen tun, das war es. Sie winselte, bellte, fletschte mich an. Das Rohr war leer. Ich brüllte, kreischte, rannte hin und her. Unsere Eltern sagten, Herrr Szabó habe die Welpen verschenkt. Das stimmte aber nicht. War eine Lüge. Warum müsst ihr dauernd lügen, schrie ich sie an.

Offenbar hatte Herr Szabó die Aufgabe erhalten, sie zu beseitigen.

Ich verstehe noch heute nicht, warum sie das getan hatten. Schämten sie sich wegen eines solchen hässlichen Hunds mit grünem Fell, eines solchen Bastards, eines solchen kleinen Wurms, den man nicht einmal mit Steinen nach Hause scheuchen konnte und der ebenfalls grün changierende Hunde warf. Wenn ich laut brüllend protestierte, sagten sie, sie werfen mit den Steinen nicht nach dem Hund, sondern absichtlich daneben, damit er nach Hause laufe. Auch das stimmte nicht. Höchstens, dass die Hündin den Steinen geschickt auswich. Sie trafen einfach nicht. Trotzdem folgte sie ihnen, das Haustier hat es nicht leicht, das wilde Tier auch nicht, folgte ihnen zwischen Büschen und unter Hecken. Ich verstand das schon. Die Hündin wollte sie von sich überzeugen.

Meine Eltern, so viel sei zu ihrer Rettung gesagt, hatten unseren Hund loswerden wollen, um nie mehr Welpen umbringen lassen zu müssen. Aber dass es jemand anders besorgen musste, fand ich widerlich. Dem Karpfen musste auch Herr Szabó eins auf den Kopf geben. Die Hündin bekam Milchfieber und genas von der entsetzlichen Trauer noch langsamer als ich. Ich nahm sie auf den Schoß, legte ihr kalte Umschläge auf die entzündeten Zitzen. Sie ließ es zu, allen Schmerzen zum Trotz, die Umschläge verschafften etwas Linderung. Als sie ein paar Wochen danach wieder umherrannte und uns alle eifrig begleitete, gingen meine Eltern einmal in die Dobsinai-Straße hinüber, mein Vater musste bei Tante Özsi etwas reparieren. Diesmal hatte sich ein ÁVO-Offizier vom Land ihr Haus ausersehen, sie mussten etwas tun, man würde das Haus wieder enteignen. Sie wussten noch nicht, dass der ÁVO-Mann in dem zweimal stilrein nach Bauhaus-Prinzipien aufgebauten und zweimal eingerichteten Haus nur eine Art Hauswart sein würde, dass es in den folgenden Jahrzehnten von der Gruppenleitung der Spionageabwehr für geheimdienstliche Zwecke in Anspruch genommen werden, eine Art Geheimwohnung sein würde, wie ich Gábor Tabajdis Geschichtswerk *Budapest im Netz der Geheimdienste* entnommen habe, und dass sie, als sie für das Haus keine Verwendung mehr hatten, es mitsamt den dazugebauten Schuppen und Verschlägen, den im Garten herumliegenden Maschinenwracks und Ölfässern verfallen lassen würden. Unser Vater fand bei jedem Apparat sofort den Fehler und konnte ihn problemlos reparieren. Die Hündin ging mit, das heißt, wenn sie aus dem Gartentor traten, schlüpfte sie etwas weiter weg unter dem Zaun durch und galoppierte ihnen auf ihren kurzen Beinen nach. An dem Abend aßen wir bei Tante Özsi. Die Hündin saß die ganze Zeit vor dem Tor. Sie hatten den Plan, von hier mit ihr zur Böszörményi-Straße zu gehen, dort die Straßenbahn zu nehmen, die Hündin würde ihre Spur verlieren, jemand würde sie aufnehmen, oder der Hundefänger erwischte sie. Gedacht, getan. Sie überließen die Hündin ihrem Schicksal. Natürlich war sie vor ihnen zu Hause.

Es wurde Herbst, ein nasser Herbst. Wieder fand ich die Hündin tagelang nicht. Ich kann nicht sagen, meine Hündin, sie war genauso der Hund meines Bruders. Sie verteidigte den Kleinen, war ständig in Bereitschaft für ihn. Wenn ein größerer Junge meinen Bruder schlug, machte sie einen Riesenlärm, schnappte dem großen Jungen nach den Knöcheln. Es war ein Samstag, wahrscheinlich November, ich suchte die Hündin an allen den Orten, an die sie mich zuletzt begleitet hatte. Vielleicht hatte ich es nicht bemerkt, als sie neben mir wegblieb. Jetzt saß sie vielleicht irgendwo und wartete treu auf mich, das wurde zu meiner fixen Idee, da ich mich einfach nicht erinnern konnte, wo ich unseren Hund zum letzten Mal gesehen hatte.

Es dunkelte schon an diesem Samstag, als ich gar nicht weit vom Haus entfernt auf sie stieß, auf dem nassen Laub unter einem kahlen Strauch. Ich fand sie nur, weil sie ein kaum hörbares Signal, ein Ächzen hören ließ. Sie schien hohes Fieber zu haben.

Ich nahm sie auf, trug sie ins Haus. Mein Bruder und ich machten ihr im Gang ein Lager. Damals wohnten schon Großvater Tauber und Cecília Nussbaum bei uns, in dem Zimmer, das unsere Eltern ursprünglich als unser Kinderzimmer vorgesehen hatten, und wir hatten wieder eine Hausangestellte, ein recht wunderbares Mädchen aus Pilisszentkereszt, Szidónia Tóth, mit einem langen, dicken Zopf auf dem Rücken und von Kopf bis Fuß in Volkstracht.

Die Hündin lag, wie ich sie hingelegt hatte, mit geschlossenen Augen, nahm weder Wasser noch Nahrung an. Äußere Verletzungen waren nicht zu sehen.

Großvater stand lange über ihr.

Ja, sagte er still, dieser Hund wird eingehen.

Auch Szidónia Tóth blieb über uns stehen. Sie machte jeden Morgen ihren Zopf auf, kämmte ihn, flocht ihn neu, warf ihn nach hinten, er war so schwer, dass er ihr auf den Rücken knallte.

Wenn sie kein Wasser und keine Nahrung annimmt, wird sie bis zum Morgen eingehen, sagte auch sie.

Ich machte einen Lappen nass, damit sie ein Hund war, der Wasser annahm, presste ihr Tropfen aufs Maul.

Ohne große Überzeugung fuhr sie mit der Zunge über die Fransen ihrer Lippen.

Sie hat das Wasser angenommen, sagte ich zu Szidónia Tóth.

Als hinge das Leben des Hundes von Worten oder meiner Schläue ab.

Als ich am Sonntag aufstand, fand ich sie tot auf ihrem Lager im Flur. Man sah das Weiße ihrer Augen, sie schien die Zähne zu fletschen, unter ihrem Reißzahn hing die Zunge ein wenig heraus. Ihre vier kurzen Beine mit den lustigen Fellbüscheln vorgestreckt, ihr Körper starr, erkaltet. Obwohl unsere Eltern uns am Vorabend damit getröstet hatten, dass sie am Montagmorgen als Erstes einen Tierarzt ausfindig machen würden, wir bringen den Hund hin. Immer geschah alles anders. Baltazárs durchdringender Pfiff wurde laut, er konnte auf zwei Fingern pfeifen, ich rannte zum Zaun. Wir hatten den Hund gerade begraben. Baltazárs schwarzer Hund schnüffelte, kratzte ein wenig um die Stelle herum, lief unruhig weg.

Szidónia Tóth sagte, wir sollten einen größeren Stein aufs Grab legen, damit es nicht von Baltazárs Hund aufgewühlt werde. Mein Bruder und ich und noch wer weiß wie viele Kinder schleppten den Sockel einer im Sturm umgekippten und zerbrochenen Gartenskulptur aufs Grab. Diese ziemlich hässlichen Gartenskulpturen waren aus gelbem Ton, nackte Göttinnen, nackte Faune, mit der Zeit wohltätig von Moos überzogen und schwarz geworden.

Am Zaun sagte Baltazár, bei ihnen habe es am Vortag in der Morgenfrühe eine Hausdurchsuchung gegeben, sie hätten eine Anordnung erhalten, sie würden umgesiedelt, einige persönliche Gegenstände und Gebrauchsgegenstände dürfen sie mitnehmen, den Rest müssen sie hierlassen, er und Éva seien beim Packen, er wisse nicht, wohin sie gebracht würden, aber er würde von dort schreiben. Das alles sagte er rasch und leise, und ohne jegliche Erregung. Es gab nichts zu tun oder zu sagen. Wir gaben uns über den Zaun hinweg die Hand, es dauerte länger als bei einem gewöhnlichen Händedruck.

Ich schaute ihm nach, wie er mit seiner schönen, hochaufgeschossenen Gestalt über die Treppe zur Terrasse hinaufstieg und im Haus verschwand.

Noch am selben Abend fuhr bei ihnen ein Luxuswagen vor, solche Autos verkehrten auch sonst häufig bei ihnen, nicht immer nur schwarze, sondern manchmal auch farbige, fröhliche mit Schwalbenkotflügeln, türkisfarbene, rosarote, sie kamen in der Dämmerung, brachten ihre Mutter nachts von irgendwoher zurück, sämtliche Autos mit dem hellblauen Nummernschild des diplomatischen Korps. Es waren Limousinen oder noch größere amerikanische Wagen, jene mächtigen Straßenkreuzer, herrschaftliche Schiffe, aus der Zeit vor der Belagerung. Manchmal wurde seine Mutter von einem solchen Wagen abgeholt, dann wieder trafen mehrere Autos ein, eine Menschenschar ergoss sich aus ihnen, eine fröhliche Gesellschaft mit ihrem hemmungslosen Gezwitscher, ihrem herausplatzenden Lachen. Oder es wurde etwas geschickt, in Körben, Kisten, Paketen, ihr Vater schicke da etwas, so sagte man es, da etwas schicken, und bei diesen Gelegenheiten stieg der uniformierte Chauffeur aus und klingelte an der Haustür.

Durch das dichtbelaubte Gebüsch hindurch sah ich gelegentlich die roten Lichter der Straßenkreuzer, ihre auffälligen Farben, vom Herbst bis zum Frühling hingegen war die Zeremonie ein Schattenspiel. Hatte der Chauffeur geklingelt, schritt diese Frau, schöner als alle, eleganter als alle, bald durch das Bild, mit ihren unglaublich schönen Hüten oder Turbanen, in Kleidern, die auf ihren gertenschlanken Körper zugeschnitten waren, in Abendroben, um die Schultern einen leichten Pelz oder eine Stola. Ich registrierte ihre Auftritte, weil ich warten musste, bis es wieder dunkel und still wurde, bis mein kleiner Bruder einschlief, dann öffnete ich unser Fenster, warf meine Schuhe in den Garten, wenn nötig, auch meinen Mantel, durch das Fenstergitter konnte ein so kleingewachsenes Kind wie ich hindurchschlüpfen, und ich rannte, so wie ich war, im Pyjama, zu ihnen hinüber. Auch sie empfingen mich im Pyjama, unter rituellem Freudengeschrei und mit Stammestänzen. Auf dem Grammophon dröhnten schon Rumba, Samba, Foxtrott, Tango. Das riesige Herrenzimmer war von Wandleuchtern, Stehlampen und Kronleuchtern hell erleuchtet; das Haus war im Hazienda-Stil gebaut, mit Anleihen beim funktionalen Stil, das Herrenzimmer mit den dunklen Dachbalken war so groß, dass zwei Kronleuchter nötig waren, aber auch in der Küche, im Flur, überall brannte das Licht.

Das alles war jetzt vorbei.

Am nächsten Morgen, in der Frühe, schreckte mich der ungewöhnliche Lärm eines Lastwagens auf der Straße auf. Oder ich hatte es mir nur eingebildet. In Wirklichkeit ist es ein Traum, den ich rasch vergessen sollte.

Ich rannte zum Zaun, schlüpfte durchs Loch, das wir zu diesem Zweck auf unser Körpermaß geweitet hatten, doch ihr Haus war schon stumm, alle Läden waren geschlossen.

Ich wartete in der Schule auf Baltazár. Vielleicht ist es doch eine Täuschung, und er kommt zu spät, er darf zurückkommen, er tritt ein, bringt eine Bescheinigung mit, das Amt für Umsiedlungen hatte sich getäuscht, der Schüler war den ersten Stunden aus gerechtfertigten Gründen ferngeblieben.

Ich wartete lange, dass er schrieb, wie er es versprochen hatte. Drei Jahrzehnte, vielleicht auch vier, waren vergangen, als ich auf Umwegen erfuhr, dass er irgendwo in Venezuela oder Argentinien, ich weiß nicht mehr, wo, es spielt auch keine Rolle, mich seinerseits im Gedächtnis behalten hatte.

Wenn es nicht anders geht, wenn es nichts anderes gibt, behält man den Freund in seinem Bewusstsein auf Sparflamme.

Ich weiß nicht, was aus ihrem schwarzen Hund geworden war.

Lange Jahre stand ihr Haus leer, alles ging kaputt, das Schwimmbecken bekam Sprünge. Manchmal schlüpfte ich zu ihnen hinüber und streifte durch den verwilderten Garten. In dieser Zeit machten wir mit Judit Benkő kleine Exkursionen auf die Hügel Budas, wir waren der kleine Gärtnertrupp, aber wer alles dabei war, weiß ich nicht mehr. Seltsam, denn es war ein kleiner Trupp mit einem guten Zusammenhalt, alles Kinder, die sich so wie ich von den öffentlichen und heimlichen Aktivitäten in der Schule fernhielten, in den Augen der anderen wohl widerliche kleine Sonderlinge. Ich habe den Verdacht, dass ich mich gerade deswegen nicht mit ihnen identifizierte. Um kein Sonderling zu sein. Ich habe nur eine Erinnerung an sie, nämlich dass sie mich langweilten, wenn nicht gerade Judit Benkő vorsichtig und leise sprach. Sie hatten noch nicht einmal den Mund aufgemacht, und schon langweilten sie mich. Nur mit Judit Benkő fühlte ich mich verbunden, mit ihr aber gründlich und tief. Warum, weiß ich nicht. Wir gingen sonntags auf ganztägige Ausflüge, speziell ausgerüstet mit Wanderschuhen, Windjacken, Schultertaschen, kleinem Rucksack, Proviant, Decken und mit den Instrumenten und Gefäßen, die wir fürs Botanisieren und Insektensammeln benötigten, in der Hand den sorgfältig eingeschlagenen Pflanzenführer, sofern man einen hatte, den Vera Csapody, den hatten fast alle, und ich brachte aus der Bibliothek meines Gyurileins das in Wachstuch eingeschlagene Pflanzenbestimmungsbuch von Cserey mit, Wissenschaftliche Taschenbibliothek, mit dem Vermerk meiner Großmutter Mezei. Manchmal auch noch den nicht weniger wunderbaren Jenő Nagy, *Die Vogelwelt des Waldes*, mit 65 Farbtafeln und 26 Kohlezeichnungen, auch diese Ausgabe habe ich nicht mehr, sondern nur das im ersten Winter meines freiwilligen Exils in Kisoroszi von Tante Iduschka, der Witwe des örtlichen Arztes, Ferenc Nagy, zusammen mit einer sehr schönen Bibel geerbte Exemplar. Sie schenkte mir das dreisprachige, auf Ungarisch, Lateinisch und Deutsch verfasste Vogelbestimmungsbuch, weil ich aufgeschrien hatte, als ich es bei ihr auf dem Tisch erblickt hatte. Das war doch das Buch, das auf die Ausflüge mit Judit Benkő mitgekommen war. Die Bibel schenkte sie mir im folgenden Frühherbst, als sie mich in ihrem leergeräumten Haus allein ließ, um zu ihrer Tochter nach Debrecen zu gehen und dort zu sterben. Sie hatte Lungenkrebs, ich werde ersticken, sagte sie. Ich solle ihr verzeihen, dass sie es erzähle, aber jemandem müsse sie es sagen. Denn sie möge ihre Tochter nicht. Warum sie dann zu ihr gehe. Weil sie darauf hoffe, dass sie noch Zeit haben würden, sich gern zu bekommen. In Wahrheit wollte sie ihrem verstorbenen Mann nachfolgen. Die Bibel hätte sie eigentlich einem Familienmitglied vererben müssen, es stand eine sehr persönliche Widmung auf dem Vorsatzblatt, aber wir waren uns sehr nahe. Iduschka war klein, lebhaft, eine Mathematikerin, sie repräsentierte für mich auch das protestantische Ideal, trocken, hart wie Stein, frei von Sentimentalität, nur kein süßliches Getue, nur kein Theater. Für meinen Ferenc, zur Erinnerung an unsere Verlobung, damit er unseren Lebensweg stets in diesem Geist lenke, hatte sie als junges Mädchen in die für ihren Bräutigam bestimmte Bibel geschrieben, die sie mir vor ihrer Abfahrt zusammen mit dem Pflanzenbestimmungsbuch hinterließ.

In ehrlicher Liebe und Treue Ida. Budapest, 22. Februar 1930.

Vor den Exkursionen mit Judit Benkő sprachen wir immer ab, wer welches Buch und welche Werkzeuge mitbringen würde.

Manchmal gingen wir gar nicht besonders weit, die endlos lange Schweizer Treppe hinauf, die Rege-Straße entlang, im Ur-Eichenwald an der Sternwarte vorbei, hier endete die asphaltierte Straße, wir gingen in einer Karrenspur weiter, dann nach rechts auf einen markierten Touristenpfad, hinein ins Dickicht, über Senken und Aufstiege, hinauf auf eine felsige Anhöhe, von wo man bei klarem Wetter das ganze westliche Hügelland von Buda und, mit einer kleinen Drehung, die Ebene im Süden und Osten bis zu ihrem dunstigen Ende sehen konnte. Beim Ausflug ging es nicht um die Schönheit der Landschaft oder um das Wandern, sondern um die Hochebene und den stark gegliederten, spärlich mit Gesträuch bewachsenen Südhang. Auf dieser Hochebene und diesem Abhang war die Flora unglaublich reichhaltig, überwältigend mit ihrem dicht-herben Geruch. Wenn man die Pflanzen bis zu einem gewissen Grad kennt, wenn man ihr Programm kennt, den Fahrplan ihres Ausschlagens, Knospens und Blühens, dann kann man sich anhand des Dufts auf einer solchen steinigen Hochebene weitgehend orientieren. Der kalkhaltige, bröckelige Mergelboden war voller Grasbüschel mit seltenen, anderswo nicht vorkommenden, für ausgestorben geltenden Gräsern und mit einer Masse von Zwiebelgewächsen, bis ins Tal hinunter. Unter ihnen leuchteten die Bartnelken hervor. Das Gebiet war ein Biotop, ist es auch geblieben, ich habe mich vergewissert, die Komponenten seines Dufts sind auch heute nach sechzig Jahren noch da. Man erinnert sich auch an die Düfte, an alle Düfte, den der Bartnelke, den der trockenen Gräser mit ihren ausgereiften Ähren, genauso wie an die Geschmäcker, aber für beides braucht man eine kleine Gedächtnisstütze. Von Judit Benkő habe ich gelernt, den Düften nachzugehen. Gelernt, wie man Pflanzen sammelt, presst oder trocknet, entweder für die Sammlung oder um Samen zu gewinnen, gelernt, worauf man achtgeben muss, ob es eine Pflanze ist, die man sammeln darf, sie dozierte nicht, sondern unterrichtete still, die einzelnen Exemplare waren für sie geschützt, wenn wir nicht ein zweites, drittes, viertes oder fünftes fanden, ein einzelnes Exemplar besser stehenlassen, in seiner Gier soll man nicht die Pflanzung kaputt machen, den Ort umbringen, wir versuchen es nächstes Jahr wieder, wir befriedigen unsere Sammelleidenschaft nicht auf Kosten der Natur. So reichhaltig die Flora auf dieser Hochebene und diesem Hügelabhang, wo immer ein leichter Westwind ging, der die vielen Pflanzendüfte aufnahm und mischte, so außerordentlich diese Flora war, so reich war die Fauna an Eidechsen, Blindschleichen, Fliegen, Spinnen, gepanzerten Käfern, Schmetterlingen und Vögeln.

Aus irgendeinem Grund meinte Judit Benkő nach ciniger Zeit, dass ich mit dem Pflanzensammeln aufhören solle, und ich gab die Sammlung weiter, aber noch heute finde ich manchmal gepresste Blumen oder Gräser in einem lange nicht mehr aufgeschlagenen Buch, in unseren Büchern legte ich überall Pflanzen zwischen die Blätter, nahm sie, ohne zu überlegen, dafür in Anspruch, ich stoße noch heute auf vertrocknete, entfärbte Spuren oder zerfallene Blütenblätter. Ich legte die Pflanzen zwischen Seidenpapier oder Löschblätter, aber aus den saftigen Stielen, Knospen, Rispen tropfte es doch auf die Seiten. Die Sammlung, auf Zeichenblätter geklebt, hatte ich in verschnürbaren, nach Pflanzengruppen, Pflanzenfamilien und Gattungen klassierten Dossiers aufbewahrt. Vielleicht war Judit Benkő an mir interessiert, weil sie bemerkt hatte, dass ich ohne Scheu die Frösche in die Hand nahm, nicht nur die hübschen Laubfrösche oder den braun gefleckten grünen Ziegenfrosch, sondern auch die Kröte, und dass ich ohne zu zögern sezierte, Muskeln präparierte, auch die verschiedenen Schnecken, Eidechsen und Blindschleichen anatomisch korrekt anfasste, dass mir der Instinkt des Herrschens über die Tiere fehlte und mir die Kühle oder das Schleimige der Reptilien oder Weichtiere nichts ausmachte, auch nicht, wenn sich mir die Waldblindschleiche mit ihren anderthalb Metern um den Arm wickelte oder die etwas dünnere, dafür noch längere, prägnant gemusterte Balkan-Springnatter, dass ich die sonnenbadenden größeren grünen Eidechsen für ein paar Augenblicke zähmen konnte, sodass sie nicht gleich flohen, ich strich ihnen zweimal vorsichtig über den harten Schädel oder die pulsierende türkisgrüne Kehle, nicht mehr als zweimal, das hatte ich von mir aus bemerkt, und über diese Entdeckung war Judit Benkő besonders erfreut, vor Überraschung blieben sie mit erhobenem Kopf an Ort und Stelle, wurden fast freundlich aufmerksam, so wie man es seinem Freund, seinem Kind gegenüber ist, heiter, voller Vertrauen, ein drittes Streicheln vertrugen sie aber nicht und huschten weg; bei der bräunlich grauen ungarischen Eidechse, die warme, trockene Plätze bevorzugt und als Einzige nicht in Spalten lebt, sondern Löcher gräbt und deshalb zu den Wühleidechsen gezählt wird, oder mit der flinken, langgeschwänzten Mauereidechse funktionierte der Trick nicht. Ich führte Judit Benkő auch vor, dass ich die Balkan-Springnatter mit dem Blick bannen konnte, während sie ihre gegabelte Zunge flattern ließ. Die Natter erstarrt in ihrer Bewegung, auch ihr Blick wird starr, nur ihr Herz schlägt gegen die geschuppte Flanke, aber auch du versinkst unweigerlich im Nattertum. Es hebt dein Zeitgefühl auf, verrückt dein Raumgefühl. Gehör und Geruchssinn erhalten das Primat, das seit mehreren tausend Jahren geltende Primat des Gesichtssinns wird aufgehoben. Das konnte ich ihr natürlich nicht erklären, aber sie nickte mit ihrem kleinen Lächeln. Neben dem stark belegten großen Aquarium baute ich auf der Veranda zwei riesige Terrarien, so sagte man, ein Aquarium, ein Terrarium bauen, ich erinnere mich nicht mehr, woher ich die Behälter bekommen hatte, vielleicht hatte sie mein Vater gekauft, von irgendwoher mitgebracht, ich weiß es nicht mehr, es fehlen die Details, aber so viel ist sicher, dass es riesige Behälter waren, aus dickem, schwerem Glas, sie mussten aus den Zeiten vor der Belagerung stammen, fast hundertzehn, hundertzwanzig Zentimeter lang, fast fünfzig Zentimeter breit und mindestens gleich tief, wenn nicht noch tiefer, abschließbar mit einer mit Löchern versehenen Glasplatte, sie standen auf einem schweren Tisch auf der Veranda, in ihnen legte ich einen Felsengarten mit Höhlen an, eine Grotte, wie man damals sagte, damit sich die Reptilien zurückziehen konnten, ich deckte ihnen mit einer dicken Sandschicht den Tisch, es gab aus trockenen Zweigen konstruierte starke Bäume, auf die sie sich hinaufwinden konnten, in einem der Terrarien war ein Teich, in Wahrheit eine Nierenschale, aber mit Hilfe von Moos und Flechten hatte ich ihre Ränder kaschiert; ich brauchte einen dritten Glasbehälter, einen provisorischen Ort für die Tiere, da die Terrarien relativ oft gereinigt werden mussten; in meinem Terrarium gab es Kammmolche, eine kleine griechische

Schildkröte, ein paar Monate lang einen wundervollen gefleckten Salamander, ich musste ihn mit lebenden Käfern und kleinen Schnecken füttern, bis ich mich bei einem friedlichen Abendessen mit meinen Eltern verplapperte, wenn der Salamander wütend ist, sagte ich, sondert er aus seinen auch mit bloßem Auge sichtbaren geschwollenen Drüsen Gift ab, das sich auf seiner Haut verteilt, wer ihn berührt, ist des Todes, was nicht ganz stimmte, ich wollte nur meinen kleinen Bruder erschrecken, weil der immer auf einen Schemel stieg, den Glasdeckel verschob und dreinlangte, aber die Ausscheidung ist tatsächlich giftig. Ich erinnere mich nicht mehr, an wen ich den Salamander weitergab, man konnte ihn mit einer Tüte gefahrlos einfangen, Eidechsen hatte ich keine, die hätten die Gefangenschaft nicht vertragen und wären bald eingegangen, ich hatte Blindschleichen verschiedener Ordnung und Art, recht große Exemplare, ich musste für sie Fliegen und Insekten fangen, und zwar so, dass die Fliegen am Leben blieben, sich wenigstens noch ein wenig bewegten, denn Schleichen fressen keine Kadaver, und so hatte ich mindestens drei Jahre lang, zusammen mit Csíder und Piros, meine Fliegenfang-Phase. Im Sperrgebiet der Loránt-Straße war kein Mangel an Fliegen, das ÁVO-Wachpersonal hatte hinter den Häusern Ställe gebaut, hielt dort Kaninchen, Hühner und Schweine, und aus dieser meiner Phase ging dann eine Insektensammlung beträchtlichen Ausmaßes hervor, an der die Blatthornkäfer, die Nashornkäfer und die Hirschkäfer ihren Hauptanteil hatten. Ende Mai oder Anfang Juni machte ich Jagd auf sie, um die Zeit schwärmen sie auf vorhersehbaren Routen aus, bewegen sich ungeschickt und langsam, landen schwerfällig, heben schwerfällig ab, leben im Laub der Eichenwälder, und so gab es auf dem Schwabenberg wirklich viele von ihnen. Wenn sie nicht ausgewachsen waren, ließ ich sie wieder frei, aber ich habe für meine Sammlung viele Käfer umgebracht. Mit den schönsten Exemplaren machten wir einen Tauschhandel. Ich hatte auch die verschiedensten Laubkäfer, Bockkäfer und Schmetterlinge in meiner Sammlung, alle mussten mit Äther oder Sprit zu einem ewigen Traum eingeschläfert werden. Ich tötete, ohne zu überlegen, um sie regelgerecht auf Zeichenblätter zu spießen, mit den fachlich korrekten Aufschriften zu versehen. Manchmal wachten sie, aufgespießt, mitten in der Nacht aus dem Todesschlaf auf. Ich musste sie noch einmal töten. Ich musste auch die Vermehrung der Fische im Auge behalten, denn die winzigen Jungen der lebendgebärenden Fische, der Guppys und Platys, wären von ihren Tantchen und Onkelchen, den furchtbaren Kannibalenfischen und den mexikanischen Schwertschwänzen, sogleich aufgefressen worden. Ich saß stundenlang, tagelang vor dem Aquarium und beobachtete, wann der Guppy gebären würde. Rannte von der Schule nach Hause, um zu sehen, ob er schon geboren hatte. Manchmal gelang es mir, die trächtigen Fische von den anderen zu isolieren. Die Reptilien häuteten sich, und das Terrarium verströmte trotz aller Reinigungsbemühungen einen fürchterlichen Gestank. Auch die an einen Faden erinnernde schwarze Ausscheidung der Reptilien war nicht geruchlos. Sämtliche Mitglieder meiner Familie protestierten. Ich sage nicht, ich sei unerschütterlich geblieben, vielmehr drangen ihr Ekel und ihr Protest gar nicht erst zu mir durch. Judit Benkő war mir wichtiger, sie hatte mich mit der Aufgabe betraut, und das genügte. Die Veranda ist mein Reich. Und wenn es da stank, dann stank es eben, auch die Menschen stinken.

Du schon, ich nicht, sagte darauf unsere Mutter, und sie lachte schallend, weil ich natürlich nichts zu erwidern wusste.

Für eine Zeit hatte ich meinen Schreibtisch und mein Bett hierhergeschoben. Ich musste das Wasser im Aquarium, in dem sich Algen ansammelten, mit einem Gummischlauch absaugen, vorsichtig, damit unter den Pflanzen die kleinen Fische auf dem sumpfig gewordenen Grund nicht gurgelnd mit eingesaugt würden, ich hätte sie dann aus der WC-Schüssel herausangeln müssen. Eine Zeitlang pflegte ich einen verwundeten Igel, er bewegte sich gegen den allgemeinen Protest frei im Haus, auch er war nicht geruchsfrei und urinierte und entleerte sich. Ich hatte ihn beim Anfeuern im Kohlenkeller gefunden, wahrscheinlich war er schon verwundet heruntergeplumpst, und in seiner Not wollte er sich unter dem Kohlehaufen eingraben, der Dummkopf wusste nicht, dass Kohle schwefelhaltig ist. Er trippelte humpelnd umher, ich wischte fleißig hinter ihm auf, er genas nicht völlig, aber er verbrachte in der Tiefe eines Schranks in einer großen Pappschachtel einen ganzen Winter bei uns, zwischen alten Woll- und Baumwollresten zum Winterschlaf zusammengerollt. Sie mussten es zulassen, ich erlaubte nicht, dass sie ihn störten. Als er im Vorfrühling aufwachte und sich regte, machte ich die Tür auf, er kroch heraus, ich wolle ihn füttern, er nahm nichts, kam aber aus seiner Starre einigermaßen zu sich, in der Dämmerung machte ich die Verandatür zum Garten auf, die Nächte waren noch kühl, vielleicht fror es nicht mehr, er spazierte wacklig hinaus und verschwand im Handumdrehen auf ewig. Zu mir hatte dieser Igel eine persönliche Beziehung, zu den anderen nicht. Auch mit den Fischen hatte ich eine persönliche Beziehung, aber nicht mit jedem. Diese persönlich Bekannten konnte ich mit dem Finger am Glas lenken, die Beziehung bezauberte und erfreute sie. Die Reptilien gewöhnten sich an die Gefangenschaft, aber wir hatten keine persönliche Beziehung. Auch nicht, wenn sie sich von meinem Arm auf meine Schultern wanden und bestimmt gern unter mein Hemd gekrochen wären. Noch im selben Sommer schenkte mir jemand aus der Nachbarschaft ein neues Hündchen, ein semmelfarbenes, Buksi Nummer zwei, im Gedenken an die erste Buksi. Die hätten wir auch sonst nicht vergessen, denn Buksi Nummer zwei entwickelte sich zu einem ganz anderen Hund, einem selbständigeren, wilderen, von einem derben Humor, verführerisch und kokett.

Ich war etwa achtzehn, als ich den Schriftpacken, der die Anklage gegen meinen Vater wegen Veruntreuung betraf, zum ersten Mal anrührte, ich blätterte hinein, legte ihn wie von einer Tarantel gestochen wieder hin, rühr das ja nie mehr an. Aber auch eine oberflächliche Lektüre zeigte, dass der Begriff Veruntreuung in den Dokumenten nicht vorkam. Lohnbetrug, das war der eine Begriff, Verletzung der Dienstpflicht der andere. Wenn man gekränkt wird, beginnt man zu übertreiben, auch wenn man blutet, übertreibt man, unsere Eltern übertrieben also bestimmt stark, wenn sie statt von Lohnbetrug von Veruntreuung tuschelten, und auch ihren Freunden gegenüber nannten sie die schreckliche Anklage gegen unseren Vater so. Sie wehrten sich mit Hilfe der Übertreibung. Aber man freut sich ja auch nicht, wenn der eigene Vater ein Lohnbetrüger ist. Ich war schon über siebzig, als ich den Mut aufbrachte, der Sache nachzugehen. Ich musste vielerlei Literatur lesen, um die Verweise in den Papieren zu verstehen, in Archive, in Bibliotheken gehen, um im ungeheuren Geflecht von Ämtern und Anordnungen einen Durchblick zu erhalten. Trotzdem bin ich außerstande, die Daten des gegen unseren Vater unter der Nummer 2882/1954.M.H.K. angestrengten, vom Minister initiierten Disziplinarverfahrens im Kopf zu behalten.

Um seine amtliche Geschichte zu erfassen, müsste ich zwei Dinge im Auge behalten. Das System des amtlichen Vorgehens jener Zeit und die scharf voneinander abweichende Motivation und Logik der unter Beweiszwang stehenden Gegenparteien. Beides ist mir klar, und doch will mein Geist, ich weiß nicht, warum, den Genossen Hauptabteilungsleiter Jancsik nicht in sich aufnehmen, weist den Genossen stellvertretenden Minister Katona zurück, auch den Genossen Bebrits, obwohl der beachtenswerte, ja, lustige Charakterzüge hatte, aber mein Geist will keinen der Genossen haben, hier hört es auf, genug der Genossen, schon den Begriff selbst will er nicht, auch wenn ich gar nichts dagegen einzuwenden habe, wenn jemand mit jemand anderem einen Genuss teilt, dann mögen die meinetwegen Genossen sein, mein Problem mit diesen Genossen war schon immer, dass sie nichts genossen und nichts teilten, es waren Karrieristen, egoistische Schweine, die das Wort entwerteten, man konnte es nicht mehr in einem anständigen Sinn verwenden, konnte die Lügen mehrerer Jahrzehnte nicht mehr von ihm abkratzen, wie sollte das nicht weh tun, auch das tut weh, aber mein Geist weist auch Frau Bujáki vom Arbeitsamt zurück, weist den Pelesek von der Rechtsabteilung zurück, will ihre im entsetzlichen Bürokratenjargon formulierten Sätze nicht. Die charakteristischste Eigenschaft des ewigen Subalternen besteht darin, dass er seine eigene Muttersprache nicht sprechen kann. Er verwendet stattdessen einen Slang. Ich will nicht der Übersetzer ihrer Sätze sein. Nicht wiedergeben, was sie dachten. Denn sie dachten nichts.

In meinem langen Leben bin ich auch der Intrige begegnet, auch beruflicher Intrige, was heute eher Mobbing, kontinuierlicher psychischer Terror genannt wird, aber ich erinnere mich nicht, dass ich dabei auch nur einmal mitgemacht hätte.

Der Intrigant machte seine ersten Schritte, ich wich aus. Nicht einmal Shakespeares Jago interessiert mich. Othello ist schon interessanter, aber auch er interessiert mich nicht. Lieber bin ich in den Augen anderer feig, als in meinen Augen dumm. Ich nahm den Fehdehandschuh nicht auf, wie man zu sagen pflegt. In jedem Fall sah ich voraus, dass es nichts brächte, die aus der Luft gegriffenen Behauptungen des Intriganten in Zweifel zu ziehen, er verfolgt ein monotones System, er will sich mit seinen Behauptungen Lust verschaffen, mich auf kleinem Feuer braten, er will in der lebendigen menschlichen Materie wühlen, möglichst in meinen inneren Organen, die Qualen der Seele, den Widerstand des Fleisches und der Knochen beobachten und genießen, auf kannibalische Art. Jago ist impotent. Mit dem Schauspiel meiner Qualen verhelfe ich ihm zum heimlichsten Genuss, der Schadenfreude, denn einen anderen kennt er nicht. Tut mir leid. Als könnte ich noch nach allen diesen Jahrzehnten nicht akzeptieren, dass mein Vater einen sinnlosen Kampf aufnahm, wie ich ihn schon im Kindergarten gemieden hatte.

Wenn das Amt eine Regelwidrigkeit vermutet, muss es ein Verfahren einleiten, es kann nicht anders, es steht der regelwidrig vorgehenden Person gegenüber unter Beweispflicht. Unser Vater wollte demgegenüber beweisen, dass er völlig regelkonform vorgegangen war. Aber zwischen den Parteien kam weder in Bezug auf die Beweisführung noch auf deren Gegenstand Einigkeit zustande, obwohl sie sich vier Jahre lang damit herumschlugen. Sie beriefen sich auf zwei verschiedene Rechtssysteme, und diese beiden waren unvereinbar, auch der Gesetzgeber hatte sie nicht vereinbart. Einmal scheint mir, unser Vater rede an der Sache vorbei, dann wieder, das Amt sei verrückt. Während der Kampf tobte, kam unsere Mutter wieder ins Krankenhaus, jetzt gerade lag sie in der Chirurgischen Klinik in der Üllői-Straße, wo sie auf die nächste Operation vorbereitet wurde. Sie war vor Schmerzen krumm geworden, konnte kaum mehr ein paar Schritte machen, die Hände auf den Bauch gepresst, gelb im Gesicht. Zuerst war das Weiße ihrer Augen gelb geworden, dann auch ihre Haut. Wochen vergingen mit diesen und jenen Untersuchungen, und doch wurde sie nicht operiert. Am selben Tag, am Freitag, dem 29. Oktober 1954, als unser Vater am Vormittag in der Dob-Straße seines Amtes enthoben worden war, bat ihn am Nachmittag der Chefarzt der Chrirurgischen Klinik in sein Zimmer und teilte ihm mit, er würde unsere Mutter nicht operieren, es habe keinen Sinn, sie unnötig zu quälen, er würde sie eventuell in ein paar Tagen entlassen. Ihr würden sie sagen, dass sie mit der Operation noch zuwarten wollten, da sie auf dem Röntgenbild sähen, dass ihre Gallensteine ungünstig lägen. In Wahrheit habe sie keine Gallensteine. Er beruhigte unseren Vater, Krebskranke würden in der Terminalphase auch die offensichtlichsten Lügen bereitwillig glauben. Worauf unser Vater das Gehörte in dem Sinn zusammenfasste, dass also demnach seine Frau unheilbar krank sei. Ja, sagte der Chefarzt, der Verlauf wäre nur dann umkehrbar, wenn wir Leberoperationen machen könnten, aber das können wir nicht. Möglicherweise habe sie ein paar kleinere Gallensteine, obwohl er es bezweifle, falls doch, könnten sie sie herausnehmen, aber damit würden sie ihren Zustand nur verschlechtern. Unser Vater schwieg einen Augenblick, um sich zu sammeln. Also haben die Metastasen die Leber erreicht, fragte er. Ja, sagte der Chefarzt, und er müsse der Pflicht halber hinzufügen, dass Professor Korányi im János-Krankenhaus diese Tatsache bestimmt schon festgestellt habe, als die Kranke erstmals operiert wurde, so wie er den Herrn Professor kenne, und er kenne ihn, sie seien eng befreundet, habe dieser wohl aus Rücksicht auf den psychischen Zustand der Kranken auf die Legende von den Gallensteinen zurückgegriffen. Korányi hoffe auf die Bestrahlung. Sie hingegen seien Chirurgen, seien gezwungen, den Tatsachen ins Auge zu blicken, die Bestrahlung habe zwar Wirkungen gezeigt, aber nicht auf die Leber. Da brach aus meinem Vater mit einem Winseln die törichte Frage heraus, wie viel Zeit also seiner Frau noch verbleibe, wobei es ihm nach Art der Gebrüder Nádas gelang, sich das hochkommende Schluchzen mit übermenschlicher Kraft zu verbeißen. Er könne es nicht sagen, sagte der Chefarzt, aber er und selbstverständlich auch Herr Professor Korányi würden alles tun, um die Schmerzen der Kranken so weit wie möglich zu lindern.

Von der Üllői-Straße ging mein Vater zum Theresienring, zu seiner Schwester, meiner Tante Magda, er musste diese Nachricht, über die er sein Disziplinarverfahren vergessen hatte, mit jemandem teilen.

So wie es Tante Magda bei einem unserer nächtlichen Gespräche in ihre Kissen versunken erzählte, schnitt sie gerade in der Küche Zwiebeln und ging mit dem Messer in der Hand die Tür öffnen, die dann auch offen stehen blieb, Lacilein schluchzte schon beim ersten Wort, kaum war er eingetreten, kaum dass er den Mund aufgemacht hatte, er weinte, brauchte auch gar nichts zu sagen, Klári, nur so viel brachte er heraus.

Und noch an einem dieser Herbsttage, als wir meinen Geburtstag hätten feiern sollen, wobei auch ich nicht mehr an die Geburtstage dachte, nur angesichts der Herbstnebel drang mir ins Bewusstsein, ach ja, um diese Zeit pflege ich doch Geburtstag zu haben, ach ja, gestern hatte ich doch Geburtstag, an einem dieser Tage ging in der Dob-Straße das Disziplinarverfahren mit Verhandlungen und Zeugenanhörungen weiter, während ich am Nachmittag zu Hause bemerkte, dass mein Bruder so komisch hinkte. Ich fragte ihn, ob man ihn beim Fußballspiel getreten habe, oder was zum Teufel ist passiert, und er sagte, er hinke nicht. Warum er dann nicht Fußball spielen gehe, soeben hätten sie doch von der Straße nach ihm gerufen. Er gehe nicht. Warum nicht. Ich solle ihn in Ruhe lassen, brüllte er. Lass mich in Ruhe. Ich ließ ihn in Ruhe, er aber sackte auf dem Bett zusammen, und es wurde wieder ein nervenaufreibendes Weinen und Nach-Mutti-Rufen daraus. Auch mir tat es weh, aber ich wusste mehr als er. Ich erklärte ihm umsonst, er solle das nicht machen, er solle verstehen, dass unsere Mutter krank sei, im Krankenhaus liege, wir seien doch am Sonntag bei ihr zu Besuch gewesen, er brüllte nur, ich solle ihn in Ruhe lassen, und saß untröstlich weinend auf seinem Bett, das heißt, er lullte sich mit Weinen ein, es mochte sein einziges Schmerzmittel sein. In jenem Jahr kam er in die Schule. Am nächsten Tag hinkte er auf noch komischere Art, beim Bad am Abend sah ich, dass sein linkes Bein stark geschwollen war, ohne äußere Spuren einer Verletzung. Ich sagte es meinem Vater, er schaute es sich an, meine Großmutter machte ihm Weinstein-Umschläge, trotzdem war das Bein am nächsten Tag noch stärker geschwollen, vor allem um seine Knöchel herum, wir sollen ihn in Ruhe lassen, es tue ihm nichts weh, aber da war er schon ganz gedrückt, wie ein griesgrämiger Greis. Elza Baranyai schickte ihn auf die Orthopädie, dort untersuchten sie ihn, tasteten ihn ab, ließen ihn umhergehen, er hinkte nicht, sie legten ihn hin, hielten ihn an der Hüfte fest, zogen an seinem Fuß, er aber antwortete auf alle Fragen, dass es nicht weh tue. Nichts tat weh. Offenbar gehörte er zu den Fakiren in der Familie. Den eindeutigen Schmerz nicht zur Kenntnis nehmen. Vielleicht ist das genetisch bedingt. Sicherheitshalber wurde er geröntgt. Die Aufnahme zeigte auch unkundigen Augen, dass das caput femoris, der ins Becken eingepasste Schenkelkopf, nur noch eine Hülle war, Knochenhaut, Knorpel, eine reine Form, die nur zur Hälfte mit Knochenmaterial aufgefüllt schien. Fast zwei Monate lang durfte er sich nicht auf die Füße stellen, auch sitzen durfte er nicht. Unser Vater trug ihn auf den Armen von der Orthopädie nach Hause. Er und Szidi brachten ihn zu Bett, unterdessen wartete das Taxi draußen auf Vater, er entschuldigte sich, er müsse zu einer wichtigen Verhandlung.

Ich verstand nicht, wenn die Verhandlung so wichtig war, dass er deswegen meinen Bruder in diesem Zustand zurückließ, warum wurde er dann nicht mit seinem blauen Tátraplán abgeholt, warum lässt er ein Taxi auf sich warten, aber besser nicht fragen.

Seine disziplinarischen Akten stammen aus drei verschiedenen Quellen.

Aus den Personalakten, die er zwei Jahre später, wahrscheinlich im November 1956, oder vielleicht im Januar 1957, ausgehändigt bekam. Dazu muss man wissen, dass eine der brennendsten Forderungen der revolutionären Arbeiterräte darin bestanden hatte, dass die Regierung die mit einem Netz von Informanten arbeitenden Personalabteilungen aufhebe, die Direktoren entlasse und das Aktenmaterial über die observierten Personen nicht archiviere, sondern es einem jeden aushändige. In den Archiven sollten ausschließlich Schriften aufbewahrt werden, die die Amtsführung der Personalabteilungen betrafen. Material, welches das Personal betraf, solle von den betroffenen Person eingesehen werden können. Die Person solle das Recht haben, jeden einzelnen Punkt zu vervollständigen oder zu korrigieren. Es gab Arbeitsorte, an denen die Aufständischen nicht erst ein Gesetz oder eine Verfügung abwarteten, sondern gleich am ersten Tag der Revolution die verhasste Personalabteilung stürmten und die geheimen Schriften auf den Gang, den Hof, die Straße warfen, damit ein jeder die ihn betreffende mitnehmen konnte. An einem der Tage Ende Oktober, vielleicht am Montag, nachdem ich schon tagelang durch die Stadt gelaufen war, um alles zu sammeln, Flugblätter, Zeitungen, weil ich wissen wollte, was um mich herum geschah, sodass fünfzehn Jahre später der Geheimdienst diese Sammlung aus meinem Schreibtisch mitnehmen konnte, als sie auch meine Entwürfe zur Struktur des Bewusstseins mitnahmen, da also wurde ich darauf aufmerksam, dass gegenüber der zerschossenen Glashalle des Westbahnhofs eine Schar aufgeregter Menschen in einem auf die Straße geworfenen, an den Rändern angesengten Schriftenhaufen wühlte. Ich ging hin. Die hellbraunen Dossiers flogen in Packen vom Stockwerk auf die Straße hinunter, einige blieben ganz, aus anderen schlitterte beim Aufprall das Papier heraus. Mehrere Leute in Eisenbahneruniform, auch Schaffner mit ihren Umhängetaschen wühlten in den Papieren. Hin und wieder schrie jemand auf, man zeigte sich Papiere, ich wühlte mit, wollte mit eigenen Augen sehen, was sie sahen, sie fluchten, diese Schweine, wozu die fähig waren, schauen Sie sich das mal an, Sie werden es nicht glauben, ich würde es auch nicht glauben, wenn ich es nicht mit eigenen Augen sähe. Die etwas abseits Stehenden erörterten, ob man den Schriftenberg mit Benzin übergießen sollte, sonst verbrennt das nicht, oder ob sie den hier vorbeikommenden Eisenbahnern die Chance geben sollten, aus dem riesigen Haufen ihre sie betreffende Akte herauszuangeln. Es war eine berechtigte Frage. Die illegal erstellten, vertraulichen Akten fremder Menschen waren jetzt für jedermann einsehbar. Das vergrößerte die Gefahr der allgemeinen Anarchie, und in der ersten Woche der Revolution war man noch bestrebt, die Anarchie einzudämmen.

Ich erinnere mich genau, dass unser Vater im Innenstädtischen Fermeldeamt, in das er als Leiter, im Sinn einer Disziplinarstrafe und in demütigender Herabstufung, versetzt worden war, dem Druck der Menge mit aller Kraft widerstand, dem Druck von Seiten der Aufständischen, die in die eisenvergitterten, als geheim geschützten Büros und in die Personalabteilung einbrechen wollten und mit unserem fuchtelnden, kreischenden Vater nicht fertig wurden, bis sie ihn packten, hochhoben, der Storch trägt sein Junges, hinuntertrugen, von der Vorhalle des eklektizistischen innerstädtischen Gebäudes führt eine Treppe in einem schönen Bogen auf die Straße hinunter, über die trugen sie ihn hinaus, so wie er war, ohne Mantel, sie warfen ihn nicht hinaus, sie stellten ihn hinaus, er solle mit Gott gehen. Seit Dienstag war das der erste Tag, an dem er nach Hause kam, ohne Mantel und Tasche, in seinem zerknitterten Sommeranzug, es war Freitag, ein lauer Vormittag, an dem Tag war kein Mantel nötig. Und an dem Tag gelang es den Aufständischen, die Eisengitter zu durchbrechen, aber am Ende rührten sie das Schriftenmaterial nicht an. Vielleicht hatten sie plötzlich etwas anderes zu tun, vielleicht klangen ihnen die Argumente des hinausgestellten Direktors in den Ohren, jedenfalls ließen sie die Finger von dem vielen Papier. Kaum aber war Vater zu Hause, mussten wir ihn mit der Nachricht empfangen, unser Großvater sagte es ihm, Arnold Tauber, dass ihn soeben jemand gesucht hätte, offenbar eine wohlmeinende Seele, die aber ihren Namen nicht genannt habe, die Aufständischen würden ihn holen kommen. Unser Vater stand erstarrt da. Ich würde sagen, mein Junge, fuhr Arnold Tauber vorsichtig fort, um ihn aus seiner Starre zu wecken, dass du die Kinder nehmen und gehen solltest. Jetzt habt ihr noch einige Minuten Zeit. Unser Vater rührte sich nicht. Aber wohin sollen wir, fragte er unsicher. Das entscheiden wir dann unterwegs, sagte ich und übernahm damit die Führung. Ich holte meinen kleinen gelben Koffer hervor, warf rasch das Nötigste hinein, forderte meinen Vater auf, seinen Mantel zu nehmen, und wir waren abmarschbereit, aber er stand immer noch da. Er sagte, gut, aber dann sollen auch unsere Großeltern mitkommen, denn wenn man ihn nicht fände, könnte auch ihnen etwas angetan werden. Nein, sie rühren sich nicht von hier, sagte Arnold Tauber. Geht, geht. Auch auf der Straße wusste Vater nicht, wohin. Wir nehmen jetzt nicht die Zahnradbahn, sagte ich, wir mussten so rasch wie möglich unsere Straße verlassen. Ich beschloss, dass wir zu Fuß vom Hügel hinuntergehen würden. Unser Vater widerstand später auch dem Druck des Arbeiterrats, ich erinnere mich sogar an die Argumente, mit denen er den Volkszorn über die geheime Amtsführung und die Personalschriften entwaffnen wollte, das sind interne Papiere, schrie er außer sich, so sagte man damals, intern, und seine Argumente mochten ja gewichtig sein, doch in seiner Wut war er auch zu Hause unerträglich, seine keinen Widerspruch duldende Klasse sprach aus ihm und gleichzeitig auch sein persönlicher, hysterischer Infantilismus, den er und seine Brüder dem Terror meines Großvaters Adolf Arnold Nádas' verdankten; wer je solche internen Papiere gesehen hat, weiß, dass sie schwer verständlich sind, man muss zuerst nachschauen, wer sie erstellt hat, wann und auf wessen Geheiß. Auch seine Personalakten sind auf dem Linienblatt der Schande entstanden. Es ist ein Entwurf übriggeblieben, den jemand zwischenzeitlich redigiert hat. Vielleicht hatte der Auftraggeber auf einmal etwas anderes gewollt. Der Angestellte des Personalamts musste die Beurteilung so redigieren, dass an László Nádas kein gutes Haar blieb. Wenn die hinausgelangen, schrie Vater ins Telefon, als in der Stadt die Frage der Personalakten aufs Tapet kam, verstehen Sie doch bitte, diese Papiere gehören nicht an die Luft, da sind sie leicht entzündlich, sie werden die Leute unnötigerweise tödlich aufbringen, ein Lauffeuer entfachen. Das ist Zündstoff, brüllte er mehrmals, als wäre es das abschließende Argument. Als er dann den Vorgang nicht aufhalten konnte, sie mussten ja die Anarchie vermeiden, mussten der Revolution nicht nur mit den Waffen der Besatzungstruppen Herr werden, der Revolution, die meine Eltern und ihre Freunde selbstverständlich Gegenrevolution nannten, ja, mein Vater war der Erste und Einzige unter ihnen, der die Revolution schon in den unruhigen Wochen vor ihrem Ausbruch Gegenrevolution genannt hatte, sie mussten auch nach dem Zuckerbrot-und-Peitsche-Prinzip vorgehen und die Arbeiterräte ihrer Argumente berauben, Zwietracht zwischen deren Ausschüssen säen, ihre Aktionen mit Intrigen brechen, ihre Streiks mit Streikbrechern, die Widerstandsherde mit Hilfe von Ordnungstruppen ausheben, an Orten Waffen finden, wo niemand welche hatte und sie also auch nicht verstecken konnte, und so weiter, in dieser Detailfrage gaben sie also nach, na gut, soll ein jeder seine Papiere mit nach Hause nehmen, und da brachte auch er seine Papiere nach Hause.

Der nächste Schriftenpacken besteht aus den Papieren zum Disziplinarverfahren, den Protokollen, Notizen, Memoranden, Zeugenaussagen, Briefen, Beschlüssen, Rekursen, Meldungen, Verlautbarungen, den Dokumenten zur Enthebung und Ernennung und so weiter. Das entsprechende Register ist auf den 23. Oktober 1954 datiert, es sind die Geständnisse von 18 Personen aufgeführt, darunter das meines Vaters, der Schriftenpacken umfasst insgesamt 79 Seiten, aber noch am selben Tag wurde er ergänzt durch einen Brief an den Genossen Sándor Jakab, ein Dossier mit der Aufschrift *Ausbildungsangelegenheiten*, einen handschriftlichen Entwurf eines früheren Disziplinarbeschlusses, durch ein Untersuchungsprotokoll und die Meldung der Kommission zur Untersuchung, und so erweiterte sich das Register sogleich auf 100 Blätter, aber das war erst die Einführung ins Verfahren.

Das kleinste Konvolut besteht aus seinen Briefen, Eingaben, Rekursen und Notizen. Ich habe den Packen chronologisch geordnet, um besser zu sehen, was in diesem letzten Akt seines Lebens, als das Verfahren gegen ihn lief, noch alles geschah. Unsere Mutter wurde vom Krankenhaus nach Hause gebracht, sie lag im einen Zimmer, mein Bruder im anderen, ich konnte ihn nicht mehr hinausbegleiten, wenn er im Schlaf stöhnte, er durfte ja nicht aufstehen, er hatte eine Glasente bekommen, und ich musste ihn nachts so weit bringen, dass er in dieses hübsche Gefäß urinierte. Was selten gelang, weil man ihn nicht wecken konnte. Das Morbus Perthes genannte Leiden, das als Folge einer juvenilen Hüftgelenksentzündung auftritt und aus dem Absterben des Knochengewebes im Hüftkopf besteht, ausgelöst wahrscheinlich durch eine Infektion, genau weiß man es nicht, auch das Immunsystem wird in Mitleidenschaft gezogen, wahrscheinlich spielten aber auch die zum Zerreißen gespannten Nerven meines Vaters eine Rolle, die Abwesenheit und Krankheit unserer Mutter, die bestimmt wegen der familiären Ereignisse galoppierende Demenz unserer Großmutter mütterlicherseits, Cecília Nussbaum, die täglich mehrmals mit einer Tasse in der Hand aus dem Zimmer, das sie und Großvater bewohnten, herausgestürmt kam und uns mit entsetzlichen Vorwürfen überschüttete, unseren Vater seltsamerweise nicht, ihn verschonte sie, aber ihre kranke Tochter, die Nachbarn, das Dienstmädchen, sie brüllte und kreischte die ganze Welt an, außerdem hortete sie wahnhaft Lebensmittel, Brotenden, halbe Hörnchen in einer Aktentasche, fürchtete den Hungertod, verwahrte die Aktentasche unten in ihrem Schrank, man konnte sie nicht davon abbringen, wenn wir dann nichts mehr haben, wirst du noch froh sein, nur keine Angst, schrie sie, als sich herausstellte, dass sie auf dem Schrankboden auch die schmutzige Wäsche hortete, weil sie unsere Waschseife sparen wollte, in ihren Vorwürfen und Verwünschungen vermischten sich Gegenwart, uralte Vergangenheit und unheilverheißende Zukunft, nur unser Großvater blieb unerschütterlich normal, Arnold Tauber, er konnte sogar seine Frau so weit bringen aufzuhören, sich zu beruhigen, hielt sie am Ellenbogen fest, nannte sie beim Namen, Cili, drückte sie ein wenig an sich, was gleichzeitig Willkür war und Erinnerung an Zärtlichkeiten, und wenn er in der Nähe war, kam er mir jedes Mal zu Hilfe, dirigierte die Großmutter aus unserem Zimmer hinaus, wobei er mich ganz sachte bat, sie nicht zu reizen, ihr nicht zu widersprechen, es ist nicht so schlimm, wenn sie die schmutzige Wäsche hortet, ich solle nichts antworten, du brauchst nicht zu antworten, und das alles trug wohl dazu bei, dass auch das Bettnässen meines Bruders schlimmer wurde.

Im Liegen aber pinkelte er nicht, da konnte ich ihm die Ente noch lange hinhalten, seinen Pimmel fassen, ihm Lautmalereien ins Ohr flüstern, piss, piss, piss, damit er nicht ins Bett machte. Offenbar hatte sich bei seinen Schlafwandlereien sein Harndrang ein für alle Mal mit der vertikalen Stellung verbunden. Kaum aber hatte ich die leere Ente unters Bett gestellt, mit einem hörbaren Klopfen in der Stille, kaum war ich ins Bett zurückgekehrt und unter die Decke geschlüpft, begann er zu stöhnen, zu ächzen und zu pinkeln, was gravierende Folgen hatte. Oder er tat es, wenn ich schon eingeschlafen war. Der Urin durchtränkte nicht nur die Matratze, sondern auch die Steppdecke sog sich tückisch voll, jeder Tag war der Tag danach, Szidilein musste jeden Tag mit Waschen beginnen. Sie musste Dinge waschen, die man nicht waschen kann, höchstens trocknen. Sie wechselte die zwei vorhandenen Steppdecken, wischte sie mit nassen Tüchern ab. Wechselte die Matratzen, wischte sie mit nassen Tüchern ab.

Den Papieren entnehme ich, dass ungefähr Ende Juli in die offizielle Phantasie vom Lohnbetrug die Anklage hineinrutschte, Vater habe zusammen mit den vierzig Fernmelde-Fachleuten seiner geheimen Abteilung den Befehl erhalten, keine Ahnung, warum, im Rahmen eines streng geheimen, keine Ahnung, warum streng geheimen, Manövers zu einer zweimonatigen Reserveoffiziers-Ausbildung einzurücken, keine Ahnung, wo. Auch der Ort war geheim. Ich weiß auch nicht, worin die Offiziersausbildung bestand, die er mit einem Generalmajor namens Berczely im Voraus gründlich besprochen und vorbereitet hatte. Ich sehe nur, dass er aufs Arbeitsamt hinüberging, um Frau Bánszky zu fragen, was die Vorschrift für den Fall vorsehe, dass er, so fragte er, er sprach ausschließlich von sich selbst, zu einer Reserveoffiziers-Ausbildung einrücken müsse, auf wie viel Gehalt er Anspruch habe, wie viel Unterstützung ihm zustehe. Für mich ist völlig klar, dass er das nicht seinetwegen fragte, sondern wissen wollte, was er im Interesse seiner Mitarbeiter tun könnte. Wegen der großen Geheimhaltung konnte er die Frage auch gar nicht anders stellen. Er musste wissen, was seine Leute für einen anstellungsmäßigen Status haben würden, er war auch mit der fachlichen Organisation des Manövers betraut. Mit anderen war er eher großzügig, mit sich selbst sparsam bis zum Geiz, bis zur Verrücktheit. Aber das war für andere nicht unbedingt erkennbar, seine Frage war ja, wie viel er bekommen würde und wie viel ihm rechtens zustand. Frau Bánszky suchte die Verfügung hervor und zeigte sie Nádas, so steht es in ihrer Zeugenaussage, und teilte ihm mit, dass ihm in diesem Fall eine Unterstützung von 40 Prozent seines Gehalts beziehungsweise seiner sämtlichen Bezüge zustand. Daraufhin bat Nádas, sie solle nachsehen, ob die Summe nicht vergrößert werden könnte, im Hinblick darauf, dass seine alten Eltern – staatl. Rentner – mit ihm im selben Haushalt lebten. Seine alten Eltern ruhten zu diesem Zeitpunkt allerdings schon seit gut zwanzig Jahren auf dem jüdischen Friedhof in der Kerepesi-Straße in einer vorausblickend errichteten, durchaus geschmackvollen Familiengruft aus schwarzem Marmor, die Adolf Arnold Nádas für sich bestellt, Eugénia Nádas entworfen und István Nádas bezahlt hatte. Frau Bánszky oder die Protokollführerin, eine gewisse Jolán Végh, muss also etwas missverstanden haben. Nádas' Schwiegermutter und Schwiegervater, Cecília Nussbaum und Arnold Tauber, waren zweifellos im Rentenalter, auch wenn ich mich nicht erinnere, dass unsere Großmutter irgendeine Rente bezogen hätte, und lebten zweifellos im selben Haushalt mit uns. Frau Bánszky versprach Nádas, das abzuklären. Ich würde sagen, dass wir in den Sommermonaten schon irgendwie durchgekommen wären, mit dem Krankheitsgeld, einem Bruchteil des inzwischen auf ein Drittel geschrumpften Gehalts unserer Mutter, mit den vierzig Prozent des Gehalts unseres Vaters und der kleinen Rente meines Großvaters, auch die Haushaltshilfe hätten wir noch irgendwie bezahlen können, aber Vater musste doch damit rechnen, dass die im Rahmen der Geheimaktion eingezogenen vierzig Männer ihrerseits nicht alle von einem

Bruchteil ihres Gehalts leben konnten. Er versuchte abzutasten, auf welche Art die Summe erhöht werden könnte. Was man auf einem solchen Hauptamt durchaus missverstehen kann. Ist da gerade eine schwache Seele zuständig, lässt sich mit einem Hang zur Spekulation die Anfrage auch falsch auslegen. Frau Bánszky nahm auch sogleich Kontakt mit dem Genossen Jenő Bodó in der Lohnbuchhaltungsgruppe auf und teilte dann aufgrund der Information, die sie von ihm erhalten hatte, dem Genossen Nádas telefonisch mit, im Hinblick auf die Tatsache, dass seine Eltern staatl. Rentner seien, stünden ihm im Fall seines Einrückens nicht mehr als 40 Prozent zu. Das konnte unseren Vater schon deshalb nicht zufriedenstellen, weil er den Beschluss Nummer 130/11/1953 des Verteidigungsrats kannte, wonach die zur Reserveausbildung Eingezogenen keine materiellen Verluste erleiden dürfen, und demzufolge stehe, wie Vater in einer Schrift formuliert, seiner streng geheimen Offiziersschar das volle Gehalt zu. Falls es nicht ausbezahlt werden könne, müsse für die Auszahlung eine rechtliche Handhabe gefunden werden. Um sicherzugehen, rief er den Befehlshaber des geheimen Manövers an, Generalmajor Berczely, der offenbar einverstanden war, dass im vorliegenden Fall nicht die arbeitsrechtliche Verfügung, sondern der Beschluss des Verteidigungsrats Geltung habe. Was einen näheren Blick lohnt, die winzige Angelegenheit unseres Vaters ist symptomatisch, hat systemspezifischen Charakter, was er in dem Moment aus verschiedenen Gründen nicht sehen konnte. Das am 10. März 1953 formulierte und als Verfügung, also nicht als Gesetz bezeichnete Statut des Verteidigungsrats beruhte auf den kommissarischen Verfügungen, mit denen die Troika Rákosi, Gerő und Farkas regierte, das heißt, es legalisierte das Bestreben der drei, den Staat nicht mehr nur gelegentlich, sondern dauerhaft in ein kommissarisches System zu verwandeln, womit ihre Beschlüsse und Verfügungen über den Verfügungen und Gesetzen der Staatsverwaltung, ja, über der Verfassung standen und diese sogar außer Kraft setzen konnten.

Nur begann sich da auch der ministeriale Apparat mit seinem nicht weniger hierarchisch aufgebauten, aber noch in der Monarchie begründeten Verwaltungssystem zu regen, und angesichts der großartigen Möglichkeit, unseren Vater loszuwerden, begannen sich wohl auch die Intriganten zu überlegen, wie sie diese Angelegenheit ausnützen könnten. Frau Bánszky, Frau Bujáki und Pelesek machten ihre Zeugenaussage an einem Donnerstag, um ganz genau zu sein. Wenn ich es richtig rekonstruiere, lag an dem Tag dichter Nebel über der Stadt. Alles tropfte. Als ich am Nachmittag von meiner Klavierstunde kommend durch den Braun-Wald nach Hause trottete, kam mir wegen des dichten Nebels plötzlich in den Sinn, dass ich ja am Vortag Geburtstag gehabt hatte. Mein Kopf hatte das Datum gespeichert. Noch heute erinnere ich mich an diesem Tag an meine damalige leidenschaftlose Reaktion. Aus den Schriften ersehe ich, dass Frau Bujáki am selben Tag bei der Zeugeneinvernahme im Postpalast am Krisztina-Ring aussagte, sie und ihr Gruppenführer, der Genosse János Pelesek, hätten im Lauf des Monats August den Arbeitsplan für den Monat September erstellt, dessen erster Punkt lautete: Maßnahme gegen Genossen Papp bezüglich der Gehaltsergänzung der am 1. August zur Reserveoffiziers-Ausbildung eingerückten Arbeiter (Formationsführer). Laut Protokoll las sie das so von einem Papier ab. Das Ganze ist weitgehend unverständlich, aber bestimmt sprach sie die gedehnten Vokale durchaus auch gedehnt aus, während auf dem Schreibmaschinenskript die entsprechenden Akzente teilweise fehlen, Jolán Végh hat sich zuweilen vertippt und offenbar generell Mühe mit der Rechtschreibung gehabt. Im Arbeitsplan war als Termin der 1. September angegeben, als Verantwortliche wurden Frau Bujáki und Pelesek bezeichnet.

Aufgrund des mit Pelesek geführten Gesprächs tauchte die Angelegenheit auch im September-Arbeitsplan auf, Pelesek hatte die diesbezügliche Anweisung vom Genossen Nádas erhalten. Das heißt also, dass Pelesek in der Frage der Gehaltsergänzung nicht frei entschied, sondern vom Genossen Nádas angewiesen worden war, den Lohn der am streng geheimen Manöver teilnehmenden Reservisten aufzustocken, damit ihre Bezüge zusammen mit dem Sold die ursprüngliche Höhe des Gehalts erreichten. Was vom Gesichtspunkt des Amts nur dann regelgerecht ist, wenn es dafür eine Verfügung gibt. Es gab eine Verfügung, die diesen Umweg ausschloss, aber es gab auch eine höherrangige Verfügung, die ihn vorschrieb. Der Verwaltungsapparat des Ministeriums war nicht gewillt, die Verfügung des Verteidigungsrats zur Kenntnis zu nehmen, was auch einfach eine Intrige war, sie waren ja schon seit sechs Jahren bestrebt, diesen Nádas irgendwie loszuwerden, die Gründe waren wahrscheinlich gar nicht mehr bekannt, und so wiesen sie im Namen des monarchischen Systems das System der kommissarischen Verfügungen zurück, was ich heute in Kenntnis der Natur des Terrors ausgesprochen bewundernswert finde. Laut Protokoll ging Genosse Nádas Anfang September auf dem Amt vorbei und forderte Frau Bujáki auf, die Gehaltsergänzung für den August vom 5. September an in Raten an die Familien der Eingerückten zu verschicken, aber darauf zu achten, dass in ein und demselben Bezirk nicht alle Gelder gleichzeitig hinausgingen, damit nicht auf einen Schlag so viel Geld an mehrere Familien zur Auszahlung komme.

Man könnte glauben, unser Vater sei nicht mehr richtig im Kopf gewesen, wüsste man nicht, dass in jener von chronischen Entbehrungen geprägten Zeit so maßlos viele postalische Geldüberweisungen verschwanden, dass das interne Kontrollsystem der Post zusammenbrach. Die Generaldirektion musste zuerst das Kontrollsystem selbst überprüfen, die Polizei erhielt eine Menge Anzeigen, worüber die Presse genannten Sprachrohre des Systems natürlich nicht berichteten. Ein Geldbriefträger nach dem anderen verschwand, entweder weil sie auf einem Feldweg auf dem Land umgebracht wurden, oder sie selbst hielten es nicht mehr aus, den lieben langen Tag das Geld nur zu sehen, zu zählen, anderen auszuhändigen. Bei der Durchsicht des entsprechenden Aktenbündels fesselte mich vor allem die Geschichte einer alleinstehenden Briefträgerin, die so, wie sie war, in Uniform, über der Schulter die Ledertasche, mit dem ihr anvertrauten Geld irgendwo aus der Gegend der Höfe bei Kecskemét nach Nyíregyháza marschierte, sich im einzigen halbwegs anständigen Hotel einlogierte und dort das Geld so lange verprasste, wie es reichte. Danach stellte sie sich der Polizei und gestand alles. Erzählte, wo sie das Fahrrad zurückgelassen, wo die Tasche weggeworfen hatte, und dort waren sie auch. Erzählte, wo sie sich neue Kleider gekauft hatte, und auch das stimmte, erzählte, wo sie die Uniform weggeworfen hatte, und dort fand die sich auch. Aber nicht nur solche Einzelkämpfer verprassten das Geld, sondern auf den Postämtern der Provinz beackerten ganze kriminelle Gruppen das Gebiet. Wenn mehrere Geldüberweisungen gleichzeitig und mit der gleichen Begründung eintrafen, holten sie sich sämtliche heraus, vernichteten die Begleitpapiere, und die Überprüfungskommission stand dumm da und konnte nichts machen. Frau Bujáki suchte also auf Nádas' spezielle Bitte den Gruppenführer Papp auf, um sich zu informieren, was sie tun müsse, was nötig sei, damit die Gelder mit der Post verschickt werden konnten. Während sie diese Erkundigung bei Papp einzog, ließ sich Lantos aus dem benachbarten Zimmer vernehmen, dieses Geld sei überhaupt nicht auszahlbar, weder per Post noch sonst irgendwie, denn es sei regelwidrig, was dann auch Papp bestätigte. Lantos habe recht. Man könne nicht mehrere Beträge mit derselben Begründung auszahlen. Jemand möge neben dem Gehalt ein Anrecht auf Unterstützung haben, aber wenn er sowohl Gehalt als auch Sold beziehe, könnte er keine Unterstützung beanspruchen, denn da sei der Sold die Ergänzungsleistung. Das begreife doch auch ein Schulkind. Darüber lachten sie zu dritt genüsslich, der Papp, der Lantos und die Frau Bujáki. Ihr Lachen mag die große dramatische Wende in unserer kleinen familiären Tragödie gewesen sein, die Stimme des Schicksals. Die Fanfare des Untergangs. Hätte Lantos vom anderen Zimmer nicht herübergeredet, wäre auf dem Amt das Chaos ausgebrochen. Dem musste er einen Riegel vorschieben. So prallte das systemspezifische kommissarische System frontal gegen das monarchische System der Staatsverwaltung, ein Zuammenstoß, der unseren Vater vernichtete. Was die Protagonisten natürlich nicht so sahen, allein schon, weil sich eine Epoche nie selbst sieht, und wenn man sich für noch so klug hält, man tastet sich durch dunkle Gänge, um eine Wand zu finden, aber wie immer sie die Sache sahen, es trat ein, was eintreten musste.

Mit der von Papp erhaltenen Information suchte Frau Bujáki Nádas auf, beziehungsweise kam Nádas in ihr Büro, und da sagte sie, passen Sie mal auf, Genosse Nádas, der Genosse Papp sagt mir, die Zahlung sei regelwidrig. Genosse Papp wolle in dieser Angelegenheit auch nicht gestört werden, die Sache sei so klar, dass es nichts zu besprechen gebe. Diese Summen können weder als Bargeld noch als Überweisung ausgezahlt werden. Sie war so wütend, dass sie Nádas gegenüber auch persönlich Stellung bezog, von nun an sehe sie das Ganze so, dass sie nichts davon wisse. Sie übernehme also keine Verantwortung dafür, fragte Genosse Nádas. Frau Bujáki habe das bestätigt, ja, in dieser Angelegenheit übernehme sie keine Verantwortung.

Da habe der Genosse Nádas die diesbezüglichen Papiere genommen und sei gegangen.

Was laut Protokoll bei Frau Bujáki einen furchtbaren Verdacht auslöste. Wie wortlos doch dieser Nádas die Papiere mitgenommen hat. Wie einer, der schon weiß, was er mit ihnen zu tun hat. Er will Frau Bujáki übergehen. Ist ihm denn nicht schon gesagt worden, dass die Sache regelwidrig ist. Und dann wird man die regelwidrige Auszahlung ihr anhängen. Als ihr dieser Verdacht gekommen sei, hatte der Pelesek dem Anderka bereits gesagt, hier wird eine ziemlich große regelwidrige Auszahlung vorbereitet, Anderka seinerseits wusste, dass das Ministerium im Zusammenhang mit der geheimen Offiziersausbildung 21 Millionen für sogenannte Sachausgaben freigestellt hatte, mein Gott, da wollen die ran, und ob der Genosse Jancsik davon wisse. Wie sollte er davon wissen, wo er doch im Krankheitsurlaub ist. Dem Pelesek sagte Anderka das alles nicht, in solchen streng geheimen Angelegenheiten war auch er zu Geheimhaltung verpflichtet, aber er ging sofort zu Generaldirektor Imre Dedics, Meldung erstatten, ließ sich von der Sekretärin melden. Zu Pelesek sagte er nur, er solle nicht von dieser Angelegenheit sprechen, mit niemandem, er selbst werde sie erledigen. Kaum hatte Frau Bujáki von Pelesek gehört, dass jetzt auch der Anderka orientiert sei und Stillhalten verlange, verstärkte sich ihr Verdacht, sie erschauerte geradezu bei der Vorstellung, dass vielleicht auch der Anderka mit drin war und den Nádas deckte, die spielten also zusammen, denn noch während der Pelesek beim Anderka gewesen war, war schon wieder der Nádas bei ihr vorbeigekommen und hatte sie aufgefordert, über diese ganze Angelegenheit zu schweigen. Der und Anderka hatten sich also abgesprochen. Und der Anderka habe ihm noch gesagt, erzählte ihr der Pelesek, der Nádas habe schon mit Frau Bujáki darüber gesprochen und ihr gesagt, sie solle darüber schweigen. Das habe ihr der Pelesek mit diesen Worten mitgeteilt. Natürlich hatte nicht sie dem Pelesek gesagt, dass der Nádas tatsächlich hier gewesen war und tatsächlich das gesagt hatte, und sie habe gemeint, sie falle gleich in Ohnmacht. Na schön, es geht sie nichts an, aber was läuft da hinter ihrem Rücken. Auch das haben die ja ganz schön geschickt unter sich abgekartet. Sie fragte rasch bei Erzsébet Jávor nach, ob ihr schon Schriften untergekommen seien, die Auszahlungen betrafen, denn die Erszébet Jávor habe ihr schon zuvor gesagt, die Auszahlung sei nicht regulär, sie habe das zu den Akten genommen, und jetzt wisse es auch schon der Pelesek, und der Anderka wisse es vom Pelesek, da wolle sie das aber dem Genossen Jancsik melden, sagte Erzsébet Jávor sofort. Frau Bujáki sagte, ja, es sei an der Zeit, dass es jemand melde, aber man müsse abwarten, bis der Jancsik aus dem Krankheitsurlaub zurückgekommen sei. Worauf Erzsébet Jávor Frau Bujáki gegenüber äußerte, der

Jancsik sei bereits zurück, was aber laut Frau Bujáki ein Irrtum sein mochte, denn er war noch nicht zurück. So kam das retardierende Moment in die Tragödie. Die Angelegenheit war vorbereitet, der Hauptintrigant konnte wegen des dramatischen Zufalls noch nicht in Aktion treten.

Frau Bujáki aber erkundigte sich im Lauf des Monats September bei Papp, ob die Ergänzungsleistung, die nicht hätte ausbezahlt werden dürfen, für den Monat August wohl ausbezahlt worden sei, worauf Papp antwortete, das Geld sei nicht abgeholt worden, offenbar hätte es sich der Nádas anders überlegt. Aber weder am Krisztina-Ring noch in der Dob-Straße, noch in der jetzt Sztálin-Straße heißenden Andrássy-Allee konnte das Rad des Schicksals aufgehalten werden, nüchterner Verstand oder Argumente nützten nichts mehr. Da fällt mir ein, dass unser Vater auch das Funktionsprinzip des Antriebsrads erklärt hatte. Dieses physikalische Gesetz funktionierte noch. Die Reservisten wurden am letzten Septembertag aus dem Dienst entlassen, einem Donnerstag, woran sich Frau Bujáki noch bei der Aufnahme des Protokolls genau erinnerte, da am Mittwoch jemand aus Anderkas Gruppe sie plötzlich mit der Nachricht aufgesucht habe, Nádas habe wegen der Auszahlung telefoniert, habe wissen wollen, ob aufgrund des Arbeitsplans für den August die effektiven Löhne der Eingerückten schon berechnet worden seien, und Frau Bujáki solle das beim Zusammenstellen der Liste mit den Ergänzungsleistungen unbedingt beachten. Da habe Frau Bujáki diesem Betreffenden, dessen Namen sie nicht kenne, es sei ein Mann aus Anderkas Gruppe gewesen, erklärt, sie mache das nicht länger mit, daraufhin habe sie der Betreffende angefahren, sie solle nicht in einem solchen Ton mit ihm sprechen, er gebe nur eine Nachricht weiter, aber Frau Bujáki habe zu weinen angefangen und gesagt, sie sollen sich in dieser Angelegenheit an Pelesek wenden, und dieser habe in der Angelegenheit bestimmt schon mit jemandem verhandelt, habe wahrscheinlich Weisung von oben erhalten, denn er sei gleich in der Tür erschienen und habe gesagt, Frau Bujáki solle nicht weinen, sondern die Arbeitseinteilungen auf Forint umrechnen, und er habe sie angewiesen, davon ausgehend die Liste der Ergänzungsleistungen für die nächsten zwei Monate zusammenzustellen. Frau Bujáki stellte die Liste zusammen, die einen Betrag von rund 35 000 Ft. ergab, und überreichte sie dem Genossen Anderka. Warum sich dann demgegenüber die Überweisungen auf 40 000 Ft. beliefen, könne sie nicht bestimmt sagen, sie habe bei jedem Schritt Anweisungen erhalten und diese befolgt, aber aufgrund einer Mitteilung Márta Milosits' fügt sie doch die Beobachtung hinzu, dass bei der Entlassung die Differenz von rund 5000 Ft. für Bankettkosten sowie für den Ankauf von Aktentaschen, Füllfederhaltern und Rasierausrüstung aufgewendet worden seien. Letztere für den Lagerkommandanten und für den Genossen Oberstleutnant Móricz vom Verteidigungsministerium. Von Márta Milosits hört Frau Bujáki, dass im Lager draußen die Auszahlung der Ergänzungsleistung doch erfolgt war.

Den Schriften lässt sich noch entnehmen, dass Hauptabteilungsleiter Jancsik bei seiner Rückkehr aus dem Krankheitsurlaub, nachdem ihn jeder einzeln über das Vorgefallene orientiert und man ihm auch die Akten hinübergeschickt hatte, wobei dieses große Ereignis in den Tagen vor der Entlassung der streng geheimen Reserveoffiziersgruppe stattgefunden haben muss, zusammen mit Genossen Anderka sogleich in Nádas' Büro ging, wo sie mit dem Sicherheitsschlüssel den Panzerschrank öffneten. Für sie war der Sachverhalt klar, was sie allerdings nicht zu Protokoll geben, nämlich dass sich hier jemand in einen Lohnbetrug verwickelt hatte. Im Panzerschrank fanden sie neben anderem streng vertraulichen Material auch gleich zwei Umschläge mit einem handschriftlichen Vermerk von Nádas. In dem einen fanden sie den Betrag der Ergänzungsleistung, Anderka zählte nach, es fehlte nichts, Jancsik seinerseits war nicht willens nachzuzählen, er wünschte nicht einmal einen Blick in den Umschlag zu werfen, im anderen Umschlag fand Anderka den Rest des Betrags für Sachausgaben, zusammen mit den Belegen, auch dieses Geld zählte er nach. Laut seiner Aussage von dem erwähnten Donnerstag hatte es Nádas dort deponiert, um es nach seiner Entlassung aus dem Dienst zusammen mit der ihm ausbezahlten Gehaltsergänzung auf der Hauptkasse zurückzuzahlen. Was er laut Protokoll tatsächlich getan hatte. Nur konnte Nádas sagen, was er wollte, Jancsik und Anderka sagten aus, dass er das Geld erst nach seiner Entlarvung zurückgezahlt habe. Jetzt fehlt nur noch die große Szene, in der Dr. Viktor Láng, Leiter der Rechtsabteilung des Verkehrsministeriums, in seiner Eigenschaft als ministerialer Untersuchungsbeauftragter dem Genossen Nádas mitteilt, die vom ersten Stellvertreter des Ministers ernannte Untersuchungskommission habe dessen Einvernahme am 18. Oktober 1954, am 19. Oktober vormittags und nachmittags sowie am 21. Oktober zu Protokoll genommen, und er fragt, ob Genosse Nádas an seinen Aussagen festhalte und ob er dem Protokoll noch etwas hinzuzufügen wünsche. Worauf Genosse Nádas vorbringt, dass er an seinen Aussagen festhält und dass er keinen Lohnbetrug begangen hat. Er sei sich bewusst, dass die Angelegenheit wegen ihres Gegenstands streng geheim sei, aber im Hinblick auf das Disziplinarverfahren fühle er sich von der Geheimhaltungspflicht befreit. Sein Vorgehen habe auf dem Beschluss 130/11/1953 des Verteidigungsrats gegründet. Die Auszahlung sei aufgrund des genannten Beschlusses erfolgt. Der Beschluss des Verteidigungsrats besage, dass die materiellen Konsequenzen einer Offiziersweiterbildung nicht einmal teilweise auf die Arbeiter abgewälzt werden dürfen. Dem Beschluss gemäß müssen die Teilnehmer bei der Erfüllung dieser Aufgabe beziehungsweise bei deren Vorbereitung ihren Grundlohn erhalten, ohne Entgelt für Überstunden und ohne weitere Zulagen. An die Ergänzungsleistung für die 40 einberufenen Personen knüpfen sich von seiner Seite keinerlei materielle Interessen. Was ihn betreffe, halte er es für notwendig, dass das Sekretariat des Verteidigungsrats, also der Genosse Sekretär Károly Tóth, sowie vom Verteidigungsministerium der Genosse Oberst-

leutnant Béla Berczely angehört würden, und er halte es nicht für angemessen, dass die beauftragte Untersuchungskommission diese Frage mit dem Genossen Berczely während eines kurzen «K»-Telefongesprächs zu klären gewünscht habe.
Vorläufig habe er nichts weiter vorzubringen.

Es war auch sonst ein bewegter Frühling, meine Eltern machten Ende März in der Mátra Urlaub, einfach ein bisschen ausspannen, und da unsere Mutter ganz unerwartet für ihre verdienst- und wirkungsvolle Tätigkeit die Goldene Arbeiter-Verdienstmedaille erhielt, ihre Anhänger hatten die Auszeichnung offenbar wegen ihres voraussichtlich nahen Todes für sie durchgesetzt, kamen sie im April zur Überreichungszeremonie zurück, am 2. April, einem Samstag, da aber war Szidichen Tóth bereits verschwunden. Ich konnte ihnen nur erzählen, dass ich, zurück aus der Schule, in die Küche gegangen war, um zu sehen, was es zum Mittagessen geben würde, und sie in ihrem Zimmer hatte weinen hören. Sie hatte neben ihrem Bett gestanden, der Schrank sperrangelweit geöffnet, sie habe nicht gepackt, sondern ihre Sachen einfach in den Koffer geworfen.

Ich hätte Szidichen gefragt, was geschehen sei, warum sie weine.

Sie habe ein Telegramm erhalten, sie müsse sofort nach Hause, sie werde dort dringend benötigt, aber ich solle keine Angst haben, am Sonntagabend sei sie wieder da.

Das war an einem Mittwoch, aber am Sonntagabend war sie nicht wieder da.

Auch am Montag nicht.

Während ich ihnen berichtete, ging unsere Mutter zusammen mit meinem Bruder, der sich an sie klammerte, in Richtung des Dienstmädchenzimmers, um sich umzusehen. So wie Szidichen am Mittwoch aus dem Bett gestiegen war, so war die Bettwäsche zurückgeblieben, neben weiteren Spuren einer wahnsinnigen und einigermaßen wütenden Hast. Das Zimmer war nicht klein. Ursprünglich hatte es bestimmt mehreren Dienstmädchen gedient.

Hinten im Zimmer stand ein Biedermeierschrank mit einer schön geschwungenen Leiste, aus dem Nachlass unserer Wiener Urgroßmutter, beide Türen offen, leer.

Ob ich das Telegramm gesehen habe.

Ob unsere Großmutter sie vielleicht beschimpft, angeschrien habe.

Ob sie ihre Schlüssel mitgenommen habe.

Diese Frage konnte ich beantworten, nein, ihre Schlüssel habe sie nicht mitgenommen.

Als ich am Mittwoch aus der Schule gekommen sei, habe der Schlüssel im Schloss gesteckt, und als sie wegrannte, sei er dortgeblieben.

Deshalb hätte ich am Sonntag bis spät in der Nacht auf sie gewartet, weil sie ja keinen Schlüssel hatte.

Und ob sie nicht noch etwas gesagt habe, als sie wegrannte, ich solle versuchen, mich zu erinnern.

Ich spürte, dass Szidichens Verschwinden für unsere Eltern ein unheilvolleres Ereignis war als für mich, und so log ich aus dem Stegreif, gewissermaßen instinktiv, nein, sie habe nichts anderes gesagt.

Ich wollte weiteren Nachfragen zuvorkommen. Noch lange bedrückte mich meine Lüge, aber es ist nicht einfach, eine Lüge später mit anderen Lügen richtigzustellen.

Ich log, sie habe sich nicht einmal verabschiedet, habe ihr Schultertuch genommen, ihren Koffer und sei davongerannt.

Sie habe ihren Zug erreichen müssen.

Die Zahnradbahn nicht verpassen dürfen.

Das hatte sie tatsächlich zurückgerufen, aber schon vom steilen Gartenweg her, während sie mit ihrem Koffer aufwärts rannte, zuvor hatte sie mich im Entree wild an sich gezogen, so krampfhaft, dass mein Körper noch durch das Schultertuch und ihren Rock hindurch die Härte ihres Körpers spürte, hatte mir zwei große, schmatzende Küsse auf den Hals gegeben, was mir damals nicht mehr unvertraut war. Hingerissen, wie sie von mir war, küsste mich auch Hédi Sahn so leidenschaftlich, so vollmundig, wenn wir in der Wohnung in der Felhő-Straße auf ihrem zerwühlten Bett allein blieben, mit einem so wilden Trieb, dass wir ihn selbst nicht begreifen konnten, auch wenn unsere Körper bereit waren. Szidichens Umarmung war hart, sie ließ sich nicht gehen, zog mich an sich, küsste mich hemmungslos auf den Hals, aber ihr Körper stieß mich hart von sich.

Dazu keuchte sie mir zweimal hintereinander weinend am Hals, ich sei sehr gut zu ihr gewesen.

Du warst sehr gut zu mir.

Ich wollte nichts von diesem Ganzen, dem Gutsein, dem ihren, dem meinen oder wessen auch immer, erzählen, weil ich es nicht verstand, auch seither nicht verstehe, keine Wörter dafür hatte. Solche Wörter kamen in den Romanen nicht vor. Noch heute weiß ich nicht, was das Gute ist, die Frage quälte mich, doch in dem Augenblick verstand ich mit einem bis dahin unbekannten Schmerz, dass das ein Abschied war, dass sie sich auf ewig verabschiedete. Auch wenn ich keine Ahnung hatte, was auf ewig bedeutet. Oder warum sagt man so, wenn man doch nicht weiß, was ewig ist, der Mensch weiß nichts von der Ewigkeit.

Und doch verstand ich in jenem Augenblick, auch wenn ich für dieses Verstehen keine Wörter hatte, warum sie das vom Gutsein sagte, warum sie davonlief, warum meine Eltern einen Verdacht hatten und warum ich ihnen um keinen Preis etwas sagen durfte.

Als mein Bruder krank war, musste er Tag und Nacht im Bett liegen, obendrein so, dass er von den Kissen zwar anständig gestützt wurde, aber nur ja nicht saß, da müsse ich aufpassen, ich sei der Ältere, das sei meine Aufgabe in der Familie, allen Aufgaben könne ich mich auch wieder nicht entziehen, das wäre ihnen gegenüber ungerecht, das dürfe ich nicht vergessen, oder auch später, als er seine Beinschienen schon erhalten hatte, im Staatlichen Unternehmen für künstliche Gliedmaßen auf dem Mátyás-Platz, in dessen Reparaturabteilung Hände und Füße von der Decke hingen, rosarote Prothesen, mit einem langen Hakenstock wurden sie abgehängt oder aufgehängt, ich musste ihm morgens die Beinschienen anschnallen, unser Vater hatte offensichtlich für nichts mehr Zeit, es war ein kompliziertes Manöver, die Schienen waren mit den hohen Schuhen verbunden, die ich ihm an die Füße würgen musste, sie schnüren, während der kleine Idiot die Lage ausnützte und mir Tritte in die Brust gab, die Schienen dienten der Entlastung des kranken Schenkelknochens, ich musste ihre Gelenke ölen, sonst quietschten sie schauderhaft, was mein Bruder nicht einmal bemerkte, während sich die anderen die Ohren zuhielten, oder er kreischte fürchterlich, um uns zu zeigen, wie unerträglich der Apparat war, während er mit diesen Schienen genauso umherturnte wie die anderen mit ihren gesunden Beinen, für ihn waren sie nicht unerträglich, sondern eine Gegebenheit, er spielte Fußball und lief Ski, ich aber musste nicht nur auf sein nächtliches Stöhnen aufpassen, nicht nur auf den Apparat achtgeben, aufs Schnüren und Putzen der Schuhe, sondern auch darauf, dass er sich von seiner Begeisterung nicht hinreißen ließ. Im Flur kletterte er mitsamt seinem kleinen Gehapparat auf eine Kommode, von dort auf ein Gestell mit Schiebetür, und dort reckte und streckte er sich, um durch eine Luke ins beleuchtete Badezimmer zu sehen, wo sich unsere Großmutter oder Szidichen Tóth gerade zum Baden oder Duschen anschickten.

Ich holte ihn da mehrmals herunter, was kein ungefährliches Manöver war, er wehrte sich, zischte, gab Tritte und konnte mitsamt seinen Schienen jederzeit herunterfallen und seinen Schenkelknochen in winzige Stücke bersten lassen, ich tat also besser daran zu beobachten, wie er sich da anschlich, und ihn am Schlafittchen zu packen, bevor er hochkletterte, ich schimpfte mit ihm, und für das alles war mir Szidichen sehr dankbar. Das war mit meinem Gutsein gemeint, nichts sonst, aber ihrem Glauben entsprechend machte sie doch ein sentimentales Motto daraus. Manchmal bat sie mich schon im Voraus achtzugeben, damit der Kleine nicht wieder im Flur aufs Gestell kletterte, und natürlich gab ich acht. Das konnte mit dem Gutsein, wie ich es suchte und zu verstehen hoffte, schon deshalb nichts zu tun haben, weil ich meinen Bruder ja behinderte, für ihn war es eine Gemeinheit, eine meiner Gemeinheiten, die er jeweils mit höllischen Wutanfällen beantwortete, was qualvoll war, weh tat, auch seine Tritte taten weh, meine eigene Gemeinheit tat weh, es tat weh, dass ich Schmerz verursachte, und auch wenn ich der Ältere war, mochte ich mein Gutsein nicht auf diese Art erkaufen.

Das alles hatte zwischen Szidichen und mir ein Komplizentum entstehen lassen, dem sich mein Bruder natürlich entziehen, für das er sich rächen wollte, für alle seine kleinen Kümmernisse, der kleine Idiot. Ich sollte nicht Szidichens Komplize sein, sondern der seine. Er wollte mich überreden, mit ihm aufs Gestell zu steigen, mir Lust machen, sein Mitläufer zu werden, er erzählte mit blitzendem Lachen, was alles ich zu sehen bekäme, wenn ich mit ihm da hinaufstiege. Ich lachte ihn aus, aber er machte mir doch Eindruck mit seiner Freiheit. Es wurde sichtbar, wie in dem kleinen Kind etwas aufbrach, das noch ein paar Wochen zuvor unsichtbar gewesen war. Ohne die Beschäftigung mit Pflanzen und Tieren hätte ich es vielleicht gar nicht bemerkt. Strahlend und sehr glaubwürdig malte er mir den Unterschied zwischen der körperlichen Beschaffenheit unserer Großmutter und jener Szidichens aus. Ich lachte nur, es wäre mir niemals eingefallen, Szidichen seinetwegen oder auch wegen des in Aussicht gestellten Anblicks zu verraten, und dass ich vor unseren Eltern Szidichens Abschied auf ewig verschwieg, hatte auch damit zu tun.

Das Verschwinden des Mädchens ließ ihnen keine Ruhe, sie besprachen sich, berieten sich.

Denn auch unsere Eltern hatten von irgendwoher erfahren, was mir mehrere meiner Mitschüler gemeldet hatten, nämlich dass am freien Tag unseres Szidichens ein junger Mann unten beim Fliederhain auf sie wartete, sie würden zu Fuß über die Zsolna-Straße weggehen.

Margit Leba hatte es gesehen, Éva Juhász hatte es gesehen.

Unsere Mutter hingegen war voller Geschichten von Frauen, die auf den Sofas schmutziger herrschaftlicher Wohnungen, in den Küchen von Lehmhütten am Dorfrand, unter der Hand von Quacksalbern und Kräuterfrauen verbluteten oder die selbst mit Stricknadeln, einem Stück Draht hochlangten, über einem Becken kauernd, und an Blutvergiftung starben, zu Krüppeln wurden, unfruchtbar wurden, wobei unsere Mutter ja vorausgesehen hatte, dass die Sache nicht so gehen würde, wie es sich ihre Genossen vorstellten. Das neue Gesetz Ratkó war eine Schlachtbank, wie sich Mutter ausdrückte. Sie war in jener Zeit gewissermaßen das Sammelbecken für die bitteren Schauergeschichten, die sich die Leute in klagendem Ton erzählten. Das wohl sahen meine Eltern, wenn sie an Szidónia dachten.

Auch Kim Jang-su hatte beim Fliederhain zweimal den jungen Mann mit Szdónia Tóth gesehen.

Vielleicht war sie gar nicht nach Pilisszentlélek gegangen, sondern mit dem jungen Mann durchgebrannt.

Die koreanischen Kinder wohnten in der Waldschule bei der nächsten Haltestelle. Die Zahnradbahn holperte unter großem Gequietsche den Hügel hinauf, und kaum hatte sie den Fliederhain hinter sich gelassen, füllte sich die Luft mit dem feuchten Geruch des Eichenwalds, aus dem Wagen sah man, dass die Mädchen und die Jungen in separaten Gebäuden wohnten, ihre Schulzimmer auf separaten Stockwerken waren, dass sie Uniformen trugen, auch ihr Haar war auf die gleiche Art geschnitten, und sie wurden von ihren Erziehern separat ausgeführt, als dürften die Mädchen die Jungen nie treffen. Die eine Gruppe wurde zwischen den Bäumen über den oberen Weg geführt, während die andere Gruppe auf dem anderen Weg rasch in die Gegenrichtung getrieben wurde. Wie ein Kloster, so war ihre Schule, so lebten sie in dem Eichenwald.

Auch in den Speisesaal wurden sie nach Geschlechtern getrennt geführt, wie man aus der hochkraxelnden Bahn sehen konnte. In der Waldschule lernten sie Ungarisch, bevor sie in die ungarische Schule kamen. Die Mädchen gingen sonst irgendwo zur Schule, die Jungen kamen in die Diana-Straße. Es war noch zur Zeit des Koreakriegs, den ich schon am Radio verfolgt hatte, vielleicht sogar noch bevor die Kinder aus Korea hierhergebracht wurden. Später erfuhren wir, dass sie alle Kriegswaisen waren. Kriegswaise, Vollwaise, Halbwaise, das waren damals oft vorkommende, vertraute Begriffe. Die koreanischen Kinder trafen ein, als wir vom Provisorium in der Felhő-Straße ins Hauptgebäude in der Diana-Straße übersiedelten und ich von der hintersten Bank in die vorderste kam, da ich ein guter, folgsamer Schüler war. Ein braver Junge, der Teufel hole doch meine ganze anstrengende Verstellung. So kam es, dass Kim Jang-su neben mir saß, er wusste in jeder Hinsicht mehr als ich, er wusste alles, war ein Dorfweiser, Mathematiker und Geräteturner, auch wenn er noch sehr lückenhaft ungarisch sprach. Die koreanischen Jungen, es kamen etwa sechs in unsere Klasse, waren älter als wir, sie hatten wegen des Kriegs eine Zeitlang die Schule nicht besucht, waren zwei, sogar drei Jahre älter, so viel Zeit hatten sie verloren. Ihr Waisentum, das von dauernden Meldungen vom Schlachtfeld, von Siegen, Niederlagen und den dazugehörigen Sorgen überschattet war, ihre unerhörte Diszipliniertheit waren für mich wie die Fortsetzung der Zeit der Belagerung, sie bestärkten mich in der Vorstellung, dass auf dieser Erde unter den Menschen permanent der Notstand herrscht, dass es so sein muss, dass ich es zur Kenntnis zu nehmen habe, dass alle anderen Existenzweisen himmlische Vorstellungen sind, himmlische Erscheinungen, wie es der damals von mir gründlich gelesene Debreciner Studiosus Mihály Csokonai Vitéz in seinem gewählten gnostischpoetischen Werk und in seiner romantischen Sprache schreibt, wonnige Ideen und flüchtige Ideale, wir hingegen, Gefangene von Idealen und Ideen, zwischen diesen parallel existierenden Welten flatternd, sind zusammen mit der sich ewig verzehrenden bösen Gottheit und den gefallenen Engeln zu Friedensräten, Friedenslagern verurteilt, der ewige Frieden ist nur das Blabla zwischen den Kriegen.

Sie wurden diszipliniert, und augenscheinlich disziplinierten sie sich auch gegenseitig oder behielten sich zumindest im Auge, ließen sich nicht los. Dahinter steckte eine kühle Bosheit. Morgens wurden sie von ihren Erziehern in geschlossener Formation mit einem Extrawagen der Zahnradbahn zur Schule gebracht, und auf diese Art wurden sie auch wieder abgeholt, stumm und nach einem Fahrplan. In die Extrawagen durfte sonst niemand steigen. Immer nur so. Sie trugen schwarze Anzüge, schwarze Mäntel beziehungsweise derart dunkelblaue, dass sie aus kurzer Distanz schon schwarz aussahen, ich hatte noch nie einen so dunklen dunkelblauen Stoff gesehen. Ihre Hemden waren kariert oder weiß, mit dem roten Halstuch der Pioniere, wie wir sie nur an Feiertagen trugen, sie mussten sie alle auf die gleiche Art unter ihre militärisch anmutenden Jacken stecken, der eine so, der andere anders, das gab es nicht, kein individuelles Getue, sondern entweder ein weißes Hemd oder ein kariertes, aber alle gleich. Die Mädchen trugen über ihrem schwarzen Baumwollkleid eine weiße Rüschenschürze, und auch in dieser Kleidung war keinerlei Abweichung gestattet. Sie hielten sich gegenseitig streng im Zaum, gaben sich Anleitungen, alle allen, wie mir schien, offenbar von Kim Jang-su überwacht, vielleicht war er für die anderen in der Klasse verantwortlich, was ich ziemlich lange nicht bemerkte. Ohne irgendein Aufhebens wurde er plötzlich grausam streng, den anderen stockte der Atem. Er sagte schnell und leise knatternde Sätze in ihrer an langen gutturalen Vokalen reichen Sprache, und schon war er wieder weg. Als wäre gar nichts geschehen. Wieder lag gelassene Heiterkeit auf seinem reglosen Gesicht, in den Winkeln der Augenschlitze und in den Mundwinkeln. Ich lernte auch, dass sie Fragen nach einem bestimmten System beantworteten. Ich meinerseits fragte nichts, andere aber schon, die fragten, was macht dein Vater jetzt in Korea. Meine Mitschüler wollten wissen, ob ihre Väter im Krieg kämpften, ob sie Waffen hatten. Keine Antwort. Was macht dein Vater beruflich. Auf keine Frage kam eine Antwort. Hast du Geschwister. Sie brüllten, damit diese blöden Gelben mit ihren Schlitzaugen doch endlich verstanden, erklärten, zeigten, großes Geschwister, kleines Geschwister. Wo sind sie. Was machen sie. Fehlen sie dir. Erhältst du Briefe von ihnen. Auf persönliche Fragen kam nie eine Antwort. Das Persönliche war offenbar ein Hindernis, an dem meine Mitschüler abprallten. Diese koreanischen Kinder ließen sich nicht provozieren. Reglose Züge, reglose Pupillen, weder freundlich noch unfreundlich. Wenn man sie aber fragte, ob ihre Eltern noch lebten, antworteten sie nicht mit Nein, sie konnten weder das Ja noch das Nein aussprechen. Ich bin eine Waise. Aber auf die nächste Frage, wie bist du Waise geworden, was ist mit deinen Eltern geschehen, wo sind dein Großvater, deine Großmtter, kam keine Antwort. Persönliche Fragen durften sie nur beantworten, wenn die sich ausschließlich auf sie selbst bezogen. Als ich in ihrer anders konstruierten Mimik, ihrer anders dressierten Gestik schon einigermaßen zu lesen verstand, wurde mir klar, dass zwei Strukturen ineinander verschachtelt waren, von denen nur die eine auf den Verboten der Erzieher beruhte. Im anderen System bewegten sie sich frei, verstanden sich gegenseitig, nur wir verstanden nicht, was sie verstanden oder nicht verstanden beziehungsweise nicht verstehen wollten. Oder was sie uns nicht zu verstehen geben wollten. Von ihren Familien durften sie nicht sprechen, nicht wegen eines Verbots der Erzieher, wie mir schien. Sie hatten das Persönliche anderswo versorgt und verwendeten es anderen gegenüber auf andere Art, sie waren nicht mitteilsam. Es hatte keinen Sinn zu fragen, ob sie Korbball spielen kämen, sie antworteten nicht, nicht nur Kim Jang-su nicht, sondern auch der vor zärtlichen Gefühlen stets glänzende Hu Jong-huan nicht, keiner antwortete. Es war einfacher, die Sache als Aussage zu formulieren, ich gehe mit Szekács und Ormay Korbball spielen. Dann kam immer eine Antwort. Ich gehe mit euch Korbball spielen. Oder wenn sie nicht mitkommen konnten, formulierten sie es affirmativ, für die Ablehnung hatten sie keine Worte, auch keine ungarischen. Ich muss jetzt lernen.

Ich hatte den Eindruck, dass es ihnen verboten war, sich mit uns näher anzufreunden, während sie untereinander ein fast unmerkliches Beziehungsnetz hatten, das sie in ziemlich unwahrscheinlichen Schattierungen und Abstufungen pflegten, nach einer vorausbestimmten hierarchischen Ordnung, die mit Freundschaft nichts zu tun hatte, das heißt, jeder von ihnen hatte seinen vorgegebenen und offenbar angestammten Platz, um den es Konflikte geben mochte, die sie vor uns verbergen mussten. Manchmal weinte einer, ich sah auch einmal, wie sie sich prügelten, viel verwegener und härter als wir, aber dann trat Kim Jang-su dazwischen. Er gestatte weder Prügeleien noch Weinen. Sie durften nicht sagen, was zwischen ihnen oder mit ihnen geschah. Auch über ihre Erzieher durften sie nicht sprechen, durften offensichtlich nicht einmal deren Namen nennen. Es war spürbar, dass sie ihre größeren Konflikte, ihre plötzlich aufflackernde Wut zuerst lange speicherten und vor uns möglichst verbargen. Ihre Wut war zuweilen mörderisch. Es war ihnen nicht verboten, von Gefühlen oder Affekten zu sprechen, und doch sprachen sie nicht davon, sie verwahrten sie anderswo als wir die unseren. Es fiel nicht unter die Verbote der Erzieher. Verboten war ihre Vergangenheit. Sie durften nicht davon sprechen, was im Krieg geschehen war oder was alles in ihrem Internat geschah. Sie durften uns nicht einmal ihr Alter sagen, obwohl wir sahen, dass sie älter waren als wir, sie hatten ja schon Haare an bestimmten Körperstellen. Sie machten keine Grimassen und Gesten, es war schwierig, ihre Gefühle zu erraten, auch weil man ihnen nicht in die je ganz individuell gezeichneten Augenschlitze blicken konnte, wir Europäer sahen nicht in ihre dunkle Iris hinein, sahen ihre Pupillen nicht, in ihren

Augenwinkeln war wenig Weiß. Was den Eindruck erweckte, dass sie hingegen tief in uns hineinsahen. In Wahrheit schauten sie alle auf uns hinunter, alles, was wir sagten und taten, musste für ihren Geschmack verblüffend brutal sein, aber sie gaben nie Urteile ab. Gleichzeitig waren sie frei von Geziertheit, wie sie für uns bezeichnend ist. Ihr Benehmen hatte etwas zurückhaltend Scharfes, Entschiedenes, einen metallischen Geschmack. Kim Jang-su schaute einem geradewegs in die Augen, und wenn er den Blick abwandte, dann aus technischen Gründen, nicht aufgrund einer Emotion, eines Impulses oder aus dem Wunsch heraus, diese zu verbergen. Sein Blick war ausdauernd. Er versteckte sein Gesicht nicht. Brauchte er auch nicht, er hatte seine zu einem ätherischen Lächeln geschliffene Maske. Nach einer Weile aber erkannten wir uns am Schweigen, mich störte seine scharfe Diszipliniertheit nicht, sie interessierte mich ehrlich gesagt auch nicht, meine eigene war ja nicht anders, und so war unsere Begegnung in der Bankreihe am Fenster außergewöhnlich oder schicksalhaft, auch wenn ich sein Gesicht noch heute nicht beschreiben könnte. Seine Haut war nicht so makellos elfenbeinfarben wie die der anderen. Als wäre sie sommersprossig, aber mir schien, es sei die Spur einer Verletzung, einer Verbrennung, am Hals hatte er noch weitere solche Male, aber an der Brust und am Bauch nicht mehr, wie ich vor der Turnstunde in der Garderobe sah. Nach unseren Maßstäben waren sie äußerst prüde. Kim Jang-su stand mir in jedem Fall näher als Székács, auch näher als Baltazár, was eigentlich kaum möglich war. Der Gedanke an Distanz kam mit Kim Jang-su gar nicht auf, nur die Umgebung stellte Hindernisse zwischen uns. Er durfte uns nicht besuchen kommen, was man ihm nicht eigens zu verbieten brauchte. Nach dem Unterricht mussten sie sich sofort in einer Reihe aufstellen, die Erzieher führten sie weg, und ich durfte unter gar keinen Umständen zu ihnen in die Waldschule gehen, das war strengstens verboten. Auf unsere trockene Art fassten wir das nicht als Verbot auf, sondern als Fügung. Im Lehrgarten fühlte sich Kim

Jang-su offenbar besonders wohl, er verstand die ihm unbekannten Pflanzen, verfolgte ihre Entwicklung mit strenger Aufmerksamkeit, als kontrolliere er auch sie, aber am Biologie-Fachkreis durfte er nicht teilnehmen, sogar dem Reispflanzen blieb er fern, obwohl Judit Benkő die Erzieher bearbeitet hatte, aber es gab keinen Pardon, er musste zusammen mit den anderen ins Internat zurück. Die uns zur Verfügung stehende Zeit genügte, beziehungsweise kam mir gar nie in den Sinn, sie könnte uns nicht genügen. Da war eine Spannung, die vollkommen natürliche Spannung einer Beziehung. Gemäß einer Ankündigung durfte niemand ohne spezielle Bewilligung einen Fuß in die Waldschule setzen. Ein paar Blödiane von der Mátyás király-Straße kletterten nach der Dämmerung trotzdem über den Zaun, aber mehr als ein paar Minuten konnten sie sich da unter den Bäumen nicht aufhalten, dann wurden sie mit heftigen Kehllauten durchs Tor hinausgetrieben, und am nächsten Morgen hatten sie nicht einmal Zeit, damit aufzuschneiden, denn die Polizei war schon in der Schule. Sie untersuchten mit dem allergrößten Ernst die Schuhsohlen. Neben der Bank aufstellen, den Fuß heben. Jetzt den andern. Die verdächtigen Schuhe nahmen sie mit auf den Gang hinaus, aber dort gab es irgendein banales Problem, sie hatten keine Instrumente oder Behälter für die Entnahme von Proben, oder was weiß ich, vielleicht bliesen sie die idiotische Ermittlung einfach ab, jedenfalls verschwanden sie so rasch, wie sie gekommen waren.

Als ich ihm einmal von einer bestimmten Sache erzählte, sagte Kim Jang-su ganz unerwartet, er wolle sie anschauen. Im ersten Augenblick dachte ich, es sei einer seiner sprachlichen Fehler. Anschauen. Das hätte bedeutet, dass er zu uns nach Hause käme, was ja nicht möglich war. Deshalb sagte er realistischerweise auch nicht, wann er die Sache anschauen wollte. Ich erinnere mich nicht mehr, was ich ihm hätte zeigen wollen oder wovon wir sprachen, offenbar von etwas, das er nur bei uns in der Gyöngyvirág-Straße hätte sehen können. Vielleicht eine Fischgeburt, einen trächtigen

Guppy. Was eigentlich auch weniger belangvoll war als die Tatsache, dass er meinetwegen ein Verbot übertreten wollte. Er wollte das Haus sehen, in dem ich wohnte, meine Familie, die Menschen, mit denen ich lebte, auch wenn er das garantiert nie ausgesprochen hätte. Ich fragte mich nicht lange, ob ich Kim Jang-su richtig verstanden hatte, sondern forderte meine kranke Mutter auf, sie solle bewerkstelligen, dass Kim Jang-su einmal die Waldschule verlassen dürfe. Ich erinnere mich nur noch, dass ich meinen Eltern von den koreanischen Kindern alles genau erzählen musste, sie hatten bis dahin nichts von ihnen gewusst. Auf seine eigene stille Art wartete Kim Jang-su am Samstag einen günstigen Augenblick ab, um sich in der Bank mir zuzuwenden, er komme am Sonntag zu uns. Am Sonntagnachmittag ich komme anschauen. Lehrer haben Fall geprüft. Deine Eltern für wir Korea sehr ehrwürdig Menschen. Ungefähr so mochte die Resolution des Internats geklungen haben. Ich konnte nunmehr in seinem Gesicht lesen, ich sah, dass der Beschluss des Lehrkörpers bei ihm etwas ausgelöst hatte, das unserem Platzen-vor-Glück entsprach. Als lebten sie, abgesehen von der Strenge ihres politischen Systems, in einer Ordnung, die von ihnen verlangte, in allen Lebenslagen die Würde zu bewahren. Es lief auf gefühlsmäßige Neutralität hinaus. Ich habe keine Ahnung, was unsere Mutter unternommen hatte. Solange sie von der Nomenklatura noch nicht verstoßen war, hatten der koreanische und der chinesische Botschafter sie mehrmals zu Diners in der Botschaft geladen, oder es waren eigens für sie und ihre Mitarbeiter Mittagessen gegeben worden. Vielleicht hatte sie diesen Weg beschritten, um noch in derselben Woche ihr Ziel zu erreichen. Damals dachte ich nicht weiter darüber nach, aber heute ist mir klar, warum es so rasch gelang. Als der Koreakrieg ausgebrochen war, hatte unsere Mutter zusammen mit Valéria Benke, der damaligen Sekretärin des Nationalen Friedensrats, auch sie war aus einem mir unbekannten Grund eine Weile beiseitegeschoben worden, die Protestaktionen gegen den Krieg organisiert, die Kurzversammlungen und Demonstrationen. Schon in den ersten Kriegsmonaten schickten sie Lazarettzüge nach Korea, dann organisierten sie unter der fachlichen Anleitung Emil Weils den Aufbau eines Feldkrankenhauses, was ein sehr kompliziertes Manöver war; in der Abschlussphase der Vorbereitungen sahen wir sie kaum noch. Bevor Weil nach Washington aufbrach, um seinen Posten als Botschafter anzutreten und dem amerikanischen Präsidenten sein Beglaubigungsschreiben zu überreichen, waren wir zusammen mit Benke zu ihnen in die Istenhegyi-Straße gegangen, Weil war zuvor mit Professor Sárkány in Korea gewesen, um sich das Krankenhaus anzuschauen, und wollte Mutter und Benke von seinen Eindrücken erzählen. Schon deswegen hatte ich die täglichen Kriegsmeldungen verfolgt.

Laut dem Dokument des Department of State, das zusammen mit den sogenannten Acheson-Papieren veröffentlicht wurde, rief Emil Weil am 1. August 1951 ein erstes Mal den Protokollchef John F. Simmons an, Staatssekretär Achesons Mitarbeiter, es war ein Mittwoch, und der Protokollchef empfing ihn bereits am folgenden Tag. Der ehrenwerte Dr. Emil Weil, bevollmächtigter Minister der Ungarischen Volksrepublik, schrieb der Protokollchef in seiner Meldung vom Donnerstag, hat mich aufgesucht, um sein Beglaubigungsschreiben vorzuweisen und einen Termin für dessen Überreichung an den Präsidenten zu erhalten. Die Konversation sei recht oberflächlich gewesen, schreibt er. Wohl aus Verlegenheit, eventuell aufgrund einer ungenügenden Kenntnis der englischen Sprache hat sich Dr. Weil bei dem insgesamt fünf Minuten dauernden Gespräch als ziemlich wortkarg erwiesen. Zu der Konversation, die sich hauptsächlich aufs Wetter und die klimatischen Verhältnisse in Washington beschränkte, hat er so wenig Persönliches beigetragen, dass mir in diesem Zusammenhang vor allem seine Schweigsamkeit einer Erwähnung wert scheint. Emil Weil war vielleicht kein Vielredner, füge ich heute hinzu, aber so wie ich mich an ihn erinnere, war er auch nicht krankhaft schweigsam. Am

Ende seines Besuchs gab ich der Hoffnung Ausdruck, dass während seiner Tätigkeit als Botschafter die Beziehung zwischen unseren beiden Ländern verbessert werden könne, nachdem sie auch in der Vergangenheit nie gut gewesen ist. In Dr. Weils Begleitung befand sich auch eine Attachée der Botschaft, Frau Zsuzsanna Szűcs, sowie ein Dolmetscher aus unserem Amt, Herr Andor Klay, aber diese nahmen am Gespräch nicht teil. Dr. Weil hatte offenbar beschlossen, sich eher auf seine mangelhaften Englischkenntnisse zu verlassen, als die Dienste des Dolmetschers in Anspruch zu nehmen. Es kam keinerlei politisches Thema zur Sprache.

Kim Jang-su besuchte uns am Sonntag, durfte aber nicht zum Abendessen bleiben. Unser Vater begleitete ihn in die Waldschule zurück. Ich sah seinem Gesicht auch an, dass ihm Szdónia Tóth sehr gefiel, er errötete dauernd, was auch auf einem ostasiatischen Gesicht nicht mehr und anderes bedeutet, als was es bedeutet, und so muss es ihm, als er Szidónia Tóth beim Fliederhain mit dem unbekannten jungen Mann sah, wie mit einem Messerstich ins Herz gefahren sein.

Er durfte mehrmals am Sonntag zu uns kommen, aber er musste auch immer rechtzeitig zurück sein.

Wir sprachen auch darüber, dass er einmal den vor Emotionen überströmenden Hu Jong-hua mitbringen würde, ich wollte das, denn wegen seines Gefühlsüberschwangs lebte dieser Junge wie ein Ausgestoßener unter ihnen, die anderen wiesen ihn ständig zurecht, obwohl er augenscheinlich der Älteste war, mir brach er das Herz, auch wenn er die lästige Angewohnheit hatte, mich bei jeder sich bietenden Gelegenheit an sich zu ziehen, zu umarmen, an sich zu pressen, wenn es die anderen nicht sahen, aber als sie es einmal doch mibekamen, nahmen sie ihn unter Beschuss, seine Wangen brannten hochrot, sein ganzer Kopf brannte, sie sprachen wochenlang nicht mit ihm, und er umarmte mich nie mehr; Kim Jang-su seinerseits brachte ihn nie mit, vielleicht wäre es sogar erlaubt gewesen, aber Kim Jang-su wollte es nicht. Ich jedenfalls hatte das Gefühl. Er selbst musste wohl auch manövrieren, damit man wenigstens ihn gehen ließ, denn fast immer kam er unerwartet, und er kam offensichtlich nicht nur meinetwegen.

Er sah Szidónia Tóth noch ein zweites Mal mit dem jungen Mann beim Fliederhain. Er hätte gern gewusst, wer dieser junge Mann war, vielleicht ein Verwandter des Mädchens, aber eine so direkte Frage durfte er nicht stellen.

Auch nach einer mehrtägigen Suche fanden unsere Eltern keine Spur des jungen Mannes. Zuerst hätten sie die Genossin finden müssen, die uns Szidichen zuvermittelt hatte, wie man damals sagte, die hätte vielleicht etwas von ihm gewusst. Als keine Hoffnung mehr bestand, die Genossin zu finden, sagte mir unsere Mutter eines Morgens, ich solle mit ihr gehen, statt in die Schule, einmal dürfe ich doch wirklich fehlen, heute fahren wir nach Pilisszentlélek.

Es war ein kalter April, der Schnee war im März geschmolzen, oben in der Mátra lag er aber noch, im Hügelland von Buda und den Wäldern des Pilis da und dort in Flecken auch noch. Auf unseren früheren Ausflügen waren wir, auf dem Weg von Pomáz zum Berg Dobogókő, mehrmals durch Pilisszentlélek gekommen. Es war eine Streusiedlung in einem zwischen den Hügeln eingeklemmten Tal, mit weit auseinanderstehenden Häusern, einer weiß gekalkten mittelalterlichen Kirche, slowakischen und deutschen Einwohnern und endlosen Wäldern. In den Piliser Gemeinden wurde kaum ungarisch gesprochen. Pilisszentlélek war ringsum von Wald umgeben, Buchen- und Eichenwald, die Armen der Gemeinden lebten von Waldarbeit. Wir hatten Mühe, das Haus zu finden, es stand unten in einer Schlucht, schneeweiß, in der Nähe eines rauschenden Bergbachs. Es war märchenhaft. Prosaisch hingegen seine Ärmlichkeit. Solche Armut hatte ich bis dahin in meiner Heimat nicht gesehen. Die Haustür stand offen. Als wir über den schlammigen Weg hinunterstiegen, sahen wir Szidichen, die mit hochgesteckten Röcken und nackten Beinen auf dem Fußboden kniete und ihn mit Schlamm aus einem Eimer bestrich, das heißt den Boden kittete.

Dieses anspruchsvolle Manöver wurde in jedem Lehmhaus zweimal jährlich durchgeführt, ein paar Jahrzehnte später lernte auch ich von meiner Wirtin in Kisoroszi, Zsuzsanna Sághy, den Boden mit Schlamm zu kitten. Nur so ließen sich die Lehmhäuser über mehrere Jahrhunderte hinweg erhalten. Man machte es vor Ostern, an so kühlen Orten wie dem Pilis vielleicht etwas später, und dann wieder Ende September, vor dem Einsetzen der Herbstfröste. Es wurden Häcksel, etwas Kuhmist und stark lehmiger Schlamm vermischt, um Lücken und Risse in den Wänden auszufüllen, und die gleiche verdünnte graugelbe Mischung wurde auf den nackten Boden der Kammer und der Küche gestrichen. Manchmal wurde sie eingefärbt. War die Masse getrocknet, wofür sie lange brauchte, bildete sie eine glatte Schicht, der Kuhmist wirkte als haltbarer Klebstoff. Nicht der roch, sondern die muffigen Wände, der Schimmel, gegen den in einer solchen Talschlucht kein Schrubben und Scheuern halfen. Im Haus von Szidichen Tóths Familie war alles makellos sauber, wie in den slowakischen Häusern im Allgemeinen. Weiß und Blau herrschten vor. Auch in ihrer Tracht. Szidichen war in ihrer Tracht zu uns gekomken, sie hatte keine andere Kleidung, wollte auch keine andere. Die Tracht bestand aus einem Leibchen, einer Hemdbluse mit anderem Namen und einem Unterrock; diese beiden Kleidungsstücke wurden auf dem nackten Körper getragen, das Leibchen diente als Büstenhalter und wurde vorn von Knöpfen oder Haken zusammengehalten, es war sehr eng anliegend und reichte bis zur Taille, der weiße Unterrock, eher ein Rock, mit Bändern aus geklöppelter Spitze verziert, diente als eine Art Unterkleid. Unterhosen wurden nicht überall getragen. Über diesem Unterkleid trug man das stark geschweifte, also eng in die Taille geschnittene Hemd, dann den Brustfleck, die Röcke, die bei festlichen Anlässen zahllos waren, fünfzehn, zwanzig, alle plissiert, darüber den Oberrock und die Schürze, die das gleiche Muster hatten wie der Brustfleck, an Wochentagen trug aber auch Szidichen nicht mehr als drei oder fünf Röcke. Vor dem Kehren wurde der gekittete Boden in schwungvollen Bögen abgespritzt, damit sich kein Staub bildete. Dieses Haus hatte einen sogenannten Bettlerstand, eine kleine Veranda vor dem Eingang, wo ein vor dem Regen Schutz suchender Bettler gerade Platz fand. Das Heer der Bettler und Obdachlosen zog fast nach einem Fahrplan übers ungarische Land, obwohl die Polizei in den fünfziger Jahren des vergangenen Jahrhunderts sie als notorische Arbeitsscheue hätte einsammeln und einsperren müssen. Die örtlichen Polizisten waren dafür meist nicht zu haben. Für vieles sonst, aber dafür nicht.

Man wusste, dass der und der Bettler dienstags oder freitags zu dem und dem Haus kam, und stellte die Suppe mit einer Schnitte Brot für ihn beiseite. Jeder hatte seine Bettler. Letztes Jahr noch kam in Gombosszeg Onkel Géza bei uns vorbei, mit vollem Namen Géza Pécz, erhielt seinen Kaffee mit viel Zucker, sein Brot, das er in den Kaffee bröckelte, da er schon seit etlicher Zeit keine Zähne mehr hatte, er mochte auch den Sauerquark, den er ebenfalls mit viel Zucker haben wollte statt mit Salz und Paprika, wie wir ihn in dieser Gegend essen, er bekam auch Zigaretten, die wir für ihn gekauft hatten, unbedingt auch Streichhölzer und etwas Geld. Er kannte den Wert des Geldes nicht, aber er verlangte es, das gehörte zum Ritual. Und er bat noch um etwas anderes. Um Bücher, die er den Kindern mitbringen wolle. Auch Zeitungen und Ansichtskarten nannte er Bücher. Ich weiß nicht, welchen Kindern er sie mitbrachte, aber diesen Nachschlag brauchte er. Weil es seine Idee war. Er bat um eine Tasche für die Bücher. Für ihn war alles Tasche, was dem Büchertragen dienen konnte. Einmal bat er mich, ihm ein Telefon zu kaufen. Möchten Sie nicht auch eine Turmuhr mit Kette haben, Onkel Géza, fragte ich. Er lachte, aber die Bitte ums Telefon blieb jahrelang an der Tagesordnung, obwohl er weder die Zahlen noch die Buchstaben kannte. Dieses Jahr ist er nicht gekommen. Er mag um die dreiundachtzig sein, falls er noch lebt. Er war schon einmal einen Winter lang weggeblieben, dann aber im Frühling aus einem Krankenhaus wieder zum Vorschein gekommen. Dieses Jahr noch nicht. Der Bettler aß die Suppe im Haus, das Brot versorgte er in seinem Beutel. Am Ende ihres Gartens rauschte der Bach über den Kieseln so laut, dass Szidichen unser Kommen offensichtlich nicht gehört hatte, wir standen schon fast auf dem Bettlerstand, als sie die Stimme meiner Mutter vernahm und sich überrascht umwandte. Es wurde ein großes Geschrei daraus, ein großes Wehklagen, sonst weiß ich von diesem Ausflug nichts mehr, erinnere mich auch auch kaum an ihre Kammer, ihre Küche.

Mein Freund Kim Jang-su stammte aus einer ähnlich bettelarmen Bauernfamilie, wie er einmal von sich aus erzählte, wobei ich spürte, dass er damit ein Verbot übertrat, vier Geschwister waren sie gewesen, die aus dem Süden zündeten das Dorf an, ließen sie eine große Grube ausheben und schossen alle ohne Ausnahme hinein, er war nachts verletzt unter den Leichen herausgekrochen, aber nicht allein, sie hatten zu dritt überlebt, noch zwei Erwachsene, die sich in der Gegend auskannten und wussten, wie sie zu ihren Truppen, denen vom Norden, stoßen konnten, aber einer erlag unterwegs seinen Verletzungen.

An einem der Tage nach unserem Ausflug ins Pilisgebirge wurde unsere Mutter wieder ins János-Krankenhaus gebracht, ihre Schmerzen waren unerträglich geworden. Sie schrieb sie ihren Gallensteinen zu, bewegte sich auf dem Krankenhausgang nur noch zusammengekrümmt, die Hand auf ihre Flanke gepresst, ein paar Tage später wurde sie in die Chirurgische Klinik in der Üllői-Straße überwiesen, wo man ihr sofort Morphium gab, sie aber zum Zweck lehrreicher Vorführung dennoch operierte, wobei die Medici keine Gallensteine fanden, dafür aber die von Krebsgeschwür durchsetzte, durchgefressene Leber sahen, was sie nur unserem Vater sagten, auch das Morphium erwähnten sie nur ihm gegenüber kurz. Drei Tage nach der Operation ging es Mutter etwas besser, bei unserem Sonntagsbesuch zeigte sie meinem Bruder und mir stolz die an Türkise erinnernden unregelmäßigen Steine.

Man ließ sie im Glauben, dass sie ihre eigenen herumzeige. In der letzten Woche ihres Lebens durfte nur unser Vater sie besuchen, wir nicht, in der Morgenfrühe des Sonntags starb sie unerwartet, Vater kam am Morgen zu einer Toten. Am Samstagnachmittag war sie doch noch so heiter gewesen. Bestimmt wegen der erhöhten Morphiumdosis. Man weiß, was geschehen wird, und doch tritt der Tod unerwartet ein, immer unerwartet. Auch Kim Jang-su stand bei der Beerdigung am Grab unserer Mutter. Er stand ganz allein und verloren da. Mir tat es sehr gut, dass er in jener riesigen Menschenmenge mir am offenen Grab gegenüberstand und wohl an seine eigenen verlorenen Eltern und toten Geschwister dachte. Noch mindestens zwei Jahrzehnte lang wäre ich ihm am liebsten nach Korea nachgereist, wenn ich nur an ihn dachte.

In jenem Sommer, und das war kein Kindheitssommer mehr, brachte mich mein Vater von meiner Arbeit in der Király-Straße, im Labor der Pharmazeutik-Zentrale, in seinem schwarz gefärbten Anzug nach Balatonvilágos. Er hatte in einer chemischen Reinigung in der Petőfi Sándor-Straße alle seine Sachen schwarz färben lassen. Seine beiden Söhne mussten am Mantelrevers oder am Hemdkragen ein schwarzes Band tragen. Was natürlich schon seinen Sinn hatte, das musste ich bei allem Widerwillen zugeben. Das Band isoliert den Trauernden, macht die Welt darauf aufmerksam, dass sie ihn mit ihren Scherzen und lauten Reden wenigstens eine Zeitlang verschonen soll, aber ich habe schon immer alle Rituale und Formalitäten gehasst. Den Umgang mit Geburt, Liebe und Tod fand ich widerlich, meiner Vernunft zum Trotz. Ich würde gern wissen, woher diese tiefe Abneigung stammt, aber ich weiß es nicht. Vater war sogar darauf bedacht, schwarz geränderte Taschentücher zu benutzen, sich nur in Trauertaschentücher zu schneuzen. Bevor wir nach Balatonvilágos ins Mátyás Rákosi-Kinderurlaubsheim fuhren, das ein paar Jahre zuvor gegründet worden war, damit die Genossen im Urlaub in Balatonaliga auf ihrem streng abgesperrten und von Bewaffneten bewachten Uferabschnitt nicht einmal von den eigenen Kindern gestört wurden, kein Kindergeschrei den erstrangigen Parteiurlaubsort durchdrang, mussten wir noch auf dem Friedhof vorbeischauen. Es war klar, dass mich mein Vater ins Kinderdepot brachte. So nannten die Genossen untereinander das Kinderurlaubsheim der Privilegierten. Solange unsere Mutter lebte, hätten wir hier keinen Fuß hineinsetzen dürfen. Bevor wir losfuhren, verschenkte ich die Fische aus dem Aquarium, die Schildkröte aus dem Terrarium, die Kammmolche und die Blindschleichen hingegen ließ ich frei. Sie verschwanden augenblicklich im Efeudickicht.

Ich weiß nicht, was sie in diesem Sommer mit meinem Bruder machten.

Die große Aufgabe dieser drei Sommerwochen bestand darin, allen den gleichaltrigen Kindern unauffällig auszuweichen. Sie waren eine Strafe für mich, wofür sie natürlich nichts konnten. Es herrschte eine ganz besondere Stimmung unter ihnen, eine ekelhafte, mit kühler Schonungslosigkeit gepaarte Überheblichkeit, die ich zur Kenntnis nahm, ohne dass sie mich berührte. Was mich durchaus auch Mühe kostete, sie aber waren derart mit der Pflege und dem Ausbau ihrer Hierarchie beschäftigt, dass wahrscheinlich niemand meine Zurückhaltung bemerkte. Nach Ablauf der drei Wochen überraschte mich einer der Erzieher mit der Nachricht, dass ich nicht packen solle, ich würde nicht mit ihnen zusammen nach Budapest zurückfahren, ich müsse hierbleiben, mein Vater würde mich am Sonntag besuchen. Ich müsse mit dem nächsten Turnus auch die folgenden drei Wochen hier verbringen. Vater besuchte mich tatsächlich. Er hatte im Voraus ein Telegramm geschickt, dann kam er selbst, bis aufs Skelett abgemagert, in seinem schwarz gefärbten Sommeranzug am Bahndamm entlang, ich meinerseits stand allein am Zaun des nunmehr verlassenen Urlaubsorts. Mitte August durfte ich nach Hause. Und da musste ich beginnen einzukaufen, zu kochen, zu waschen und zu putzen. Es war lange niemand im Haus gewesen, der sich darum gekümmert hätte. Und als ich sah, dass es nicht reichte, dass ich die Sache noch gründlicher würde in die Hand nehmen müssen, veranstaltete ich an den Tagen vor Schulbeginn einen sommerlichen, obsessiven Großputz, mit zweimaligem Bodenscheuern, Spülvorgängen, mit gelber Wichse, mit Bohnerwachs, mit an meine nackten Füße geschnallt, sorgfältig gewachsten Bürsten, was noch immer nicht alles war, dann kam noch das Polieren mit einem weichen Tuch. Das verdammte Haus sollte glänzen. Es funkelte von den Wichsen und Pasten aus István Nádas' einstigem Chemieunternehmen. Ich brauchte wohl eine ganze Woche für den Aufwand. Eine echte Trauerarbeit. Seither ist Reinemachen zu meiner Sache geworden. Eine Erinnerungsarbeit, ich kann mich vollständig in die Einzelheiten verlieren. In meinem langen Leben habe ich viele fremde Häuser, Zimmer, Küchen, Dachböden wie besessen aus dem Schmutz herausgekratzt. Sogar auch Zimmer, Wohnungen und Häuser, in denen ich mich nur kurze Zeit als Gast oder Mieter aufhielt.

Ich hoffe, dass ich vor meinem Tod noch die Gelegenheit haben werde, einen Hausputz zu veranstalten.

Die Schwelle zum Zimmer meiner Großeltern durfte ich mit meinen Geräten allerdings nicht übertreten.

Fürs Reinemachen braucht man anständiges Gerät.

Den Zustand, in den unsere Großeltern, Cecília Nussbaum und Arnold Tauber, nach Mutters Beerdigung geraten waren, nahm ich nicht zur Kenntnis, und das tut mir heute noch weh, damals wäre es wohl über meine emotionalen Fähigkeiten gegangen.

Unsere Großmutter hätte gern die Rolle der verschwundenen Szidónia Tóth übernommen, aber sie war nicht mehr im Vollbesitz ihrer Kräfte und ihrer Tatkraft, sie verwechselte alles, vergaß alles gleich wieder. Offenbar vertrug das Bewusstsein unserer Großeltern keine weiteren Schicksalsschläge, auch wenn noch weitere kommen sollten.

Ich schaute zu, was meine Großmutter in der Küche veranstaltete, man hielt es kaum aus, aber etwas zu sagen hätte keinen Sinn gehabt, es wäre nur zu einer großen Szene gekommen. Sie wusste tatsächlich nicht mehr, was in einer Küche wo zu finden ist, verwechselte das Mehl mit dem Waschpulver, das sie wirklich einmal für eine Mehlschwitze verwendete, ja, sie hatte vergessen, wie man kocht. Sie bedachte den Krämer mit Flüchen, weil er ihr so grobes Mehl verkauft hatte, sie hatte ihm doch gesagt, sie brauche Mehl für Strudelteig. Es ist nicht das erste Mal, dass dieser elende Krämer sie übers Ohr haut. Der hat sie aber zum letzten Mal betrogen, der Allmächtige sei ihr Zeuge. Großvater aß ohne zu mucken alles, was sie ihm vorsetzte. Das war nicht immer einfach, aber es war auch nicht unmöglich. Warum sollte man mit Grieß angedickten Tomatenkohl nicht essen können. Unser Großvater Tauber saß ganze Tage lang im Großelternzimmer, auf einem höchst unbequemen Stuhl, obwohl sie zwei bequeme Fauteuils hatten, seine aneinandergelegten Hände zwischen den Knien, in kerzengerader Haltung, nur gerade seine Schulterblätter berührten die Lehne, stundenlang, tagelang saß er so und blickte durchs Fenster in den Garten hinaus. Bäume und Wolken sind ausreichende Ereignisse für einen Menschen. Er sagte nichts, fragte nichts. Allenfalls redete er noch mit dem Müllmann, wenn der mit seinem Pferd kam, ein großer, grobschlächtiger Mensch, ich weiß nicht, warum und worüber sie plauderten. Wenn Vater ihn etwas fragte, etwas zu ihm sagte, antwortete er einsilbig, unaufgefordert sprach Großvater seit Jahren nicht mehr, schon gar nicht von sich selbst. Manchmal durchquerte er, mager, drahtig und makellos gekleidet, in Anzug, Weste und Krawatte, unser Zimmer, aber auch wir wagten ihn nicht anzusprechen.

Wenn er überhaupt aufstand, ging er einmal am Tag in den Garten hinaus, unser Hund folgte ihm, sprang um ihn herum, wollte an ihm hochspringen, aber auch auf ihn reagierte er nicht. Der Hund setzte sich verunsichert hin und schaute der schönen Gestalt nach. Er wollte verstehen. Verstand aber nicht, und dann, so wie Hunde eben sind, lief er Großvater wieder hinterher.

Um ihn vielleicht doch noch zu verstehen.

Auf den steilen Gartenwegen pfiff und schnappte Großvater mit seiner asthmatischen Atmung nach Luft. Den Mülleimer konnte er jeweils gerade noch bis zum Tor hinter sich herschleppen, wenn irgendwo am Ende der Straße, hinter dem vielen Laub der Bäume, die Klingel des Müllmanns ertönte. Der führte sein Pferd an der Hand und schüttelte die Klingel. Eine Zeitlang war Großvater noch imstand, morgens den Kessel einzuheizen, er spaltete auch Kleinholz, aber ich musste es ins Feuer legen, wenn ich von der Schule nach Hause kam. Manchmal begleitete ich ihn auf seinen Spaziergängen im Garten, aus Respekt und weil ich mich von ihm angezogen fühlte. Er warf nur gerade einen Blick auf mich, aufmerksam, auch ich sagte nichts, schließlich war und blieb ich sein Enkel.

Solange mein Bruder das Bett nicht verlassen durfte und obendrein im anderen Zimmer unsere Mutter lag, kam jeden Tag nach der Schule seine Lehrerein, was nicht selbstverständlich war. Das Los meines Bruders lag ihr am Herzen. Sie versuchte ihm alles beizubringen, was sie am Vormittag seine kleinen Mitschüler gelehrt hatte, das Buchstabieren, das zusammenhängende Lesen, das Kaninchen, das Kätzchen, damit er nicht hinter ihnen zurückblieb. Es war ein ungewöhnliches Opfer. Tante Ica, so hieß sie, an ihren Familiennamen erinnere ich mich leider nicht mehr, auch mein Bruder nicht. Manchmal plauderte sie ein bisschen mit meiner kranken Mutter, diese kochte manchmal Tee, wenn sie aufstehen konnte, und sie tranken ihn miteinander. Mein Bruder war hingerissen von Tante Ica, ließ für sie sein seidig braunes Gesicht glänzen und blinzelte mit seinen langen Augenwimpern. Ich muss gestehen, auch ich war bezaubert von Tante Ica. Mein Bruder war so überwältigt, dass er aufs Buchstabieren und Lesen gar nicht achtgeben konnte, er verfolgte Tante Icas Mundbewegungen, während sich ihre purpurrot geschminkten Lippen öffneten und schlossen. Nicht viele Lippen tun das so schön. Sogar Arnold Tauber war von Tante Ica bezaubert. Und auch die für weibliche

Schönheit empfängliche Cecília Nussbaum blühte bei ihrem Anblick jeden Nachmittag auf. Zehn Minuten lang verzögerte die Schönheit das Fortschreiten ihrer Demenz. Tante Ica war vollschlank, wie man damals sagte, die schönste vollschlanke Frau, die zu sehen mir je gegeben war. In verschiedenen meiner fiktiven Gestalten habe ich sie auf die eine oder andere Art besungen, das gehört hier zu meiner Lebensbeichte. Sie war rothaarig, gefärbt oder echt, das weiß ich nicht, eine rothaarige Frau mit meergrünen Augen, hinreißend, hinreißend, zu ihrem größten Kummer aber nur scheinbar eine femme fatale. Das machte sie zuweilen traurig. Fast alles an ihr war vollschlank. Die Götter im Olymp hatten das ganz richtig verfügt, sie hatte volle Lippen, volle Schultern, volle Arme, ihre Haut war natürlich marmorweiß, nicht irgendwie weiß, sondern samtig marmorfarben, ihre Hüfte war voll, mit einer zauberhaften Rundung, und auch ihre Waden waren voll. Ihren Busen wage ich hier gar nicht zu beschreiben, nur so viel sei gesagt, dass er genauso voll und rund und sanft war wie ihr Gesicht. Auch in der Ästhetik ist die Dreiheit heilig, die Einheit kommt nur in der Mathematik und der Theologie vor. In der Natur nicht. Sie trug keinen Büstenhalter, was zur Zeit des Terrors unglaublich mutig war, hatte zumeist helle Kleider an, viel Weiß, fast immer Weiß, aber nie Rohseide, die hätte auch gar nicht zu ihr gepasst, eher rustikale Stoffe, Leinen, Satin, Flachsgewebe, Hanf, weiße Popelinblusen, durch die bei einer bestimmten Haltung ihre gewaltigen Brustwarzen durchdrückten, die empfindlichen Warzenhöfe mussten riesig sein, und ich darf nicht vergessen, dass Tante Ica an den Gelenken ergreifend fragil war, ihre Taille eine Wespentaille, wie man damals sagte, auch wenn ich das nie verstand, die Wespe hat ja keine Taille, auch ihre Fesseln waren fragil, so auch ihre Knie, ihre wunderschönen Füße in den nur aus ein paar Bändern bestehenden Schuhen, ihr Rist, ihre Zehen mit den blutrot lackierten Nägeln, ein Schmuckstück, ein Schmuckstück, und die vibrierenden Finger ihrer ebenso gearteten Hände, mit Nägeln wie Krallen, oder die

Handgelenke mit den bunt klingelnden Armreifen. Mein Bruder lernte rein gar nichts bei diesem Schmuckstück von einer Tante Ica. Meines Erachtens hätte man von Tante Ica auch nichts lernen können. Obwohl sie eine geduldige Lehrerin war, zart, lächelnd, lachend, ein reiner, opferwilliger Mensch, die wegen ihrer Schönheit von niemandem ernst genommen wurde. Auch von mir nicht. Wenn sie lachte, achtete man nur auf ihre von süßem Speichel feucht glänzenden Zähne, nicht auf sie, nur auf das Fleisch achtete man, auf die Knochen, den Körper, auf was sonst, der Mensch ist ein verdorbenes, lüsternes Wesen. Auf den Rand der Zähne, wo der Lippenstift eine blutrote Spur hinterlassen hatte. Aber ihre Vollkommenheit vertrug diese kleine Unvollkommenheit. Warum sie so freudig opferwillig war oder was sie mit ihrer mädchenhaft klingelnden Stimme sagte, darauf waren wohl nur wenige neugierig. Denn klingeln, das tat die Stimme der rothaarigen, meeräugigen Tante Ica. Bei den undankbaren, unanständigen Menschen weckte der tiefere Sinn ihrer Güte wenig Interesse, und so hatte das, was mein Bruder mit seinen dunkel glänzenden Augen von ihr aufnahm, bestimmt keinen Bezug zu uns oder der Schulbehörde, es gab keine Zensur darauf, wie man damals sagte. Obendrein umgab Tante Ica ein ätherischer Duft, wenn sie in ihren ausgesuchten und hervorragend geschnittenen, zuweilen recht gewagt dekolletierten Kleidern hin und her ging und diesen Duft umhertrug, in unserem Zimmer, auf dem Schulhausflur, auf der Straße, und wenn sie stehen blieb, schloss sie die anderen Sterblichen in der Hülle ihres Dufts ein, auch sie nur eine Sterbliche, gewiss, was mehr als beängstigend war, in solchen Fällen regrediert man, wird wieder zum Tier, man schnüffelt, von Anstand kann keine Rede mehr sein, man schnüffelt dem Ursprung und der Zusammensetzung des Dufts nach; er setzte sich aus Lippenstift, Nagellack, Puder und einem aus dem siebten orientalischen Himmel herabgeregneten Parfüm zusammen, und sonst noch aus Elementen, von denen nur die hohen Götter hätten singen können.

Als unsere Mutter nicht mehr lebte und mein Bruder mit seiner Beinschiene schon in der zweiten Klasse umherhinkte und nie mehr weinte, nie mehr jaulte, bei der Nachricht vom Tod unserer Mutter hatte er sein kindliches Selbstmitleid für immer aufgegeben, auch bei der Beerdigung weinte er nicht, obwohl da wirklich alles um ihn herum schluchzte und röchelte, beriet sich nach einem Elternabend unser Vater, der an seinen schwarz gefärbten Anzügen zusätzlich ein schwarzes Trauerband trug, mit Tante Ica, während er sie zur Zahnradbahn-Haltestelle Városkúti hinunterbegleitete, was wir tun sollten, denn Tante Ica war der Meinung, dass sie meinen Bruder durchfallen lassen müsste, dass es vielleicht richtiger wäre, wenn er die ganze Prozedur bei jemand anderem noch einmal begänne, worauf sie übereinkamen, dass Tante Ica erneut dreimal wöchentlich nach der Schule meinem Bruder Nachhilfeunterricht erteilen würde. Nach Vaters Vorschlag sollte sie das diesmal nicht gratis tun, er wollte ihr einen Stundenlohn zahlen. Ich würde nicht sagen, dass er Tante Ica einkaufte. An solchen Aktionen zur Rettung eines Kindes fand damals niemand etwas auszusetzen. Tante Ica wollte heiraten. Das war die gewichtigere Motivation. Es gab keinen Mann, der sie nicht hätte haben wollen. Trotzdem hatte sie bis dahin niemand geheiratet. Ich verstehe es nicht. Tante Ica schmerzte das sichtlich, sie war zuweilen ganz traurig. Sie muss kreuzdumm gewesen sein. Ich hielt das nicht für belangvoll, nahm es nicht zur Kenntnis. Tante Ica war damals bereits im hohen Heiratsalter. Bereits fünfundzwanzig, wie ich es von heute aus sehe. Ich bemerkte schon, was zwischen den beiden ablief. Unser Vater mit seinem sich krümmenden Rücken, seinem schwarz gefärbten schlechten Anzug war zu einer Vogelscheuche geworden. Und sogar dieser Vogelscheuche hätte Tante Ica in ihrer großen Not ihr Leben anvertraut. Obwohl vom Gesicht unseres Vaters nichts anderes mehr übriggeblieben war als zwei riesige Augen mit erschrockenem Blick, eine spitz gewordene Nase und als Zierde eine Glatze mit zwei unmäßig gewordenen abstehenden

Ohren. Auch meine Ohren stehen fast so stark ab. Meine blöde Mutter hatte mir zum Trost gesagt, sie würde mir die Ohren ankleben, dann würden sie auf immer so bleiben. Ich versuchte zu verstehen, was diese wunderschöne Tante Ica in diesem unglücklichen Menschen sah. Ich hätte sie zwar als Stiefmutter gern akzeptiert, auch um die Rundungen ihrer Brüste aus der Nähe bewundern zu können, und mein Bruder hätte es, scheint mir, noch freudiger akzeptiert. Unser Vater, der damals sechsundvierzig Jahre alt war und dem noch drei Jahre zu leben blieben, bemerkte von alledem überhaupt nichts. Was nicht unverständlich war. Ich aber wollte, dass er es bemerkte. Ja, er soll es bemerken, er soll sie heiraten. Nicht die Rózsi Németh, wie es unsere Mutter vor ihrem Tod gewünscht hatte. Und so fand die Romanze ein Ende. Tante Ica sah eines schönen Tages ein, dass sie ja eigentlich keine Zeit hatte, meinem Bruder Stunden zu geben.

Das Schicksal unseres Vaters prallte hart gegen sein Naturell, sein Schicksal bot ihm etwas an, das er aufgrund seines Naturells als unseriöses Angebot abtun musste. Während seiner manischen Besuche auf dem Friedhof kam er auch einmal auf den Bruch mit Tante Ica zu sprechen. Er bleibe auf immer, auch über den Tod hinaus, unserer Mutter treu. Was einerseits beruhigend war, er würde kein hässliches, verrücktes und vor allem völlig fremdes Frauenzimmer ins Haus bringen, eine böse Stiefmutter, andererseits berührte mich die Erklärung mit ihrem Pathos unangenehm. Es war eine Verteidigung, die aber unseren armen Vater nicht schützte. Das Pathos bedeutete, dass wir am Totenkult teilzunehmen hatten, und wenn wir daran krepierten, es gibt kein Entrinnen, zweimal wöchentlich müssen wir auf den Friedhof, das Grab pflegen, alle drei gleichzeitig das Grabholz anfassen. Unterdessen fehlte uns nicht nur das Geld, jemanden im Haushalt einzustellen, sondern in jenem Jahr konnte unser Vater kaum genügend zusammenkratzen, um für den Winter wenigstens die Hälfte des Brennmaterials einzukaufen. Im Februar geschehe dann, was wolle, wir würden frieren. Ins Zimmer der Großeltern stellen wir dann einen kleinen Eisenofen, wir unsererseits schlagen uns irgendwie durch. Danach kommt ja sowieso der Frühling. Immerhin sah unsere Großmutter ein, dass die Sache mit dem Kochen nicht gehen würde, und vielleicht bestand sie gerade deshalb darauf, für sie beide separat zu kochen, in streng getrenntem Geschirr. Mir passe ja sowieso nie etwas, und überhaupt, wer hat schon so was gehört, dass ein Junge kocht. Ihr Gedächtnis sei gesegnet, aber auch unserer Mutter hat nie etwas gepasst, das sie kochte. Solle ich doch für meinen Bruder und meinen Vater kochen, wie es mir beliebe. Die werden davon dann auch ins Gras beißen. Ihre Töpfe aber solle ich nicht anrühren. In ihrem Milchtopf dürfe ich nicht einmal Milch heiß machen. Es war klar, dass alles, was ich kochte, unrein war, widerlicher Treif, wie ihn nur die Gojim fressen, nein, so was rührt sie nicht an, sie würde ja daran sterben, und sie hat nicht das Geld, wegen meines herrschaftlichen Geköchels jede Woche neues Geschirr zu kaufen. Bei Tante Magda in Leányfalu hatte ich gelernt, wie man eine salade à la vinaigrette macht, einen pesto alla genovese oder alla bolognese, das heißt, wie man in kurzer Zeit aus fast nichts ein ergiebiges herrschaftliches Mittagessen improvisieren kann. Mit diesen Kentnissen brachte ich meine Großmutter erst recht gegen mich auf. Sie mochte gar nicht sehen, was ich da trieb. Sie erlaubte mir auch nur selten, an ihrer Stelle einzukaufen, was andere Gründe hatte. Sie stand leidenschaftlich gern in der Schlange an, obwohl ihre Beine ihr beträchtliches Gewicht fast nicht mehr trugen. Sie wusste immer gleich, was wo eingetroffen war, was wo ausgegeben wurde. Jetzt darf ich zum Széchenyi-Berg für den Zucker. Jetzt soll man mir doch sagen, warum der Zucker ausgerechnet dort ausgegeben wird. Dass wir auf dem Schwabenberg nie Zucker bekommen, dass doch der Teufel die mitsamt ihrem Széchenyi-Berg hole. Damals wurde natürlich nirgends mehr etwas ausgegeben. Der Ausdruck stammte noch aus den Zeiten der Belagerung, als die Russen oder die Amerikaner an die hungernden

Budapester Brot oder Mehl, manchmal Schokolade oder abgelaufene Kondensmilch verteilten.

Es mag schon Ende Sommer gewesen sein, wir gingen wohl wieder zur Schule, sicher weiß ich es nicht mehr, aus der Zeit nach dem Tod unserer Mutter leuchtet in meiner Erinnerung, abgesehen von unseren peinlichen Friedhofsbesuchen, nur wenig auf, jedenfalls kam ich an einem jener Tage von der Schule nach Hause und nahm gleich etwas in Angriff, die Wäsche, das Kochen, das Reinemachen, also meine tägliche Trauerarbeit. An dem Tag machte ich Hackfleischplätzchen. Die Semmel legte ich in Wasser ein, Milch hatten wir nicht. Ich erinnere mich an die Eier, dass ich dazu Eier habe. Ich erinnere mich deutlich, wie ich das Ei zerschlage, und das Ei, das Eigelb, das Eiweiß erscheinen mir, als hätte ich noch nie ein Ei gesehen, als sähe ich es durch ein Vergrößerungsglas, es brennt sich in meinen Blick ein, ich gebe Salz und Pfeffer dazu, wie es sich gehört, wie ich es meiner Großmutter, Cecília Nussbaum, abgeguckt habe, ich knete die Masse ein paarmal, nehme auch eine kleine Kostprobe, ob noch Salz fehlt, aber ich schmecke das Salz nicht, auch den Geschmack des rohen Fleisches nicht. Und es ist, als sähe ich zum ersten Mal in meinem Leben durch den Fleischwolf gedrehtes Fleisch in einer Schüssel, und auch die Salzkristalle wirken jeder einzelne fremd. Noch heute könnte ich die Form und die Position jedes einzelnen Kristalls auf dem Fleisch beschreiben. Nicht aber den Geschmack. Obwohl ich mich erinnerte, dass Gaumen und Zunge etwas spüren müssten, während ich nicht sagen konnte, ob es meine eigene Zunge in meinem Mund war oder die eines anderen Jungen. Und um dieses spezielle Gefühl des Abhandenkommens von festen Bezugspunkten loszuwerden, spazierte ich mit der Schüssel von der Küche zum Flurfenster, knetete dort die Masse weiter, die Schüssel aufs breite Fensterbrett des Flurfensters gestellt, während sich alles verlangsamte und ausdehnte, die Masse sollte nicht zu weich sein, braucht es nicht noch ein wenig Semmelbrösel, fragte ich mich, damit sie zusammenhalte, wie unsere Großmutter sagen würde, Cecília Nussbaum, und während ich die Masse mit eingeübten Bewegungen hartknetete, schaute ich zum Fenster hinaus. Das Wetter war bedeckt, daran erinnere ich mich genau. Wenn ich das bewölkte Bild jetzt vor mich hin projiziere, scheint mir, dass es die erste oder zweite Septemberwoche gewesen ist. Draußen vor dem Fenster wälzte sich unser Hund und sprang umher. Dieses liebe Geschöpf gab nicht einmal im Schlaf Ruhe. Immerhin fiel mir da ein, dass ich, was immer dieses Seltsame sei, dem Hund zu fressen geben musste. Gleichzeitig spürte ich deutlich, dass ich nicht die Energie und die Zeit haben würde, die Hackfleischplätzchen zu formen und zu braten. Es gelang mir gerade noch, im Badezimmer die Hände zu waschen. Gerade noch, dem Hund zu fressen zu geben. Ich weiß nicht, was ich ihm gab. Gelang mir gerade noch, im Badezimmer wieder die Hände zu waschen, ich hatte ja den Hund gestreichelt und getätschelt, um etwas zu spüren und damit er es erwiderte, er hatte mir das Gesicht abgeleckt, obwohl ich noch meine Bakterienphobie hatte, die aus der Zeit der Nachbelagerung stammte, vom Gefühl der Bedrohtheit. Ganz bestimmt wusste ich, dass ich krank war. Es gelang mir noch, das Bett zu richten, ich musste den Deckel der Lade mit der Bettwäsche hochklappen, aber ich hatte nicht mehr die Kraft, ihn zu halten, ich musste ihn mit etwas stützen. Das alles gelang noch. Nicht mir, jemandem, der vielleicht auch bis dahin immer bei mir gewesen war, der vielleicht ich war, der jetzt aber meinen Platz gänzlich besetzt hatte. Diesem Betreffenden gelang es, sich an meiner Stelle auszuziehen, sich ins Bett zu legen, sich die Decke bis ans Kinn zu ziehen. So wie ich es jetzt ausrechne, muss es fünf Uhr nachmittags gewesen sein. Mir war nicht schwindlig, ich hatte auch kein Fieber, jedenfalls fühlte ich mich nicht fiebrig. Mit den Augen des Betreffenden versuchte ich mich zu vergewissern, dass die Außenwelt existierte, zu sehen, ob ich sie mir nicht nur vorstellte, ob ich sie mir nicht auch bis dahin nur vorgestellt hatte, ob sie sich in der Zwischenzeit verändert hatte, mit seinen hartnäckigen Fragen veranlasste mich das betreffende Ich, die Augen zu öffnen und aus dem Fenster zu schauen, um mich zu vergewissern. Die Bäume standen reglos im bewölkten Nachmittag. Zwei efeubewachsene Pappeln auf dem steilen, grasbewachsenen Hügelhang. Es war zu befürchten, dass die Pappeln unter dem Gewicht des Efeus eines schönen Tages umkippen und aufs Haus fallen würden. Das ist das letzte Bild. Sobald der Betreffende die Augen schloss, verschwand das Bild, das viele Licht störte den anderen, der noch ich war, und ich erinnere mich, dass ich mich in der Dunkelheit fragte, warum er das vom vielen Licht sagte, denn ich verstand nicht, wem ich so etwas sagen würde. Von da an sind zwar noch Bilder vorhanden, aber keine entsprechenden Gedanken mehr, als Erstes hatte ich wohl das Zeitgefühl verloren, dann verwandelte sich mein Raumgefühl, in der realen Außenwelt vergingen unterdessen lange Wochen, während deren es um mich herum rauschte und rüttelte und ich versuchen musste, meine Gegenwart, meine Existenz und die der anderen zu erfassen, Zeichen und Wörter erfasste ich nicht, ich sah zwar, wie sie den Mund öffneten und schlossen, aber die Wörter hörte ich nicht, verstand sie nicht, das Gehör und der Verstand kehrten erst stufenweise zurück, um mich ans System von Zeit und Raum, in dem ich mit ihnen zusammengelebt hatte, wieder bis zu einem gewissen Grad anzuschließen, damit ich mich wieder so wie sie bewegte, wieder auf gleiche Art hörte und Wörter bildete, und mich an das alles überhaupt erinnerte.

Noch länger dauerte es, bis ich die Visionen von den Bildern trennen konnte, die auf die reale Zeit und den realen Raum bezogen waren. Es dauerte dreieinhalb Monate, bis sie bei mir diese Zusammenhänge so weit in Ordnung gebracht hatten, dass ich in die Schule gehen konnte. Kurz vor Weihnachten war das. Aber keine Woche in dieser lange nicht mehr erlebten verschneiten Außenwelt war vergangen, als mich um den ersten Weihnachtstag die Visionen wieder einholten, wobei ich mich nicht erinnere, wo und wie ich erneut ins Delirium verfiel, ich war nicht bei Bewusstsein. Ich weiß nur noch vage, wie ich an einem Nachmittag, es mochte Sonntag gewesen sein, vielleicht Weihnachten, meinem Vater höflich mitteile, ich hätte wieder Fieber, dann nichts mehr, später sehe ich etwas, ich liege auf meinem Bett, das ist mein Bett, das sind meine beiden Fenster mit den efeubewachsenen verschneiten Pappeln, an mehr erinnere ich mich nicht.

Hingegen weiß ich genau, was an jenem ersten Septembermorgen geschah.

Als ich den Ball zu hoch warf.

Ich sah, wie er zum Himmel hochflog und wie er lange, o Gott, sehr lange, es ist ein entsetzliches Gefühl, nicht aus dem blauen Himmel zurückfällt, und es ist nicht mein Ball, jemand ruft verzweifelt, was heißt ruft, er kreischt, außer sich kreischt er, ich hätte den Ball zu hoch geworfen, du hast den Ball zu hoch geworfen, zu hoch, fremde Bälle darf man nicht so hoch werfen, wie oft soll ich dir noch sagen, dass das zu hoch ist, mit fremden Bällen tut man das nicht, nicht so hoch, da überwand der Ball auf seiner immensen Parabel den toten Punkt, aber inzwischen hatte sich dieser noch nie gesehene schmerzhafte Himmel, der sichtlich das himmlische Gefilde des Balls war, mit Wolken überzogen, hatte sich bewölkt, woraus ich ersehen konnte, dass viel Zeit verging, während der Ball zu hoch flog, obwohl sie doch gesagt hatten, ich solle es nicht tun, da war der Himmel noch rein und blau gewesen, als ich ihn in die Höhe geworfen hatte, zu hoch hinauf, er glänzte, das Licht tat weh, der Ball tat weh, es hatte sich bewölkt, bis er zurückzufallen begann, aber sein Fall kam zu spät, zu spät, jetzt ist es nicht mehr wichtig, nicht mehr interessant, ob er in diesem bewölkten Raum fällt oder nicht fällt, du hast alles verdorben, hast ihn zu hoch hinauf geworfen.

Meningitis, Hirnhautentzündung heißt das korrekt, aber mir scheint der altmodische Ausdruck treffender, Gehirnfieber.

In den ersten Stunden ihres Auftretens hatten sich die Symptome wohl noch kaum bemerkbar gemacht. Unsere Großeltern hatten zwar gesehen, wie sie später erzählten, dass mit dem Kind etwas nicht in Ordnung war, wenn es sich am helllichten Tag das Bett machte und hineinlegte. Meine Großmutter sah das und sagte es meinem Großvater, wie sie später in allen Einzelheiten erzählte. Ernő, kommen Sie, sehen Sie sich bitte dieses Kind an. Cecília Nussbaum nannte unseren Großvater Ernő. Ich schlief. Die beiden Alten legten mir die Hand auf die Stirn, griffen unter meine Decke, tasteten mich ab, hatten nicht das Gefühl, ich hätte Fieber. Auch meine Atmung schien in Ordnung zu sein. Allerdings wussten sie nicht, wie sie es verstehen sollten, dass ich mich nicht rührte, nicht bewegte, wie Blei dalag, sie kamen immer wieder aus ihrem Zimmer, um nachzusehen, der schläft wie Blei, und bei jedem Mal verdrängten sie ihre Besorgnis mit dem Satz, lassen wir ihn schlafen. Wie hätten sie es auch wissen können. Lassen wir ihn, wenn ihm etwas fehlt, wird er es ausschlafen. Aber sie warteten doch sehr ungeduldig auf meinen Vater. Ich schlief immer noch in derselben Fötusstellung, als mein Vater die gleichen Manöver machte, mir über die Stirn strich, unter meiner Decke abtastete, ob alle meine Glieder heil seien, das einzige Auffällige war wirklich nur, dass ich auf nichts reagierte. Er wollte mich wecken. Ich solle mit ihnen essen. Aber ich wachte nicht auf. Höchstens wurde meine Atmung unregelmäßig. Was ihn beruhigte. Auch er hatte nur dieselbe gute Idee, lassen wir ihn schlafen. Er zischelte sogar mahnend, als unsere besorgten Großeltern in ihr Zimmer zurückgingen und mein erschrockener Bruder laut zu rufen begann. Wenn man Angst hat, will man sich selbst übertönen. Vater brachte meinen Bruder rasch aus dem Zimmer, in der Küche sah er, dass ich das Hackfleisch zubereitet und liegengelassen hatte, seiner Erzählung nach waren die Plätzchen sogar ausgeformt und ordentlich im Paniermehl gewendet und lagen zum Braten bereit auf dem Brett, ich hingegen erinnere mich nicht, sie geformt zu haben, auch ans Paniermehl erinnere ich mich nicht. Sie brieten sie, aßen sie, fanden sie schmackhaft. Wie schön. Nachdem mein Vater meinen Bruder gebadet und ins Bett gebracht hatte, aus dem Badezimmer musste er ihn hereintragen, ohne Beinschiene durfte sich mein Bruder nicht auf die Füße stellen, und ich noch immer in derselben Stellung lag, führte er wieder seine Untersuchung durch und griff unter der Decke auch noch nach meinen Füßen, er wusste selbst nicht, wozu, vielleicht um an meinen Sohlen besser zu spüren, ob ich Fieber hatte, da bewegte ich mich, ohne aber die Stellung zu verändern. Demnach funktionierte in jener Stunde einer meiner Reflexe noch.

Das beruhigte ihn einigermaßen, aber die Elza Baranyai sollte er vielleicht, dachte er, doch anrufen, nur war es spät, halb elf.

Anderntags sprang er früh aus dem Bett, um nach mir zu sehen, es wurde schon hell, aber in unserem von den hohen Bäumen, dem Efeu, dem Goldregen und den Jasminbüschen schattigen Zimmer war es noch fast dunkel. Als er kam, setzte ich mich im Bett sogleich hin, schlug mit der Handfläche auf die Decke und sagte artikuliert, meine Decke hat Flecken bekommen, schau bitte nach, Vater.

Auch wenn sie Flecken gehabt hätte, in diesem Halbdunkel hätte man nichts gesehen.

Und wovon hätte sie Flecken haben sollen.

Er antwortete so etwas wie, er sehe keine Flecken, doch da schrie ich schon, gleichmäßig und lange, brüllte, kreischte, mit einer Lautstärke, dass auf der anderen Straßenseite, im Badezimmer einer Villa, die im hinteren Teil eines ebenfalls großen Gartens stand, Generalmajor Béla Berczely mit dem Rasieren aufhörte und, da das Geschrei weiterging oder nach höchstens kurzen Pausen wieder mit unverminderter Stärke einsetzte, auf die Straße hinauslief, unser Tor geschlossen fand, klingelte, jetzt schrien in unserem Zimmer, wo eines der Fenster offen stand, schon alle. Vater versuchte, mich an sich zu drücken, und da spürte er sofort das hohe Fieber.

Aber sie konnten es nicht messen, weil ich mich herumwarf. Das alles hat man mir erzählt, ich selbst habe nicht die geringste Erinnerung daran. Ich weiß nur, dass ich den Ball zu hoch warf. Dass es nicht mein Ball war. Weiß es noch heute zu gut. Ich hätte den Ball nicht so hoch werfen dürfen. Elza Baranyai schickte die Ambulanz, sie selbst kam mit einem Taxi aus der Stadt herauf. Bis dahin war das Gebäude meines Fiebers eingestürzt, einen kurzen Augenblick sah ich sie auch alle, wie sie sich um mich herum zu schaffen machten, und sie konnten mir das Fieber messen, aber davon weiß ich wieder nichts. Auch zum Bild davor gehört kein Ton, so viel weiß ich noch. Ich hatte nicht dreiundvierzig Grad Fieber, aber vielleicht nur deshalb nicht, weil die Quecksilbersäule des Thermometers nur bis zweiundvierzig geht. Elza Baranyai ließ mich im Krankenhaus auf ihre Station bringen, es war zufällig genau der richtige Ort, die Kinder-Quarantänestation für Infektionskrankheiten des Szent László-Krankenhauses. Hirnhautentzündung, hatte sie sich gleich gesagt, denn sie konnte meinen Kopf nicht nach vorn biegen, was am erhöhten Tonus der Rückenmuskeln und an der Starre der Wirbelsäule lag. Auf Meningitis hinweisende Symptomhäufung. Sie wurde Gegenstand einer ärztlichen Diskussion. Auch mit Hilfe eingehender Untersuchungen konnten sie nicht feststellen, was für eine Art Gehirnfieber. Wahrscheinlich von einer solchen Untersuchung stammt die Bildserie, die ich noch vor mir sehe, wenn auch ohne Ton. Ein wahnsinniger Schmerz muss mich zu Bewusstsein gepeitscht haben, aber auch er hat keine Erinnerungsspur hinterlassen. Neben der stummen Bildserie ist etwas erhalten geblieben, das ich jetzt im Nachhinein als ein Alarmsignal des Körpers bezeichnen würde. Offensichtlich machten sie eine Lumbalpunktion, entnahmen also Markflüssigkeit, vielleicht hatten sie einen zu hohen Druck festgestellt und zapften Flüssigkeit ab, wie ich jetzt in Géza Petényis universitärem Lehrbuch *Kinderheilkunde* von 1956 nachlese. Jedenfalls sehe ich eine glänzend weiß gekachelte Wand. Ich sehe die Falten, die mein zuckender Körper auf dem Laken des Untersuchungstisches hinterlassen hat, sehe sie auf eine Art, als hielte sie jemand unter eine der Goldschmied-Lupen meines Großvaters. Bestimmt war es wegen der Wirbelsäulen- und Nackenstarre schwierig gewesen, meinen Körper in die richtige Position zu bringen. Ich sehe die Kacheln der Wand in einem bestimmten Maßstab, in einem anderen Maßstab die Falten des aufgewühlten Lakens. Ich sehe mehrere Leute, die mich niederhalten. Es gelingt mir, mich so weit freizuzappeln, dass ich das Bild nicht mehr sehe, jedenfalls meine ich, dass ich es aus eigenem Willen tue, und da sehe ich eine große Glaswand, dahinter erstarrt zuschauende, unbekannte Gesichter, bestimmt eine Gruppe von Ärzten, die jenseits der Glaswand einem besonders riskanten Manöver zuschauen, das aber lässt mich erkennen, dass also ich das bin. Man hatte Pál Kemény aus der Kinderklinik in der Tűzoltó-Straße, Feuerwehrstraße, zum Konsilium hinzugebeten. Aufgrund der Befunde konnte aber auch er nicht sagen, welche Art Meningitis es war, weder war sie von Pilzen oder Parasiten verursacht, noch war sie viral oder bakteriell, man hatte auch rigorose bakterielle Untersuchungen durchgeführt. Das Szent László-Krankenhaus war der beste Ort für solche heiklen Fälle, schon im Ersten Weltkrieg hatte es als Krankenhaus für Infektionskrankheiten gedient, als Notfallkrankenhaus, weitgehend in rasch erstellten Baracken untergebracht, die dann aus Not jahrzehntelang stehenblieben, wobei sie damals noch nicht so chaotisch und schmutzig und verkommen waren wie in der postsozialistischen Epoche. Das hätten damals weder das Pflegepersonal noch die Ärzteschaft auch nur im Geringsten toleriert.

Von allen diesen Untersuchungen habe ich keine Bilder. Wahrscheinlich wurde noch eine weitere Lumbalpunktion durchgeführt. Davon ist mir eine dramatische Bildserie geblieben, daneben noch eine zweite, zeitlich getrennte Serie, ebenfalls dramatisch, aber kürzer. Ich habe noch ein paar Bilder vor mir, wie sich Elza

Baranyai in mein Blickfeld beugt, überraschenderweise mit einem Mundschutz. Das sind ihre Augen, während ich die Kälte ihres Stethoskops einen Augenblick auf der Brust spüre, ich sehe zwar, dass das ein Krankensaal ist, aber ich weiß nicht, wo ich bin, es sind noch irgendwelche anderen Leute da, und wie ich den Blickwinkel ändern will, spüre ich, dass mein Kopf nicht mitmacht, ich weiß allerdings nicht, wer eigentlich das will und warum er nicht schauen kann, wohin er möchte, er kann es nicht wegen der Starre von Hals und Wirbelsäule, ich sehe die riesige Glasscheibe, die ich schon einmal gesehen habe, sie kommt mir bekannt vor, jetzt aber steht niemand dahinter, es ist eher wie ein Traum, in dem sich Räume aufeinander hin öffnen, ich bin offenbar wieder bei den Visionen angelangt, es öffnen sich Räume auf Räume, und ich gehe und gehe, aber nicht auf dem Fußboden, sondern in der Luft. Ganz sicher eine Vision, aber keine unbegründete, denn als die Bilder der Außenwelt wieder etwas sicherer geworden waren, jedenfalls die Bilder, die man als die Wirklichkeit akzeptieren muss, wenn man schon auf die Welt gebracht worden ist, man muss ja essen, pinkeln, anderen zu essen geben, andere kotzen machen, sah ich, dass die Quarantänezimmer, durch Glasfenster getrennt, in einer Reihe nebeneinanderlagen, und in jedem ein Kind für sich allein, ein Zimmer neben dem anderen, weiter und weiter. Die Realität glich meiner Vision und nicht umgekehrt. Vom Fußteil des Betts etwas entfernt ein großes Glasfenster bis zum Boden, durch das ich in einen Park sah; von da an erschienen mir die Bäume des Parks unter den verschiedensten klimatischen Bedingungen und zu den verschiedensten Tageszeiten, aus dem Herbst wurde Winter, das nahm ich als greifbaren Unterschied auch wahr, ohne aber an die Begriffe Herbst und Winter zu denken. Die Sprache war drei Monate lang ausgeschaltet. Es waren reine Bilder, von der Begriffswolke unabhängig. Die Begriffe hatten in meinem Bewusstsein nicht einmal einen Schatten hinterlassen. Ich wusste nicht, dass die Zeit die Zeit ist, die zwar keinen Sinn hat, aber doch eine

Chronologie hätte, die Visionen waren nach wie vor stärker als die Realität, ich verfiel immer wieder ins Delirium. Trotzdem sagte mir die Erfahrung, dass hinter meinem Kopf eine Tür sein musste, die wahrscheinlich auf einen Flur ging, dass diese Personen von dort kamen, dort musste eine Lichtquelle sein, sie werfen einen Schatten voraus, von diesen Schatten rührte die panische Angst, sie würden wieder eine Lumbalpunktion machen, von dort kam auch Elza Baranyai, ebenfalls ohne Namen, nur mit einem Gefühl von Vertrautheit verbunden, ich weiß nicht, wer sonst noch alles kam, ich kann den Kopf nicht wenden, um zu sehen, wer kommt, manchmal drehten sie mich trotzdem auf eine Seite und stachen mich grob mit etwas. Zehn Jahre später fragte ich Elza Baranyai, womit sie mich gestochen hätten, Penizillinspritze, sagte sie, aber warum hatte es so höllisch weh getan, dass ich davon aufwachte, was heißt aufwachte, Angst hatte ich, wenn die aufgehende Tür Schatten hereinließ. Eine zwischen die Gewebebündel eindringende kristalline Lösung, sagte sie. Ich sah auch, wie sie sorglos sprachen, aber ich kam nicht auf den Gedanken, dass mich das etwas anging, erst jetzt interpretiere ich das Bild, sie kommentieren meinen Zustand. Ich wusste nicht, dass es mir schlecht ging, ich wusste nicht, was sie taten, wusste nicht, wo ich war, ich sah das Krankenzimmer, ja, aber es gab kein Wort dafür, es fehlte mir auch nicht, ich wusste nicht, wo sich dieses Nichtwissen im Raum und in der Zeit ansiedelte, von denen ich ebenso wenig wusste, aber eine gewisse innere Gliederung ergab sich dadurch, dass die zusammen mit den Schatten eintretenden Gestalten verschiedene Arten von Schmerzen verursachten, auch wenn ich keine Ahnung hatte, wo mein Nacken war, wo meine Schenkel waren und ob es zwischen ihnen und meiner Wirbelsäule einen Unterschied und eine Distanz gab. Fast alles Frauengestalten. Kam eine Männergestalt mit ihnen, machte sie mir keine Angst, sondern immer nur die Frauengestalt, panische Angst vor dem Schmerz, von dem ich nicht wusste, dass er Schmerz war, ich wusste auch nicht, womit sie ihn verursachte. Obwohl ich sah, was sie von einem Tablett nahmen. Aber weder das Tablett noch die Spritze hatten einen Namen. Ob die Betreffende einen Schmerz verursachte, ob sie etwas Vertrautes aus meinem Bewusstsein heraufbeschwor, so wie Elza Baranyais Gesicht mit der Gazemaske, nichts hatte einen Namen. Gesichter sah ich nie über mir, nur die weichen weißen Gazemasken der Männer- und Frauengestalten, deren Anblick jedes Mal in eine Vision hinüberrutschte, genauso unmerklich, wie er zuvor aus dem Delirium herausgetreten war. Manchmal sah ich, wie sich die Gazemasken über etwas beugten, spürte kühle Finger oder Instrumente, ich nehme an, sie wollten sehen, wie weit die für eine Meningokokken-Meningitis symptomatischen blutigen Punkte auf meinem Bauch und meiner Brust gediehen waren, was aber nur bedeutete, dass ich vor ihnen keine Angst zu haben brauchte, was zu anderen Visionen führte als die angsteinflößenden Gestalten, zu einem anderen Weg in die völlige Besinnungslosigkeit hinüber.

Einmal erblickte ich die Gestalt meines Vaters hinter der Glaswand, aber nur ein einziges Mal, obwohl er während der dreieinhalb Monate jeden heiligen Nachmittag vorbeikam, aber der Begriff Vater verband sich nicht mit ihm. Nur mit dem heutigen Wissen kann ich sagen, dass in dem aufbewahrten Bild mein Vater hinter der Glasscheibe steht. Er stand draußen im kahlen Park, musste sich etwas hochrecken, um mein Gesicht zu sehen, das Bett stand erhöht, eine wohlmeinende Seele stopfte etwas Hartes unter mein Kissen, so konnte mein Kopf ihn aus einer höheren Einstellung beobachten, in seinem Mantel und schwarzen Anzug, aus dem inzwischen sein Körper weggemagert war, aber das alles dauerte wohl nur ganz kurz. Er sagte auch etwas hinter der Glaswand, was mir eher wie eine lustige Anstrengung vorkam, zusammen mit meinem anderen Ich hatte mich ein angenehmes Gefühl ergriffen und in den Bereich der lustigen Visionen entführt. Denn ich hatte auch lustige Visionen. Manchmal kam ich wegen meines eigenen lauten Lachens einigermaßen zu mir, wobei ich nicht aufhören konnte zu lachen. Daraus wurde die schreckliche Vision, dass ich nie würde aufhören können. Wahrscheinlich verfolgten sie diese lachenden Visionen mit einiger Besorgnis, falls sie überhaupt hörbar oder sichtbar waren, ich weiß es nicht, ich hatte keinerlei Gefühl für das, was von mir nach außen drang. Bestimmt überlegten sie betroffen, ob sie außer den Sulfonamiden und Antibiotika nicht noch ein anderes Medikament in mich hineinstechen sollten. Goethes Erlkönig ist kein romantisches Hirngespinst, sondern benennt genau die aufeinander gebogenen und ineinander gebrochenen Schichten der Realität, wie sie unter der Einwirkung äußerer Kräfte noch stärker ineinanderrutschen oder sich entsetzt voreinander wegbiegen würden, wenn es der Schichtendruck erlaubte. Das Kind, das in den Armen des Vaters durch den nächtlichen Wald reitet, hat keinen Schnupfen, keine Lungenentzündung, sondern Meningitis. Der Dichter muss sie gekannt haben. Es schien keinen zwingenden Anlass zu geben, von hier weggehen zu wollen, ich wurde ja sowieso dauernd in eine andere Welt hinübergebracht, und von dort zurück, zurückgestoßen.

Ich erinnere mich genau an eine unwahrscheinlich scharf umrissene Nacht, als ich in mein Leben zurückgestoßen wurde, vorläufig ohne dass mir die entsprechenden Begriffe geliefert worden wären, und ich vom Bett aus sah, dass es die Nacht gab. Bis dahin hatte ich sie nicht gesehen. Das Wort fiel mir dazu nicht ein, für meine Nacht hatte ich noch kein Wort. Nur die Erscheinung, wie die kahl glänzenden Bäume des Parks im schwachen Laternenlicht kümmerlich dastehen, wie in der Nacht niemand kommt, niemand geht, zum ersten Mal nach langen Wochen befand ich mich in dieser Dimension, auch wenn ich keine Wörter dafür hatte. Etwas machte mich dennoch glücklich. Und ich rutschte deswegen auch nicht gleich in den Wahn zurück. Auch das war neu. Jetzt konnte ich schon dauerhaft bei mir sein, die Nacht blieb Nacht, das Gefühl der Kühle entsprach der für die Nacht reduzierten Temperatur des Krankenzimmers, das heißt, ich hatte wieder Empfindungsorgane für die furchtbar schöne, durch das Laternenlicht verdichtete Realität der Lichtkegel und der Dunkelheit.

In jener Nacht oder in den folgenden Nächten fuhr ich mit dem Gefühl hoch, dass ich glücklich war und allein mit diesem Gefühl, auch wenn ich dafür noch keine Wörter hatte, ich übersetze es nachträglich, damit mein Bekenntnis vollständig sei. Ich suchte gar nicht nach Begriffen, sondern nahm mit rein bildlicher Auffassung wahr, was ich in jenen Nächten zurückgewann, vielleicht war es auch nur eine einzige, in verschiedenen Zeitschichten wahrgenommene Nacht.

Als sie mich zum ersten Mal auf die Beine stellen wollten, klappte ich natürlich zusammen, auch mein Körperbewusstsein hatte ich in jeder Hinsicht verloren, obwohl ich zu diesem Zeitpunkt schon wusste, wo ich mich befand, und mittags schon ein Süppchen bekam, aber mein Körper kannte noch nicht den Unterschied zwischen Liegen und Stehen, den Unterschied zwischen den Armen und den Beinen, dem Löffel und meinem Mund. Das ist kein selbstverständliches Wissen. Es verging noch ein lange Zeit, bis ich mit den Maßen meines Körpers, der Entfernung zwischen Händen und Füßen zurechtkam. Ich war schon zu Hause, kannte den Unterschied zwischen Zuhause und Krankensaal, konnte aber die Entfernungen immer noch nicht abschätzen. Obendrein hatten sie mir mit dem vielen kristallinen Penizillin die Muskelstränge in beiden Oberschenkeln und Hinterbacken kaputtgemacht, das Gehen, sogar mit Unterstützung, tat entsetzlich weh, sehr lange noch, während ich ebenso lange nicht wusste, woher dieser Schmerz kam, da mein Körpergefühl immer noch nicht wiederhergestellt war.

Ich habe keine Erinnerung an meine Rückkehr nach Hause.

Ich lag im einstigen Zimmer meiner Eltern, mein Vater wollte nicht, dass mich mein Bruder störte, Vater selbst war für die Zeit meiner Rekonvaleszenz mit allen seinen Sachen ins Dienstbotenzimmer gezogen.

Auch ans Essen und Trinken habe ich keine Erinnerung, keine

Ahnung, was die anderen in der nach gewöhnlicher Zeitrechnug funktionierenden Welt machten.

Jedenfalls aber las ich schon, dort im Bett meiner Eltern. Oder vielmehr tat ich so, denn kaum hatte ich ein paar Zeilchen gelesen, wie man in der russischen Literatur sagen würde, stand das Gelesene so plastisch vor mir, dass ich in die Szene hineinrutschte und alles um mich herum zu einer schrecklichen oder auch lustigen Vision wurde, und vor Visionen schauderte mich. Vielleicht noch stärker vor den lustigen. Es war wie der Wunderbrei in den russischen Märchen, der zuerst aus dem Topf quillt, den Deckel abhebt, dann die ganze Herdplatte bedeckt, dann zu Zimmergröße aufquillt, dann sich durch Tür und Fenster hinauspresst und die ganze Märchenwelt verschluckt. Ich versuchte mich festzukrallen, beim Text zu bleiben, geriet aber unmerklich mit ihm zusammen ins Rutschen, ich konnte mich nicht einfach bei einer Vorstellung niederlassen, die Vorstellung ist die Vorstellung ist die Vorstellung nahm mich auf ihren eigenen ausgetretenen Wegen mit, die Vision wucherte, quoll, dehnte sich aus. Als sie mich nach neuerlichen anderthalb Monaten wieder nach Hause brachten, diesmal aus der Kinderklinik in der Tűzoltó-Straße, von Pál Keménys Station, wohin diesmal Professor Sárkány zum Konsilium gebeten worden war, war wenigstens der Winter vorbei. Aber von diesem schwachen Frühling weiß ich nichts mehr, es blieb nur noch das Gefühl von Kraftlosigkeit, von körperlichem Ausgeliefertsein.

Du musst die Sahara durchqueren und kannst dich nicht einmal schleppen, denn bei jedem deiner Schritte bricht die wunderbar gewellte gelbe Sandschicht ein und rieselt weg.

Ich weiß nicht, welcher Monat es war, als ich wieder in die Schule konnte. In den Lehrgarten ging ich nicht mehr, obwohl mich Judit Benkő dazu aufforderte, komm, bald überschwemmen wir das Feld und pflanzen Reis, dieses Jahr versprechen die Setzlinge besonders schön zu werden, in der Sprache der Gärtner sind sie ja nicht irgendwie, sondern versprechen zu werden, es könnte ihnen ja bis zuletzt etwas zustoßen, aber ich konnte ihr nicht sagen, warum ich nicht mitmachte. Ein Gefühl kann man nicht erzählen. Dass man sich auf dieser Welt nicht halten kann. Sich nicht bei den Setzlingen halten kann. Beim Reisanbau. Es mochten fünfunddreißig Jahre vergangen sein, als ich von ihr einen Brief erhielt, was mich zutiefst überraschte, denn kaum hat man den Abgrund der Adoleszenz glücklich hinter sich, wird die Kindheit insgesamt verschüttet, und ich hatte ja einiges zu begraben, einmal werde ich schreiben, was alles, da lebten wir schon in Gombosszeg, und ich schrieb, schrieb fleißig die verschiedensten Sachen, sie habe mich im Fernsehen gesehen, schrieb sie, sie habe alle meine greifbaren Schriften gelesen und sich sehr gefreut, mich zu sehen, und wenn ich wieder einmal in der Stadt sei, solle ich sie doch bitte unter der und der Nummer anrufen, sie wolle meine Stimme hören, oder ich solle ihr schreiben, und wir unterhalten uns brieflich. Ich antwortete erfreut, versprach es. Dann wurde mein Versprechen auf Jahre weggespült, von meinen Arbeiten und allen den Dingen, die mit unseren botanischen Ausflügen und dem Lehrgarten nur scheinbar nichts zu tun hatten. Als mir das Versäumnis ins Herz fuhr, erhielt ich unter der angegebenen Nummer nie eine Antwort, und später wurde auch mein Brief mit einer gewissen postalischen Anmerkung an mich zurückbefördert.

Ich versuchte mit anderen Methoden, den Faden meines früheren Lebens aufzunehmen, wollte, wenn ich Blindschleichen sah, wieder ein Terrarium und ein Aquarium bauen, die Behälter standen noch am selben Ort auf der muffig riechenden Veranda. Ich würde mit den Blindschleichen beginnen, ich präparierte auch eins der Terrarien und lauerte ihnen lange Stunden bei ihren Verstecken auf, bis es mir gelang, eine am Hals auf den Boden zu drücken, aber als sie sich um meinen nackten Arm wand, musste ich ihren Kopf loslassen und sie mir vom Arm reißen. Ich kann mir meine veränderte Einstellung auch seither nicht erklären. Vielleicht waren die Visionen der Grund. Vielleicht die allmähliche Geschlechtsreife, die in mir das System von Anziehung und Abstoßung durcheinanderbrachte. Und so blieben nicht nur die beiden Terrarien, sondern auch das Aquarium leer. Ich wollte nie mehr ein gefangenes Tier in meiner Nähe haben, schon gar keine Reptilien. Auch Professor Bánky konnte mich in seinem wunderbaren Chor, wo sogar die sauber sangen, die kein Musikgehör hatten, nicht wieder begrüßen, denn als er mich bei der ersten Probe vorsingen ließ, ich hätte wieder in einer Kantate das Sopransolo singen sollen, klang es falsch, ich setzte anders wieder an, aber er sagte, es tue ihm leid, ich hätte den Stimmbruch und müsse jahrelang mit dem Singen pausieren, ich solle mich in die Bank setzen und zuhören, was sie inzwischen alles gelernt hätten, mein Gehör sei ja wohl noch vorhanden.

In jenem Frühling stand die Entscheidung an, welche Schule wir als nächste besuchen oder welchen Beruf wir wählen sollten. Ich wäre gern ans Lehrerseminar gegangen. Dass ich Schriftsteller werden wollte, sagte ich niemandem. Wir hatten eine Chemielehrerin, eine kleine, hübsche, haarsträubend affektierte, verwöhnte und noch mehr Verwöhnung beanspruchende junge Frau, sie mochte das intelligenteste Töchterchen eines allzu alten Papachens gewesen sein, eine, in die alle Schuljungen bis über beide Ohren verliebt waren, genauso wie ihr eigenes Papachen, wobei sie von den Jungen verspottet und verachtet wurde, diese kleine Hure, diese kleine Schlampe, bis sie Verachtung und Anbetung zur Übereinstimmung brachten und sie dann auch gleich heiraten wollten, nur sie und keine andere. Sie hieß Vera Hántás. Eine solche Schar aufgewühlter Halbwüchsiger sah sie einmal, wie sie sich mit ihrem ähnlich ungezogenen, sehr hübschen Mann, László Hántás, auf der Straße ableckte, die beiden wohnten irgendwo hier auf dem Schwabenberg. In ihrer schrecklichen Eifersucht verbreiteten die Jungen in der Schule das Gerücht, es wurde ausgeschmückt, aufgebauscht, die Gerüchtewolke erreichte auch die Mädchen, die kicherten, bis einer von den Jungen herausfand, was der Hántás bei dem Gelecke mit der hübschen kleinen Vera jeweils tat, mit dieser Schlampe, dieser registrierten Hure, ich meinerseits verstand es ehrlich gesagt erst viele Jahre später. Von da an schlichen die Jungen zwar nach wie vor um die affektierte kleine Vera herum, schmeichelten ihr, leckten an, wie man damals in den Schulen sagte, aber sie platzten auch fast vor Lachen, was würden sie alles mit der Vera tun, wenn sie einmal unter ihren Rock gerieten, und sie nannten sie Fötzchen. Die Fötzchen genannte heikle Tante Vera hatte aber am ersten sommerlich warmen Tag, wenn sich der Wald mit Tönen füllt, alles aufgeht, aufplatzt, die Vögel laut singen und rufen, einfach keine Lust, die Chemiestunde abzuhalten, überhaupt war das Unterrichten unter ihrer Würde, für ihr Papachen war sie ja zu Höherem berufen, und so hielt sie die Stunde nicht ab, sondern nahm uns in den nahen Braun-Wald mit, wir setzten uns um sie herum auf die sich erwärmende Erde, ich erinnere mich sogar, dass in meiner Nähe Hohler Lerchensporn wuchs, und weil in diesen Tagen wirklich eine Entscheidung getroffen werden musste, alle brannten im Entscheidungsfieber, ich selbst hatte da schon entschieden, nahm sie in ihrer psychologisch ungeschickten Art alle der Reihe nach dran und sagte ihnen, was mit ihm und aus ihm werden würde. Sie nannte Berufe, du wirst das und das, du jenes, den beruflichen Status, du wirst es nur zum Betriebsingenieur bringen, du bist jetzt schon ein großer Kaufmann, du wirst Kaufmann werden, aber Tante Vera, bitte mich nicht zu verkennen, ich werde kein Kaufmann, sie hörte die Proteste gar nicht, du wirst ein Wissenschaftler, aus dir wird ein Direktor, sie nannte Berufungen, du wirst allerlei erfinden, aus dir könnte ein ernsthafter Arzt werden, während sie mich dauernd aus dem Blick verlor, und als sie mich wieder in den Blick bekam, sagte sie immer noch nichts. Offenbar mit Absicht. Seit ich mich vom Delirium erholt hatte, sah ich klarer, auch wenn ich die Dinge der Welt noch schlechter benennen konnte. In ihrer leichtsinnigen Sicherheit sagte sie auch den koreanischen Kindern die Zukunft voraus. Kim Jang-su verhieß sie eine große Zukunft als Chemiker. Als sie ihr gefährliches Spiel beendet hatte, von dem ich sogar noch in meiner rekonvaleszenten Benommenheit verstört war, natürlich auch von ihrer Schönheit, nahm sie mit der ganzen Kraft ihrer Bosheit mich dran. Ich hätte wirklich nicht gedacht, dass so schöne Erwachsene Kindern prophezeien konnten. Also war die prophetische Gabe ein Privileg der Schönheit. Oder es gab bestimmte Personen, die eine solche Gabe hatten, und sie wäre also eine solche Person. Ich betrachtete sie, suchte nach einem besonderen Merkmal auf ihrem Gesicht, an ihrer mädchenhaften Gestalt, während ihr Blick zu mir zurückkehrte. Und wie jemand, der in einem plötzlichen Entschluss absichtlich eine Grausamkeit begeht, und dazu noch mit Genuss, sagte sie, als sei sie erstaunt, als hätte sie mich bis dahin gar nicht bemerkt, aus dir hingegen wird nichts, gar nichts. Bestimmt sprach keine Prophetin aus ihr, aber der Satz suchte mich noch lange heim, und eigentlich stimmte er auch.

Mein Vater wies nämlich meine Entscheidung auf der Stelle zurück. Nein, ins Lehrerseminar solle ich nicht gehen, ich solle einen handfesten Beruf wählen. Volkslehrer solle ich nicht werden. Er sprach das Wort voller Ekel aus. Ich konnte ihm nicht sagen, dass ich mich damit nur meinem geheimen Plan annähern würde. Wäre ich Volkslehrer, wie damals die Lehrer der ersten vier Volksschulklassen mit einem noch aus der Zeit der Monarchie stammenden Ausdruck hießen, könnte ich aufs Land gehen, könnte das Leben auf dem Land, die Arbeit der Bauern kennenlernen und danach dank des vielen angehäuften Wissens zu schreiben beginnen. Das war mein Plan. Aber auch das kam nicht so, aber doch fast, denn im Sommer 1968 floh ich aus meiner Geburtsstadt, und seither lebe ich ununterbrochen auf dem Land. Wenn mich doch die Chemie interessiere, ich auch Talent dafür habe, warum studiere ich da nicht auch Chemie wie mein Freund Kim Jang-su. Da hätte ich etwas Sicheres in der Hand.

In dem rekonvaleszenten Zustand, in dem ich in jenen Monaten und den folgenden paar Jahrzehnten lebte, diskutierte ich nicht mit meinem Vater. Na gut, in den Urzeiten, als mir Onkel István in seinem chemischen Unternehmen gezeigt hatte, wie sich ursprüngliche Komponenten in etwas anderes verwandeln, und Vater im Badezimmer mit den Retorten den doppelten Zerfall vorgeführt hatte, hatte mich das wirklich interessiert, damals, und wenn das Vater angenehm war, warum sollte ich dann nicht tatsächlich Chemie studieren, ich will ja sowieso weder Chemiker noch Lehrer werden. Es war ihm so sehr daran gelegen, mich von der ungarischen Provinz fernzuhalten, dass mein Gehorsam nicht unverantwortlich war, sondern im Gegenteil, er zeugte von der Verantwortung, die ich für ihn empfand. Da war unser Vater schon völlig verrückt, kaum mehr sein einstiges Selbst, und ich wollte ihn in dieser wirklich nebensächlichen Frage nicht noch mehr reizen. Er beharrte darauf, dass ich etwas Sicheres in der Hand haben müsse. Aber eigentlich ging es nur darum, dass ich nicht aufs Land ging und kein Lehrer würde. Und da war noch ein heimlicher Gedanke, den ich damals nicht verstand. Ich sollte einen Beruf lernen, der noch inmitten eines Weltenbrands benötigt werden könnte. Natürlich rechnete jeder mit einem Weltenbrand, wer hätte nach den Atombombentests auf dem Bikini-Atoll nicht befürchtet, dass die Großmächte die Welt anzünden und mit Hilfe einer Kettenreaktion innerhalb eines Augenblicks zerstören würden. Abgesehen davon mag Vater sich auch gedacht haben, dass er irgendwie durchhalten müsste, solange wir beiden nichts Sicheres in der Hand hatten. Das hätte aber noch viel Zeit bedeutet, was meinen Bruder betraf. So lange würde er nicht durchhalten. Auch das wusste er. Wenigstens ich sollte also einen sicheren Beruf haben. Nicht dieses dumme Lehrertum. Er wusste, wovon er sprach, er war zuerst in Gömörsid zur Schule gegangen. Eine Zeitlang versuchte er mir zu suggerieren, dass ich für meinen Bruder Verantwortung übernehmen müsse. Ich solle ihm gegenüber nicht so gleichgültig sein. Ich solle ihm helfen, ihn unterstützen, wir würden das nötig haben. Das war wohl aus der Perspektive seines Selbstmords gedacht. Es mochte seine letzte Hoffnung sein, meinetwegen musste er noch eine Zeit abwarten und diese letzte Lebensaufgabe bewältigen.

Ich dachte nicht darüber nach, wie sehr die Schicksalswende auch mich verändert hatte. Meine Mitschüler und meine sogenannten Freunde hatten sich von mir entfernt, ich konnte nicht zu ihnen zurückkehren. Ich sah auch deutlicher als nötig die Aufpasserrolle, die Kim Jang-su unter den Seinen hatte. Einmal begann ich die Költő-Straße, Dichterstraße, hochzusteigen und marschierte dann weiter, ohne zu wissen, wohin ich ging, kam oben an der Schweizer Treppe an, das Kino fiel mir nicht ein, es war früh am Morgen, Sommer, auf den Hügelstraßen waren um diese Zeit kaum Passanten, beim Norma-Baum, wo in vorhistorischer Zeit Laci Tavaly ausgerutscht und den höllisch steilen Hang hinuntergekollert war, mein Vater und meine Mutter wie von Sinnen hinter ihm herlaufend, rutschend, wobei sie ihn erst einholten, als er an einem Busch stecken blieb und untröstlich heulte, weil ihm die sorgsam gesammelten Kastanien aus den Taschen gefallen waren, beim Norma-Baum auf der Hügelkuppe rannte ich ohne zu überlegen los. Ich hatte zufällig gerade Turnschuhe an. Von da an lief ich durch die verschiedenen ständigen und vorübergehenden Schauplätze meines Lebens, durch sie hindurch, nicht sporthalber, sondern nur für mich, wie in einem inneren Monolog, fast ein halbes Jahrhundert lang, ich lernte das Laufen auch einigermaßen, von anderen, von mir selbst, ich lief regelmäßig, bis ich meinen Herzinfarkt hatte. In jenem Sommer nahm ich auch einen anderen fallengelassenen Faden wieder auf, ich ging schwimmen, wobei ich doch so viel Entschlusskraft hatte, das Sportschwimmbad zu meiden, wohin Yvette immer noch ging, wenn auch nicht mehr zwecks Treni. Lieber ging ich ganz allein ins Lukács-Bad, wie früher schon, unter die eher schlaffen städtischen Bürger. Früher waren die ungefähr gleichaltrigen Jungen mit ihren kindischen schematischen Ritualen gekommen, ob ich so viele Liegestütze könne wie sie, passmalauf, er stemme sich fünfzigmal vom Geländer weg, ich solle mal seinen Bizeps betasten, und ich, wie viele Male ich es könne, oder ich solle im Frauenbecken mit ihnen um die Wette schwimmen, jetzt aber wandte sich niemand mit solchem kindischen Blödsinn an mich, und auch darüber dachte ich nicht nach, bestimmt erschraken sie nur schon bei meinem Anblick und mieden mich, taten recht daran, ich fand es in Ordnung, an solchen Unterfangen nicht teilzunehmen und auch nicht mit ihnen auf die Terrasse hinaufzugehen, um die Mädchen anzustarren.

Ganz sicher war es Sonntag, dann war das Schwimmbad voller. Im sogenannten Männerbecken hatte ich aber meine Ruhe, weil man hier nicht umherspringen und herumplanschen durfte. Hier wurde auch die Temperatur des Thermalwassers niedriger gehalten. Das Fußvolk, wie die alte Budapester Sprache den Plebs schonungsvoll nannte, durfte im Frauenbecken herumplätschern. Wer im Männerbecken nicht im entsprechenden Tempo und regelmäßig schwamm, wurde vom Bademeister hinauskommandiert, da gab's keinen Pardon. Nur der berühmte Dichter István Vas durfte in seiner Manier schwimmen. Er schwamm nicht, er kämpfte um sein Leben, tauchte nach jedem verzweifelten Armschlag unter, da er falsch atmete, er atmete ein, wenn er hätte ausatmen sollen. Nach dem Schwimmen wollte ich beim Frauenbecken auf die Dachterrasse hinauf. Dorthin führte die weniger stinkende Wendeltreppe, die Männer pinkelten manchmal auf ihrer Treppe, der Urin floss über die Stufen und stank. Wenn es die Kabinenaufseher bemerkten, schleppten sie große Schläuche hinauf und spritzten unter Gefluche und lauten Monologen die beschmutzten Wände und die Treppe ab, aber der Gestank blieb.

Am Rand des Frauenbeckens lag eine junge Frau auf dem Rücken. Sie hatte die Hände unter den Nacken gelegt, um ihre Frisur zu schonen und sich der Sonne darzubieten. Sie trug ein Armband aus echten Perlen. Die Augen hatte sie geschlossen, sie lag reglos da. Und trug einen Bikini, noch nie hatte ich im Lukács einen Bikini gesehen, auch um ihren schönen Hals eine Kette aus echten Perlen, für mich nicht weniger überraschend als der Bikini. Als läge Gábor Balthasars wunderschöne, unnachahmlich elegante Mutter hier, genau so, wie sie am Rand ihres eigenen Schwimmbeckens gelegen hatte, oder als wäre aus der Pressburgerstraße die schöne blonde Frau gekommen, die ich hässlich genannt hatte und in die ich in meinem kleinen Stinkerleben zum ersten Mal verliebt gewesen war, da sie manchmal nackt durch ihre Atelierwohnung ging und ich sie vom Fenster meines Zimmers aus beobachtete.

Ich ging aufs Sonnendeck hinauf, aber auch von da oben betrachtete ich nur dieses Bild, die am Beckenrand liegende wunderschöne Frau mit den echten Perlen am Hals.

Es war völlig klar, auf begeisternde Weise klar, dass sich etwas unwiderruflich verändert hatte.

Auf die Art wurde in jenem Sommer die eine der efeubewachsenen Pappeln von einem ganz kleinen Windstoß aus der Erde gedreht und aufs Haus gekippt, auf die Art waren meine Bilder in Vision übergegangen.

Schönheit, Reichtum und Erlesenheit waren die Vorzeichen der Veränderung. Sie hatte natürlich noch andere Vorzeichen, unheilverkündende, die aus der Richtung der Zweifel kamen und in denen Zorn brodelte, lebenslange Verbitterung. In jenem Sommer kamen manchmal Freunde zu unserem Vater, ich kannte sie von den gemeinsamen Ausflügen her oder auch aus der Zeit der Belagerung, Tóth, Lombos, Kerekes. Sie alle versuchten mit ihren eigenen Händen und ihrer eigenen Körperkraft, die offensichtliche politische Veränderung aufzuhalten, wobei es klar war, dass das nicht gelingen würde. Da waren János Asztalos und Imre Mező, zwei Männer, die später beim Sturm aufs Parteihaus auf dem Köztársaság-Platz, dem Platz der Republik, vom Pöbel gelyncht wurden, zwei Männer, die ich mochte, deren Diskussionen mich aber nicht mehr erreichten, denn sowohl ich als auch die ganze

Gesellschaft hatten schon längst die internen Diskussionen hinter uns gelassen.

Das Einzige, das mir etwas bedeutete, war die Arbeit im Labor; für die Sommerarbeit war ich einem chemischen Unternehmen in der Király-Straße zugeteilt worden, es war nach dem damals bestimmt schon ermordeten Majakowski benannt, in die Pharmazeutische Zentrale, zuerst in ein Chemielager, danach ins Labor für Qualitätskontrolle, unter die Drogisten, obwohl ich mich bei der schwerchemischen Technologie angemeldet hatte. Vera Hántás wusste das schon, als sie uns in den Braun-Wald mitnahm, sie war wohl wütend, dass dieses ekelhafte, verwöhnte kleine Kaderkind, diese Kröte jetzt ins beste Chemietechnikum hineinbugsiert wurde, obwohl doch aus ihm bestimmt nie ein Chemiker werden würde. Als ich erfuhr, dass ich die Aufnahmeprüfung erfolgreich bestanden hatte, obwohl mir das gleichgültig gewesen war, freute es mich doch, denn unser gehetzter Vater war erleichtert. In diesen Tagen wurde der disziplinarische Beschluss aufgehoben, er wurde im Wesentlichen rehabilitiert, auch wenn er natürlich nicht an seine frühere Stelle zurückkonnte, aber er erhielt seinen Rang als Fachrat wieder zugesprochen, und sein Gehalt wurde erhöht. Das genügte ihm nicht. Es wurde seine Obsession, dass ihm eine Entschädigung zustand. Kim Jang-su schrieb sich in Leichtchemie ein, seine Schule befand sich in Buda, in der Zsigmond-Straße, und so sah ich ihn lange Zeit nicht mehr.

Eines Morgens, nachdem einige Wochen vergangen waren, kam der Direktor mit András Vajda in unsere Klasse, meinem alten Schulfreund aus der Grundschule, und teilte uns mit, dass András mit uns zur Schule gehen würde, er komme vom Realgymnasium, seine Eltern hätten ihn aber jetzt bei uns auf der Technologie eingeschrieben. Ich freute mich, ihn wiederzusehen. Er aber zeigte sich eher befremdet von meiner Freude, und von da an mieden wir uns. Er wich sogar meinem Blick aus. An jenem Dienstag im Herbst schickten sie uns mit der Begründung nach Hause, wir sollten so rasch wie möglich gehen, es würde eine große Demonstration geben. Sie beschworen uns, nirgends stehen zu bleiben und zu gaffen, jetzt kämen wir sicher alle noch nach Hause. Mag musste nach Csepel, Krasznai nach Soroksár, Kiss nach Kispest hinaus.

Man schickte uns nach Hause, weil die Lehrer auf die Demonstration gehen wollten, das war klar, auch dass die Demonstration etwas Erhebendes, Erschreckendes, Drohendes hatte.

Ein paar von uns blieben dennoch in der Stadt, wer die anderen gewesen sein mochten, weiß ich beim besten Willen nicht mehr. Ich hätte auch gar nicht nach Hause gehen können. Von Pest gelangte man nicht mehr nach Buda hinüber, die Brücken waren voller Menschen, die von Buda nach Pest kamen. Der Verkehr stand still, alles stand still, auf den Ringstraßen wälzten sich Menschenmengen, sie kamen über die Váci-Allee, sie kamen über die Bajcsi-Zsilinszky-Straße, wir gingen mit, die leeren Busse und Straßenbahnen ragten wie Inseln aus der Menschenmenge, aber auf dem ehemaligen Berlinerplatz, den abgesehen von unserem Vater alle bereits Marx-Platz nannten, konnten sich viele nicht entscheiden, wohin sie gehen sollten. Die stecken gebliebenen Straßenbahnen blieben, wo sie waren, erleuchtet. Auf der großen Kreuzung stauten sich an die achtzigtausend Menschen, man konnte sich nur einzeln, gewissermaßen seitwärts in den Menschenstrom einreihen, es wurde gesungen, gerufen, gefordert, phantasiert, es wurden Reden geschwungen. Schon fast eine halbe Million Menschen standen vor dem Parlament und in den umgebenden Straßen eingepfercht. Die Menge war gewaltig. Sie verlangte den Abzug der Russen, sie verlangte, dass Imre Nagy spreche. Es wurde allmählich dunkel, beziehungsweise wurde ich plötzlich gewahr, dass es schon dunkel war. Ich war an einem angenehm milden Herbstabend in eine dichte Menschenmenge hineingeraten, war seit ungefähr drei Uhr nachmittags auf der Straße. Die Menschen kamen über die Margaretenbrücke von Buda her, sie kamen über die Brücken, in geordneten breiten Reihen, hauptsächlich Studenten, sie kamen über die Balassi Bálint-Straße, mit den nie gesehenen Abzeichen und Transparenten der verschiedenen Universitäten, sie kamen aus der Falk Miksa-Straße auf den Platz heraus, durch die Alkotmány-Straße, Straße der Verfassung, kamen sie nicht mehr, weil dort bis zur Bajcsy Zsilinszky-Straße eine dichte Menge stand, aber sie kamen noch von der anderen Seite des Platzes, aus der Nádor-Straße, sie kamen über den Kai, es gab in der Stadt praktisch keinen Verkehr mehr, die ganze Innenstadt war zum Stillstand gekommen, auch der Szabadság-Platz, Freiheitsplatz, hatte sich gefüllt. Man verlangte im Chor, der rote Stern auf der Kuppel des Parlaments solle gelöscht werden, der ganze Platz wiederholte die Forderung. Den Stern löschen. Den Stern löschen. Ich stand jetzt bei der Kossuth-Statue auf dem Platz vor dem Parlament in der Menge. In meinem Bewusstsein war Kossuth als Person vorhanden, aber auch der Kossuth-Platz, auf dem Großvater Tauber dabei gewesen war, als Károlyi die erste ungarische Republik ausgerufen hatte. Nicht jede Forderung wurde vom Platz übernommen, diese aber schon. Den Stern löschen. Der Stern war erst ein paar Wochen zuvor auf die Kuppel des Parlaments montiert worden und war ein wirklich schönes Stück Arbeit. Nur war er eben auch eine verkleinerte Version des Sterns auf dem Kreml. Rot leuchtete das verkleinerte Ebenbild auf der Kuppel. Der Platz hallte wider, dröhnte von der fröhlichen Forderung. Aber als gäbe es keine Verantwortlichen oder keine Techniker, die die Forderung des Volkes hätten hören können, ragte das Parlament mit seinen Türmchen und Spitzen düster, stumm und dunkel vor uns in die Höhe, und das Prinzip der Volkssouveränität prallte von ihm ab. Im Kuppelsaal schienen noch einige Lichter zu brennen. Vielleicht war die Forderung doch gehört worden, und man hielt es für ratsam, dem Volkswillen nachzugeben. Aber man löschte die Beleuchtung auf dem ganzen riesigen Platz, nicht den Stern. Das Ebenbild des Moskauer Sterns, das jetzt allein leuchtete. Auf dem Platz wurde Protest laut, ein Getose, es war zu befürchten, dass die Leute das Gebäude stürmen, es mit bloßen Händen abreißen, diese schändliche Provokation nicht hinnehmen würden, obwohl vielleicht nur ein kleines technisches Versehen passiert war, der Techniker die Schalter verwechselt hatte. Auf dem im Dunkeln liegenden Platz flammten Feuer auf, man zündete Zeitungen, Flugblätter an und hob sie in die Höhe. Die rasch abbrennenden Flammen liefen in Wellen über die Köpfe. Die Stille wurde feierlich, die Schönheit der Feuerwellen und die ewige Pyromanie des Menschen verzauberten einige Augenblicke lang alle. Aber diese schwankenden Feuer in einer so großen Menge waren auch beängstigend. In dem Augenblick dachte ich wohl nicht mehr an mein Reißbrett und mein Kopflineal, an die Zeichnung der darstellenden Geometrie, die ich mit der größten Aufmerksamkeit und unter Inanspruchnahme aller Möglichkeiten der weichen und harten Graphitstifte hergestellt hatte, sodass ich nur noch kleine Korrekturen vornehmen musste. Radieren war verboten. Unser Geometrielehrer würde die kleinste Spur davon bemerken. Perfektion gab es in seinen Augen nicht. Im Glauben und in der Geometrie existiert nur das Bestreben, er hob sogar den Zeigefinger dazu, das Bestreben zu glauben, das Bestreben darzustellen. Wir sollen uns das gut merken. Radieren bedeutete, dass der Schüler zuerst gezeichnet und erst danach überlegt hatte, obwohl der Schüler, nicht wahr, es genau umgekehrt tun müsste. Zuerst mit dem Kopf, sofern er einen hat, ein wenig nachdenken, erst dann zeichnen. Dann erlosch der rubinleuchtende Stern dort oben, das verkleinerte Ebenbild des großen berühmten Kreml-Sterns, der Techniker hatte endlich den richtigen Schalter gefunden. Auf dem Platz wurden die Stille und die Dunkelheit vollkommen. Das war ja eine weitere schändliche Provokation, die Menge mit vollkommener Dunkelheit zu überraschen. Im weichen, warmen Abend hatte der Herbst doch schon eine herbe, neblige Schärfe, man roch den metallischen Geruch des Flusses. Die Stille der Menge wurde bleischwer. Eine Zeitlang wagte der Platz nicht zu glauben, dass nicht etwa seine Forderung erfüllt worden war, sondern man ihn ein zweites Mal provozierte. Dann leuchtete die öffentliche Beleuchtung wieder auf, und dieser erste weltbewegende Sieg wurde mit Freudengeschrei quittiert.

Gewonnen, wir haben gewonnen. Doch ein Sieg. Jemand kam auf den linken Balkon heraus, was man an der dunklen Fassade des Gebäudes natürlich nicht sehen konnte, aber er war da, die Nachricht lief in Wellen über den Platz, jemand ist auf den Balkon herausgekommen, es gab Hochrufe. Der Jemand sprach, aber man hörte nichts. Die Menge brüllte, man höre nichts. Auch das lief in Wellen über den Platz. Wenn auf einem Platz eine solche Masse von Menschen steht, haben Rufe keinen Widerhall mehr, und das ist äußerst beängstigend. Vielmehr scheint es, als dächten so viele Köpfe gleichzeitig und gleichzeitig wörtlich das Gleiche. Inzwischen hatte sich die Nachricht verbreitet, dass Imre Nagy kommen würde, auch sie lief in Wellen über den Platz. Der Betreffende auf dem Balkon hatte gesagt, dass Imre Nagy kommen werde. Und tatsächlich begannen sie auf der Brüstung des Balkons ein Mikrophon zu montieren und ein paar große, trichterförmige, noch aus der Zeit der Belagerung stammende Lautsprecher auf die Fassade hinauszuhängen und Proben zu machen, daraufzuklopfen, eins, zwei, drei, was von den Gebäuden ringsum mehrfach widerhallte. Das machte die Menge noch fröhlicher, man lachte im Siegesrausch auf. Dann aber schien es, als würden diese Tontechniker in alle Ewigkeit mit dieser Montiererei rumwichsen, machen die das nur, um Zeit zu gewinnen. Eine neuerliche Provokation. Ich fand es seltsam, dass sie ausgerechnet den bolschewistischen Wortgebrauch übernahmen, Provokation, aber auch in der Sprache lebte die Belagerung viel länger als in der Wirklichkeit. Sie lebt noch heute, nur nehmen das wenige zur Kenntnis. Die Menge summte, scharrte, war unzufrieden, unruhig, hatte keine Geduld mehr für die Lautsprechermontage, es entstanden Unruheherde, Gruppen, ungeduldige Redner stellten die verschiedensten Forderungen. Auch das war etwas Neues in der Stadt, diese Gleichzeitigkeit und Mehrstimmigkeit unbekannter Qualität. Es war nicht vorauszusehen, was aus dem allem werden, welche Forderung um sich greifen würde, während schon alles dabei war zu geschehen. Die Energie der Menge verlieh den einzelnen Ereignissen Bedeutung. Oder auch nicht. Einiges verbreitete sich sogleich als Nachricht, anderes blieb ein isoliertes Rufen. Aus der Szalay-Straße bog ein mit Menschen vollgestopfter Lastwagen heraus, öffnete gewissermaßen die Menge vor sich, blieb aber vor der Kúria, dem Justizpalast, stecken. Die Leute auf der Ladefläche ließen den Thronfolger hochleben, verlangten, dass er zum König gekrönt werde, es waren Monarchisten, die Otto auf dem Thron haben wollten und der Menge, die auf dem Platz des Unabhängigkeitskämpfers Lajos Kossuth versammelt war, den Habsburger wünschten. Fast allen blieb im wahren Sinn des Wortes die Spucke weg. Die in der Mündung der Alkotmány-Straße feststeckende Menge machte ihnen intelligenterweise den Weg frei, sie sollen einfach weggehen, zieht schön ab. Sie hatten Transparente, auch ein riesiges von Otto. Ich hatte noch nie ein Foto von ihm gesehen, er glich tatsächlich meinem Cousin Georges, dem Sohn Tante Magdas. Dem es mehr als einmal passierte, dass man ihn in Brüssel, Wien, Cannes oder Paris bei Empfängen, in Hotelhallen oder einfach auf der Straße mit dem Thronfolger verwechselte. Es gab Leute, die ihm nicht glaubten und verständnisvoll nickten, natürlich, natürlich, Verzeihung, Königliche Hoheit, ich verstehe, Königliche Hoheit wünschen ihr Inkognito zu wahren.

Obwohl man sich auf dem Platz gegenseitig kaum kannte, waren das doch die wirklichen Unbekannten gewesen. Auf dem Platz wusste man, wer woher gekommen war, weil es jeder sagte, oder man sah es seinem Äußeren, seinem Gesicht an, aus irgendeinem Grund wollten alle gleich wissen, woher man kam. Und man kannte auch die Meinung derer, die in der Nähe standen. Jeder gab seinen

Senf dazu. Das machte auch die redselig, die bis dahin geschwiegen hatten. Die enttäuschten Kommunisten. Die von der Helligkeit des Marxismus durchfluteten Studenten. Die antistalinistischen kommunistischen Veteranen. Die erniedrigten Demokraten, die Kleinlandwirte, die hartnäckigen Sozialdemokraten. Da waren die wegen ihrer Religion gedemütigten Gläubigen und die konservativ-liberalen Atheisten. Da waren die wütend antikapitalistischen Arbeiter und die zu Arbeitern gemachten Kleinunternehmer. Aus der Provinz stammende Studenten, Kinder von erniedrigten Landwirten, dem Gleichheitsprinzip und der kapitalistischen Wirtschaftslehre nicht abgeneigt. Ich war eine Ausnahme, fragte nichts, äußerte keine Meinung, blieb ein Beobachter, während meine Altersgenossen auf dem Platz längst nicht so züchtig und brav waren. Da waren auch Volkserzieher, die nichts von sich selbst sagten, sondern ihre Umstehenden zu überzeugen versuchten, dass die Juden schuld waren. Auch auf mich redete ein jüngerer Mann ein, weiter weg war noch ein zweiter, ein dritter. Weg mit den Juden von der Macht, das wäre ihr Vorschlag gewesen. Niemand um mich herum antwortete, diese Agitatoren verursachten mindestens ebenso viel Konsternation wie die Monarchisten mit dem Bild des Thronerben auf dem Lastwagen. Unter den Agitatoren waren Pfeilkreuzler, und wieder kam einer, weil er nicht wusste, dass seine Mitpfeilkreuzler schon vorbeigekommen waren. Ich anwortete nicht. Auch die anderen antworteten nicht.

Als wären sie Luft, als würde man sie nicht hören, es war eine ganz spezielle Episode an diesem ersten Tag.

Von der Haupttreppe breitete sich in Wellen Jubel aus, Imre Nagy war eingetroffen. Er ist da. Wer ist da, wurde gefragt. Er ist da. Der Platz verstummte, wollte sich einen Augenblick selbst hören, dann folgte ein Brausen, wie ein Aufatmen. Jemand verkündete durch den Lautsprecher, er sei eingetroffen. Imre Nagy ist eingetroffen. Von diesem Moment an weicht meine Erinnerung in einigen Punkten von der Erinnerung anderer ab.

Als er auf den Balkon heraustrat, nach der Erinnerung anderer wäre er an einem der Fenster des Parlaments erschienen, wurde er von einem vorsintflutlichen Filmscheinwerfer ungeschickt angeleuchtet, er aber stolperte über etwas. Vielleicht über die Schwelle, vielleicht über seine Verlegenheit und die Schwelle gleichzeitig, denn vor so vielen Menschen hatte der Imre Nagy genannte Mensch wohl kaum je gesprochen, er, nach dem die Menge verlangt hatte, vielleicht war sein Naturell für diese Rolle ungeeignet, schließlich war er ein kommunistischer Intellektueller, ein Stubengelehrter, ohne Begabung zum Volkstribun, er hatte dem Druck der Menge nachgeben müssen, vielleicht war der Balkon auch abschüssig. Seither würde ich diesen Balkon gern einmal aus der Nähe sehen. Nach meiner Erinnerung hielt man ihn während seiner Rede an den Armen in der Balkontür fest. Deshalb war das Mikrophon so weit von ihm entfernt, deshalb hörte man ihn so schlecht, auch wenn seine Worte unablässig weitergegeben wurden, jedes verklang auf dem Platz mehrmals. In der Erinnerung anderer stand er am Fenster und wurde dort von zwei Personen festgehalten. Aber ich bestehe auf meiner Erinnerung. In dem ungeschickten Lichtstrahl konnte man sehen, wie jemand heraustrat, stolperte, sein Hut herunterflog und er selbst für einen Augenblick verschwand. Lachen schlug über dem Platz hoch, es war in der Tat lächerlich, angesichts der Erwartung der Menge diese Slapstickeinlage, aber nicht der ganze Platz lachte, sondern es wurde in Flecken gelacht, der Platz lachte fleckig, dann tilgte massenhaftes peinliches Schweigen die Flecken von Lachen. In einer Revolution gibt es keine Inszenierung. Auch wenn dich die Stadt erwartet, auch wenn du der Kommunist Imre Nagy bist, bist du wie alle anderen. Jede Emotion an diesem milden Herbstabend war eine Massenemotion, beziehungsweise wurde jede persönliche Emotion durch die Menge legitimiert oder unterdrückt.

Noch heute verstehe ich nicht, warum ich von drei Uhr nachmittags bis Mitternacht nie hungrig wurde, nie Durst hatte, nie austreten musste.

Sein erstes Wort war Genossen. Die Anrede wäre noch eine Zeitlang von den Fassaden der gegenüberstehenden Gebäude widergehallt, hätte die Menge nicht sogleich aufgemuckt und mit einem Pfeifkonzert geantwortet. Wir sind keine Genossen. Die Menge dachte nicht nur im Einklang, in denselben Ausdrücken, sondern antwortete auch wie aus einem Mund. Und da mochte Imre Nagys bolschewistische Sozialisierung noch so stark sein, sein antistalinistischer und antirakosistischer Affekt, der ihn auf dem Rücken des Massenzorns überhaupt hierhergebracht hatte, mochte während seines Ausschlusses aus der Partei noch so zugenommen haben, es mochte für ihn außerhalb der kommunistischen Ordnung keine gerechte Gesellschaft geben, er musste doch einsehen, dass jetzt hier diese blöde Anrede, Genossen, fehl am Platz war, dass das nicht gehen würde, dass damit Schluss war, so viele Menschen konnten nicht Genossen sein. Es gab eine revolutionäre Sprache aus dem neunzehnten Jahrhundert, die er gleich hätte benutzen sollen. Meine jungen Freunde, als Universitätsprofessor und Intellektueller versuchte er es jetzt damit, aber der Platz vertrug auch keine Bevormundung mehr. Er murrte zornig. Mitbürger. Das wurde mit Jubelrufen belohnt, obwohl ihm das Wort kaum über die Lippen kam. Für ihn, der in der russischen Emigration gelebt und wohl nicht zufällig die Säuberungen überstanden, wohl viele verraten hatte, musste der Mitbürger dunkle Assoziationen wecken. Aber siehe, er brachte es heraus, wir hatten ihn an die korrekte ungarische Revolutionssprache herangeführt, er hatte es geschafft, und auch das gehörte zu den ersten Triumphen des Dienstagabends. Heute, Dienstag, ist bereits der Stern gelöscht worden. Heute, Dienstag, ist bereits Imre Nagy eingetroffen. Heute, Dienstag, sind wir schon Mitbürger. Wir haben der traditionellen Sprache der bürgerlichen Revolutionen ihren rechtmäßigen Platz zurückgegeben. Seine Rede konnte man dann wegen des Widerhalls, des

Geknisters, der Zustimmung und Widerrede, der vielen freudigen und feindlichen Pfiffe kaum verstehen, und so erinnere ich mich auch nicht an sie. In dieser ersten, sozusagen wohlmeinenden und gemütlichen Phase der Revolution, in der die Massendesertion von Polizei- und Armee-Einheiten auch noch ihren Platz hatte, wie auch die Öffnung der Waffenfabrik-Lager, das Fällen und Zersägen von Mikus' skandalöser Stalin-Statue, der Sturm aufs Radiogebäude in der Bródy Sándor-Straße, während ich noch auf dem Platz stand und von der Nádor-Straße her die Nachricht kam, dass beim Radio geschossen wurde, beim Radio wird geschossen, was an diesem Abend eine große Akzentverschiebung bedeutete, ohne Übergang schlug das Gemütliche ins hysterisch Tragische um, erste ernsthafte Feuergefechte kamen zur wohlmeinenden und, geben wir es zu, unendlich naiven ersten Phase der Revolution hinzu, und erst das Blutbad machte ein Ende mit aller Gemütlichkeit und Naivität. Das trat dann am Donnerstag ein. Ein guter Freund von mir, ein Kumpel aus der Militärzeit, der hervorragende Buchbinder Gyuri Báder, war vor dem Hotel Astoria dabei gewesen, als sich die Menge einfach nicht von der Fahrbahn gerührt hatte. Um eine russische Panzerkolonne aufzuhalten. Der Kommandant musste herauskriechen. Was wollt ihr hier, wozu seid ihr gekommen, schrien die Aufständischen. Warum geht ihr nicht nach Hause, und das nicht nur auf Ungarisch, sondern auch gleich auf Russisch. Der Offizier brüllte zurück, auch das wurde gleich übersetzt, die Stadt müsse von den faschistischen Banditen befreit werden. Schallendes Gelächter war die Antwort. Wo sind hier die faschistischen Banditen, guter Mann. Es war nicht schwer, den Offizier zu überzeugen, dass hier keine Faschisten, keine Banditen waren. Er solle sich doch selber umblicken. Hier sind unbewaffnete Studenten, Arbeiter, Büroangestellte, Wissenschaftler. Hörst du denn nicht, dass wir in deiner Sprache mit dir sprechen, fragten sie, und darüber musste auch er lachen. Ja, klar, er höre es. Er verteidigte sich verzweifelt, da müsse also ein Irrtum vorliegen, vielleicht habe man sie hereingelegt. Die Menge jubelte den Russen zu, die von ihren eigenen Leuten hereingelegt worden waren, von diesen Moskauer Schurken, die die ganze Welt hereinlegten. An den Panzern wurden ungarische Fahnen angebracht, was die verwirrten Soldaten und ihr Offizier zum Zeichen ihrer friedlichen Absichten auch erlaubten. In dem Augenblick näherte sich auf der Rákóci-Straße eine weitere sowjetische Panzerkolonne unter großem Gerumpel, und als die Menge sah, dass auch die mit ungarischen Fahnen beflaggt waren, brach ein Jubelgeschrei aus, vivat, vivat.

Die Revolution hatte gewonnen.

Also auf zum Parlament. Auch aus anderen Richtungen kamen Leute, an dem Tag, Donnerstag, hatte sich in der Stadt wie ein Lauffeuer die Nachricht verbreitet, dass die Russen übergelaufen seien. Auch die Russen halten zu uns. An diesem Donnerstag liefen an den verschiedenen Punkten der Stadt die Ereignisse noch synchron ab. Die Russen sind übergelaufen. Na klar sind sie übergelaufen. Auch die Russen halten zu uns. Sie hatten schon jahrelang hier gelebt, auch wenn die armen Kerle nie aus den Kasernen hinausgelassen wurden. Noch heute kann ich die Chronologie der dreizehn Tage hersagen, Stunde um Stunde. Noch heute kommt mir der romantisch tobende Jubel hoch, alle halten zu uns, die ganze Welt hält zu uns. Man konnte nicht überall gleichzeitig sein, aber die Nachrichten, die Geschichten und Wunderlegenden erreichten alle, überwältigten alle. Man fühlte sich ins Gehörte ein, phantasierte weiter, daher wohl die vielen Versionen. In der Revolution gibt es eine erste Person Plural, die die erste Person Singular nicht etwa ausschließt, sondern im Gegenteil mit allen ihren Eigenschaften in sich aufnimmt.

Mein Freund Gyuri Báder ging zum Parlament mit, aber vielleicht hat das jemand anders erzählt, dort fuhren ebenfalls russische Panzer auf, und die Menge kletterte auch da auf sie hinauf, um die Soldaten und sich selbst zu feiern. Da knatterten die ersten Salven. Man schoss von den Dächern mit Maschinengewehren in die Menge hinein. Damals hieß es, das seien die verhassten Männer des Staatssicherheitsdienstes gewesen, bestimmten Historikern zufolge wurde auf Befehl von General Serow geschossen.

Auf dem Platz begann man zu rennen, um unter den Arkaden des Landwirtschaftsministeriums Schutz zu finden, bis nur noch Verwundete und Tote zurückblieben.

Anderntags, Freitag, berieten in den frühen Nachmittagsstunden Staatssekretär Dulles und der amerikanische Präsident mit ihren Abrüstungsexperten über die Lage in Ungarn. Abrüstungsberater Stassen hatte schon auf der Sitzung des National Security Council den Vorschlag gemacht, die Satellitenstaaten ähnlich wie Österreich für neutral zu erklären. Was damals, das sei gleich hinzugefügt, den Ungarn Anlass für die große Hoffnung war, von den Großmächten behandelt zu werden wie Österreich. Man solle die Sache über Präsident Tito laufen lassen, riet Stassen dem Staatssekretär, oder andere diplomatische Kanäle benutzen, aber in jedem Fall die Russen wissen lassen, dass die Neutralität der Satellitenstaaten für die USA nicht inakzeptabel sei. Dulles bezweifelte, dass sie so weit gehen müssten. Er wies Stassens Vorschlag mit dem Hinweis zurück, dass er bei den ungarischen Aufständischen nicht gern den Eindruck erwecken möchte, als einige sich das State Department hinterrücks mit den Russen. Die fünfzig Jahre danach veröffentlichten Schriften weisen aber eher darauf hin, dass der Staatssekretär keinen Finger zu rühren wünschte und seine Bemerkung nur etwas vortäuschte. Als ihn eine Stunde später Präsident Eisenhower anrief und er sagte, es sei außerordentlich schwer zu entscheiden, wie man den Fall handhaben sollte, war auch das wohl nur Rhetorik. Er wusste schon, wie der Fall zu handhaben war, am nächsten Tag, Samstag, sagte er das in seiner Rede in Dallas ganz deutlich.

So stark in jenen ersten Tagen die kollektiven Emotionen auch waren, sosehr in den Großstädten Europas und Amerikas der revolutionäre Tatendrang auch auflebte, Staatssekretär Dulles' Realitätssinn funktionierte schlafwandlerisch sicher. Ich kenne mehr als einen Mann meines Alters, genauer gesagt, einen Dänen, einen Holländer, einen Schweizer und einen Franzosen, die sich in jenen Stunden zusammen mit ihren Kameraden zu organisieren begannen, Waffen suchten oder sich auch gleich welche beschafften, um sich aufzumachen, so etwa der Schweizer Rudolf Stamm, der dann später nicht zufällig Osteuropakorrespondent der *Neuen Zürcher Zeitung* wurde. Die elterlichen Ohrfeigen hielten sie zurück. Beziehungsweise gelangte der Holländer, Rob van Gennep, später ein hervorragender Verleger, zusammen mit zwei anderen bis nach Wien. Dulles' rhetorisch eingefärbte diplomatische Zögerlichkeit, sein eingefleischter Pragmatismus verursachen den Ungarn bis zum heutigen Tag viele Probleme, doch in jenen kritischen Tagen entsprachen sie dem Gleichgewicht der Großmächte und den internationalen Verträgen besser als jegliche den Emotionen und Affekten entspringende Aktion.

Der Urkommunist Imre Nagy gab am folgenden Donnerstag der Dynamik der Revolution nach, indem er feierlich und verzweifelt Ungarns Austritt aus dem Warschauer Pakt und die Neutralität des Landes verkündete, womit er seine Mitbürger für ein paar Stunden glücklich machte, nur hatten weder die Deklaration noch das Glücksgefühl irgendeine Realität auf internationaler Ebene und also auch keine Wirkung. Der amerikanische Staatssekretär hatte am vorangegangenen Samstag in Dallas vor einem Fachpublikum durchaus klar und nuanciert formuliert. In seiner Rede legte er vor allem dar, dass die Atlantik-Charta und die Verlautbarung der Vereinten Nationen sämtliche Bündnispartner verpflichten, das Recht auf Souveränität und Selbstbestimmung überall dort geltend zu machen, wo sie willkürlich aufgehoben worden sind. Er machte deutlich, dass in Osteuropa lediglich die eine Art von Besatzung durch eine andere abgelöst worden war, und die Unterdrückung durch die Russen nannte er imperialistisch. Er ließ keinen Zweifel daran, dass die Sympathien der Vereinigten Staaten auf Seiten der Patrioten lagen, die die Freiheit höher hielten als ihr eigenes Leben, aber er ließ auch keinen Zweifel daran, wo die geographischen Grenzen der amerikanischen Verantwortung lagen. Diese Staaten, das heißt die Ungarn und die Polen, werden von den Vereinigten Staaten nicht als eventuelle militärische Bündnispartner betrachtet. Für die Aufnahme von wirtschaftlichen Beziehungen hingegen fordern die Vereinigten Staaten keinerlei besondere gesellschaftliche Struktur. Die Möglichkeit der Neutralität erwähnte er vor dem Publikum natürlich nicht. Aber er verkündete, dass die Vereinigten Staaten zusammen mit anderen Staaten die ungarische Frage vor den Sicherheitsrat der UNO bringen würden, ja, schon gebracht hatten.

Dulles traf am Freitag und Samstag den Nagel auf den Kopf, auch wenn die demokratische Welt seither nicht entscheiden kann, wie sie die ungarische Revolution nennen, was sie rhetorisch mit ihr anfangen soll. Auf praktischer Ebene hingegen entschied sie rasch. Die Realität der Großmächte geriet nicht zum ersten Mal in Widerspruch zur Realität der Gefühle und Affekte. Und sofern die aufklärerische Tradition des revolutionären Denkens rhetorisch unter die Räder geriet, wovon auch Staatssekretär Dulles' Rede zeugte, so geriet sie eigentlich unter die Räder der Großmachtinteressen und des freien Handels, diese Wertesysteme stießen (in der Geschichte der bürgerlichen Gesellschaften nicht zum ersten und nicht zum letzten Mal) ganz einfach zusammen.

Was in Europas östlichen Regionen der unabweisbare Wunsch war, die mehrmals unterbrochenen bürgerlichen Revolutionen anständig zur Vollendung zu bringen, war in den westlichen und nördlichen Regionen Europas kein Thema mehr, war eine vollendete Tatsache, stand nirgends mehr auf dem Programm. Obwohl ihre eigenen Revolutionen ein moralisches und emotionales Erbe hinterlassen hatten, das nicht verleugnet werden konnte, schon aus kulturellen und religiösen Gründen nicht. Die freiheitliche Tradition hätte man aber nur gegen die Interessen der freien Marktwirtschaft und gegen das Gleichgewicht der Großmächte, also gerade gegen die bürgerliche Ordnung, aufrechterhalten können, auf die Gefahr eines dritten Weltkriegs hin. Und so lief die politische Praxis zuerst einfach auf die Stärkung des Status quo der Großmächte hinaus, dann in einem zweiten Schritt auf die epochale Trennung von Europas westlichem Teil von seinem isolierten östlichen Teil. Von diesem Punkt aber gibt es kein Zurück. Das demokratische Europa machte mit dieser Niederlage kurzfristig ein sehr gutes Geschäft, und auf seine pragmatisch kurzsichtige Art profitiert es bis heute davon, ohne sich die moralische Niederlage einzugestehen. Es gelang ihm, die wirtschaftlich unterentwickelte Region de facto abzutrennen und die kulturellen und geographischen Machtblöcke im Sinn der Beschlüsse von Jalta endgültig festzuschreiben, wie es die sowjetische Machtstruktur allein nicht fertiggebracht hätte.

Mit der Abtrennung wurde die wirtschaftliche Mobilität der demokratischen europäischen Länder nicht beeinträchtigt, sondern verstärkt.

In der Morgenfrühe des Sonntags, als die sowjetische Armee mit ihren eiligst ausgetauschten Panzereinheiten im jetzt schon winterlich nebligen Budapest wieder einzog und ich auf den gewaltigen Lärm hin in István Nádas' Wohnung in der Pressburgerstraße aus dem Bett sprang, als sei ich mir über alle skandalösen und schrecklichen Konsequenzen dieses Einmarsches im Klaren, saß István Nádas schon angezogen vor dem Radio, Vnimanie, Vnimanie, Achtung, Achtung, sie kamen mit ihren endlosen Panzerkolonnen, Attention, Attention, um der weiten Welt zu zeigen, wie man eine Großstadt, die ihre freiheitliche Tradition neu organisieren will, zertrümmern und zerstören kann, während sie sich von den Zerstörungen des Zweiten Weltkriegs noch nicht erholt hat.

Die Spaltung Europas vollendete sich mit diesem Akt des Kalten Kriegs, während die ungarische Regierung noch in vier Sprachen um Hilfe bat.

Wegen der gefühlsmäßigen und moralischen Zurückhaltung der demokratischen europäischen Gesellschaften ist die Diskussion um die Definition der ungarischen Revolution offen geblieben. War es eine Revolution oder ein Volksaufstand, ein Freiheitskampf oder ein Aufruhr, eventuell eine antikommunistische Gegenrevolution, vielleicht eine unbesonnene Hungerrevolte. Das sind keine nebensächlichen Fragen. Für mich sind diese zwei Wochen mit ihrem Format und ihrem Fatum zwar schicksalsbestimmend gewesen, aber ich verstehe die allgemeine Verständnislosigkeit trotzdem. Sie bedeutet nicht das peinliche Aussetzen des historischen Gedächtnisses, entstammt nicht der Gleichgültigkeit, sondern eher der nüchternen Vorsicht, mit der wir uns Dingen nähern, die uns irgendwie unangebracht und moralisch leicht zweifelhaft erscheinen.

Diesen unsicheren Status im öffentlichen Bewusstsein hat die ungarische Revolution nicht nur im Ausland, sondern auch in Ungarn selbst.

Revolutionen zeichnen sich nicht durch Intelligenz aus. Sie gleichen einer Naturerscheinung. Wir fragen ja auch das Erdbeben oder den Blitz nicht, ob sie wissen, was sie tun. Nicht einmal anhand dieses tief angesetzten Maßstabs kann man von der ungarischen Revolution sagen, sie sei irgendwie reflektiert oder artikuliert gewesen. Vielerlei Hysterien brachen herauf, es gab Pogrome, es gab Morde, auch wenn sie nicht dominant wurden. Der schweigende nüchterne Verstand schien die Gesellschaft vor den chaotischen Kräften doch zu schützen. Das war weder ein Plus noch ein Minus, vielmehr hatte die Massenbewegung vom Dienstag etwas Genealogisches, auch ich mit meiner Abstammung gehörte dazu. Heute müssen wir die Revolution so akzeptieren, wie sie war, mitsamt ihrer geistigen Stumpfheit, ihrer blutigen Hysterie, ihrer Wortlosigkeit. Als dann hätte geklärt werden können, was warum geschehen war, wurde das Geschehene durch das Wertesystem der kommunistischen Weltbewegung und das Wertesystem der antikommunistischen Weltbewegung in zwei Richtungen verzerrt, bis die nachfolgende Generation vor lauter Verzerrungen nichts mehr sah. Auch die Jahre der Vergeltung sind keine hinreichende Erklärung für die Wortlosigkeit und Stumpfheit dieser Revolution. Freiheit, schön, aber was für eine Freiheit, wessen Freiheit, von was für einer freiheitlichen Tradition sprechen wir da. Der Freiheitsbegriff dieser Revolution gehörte am ehesten ins neunzehnte Jahrhundert, war an den Freiheitsbegriff der Achtundvierziger gebunden, aber nicht an den von Paris, nicht an den von Wien, sondern an den von Budapest, und so ist die Revolution eher als ungarische Unabhängigkeitsbewegung zu betrachten und nicht als Freiheitsbewegung, ihr Freiheitsbegriff betraf nicht die persönliche Freiheit, sondern die der Nation. Es war keine bürgerliche Freiheitsbewegung, da es nicht um die persönliche Freiheit, nicht ums freie Zusammenleben freier Personen und um rechtliche Übereinkünfte ging, sondern um die nationale Unabhängigkeit. Die Frage, was man mit einem Freiheitsbegriff, der nicht in der Freiheit und den Verpflichtungen des Einzelnen gründet, anfangen soll, konnte diese Revolution mehr als hundert Jahre nach dem ungarischen Freiheitskampf immer noch nicht beantworten. Die freie Außenwelt war darauf auch gar nicht mehr neugierig, und so unterließen die außenstehenden Beobachter der Revolution die entsprechende Analyse. Wie sich später herausstellte, ließ der universelle Anspruch ihres Freiheitsbegriffs kein Gespür zu für diesen qualitativen Unterschied zwischen den beiden Freiheitsbegriffen.

Die ungarische Revolution verfügte durchaus auch über Eigenschaften, die von den europäischen Revolutionstheoretikern für die Kriterien einer intelligent funktionierenden Revolution gehalten werden. Sie hatte eine relativ lange, fast anderthalb Jahre dauernde, geistig und politisch sehr gehaltvolle Inkubationsphase, ausgewiesene Intellektuelle hatten die Vorarbeit geleistet. Zumeist junge Intellektuelle, genauer gesagt. Und fast ausschließlich kommunistische Intellektuelle. Die nichtkommunistischen blieben weitgehend in der Beobachterrolle. Nach den Erfahrungen der vorangegangenen Jahre hatten sie allen Grund, vorsichtig zu sein. Und sie hielten die antistalinistischen Kämpfe für eine interne kommunistische Angelegenheit, in den Diskussionen unter jungen Kommunisten ging es ja nicht um die Wiederherstellung der bürgerlichen Welt, sondern um die Reorganisation der kommunistischen Bewegung, um Reinigung, um zu korrigierende Fehler. Der aus dem Gefängnis seiner Genossen entlassene Géza Losonczy, das heißt Fitos, führte zusammen mit, ich tunke meine Feder in Scheiße und schreibe es nieder, Márton Horváth die Diskussion um die Erneuerung, die Korrektur der Fehler an, obwohl sie von nicht wiedergutzumachenden Verbrechen hätten sprechen sollen, von der Serie der Massenmorde und den ethnischen Säuberungen in Sowjetrussland. Die breitere Öffentlichkeit verfolgte die internen Diskussionen der Kommunisten einigermaßen erleichtert, fand zwar das Um-den-Brei-Herumreden und Lavieren nicht gerade fruchtbar, aber amüsant. Wenigstens bringen die sich gegenseitig um. Die nichtkommunistischen oder desillusionierten kommunistischen Intellektuellen rechneten hingegen damit, dass diese Idioten, die jetzt im internen Kampf gegen die Stalinisten ihr Leben riskierten, am Ende für uns die Kastanien aus dem Feuer holen würden.

Das Durchschnittsalter der aktiv an den Diskussionen beteiligten Personen war 36 Jahre. Etwa 80 Prozent davon waren Mitglieder der kommunistischen Partei, das heißt der Partei der Ungarischen Werktätigen. Rund ein Drittel hatte am antifaschistischen Widerstand teilgenommen, und genauso viele hatten die Gefängnisse und Internierungslager der Horthy-Diktatur kennengelernt. Die locker zusammenhaltenden, aus demselben politischen Kreis stammenden Intellektuellengruppen fanden sich spontan in einer Diskussionsrunde, die zuerst nach Bessenyei, dann nach Petőfi benannt wurde. Ob sie es wollten oder nicht, sie waren auf natürliche Art die Nachkommen der großen Reformgeneration der Aufklärung, die die ungarische Revolution von 1848 vorbereitet hatte. Über diese geistige Nachkommenschaft, diese emotionale und historische Tradition waren sie sich im Klaren, auch für sie waren Freiheit und Gleichheit die zentralen Begriffe. Aber ihre Methodik war auf eine bürgerliche Revolution ausgerichtet, auf die Reform der ungarischen Gesellschaft. Sie analysierten, urteilten, deckten auf, machten Vorschläge, verloren sich in den Einzelheiten und den Einzelheiten der Einzelheiten. Sie wussten, dass sie mit einem Programm der radikalen Veränderung der bestehenden Ordnung auftreten mussten.

Solche tiefgreifenden Reformen mussten sie im Widerspruch zur Parteielite, der stalinistischen Diktatur und deren Geheimdienst planen. In ihrer Argumentation blieben sie in der Rolle der internen kommunistischen Parteigegner stecken, außerdem hätten sie sich von ihrem eigenen Stalinismus und Dogmatismus befreien müssen. Wozu den meisten gerade die kulturell erarbeiteten bürgerlichen Verhaltensmuster fehlten. Sie übten Selbstkritik, das heißt, sie ließen ihre Person in den Kulissen ihrer Partei verschwinden, anstatt über sich selbst nachzudenken und ihre systembedingten Eigenschaften von ihren persönlichen zu trennen. Sie schmierten herum. Schoben anderen die Verantwortung zu, schufen Sündenböcke, zögerten, die Verbrecher zu benennen, da sie innerhalb der Partei ihre Todfeinde hatten. Trotz dieser Halbheiten wuchs ihre Wirkung, und proportional dazu verloren sie ihre Verbundenheit mit der kommunistischen Bewegung. Sie organisierten Diskussionen zwischen Ökonomen, Historikern, Pädagogen, Philosophen. Es gab Diskussionen über die Literatur, die Agrarlandwirtschaft, die Förderung des Gewerbes. Diese interdisziplinären Anlässe hatten ihren emotionalen und affektiven Niederschlag. Man wusste zwar nicht genau, wo in der ungarischen Geschichte der Wunsch nach Veränderung und ihre Methode angesiedelt waren und an welche Bewegungen und Bestrebungen der Außenwelt man sich halten könnte oder wovor man sich hüten sollte, aber aus dem Blickwinkel der verschiedenen Fächer erkannten immer mehr Leute, dass das Land im Namen des Sozialismus und Kommunismus von gewöhnlichen Verbrechern regiert wurde, zusammen mit einer Armee von Dilettanten.

Man sah auch ein, dass ohne Pressefreiheit keine Veränderung möglich ist und dass diese keine Parteiinteressen oder Lenkung durch die Partei kennt. Einen Diskussionsleiter Márton Horváth hätte man sich aber ohne furiose parteiliche Einflussnahme schwer vorstellen können. Sie mussten den bitteren Becher ihrer Verbundenheit mit der Bewegung bis zur Neige leeren, was sie geistig und emotional überforderte, da sie sich ja gleichzeitig als revolutionäre Neurerer verstanden. Das für die Pressediskussion vom Juni zum Platzen volle Zentrale Offiziershaus, das eklektizistische Gebäude des einstigen Königlich Ungarischen Offizierskasinos, wurde aus Sicherheitsgründen geschlossen, aber die in der Váci-Straße und in der Veres Pálné-Straße feststeckende Menge brach die Tore ein, um wenigstens im Treppenhaus und in der Vorhalle dabei sein zu können. Die Außenwelt duldete es nicht mehr, irgendwo ausgesperrt zu sein. Die Forderung nach Veränderung beflügelte die Teilnehmer immer mehr, und doch kam das große Programm nicht zustande, was wahrscheinlich nicht an Zeitmangel lag, sondern eher daran, dass sie dafür keine Sprache hatten und haben konnten.

Die Massenbewegung, die sich an jenem Dienstag auf Budapests Straßen präsentierte, sog demzufolge die der Erneuerung und Einsicht unfähige intellektuelle Bewegung auf und ließ sie fast spurlos verschwinden. Die Bewegung hatte einen Lautsprecherwagen, der aber in der Menge unterging. Es fehlte ein fertiges Programm, das sie in dem Wagen mit stockender Stimme hätten verlesen können. Diese kommunistische Intellektuellenbewegung hatte zwar gewichtige Führungspersönlichkeiten, die aber doch nicht das Kaliber hatten, die Konsequenzen der jüngsten Geschichte vom Standpunkt einer Massenbewegung einzuschätzen. Die Revolution hatte ihren Genius, aber keine unabhängigen und freien Menschen, die ihm eine individuelle Stimme hätten verleihen können, und es hätte mehrere bedeutende Stimmen und bedeutende Gestalten gebraucht. Die intellektuelle kommunistische Bewegung und die revolutionäre Massenbewegung erwiesen sich als unvereinbar, sie traten nie in einen Dialog miteinander. Die ungarische Revolution trug gleichzeitig den Sieg davon und erlitt eine Niederlage, und eine solche Zweideutigkeit akzeptiert der Geist nur ungern. Der leuchtende Sieg des Genius der Res publica über die Diktatur wurde zur vernichtenden Niederlage der Demokratien vor der brutalen Machtmaschinerie der Willkürherrschaften. Noch heute können sich die Ungarn über diesen ein paar Tage dauernden leuchtenden Sieg nicht freuen, ohne mit allen zerstörerischen und selbstzerstörerischen Konsequenzen der Niederlage konfrontiert zu sein. Was der Geist ebenfalls nur ungern zur Kenntnis nimmt. Entweder Sieg oder Niederlage. Angesichts der Niederlage der ungarischen Republikaner und der Demokraten der Welt ist es jedenfalls unangebracht, sich Schuldgefühlen hinzugeben, ohne auf die Gründe der inhärenten Schutzlosigkeit der Demokratien gegenüber den diktatorischen Systemen einzugehen. Die Möglichkeit eines Atomkriegs und die konkreten Gefahren des Kalten Kriegs verhinderten damals diese nüchterne Analyse.

Ein solcher gegenseitiger und gemeinsamer Rechenschaftsbericht ist nach wie vor nicht auf dem Programm und wird es nie sein.

Die ungarische Revolution nimmt unter den immer artikulierteren Aufruhren, Aufständen und Massenbewegungen, mit denen die unterjochten europäischen Völker die von den Jalta-Beschlüssen geschaffene Isolation durchbrechen und sich vom großrussischen Imperialismus befreien wollten, um zu einer verfassungsmäßigen Selbstbestimmung zurückzukehren, einen paradigmatischen Platz ein. Im vergangenen halben Jahrhundert ist aber nicht klargeworden, worin denn eigentlich ihre große Bedeutung oder Beispielhaftigkeit bestehen würde. Man kann die ungarische Revolution aus ihrer Vorgeschichte erklären, aus der weitgehend sinnlosen Großmachtpolitik des Kalten Kriegs, sie in der Geschichte der unorganisierten Isolation und der organisierten Separation ansiedeln, oder man kann sie aus ihrer Nachgeschichte erklären, als ein Ereignis, das zwar keinen neuen Zustand hervorbringt, aber als Zäsur wirkt. Die ungarische Revolution erzwang eine Qualitätveränderung in der Beziehung der Großmächte untereinander. Präsident Eisenhower musste doch immerhin Parteisekretär Chruschtschow ausrichten lassen, er halte sich an die Beschlüsse von Jalta. Parteisekretär Chruschtschow musste zu Präsident Tito eilen, der ihm im Namen der neutralen Welt versicherte, dass er die Revolution ruhig niederschlagen könne, wobei er nicht den hart durchgreifenden, jovialen Ferenc Münnich als neuen Parteisekretär einsetzen sollte, sondern den feigen, duckmäuserischen János Kádár. Die Rollen wurden in Belgrad verteilt. Und so begegneten sich die bis dahin gegensätzliche Interessen verfolgenden Großmächte dann doch. Der neue Zustand beendete den scharf geführten Kalten Krieg, verminderte die Gefahr eines Atomkriegs und erzwang ein für beide Mächte akzeptables Minimum an friedlicher Koexistenz. Aber nicht dank der Res publica und des Siegs der Demokratie, sondern dank deren Niederlage.

Die Revolution bleibt ein Memento, eine gesamteuropäische negative Erfahrung, die aber gerade vom Realitätssinn nicht an der Oberfläche des Bewusstsein gehalten werden will, sondern von dort verbannt ist.

Sie kann und muss auch als Teil der Tradition der europäischen und nordamerikanischen Revolutionen und sozialen Bewegungen verstanden werden. Was zu einem noch peinlicheren Schluss führt. Die ungarische Revolution ist nämlich die letzte europäische Revolution, wie man sagen muss. Der peinliche und blutige Abgesang der romantischen und idealistischen Geschichte auf die jahrhundertelange Epoche der Revolutionen. Aus dem an sich utopistischen Gesellschaftsvertrag wurde die Utopie mit exorzistischen Mitteln verbannt. Weiter geht's nicht, und deshalb ist die Erinnerung an die ungarische Revolution tot. Die Erinnerung hatte die Jahre der Vergeltung noch knapp überlebt, aber nur im Sinn der allerprimitivsten antikommunistischen Propaganda, als Hanswurst, als memento mori, an der falschen Idylle der friedlichen Koexistenz hingegen ist sie zugrunde gegangen. In diesem Sinn stellt die Revolution für das politische Denken nicht nur eine Zäsur dar, sondern eine bedeutende Niederlage. Seither bewegt sich das Denken in eng umrissenen Zirkeln. Gott gibt es nicht, beziehungsweise man kann frei wählen, ob es ihn gibt oder nicht. Auch die Utopie gibt es nicht, wir haben ja gesehen, wohin die gesellschaftliche Utopie führt. Es gibt ausschließlich die Gegenwart, für die ausschließlich die Regierung verantwortlich ist. Mit der ungarischen Revolution ist der Gegenpart und Diskussionspartner des pragmatischen Denkens verblutet. Ohne die Tradition revolutionärer Veränderungen ist die Tradition des Konformismus und Opportunismus übriggeblieben, und niemand denkt über die Verletzlichkeit der Res publica und der Demokratie nach. Wer von einer schönen Zukunft träumt, wichst in die Luft hinaus, um wieder das Wort des bekannten Dichters zu verwenden.

Etwas überhöht ließe sich sagen, dass im Oktober 1956 die Völker Europas und Nordamerikas und ihre legitimen Regierungen beschlossen haben, dass die Zeit der revolutionären Veränderungen ein für alle Mal vorbei sei.

Womit sie auch recht hatten. Etwas war wirklich vorbei. Die einzelnen Systeme mussten zum Zweck der Vermeidung eines Weltkriegs die soziale und politische Unzufriedenheit irgendwie integrieren. Sie integrierten sie in eine auf ewig bipolare Welt. Jedem die seine Unzufriedenheit. Das wurde zum epochemachenden Befehl. Mit dem größten Bedauern, wehen Herzens, im vollen Bewusstsein ihrer moralischen Verantwortung, konnten die westlichen Mächte, durchaus vorausblickend, diese kopflose, um fast anderthalb Jahrhunderte verspätete, unbürgerliche ungarische Revolution weder mit diplomatischen Mitteln noch mit Freiwilligen, noch mit Waffen unterstützen. Abgesehen von der Gefahr eines Weltkriegs, hatten sie auch sonst gute Gründe, es nicht zu tun. Hätten sie die ungarische Revolution unterstützt, hätte sich bald herausgestellt, dass der Gegensatz zwischen Kapitalismus und Sozialismus bestehen blieb, selbst wenn man die ebenfalls gründlich verspätete ideologische Hysterie des russischen Imperialismus nicht in Betracht zog. Höchstens dass die titoistische Variante gestärkt worden wäre, was nicht im Interesse der euroatlantischen Mächte lag. Die ungarische Revolution war nämlich im Gegensatz zu allem, was man sagte, nicht antisozialistisch, trotz aller ihrer antikommunistischen Exzesse nicht, ja, im ersten Augenblick war sie nicht einmal antikommunistisch. Erst später wurde sie von den Antikommunisten, denen in den Tagen der Revolution in Budapest bestimmt nicht wohl gewesen war, uminterpretiert, wozu János Kádár die Vorarbeit geleistet hatte, als er zusammen mit den russischen Truppen nach Budapest zurückgekehrt war. Die Revolution war aber nicht antikommunistisch, sondern antistalinistisch, gegen das russische Imperium, gegen das fremde byzantinische Element. Sie war demokratisch, gegen die Fremdherrschaft und gegen die Willkürherrschaft, aber sie war keine bürgerliche Revolution. Das ungarische Bürgertum war schon zuvor von den Pfeilkreuzlern und Faschisten zerschlagen, vertrieben, ermordet worden, den Rest zerschlugen, vertrieben, enteigneten und ermordeten die Kommunisten. Die Revolution visierte, zumindest in einem ersten Schritt, eine auf das kollektive Eigentum und die Selbstverwaltung gebaute Gesellschaft an. Die kleinen Betriebe wären zurückgegeben worden, nicht aber die Fabriken. Die kleinen Landgüter wurden auch sofort der Bodenverteilung gemäß zurückgegeben, vielerorts wartete man Gesetze oder Verordnungen gar nicht erst ab, das ländliche Ungarn wollte keinerlei Zusammenschlüsse, jeder wollte sein eigener Herr sein, aber auch die Latifundien und kirchlichen Ländereien waren nicht mehr erwünscht. Das kollektive Gedächtnis funktionierte noch, man wusste, was damit einherging. Leibeigenschaft. Knechtschaft. Gendarmerie. Armut. Demütigung.

Zumindest in einem ersten Moment hatte die Revolution den Antikapitalismus und den Antifeudalismus auf ihrem Programm. Das war und bleibt ihr unabhängigstes und stärkstes Vermächtnis, das sie auch ohne bedeutende Theoretiker innerhalb von ein paar Tagen in wahnsinniger Eile aus sich hervorbrachte. Noch zur Zeit der Vergeltung und der großen landesweiten Streiks im Januar verfocht sie die Selbstverwaltung und Selbstregierung der Arbeiter. Auf die europäischen Demokratien wirkte die Beschränkung des Eigentums besonders abstoßend, falls überhaupt die Nachricht davon in die westlichen Großstädte gelangte. Allein schon aus Verständnislosigkeit mussten die geschehen lassen, was geschah, soll die Revolution eben verbluten.

Ich sage es ohne Pathos und ohne Trauer, dass mein Leben im Zeichen eines zweimaligen Verblutens gestanden hat. Seither hasse ich nicht nur jegliche Tyrannei, sondern kann auch vor den Schwächen, billigen Komödien und gefährlichen Voreingenommenheiten der Res publica und der Demokratie den Kopf nicht abwenden. Tut mir leid.

Das für dieses Buch verwendete Papier ist FSC®-zertifiziert.